वी.के. सिंह

वी.के. सिंह का जन्म 15 मई, 1950 को वाराणसी, उत्तर प्रदेश हुआ। उन्होंने स्नातकोत्तर (अर्थशास्त्र) और एल.एल.बी. की डिग्री प्राप्त की। 1971 से भारतीय जीवन बीमा निगम में कार्य शुरू किया। मई 2010 में प्रबन्धक (ग्रा.सं./केन्द्रीय जनसूचना अधिकारी) पद से सेवानिवृत्त हुए। प्रारम्भ से ही ट्रेड यूनियन आन्दोलन और मार्क्सवादी-लेनिनवादी विचारधारा से जुड़ाव रहा। उद्योग के ट्रेड यूनियन नेतृत्व में विभिन्न भूमिकाओं के निर्वहन के साथ जिला श्रमिक समन्वय समितियों के गठन और युवा व किसान आन्दोलनों में सक्रिय रहे। निगम की प्रथम श्रेणी अधिकारी फेडरेशन के राष्ट्रीय सांगठनिक सचिव रहे। राष्ट्रीय मुखपत्र 'आवर वॉयस' का सम्पादन किया।

विभिन्न पत्र-पत्रिकाओं में सांस्कृतिक-राजनीतिक सरोकारों पर लेखन के अतिरिक्त कविता, अनुवाद, नाट्य रूपान्तरों और नुक्कड़ नाटकों का लेखन और मंचन। सेवानिवृत्ति के बाद नए मनुष्य और उसके जीवन मूल्यों की सर्जना के लिए नवउदारवादी साम्राज्यवादी विश्वदृष्टि को चुनौती देनेवाले क्रान्तिकारी महानायकों के व्यक्तित्व और कृतित्व को हिन्दीभाषी पाठकों के लिए उपलब्ध कराने का संकल्प। जिसके तहत लिखी गई जीवनी 'फिदेल कास्त्रो' बहुचर्चित पुस्तकों में शामिल।

सम्पर्क : 'बागेश्वरी', बी. 36/4-21, रमापुरी कालोनी, संकटमोचन, वाराणसी।

ई-मेल : wahivinodkumar@gmail.com

नई दुनिया की ओर

पूँजी की सेवा में जीवन नहीं
जीवन की सेवा में पूँजी के लिए संघर्ष

वी.के. सिंह

राजकमल पेपरबैक्स

राजकमल पेपरबैक्स में
पहला संस्करण : 2024

राजकमल पेपरबैक्स : उत्कृष्ट साहित्य के जनसुलभ संस्करण

राजकमल प्रकाशन प्रा. लि.
1-बी, नेताजी सुभाष मार्ग, दरियागंज
नई दिल्ली-110 002
द्वारा प्रकाशित

शाखाएँ : अशोक राजपथ, साइंस कॉलेज के सामने, पटना-800 006
पहली मंजिल, दरबारी बिल्डिंग, महात्मा गांधी मार्ग, प्रयागराज-211 001
1, अनमोल सोराबजी संतुक लेन, धोबी तलाव, मरीन लाइंस, मुम्बई-400 002

वेबसाइट : www.rajkamalprakashan.com
ई-मेल : info@rajkamalprakashan.com

विकास कंप्यूटर एंड प्रिंटर्स
ट्रॉनिका सिटी-201 102
द्वारा मुद्रित

मूल्य : ₹599

NAI DUNIA KI ORE
by V.K. SINGH

ISBN : 978-93-6086-637-2

श्रमशील मनुष्यता के नाम,
जो पूँजी के तर्कों के पार और परे
नए मनुष्य और समाज के सपनों के साथ
नई दुनिया की रचना के लिए
सड़क से संसद तक
पूँजीवाद को चुनौती दे रही है।

क्रम

अपनी बात 9

वैचारिक

नवउदारी पूँजीवाद से परे विकल्प की छटपटाहट 15
पूँजीवाद का संकट : स्वत: नियंत्रणकारी बाजार का मिथक 23
अमेरिकी मॉडल परिधि के बाहर पूँजीवादी विकल्प? 29
विकल्प की तलाश में चेतना और क्षमता के सवाल 46
वैकल्पिक अर्थव्यवस्थाओं की तलाश 51
प्रतिरोध का वैश्विक रंगमंच 57

प्रतिनिधि सामाजिक आन्दोलन

जपतिस्ता : स्थानीय संघर्ष के वैश्विक आयाम 71
ब्राजील का भूमिहीन मजदूर आन्दोलन (MST) 103
जीवन निर्वाह जमीन का वैश्विक संघर्ष : ला विया कैम्पेसिना 114
आन्दोलनों का आन्दोलन : एक दूसरी दुनिया सम्भव है 130
लैटिन अमेरिका : नवउदारी वैश्वीकरण के प्रतिरोध की प्रयोगशाला 150
लैटिन अमेरिकी 'रेडिकल वाम' का वर्तमान परिदृश्य 163
अर्जेंटीना में उबाल 182
लैटिन अमेरिकी प्रतिरोध : 'बहुल वाम मगर एक रास्ता' 194
चावेज और वेनेजुएला : 21वीं सदी के समाजवाद का बोलिवारी रास्ता 210

नव उदारवाद का संकट और 21वीं सदी के जन प्रतिरोध

'स्पेस की राजनीति' 223
'स्पेस की राजनीति' और डिजिटल तकनीकी 234
'इंडिग्नाडोज' : नवउदारवाद के प्रतिरोध का स्पेनी बिगुल 243
ग्रीक आक्रोश और प्रतिरोध 273
अरब वसन्त का तुमुलनाद 286
'आकुपाई' आन्दोलन : विषम असमानता का जन प्रतिरोध 321

भारत : नागरिकता के सार्वजनीन अधिकार और जीवन निर्वाह कृषि रक्षा का संघर्ष 337

कही-अनकही

अतिरेक मूल्य संचय का अन्तर्विरोध 397
सामाजिक 'डी एन ए' की आनुवंशिकता 404
पूँजीवादी जनतंत्र बनाम 'सर्वहारा जनतंत्र' 408
कल का सर्वहारा 413
समाजवाद और कल का समाजवाद 417
नव प्रतिरोध नहीं थमेगा 427
कुछ सवाल : कुछ उम्मीदें 436

सन्दर्भ 441
सन्दर्भ ग्रंथ-सूची 453

अपनी बात

नव उदारवाद पूँजीवादी मुनाफे के संचय की आदिम भूख का वह वैश्वीकरण है जो समूची धरती, धरती के समूचे सम्पदा-संसाधनों, धरती के पर्यावरण और मनुष्य समेत धरती के सारे जीवधारियों को अपना उपनिवेश बनाने पर आमादा है। पूँजीवाद के वैश्विक उपनिवेशीकरण का यह हिंसक अभियान प्रारम्भ से ही आक्रान्त और विजित जनों को, 'बर्बरता और पिछड़ेपन' के अन्धयुग से 'आधुनिक सभ्यता' के स्वर्णयुग में ले चलने के 'श्वेत आदमी के कर्तव्यभार' के नाम पर चलाया जाता रहा है। पूँजीवादी आधुनिकता का यह विध्वंसक अभियान महज पूँजीपतियों की लालच और लूट का नतीजा नहीं है। यह पूँजीवादी आधुनिकता के साथ जुड़ी हुई वह जटिल वैचारिकी और उससे उपजी विश्वव्यवस्था है, जिसने लूट, लालच, संचय, असमानता, वैषम्य और महाविनाश का वैश्वीकरण किया है।

अगर यूरोप पूँजीवादी आधुनिकता के वैश्वीकरण की जननी थी तो 19वीं सदी के अन्त से इसे एक नया आलीशान ठिकाना मिल गया : संयुक्त राज्य अमेरिका, जिसने 19वीं सदी के अन्त से दुनिया पर राज करने की कमान अपने हाथों में ले ली। अमेरिकी राष्ट्रपति रुजवेल्ट के परम मित्र और परम नैतिकतावादी इवेन्जेलिकल पादरी जोसिया स्ट्राँग ने 1885 में ही अमेरिका के दुनिया पर राज करने की भविष्यवाणी कर दी थी।

आधुनिकीकरण के पिछले दौर में पश्चिम ने 'नई दुनिया' को असंख्य घाव दिये : गुलामी, औपनिवेशीकरण, प्राकृतिक सम्पदा और मानवीय श्रम की लूट, युद्ध, अकाल, दरिद्रता, समाजिक-आर्थिक वैषम्य, समाजों-समुदायों का नस्लीय-जातीय-साम्प्रदायिक-धार्मिक विभाजन...। इन घावों को भरने में अभी न जाने कितनी सदियाँ लगेंगी। नवउदारी आधुनिकीकरण के 'खुलेपन और विविधता' का वर्तमान अभियान पिछले दौर की 'संरचनात्मक समस्याओं की जड़ से सफाई' के लिए दक्षिण के समाजों को 'झकझोर कर' नये घाव देने में पूरी ताकत से जुट गया है : ढाँचागत समायोजन, एड्स, आतंकवाद, विस्थापन, पलायन, लोकतंत्र बहाली के नाम पर सामरिक-हस्तक्षेप, आर्थिक-औद्योगिक नाकेबन्दियाँ, पेटेंट युद्ध, मानव अस्तित्व पर हर पल लटकता नाभिकीय युद्ध का

खतरा, ऊर्जा संकट, पर्यावरण विनाश, सरकारों-समुदायों-संस्थानों-व्यक्तियों की वैश्विक जासूसी, आर्थिक-वित्तीय-औद्योगिक संकटों के भयावह दुश्चक्र...। इस नवउदारी वैश्विक आधुनिकीकरण की कीमत मनुष्यता कब तक और कहाँ तक अदा करेगी, इसकी बस कल्पना ही की जा सकती है।

बीसवीं सदी के अन्तिम दशक में, समाजवाद के सोवियत प्रयोग के पराभव के बाद पूँजीवाद की नवउदारी नस्ल ने इतिहास और विचारधारा के अन्त और अपनी अनन्त-अपराजेय विकल्पहीनता की घोषणा कर दी थी। मगर ठीक इसी मुकाम पर दुनिया के तमाम हिस्सों से उठते प्रतिरोध की नई पहलकदमियों और आन्दोलनों की धमक में इस 'अनन्त-अपराजेय विकल्पहीनता' को जन प्रतिरोध की हठीली चुनौतियों की दस्तक भी दिखने लगती है। नव प्रतिरोध की इन पहलकदमियों-प्रयोगधर्मिताओं में पूँजीवादी उत्पादन, उत्पादक शक्तियों के रिश्तों, और सामाजिक सम्बन्धों की संस्थानिकताओं के वैकल्पिक रास्तों और रूपों को तलाशने-तराशने की छटपटाहट और 'वर्तमान-विद्यमान' के खिलाफ आक्रोश की आग साफ दिखाई देती है। प्रतिरोधी ताकतों की आँखों में पूँजीवाद के परे एक नई दुनिया के 'कच्चे-पक्के' सपने हैं। प्रतिरोध की ये ताकतें 'खुली आँखों से' यर्थाथ के ठोस धरातल पर विकल्प के सपने देख रही हैं। नव प्रतिरोध के नये संकल्प, नई परियोजनाएँ और नई प्रयोगधर्मिताएँ संघर्ष और प्रतिरोध की नई भाषा रच रही हैं। यह वह भाषा है, जो नये वैकल्पिक संकल्पों, नई पहलकदमियों, नई परियोजनाओं और एक बेहतर समतामूलक-न्यायपूर्ण समाज की दृष्टि के साथ नये प्रयोगों को जन्म देगी।

नव प्रतिरोध को वर्तमान के अनगिनत सवालों को हल करना है, और भविष्य में भी न जाने कितने सवालों से दो-चार होना है। नव प्रतिरोध को पूँजी के विनाशकारी तर्क के खिलाफ श्रम के सृजन के तर्क, मुनाफे की बर्बरता के तर्क के खिलाफ मनुष्यता की उदात्तता के तर्क, वैयक्तिक अलगाव और नीरसता के तर्क के खिलाफ सामुदायिक सहयोग-सहकार की जीवन्त इन्द्रधनुषी विविधता के तर्क की रचना करनी है। उसे जीवन और उपभोग, उत्पादन और उपभोग, और आय और उपभोग के रिश्तों को आमूल-चूल रूप से पुनर्परिभाषित करना है। उसे नये मनुष्य और नये समाज की रचना का रास्ता और उसके हथियार तय करने-बनाने हैं। उसे तय करना है कि विनाश की बीभत्सता के खिलाफ सृजन के सौन्दर्य की रचना प्रक्रिया में हाथों में कब बन्दूक होगी, और कब वायलिन?

यह किताब पूँजी के संचय व शोषण की आदिम अतृप्त भूख और श्रम के शोषित-दमित होने की नियति के खिलाफ दुर्दमनीय जन विद्रोह के हौसले के शाश्वत संघर्ष की परख-पड़ताल का यह एक छोटा सा,

आधा-अधूरा प्रयास है। यह परख-पड़ताल किसी भी रूप में किसी अकादमिक-बौद्धिक पांडित्य का विमर्श नहीं है। यह पूँजी और श्रम के जटिल रिश्तों को समाज के एक आम श्रमशील सदस्य की नजर और नजरिये से देखने-समझने की कोशिश भर है। यह हिमाकत भरी कोशिश मैंने समाज, राजनीति और अर्थव्यवस्था के साथ पिछली आधी सदी की श्रमशील अन्तर्क्रियाओं, अनुभवों, अनुभूतियों की आँच में तपी-पकी अपनी प्रतिबद्धता के बूते की है। निस्सन्देह यह किताब एक प्रतिबद्ध दिशा और दृष्टि के साथ अपनी मंजिल तय करती है। किसी भी रचना और विमर्श में हर पक्ष अपनी-अपनी प्रतिबद्धता के साथ उतरता है। 'प्रतिबद्धता मुक्त' या 'निरपेक्ष-निष्पक्ष' होने का दावा वस्तुतः यथास्थिति के प्रति समर्पणकारी प्रतिबद्धता के अलावा कुछ नहीं होता।

किताब के पहले भाग में वैश्विक नवउदारवाद के खिलाफ वैश्विक नवप्रतिरोध की चुनौती को जानने-समझने का प्रयास है। नवउदारी पूँजीवाद से परे श्रमशील जनों की विकल्प के लिए छटपटाहट और उस विकल्प की तलाश में चेतना और क्षमता के सवालों को समझने के जरिये नव प्रतिरोध की वैचारिकी को परखने की कोशिश है। नव प्रतिरोध के 'व्यवहार' को जानने की कोशिश जपतिस्ता, ब्राजील के भूमिहीन मजदूर आन्दोलन 'एमएसटी', जीवन निर्वाह कृषि भूमि के वैश्विक आन्दोलन 'ला विया कैम्पेसिना' और आन्दोलनों के आन्दोलन 'एक दूसरी दुनिया मुमकिन है' जैसे सामाजिक प्रतिरोध आन्दोलनों के जरिये की गई है। इसी के साथ प्रतिरोध की राजनीतिक अभिव्यक्तियों को लैटिन अमेरिका की गुलाबी लहर के जरिये समझने का प्रयास किया गया है।

किताब का दूसरा भाग 21वीं सदी में नवउदारी वैश्वीकरण को चुनौती देते जन प्रतिरोधों के उभार की परख-पड़ताल का है। जन प्रतिरोधों की इन नई प्रयोगधर्मिताओं में 'स्पेस की राजनीति' और 'डिजिटल तकनीक' के महत्त्वपूर्ण आयामों को जानने-समझने का प्रयास किया गया है। इन प्रतिरोधों की व्यावहारिक-संघर्षशील अभिव्यक्तियों को स्पेन के 'इंडिग्नाडोज', ग्रीक 'सिन्तामा चौक' प्रतिरोध, 'अरब वसन्त' और 'आकुपाई' आन्दोलनों के साथ ही भारत में नागरिकता के सार्वजनीन अधिकार के लिए शाहीन बाग और जीवन निर्वाह कृषि पर कारपोरेटी नवउदारवाद के हमले के खिलाफ किसान आन्दोलनों के माध्यम से भी समझने की कोशिश है। अन्त में नवउदारवाद और नव प्रतिरोध के इस पूरे परिदृश्य पर एक सूक्ष्म नजर फिर से डालते हुए, 'कल के सर्वहारा' और 'कल के समाजवाद' के सपनों और कुछ सवाल कुछ उम्मीदों के साथ यह प्रयास अपनी मंजिल पर पहुँचता है।

इस प्रयास का श्रेय किसी एक का नहीं हो सकता। यह पूरी कोशिश पूँजीवाद की बेजान-नीरस वैयक्तिकता के खिलाफ जीवन्त

इंद्रधनुषी विविधता की रंगारंग सामुदायिकता की नैतिकता और मूल्यबोध का उल्लास है। इसका श्रेय पिछली आधी सदी की मेरी सामाजिक-राजनीतिक-सांस्कृतिक ट्रेड यूनियन यात्रा के उन असंख्य योद्धा साथियों को है, जिन्होंने मेरी प्रतिबद्धता, मेरी विश्वदृष्टि, मेरी नजर-नजरिये की गढ़न में अपना अद्भुत योगदान किया है। इसका श्रेय प्रो. अवधेश प्रधान, श्रीमती नीरजा प्रधान, डॉ. प्रशान्त शुक्ला, कुसुम वर्मा जैसे परमप्रिय साथी-मित्र-सहयोद्धाओं को है, जो मुझे लगातार इस काम को शुरू करने का साहस करने और फिर इसे पूरा करने के लिए प्रेरित करते रहे हैं। इसका श्रेय मेरी जीवनसंगिनी श्रीमती विभा वाही समेत मेरे समूचे परिवार को है जिन्होंने हमेशा हर हाल में मेरा हौसला बढ़ाया।

राजकमल प्रकाशन समूह, आदरणीय अशोक माहेश्वरी, प्रकाशन समूह के युवा नेतृत्व माननीय आमोद माहेश्वरी और उनकी पूरी सम्पादकीय टीम के प्रति आभार ज्ञापित कर पाना शब्दों की सामर्थ्य से परे है, जिन्होंने अत्यंत उदारतापूर्वक इस किताब को स्वीकार करते हुए आकर्षक साज-सज्जा के साथ आप तक पहुँचाया।

यदि यह प्रयास नवउदारी उद्दंडता और अहंकार के आक्रामक अभियान के खिलाफ श्रमशील जनों के नव प्रतिरोध की चुनौती को आगे बढ़ाने में तनिक भी काम आ सका तो यह इसकी सम्पूर्ण सार्थकता होगी।

वाराणसी : मार्च, 2024 **—वी के सिंह**

वैचारिक

नवउदारी पूँजीवाद से परे विकल्प की छटपटाहट

अपने आलेख 'The Defence of Humanity Requires the Radicalisation of Popular Struggles "[1] में समीर अमीन का मानना है कि पूँजीवाद में 'स्वतंत्र व्यक्ति' (Free Individual) एक खाये-अघाये पुरुष बुर्जआ से ज्यादा कुछ नहीं है। पूँजीवाद के षड्यंत्रकारी संरक्षण-सहयोग से पितृसत्ता मनुष्यता के आधे हिस्से—औरत को पराभूत-परवश परिस्थिति में रखे हुए है। पूँजीवाद के पास मनुष्यता को देने के लिए उस अन्ध उपभोक्तावाद के अलावा कुछ नहीं है, जो मानवीय भाईचारे के रिश्तों को लगातार अलगाव और विनाश की ओर धकेलता जा रहा है। यह औरत समेत समूची मनुष्यता की मुक्ति और जनतांत्रिक व्यवहार के मुक्तिकामी आयामों की राह का सबसे खतरनाक रोड़ा बना हुआ है। गुटशाहियों (Plutocracies) की तानाशाही में पूँजीवाद के 'मुनाफे' की बन्दर बाँट सुनिश्चित करती है कि सारा 'माल' बाँटने वाले बन्दरों के ही कब्जे में रहे और बाकी की सारी मानवता मुँह ताकती रहे।

इस समूची बन्दरबाँट को लोकतांत्रिक मानवीय और जायज ठहराने के लिए इन्हीं गुटशाहियों के वर्चस्व वाला मुख्यधारा मीडिया, इनके सिद्धान्तकार, सलाहकार, और रणनीतिकार 'थिंक टैंक' दिन-रात एक किये रहते हैं। ऐसे में, 'पूँजीवाद का जनतंत्र' अपना सारा अर्थ और प्रासंगिकता खोकर उत्तरोत्तर निस्सार, निरर्थक, निस्संवेद होता हुआ मनुष्यता और समाज पर असहनीय सड़ांध के साथ सड़ता बोझ बनता जा रहा है। पश्चिमी नवउदारी साम्राज्यवाद के पास धरती के तीन चौथाई मानव प्राणियों : एशिया, अफ्रीका, लैटिन अमेरिकी भू गोलार्धों की मनुष्यता को देने के लिए कुछ नहीं है, सिवाय दरिद्रता, अभाव, असमानता, विषमता और प्रवंचना के। स्वाभाविक रूप से मनुष्यता पर पूँजी का यह उद्दंड-अहंकारी वर्चस्व हाशिये के वैश्विक जनसमुदायों को प्रतिरोधों-विद्राहों के लिए विवश कर रहा है। इसकी प्रतिक्रिया में बौखलाया नवउदारी वैश्वीकरण लगातार हिंसक और आक्रामक होता जा रहा है।

नवउदारी वैश्वीकरण के जरिये वैश्विक स्तर पर संचय का एकमात्र उत्प्रेरक 'मुनाफा और सिर्फ मुनाफा' का तर्क है : धरती के 'नान रिन्यूवेबल'[2] सम्पदा-संसाधनों का विनाश की हद तक विदोहन, जैव-विविधता का ऐसा विनाश जिसकी भरपायी सम्भव नहीं, और इसी के साथ धरती पर जीवन के पुनरुत्पादन के सारे प्राकृतिक साधनों-संसाधनों का अंधाधुंध विनाशकारी 'उपभोग'। अमेरिकी साम्राज्यवाद का अहंकारी उद्घोष है : 'अमेरिकी जीवन शैली पर कोई समझौता नहीं' (American Way of Life is Non-nagotiable)।[3] यह जीवन शैली सिर्फ 'आदिम संचय' और शोषण पर आधारित है।

इस तरह की जीवन शैली और इससे जुड़े जीवन मूल्यों को सम्पूर्ण मानवता के लिए आदर्श बताकर इसका हिंसक-आक्रामक वैश्वीकरण करने वाला नवउदारी अमेरिकी साम्राज्य मनुष्य और मनुष्यता के अस्तित्व पर खतरा बनता जा रहा है।

नव क्लासिकीय (Neo-classical)[4] सिद्धान्तकारों-रणनीतिकारों की इस अहंकारी मान्यता का कोई वैज्ञानिक-ऐतिहासिक आधार नहीं है कि बाजार अपने आप में सम्पूर्ण सक्षम (Efficient) संरचना है। बाजार ने मुट्ठी भर लोगों के लिए संचय और सत्ता का मुनाफा जरूर सुनिश्चित किया है, मगर इसकी विफलताएँ हमेशा व्यापकतम अन्तर्राष्ट्रीय-अन्तर्महाद्वीपीय विनाशकारी प्रभाव वाली रही हैं। बाजार ने हमेशा ही उत्पादन, विनिमय, और वितरण में सामाजिक और निजी लाभों (Returns) की खाई को गहरा और चौड़ा किया है। पूँजीवाद के नव क्लासिकी मॉडल की सारी प्रस्थापनाएँ-व्याख्याएँ असफल सिद्ध हो रही हैं। नव क्लासिकी मॉडल के अनुसार[5] :

(i) बेरोजगारी का अस्तित्व सम्भव नहीं है—श्रम की माँग हमेशा उसकी आपूर्ति के बराबर होती है—इसमें किसी भी तरह का विचलन तात्कालिक और अल्पकालिक होता है;
(ii) कोई भी व्यक्ति जितना भी चाहे उधार ले सकता है। यह उधार बाजार हमेशा ऐसी ब्याजदरों पर उपलब्ध कराता है, जो 'डिफाल्ट जोखिम' की कीमत प्रतिबिम्बित करती है;
(iii) फर्म अपना वित्त प्रबन्धन कर्ज से करे या इक्विटी से, इससे कोई फर्क नहीं पड़ता : किसी भी फर्म का मूल्यांकन केवल इससे होता है कि उसके 'रिटर्न' का मूल्यांकन कितना है;
(iv) प्रत्येक कामगार को समाज में उसके सीमान्त योगदान (Marginal contribution) के बराबर भुगतान मिलता है [जबकि सच्चाई यह है, कि लगभग तीन दशक पहले फर्म के वरिष्ठतम 'एक्जीक्यूटिव' (सीईओ, डायरेक्टर आदि) उस फर्म के औसत कामगार वेतन से चालीस गुना के आस-पास पाते थे। आज यह अन्तर सौ और कई मामलों में हजार गुना से भी ज्यादा का है। न तो इस अवधि में उनकी उत्पादकता आसमान छूने लगी है और न ही वे 'दुर्लभ-लुप्तप्राय प्रजाति' के हो गए हैं।];
(V) भेदभाव (Discrimination) जैसी किसी चीज का अस्तित्व ही नहीं है—जो भी न्यूनतम पगार पर काम के लिए तैयार होगा—काम पाएगा—इसमें नस्लीय, अथवा अन्य किसी तरह के भेदभाव का कोई प्रश्न ही नहीं है।

इन नवक्लासिकी प्रस्थापनाओं की लफ्फाजी को बेनकाब करने के लिए किसी लम्बे-चौड़े तर्क अथवा सैद्धान्तिक-अकादमिक व्याख्याओं की जरूरत नहीं है। धरती का श्रमशील व्यक्ति अपनी रोजमर्रा की अनुभूत त्रासदियों के जरिये इन दावों-प्रस्थापनाओं के झूठ और धोखे को बखूबी जानता है। उसे हमेशा से इस धोखे की कीमत भुगतने के लिए मजबूर किया जाता रहा है।

नव क्लासिकीवाद का एक और बड़ा 'छल' 'तर्कशील मनुष्य' (Homoeconomicus) की अवधारणा है।[6] वास्तविकता यह है कि धरती पर हमेशा नाप-तोल करने वाले (calculating), तर्कशील (rational), आत्म-सेवी (self-serving) और सम्पूर्ण स्वार्थी (total self-interested) प्राणवान जीव का अस्तित्व सम्भव ही नहीं है। नव क्लासिकी अर्थशास्त्र में मानवीय संवेदना (Human empathy), जन-भावना (Public Spiritedness) अथवा परोपकार-परकल्याण (altruism) के लिए कोई जगह नहीं है। व्यक्ति निरपवाद रूप से हमेशा ही ऐसा व्यवहार नहीं करता, जो उसे खुशहाल बनाने की संगति में हो। व्यक्ति दूसरों के लिए अपना सब कुछ दाँव लगाने को भी तैयार हो जाता है। अर्थशास्त्रीय मॉडलों की यह शेखचिल्लीनुमा कपोल प्रस्थापना है कि व्यक्ति (individual) न सिर्फ तार्किक (rational), बल्कि अति तार्किक (Super-rational) होता है : वह अत्यन्त जटिल आँकड़ों (Sophisticated statistics) को विश्लेषित कर सकता है, और अतीत के सारे आँकड़ों का इस्तेमाल भविष्य के सर्वश्रेष्ठ सम्भव आकलन (Prediction) के लिए कर सकता है।

पूँजीवादी इतिहास के अब तक के सारे बबूले (Bubbles) यही दिखाते हैं कि पूँजीवाद की अन्तर्निहित प्रवृत्ति भेड़चाल की है। सन् 2008 के अमेरिकी बबूले में भी यही दिखा कि ऐसे 'मूर्खों' की कोई कमी नहीं थी, जो इसी गुमान में जीते रहे कि मकानों की कीमतें अनन्त काल तक बढ़ती रहेंगी। कुछेक जिन्हें थोड़ी-बहुत आशंका हुई भी, वे खुद को दूसरों से ज्यादा चालाक मानते रहे कि वे गुब्बारे के फूटने से पहले सारा 'फायदा' बटोर कर निकल लेंगे। और जब गुब्बारा फूटा तो हर कोई यही कहने लगा—'अब इसका अन्दाजा किसे हो सकता था!'

नव क्लासिकी अर्थशास्त्र के नये सिद्धान्तकार 'शिकागो स्कूल' अथवा 'शिकागो ब्वायज' कहे जाते हैं। इसके कुछ 'बड़े पंडित' शिकागो विश्वविद्यालय में अध्यापन करते थे।[7] इनका तर्क था कि सूक्ष्मतर अर्थशास्त्र (micro-economics) की सन्तुलन (equilibrium) अवधारणा वर्तमान व्यापकतर अर्थशास्त्र (macro-economics) की आधारशिला है। बाजार हमेशा सन्तुलनकारी दिशा पकड़ने में सक्षम होते हैं इसलिए मन्दी जैसे उतार-चढ़ावों को लेकर परेशान होने की जरूरत नहीं। यह (मन्दी) बाह्य परिवर्तनकारी झटकों जैसे तकनीक में परिवर्तन आदि के सन्दर्भ में बाजार द्वारा खुद को बेहतर और प्रभावी ढंग से सन्तुलित-समायोजित करने की प्रक्रिया मात्र है। इसी अनोखी अवधारणा ने अन्तर्राष्ट्रीय और राष्ट्रीय संस्थागत आर्थिक नीति निर्माता-नियामकों को राज्य द्वारा बाजार में हस्तक्षेप से दूर रहने का नायाब नुस्खा दिया है।

दूसरी ओर नव कीन्सवादियों (Neo-Keynesians) के अनुसार समस्या नव क्लासिकीवादियों के सरलीकृत (simplistic) माइक्रोइकोनामिक मॉडलों और इनके आधार पर की गई अव्यावहारिक प्रस्थापनाओं (Assumptions) में थी। इनकी दृष्टि में मन्दियाँ वस्तुत: तैरते हिम-शैल शिखरों (Tips of icebergs) की तरह हैं। ये दृश्यमान तल (surface) के नीचे छिपी कहीं गहन गम्भीर और व्यापक समस्याओं का संकेत देती हैं।

इसके बावजूद व्यवहार में नव कीन्सवादी, नव क्लासिकी स्कूल की ज्यादातर प्रस्थापनाओं को अंगीकार करते दिखते हैं। एक नव कीन्सवादी स्कूल का मानना

है कि मात्र एक अपवाद के, ज्यादातर नव क्लासिकी प्रस्थापनाएँ सही हैं। एकमात्र अपवाद यह है कि इन नव क्लासिकीयों ने यह गलत प्रस्थापना कर ली कि मजदूरी और कीमत स्थिर रहती है : इसके चलते जब बाजार में श्रम आपूर्ति का अतिरेक हो गया (बेरोजगारी बढ़ी) तब भी मजदूरी को कम नहीं होने दिया गया। यदि ऐसा हुआ होता तो बाजार नव क्लासिकी मॉडल की तर्ज पर खुद को स्वत: सन्तुलित कर सकता था!

नव कीन्सवाद की एक दूसरी धारा बाजार में अधिक गहन मूलभूत समस्या देखती है। मजदूरी में गिरावट अर्थव्यवस्था की गिरावट (downturn) को गति देगी : उपभोक्ता अपने खर्च में कटौती करने लगेंगे। ऐसे में अवस्फीति (deflation) या फिर स्फीति (inflation) की धीमी दर फर्मों के दिवालिया होने का कारण बनने लगेगी। फर्मों की आमदनी (Revenue) उनकी कर्ज चुकौती देयताओं (Debt payments) से कम पड़ने लगेगी। समस्या का एक हिस्सा वित्त बाजार (Financial Market) में है : यहाँ कर्ज करार कीमत स्तर के साथ सम्बद्ध (Indexed) नहीं है। समस्या का दूसरा हिस्सा यह है कि जब अर्थव्यवस्था स्थिरता और प्रगति (Stability and Boom) की दिशा में बढ़ती है, तो इसकी खुमारी में फर्में और घर-परिवार (Households) ज्यादा-से-ज्यादा जोखिम उठाने—विशेषकर अंधाधुंध कर्ज की ओर प्रवृत्त होते हैं। ऐसे में अर्थव्यवस्था ज्यादा डाँवाँडोल (fragile) होने लगती है और विपरीत झटकों की सम्भावना बढ़ने लगती है।

कुल मिलाकर शिकागो स्कूल कहता है कि सरकार को अर्थव्यवस्था में किसी तरह की दखल देने की जरूरत नहीं—बाजार खुद कमजोर, बीमार, अक्षम खिलाड़ियों से सृजनात्मक विध्वंस (Creative destruction) के जरिये निजात पाकर खुद को सन्तुलित करता रहता है। जाहिर है, ये कमजोर, बीमार, अक्षम खिलाड़ी चन्द बड़े खिलाड़ियों को छोड़कर तमाम छोटी-मझोली फर्में, मजदूर और व्यापक उपभोक्ता वर्ग आम जन समुदाय हैं।

दूसरी ओर नवकीन्सवादी 'मजदूरी-कीमत स्थिरता' (Wage-price rigidity) स्कूल सरकार के सक्रिय-प्रभावी हस्तक्षेप की जोरदार वकालत करता है। यह हस्तक्षेप क्या है? : अधिकतम मजदूरी लचीलापन (Wage flexibility): मजदूरी को मनमर्जी कम करने का अधिकार; ट्रेड यूनियनों को ज्यादा-से-ज्यादा कमजोर और निष्प्रभावी करना; मजदूरों की सुरक्षा-संरक्षा, काम की दशाओं के संरक्षण को ज्यादा-से-ज्यादा कमजोर करने के लिए नियोजक को 'रखो-निकालो' (hire and fire) का अप्रतिबन्धित अधिकार, और इसके के लिए 'श्रमसुधार' के नाम पर श्रमशील आबादी-मजदूरों, विशेषकर महिला श्रमिकों का 'असंगठित क्षेत्र' में संकेन्द्रण। यह वह नुस्खा है, जिसमें मजदूर को ही उसकी बेरोजगारी और संकट के लिए जिम्मेदार ठहराया जाता है जिसका वह शिकार है।

सन् 2008 की मन्दी ने न सिर्फ पांडित्यपूर्ण अर्थशास्त्रीय मॉडलों की विसंगतियों-नाकामियों और अहंकार को उजागर किया, बल्कि खुद समाज के अन्दर की विसंगतियों को सामने लाने का काम किया। नव उदारवाद ने ऐसा विषाक्त सामाजिक वातावरण

तैयार किया, जिसमें सफलता का अर्थ परिश्रम और योग्यता नहीं, बल्कि पहुँच, भ्रष्टाचार और दूसरों का 'फायदा' उठाना है। समाज में भरोसे और सामुदायिकता का ताना-बाना टूट चुका है। नव उदारवाद के बनाए समाज में नैतिक और मूल्यपरक प्रतिबद्धताओं पर भौतिकवाद (Materaialism) को जबरदस्त बढ़ोतरी हासिल है। प्रगति (Growth) की तेज रफ्तार प्रगति के फलों का समाज में न्यायिक पुनर्वितरण नहीं करती—इसके ठीक उलट सामाजिक-आर्थिक असमानता और वैषम्य को बढ़ाती है। समाज की साझा जरूरतों को पूरा करने के लिए एक समुदाय की तरह मिलकर काम करने में इसकी कोई रुचि नहीं। व्यक्तिवाद और बाजार कठमुल्लावाद (Market-Fundamentalism) ने निरीह, लाचार, साधनहीन, असुरक्षित व्यापकतर जन समुदायों के संवेदनहीन-क्रूर शोषण, भ्रष्टाचार और सामाजिक विघटन को नई ऊँचाइयाँ दी हैं।

वर्तमान नवउदारी समाज की एक बड़ी समस्या दुर्लभ संसाधनों के गलत आवंटन (Mislocation of scarce resources) की है। सबसे बेहतरीन प्रतिभाएँ जल्दी से जल्दी और ज्यादा-से-ज्यादा कमाने (Megabuck earning) के लिए वित्तीय क्षेत्र की विनाशकारी सट्टेबाजियों के हित में अपनी प्रतिभा बेचने की होड़ में रहती हैं। पहले वे वैज्ञानिक खोजों, आविष्कारों, मेडिसिन, शिक्षा, मानविकी की ओर दौड़ती थीं, जिससे वे अपनी प्रतिभा और मेधा का इस्तेमाल दुनिया को बेहतर बनाने, उसे बदलने के लिए कर सकें। मगर आज जो समाज नवउदारी वैश्वीकरण ने तैयार किया है उसमें CEO अपनी प्रतिभा और प्रयास के लिए अपने 'कंपेन्सेशन' में बोनस के रूप में कम्पनी के मुनाफे की हिस्सेदारी माँगता है! 'रीगनामिक्स' और थैचरवाद के उदय के साथ ही सन्तुलित और न्यायपूर्ण छतिपूर्ति (fair compensation) के संकेत तक अर्थव्यवस्था और समाज से गायब होने लगे। इनकी जगह 'एक्जीक्यूटिव अपने लिए मनमाना हड़प-खसोट कर सकता है' ने ले ली।

राज्य वित्तीय सट्टेबाजियों और सन्देहास्पद तरीकों से कमायी गई रकम को प्राथमिकता दे रहा है। इस आय पर कठिन परिश्रम से कमायी गई रकम की अपेक्षा कम दर पर कर लगता है। इस तरह राज्य न सिर्फ ज्यादा-से-ज्यादा युवा प्रतिभा को सट्टेबाजी की ओर जाने के लिए प्रेरित करता है बल्कि यह सन्देश भी देता है कि समाज सट्टेबाजी का ऊँचा (श्रेष्ठ) मूल्यांकन करता है। यह समाज का वह नैतिक ह्रास (Moral deficit) है, जहाँ धन कमाना अपने आप में जीवन का सर्वसम्पूर्ण लक्ष्य बन जाता है। इस लक्ष्य की राह में 'स्वीकार्य' व्यवहार की कोई बाधा नहीं है। 'प्रतिबद्ध व्यवहार', 'उन्मादी व्यवहार', 'आपराधिक धोखे का व्यवहार' : अन्तर की सारी रेखाएँ मिटा दी जाती हैं।

अमेरिकी अति-अहंकारी और अति-उपभोक्तावादी असंवेदनशील 'नान नेगोशियेबुल' मर्दाना व्यक्तिवाद का प्रतिनिधि प्रतीक अपने जमाने में राष्ट्रपति बुश की 'काउव्वाय बूटों' और अहंकारी-उद्दंड 'मर्दाना' 'बॉडी लैंग्वेज' थी। इस विश्वदृष्टि में 'व्यक्ति' अपनी सफलता का समूचा श्रेय स्वयं को देते हुए 'मेहनत' का सारा फल खुद ही झपट लेना चाहता है। यह विश्वदृष्टि यह देखने से इनकार कर देती है कि कोई भी मनुष्य 'निपट अकेला द्वीप' नहीं होता। हम जो भी करते हैं उसका दूसरों पर काफी

हद तक प्रभाव पड़ता है और हम जो कुछ भी हैं, उसमें दूसरों का भी बड़ा योगदान है।

इसके उलट, अमेरिकी 'नान नेगोशियेबल' व्यक्तिवाद सफलता का सारा श्रेय तो खुद ले लेता है, मगर विफलता की किसी भी जिम्मेदारी या जबाबदेही से इनकार कर देता है। अपनी विफलता का सारा ठीकरा वह 'दूसरों' के सर पर फोड़ते हुए विफलता की सारी कीमत उनके जिम्मे मढ़ देता है। जापानी फर्म का सीईओ, जिसकी फर्म बरबाद हो जाय और हजारों मजदूरों की छँटनी करनी पड़े, आज भी 'हाराकिरी' कर लेता है। लंदन में ऐसा सीईओ कम-से-कम इस्तीफा दे देता है या फिर हटा दिया जाता है। मगर अमेरिका में ऐसा सीईओ सरकार से 'बेल-आउट' का ब्लैकमेल और अपने 'बोनस' की 'साइज' पर तकरार करता है : 'मैं तो बस अपना काम कर रहा था'; 'कौन इसकी भविष्यवाणी कर सकता था?'

आज की सच्चाई यह है कि हमारी सारी आर्थिक प्रगति भविष्य से भारी-भरकम उधार लेने पर टिकी है। हम अपनी क्षमता, साधनों-संसाधनों से कहीं ज्यादा खर्च पर जी रहे हैं। हम उन प्राकृतिक संसाधनों का अतिविदोहन और उस पर्यावरण का विनाश कर रहे हैं, जो भविष्य की पीढ़ियों के जीवन की अनिवार्य जीवन रेखाएँ हैं। इस गैर जिम्मेदाराना लूट और 'भविष्य की हत्या' का आकलन किसी जीडीपी लेखा-जोखा में नहीं होता।

नवउदारी वैश्वीकरण में प्रति व्यक्ति जीडीपी बढ़ने के बावजूद समाज के अधिसंख्य व्यक्तियों की वास्तविक आय और जीवन निर्वाह का स्तर घटता जाता है। समाज में गैर बराबरी और विषमता की खाई लगातार गहरी और चौड़ी होती जाती है। 'भारी-भरकम लाभ' का मतलब यह नहीं कि उस लाभ का भारी-भरकम हिस्सा सभी को मिलेगा। इसके उलट 'भारी-भरकम लाभ' का मतलब है : समाज में ज्यादा असुरक्षा, ज्यादा असमानता, ज्यादा विषमता। ज्यादा लोगों की नौकरी जाएगी, ज्यादा लोगों की स्वास्थ्य सेवाओं में कटौती होगी, ज्यादा लोगों के लिए शिक्षा और रोजगार के अवसर घटेंगे, ज्यादा लोगों की जबरिया सेवानिवृत्ति और सेवानिवृत्ति लाभ कटौती होगी, ज्यादा लोग बेघरबार होंगे।

नवउदारी वैश्वीकरण समाज की दरार को चौड़ा करता है। 'वाल स्ट्रीट' और 'मेन स्ट्रीट', धनिक और बाकी के समाज का अन्तर बढ़ता जाता है। समाज का एक छोटा सा हिस्सा न सिर्फ समाज के अन्य हिस्सों का, बल्कि भावी समाज के हिस्से के भी साधन-संसाधन हड़प कर जी रहा है। समाज का व्यापकतम श्रमशील हिस्सा अपने श्रम और अस्तित्व के साधनों-संसाधनों से भी वंचित होकर कंगाल का जीवन जी रहा है। नव उदारवाद ने राज्य और समाज से उसकी दूरदृष्टि छीन ली है।

पिछले पचास सालों के नव उदारवाद में अमेरिका के समूचे सामाजिक-आर्थिक-राजनीतिक तंत्र पर 'इंडस्ट्रियल-मिलिट्री काम्प्लेक्स' का शिकंजा कसता चला गया है। निहित स्वार्थ समूह (The Special Interest Groups) के पैरोकार सत्ता के गलियारों में अमेरिका की आर्थिक और सामाजिक नीतियों को तय करते-कराते हैं। इस खेल में वित्त, तेल, हथियार, ऊर्जा, फार्मास्यूटकल—सभी के 'हित' शामिल हैं। इस खेल में सामाजिक रूप से किसी तार्किक-न्यायपूर्ण नीति की कोई गुंजाइश नहीं है।

कुल मिलाकर नवउदारवाद ने एक ऐसा निकृष्ट और धूर्त पूँजीवाद (Ersatz Capitalism)[8] रचा है, जिसके लिए नियम-कानून-नैतिकता का कोई बन्धन नहीं है। इस सर्वग्रासी अनिश्चितता और अराजकता के परिणाम सुनिश्चित हैं : भविष्य के भयावह संकट, सार्वजनिक धन और सार्वजनिक सेवाओं की कीमत पर सट्टेबाजियों के जोखिम; मानवीय क्षमता का विनाश; व्यापकतम दरिद्रता; अभाव और अव्यवस्था, और चतुर्दिक फैलती हिंसक अराजकता।

आज दुनिया के हर कोने से इन 'वाशिंगटन कन्सेन्सस' नीतियों, और नवउदारी बाजार फंडामेंटलिज्म के मृत्युघोष की हुँकारें उठ रही हैं। इनसे निपट पाना नवउदारी साम्राज्यवाद के लिए मुश्किल होता जा रहा है। नव उदारवाद के वैश्वीकरण के बरअक्स प्रतिरोध की चुनौती के वैश्वीकरण के वसन्त तुमल की दुन्दुभि दुनिया भर में बजती दिखने लगी है।

21वीं सदी का पहला दशक बीतते, नवउदारी पूँजीवाद के गढ़ उत्तरी अमेरिका और सहयोगी यूरोप से लेकर मध्यपूर्व समेत अधिकांश हाशिये की दुनिया की सड़कों-चौराहों पर 'या बस्ता! बस अब और नहीं!'; 'तुम्हारा संकट हम नहीं भुगतेंगे'; 'बैंकरों और भ्रष्टाचारियों को जेल में डालो' जैसी जन हुँकारें गूँजने लगी थीं। स्पेन में नौजवान सड़कों पर उतरकर तमाम शहरों के सार्वजनिक चौराहों पर रैलियाँ और कब्जा (Occupy) करने लगे। देखते-देखते आक्रोश और प्रतिरोध का यह आन्दोलन समूचे यूरोप में फैल गया। ये प्रतिरोध कब्जे और रैलियाँ विकसित जगत के उन देशों में हो रही थीं जहाँ की सरकारें 2007-08 के वित्तीय संकट और महामन्दी में बैकरों, वित्तीय संस्थानों, कारपोरेटों का थोक भाव में 'बेल-आउट' करने के बाद उसकी सारी कीमत 'मितव्ययिता उपायों' (Austerity Measures) के जरिये आम जनों पर थोप रही थीं। लाखों की संख्या में कामगारों की छँटनी, वेतन कटौती, श्रम अधिकारों में कटौती, पेन्शन फ्रीज, सेवानिवृत्ति, स्वास्थ्य-शिक्षा बजट में कटौती, सामाजिक सुरक्षा-संरक्षा सेवाओं का निजीकरण, उद्योग-व्यापार के लिए कर छूट, आम जनता की आय और जरूरत के सामनों पर कर वृद्धि...'संकट से निकलने' के ये वे उपाय थे जो 'मितव्ययिता राज' (Austerity regimes) की पहचान बन गए।

थोक राजकीय बेल-आउटों के 'अभयदान' से 'असफल होने के लिए जरूरत से ज्यादा बड़े' (Too big to fail) बैंक और कारपोरेट वित्तीय संस्थान अब तक संकट-पूर्व 'आसमानी मुनाफा' की स्थिति में वापस आ चुके थे। हार्वे (2010)[9] के अनुसार वित्तीय संकट पूँजीवाद की अतार्किक ज्यादातियों को तर्कसंगत बनाने के काम आते हैं। वे नये पुनर्संयोजनों, विनिवेश के नये क्षेत्रों और मॉडलों के विकास, और वर्ग सत्ता के नये रूप रचे जाने के लिए पूँजीवाद को प्रवृत्त करते हैं। संकट पूँजी को नये तरीकों से और नई जिजीविषा के साथ पुनर्जीवित-पुनर्नवीकृत करने का काम करते हैं। संकट के बाद का मितव्ययिता युग 1980 दशक के रीगनामिक्स-थैचरवाद की यादें ताजा कर देता है। 2007-08 में भी पूँजीवाद के उस संकट का बोझ कामगारों और गरीबों पर थोप दिया गया, जिसे बनाने में उनकी कोई भूमिका नहीं थी।

नव उदारवादी नीति निर्माताओं की जमात मुक्त व्यापार, निजी क्षेत्र की सर्वव्यापी और सर्वोपरि केन्द्रीय भूमिका और राज्य की न्यूनतम भूमिका के मोहपाश में बंधी हुई है। 26-27 जून 2010 को टोरोंटो (कनाडा) में जी 8/20 शिखर सम्मेलन के हिंसक तोड़-फोड़ तक पहुँचे प्रतिरोध के बावजूद दुनिया के इन 'सम्मोहित' नीति निर्माताओं ने संकट से निकलने का और भी जबरदस्त बाजार केन्द्रित नुस्खा दिया : मितव्ययिता उपायों के जरिये दुनिया की सरकारें अपने बजट घाटों को 2013 तक आधा कर लें, और जीडीपी से सरकारी कर्ज का अनुपात (Government debt-to-GDP Ratio) 2016 तक 'स्टेबलाइज' कर लें या घटा लें। इसका व्यावहारिक आशय था : नियंत्रण मुक्त वित्तीय बाजार, अंधाधुंध व्यापार उदारीकरण (Trade Liberalisation) और सामानों व सेवाओं के व्यापार व निवेश के क्षेत्र में रहे सहे प्रतिबन्ध-नियंत्रण-नियमन को हटाना।

संकट के बाद 2010 से सड़कों-चौराहों पर कब्जा-रैलियों-प्रदर्शनों का प्रतिरोध उन तमाम मुख्यधारा दक्षिण-मध्य-वाम सरकारों के राजनीतिक नेतृत्व-राजनीतिक आभिजात्य के खिलाफ बरसों से अन्दर ही अन्दर उफान ले रहे आक्रोश के फूट पड़ने का परिणाम था। इन सरकारों के पास आम जनों : बेरोजगार नौजवानों, कामगारों, छात्रों, महिलाओं, छोटे-मोटे धन्धे से अपना पेट पालने वालों को देने के लिए 'मितव्ययिता उपायों' के अतिरिक्त कुछ नहीं था।

संकट से पहले ही सन् 2006 के अन्त तक दुनिया में एक डालर प्रतिदिन से भी कम पर गुजारा करने वाले लोग सौ करोड़ से ज्यादा और दो डालर से कम पर गुजारा करने वाले करीब 700 करोड़ गरीब थे। संयुक्त राष्ट्र की मिलेनियम प्रोजेक्ट रिपोर्ट 2006 का मानना है कि विकासशील देशों में गरीबी का मतलब यह भी है कि करोड़ों औरतें रोज पानी और जलावन लाने के लिए मीलों पैदल दुर्गम पहाड़ों-जंगलों-रेगिस्तानों का सफर करती हैं...। दुनिया में 11 करोड़ 40 लाख बच्चों को साक्षरता नसीब नहीं हैं, और 58 करोड़ 40 लाख औरतें निरक्षर हैं।

मुख्यधारा सत्ता आभिजात्य की विकल्पहीनता TINA (There Is No Alternative) की आक्रामकता के बावजूद लैटिन अमेरिका से लेकर मध्यपूर्व तक तमाम देशों में राजनीतिक-आर्थिक संघर्षों-प्रतिरोधों का उमड़ता ज्वार दुनिया के उत्पीड़ित जनों के समूचे 'पूँजीवाद तंत्र' के सम्भावित विकल्प के सपने और उसे साकार करने की जद्दोजहद का प्रतिबिम्ब है।

इस प्रतिरोध ज्वार के आवेग को समझने के लिए पहले पूँजीवाद के संकट पर नजर डालना होगा।

पूँजीवाद का संकट : स्वतः नियंत्रणकारी बाजार का मिथक

अपनी 1944 की क्लासिकी रचना 'The Great Transformation'[10] में पोलानी ने कहा कि स्वतः नियंत्रणकारी बाजार (Self-regulating Market) जैसी किसी भी चीज का वास्तविक दुनिया में कोई अस्तित्व नहीं है। स्व नियंत्रित बाजार एक 'यूटोपिया' है। आर्थिक व्यवस्था सामाजिक व्यवस्था का ही एक तत्त्व होती है। इसलिए अर्थव्यवस्था स्वतंत्र-स्वयंभू और स्व-सक्षम होने के बजाय समसामयिक राजनीति, धर्म और सामाजिक सम्बन्धों के अधीन काम करती है।

बाजार उदारवाद (Market Liberalism) मूलतः प्रारम्भिक 19वीं सदी के अंग्रेज अर्थशास्त्रियों (माल्थस, रिकार्डो) की अवधारणा है जो प्रारम्भिक औद्योगिकीकरण चरण के संकटों का हल निकालने की दृष्टि से ईजाद की गई थी। अन्ततः यह अवधारणा ब्रिटिश साम्राज्यवाद के अधीन नई उभरती वैश्विक अर्थव्यवस्था का संगठनकारी सिद्धान्त बन गई। बाजार की बढ़ती आक्रामकता से अपने स्थानिक समाजों को बचाने की कोशिशों का नतीजा वैश्विक शान्ति और सत्ता सन्तुलन के उत्तरोत्तर विषम और अस्थिर होते जाने में हुआ जिसकी चरम परिणति द्वितीय विश्व युद्ध में हुई। इसका अनुषंगिक परिणाम अर्थव्यवस्थाओं के ध्वंस में हुआ जिसके चलते महामन्दी आई, और यह महामन्दी अन्ततः फासीवाद के जन्म और उभार का कारण बनी।

वे परिस्थितियाँ थी, जिनके आधार पर पोलानी इस नतीजे पर पहुँचा कि नितांत निरपेक्ष-असम्बद्ध, और स्वनियंत्रित बाजार अर्थव्यवस्था का अस्तित्व समाज से सम्पूर्ण मानवीय-प्राकृतिक तात्त्विकता का उच्छेद किये बगैर सम्भव नहीं है। ऐसी अर्थव्यवस्था मनुष्य का भौतिक रूप से विनाश कर करके उसके चतुर्दिक वातावरण को वीरान (Wilderness) कर देगी, क्योंकि इसकी मूल जरूरत मानव प्राणियों और प्राकृतिक वातावरण-पर्यावरण को विशुद्ध वस्तुओं में बदल देने की है। भूमि, श्रम और मुद्रा वस्तुतः कृत्रिम आर्थिक माल हैं, क्योंकि इनका उद्गम बाजार में बेचे जाने के लिए नहीं हुआ था। श्रम, मनुष्य की विभिन्न गतिविधियों में से एक है। भूमि धरती की उपविभाजित प्रकृति के अलावा कुछ नहीं है। आधुनिक समाजों में मुद्रा और साख की आपूर्ति अनिवार्य रूप से सरकार की नीतियों पर निर्भर हैं।

संचय और अति उत्पादन का संकट

मार्क्स के विस्तारित पुनरुपात्दन (System of extended reproduction) को

आधार बनाकर रोजा लक्जेमबर्ग का तर्क है कि एक ओर तो पूँजी का संचय गैर पूँजीवादी सांगठनिकताओं की मदद के बगैर सम्भव नहीं है, और दूसरी ओर, पूँजी इन सांगठनिकताओं के अस्तित्व को बर्दाश्त भी नहीं कर सकती। ऐसे में गैर पूँजीवादी सांगठनिकताओं का अनवरत और वृद्धिमान बिखराव ही पूँजी के संचय को सम्भव बनाता है।[11] इन सन्दर्भों में पूँजीवादी व्यवस्था अपने ही अन्दर अनवरत रूप से एक ऐसे अन्तर्विरोध से जूझती रहती है जिसका कोई हल नहीं है। इसके चलते पूँजीवादी व्यवस्था में संकटों की अन्तहीन आवृत्ति अन्तर्निहित और अनिवार्य है।

बेलो (2009) लक्जेमबर्ग की इस अवधारणा को आधार बनाकर 2008 के वित्तीय संकट की तुलना 1980 दशक के प्रारम्भिक वर्षों की वैश्विक मन्दी से करता है। वह 2008 संकट को वैश्विक पूँजीवाद के एक विशिष्ट केन्द्रीय संकट या अन्तर्विरोध का धनीभूत होना बताता है। वह केन्द्रीय संकट है : अति उत्पादन, जिसे अतिसंचय (Over accumulation) या फिर क्षमता अतिरेक (Over Capacity) का संकट भी कह सकते हैं।[12]

निरन्तर बढ़ती गला-काट पूँजीपति प्रतिस्पर्धा के परिप्रेक्ष्य में पूँजीवाद की प्रवृत्ति विशालतम उत्पादन क्षमता हासिल करते जाने की होती हैं। यह (विशाल उत्पादन) अन्ततः आबादी की उपभोग क्षमता को पार कर जाती है। उपभोग क्षमता के सीमित होने का कारण आय असमानता है, जो आम जन-समुदाय की क्रयशक्ति को सीमित कर देती है। इसका नतीजा पूँजी की मुनाफा क्षमता के ह्रास और अन्ततः अर्थव्यवस्था के गिरावट चक्र में होता है।

आधुनिक पूँजीवाद के पास इस अनवरत उत्पादन अतिरेक के चक्र से निकलने के लिए तीन रास्ते हैं :

(i) नवउदारी पुनर्संरचना, जिसका व्यावहारिक रूप उत्तरी भूगोलार्ध में रीगन और थैचरवाद और दक्षिणी भूगोलार्ध में ढाँचागत पुनर्संयोजन कार्यक्रम है;
(ii) वैश्वीकरण, जिसका मतलब अर्धपूँजीवादी, गैर-पूँजीवादी और पूर्व-पूँजीवादी समाजों-क्षेत्रों का तेजी के साथ और सघनतम तरीके से वैश्विक बाजार अर्थव्यवस्था में बाजार अर्थव्यवस्था की शर्तों पर आमेलन है; और
(iii) वित्तीयकरण, जिसका अर्थ वित्तीय क्षेत्र में भारी पैमाने पर निवेश और पुनर्निवेश। इसका परिणाम अति सक्रिय वित्तीय अर्थव्यवस्था, गतिरूद्ध (Stagnant) मुख्यधारा अर्थव्यवस्था, और इन दोनों के बीच बढ़ती दूरी और असम्बद्धता है।

वित्तीय वैश्वीकरण के अन्तर्विरोधों को लेकर बेलो का कहना है कि वित्तीय क्षेत्र की गतिविधियों में विनिवेश के साथ समस्या यह है कि इसका अन्ततः परिणाम पहले से सृजित मूल्य का ही पुनः मूल्य विदोहन है (Sqeezing value of already created value) है।[13] ऐसी गतिविधि भले ही मुनाफा कमा सकती हो, मगर नया मूल्य सृजित नहीं कर सकती। केवल उद्योग : कृषि, उत्पादक व्यापार, सेवा क्षेत्र ही नया मूल्य सृजित कर सकते हैं। चूँकि मुनाफे का आधार वह मूल्य नहीं है, जो नव सृजित होगा, इसके चलते विनिवेश गतिविधियाँ हमेशा डाँवाडोल रहती हैं। वित्तीय उत्पादों : स्टॉक,

बाँड, विनिवेश के अन्य तमाम रूप (डेरिवेटिव्स) की कीमतों का उनके वास्तविक मूल्य से कोई लेना-देना नहीं रह जाता। इनका आधार इनके अन्तर्निहित मूल्य से हटकर इनके वित्तीय मूल्यांकन की सट्टेबाजी बन जाती है। ऐसा 'मुनाफा' इस बात पर निर्भर करता है आप उस वित्तीय उत्पाद की बढ़ती कीमतों के अनुमान का कितना फायदा उठाते रह सकते हैं और 'कीमत शुद्धीकरण' अर्थात बाजार के वापस अपनी मूल कीमत पर 'धड़ाम' हो जाने से पहले ये वित्तीय उत्पाद बेच कर खाली हो जाते हैं। किसी सम्पदा की कीमत का उसके वास्तविक मूल्य से असाधारण 'रेडिकल' बढ़ाव होते जाना वस्तुतः बबूले या गुब्बारे के फूलने का द्योतक है।

चूँकि वित्तीय क्षेत्र में मुनाफा सट्टेबाजी के अनिश्चय और उतार-चढ़ाव पर निर्भर करता है, स्वाभाविक रूप से वित्तीय क्षेत्र ज्यादा तेजी से एक बबूले से दूसरे या एक सट्टेबाजी उन्माद से दूसरे सट्टेबाजी उन्माद में झूलता रहता है। इसी सट्टेबाजी उन्माद के चलते 1980 दशक से, जब से पूँजी बाजार का विनियमन और उदारीकरण अभियान चला, 100 से ज्यादा वित्तीय संकट के उतार-चढ़ाव आ चुके हैं। 2008 के भयावह वित्तीय संकट के पहले एक बड़ा वित्तीय संकट 1997 के एशियाई वित्तीय संकट के रूप में आया था। इन अर्थों में वर्तमान वित्तीय संकट का दौर (सन् 2007-08 से) पूँजीवाद की नवउदारी किस्म का संकट मात्र न होकर खुद समूचे पूँजीवाद का संकट है।

घटती मुनाफा दर प्रवृत्ति का सिद्धान्त

1997 एशियाई संकट का मूलभूत अन्तर्निहित कारण मुनाफा दरों के घटते जाने में था। इसलिए उत्पादन अतिरेक संकट का कारण नहीं, बल्कि परिणाम है। संकट की जड़ें उस दीर्घकालिक मन्दी में तलाशनी होंगी जो 1980 दशक के अन्तिम और 1990 दशक के शुरुआती वर्षों से ही शुरू हो गई थी। वर्तमान संकट सामान्य क्रमिक संकट चक्र के अतिरेक उत्पादन का संकट न होकर एक ऐसी दीर्घकालीन मन्दी के विस्फोट का संकट है, जिसने चक्रीय संकट के साथ मिलकर विस्फोटक आयाम ले लिया। मुनाफे की घटती दरों (दीर्घकालिक मन्दी का प्रभाव) के दबाब में पूँजीपतियों के बीच अधिक से अधिक कर्ज आधारित निवेश के जरिये उत्पादन बढ़ाते चले जाने की होड़ मच जाती है जिससे वे घटती मुनाफा दरों की, बढ़ते उत्पादन से भरपायी कर सकें। यह गलाकाट प्रतिस्पर्धा मुनाफा दर के और भी घटते चले जाने की प्रवृत्ति को आवेग देती है। अन्ततः मुनाफा बिल्कुल नीचे आ जाता है। इस तरह अति उत्पादन आसन्न संकट का कारण नहीं, बल्कि मुनाफे की घटती दर से उपजे संकट का परिणाम है।

पिछले तीन दशकों से पूँजीवाद की नवउदारी / वैश्वीकरण किस्म का एक भी दावा खरा नहीं उतरा है। सन् 2004 की वैश्वीकरण के सामाजिक आयाम पर विश्व कमीशन (World Commission on Social Dimension of Globalisation) की रिपोर्ट के मुताबिक[14] :

(i) 1990 से वैश्विक जीडीपी देर लगातार धीमी होती गई;

(ii) विकसित औद्योगिक और विकासशील, दोनों ही श्रेणियों के देशों में विकास और उसके फलों के वितरण में असमानता बढ़ी;

(iii) प्रति व्यक्ति आय के आधार पर सोलह विकासशील देशों में 3% से अधिक वार्षिक वृद्धि 1985 से 2000 के बीच हुई, पचपन देशों की विकास दर 2% से नीचे रही और तेईस देशों में नकारात्मक वृद्धि दर दर्ज की गई;

(iv) वैश्वीकरण नीतियों का सबसे ज्यादा फायदा विकसित औद्योगिक देशों को मिला;

(v) लगातार फैलते वैश्विक बाजार, वैश्विक उत्पादन प्रणाली के उदय, निवेश के उदारीकृत और सरलीकृत नियमों ने औद्योगिक देशों के बहुराष्ट्रिक कारपोरेटों के लिए भारी पैमाने पर नये अवसर बनाए। उनकी वैश्विक पहुँच और बाजार ताकत में जबरदस्त वृद्धि हुई;

(vi) वैश्वीकरण के अन्य लाभार्थियों में गिने-चुने विकासशील देशों, विशेषकर पूर्वी एशियाई देशों को अपना निर्यात बढ़ाने और भारी पैमाने पर प्रत्यक्ष विदेशी निवेश (FDI) हासिल करने में सफलता मिली;

(vii) आइएलओ आकलन के मुताबिक पिछले दस सालों में सारी दुनिया में बेरोजगारों की संख्या तेजी से बढ़ी। सन् 2003 में पिछले दस साल के मुकाबले 18 करोड़ अस्सी लाख ज्यादा बेरोजगार थे। 1990 से लैटिन अमेरिकी-करेबियाई, दक्षिण एशियाई देशों और 1995 से पूर्वी एशियाई देशों में भी बेरोजगारी तेजी से बढ़ी;

(viii) औद्योगिक देशों में 2003 तक बेरोजगारी का अनुभव मिलाजुला रहा, खासकर जापान में बेरोजगारी बढ़ी।

ईस्टरली (2001)[15] के मुताबिक 1980 से 2000 तक का नव उदारवाद का स्वर्णकाल वस्तुत: समूची दुनिया के लिए दो बरबाद और 'गायब' (lost) दशक थे। इस पूरी अवधि में दुनिया के ज्यादातर हिस्सों, विशेषकर विकासशील और अल्पविकसित देशों में गतिरूढ़ता और ह्रासमान प्रगति के घने बदल छाये रहे।

हार्वी (2004)[16] इस परिघटना और प्रवृत्ति को 'नव साम्राज्यवाद' का नाम देते हुए कहता है कि पूँजी के विस्तारित पुनरुत्पादन ने इस अवधि में अति उत्पादन और अतिसंचय के साथ ही आक्रामक नवउदारी वैश्वीकरण के तहत 'बेदखली के जरिये संचय' (Accumulation by dispossession) को जन्म दिया। यह वर्तमान 'नव साम्राज्यवाद' की मूलभूत-अन्तर्निहित विशिष्टता है।

स्टॉक बाजार को उन्मादी प्रोत्साहन, पोंजी योजनाएँ, मुद्रास्फीति के जरिये ढाँचागत सम्पदा विनाश, विलय और खरीद (M&A) के जरिये सम्पदा क्षरण, सम्पूर्ण आबादी पर बोझ डालने वाली उन्मादी ऋणग्रस्तता—यहाँ तक कि विकसित देशों में भी यह ऋणग्रस्तता आम आबादी को ऋण बन्धक बना रही है। इसके अलावा कारपोरेट फ्राड, भ्रष्टाचार और लूट, क्रेडिट और स्टाक की धोखधड़ी और सट्टेबाजी के जरिये

सीधे-सीधे राष्ट्रीय-जन सम्पदा की बेदखली (पेंशन फंडों का स्टाक में विनिवेश, और कारपोरेट दिवालियापन आदि के जरिये)—ये सभी वर्तमान पूँजीवाद (नव साम्राज्यवाद) की केन्द्रीय चारित्रिक विशेषताएँ हैं।

नव साम्राज्यवाद द्वारा 'बेदखली के जरिये संचय' की सबसे कारगर और अभूतपूर्व विशिष्ट तकनीक हेज फंडों और ऐसे तमाम अन्य भारी-भरकम वित्तीय संस्थानों द्वारा सट्टेबाजी के फर्जी उत्पादों के जरिये वित्तीय पूँजी की लूट है। समूचे दक्षिण-पूर्वी एशिया में तरलता संकट खड़ा करके इन हेजफंडों ने इन देशों के फलते-फूलते व्यापार को दिवालिएपन की ओर ढकेल दिया था।

नव साम्राज्यवाद की अन्य तकनीकों में विश्व व्यापार संगठन द्वारा इंटेलेक्चुअल प्रापर्टी राइट्स (IPRs) पर 'TRIPs' के जरिये डकैती, प्रकृति के हर सम्भव रूप का थोक जिन्सीकरण (Wholesae Commodification), दुनिया के सारे समाजों की संस्कृति, इतिहास और बौद्धिक सर्जना का जिन्सीकरण, और सार्वजनिक सम्पदा का निजी / कारपोरेटीकरण शामिल है। 2008 संकट के सन्दर्भ में इस सूची में दो और बातें जोड़ी जा सकती हैं : ध्वस्त होने के लिए जरूरत से ज्यादा बड़े '(Too big to fail)' बैंकों, निजी कारपोरेटों और संस्थानों का राज्य द्वारा किया जाने वाला बेल-आउट और 'मितव्ययिता उपायों' के जरिये आमगरीब-निरीह जन समुदाय से इसकी वसूली जाने वाली कीमत।

आल्बो (2009)[17] नव उदारवाद की सभी केन्द्रीय मूलभूत प्रस्थापनाओं का एक-एक करके खंडन करते हुए कहता है कि यह असम्भव साबित हो चुका है कि :

(i) राजकीय दखल का ह्रास और उदारीकृत बाजार का विस्तार सभी के लिए सम्पन्नता सुनिश्चित करेगा। [नव उदारवाद की 'ट्रिकिल डाउन' प्रस्थापना];
(ii) बाजार पर वृद्धिमान निर्भरता के जरिये सार्वजनिक सेवाओं का संरक्षण-संवर्धन किया जा सकता है (स्व-नियंत्रित बाजारवाद प्रस्थापना);
(iii) नये वित्तीय उत्पाद और उपकरण / तकनीक से जोखिम का वृहत्तर वितरण (Spreding risks) और आर्थिक स्थायित्व सुनिश्चित हो सकेगा (दक्ष पूँजी आवंटन के जरिये पारदर्शिता और शेयर धारक मूल्य संवर्धन प्रस्थापना);
(iv) लचीले श्रम बाजार और यूनियन मुक्त कार्यस्थल (de-unionised work place) रोजगार संरक्षा और वेतन वृद्धि सुनिश्चित करेंगे [रोजगार लेने अथवा बेरोजगार बने रहने की स्वैच्छिक वैयक्तिक वरीयता (Voluntary individual decision) की प्रस्थापना;
(v) बाजार पर बढ़ती निर्भरता का अर्थ उसी अनुपात में स्वतंत्रता और समानता की वृद्धि है [किसी भी सामूहिक कार्यवाही के दबावकारी (Coercive) और अलोकतांत्रिक होने की प्रस्थापना]।

नवउदारवादी सिद्धान्तकारों, उनकी पैरोकारी करने वाले बुद्धिजीवियों और उन्हें लागू करने-कराने वाले राष्ट्रीय-अन्तर्राष्ट्रीय सत्ता तंत्र और संस्थानों द्वारा प्रतिपादित ये सारी प्रस्थापनाएँ और दावे अपने विनाशकारी प्रभाव के साथ असफल सिद्ध हुए हैं।

जहाँ कहीं भी इन्हें लागू किया गया, ये समूचे समाज और श्रमशील समुदायों के लिए भयावह रूप से सामाजिक-आर्थिक विनाशकारी-विघटनकारी-वैषम्यकारी सिद्ध हुए हैं। एक बाद एक चले आते कभी न खत्म होने वाले संकटों का दौर, असमान-विषाक्त-वैषम्यकारी विकास, चारों तरफ मचता असमानता और दरिद्रता का हाहाकार, सामाजिक अन्याय और विघटन, जनतांत्रिक मूल्यों का निरन्तर ह्रास, समाज की सामुदायिक एका भावना और नैतिक मूल्यपरक ताने-बाने का विध्वंस : ये सब आज के पूँजीवादी नव साम्राज्यवाद की प्रतिनिधि चारित्रिक विशेषताएँ हैं।

अमेरिकी मॉडल परिधि के बाहर पूँजीवादी विकल्प?

दक्षिण कोरिया, ताइवान, सिंगापुर, मलेशिया, पूर्वी एशियाई 'विकासवादी राज्य विकास' मॉडल (Developmental state Growth Model) की विशेषताएँ :

(i) उच्च घरेलू बचत दर;
(ii) उच्च कारपोरेट ऋण-इक्विटी अनुपात (High corporate debt-to-equity ratio) : [कम्पनियों का शेयर धारक इक्विटी से सकल देयता (Total Libilities) का अनुपात];
(iii) बैंक-फर्म-राज्य का संश्रयकारी सहयोग;
(iv) राष्ट्रीय आक्रामक औद्योगिक रणनीति; और
(v) अन्तर्राष्ट्रीय प्रतिस्पर्धी क्षमता वृद्धि के लिए विनिवेश प्रोत्साहन।

उच्च ऋण-इक्विटी अनुपात का मतलब अपनी प्रगति (Growth) के लिए ऋण आधारित वित्त प्रबन्धन की आक्रामकता है। फर्में / कारपोरेट, जो विश्व बाजार के बड़े खिलाड़ी बनना चाहते हैं, ऐसा केवल कर्ज के जरिये ही कर सकते हैं।

औद्योगीकरण के अचानक बड़े पैमाने पर उभार की दिशा में हर जगह राज्य ने प्रभावी-सक्रिय और अग्रणी भूमिका निभाई है। दक्षिण कोरिया में 1997 संकट से पहले की प्रगति के कारक :

(i) रीयल इस्टेट और कंज्यूमर ड्यूरेबुल्स की तुलना में भारी उद्योगों में बड़े पैमाने पर निवेश;
(ii) तकनीकी उन्नयन और तकनीकी कौशल के विकास में राज्य द्वारा भारी विनिवेश;
(iii) राज्य ने व्यापार और उद्योग-उद्यमिता को हर तरह का प्रशासनिक प्रोत्साहन व सहयोग दिया;
(iv) गलाकाट प्रतिस्पर्धा पर रोक लगायी गई; 'इकोनॉमी ऑफ स्केल' हासिल करने के लिए विलय और खरीद (M&A) को प्रोत्साहित किया गया;
(v) उत्पादन क्षमता के विकास और विस्तार के लिए पूँजी निर्माण और तकनीकी हासिल करने में जबर्दस्त राजकीय सहायता और समर्थन मिला;
(vi) प्राथमिकता के क्षेत्रों में निवेश सुनिश्चित करने के लिए बैंकों का राष्ट्रीयकरण किया गया;
(vii) विदेशी निवेश को राजकीय विनियमन के दायरे में लाकर वास्तविक तकनीकी

स्थानान्तरण की शर्तों पर अनुमति दी गई;

(viii) लचीली मगर मजबूत वास्तविक विनिमय दर नीति पर आधारित राजकोषीय नीति बनी;

(ix) घरेलू बाजार के संरक्षण के लिए टैरिफ नीति लागू हुई;

(x) मुद्रास्फीति पर लगाम के लिए वेतन और कीमतों पर नियंत्रण लागू किया गया;

(xi) उद्योगों के लिए कुशल-प्रशिक्षित श्रमशक्ति उपलब्ध कराने की दृष्टि से राज्य ने शिक्षा में भारी पैमाने पर निवेश किया;

(xii) राज्य द्वारा कृषि सब्सिडी जैसे उपायों के जरिये वितरण में तार्किकता लाने के प्रयास हुए;

और टैरिफ नीति और उत्पादकता वृद्धि के लाभ की हिस्सेदारी वास्तविक वेतन वृद्धियों के रूप में मजदूर वर्ग को मिली।

इनमें से कोई भी उपाय राज्य के प्रत्यक्ष और सक्रिय हस्तक्षेप के अभाव में सम्भव नहीं था। दूसरी ओर, इन राजकीय नीतियों और कार्यक्रमों की भारी सामाजिक-राजनीतिक कीमत मजदूर वर्ग को श्रम नियंत्रण और श्रमिकों के अधिकारों के दमन के रूप में चुकानी पड़ी। केवल उन्हीं यूनियनों को अनुमति थी, जो फर्मों द्वारा समर्थित-अनुमोदित हों। यूनियनों की राजनीतिक गतिविधियों पर पूरी तरह पाबन्दी लग गई। सार्वजनिक/ राजकीय महत्त्व के उद्योगों में औद्योगिक झगड़ों का पंचाट निर्णय मानना अनिवार्य कर दिया गया। सभी यूनियनों के लिए सरकार द्वारा प्रायोजित सत्रह औद्योगिक ट्रेड यूनियनों में से किसी एक के साथ सम्बद्धता अनिवार्य थी। ये सभी ट्रेड यूनियनें एक राष्ट्रीय ट्रेड यूनियन फेडरेशन : दि फेडरेशन ऑफ कोरियन ट्रेड यूनियन्स के साथ सम्बद्ध थीं। 1987 में दक्षिण कोरिया के 'जनतांत्रीकरण' के बाद राष्ट्रपति चुन की सत्ता में चले दमनकारी श्रम विरोधी अभियान से औद्योगिक विवादों की बाढ़-सी आ गई। 1980 के दशक में पुलिस और खुफिया एजेन्सियों के भरपूर समर्थन से लैस बड़ी-बड़ी फर्मों / कम्पनियों की यूनियनों के लिए हड़ताल कर पाना लगभग नामुमकिन हो गया। राजकीय सशस्त्र और खुफिया बल संरक्षण का खुलकर इस्तेमाल उद्योगपतियों ने सफेद कालर यूनियनों के विकास को रोकने, यूनियन नेताओं को अपने 'कब्जे' में रखने, कालेज से पढ़े-लिखे नौजवान औद्योगिक श्रमिकों को मजदूरों को संगठित करने के प्रयासों से रोकने के लिए किया। बावजूद इन सबके, न तो राज्य और न ही पूँजीपति वर्ग आने वाले वर्षों में मजदूरों के प्रतिरोध और गोलबन्दी के जबरदस्त उभार को रोक पाने में कामयाब हो सका।

वाड और वेनरोसो (1998)[18] के अनुसार 1997 का दक्षिण कोरियाई वित्तीय संकट मुख्य रूप से आई.एम.एफ., OCED (आर्गनाइजेन फॉर इकोनामिक कोआपरेशन एंड डेवलपमेंट : विकसित राष्ट्रों का संगठन) और पश्चिमी सरकारों, बैंकों और बहुराष्ट्रिकों के दबाव में कोरियाई वित्तीय बाजार के आमूल-चूल 'लिबरलाइजेशन' का नतीजा था। दक्षिण कोरिया की विदेशी बाजार में हिस्सेदारी की लालच से OCED का सदस्य बनने

की ललक का नतीजा विदेशों से ऊँची कीमतों पर पूँजी प्रवाह को नियंत्रण-नियमन से मुक्त करने में हुआ। दक्षिण कोरिया द्वारा फर्मों के विदेशी कर्जों पर नियंत्रण ढीला कर देने / हटा लेने के चलते 1997 के पहले तक कोरिया पर 150 बिलियन अमेरिकी डालर का विदेशी कर्ज चढ़ चुका था। इसी के साथ दक्षिण कोरिया ने बैंकों पर भी अपनी नियामक पकड़ ढीली कर दी, और बड़े उद्योगों के बीच 'अति प्रतिस्पर्धा' पर नियंत्रण हटा लिया। इसके चलते देखते-देखते ऑटोमोबिल, शिप निर्माण, स्टील, पेट्रोकेमिकल, सेमीकंडक्टर उद्योग अतिरेक उत्पादन से पट गए। नतीजे में निर्यात कीमतों में गिरावट आने लगी, और बैंकों के डिफाल्ट कर्जे बढ़ने लगे। दक्षिण कोरिया संकट तूफान का नाभिकेन्द्र था। वह अपनी अर्थव्यवस्था को अन्तर्राष्ट्रीय वित्तीय पूँजी की मनमानियों के लिए खोल चुका था।

सामाजिक-जनवाद (Social-democracy) का पुनरुत्थान?

वर्तमान संकट के पहले से ही खुद 'पूँजी सर्किल' के अन्दर नवउदारी वैश्वीकरण के सम्भावित विकल्प को लेकर बहस चल रही थी। बेलो (2009)[19] इसे 'वैश्विक सामाजिक-जनवाद' (Global social democracy: GSD) का नाम देता है। इसके कुछ बड़े पैरोकार हैं : ब्रिटेन के पूर्व प्रधानमंत्री गोर्डन ब्राउन, जेफ्री सैश और जार्ज सोरोस जैसे अर्थशास्त्री, पूर्व संयुक्त राष्ट्र महासचिव कोफी अन्नान, समाजशास्त्री डेविड हेल्ड, नोबेल पुरस्कार विजेता जोसेफ स्टिग्लिज, और खरबपति बिलगेट्स। हालाँकि इन सभी की GSD की अवधारणाओं में काफी भिन्नताएँ हैं। मगर वे उद्देश्य पर सहमत हैं : एक सुधरी हुई सामाजिक व्यवस्था की स्थापना, और वैश्विक पूँजीवाद के लिए नई दृष्टि के साथ वैचारिक सहमति (Ideological consensus) तैयार करना।

वैश्विक सामाजिक जनवाद की प्रमुख प्रस्थापनाएँ :

(i) वैश्वीकरण तात्त्विक रूप से दुनिया के लिए लाभकारी है। नवउदारवादी इसका कुशल प्रबन्धन कर पाने और व्यापक जन समुदायों के बीच इसे 'बेच' पाने में बुरी तरह असफल हैं;

(ii) वैश्वीकरण को तत्काल नवउदारवादियों के चंगुल से मुक्त कराए जाने की जरूरत है, क्योंकि इनकी नाकामियों के चलते वैश्वीकरण की प्रक्रिया उलटी दिशा में चल पड़ी है;

(iii) वैश्वीकरण को बढ़ती असमानता के साथ अपना नाता तोड़ना होगा;

(iv) व्यापार को अनिवार्य रूप से प्रोत्साहित किया जाना चाहिए, परन्तु साथ ही साथ इसका सामाजिक-पर्यावरणीय परिस्थितियों से भी समायोजन-संयोजन होते रहना चाहिए;

(v) एकतरफावाद (unilateralism) से भरसक बचना चाहिए, बहुपक्षीय संस्थाओं और समझौतों को संरक्षित और सुधारा जाना चाहिए;

(vi) वैश्विक बाजार समेकन (Global Market Integration) के साथ अनिवार्य रूप से वैश्विक सामाजिक समेकन (Global social integration) को

संयोजित-समन्वित करना चाहिए। इसका आशय देशों के अन्दर, और देशों के बीच परस्पर असमानता को उत्तरोत्तर कम करने का प्रयास है;

(vii) विकासशील देशों के वैश्विक कर्जों को रद्द किया जाना चाहिए अथवा न्यूनतम सम्भव स्तर पर लाना चाहिए : इससे होने वाली राष्ट्रीय बचत का इस्तेमाल स्थानीय अर्थव्यवस्था को आवेग देने में किया जाना चाहिए जिससे वैश्विक प्रसार में मदद मिलेगी;

(viii) गरीबी और पर्यावरणीय संकट से निपटने के लिए उत्तर से दक्षिण की ओर भारी पैमाने पर सहायता कार्यक्रम मार्शल प्लान की तर्ज पर लिया जाना चाहिए;

(ix) 'दूसरी हरित क्रान्ति' को आवेग दिया जाना चाहिए, विशेषकर अफ्रीका में, जहाँ व्यापक पैमाने पर जेनेटिक इंजीनियर्ड बीजों को अंगीकार करके इस क्रान्ति को अंजाम दिया जा सकता है;

(x) वैश्विक अर्थव्यवस्था को पर्यावरणीय आधार पर कहीं ज्यादा पोषणीय रास्तों से आवेग देने के लिए भारी पैमाने पर निवेश किया जाना चाहिए। इसमें सरकारों की अग्रणी भूमिका होनी चाहिए—इसे हरित कीन्सवाद या हरित पूँजीवाद का भी नाम दिया जाता है।

वैश्विक सामाजिक जनवाद की अवधारणा को डेविड हेल्ड (2005) ने अपनी किताब 'At the Global Cross Roads: The End of Washington Consensus and Rise of Social Democracy'[20] में तार्किक तरीके से प्रस्तुत करने का प्रयास किया है। वह अपना सामाजिक-जनवादी एजेंडा नौ सूत्रीय मानव सुरक्षा सिद्धान्त (Nine point Human security doctrine) के साथ मिलाकर पेश करता है। इस सामाजिक जनवादी एजेंडे को आगे बढ़ाने के लिए वह एक गठबन्धन का प्रस्ताव करता है जिसके सहभागी होंगे : वे यूरोपी देश, जिनकी मजबूत उदारी-सामाजिक-जनवादी परम्परा रही है, अमेरिकी राजनय के वे 'लिबरल ग्रुप' जो अन्तर्राष्ट्रीय मामलों में बहुपक्षवाद (Multilateralism) और कानून के राज के पक्षधर हैं, वे विकासशील देश जो विश्व आर्थिक व्यवस्था तंत्र में ज्यादा मुक्त और न्यायपूर्ण व्यापार कानूनों के लिए जद्दोजहद कर रहे हैं, अमेनेस्टी इंटरनेशनल से लेकर आक्सफॉम तक वे तमाम एनजीओ जो अधिक न्यायपूर्ण, लोकतांत्रिक और समानतापूर्ण विश्वव्यवस्था के लिए काम कर रहे हैं, और वे ट्रांसनेशनल आन्दोलन (सिविल सोसाइटी संगठन) जो विद्यमान वैश्वीकरण के रूप और प्रकृति के खिलाफ संघर्ष कर रहे हैं। इस तथाकथित भानमती के कुनबे वाले गठबन्धन में सामाजिक-जनवाद का गृह क्षेत्र होने के नाते यूरोप की विशिष्ट भूमिका होगी।

डेविड हेल्ड का सामाजिक-जनवादी एजेंडा :

सामाजिक जनवाद का घरेलू एजेंडा

- बेहतर और व्यवस्थित मैक्रो आर्थिक नीति
- राजनीतिक और कानूनी सुधार पर बल

- मजबूत और सक्रिय सार्वजनिक क्षेत्र
- राजकीय आर्थिक और विनिवेश रणनीति, जिसमें विविधताओं के साथ प्रयोग करने की गुंजाइश हो
- वैश्विक बाजार के साथ समेकन की सुसंगत नीति
- मानवीय और सामाजिक निवेश को प्राथमिकता
- अधिसंरचना पर राजकीय पूँजी निवेशन
- गरीबी कम करने और सामाजिक सुरक्षा उपायों पर बल
- 'सिविल सोसाइटी' को मजबूत करने पर बल

सामाजिक जनवाद का वैश्विक एजेंडा

- दोहा सहमति का पुनरुद्धार
- अपोषणीय कर्जों को रद्द करना
- TRIPs का सुधार
- ट्रांसनेशनल माइग्रेशन के लिए न्यायपूर्ण व्यवस्था का सृजन
- अन्तर्राष्ट्रीय वित्तीय संस्थानों में विकासशील राष्ट्रों की सौदेबाजी क्षमता का विस्तार
- अन्तर्राष्ट्रीय वित्तीय संस्थानों के मानव संसाधन प्रबन्धन में विकासशील राष्ट्रों की अधिक भागीदारी
- राष्ट्रों की मानवीय पूँजी और आन्तरिक समेकन प्रबन्धन (Internal country integration) में नये वित्तीय प्रवाहों और सुविधाओं के अवसर
- संयुक्त राष्ट्र प्रणाली में सुधार। गरीबी दूर करने, कल्याणकारी योजनाओं, और पर्यावरण रक्षा कार्यक्रमों में जबाबदेही और प्रभावोत्पादकता का विस्तार।

वस्तुत: वैश्विक सामाजिक जनवाद की पूरी अवधारणा अपने-आप में समस्याग्रस्त है। यह तात्त्विक रूप से राष्ट्र-राज्य को 'वैश्विक' (global) की सरल-सपाट इकाई या हिस्सा मान कर राष्ट्र-राज्य के मूलभूत अन्तर्विरोधों को सिरे से नजरअन्दाज कर देती है।

पाउलान्ते (2000) राज्य को सतत रूप से वर्गीय अन्तर्विरोधों द्वारा विभाजित स्थिति में देखता है। राज्य सतत जारी वर्ग संघर्ष की संघनित अभिव्यक्ति है। अन्तर्विरोध न सिर्फ वर्गों के बीच के रिश्तों में है, बल्कि खुद वर्ग के अन्दर विभिन्न समूहों के बीच भी है। प्रभुत्वशाली वर्गों और समूहों के आपसी अन्तर्विरोधों के चलते राज्य का एक बुनियादी कार्यभार 'पावर ब्लाक' के अन्दर एकता को एकजुट बनाए रखने का है। इस रूप में राज्य 'पावर ब्लाक' के अन्दर प्रभुत्वशाली वर्गों और समूहों के बीच समझौतों के अस्थिर सन्तुलन का तात्कालिक संगठित स्वरूप है। राज्य का एक और बुनियादी कार्यभार 'पावर ब्लाक' और दमित वर्गों के बीच रिश्तों पर केन्द्रित करना है। 'पावर ब्लाक' का वर्चस्व (Hegemony) बनाए रखने के लिए राज्य दमित वर्गों को असंगठित और विभाजित बनाए रखने के लिए लगातार आक्रामक रूप से सक्रिय रहता है।

GSD की इस मूलभूत समस्या के अलावा भी कई सारी सीमाएँ और समस्याएँ

हैं। GSD के पास वैश्वीकरण की अन्तर्निहित सामाजिक और पर्यावरणीय विनाशकारी-विभेदकारी प्रक्रिया की ज्यादतियों से निपटने की कोई रणनीति नहीं है। GSD भी उत्पादन, वितरण और उपभोग की सबसे महत्त्वपूर्ण प्रणाली के रूप में बाजार को ही देखता है। अन्तर सिर्फ इतना है कि जहाँ नवउदारी वैश्वीकरण बाजार में राज्य के किसी भी दखल का विरोधी है, वहाँ GSD बाजार असफलता की स्थितियों में राज्य सक्रिय राजनीतिक हस्तक्षेप की पैरोकारी करता है। GSD की वैचारिकी और व्यवहार तात्त्विक रूप से एक गैर भागीदार 'ऊपर से हस्तक्षेप' का प्रोजेक्ट है। GSD एकाधिकारी पूँजीवाद के समूचे फ्रेमवर्क को पूरी तरह स्वीकार करता है, जो मूलतः उत्पादन साधनों के निजी नियंत्रण की अवधारणा पर आधारित है।

बाजार समाजवाद और मिश्रित अर्थव्यवस्था का वैकल्पिक मॉडल

GSD की अवधारणा के बरअक्स बेलो पूँजीवाद के विकल्प के बतौर 'वि-वैश्वीकरण' (de-globalisation) की अवधारणा पेश करता है[21]। इसके आधार पर वह : संकीर्ण दक्षता के अर्थशास्त्र (Economics of narrow efficiency) : सामाजिक और पर्यावरणीय कीमतों की चिन्ता किये बगैर येन-केन-प्रकारेण इकाई कीमत घटाने, और आर्थिक गुणा-गणित के संकीर्ण दायरे से बाहर निकलने की बात करता है। उसका मानना है कि बाजार की गतिविधियों को समता, न्याय और समुदाय के मातहत ला कर, और लोकतांत्रिक निर्णय-व्यवहार के परिक्षेत्र को विस्तारित करके सुदक्ष अर्थशास्त्र (effecitive economics) की स्थापना की जा सकती है, जो सामाजिक एकजुटता को प्रभावी रूप से मजबूत करेगा।

'वि-वैश्वीकरण' अवधारणा के बुनियादी स्तम्भ :

(i) अर्थव्यवस्था की गतिविधियों का केन्द्र घरेलू बाजार के लिए उत्पादन हो न कि निर्यात के लिए;

(ii) आर्थिक जीवन में उत्पादन के 'उप-प्रतिष्ठानों के सिद्धान्त' (Principal of subsidiaries) को केन्द्रीय महत्त्व : यदि वस्तुओं को समुचित कीमतों पर उत्पादित करना सम्भव हो तो उत्पादन सामुदायिक और राष्ट्रीय स्तर पर ही किया जाय;

(iii) व्यापार नीति के तहत स्थानीय अर्थव्यवस्था को कारपोरेटों द्वारा विध्वंस से संरक्षित रखने के लिए कोटा-टैरिफ व्यवस्था : राजकीय हस्तक्षेप के माध्यम से कृत्रिम रूप से कम की गई 'सब्सिडाइज्ड' कीमतों पर वस्तुओं को उपलब्ध कराने की व्यवस्था;

(iv) औद्योगिक नीति के तहत मैन्युफैक्चरिंग सेक्टर के संरक्षण-संवर्धन-पुनरुत्थान के लिए सब्सिडी, टैरिफ, आदि जरूरी उपाय;

(v) जीवन्त-फलते-फूलते आन्तरिक बाजार के लिए, अर्थव्यवस्था की गतिरूढ़ता को दूर करने के लिए, और विनिवेश के लिए स्थानीय व़ित्तीय संसाधनों को प्रश्रय-प्रोत्साहन देना। इसके लिए ग्रामीण और शहरी दोनों स्तर पर भूमि सुधार

समेत आय के समतामूलक वितरण-पुनर्वितरण के लिए आवश्यक, मगर रुके पड़े सुधार-कार्यक्रमों का क्रियान्वयन;

(vi) विकास दर (Growth) पर केन्द्रीकरण समाप्त करके, जीवन की गुणवत्ता में वृद्धि करने, और समता पर ज्यादा-से-ज्यादा बल दे कर पर्यावरणीय असन्तुलन कम किया जा सकता है;

(vii) कृषि और उद्योग दोनों में पर्यावरण संवेदनशील-समुपयुक्त तकनीक;

(viii) लोकतांत्रिक निर्णय प्रक्रिया का परिक्षेत्र रणनीतिक आर्थिक निर्णय प्रक्रिया तक विस्तारित करना;

(ix) 'नागरिक समाज' द्वारा निजी क्षेत्र और राज्य की सतत सतर्क निगरानी और नियंत्रण : इस प्रक्रिया का संस्थागत स्वरूप और वैधानिक मान्यता हो;

(x) राष्ट्रीय सम्पदा का स्वरूप : सामुदायिक सहकारी समितियों, निजी उद्यमों, और राजकीय उद्यमों के संश्रय की मिश्रित अर्थव्यवस्था : इसमें बहुराष्ट्रिक कारपोरेटों के लिए कोई जगह न हो;

(xi) IMF/WB जैसे केन्द्रीकृत अन्तर्राष्ट्रीय संस्थानों की जगह क्षेत्रीय संस्थानों का निर्माण और संचालन जो मुक्त व्यापार और पूँजी गतिशीलता के बजाय सहकारिता के सिद्धान्त पर आधारित हों। ऐसी व्यवस्था पूँजीवाद के तर्क से परे उर्ध्वगमित होती है : इसका एक उदाहरण चावेज द्वारा संकल्पित-संगठित 'बोलिवारियन आल्टरनेटिव फॉर दि अमेरिकाज' (ALBA) के रूप में दिया जाता है।

बेलो का यह विवैश्वीकरण स्क्लेयर (2002)[22] की समाजवादी वैश्वीकरण की अवधारणा का जुड़वाँ है। 'समाजवादी वैश्वीकरण' को स्क्लेयर आर्थिक, राजनीतिक और सांस्कृतिक परिक्षेत्र में व्यवहार और विचारधारा की 'ट्रांसनेशनल प्रणाली' के रूप में देखता है। इस प्रणाली में उत्पादक की भूमिका में विविध उत्पादक-उपभोक्ता सहकारी समितियाँ हैं। इसके उदाहरणों में स्क्लेयर ब्राजील की वर्कर्स पार्टी (PT) का पोर्टो अलेग्रे में 'पापुलर बजटिंग' का प्रयोग, भारत में स्वरोजगारित महिला संगठन (SEWA), ग्रामीण महिला सहकारी समितियाँ, और चीन में चीनी औद्योगिक सहकारिता के प्रोत्साहन के लिए अन्तर्राष्ट्रीय कमेटी (International committee for the promotion of Chinese industrial cooperation) को गिनाता है। स्क्लेयर भागीदारी जनतंत्र, नागरिक सहभागिता और समृद्धि (well being) के बीच रिश्तों के समन्वय–संश्रय पर बल देता है। इसके जरिए सच्ची लोकतांत्रिक प्रक्रिया के आधार पर 'उत्पादक-उपभोक्ता सहकारी समितियाँ' वृहत्तर आर्थिक और राजनीतिक इकाइयों में प्रभावी भूमिका निभाएँगी। संस्कृति और विचारधारा के क्षेत्र में समाजवादी वैश्वीकरण उन तमाम विविध-विभिन्न सांस्कृतिक और विचारधारात्मक व्यवहारों और मूल्यों के लिए जगह देगा जो सार्वभौम मानवाधिकारों और पर्यावरणीय पोषणीयता की दिशा में सकारात्मक योगदान करती हैं। स्क्लेयर के समाजवादी वैश्वीकरण में वैश्वीकरण एक केन्द्रीय प्रस्थापना है।

दूसरी ओर मिलर (1989)[23] का बाजार समाजवाद स्क्लेयर के समाजवादी वैश्वीकरण की अवधारणा से बिल्कुल अलग है। मिलर के बाजार समाजवाद के दो निर्णायक स्तम्भ बाजार अर्थव्यवस्था और राज्य हैं। बाजार अर्थव्यवस्था अधिकांश वस्तुओं और सेवाओं का उत्पादन करती है, मगर राज्य द्वारा संचालित और नियंत्रित वितरण फ्रेमवर्क के अधीन। बाजार समाजवाद के मुताबिक राज्य के पाँच कार्यभार हैं :

(i) संरक्षा : सभी व्यक्तियों, संसाधनों, और लाभों का किसी भी सम्भावित अतिक्रमण से;

(ii) वितरण : वितरणकारी न्याय सुनिश्चित करने के लिए संसाधनों का आवंटन और पुनरावंटन;

(iii) आर्थिक प्रबन्धन : दक्षता सुनिश्चित करने के लिए अर्थव्यवस्था का नियमन, श्रम के पूर्ण रोजगार और संसाधनों के पूर्ण आदर्श इस्तेमाल की दृष्टि से सकल माँग पर नियंत्रण, उद्योगों की प्रतिस्पर्धी क्षमता को सुनिश्चित करने के उपाय, निवेश का सर्वोत्तम उत्पादकता की ओर विनियोग, उपभोक्ता के लिए चयन और आकलन के अवसर सुनिश्चित करने के लिए व्यापक और पारदर्शी सूचना-संचार-प्रसारण, उद्यमियों और उद्यमों को अपनी गतिविधियों को सुनियोजित करने के लिए आर्थिक परिदृश्य अनुमान समय से सुलभ कराने का प्रबन्ध, और लोगों के कौशल विकास, उन्नयन-प्रशिक्षण की व्यवस्था;

(iv) सार्वजनिक वस्तुओं-सेवाओं की उपलब्धि सुनिश्चित करना और;

(v) स्व-पुनरुत्पादन (Self-reproduction) : नागरिकता की मजबूत भावना (Strong sense of citizenship) का प्रोत्साहन-संरक्षण और विकास, जिससे यह सुनिश्चित होता रहे कि राजनीतिक भागीदारी की सुविचारित प्रणाली काम कर रही है, और उत्तरोत्तर विकसित होती शिक्षा प्रणाली इन मूल्यों की संगति और संवर्धन में है।

मिलर जोर देकर कहता है कि महत्त्वपूर्ण उत्प्रेरक के बतौर आर्थिक मामलों में बाजार समाजवाद की और भी कई अपेक्षाएँ हैं : श्रम की स्वत: नियंत्रित-नियमित दिशा; सरकार पर निरन्तर वृद्धिमान लोकतांत्रिक नियंत्रण, और सतत वृद्धिमान न्यायपूर्ण समाज में जीवन जीने की अपेक्षाएँ। इस दृष्टि से समाजवाद की ओर संक्रमण अचानक, एकबारगी हमेशा के लिए संस्थापित हो जाने वाला मामला नहीं है। इसके लिए : (a) पूँजीवादी अर्थव्यवस्था के अन्दर सहकारी क्षेत्र को बनाने-चलाने-बढ़ाने की दिशा में सोचे जाने की जरूरत है; (b) उन सबके लिए अवसर और संसाधन उपलब्ध कराने की जरूरत है, जो स्व:प्रबन्धन के लिए पहले से ही प्रतिबद्ध हैं; (c) उन तमाम लोगों के लिए एक प्रकाश-स्तम्भ एक अनुकरणीय उदाहरण बनने की जरूरत है, जो इस गलत फहमी के शिकार हैं कि कामगार अपनी कामों के नियंत्रण और प्रबन्धन के लिए अक्षम हैं; और (d) उन तमाम राजनीतिक सुधारों की ओर कदम बढ़ाने की जरूरत है, जो निर्णय प्रक्रिया में सामान्य जनों की भागीदारी करा सकना सुनिश्चित कर सकें।

एकजुटता की अर्थव्यवस्था (Soliderity Economy)[24]

इथन मिलर (2009) 'एकजुटता अर्थव्यवस्था' की अवधारणा सामने लाता है। इसका आधार और प्रेरणा लैटिन अमेरिका में 1980 दशक के मध्य में जन्मी और 1990 दशक के कमोबेश अन्त तक फली-फूली वह आर्थिक प्रणाली है, जो निचले स्तर तक जन समुदायों के साथ जुटने, संवाद सम्बन्ध स्थापित करने, निचले स्तर तक सामुदायिक जड़ें तैयार करने और पूँजीवादी वैश्वीकरण अथवा 'साम्राज्य के अर्थशास्त्र' के बरअक्स मानव जीवन और जीवन-मूल्यों पर केन्द्रित विकल्पों के तलाश की प्रक्रिया में जन्मी और विकसित हुई थी। इस अवधारणा में एकजुटता की प्रस्थापना एक ऐसी गतिवान (Dynamic) सामूहिक प्रक्रिया है, जो स्थानीय और वैश्विक दोनों ही स्तरों पर मानवीय अन्तर्सबन्धों की 'सक्रिय' जिम्मेदारी लेती है। इस प्रक्रिया के अन्य मूल्यबोध : अनेकता में एकता, सत्ता भागीदारी, वैयक्तिक और सामूहिक दोनों स्तरों पर स्वायत्तता, क्षैतिजीय (Horizental) संवाद-संचार, परस्पर सहकारिता और संघर्ष संश्रय, स्थानीय जड़ों के साथ जुड़ाव और वैश्विक अन्तर्सम्बद्धता (Global Interconnection) गिनाए जा सकते हैं।

इस एकजुटता अर्थव्यवस्था में एकजुटता, अर्थव्यवस्था, और 'एकजुटता अर्थव्यवस्था' को इस तरह परिभाषित किया जा सकता है :

(i) **एकजुटता (Solidarity) :** अपने सम्बन्धों-रिश्तों में सक्रिय रूप से जिम्मेदारी लेने की प्रक्रिया, जो विविधता (diversity), स्वायत्तता (Autonomy), सहकारिता, संवाद-संचार और सत्ता-भागीदारी : दूसरे शब्दों में प्रत्यक्ष जनतंत्र को बल और आवेग देती हो;

(ii) **अर्थव्यवस्था (Economy) :** वे तमाम विविध-विभिन्न तरीके, जिनसे मानव प्राणी मिलकर एक-दूसरे के साथ और शेष धरती के साथ भी रिश्तों को संवर्धित करते हुए सामूहिक रूप से अपनी आजीविकाएँ सृजित कर सकें;

(iii) **एकजुटता अर्थव्यवस्था (Solidarity Economy) :** अपनी आजीविकाओं को सृजित करने के वे तमाम अन्तर्सबन्धित और विविध-विभिन्न रास्ते, जो एकजुटता के व्यवहारों को संरक्षित-संवर्धित और पुष्ट करते है। अर्थव्यवस्थाओं की एक ऐसी अर्थव्यवस्था (economy of economies) जो साम्राज्य की व्यक्तिवादी, प्रतिस्पर्धी और शोषणकारी अर्थव्यवस्था की औपनिवेशिक ताकत का प्रभावी प्रतिरोध करने की हिम्मत और क्षमता दोनों रखती हो।

एकजुटता की अर्थव्यवस्था के सन्दर्भ में मिलर स्वीकार करता है कि सहयोग और विनिमय पर आधारित एकजुटता के स्थानीय, राष्ट्रीय और यहाँ तक कि वैश्विक ठोस नेटवर्कों के बन सकने की अपार सम्भावनाओं के बावजूद ये सम्भावनाएँ शायद ही कहीं वास्तविकता के जमीनी धरातल पर साकार की जा सकी हैं। ब्राजील, अर्जेंटीना, कोलम्बिया, बोलीविया, स्पेन, वेनेजुएला जैसे कुछेक देशों में लोकप्रिय सामाजिक-जनान्दोलनों की संगति में मजबूत आर्थिक नेटवर्क खड़े करने के जरूर प्रयास हुए हैं

मगर सामाजिक आन्दोलनों द्वारा समर्थित / सम्बद्ध ऐसे आर्थिक नेटवर्कों की शुरुआत के तीन दशक से ज्यादा बीत चुकने के बावजूद न केवल अन्य तमाम देशों में इनका प्रभावी ढंग से विस्तार नहीं हो सका, बल्कि मूल सामाजिक आन्दोलन भी अपने-देशों में इस वैकल्पिक प्रयोग को बचाए-बनाए रख पाने में असफल / डाँवाडोल हो रहे हैं।

अर्थव्यवस्था वैविध्य (Diverse Economy)

गिब्सन और ग्राहम (2007) की विविध अर्थव्यवस्था पूँजीवाद के अन्त (वह पूँजीवाद जिसे आज हम जानते हैं) और उत्तर पूँजीवादी राजनीति (Post Capitalist Politics) पर आधारित है। यह अवधारणा 'पूँजी केन्द्रीयतावाद' : 'पूँजीवाद के रिश्ते में सारी आर्थिक गतिविधियों के प्रभुत्ववाद को चुनौती देने, और विस्थापित करने के लिए बहस चलाये जाने की माँग करती है। यह बहस : तमाम प्रचलित आर्थिक प्रस्थापनाओं को विरचित-विखंडित (De-construct) करने; आर्थिक गतिविधियों की वैकल्पिक और भिन्न प्रस्थापनाएँ सामने लाने; और आर्थिक विकास की अलग वैचारिकता और विमर्श प्रस्तुत करने के जरिये चलाई जा सकती है। 'डाइवर्स अर्थव्यवस्था' के इस वैकल्पिक विमर्श की जरूरत भाषा की परिवर्तनकारी चुनौती प्रस्तुत करने वाली ताकत और इस बात को स्वीकारने-समझने की है कि हमारे विमर्शकारी द्वन्दों में भाषा एक प्रमुख तत्त्व और उत्पाद दोनों है। गिब्सन-ग्राहम का मानना है कि एक अलग-भिन्न समाज और अर्थव्यवस्था की अनिवार्य जरूरत 'प्रतिनिधित्व की राजनीति' (A Politics of representation) है।

नये समाजवादी विकल्पों की तलाश?

पांटिच (1994)[25] यह नहीं मानता कि वैश्वीकरण ने राज्य की भूमिका को कमतर या सीमित कर दिया है। इसके उलट राज्य उस सत्ता के रचयिता बन गए हैं, जो अपने संवैधानिक प्रभावों के साथ बनाई गई अन्तर्राष्ट्रीय संधियों, सहमतियों, समझौतों, संस्थागत सांगठनिकताओं के जरिये पूँजी के वैश्विक और घरेलू अधिकारों को परिभाषित और गारंटीकृत करती है। ट्रांसनेशनल पूँजी द्वारा ताकत का संकेन्द्रण राज्य से उसकी शक्ति छीनने के बजाय राज्य का इस संकेन्द्रण को सुनिश्चित और घनीभूत करने में शक्तिशाली और सहयोगी पूरक हस्तक्षेप सुनिश्चित करता है। राज्य की भूमिका अन्तर्राष्ट्रीय पूँजीवादी प्रतिस्पर्धा के किसी भी जबाबदेही से मुक्ति के तर्क को अपने राज्यतंत्र के परिक्षेत्र में न केवल आत्मसात करने की है, बल्कि इस तर्क का अपने क्षेत्र में प्रतिरोधविहीन परिपालन सुनिश्चित कराने की भी है। इसका अर्थ यह सुनिश्चित करना है कि वैश्विक तंत्र में राज्य अपनी भूमिका स्थानीय परिक्षेत्र में नई विश्व व्यवस्था (The New World Politics of Space) के वफादार लठैत के रूप में मुस्तैदी के साथ निभा रहा है।

निस्सन्देह नाफ्टा (NAFTA), मास्ट्रिख संधि, विश्व व्यापार संगठन जैसे अन्तर्राष्ट्रीय आर्थिक और व्यापारकि समझौतों ने राष्ट्र-राज्यों की अपने खुद के राष्ट्रीय विकास मॉडलों पर काम कर पाने, और उन्हें आगे बढ़ा पाने की क्षमता पर अंकुश लगाया है। मगर राज्य नीतियों पर ये अंकुश काफी हद तक राज्य द्वारा खुद पर स्वेच्छा से थोपे गए हैं।

वैश्विक और स्थानिक दोनों ही स्तरों पर पूँजी प्राधिकार के राजनीतिक श्रोत के रूप में हमेशा से ही राज्य की केन्द्रीय भूमिका रही है। राज्य ही निजी, गैर लोकतांत्रिक अन्तर्निहित चरित्र वाले बैंकों और कारपोरेटों-फर्मों के उत्पादन, वितरण, संचार और विनिमय के सारे प्रमुख राष्ट्रीय साधनों पर नियंत्रण की गारंटी करा सकने का प्राधिकार रखता है।

पोलान्जा (2000)[26] का मानना है कि किसी भी सामाजिक 'ट्रांसफार्मेशन' की शुरुआत करने और उसे बचाए बनाए रखने के लिए 'राज्य' को समझना और उसकी परख-पड़ताल करना अनिवार्य है। पूँजीवादी राज्यतंत्र दमित वर्गों को स्थायी रूप से विभाजित-विसंगठित रखने के जरिये अपने 'पावर ब्लाक' की एकता और गोलबन्दी सुनिश्चित करता है। इसका दमित वर्गों के लिए एक प्रतिक्रियात्मक सकारात्मक प्रभाव उन्हें 'पावर ब्लाक' की दिशा में (कब्जे के लिए) ध्रुवीकृत होते जाने के रूप में पड़ता है।

जनसमुदायों और उनके राजनीतिक संगठनों द्वारा सत्ता दखल की अवधारणा में समस्याएँ हैं। समाजवाद की ओर संक्रमण सत्ता दखल के साथ पूरा नहीं हो जाता : इसे राज्य तंत्र के 'ट्रांसफार्मेशन' का कार्यभार लेना होगा। मगर तब समाजवाद के लिए ऐसे किसी भी बदलाव की पूर्व शर्त राजसत्ता का दखल बन जाती है और राजसत्ता दखल के बाद प्राथमिक जरूरत येन-केन प्रकारेण राजसत्ता को चलाते रहने की बन जाती है। वैकल्पिक राजसत्ता उपकरणों के अभाव में (जो बनाए नहीं जा सके) पुराने राजसत्ता उपकरणों को बनाए रखना मजबूरी हो जाती है।

इस सिलसिले में पोलान्जा कहता है कि : वाम सरकार बन जाने का मतलब स्वत: अथवा अनिवार्य रूप से यह नहीं हो जाता कि वाम सभी, या यहाँ तक कि कुछेक राज्य उपकरणों पर भी वास्तविक प्रभावी नियंत्रण हासिल कर लेगा...। अगर वाम सरकार राज्य की शाखाओं और उपकरणों पर वास्तविक नियंत्रण हासिल कर भी लेती है, तब भी जरूरी नहीं है कि वह उन 'प्रभावी' उपकरणों पर भी नियंत्रण पा ले, जो 'राज्य' में निर्णायक / प्रमुख भूमिकाएँ निभाते हैं और वास्तविक सत्ता शक्ति के केन्द्रीय धारक होते हैं।...बुर्जुआ राज्य का संगठन अपने उपकरणों की क्रियाशीलता इस प्रकार सुनिश्चित करता है कि अनवरत विस्थापन और विचलन (Successive dislocation and dispossession) के जरिये एक उपकरण की बुर्जुआ ताकत का दूसरे से अलगाव बना रहे। राज्य कोई विशालकाय एकल घटक (monolith block) नहीं है, बल्कि एक रणनीतिक मैदान है...। यहाँ राज्य प्रशासन, सेना, पुलिस सहित हर उपकरण एक ऐसे केन्द्र के चौतरफा संगठित होते हैं, जिसकी प्रभावी शक्ति सत्ता संस्तरण के शिखर (Summit of hierarchy) में अन्तर्निहित नहीं होती, जैसा सत्ता सांगठनिकता की संस्तरीकृत प्रतीकात्मकता से आभास होता है। बुर्जुआ सत्ता का असल खेल यह है कि वास्तविक सत्ता शक्ति के उतार-चढ़ाव (Nodes and Pauses) विभिन्न राज्य शाखाओं और उपकरणों के रणनीतिक बिन्दुओं पर संस्थापित किये जाते हैं।

इस सन्दर्भ में पांटिच (1994) सत्ता शक्ति के प्रगतिगामी (Progressive) सामाजिक शक्तियों के हित में पुनर्स्थापन (Relocating) और 'पॉवर ब्लाक' बुर्जुआ सत्ता द्वारा

नियंत्रित परिक्षेत्रों (Spaces) के निशक्तीकरण (disempowerment) पर बल देता है।

पांटिच और गिंडिन (2000)[27] के अनुसार समाजवादी परियोजना को एक ऐसी यूटोपियाई संवेदनशीलता से लैस होना चाहिए, जिसमें निम्नलिखित दस आयामों पर मूल्यदृष्टि बनाने की क्षमता हो;

(i) **अलगाव पर विजय (overcoming alienation) :** व्यापक स्तर पर ऐसे हितों और स्वायत्त गतिविधियों (उत्पादक गतिविधियों समेत) के विकास की सम्भावना तलाशना और विकसित करना, जिसमें व्यापक जन समुदाय निष्क्रिय उपभोक्ता की भूमिका तक न सिमटा रहे;

(ii) **श्रम विभाजन का सरलीकरण (Attenuation of labour) :** प्रत्येक मानव प्राणी के लिए सम्पूर्ण मानवप्राणी बन सकने के अवसर सुनिश्चित करना। यह उन तमाम संस्तरीकृत संरचनाओं का चुनौतीपूर्ण निषेध करता है, जो सभी के लिए परिपूर्णता और प्रभावोत्पादकता हासिल करने के समान अवसरों की भागीदारी की राह में बाधा बनते हैं। इसकी शुरुआत घर, अपनी पार्टी, ट्रेड यूनियनों, आन्दोलन, एनजीओ से होनी चाहिए;

(iii) **उपभोग की प्रवृत्ति में बदलाव (Transforming Cponsumption) :** न सिर्फ पर्यावरणीय तर्क व संवेदनशीलता, बल्कि उपभोक्ता को उत्पादन निर्णय प्रक्रिया के साथ जोड़ना, नीरस, एकसार वस्तुओं के उपभोग के जाल से निकलकर आनन्द की विविधताओं का आनन्द लेने की क्षमता को विकसित करना, सार्वजनिक और सामूहिक उपभोग के कहीं अधिक सुलभ और समतामूलक परिक्षेत्रों (accessible and egalitarian spheres) को विस्तारित करना;

(iv) **जीवन की वैकल्पिक शैलियों का विकास (Alternative ways of living) :** जीवन के ऐसे वृहत्तर सामुदायिक स्वरूपों को विकसित करने की प्रयोगधर्मिता, जिनमें नाभिकीय पारिवारिक घर-बार सम्बन्धों से परे व्यापकतर सहयोगी समुदाय के रूप में परस्पर धनीभूत-संवेदी-स्नेहासिक्त अपनत्व विकसित कर पाने की सम्भावना और क्षमता हो;

(v) **बाजारों का सामाजीकरण (Socializing Markets) :** पूँजी आवंटन की निर्णय प्रक्रिया को लोकतांत्रिक सार्वजनिक दायरे के अन्दर लाकर और उपभोग व जीवन के तौर-तरीकों-प्रवृत्ति-शैली में सकारात्मक बदलाव लाकर बाजार और मुद्रा की दिशा व संचलन के व्यापकतम जनहित में 'ट्रांसफार्मेशन' के रास्ते बनाना;

(vi) **पर्यावरण संवेदी योजना दृष्टि (Planning Ecologically) :** समय और संसाधनों का लोकतांत्रिक आवंटन और उत्पादन व उपभोग के बीच मात्रात्मक और गुणात्मक सन्तुलन;

(vii) **समानता का अन्तर्राष्ट्रीयकरण (Internationalising Equality) :** उपरोक्त प्रस्थापनाओं, दृष्टि और व्यवहारों के लिए सामर्थ्य और सहयोग हासिल करने की दृष्टि से अन्तर्राष्ट्रीय गठबन्धनों और व्यवस्थाओं का

विकास : एक ऐसी चेतना और क्षमता का प्रतिबद्ध विकास, जो धनी देशों से गरीब देशों की ओर संसाधनों के एकजुटतावादी स्थानान्तरण के लिए प्रवृत्त हो। साथ ही गरीब देशों का साझा संघर्षों के जरिये ऐसा आर्थिक विकास सुनिश्चित करना, जो समाजवादी क्षमताओं के विकास की सारी भू-राजनीतिक बाधाओं को पार कर सके। इसके लिए न सिर्फ विद्यमान क्षेत्रीय असन्तुलनों को समझना-परखना जरूरी है, बल्कि श्रमिक वर्ग की भू-राजनीतिक स्थितियों की विविधता और विभिन्नताओं के साथ भी संगति बैठाना जरूरी है जिससे समाजवादी राजनीति के पुनर्जीवन की दिशा में स्थानिक-क्षेत्रीय दूरियों को पाटा जा सके;

(viii) **लोकतांत्रिक संवाद (Communicating Democratically) :** सामाजिक संगठनों के मूलभूत सिद्धान्तों की पुनर्स्थापना और उन्हें व्यवहार में उतारने के लिए जीवन्त प्रभावी सामूहिक विचार-विमर्श और समृद्ध सांस्कृतिक विकास की क्षमताओं का निर्माण; नये समाजवादी प्रोजेक्ट की ओर सामूहिक विमर्श और प्रयाण, और एक नये जनसंवेदी और जन पक्षधर मीडिया तंत्र का बिकास;

(ix) **लोकतंत्र हासिल करना (Realizing Democracy) :** सांगठनिक रूप से संस्थाबद्ध और थोपे गए प्रबन्धकों-कामगारों, राजनीतिज्ञों-नागरिकों, नेताओं-कार्यकर्ताओं के संस्तरीकृत अन्तरों को समाप्त करना, और उन समस्त बाधाओं को पूरी तरह से ध्वस्त करना जो मनुष्य में जो वह है, और जो वह बन सकता था के बीच बनी हुई हैं; और

(x) **'सब कुछ सबका है' :** 'आम्निया सिन्त कम्यूनिया' (Omnia sint communia) : आम उत्पादन, वित्त, विनिमय और संचार के साधनों पर निजी सम्पदा की अवधारणा और वर्चस्व और एक संवेदी-समेकित, सामाजिक न्याय से भरपूर, लोकतांत्रिक व्यवस्था तंत्र—दोनों एक साथ नहीं बनाए रखे जा सकते। वर्चस्ववादी, कब्जावादी, प्रतिस्पर्धी प्रवृत्ति के आधार पर किसी लोकतांत्रिक-समाजवादी-समतावादी 'यूटोपिया' की ओर नहीं बढ़ा जा सकता।

ऐसी मूल्य दृष्टि (Vision) पर आधारित पूँजीवाद के विकल्प का 'ठोस यूटोपिया' हासिल करने का मूलमंत्र दुनियाभर में उत्पीड़ित जनों द्वारा अपनी मनुष्यता की दावेदारी के लिए प्रतिबद्ध जन संघर्षों के जरिये अपेक्षित क्षमताओं का विकास, और इन क्षमताओं के संरक्षण-संवर्धन संश्रय के लिए सम्यक् सांगठनिक साधनों का निर्माण है।

समाजवादी आर्थिक नीति (Socialist Economic Policy)

आल्बो (2004)[28] अपनी समाजवादी आर्थिक नीति की अवधारणा इस रूप में रखता है :

समतामूलक और पर्यावरण पोषणीय पुनरुत्पादन; और

एकजुटतावादी मजदूरी (Solidarity wages) की दिशा में पूर्णकालिक एवम् सामाजिक उपयोगी सवेतन श्रम में वयस्क आबादी की स्वैच्छिक भागीदारी अधिकतम सम्भव स्तर तक विस्तारित करने की दृष्टि से पूर्ण रोजगार (Full Employment) को पुनर्परिभाषित करते हुए आर्थिक संरचनाओं के 'ट्रांसफार्मेशन' की प्रक्रिया के नियामक

संचालन के लिए लोकतांत्रिक क्षमताओं का विकास।

आल्बो भी अपनी इस अवधारणा के लिए दस सैद्धान्तिक प्रस्थापनाएँ रखता है :

(i) विकास के रास्तों और रोजगार के स्थायित्व की विविधता के लिए समाजोन्मुख आर्थिक रणनीतियाँ;

(ii) कर्ज भुगतान और पूँजी की गतिशीलता के सन्दर्भ में वित्तीय पूँजी पर लोकतांत्रिक नियंत्रण;

(iii) वृहत्तर अर्थव्यवस्था का सन्तुलन सिर्फ सकल माँग प्रबन्धन (aggregate demand management) के जरिये नहीं, बल्कि निवेश नीति के नये रूपों और सामूहिक सौदेबाजी प्रोत्साहन के जरिये भी सुनिश्चित करना;

(iv) बेरोजगारी घटाने की रणनीति में काम का बोझ कम करना और काम का पुनर्वितरण दोनों ही शामिल करना;

(v) 'समय की राजनीति' (Politics of time) को काम के घंटे तय करने की सीमा से आगे काम और मुक्त समय के पुनरावंटन (Reallocation of work and free time) तक विस्तारित करना;

(vi) श्रम प्रक्रिया में उत्पादकता के प्रश्न को काम की पुनरअर्हता (Requalification) के सन्दर्भ में परिभाषित और हल करना। इसे दीर्घकालीन सैद्धान्तिक और व्यावहारिक उत्पादन कौशल, श्रम प्रक्रिया में कामगार की स्वायत्तता में वृद्धि, जीवन पर्यन्त शिक्षण प्रशिक्षण जैसे उपायों के जरिये व्यवहार में लाना;

(vii) गुणवत्ता केन्द्रित विकास मॉडल के अन्तर्गत काम की पुनरअर्हता को गुणवत्ता उत्पादन के साथ जोड़ना : दीर्घकालिक उत्पादन तकनीकों और संसाधन बचत के लिए अपेक्षित कौशल और क्षमता का विकास करना; मुक्त समय, सामूहिक सेवाओं और गुणवत्तापूर्ण उत्पादनों पर केन्द्रीकरण करना;

(viii) श्रम समय में कटौती का उपयोग कार्यस्थल लोकतंत्र के प्रशासन के लिए भी करना;

(ix) पूर्ण रोजगार के विविधतापूर्ण विकास के लिए स्थानीय नियोजन क्षमताओं को विकसित करना; और

(x) जनता की भागीदारी की भरपूर गुंजाइश के साथ लोकतांत्रिक प्रशासन के नये स्वरूपों को विकसित करना।

भागीदारी अर्थव्यवस्था (Participatory Economics : Par Econ)

अल्बर्ट (2009) की भागीदारी अर्थव्यवस्था की अवधारणा[29] बाजार और केन्द्रीय नियोजन दोनों का निषेध करते हुए श्रमिक और उपभोक्ता काउंसिलों के जरिये भागीदारी नियोजन (Participatory Planning) पर केन्द्रित है। इस अवधारणा में उत्पादन साधनों पर निजी मालिकाने के किसी भी सम्भावित स्वरूप का निषेध कर दिया जाता है।

- लोग आर्थिक जीवन में उन परस्पर सम्बद्ध श्रमिक और उपभोक्ता काउंसिलों के जरिये भागीदारी करते हैं, जिनका अस्तित्व और विकास तभी सम्भव है

जब लोग (People) अपनी अर्थव्यवस्थाओं के स्व प्रबन्धित निर्णय प्रक्रिया (Self managed decision making) की प्रतिबद्धता के साथ नियंत्रण के लिए प्रवृत्त होते हैं;

- काम का पारिश्रमिक किये गए परिश्रम और त्याग से तय किया जाएगा न कि उत्पाद अथवा सौदेबाजी की ताकत के जरिये;
- निजी मुनाफे के उन्मूलन, स्व प्रबन्धित काउंसिलों के उपयोग, और परिश्रम व त्याग के पारितोषिक के लिए नये सिरे से श्रम विभाजन;
- इस व्यवस्था में केन्द्रीय नियोजन (Central Planning) आधारित बाजारों के लिए कोई जगह नहीं होगी।

भागीदारी अर्थव्यवस्था की एक महत्त्वपूर्ण प्रस्थापना श्रम के वर्ग विहीन विभाजन : 'सन्तुलित रोजगार काम्प्लेक्स' (Balanced Job Complex) की है : रोजगार को कौशल के साथ सन्तुलन की दृष्टि से 'रीडिजाइन' करना। कौशलपूर्ण काम पर शारीरिक, कम वांछित (less desirable), और कम उत्प्रेरक-सशक्तीकारक कामों के सापेक्ष केन्द्रीकरण। शिक्षा व्यवस्था में ऐसा व्यवस्थित परिवर्तन सुनिश्चित करना, जो उत्पादन तंत्र विशेषज्ञता, सूचना, और प्रशिक्षण के लोकतांत्रिक अवसर अन्तर्निहित रूप से समाहित कर सके।

भागीदारी अर्थव्यवस्था का एक और सिद्धान्त 'वैकल्पिक उपयोग' का सिद्धान्त है : व्यक्ति का परिश्रम / त्याग ही वास्तव में प्रत्येक व्यक्ति द्वारा समाज के लिए किया गया वह योगदान है, जिसके आधार पर उपभोग की हिस्सेदारी समतामूलक रूप से निर्धारित की जा सकती है। जब रोजगारों के बीच सन्तुलन सुनिश्चित कर लिया जाएगा, परिश्रम और त्याग का स्तर भी समान होने की ओर अधिकाधिक प्रवृत्त होता जाएगा। इसके चलते समाज और अर्थव्यवस्था में उपभोग की हिस्सेदारी का आकार (मात्रा और गुणवत्ता) भी क्रमशः बराबरी की ओर प्रवृत्त होगा।

21वीं सदी का मानवतावादी, भागीदारी समाजवाद (Humanist, Participatory Socialism of 21st Century)

इस प्रयोगधर्मिता का मूर्तरूप चावेज के नेतृत्व वाले बोलिवारी वेनेजुएला में मिलता है। यह बोलिवारी क्रान्ति के जरिये नव उदारवाद, साम्राज्यवाद, और पूँजीवाद का जीवन्त विकल्प रचने का ईमानदार प्रयास था। चावेज खुद को बोलिवारी-मार्क्सवादी-लेनिनवादी-नारीवादी (Bolivarian-Marxist-Leninist-Feminist) मानते थे। चावेज की बोलिवारी क्रान्ति का मतलब आधुनिक 21वीं सदी वेनेजुएला के लिए एक ऐसा जनतांत्रिक भागीदारी समाजवाद था, जिसका सबसे महत्त्वपूर्ण पक्ष श्रमिकों द्वारा स्वप्रबन्धन और स्थानीय जनतंत्र हो। इस समाजवाद का मुख्य बल मानवीय आवश्यकताएँ और मानव विकास है : मनुष्य की सम्भावनाओं का सम्पूर्ण और श्रेष्ठतम विकास। बोलिवारी क्रान्ति की दिशा एक पूँजीवादी देश को जनतांत्रिक चुनाव और जनतांत्रिक संविधान के रास्ते क्रमशः एकजुटता (Solidarity) पर आधारित समाज अर्थव्यवस्था की मानवतावादी समाजवादी दृष्टि की ओर ले चलने की है।

अजेलिनी (2009)[30] का मानना है कि प्रारम्भ में चावेज का लक्ष्य एक 'मानवतावादी और एकजुटतावादी अर्थव्यवस्था' का था। उन्होंने 2005 से 'सोशलिस्ट ट्रांसफार्मेशन' को 21वीं सदी के समाजवाद के रूप में अंगीकार कर लिया। यह 'समाजवादी रूपान्तरण' कोई सुनिश्चित, सुपरिभाषित अवधारणा या व्यवहार न होकर एक विकसित होती समाजवादी परियोजना का गतिमान विमर्श है : राज्य समाजवाद और प्रतिनिधित्व जनतंत्र दोनों से अलग हटकर जनतंत्र, सहभागिता, स्वतंत्रता जैसे मूल्य इस विमर्श के केन्द्रीय तत्त्व हैं। यह सामुदायिक काउंसिलों (Consejos Communales) के माध्यम से अर्थव्यवस्था के लोकतंत्रीकरण और सत्ताशक्ति को नीचे आधार स्तरों तक विकेन्द्रित करने की दृष्टि है।

सन् 2007 में चावेज 'समाजवाद के प्राथमिक त्रिकोण' (The Elementry Triangle of Socialism) की प्रस्थापना लेकर आए : उत्पादन के साधनों का सामाजिक मालिकाना; श्रमिकों द्वारा संगठित सामाजिक उत्पादन; और सामाजिक जरूरतों और उद्देश्यों के लिए उत्पादन। लेबोविज (2010) इस त्रिकोण गतिशीलता (dynamics) को कुछ इस तरह व्याख्यायित करता है[31] :

उत्पादन के साधनों का सामाजिक मालिकाना वह माध्यम है जिसके जरिये यह सुनिश्चित किया जाएगा कि सामाजिक उत्पादन सभी के उन्मुक्त विकास के लिए प्रयुक्त हो, न कि पूँजीपतियों, उत्पादक समूहों अथवा राज्य नौकरशाहों के निजी-निहित स्वार्थों-उद्देश्यों की पूर्ति के लिए;

श्रमिकों द्वारा संगठित सामाजिक उत्पादन श्रमिकों को अवसर देता है कि वे कार्यस्थल पर विचार और व्यवहार के सर्वश्रेष्ठ संश्रय-समन्वय के जरिये अपनी ऐसी विशिष्ट क्षमता का विकास करें, जिससे न सिर्फ श्रेष्ठतम उत्पादों का सृजन हो, बल्कि आत्म सचेत सामूहिक उत्पादकों की गौरवशाली चेतना का भी सृजन हो सके; और

सामाजिक जरूरतों और उद्देश्यों की पूर्ति एक नये समाज में समस्त उत्पादक गतिविधियों का अनिवार्य लक्ष्य है। यह उत्पादन प्रक्रिया और प्रणाली की केन्द्रीयता को निजी हितों और स्वार्थी प्रवृत्ति से हटाकर दूसरों की आवश्यकताओं की चेतना और एकजुटता पर आधारित रिश्तों से प्रतिस्थापित करता है।

21वीं सदी के समाजवाद की राह में वेनेजुएला का बोलिवारी संविधान उत्पादन और सामाजिक सम्बन्धों की प्रविधि (Mode of Production and Social relations) के तौर पर सहकारी समितियों पर बल देता है। बावजूद इसके, वेनेजुएला में अभी भी सहकारिता आन्दोलन बहुत छोटे पैमाने पर और बिखरा हुआ है। सहकारी समितियों में काम करने वालों की संख्या बमुश्किल कुल श्रमशक्ति का 5% है।

21वीं सदी के समाजवाद की बोलिवारी राह शहरी और ग्रामीण इलाकों में स्थानीय स्तर के अधिकारों से लैस सामुदायिक काउंसिलों और राजकीय फर्मों के सह-प्रबन्धन के जरिये जनतांत्रिक और भागीदार अर्थव्यवस्था की रचना करने की है। सह-प्रबन्धन की बोलिवारी अवधारणा जर्मनी की सह-प्रबन्धन प्रणाली की अपेक्षा यूगोस्लावियाई मॉडल के ज्यादा करीब है, क्योंकि जर्मन सहप्रबन्धन मॉडल जल्दी ही प्रबन्धन में श्रमिकों को 'समाहरित' कर लेने वाला तंत्र बन गया था। वेनेजुएला में सह-प्रबन्धन से

आशय ऐसी जनतांत्रिक भागीदारी से है, जिसमें केन्द्रीय बल श्रमिकों के हितों का सम्पूर्ण समाज के हितों के साथ आदर्श सामंजस्य बिठाने पर है। यह उस यूगोस्लावी मॉडल के साथ बोलिवारी मॉडल का तात्त्विक अन्तर है जहाँ 'समाज के साथ एकजुटता की भावना' नदारद थी। बोलिवारी मॉडल का आधार आत्म केन्द्रित-स्वार्थी होने के बजाय समाज के प्रति सम्मान और उत्तरदायित्व की भावना है।

वेनेजुएला में सह-प्रबन्धन की प्रक्रिया को सामाजिक स्वीकार्यता और वैधता दिलाने के महत्त्वपूर्ण तत्त्व जनतांत्रिक विमर्श, आग्रह (Persuation), शिक्षण, और ईमानदार प्रतिबद्धता हैं। इनके जरिए सुनिश्चित किया जाता है कि सह-प्रबन्धन में पुराने विचार और धारणाएँ वापस घुसपैठ करके खुद को पुराने विचारों-धारणाओं के 'नये लबादों' में न रूपान्तरित कर सकें। इस दृष्टि से सह-प्रबन्धन एक प्रक्रिया है : सीखने की प्रक्रिया,और निरन्तर विकसित होने की प्रक्रिया : यह इस विचार को व्यवहार में उतारना है कि लोगों का विकास उनके विचार और व्यवहार के जरिये होता है। यह वह प्रतिबद्धता रखना है कि सह-प्रबन्धन लोगों में बदलाव लाएगा; उन्हें यह आत्मसात करा सकेगा कि श्रमिक और समाज के बीच विकसित होने वाला यह विशिष्ट रिश्ता एक नये समाज की रचना कर सकता है।

दिसम्बर, 2010 में चावेज की युनाइटेड सोशलिस्ट पार्टी ऑफ वेनेजुएला—PSUV के नेताओं ने बोलिवारी क्रान्ति की तब तक की यात्रा की परख-पड़ताल करते हुए एक दस्तावेज 'A Proposal for the Present Emergency of the Bolivarian Revolution' प्रस्तुत किया। प्रस्ताव में क्रान्ति के तत्कालीन दौर का सबसे बड़ा खतरा सामूहिक नेतृत्व के अभाव और बहस-विमर्श के जरिये प्रस्तावों-अभियानों की सामूहिक रचना प्रक्रिया के न होने को चिह्नित किया गया। प्रस्ताव के अनुसार क्रान्ति बजाय वेनेजुएली समाज के लिए भागीदारी के क्षेत्रों और अवसरों को ज्यादा-से-ज्यादा खोलने, विचार-विमर्श की जगह बनाने और बहुविध पहलकदमियों की राह खोलने के, कहीं ज्यादा संस्तरीकृत निर्णय प्रक्रिया और सत्ता के उत्तरोत्तर संकेन्द्रण का रास्ता पकड़ने लगी है।

जनवरी 2011 में चावेज ने माना कि पार्टी में नौकरशाहाना तौर-तरीकों-व्यवहार, अवसरवादिता, गुटीय संकीर्णता जैसी आन्तरिक समस्याएँ घर करने लगी हैं जो पार्टी में परम्परागत राजनीतिक पार्टियों की 'पूँजीवादी संस्कृति' की घुसपैठ है। इसके चलते पार्टी का बोलिवारी क्रान्ति की समर्थक जनता के साथ अलगाव बढ़ा है। समाज के लोकतंत्रीकरण के लिए संघर्ष के वृहत्तर परिप्रेक्ष्य और कार्यभार का एक हिस्सा होने के बजाय चुनाव अपने आप में एक लक्ष्य-साध्य बनते जा रहे हैं।

कुल मिलाकर, और विशेषकर चावेज की मृत्यु के बाद वेनेजुएला में बोलिवारी क्रान्ति अपने अस्तित्व और प्रासंगिकता से जूझती हुई आन्तरिक और बाहरी दोनों चुनौतियों का सामना कर रही है। अपनी वैचारिक प्रासंगिकता के बावजूद व्यावहारिक कमजोरियों और प्रतिबद्धता के ह्रास ने पूँजीवादी-नवउदारी चरम प्रतिक्रियावादी विरोध को कहीं ज्यादा आक्रामक होने की जमीन दी है।

विकल्प की तलाश में चेतना और क्षमता के सवाल

आज दुनिया में उन तमाम पहलकदमियों और आन्दोलनों की हलचल है जिनमें उत्पादन और सामाजिक सम्बन्धों की सांगठनिकता के वैकल्पिक रास्तों और रूपों को तलाशने-तराशने की छटपटाहट है। इन छटपटाहटों में पूँजीवाद के परे एक नई दुनिया ('A world beyond capitalism') के बनते-टूटते सपने हैं।

लिटिल (1991)[32] का मानना है कि इन पहलकदमियों-आन्दोलनों की व्यापक-वृहत्तर व्याख्याओं के लिए इनके सूक्ष्मतर आधार बिन्दुओं (Micro-foundations) को समझने की जरूरत है। वृहत्तर परिघटना की सामाजिक व्याख्याओं को इतना सक्षम होना चाहिए कि वे स्थानीय स्तर के उन वैयक्तिक व्यवहारों के उत्प्रेरक-परिचालकों की ओर भी इंगित कर सकें जिनके जरिये समूची सामूहिक परिघटना का उद्‌भव और उभार होता है।[33] इस 'माइक्रो फाउंडेशन' परिप्रेक्ष्य में वैयक्तिक स्तर के उत्प्रेरकों और चेतना के रूपों की की परख-पड़ताल जरूरी है।

मार्क्स चेतना को गतिविधियों की सामाजिक व्यवस्थाओं की क्रिया या प्रवृत्ति (a function or attitude of social systems of activity) के रूप में देखते है। ये अपने तत्त्व और संरचनाएँ या रूप विभिन्नीकृत व्यवस्थानिक कड़ियों (differentiated systemic links) से हासिल करते हैं, और कर्ता की धारणा (Perception of subject) में किसी वस्तु के प्रतिबिम्ब (refection of an object) तक सीमित नहीं हैं। 'A Contribution to the Theory of Political Economics'[34] में मार्क्स का मानना है कि यह मनुष्य की चेतना नहीं है जो उसके अस्तित्व का निर्धारण करती है, बल्कि इसके उलट यह उसका सामाजिक अस्तित्व (Social existance) है जो उसकी चेतना का निर्धारण करता है। जैसे-जैसे लोग अपनी परिस्थितियों को परिवर्तित करते हैं, वे अपने आपको भी बदलते हैं। मार्क्स कहते हैं कि जनसमुदायों (Masses) की प्रयोगधर्मी प्रक्रिया के जरिये ही परिस्थितियों के बदलाव के माध्यम से आर्थिक से राजनीतिक बदलाव को गति मिलती है, और इसी के साथ-साथ लोग खुद को भी बदलने लगते हैं। यह वह क्रान्तिकारी व्यवहार है, जिसके जरिये चेतना के विकास की प्रक्रिया गहरे जड़ पकड़ कर ('entrnched') स्थायित्व और निरन्तरता हासिल करती है। यह वह व्यवहार है, जिसके जरिये 'अपने-आप में सिमटा वर्ग' 'अपने लिए वर्ग' बनता है (The 'Class-in-itself' becomes the 'Class-for-itself')।

मार्क्स सामाजिक व्यवस्था तंत्र (Social Politics of Space) की अधिसंरचना (Super Structure) के बदलावों को आर्थिक आधार (Economic Foundation :

'Base') में परिवर्तन के कारक (factors) के रूप में देखते हैं। मार्क्स उत्पादन की आर्थिक दशाओं के भौतिक बदलाव (Material Transformation) और विचारधारात्मक (कानूनी, राजनीतिक, धार्मिक, कलात्मक, दार्शनिक) रूपों (Ideological forms) के बीच फर्क करते हैं जिनके जरिये लोग संघर्ष और युद्ध (Conflict and fight) के प्रति सचेत होते हैं। इस परिप्रेक्ष्य में बदलावकारी चेतना (Transformative consciosness) को भौतिक जीवन के अन्तर्विरोधों (contradictions of material life), और उत्पादन की सामाजिक शक्तियों व उत्पादन सम्बन्धों के बीच विद्यमान संघर्ष के जरिये ही समझा जा सकता है।

ग्रामशी अर्थशास्त्र के परिक्षेत्र (अतिरेक मूल्य का उत्पादन) और राजनीति के परिक्षेत्र (राजसत्ता के लिए संघर्ष) के बीच किसी तीखे अलगाव का विरोध करता है।[35] ग्रामशी के अनुसार नागरिक समाज में सामाजिक सम्बन्ध [वर्ग और लोकप्रिय-लोकतांत्रिक संघर्ष का परिक्षेत्र और प्रभुत्व की प्रतिस्पर्धा का परिक्षेत्र (The sphare of class and popular struggle and of the contest of hegemony], उत्पादन के सम्बन्ध के साथ अन्तर्गुंथन करते हैं। इसके परिणाम (implications) सामाजिक बदलावों के रूप में सामने आते हैं। ग्रामशी 'ऐतिहासिक ब्लाक' (Historical Bloc) की अवधारणा को सामने लाते हैं : यह दिखाने के लिए कि किस तरह प्रभुत्वशाली वर्ग (Hegemonic class) उत्पादन के परिक्षेत्र में अपने नेतृत्व के साथ नागरिक समाज में सामाजिक ताकतों के एक 'ब्लाक' के नेतृत्व के बड़े हिस्से को जोड़ लेता है।

ऐसी स्थिति में पूँजीवादी वर्ग को चुनौती देते नये प्रभुत्व (Hegemony) के निर्माण का कार्यभार लोक (जन) चेतना (Popular Consciousness), लोगों के सोचने और अनुभूति के तौर-तरीकों, दुनिया के प्रति उनकी धारणाओं (Conceptions of the world), और उनके नैतिक व्यवहार के प्रतिमानों (Standards of moral conducts) के बदलाव के जरिये ही पूरा किया जा सकता है। ग्रामशी 'common sense' का इस्तेमाल उस आम अवधारणा को व्याख्यायित करने के लिए करते हैं जो आम मनुष्य दुनिया के बारे में रखता है। यह 'अवधारणा' व्यापक, अस्पष्ट और विरोधाभासी है। यह ऐसे तमाम अलग-अलग श्रोतों से निकली है, जो असमानता और दमन (Inequality and Oppression) को स्वाभाविक, अपरिहार्य और अपरिवर्तनीय बताते हुए 'स्वीकार्य' बनाने की ओर प्रवृत्त होते हैं। मगर इसी के साथ इसमें सकारात्मक तत्त्व भी हैं : लोगों की व्यावहारिक गतिविधियाँ, और असमानता व दमन के स्वरूपों के विरुद्ध आक्रोश और प्रतिरोध। ये सब मिलकर इस अवधारणा को एक ऐसा 'स्पेस' भी बना देते हैं, जहाँ वर्चस्व की विचारधारा न सिर्फ बनती है, बल्कि उसे चुनौती भी मिलती है। इसलिए इस 'स्पेस' में इस 'Common sense' के 'ट्रांसफार्मेशन' की अपार सम्भावनाएँ भी मौजूद होती है जहाँ 'विरोध के बीज' (Nucleus of Contestation) को एक नये, सुसंगत समाजवादी 'Common sense' के रूप में पल्लवित किया जा सकता है।

फ्रियरे[36] आलोचनात्मक चेतना (Critical consciousness) अथवा संचेतनीकरण (Conscientization) को उन तमाम सामाजिक, राजनीतिक, आर्थिक और सांस्कृतिक वास्तविकताओं को विश्लेषित करने, उन पर सवाल उठाने, और प्रभावित करने की

क्षमता के रूप में देखता है जो हमारे जीवन को आकार और सन्दर्भ देती है। 'हम सभी को विभिन्न विश्वास, मूल्य और विचारधाराएँ विरासत के रूप में मिलती हैं, जिन्हें आलोचनात्मक नजरिये के साथ परखने और जरूरत के अनुसार बदले जाने की जरूरत होती है। ऐसे किसी भी बदलाव की अनिवार्य अपेक्षाएँ 'Praxis and Dialogue' हैं। समाज की सैद्धान्तिक समझदारी व आलोचना और व्यवहार के बीच 'Praxis' वह रिश्ता है, जो व्यक्तियों और उनके परिवेश के 'बदलाव' की ओर प्रवृत्त होता है : लोग किसी भी विद्यमान 'दी हुई' परिस्थिति को सिर्फ जागरूकता या बेहतर इरादों या फिर दिशाहीन व्यवहार के जरिये नहीं बदल सकते हैं। हमें एक सक्रिय-सचेतन 'कर्ता' के रूप में लगातार कार्य (Action) से कार्य के विश्लेषण (Reflection) और इस 'रिफ्लेक्शन' से नये कार्य (New Action) की ओर गतिशीलता बनाए रखनी होगी।

कांस्टैंटिनो (1978)[37] का मानना है कि चेतना वह तरीका (Manner) है जिसके माध्यम से समाज अपने विकासक्रम में दुनिया को और खुद को भी देखता-समझता है। बल्कि यह इससे भी आगे, सामाजिक रूपों की बदलती गतिमान प्रकृति को स्वीकार करना है। इसलिए तात्विक रूप से यह आधारभूत और क्रान्तिकारी परिवर्तन की अनिवार्यता है। चेतना की यात्रा एक लम्बी और संचित प्रक्रिया है : इसकी शुरुआत विद्यमान चेतना पर सवाल उठाने—सामयिक-मान्य-स्वीकार्य चेतना के विरुद्ध प्रतिक्रिया से होती है। विजयी होने के बाद खुद चेतना बन जाने पर यह यात्रा पूरी होती है। कांस्टैंटिनो प्रतिचेतना (Counter Consciousness) को वर्तमान चेतना के 'मैट्रिक्स' (Matrix) से उद्गमित मानता है जिसे अनिवार्यतः स्थानीय दशाओं और जरूरतों का प्रतिफलन होना चाहिए। इसे बना-बनाया कहीं से आयात नहीं किया जा सकता है। यह उन लोगों के बौद्धिक स्तर पर निर्भर करती है, जो बदलाव की ताकतों की ओर से, और उनके लिए सोचते हैं।

हाजी (1979)[38] का तर्क है कि चेतना कोई अदृश्य, निरपेक्ष (abstract) या अधिभूत (metaphysical) धारणा न होकर एक भौतिक ताकत (Material force) है। चेतना परिवर्तित हो रहे गतिशील सामाजिक आधार या उत्पादन प्रविधि की संगति में खुद परिवर्तन के दौर से गुजरती है। विद्यमान चेतना, नई चेतना की ओर परिवर्तन की राह में खुद एक भौतिक ताकत की तरह बाधा बनी रहती है। भौतक आधार (Material Base) में परिवर्तन की गति विद्यमान चेतना के बोझ से धीमी रहती है, क्योंकि चेतना सापेक्ष रूप से अपरिवर्तित (Relatively unchanging) आधार (Base) की जकड़ में खुद फँसी हुई होती है। विद्यमान चेतना अपने साथ अपना 'रूढ़िवादी ब्लाक' (Conservative Bloc) लेकर चलती है, जो विद्यमान प्रभावी (dominant) भौतिक आधार और उसकी प्रभावी विचारधारा से चिपका रहता है। 'प्रतिचेतना' (Counter-Consciousness) इस सन्दर्भ में चेतना का पुनरुत्थानीकरण है, जो चेतना के 'पूँजीवाद के बन्धनकारी तर्क' (imprisioning logic of Capitalism) को तोड़कर मुक्त हो जाने की प्रक्रिया है। यह पूरी प्रक्रिया एक क्रान्तिकारी ताकत के रूप में प्रति चेतना के पक्ष में विद्यमान चेतना के विभिन्न घटक समूहों (Constituting Blocs) के आन्तरिक सन्तुलन के बदलाव की ओर प्रवृत्त होती है।

गिब्सन-ग्राहम (2003) इसे 'बनने की राजनीति' (Politics of becoming) के रूप में देखते हैं। यह वह प्रक्रिया है जिसके जरिये हम न सिर्फ दूसरी दुनिया-वैकल्पिक दुनिया को परिकल्पित कर सकते हैं, बल्कि खुद को, और दूसरों को भी उस दुनिया के सम्भावित बाशिन्दों के रूप में ढाल (cultivate) सकते हैं। यह बदलाव (Transformation) की परियोजना है : वैश्विक अर्थव्यवस्था के निर्देशन में सक्रिय और उसके द्वारा समाहित कर लिए गए स्थानीय आर्थिक कर्ताओं को ऐसी आर्थिक क्षमताओं से लैस कर्ताओं में बदलने की परियोजना, जो स्वभावजन्य और इस रूप में अचेतन तथा सचेतन दोनों ही स्तरों पर प्रतिबद्ध होकर अपने रोजमर्रा व्यवहारों के जरिये एक अलग (diverse) अर्थव्यवस्था की संयोजना और रचना कर सकते हैं। अर्थव्यवस्था के क्षेत्र में कर्ताओं का यह आत्म बदलाव (Self Transformation) पूँजीवादी फ्रेमवर्क से बाहर के दूसरे विविध रिश्तों के अस्तित्व और दृश्यमानता (existance and visibility) के साथ नजदीकी से जुड़ा हुआ और काफी हद तक निर्भर रहता है।

एक 'प्राणी' (being) के रूप में कर्ता पहले ही आकार ले चुका होता है (Alredy shaped), और इसी के साथ वह 'सक्रिय आत्म बदलाव' (active self Transformation) की प्रक्रिया में अक्सर सचेत रूप से (deliberately) 'बनने' की निरन्तर गतिशीलता में रहता है। यह 'सक्रिय आत्म बदलाव' वह 'माइक्रो राजनीतिक प्रक्रिया' है, जो अपनी गति में 'वृहत्तर राजनीतिक (Macro Political) बदलाव सम्भव बनाती है।

अगर अर्थव्यवस्था ऐतिहासिकता और परिस्थितियों का मामला है तो निश्चित रूप से 'दूसरी' अर्थव्यवस्थाएँ रची जा सकती हैं, और उन्हें रचना राजनीति की परियोजना है। धन (Money) को पूँजीवाद से परे और पूँजीवाद के अन्दर विरोध की आर्थिक राजनीति की राजनीतिक परियोजना के रूप में इस्तेमाल किया जा सकता है। इसके जरिये, दूसरी अर्थव्यवस्थाएँ आत्मविश्वास (Self trust) की सूक्ष्मतर राजनीतिक प्रक्रिया (Micro Political Process) की नई गुंजाइशें (Spaces) खोलती हैं। ये गुंजाइशें इसी क्रम में वृहत्तर (Macro Level) स्तर पर परिवर्तनों के लिए जगह देती हैं। इसी सन्दर्भ में लेबोबिज का मानना है कि बावजूद इसके कि ये जिन जरूरतों को पूरा करती हैं, वे अपने आप में पूँजी के दायरे से बाहर नहीं जातीं, मगर संघर्ष की यह प्रक्रिया ही अपने आप में नये लोगों (New People) की रचना प्रक्रिया—लोगों में स्वयँ के प्रति एक नई अवधारणा बनाने—अपनी दुनिया को बदलने में सक्षम कर्ताओं के रूप में देखने की दृष्टि देने की प्रक्रिया है।

प्रति चेतना को अपनी प्रक्रिया में अपना भौतिक आधार भी रचना होगा : उन विकल्पों को रचना होगा, जो पूँजीवाद और उसकी संस्थाओं द्वारा रचित और आकार दी गई विद्यमान-प्रभावी-बँधुआ चेतना को चुनौती दे सकें। पांटिच और गिंडिन के लिए क्षमताओं को निर्मित करना और पूँजीवाद का विकल्प विकसित करने के लिए इन क्षमताओं को संगठित करके इस्तेमाल करने के सांगठनिक साधन बनाना : 'ठोस यूटोपिया' (concrete utopia) हासिल करने की अनिवार्य शर्तें हैं।

सामाजिक शक्तियों के सन्तुलन में बदलाव न सिर्फ एक जटिल और गैर-रेखीय(Non-linear) प्रक्रिया है, बल्कि यह सन्दर्भ की विशिष्टता पर भी निर्भर है (Context specific)। चेतना कोई वैयक्तिक कार्यवाही नहीं, बल्कि वह प्रक्रिया है, जो सामूहिक कार्यवाही के व्यवहार (Practice of acting collectively) के जरिये समर्थित और सम्पुष्ट होती है। वर्तमान वैश्विक पुनर्संयोजन कर्ता की 'Agency' को 'demoralisation' और 'depression' (अवमानना और दमन) के जरिये नजरअन्दाज करते हुए उसके अन्दर खुद के किसी काम का न होने (Worthlessness) की भावना और इसके चलते क्षमताहीनता की हताशा व निराशा पैदा करता है। आन्दोलनों के जरिये परिवर्तन की राजनीतिक प्रक्रिया में भागीदारी इन आत्म विनाशकारी भावनाओं को मिटाकर आत्म सशक्तीकरण की भावना भरती है, और प्रतिरोध के प्रति प्रतिबद्धता सृजित करती है।

हार्वी (2000) के मुताबिक इस मनोवैज्ञानिक बदलाव की कुंजी वह साहस है, जो आन्दोलन की चेतना से आती है। सच्चे लोकतांत्रिक आन्दोलन व्यक्तियों के अन्तर्निहित मानवीय मूल्यों (न्याय, समता-समानता, स्वतंत्रता) और उनकी सृजनशीलता की दावेदारी को जगाते हैं। उन्हें उनकी 'माल की स्थिति' (Commodity State) का शिकार बने रहने से मुक्त कराते हैं। इस समवेत परिप्रेक्ष्य में बदलाव की चेतना (Transformation Consciousness) को उन लोगों के सामूहिक संघर्ष के उत्पाद के रूप में अवधारित किया जाना चाहिए, जो प्रतिबद्ध सक्रियता के साथ अपनी परिस्थितियों को बदलने की जद्दोजहद कर रहे हैं, और जो खुद को भी उस समूचे बदलाव की विषयवस्तु (Object) के रूप में देखते हैं।

ट्रेड यूनियनों और वृहत्तर श्रम आन्दोलनों के अन्दर सामाजिक बदलाव (Social Transformation) की प्रक्रिया में महत्त्वपूर्ण योगदान करने की अपार क्षमता और सम्भावनाएँ हैं। उनकी सांगठनिक शक्ति उन्हें लोगों की प्रतिचेतना (Counter-consciousness) के विकास और सशक्तीकरण की क्षमता प्रदान करने के साथ-साथ लोगों की संघर्ष क्षमताओं के निर्माण और इन क्षमताओं को पूँजीवाद का विकल्प विकसित करने की दिशा में गोलबन्द करने की ताकत देती है। यही काफी नहीं है कि ट्रेड यूनियनें और श्रम आन्दोलन खुद को बेहतर वेतन व काम की दशाओं की सौदेबाजी तक सीमित रखें। जरूरी यह है कि ये संगठन ऐसी वैकल्पिक अर्थव्यवस्थाओं को विकसित और मजबूत करने के रास्ते तलाश करें, जो गलाकाट प्रतिस्पर्धा और अंधाधुंध मुनाफा कमाने पर न आधारित होकर मानवीय जरूरतों और रिश्तों पर आधारित हों। श्रम आन्दोलनों को एकजुटता अर्थव्यवस्था की ऐसी प्रयोगधर्मिता की ओर बढ़ना होगा, जो सहकारिता, सहयोग, समानता, आत्म-प्रतिबद्धता और लोकतंत्र के सिद्धान्तों और मूल्यों पर आधारित हो। दुनिया के कई हिस्सों से ऐसी प्रयोगधर्मिता के कभी आगे बढ़ते, कभी पीछे हटते, कदमों की आहट सुनाई देने लगी है।

वैकल्पिक अर्थव्यवस्थाओं की तलाश

बोआवेन्चुरा दे सोसा सान्तोस (2006)[39] ने 'Another Production is Possible: Beyond Capitilist Canon' में विभिन्न वैकल्पिक उत्पादन व्यवस्थाओं, सहकारी समिति आन्दोलनों, वैकल्पिक विकास, विकास के पर्यावरणीय विकल्प आन्दोलनों की पड़ताल करते हुए कुछ प्रस्थापनाएँ निर्मित की हैं :

(i) उत्पादन विकल्पों के सवाल केवल आर्थिक सवाल नहीं हैं : इन विकल्पों की मुक्तिकारी क्षमता और सफलता काफी कुछ इस पर निर्भर करती है कि वे आर्थिक प्रक्रियाओं और सांस्कृतिक, सामाजिक व राजनीतिक प्रक्रियाओं का किस सीमा तक समन्वय कर पाती हैं;

(ii) उत्पादन विकल्पों की सफलता के लिए सहकारी समितियों, यूनियनों, एनजीओ, राज्य एजेन्सियों और सामाजिक आन्दोलनों के बीच सक्रिय सहभागिता और परस्पर सहयोग के प्रभावी नेटवर्क का होना निर्णायक महत्त्व रखता है। इस सिलसिले में वृहत्तर सामाजिक आन्दोलन की मजबूत मौजूदगी इस नेटवर्क और इसके घटकों की समन्वयकारी सहभागिता बनाए रखने में मददगार होती है;

(iii) वैकल्पिक उत्पादन प्रणालियों के लिए संघर्ष और श्रमिक एकजुटता के नये रूपों की रचना की प्रयोगधर्मिता को राज्य के अन्दर और बाहर दोनों ही स्तरों पर प्रोत्साहित किया जाना चाहिए;

(iv) वैकल्पिक आर्थिक संगठन और श्रमिक एकजुटता की पहलकदमियाँ विभिन्न स्तरों पर एक साथ ली जानी चाहिए;

(v) भागीदारी लोकतंत्र को मजबूत बनाना और आर्थिक लोकतंत्रीकरण को आगे बढ़ाना एक ही सिक्के के दो पहलू हैं;

(vi) वैकल्पिक उत्पादन प्रणाली और श्रमिक एकजुटता के लिए नये संघर्षों और पितृसत्ता के खिलाफ संघर्ष के बीच चोली-दामन का अविच्छिन्न रिश्ता है;

(vii) आर्थिक विकल्पों और ट्रांसनेशनल श्रम एकजुटता को क्रमिक और समन्वयकारी पैमानों पर ही मापा जा सकता है; और

(viii) अर्थव्यवस्था के अन्य क्षेत्रों (spheres) के साथ आवेगी ऊर्जा (Synergy) पर आधारित रिश्तों के लिए उत्पादन विकल्पों और सीमा पार श्रम गतिशीलता (Cross-border labour mobilisation) की जरूरत होती है।

वैकल्पिक जन अर्थव्यवस्थाएँ (alternative people's economies), वैकल्पिक उत्पादन प्रणालियाँ, राज्य द्वारा लोकतांत्रिक भागीदारी योजनाओं की पहलकदमियाँ एक ऐसी 'प्रति चेतना' (Counter-Consciousness) के निर्माण और विकास में निर्णायक महत्त्व रखती हैं जो पूँजीवाद के तर्कों को चुनौती दे सकने में सक्षम है। ये गुंजाइशें (Spaces), परियोजनाएँ, पहलकदमियाँ पूँजीवाद के बरअक्स वैकल्पिक विमर्श और व्यवहार को प्रतिबिम्बित-प्रतिफलित करती हैं। ऐसी गुंजाइशें, परियोजनाएँ पहलकदमियाँ उस उभरती प्रतिचेतना के निर्धारक और परिणाम दोनों ही हैं, जो जनशक्ति के परिवर्तनकारी (Transformative) एजेंडा की वाहक होती है। ऐसी गुंजाइशें, परियोजनाएँ और पहलकदमियाँ संघर्ष की नई भाषा-परिभाषा रचने और व्यवहार में लाने की अन्तर्दृष्टि विकसित करती हैं।

वेनेजुएला की सह प्रबन्धित (co-managed) राज्य परियोजना के ढाँचे में श्रमिक असेम्बली, मालिकों की असेम्बली (owner's assembly) और बोर्ड ऑफ डायरेक्टर्स की व्यवस्था है। इन सभी संरचनाओं-सांगठनिकताओं में न्यूनतम आधी संख्या श्रमिकों की होनी चाहिए, और इन्हें सामूहिक निर्णय प्राधिकार की व्यवस्था में काम करना होगा। ऐसी सहकारी / सह-प्रबन्धित फर्मों को साख और विदेशी विनिमय मुद्रा के आवंटन और सस्ती दरों पर सरकारी सेवाओं-उपकरणों की उपलब्धि में प्राथमिकता दी जाएगी। 100% निजी पूँजी से गठित कम्पनियों को भी यदि सरकार 'सार्वजनिक उपयोग' अथवा 'सामाजिक कम्पनी' (Social interest company) घोषित करती है तो उन्हें 'सह-प्रबन्धन' के अधीन लाया जा सकता है। इसी तरह अगर कम्पनी के शेयर धारक ऐसा निर्णय लें, जिससे कम्पनी दिवालिएपन में चली जाय, अथवा बिना किसी वैध कारण के उत्पादन बन्द कर दे, तब ऐसी स्थिति में वहाँ के कर्मचारियों के मत-संग्रह के आधार पर कम्पनी को सह प्रबन्धन व्यवस्था के अन्तर्गत लाया जा सकता है।

अर्जेंटीना में श्रमिकों द्वारा संचालित सहकारी फैक्ट्रियों का प्रयोग[40] : 1990 के दशक के श्रृण संकट और उसे विकट-जटिल करती मन्दी के परिणामस्वरूप फर्मों, कम्पनियों, फैक्ट्रियों का दिवाला निकलने लगा। औद्योगिक मन्दी के गहराते संकट का फायदा फर्म/कम्पनी/फैक्ट्री मालिकों ने अपने प्रतिष्ठानों को धोखाधड़ी से वि-पूँजीकृत (de-capitalise) करने के जरिये उठाना शुरू किया जिससे वे सरकारी साख हासिल कर सकें। इस साख का इस्तेमाल श्रमिकों के हित में करने की बजाय उन्होंने गैर-उत्पादक वित्तीय सट्टेबाजी के जरिये निजी तौर पर मुनाफा कमाने के लिए किया। कई सारे छोटे-मझोले उद्यमों ने अपनी देनदारी चुकाने से मना करते हुए खुद को दिवालिया घोषित कर दिया।

इन स्थितियों में अर्जेंटीनी कानून के प्राविधानों के तहत विकल्प के रूप में सरकारी सहयोग के साथ सहकारी समितियों के निर्माण और संचालन की व्यवस्था थी। मई 2002 में कानूनी प्राविधान किया गया कि यदि श्रमिकों की बहुसंख्या सहमत हो तो ऐसे उद्यमों में 'बैंकरप्सी कोर्ट ट्रस्टी' श्रमिकों को उस उद्यम में उत्पादन शुरू करने का प्राधिकार दे सकते हैं, मगर फैक्ट्री के बन्द होने पर श्रमिकों की क्षतिपूर्ति की गारंटी नहीं होगी। कानून के मुताबिक वह उद्यम अपनी परिसम्पत्तियों और देनदारियों के साथ

एक सम्पूर्ण इकाई के रूप में तब तक मान्य रहेगा, जब तक कि नीलामी के जरिये नये मालिक के हाथ में नहीं चला जाता। ऐसी श्रमिक सहकारी समिति इस बात की गारंटी नहीं है कि फैक्ट्री के नीलाम हो जाने के बाद श्रमिक हितों और उनकी देनदारियों को प्राथमिकता मिलेगी। इसके बजाय श्रमिकों की माँग श्रमिकों के पक्ष में मालिकों की निजी सम्पदाओं की (क्षतिपूर्ति के साथ) जब्ती की थी।

ब्राजील में तत्कालीन सत्ताधारी पार्टी 'श्रमिक पार्टी' (PT) ने 1989 में अपनी स्थानीय सरकारों में भागीदारी-बजटिंग (Participatory Budgeting) का प्राविधान किया था।[41] इसकी मुख्य संरचना जनता द्वारा चुनी गई असेम्बलियों, क्षेत्रीय और विषयपरक असेम्बलियों, डेलीगेटों और म्युनिसिपल काउंसिलरों को लेकर बनी थी। लोकप्रिय असेम्बलियों के जरिये हर उपक्षेत्र के नागरिकों को म्युनिसिपल स्तर पर वार्षिक पूँजी निवेश के आवंटन में प्रत्यक्ष भागीदारी का अधिकार था। ये असेम्बलियाँ बजट से सम्बन्धित अपनी तैयारी बैठकों में पिछले वर्ष की आवंटित राशियों के उपयोग की समीक्षा करती थीं। ये असेम्बलियाँ 'फोरम ऑफ डेलीगेट्स एंड म्युनिसिपल काउंसिलर्स' के लिए प्रतिनिधियों / काउंसिलरों का भी निर्वाचन करती थीं। फोरम ऑफ डेलीगेट्स की भूमिका आवश्यकताओं का आकलन करके हर विषय क्षेत्र के अन्तर्गत अनुरोध किये गए कार्यों और सेवाओं की समीक्षा करने के बाद उनकी प्राथमिकता के निर्धारण की थी। नव निर्वाचित पार्षद इन प्राथमिकता के कार्यक्रमों पर म्युनिसिपल असेम्बली में मतदान करते, और नगर भागीदारी बजट काउंसिल के साथ मिलकर अनुमोदित कार्यों के क्रियान्वयन में सहयोग करते थे।

क्यूबेक, कनाडा : 1996 में सरकार द्वारा सामाजिक अर्थव्यवस्था (Social Economy) पर 'टास्क फोर्स' के गठन के तुरन्त बाद अर्थव्यवस्था और रोजगार पर एक शिखर सम्मेलन आयोजित किया गया था। इस टास्क फोर्स में यूनियनों, महिला संगठनों, 'The movement Desjurdinus, सरकार, Hydro-Cubec,The Conseil de la Qubec: CCQ, सामुदायिक समूहों, और पारम्परिक निजी क्षेत्र के प्रतिनिधि सम्मिलित थे। टास्क फोर्स ने क्यूबेक के लिए एक सामाजिक अर्थव्यवस्था मॉडल अवधारित करते हुए सरकार से सामाजिक अर्थव्यवस्था के लिए आर्थिक सहयोग का अनुरोध किया।[42] इसकी सकारात्मक प्रतिक्रिया में सरकार ने वित्तीय सहायता, जो 1996 में 200 मिली. डालर थी, बढ़ाकर 2002 में एक बिलियन डालर से ज्यादा कर दी। सरकारी सहायता का करीब 85% घरेलू सेवाओं, विशेषकर बाल कल्याण सेवाओं को आवंटित किया गया। इस टास्क फोर्स को 'Chantier d l' economie social' के अन्तर्गत मान्यता प्रदान की गई। इसकी संरचना में एक 'जनरल असेम्बली' और एक निर्वाचित संचालक मंडल का प्राविधान था। संचालक मंडल के 28 सदस्य थे, जिनमें सहकारी समितियों और गैर-लाभकारी उद्यमों, सामाजिक अर्थव्यवस्था विकास समूहों, संस्कृति, मनोरंजन, और स्थानीय विकास आन्दोलनों के प्रतिनिधि शामिल थे। 'चांटियर' को सामाजिक अर्थव्यवस्था के प्रोत्साहन, इसके सुदृढ़ीकरण में सहयोग, नई परियोजनाओं और परिक्षेत्रों में इसके प्रयोग और विस्तार, सामाजिक अर्थव्यवस्था के विभिन्न भागीदारों-सहयोगियों के बीच परस्पर संवाद-परामर्श को प्रोत्साहन, और इन

कर्ता-भागीदारों का सार्वजनिक परिक्षेत्र (Public domain) में प्रतिनिधित्व सुनिश्चित कराने का कार्यभार दिया गया।

इन सभी प्रयोगों में ब्राजील और कुछ सीमित सीमा तक क्यूबेक की सामाजिक अर्थव्यवस्था पहलकदमी के अतिरिक्त, अन्य सभी सहकारी-श्रमिक उद्यमों और समुदाय आधारित पहलकदमियाँ छोटे पैमाने पर लागू होने, संसाधनों की कमी और विपरीत हितों की स्वार्थी आक्रामता का विरोध झेलने का शिकार बनीं। बावजूद इन सीमाओं और बाधाओं के, इन प्रयोगों और आन्दोलनों ने धीमी गति से ही सही, मगर एक 'नई संस्कृति' और 'एकजुटता की अर्थव्यवस्थाओं' की प्रारम्भिक नींव निर्मित करने का काम किया है। ये प्रयोग कम-से-कम यह दिखाने में सफल रहे कि जनता अपनी गतिविधियों, संकल्प, और साहस के जरिये नई क्षमताओं और योग्यताओं को विकसित कर सकती है। बदलाव की सूक्ष्मतर प्रक्रिया (Micro process of Transformation) के जरिये ये पूँजीवाद से परे विकल्प के एक ऐसे आन्दोलन की जमीन तैयार कर रहे थे जिसकी शुरुआत पूँजीवाद के अन्दर से होगी।

विकल्प की तलाश लोगों (People) द्वारा आर्थिक और राजनीतिक संघर्षों की वह सतत गतिशील आवेगी प्रक्रिया है, जो वृहत्तर, मध्यवर्ती, सूक्ष्मतर (Macro,Meso, and Micro) हर स्तर पर पूँजीवाद के तर्क से पार जाने को प्रवृत्त होने के साथ-साथ इसी प्रक्रिया में खुद को भी बदलने को प्रवृत्त होती है। यह सामूहिक शिक्षण-प्रशिक्षण और सामूहिक संघर्ष की वह लम्बी, कठिन-कठोर, धीमी, अनुगामी, उत्तरोत्तर व्यापक और मजबूत होती जाती प्रक्रिया है, जिसके दौरान लोग बदलाव के कर्ता के रूप में अपनी नई क्षमताओं, नई योग्यताओं, नई प्रतिभाओं और प्रतिबद्धता-हौसलों को पहचानते और विकसित करते हैं। यह बदलाव उन्हें पूँजीवाद के समक्ष चुनौती बनकर खड़े होने का साहस देता है।

सुधारवाद बनाम क्रान्ति

मार्ता हार्नेकर (2007) का 'Rebuilding the Left'[43] में मानना है कि सच्चे क्रान्तिकारी के लिए सबसे बड़ा और शायद एकमात्र खतरा अतिरंजनापूर्ण क्रान्तिकारिता में उन सीमाओं और परिस्थितियों को नजरअन्दाज करने का है, जिनमें क्रान्तिकारी तरीके समुपयुक्त होंगे और सफलतापूर्वक लागू किये जा सकेंगे। अक्सर क्रान्तिकारी किसी न किसी विनाशकारी विडम्बना का शिकार हो जाते हैं जब वे क्रान्ति के 'revolution' को बड़े 'R' से लिखते हुए क्रान्ति को किसी 'दैवीय' ऊँचाई की आभा देने लगते हैं, वास्तविकताओं से आँखें मूँदने लगते हैं, और विश्लेषण-संश्लेषण की क्षमता खोने लगते हैं। वे भावनाओं को परे रखकर तौलना-परखना-समझना बन्द कर देते हैं कि किस समय, किस परिस्थिति और किस जगह पर क्रान्तिकारी कार्यवाही में उतरना ठीक होगा और कब व किन परिस्थितियों में सुधार की कार्यनीति ज्यादा कारगर होगी।

रोजा लक्जेमबर्ग के हवाले से हार्नेकर का कहना है कि समस्या सुधारों के प्रति हाँ या ना कहने की नहीं, बल्कि यह पड़ताल करने की है कि कब समय और परिस्थिति की माँग सुधारों के लिए लड़ने की है, और कैसे इस संघर्ष से भी क्रान्तिकारी परिणाम

हासिल किये जा सकते है। हार्नेकर राजनीतिक व्यवहार की क्रान्तिकारिता के तीन निर्धारक तत्त्व गिनाती है :

(i) सुधारों को अनिवार्य रूप से इस तरह से जन आन्दोलनों को मजबूत करने के समानान्तर प्रयासों के साथ जोड़ा जाय कि ज्यादा-से-ज्यादा लोग संघर्ष के साथ गोलबन्द हो सकें;

(ii) विद्यमान संस्थानिक फ्रेमवर्क के अन्दर काम करते हुए हमेशा इसके अनुभवों के सबक एक-दूसरे के साथ सीखते और सिखाते रहना होगा। चुनावी अभियान भी जनशिक्षा का बेहतरीन मंच बन सकता है बशर्ते इसे सचेत-सायास रूप से महत्त्वपूर्ण राजनीतिक-आर्थिक-सामाजिक प्रश्नों पर जन चेतना के जागरण के लिए निर्देशित किया जाय;

(iii) क्रान्तिकारी राजनीतिक व्यवहार सुधारों के लिए लड़ने में भी अपना तात्त्विक रूप से अलग चरित्र बनाए रखता है। ऐसे राजनीतिक व्यवहार को हमेशा विद्यमान संस्थागत सांगठनिकताओं के अन्तर्निहित चरित्र और सीमाओं को उजागर करते रहने और बिना ऐसी कोई उम्मीद जगाये, कि सुधार का रास्ता समस्याओं के हल में सफल होगा, इन संस्थाओं को बदलने की जरूरत पर जोर देते रहने में प्रतिबिम्बित-परिलक्षित होना चाहिए।

गोर्ज (1967) इस सन्दर्भ में उस 'गैर-सुधारवादी सुधार'[44] की प्रस्थापना रखता है जो अपनी वैधता और अस्तित्व के अधिकार को पूँजीवादी जरूरतों, मानकों और तार्किकताओं के दायरे में नहीं रखता। गैर-सुधारवादी सुधार इस बात से तय होता है कि 'क्या होना चाहिए', न कि 'क्या हो सकता है'। यह अपनी सफलताओं-उद्‌देश्यों की पूर्ति का आधार मूलभूत राजनीतिक और आर्थिक परिवर्तनों को बनाता है। गैर सुधारवादी सुधार ऐसी पहलकदमियों की श्रेणी में आते हैं, जिनका जन्म पूँजीवादी व्यवस्था परिक्षेत्र के अन्दर से जरूर होता है, मगर ये पहलकदमियाँ वैकल्पिक आर्थिक संरचनाओं-सांगठनिकताओं और श्रमिक एक जुटताओं की स्वीकार्यताओं और सम्भावनाओं को बल देने की ओर प्रवृत्त होती हैं। ये उन सम्भावनाओं को सम्भव बनाने की ओर प्रवृत्त होती हैं जो आज असम्भव दिखती हैं।

गैर सुधारवादी सुधार उन सम्भावनाओं की परख-पड़ताल करते हुए, जो आज की वास्तविकताओं के परिप्रेक्ष्य और परिस्थितियों में प्रगतिशील चरित्र रखती हों, उन्हें मजबूत करने के लिए संघर्ष करते हैं। ये सुधार एक ऐसे लोकप्रिय जन आन्दोलन की गोलबन्दी और विस्तार के लिए संघर्ष करते हैं, जो अपनी गति और आवेग में एक निर्णायक दबाव समूह का आयाम लेकर अविकल अग्रगति के साथ आने वाली बाधाओं और अपने आन्तरिक विचलनों—दोनों से लड़ते हुए बढ़ता रह सके।

बावजूद इसके, कि वे जरूरतें, जिनके लिए संघर्ष किया जा रहा है, अपने आप में पूँजी की परिधि से बाहर नहीं निकलतीं, संघर्ष की प्रक्रिया अपने आप में 'नये मनुष्यों' को रचने, लोगों को खुद के प्रति एक नई अवधारणा, नया हौसला, और नया आवेग देने, और अपनी दुनिया को बदलने की क्षमता रखने वाले सशक्त-समर्थ, सक्षमकर्ताओं

के रूप में खुद को देखने की दृष्टि देती है।

ग्रामशी के अनुसार—इटली में 1919 से 1920 के बीच बनीं फैक्ट्री काउंसिलें वे नई पहलकदमियाँ और परियोजनाएँ थीं, जिनमें श्रमिक जनतंत्र (Workers Democracy) की ऐसी नई व्यवस्था के बीज निहित थे जो राजनीतिक और प्रशासनिक अनुभव के 'स्कूल' बन सकते थे। इस तरह वे श्रमिक काउंसिलरों का आमूल-चूल रेडिकल बदलाव (Transformation) कर सकते थे। ऐसी पहलकदमियाँ आर्थिक और राजनीतिक संघर्षों के अन्तर को पाटने की क्षमता रखती हैं, और पूँजीवाद के परे सत्ता उपकरण (Apparatuses of Power) के बीज रूपों की सम्भावना बन सकती हैं।

मार्क्स 'लुई बोनापार्ट की 18वीं ब्रुमेर'[45] में कहते हैं कि "मनुष्य अपना इतिहास खुद अवश्य बनाता है, मगर वह इसे अपने लिए खुद चुनी गई परिस्थितियों में अपनी मनमर्जी से नहीं बना सकता। वह इसे विद्यमान, प्रदत्त और विरासत में मिली परिस्थितियों (Present circumstances, given and inherited) में ही बना सकता है। जीवित मनुष्यों के दिमाग पर मृत पीढ़ियों की तमाम परम्पराएँ किसी रात्रि दुःस्वप्न की तरह बोझ बनकर छायी रहती हैं। और ठीक उसी समय, जब लोग कुछ अभूतपूर्व रचने की दिशा में खुद को और अपनी परिस्थितियों को क्रान्तिकारी आवेग से भरने को प्रवृत्त होते हैं—क्रान्तिकारी संकट के ठीक ऐसे कालखंडों (epochs) में ऐसा घटित होता है कि वे विश्व इतिहास के नये आख्यानों-परिदृश्यों को रचित-घटित करने के लिए, 'नर्वस' होकर अतीत की आत्माओं का आह्वान करने लगते हैं—उनसे नाम, प्रयाण आदेश (marching Politics of Spaces), और वर्दियाँ उधार लेने लगते हैं, मगर वर्तमान समय-संकल्पित (time-honoured) छद्म (guise) और उसी उधार की भाषा के साथ। (19वीं सदी की) सामाजिक क्रान्ति अपनी कविता अतीत से नहीं बल्कि भविष्य से ही रच सकती है।"

यह सन्देश 21वीं सदी की सामाजिक क्रान्तियों के लिए भी उतना ही खरा है। नये संकल्प और नई परियोजनाएँ संघर्ष की नई भाषा की रचना को धार दे रही हैं। यह नई भाषा पूँजीवाद के पार—पूँजीवाद के परे एक प्रभावी-सक्षम वैकल्पिक फ्रेमवर्क की ओर चेतना, ज्ञान और व्यवहार के निर्माण और प्रयोग की आधारशिला बनेगी। सामाजिक और राजनीतिक क्रान्तियों में 'क्रिटिकल' विचार और व्यवहार की भूमिका सम्भावनाओं के क्षितिज को व्यापक विस्तार देने की होती है। ये 'क्रिटिकल' विचार और व्यवहार नये वैकल्पिक संकल्पों, नई परियोजनाओं-पहलकदमियों, और एक बेहतर अधिक समान-न्यायपूर्ण समतामूलक समाज निर्माण की दृष्टि से साथ नये प्रयोगों को जन्म देते हैं। इनमें से कुछ अपनी मंजिल पर पहुँच कर नये प्रयोगों को जन्म देंगे, कुछ डगमग कदमों से चलते हुए रास्ते में दम तोड़ देंगे, मगर तब भी वे उस जमीन के लिए खाद बन जाएँगे, जहाँ से नये प्रयोगधर्मी, नई ऊर्जा, नये आवेग, नये उल्लास और नये संकल्पों के साथ आगे बढ़ कर अपनी दुनिया खुद रचने के लिए उठ खड़े होंगे और बढ़ चलेंगे। 20वीं सदी के अन्तिम दशक से विद्यमान 21वीं सदी के अब तक से कालखंड के ऐसे ही कुछ प्रतिनिधि प्रयोगों की परख-पड़ताल का प्रयास आगे करेंगे...!

प्रतिरोध का वैश्विक रंगमंच

द्वितीय विश्वयुद्ध का परिणाम अमेरिका के पूँजीवादी वैश्विक जगत का चुनौती विहीन नेता बनकर उभरने में हुआ। विश्व की युद्ध ध्वस्त प्रमुख अर्थव्यवस्थाओं : ब्रिटेन, फ्रांस, जर्मनी और जापान को फिर से खड़ा करने की कमान अमेरिका ने मार्शल प्लान के जरिये खुद सँभाली। शेष वैश्विक दक्षिण की दुर्दशा पर 'कल्याणकारी अर्थव्यवस्था' के घड़ियाली आँसू बहाने की जिम्मेदारी अपने नेतृत्व-नियंत्रण में नवगठित ब्रेटनवुड्स संस्थाओं : अन्तर्राष्ट्रीय मुद्राकोश, विश्वबैंक और गैट (GATT जो आगे चलकर विश्व व्यापार संगठन WTO के रूप में संस्थाबद्ध हुआ) को सौंपी गई।

1970 आते-आते 'वैश्विक कल्याणकारी अर्थव्यवस्था' का जनाजा निकलने लगा। दुनिया राजनीतिक और भौगोलिक स्तर पर पूँजीवाद और समाजवाद के खेमों में बँटी शीतयुद्ध के गहराते उथल-पुथल दौर में थी। अमेरिकी नेतृत्व-निर्देशन में तथाकथित वैश्विक कल्याणकारी अर्थव्यवस्था दुनिया को गरीबी और अमीरी के दो विपरीत ध्रुवों की ओर ढकेलना शुरू कर चुकी थी। 1970 तक युद्धध्वस्त पश्चिम यूरोपी अर्थव्यवस्थाएँ और जापान वैश्विक पूँजीवादी प्रतिस्पर्धा के खिलाड़ी बनने की हैसियत में आ चुके थे। अमेरिका भी अब घरेलू मोर्चे पर अधिक ध्यान को प्राथमिकता देने पर मजबूर हो रहा था। इस समूची वैश्विक आर्थिक पुनर्संरचना दौर की कुँजी, अमेरिकी 'इकोनॉमी ऑफ स्केल' के फोर्डिस्ट असेम्बली लाइन प्रोडक्शन मॉडल की सीमाएँ उजागर होने लगी थीं।

दूसरी ओर आई एम एफ और विश्व बैंक की 'कल्याणकारी अर्थव्यवस्था' ने समूचे वैश्विक दक्षिण तीसरी दुनिया को राजकीय ऋणग्रस्तता के दिवालिएपन के कगार पर ला खड़ा किया था। गरीबी, अभाव, अशिक्षा और असमानता का हाहाकार मचने लगा था। अफ्रीका की काफी हद तक आत्मनिर्भर जीवन निर्वाह कृषि अर्थव्यवस्था (Subsistance Agriculture Economy) सरकारी नौकरशाही और विदेशी कम्पनियों के भ्रष्टाचार, लूट और लालच से तबाह हो चुकी थी। अफ्रीका अकाल, भुखमरी, गृहयुद्ध और विखंडन के विनाशकारी मुहाने पर खड़ा था। कमोबेश यही तस्वीर समूचे वैश्विक दक्षिण की थी।

1970 के परवर्ती वर्षों से वैश्विक दक्षिण के आर्थिक संकट से निपटने के लिए अन्तर्राष्ट्रीय वित्तीय संस्थानों की तिकड़ी : आई.एम.एफ., विश्वबैंक और गैट ने 'कल्याणकारी अर्थशास्त्र' से तौबा करके नवउदारवाद का रास्ता लिया। स्थानीय अर्थव्यवस्थाओं की विशिष्ट कमजोरियों-मजबूतियों और भिन्न-भिन्न परिस्थितियों की परवाह किये बगैर समूचे वैश्विक दक्षिण पर ढाँचागत पुनर्संयोजन कार्यक्रमों (SAPs)

के रूप में नवउदारवाद का नया वैश्विक नुस्खा थोपा जाने लगा। राजकोषीय वित्तीय अनुशासन (Fiscal discipline)—बजट घाटा और मुद्रास्फ्रीति कम करने की इस नवउदारी दवा ने मर्ज कम करने के बजाय कई गुना तेजी से बढ़ाना शुरू किया। वस्तुतः यह मर्ज को नहीं, मरीज को मिटाने की दवा थी।

गरीबी और असमानता के बढ़ने के साथ-साथ तीसरी दुनिया की जनता की निराशा और आक्रोश का पारा भी चढ़ रहा था। वैश्विक पूँजीवाद के लिए वैश्विक दक्षिण हमेशा से पूँजी के आदिम संचय की कभी न मिटने वाली भूख का हरा-भरा चारागाह रहा है। पूँजीवादी साम्राज्यवाद वैश्विक दक्षिण में ऐतिहासिक रूप से सबसे ज्यादा आक्रामक, दमनकारी और शोषणकारी रहा है। इसी परिप्रेक्ष्य में समीर अमीन ने एक बार लिखा था कि दक्षिण के प्रतिरोध आन्दोलनों-क्रान्तियों के पास ही काफी दिनों से विश्व व्यवस्था को उलट-पुलट करने की कुँजी है।

1970 दशक से ही नवउदारी पूँजीवाद और प्रतिरोधी जनशक्तियों के बीच रस्साकशी जारी है। नवउदारी पूँजीवाद अपनी अलग-अलग किस्मों : शिकागो ब्वायज वाशिंगटन सहमति से लेकर उत्तर वाशिंगटन सहमति और वर्तमान मितव्ययिता उपाय दौर तक की आक्रामकताओं के जरिये अपना शिकंजा बनाए रखने की हर मुमकिन कोशिश कर रहा है। ऐसा वह न सिर्फ वैश्विक दक्षिण के सन्दर्भ में, बल्कि अपने गृहक्षेत्रों की आम जनता के साथ भी कर रहा है। जवाब में दुनिया की उत्पीड़ित जनता अपने सामाजिक-आर्थिक-राजनीतिक प्रतिरोध आन्दोलनों-संघर्षों की नई प्रयोगधर्मिताओं के साथ स्थानिक प्रतिरोध संघर्षों से लेकर वैश्विक 'आन्दोलनों के आन्दोलन' (Movement of Movements) तक की हठीली चुनौतियों का निरन्तर विस्तार कर रही है।

वर्तमान प्रतिरोध संघर्षों के दौर की कुछ प्रतिनिधि साझी विशेषताएँ

प्रतिरोध संघर्षों, सामाजिक आन्दोलनों का वर्तमान दौर प्रतिरोध लक्ष्यों (Targets) और प्रतिरोधी शक्तियों दोनों के वैश्वीकरण का दौर है :

आक्रोश न केवल स्थानीय-राष्ट्रीय प्राधिकारों और प्राधिकारियों के विरुद्ध है बल्कि इसका निशाना आइएमएफ, विश्व बैंक, विश्व व्यापार संगठन जैसी अन्तर्राष्ट्रीय वित्तीय-आर्थिक-व्यापारिक संस्थाओं, तमाम जन विरोधी बहुपक्षीय व्यापार-पर्यावरण समझौतों, शिखर सम्मेलनों और वैश्विक कारपोरेट : समूचे नवउदारी पूँजीवादी व्यवस्था तंत्र तक विस्तीर्ण है। इन प्रतिरोधों के अनगिनत रूप हैं : कभी ये 'क्लासिक खाद्य दंगों, (classic food riots) के रूप में फट पड़ते हैं (मोरक्को, ब्राजील, हैती से लन्दन तक)। कभी ये हिंसक उपद्रवों का रूप ले लेते हैं (सूडान, तुर्की, चिली, मध्यपूर्व)। कभी इनका रूप आम हड़तालाओं का होता है (पेरु, इक्वाडोर, बोलीविया)। कभी ये वैश्विक संस्थाओं, शिखर सम्मेलनों के खिलाफ घेराव, प्रदर्शनों और समानान्तर शिखर सम्मेलनों का रूप लेते हैं। कभी ये वर्ल्ड सोशल फोरम के वार्षिक प्रतिरोध समागमों का रूप लेते हैं। और कभी ये अमेरिका से लेकर स्पेन, ग्रीस, मध्यपूर्व, एशिया के विभिन्न शहरों-चौराहों पर महीनों चलने वाले आकुपाई आन्दोलनों का रूप ले लेते हैं।

कुल मिलाकर ये पूँजीवाद की आँखों में आँखें डालकर हर जगह यही कहते नजर आ रहे हैं : 'लड़े हैं तुमसे कदम-कदम पर, लड़ेंगे तुमसे कदम-कदम पर।'

प्रतिरोधी ताकतों की बुनावट?

शहरी गरीब : झुग्गी-झोंपड़, बस्तियों वाले, बेरोजगार, फेरी-खोमचे वाले, पटरी दुकानदार; श्रमशील समुदाय : ट्रेड यूनियनें, असंगठित मजदूर, अपने जल-जंगल-जमीन संसाधनों से विस्थापित किसान, आदिवासी, खेतिहर, भूमिहीन मजदूर, बेरोजगार नौजवान, दुनिया की आधी आबादी औरतें, दलित, छात्र, शिक्षक, सार्वजनिक क्षेत्र कर्मचारी, छोटे-मझोले दुकानदार-व्यवसायी, पेशागत कर्मी। आकुपायी आन्दोलन के शब्दों में यह 1% के खिलाफ 99% की चुनौती की बुनावट है।

गरीब, श्रृणग्रस्त, पूँजीवाद के सताये लूटे गए देशों में हो रहे प्रतिरोधों के समानान्तर ही धनी देशों में भी एक वृहत्तर और नये किस्म का एकजुटता आन्दोलन विकसित हो रहा है :

यह आन्दोलन न सिर्फ अपने देश के अन्दर फैली विषमता-असमानता, बेरोजगारी, रंग-लिंग भेद, विस्थापितों की समस्याओं का प्रतिरोध कर रहा है, बल्कि अन्तर्राष्ट्रीय नीतियों, समस्याओं, संस्थाओं और उनके वैश्विक दुष्प्रभावों के खिलाफ भी प्रतिरोधी वैश्विक एकजुटता निर्मित और विकसित करने के लिए प्रयास कर रहा है। इस तरह प्रतिरोध स्थानीय से वैश्विक आयाम लेने की ओर अग्रसर है : न सिर्फ प्रतिरोधकर्ताओं और प्रतिरोध कार्यवाहियों की अन्तर्राष्ट्रीय व्यापकता में वृद्धि हो रही है, बल्कि अब तक असम्बद्ध सामाजिक परिक्षेत्रों को भी जोड़ने की कोशिश हो रही है। स्थानीय-राष्ट्रीय और वैश्विक स्तर पर परस्पर संवाद-संचार-सहयोग के साथ निजीकरण, आइएमएफ, विश्वबैंक, डब्ल्यूटीओ, पर्यावरण, आत्म-निर्णय, विस्थापन-इमीग्रेशन, मितव्ययिता आदि असंख्य मुद्दों और आन्दोलनों को जोड़ने की प्रक्रिया चल पड़ी है।

1990 दशक के मध्य से सूचना-संचार तकनीक (ICT) का व्यापक विकास-प्रसार प्रतिरोध की अभिव्यक्तियों के वैश्वीकरण में अहम भूमिका निभा रहा है :

1994 में इंटरनेट के इस्तेमाल के जरिये जपतिस्ता (Zapatista) आन्दोलन ने अपने पक्ष में वैश्विक स्तर पर मीडिया और जनमत को आकर्षित करने में अभूतपूर्व सफलता अर्जित की। 1996 में उन्होंने मुख्यत: इसके माध्यम से ही संवाद-सम्पर्क के जरिये पहला अन्तर्महाद्वीपीय समागम (Inter continental encuentro) का सफलतापूर्वक आयोजन किया था।[46] उसी साल 1996 में लन्दन, शिकागो, हेलासिन्की, ऑकलैंड में इंटरनेट के माध्यम से मैक्डोनाल्ड फास्टफूड श्रृंखलता के खिलाफ 'MC Sport Light Network' की स्थापना हुई। नवम्बर, 1999 में सियाटेल इंडिपेंडेंट मीडिया सेंटर की स्थापना विश्व व्यापार संगठन के विरुद्ध संघर्षों-प्रतिरोधों के 'कवरेज' के लिए हुई। IMC (Independant Media Centre) ने इस वैश्विक कवरेज के लिए पारम्परिक मीडिया : प्रेस प्रकाशन का इस्तेमाल करते हुए 'The Blind Spot' निकाला, और साथ ही अपनी पहली वेबसाइट : www. lindymedia.org लांच की। इसे डब्लूटीओ

प्रतिरोधों के दौरान लगभग पन्द्रह लाख 'हिट' मिले। जल्दी ही इंडी मीडिया ने खुद को एक अन्तर्राष्ट्रीय नेटवर्क के रूप में विकसित कर लिया, जिसका केन्द्रीकरण मुख्य रूप से उत्तरी अमेरिका और यूरोपीय देशों में था। इस नेटवर्क की प्रमुख ताकत 'ओपेन पब्लिशिंग साफ्टवेयर' का इस्तेमाल थी, जहाँ कोई भी स्वतंत्र पत्रकार (प्रतिरोध कार्यकर्ता) IMC वेबसाइट 'प्रोफार्मा' के जरिये अपनी रिपोर्ट 'अपलोड' कर सकता था।

21वीं सदी के प्रतिरोध की नवीनतम् अवधारणा 'आन्दोलनों का आन्दोलन' (Movement of Movements) कुल मिलाकर अपने उद्देश्यों, निशानों (Targets), राजनीतिक धाराओं, सांगठनिक संरचनाओं और कार्यवाहियों के तौर-तरीकों का काफी जटिल समागम है :

इस समागम का राजनीतिक फलक वाम, उदारी, माडरेट, सामाजिक जनवादियों से लेकर अराजकतावादियों (Anarchists), क्रान्तिकारी समाजवादियों (Revolutionary Socialists) और 'गैर राजनीतिक' धाराओं-समूहों तक फैला है। इसकी प्रतिनिधि चारित्रिक विशेषता निर्णय प्रक्रिया के केन्द्रीकरण और बाध्यकारी सहमतियों-समझौतों (Centralisation of decision making and binding agreements) के प्रति तीखा अविश्वास, असहमति और अस्वीकार्यता है। जेनेवा में 23-25 फरवरी 1998 को 'मुक्त व्यापार' (Free Trade) और विश्व व्यापार संगठन (WTO) के खिलाफ 'जन वैश्विक कार्यवाही' : 'People's Global Action' (PGA) की स्थापना विद्यमान अन्यायपूर्ण विश्वव्यवस्था के खिलाफ सीधी प्रदर्शन कार्यवाहियों (direct-demonstrations) और जमीनी स्तर के अहिंसक आन्दोलनों के गठबन्धन के विश्वव्यापी विकास के लिए हुई थी। इसके समर्थक 'पूँजीवाद, साम्राज्यवाद और सामन्तवाद' को सिरे से खारिज करते हैं। अपने लक्ष्य के लिए वे सीधी कार्यवाहियों, नागरिक अवज्ञा-सिविल नाफरमानी आन्दोलनों, और अन्य जुझारू टकराहट तरीकों (confrontational methods) पर बल देते हैं। PGA के पास कोई कोश नहीं है, और न ही कोई सदस्यता अथवा सम्बद्ध सांगठनिकता। हर PGA सम्मेलन में एक संयोजक समिति अगले सम्मेलन की तैयारी के लिए चुनी जाती है।

अपने नितान्त विकेन्द्रित ढाँचे के बावजूद पीजीए ने जी-8, जी-20, डब्लूटीओ, आई.एम.एफ. आदि विभिन्न शिखर सम्मेलनों के खिलाफ कई 'वैश्विक कार्यवाही दिवस' (Global Day Action) आयोजित किये। इसी के साथ इन कार्यवाही दिवसों पर दुनिया के कई सारे हिस्सों में एक साथ प्रतिरोध प्रदर्शनों के आयोजनों का संयोजन-समन्वय भी किया गया। ऐसे 'आन्दोलनों के आन्दोलनों' के जरिये न सिर्फ ऐसी सम्भावनाओं के द्वार खुल रहे हैं, जिनके जरिये इंटरनेट के माध्यम से व्यापक विकेन्द्रित स्तर पर प्रतिरोधों की तैयारी-समन्वय-संयोजन सम्भव हो सकता है, बल्कि कभी-कभी खुद प्रतिरोध भी पारम्परिक सामाजिक आन्दोलन शस्त्रागार से नितान्त भिन्न नये प्रभावी आयाम लेने लगते हैं (आकुपाई आन्दोलन / WSF)।

प्रतिनिधि प्रतिरोधों की चर्चा से पूर्व आधुनिक सामाजिक प्रतिरोध-सुधार आन्दोलनों में 'सिविल सोसाइटी संगठनों' या एन.जी.ओ. परिघटना पर भी सरसरी नजर डालना जरूरी है।

पिछले पैंतीस-चालीस सालों में, विशेषकर 1980 के दशक की शुरुआत से ही सामाजिक आन्दोलनों और 'सुधारों' के परिक्षेत्र में 'गैर सरकारी संगठनों' (NGOs) और 'नागरिक समाज कार्यकर्ताओं' (Civil Society Actors) का नया कबीला फलता-फूलता नजर आता है। पूर्ण कालिक 'पेशेवर कार्यकर्ताओं' की अच्छी-खासी संख्या 'आन्दोलनधर्मिता' को अपने दीर्घकालिक पेशेवर 'कैरियर' के रूप में राज्य, फाउंडेशनों, बहुराष्ट्रिक कम्पनियों के 'कारपोरेट सामाजिक दायित्व' (Corporate Social Responsibility: CSR) फंडों, अथवा सम्पन्न धनिक दानदाताओं द्वारा दी गई 'सांगठनिक फंडिंग' के जरिये अपना रही है। पहले संगठनों में पूर्णकालिक कार्यकर्ताओं का टिकाऊपन समाजवादी, किसान अथवा राष्ट्रवादी आन्दोलनकारी संगठनों की 'जन सदस्यता' के पैसे से सुनिश्चित होता था। ये 'जनसंगठक' (Mass Organisers) आन्दोलनकारी गतिविधियों (activism) को अपने छोटे-मोटे रोजी-रोजगार, वैयक्तिक सम्पदा की मदद से, या फिर 'फकीरी-फाकामस्ती' के भरोसे सालोसाल चलाते रहते थे।

इसके सापेक्ष, आधुनिक एनजीओ उद्योग में ऐसे कार्यकर्ताओं और संगठकों की भरमार है, जिनका आन्दोलनकारी गतिविधियों (Activism) से कोई नाता, अनुभव या लेना-देना नहीं है। ये पेशेवर रूप से 'सामाजिक कार्य' के लिए प्रशिक्षित अथवा 'स्वयंभू-स्वप्रशिक्षित एनजीओ संगठक हैं। और इनमें से ज्यादातर इस पेशे में इसलिए हैं कि उनके पास और किसी 'बेहतर' रोजी-रोजगार के अवसर नहीं हैं।

एनजीओ / नागरिक समाज संगठन जैसे संगठकों और कार्यकर्ताओं का भानमती के कुनबे जैसे बहुरंगी मन-मिजाज और नीयत-नीति वाला कबीला है। इसमें ऐसे आन्दोलनकारी कार्यकर्ता हैं, जिनके 'माइक्रो' संगठन अभी भी उन मुद्दों की ढोल पीटे जा रहे हैं, जिन्हें जनता कब का छोड़कर आगे बढ़ चुकी है। इसमें वे प्रतिबद्ध वैयक्तिक कार्यकर्ता भी है जो अपने उद्देश्य (Cause) के लिए पूरी तरह समर्पित हैं, और जिन्होंने अपना सारा कुछ 'उद्देश्य' के लिए दाँव पर लगा रखा है। इसमें वे 'सयाने-खिलाड़ी'—'व्यवस्था के मददगार' भी हैं जो 'बाहर के खिलाड़ियों' के साथ बेहतर तालमेल, सम्पर्क-संवाद से सत्ता गलियारों के रसूखदारों के साथ 'कुछ अच्छे-कुछ बुरे' (Good cop-Bad cop) का खेल खेलते हुए अपनी 'जनता' (constituency) को भरमाए रहते हैं। इसमें ऐसे संगठन भी हैं, जो आन्दोलनों की उपज रहे हैं मगर अपने जन्मदाता आन्दोलनों के ध्वस्त हो जाने के चलते सेवा प्रदाता सांगठनिकताओं अथवा गैर लाभकारी कम्पनियों में खुद को बदल लेने को विवश हुए हैं। ये बस कुछेक थोड़े से उदाहरण हैं...।

1980 दशक से वैश्वीकृत नवउदारी पूँजीवादी व्यवस्था के तहत चल रहे सामाजिक सेवा-सुरक्षा-संरक्षा परिक्षेत्र से राज्य की वापसी और सार्वजनिक सेवा उपक्रमों-उद्यमों के निजीकरण अभियान ने सुविचारित-नीतिगत योजना के तहत सामाजिक आन्दोलनों के संस्थागतीकरण की मुहिम चला रखी है। यह सामाजिक आन्दोलनो को राज्य और वृहत्तर नवउदारी व्यवस्था तंत्र के एक अंग (Arm) के रूप में बदलने की रणनीति का अंग है। सामाजिक आन्दोलनों की निर्भरता उन्हीं संस्थाओं से फंडिंग पर बढ़ती जा रही है, जिनकी वे कभी जी-जान से मुखालफत किया करते थे। आन्दोलनकारी विमर्श का

एक बड़ा परिक्षेत्र नये सिरे से परिभाषित-निरूपित होकर अन्तर्राष्ट्रीय वित्तीय संस्थाओं के नीतिगत विमर्शों की संगति में ढलता हुआ क्रमशः इन व्यवस्थानिक संस्थानों के साथ सलाहकारों-सहयोगियों के रूप में अपनी मूल पहचान को समाहित-तिरोहित करता जा रहा है।

इसी रणनीतिक योजना विधान के अन्तर्गत 'राज्य' 'लिबरल डेमोक्रेसी' का छद्म करता है। वह परम्परागत और मूलभूत मुद्दों और जीवन व जनतंत्र के पैरोकारों : ट्रेड यूनियनों, किसान संगठनों, धार्मिक और जातीय अल्पसंख्यक, दलित, आदिवासी और महिला संगठनों आदि के बजाय नई तथाकथित 'सामाजिक प्राथमिकताओं और ऐक्टरों' : सेवा प्रदाता, सशक्तीकरण, भागीदारी जैसे मुद्दों और संगठनों को प्रश्रय देने का सचेत-सायास प्रयास कर रहा है। इस प्रयास को राज्य बहुतेरे अलंकरणों के साथ जनता के बीच लाता है : जेंडर बजटिंग, पापुलर बजटिंग, पार्टिसिपेटरी बजटिंग, पब्लिक-प्राइवेट पार्टनरशिप (PPP), माइक्रो क्रेडिट अभियान, महिला सशक्तीकरण अभियान...।

इस छद्म के जरिये राज्य नवउदारी पूँजीवाद के व्यवस्था तंत्र के लिए सामाजिक आन्दोलनों को 'व्यवस्था तंत्र' का विस्तारित हिस्सा बनाकर सत्ता और समाज के पक्ष-विपक्ष की दोनों ही भूमिकाएँ अपने अन्दर समाहित करना चाहता है। ऐसा करके राज्य मजदूरों-किसानों, धार्मिक-जातीय अल्पसंख्यक राष्ट्रीताओं को राष्ट्र की प्रगति की राह में अवरोधों के रूप में जनता की समस्याओं के कारण के रूप में दिखाता है। इसके माध्यम से राज्य सच्चे (Genuine) सामाजिक-आर्थिक-राजनीतिक प्रतिरोध आन्दोलनों को कुचलने के लिए निरंकुश दमनकारी प्राधिकार के पक्ष में जन-समर्थन हासिल करने का प्रयास करता है। यह वह रणनीति है, जिसमें थाईलैंड में 'सिविल सोसाइटी' कार्यकर्ता वहाँ की सैन्य जुंता के साथ मिलकर गरीबों के आन्दोलनों का बर्बर दमन करते दिखाई देते हैं। आयरलैंड में 'ग्रीनपार्टी' का न्यायमंत्री वहाँ स्थानीय स्तर पर गैस पाइप लाइन का विरोध कर रहे गरीब हाशिये के समुदायों का नृशंस दमन-उत्पीड़न करने वाले पुलिस अधिकारियों के खिलाफ दायर मुकदमों-मामलों के 'डिसमिसल' को न्यायसंगत ठहराता है। आजकल एक और प्रवृत्ति तेजी से उभरती दिखाई दे रही है। 'सिविल सोसाइटी' को 'सत्ता के गलियारों में मेल-जोल' के अपने सुख और 'फंडिंग' पर भूखे-नंगे-बेतरतीब तौर-तरीकों, कपड़ों-लत्तों वाले, व्यवस्था विरोध और बदलाव की बातें करने वाले, आक्रामक तेवरों वाले लोगों के विरोध-प्रतिरोध, आन्दोलनों-संघर्षों के साथ खड़ा होने में खतरा लगने लगा है। इन 'सिविल सोसाइटी' सुधारकों के पास यह सुखदाई विकल्प मौजूद है, कि वे राज्य के साथ मिलकर इन 'उद्दंड-अराजक-व्यवस्था विरोधी' समूहों की गतिविधियों को राष्ट्रविरोधी बताकर इनकी लानत-मलामत करें, राज्य का प्रतिरोधी ताकतों के अपराधीकरण में 'साथ' दें और इनके दमन-उत्पीड़न-प्रताड़ना को न्यायसंगत ठहराने में 'सहयोग' करें।

मगर इसी दौर में ऐसे संघर्षशील ईमानदार परिदृश्य भी दिखाई देते हैं, जिनमें अन्तर्राष्ट्रीय वित्तीय संस्थानों के विरोध या पर्यावरणीय मुद्दों पर सैकड़ों 'व्यवस्था विद्रोही' (Non-compliant) एनजीओ लोकतांत्रिक आधारों पर गोलबन्द और संचालित

व्यापक जन आन्दोलनों के हमकदम उनकी ताकत बनकर लड़ रहे हैं। ऐसे भी उदाहरणों की कमी नहीं, जहाँ जुझारू प्रतिबद्ध एनजीओ उन रेडिकल आन्दोलनकारी संगठनों के संघर्षों में भी खुलकर साथ लड़े हैं, जो अपने आन्दोलन को सीधे-सीधे राज्य और कानून को चुनौती देने की हदों तक ले गए हैं। इनके परिणामस्वरूप कई बार अभूतपूर्व-विस्मयकारी सफलताएँ भी हासिल हुई हैं, जिन्होंने बहुतेरे नीतिगत परिवर्तनों, यहाँ तक कि सत्ता परिवर्तनों की भी राह पकड़ी है।

सामाजिक आन्दोलनों के 'स्पेस' के इस विद्रूपकारी विभाजन ने, जो दुनिया के तमाम आन्दोलनों और समाजों में पाँव पसारता नजर आ रहा है, बीसवीं सदी के अन्तिम दशक से 'नीचे से वाम' (Bottom-up Left) की फिर से शुरुआत को आवेग दिया है : इन कोशिशों के कई नाम हो सकते हैं : 'अराजकतावादी' (Anarchists), ट्राट्स्कीवादी, आटोनोमिस्ट या बस्तावादी)...।

नवउदारवादी व्यवस्थातंत्र की विश्वव्यापी उड़ान ने 1968 के युवा आन्दोलनों के पराभव के बाद नई आक्रामकता के साथ गति पकड़ी थी। नवउदारवाद का एक विशिष्ट चारित्रिक गुण पुनर्वितरण और सामाजिक न्याय के सवर्था विरुद्ध रहने के बावजूद अपने लिए जनस्वीकृति (popular consent) हासिल करने का शातिर दोगलापन है। इस दोगलेपन के चलते अलग-अलग संस्थागत 'चैनलों' के बीच तनाव बढ़ रहा है : 'परामर्श' (consultancy) की दुनिया के संभ्रांत एनजीओ और सौम्य नागरिक समाज बनाम उद्दंड असभ्य लोगों की दुनिया, जो अपनी शर्तों पर, अपने तरीकों से, अपने उद्देश्यों के लिए राजनीति और समाज में अपनी जगह की दावेदारी कर रही है : सामाजिक आन्दोलन, जन प्रतिरोध सीधी कार्यवाहियाँ...यह मानो तथाकथित 'सभ्य' बनाम 'असभ्य' समाज का अलगाव है।

निस्सन्देह 'नागरिक समाज' अपने बहुरंगी-बहुविध रूपों में वर्तमान विश्व रंगमंच पर एक ताकतवर शक्ति है। यह व्यवस्थातंत्र (Governance) का अहम हिस्सा बनता जा रहा है : सामाजिक सेवा ('माइक्रो' आर्थिक सहित) प्रदाता के रूप में, लोकतंत्र के विकल्प (substitute) के रूप में, और महत्त्वपूर्ण अन्तर्राष्ट्रीय 'कड़ी (Link)' के रूप में। नागरिक समाज उन संभ्रांत लोगों के राज्य में भागीदारी का 'माध्यम' भी है, जिनकी 'जनतांत्रिक वैधता' को उन लोगों से खतरा है जो बौद्धिक और राजनीतिक दोनों ही परिक्षेत्रों में अपने पाँवों की धमक से अपनी दावेदारी आमद की आहट देने लगे हैं। 'नागरिक समाज' (Civil Society) ऐसा 'फंडिंग फंडा' बन चुका है, जिस पर ऐसा कोई भी 'सामाजिक ऐक्टर' उँगली नहीं उठाता, जो 'सुरक्षित रोजगार', अपने संगठन को 'टिकाए' रखने, या 'अपने मुद्दों' को 'मिल-जुल' कर आगे बढ़ाने का आकांक्षी हो। वे जो कभी खुद की पहचान 'महिला आन्दोलन', 'पर्यावरण आन्दोलन' या फिर 'समुदाय एक्टीविज्म' कार्यकर्ता बताने में गर्व की अनुभूति करते थे, आज 'नागरिक समाज की 'भाषा' में 'विमर्श' करते नहीं अघाते।

ऐसा भी नहीं है कि यदि सामाजिक आन्दोलन का अन्तर्निहित चरित्र लोकप्रिय लोकतंत्र (Popular Democracy) की अभिव्यक्ति है तो इसके ठीक उलट नागरिक

समाज हमेशा ही 'विरोध-प्रतिरोध समाहरण के व्यवस्थातंत्र' में समागमित होने (cooptation) का प्रतिनिधित्व करता है। इन दोनों के व्यवहारों और रिश्तों में इतनी विविधता और जटिलताएँ है कि इन्हें किसी खास परिभाषित श्रेणी में रख पाना कठिन है। 'नागरिक समाज', 'सामाजिक आन्दोलन', 'एनजीओ' जैसे तमाम शब्दों के कोई एकल-सरल-सहज मायने नहीं होते। ये बहुत कुछ अपने राष्ट्रीय-क्षेत्रीय-अन्तर्राष्ट्रीय सन्दर्भों और उस अकादमिक सैद्धान्तिक परिप्रेक्ष्य (Perspective) पर निर्भर करते हैं, जिनके तहत वे व्यवहृत हो रहे हैं और परखे जा रहे हैं।

राज्य अथवा 'नवउदारी लोकतंत्र' आज यदि कतिपय सामाजिक मुद्दों को अपने विमर्श के दायरे में ला रहा है तो वे उन जन आकांक्षाओं और उनके लिए संघर्षशील लोकप्रिय ताकतों के प्रति मजबूरी में की जा रही आंशिक स्वीकारोक्तियाँ (Forced and Partial Recognition) हैं, जिनसे आमतौर पर नीति निर्माता बचना चाहते थे। विश्व इतिहास के लगभग समूचे दौर में स्वायत्त लोक सांगठनिकताएँ (Popular self Organisations) उन सत्ताधारी वर्गों के लिए चुनौती रही हैं, जो अपनी सत्ता को मिलने वाली लोकप्रिय जनाकांक्षा की किसी भी चुनौती से भयभीत होकर उसका निषेध करना चाहते हैं, और लोक संगठन (Popular Organisations) के किसी भी वैकल्पिक रूप के प्रति घोर दुराव रखते हैं।

1968 तक ज्यादातर राज्य या तो उन तमाम जन अभिव्यक्तियों और आकांक्षाओं का, जो मत पेटियों और 'स्वीकृत' राजनीतिक पार्टियों के दायरे में न हों, हिंसक प्रतिरोध करते रहे, या फिर राज्य निर्णय प्रक्रिया तंत्र में जन भागीदारी का सवाल अपने अनुमोदित हित समूहों तक सीमित रखते रहे। 1968 के विश्वव्यापी छात्र-युवा-श्रमिक जन उभारों ने पश्चिम यूरोपी और उत्तरी अमेरिका के राज्यों को 'सामाजिक आन्दोलन' को कम-से-कम सैद्धान्तिक स्तर पर ही सही, वैध राजनीतिक ताकतों-हस्तक्षेप कर्ताओं के रूप में देखने के लिए विवश किया। निस्सन्देह, प्रतिरोध के इस 'नेगोशियेटेड सेटलमेंट' में काफी भिन्नता थी : विशेषकर उन आन्दोलनों में, जिन्होंने राज्य की गोलियों और तमाम 'डर्टी ट्रिकों' का सामना किया था, और उन आन्दोलनों के बीच, जिन्हें खुद प्रशासन का 'भरोसा' हासिल था। यह भिन्नता बहुत ही तीखी थी।

1968 का ही एक और दीर्घकालिक परिणाम 'नवउदारवादी राज्य' का 'विकासवाद' (Developmentalism) और उसके किसी भी अनुशंसित दायित्व से खुद को मुक्त करने का था। इसके लिए एनजीओ व 'सिविल सोसाइटियों' को उत्तर औपनिवेशिक दुनिया में मजबूती के साथ 'रोपने' और वैधता दिलाये जाने का अभियान शुरू हुआ। इसके पीछे यह सोच भी काम कर रही थी कि इनके जरिये और इनके रूप में उत्तर औपनिवेशिक समाजों में ऐसा ढाँचा खड़ा हो सकता है, जिसमें तमाम महत्त्वपूर्ण मुद्दों पर पश्चिमी 'लिबरल' और सत्ता के स्थानीय आलोचकों के बीच समन्वय-गठजोड़ की सम्भावनाएँ बन सकती हैं। ये प्रस्थापनाएँ हमेशा परिस्थिति की जरूरतों के मुताबिक बदलती रही हैं।

न्यूयार्क पर 2001 के हमले के बाद तमाम 'सामाजिक आन्दोलनों' का 'आतंकी संगठनों और कार्यवाहियों' के रूप में थोकभाव से अपराधीकरण करने की मुहिम

चली। दूसरी ओर वैश्विक जगत में अन्तर्राष्ट्रीय वित्तीय संस्थाओं (IFIs) के बढ़ते नियंत्रणकारी रुतबे ने पुरानी सत्ताओं के विरोधी बहुतेरे एनजीओ को नये व्यवस्था तंत्र का अर्ध-आधिकारिक ही नहीं आधिकारिक हिस्सा बना दिया (ईराक, अफगानिस्तान)।

इसके उलट, 1990 दशक की पूँजीवादी वैश्वीकरण आक्रामकता के खिलाफ विश्वव्यापी 'आन्दोलनों के आन्दोलन' काफी हद तक वैश्विक विमर्श के अन्दर गहन संरचनात्मक मूलभूत मुद्दों को ला पाने में सफल थे। इसके चलते तमाम एनजीओ और नागरिक समाज संगठनों (CSOs) को भी अपनी प्रतिबद्धताएँ तय करने के लिए : नवउदारी ढाँचों और संस्थाओं के प्रति वफादारी या फिर इनके सिद्धान्त आधारित प्रतिरोध के बीच चयन करने के लिए मजबूर होना पड़ा।

1960 से 1980 दशक के बीच एनजीओ परिघटना का विकास पश्चिम के वृहत्तर परिप्रेक्ष्य और सन्दर्भ में ही हुआ था। यह 'विकास' के राजनीतिकरण, संरचनागत विकल्पों की बढ़ती चाहना, मुक्तिकामी भागीदारी की बढ़ती जन आकांक्षा के साथ चतुर्दिक फैलते जनान्दोलनों और रेडिकल बुद्धिजीवियों, विचारकों, शिक्षाविदों के जन आन्दोलनों के साथ संश्रय और इसी के साथ धर्म के क्षेत्र में भी 'लिबरल थियोलॉजी' जैसी धाराओं के विकसित होने के चलते भी हुआ था। इस पूरे परिप्रेक्ष्य ने जन आकांक्षाओं के राजनीतिकरण में महत्त्वपूर्ण योगदान किया। बहुतरे बुद्धिजीवियों, विचारकों, शिक्षाविदों, धर्म व्याख्याताओं ने अपनी भूमिका दमन की विद्यमान संरचना के विरोध में तय की थी। इनका उद्देश्य विद्यमान सामाजिक वास्तविकता में आमूल-चूल बदलाव के लिए दमनकारी आर्थिक, राजनीतिक-सामाजिक संरचनाओं को प्रभावी चुनौती देना था। यह वह 'वृहत्तर परिप्रेक्ष्य' था जिसकी प्रतिक्रिया में राज्य और पूँजी ने इन चुनौतियों को एनजीओईकरण के माध्यम से 'तंत्र' में समाहित करने की मुहिम चलाई।

'विकासवादी राज्य' (Developmentalist State) का अवसान, विकासवाद के संकट में 'जन-राजनीतिकरण' (Popular Politicisation) का बिखराव, और 1980 व 1990 के दशक में नवउदारवाद का नई आक्रामक ताकत के साथ वैश्वीकरण अभियान : ये वे परिस्थितियाँ थीं जिन्होंने रेडिकल सामाजिक आन्दोलनों की जगह एनजीओ परिघटना के उभार और अभूतपूर्व प्रसार के लिए जमीन दी। एनजीओ वैचारिकी और व्यवहार दोनों उत्तरोत्तर 'गैर-राजनीतिक पेशेवर' होते गए। इसके चलते पूर्ववर्ती दशकों की वैचारिकी, विमर्श और व्यवहार की पहचान के साथ उनका अलगाव तेजी से बढ़ा। बहुतेरे सामुदायिक कार्यकर्ता और नेता एनजीओ कार्यकर्ताओं और प्रबन्धकों में बदल गए। उनकी भाषा, संस्कृति, उद्देश्य, व्यवहार—सब कुछ नव उदारवाद के नये वर्चस्वकारी उभार की संगति और सेवा में ढलता चला गया।

एनजीओ परिघटना 'उत्तर वाशिंगटन सहमति विमर्श' के अन्तर्गत 1980 और 1990 दशक की ढाँचागत समायोजन (SAPs) नीतियों की असफलता की स्वीकारोक्ति के दौर में अपने उत्कर्ष पर पहुँची। 'उत्तर वाशिंगटन सहमति विमर्श' ने एक बार फिर राजनीति के 'विकास' की ओर लौटने की वकालत की। नवउदारी सुधार के नये दौर की सफलता के लिए संस्थाओं के महत्त्व को रेखांकित करते हुए इस विमर्श ने सबसे पहले इन सुधारों के 'अपनाने' (Ownership) की जरूरत पर बल दिया। सुधारों के

'अपनाए जाने' की गारंटी स्थानीय विकास परियोजनाओं में स्थानीय जनता को शामिल करके, उनकी भागीदारी के जरिये ही की जा सकती थी। ऐसे 'विकास' प्रोजेक्टों को व्यवहार में लाने का सर्वश्रेष्ठ माध्यम एनजीओ बन सकते थे। वे अपनी 'गैर सरकारी' स्थिति, गरीब-वंचित समुदायों के साथ नजदीकी, और अपनी 'एक्सपर्टाइज' के साथ इस काम को बखूबी अंजाम दे सकते थे। इसके जरिये स्थानीय स्वायत्तता और संघर्ष पर वैश्विक नव उदारवाद के हमले को 'स्थानीय पहलकदमी और सशक्तीकरण' की चाशनी में लपेट कर जन स्वीकार्यता दिलाई जा सकती थी।

इसके माध्यम से अन्तर्राष्ट्रीय वित्तीय संस्थाओं का व्यवहार, विमर्श व राजनीति जमीनी स्तर तक 'ट्रिकल-डाउन' हो सकता था। नतीजे में एनजीओ मात्रात्मकता का 'कुकरमुत्ता विस्तार' हुआ। इनकी फंडिंग सरकारें और अन्तर्राष्ट्रीय संस्थाएँ कर रही थीं। एनजीओ व्यवहार की बोली वही रही : भागीदारी, जन शिक्षण-प्रशिक्षण (Popular education), सामुदायिक सशक्तीकरण। मगर अब इनके अर्थ और अन्तर्वस्तु पूरी तरह बदल चुके थे। अब ये 'गैर राजनीतिकरण की राजनीति' बन चुके थे। PRA (Participatory Rural Appraisal) जैसी प्रोजेक्ट आधारित प्रविधियों के जरिये नवउदारी बाजार और राजनीति को बिना किसी प्रतिरोध के पाँव पसारने का मौका मिला। इसी के साथ अन्तर्राष्ट्रीय वित्तीय संस्थाओं की पहुँच सामुदायिक भागीदारी और जनशक्ति तक विस्तारित हुई। राजनीति में सच्ची लोक भागीदारी की जनतांत्रिक आकांक्षा की जगह संस्थानिक पर निर्भरता ने ले ली। कुल मिलाकर यह 'विकास' के गैर राजनीतिकरण और सशक्तीकरण के नाम पर गरीब के नि:शक्तीकरण का नया नवउदारी नुस्खा था। यह 'गैर राजनीतिकरण' वस्तुत: 'यथास्थितिवाद' की संस्थानिक राजनीति थी।

1997 में वैश्विक दक्षिण में एनजीओ परिघटना के सन्दर्भ में पेट्रास का तर्क कुछ इस तरह है[47]: एनजीओ का बल आन्दोलनों पर नहीं प्रोजेक्टों पर है, वे लोगों को 'हाशिये' पर बने रहकर उत्पादन के लिए 'गोलबन्द' करते हैं मगर उत्पादन और सम्पदा के आधारभूत साधनों पर अपने अधिकार के लिए 'संघर्ष' करने को नहीं। उनका केन्द्रीकरण परियोजनाओं के लिए 'तकनीकी सहायता' मुहैया कराने पर है, उन आधारभूत दशाओं पर बिल्कुल नहीं, जो लोगों के दैनन्दिन जीवन को प्रभावित-निर्धारित करती हैं। ये एनजीओ वाम की भाषा अपनाते हैं : 'जनशक्ति' (Popular Power), 'सशक्तीकरण', 'जेंडर समानता', 'टिकाऊ विकास', 'जमीनी स्तर से नेतृत्व' (Bottom-up leadership)। एनजीओकृत होने के बाद यह भाषा दानदाताओं-सरकारी एजेन्सियों के साथ गठजोड़ बनाकर आन्दोलनकारी जन सक्रियता को गैर-टकराहट की राजनीति के मातहत कर देती है। इस पूरे परिप्रेक्ष्य में दानदाता के वित्त पोषण और एजेंडा का नतीजा उपनिवेशवाद और पर-निर्भरता के नये रूपों के संस्थाबद्ध होने में निकलता है। गरीब को जिन्दगी की जद्दोजहद में एनजीओ के जरिये दो पैसे की सहूलियत का प्रबन्धन नवउदारवाद के खिलाफ प्रतिरोध की सम्भावनाओं को कुंद करने की कीमत पर होता है। सार्वभौम-सार्वजनिक आधारभूत सेवाओं की पूर्ति व प्रबन्धन में राज्य के दायित्व व भूमिका की जगह एनजीओ को दे दी जाती है। यह 'प्रबन्धन' 'फंड' हासिल

करने की प्रतिस्पर्धा में समुदायों के अन्दर टकराहट और वैमनस्य पैदा करता है। कुल मिलाकर एनजीओ परिघटना के उत्कर्ष का यह पक्ष सामाजिक आन्दोलनों की ताकत, प्रभाव और मौजूदगी के ह्रास का है।

वैश्विक दक्षिण में एनजीओ परिघटना के विश्लेषण-व्याख्या की यह 'हर धान बाईस पसेरी' वाली तकनीक अपने विश्लेषण-व्याख्या में गरीब की क्षमता (Agency) के पतन और गैर राजनीतिकरण की प्रस्थापना को सम्पुष्ट और पुनरुत्पादित करती है। यह उन जटिलताओं और बारीकियों को भी नजरअन्दाज कर देती है, जिन्हें एनजीओ व्यवहार की ठोस परिस्थिति सापेक्ष राजनीतिक विश्लेषणों के जरिये ही हासिल किया जा सकता है। निस्सन्देह, एनजीओ परिघटना अपने व्यवहार में सम्बन्धों का एक ऐसा तरल-विरोधाभासी ताना-बाना भी बनाती है, जिसमें प्रभावी अल्पसंख्या के इस मकड़जाल से निकलकर प्रतिरोध की जगह जमीन तैयार करने के लिए भी प्रवृत्त होने की भी सम्भावना बन सकती है।

1990 दशक के प्रारम्भिक वर्षों से ही नवउदारी वैश्वीकरण का संकट सामाजिक आन्दोलनों के पुन:उभार और विस्तार के जरिए लैटिन अमेरिका में मतपेटियों के रास्ते वाम सरकारों के सत्ता में आने के लिए रास्ता तैयार करने लगा था। इसी के साथ यह 'विकास के गैर राजनीतिकरण' और गरीब के अन्दर 'असहाय निष्क्रियता' की भावना भरने वाले एनजीओ और अन्तर्राष्ट्रीय वित्तीय संस्थानों की घटती क्षमता को भी उजागर करने लगा था। नवउदारवादी वर्चस्व की वैश्विक अपरिहार्यता की विस्तीर्णता और विकल्पहीनता (TINA) सिद्धान्त की जमीन भी खिसकने लगी थी। सामाजिक आन्दोलनों और गरीबों के अपनी खोई जमीन व ताकत वापस पाने की जद्दोजहद से एनजीओ और समुदाय के बीच के रिश्तों की जटिलता और विरोधाभास बढ़े।

दक्षिण की जनता द्वारा नवउदारी पुनर्संयोजन की खिलाफत और प्रतिरोध का पहला बिगुल 1980 दशक में वेनेजुएला के 'आई.एम.एफ. दंगों' या 'अल काराकाजो' (El Caracazo) के रूप में बजा था। इसके बाद संघर्ष / आन्दोलन उत्तरोत्तर आक्रामक तेवर पकड़ते गए। आन्दोलनों ने अपनी वैचारिकी और व्यवहार दोनों ही धरातलों पर ऐसे नये राजनीतिक, सामाजिक और आर्थिक प्रयोगों की शुरुआत की, जिनकी दिशा 'विकासवाद' की सीमाओं से बाहर और नव उदारवाद के ध्वंस के जरिये सच्चे विकास को पुनर्जीवित करने की थी।

लैटिन अमेरिका में, सामाजिक आन्दोलन काफी हद तक नव उदारवाद के विकल्पों की रचना प्रयासों के साथ जुड़े रहे हैं। इनकी दिशा विकास की राह में जनता और जन संगठनों की ताकत और क्षमता (Agency) की अभिव्यक्ति और दावेदारी की नई प्रभावी रणनीतियाँ बनाने और लागू करने की रही है। उन्होंने नव उदारवाद द्वारा छीनी गई जनता की राजनीतिक जगह और दावेदारी को वापस हासिल करने के लिए राजनीतिक टकराहटों, आर्थिक विकास और चेतना संरचना के नये रूप और व्यवहार गढ़ने की दिशा ली। वर्कर्स पार्टी द्वारा पोर्टो अलेग्रे में स्थानीय जन प्रशासन के प्रयोग, कोलम्बिया की Community of Peace, वेनेजुएला में जन भागीदारी और जन अर्थव्यवस्था की नई संस्थाओं के प्रयोग—ये सभी 'उदारी प्रतिनिधित्व जनतंत्र' (Liberal Representative

Democracy) की दादागिरी को चुनौती देने, नई लोकतांत्रिक संस्थानिकताएँ बनाने, सत्ता की पारम्परिक संस्तरीकृत संरचना (Traditional Hierarchy of Power) को नये सिरे से आकार देकर और बदल कर नये राज्य उपकरणों-संस्थाओं के निर्माण के प्रयोग रहे हैं।

सामाजिक आन्दोलनों का ही एक और फलक है। अर्जेंटीना के पिक्यूटेरा आन्दोलन (Piquetra Movement), मैक्सिको के जपतिस्ता (Zapatista) या फिर ब्राजील के MST जैसे आन्दोलन ढाँचागत आमूल-चूल परिवर्तन, राजनीतिक सत्ता के चारित्रिक बदलाव और सामुदायिकता निर्माण में परम्परागत राजनीतिक पार्टियों की किसी प्रभावी भूमिका की क्षमता से इनकार करते हैं। वे अपनी निर्णय प्रक्रिया और व्यवहार में सामूहिक जन विमर्श और प्रत्यक्ष जनतंत्र के विविध प्रयोग कर रहे हैं। फिलहाल ऐसी सम्भावनाओं के दुनिया के अन्य हिस्सों में व्यापक पैमाने पर प्रसार की सम्भावनाएँ बहुत मजबूत नहीं दिखतीं। इसके बावजूद इनके लिए छटपटाहट और जन आक्रोश का दायरा लगातार बढ़ता दिख रहा है। ऐसे ज्यादातर प्रयोग अपने प्रारम्भिक आवेग और उत्कर्ष के बाद आज पराभव, बिखराव अथवा गतिरोध से जूझते दिख रहे हैं।

अगले अध्याय में इस दौर के कुछ प्रतिनिधि सामाजिक आन्दोलनों की पड़ताल...।

प्रतिनिधि सामाजिक आन्दोलन

जपतिस्ता : स्थानीय संघर्ष के वैश्विक आयाम

पृष्ठभूमि

1970 तक विश्व युद्धोत्तर काल के 'समृद्धि गठबन्धन' (affluent allience) की चमक धूमिल पड़ने लगी थी और 'कारपोरेट मुनाफे' पर दबाव बढ़ने लगा था। अमेरिका भी समझ चुका था कि आगे वह अन्तर्राष्ट्रीय बैंकर की उस भूमिका को नहीं सँभाल सकेगा, जो उस समय तक अमेरिकी बहुराष्ट्रिक कारपोरेटों के वैश्विक स्तर पर अकूत मुनाफा कमाने में बढ़-चढ़ कर मददगार रही थी। रिचर्ड निक्सन ने अन्तर्राष्ट्रीय आर्थिक व्यवस्था के ब्रेटनवुड्स तंत्र को ध्वस्त करते हुए डालर का सोने के साथ परिवर्तनीयता का रिश्ता खत्म कर दिया, वेतन-कीमत नियंत्रण व आयात सरचार्ज लागू किया, और ऐसी राजकोषीय (Fiscal) व्यवस्था युग का सूत्रपात किया जिसने राजसत्ता नीतियों को ढिठाई के साथ धनिकों के हितों की तरफ मोड़ दिया। उत्साहित व्यावसायिक क्षेत्र ने वैश्विक स्तर पर लगातार बढ़ती आक्रामकता के साथ गरीब-आम जनता के खिलाफ वर्ग युद्ध छेड़ दिया।

इस नीतिगत मोड़ का एक और परिणाम वित्तीय पूँजी के निरन्तर अनियंत्रित और नियमन मुक्त होकर आश्चर्यजनक तेजी से उत्पादक पूँजी को पछाड़ते हुए वैश्विक अर्थतंत्र में बढ़ते-फैलते जाने और इसके चलते पूँजी के दीर्घकालिक निवेश से सट्टेबाज मुनाफाखोरी की ओर रेडिकल दिशा परिवर्तन में हुआ। नतीजे में दुनिया की ज्यादातर अर्थव्यवस्थाएँ अनिश्चित-अस्थिर-ह्रासमान विकास दर, तेजी से बढ़ती बेरोजगारी, गतिरूढ़ / ह्रासमान वास्तविक मजदूरी और स्वरोजगारी आय, लगातार बढ़ती असमानता, गरीबी, विषमता और मुट्ठी भर लोगों के लिए अकूत मुनाफे और अय्याशियों के फलते-फूलते बाजार के भँवर में फँसती गईं। स्वाभाविक रूप से इस परिघटना की दो ध्रुवीय प्रतिक्रियाएँ हुईं : संकीर्ण सत्ता आभिजात्य का उन्मादी विजेता अहंकार, और इस दायरे के बाहर हताशा का हाहाकार और आक्रोश की चीत्कार। वर्ष 1994 के नववर्ष दिवस पर मैक्सिको के चियापा में स्थानीय इंडियन आबादी के जपतिस्ता उभार की यह वैश्विक पृष्ठभूमि थी।

विद्रोह का विस्फोट NAFTA (उत्तरी अमेरिका मुक्त व्यापार समझौता) को कानूनी जामा पहनाए जाने वाले दिन हुआ। NAFTA को जपतिस्ता (Zapatista) ने स्थानीय इंडियन आबादी के लिए सजाए-मौत का फरमान, और अमीरों के लिए ऐसा तोहफा बताया, जो अकूत सम्पदा और अपार विपन्नता की खाई को और भी गहरा और चौड़ा करते हुए स्थानीय समाज की बची-खुची पहचान भी मिटा देगा। जपतिस्ता

ने हुँकार भरी : "हम पाँच सौ सालों के संघर्ष की उपज हैं; हमारा आज का संघर्ष काम, जमीन, आवास, रोटी, स्वास्थ्य, शिक्षा, स्वाधीनता, आजादी, जनतंत्र न्याय और शान्ति के लिए है।" इसमें चियापा के विकार जनरल (Vicar-General) स्थानीय चर्च समूह के प्रधान पादरी ने जोड़ा : "असल पृष्ठभूमि निपट दरिद्रता और हाशिये की ओर पूरी तरह ढकेल दिये जाने, और परिस्थितियों में सुधार की असफल कोशिशों की वर्षों से धनीभूत होती हताशा की थी।" एक मैक्सिकन पत्रकार का कहना था, "वह कोई भी, जिसे उन लाखों मैक्सिकनों के सम्पर्क में आने का अवसर मिला हो, जो नितान्त दरिद्रता का जीवन जी रहे हैं, जानता है कि हम एक 'टाइम बम' के साथ रह रहे हैं।"

1980 के दशक से आई.एम.एफ. और विश्व बैंक नुस्खों के लागू होने के साथ ही परिस्थितियों ने भयावह नाटकीय मोड़ लेना शुरू कर दिया था। ग्रामीण क्षेत्रों में चरम दरिद्रता में रह रहे लोगों की संख्या एक तिहाई से ज्यादा बढ़ गई, आधे से ज्यादा आबादी के पास अपनी दैनन्दिन मूलभूत जरूरतों को पूरा करने के भी साधन नहीं थे। कृषि उत्पादन प्रणाली जीवन निर्वाह कृषि से निर्यात और पशु आहार उत्पादन में बदल हो चुकी थी। इसका लाभ एग्रीबिजनेस, विदेशी उपभोक्ताओं, और मैक्सिको के अमीरों को जरूर था मगर व्यापक आम आबादी में कुपोषण महामारी की तरह फैलने लगा। कृषि रोजगार लगभग समाप्त हो गया, उत्पादक-उर्वरा जमीनें बंजर पड़ने लगीं, मैक्सिको लगभग आत्मनिर्भर कृषि अर्थव्यवस्था से भारी खाद्य आयातक देश बन गया। मैन्युफैक्चरिंग में वास्तविक मजदूरी तेजी से गिरने लगी, जीडीपी आय में श्रम आय की भागीदारी एक तिहाई से ज्यादा घट गई।

मैक्सिको के व्यापार मंत्री ने मजदूरी में गिरावट को विदेशी निवेशकों के लिए वरदान बताया। परिस्थिति में कुछ और भी बातें जोड़ लीजिए : श्रम का भारी पैमाने पर दमन-उत्पीड़न, पर्यावरण नियमों की धज्जियाँ उड़ाना, सारे नीतिगत फैसलों और व्यवहार का साधन सम्पन्न-सुविधाभोगी अल्पसंख्यक अभिजात्यों के हित में केन्द्रित होना। 'मुक्त व्यापार समझौते' से ग्रामीण दरिद्रता और श्रमिक अतिरेक में जबरदस्त इजाफा हुआ। पहले पाँच सालों में ही पचासों लाख मैक्सिकनों की नौकरियाँ चली गईं। बढ़ते मुनाफे और घटती कीमतों के ध्रुवीकरण की समूची कीमत घटती मजदूरी चुका रही थी, जो जीवन निर्वाह स्तर से भी कहीं नीचे गिर चुकी थी।

NAFTA के खिलाफ व्यापक जन आक्रोश की अभिव्यक्तियों-प्रदर्शनों का सिलसिला शुरू हो गया। यह उन तमाम सरकारी नीतियों के खिलाफ हताशा और आक्रोश की चीत्कारें थीं, जो मैक्सिको के 1917 के लोकप्रिय संविधान द्वारा प्रदत्त सारे संवैधानिक श्रम, कृषि और शिक्षा के अधिकारों को समाप्त करने पर तुली थीं। मैक्सिको की जनता के लिए NAFTA और मैक्सिको की धरती पर अमेरिकी विदेश नीति का यही अर्थ था। मैक्सिको का ताकतवर व्यावसायिक आभिजात्य गुट पूरी तरह सरकार के साथ था; मझोले और छोटे व्यवसायी और उनके संगठन या तो ऊहापोह या फिर विरोध में थे। दूसरी ओर, श्रमिक वर्ग, जिसमें मैक्सिकों की सबसे बड़ी गैर सरकारी यूनियन शामिल थी, खुलकर सरकारी नीतियों का विरोध कर रहा था। वे मजदूरों के वेतन, श्रम अधिकारों, पर्यावरणीय दुष्प्रभावों, सुरक्षा-संरक्षा सेवाओं के ह्रास,

कारपोरेटों और निवेशकों की राजकीय संरक्षण में बढ़ती मनमानी और टिकाऊ विकास के विकल्पों की अनदेखी जैसे दुष्प्रभावों के प्रति आगाह कर रहे थे। बहुतों का कहना था : यह मैक्सिकों के आक्रान्त-पराभूत होने का तीसरा दौर था : पहला हथियारों का था, दूसरा आध्यात्मिक-धार्मिक, और अब तीसरा आर्थिक।

अमेरिकी कांग्रेस में NAFTA पारित हो जाने के बाद जल्दी ही हनीवेल और GE कारपोरेटों के प्लांटों से बड़ी संख्या में मजदूरों को स्वतंत्र यूनियनें संगठित करने के प्रयास के आरोप में निकाल दिया गया। फोर्ड मोटर्स ने 1989 में लागू श्रमिक करार एकतरफा रद्द करते हुए सारे कामगारों को निकाल दिया। दुबारा उन्हें पहले से बेहद कम मजदूरी पर वापस लिया गया। प्रतिरोध प्रदर्शनों का बर्बर हिंसक दमन आम बात हो गई। 1992 में वोल्क्सवैगन ने फोर्ड मोटर्स की राह पर चलते हुए अपने चौदह हजार मजदूरों को एकमुश्त निकाल दिया। वापस उन्हीं को लिया गया जो स्वतंत्र (प्रबन्धन तंत्र विरोधी) श्रमिक नेताओं का साथ छोड़ने और कम वेतन पर काम करने को राजी थे। ये वे आर्थिक चमत्कार थे, जिन्हें NAFTA के जरिये सुनिश्चित और संस्थाबद्ध किया जा रहा था।

अमेरिकी कांग्रेस में NAFTA वोट के चन्द दिनों के अन्दर ही अमेरिकी सिनेट ने अमेरिका के इतिहास में 'सबसे बेहतरीन एंटी-क्राइम पैकेज' पारित किया। इसमें एक लाख नये पुलिस बल, 'हाई सिक्यूरिटी' क्षेत्रीय जेलों, किशोर अपराधियों के लिए 'बूट कैम्पों', मृत्यु दंड और अन्य कठोरतम् सजाओं के विस्तार आदि का प्राविधान था। कानून निर्माताओं को इससे कोई लेना-देना नहीं था कि NAFTA जैसी नीतियाँ 'क्षमता के विस्तार' और 'अर्थव्यवस्था की गंदगी' (Filth of Economy) से मुक्ति के नाम पर (जिनकी सम्पदा और प्रभुत्वशाली सुविधा भोगी वर्ग वकालत कर रहा था), वस्तुतः उस वृहत्तर आबदी के लिए, जो 'मुनाफा कमाने के लिहाज से किसी काम के नहीं' थी, विनाशकारी बहिष्करण और भुखमरी के अतिरिक्त कुछ भी नहीं दे सकती थी।

NAFTA की न्यूनतर मैक्सिकन मजदूरी का दुष्प्रभाव अमेरिकी कामगारों विशेषकर अल्प कुशल कामगारों की मजदूरी पर भी पड़ना अवश्यंभावी था, जो अमेरिकी श्रमशक्ति का 70% थे। यह उस परिस्थिति में होना था जब उत्पादन और गैर सुपरवाइजरी कामगारों का वास्तविक वेतन पहले ही 1960 के स्तर तक गिर चुका था। मगर 'वाल स्ट्रीट' के लिए अमेरिकी श्रम कीमतों का घटना असाधारण ऊर्ध्वगामी प्रभाव वाली स्वागत योग्य परिघटना थी। अमेरिकी कारपोरेट अब मैक्सिको, पोलैंड, चेक गणराज्य, अल्बानिया—दुनिया में कहीं भी जाकर पश्चिमी श्रमशक्ति की कीमत की एक अंशमात्र कीमत पर मजदूर और साथ ही टैरिफ और अन्य तमाम 'नीतिगत' संरक्षण भी हासिल कर सकते थे। इस दिशा में NAFTA के माध्यम से मैक्सिको को नवउदारवाद की पहली प्रयोगशाला बनाया गया।

ये वे परिस्थितियाँ थीं, जिनमें जपतिस्ता की चीत्कार और ललकार व्यापकतम मैक्सिकन आबादी की आवाज बन गई। न सिर्फ समूचे मैक्सिको, बल्कि धनी औद्योगिक देशों सहित समूची दुनिया के तमाम उत्पीड़ित जन समुदायों को लगा कि जपतिस्ता जिन सवालों को उठा रहे थे वे स्थितियों की व्यापक भिन्नता के बावजूद उनके अपने

सवालों जैसे ही थे। जपतिस्ता प्रतिरोध ने 21वीं सदी की पूर्व संध्या पर घरेलू और अन्तर्राष्ट्रीय एकजुटता की सम्भावनाओं की वह खिड़की खोली, जिसने उसके विरुद्ध न सिर्फ सम्भावित बर्बर पुलिनिया-सैन्य दमन को झिझकने पर मजबूर किया, बल्कि 21वीं सदी की आगामी गोलबन्दियों, सांगठनिकताओं, एक्टिविज्म और प्रतिरोध कार्यवाहियों पर भी आवेगकारी प्रभाव डाला।

या बास्ता! 'बस, अब और नहीं'!

वैश्विक स्तर पर जन गोलबन्दियों और 'एक्टीविज्म' के प्रारम्भ के शंखनाद के रूप में 1 जनवरी, 1994 को NAFTA समझौते के लागू होने के विरोध में 'एजरटिका जपतिस्ता दे लिबेरासियों नेसियोनल' (Ejertica Zapatista de Liberacion Nacional: EZLN) ने चियापा में अड्डा जमाए मैक्सिकन सेना यूनिटों पर हमला बोला। उनका तुमल नाद 'दूसरी दुनिया मुमकिन है' (Another World is Possible) और 'बस! अब और नहीं' (Ya Basta!) एक साल पहले हस्ताक्षरित NAFTA के जरिये नवउदारी वैश्वीकरण के स्थानीय समुदायों पर हमले के खिलाफ जन आक्रोश का विस्फोटक हुँकार था।

वैश्विक स्तर पर 'वैकल्पिक वैश्वीकरण' के लिए आन्दोलन का प्रारम्भ आमतौर पर इसी 1 जनवरी, 1994 के जपतिस्ता जन उभार को माना जाता है। रोजर बर्बाक[1] के मुताबिक, "जो बात EZLN को उसके पूर्ववर्तियों से अलग करती है वह यह है कि EZLN मैक्सिको शहर पर सत्ता दखल की नीयत नहीं रखता, और न ही यह समाजवाद को आवाज दे रहा है। इसका मकसद चियापा और बाकी के मैक्सिको में नागरिक समाजों की एक ऐसी व्यापक-वृहत्तर एका की अलख जगाना है, जो इस देश का नीचे से ऊपर की ओर बदलाव करेगी (Transform the country from bottom-up)।"

इस विद्रोह की शुरुआत के दो साल और नवउदारी वैश्वीकरण के रंगमंच पर 'विश्व व्यापार संगठन' के 1995 में संस्थाबद्ध होने के एक साल बाद 1996 में जपतिस्ता ने एक अन्तर्राष्ट्रीय अपील 1996 में जारी की[2] 'चियापा के वर्षा वनों में 27 जुलाई से 3 अगस्त तक अन्तर्महाद्वीपीय समागम (Inter-Continental Encuentra) के लिए निमंत्रण। जपतिस्ता के तत्त्वावधान में 'नव उदारवाद के खिलाफ और मानवता के पक्ष में अन्तर्महाद्वीपीय सम्मेलन' (Inter-Continental meeting against Neo-Liberalism and for Humanity) में करीब तीन हजार से ज्यादा कार्यकर्ताओं ने मैक्सिको, अमेरिका और यूरोपी राज्यों के अलावा अधिकांश लातिनी अमेरिकी देशों और दुनिया के अन्य तमाम देशों (ईरान, तुर्की, मारितानिया समेत) के कायकर्ताओं ने उत्साह के साथ भागीदारी की। यह वह पहला अन्तर्राष्ट्रीय समागम था, जहाँ सचमुच वैकल्पिक वैश्विक विविधता वाले कार्यकर्ताओं का जुटावा अपने गृह देशों में नव उदारवाद के प्रतिरोध की रणनीति बनाने, और साथ ही साथ इस संघर्ष की मूलभूत-अनिवार्य जरूरत के बतौर अन्तर्राष्ट्रीय एकजुटता नेटवर्क तैयार करने पर केन्द्रीकरण के उद्देश्य से हुआ था। इस तरह जहाँ NAFTA ने मैक्सिको को नवउदारवाद की पहली प्रयोगशाला बनाया, वहीं जपतिस्ता ने उसी मैक्सिको के नवउदारवाद को वैश्विक चुनौती की पहली प्रयोगशाला बनाया।

जपतिस्ता आन्दोलन की परख-पड़ताल के लिए इसके उभार की ऐतिहासिक निरन्तरता और तारतम्य पर नजर डालना जरूरी है :

घटना क्रम

बीसवीं सदी के उत्तरार्ध में मैक्सिको के 'निकृष्ट युद्ध' (Dirty War) ने बहुतेरे नौजवानों का स्थापित मुख्यधारा राजनीति से मोहभंग करते हुए खुली बगावत का रास्ता अपनाने को प्रवृत्त किया था। 'फुएर्जा दे लिबेरासियों नेसियोनल' (FLN) और कई माओवादी ग्रुपों ने अपने कार्यकर्ताओं को दक्षिण मैक्सिको के स्थानीय जन समुदायों के बीच काम करने के लिए भेजना शुरू किया। यह वह समय भी था, जब वेटिकन की दूसरी कान्फ्रेंस के आह्वान पर मैक्सिको का कैथोलिक चर्च 'प्रेफरेन्शियल ऑप्शन फॉर दि पूअर' नाम से सामाजिक जागरूकता अभियान चला रहा था। ज्यादातर बागी कार्यकर्ता स्थानीय इंडियन जन समुदायों से ही थे : उन्होंने EZLN का गठन 1980 दशक के मध्य में किया था।[3]

1992 में राष्ट्रपति कार्लोस सेलिनास ने 1917 की क्रान्ति की सर्वाधिक महत्त्वपूर्ण उपलब्धि संविधान के अनुच्छेद 27 द्वारा स्थानीय जनसमुदायों की अपनी सामुदायिक जमीनों पर सदियों से स्वामित्व-उपयोग को दी गई संवैधानिक मान्यता को रद्द कर दिया। यह संशोधन अमेरिका द्वारा आगामी दिनों में सम्भावित NAFTA समझौता हस्ताक्षर के परिपालन में सैकड़ों संवैधानिक और नागरिक कानून परिवर्तनों का प्रस्थान बिन्दु था। इसका अर्थ 1970 से चले आ रहे खेतिहर 'कैम्पेसिनो' (Campesino) वर्ग का विस्थापन, और ग्रामीण इलाकों में अब तक के सारे सहायता-समर्थन कार्यक्रमों का 'औद्योगीकरण के पक्ष में' खात्मा था। इसका और स्पष्ट व्यावहारिक मतलब लाखों खेतिहरों को तेजी से विकसित हो रहे औद्योगिक 'मक्विलाडोरा' (Maquiladora) क्षेत्र की ओर निहायत सस्ती श्रमशक्ति के रूप में अपनी जमीनों से बेदखल करके खदेड़ा जाना था। अगले साल 1993 से चियापा में जपतिस्ता समुदायों ने परामर्श और संवादों की लम्बी श्रृंखला चलाई। इसका मूल विषय था : क्या EZLN को हथियारबन्द विद्रोह शुरू करना चाहिए? कैथोलिक चर्च के जबरदस्त विरोध के बावजूद समुदायों ने इसका जवाब प्रचंड बहुमत से 'हाँ' में दिया।

1 जनवरी, 1994 को, जब NAFTA प्रभावी हो रहा था, हजारों हथियारबन्द जपतिस्तों ने चियापा में सारे प्रमुख सामुदायिक-आबादी केन्द्रों, और करीब 500 बड़े-बड़े निजी बागानों-चारागाहों (Ranches) पर कब्जा करके न सिर्फ वहाँ अड्डा जमाए सैन्य टुकड़ियों को, बल्कि मैक्सिकों के सत्ताधारी वर्ग और अन्तर्राष्ट्रीय समुदाय को भी सकते में डाल दिया। इसके जरिये जपतिस्ता ने NAFTA, आइएमएफ, विश्वबैंक और फेडरल (अमेरिकी) नीतियों द्वारा जनित और संचालित उस नवउदारी मॉडल के खिलाफ खुली बगावत का ऐलान किया, जो ढाई करोड़ कैम्पेसिनों के जीवन अस्तित्व के लिए खतरा बनता जा रहा था। लड़ाई दो सप्ताह से कुछ कम चली। नागरिक समाज के दबाव में सरकार 12 जनवरी को युद्ध विराम के लिए राजी हुई। कभी शुरू-कभी रुकी वार्ताओं का सिलसिला शुरू हुआ। परिणति सान आन्द्रे समझौते (1996) में हुई।

इसके तहत स्थानीय समुदायों के अधिकारों और स्वायत्तता की गारंटी की गई। मगर दबाव में किये गए इस समझौते को लागू करने की राजनीतिक इच्छाशक्ति कभी किसी सरकार ने नहीं दिखाई।[4]

फरवरी, 1995 में मैक्सिकों की समूची सेना की एक तिहाई : सत्तर हजार सैन्य बलों को चियापा के सुदूर दुर्गम जंगलों में 'संघर्षण की युद्ध शैली' (Low-intensity warfare) के लिए तैनात किया गया। रणनीति वस्तुत: 'नागरिक निशाने की युद्ध शैली' (Civilian targeted warfare) की थी : चेक नाकों, सेना पेट्रोलिंग गश्तों, सैन्य हमलों, स्थानीय पैरा मिलिट्री बलों और लम्पटों के गठजोड़ के जरिये थकावट-घिसावट की लम्बी लड़ाई चलाते हुए प्रतिरोध का मनोबल तोड़ देने की रणनीति। सौ से ज्यादा सैन्य अड्डे बनाए गए, और 45 कम्पनियों को लगातार तैनाती पर रखा गया।

सरकार ने अपेक्षित संवैधानिक संशोधनों के माध्यम से समझौते को लागू करने से इनकार कर दिया। जपतिस्ता ने अपने स्तर से 'एग्नास्केलिएन्ते' (Agnascalientes) : प्रतिरोध केन्द्रों की स्थापना करके समझौते के प्राविधानों को लागू करने की प्रक्रिया शुरू की। यह स्वायत्तशासी स्वशासन (Autonomous self Governance) के साथ आर्थिक और संस्कृतिक विकास को सम्बद्ध करने की प्रक्रिया थी। सन 2001 में नव निर्वाचित फॉक्स प्रशासन ने सान आन्द्रे समझौते के सारे महत्त्वपूर्ण प्रावधानों से किनारा करते हुए रस्मी तौर पर इसे लागू करने का दिखावा किया। इसे सारे स्थानीय समुदायों ने एक स्वर से नकार दिया।

जपतिस्ता ने 2003 में पाँच 'एग्नास्केलिएन्ते' की जगह क्षेत्रीय और स्थानीय संवैधानिक सरकारों—प्रशासन की सारी जिम्मेदारियों और कार्यभारों को पूरा करने के लिए संविधानेतर प्रशासन व्यवस्था—'बेहतर प्रशासन की जुन्ता' (Juntas of good Government) बनाई। जुन्ता के सदस्य एक साल के लिए सामुदायिक असेम्बलियों में चुने जाते हैं। जुन्ता की सांगठनिकता (Make-up) में हर हफ्ते बदलाव होता है—विभिन्न समुदायों के प्रतिनिधि विभिन्न भूमिकाओं को अंजाम देते रहते हैं। जुन्ता आर्थिक विकास, कानून व्यवस्था, प्रभावी न्याय व्यवस्था आदि समानान्तर सरकार के सारे दायित्व निभाती है। निगरानी समिति ताकत के किसी भी प्रकार के दुरुपयोग पर नजर-नियंत्रण रखती है। जुन्ता सरकार 'Mander Obedeciendo' (जन आज्ञाकारिता के जरिये नेतृत्व) के मैंडेट पर चलती है। यह सामुदायिक स्तर पर जन सत्ता प्राधिकार और शक्ति का ऐसा अभिनव प्रयोग था, जिसने अपनी ईमानदारी और पारदर्शिता के जरिये देखते-देखते स्थानीय जपतिस्ता गैर जपतिस्ता समुदायों में अपनी सहज स्वीकृति बना ली।[5]

पहला साल पूरा होने पर जपतिस्ता आन्दोलन ने अपने सालाना आय-व्यय (वर्ष 2004) की एक-एक पाई का लेखा-जोखा दिया। स्वायत्तता (Autonomy) 'जपतिस्मो' (Zapatismo) का केन्द्रीय तत्त्व है : 'जपतिस्मो एक ऐसी दुनिया रच रहा है जिसमें सारी दुनिया के लिए जगह होगी। जपतिस्मो 'Malgobirno' (बुरी सरकार) को खारिज करता है, शीर्ष सरकारी वित्तीय सहायता की अवधारणा को खारिज करता है। जपतिस्मो अपनी मजबूत देशभक्त मैक्सिकन पहचान पर गर्व करता है और अपने लिए स्वतंत्र

राज्य का आकांक्षी नहीं है।' 'प्रोजेक्ट जपतिस्ता' के मुख्य अंग—शिक्षा, स्वास्थ्य सेवा और सामूहिक विकास हैं। आर्थिक विकास सब लोग मिलकर 'सहकारिता के मॉडल' पर करते हैं। जपस्तिता संसाधनों के मुख्य श्रोत : कॉफी का उत्पादन और शिल्प हैं। जपतिस्मो किसी भी अन्य आन्दोलन अथवा सामुदायिकता के लिए 'मॉडल' होने का दावा नहीं करता। बावजूद इसके, जपतिस्मो ने सारी दुनिया में एक नये प्रतिरोधी विकल्प की राह दिखाई है और नई प्रयोगधर्मिता के लिए प्रेरित किया है।

जपतिस्मो का ऐतिहासिक तारतम्य

बर्लिन की दीवार का पतन, नवउदारी आर्थिक-वित्तीय आक्रामता की रणनीति का चौतरफा हमला, सोवियत संघ और पूर्वी यूरोपी समाजवादी खेमे का बिखराव—इन सारे कारकों ने मिलकर अमेरिकी नेतृत्व की प्रचंड आक्रामकता के लिए जमीन तैयार की। इसकी विध्वंसक प्रतिनिधि बाल्कन समेत सारी दुनिया में सुनाई-दिखाई देने लगी। ऐसे में 1990 दशक के प्रारम्भिक वर्षों की उथल-पुथल में यह कहना मुश्किल था कि कब कहाँ और किस रूप में इस आक्रामकता के खिलाफ जन प्रतिरोध विस्फोटित हो उठेगा।

पूँजीवाद के शोषण और प्रवंचना के जन्म के साथ ही उसके खिलाफ संघर्षों का भी जन्म हुआ। तभी से एक पल के लिए भी प्रतिरोध संघर्ष ने घुटने नहीं टेके हैं। 1990 से चले पूँजीवादी विनाश के नये आक्रामक दौर में भी फिलिस्तिनी इन्तिफादा बिना रुके-बिना थके जारी है। ब्राजील के भूमिहीन घर-बार विहीन जन समुदायों ने खाली जगहों पर कब्जे का अभियान चला रखा है। दक्षिण अफ्रीका में रंगभेद का अन्त हुआ, अन्तर्राष्ट्रीय वित्तीय संस्थानों और पूँजीवादी सरगनाओं के शिखर सम्मेलनों को दुनिया में जगह-जगह चुनौती मिलनी शुरू हुई, ईराक पर हमले के खिलाफ दुनिया के तीन सौ से ज्यादा शहरों में प्रदर्शन हुए, अमेरिकी-ब्रितानी उद्दंड युद्धोन्माद का खुद उन्हीं के देशों में जबरदस्त विरोध हुआ, इंडिग्नाडो, अरब वसन्त के तुमुल नाद और आकुपाई आन्दोलनों का दौर शुरू हो गया। नवउदारी पूँजीवाद के वैश्वीकरण को चुनौती देते प्रतिरोध के वैश्वीकरण की हुँकार दुनिया के किसी भी कोने में देखी-सुनी जा सकती है। एक जनवरी, 1994 को जब मैक्सिको और अमेरिका के राष्ट्रपतियों और कनाडा के प्रधानमंत्री की तिकड़ी NAFTA लागू होने का जश्न मनाने जा रही थी, दक्षिणी मैक्सिको के सुदूर-दुर्गम प्रान्त चियापा में EZLN ने दुनिया के लिए अपना प्रतिरोध का पहला सन्देश (Communique) जारी किया। न्यूयार्क टाइम्स ने इसे 'पहली पोस्ट मार्डन क्रान्ति' का नाम दिया।

लैटिन अमेरिका पर 'ढाँचागत समायोजन वैश्वीकरण' (SAPs Globalisation) का प्रभाव

1990 से 1993 के बीच मात्र तीन सालों में दरिद्रों की सूची में 6 करोड़ नये नाम जुड़ गए। 1997 तक लैटिन अमेरिका के 36% परिवार 'दरिद्रता' की चपेट में थे। बहुराष्ट्रिक कारपोरेटों ने देखते-देखते लातिन अमेरिकी जीवन निर्वाह जरूरत आधारित कृषि की जमीनों और अन्य संसाधनों से किसानों-खेतिहरों को बेदखल करके उन पर

उन्नत तकनीक वाली निर्यात कृषि के लिए कब्जा कर लिया। इसका मुकाबला करना स्थानीय खेतिहर उत्पादकों के लिए किसी भी हाल में मुमकिन नहीं था। बड़े पैमाने पर विदेशों से, विशेषकर अमेरिका से खाद्यान्नों का आयात होने लगा। इस आयातित खाद्यान्न को खरीदने की क्रयशक्ति आम लातिन अमेरिकी जनता के पास नहीं थी। सल्वाडोर की लगभग स्वनिर्भर कृषि अर्थव्यवस्था को निर्यात उत्पादक अर्थव्यवस्था में बदल दिया गया। फूल बागानों के आस-पास अगर गाहे-बगाहे कुछ जमीनें छूट भी गईं, जिन पर अनाज उत्पादन किया जा सकता था, वे भी दो-चार साल के अन्दर ही फूल उत्पादन में प्रयुक्त होने वाले भारी मात्रा में रासायनिक खादों और विषैली कीटनाशक दवाओं के चलते खाद्यान्न उत्पादन के योग्य नहीं रही। यही हाल पूरे लातिन अमेरिकी भूगोलार्ध का था—जगह के मुताबिक फूल को कॉफी, गन्ना या अन्य निर्यात उत्पादों से बदल दिया जाता था—हर जगह स्थानीय जीवन निर्वाह कृषि अर्थव्यवस्था का विध्वंस सुनिश्चित था।

भूमिहीन मजदूर और खेतिहर अपनी जगह-जमीन-स्थानीय ग्रामीण सामुदायिक जड़ों से खदेड़े जाकर दिहाड़ी काम की तलाश में शहरों की झुग्गी-झोंपड़ बस्तियों में जमा होते जा रहे थे। वे उस विशाल 'भूतिया' सेना (ambulantes) का हिस्सा बनते जा रहे थे, जो सड़कों पर प्रतिबन्धित दवाएँ, नशीली वस्तुए, चीविंग गम, कंज्यूमर ड्यूरेबल बेचकर या फिर सड़कों पर फर्राटे से दौड़ती आलीशान कारों के चौराहों की लाल बत्ती से रुकने पर मुँह से आग की लपटें निकालने और लोट-पोट होने का 'करतब' दिखाकर अपना पेट पाल रहे थे।

1990 के बाद लगभग हर मध्य अमेरिकी शहर की सड़कों पर ड्रग डीलरों के गुटों का उपद्रव एक स्थायी परिघटना बन गया था। सड़कों पर 'करतब' दिखाते, 'भीख माँगते', या फिर 'हाथ साफ करते' चीथड़ों में, नशे की पिनक में दौड़ते किशारों के झुंड कहीं भी देखे जा सकते थे। इन किशोरों को 'भूख मारने की जादुई दवा'—(जूते के तल्ले चिपकाने का रसायन) की हफ्ते की खुराक की शीशी मनमाने दाम पर बेचकर अन्तर्राष्ट्रीय तस्करों से लेकर स्थानीय दुकानदारों तक सभी मालामाल हो रहे थे। ये किशोर उस शीशी से जादुई दवा सूँघते, उसके बाद घंटों तक उनकी भूख पर नशे का कब्जा रहता और वे 'कमाई' के 'करतब' करते रहते।

ग्रामीण अंचलों का और भी बुरा हाल था। वहाँ बेरोजगारी-बेदखली और निपट दरिद्रता अपने चरम पर थी। ढाँचागत समायोजन (SAPs) के लैटिन अमेरिका पर हमले का एक और रूप पर्यटन उद्योग था। नये परिवेश में फलते-फूलते 'रेत और सूरज' के नये बाजार को 'अपरिहार्य जादुई डालर' के लिए 'लातिन अमेरिकी सौन्दर्य / देहयष्टि की मादकता' के जरिये और आकर्षक बनाया जा रहा था। SAP इन तमाम रास्तों से : सार्वजनिक सेवाओं, जीवन निर्वाह कृषि, शिक्षा और स्वास्थ्य के विध्वंस के जरिए 'जादुई डालर' की वह अकूत कमाई कर रहा था, जिस पर मुठ्ठी भर अभिजात्यों, उद्योगतियों और ड्रग व भूमि माफिया लुटेरों का एकाधिकार था।

NAFTA ने कृषि में विदेशी निवेश के लिए सारे 'टैरिफ अवरोधों' को हटाने की गारंटी की। पन्द्रह साल के अन्दर सारे टैरिफ पूरी तरह हटा लिए जाने थे। तमाम

स्थानीय कृषि उत्पाद उद्यमों : चीनी, ज्वार (Maize), सब्जी उत्पादन को प्रभावी ढंग से खत्म कर दिया जाना था। मैक्सिको के अब तक के संरक्षित तेल उत्पादन क्षेत्र को आंशिक रूप से विदेशी निवेश के लिए खोल देना था। वित्तीय क्षेत्र पहले ही काफी हद तक खोला जा चुका था—बीमा और स्टॉक मार्केट खुल चुके थे—2007 तक 'किसी भी तरह' के वित्तीय अवरोधों को हटा लिया जाना था।

मैक्सिको का राष्ट्रपति कार्लोस सेलीना NAFTA का जोशीला मुल्ला था। वह हर तरह के 'डर्टी ट्रिक्स' हथकंडों का इस्तेमाल करके, अपने प्रतिस्पर्धियों और राजनीतिक विरोधियों का 'सफाया' करके 'अकूत व्यक्तिगत खजाना' जुटाने में जुट गया। सेलीना मैक्सिको की 'संस्थागत क्रान्तिकारी पार्टी' PRI का अध्यक्ष था। 1920 के दशक से बदलते मुखौटों से अपना राज चलाते हुए यह पार्टी नौकरशाही की तानाशाही के जरिये राज्य की राजनीतिक मशीनरी का सम्पूर्ण पर्याय बन चुकी थी। हर छह साल बाद इसी आभिजात्य कबीले का एक या दूसरा आदमी 'राज' करता रहता था। इसके चलते 1 जनवरी, 1994 को सेलीना ने घोषणा की : "दिन के अन्त में सबसे सन्तोषकजनक उपलब्धि यह रही कि हमने एक ऐसा 'सन्तुलन' पा लिया है, जो तीनों देशों के लिए लाभकारी है।" वह आश्वस्त था कि उसके प्रभावी राजनीतिक और आर्थिक नियंत्रण के चलते नये समझौते के शिकारों को सर उठाने की हिम्मत पड़ ही नहीं सकती और वे इस बहुप्रतीक्षित NAFTA के आधिकारिक प्रारम्भ में किसी तरह का खलल डालने की सोच भी नहीं सकते। कितना गलत था सेलीना!

नव उदारवाद के खिलाफ जपतिस्ता हुँकार 'ya Basta!'

हथियारबन्द आन्दोलनकारियों ने दक्षिणी मैक्सिको के चियापा प्रान्त की राजधानी 'सान क्रिस्टबल डे ला कासा' को अपने कब्जे में ले लिया। इक्कीस के आस-पास स्थानीय जातीय जनसमूहों ने ग्वाटेमाला की सीमा से सटे जंगल और उसके चतुर्दिक इलाकों पर कब्जा कर लिया। उनकी बोलियाँ अलग-अलग थीं, हाथों में पुरानी राइफलें या फिर उनके लकड़ी के प्रतिरूप, पहनावा हाथ से बुने कम्बल और मोटी-झोंटी सैंडिलें, चेहरे ढकने के लिए ऊनी कनटोपे (Balaclavas) l यह NAFTA के हस्ताक्षरकर्ताओं का विपरीत ध्रुवीय 'कंट्रास्ट' था।

चियापा अंचलों के तीस लाख बाशिन्दों में एक तिहाई निरक्षर थे, आधे के घरों में पीने के पानी की व्यवस्था नहीं थी, चारों तरफ बीमारी का बोलबाला था, मैक्सिको की नौ करोड़ की आबादी में सबसे कम जीवन प्रत्याशा वाले, 39% न्यूनतम मजदूरी से भी कम पाने वाले, शिशु मृत्यु दर 55 प्रति हजार। NAFTA के हस्ताक्षरकर्ताओं ने पिछली आधी सदी से ज्यादा की मेहनत से चियापा के बाशिन्दों को ये 'नायाब तोहफे' दिये थे। यह वह अंचल था जिसने मैक्सिको को उसकी राष्ट्रीय ऊर्जा (बिजली) उत्पादन का आधा दिया था, जो मैक्सिको का सबसे बड़ा कॉफी उत्पादक और निर्यातक क्षेत्र था और दूसरा सबसे बड़ा तेल उत्पादक क्षेत्र भी।

स्वाभाविक था, 'या बस्ता' का तुमुलनाद अपरिहार्य हो गया था। 1 जनवरी, 1994 को वैश्विक नवउदारवाद के शीर्ष खिलाड़ी वातानुकूलित कक्षों में बहुचक्रीय

सुरक्षा घेरों के अन्दर सुरक्षित, दुनिया के सबसे महँगे परिधानों में सज्जित, फर्राटे से अंग्रेजी बोलते हुए NAFTA पर दस्तखत करके अपनी सफलता का जश्न मना रहे थे। इनके सारे सुरक्षा घेरों और वातानुकूलित बन्द दरवाजों को चीरता हुआ चियापा के जंगलों के तीस लाख बाशिन्दों का वज्रनाद पूरी दुनिया में गूँज गया : 'या बस्ता'! (Ya Basta!) बस बहुत हुआ।

1930 दशक के मध्य में लोकप्रिय राष्ट्रपति लजारो कार्डेना ने जपाटा किसान क्रान्ति की एक बुनियादी माँग को पूरा किया था : कृषि भूमि की भू-स्वामिओं से जब्ती और सामुदायिक मालिकाने 'एजिडास' (Ejidas) के रूप में इसका पुनर्वितरण। हालाँकि ये जमीनें वस्तुत: कृषि जमीनें न होकर छोटी-मोटी जोतें या बंजर जमीनें थीं, जो सड़क और अन्य बुनियादी सम्पर्क सुविधाओं से कटी हुई, लाकंडन जंगलों और नदी की घाटियों (Basins) में अप्रयुक्त स्थिति में पड़ी हुई थीं। इन जमीनों के नये सामूहिक पट्टाधारक ज्यादातर स्थानीय समुदाय थे।

1960 और 1970 के दशकों में चियापा अंचल की कृषि अर्थव्यवस्था के विस्तार के साथ पशुपालन उस इलाके की प्रमुख गतिविधि बनी। 'एजिडास' का इस्तेमाल पशुपालन के लिए किया जाने लगा। ज्यादातर पशुओं को बछड़ों के रूप में ही बड़ी-बड़ी पशुपालन जागीरों को बेच दिया जाता, जो राष्ट्रीय और अन्तर्राष्ट्रीय पैमाने पर इसका धन्धा करती थीं। कानूनी रूप से प्रतिबन्धित होने के बावजूद अब 'एजिडास' जमीनें ज्यादातर बड़े वैयक्तिक किसानों या फिर बड़ी जागीरों को 'sublet' की जाने लगी थीं। 1970 दशक तक काफी सारे एजिडो समुदाय के सदस्य इस तरह 'सबलेट' की गई अपने ही सामुदायिक मालिकाने की जमीनों पर दिहाड़ी मजदूरों के रूप में काम करने लगे थे। यह वह दशक भी था जब पशु उत्पादन दो गुना हो गया और 'तेल उछाल' के चलते ज्यादा-से-ज्यादा मजदूर उत्तर पूर्वी चियापा के तेजी से विकसित होते तेल शहरों की ओर पलायित होने लगे थे। इसी दशक में तेजी से फैलती शहरी अर्थव्यवस्था की ऊर्जा जरूरतों को पूरा करने के लिए बाँधों के चलते एक लाख हेक्टेयर से ज्यादा उर्वरा कृषि भूमि जलप्लावित हो चुकी थी।

इन सारी विनाशकारी-नकारात्मक प्रभाव वाली कार्यवाहियों का प्रतिरोध अपने तौर-तरीकों से स्थानीय स्तर पर लगातार चल रहा था। अक्टूबर 1974 में बिशप सैमुएल रूइज ने किसानों का एक सम्मेलन बुलाया। सामुदायिक जमीनों पर बड़ी-बड़ी पशु जागीरों द्वारा जबरन कब्जे, सरकारी अमलों के भ्रष्टाचार, उनकी बड़े जमींदारों के साथ मिलीभगत, और बागान मजदूरों की दुर्दशा के खिलाफ 327 स्थानीय समुदायों के 527 प्रतिनिधि जमा हुए। सरकारी प्रशासन ने इसका जबाब सेना द्वारा छह किसानों की हत्या से दिया।

1982 के मुद्रा अवमूल्यन के साथ 1980 दशक का संकट शुरू हुआ। अन्तर्राष्ट्रीय वित्तीय संस्थानों और अमेरिकी निजी पूँजी ने अवसर लपकते हुए 'राहत का हाथ' बढ़ाया। 'राहत' का मतलब भारी पैमाने पर विदेशी कर्ज और उसके साथ जुड़ी हुई जन व राष्ट्र विरोधी शर्तें थी जिन्हें मैक्सिकन राष्ट्रपति ने 1982 से 1988 तक मुस्तैदी के साथ लागू किया। नतीजा : मजदूरी 40% गिरी, सामाजिक सुरक्षा-संरक्षा सेवा व्यय 40% घटा,

बेरोजगारी 15% बढ़ी और निजीकरण के नाम पर सार्वजनिक सम्पदा-प्रतिष्ठानों की लूट हुई। इस अवधि में धनिकों के पक्ष में सम्पदा का अभूतपूर्व पुनर्वितरण-संकेन्द्रण हुआ। सकल राष्ट्रीय आय में श्रम की हिस्सेदारी 41% से घटकर 29% रह गई।

राज्य और उसकी एकाधिकारी राजनीतिक पार्टी PRI ने जमीनों के 'एजिडास' के बतौर बँटवारे और सब्सिडी का इस्तेमाल जनता को पुचकारने, राजनीतिक नियंत्रण कसने और जन प्रतिरोध के अन्दर भ्रम व विभाजन पैदा करने के लिए किया। इसके जरिये चियापा में एक स्थानीय दलाल नेतृत्व खड़ा किया गया। PRI का साथ देने के पुरस्कार में सब्सिडी और ओहदे मिले। 1989-90 में चियापा के गर्वनर पेट्रोसिनो गोन्जलिज गारिडो ने, जो एक धनाढ्य पशुपालन जागीरदार (Cattle Barron) था, स्थानीय प्रतिरोध की तमाम गोलबन्दियों के खिलाफ जबरदस्त दमनकारी अभियान चलाया। इस की आड़ में उसने तमाम सामुदायिक जमीनों और छोटी जातों को हड़प लिया। किसानों के प्रतिरोध को हथियारबन्द गुंडा वाहिनियों—भाड़े के हत्यारे गुटों के बल पर तोड़ दिया गया। सारे सामुदायिक अधिकारों की अनदेखी की गई। आन्दोलनकारी नेताओं को जेल में डाल दिया गया। 1991 में एकाटेपेयो (Ecatepeo) समुदाय की औरतों ने मध्य मैक्सिको शहर में धरना दिया। अगले साल स्थानीय सामुदायिक संगठनों की एक बैठक के हिंसक दमन ने पालेन्क्वे से मैक्सिको शहर तक 400 लोगों को छह सप्ताह के पैदल मार्च के लिए मजबूर किया। तब जाकर 'मौन की साजिश' अन्ततः टूटी।

अनुच्छेद 27 और एमिलानो जपाटा

यह नारा उस जमाने के किसान विद्रोह और मैक्सिको इतिहास के सबसे करिश्माई नेता एमिलानो जपाटा ने दिया था। एक नये राष्ट्र के अस्तित्व में आने से ठीक पूर्व पुराने सैन्य संघर्षों के दौर से उभरे नये राजनीतिक वर्ग और पुराने भू आभिजात्य गुटशाही के गठबन्धन ने 1919 में जपाटा की हत्या कर दी। जपाटा 'सत्ता अभिजात्य' में शामिल होने के किसी भी लालच में जमीन के सामाजीकरण के प्रति अपनी प्रतिबद्धता छोड़ने के लिए राजी नहीं थे। फरवरी, 1911 का जपाटा का क्रान्तिकारी मेनिफेस्टो 'Plen de Ayela' छोटे किसानों और उनकी सामुदायिक आकांक्षाओं को अभिव्यक्त करता था : जमीन के सामुदायिक मालिकाने का हक और राजनीतिक आजादी।

नवम्बर 1914 में जपाटा और पान्चोविला ने मैक्सिको शहर पर धावा बोलते हुए पुरानी सत्ताशाही की आखिरी कोशिशों पर पानी फेर दिया और अगले दो-एक महीनों तक प्रभावी रूप से सत्ता पर काबिज रहे। मगर दोनों में से किसी की भी कार्ययोजना और दृष्टि में केन्द्रीय राजसत्ता पर दखल शामिल नहीं था। दोनों ही अपने-अपने आंचलिक गढ़ों को लौट गए। मगर राजधानी में उनकी यह अल्पकालिक मौजूदगी भी नये उभरते बुर्जुआ की रीढ़ कँपाने को काफी थी। उनके लौटने के बमुश्किल एक महीने के अन्दर एक धनी जागीरदार करांजा, जो डियाज तानशाही के जमाने में एक प्रान्तीय गर्वनर था, नई मैक्सिको सत्ताशाही का नेता बन गया। उसका पहला शासनादेश जमीन पर निजी मालिकाने के अधिकार को मान्यता थी। वह जपाटा और पान्चोविला के खिलाफ सारी प्रतिक्रियावादी ताकतों को गोलबन्द करने में जुट गया। इन ताकतों

में श्रमिकों की कुख्यात तथाकथित 'रेड बटालियनें' भी शामिल थीं।

चौतरफा सैन्य आक्रामकता ने जपाटा को अपने आंचालिक गढ़ में लगभग घिर जाने पर मजबूर कर दिया। वहाँ अपने प्रभाव के इलाके में जपाटा और उसके साथी उस प्रान्त को रेडिकल दिशा में व्यवस्थित करने के लिए शासनादेश जारी करते हुए उन्हें लागू करने के लिए सांगठनिकताओं का निर्माण कर रहे थे। घिरे रहने के दौरान ही जपाटा ने किसानों और मजदूरों की एकजुटता, जमीन और सम्पदा के सामाजीकरण और लोकतांत्रिक तरीकों से शासन व्यवस्था की जरूरत को गहराई से समझा और आत्मसात किया। चारों ओर से घिरे जपाटा ने मैक्सिको सिटी और सत्ता दखल से बाहर निकल आने की अपनी रणनीतिक भूल का आलोचनात्मक मंथन करते हुए घेरेबन्दी से बाहर शहरी मज़दूर वर्ग के साथ सम्पर्क साधने की सम्भावनाएँ तलाशीं। यह वह पृष्ठभूमि थी जिसमें अन्तत: मैक्सिको के 1917 के संविधान में अनु. 27 को जगह मिली।

वर्ष 1992 किसान विद्रोह की वैचारिकी और व्यवहार में निर्णायक बदलाव का साल था। सबसे बड़ा कारण राष्ट्रपति सेलिना द्वारा मैक्सिकन संविधान के अनुच्छेद 27 को समाप्त करने के जरिये जमीन पर सामुदायिक मालिकाना समाप्त करके इसकी खरीद-बिक्री की इजाजत देना था। अनुच्छेद 27 वस्तुत: मैक्सिको में 1910 से 1917 तक जपाटा के नेतृत्व में चले उपरोक्त क्रान्तिकारी संघर्ष की प्रतिनिधि परिणति था, जिसका केन्द्रीय नारा 'Tierra Libertad' (Land and Liberty) था।

सेलिना द्वारा अनुच्छेद 27 का अन्त

1992 में सेलिना द्वारा इस अनुच्छेद को निर्णायक तौर पर समाप्त कर दिये जाने की प्रतिक्रिया में इसी साल स्थानीय सामुदायिक नेताओं की बैठक में हथियारबन्द प्रतिरोध का रास्ता चुनने का निर्णय हुआ। एक जनवरी 1994 तक यह निर्णय भूमिगत तैयारियों और छिटपुट कार्यवाहियों के दौर में केन्द्रीय सत्ता की नजर से लगभग अदृश्य बना रहा।

एक जनवरी 1994 से करीब दो सप्ताह तक चली जपतिस्ता हथियारबन्द कार्यवाही के सन्दर्भ में सेलिना ने 12 जनवरी को सरकार की ओर से एकतरफा युद्ध विराम की घोषणा की। बीस फरवरी को बिशप सैमुएल रुइज की मध्यस्थता में सान क्रिस्टोबल में शान्तिवार्ता शुरू हुई। वार्ता टेबुल पर जपतिस्ता क्रान्तिकारी कमेटी की ओर से छह वार्ताकार स्थानीय वेशभूषा और मुखौटे में थे। प्रमुख वार्ताकार स्पेनी बोली जानने-बोलने वाले सब कमांडेंट मार्केस उस क्रान्तिकारी कमेटी की अगुवाई कर रहे थे जिसके चुने गए सदस्य जपतिस्ता राष्ट्रीय मुक्ति सेना की विभिन्न-बहुरंगी बहु बोली सामुदायिकताओं और जातीय समूहों के विशाल-विस्तीर्ण फलक का प्रतिनिधित्व करते थे।

रफाइल सेबास्तियन 'मार्कोस' और जपतिस्ता आन्दोलन

मार्कोस की राजनीतिक दीक्षा 1968 के मैक्सिकन छात्र आन्दोलन के दौरान हुई थी। इस आन्दोलन का अन्त ओलम्पिक खेलों की पूर्वसंध्या पर छात्रों के बर्बरतम जनसंहार में हुआ था। दो अक्टूबर 1968 को मैक्सिको सिटी के त्रिसंस्कृति चौराहे 'तालते लाल्को' पर छात्रों की शान्तिपूर्ण आम सभा के दौरान प्रशासन द्वारा सुनियोजित तरीके से पाँच

सौ से ज्यादा छात्रों को गोलियों से भूनकर मार डाला गया। बाकी बचे नेता जेल में ठूँसकर अमानवीय यंत्रणाओं का शिकार हुए या फिर भूमिगत हो गए। मैक्सिको की कम्युनिस्ट पार्टी तत्कालीन सत्ता आभिजात्य के साथ लम्बे अर्से से गठबन्धन में थी, और इसके मैक्सिको की नितान्त भ्रष्ट और खूँखार ट्रेड यूनियन नौकरशाही के साथ गहरे रिश्ते थे।

स्वाभाविक रूप से माओवादी विचारधारा का प्रभाव उस नौजवान छात्र पीढ़ी के अन्दर था, जो अपनी राष्ट्रवादी परम्पराओं की विरासत पर गर्व करने के साथ ही इसे अन्तर्राष्ट्रीय सर्वहारा विचारधारा के साथ जोड़कर आगे बढ़ना चाहती थी। 1968 के दमन चक्र के बाद इन नौजवानों ने ग्रामीण अंचलों का रुख किया। छात्र आन्दोलन के कुचले जाने के बाद छात्र आन्दोलन के बचे हुए कार्यकर्ताओं ने उत्तर में चिहुआहुआ और दक्षिण में गुएरेरो में गुरिल्ला छापामार आन्दोलन खड़ा करने का असफल प्रयास किया। PP (Political Popular) के प्रभाव वाले कार्यकर्ता दूसरे अंचलों-इलाकों, विशेषकर किसान समुदायों, बेघरबार झुग्गी झोंपड़ बस्तियों और छात्र समूहों के बीच काम के लिए फैल गए। उनकी 'Mass Line' हथियारबन्द संघर्ष विरोधी थी। इन्होंने सत्ता और उसके दमनतंत्र की नजरों से दूर हाशिये के समुदायों के बीच राजनीतिक संगठन और जागरूकता के लिए जनान्दोलनों के बीच धँस जाने की लाइन ली। इनकी सांगठनिकता की शैली कुछ हद तक 1968 के अनुभवों पर आधारित थी। 'Una politica asamblista' जन सभाओं के जरिये प्रत्यक्ष जनतंत्र।

1974 के आस-पास दो नौजवान माओवादी कृषि विशेषज्ञ (Agronomists) रेने गोमेज और मार्ता ओरान्तेज चियापा अंचलों में बिशप रुइज द्वारा बुलाई गई स्थानीय समुदायों के सम्मेलन की तैयारी में मदद के लिए आए थे। करीब आठ साल बाद इसी राजनीतिक परम्परा का एक और नौजवान इन्हीं अंचलों में आया—इस बार EZLN के निर्माण के लिए। वह नौजवान था—मार्कोस।

लिबरेशन थियोलोजी और माओवादी एक्टीविज्म के इस गठबन्धन की साझी दृष्टि प्रत्यक्ष जनतंत्र और स्वत: कार्यवाही (Self-activity) की थी, जिसके साथ नैतिक उद्देश्य की उदात्तता का मजबूत पक्ष जुड़ा था। गठबन्धन पर लिबरेशन थियोलाजी का भी प्रभाव स्पष्ट था। धर्म की यह धारा कैथोलिक चर्च की तानाशाही और दमन को समर्थन और धार्मिक वैधता प्रदान करने की भूमिका के कट्टर विरोध का प्रतिफल थी। दो बिशप सम्मेलनों : मेडेलिन, कोलम्बिया (1967) और पुएब्ला, मैक्सिको (1969) में आकार में आई यह थियोलाजी सम्भवत: नौजवान कोलम्बियाई पादरी केमिलो टोरें के व्यक्तित्व में केन्द्रीभूत रूप से अभिव्यक्त हुई। केमिलो टोरे 'गरीब के साथ मिलकर संघर्ष का रास्ता' चुनते हुए छापामार दस्तों में शामिल हुआ, और 1965 में मारा गया। समूचे लैटिन अमेरिका में जन आन्दोलनों-संगठनों के नेतृत्व में पादरी बड़ी संख्या में उभर रहे थे। वे उन परिस्थितियों में शस्त्र उठाने को धर्मसम्मत ठहरा रहे थे, जहाँ दमन अपने सबसे चरम और विकृत रूपों में था—विशेषकर ग्वाटेमाला, इक्वाडोर, कोलम्बिया।

1980 के दशक में मार्कोस और EZLN के अन्य साथियों ने आत्मरक्षा के लिए सैन्य प्रशिक्षण की शुरुआत की। इसे लेकर चर्च के कई हिस्से काफी सशंकित थे।

लिबरेशन थियोलाजी वाले पादरियों की शंका संगठन की आधिकारिक एजेन्सियों के साथ सम्पर्क (साख, जमीन, सामाजिक सेवाओं आदि के लिए) को लेकर भी थी, जिसे बहुतेरे माओवादी कार्यकर्ता अपनी 'दोहरे मोर्चे की राजनीति' (Politics of Two Fronts) की रणनीति का हिस्सा मानते थे। अलावा इसके, ग्वाटेमाला और निकारागुआ में आक्रामक रूप से सक्रिय प्रोटेस्टैंट इवेंजेलिज्म का एक हिस्सा चियापा में भी मौजूद था, और संघर्ष में शामिल औरतों के लिए जेंडर भेदभाव, विशेषकर गर्भ निरोध का मुद्दा उठा रहा था। इन तमाम अन्तर्विरोधों के बावजूद, 1993 तक चियापा की ज्यादातर स्थानीय सामुदायिक आबादियाँ युद्ध के लिए तैयार थीं, और EZLN के रूप में अपनी स्थानीय समुदायिक लोकतांत्रिक प्रतिबद्धता को अभिव्यक्त कर रही थी।

अपनी स्थानीय वेशभूषा और विभिन्न मैक्सिकन जातीय बोलियों वाले इन समुदायों ने खुद को दुनिया के सामने लाने के लिए या बास्ता का जपतिस्ता शंखनाद किया। इसी के साथ जपतिस्ता आन्दोलन, विशेषकर मार्कोस ने इंटरनेट का इस्तेमाल नि:शुल्क और मुक्त संचार हाइवे (Free Communication Highway) के रूप में सामाजिक नेट युद्ध (Social Netwar) के लिए करना शुरू किया।[6] इसकी मौलिक विशिष्टता मार्कोस द्वारा भेजे जाने वाले सन्देशों में थी। जपतिस्मों की भाषा और संवाद शैली आधुनिक राजनीतिक विमर्शों और अर्थशास्त्र की संगति में होने के साथ-साथ ऐसी दूरदर्शितापूर्ण भाषा (Visionary language) से सज्जित थी, जो धार्मिक आख्यानों-शिक्षाओं और चियापा अंचल की पारम्परिक वाचिक परम्परा-संस्कृति (Oral Tradition and Culture) की मिथकीय उपमाओं और चरित्रों से भी जुड़ी हुई थी।

सबसे बढ़कर इस भाषा और संवाद शैली में जबरदस्त नैतिकता का आवेग था। दुनिया के सबसे गरीब, सबसे वंचित दुनिया के सबसे धनिकों, सबसे शक्तिशालियों के साथ प्रत्यक्ष संवाद कर रहे थे। अमेरिकी सैन्य तंत्र द्वारा अपने आन्तरिक संचार की सहूलियत के लिए विकसित किये गए 'बहु-शाखीय सूचना सुपर हाइवे' (Multi-Branches Information Super Highway) का इस्तेमाल मार्कोस ने सेलिना द्वारा चियापा को चारों ओर से घेरने के लिए भेजे गए 12000 सैन्य दस्तों तक सन्देश भेजने के लिए कर लिया।

मार्कोस और जपतिस्मों को सुनने-जानने को आतुर दुनिया से मार्कोस के संवाद की इस क्षमता ने आन्दोलन-संघर्ष के लगभग पहले दिन से ही मैक्सिको सिटी के छात्रों और कामगारों से आन्दोलनकारी एकजुटता, सहयोग-समर्थन हासिल कर लिया था। सेलिना के लिए यह बड़ी मुसीबत थी—यह चुनाव का साल था : दुनिया की निगाहें मैक्सिको पर गड़ी थीं : चियापा सचमुच भारी मुसीबत बन सकता था। सेलिना द्वारा चुने गए उम्मीदवार की मार्च में हत्या हो गई। पीआरआई का मुखिया भी तीन महीने बाद मारा गया। चियापा की शान्ति वार्ता 21 फरवरी से शुरू हो चुकी थी। चियापा, जपतिस्ता और सबसे बढ़कर मार्कोस सारी दुनिया में मीडिया और पर्यटकों दोनों के लिए केन्द्रीय आकर्षण बन चुके थे। देखते-देखते मैक्सिको में मार्कोस गुड्डों और स्मारिकाओं का उद्योग फलने-फूलने लगा था।

जपतिस्ता उभार के आगे के सालों में मैक्सिकन सेना की उपस्थिति उस इलाके

में चार गुना से ज्यादा बढ़ाकर जपतिस्ता की चारों तरफ से मजबूत घेरेबन्दी कर दी गई। इसके चलते उनके नियंत्रण क्षेत्र पर दबाव बढ़ा और उन्हें सिमटने पर भी मजबूर कर दिया गया। लगातार 'दबिशों' और 'छिट-पुट' कार्यवाहियों में जानों के जाने का सिलसिला चलता रहा। नियंत्रण क्षेत्र के अन्दर घिरी हुई आबादी को पानी, बिजली और बाहरी दुनिया के साथ सम्पर्क से वंचित कर दिया गया। बावजूद इन सारी दुश्वारियों के, न तो जपतिस्ता ने 'हथियारबन्द' युद्ध का रास्ता चुना, और न ही मैक्सिकन सत्तातंत्र अपने समूचे सैन्यबल का एक तिहाई चियापा में लगाने के बावजूद 'सीधी कार्यवाही' में उतरने की हिम्मत जुटा पाया। अपने जन्म से तीन दशक बीत चुकने के बावजूद यह आन्दोलन चियापा अंचलों में 55 म्युनिसिपल क्षेत्रों की तीन लाख से ज्यादा आबादी की स्व निर्भर और स्व प्रबन्धित 'बेहतर सरकार' सामुदायिक रूप से चला रहा है।[7]

जपतिस्ता की राजनीति

मार्कोस द्वारा दुनिया के लिए जारी की जाने वाली जपतिस्ता बुलेटिनें अपनी काव्यात्मकता, वैयक्तिक संवादशैली और मिथकीय सन्दर्भों के जरिये विशिष्ट, कौतूहलकारी, लयात्मक भाषा और प्रस्तुति शैली के साथ 21वीं सदी की उत्तर आधुनिक क्रान्ति के लिए एक नई राजनीतिक भाषा रचने का प्रयास कर रही हैं। आन्दोलन की अन्दरूनी बहुरंगी विविधताएँ अन्तर्विरोधी बहुरंगी दृष्टियों और वृहत्तर राजनीतिक-वैचारिक 'स्पेस' की परिकल्पना कराती हैं। एक ऐसा स्पेस, जिसमें विभिन्न विचारों, दृष्टियों, और बदलाव की रणनीतियों के सतत-सहज सहअस्तित्व की गुंजाइश हो। किसी भी क्रान्तिकारी संगठन के लिए निश्चित रूप से यह एक नई और कौतूहलकारी अवधारणा है कि जपतिस्ता सत्ता की ताकत का आकांक्षी नहीं है। इसकी माँगें सहज-स्पष्ट और सपाट हैं, जो अपने इलाके के लोगों और समुदायों की जरूरतों और हितों को अभिव्यक्त करती हैं : जमीन, स्वायत्तता और स्थानीय राजनीतिक-सांस्कृतिक अधिकारों की मान्यता।

जपतिस्मों की जड़ें भले ही उसकी विशिष्ट स्थानिकता में निहित हों, मगर आन्दोलन की दावेदारी उसके वैश्विक प्रतिरोध और वैश्विक प्रक्रिया के अंग के रूप में है। व्यावहारिक परिस्थितियों में जपतिस्ता और मैक्सिको राज्य की लड़ाई गतिरोध की स्थिति (Stalemate) में हैं। EZLN चियापा अंचलों के अन्दर भौतिक और विचारधारात्मक दोनों ही रूपों से लगभग कैद की स्थिति में है। बावजूद इसके, आन्दोलन की स्थानीय जड़ें अभी भी पूरी तरह मजबूत हैं। नैतिक रूप से आन्दोलन राजसत्ता से निश्चित-निर्विवाद बरतरी पर है।

1994 में आन्दोलन की प्राथमिक केन्द्रीयता स्थानीय-सामुदायिक अधिकारों के मुद्दों और स्वायत्तता की थी। जपतिस्ता ने मैक्सिको सरकार के सामने वार्ता टेबुल पर एक समानान्तर राष्ट्रीय सरकार की हैसियत से शुरुआत की थी। मैक्सिकन राजसत्ता को जपतिस्ता से खतरा उसकी स्थानिकता से कहीं ज्यादा आन्दोलन की छूत के चियापा से बाहर फैलने का था। इसके चलते वह एक धीमी गति की लम्बी थकावट-घिसावट (attrition) की रणनीति पर चल रहा है : आन्दोलन को चारों तरफ से प्रभावी रूप से घेरे हुए, पानी और बिजली आपूर्ति काटकर या उसमें जहरीले रसायन

मिलाकर, घेरेबन्दी वाले इलाके के अन्दर किसी भी प्रकार की सक्रिय आन्दोलनात्मक गोलबन्दी-गतिविधि को लगभग नामुमकिन बनाकर, स्वास्थ्य सेवाओं तक पहुँच रोक कर मैक्सिकन राजसत्ता जपतिस्ता की प्रतीकात्मक ताकत में कोई सेंध न लगा पाने बावजूद, आन्दोलन की सक्रिय आन्दोलनात्मक क्षमता को लगातार कमजोर कर रही है। देश के बाकी हिस्सों में नाफ्टा और ढाँचागत पुनर्संयोजन का तांडव जारी है : गरीबी 50% से ज्यादा है। यह सोचना भी व्यर्थ है कि एक ऐसी सरकार, जिसका अस्तित्व ही राष्ट्र की सम्पदा के मुट्ठी भर आर्थिक-राजनीतिक खिलाड़ियों के हाथों में निरन्तर संकेन्द्रण की नीतियों पर टिका हो, मैक्सिको में पुनर्वितरण नीतियों अथवा सामाजिक न्याय की मुहिम चला सकती है।

इस सवाल का उठना स्वाभाविक है कि क्या जपतिस्ता एक नई किस्म की राजनीति का सूत्रपात कर रहा है? यह सत्ता की आकांक्षी नहीं है (जपाटा ने भी केन्द्रीय सत्ता की दावेदारी की जगह अपनी आंचलिक स्वायत्त सत्ता को प्राथमिकता दी थी); जपतिस्ता केवल न्याय चाहता है (वर्तमान राजनीतिक-आर्थिक तंत्र से क्या सामाजिक-आर्थिक न्याय की आशा की जा सकती है?); जपतिस्ता नेता की अवधारणा को मान्यता नहीं देता (बावजूद इसके जपतिस्ता आन्दोलन और मार्कोस एक-दूसरे के पर्याय हैं); जपतिस्ता चरम लोकतांत्रिकता में विश्वास रखता है; जपतिस्ता एक 'पार्टी' नहीं बल्कि एक जीवन्त और परिवर्तनकामी सतत आन्दोलन है।

जपतिस्ता ने अपनी स्थानिकता में पूरी तरह से घिर जाने के बावजूद इंटरनेट के माध्यम से उन तमाम लोगों के बीच एक कड़ी का काम किया है, जो पूँजीवाद के विरुद्ध समझौताविहीन संघर्ष के पक्षधर हैं। इसके बावजूद खुद मैक्सिको के अन्दर सत्ता के खिलाफ हथियारबन्द-हिंसक संघर्ष आन्दोलनों की झड़ी लगी हुई है, जिसका एक बड़ा केन्द्र गुएरेरो प्रान्त है। सत्ता द्वारा मुफ्त शिक्षा व्यवस्था समाप्त किये जाने के खिलाफ 1999-2000 में एक साल तक मैक्सिको सिटी में UNAM विश्वविद्यालय के छात्रों की शानदार हड़ताल जपतिस्ता नारों के साथ हुई थी। मगर इन तमाम संघर्षों-आन्दोलनों के साथ जपतिस्ता की समन्वित-संयोजित कार्यवाही सम्भव नहीं हो सकी। सांगठनिकता की जगह एकजुटता की सद्‌भावना ने ले ली है।

बीसवीं सदी के अन्तिम दशक से 'नये सामाजिक आन्दोलनों' का आगाज हुआ है जिसमें नेतृत्व अथवा सांगठनिकता का स्थान जन भागीदारी (People's Participation) ने लिया है। ये आन्दोलन अपनी संस्थानिक परिवर्तनकामी माँगों को विद्यमान संस्थानिक सत्ता तंत्र के सामने ही रख रहे हैं। जनतंत्र और नेताओं की उस आम 'जन' (People) के प्रति प्रभावी जबाबदेही, जिसकी ओर से और जिसके प्रतिनिधित्व का वे दावा करते हैं, पेरिस कम्यून और 1917 की सोवियत सांगठनिकताओं के जमाने से ही सामाजिक आन्दोलनों का यक्ष प्रश्न बनी हुई है। अन्ततः मामला तो प्राधिकार (Power) का ही है : समाज पर उत्पादकों का प्राधिकार। इस प्राधिकार की दावेदारी छोड़ने की कीमत पर एक नये और अलग सामाजिक आन्दोलन की कोशिशों के नैतिक प्रतिमान भले ही ऊँचे हों, मगर इतना तो ध्रुव सत्य है कि सत्ताधारी वर्ग अपने अधिकार की दावेदारी छोड़ने की सदाशयता कभी नहीं दिखाएगा। इसलिए सवाल प्राधिकार अथवा प्राधिकार

विहीनता के बीच चयन का नहीं है। मूल प्रश्न यह है कि प्राधिकार 'किस वर्ग' के कब्जे में है। कोई भी पूँजीवादी राजसत्ता आज या भविष्य में कभी भी सिद्धान्तों-नियमों और सामाजिक न्याय की ईमानदारी के साथ अपनी सत्ता नहीं चलाने जा रही है। पूँजीवादी सत्ता प्राधिकार की एकमात्र संचालक जीवनी शक्ति पूँजी के 'आदिम संचय' का वर्गीय हित है—मानवीय चेहरे और कल्याणकारी पूँजीवाद के चाहे जितने मुखौटे वह पहन ले, यह ध्रुव सत्य अपरिवर्तनीय रहेगा।

जपतिस्ता अवधारणा

जपतिस्ता अवधारणा को खुद मार्कोस के शब्दों में समझना सबसे उपयुक्त होगा। गैब्रियेल गार्सिया मार्क्वेज और राबर्टो पाम्बे द्वारा 2001 में लिए गए मार्कोस के साक्षात्कार से कुछ चुनिन्दा अंश :

> हमारा गठन एक सेना EZLN के रूप में हुआ था...अगर EZLN खुद को हथियारबन्द सैन्य संरचना के रूप में निरन्तर बनाए रखे, तो इसका असफल होना निश्चित है—विचारों की एक वैकल्पिक अवधारणा, दुनिया के प्रति एक वैकल्पिक दृष्टि बना पाने में असफलता...। साठ अथवा सत्तर के दशक में उभरे राजनीतिक सैन्य-संगठन, जो राष्ट्रीय मुक्ति आन्दोलनों की संगति में उभरे थे, उनके लिए सफलता के जो अर्थ थे वे हमारे लिए आज पूरी तरह से अप्रासंगिक व्यर्थता होंगे...वह चीज, जो दो वर्चस्वों (Hegemonies) के बीच शाश्वत झगड़े की है, वह है जनता (People) की भूमिका, नागरिक समाज की भूमिका का मसला हल नहीं हो पाना... आप दुनिया या समाज की पुनर्संरचना, आज के ध्वस्तप्राय राष्ट्र राज्यों का पुनर्निमाण इस झगड़े के आधार पर नहीं कर सकते कि कौन समाज पर अपना प्रभुत्व थोपेगा। दुनिया आमतौर पर, और मैक्सिकन समाज खासतौर पर तरह-तरह के लोगों से बना है, और उनके बीच रिश्तों को परस्पर सम्मान और सहिष्णुता पर आधारित होना होगा...।
>
> ...EZLN खुद के अगुआ दस्ता होने की किसी दावेदारी से इनकार करने के जरिये अपने असली क्षितिज (Horizon) को पहचानने-पाने की कोशिश कर रहा है। यह विश्वास करना, कि हम अपने खुद के परे, और लोगों की ओर से बोल सकते हैं राजनीतिक हस्तमैथुन की तरह है...हमारा विमर्श उनसे बहुत ज्यादा लोगों के कानों तक पहुँचा है, जिनका हम प्रतिनिधित्व करते हैं...हमने लोगों से कहा है, और खुद से भी कि हम अपनी यात्रा में मिलने वाले तमाम संघर्षों का न तो नेतृत्व कर सकते हैं, और न ही हमें ऐसा करने की कोशिश करनी चाहिए, और न ही उनके लिए झंडा फहराने की कोशिश करनी चाहिए। हमारी यह मान्यता है कि वे लोग जो अभी नीचे हैं, खुद को अपने पर हुए तमाम अन्यायों, तमाम शिकायतों, तमाम घावों के साथ सामने लाने में देर नहीं करेंगे...हमें ईमानदारी के साथ लोगों को

बताना होगा कि हम ऐसी किसी चीज का नेतृत्व करने के लिए नहीं आए है, जो रास्ते में उभर सकती है।

...यदि हम आज तक की जपतिस्ता यात्रा का सार-संक्षेपन करें तो वह यही होगा : 'कोई इसे हमारे लिए नहीं करने जा रहा।' बदलाव की प्रक्रिया (Process) को सम्भव नाने के लिए संगठनों के स्वरूपों और राजनीति के कार्यभारों के बदले जाने की जरूरत है। जब हम 'नेताओ' को 'नहीं' कहते हैं, तो हम खुद को भी 'नहीं' कह रहे होते हैं।"

...जब हमने युद्ध का आगाज किया था, हमें सरकार को चुनौती देनी पड़ी थी; और अब शान्ति के निर्माण के लिए हमें न सिर्फ सरकार को, बल्कि समूचे मैक्सिकन 'राज्य' को चुनौती देनी होगी। अब ऐसा कोई टेबुल नहीं है, जिस पर सरकार के साथ बातचीत के लिए बैठा जा सके। हमें इसे निर्मित करना होगा। अब चुनौती यह है कि हमें सरकार को विश्वास दिलाना होगा कि हम दोनों को टेबुल बनाने की जरूरत है, कि उसे वार्ता के लिए बैठना चाहिए, कि उसे ऐसा करने से फायदा होगा ओर अगर वह ऐसा नहीं करती है तो वह हार जाएगी।

...पुरानी सेवाओं में सैनिक अपने खाली समय का इस्तेमाल अपने हथियार साफ करने और गोला-बारूद जुटाने में करते थे। हमारे हथियार शब्द हैं—और हमें अपने शस्त्रागार की किसी भी पल जरूरत पड़ सकती है।"

जपतिस्ता और 'आत्म गौरव'

'चियापा' तीसरी दुनिया के उन तमाम 'भुला दिये गए' और 'गैर तात्त्विक' (Inconsequential) अंचलों का प्रतिनिधि प्रतीक है, जिनके संसाधनों का भरपूर विदोहन घरेलू पूँजी-सत्ता आभिजात्य और पहली दुनिया के 'सूचना समाजों' द्वारा अपने उपभोग के लिए किया जाता है। उन अंचलों की समूची आबादी को गैरजरूरी, व्यर्थ और उस संख्या से भी कहीं अधिक अतिरिक्त घोषित कर दिया गया है जो पूँजीवाद की मशीन को उसके उभारों और चक्रों के जरिये सुचारू रूप से चलाये रखने के 'रिजर्व' के रूप में ऐतिहासिक रूप से अपेक्षित है।

जपतिस्ता का गौरव : 'Dignidad' की अवधारणा वह खुली और रेडिकल अवधारणा है जो नवउदारी पूँजीवाद के खिलाफ जपतिस्ता संघर्ष की केन्द्रीय विषयवस्तु है : विशेषकर वर्तमान सन्दर्भ में, जब नवउदारी पूँजीवाद एक सर्वग्रासी सामाजिक व्यवस्थातंत्र का खतरा बनकर छा रहा है। गौरव की यह अवधारणा पूँजीवाद को लोगों के दो समूहों के बीच विद्वेषी वैमनस्य (Antagonism) के रूप में समझने के बजाय उस तरीके के विरुद्ध / विद्वेषी रूप में समझने पर आधारित है, जिससे मानवीय सामाजिक व्यवहारों को संगठित किया जाता है। इसे ही जपतिस्मो वैश्विक स्तर पर वर्तमान वर्ग संघर्ष का आधार मानता है।

जपतिस्ता आन्दोलन का सबसे प्रभावी और महत्त्वपूर्ण शंखनाद जमीन के सामुदायिक हक का है। लैटिन अमेरिकी धरती पर औपनिवेशिक साम्राज्यी पूँजीवाद की पहली विजय से ही माया संस्कृति के हर विद्रोह और उभार के पीछे यही केन्द्रीय आकांक्षा रही है। वर्तमान चरण के जमीन के संघर्ष की ऐतिहासिक जड़ें 1970 के दशक तक पहुँचती हैं। 1972 में राष्ट्रपति इश्चेवेरिया ने महज 66 परिवारों को 6,60,000 हेक्टेयर जमीन का मालिकाना पट्टा दे दिया था। नतीजे में तीन हजार से ज्यादा जेल्ताल (Tzeltal) परिवार उन जमीनों से बेदखल कर दिये गए, जिन पर वे उस इलाके में 1950 के दशक से आकर बस गए थे। इस राजाज्ञा के पीछे लकांडन इंडियन परिवारों के प्रतिनिधियों (जिन्हें जमीन का मालिकाना दिया गया) और राजकीय वन कम्पनी 'कोफ़ोलासा' (COFOLASA) के बीच हुआ समझौता था। समझौते के जरिए कम्पनी को अगले दस सालों के लिए उस जंगल के महोगनी और अन्य कीमती वृक्षों की 35 हजार वर्गमीटर लकड़ी को काटने का अधिकार मिला था। दक्षिण पूर्वी चियापा के पुराने किसान (Campesino) संगठन, जो आगे EZLN में समाहित हुए, इसी शासनादेश की प्रतिक्रिया का परिणाम थे, और पीड़ित परिवारों को जबरिया बेदखली से बचाने की कोशिशों के लिए बने थे। तब से लेकर वर्तमान NAFTA परिघटना और EZLN के उदय तक पूर्वी चियापा में जमीन के लिए संघर्ष बड़े जागीरदारों की जमीनों पर कब्जे और स्थानीय कबीलों और किसान समुदाय की जमीनों को वन माफियाओं और पशुपालन माफियाओं द्वारा अवैध हड़पे जाने से बचाकर अपने सामुदायिक मालिकाने में बचाए रखने के लिए चलता रहा।

1992 तक, और कमोबेश आज भी स्थिति यही है कि ज्यादातर जमीन सरकारी मालिकाने या फिर विभिन्न आकारों की निजी जोतों के रूप में है। ऐसे में प्रभावी रूप से जमीनों को स्थानीय सामुदायिकताओं के लिए हासिल करना कानूनी तरीकों से मुमकिन नहीं था। 1993 के अन्त में EZLN के कृषि कानून के जरिये ऐसी किसी भी निजी (गैर-सामुदायिक) जोत को, जो दोयम दर्जे की जमीन के मामले में 100 हेक्टेयर और अव्वल जमीन के मामले में 50 हेक्टेयर से ऊपर की हो, जब्त किये जाने योग्य घोषित कर दिया गया। यह जमीन को निजी मालिकाने के बजाय सामुदायिक 'एजिडो' और सहकारी खेती के रूप में सहेजते हुए जमीन और कृषि उत्पादन पर स्थायी सामूहिक मालिकाना स्थापित करने का 'खेतिहर स्वप्न' था।

12 फरवरी, 1994 से शुरू वार्ता के प्रतिफल के बतौर हस्ताक्षरित 'सान आंद्रे' समझौता शान्ति वार्ता के पहले चरण की परिणति थी। समझौते के चार प्रमुख निष्पादन क्षेत्र थे : (1) स्थानीय अधिकार और संस्कृति, (2) जनतंत्र और न्याय, (3) सामाजिक कल्याण और विकास, और (4) स्थानीय महिलाओं के अधिकार। समझौते में स्पष्ट उल्लेख था कि राष्ट्रीय और क्षेत्रीय सरकारों को स्थानीय जन समुदायों के आत्मनिर्णय और स्वायत्तता के अधिकारों को मान्यता देनी होगी। इस स्वायत्तता का मतलब, और बातों के अलावा, स्थानीय समुदायों की भौगोलिक क्षेत्रीयता और परिवेश पर्यावरण को मान्यता देना, स्थानीय आर्थिक विकास और प्राकृतिक सम्पदा-संसाधन के उपयोग में स्थानीय समुदायों की आवाज और आकांक्षा को अपेक्षित प्रतिनिधित्व देना, राज्य और

राष्ट्रीय राजनीतिक असेम्बलियों में भागीदारी के लिए गुप्त मतदान प्रणाली की जगह स्थानीय समुदायों के लिए उनकी पारम्परिक सामूहिकता और प्रतिनिधित्व के लिए सामुदायिक असेम्बलियों द्वारा प्रत्यक्ष निर्वाचन प्रणाली को स्वीकार करना था। समझौते के तहत सहमत अतिरिक्त संवैधानिक परिवर्तनों / सुधारों में म्युनिसिपल इलाकों का नये सिरे से परिसीमन, द्विभाषी और अन्तर्सांस्कृतिक आधारों पर स्थानीय शिक्षा की व्यवस्था, न्याय-व्यवस्था और संचार साधनों की सुगम सुलभता की गारंटी करना और अपनी स्थानीय भाषा-बोली-संस्कृति के संरक्षण-संवर्धन आदि के अधिकार शामिल थे। मैक्सिकन सरकार समझौते के किसी भी सहमत संवैधानिक और विधायी सुधार को अमल में लाने से मुकरती रही। अन्ततः EZLN ने सितम्बर, 1996 में शान्तिवार्ता मुल्तवी कर दी। बदले में राष्ट्रपति जेदिल्लो ने सान आंर्दे समझौता खारिज कर दिया।

1997 के आम चुनाव से ठीक पहले EZLN ने चुनाव में अपने हिस्सा न लेने का स्पष्टीकरण दिया : "चुनाव अथवा उसके बाहर दोनों ही स्तरों पर हमारी राजनीतिक स्थिति स्पष्ट है। हमारा संगठन किसी भी राजनीतिक पार्टी के पक्ष में नहीं है, मगर यह किसी के खिलाफ भी नहीं है। हमारा संगठन चुनावी नहीं है, मगर साथ ही चुनाव विरोधी भी नहीं है। हमारा संगठन राज्य-पार्टी प्रणाली के खिलाफ है, राष्ट्रपति शासन प्रणाली के खिलाफ है। हमारा संगठन लोकतंत्र, आजादी और न्याय के हक में है, यह वाम के पक्ष में है, यह सबको साथ लेकर चलने के पक्ष में है, हम नव उदारवाद विरोधी हैं।"

चियापा अंचलों के बाहर, विशाल-विस्तीर्ण दुनिया के तमाम हिस्सों में EZLN समर्थकों की दृष्टि में जपतिस्ता की 'आत्मगौरव' (Dignity) की अवधारणात्मक अपील, उनकी खुद की वैश्विक अर्थव्यवस्था के साथ टकराहट की अनुभूत सच्चाइयों की संगति में है। जब सब-कमांडेंट मार्कोस (मार्कोस खुद को सब कमांडेंट कहते हैं, क्योंकि वह जनता को अपना कमांडेंट मानते हैं) एक अलग तरह के दमन की बात करते हैं, तो वह पूरी दुनिया के करोड़ों लोगों के आज के जीवन्त-भौतिक अनुभूतियों की बात कर रहे होते हैं :

> हमारी आवाज में गूँजेगी दूसरों की आवाज, वे जिनके पास कुछ भी नहीं बचा है, वे जो मौन और अज्ञानता के अभिशाप में धकेल दिये गए हैं, वे जिन्हें सत्ताशालियों के उद्दंड अहंकार ने उनके इतिहास और उनकी जमीनों से खदेड़ दिया है, वे बच्चे और बूढ़े जो अनाथ विस्थापन और हताशा के दर्द में तड़प-तड़प कर काल के गाल में समा गए, वे सब जो 'छोटे', 'अकिंचन' लोग हैं। हमारी आवाज के जरिये मुर्दे बोलेंगे, हमारे मुर्दे, इतने अकेले और इस कदर भुला दिये गए, इस कदर मुर्दे हो चुके लोग हमारी आवाजों की हुँकारों और हमारी पदचापों की धमक में नये आवेग से जी उठेंगे।

EZLN ने इसे साफ-सपाट 0रूप से बताते रहने की कोशिश की है कि उनकी लड़ाई पूँजीवाद के खिलाफ 'आत्मगौरव' के लिए चल रही तमाम लड़ाइयों में से बस एक है।

शायद यही वजह है कि नाओमी क्लीन अपने 'Fences and Windows:

Dispatches from the Front Line of the Globalisation Debate'[8] में मार्कोस के लिए लिखती है :

> मार्कोस सान फ्रांसिस्कों में एक 'गे' (gay) है, दक्षिण अफ्रीका में एक 'अश्वेत' है, यूरोप में एक 'एशियाई' है, सान इसिड्रों में एक 'चिकानों' है, स्पेन में एक 'अराजकतावादी' है, इजराइल में एक 'फिलिस्तीनी' है, सान क्रिस्टोबल की सड़कों पर एक 'मायन इंडियन' है, जर्मनी में एक 'यहूदी' है, पोलैंड में एक 'जिप्सी' है, क्यूबेक में एक 'मोहाक' है, बोस्निया में एक 'शान्तिवादी' है, दस बजे रात को किसी मेट्रो में एक 'अकेली औरत' है, बिना जमीन के एक 'खेतिहर' है, झुग्गी-झोंपड़ों का एक 'गैंग सदस्य' है, बिना रोजगार के एक 'मजदूर' है, एक बेचैन छात्र है और निश्चय ही अपने पहाड़ों में एक 'जपतिस्ता' है।

इस सारी 'स्व-विहीनता' (Non-self), विशिष्टता और मिथकीयता के साथ EZLN का संघर्ष खुद के 'देखे-सुने जाने के अधिकार' का संघर्ष है। जब 1994 में जपतिस्ता ने हथियार उठाकर 'अब बस' (Ya Basta!) की हुँकार भरी थी वह इसी 'अदृश्यता' के खिलाफ बगावत कर रहे थे।

इस हुँकार से शुरू करके अपने समूचे परवर्ती जीवन में जपतिस्ता एक साथ दो तरह की ताकतों का प्रतिनिधित्व कर रहे हैं :

(1) वे विद्रोही, जो चियापा के पहाड़ों-जंगलों में सदियों से अँधेरा बनकर छायी हुई और घोर-मारक दरिद्रता और बेहुर्मती का जीवन जी रहे थे, और

(2) इससे भी बढ़कर एक नये आन्दोलन के रचनाकारों और सिद्धान्तकारों की सृजन दृष्टि और व्यवहार के योद्धा। यह सृजन दृष्टि ताकत (Power), प्रतिरोध और वैश्वीकरण : तीनों के बारे में अलग तरह से सोचने की दृष्टि और उत्तेजना देती है। एक ऐसे आन्दोलन के बारे में सोचने की उत्तेजना, जो एक बड़ा सा 'नहीं' और बहुत सारे 'हाँ' को लेकर उठाया और चलाया जा सकता है।

एक जनवरी, 1994 को, जब अचानक आसमान में जपतिस्ता की 'या बस्ता' हुँकार गूँजी थी, सैन्यतंत्र को लगा था कि वह इस आन्दोलन को चुटकियों में मसल कर फेंक देंगे। सत्ता ने अपने भारी-भरकम तोपखाने भेजे, हवाई हमलों की झड़ी लगा दी, हजारों-हजार सैनिकों को चियापा अंचलों में उतार दिया। मगर मलबे में बदल चुके ढेर पर खुद को विजय मुद्रा में खड़ा पाने के बजाय उन्होंने खुद को चियापा के चतुर्दिक ढाल बने अन्तर्राष्ट्रीय विरोध और मलामतों की गूँज से घिरे हुए पाया। अमेरिकी सेना के RAND कार्प्स द्वारा अध्ययन का निष्कर्ष था : EZLN टकराहट (Conflict) की एक नई प्रविधि (Mode) सरीखा है। वह नई प्रविधि 'नेट युद्ध' (Netwar) की है : यहाँ नायक (Protagonist) संगठन, सैद्धान्तिक रणनीति और तकनीक के लिए नेटवर्क के इस्तेमाल पर अधिकाधिक निर्भर दिखता है[9] : जपतिस्ता ने अपने प्रतिरोध

के कुछ मुख्य लक्ष्य निर्धारित कर रखे हैं : जमीन पर नियंत्रण, प्रत्यक्ष राजनीतिक प्रतिनिधित्व, अपनी भाषा और संस्कृति के संरक्षण का अधिकार। उनका जोर दे कर कहना है कि वे क्रान्तिकारिता, बल्कि एक ऐसी क्रान्ति में विश्वास करते हैं जो क्रान्ति को सम्भव बना सकती है।

मार्कोस का मानना है कि गैर संस्तरीकृत निर्णय प्रक्रिया, विकेन्द्रीकृत सांगठनिकता और गहन सामुदायिक जनतंत्र के जो सबक उसने चियापा में सीखे है वे सम्भवत: गैर स्थानिक दुनिया के लिए भी काम के हो सकते हैं : क्रान्ति का एक ऐसा वैश्विक आह्वान, जो आपसे क्रान्ति का 'इन्तजार' करने के लिए नहीं कहता है : जहाँ भी आप हैं वहीं से इसे शुरू कर देने के लिए, आप के पास जो भी 'अपना हथियार' उपलब्ध है उसी से लड़ने के लिए कहता है : वीडियो कैमरा, शब्द, विचार, उम्मीद—ये सब भी हथियार ही हैं।

इस दृष्टि से जपतिस्मो एक सैद्धान्तिकता नहीं, बल्कि एक 'स्वानुभूति' (Intution) है। जपतिस्ता ऐसे इतिहास पर भरोसा करता है जो साफ कहता है : "मैं तुम्हारे लिए तुम्हारा इतिहास नहीं बना सकता। मगर इतना जरूर बता सकता हूँ कि इतिहास तुम्हारे द्वारा ही बनाए जाने के लिए है।" जपतिस्ता के रूप में हम किसी एक सपने या क्रान्ति को नहीं, बल्कि क्रान्ति के लिए सपने देखने वाली आँख को पाते हैं : "यह है 'हमारा' 'सपना'। जपतिस्ता वह परिघटना है, जो आपकी नींदें उड़ा देते हुए वह एकमात्र सपना देखने को प्रवृत्त करता है, जो खुली आँखों से जागते में ही देखा जा सकता है : एक ऐसा इतिहास जो नीचे से सृजित और परिपुष्ट किया जाएगा। अपनी चेतना को बदलना आसान नहीं, और न ही इस काम को अचानक एक झटके में किया जा सकता है। यह एक बहुत धीमी, मगर बहुत ही सतर्क, सहज और सचेत प्रक्रिया है। हम जहाँ, जिस हाल में हैं, वहीं से सजग, सचेत और प्रतिबद्ध शुरुआत कर देने और डटे रहने के जरिये ही इसे हासिल कर सकते हैं।

जपतिस्मो और औरत के सवाल

1994 में विश्व राजनीतिक परिदृश्य में EZLN स्थानीय समुदायों की 'अदृश्यता' को चीर कर बाहर आने के साथ ही स्थानीय औरतों के भी सार्वजनिक परिक्षेत्र-परिदृश्य में अपनी आवाज को बुलन्द करने के सिलसिले की शुरुआत हुई। यह आवाज न सिर्फ स्थानीय जातीय (ethnic-indigenous) अधिकारों, बल्कि एक औरत के बतौर उनके 'अपने' अधिकारों की भी थी।

इन औरतों को अपनी राजनीतिक दावेदारी और भागीदारी की भारी कीमत अदा करनी पड़ी। स्थानीय सामुदायिक समाजों के सैन्यीकरण की शासकीय प्रतिक्रिया उनके स्वायत्त अंचलों पर बर्बर सैन्य आक्रमकताओं के असंख्य रूपों में हो रही थी। अंचलों के अन्दर बनाई गई सैनिक छावनियों और सैन्य गश्तों के चलते अंचल की औरतों का दैनन्दिन जीवन तहस-नहस होने लगा। इन अंचलों-समाजों के अन्दर 'ड्रग और शराब' को सत्ता प्रतिक्रिया की रणनीति के हिस्से की तरह फैलाया गया। चियापा की औरतों ने इस दुर्दशा का कुछ इस तरह बयान किया :

> वे (सैनिक) हमारे घरों का इस्तेमाल रंडीखानों की तरह करते हैं, बच्चों के लिए अब शायद ही कोई कक्षा बची है, क्योंकि वे इनका इस्तेमाल अपने रहने के लिए और खेल के मैदानों का ट्रकों, हेलीकाप्टरों और बख्तरबन्द गाड़ियों की पार्किंग के लिए कर रहे हैं।

चियापा अंचलों में स्थानीय समुदायों द्वारा EZLN की अगुवाई में स्वायत्त प्रशासन और संचारतंत्र की स्थापना की कोशिशों के खिलाफ मैक्सिकन सत्ता तंत्र 'बलात्कार' को आतंक और दमन के हथियार के बतौर शुरू से ही इस्तेमाल कर रहा है। 1994 में तीन जेलताल बहनों, तीन नर्सों और चिकानो कार्यकर्ता सेसिलिया रोड्रिग्ज का बलात्कार, दिसम्बर, 1997 एक्टील इलाके में 32 तोजिल लोगों का जनसंहार , बलात्कार, अंगभंग चन्द उदाहरण भर हैं, जो सत्ता का सैन्यतंत्र 1994 से ही इस आन्दोलन को 'सजा' और इसके लोगों को 'सन्देश' के तौर पर देता आ रहा है। बावजूद इसके, वे घर के अन्दर और बाहर दोनों ही स्तरों पर जनतंत्र के संघर्ष के लिए औरत के हौसले को पस्त नहीं कर सके हैं।

1997 में मैक्सिको सिटी और चियापा, मिशोआकन, मोरेलोस, गुएरेरो, हिडाल्गो, जेलिस्को, पुयेब्ला, क्युएरेतारो, सानलुई पोटोसी, सोनारा, वेराकुज, ओआक्साका राज्यों के बीस स्थानीय समुदायों की महिलाओं की स्थानीय महिला राष्ट्रीय समन्वय समिति बनी। इसके जरिये इन औरतों ने स्थानीय समुदायों के स्वायत्तता संघर्ष के साथ अपने विशिष्ट जेंडर संघर्ष के मुद्दों को जोड़ते हुए खुद को राष्ट्रीय-स्थानीय-सामुदायिक कांग्रेस के साथ जोड़े रखने का भी काम किया। यह कांग्रेस (CNNI) 1996 से ही महत्त्वपूर्ण राष्ट्रीय स्तर के संगठन के बतौर सक्रिय है। जपतिस्ता की औरतें और CNNI की सदस्य मिलकर यह दिखाने की जद्दोजहद कर रही हैं कि नस्लवाद, सेक्सवाद, और आर्थिक सामाजिक-सामुदायिक-सांस्कृतिक उत्पीड़न के खिलाफ संघर्ष एक-दूसरे को ताकत देते हैं। न सिर्फ ये संघर्ष साथ-साथ चलाये जा सकते हैं, बल्कि चलाये ही जाने चाहिए।

अपनी अलग तरह की राजनीति की परम्परा में जपतिस्ता ने एक नया अभियान 'La Otra Campana' चलाया। इसके जरिये वह अपनी कोशिशों को मैक्सिकन नागरिक समाज के तमाम बहुविध-बहुआयामी संघर्षों के साथ जोड़कर उन्हें गहराई के साथ समझने-जानने की कोशिश कर रहे हैं। इसके तहत स्थानीय 'कमांडेन्सिया' के सदस्य मैक्सिको के इर्द-गिर्द सम्पर्क करते हुए जमीनी स्तर के संगठनों और व्यक्तियों से बातचीत के जरिये 'La gente humildey sencilla' (जान-समझ कर निचले स्तरों से संघर्ष का शक्तिशाली नेटवर्क) खड़ा करने की कोशिश कर रहे हैं। इसके जरिये उनकी कोशिश एक ऐसा ग्रासरूट सामाजिक एजेंडा, एक ऐसा नया सामाजिक 'पैक्ट' बनाने की है, जो अन्ततः मैक्सिकन संविधान के पुनर्लेखन की जमीन तैयार करेगा।

मार्कोस से सवाल पूछा गया कि परिवार से लेकर सांस्कृतिक केन्द्रों और उसके भी परे तमाम क्षेत्रों में, दुनिया भर में कहीं की भी औरतों के प्रतिनिधित्व और भागीदारी

बढ़ाने जैसे मसलों में आदमी क्या भूमिका निभा सकते हैं?

मार्कोस का जबाब था : "अभी भी सचमुच में बेहतर इनसान होने की सदिच्छा और वास्तविक धरातल पर दूसरों का सम्मान करने के व्यवहार में, और विशेषकर औरतों का सम्मान करने के हमारे वास्तविक व्यवहार में बहुत अन्तर है। औरतों की भागीदारी अभी भी उतनी सक्रिय नहीं है जितना हो सकती है और होना चाहती है। उस साफ तौर पर दिख रही प्रगति के महत्त्व को स्वीकार करना ही होगा जिसमें औरतों ने उन हजारों साल की दकियानूसी प्रथाओं-परम्पराओं के बदलाव में जबरदस्त योगदान किया है, जिनका इस्तेमाल उनके दमन-शोषण के लिए किया जाता रहा है।"

एक जनवरी, 2006 को 'कोमिटे क्लेंडेस्टीनो रिवोल्यूसियोनारिया 'इंडेजेना' के साथी पुरुष कमांडेंटो के साथ कमांडेंटा केली और कमांडेंटा होर्टेन्सिया की अगुवाई में 'La Otra Campana' की शुरुआत हुई।[10] दस हजार से ज्यादा जपतिस्ता सहयोगी सामुदायिक सदस्यों ने सान क्रिस्टोबल डे ला कासास के सिटी सेंटर पर शान्तिपूर्ण ढंग से कब्जा कर लिया। वहीं इन ज्यादातर स्थानीय जातीय समुदायों के श्रोताओं के साथ, जिनमें भारी संख्या में औरतों की भागीदारी थी, कमांडेंटा केली और होर्टेन्सिया ने La Otra ग्रासरूट संवाद-सम्पर्क की शुरुआत की। दस हजार से भी ज्यादा स्थानिक सामुदायिक लोग चियापा प्रान्त की औपनिवेशिक राजधानी में इस तरह जुटकर खुद को कहीं ज्यादा आत्मगौरव से दीप्त और सशक्त महसूस कर रहे थे। ये तमाम लोग उस औपनिवेशिक राजधानी में अपने शिल्प और हुनर के नायाब उत्पादों को कौड़ियों के मोल बेचने, या फिर पर्यटकों एवं कैथेड्रल के सामने भीख की गिड़गिड़ाहट के लिए नहीं जमा हुए थे, जैसा नजारा अब तक पर्यटकों की कौतूहल और मनोरंजन भरी हिकारती आँखें देखा करती थीं। यहाँ वे उस आत्मगौरव की अभिव्यक्ति के लिए जुटे थे, जो चियापा के अंचलों में पिछले बीस सालों के जपतिस्ता संघर्ष अभियान 'Aque estamos, y no nos vamos': 'हम हैं यहाँ पर, और हम यहाँ से नहीं जाने वाले!' के चलते विकसित हुई थी।

कमांडेंटा केली ने मैक्सिको की तमाम औरतों का ला ओट्रा अभियान में शामिल होने के लिए आह्वान किया जिससे वे 'a todas los hombres machitos': उन तमाम 'मेचिस्ता मर्दों' को यह दिखा-बता सकें कि औरतें भागीदारी करने में सक्षम हैं, कि उन पर भी उनके अधिकारों की रक्षा के संघर्ष का दायित्व है : उन पर भी आजादी, जनतंत्र और न्याय इन तीनों जपतिस्ता केन्द्रीय आकांक्षाओं के लिए संघर्ष का दायित्व है, जो जपतिस्ता संघर्ष का प्राणतत्त्व है। उन्होंने औरतों का आह्वान इसलिए भी किया कि वे पुरुषें को, सारी दुनिया को दिखा सकें कि 'एक औरत के बतौर हम सिर्फ बिस्तर या सिर्फ घर की 'चीज' नहीं हैं।' कमांडेंटा होर्टेन्सिया ने औरतों को एकजुट होकर ला ओट्रा अभियान के साथ गोलबन्द होने का आह्वान किया क्योंकि उनकी भागीदारी के बिना यह एक 'अलग तरह का' अभियान नहीं बन सकता था : एक ऐसा अभियान जो सबको साथ लेकर चलने ओर विभिन्नताओं-विभेदों के प्रति सम्मान की क्षमता रखता हो, जो एक ऐसी दुनिया की रचना के लिए प्रतिबद्ध हो, जिसमें बहुत सी दुनिया बिना किसी वैमनस्य के समा सके।[11]

मार्कोस उस 'ट्रांस सांस्कृतिक' प्रक्रिया का सन्दर्भ देते हैं जो स्थानिक जातीय सामुदायिकताओं के बीच करीब पचीस साल पहले ज्यादातर शहरी मेस्तीजो विद्रोहियों के आने के चलते शुरू हुई थी, जिनमें वे औरतों भी थीं जो पारम्परिक जेंडर भूमिकाओं को छोड़कर पहाड़ों में सैन्य प्रशिक्षण के लिए आई थीं। यहाँ उन्हें कठिन और चुनौती भरे पहाड़ी परिवेश और परिस्थितियों के साथ ही एक ऐसी स्थानिक पितृसत्तात्मक व्यवस्था की कठिन चुनौतियों का भी मुकाबला करना था जो वहाँ की स्थानिक 'मेचिस्मो मर्दानगी' : स्त्री-पुरुष के परम्परागत सम्बन्धों की उपज थी। नवागन्तुक महिला लड़ाकों की आमद ने स्थानीय औरतों के बीच एक अलग तरह की क्रान्ति को जन्म दिया। वे स्थानीय असेम्बलियों में अपनी भागीदारी और पदीय उत्तरदायित्वों की आवाज उठाने लगीं। घरेलू हिंसा, आर्थिक परनिर्भरता, औरतों की खरीद-बिक्री, जबरन विवाह, समुदायों के अन्दर ड्रग और शराब के फैलते दुष्परिणाम जैसे मुद्दे जन असेम्बलियों में पुरजोर तरीके से उठाये जाने लगे। औरतों ने अपना खुद का स्वायत्त रेडियो स्टेशन 'रेडेयो इन्सर्जेंटे' संचालित करना शुरू किया। इसमें नियमित रूप से रेडिया ड्रामा आदि विभिन्न माध्यमों से समुदायों के अन्दर जेंडर सम्मान, सहयोग और समानता के सन्देश प्रसारित होते थे। मार्कोस का लिखा एक रेडियो ड्रामा 'Laburja Panfila y la Princessa Parfilla' काफी लोकप्रिय हुआ जिसमें 'एंटी हीरो' एक महिला लड़ाका होनिता के प्रेम में पड़ने के बाद यह जान पाता है कि वास्तव में एक औरत को जिस चीज की चाहत है, वह यह कि उसका सम्मान हो।

मेजर एना मारिया के साथ कमांडेंटा रमोना ने 1 जनवरी, 1994 को सान क्रिस्टोबल डे ला कासे पर हथियारबन्द कब्जा संघर्ष में बहादुराना भागीदारी की थी। रमोना ने जपतिस्ता आन्दोलन में 'लीजेंड्री' मुकाम हासिल किया : वह EZLN संघर्ष की जन-स्वीकार्यता की जीवन्त प्रतीक बन गई। रमोना ने 12 अक्टूबर, 1996 को मैक्सिको सिटी के 'जोकोला' में स्थानीय सामुदायिकताओं के अधिकारों की मान्यता के लिए नागरिक समाज के नाम EZLN का सन्देश जारी किया :

"हम एक ऐसा मैक्सिको चाहते हैं जो हमें एक मनुष्य प्राणी की मान्यता के साथ स्वीकार करे, जो हमारे आत्मसम्मान और गौरव को सम्मान और मान्यता दे; यही वजह है हम अपनी छोटी सी जपतिस्ता आवाज को उन सब लोगों की विशाल आवाज के साथ जोड़ना चाहते हैं जो एक नये मैक्सिको की लड़ाई लड़ रहे हैं। हम यहाँ आप सब के साथ मिलकर यह आवाज देने आए है कि अब कभी कोई मैक्सिको हम सब के बिना मुमकिन नहीं है। यही वजह है कि हम आप सब के साथ एक बड़े-विस्तीर्ण राष्ट्रीय विमर्श में हिस्सा लेने के लिए तैयार हैं; एक ऐसा विमर्श-ऐसा संवाद, जिसमें हमारी दुनिया बहुत सारी दुनिया में से एक दुनिया होगी और हमारा दिल बहुत सारे दिलों में एक और दिल होगा।'

रमोना बहुत बीमार थी, मैक्सिकन सिविल सोसाइटी के सदस्यों के साथ EZLN की समन्वय वार्ताओं के एक दौर में, अपने 'किडनी ट्रांस्प्लांट' से उबरने के बाद रमोना ने अपने हाथ से बनाई बहुरंगी कसीदाकारी की टेपस्ट्री नागरिक समाज को यादगार स्वरूप भेट की थी। वर्षों बाद जनवरी, 2006 में शुरू होने वाले ला ओट्रा अभियान

की तैयारी वार्ताओं के क्रम में अगस्त, 2005 में सिविल सोसाइटी के सदस्यों ने वही टेपस्ट्री EZLN वार्ताकारों को उपहार के रूप में वापस दी थी। टेपस्ट्री के खूबसूरत रंगों को निहारते हुए रमोना ने कहा था :

"यही वह बात है जो हम 'ला ओट्रा कम्पाना' में चाहते हैं : बहुरंगी रंगों की विविधता बेहद खूबसूरती के साथ एक खूबसूरत टेपस्ट्री में सँजोयी हुई : चूँकि हम अलग-अलग हैं इसलिए हम सब बराबर हैं। ला ओट्रा लगातार सफलता और प्रगति की राह पर है : यह एक ऐसी जमीन, ऐसी सम्भावना, ऐसा स्पेस बना रहा है जो बहुविध, विकेन्द्रित, क्षैतिजीय है, जहाँ हर भागीदार अपनी योग्यता के आधार पर नेतृत्व करता या करती है; एक ऐसा अभियान, जो जीवन और मनुष्यता को सम्पुष्ट करता है, और जो नव उदारवाद और वैश्विक पूँजीवाद द्वारा थोपी जा रही मौत से लड़ता है; एक ऐसा स्पेस, जहाँ विभिन्नताओं का न सिर्फ जश्न मनाया जाता हो, बल्कि 'एक दुनिया, जिसमें तमाम दुनिया समाहित हो' अनिवार्य अभिव्यक्ति के रूप में व्यवहार में उतारी जाती हो।"

1994 से लेकर अभी तक जपतिस्ता ने अपनी सामुदायिक स्वायत्तता को बनाने और बनाए रखने की कोशिशों की सफलता को लेकर आत्ममुग्धता अथवा दंभ से खुद को बचाए रखा है। वे लगातार नियमित रूप से अपनी स्थितियों-अवस्थितियों-वैचारिक प्रस्थापनाओं और व्यवहारों की समालोचनात्मक आत्म समीक्षा करते रहे हैं। इस क्रम में वे अपनी उपलब्धियों और प्रगति को बेहद सामान्य तरीके से सन्दर्भित करने के साथ इस बात पर विशेष बल देते रहे हैं कि इस समूची प्रक्रिया में उनसे क्या गलतियाँ, चूकें-भूलें हुईं, कैसे वे उनसे पार पाने की कोशिश कर रहे हैं, कैसे वे इनके परिप्रेक्ष्य में खुद को बदलने की कोशिश कर रहे हैं और आज जो भी उनकी सफलता-उपलब्धियाँ हैं वहाँ तक पहुँच पाने में उन्हें कितनी मुश्किलों-दुश्वारियों का सामना करना पड़ा है।

जपतिस्मों अपनी पहचान एक ऐसे रेडिकल राजनीतिक आन्दोलन के बतौर करता है, जो औरतों को केन्द्रीय महत्त्व देते हुए उन्हें सामाजिक-राजनीतिक अदृश्यता से बाहर निकालकर आन्दोलन और बदलाव के मुख्य मंच पर लाता है। जपतिस्ता औरतें गर्व से कहती हैं : "हम सिर्फ घर या चौके-चूल्हे में नहीं हैं...। हम अपने पुरुष साथियों के साथ कन्धा मिलाकर काम करती हैं, हम मिलकर छोटे-छोटे कदम स्वायत्तता की ओर बढ़ाती हैं और हम उन्हें भी प्रोत्साहित-प्रेरित कर रही हैं जो फिलहाल घर से बाहर नहीं निकलना चाहतीं।"

औरतों के सिलसिले में जपतास्तित के क्रान्तिकारी कानूनों की, जैसे वे आज अपने व्यावहारिक रूप में हैं, पड़ताल प्रासंगिक है :

(1) हम ऐसा कुछ भी नहीं रचना चाहते जो उसी दमन और प्रभुत्व के इतिहास के तारतम्य में हो, जिसमें हम अब तक रहते चले आ रहे थे...। जहाँ पुरुष कम्पेनरो (साथी) शासन करते थे और निहायत उद्दंड-अहंकारी थे...। अब कम्पेनराओं (महिला साथियों) का राज है और अब क्रान्तिकारी संघर्षों और नेतृत्व में उनकी भागीदारी को पुरुष साथियों से ज्यादा महत्त्व मिला है।

(2) काम और न्यायपूर्ण वेतन का अधिकार : संगठन के अन्दर किसी को भी वेतन नहीं मिलता है, सिवाय उस स्थिति के, जिसमें महिला साथियों को शहर में क्रान्ति के काम के लिए भेजा जाता है।

(3) बच्चों के निर्णय का अधिकार : महिलाएँ ही तय करेंगी कि वे घर में कैसे रहेंगी, और बिना पुरुष साथी के वे स्वतंत्र निर्णय लेंगी कि वे कितने बच्चे पैदा कर सकती हैं और पाल सकती हैं।

4) सामुदायिक मामलों और नेतृत्व में : महिलाओं को पुरुषों के साथ पूरी बराबरी का हक है।

(5) प्राथमिक स्वास्थ्य और पोषण : कुछ समुदायों में ही फिलहाल स्वास्थ्य क्लिनिक व्यवस्था हो सकी है। भोजन समुदायों की प्राकृतिक-भौगोलिक सीमाओं में ही उपलब्ध है। स्त्री और पुरुष दोनों ही इस बात का ध्यान रखते हैं कि हमारे पुरुखों-पुरनियों की क्या प्रथाएँ थी, वे कैसे रहते थे, क्या खाते थे। स्त्री-पुरुष दोनों ही खेतों में काम करते हैं, और प्राकृतिक खाद्यान्नों—अनाज-फल-सब्जियों आदि का उत्पादन करते हैं।

(6) शिक्षा : समुदाय में सुनिश्चित किया जाता है कि लड़कियाँ निश्चित रूप से जपतिस्ता कार्यकर्ताओं द्वारा संचालित प्राइमरी पाठशालाओं में जाएँ।

(7) वैवाहिक साथी के चयन का अधिकार : एक जमाना था जब लड़कियाँ/औरतें शराब, पशु, और पैसे के एवज में खरीदी-बेची जाती थीं। आज ज्यादातर पिता अपनी लड़कियों से उनकी विवाह की इच्छा और वे किससे विवाह करना चाहती हैं, जानना चाहते हैं।

(8) औरत के विरुद्ध हिंसा : अभी भी ऐसी महिलाएँ समुदाय में है, जिनके साथ दुर्व्यवहार होता है, और जो अपने अधिकारों की दावेदारी से डरती हैं।

(9) प्रशासनिक और सैन्य पद दायित्व: औरतें क्रमशः इस दिशा में भागीदारी की ओर बढ़ रही हैं, हालाँकि गति अभी भी धीमी है। महिला साथी आंचलिक प्रशासन स्वास्थ्य, शिक्षा, उत्पादन के क्षेत्रों में प्राधिकारों के पदों पर सफलतापूर्वक निर्वहन करती हुई देखी जा सकती हैं। कुछेक महिला साथी सैन्य कतारों और नेतृत्व में भी मौजूद हैं।

(10) महिलाओं के पास जपतिस्ता क्रान्तिकारी कानूनों और सांगठनिकताओं में हर स्तर पर बराबरी के अधिकार और दायित्व हैं। इसके जरिये मानवता के पुनर्सृजन का समवेत और संयुक्त प्रयास चल रहा है : एक आमूल-चूल बदलाव का—'अपनी चाहतों और आकांक्षाओं' की एक नई दुनिया बनाने का प्रयास चल रहा है। यह वह प्रयास—वह आन्दोलन—वह संघर्ष है, जिसमें औरत और आदमी सभी बराबर के हिस्सेदार हैं। यह संघर्ष न तो सिर्फ औरतों का है और न ही सिर्फ आदमियों का—यह दोनों के साथ चलने, मिलकर बदलने, कुछ नया सृजित करने की जद्दोजहद और जिद का संयुक्त-समवेत आन्दोलन अभियान है।

जपतिस्ता औरतें अच्छी तरह जानती-समझती हैं कि इन संघर्षों का यहीं अन्त नहीं होने वाला। इसे लगातार-निरन्तर चलते ही रहना है। यह वह प्रक्रिया है, जिसमें संघर्ष के हिस्सेदार खुद को भी बदलने की प्रक्रिया से गुजरते हैं। जपतिस्ता स्वायत्तता का व्यवहार अपने विस्तीर्ण फलक में हर रंग, हर आवाज, हर अस्तित्व, हर विभेद को समाहित-समन्वित करने की दृष्टि और क्षमता रखता है। जपतिस्ता समुदाय के अन्दर और बाहर दोनों ही स्तरों पर उन नई आँखों और नये कानों तक पहुँचने के लिए प्रतिबद्ध है जो इस नये आन्दोलन, प्रतिबद्धता, और दृष्टि को देख-सुन-समझ सकें। कोई भी अन्तिम निर्णयकारी विकल्प झूठ और छलावे के अतिरिक्त कुछ नहीं है—जबाब न तो यहाँ है और न ही वहाँ। जरूरत एक नया रास्ता निकालने की है जिस पर सभी साथ मिलकर चल सकें।

जपतिस्मो : एक परिघटना

जपतिस्ता अपनी तमाम विनम्रता और आत्मलोचना के साथ किसी भी प्रकार की अगुआ ताकत की दावेदारी अथवा 'गर्व' से इनकार करता है। बावजूद इसके, इस सच्चाई से इनकार नहीं किया जा सकता कि जपतिस्ता ने अपने आन्दोलन-संघर्ष की वैचारिकी और व्यवहार में अराजकतावादी (Anarchist) वैचारिकी और रणनीति की महत्त्वपूर्ण अन्तर्दृष्टि ली है। राजसत्ता पर कब्जे के बजाय स्वायत्तता पर केन्द्रीकरण, जहाँ तक और जहाँ कभी भी सम्भव हो सके, भौतिक हिंसा के बजाय प्रतीकात्मक हिंसा की रणनीति, रेडिकल जनतांत्रिक निर्णय प्रक्रिया व संरचना और आन्दोलन-संघर्ष-जनतंत्र के हर स्तर पर औरतों की प्रमुख भूमिका पर बल के साथ जपतिस्ता अपने जन्म के बाद देखते ही देखते एक ऐसे मॉडल में विकसित होने लगा, जिसने सारी दुनिया में नवउदारी वैश्वीकरण के खिलाफ संघर्षरत आन्दोलनों और व्यक्तियों को आकर्षित-प्रभावित किया। शायद यह कहना अतिशयोक्ति नहीं होगी कि जपतिस्ता विद्रोह और उससे जुड़े सतत् गतिमान बौद्धिक-विचारधारात्मक उथल-पुथल के बिना न तो 'सियाटेल संघर्ष' का जन्म हो सकता था, और न ही यूरोप में 1990 दशक के उत्तरार्ध से कारपोरेट विरोधी वैश्वीकरण आन्दोलन इस कदर ताकत और आवेग हासिल कर सकता था।

चियापा में अड्डा जमाए, उसे चारों तरफ से घेरे हुए अमेरिका प्रशिक्षित और आधुनिकतम आयुधों-संचार साधनों से लैस मैक्सिकन सैन्य दस्तों के खिलाफ अचानक रणभूमि में टूट पड़े जपतिस्ता विद्रोहियों ने सारी दुनिया के आसमान, चारों दिशाओं को अपनी 'बस बहुत हुआ, अब और नहीं' Ya Basta!' की ललकार-चीत्कार से क्यों गुँजा दिया था? जपतिस्ता का जबाब है : "किसी भी दृष्टि और मतलब से हम तो पहले से ही मरे हुए थे। हमें सचमुच किसी चीज से कोई मतलब नहीं रह गया था...। बहुत हो चुका इस बेमतलब मौत को मरना; बेहतर है बदलाव के लिए लड़कर मरा जाय। अगर हम अब मरते हैं, यह शर्म की नहीं, बल्कि गर्व की मौत होगी, हमारे पुरखों की तरह गर्वीली हठीली मौत।"

आन्दोलन का जन्म राज्य और 'कारपोरेट पॉवर' से स्वायत्तता और स्थानिक सामुदायिक-वैयक्तिक अधिकारों की अस्तित्व निर्णायक जरूरत की मजबूरी के चलते

हुआ था। परिस्थितियाँ NAFTA लागू होने ओर मैक्सिको को मोन्सांटो और अन्य जेनेटिक मॉडिफाइड बीजों से पाट देने के चलते और विकट हो गई थीं। सत्ता पर कब्जा वांछित लक्ष्य नहीं था। लक्ष्य था सार्वभौमिकता (Soverignty) और स्वायत्तता (Autonomy) की ओर पूरी ताकत के साथ जबरदस्त धक्का : सबसे पहले समस्त मैक्सिको वासियों के लिए, फिर सारी दुनिया के लोगों के लिए। जपतिस्मो आह्वान था : 'नीचे से वैश्वीकरण (Globalisation from below) की प्रक्रिया में मैक्सिको की आंचलिक स्थानिक अर्थव्यवस्थाओं को नवउदारी साम्राजी केन्द्रीयता से अलग करके उनका पुनर्स्थानीयकरण (Relocalisation) करना।'

ब्राजील के नोबेल पुरस्कार विजेता जोस सारामागो फ्रेंच दार्शनिक मांटेस्क्यू के हवाले से तर्क देते हैं कि वस्तुत: जपतिस्ता जिस चीज के आकांक्षी हैं वह है :

> एक ऐसी दुनिया, जहाँ बहुत सी दुनिया के लिए जगह हो, एक ऐसी दुनिया, जो एक ही समय में एक भी हो और विविध भी। एक ऐसी दुनिया, जहाँ सारे लोगों का सारे समय (हमेशा) के लिए और सिवाय अपनी जड़ों के और किसी भी बात की विवशता या आज्ञाकारिता के बगैर जब भी कोई स्त्री या पुरुष खुद को 'पार्सियन' (Parsian) बनाना चाहे (अजब, अलग, दूसरा होना), उसका यह अधिकार अनुल्लंघनीय रहे। (1721 : 'पार्सियन लेटर्स' से)[12]

जपतिस्मो ने चियापा में एक ऐसी असाधारण संस्कृति, संचार और सहयोग का संरचना-तंत्र सफलतापूर्वक सृजित-विकसित किया है जिसके जरिये वह अपनी स्थानीय-आंचलिक विशिष्टता को पश्चिम की संस्कृति से बिल्कुल अलग अभिव्यक्त करने में सफल हुआ। इस विशिष्टता के अन्तर और दूरी को मार्कोस कुछ इस अन्दाज में अभिव्यक्त करते हैं : "अगर ईराक में अमेरिका अपने 'aguilas gritonas'(चिंघाड़ते बाजों) के दम पर एक देश पर कब्जा करने का दम भरता है, तो यहाँ दक्षिण पूर्वी मैक्सिको में 'Caracoles' (घोंघों :Snails) ने अपनी स्थानिक सामुदायिकताओं के लिए स्व-शासन (Self-governance) के नये रूपों को परिभाषित-सृजित किया है।" यह इस बात को रेखांकित करता है कि जपतिस्ता के पास सैन्य ताकत की विनाश लीला और विध्वंसक आर्थिक प्रणाली के विनाशकारी तांडव के मुकाबिल अपनी एक विशिष्ट अलग रणनीति है। मार्कोस 'el lentithed del Caracol' (घोंघे की धीमी चाल) की उपमा यह रेखांकित करने के लिए देते हैं, कि सिर्फ एक धीमी और लम्बी प्रक्रिया के जरिये ही नवउदारी वर्चस्व से तबाह दुनिया की पुनर्संरचना के लिए अनिवार्य 'एन्थ्रोपोलाजिकल' बदलाव की दिशा में सफलता हासिल की जा सकती है।

मैक्सिकों के परम्परागत-रूढ़िवादी पितृसत्तात्मक समाज में जपतिस्ता ने ऐसे रेडिकल बदलाव का आन्दोलन छेड़ा, जो क्रान्तिकारी परिवर्तन की प्रक्रिया में औरतों की ताकत और भूमिका की केन्द्रीयता को अनिवार्य शर्त मानता है। जपतिस्ता का दृढ़ विश्वास है कि अन्तत: सत्ता दखल की सफलता क्रान्तिकारी संगठन द्वारा अपनी मनमर्जी के किसी भी साधन अथवा किसी भी रास्ते को अपनाए जाने को न्यायसंगत नहीं बना सकता।

जपतिस्ता इस पर विश्वास नहीं करता कि अन्त, साधन को न्यायसंगत बना देता है। जपतिस्ता का मानना है कि अन्ततः साधन (Means) ही अन्त (end) बन जाते हैं।

सोशलिस्ट रजिस्टर 2002 में नाओमी क्लीन अपने लेख 'Farewell to the End of History : Organisation and Vision in Anti-Corporate Movement' में तर्क देती है कि मार्कोस का मुखौटा (Mask) वस्तुतः एक वृहत्तर आन्दोलन का आईना है : 'वह वस्तुतः हम सब है' (He is simply us) : हम ही वह नेता हैं जिसकी हम तलाश कर रहे हैं : मार्कोस मध्यपूर्व के भी उन तमाम इस्लामिक कार्यकर्ताओं की बौद्धिक प्रतिभा और नैतिक साहस को प्रतिबिम्बित करता है जो अपनी जान की कीमत पर भी अपने समाजों के अन्दर कहीं ज्यादा मानवीय-प्रगतिशील मुस्लिम थियोलाजी, कानून और संस्कृति की पुनर्संरचना की लड़ाई लड़ रह हैं।

मार्कोस आज के वैश्वीकरण को 'प्रति-नजारा-भुगतान-वैश्वीकरण' '(Pay-per-view-globalisation) कहते हैं : एक 'सांस्कृतिक तमाशे' के रूप में पकड़ से बाहर वैश्वीकरण (Out of reach globalisation as cultural spectacle)। वह प्रतिनिधि रूप, जिसमें अमेरिका की जाहिरा तौर पर शाश्वत अतृप्त (seemingly unquenchable) संस्कृति की अनुभूति की जा सकती है, सेटेलाइट टीवी है। यह एक ऐसी स्थिति है जो 'चुक चुके भविष्य' ('Le Future Passe') की ओर अग्रसर है। इसकी बेजान छवियाँ केवल एक ही चीज की ओर इशारा करती हैं : फासीवाद का पुनरागमन (Reappearance of Fascism)।

'लॉ मोंडे डिप्लोमेटिक' के अगस्त 2000 के सम्पादकीय 'Naissance d' une nonvelle droite: Le Fascisme Liberal' में सब कमांडेंट मार्कोस कहते हैं : दूसरे शब्दों में, वैश्वीकरण की इन घड़ियों में दक्षिण धारा के बुद्धिजीवी 'multi cartes' हैं : आलोचनात्मक विश्लेषण (Critical analysis) और आत्ममंथन (Reflection) की कब्रें खोदने वाले, 'नवउदारी थियोलाजी' के खिलाफ कहे गए हर शब्द को झुठलाने वाले, उन तमाम सरकारों के पर्दे के पीछे के 'कनफुसवा' (Prompters), जो अपने पटकथा संवाद भूल गई हैं, जो कुछ जाहिर है (evident) है उसके टिप्पणीकार (commentaters), सेना और पुलिस के अन्ध समर्थक, अपनी सुविधा के मुताबिक 'सही' और 'गलत' का फैसला देने वाले निर्णायक, 'राजा के सैन्यबलों' (Corps of the Prince) के सैद्धान्तिक प्रहरी और 'नये स्व रचित इतिहास' के प्रस्तोता की भूमिकाएँ मुस्तैदी के साथ निभा रहे हैं।

जपतिस्मो के जन्म में एक और महत्त्वपूर्ण पक्ष धर्म का है। कह सकते हैं कि बिशप सैमुएल रूइज[13] ने, जो लम्बे समय से चियापा के अंचलों में स्थानिक जातीय लोगों के अधिकारों के सवाल उठाते रहे हैं, जपतिस्ता के लिए काफी हद तक जमीन तैयार करने का काम किया। रुइज मैक्सिको में 1960 और 1970 के दशकों में लिबरेशन थियोलाजी के उत्कर्ष और प्रसार के भी केन्द्र रहे हैं। उन कई वजहों में से एक, जिन्होंने रुइज को स्थानीय सामुदायिक लोगों की दशा के प्रति इतना सजग और संवेदी बनाया, यह थी कि उन तमाम अंचलों में, जहाँ कैथोलिक चर्च व्यापक जनसमुदायों के हितों की पुध लेने में नाकाम रहा था, प्रोटेस्टेंट चर्च की तमाम धाराओं

से लेकर मिशनरी इस्लाम तक विभिन्न धार्मिक अभिव्यक्तियाँ अपनी जगह बनाने की कोशिशें करने लगी थीं।

जपतिस्मो हमारे मनुष्य होने के मूलभूत अधिकारों के लिए शान्तिपूर्ण संघर्ष की सम्भावनाओं को नवउदारी वैश्वीकरण के सिपाहियों-दलालों द्वारा असम्भव बना दिये जाने की भी देन है। मार्कोस के अनुसार इन अधिकारों में सबसे मूल्यवान अधिकार निर्बाध आजादी और लोकतांत्रिक तरीके से यह निर्णय लेने का अधिकार है कि हम अपने लिए किस तरह की सरकार चाहते हैं :

> नव उदारवाद को दुनिया की हकीकत तब तक बना पाना मुमकिन नहीं है जब तक कि संस्थानिक और निजी सेनाओं द्वारा जीवन के विरुद्ध मृत्यु का तर्क न थोप दिया जाय, जब तक कि न्याय और जन संवेदना की हर आवाज का गला जेलों में न घोंट दिया जाय, जब तक कि मिलिट्री और पुलिस प्रताड़नाओं और हत्याओं के आतंक का राज पूरी तरह से कायम न हो जाय। नवउदारी वैश्वीकरण के अस्तित्व की अनिवार्य शर्त राष्ट्रीय दमन और उत्पीड़न है। आज दुनिया में एक तरफ है अपने दुर्दान्त-संवेदनहीन दमन-आतंक की ताकत और मृत्यु की निर्मम 'मशीनरी' के साथ नव उदारवाद—और दूसरी तरफ सम्पूर्ण मानवता।

मार्कोस आज की आधुनिकता (Modernity) की कीमियागिरी का सूत्र बताते हैं : "जतन और सावधानी से एक टेक्नोक्रेट, एक दलाल विरोध पक्षी (oppositionist), एक अय्याश उद्योगपति, एक दलाल और गुंडा यूनियन नेता, एक भूस्वामी, एक बिल्डर, गुणा-गणित की कला में माहिर एक कीमियागर (alchemist), एक 'ब्रिलिएंट' बुद्धिजीवी, एक टेलीविजन, एक रेडियो और एक 'आधिकारिक' (official) 'पार्टी' को जोड़िये। इस सम्मिश्रण को एक जार में अलग रख दीजिए और उस पर लेबल चस्पा कीजिए 'आधुनिकता' (Modernity)। एक-दूसरे जार में दूसरी तरफ स्थानिक (Indigenous) मैक्सिकन को अलग रख दीजिए, और उस पर लेबल चस्पा कीजिए 'नष्ट किये जाने के लिए' (Disposable), और हाँ, इस आखिरी काम के बाद खुद को 'संक्रमण मुक्त' (disinfect) करना हरगिज मत भूलिएगा।"

मार्कोस यह याद दिलाते है कि अगर इस 'आधुनिकता' (Modernity) को मिटाना है तो अनिवार्य रूप से उसके तीन अन्य निर्णायक तत्त्वों : पूँजीवाद, उपनिवेशवाद और अन्ध राष्ट्रवाद को भी मिटाना होगा।

अपनी रणनीति के बारे में मार्कोस कहते हैं : हम अपने तमाम विशिष्ट संघर्षों और प्रतिरोधों का सामूहिक-समवेत नेटवर्क तैयार करेंगे : वैश्वीकरण के खिलाफ प्रतिरोध का एक विशाल-विस्तीर्ण-दमदार अन्तर्महाद्वीपीय नेटवर्क : मानवता के लिए प्रतिरोध का एक अन्तर्महाद्वीपीय नेटवर्क; ऐसा नेटवर्क जो विभिन्नताओं-विविधताओं को मान्यता देता हो, और समानताओं को स्वीकार करता हो : ऐसा नेटवर्क जो समूची दुनिया में संघर्षरत-सक्रिय अन्य प्रतिरोधों में खुद को पाने की कोशिश करता हो।

स्वायत्तता के लिए उनके प्रारम्भिक आह्वान को लेकर काफी सारी आलोचनाएँ

होती रही हैं। हालाँकि बिल्कुल शुरुआत से ही उनका लक्ष्य समूचे मैक्सिको के व्यापक-वृहत्तर लोकतंत्रीकरण का रहा है। आलोचना का केन्द्रीय तत्त्व यह रहा है कि मैक्सिकन सरकार को इस आह्वान की प्रतिक्रिया में स्थानीय समुदायों के लोगों को 'अपने ही अन्दर बन्द हो जाने' की इजाजत देने की कोई कीमत नहीं चुकानी होगी। उलटे मैक्सिकन सरकार को राष्ट्रीय संसाधनों के पुनर्वितरण और अधिकांशतः दरिद्रता झेल रहे चियापा प्रान्त में ज्यादा राजकीय निवेश और विकास की जिम्मेदारी से खुद को मुक्त कर लेने का मौका मिल जाएगा।

अभी भी दुनिया भर में कारपोरेट विरोधी, नवउदारी पूँजीवाद विरोधी वैश्वीकरण की कोशिशों और संघर्षों की मुहिम वैश्विक आर्थिक-राजनीतिक 'गवर्नेन्स' की संरचना में कोई बहुत प्रभावी और स्थायी परिवर्तन का दबाव बना पाने में सफलता नहीं हासिल कर सकी है। मैक्सिको में जपतिस्मो ने मशहूर सान आन्द्रे समझौते के जरिये मैक्सिकन सरकार को स्वायत्तता के सन्दर्भों में स्थानिक लोगों के आत्मनिर्णय के अधिकार की मान्यता देने, उनके राजनीतिक प्रतिनिधित्व और भागीदारी के विस्तार, उनके लिए न्याय की सुलभता की गारंटी, और उनकी सांस्कृतिक, शैक्षिक, आर्थिक गतिविधियों के संरक्षण-प्रोत्साहन को स्वीकार करने के लिए कागजों पर ही सही, मजबूर तो किया ही था। स्वाभाविक रूप से मैक्सिकन राज्य की इनमें से किसी भी सहमति पर अमल करने की नीयत और मंशा नहीं थी, और आज तक इनमें से एक भी लक्ष्य व्यवहार और वास्तविकता के धरातल पर नहीं उतारा गया है। उलटे सन् 2004 से ही मैक्सिकन राज्य ने अपनी एक तिहाई से ज्यादा सैन्य ताकत को जपतिस्ता द्वारा अपनी पहल ओर प्रतिबद्धता से स्थापित स्थानीय सामुदायिक काउंसिलों और सामुदायिक लोकतांत्रिक प्रशासन को तहस-नहस करने के लिए उतार दिया। बावजूद इसके, विगत दो दशकों से राज्य की ताकत और जपतिस्ता की स्वायत्तता के प्रतिरोध के बीच गतिरोध बना हुआ है, और सारे दमन-कुटिलताओं के हथकंडों के बावजूद जपतिस्ता अपनी विशिष्ट प्रयोगधर्मिता का अस्तित्व बचाए रख पाने में सफल है।

ब्राजील का भूमिहीन मजदूर आन्दोलन (MST)

1970 दशक के अन्त से ही, जब ब्राजील सैन्य शासन से मुक्ति की राजनीतिक प्रक्रिया की सम्भावनाओं के दौर से गुजर रहा था, दक्षिणी ब्राजील में ग्रामीण भूमिहीन मजदूरों की जमीन के लिए बिखरी हुई, मगर मजबूत लड़ाइयाँ जन्म लेने लगी थीं। सैन्य तानाशाही के जमाने में 'ब्राजीली चमत्कार' के नाम पर जो कुछ भी हुआ था वह वस्तुतः 'ब्राजीलियन प्लेग' था। पूरे राष्ट्रीय स्तर पर बेरोजगारी और ग्रामीण जनता का शहरों की ओर काम की तलाश में पलायन चरम पर था। 'चमत्कार' के किसी भी 'लाभ' में खेतिहर मजदूरों, बटाईदारों, काश्तकारों के लिए जगह नहीं थी।

7 अक्टूबर, 1979 को रियोग्रांडे दो सुल प्रान्त के रोंडा आल्ता में ग्रामीण मजदूरों और भूमिहीन खेतिहरों ने मकाली जमीन पर कब्जा कर लिया। मातोग्रिसो और साओ पाउला जैसे अन्य दक्षिणी प्रान्तों में भी इसी तरह के संघर्ष उभरने लगे थे। इन कब्जों की खबर पूरे देश में फैल रही थी, और लोकतंत्र की ललक को आवेग दे रही थी।

जमीन और बेहतर जीवन दशाओं की तलाश में लैटिन अमेरिका में खेतिहर समुदायों की संघर्षशील गोलबन्दियों का पुराना इतिहास रहा है। 1950 से 1964 तक 'खेतिहर लीगों'(Liga Campesinas) और MASTER (Movimento dos Agricultores Sem Terra) भूमिहीन किसान आन्दोलनों द्वारा प्रभावी संघर्ष चलाया जा रहा था। बीसवीं सदी की मैक्सिकन क्रान्ति और 1959 की क्यूबा क्रान्ति की सफलता ने इस आकांक्षा को परवान चढ़ाया कि 'जमीन उन्हीं की है जो इस पर काम करते है।'

1984 में जन्मा 'Movimento dos Trabalhadores Rurais Sem Terra' MST[14] भूमिहीन मजदूर आन्दोलन इसी आकांक्षा की धारावाहिकता और आवेग का परिणाम था। MST ने इस धारावाहिकता को आगे बढ़ाते हुए यह समझदारी हासिल की कि जमीनों पर कब्जा कर लेना ही अन्तिम लक्ष्य नहीं है। इन जमीनों पर भूमिहीन परिवारों को अपने अस्तित्व की तमाम बुनियादी जरूरतों (जमीन से जुड़ी) के अभाव से शुरुआत करनी होगी : साख, आवास, कृषि तकनीक और उपकरण, स्कूल, स्वास्थ्य...कुछ भी तो सुलभ उपलब्ध नहीं था। तब उन्होंने यह जाना कि लड़ाई सिर्फ ब्राजीली 'लातिफन्दिया' जागीरों से ही नहीं थी—लड़ाई समूची नवउदारी अर्थव्यवस्था के मॉडल से थी। उन्होंने अपनी लड़ाई को बड़ी-बड़ी जोतों-फार्मों पर डेरा डालो, कब्जा करो' (Encampments and Occupations), सार्वजनिक और बहुराष्ट्रिक कारपोरेटों के मुख्यालय पर कब्जा करो, जीएम फसलों के खेतों को रौंद डालो, मोर्चों, भूख हड़तालों और अन्य तमाम जुझारू राजनीतिक कार्यवाहियों की

दिशा में विस्तारित किया। 'रोजगार न्याय और कृषि सुधारों के लिए राष्ट्रीय दायित्व' में हजारों हजार लोग एक साथ विभिन्न प्रान्तों से निकलकर राष्ट्रीय राजधानी ब्रासिला 17 अप्रैल, 1997 को पहुँचे थे: यह अलदोरादो में 19 मजदूरों के जनसंहार के ठीक एक साल बाद का दिन था।

MST की जड़ें पुर्तगाली औपनिवेशिक आक्रान्ताओं द्वारा वह सब कुछ जो साझा-सामुदायिक और सामूहिक था—जमीन और प्रकृति को रौंद कर, कब्जा कर 'माल' बना दिये जाने (Commodification) के खिलाफ स्थानीय जनजातीय लोगों के पहले विद्रोह; अपनी जमीनों की रक्षा में उठ खड़े हुए सेपे तियाराजू (Sepe Tiaraju) सामुदायिक नेताओं और गुआरानी जनजातीय कबीलों के विद्रोह; 19वीं सदी के उत्तरार्ध में भागे हुए गुलामों 'क्विलोम्बो' द्वारा बसायी गई भूमिहीन मुक्त सामुदायिकताओं के सामूहिक प्रतिरोध संघर्षों, दक्षिण ब्राजील में 1912 से 1916 तक के संगठित ग्रामीण विद्रोहों, खेतिहर लोंगों और भूमिहीन किसानों के आन्दोलनों, जुझारू ट्रेड यूनियन संघर्षों, और राजनीतिक आजादी और अधिकार के लिए तमाम बलिदानी संघर्षों की धारावाहिकता से गुजरती हुई 1984 तक इस नतीजे पर पहुँची कि : भूमि सुधारों के बिना किसी भी तरह का लोकतंत्र सम्भव नहीं है। MST के संघर्षों ने 1988 में संविधान के अनुच्छेद 184 और 186 को जन्म दिया, जिसके अन्तर्गत उन तमाम जमीनों को कब्जे में लेने (Expropriation) की गारंटी की गई, जो अपनी सामाजिक जिम्मेदारियों (Social functions) को पूरा करने में असफल थे।[15]

1984 में करीब चार सौ लोगों ने भूमि सुधारों के अपने अधिकार की सक्रिय और जुझारू दावेदारी के लिए 'पास्टोरल लैंड कमीशन' (CPT) से अलग होने का फैसला लिया। देखते-देखते यह पहलकदमी ब्राजील के 27 में से 23 राज्यों में विस्तारित 15 लाख सदस्यता वाला सबसे गतिशील, सबसे सुसंगठित, प्रभावी सामाजिक आन्दोलन बन गई। इस आन्दोलन (MST) के उद्देश्य थे : (i) न्यायपूर्ण खेतिहर सुधार (fair agrarian reforms) और (ii) न्यायसम्मत-भाईचारे से भरपूर समाज की रचना (a just and fraternal society)। यह आन्दोलन व्यापक-वृहत्तर खेतिहर समाज-समुदाय की जमीन की उस भूख के संघर्ष की धारावाहिकता का परिणाम था, जो लगभग ब्राजील राष्ट्र के जन्म के साथ ही जन्मा था, और जिसके बारे में 1964 से 1984 की सैनिक तानाशाही के दौर में बोलने पर भी दमन के पहरे लगे हुए थे।

आन्दोलन गैर उत्पादक जमीन के टुकड़ों की तलाश करके उन पर कब्जा करता है, और संविधान के प्राविधान के अनुसार वृहत्तर सामाजिक उपयोगिता के लिए उपयोग में लाये जाने का आह्वान करता है। पहला जमीन कब्जा अक्टूबर, 1985 में रियो ग्रांडे दो सुल में हुआ था : मुकदमे में सर्वोच्च न्यायालय ने फैसला दिया कि यह कोई अपराध नहीं था, क्योंकि यह सरकार की जिम्मेदारी थी कि वह भूस्वामियों की उन तमाम जमीनों को अपने कब्जे में लेकर पुनर्वितरित करे, जो उन्होंने बिना जोते-बोये अनुत्पादक रूप में छोड़ रखी है।

MST की सदस्यता ग्रामीण अंचलों के भूमिहीन मजदूर समुदायों के अलावा शहरी इलाकों में भी फैली : मध्यमवर्गीय, अकादमिक कार्यकर्ता, लिबरल पेशे के लोग...।

आन्दोलन की कार्यनीति हमेशा सीधी कार्यवाही की रही है : जमीनों पर कब्जा, रेल के किनारे की खाली जगहों पर कब्जा, पेपर फैक्ट्रियों पर हमला, 'एग्री बिजनेस' पर हमला, जीएम बीजों को विनष्ट करना आदि कार्यवाहियाँ, जिनमें हजारों की संख्या में सदस्य शामिल होते थे। MST एक वृहत्तर अन्तर्राष्ट्रीय किसान आन्दोलन संगठन 'La via Campesina' का सदस्य है, जिसके दुनिया भर में पचास लाख से ज्यादा सदस्य हैं।

MST आन्दोलन के उभार के तात्कालिक कारणों में 1970 दशक में ब्राजीली सामाजिक-आर्थिक परिवेश में हुई कृषि क्षेत्र की पुनर्संरचना थी। इसके चलते भारी संख्या में छोटे-मझोले किसान भूमिहीन खेतिहर समुदाय में बदल गए थे। सैन्य तानाशाही के दमन और आतंक में इस समुदाय को अपने जीवन अस्तित्व की आवाज उठाने की अनुमति नहीं थी। 1985 में बीस साल बाद जनतंत्र की पुनर्स्थापना ने राजनीतिक-सामाजिक अवसरों और आकांक्षाओं के लिए सामूहिक कार्यवाहियों आन्दोलनों के अवसर खोले और (MST) अस्तित्व में आया।

MST आन्दोलन ने अपनी 'फंडिंग' के लिए विभिन्न स्रोत विकसित किये :

(i) कब्जे की जमीन पर बसाया गया हर परिवार स्वैच्छिक रूप से उपज का 3% आन्दोलन कोश में योगदान करता है। योगदान की मात्रा 'कब्जा असेम्बली' में परस्पर विचार-विमर्श से निर्धारित होती है, जहाँ हर परिवार योगदान करने अथवा नहीं करने के बारे में निर्णय लेता है;

(ii) आन्दोलन मझोले आकार की कृषि उत्पादक सहकारी उद्यमों की स्थापना और संचालन करता है, जिसके माध्यम से स्थानीय स्तर पर उत्पादित फल, सब्जी, कॉफी, डेयरी उत्पाद, रम, चाय, जैम, मांस आदि की बिक्री होती है। इसके जरिये लगभग पचास मिलियन डालर सालाना की आमदनी होती है। इसमें से बीस मिलियन सामाजिक सेवाओं और ढाँचागत जरूरतों पर खर्च होता है : इसका ज्यादातर हिस्सा सीधे परिवार के सदस्यों को नकद रूप में मिल जाता है। इन सहकारी समितियों के जरिये हजारों लोगों को रोजगार मिलता है। रिया ग्रांडे दो सुल में इसकी अपनी फैक्ट्री भी है;

(iii) आन्दोलन शिक्षा व्यवस्था के संचालन के लिए यूनेस्को (UNESCO) से 'ग्रांट' हासिल करता है; और

(iv) आन्दोलन को अपने वैश्विक नेटवर्क 'Friends of MST' के सदस्यों से स्वैच्छिक अनुदान भी मिलता रहता है।

कब्जा की गई जमीन पर कानूनी पट्टा हासिल करने में लम्बा समय लगता है। तब तक आन्दोलन वहाँ 'डेरा डालो' (Encampment) बनाए रहता है। 'डेरा डालो' कैम्प मिलिट्री पुलिस के छापों का मुकाबला करते हुए चलता रहता है। कानूनी मान्यता मिल जाने के बाद 'कैम्प' वैध 'बस्ती' (Settlement) बन जाता है, जिसका नियमन-संचालन पूरी तरह लोकतांत्रिक तौर-तरीकों से किया जाता है : बस्तीवासियों की जरूरत के अनुसार कौन सी फसल उगाई जाए, मिट्टी की उर्वरा कैसे बढ़ाई जाए—सब कुछ सामूहिक—जनतांत्रिक तरीके से तय होता है। 'सेटेलमेंट' में जमीन पर प्राधिकार दो तरह

से दिया जाता है : नाभिकीय (Nuclei)-पारिवारिक फार्म, अथवा सहकारी-सामूहिक फार्म के रूप में। दोनों ही तरह के फार्म उत्पादों की आय का ज्यादातर हिस्सा सामूहिक रूप से इस्तेमाल होता है : आगामी उत्पादन चक्र के व्यवस्थापन, स्वास्थ्य सेवा, स्कूल-शिक्षा प्रबन्धन आदि में। संस्कृति और राजनीति समेत सारे फैसले सेटेलमेंट असेम्बलियों में ही लिए जाते हैं। सालाना लेखा-जोखा वार्षिक महासभा में पेश होता है, और वहीं आगामी बजट का निर्धारण होता है।

MST में कोई औपचारिक-आधिकारिक केन्द्रीय निर्णय प्रक्रिया-प्राधिकार की प्रणाली या सांगठनिकता नहीं है। आन्दोलन पूरी तरह विकेन्द्रित सामूहिक नेतृत्व की प्रणाली से संचालित होता है। वृहत्तर राष्ट्रीय अभियानों के परिप्रेक्ष्य और संगति में स्थानीय स्तर के आन्दोलनों-संघर्षों का निर्धारण और संचालन होता है।

संगठन की राष्ट्रीय स्तर की निर्णय प्रक्रिया कुछ इस तरह है : एनकैम्पमेंट / सेटेलमेंट असेम्बली ऐसे तमाम मुद्दों पर, जो उसके स्थानीय/दिन-प्रतिदिन के व्यवहार से परे हैं : वृहत्तर राष्ट्रीय राजनीतिक, सामाजिक, आर्थिक, सांस्कृतिक नीतियों पर अपने प्रस्ताव लिखित रूप से तैयार करती है। ये प्रस्ताव MST के 'राष्ट्रीय बोर्ड' को भेजे जाते हैं, जहाँ इन पर विचार-विमर्श करके राष्ट्रीय नीतियों और कार्यक्रमों को तय किया जाता है। जरूरत के अनुसार इन मामलों में विशेषज्ञों, बुद्धिजीवियों, सपोर्ट समूहों, अर्थशास्त्रियों, तकनीकी विशेषज्ञों आदि की राय ली जाती है। हर दो साल पर निर्वाचन होता है, जिसमें राष्ट्रीय नेतृत्व का चुनाव होता है। उम्मीदवारों का चयन क्षेत्रीय और राज्य संगठनों द्वारा होता है।

MST का वृहत्तर लक्ष्य एक ऐसे समाजवादी समाज की स्थापना है, जिसमें उत्पादन के साधनों की समाज के सदस्यों के बीच न्यायपूर्ण साझीदारी हो। आन्दोलन की प्रमुख राष्ट्रीय स्तर की माँगें लगभग पचास लाख छोटे काश्तकार परिवारों के लिए समुचित सहायता, और करीब चालीस लाख भूमिहीन खेतिहर परिवारों के लिए जमीन उपलब्ध कराए जाने की है।

राष्ट्रीय स्तर पर सत्ता में लूला के आने के बाद राष्ट्रीय सत्ता तंत्र ने आमतौर पर वाम दिशा ली। इसकी प्रतिक्रिया में दक्षिणपंथी प्रान्तीय सरकारों ने अपनी काफी सारी अब तक गैर उत्पादक-निष्प्रयोज्य जमीनों को 'उत्पादक' जमीनें घोषित कर दिया, जिससे इनका अधिग्रहण और पुनर्वितरण न हो सके। वर्ष 2004 में राष्ट्रीय सरकार ने दस बिलियन डालर कृषि पर खर्च किये थे, जिसमें सिर्फ दो बिलियन खाद्यान्न फसलों पर और शेष आठ बिलियन बड़े कृषि उद्यमों-व्यवसाय पर खर्च हुए। ब्राजील के 'फीफा' फुटबाल विश्वकप और रियो ओलम्पिक के आयोजन के भारी-भरकम खर्चों का अधिकांश हिस्सा अनुत्पादक फिजूलखर्चियों में गया। इसके चलते ब्राजील अर्थव्यवस्था मन्दी, बढ़ती बेरोजगारी और सर्वग्रासी भ्रष्टाचार और भारी राजनीतिक उथल-पुथल की स्थिति में चली गई। दक्षिणपंथी विरोध पक्ष द्वारा प्रायोजित महाभियोग ने तत्कालीन राष्ट्रपति दिल्मा रुसुफ को अपदस्थ कर दिया। वर्ष 2016 के अन्त में दिल्मा रुसुफ को अपदस्थ करने के बाद दक्षिणपंथी राजनीति का घाघ और भ्रष्टतम नेता माइकेल टेमर राष्ट्रपति बना। 2019 के चुनावों में टेमर की जगह जेर बोल्सोनारो

राष्ट्रपति बना। मार्च 2019 में टेमर को भ्रष्टाचार के गम्भीरतम आरोपों में गिरफ्तार किया गया। दिसम्बर, 2022 तक ब्राजील में दक्षिणपंथ की सत्ता का राज बना रहा। 1 जनवरी, 2023 से एक बार फिर से लूला ने राष्ट्रपति के रूप में सत्ता सँभाली है।

1980 दशक के उत्तरार्ध और 1990 दशक में नवउदारी वैश्वीकरण का ब्राजील में 'मुक्त बाजार' (Free Market) के मंत्र के साथ आगमन हुआ। इस मंत्र की व्यावहारिक शक्तियों के रूप में वह अपने साथ अर्थव्यवस्था को नियमन-नियंत्रण से मुक्त करने, तमाम सार्वजनिक उद्योगों का निजीकरण करने, सामाजिक सेवा खर्चों की कटौती करने, व्यापार उद्योगों, वित्तीय संस्थानों का उदारीकरण करने, विदेशी प्रत्यक्ष निवेश को खुला आमंत्रीण देने, श्रम के वेतन और कार्य दशाओं पर लगाम लगाने, अमीरों के कर में कटौती करने, सार्वजनिक सब्सिडी कटौती करने, बड़े सम्पदाधारियों-उद्यमियों के सम्पदा अधिकारों का संरक्षण-संवर्धन करने, और अर्थव्यवस्था में सरकार का आकार और हैसियत घटाने जैसे नायाब नुस्खे लाया। ये नुस्खे नवउदारी वैश्वीकरण के अन्तर्राष्ट्रीय वित्तीय संस्थानों-अन्तर्राष्ट्रीय मुद्रा कोष, विश्व बैंक और विश्व व्यापार संगठन द्वारा तैयार किये गए थे, और इन नुस्खों को दुनिया के तमाम महाबली ट्रांसनेशनल कारपोरेटों का अनुमोदन हासिल था।

नवउदारी वैश्वीकरण के इस आक्रामक परिवेश में MST इस अनुभूति पर पहुँचा कि राज्यतंत्र में बड़े भू-स्वामियों के हित वस्तुत: व्यापक ग्रामीण और शहरी गरीब जनता की दुर्दशा और उनके दमन-उत्पीड़न के मुख्य श्रोत थे। 'कृषि सुधार की पहली राष्ट्रीय परियोजना' में सामी सरकार के जमाने में राष्ट्रीय लक्ष्य का महज 6% सेटेलमेंट: लगभग 90 हजार हेक्टेयर पूरा किया गया। यह भी MST के जमीन कब्जा आन्दोलन के दबाव का परिणाम था।

इसके बाद आया फर्नांडो के राष्ट्रपतित्व का जमाना : जबरन हिंसक बेदखली, अत्याचार, उत्पीड़न, गिरफ्तारी और हत्याओं की झड़ी लग गई। MST ने इसका जबाब अपनी 1990 की दूसरी कांग्रेस में 'कब्जा करो, प्रतिरोध करो और उत्पादन करो' (Occupy, Resist and Produce) के आह्वान के साथ दिया : MST आन्दोलनकारी एकजुटता की कीमत और महत्त्व दोनों जानती थी। 1995 की तीसरी कांग्रेस का नारा था 'भूमि सुधार : सभी के लिए संघर्ष'। यह वह भूमि सुधार था, जिसमें बड़ी-बड़ी भू जागीरों के लिए कोई जगह नहीं थी। 1997 में कृषि सुधारों के लिए MST द्वारा राष्ट्रीय राजधानी ब्राजील के राष्ट्रीय मार्च में राजधानी के लाखों लोगों ने अपनी एकजुटता का प्रदर्शन किया।

फर्नांडो हेनरिक् कार्डोसो के नव उदारवाद के आठ सालों के शासन में ब्राजील की मानो कृषि संरचना ही बदल गई। लूला सरकार के जमाने में भी इसमें कुछ खास बदलाव नहीं आया। कृषि के लिए तमाम राजकीय सुविधाएँ-प्रोत्साहन, सहायता एक-एक करके समाप्त होती रहीं। कुछ नीतिगत रूप से समाप्त हुईं, कुछ बजट के अभाव में अपनी मौत मर गईं : मूल्यों पर नियंत्रण, आपूर्ति, कृषि अनुसन्धान, तकनीकी सहायता, कुछ भी नहीं बचा। पहले भी ये सुविधाएँ-सहूलियतें बिरलों को ही नसीब थीं, अब इनका अस्तित्व ही नहीं बचा।

कृषि में नव उदारवाद गिनी-चुनी विदेशी बहुराष्ट्रिक कम्पनियों के एकाधिकारी एग्री व्यवसाय की जमीन तैयार कर रहा था। इन सभी बहुराष्ट्रिक कम्पनियों का वित्त पोषण और मालिकाना विदेशी बैंकों का था। बीजों का व्यवसायीकरण हुआ, जिसका अर्थ देसी बीज किस्मों के विनाश की कीमत पर जीएम अन्तर्राष्ट्रीय बीजों की आमद था। जमीन और एग्री बिजनेस का कारपोरेटीकरण हुआ। सुपर मार्केटों और स्टाक मार्केटों में खाद्यान्न-कृषि उत्पादों की कीमतों की सट्टेबाजी की प्रणाली विकसित हुई। इन सारे चमत्कारी 'सुधारों' ने ब्राजील को नवउदारी वैश्वीकरण के विशाल उपनिवेश में बदलना शुरू किया। जमीनों को ब्राजीली जनता की खाद्यान्न जरूरतों को पूरा करने के काम में लेने के बजाय अमेरिका में ईंधन के काम आने के लिए गन्ना, यूरोप में जानवरों को खिलाने के लिए सोयाबीन और दुनिया भर में कागज बनाने के लिए सेल्यूलोज उत्पादन करने के लिए कब्जे में लिया गया। मोनोकल्चर कृषि के जरिये जमीन की उर्वरा और जैव विविधता तबाह होने लगी। उत्पादक जमीनों के दाम आसमान छूने लगे। इन सबने मिलकर खाद्यान्न उत्पादन को इस सीमा तक घटा दिया, कि ब्राजील अब तक के गहनतम खाद्यान्न संकट की गिरफ्त में फँस गया। नव उदारवादी वैश्वीकरण धरती के पाँचों महाद्वीपों में ऐसा ही 'चमत्कारी सुधार' कर रहा है। दुनिया की अधिसंख्य जनता और खाद्यान्नों की उपलब्धि के बीच में सिर्फ राज्य या भूस्वामी ही नहीं है, अब इन दोनों से बड़ी बाधा अन्तर्राष्ट्रीय वित्तीय पूँजी की कारपोरेटी स्वेच्छाचारिता है।

ब्राजील के नवउदारवाद की ओर संक्रमण की प्रक्रिया में विदेशी कर्ज, ब्याज, मुनाफा व डिविडेंट के नाम पर ब्राजील की राष्ट्रीय पूँजी का विदेशों को पलायन लगातार बढ़ रहा है। नतीजे में ब्राजील सम्प्रभुता क्षरण और आर्थिक महाविनाश की ढलान पर फिसलता जा रहा है। ब्राजील की विदेशी मुद्रा जरूरतें बढ़ती चली गईं। बदले में विश्वबैंक और आई.एम.एफ. की ढाँचागत पुनर्संयोजन (SAPs) शर्तों का मतलब था : सामाजिक-सार्वजनिक खर्चों में और गहरी व व्यापक कटौतियाँ, बड़े अन्तर्राष्ट्रीय वित्तीय खिलाड़ियों के पक्ष में और ज्यादा व्यापार व निवेश नीतियों का 'उदारीकरण', और धनी व गरीब के बीच और भी गहरी व व्यापक विषमता।

कृषि के कारपोरेटीकरण ने छोटे-मझोले किसानों-बँटाईदारों को उत्पादन और प्रतिस्पर्धा से पूरी तरह उखाड़ फेंका। 1990 के उत्तरार्ध में सरकार ने कर्ज पर ब्याज बेतहाशा बढ़ा दिये। नतीजे में ज्यादातर छोटे किसान-खेतिहर दिवालिया हो गए। 1995 से 1999 के बीच चालीस लाख से ज्यादा ग्रामीण गरीब खेती-किसानी का जीवन छोड़ शहरों की ओर काम-रोजगार की तलाश में पलायित हुए। इन सबके बीच उस महान समृद्धिशाली आर्थिक वृद्धि का, जिसका नवउदारवाद ने वायदा किया था, कहीं अता-पता नहीं था। बेरोजगारी नियंत्रण से बाहर होती चली जा रही थी। साओ पाउला में बेरोजगारी 1980 के दशक में 6%, 1990 के दशक में 9% और 2003 में 20% पार कर चुकी थी। आय का स्तर तेजी से नीचे जा रहा था।

21वीं सदी की शुरुआत में ब्राजील की 3% आबादी के मालिकाने में वहाँ की दो-तिहाई से ज्यादा उपजाऊ जमीन थी। 1.6% बड़े फार्मों की जोत में 53.2% जोतने-बोने लायक जमीन थी। दूसरी ओर ढाई करोड़ ग्रामीण गरीबों के पास एक धूर

जमीन नहीं थी। वहीं ब्राजील में 1.2 बिलियन एकड़ जमीन बिना जोते-बोये-अप्रयुक्त रूप से भू-स्वामियों-कारपोरेटों के कब्जे में थी। निर्यात केन्द्रित विशालतम एग्रोबिजनेस कारपोरेटों ने अपने कब्जे की 88% जमीन को सट्टेबाजी की कमाई के लिए अप्रयुक्त छोड़ रखा था।

ये वे परिस्थितियाँ थीं, जिनमें MST को, जो अब तक बड़े भू-स्वामियों से जमीन के पुनर्वितरण के लिए लोहा लेता रहा था, अब उनसे कहीं ज्यादा ताकतवर विरोधियों के मुकाबिल होना था : एग्रीबिजनेस कारपोरेट, कृषि व्यवसाय, और इन सबकी मालिक ट्रांसनेशनल वित्तीय पूँजी। इन परिस्थितियों ने कृषि और भूमि सुधार के लिए संघर्ष के मुद्दे को फिलहाल दोयम बना दिया। बहुराष्ट्रिक कारपोरेट ठीक उन्हीं परिस्थितियों के चलते आसमानी सट्टेबाज मुनाफा पीट रहे थे, जिन परिस्थितियों को बदलने के लिए MST को जी-जान से संघर्ष करना पड़ रहा था : रसातल को जाती मजदूरी, कृषि भूमि और ग्रामीण अंचलों से बेदखली और विस्थापन, लगातार घटते रोजगार के अवसर, स्थानीय पर्यावरण और कृषि अर्थव्यवस्था का विनाश और श्रम अधिकारों और कार्यदशाओं का ध्वंस। प्रत्यक्ष विदेशी निवेश की लालसा में सरकार इन्हीं कारपोरेट हित साधक और जनहित नाशक नीतियों पर मुस्तैदी से अमल कर रही थी।

इन परिस्थितियों में MST अपने आन्दोलन-संघर्ष के आवेग को गति देने की लगातार कोशिशें कर रही थी :

(i) **कृषि सुधार :** MST ने सितम्बर-अक्टूबर, 2007 में कृषि-भूमि सुधारों के सवाल पर 62 दिन लम्बा मोर्चा निकाला। 16 अक्टूबर-2007 को दो कारपोरेट बागानों पर धावा बोलकर यूकेलिप्टस के रोपे गए पौधों को उखाड़ फेंका गया। 29 नवम्बर, 2007 के अपने इलिजाबेथ एन्कैम्पमेंट से 250 परिवारों की बेदखली के खिलाफ राजमार्ग जाम लगाया;

(ii) **पर्यावरण रक्षण :** विशाल एग्रीबिजनेस कारपोरेटों द्वारा जीएम फसलों के इस्तेमाल को रोकने के लिए राष्ट्रीय अभियान चलाया गया। इसका केन्द्रित निशाना बीज और फसल संरक्षण (कीट नाशक रसायन), बायोटेक और जेनोमिक एग्रीबिजनेस स्वीडिश बहुराष्ट्रिक Syngenta AG बना। MST ने मोनोकल्चर और रसायन निर्भर विशाल पैमाने की वाणिज्यिक फार्मिंग और बायो टेक्नालाजी पर निर्भरता के खिलाफ संघर्ष छेड़ते हुए अधिक से अधिक किसान और खेतिहर परिवार संचालित जैव विविध पारम्परिक कृषि : पर्यावरण सुसंगत तरीकों से छोटे-मझोले फार्म पर कृषि के प्रसार प्रोत्साहन का अभियान चलाया। MST ने 21 अक्टूबर, 2007 को सिएँटा एजी के 'ट्रांसजेनिक फसल' परीक्षण फार्म पर कब्जा कर लिया—इस कब्जे में एक MST कार्यकर्ता की हत्या हो गई। दस दिसम्बर को MST ने एक और सिएंटा एजी फार्म पर कब्जा कर के, इस पर बने कई ग्रीन हाउसों को नष्ट कर दिया। इसी दिन एक और 'विया कंपोसिना ग्रुप' ने एक-दूसरे फार्म पर कब्जा करते हुए वहाँ रोपे गए जीएम कार्न और सोया पौधों को नष्ट किया। 16 जनवरी को पूरे

देश में पत्र और ई-मेल अभियान चलाकर सिएँटा के अमेरिकी मुख्यालय और वाशिंगटन डीसी में स्विस दूतावास से उस सुरक्षागार्ड को दंडित किये जाने की माँग की गई, जिसने 21 अक्टूबर कब्जे में MST कार्यकर्ता की हत्या की थी। 7 मार्च को एक अन्य बहुराष्ट्रिक कम्पनी स्टोरा एन्सो द्वारा उरुग्वे से लगी सीमा पर वाणिज्यिक पेड़ों को लगाने की पर्यावरण विनाशकारी योजना के खिलाफ स्टोरा एन्सो की फैक्ट्री पर कब्जा कर लिया गया, और रियो ग्रांडे दो सुल के आठ मुख्य राजमार्गों को जाम कर दिया गया। सरकार द्वारा मोन्सांटो की GM Guardian @ Corn फसल को वैधानिक मान्यता दिये जाने के खिलाफ MST की महिला कार्यकर्ताओं ने साओ पाउला में मोन्सांटो रिसर्च स्थल पर कब्जा कर लिया। ब्राजील के तमाम शहरों में MST कार्यकर्ता के हत्यारे गार्ड को संरक्षण दिये जाने के खिलाफ प्रदर्शन हुए। साओ फान्सिस्को नदी की धारा को मोड़ने के खिलाफ और इसी मुद्दे पर भूख हड़ताल पर बैठे बिशप लुई कैपियोर के समर्थन में MST ने इस मुद्दे पर संघर्षरत अन्य तमाम संगठनों : बाँध प्रभावित लोगों का आन्दोलन (MAB), पास्टोरल लैंड कमीशन (CPT), पास्टोरल फिशर कमीशन (CPP), छोटे किसानों का आन्दोलन (MPA), और अन्य कई स्थानीय मछुआरा समुदायों के साथ मिलकर पत्र और ई-मेल अभियान चलाया।

(iii) **निजीकरण का विरोध :** विश्व बैंक—आई.एम.एफ. प्रायोजित—निर्देशित निजीकरण के नवउदारी नुस्खे के खिलाफ और निजीकृत सार्वजनिक कम्पनियों के पुन:राष्ट्रीयकरण के लिए 2007 से जोरदार अभियान चलाया गया। सितम्बर, 2007 की शुरुआत में MST ने यूनीक वर्कर्स सेंटर और दो सौ के लगभग छोटे-छोटे आन्दोलनों के साथ मिलकर सार्वजनिक क्षेत्र की सबसे प्रतिष्ठित और विशालतम कम्पनियों में से एक, सबसे बड़ी खनन कम्पनी Companhiavale do Rio Doce: CVRD के निजीकरण को रद्द करके पुनः राष्ट्रीकृत किये जाने की माँग पर जनमत संग्रह कराया। जनमत संग्रह में 94% (37,29,538) मतदाताओं ने पुनः राष्ट्रीयकरण के पक्ष में मत दिया। आन्दोलन ने 16 और 17 अक्टूबर को CVRD की तमाम प्रमुख रेल लाइनों पर जाम लगाकर 2,50,000 टन लौह अयस्क की डिलिवरी रोक दी। यही कार्यवाही 7 नवम्बर को दुहराई गई। 27 नवम्बर को तेल मजदूर यूनियन (FUP) के साथ मिलकर 'आयल ब्लाकों' की नीलामी के खिलाफ ब्राजील की राष्ट्रीय पेट्रोलियम एजेन्सी के मुख्यालय पर कब्जा कर लिया गया। दस जनवरी 2008 को MST ने 108 अन्य विभिन्न सामाजिक संगठनों और आन्दोलनों के प्रतिनिधियों के साथ मिलकर राष्ट्रीय मेनिफेस्टो जारी करते हुए सरकार से न्यायसंगत कर प्रणाली और देश की सामाजिक-आर्थिक नीतियों के आम जनता के पक्ष में नये सिरे से पुनर्निधारण की माँग की। यह समूचा अभियान निजीकरण के खिलाफ और सार्वजनिक प्रतिष्ठानों के पुन:राष्ट्रीयकरण के संघर्ष की दिशा में केन्द्रित था।

वर्ष 2003 में ब्राजील की वर्कर्स पार्टी (PT) के लूला दि सिल्वा के सत्ता में आने के बाद से MST ने अपने आन्दोलन-संघर्ष की कार्यनीति में हल्का सा परिवर्तन किया। फर्नांडो हेनरिक कार्डोसो के शासन काल में MST की नीति कृषि सुधार एजेन्सियों के मुख्यालयों पर कब्जे की थी। अब वे सड़कों, रेलों, कम्पनी फार्मों आदि पर कब्जे के जरिये सरकार और कम्पनियों दोनों को एक साथ निशाने पर ले रहे थे : CVRD के मामले में सरकार पर कम्पनी को वापस सार्वजनिक स्वामित्व में लेने के लिए दबाव बनाया गया और साथ ही इसे हासिल करने वाली बहुराष्ट्रिक कम्पनी को देश छोड़ने को कहा गया। जनमत संग्रह, ANP पर कब्जा, 62 दिन का मोर्चा, मुख्यत: सरकार की ओर केन्द्रित था : उसकी ओर से किसी सकारात्मक कार्यवाही न होने के खिलाफ। दूसरी तरफ MST ने स्टोरा एन्सो, और वोटोरान्शियन कम्पनियों के व्यवसाय को सीधे निशाने पर लिया, क्योंकि वे भूमि सुधारों और पारिवारिक कृषि व्यवस्था को विनष्ट करने पर तुले हुए थे। सिएँटा एजी बहुराष्ट्रिक MST के आक्रोश के खास निशाने पर रही है : उसके फार्मों पर कब्जा, पत्र और ईमेल अभियान, प्रतिरोध प्रदर्शन। इसके अलावे बायोटेक, हर्बिसाइड, जेनेटिक इंजीनियर्ड बीज, एनिमल ब्रीडिंग आदि क्षेत्रों की कोलिट एंड एलेन, मोन्सांटो आदि बहुराष्ट्रिक भी MST आन्दोलनों के निशाने पर रहे हैं।

इस तरह के वैविध्यपूर्ण और अन्य आन्दोलनकारी संगठनों के साथ समन्वित विस्तारित कार्यवाहियों के जरिए एमएसटी ने विरोध पक्ष, सरकार और बहुराष्ट्रिक सभी स्तरों पर एक गम्भीर और सुने जाने लायक वार्ताकार के रूप में परोक्ष-अपरोक्ष मान्यता हासिल की : एक ऐसी ताकत जो सचमुच में अपनी 'Constituency' का गम्भीर प्रतिनिधित्व करती है। अपनी व्यापक, विविध और विस्तारित आन्दोलनकारी कार्यनीतियों के बल पर MST सरकार पर कुछ हद तक दबाव बनाने और सरकारी दमन तंत्र की 'अति आक्रामकता' पर भी काफी हद तक अंकुश लगाने में सफल रहा है।

MST ने अपनी 1984 से शुरू हुई आन्दोलन यात्रा में 250,000 से ज्यादा कब्जा कार्यवाहियाँ की हैं, दो हजार से ज्यादा कृषि सुधार 'सेटेलमेंटों' के जरिये 350,000 परिवारों के लिए जमीन का बन्दोबस्त किया है। लगभग दो लाख परिवार अभी भी 'कब्जाशुदा' जमीनों पर सरकारी मान्यता की लड़ाई लड़ रहे हैं। MST ने राष्ट्रीय, क्षेत्रीय और स्थानीय स्तर पर सहकारी समितियों का लाभकारी नेटवर्क भी तैयार किया है।

सेटेलमेंट बस्तियों में सामाजिक सेवाओं के कुशल प्रबन्धन की व्यवस्था है : स्वास्थ्य सेवा के अन्तर्गत सेवा केन्द्रों के अलावा स्वास्थ्यकर्मियों के लिए प्रशिक्षण केन्द्र भी खोले गए हैं। काम और शिक्षा की संयुक्त पद्धति से शिक्षा व्यवस्था चलाई जा रही है। हजारों शिशु स्कूलों, सैकड़ों प्राथमिक स्कूलों के अलावा एग्रोनामी जैसे पेशेवर पाठ्यक्रमों की व्यवस्था की गई है। युनेस्को, युनिसेफ और कैथोलिक चर्च की सहायता अनुदान से टीचर्स ट्रेनिंग कार्यक्रम, शिशु देखभाल केन्द्र, कृषि विद्यालय, सहकारी समितियाँ (पापुलर बैंक) चलाये जा रहे हैं।

CVRD पुन: राष्ट्रीयकरण आन्दोलन में रेल मार्गों पर कब्जा जैसी सीधी कार्यवाहियों के दबाव में सरकारी अधिकारियों और CVRD प्रतिनिधियों ने स्थानीय कृषि सुधारों

और शिक्षा व स्वास्थ्य कार्यक्रमों में निवेश करना स्वीकार किया। साओ फ्रान्सिस्को नदी धारा मोड़ने के खिलाफ आन्दोलन में भी सफलता मिली, सरकार सिएँटा एजी के गैरकानूनी परीक्षण फार्मों के खिलाफ कार्यवाही के लिए भी बाध्य हुई : ब्राजील की पर्यावरण संरक्षण एजेन्सी IBAMA ने सिएँटा को देश का बायो सुरक्षा कानून तोड़ने के जुर्म में 5 लाख डालर का जुर्माना किया। CVRD के पुन:राष्ट्रीयकरण जनमत संग्रह में चालीस लाख से ज्यादा लोगों ने हिस्सेदारी की थी।

अपनी आन्दोलनधर्मिता और संघर्षशीलता के लिए MST को भारी कीमत भी चुकानी पड़ी है। कार्डोसा सरकार ने MST के साथ किसी भी तरह की बातचीत से तब तक इनकार कर दिया, जब तक कि वह कब्जा की गई सारी जमीनों से कब्जा पूरी तरह हटा न ले और भविष्य में कब्जे की रणनीति का पूरी तरह परित्याग न कर दे। जबाब में MST ने 1990 दशक के मध्य में कब्जा अभियान और तेज कर दिया। सरकारी जबाब भीषण दमन और आतंक से दिया गया—MST के खिलाफ दो बड़े राजकीय जनसंहार 1995 में कोरुम्बिया और 1996 में अल दोरादो दास काराजा में अंजाम दिये गए। 1988 से 2001 के बीच मिलिट्री पुलिस, भूस्वामियों और मिलिशिया के हाथों 1517 MST ग्रामीण कार्यकर्ताओं की हत्याएँ हुई थीं। कार्डोसा ने MST कब्जे को गैरकानूनी करार देने के लिए उनके खिलाफ मारिजुआना नशे की खेती का आरोप लगाया और MST को ब्राजील के आधुनिकीकरण की राह में बाधा डालने वाला 'पिछड़ी सोच' का संगठन बताया। राज्य की ओर से MST के लिए 'व्यवस्था तंत्र' का हिस्सा बनने के प्रलोभन और अलगाव में डालने, बदनाम करने की कोशिशों का सिलसिला लगातार चलता रहा।

इन सबसे लड़ता-जूझता MST लगातार अपने आकार, प्रभाव और स्वीकार्यता में विस्तारित होता रहा। MST के प्रभाव और स्वीकार्यता की काट के लिए विश्वबैंक अपनी भूमि सुधार योजना लाया : ब्राजील की भूमि आधारित गरीबी हटाओ परियोजना। परियोजना खुद भूमि सुधारों और गरीबी उन्मूलन की राह की सबसे बड़ी बाधा थी। परियोजना पर सरकार द्वारा आंशिक अमल 1997 में हुआ था—कोशिश यह थी कि ब्राजील की समूची जमीन का निजीकरण कर दिया जाय, और संविधान में इस तरह का परिवर्तन कर दिया जाय कि आगे कोई भी जमीन के अनुत्पादक अथवा अप्रयुक्त होने का दावा न कर सके। भूमिहीन कृषि सम्पदा (जमीन) को इच्छुक विक्रेताओं से खरीदने के लिए बैंकों से कर्ज लिया जा सकता था। परियोजना पूरी तरह से असफल रही।

कुल मिलाकर MST की आन्दोलन-संघर्ष-यात्रा सहयोगी संगठनों के साथ गठबन्धन-समन्वय बनाकर आगे बढ़ने और व्यापक आम गरीब ब्राजीली जनता का समर्थन और विश्वास हासिल करने में सफल रही है। आन्दोलन की दिशा एक साझा पहचान बनाने, और खुद को जनता की एकजुट आवाज व आकांक्षा का प्रतिनिधि बनाने की है। MST लोगों को बताती है कि उनकी दशा-स्थिति-परिस्थिति बेहद अन्यायपूर्ण है, मगर यह उनकी अपनी करनी का नहीं, बल्कि नवउदारी नीतियों का परिणाम है। समाधान सामूहिक कार्यवाहियों के जरिये एक 'न्यायपूर्ण और भाईचारे से भरपूर समाज' के निर्माण से हासिल किया जा सकता है।

MST सफलता के चार सूत्र गिनाए जा सकते हैं : WUNC: Worthiness; Unity; Numbers; और Commitment : योग्यता, एकता, संख्या और प्रतिबद्धता : खुद उनके अपने प्रति और अपनी जनता के प्रति। MST आन्दोलन की वैचारिकी और व्यवहार केवल ब्राजीली जनता के लिए ही नहीं, बल्कि उस समूचे अन्तर्राष्ट्रीय प्रतिरोध और नई सामाजिक-आर्थिक पुनर्संरचना के सन्दर्भों में महत्त्वपूर्ण है, जिसका साझा दुश्मन नव उदारवादी पूँजीवाद है। MST आन्दोलन युद्ध, नव उदारवाद और साम्राज्यवाद के वैश्विक विरोध के लिए एक साझी वैचारिकता के निर्माण की जरूरत को रेखांकित करता है। MST का मानना है : "हम एक बेहद महत्त्वपूर्ण युग में रह रहे हैं—न सिर्फ ब्राजीली जनता, बल्कि सम्पूर्ण मानवता के लिए बेहद महत्त्वपूर्ण युग। नई परिस्थिति (नव उदारवाद) ने वैश्विक स्तर पर ट्रांसनेशनल अन्याय और लूट के खिलाफ एक व्यापक-वृहत्तर संघर्षशील अपील के बन सकने की सम्भावना जगायी है।"

MST के ब्राजीली सीमा से पार बहुत से सहयोगी, समर्थक, शुभचिन्तक हैं : 'नेटवर्क ऑफ फ्रेंड्स ऑफ एमएसटी', एमनेस्टी इंटरनेशनल जैसे एनजीओ, EZLN जैसे क्रान्तिकारी छापामार आन्दोलन : यहाँ तक कि संयुक्त राष्ट्र के संगठनों यूनेस्को, युनिसेफ आदि में भी इसकी स्वीकार्यता और पहचान है। ये सभी मिलकर जहाँ MST के लिए जीवन्तता, प्रगति और सफलता की सम्भावनाएँ बनाते हैं, वहीं 'व्यवस्था तंत्र' के साथ 'आमेलन' के खतरों की सम्भावना भी बनाते हैं।

जीवन निर्वाह जमीन का वैश्विक संघर्ष : ला विया कैम्पेसिना

2007-08 के खाद्यान्न और वित्तीय वैश्विक संकट के बाद से नवउदारी पूँजी की आक्रामकता का समूची दुनिया में जमीन हड़पो अभियान चरम पर है। इस 'जमीन हड़पो' आक्रमण के कई आयाम हैं :

(i) बहुराष्ट्रिक-खाद्यान्न उत्पादन एकाधिकारी विशेषाधिकार के लिए तीसरी दुनिया की उपजाऊ जमीनों की लूट;
(ii) बायो-ईंधन उपयोग के लिए जीवन निर्वाह कृषि भूमियों की लूट;
(iii) पर्यावरण संरक्षण, वन संरक्षण और विस्तार के नाम पर, अभयारण्य रिजर्व के नाम पर और 'REDD' (Reducing Emissions from Detoriation and Degradation in Developing Countries) : विकासशील देशों में वन विनाश और क्षरण से होने वाले उत्सर्जन को कम करने के नाम पर सामुदायिक-साझा प्राकृतिक जीवन निर्वाह जमीनों (Commons) की लूट; और
(iv) वैश्विक पूँजी के नये उभरते प्रभावी उपकेन्द्रों जैसे BRICS (ब्राजील, रूस, भारत, चीन और दक्षिण अफ्रीका) और अन्य देशों में 'विकास' (EPZ,SEZ आदि) और अधिसंरचना निर्माण के नाम पर जमीनों की लूट।

वैश्विक स्तर पर कृषि-खाद्यान्न (Agro-food) प्रणाली और संरचना में हो रहे परिवर्तनों ने नई उभरती वित्तीय ताकतों विशेषकर चीन, दक्षिण कोरिया, खाड़ी देशों आदि को विदेशों (विशेषकर अफ्रीकी महाद्वीप) में विशाल भूखंडों पर नियंत्रण के जरिये अपने लिए खाद्यान्न आपूर्ति सुनिश्चित करने को प्रोत्साहित किया है। इसके चलते भी 'भूमि हड़पो' अभियान को बल मिला है। दुनिया में भूमि हड़पो का यह नया दौर साम्राज्यवादी पूँजीवाद के पारम्परिक गढ़ों, ब्रिक्स जैसी नई उभरती आर्थिक-वित्तीय ताकतों, और कुछ प्रभावशाली मध्य आय देशों (MICs) में फैला हुआ है। इस पूरे अभियान का सबसे बड़ा शिकार अफ्रीका है, जहाँ के विशाल खाली भूखंडों को कौड़ियों के मोल हासिल करने के लिए वैश्विक प्रतिस्पर्धियों की लार टपक रही है। अब तक 'विदेशी निवेशकों' द्वारा दुनिया भर में हड़पी गई जमीन का 70% इसी महाद्वीप से है। अफ्रीका के अलावा भूमि हड़प के अन्य प्रमुख शिकार एशिया, लैटिन अमेरिका और पूर्ववर्ती सोवियत यूरेशिया हैं।

यूरोप में कृषि भूमि का लगातार संकुचन होता जा रहा है। कृषि भूमि विशालतम जोतों के रूप में उन गिने-चुने प्रभावशाली निजी कारपोरेट खिलाड़ियों के हाथों में लगातार संकेन्द्रित होती जा रही है, जिन्हें सरकार के सार्वजनिक कोश से भारी पैमाने पर परोक्ष-अपरोक्ष सब्सिडी और वित्त पोषण का विशेषाधिकार हासिल है। सार्वजनिक वित्त पोषण के इस विशेषाधिकार की कीमत व्यापक आम जनता लगातार बढ़ते करों और सार्वजनिक-सामाजिक सेवा संरक्षण खर्च की भारी पैमाने पर कटौती के जरिये चुका रही है। यूरोपी यूनियन (EU) की साझा कृषि नीति (Common Agricultural Policy: CAP) वस्तुत: भूमि संकेन्द्रण और कृषि भूमि लूट की इस अभूतपूर्व प्रक्रिया की सृजनहार और संचालिका है।

ला विया कैम्पेसिना (La Via Campesina) लगभग तीन दशक से अनवरत चल रही जन पक्षधर भूमि सुधारों के लिए स्थानीय से लेकर वैश्विक स्तर तक आन्दोलनों-संघर्षों की धारावाहिकता और सांगठनिकता का नाम है। यह धारावाहिकता और सांगठनिकता किसी केन्द्रित ऊपर-से-नीचे नेतृत्व के बूते नहीं, बल्कि अपनी नीतियों, व्यवहार और तौर-तरीकों में छोटे-मँझोले किसानों और जीवन निर्वाह कृषि आश्रित खेतिहर परिवारों की अभिनव अन्तर्दृष्टि और प्रयासों के बूते चल रही है। 1993 में अपने जन्म से ही ला विया कैम्पेसिना संघर्षों की केन्द्रीय माँग आमूल-चूल-व्यापक और वृहत्तर भूमि सुधारों, और किसानों व जीवन निर्वाह कृषि आश्रित खेतिहर परिवारों को उनके द्वारा जोती-बोई जाने वाली कृषि भूमि पर मालिकाना हक और कब्जा दिलाने की रही है।

2006 में खाद्य व कृषि संगठन (FAO) ने ब्राजील में खेतिहर सुधार और ग्रामीण विकास पर अन्तर्राष्ट्रीय सम्मेलन (ICARD) आयोजित किया था। वैश्विक राजनीतिक एजेंडा पर भूमि सुधार को वापस लाने में विशेषकर ला विया कंपेसिना जैसे संगठनों की पहल और अगुवाई में छोटे किसानों और खेतिहरों की जबर्दस्त गोलबन्दियों की प्रभावी भूमिका रही है। सम्मेलन की समापन घोषणा में, जिस पर 192 देशों के सरकारी प्रतिनिधियों ने हस्ताक्षर किया था, किसानों और कामगारों द्वारा खाद्यान्न सम्प्रभुता के संघर्षों को मान्यता देते हुए खाद्यान्न सम्प्रभुता की अवधारणा को स्वीकार किया था। मगर जैसा ज्यादातर अन्तर्राष्ट्रीय सम्मेलनों और सहमतियों के साथ होता आया है, 'विकसित-औद्योगिक' महाबली राष्ट्रों के दबाव में यह सहमति भी कभी व्यवहार के धरातल पर नहीं उतर सकी। उलटे 2007-08 के उत्तर संकटकालीन दौर में भूमि हड़पो की नई वैश्विक आक्रामकता भूमि संकेन्द्रण और कृषि भूमि के गैर जीवन निर्वाह उपयोग की मुहिम को चरम पर पहुँचा रही है।

ऐसे में जमीन के लिए माँग के समानान्तर किसानों और ग्रामीण अंचलों के अन्य श्रमशील समुदायों—भूमिहीन खेतिहर मजदूरों, स्थानीय शिल्प समुदायों, मछुआरा समुदायों आदि द्वारा अपने स्तर पर सामुदायिक-सामूहिक-पारिवारिक टिकाऊ-पर्यावरण सुसंगत-जैव विविध कृषि को विकसित करने के प्रयास किये जा रहे हैं। इसके माध्यम से एक ऐसी कृषि-पर्यावरण प्रणाली (Agro-Ecology) का जन्म हो रहा है, जो सामुदायिक जरूरतों-अधिकारों और पर्यावरण पोषणीयता की जरूरतों-अधिकारों के बीच परस्पर सहयोग-निर्भरता और विकास की अन्तर्दृष्टि पर आधारित है।

सितम्बर, 2012 में संयुक्त राष्ट्र मानवाधिकार काउंसिल ने जेनेवा में ग्रामीण अंचलों में रहने वाले किसानों और अन्य लोगों के मानवाधिकारों के संरक्षण-संवर्धन के लिए एक प्रस्ताव पारित किया। इसमें न सिर्फ सामूहिक अथवा वैयक्तिक आधार पर जमीन के मालिकाने का अधिकार शामिल था, बल्कि जल संसाधनों पर नियंत्रण, कृषि उपकरणों की उपलब्धता, जबरिया बेदखली के खिलाफ संरक्षण, औरत और आदमी की बराबरी के अधिकारों सहित अन्य तमाम मूलभूत मानवाधिकार भी सम्मिलित थे। विया कैम्पेसिना ने लैटिन अमेरिका, एशिया और अफ्रीका के तमाम देशों के साथ सहयोग करते हुए इस प्रस्ताव को स्वीकार किये जाने के पक्ष में दबाव बनाया। मगर यूरोपी यूनियन (आस्ट्रिया, बेल्जियम, चेक गणराज्य, हंगरी, पोलैंड, रोमानिया, स्पेन, इटली) और अमेरिका ने किसानों और खेतिहरों के पक्ष में किसी भी तरह के प्रभावी संरक्षण उपायों का जबरदस्त विरोध किया।

अपने जन्म से ही विया कैम्पेसिना आन्दोलन विश्व बैंक द्वारा 1980 के दशक से ही थोपी जा रही 'बाजार केन्द्रित निर्देशित भूमि सुधार नीतियों' का विरोध करता रहा है। इसी बाजार केन्द्रित भूमि सुधार नीति की आड़ में कृषि-औद्योगिक, बड़े व्यवसायी बहुराष्ट्रिक कारपोरेटों को फायदा पहुँचाने और उनकी लूट को वैधता व संस्थानिकता प्रदान करने के लिए भूमि हड़पो अभियान और ग्रामीण जन समुदायों को निरन्तर हाशिये पर धकेलने का वैश्विक अभियान चलाया जा रहा है। अक्टूबर, 2010 में विया कैम्पेसिना ने नागरिक समाज संगठनों (CSOs) और कई सरकारों के साथ मिलकर विश्व बैंक के सात 'जिम्मेदार कृषि निवेश के सिद्धान्त' (Principles for Responsible Agricultural Investment: PRAI)[16] प्रस्तावों को खारिज किये जाने का अभियान चलाया। ये प्रस्ताव घोषित रूप से भारी पैमाने पर भूमि कब्जों पर लगाम लगाने के नाम पर पेश किये गए थे। व्यावहारिक धरातल पर इनका मतलब किसान-खेतिहर परिवारों को उनके जीवन निर्वाह की किसी भी वैकल्पिक व्यवस्था के बिना बेदखल करके राज्य और कारपोरेट तंत्र द्वारा भारी पैमाने पर जमीन कब्जा को वैधानिकता प्रदान करना था।

विया कैम्पेसिना आन्दोलन की जमीन और जीवन निर्वाह संरक्षण संघर्षों के कुछ प्रतिनिधि प्रयास :

यूरोप

समूची धरती पर यूरोप सबसे ज्यादा शहरीकृत महाद्वीप है, जहाँ की 80% आबादी महानगरों / शहरों में रहती है। बावजूद इसके, यूरोपी अर्थव्यवस्था में कृषि का महत्त्वपूर्ण स्थान है : यूरोपी यूनियन क्षेत्र में 170 मिलियन हेक्टेयर भूमि पर करीब 12 मिलियन कृषि फार्म हैं। उत्तर संकटकालीन वर्तमान दौर में यूरोपी ग्रामीण आबादी जबरिया भूमि कब्जा-अधिग्रहण और छोटे फार्मों के दिवालिएपन संकट से जूझ रही है।

हंगरी के यूरोपी यूनियन का सदस्य बनने के बाद से धनिक यूरोपी देशों की कम्पनियों का यहाँ सस्ती जमीन और श्रम तथा आकर्षक सरकारी सब्सिडी व कर छूटों के चलते ताँता लगा हुआ है। इतालावी टेक्सटाइल घराना कम्पनी कार्लो बेनेटान

(Carlo Benetton) और हंगेरियन-स्पेनी संयुक्त उपक्रम कम्पनी ग्रुपो मिल्टान जैसी कम्पनियाँ हजारों हेक्टेयर सामुदायिक (Commons) और उपजाऊ निजी जमीनों का अधिग्रहण करके आस-पास की ग्रामीण जनता का शोषण करते हुए उन्हें उनके पारम्परिक साझा प्राकृतिक सम्पदा (भूमि, वन, जल संसाधन) से वंचित कर रही हैं।

रोमानिया में 1990 दशक के प्रारम्भ से ही भूमि हड़पो व्यावसायिक अभियान जोर-शोर से चल रहा है। इसके न जाने कितने बहाने हैं : उद्योग, कृषि, खनन, ऊर्जा, पर्यटन, जल संसाधन विकास, या फिर सीधे-सीधे जमीन की सट्टेबाजी। 1990 के दशक में इस भूमि हड़पो अभियान के ज्यादातर खिलाड़ी रोमानियन भू माफिया, उद्योगपति, या खुद सरकार थी। सन् 2000 से इस काम का जिम्मा सरकारी संरक्षण-प्रोत्साहन में विदेशी बहुराष्ट्रिक कम्पनियों ने ले लिया। सन् 2007 में रोमानिया के यूरोपी यूनियन में शामिल होने के बाद निर्यात केन्द्रित एग्रो इंडस्ट्रियल अर्थव्यवस्था मॉडल, विदेशी खरीदारों के लिए घरेलू भूमि बाजार में खुला आमंत्रण, और ईयू की 'साझा कृषि नीति' (CAP) ने मिलकर ग्रामीण असमानता को विषमतर बनाने का काम किया। सन् 2008 में CAP के तहत कुल सब्सिडी का 51% फायदा रोमानिया के सिर्फ उन 1% फार्मों को मिला, जो 500 हेक्टेयर से ज्यादा के थे।

वियेना में 17 अप्रैल, 2012 को किसान संघर्षों के अन्तर्राष्ट्रीय दिवस के अवसर पर शहरी खाली जमीनों पर 'डेरा डालो' (Urban Land Squatting Action) आन्दोलन की शुरुआत हुई। इस सामूहिक कब्जा आन्दोलन का नाम पड़ा : Solila! l इस अभियान में तमाम नौजवान, जिनमें भावी किसान भी शामिल थे, शहर भर में खाली जमीनों की तलाश करते, और उन पर सब्जियाँ उगाते। यह अभियान प्राकृतिक संसाधन और जीवन विज्ञान विश्वविद्यालय (University of Natural Resources and Life Sciences : BOKU) द्वारा सार्वजनिक रीयल इस्टेट कम्पनी BIG से लीज पर ली गई 3.5 हेक्टेयर जमीन पर अपना लीज करार खत्म करने के फैसले के विरोध से शुरू हुआ था। पिछले कई दशकों से विश्वविद्यालय के तत्त्वावधान और अनुमति से इस जमीन का कई सारे समूह उपयोग करते रहे थे : विश्वविद्यालय खुद अनुसन्धान-शोध के लिए, छोटे पैमाने के छात्र बगीचों के रूप में, चरवाहों, मधुमक्खी पालकों, और बगीचा कार्यकर्ताओं द्वारा भी इसका उपयोग हो रहा था। सन् 2011 से यह पूरी जमीन परती पड़ी थी, क्योंकि विश्वविद्यालय लीज समाप्त करने का निर्णय लेकर इस पर किसी गतिविधि की अनुमति नहीं दे रहा था। ऐसे में सोलिला! ने इस जमीन पर कब्जे का आह्वान किया। जबाब में करीब सौ लोग 17 अप्रैल को जोताई-बुआई के साजो-सामान समेत पहुँच गए। जमीन की जुताई शुरू हो गई, जोती जमीन पर पौधे रोप दिये गए, आधारभूत ढाँचा बनाने का बन्दोबस्त होने लगा। अभियान को स्थानीय जनता का भरपूर समर्थन मिल रहा था, जिसमें विभिन्न राजनीतिक धाराएँ, किसान संगठन, यहाँ तक कि स्थानीय मीडिया भी शामिल था। करीब दस दिन के बाद विश्वविद्यालय प्रशासन ने निजी सुरक्षा गार्डों के साथ फार्म पर धावा बोला, और कब्जा खाली करा लिया। सोलिला! ने आह्वान किया कि यह कब्जा न तो कोई अकेली कार्यवाही थी, और न ही आन्दोलन का अन्त, बल्कि यह एक लम्बे-व्यापक आन्दोलन की शुरुआत थी। आन्दोलन पूरे शहर में फैल गया।

केलिफोर्निया के अल्बानी हिल ट्रेक्ट में सार्वजनिक जमीनों के व्यावसायिक विकास की योजना के खिलाफ और शहरी एग्रो-इकोलॉजी के प्रोत्साहन-प्रसार के लिए 22 अप्रैल, 2012 से 'फार्मों पर कब्जा' (Occupy the Farm) अभियान की शुरुआत हुई। रोज सैकड़ों की संख्या में स्थानीय निवासी, किसान, केलिफोर्निया विश्वविद्यालय के छात्र, शोधार्थी, और कार्यकर्ताओं ने जुटकर इस अभियान में 15 हजार से ज्यादा पौधों को रोपा। यह उनके उस प्रस्ताव को खारिज किये जाने का जबाब था, जो उन्होंने विश्वविद्यालय में एक 'टिकाऊ शहरी कृषि केन्द्र' (Centre of Sustainable Urban Agriculture) की स्थापना के लिए दिया था।

दक्षिणी स्पेन के एंडेलूसिया में जमीन कब्जा आन्दोलन को काफी हद तक सफलता मिली। 1991 से 2011 के बीच किसान-खेतिहर आन्दोलन (Peasant Farmer Movement) ने काफी सारी परती जमीनों पर कब्जा करके उन पर नियमित खेती-किसानी और अन्य पर्यावरणीय गतिविधियाँ शुरू कीं। इस अभियान के सहयोगियों-संचालकों (कृषि, पशुपालन, मत्स्य-जलजीव उत्पादक, निर्माता, खुदरा और थोक व्यवसायी, यहाँ तक कि आयातक-निर्यातक भी) की संख्या 396 से बढ़ कर 32837 और समूचे स्पेन में पर्यावरणीय खेती (Ecological cultivation) की सक्रिय जोत 435 हेक्टेयर से बढ़कर 18,45,039 हेक्टेयर हो गई। आर्गेनिक खेती के जरिये 2010 में करीब पचास हजार रोजगार सृजित हुए थे। यहाँ 1980 से ही 'सिंडिकाटों ओबेरोज डेल कैम्पो' (SOC) कार्यक्रम के तहत फार्म वर्कर्स यूनियन और विया कैम्पेसिना के यूरोपी समन्वयक सदस्यों के सहयोग से सहकारी समितियों और अन्य एग्रो-इकोलाजिकल पहलकदमियाँ ली जा रही हैं। 2007 में SOC का गठबन्धन शहरी भूमि आन्दोलन के साथ हुआ, जिसके चलते 'सिंडिकाटो अन्द्रालुज डे ट्राबाजाडोरेस (SAT) एंडालूसियन ट्रेड यूनियन का गठन हुआ। SOC-SAT गठबन्धन पूरे एंडालूसिया में सक्रिय गोलबन्दियों के जरिये टिकाऊ और पर्यावरण सुसंगत कृषि उत्पादन के लिए सफलतापूर्वक जमीन कब्जा अभियान संचालित कर रहा है।

फ्रांस में भूमि संकेन्द्रण और शहरी विस्तार : फ्रांस में काश्तकार खेती कानूनों (Tenant Farming Laws) और जमीन की तुलनात्मक रूप से कम कीमतों के चलते छोटे किसान परिवारों के नियंत्रण में करीब 80% कृषि जोतें हैं। मगर वर्तमान में किसानी-खेती बारी के इच्छुक नौजवानों के लिए जमीन मिल पाना लगभग असम्भव हो चुका है। इसका कारण बड़े पैमाने पर कृषि जमीनों का गैर कृषि कामों के लिए अधिग्रहण अभियान है। हर साल कम-से-कम 60 हजार हेक्टेयर कृषि भूमि सड़कों, सुपर मार्केटों, आनन्द पार्कों (Leisure Parks) आदि 'शहरी विकास' कार्यक्रमों के लिए हड़पी जा रही हैं। इन प्रस्तावित स्थलों के आस-पास की बेहद उपजाऊ जमीनें छीनी जा रही हैं। नवउदारी निर्णय तंत्र दीर्घकालिक-पर्यावरणीय-टिकाऊ कृषि और अन्य ग्रामीण रोजगारों के विकास की जगह अल्पकालिक-तात्कालिक-सट्टेबाज मुनाफे को प्राथमिकता दे रहा है। इसके चलते फ्रांस में भी नान्ते के पास प्रस्तावित हवाई अड्डे, जिसमें कम-से-कम 2000 हेक्टेयर अति उर्वरा कृषि जमीन का विनष्टीकरण और सैकड़ों स्थानीय खेतिहर परिवारों का विस्थापन निश्चित था, जैसे बड़े-बड़े प्रोजेक्टों के

खिलाफ प्रतिरोध और कब्जा आन्दोलनों की गोलबन्दी हो रही हैं।

इटली 'हरित परियोजना' भूमि लूट का उदाहरण है। सरदानिया के इतालवी क्षेत्र नारबोलिया में हजारों हेक्टेयर कृषि भूमि 'सोलर ग्रीन हाउस परियोजनाओं' के लिए हड़पी जा रही है। इन परियोजनाओं के व्यापक विनाशकारी नकारात्मक प्रभाव अवश्यंभावी हैं। इन परियोजनाओं से न केवल स्थानीय समुदायों के उत्पादन और कृषि भूमि अधिकारों का हनन हो रहा है, बल्कि छोटे किसानों की कृषि उत्पादन के आर्थिक संकट दौर का मुकाबला करने की अन्तर्निहित क्षमता का भी विनाश हो रहा है। इटली में लाखों-लाख हेक्टेयर कृषि भूमि गैर कृषि उत्पादक प्रयोजनों में स्थायी रूप से हड़पी जा रही है : आवासीय परियोजनाएँ, औद्योगिक परियोजनाएँ, सैन्य-सामरिक प्रतिष्ठान, वाणिज्यिक संकुल, पर्यावरण, ढाँचागत विकास, पुनर्प्रयोज्य ऊर्जा उत्पादन : कृषि भूमि लूट को अनगिनत खूबसूरत-चमकीले नाम दिये जा रहे हैं।

अफ्रीका

अफ्रीका नवउदारी भूमि लूट कारोबार का सबसे बड़ा शिकार है। यहाँ जमीनें उन गरीब किसानों, चरवाहों, कबीलाई लोगों, और छोटे-छोटे खेतिहरों से लूटी-हड़पी जा रही हैं, जिन पर अफ्रीका की 80% आबादी का पेट भरने की जिम्मेदारी है। जमीन और जीवन-निर्वाह के हर सम्भव साधनों-संसाधनों की निकृष्टतम-बर्बरतम लूट का सिलसिला यहाँ सदियों से औपनिवेशिक आक्रांताओं-शासकों द्वारा चलाया जाता रहा है। अब यह जिम्मेदारी नवउदारी पूँजीवाद के नये औपनिवेशिक आक्रान्ताओं : बहुराष्ट्रिक कारपोरेटों और उनकी अनुचर-सहयोगी स्थानीय सरकारों ने ले ली है। ये बहुराष्ट्रिक एग्रो-बायो ईंधन या फिर निर्यात खाद्यान्न उत्पादों के लिए जमीन और जल संसाधनों पर कब्जा कर रहे हैं। इस कब्जे में स्थानीय परिस्थितियाँ-परिवेश भी काफी हद तक सहायक हैं : जमीन और सम्पदा का पितृसत्तात्मक मालिकाना, महिला और नौजवान किसान खेतिहरों के साथ भेदभाव, छोटी किसानी-जीवन निर्वाह खेती की जगह नकद किसानी-खेती की ललक, और स्थानीय माफिया-रसूखदारों की मनमानी। इनका विनाशकारी प्रभाव छोटे किसान-खेतिहर परिवारों, विशेषकर औरतों पर पड़ना निश्चित है, जो ग्रामीण श्रमशक्ति की बहुसंख्या हैं। स्वाभाविक रूप से जमीन और जल संसाधनों की लूट के खिलाफ संघर्षों-आन्दोलनों में अफ्रीकी औरतें जी-जान से जूझती दिखाई दे रही हैं।

सेनेगल में एग्रो ईंधन के लिए भूमि हड़प के खिलाफ संघर्ष : सेनेगल में पाँच लाख हेक्टेयर से ज्यादा कृषि भूमि एग्रो ईंधन अथवा निर्यात खाद्य उत्पादनों के लिए बहुराष्ट्रिकों के हवाले की जा चुकी है। सेनेगल में विया कैम्पेसिना आन्दोलन CNCR बहुराष्ट्रिक खनन कम्पनियों, एग्रो ईंधन बागानों, शहरीकरण के लिए रीयल इस्टेट परियोजनाओं आदि के खिलाफ आन्दोलनात्मक गोलबन्दी चला रहा है। फनाए में इतालवी कम्पनी 'सेनेथानोल' (SENETHANOL) के खिलाफ प्रतिरोध की प्रतिक्रिया में स्थानीय रसूखदारों के गुंडों ने दो आन्दोलनकारियों की हत्या कर दी। अक्टूबर 2011 में बीस हजार हेक्टेयर भूमि से ज्यादा हड़पे जाने की परियोजना के खिलाफ राजधानी

डकार में हुए विशाल जन प्रदर्शन-प्रतिरोध के चलते योजना मुल्तवी करनी पड़ी। अगले साल 2012 के मध्य तक नई माकी साल (Macky Sall) सरकार पुराने ढर्रे पर लौट आई : दस हजार हेक्टेयर से ज्यादा वन भूमि को सनफ्लावर और स्वीट-पोटाटो एग्रो ईंधन उत्पादन की एग्रो-औद्योगिक परियोजना के लिए आवंटित कर दिया गया। जुलाई से ही शुरू हो गए प्रतिरोध-प्रदर्शनों पर 'दंगा-रोधी पुलिस' लगातार हिंसक आक्रमण करती रही। प्रभावित 37 गाँवों के चरवाहों ने अपने तीस हजार पशुओं के साथ सेंट जोनिस से राजाधनी डकार तक मार्च करके राष्ट्रपति भवन के सामने डेरा-डंडा डालने का निर्णय लिया। सरकार 2000 से 2010 के दस सालों में 6,50,000 हेक्टेयर से ज्यादा उर्वरा कृषि भूमि जो देश की उर्वरा जोत का 17% है, निजी निवेशकों को दे चुकी है।

मोजाम्बीक् : औरत पर हिंसा के खिलाफ उठती आवाज : औद्योगिक मोनोकल्चर बागानों, निर्यात केन्द्रित वाणिज्यिक कृषि, रासायनिक उर्वरकों और कीटनाशकों के धुआँधार प्रयोग ने व्यापक पैमाने पर ग्रामीण जीवनयापन साधनों-संसाधनों-अवसरों का विनाश किया। नतीजे में लाखों किसान-खेतिहरों, विशेषकर पुरुषों ने शहरों को पलायन किया। बरबाद ग्रामीण परिवेश-पर्यावरण ने औरतों का जीना दूभर कर दिया। यौनिक असमानता और यौनिक हिंसा में जर्बदस्त वृद्धि हुई।

जीवन निर्वाह के सारे साधनों-संसाधनों-अवसरों से वंचित औरत के पास अपना कहने को घूर भर जमीन भी नहीं थी। आदमी शहर को पलायित हो चुका था। अपना और अपने बच्चों का पेट पालने को उसे सब कुछ नये सिरे से खोजना-करना था। वह खेतों में मर्दों के मुकाबिल खटती, उनसे ज्यादा काम करती, अक्सर अकेले दम पर उत्पादन, फसल कटनी-मंड़ाई-दवाई, और विपणन का काम सँभालती। घर के सारे कामों-देखभाल का तो उसका अकेला ठेका था ही। जब इस हाड़तोड़ मेहनत के प्रतिफल में दो पैसे परिवार में आते, मर्द उस पर कब्जा जमा लेता—इस कब्जे का साधन हिंसक प्रताड़ना थी।

उत्तरी मोजाम्बीक् में ब्राजीली सरकार, निजी क्षेत्र और जापान के संयुक्त उपक्रम-सहयोग से एक विशाल एग्री-बिजनेस परियोजना 'प्रो सवाना' शुरू की जा रही थी। इसके अन्तर्गत एक करोड़ चालीस लाख हेक्टेयर जमीन ब्राजील एग्री बिजनेस कम्पनियों को सोयाबीन, और अन्य नकदी फसलों को उत्पादित करने के लिए दी जा रही थी। इन उत्पादों का निर्यात जापानी बहुराष्ट्रिक कारपोरेटों द्वारा किया जाना था। यह पूरा क्षेत्र 'नकाला कारीडोर' लाखों किसान परिवारों का घर-संसार है, जिनकी जल-जंगल-जमीन सब कुछ छिन जाएगी।

मारीटानिया में जमीन लूट और जातीय संघर्ष : जातीय समूहों-कबीलों के बर्बर दमन-उत्पीड़न ने लाखों लोगों को अपना घर-बार-कबीला छोड़कर भागने, और आज की नई गुलामी के लिए मजबूर कर दिया। 1989 के जातीय विद्वेष संघर्षों के चलते मारीटानिया और सेनेगल के बीच भयंकर राजनीतिक तनाव की स्थिति बनी थी। मौका लपक कर मारीटानिया सरकार ने मालियन और सेनेगली अश्वेत समुदायों को देश से बाहर खदेड़ कर उनकी जमीनें 'आपस' में बाँट लीं। तनाव बीतने के बाद जब ये अश्वेत समुदाय वापस लौटे, उन्होंने पाया कि उनकी जमीनें बिक चुकी थीं। तब

से देश भीषण जातीय हिंसक तनाव की स्थिति में है। विया कैम्पेसिना किसान संगठन इलाके में परस्पर विमर्श-सम्पर्क के जरिये तनाव कम करने की कोशिशों में लगे हैं।

बर्किना फासो में भूमि हड़प के खिलाफ जन जागरण : सन् 2000 से राजकीय संरक्षण में, औद्योगिक खेती के लिए जीवन निर्वाह कृषि भूमि की बेलगाम लूट और व्यापक जन समुदायों के शोषण, नवउदारी अभियान अपने चरम पर पहुँचने लगा। नई सदी से 'घरेलू' लुटेरे 'निवेशकों' के साथ नये बहुराष्ट्रिक खिलाड़ियों की आमद तेज हुई, जिनके पास बीजों और वाणिज्यिक कृषि उत्पादन की 'विशेषज्ञता' थी। स्वाभाविक रूप से इन नये खिलाड़ियों का गठजोड़ किसानों और छोटी जोत के खेतिहरों के बजाय बड़े-बड़े भू माफिया 'फार्मों' के साथ बना। 2010 के सर्वेक्षण में यह बात सामने आई कि भूमि कब्जे का अभियान अगर इसी गति से चलता रहा तो अगले दस सालों के अन्दर छोटे किसानों-खेतिहरों के लिए कोई जमीन नहीं बचेगी। 2011 से ही बर्किना फासो में भूमि हड़प रोकने के लिए प्रभावित इलाकों में जनजागरण अभियान चलाते हुए किसानों और खेतिहर परिवारों को लुटेरों के खिलाफ गोलबन्द करने की कोशिशें चल रही हैं।

मालीब : जमीन हमारा उत्तराधिकार है : CNOP (Coordination Nationale des Organisations Paysannes) माली में बड़े-बड़े निजी निवेशकों द्वारा जमीन अधिग्रहण को रोकने और अधिग्रहीत जमीनों को वापस हासिल करने के लिए व्यापक गोलबन्दियों के साथ कानूनी कार्यवाहियों की भी पहलकदमियाँ ले रहा है। 2008 से ही माली सरकार निर्यात उत्पादन एग्रो बिजनेस परियोजनाओं के नाम पर गन्ना बागानों, चावल उत्पादन, पशुपालन आदि के लिए भारी पैमाने पर जमीन के अधिग्रहण का रास्ता साफ करती चली आ रही है। देश में प्रमुख चावल उत्पादन इलाके Office due Niger में एक लीबियाई कम्पनी MALIBYA को एक लाख हेक्टेयर जमीन आवंटित कर दी गई। कम्पनी ने इस परियोजना के लिए नहर और सड़क संसाधनों के विकास के लिए एक चीनी कम्पनी CGC के साथ करार किया। कोलीकोरा इलाके में भी इसी तरह की एक अन्य परियोजना में एक और नहर बनाई गई, जिसके चलते वहाँ के स्थानीय गाँव के लिए सम्पर्क का सारा रास्ता बन्द हो गया, और उन्हें अपने घर तक अथवा घर से बाजार-रोजगार तक आने-जाने के लिए मीलों लम्बा चक्कर लगाना पड़ रहा है। 2011 में गद्दाफी के पतन के बाद MALIBYA परियोजना फिलहाल रुक गई। बावजूद इसके अधिग्रहीत जमीन लौटाई नहीं गई। इस पूरे जमीन हड़प के खिलाफ किसी भी आवाज का जबाब गिरफ्तारी और उत्पीड़न आतंक से दिया जाता है। CNOP अन्य नागरिक समाज संगठनों के साथ मिलकर भूमि हड़प के खिलाफ माली जनता की एकजुटता का अभियान चला रहा है।

एशिया

1990 दशक से प्रारम्भ हुए नवउदारी वैश्वीकरण के वर्तमान युग में ज्यादातर एशियाई देशों की सरकारें तमाम बुनियादी सार्वजनिक क्षेत्रों-सेवाओं के निजीकरण की मुहिम पर हैं : कृषि सेवाएँ, बीज, ऊर्जा, जल, साख, शिक्षा, स्वास्थ्य, परिवहन, प्राकृतिक

खनिज संसाधन, वन सम्पदा सभी कुछ 'नवउदारी मुक्त बाजार' में बिकने के लिए उपलब्ध है। इसका विनाशकारी प्रभाव विशेषकर ग्रामीण अंचलों में छोटे किसान व खेतिहर परिवारों पर पड़ रहा है, जिनके लिए शिक्षा, स्वास्थ्य, बिजली, कृषि उत्पादन साधन : खाद-पानी-बीज सब कुछ उनकी क्रय शक्ति की हैसियत से बाहर हो चुका है। इस क्रयशक्ति हीनता के चलते भयावह विनाशकारी ऋणग्रस्तता, जमीन से बेदखली, पलायन-विस्थापन, और बड़े पैमाने पर आत्महत्याएँ एशियाई ग्रामीण इलाकों के नवउदारीकरण की पहचान बनते जा रहे है। कई देशों : बांग्लादेश, नेपाल, मयम्मार आदि में बड़े पैमाने पर ग्रामीण औरतों की मानव तस्करी, और उन्हें देह-व्यापार में धकेले जाने का धंधा फल-फूल रहा है। सरकारों और बहुराष्ट्रिकों का गठबन्धन विशाल भूखंडों, वन भूमि और छोटी-मझोली कृषि जातों को 'अधिग्रहीत' करके इन्हें औद्योगिक और निर्यात खाद्यान्न व फल-फूल उत्पादन के लिए बड़े बागानों में बदल रहा है। इसके अलावा भूमि हड़प-अधिग्रहण का सिलसिला अन्य 'आवश्यक विकास परियोजनाओं' : खनन, बाँध, ढाँचागत विकास, पर्यटन उद्योग के लिए भी बेरोकटोक जारी है। नतीजा : स्थानीय जन समुदायों का पलायन-विस्थापन, पर्यावरण विनाश, स्थानीय सामुदायिक एकजुटता, ग्रामीण संस्कृति, पारम्परिक-प्राकृतिक ज्ञान और विशेषज्ञता का विध्वंस।

बीस मार्च, 2013 को लाखों की संख्या में किसानों-खेतिहरों, खेतिहर-भूमिहीन मजदूरों, और व्यापक ग्रामीण गरीब जनता ने भारत के तमाम हिस्सों से मार्च करते हुए राजधानी दिल्ली में प्रदर्शन किया था।

इस प्रदर्शन में 'नेशनल अलायेन्स ऑफ पीपुल्स मूवमेंट' (NAPM) के साथ 'इंडियन कोआर्डिनेशन कमेटी ऑफ फार्मर्स मूवमेंट' के झंडे तले तमाम सामाजिक- और किसान संगठनों ने एकजुट होकर भागीदारी की थी। इनमें भारतीय किसान यूनियन (BKU) और कर्नाटक फार्मर्स मूवमेंट (KRRS) विया कैम्पेसिना के सक्रिय सदस्य हैं। इस प्रदर्शन के माध्यम से देश की व्यापक ग्रामीण जनता ने विषमतर होते जाते कृषि संकट को जनित करने वाली नवउदारी वैश्वीकरण की प्रक्रिया को रोकने, भारतीय जनता के अपने जल-जंगल-जमीन और बीज पर सम्पूर्ण अधिकार, और भूमि अधिग्रहण कानून के विरोध की अपनी प्रतिबद्ध एकजुटता को अभिव्यक्ति दी थी। 23 सितम्बर, 2018 को 'किसान क्रान्ति यात्रा' में उत्तर भारत के बीसो हजार किसानों ने हरिद्वार से पैदल चलते हुए 2 अक्टूबर को राष्ट्रीय राजधानी दिल्ली तक 'मार्च' किया। दिल्ली उत्तर प्रदेश की सीमा पर गाजियाबाद में इसको रोकने के लिए पुलिस और पैरामिलिट्री ने लाठी चार्ज, आँसू गैस गोलों और पानी की तोपों का इस्तेमाल किया। किसान आत्महत्याओं के प्रदेश 'महाराष्ट्र' की राजधानी मुम्बई में 12 मार्च, 2018 को प्रदेश के हजारों किसान विधानसभा घेरने के लिए जुटे थे। किसानों की सभी माँगें सरकार द्वारा मान लिए जाने के बाद यह आन्दोलन समाप्त किया गया था। मगर इस दिशा में कोई कार्यवाही नहीं होने के खिलाफ महाराष्ट्र के बीसों हजार किसान एक बार फिर अखिल भारतीय किसान महासभा के नेतृत्व में 21 फरवरी, 2019 से नासिक से अपना 160 कि.मी. लम्बा 'लाँग मार्च' शुरू करके 28 फरवरी, 2019 को मुम्बई पहुँचे थे। सितम्बर 2020 में केन्द्र सरकार द्वारा पारित तीन कृषि कानूनों के खिलाफ

भारत के दसियों लाख किसानों ने राष्ट्रीय राजधानी दिल्ली को 9 अगस्त, 2020 से 11 दिसम्बर, 2021 तक घेरे रहते हुए इन कानूनों की वापसी के बाद ही अपना आन्दोलन समाप्त किया। सरकार द्वारा आन्दोलन की माँगों, विशेषकर लाभकारी समर्थन मूल्य लागू नहीं किए जाने के विरुद्ध किसान एक बार 13 फरवरी, 2024 से दिल्ली घेरो आन्दोलन की राह पर हैं।

भूमि हड़पो अभियान के खिलाफ इंडोनेशियाई राष्ट्रीय गठबन्धन के रूप में जनवरी, 2012 में करीब पचास संगठनों ने मिलकर जनता के अधिकारों को हासिल करने के लिए इंडोनेशियाई आन्दोलन के संयुक्त सेक्रेटेरियट की स्थापना की। इसमें किसान, मछुआरा, श्रमिक, जनजातीय समुदाय, महिला, नौजवान, छात्र, ग्रामीण प्रशासन के लोग, मीडिया आदि विभिन्न सांगठनिकताओं के प्रतिनिधि शामिल थे। इस नई एकजुट सांगठनिकता के आह्वान पर राष्ट्रीय राजधानी जकार्ता और सत्ताईस प्रान्तों की राजधानियों में व्यापक-जन प्रदर्शन हुए। प्रदर्शन के आक्रोशित तेवरों का एक बड़ा कारण मेसुजी और सापे इलाकों में हुई बड़े पैमाने पर जमीन की लूट, और इस प्रक्रिया में कारपोरेट और पुलिस गठजोड़ द्वारा प्रतिरोध करने वाले कई किसानों-कार्यकर्ताओं की हत्या थी। आन्दोलन ने 34 संसद सदस्यों को कृषि सुधार पर एक विशेष कमेटी के रूप में गठित होकर भूमि हड़प ज्यादतियों की पड़ताल और जन पक्षधर कृषि सुधारों के प्रस्ताव लाने के लिए राजी कराया।

ताइवान में सरकार की कृषि आयात पर प्रतिबन्ध हटाने और देश की खाद्य सम्प्रभुता के साथ विश्वासघात करने की योजना के जबाब में फरवरी, 2013 में ताइवान के किसान, थाईलैंड, इंडोनेशिया, दक्षिण कोरिया, जापान और मलेशिया के सहयोगी किसान संगठनों-कार्यकर्ताओं के साथ राष्ट्रपति कार्यालय के सामने काटागलान बुलेवार पर वैश्वीकरण के खिलाफ श्रमशील जनता की जुझारू एकजुटता का प्रदर्शन करने के लिए जमा हुए। ताइवान की खाद्यान्न आत्मनिर्भरता अब सिर्फ 33% रह गई थी। जमीन हड़पो अभियान पिछले एक दशक से ज्यादा समय से बेरोकटोक-सरकारी संरक्षण में कारपोरेटों और खुद सरकार द्वारा चलाया जा रहा था। सरकार चीन से 830 किस्म के 'फार्म उत्पादों' और अमेरिका से 'पोर्क उत्पादों' के आयात पर प्रतिबन्ध पूरी तरह हटाने जा रही थी। प्रदर्शन के माध्यम से ताइवानी जनता ने अपनी अक्षम और वैश्विक साजिश की साझीदार सरकार के खिलाफ व्यापक गुस्से और अविश्वास को अभिव्यक्ति दी।

लैटिन अमेरिका

पाँच सौ साल से भी ज्यादा की औपनिवेशिक आक्रामकता : लूट और विनाश की ऐतिहासिक धारावाहिकता, राष्ट्र-राज्यों के निर्माण की हिंसक और वैमनस्यकारी प्रक्रिया, और बीते कई दशकों से चलती चली आ रही नवउदारी-नव औपनिवेशिक प्रक्रिया के चलते लैटिन अमेरिकी भू गोलार्ध विकट असमानताओं-विषमताओं और विशाल भूमि संकेद्रणों की धरती बनी हुई है। विशेषकर नव उदारवादी आक्रामकता के वर्तमान दौर में कृषि, खाद्यान्न, जल, प्राकृतिक साधन-संसाधन-सम्पदाएँ, ऊर्जा श्रोत

विदेशी पूँजी के आगाम प्रवाह के सबसे आकर्षक शिकार हैं।

होंडुरास में पिछले कुछ वर्षों के अन्दर बाजो आगुआँ इलाके में सैकड़ों किसानों की हत्या हो चुकी है, जहाँ भाड़े के हथियारबन्द हत्यारों का राज चलता है। इन हत्यारे गिरोहों का खास निशाना आगुआँ का एकीकृत किसान आन्दोलन (Unified Peasant Movement of Aguan: MUCA) और Movimento Autentico Reivindicador del Aguan: MARCLA हैं। ये आन्दोलन कृषि क्षेत्र में उन तमाम गैर संवैधानिक आधुनिकीकरण और विकास कानूनों-योजनाओं के खिलाफ समझौताहीन लड़ाई लड़ रहे हैं, जो वर्तमान कृषि और खाद्यान्न संकटों के लिए पूरी तरह जिम्मेदार हैं। भाड़े के हत्यारे गिरोहों को सम्पूर्ण राजकीय संरक्षण और लूट का अधिकार हासिल है।

डामनीकन गणराज्य ने अभी कुछ ही वर्ष पहले डामनिकन समाज में औरतों के बराबरी के अधिकार को कानूनी तौर पर मान्यता प्रदान की है। पर व्यवहार के स्तर पर विद्यमान गहरे जड़ जमाए सांस्कृतिक-सामाजिक परम्पराएँ-व्यवहार और संस्थागत प्रबन्धों के चलते अभी भी औरत के लिए जमीन और अन्य कृषि साधनों-संसाधनों पर प्रभावी नियंत्रण-मालिकाना हासिल करना लगभग असम्भव है।

पारागुए में कृषि में नवदारी नीतियों, विशेषकर सोया बागानों जीएम बीजों, और एग्रो-व्यवसाय का प्रतिरोध कर रहे किसानों पर सरकार और कारपोरेटों के भाड़े के हत्यारों का कहर बरस रहा है। 'ग्रामीण संगठनों के लैटिन अमेरिकी समन्वय' (CLOC-Via Campesina) के ब्राजील, अर्जेंटीना, चिली और कोलम्बिया के प्रतिनिधियों ने स्थानीय जातीय समुदायों और किसानों के संघर्षरत संगठनों के साथ एकजुटता के लिए पारागुए का दौरा किया। यह दौरा इस सन्दर्भ में विशेष महत्त्व रखता था कि पारागुए के वैध-संवैधानिक राष्ट्रपति फर्नांडो लूगो का तख्ता पलटने के बाद सत्ता पर काबिज हुए फेडरिको फ्रान्को के जमाने में न सिर्फ किसान व अन्य तमाम जन संगठनों पर दमनकारी हमलों में जबरदस्त तेजी आई थी, बल्कि देश में बहुराष्ट्रिक एग्रो व्यवसाय और जीएम किस्मों को खुला संरक्षण-प्रोत्साहन दिया जा रहा था। पारागुए की चर्चा थोड़ी विस्तार से प्रासंगिक है।

15 जून, 2012 : पारागुए के एक ग्रामीण जिले कुरुगुआटी में भूमिहीन किसान परिवारों द्वारा कब्जा की गई मेरियाना कुए नाम के जमीन के टुकड़े से बेदखल करने के लिए की गई बर्बर हिंसक पुलिसिया-प्रशासनिक कार्यवाही के दौरान कुल सत्रह लोग : ग्यारह भूमिहीन किसान और छह पुलिस वाले मारे गए। 18 जून को लोक अभियोजक ने 63 किसान-खेतिहर महिलाओं-पुरुषों के खिलाफ आपराधिक मुकदमा दर्ज कराया। इन खेतिहर महिलाओं-पुरुषों पर हत्या करने, हत्या का प्रयास करने, अनधिकृत प्रवेश करने (Tresspassing), संगठित अपराध, और पुलिस दल पर घात लगाकर हमला करने के आरोप लगाये गए। ग्यारह किसानों की हुई हत्या की कहीं कोई सुनवाई अथवा जाँच नहीं थी। आठ अक्टूबर को अदालत और लोक अभियोजक के समक्ष पीड़ित पक्ष की ओर से गैरन्यायिक हत्याओं, जबरिया विलोप, प्रताड़ना और अन्य मानवाधिकार उल्लंघनों का मामला पेश करने के लिए औपचारिक शिकायत दाखिल की गई। इसके बावजूद कोई सुनवाई-कार्यवाही नहीं हुई।

पारागुए भयावह भूमि असमानता का देश है। सन् 2008 में 2.6% भूस्वामियों के कब्जे में 85.5% जमीन थी। इसके सापेक्ष, 91.4% छोटे किसानों के पास 20 हेक्टेयर से कम की जोतों में महज 6% कृषि भूमि थी। कुरुगुआटी जनसंहार पारागुए और उसके बाहर समूचे लैटिन अमेरिका में जबरदस्त राजनीतिक महत्त्व का मामला बन गया। इस जनसंहार को बहाना बनाकर लोकतांत्रिक प्रक्रिया से निर्वाचित राष्ट्रपति फर्नांडो लूगो का 22 जून, 2012 को तख्ता पलट करने के लिए संसद में राजनीतिक 'ट्रायल' चलाया गया। संवैधानिक प्रहसन के जरिए हुए इस असंवैधानिक तख्ता पलट ने 1954 से 1989 तक अल्फ्रेडो स्ट्रासनर की सैन्य तानाशाही के अन्त के साथ शुरू हुई डाँवाडोल जनतांत्रिक प्रक्रिया पर अचानक पूर्णविराम लगा दिया। पारागुए में विशाल एग्री बिजनेस माफिया ताकतों का प्रतिक्रियावादी दक्षिणपंथी गुट सत्ता पर काबिज हो गया।

कुरुगुआटी जनसंहार की पृष्ठभूमि

14 जून, 2012 को कुरुगुआटी की क्रिमिनल अदालत के जज जोस बेनिटे ने काम्पोस मोराम्बी कम्पनी द्वारा दायर स्थानीय समुदायों के खिलाफ 'अनधिकार घुसपैठ' (Tresspass) की शिकायत सही ठहराते हुए 'मेरियाना कुए' सम्पदा कब्जा खाली कराए जाने का आदेश दिया। जब कि सच्चाई यह थी कि उस समय तक कम्पनी के पास मेरियाना कुए का सम्पदा स्वत्वाधिकार ही नहीं था। यह मामला सर्वोच्च न्यायालय के विचाराधीन था। 1967 में 'ला इंडस्ट्रियल पारागुए (LIPSA) नाम की एक कम्पनी ने दो हजार हेक्टेयर की 'मेरियाना कुए' सम्पदा को पारागुए सैन्य प्रतिष्ठान (Armada) को दान कर दिया था। मगर अपने नये स्वत्वाधिकार को अभिलेखित कराने के लिए 'आर्माडा' ने राजकीय निबन्धक के पास कभी आवेदन नहीं किया। अप्रैल, 2004 में भूमिहीन खेतिहरों के एक समूह ने 'केनिन देया किसान भूमि पुनर्वापसी आन्दोलन' ('MRCC') संगठन बनाकर आर्माडा द्वारा पाँच साल से अप्रयुक्त छोड़ दी गई जमीन के 'टेकओवर' के लिए नेशनल इन्स्टीच्यूट ऑफ रूरल डेवलपमेंट(INDERT) के समक्ष प्रशासनिक कार्यवाही का आवेदन किया।

अक्टूबर, 2004 में राज्य ने इस जमीन को 'सामाजिक महत्त्व की सम्पदा' घोषित करते हुए, इसे कृषि सुधार कार्य के लिए INDERT को हस्तांतरित कर दिया। दिसम्बर, 2005 में काम्पोस मोराम्बी कम्पनी ने ला इंडस्ट्रियल पारागुयेआ के खिलाफ स्थानीय अदालत में 'कब्जे की धारावाहिकता के आधार पर स्वामित्व' का मुकदमा संस्थित कराया। स्थानीय अदालत के वादी कम्पनी के पक्ष में दिये गए फैसले को पारागुए राज्य ने प्रश्नगत सम्पदा के राजकीय सम्पत्ति होने के आधार पर चुनौती दी। मार्च, 2006 में लोक अभियोजक ने अदालती कार्यवाही रद्द करने और राज्य को उस जमीन से बेदखल किये जाने की अर्जी दायर की। लोक अभियोजक ने ही दिसम्बर, 2009 में काम्पोस मोराम्बी के खिलाफ चल रही कार्यवाही के निरस्तीकरण के लिए भी आवेदन दायर किया। यह मामला सर्वोच्च न्यायालय में अभी जून, 2012 तक अनिर्णीत-विचाराधीन था। संवैधानिक स्थिति के अनुसार यह सम्पदा 'गलत तरीके से

हासिल जमीन' का मामला था, जिसका उपयोग राज्य द्वारा कृषि सुधार कार्यक्रमों के अन्तर्गत किया जाना था। इसे काम्पोस मोराम्बी ने गैरकानूनी तरीके से हड़प रखा था। पारागुए में कम-से-कम 20% जमीन इसी तरह अनधिकृत भू-स्वामियों-कम्पनियों के कब्जे में है।

सन् 2004 से पारागुए में किसान-खेतिहर आन्दोलन मेरियाने कुए जैसी जमीनों पर किसानों-खेतिहरों के अधिकार को वैधानिक मान्यता दिलाने के लिए कानूनी कार्यवाही संस्थित करते रहे हैं। ऐसी विवादास्पद जमीनों पर भूस्वामियों के जबरन कब्जा प्रयासों के खिलाफ अपना कब्जा, अधिकार बनाए रखने के लिए वे इन पर कब्जा करके अपने जीवन-निर्वाह के लिए फसलें उगाते रहे हैं। ये वे भूमिहीन खेतिहर समुदाय है, जो नवउदारी कृषि आधुनिकीकरण के शिकार होकर अपनी जमीनों से बेदखल विस्थापित होने के चलते शहरों की बजबजाती मलिन झुग्गी-झोंपड़ बस्तियों में रहने के लिए मजबूर थे। जमीन का सवाल ग्रामीण जन समुदायों के लिए न सिर्फ जीवन निर्वाह उत्पादक श्रोत के रूप में, बल्कि सामाजिक-सांस्कृतिक सामूहिक उपयोगिता की दृष्टि से भी निर्णायक महत्त्व का रहा है। नवउदारीकरण के पिछले तीन दशकों में पारागुए में कुपोषण से ग्रस्त आबादी का प्रतिशत 70 से पार कर चुका है। पारागुए लैटिन अमेरिका और करेबिया का तीसरा भुखमरी का सबसे बड़ा शिकार देश है। सन् 2010 में यहाँ गरीबों की आबादी लगभग आधी (49%) थी जिसमें 32.4% लोग नितान्त दरिद्र श्रेणी में थे।

कुरागुआटी जनसंहार के सन्दर्भ में स्थानीय अदालत से कब्जे का परवाना हासिल करने के बाद करीब सात बजे सुबह हथियारबन्द भारी-भरकम पुलिस दस्ते ने किसानों के 'एनकैम्पमेंट' पर धावा बोला। पुलिस कमांडेंट और वहाँ रह रहे खेतिहरों के बीच अभी जबानी कहा-सुनी हो ही रही थी कि अचानक पुलिस की ओर से गोलियाँ चलनी शुरू हो गईं। पुलिस गोलियों की चौतरफा बौछार ने देखते-देखते 11 किसानों की बलि ले ली। इसी अफरातफरी में छह पुलिस वाले भी मारे गए। दर्जनों किसान स्त्री-पुरुष घायल हुए। तीन सौ हथियारबन्द पुलिस वाले उस फार्म पर बसे बमुश्किल उन 60-65 खेतिहर औरतों-आदमियों से 'मुकाबला' करने के लिए पहुँचे थे जिन्हें पुलिस और लोक अभियोजक 'डकैत' बता रहे थे! एनकैम्पमेंट से पुलिस ने कुल चार बेहद पुरानी 'शाट गनें' और एक 'एयर रायफल' बरामद कीं। खुद पुलिस की बैलिस्टिक रिपोर्ट के मुताबिक केवल एक शाटगन से गोली चली थी।

15 जून के इस जनसंहार के तुरन्त बाद पुलिस की ओर से गैरकानूनी हत्याओं, मौत की धमकियों, शारीरिक-मनोवैज्ञानिक प्रताड़नाओं का सिलसिला चला। न तो घायलों की मदद का कोई सरकारी इन्तजाम किया गया, और न होने दिया गया। मृत किसानों की लाशों के साथ पैशाचिक दुर्व्यवहार किया गया। गिरफ्तार घायल किसानों के लिए कोई चिकित्सा सुविधा नहीं उपलब्ध करायी गई। इस तरह से बेदखली की कार्यवाही 'विधिवत' सम्पन्न हुई। इस 'विधिवत' प्रक्रिया में न तो बेदखली की कोई अदालती कार्यवाही हुई, और न ही कोई बेदखली आदेश पारित हुआ। अभियोजन कार्यालय द्वारा मृत्यु की परिस्थितियों, हत्या के लिए जिम्मेदार लोगों, अथवा पुलिस

बल द्वारा नितांत अनावश्यक बल प्रयोग की जाँच-पड़ताल करने की कभी कोई जरूरत नहीं महसूस की गई।

जून, 2012 कुरुगुआटी जनसंहार के बाद अक्टूबर, 2013 तक 9 और किसानों की हत्या हुई, जिसमें मेरियाना कुएँ से सटी बस्ती समुदाय के किसान नेता विडाल वेगा की हत्या भी शामिल थी। जमीन के लिए और जमीन हड़पे जाने के प्रतिरोध के लिए हुए किसान संघर्षों में 1989 से 2013 के बीच कम-से-कम 124 सक्रिय किसान नेताओं और कार्यकर्ताओं की हत्या हुई।

कुरुगुआटी जनसंहार पारागुए इतिहास का एक निर्णायक मोड़ था। राज्य प्रायोजित हिंसा के चरम, हत्यारों को किसी भी प्रकार की जबाबदेही से छूट, 'कानूनी' हत्याएँ, और किसानों का अपराधीकरण जैसी अमानुषिक बर्बरताओं ने जमीन के हक की लड़ाई के लिए किसान आन्दोलनों का मनोबल तोड़ने के बजाय उन्हें और प्रतिबद्ध और एकजुट किया। यह जनसंहार नवउदारी वैश्वीकरण की उद्दंड-अहंकारी-प्रतिक्रियावादी बर्बर प्रवृत्ति का प्रतिनिधि प्रतीक था। दुनिया भर में स्थानीय किसान-खेतिहर सामुदायिकताओं और जातीय-जनजातीय समुदायों-समूहों के भौतिक-सामाजिक, सांस्कृतिक-आर्थिक अस्तित्व और आम जनता के तमाम मानवाधिकारों का इस तरह का नृशंस दमन जारी है। यह दिखाता है कि किस तरह साम्राज्यवादी-नव औपनिवेशिक-नव उदारवाद के संरक्षण में बड़े-बड़े भू-स्वामियों-एग्रो व्यवसायियों के हित आम जनता के जीवन और जीवन अस्तित्व साधनों-संसाधनों की कीमत पर फल-फूल रहे हैं।

अर्जेंटीना में भी कहानी कुछ अलग नहीं है। अर्जेंटीना के उत्तरी प्रान्त सेंटियागो डेल एस्त्रो में वहाँ के राष्ट्रीय किसान आन्दोलन (Mocase-VC) के नेतृत्व में किसानों-खेतिहरों और जातीय (ethnic) जन समुदायों के जमीन के हक-अधिकारों की लड़ाई लड़ रहे आन्दोलन नेताओं-कार्यकर्ताओं की हत्याओं का सिलसिला 2011 से जारी है। ये वे किसान-खेतिहर और जातीय जन समुदाय हैं, जो अपनी जमीनों को बहुराष्ट्रीय सोयाबीन उत्पादक कम्पनियों के हवाले करने से इनकार करते रहे हैं। लगभग पिछले तीन दशक से चल रहे सोया खेती के बेलगाम विस्तार ने हजारों-हजार किसान-खेतिहरों और जातीय जनों को उनकी जमीनों से जबरिया बेदखल किया है। 1996 में कार्लोस मेनम की सरकार ने कानून बनाकर अर्जेंटीना में 'किसानों' को मोन्सांटो की जीएम राउंडेडअप रेडी सोया (RR) किस्म उगाने के लिए मज़बूर किया। आज मोन्सांटो का अर्जेंटीना के सोयाबीन बाजार पर लगभग एकाधिकार है। मोन्सांटो देश में खेती किसानी के विनष्टीकरण के जरिये कृषि भूसम्पदा-संसाधनों के 'कारपोरेट टेकओवर' की चुनौतीविहीन ताकत का प्रतिनिधि प्रतीक बन चुकी है।

ब्राजील में भी भूमिहीन खेतिहर अपने अस्तित्व के संकट से जूझ रहा है। ब्राजील के पेरनाम्बुको में छोटे किसान अपने परिवार के साथ अप्रैल, 2012 से सेरो आगुल फार्म की खाली अप्रयुक्त जमीन पर कब्जा किये हुए हैं। इन किसान परिवारों को पुलिस और प्रशासन की शह व साँठ-गाँठ से भू-स्वामियों के भाड़े के हथियारबन्द गिरोहों द्वारा गोलीबारी और प्रताड़ना का लगातार सामना करना पड़ रहा है। अप्रैल, 2013 में MST की अगुवाई में भूमिहीन किसानों ने कामाकारी म्युनिसिपल्टी से मार्च

निकालकर दक्षिणी बहिया में MST नेता फाबियो सान्तो सिल्वा की भाड़े के हत्यारों द्वारा शरीर में पन्द्रह गोलियाँ दाग कर की गई हत्या और 17 अप्रैल, 1996 को पारा प्रान्त में हुए एल्डोराडो डे काराजा जनसंहार में 21 लोगों की शहादत को श्रद्धांजलि दी। इसी के साथ इस आन्दोलन ने बाहिया इलाके में बड़े पैमाने पर अप्रयुक्त खाली कृषि भूमि उपलब्ध होने के बावजूद कम-से-कम 25 हजार भूमिहीन परिवारों की सड़क किनारे तारपुलिन-प्लास्टिक के छप्पर डाल कर रहने की मजबूरी पर सरकार-प्रशासन की शातिर संवेदनहीनता के खिलाफ अपने आक्रोश का प्रदर्शन किया।

भूमि-कृषि सुधारों का संघर्ष सामाजिक न्याय का संघर्ष है

21वीं सदी का भूमि-कृषि सुधारों का संघर्ष सामाजिक न्याय का संघर्ष है। न सिर्फ यह संघर्ष निपट आर्थिक गैर बराबरी और साधन-संसाधनहीनता के खिलाफ है, बल्कि स्थानीय खेतिहर-ग्रामीण समुदायों और जातीय जन समुदायों के इलाकों, जल-जंगल-जमीन और बायो-विविधता, सांस्कृतिक विशिष्टिता, और परम्परागत ज्ञान-व्यवहार की स्वायत्तता के अधिकार की मान्यता और संरक्षण की भी आवाज उठाता है। यह आन्दोलन स्थानीय से लेकर वैश्विक स्तर तक बेदखल-विस्थापित किसानों जनसमुदायों की उनकी जमीन व पारम्परिक पर्यावरण में पुनर्वापसी का संघर्ष है। यह संघर्ष नवउदारी आर्थिक आक्रामकता, राजनीतिक-सामाजिक हिंसक उथल-पुथल के चलते हो रहे शहरी, ग्रामीण और अन्तर्राष्ट्रीय विस्थापनों की भयावह स्थिति पर लगाम लगाये जाने की माँग करता है।

आन्दोलन की माँग है कि हर हाल में जमीन की सट्टेबाजी पर पूरी तरह से रोक लगनी चाहिए, और पूँजीवादी-बहुराष्ट्रिक-कारपोरेटों को कृषि जमीनों की परोक्ष-अपरोक्ष लूट और कब्जे से रोका जाना चाहिए। भूमिसुधार के अन्तर्गत जमीन का पुनर्वितरण केन्द्रीय महत्त्व का सवाल है। यह सबसे बढ़कर उन तमाम निजी कब्जे की जमीनों को राज्य द्वारा भूमिहीन समदायों में पुनर्वितरण के लिए अधिग्रहीत किये जाने की माँग करता है, जिनकी कोई वर्तमान सामाजिक उपयोगिता नहीं है, और जो अप्रयुक्त खाली पड़ी हुई है। इस सामाजिक आन्दोलनकारिता का वृहत्तर लक्ष्य भूमि-संसाधनों और शक्ति (Land resource and Power) का आमूल-चूल परिवर्तनकारी पुनर्वितरण, और समाज में सत्ताशक्ति सम्बन्धों का किसानों, खेतिहर, मजदूरों और सहयोगी शक्तियों के पक्ष में प्रभावी परिवर्तन है।

भूमिसुधार आन्दोलन अपनी सहयोगी शक्तियों के दायरे में वृहत्तर ग्रामीण जनसमुदायों : मछुआरों, स्थानिक जन समूहों, भूमिहीनों, चरवाहों, और अन्य तमाम ग्रामीण लोगों के साथ ही इनकी पक्षधर शहरी शक्तियों छात्रो-नौजवानों-महिलाओं-बुद्धिजीवियों-नागरिक समाज संगठनों, और श्रमिक संगठनों को शामिल करने की दिशा लेता है।

दुनिया में सत्तर से ज्यादा देशों में विया केम्पोसिना के सदस्य संगठन जमीन के लिए संघर्ष चला रहे हैं। जमीन का प्रश्न आन्दोलन की जीवन्त शक्ति, उसका प्राण तत्त्व और आन्दोलनकारियों के जीवन व जीवन निर्वाह अनिवार्यताओं को सुनिश्चित

करने वाली जीवन रेखा है। वैश्विक स्तर पर यह आन्दोलन नवउदारी आर्थिक-वित्तीय वैश्वीकरण के खिलाफ प्रतिरोधी संघर्ष के लिए प्रतिबद्ध है। नवउदारी वैश्वीकरण दुनिया में जीवन और जीवन संसाधनों पर एकाधिकारी नियंत्रण के आकांक्षी विशेषाधिकारी सत्ता स्वार्थ समूहों : बड़े-बड़े भू-स्वामियों-भू माफियाओं-बागान मालिकों, बड़े-कारपोरेटों, राष्ट्रीय-बहुराष्ट्रिक व्यवसायिक हितों के विनाशकारी गठबन्धन के पक्ष में वैश्विक सत्ता सन्तुलन की स्थापना के लिए अभियान चला रहा है। इसके खिलाफ विया कैम्पेसिना आन्दोलन की वैचारिकता और व्यवहार भूमि पुनर्वितरण और राष्ट्रीय सीमा रेखाओं से कहीं आगे जाकर वृहत्तर भौतिक व आध्यात्मिक (अधिभूतवादी नहीं) 'मानवीय' आयाम लेती है। यह उन तमाम वैश्विक बहुरंगी-बहुविध संस्कृतियों, कानूनों, परम्पराओं, प्रथाओं, ज्ञान, व्यवहार और सामुदायिकताओं का खुले दिल से सम्मान करती है, जो जल-जंगल-जमीन-बीज-जैव विविधता और पर्यावरण संरक्षा के अभियान में साझीदार हैं। आन्दोलन का ध्येय वाक्य है : 'जमीन ही जीवन है।'[17]

आन्दोलनों का आन्दोलन : एक दूसरी दुनिया सम्भव है

1997 में नवउदारी पूँजी के साम्राज्यवादी गढ़ अमेरिका में नये किस्म के वैश्विक प्रतिरोध आन्दोलन के बीच पड़े थे। श्रमिक अधिकारों और पर्यावरण कार्यकर्ताओं के साथ 'कन्जर्वेशनिस्टों' और 'लिबर्टेरियन अलगाववादियों' (Libertarian Isolationists) ने एक मंच पर आकर राष्ट्रपति क्लिंटन द्वारा आर्थिक व व्यापारिक बहुपक्षीय समझौतों के लिए अमेरिका की ओर से हस्ताक्षर के त्वरित प्राधिकार (Fast-track Presidential Trade Authority : जिसके लिए कांग्रेस की पड़ताल और सहमति की अपेक्षा नहीं होती) हासिल करने की कोशिश को रोकने की सफल मुहिम चलाई। 1998 आते-आते नवउदारी वैश्वीकरण और इसकी अन्तर्राष्ट्रीय संस्थानिकताओं : विश्व व्यापार संगठन, अन्तर्राष्ट्रीय मुद्रा कोष, और विश्वबैंक के खिलाफ विश्वव्यापी प्रदर्शनों की झड़ी लग गई थी। मई 1998 में बर्मिंधम, इंग्लैंड में आयोजित हो रहे जी-8 शिखर सम्मेलन के खिलाफ 'जनता का शिखर सम्मेलन' (People's Summit) आयोजित किया गया। मुश्किल से एक हफ्ते बाद जेनेवा में हो रहे डब्लूटीओ शिखर सम्मेलन के खिलाफ दसियों हजार प्रतिरोध-प्रदर्शनकारी जमा हुए। इसमें सबसे बड़ी संख्या शहर की श्रमिक बस्तियों के ज्यादातर बेरोजगार युवाओं "'I' hip-hop kids " की थी। यह स्विस समाज का आर्थिक और राजनीतिक रूप से सबसे ज्यादा हाशिये पर धकेला गया, मगर सांस्कृतिक रूप से सबसे अगुआ-आवेगी (Avante-garde) तबका था। आने वाले दिनों में यही तबका दुनिया के ज्यादातर हिस्सों में उस वैश्वीकरण की मुखालफत में बढ़-चढ़कर हिस्सेदारी करने जा रहा था, जो पहले के किसी भी दौर के मुकाबिल सांस्कृतिक साम्राज्यवाद की दिशा में सबसे आक्रामक और संवेदनहीन तेवर के साथ हमलावर हो रहा था।

1999 में दुनिया भर में : ब्रिटेन, रोमानिया, अर्जेंटीना, इक्वाडोर...तमाम जगहों पर प्रतिरोधी-आक्रोशित जन प्रदर्शनों का सिलसिला जारी रहा। नवम्बर 30, सियाटेल के ऐतिहासिक प्रदर्शन के पूर्ववर्ती हफ्तों में नीदरलैंड और तुर्की में किसानों, ट्रेड यूनियन कार्यकर्ताओं, पर्यावरण कार्यकर्ताओं ने डब्लूटीओ और वैश्विक पूँजीवाद के खिलाफ प्रतिरोध के लिए 2 हजार मील से ज्यादा का मोर्चा निकाला। 'दि इकोनामिस्ट' पत्रिका का सियाटेल प्रदर्शन के सन्दर्भ में आकलन था कि सियाटेल, उन वर्तमान एनजीओ सफलताओं-विजयों की श्रृंखला का सबसे ताजातरीन और सबसे ज्यादा मुखर रूप

था, जिसकी धारावाहिकता रियो डे जेनेरियों के 1992 धरती शिखर सम्मेलन (Earth Summit) तक जाती है।

21वी सदी के ठीक पूर्ववर्ती वर्षों से नवउदारी वैश्वीकरण की संस्थानिकता और आक्रामकता के खिलाफ शुरू हुई वैश्विक जन प्रतिरोध की इस अभिनव प्रयोगधर्मिता के कुछ 'मील के पत्थरों' की थोड़े विस्तार से परख-पड़ताल अपेक्षित है।

'निवेश पर बहुपक्षीय समझौते' (Multinational Agreement on Investment: MAI) की साजिश का अन्त

1997 में अमेरिकी राष्ट्रपति बिल क्लिंटन के पक्ष में एक ऐसे त्वरित प्राधिकार कानून (Fast track legislation) की मुहिम चल रही थी, जिसके अन्तर्गत राष्ट्रपति को कांग्रेस की पड़ताल और जनता की जानकारी के बगैर व्यापारिक समझौतों पर अमेरिका की ओर से हस्ताक्षर का प्राधिकार मिलना था : कांग्रेस की केवल 'हाँ' या 'ना' काफी होती। इस सिलसिले में अमेरिकी व्यापार प्रतिनिधि (Dy. US Trade Representative) जेफ्री लैंड का कहना था : "वार्ता (Negotiation) का मूलभूत सिद्धान्त यह है कि केवल एक ही व्यक्ति (राष्ट्रपति) अमेरिका की ओर से बातचीत का अधिकारी हो सकता है।" इस अवधारणा में कांग्रेस की भूमिका बस 'रबर स्टैम्प', और जनता की भूमिका मूक दर्शकों की थी।

असल मामला व्यापार समझौतों से कहीं अधिक जनतांत्रिक सिद्धान्तों और जन निगरानी से बचने का था। किसी भी तरह के दखल से मुक्त MAI के लिए अमेरिकी वित्तीय और औद्योगिक क्षेत्र के सभी बड़े खिलाड़ी एड़ी-चोटी का जोर लगा रहे थे। जनवरी, 1996 में ही 'अन्तर्राष्ट्रीय व्यापार के लिए अमेरिकी काउंसिल' ने 'A Guide to Multilateral Agreement on Investment' जारी किया था, जिस पर OCED देशों में मई 1995 से ही मंथन चल रहा था। मूल लक्ष्य मई 1997 तक मामला निपटा लेने का था। समय सीमा एक साल आगे बढ़ानी पड़ी। इसे विश्व व्यापार संगठन के जरिये वैश्विक स्तर पर लागू कराने की योजना थी। मगर भारत और मलेशिया सहित कई विकासशील देशों के विरोध के चलते, वहाँ से वापस लेकर इसे OCED के प्रभुत्वशाली दायरे में लिया गया। महाबली अर्थव्यवस्थाओं का विश्वास था कि एक बार उनके बीच समझौता हो जाने के बाद अन्य 'उभरती अर्थव्यवस्थाएँ' खुद ही धीरे-धीरे इसमें शामिल होती जाएँगी : धनी औद्योगिक देशों के विशाल बाजार से वंचित कर दिये जाने का दबाव उन्हें घुटने टेकने के लिए मजबूर कर देगा। MAI को लेकर अमेरिकी कांग्रेस और जनता की चिन्ताओं के जबाब में 'अंडर सेक्रेटरी ऑफ स्टेट' स्टुअर्ट आइजेनस्टार और उप व्यापार प्रतिनिधि जेफ्री लैंग ने 17 फरवरी, 1998 को आधिकारिक बयान जारी करके धमकाया : "हम पर भरोसा रखो और बकवास बन्द करो" (Trust us and shut-up)।

MAI के कुछ महत्त्वपूर्ण प्राविधान :

(i) 'निवेशकों' को किसी भी तरह के सरकारी अथवा जन हस्तक्षेप के बिना

उत्पादन सुविधाओं और वित्तीय सम्पदाओं समेत किसी भी सम्पदा को कहीं भी ले जाने का अधिकार होगा;

(ii) 'निवेशक' समझौते के अन्तर्गत प्राप्त अधिकारों पर किसी भी तरह की बाधा के लिए किसी भी स्तर पर सरकारों के खिलाफ न्यायिक वाद कर सकेंगे। मगर ऐसा कोई अधिकार सरकारों को नहीं होगा;

(iii) मानवाधिकार मामलों में प्रतिबन्ध झेल रहे राष्ट्रों में भी निवेश के लिए समझौते के हस्ताक्षर कर्ताओं पर कोई पाबन्दी लागू नहीं होगी;

(iv) पूँजी प्रवाह पर किसी तरह की बाधा या रोक-टोक नहीं होगी : अल्पकालिक पूँजी निवेष, न्यूनतम मजदूरी, क्षतिपूर्ति अथवा पर्यावरण मुद्दों जैसी कोई बाधा पूँजी के लिए नहीं रहेगी, पूँजी प्रवाह सार्वभौम गारंटी द्वारा संरक्षित रहेगा;

(v) समझौते के हस्ताक्षरी न्यूनतम बीस वर्षों के लिए समझौते से बँधे (Locked-in) रहेंगे;

(vi) 'यथास्थिति' (Stand-still) प्रावधान : MAI से असंगत कोई भी नया कानून नहीं लाया जा सकेगा;

(vii) 'वापस करो' (Roll-back) प्रावधान : MAI से असंगत सारे विद्यमान कानूनों को सम्बन्धित सरकारें जल्द से जल्द रद्द कर देंगी।

MAI पर हस्ताक्षर के लिए तिथि 27/4/1998 तिथि निर्धारित की गई थी।

OCED देशों में 27 अप्रैल, 1998 को सहमति नहीं बन सकी। MAI को सफलतापूर्वक रोके जाने में सबसे बड़ी भूमिका विश्वव्यापी जन प्रतिरोध प्रदर्शनों की थी। हालाँकि सम्भावित हस्ताक्षरी देशों के अपने-अपने स्वार्थ, और विशेषकर अमेरिका के हेल्म्स बर्टन कानून जैसे उद्दंड अहंकारी प्रावधानों से रोष भी सहमति पर नहीं पहुँच पाने में कुछ हद तक जिम्मेदार था। जन प्रतिरोधों के परिप्रेक्ष्य में शिकागो ट्रिब्यून को स्वीकार करना पड़ा कि यह सुनिश्चित करना अब लगातार दुष्कर होता जा रहा था कि वैश्विक व्यवस्था तंत्र के नियम-कानून 'वकीलों और बड़े पूँजीपतियों-व्यवसायियों द्वारा अपने मुनाफे के लिए लिखे जाते रहेंगे', सरकारें इन्हीं नीति नियामकों-निर्धारकों से विशेषज्ञ राय लेती और मानती रहेगी और जनता की आवाज की इस पूरी प्रक्रिया में कहीं सुनवाई नहीं होगी।'

MAI के खिलाफ आक्रोशित जन प्रदर्शनों को लेकर मुख्यधारा मीडिया-प्रेस को भी अपनी चुप्पी तोड़ने पर मजबूर होना पड़ा। लन्दन के 'फाइनान्सियल टाइम्स' ने 'नेटवर्क गुरिल्ला' शीर्षक से लिखा : 'औद्योगिक देशों की सरकारों को भय और किंकर्तव्यविमूढ़ता ने जकड़ लिया है : अपनी योजना (MAI) को गुपचुप लागू करने की उनकी सारी कोशिशों पर उपद्रवियों के उन झुंडों ने पानी फेर दिया है जिनके मन्सूबों और तौर-तरीकों को ज्यादातर राष्ट्रीय राजधानियाँ शायद ही कुछ समझ पायी हों कि वे MAI समझौते में पलीता लगाकर क्या हासिल करना चाहते हैं। सरकारें यह सोचने पर मजबूर हो रही हैं कि यह उस सारी प्रक्रिया को मूलभूत रूप से बदल सकता है, जिसमें अन्तर्राष्ट्रीय आर्थिक समझौतों पर अब तक सौदेबाजी होती रही है।'

'सरकारों, अन्तर्राष्ट्रीय वार्ताकारों और मुख्यधारा मीडिया की नजर में ये उपद्रवी जत्थे दिल दहला देने वाला नजारा (Terrifying sight) थे। उनके अनुसार इनमें वैश्वीकरण विरोधी तमाम ट्रेड यूनियनें, पर्यावरण और मानवाधिकार कार्यकर्ता, लॉबिस्ट और दबावकारी समूह शामिल थे। इन उपद्रवियों की अगुवाई ऐसे गैर मुख्यधारा हाशिये के आन्दोलन कर रहे थे, जिन्होंने अपनी चरम विरोधी अवस्थितियाँ तय कर रखी हैं, और जिनके पास अच्छी-खासी सांगठनिक संरचनाएँ और वित्त प्रबन्धन है। इसके चलते वे मीडिया और राष्ट्रीय संसदों के अन्दर भी अच्छा-खासा प्रभाव बना ले रहे हैं।'...

'लगातार मुश्किल होता जा रहा है कि 'अन्तर्राष्ट्रीय वार्ताकार' पर्दे के पीछे गुपचुप समझौते कर लें, और फिर इन समझौतों पर राष्ट्रीय संसदों में 'सरकारी मुहर' लगवा लें।'

इन 'उपद्रवी जत्थों से 'सामाजिक और आर्थिक सुरक्षा-संरक्षा' को लेकर नवउदारी तंत्र की चिन्ता और आक्रोश लगातार बढ़ रहा था। 'तंत्र' की चिन्ता उन समझौतों-सहमतियों की रक्षा के लिए और भी गहन थी, जिनमें व्यापारिक समझौतों का मारक, दुष्प्रभाव आम जनता के जीवन और जीवन निर्वाह साधनों पर पड़ने वाला हो। इसके प्रतिकार में पर्यावरण और खाद्य सुरक्षा जैसे जन संवेदी मुद्दों को लेकर जन आक्रोश और प्रतिरोध का उबाल लेना अवश्यंभावी होता जा रहा था।

MAI के विरोध में हुए संघर्ष ने आगामी दिनों के वैश्वीकरण संघर्षों में पक्षधरों का स्पष्ट बँटवारा कर दिया। एक तरफ : आज का 'औद्योगिक-वित्तीय वैश्विक जनतंत्र', और उसके तथाकथित 'जनतांत्रिक' औद्योगिक-वित्तीय बहुराष्ट्रिक, उनकी पक्षधर-चाकर राष्ट्रीय सरकारें और अन्तर्राष्ट्रीय संस्थानिक संरचनाएँ। दूसरी तरफ : असंख्य 'उपद्रवी-विद्रोही जत्थे : जनहितकारी जन पक्षधर समूह और 'हाशिये के चरमपंथी'। ये वे उपद्रवी-विद्रोही चरमपंथी हैं, जो राज्य निजी पूँजी गठजोड़ के गुपचुप समझौतों पर संसदों द्वारा अपनी सहमति की रबर मुहर लगाने की जिद के खिलाफ खुलेपन, पारदर्शिता और जवाबदेही की जिद पकड़े हुए हैं।

MAI जैसी असफलताओं पर ताकत और विशेषाधिकार का वैश्विक तंत्र न तो चुप बैठने वाला था और न ही अपना रास्ता बदलने वाला। बावजूद इसके ऐसी छिटपुट जन प्रतिरोध सफलताएँ उम्मीद और हौसला बढ़ाती हैं। यह भी सही है कि ये सफलताएँ अपनी प्रकृति में रक्षात्मक हैं : वे जनतंत्र के और भी गति से गिरने की ढलान पर हल्की-फुल्की बाधाएँ भर खड़ी कर पाती हैं। ये निजी उद्दंड आर्थिक-वित्तीय तानाशाहियों के पास शक्ति और सत्ता के और अधिक संकेन्द्रण में एक हल्की अस्थायी रोक भर लगा पाती हैं। इसके बावजूद, इन 'विद्रोही-आक्रोशित जन प्रतिरोधों' के तेवरों से 'ताकतवरों' के बीच बढ़ती खीझ-हताशा और प्रक्रिया के निहितार्थों को नजरअन्दाज नहीं किया जा सकता। आज 'ताकतवरों' को उस अन्तिम निर्णायक 'हम जनता' (We, the People) की ताकत का अन्दाजा लगने लगा है, जिसकी मारक क्षमता उनकी किसी भी 'मिसाइल' से कहीं ज्यादा दूर तक और कहीं ज्यादा गहरी है। अब 'ताकतवरों' की एकमात्र उम्मीद इस इस पर टिकी है कि इस 'अन्तिम निर्णायक अस्त्र' के स्वामी इसकी मारक क्षमता से अनभिज्ञ बने रहेंगे, और इसे सचमुच में व्यवहार में नहीं लाएँगे।

सियाटेल : वैश्विक प्रतिरोध का शंखनाद

दिसम्बर, 1999 में विश्व व्यापार संगठन के खिलाफ सियाटेल प्रतिरोध के रूप में नई वैश्विक आन्दोलनधर्मिता की एक प्रमुख सिद्धान्तकार और सक्रिय कार्यकर्ता (नई आन्दोलनधर्मिता 'नेता' की अवधारणा को खारिज करती है) नाओमी क्लीन का कहना है : यह इंटरनेट के धूम-धमाल रास्तों (Chaotic Pathways) से जन्मा पहला राजनीतिक आन्दोलन था। इसमें ऊपर से नीचे का कोई पारम्परिक संस्तरण नहीं था। इसमें कोई सर्वस्वीकार्य नेता नहीं थे। इसमें कोई नहीं जानता था कि आगे क्या होने वाला है। आन्दोलनकारी वैश्वीकरण विरोधी नहीं, कारपोरेट विरोधी थे। आन्दोलनकारी इस तर्क को मानने से इनकार कर रहे थे कि जो कुछ भी व्यवसाय के लिए बेहतर है : कम-से-कम नियमन-नियंत्रण, ज्यादा-से-ज्यादा गतिशीलता, ज्यादा-से-ज्यादा पहुँच-प्रसार—वह सब एक शुभ समाचार बनकर हर किसी के लिए नीचे तक ट्रिकल डाउन होकर पहुँचेगा।

सियाटेल में विश्व व्यापार संगठन (WTO) के खिलाफ 30 नवम्बर, 1999 से 3 दिसम्बर, 1995 तक हुआ वैश्विक प्रतिरोध प्रदर्शन ऐसे आन्दोलन की उपज था, जिसकी शुरुआत अमेरिका की भौगोलिक सीमाओं से बाहर हुई थी। उस समय दुनिया में पिछले चार सालों से ज्यादा समय से जगह-जगह चल रही प्रतिरोधी-संघर्षशील गतिविधियों के अनुभवों का फायदा उठाते हुए सियाटेल प्रतिरोध में अस्सी से ज्यादा देशों के तेरह हजार से ज्यादा नागरिक-सामाजिक आन्दोलनों और ट्रेड यूनियन सांगठनिकताओं ने भागीदारी की थी। WTO की वार्षिक मंत्रालयी बैठक का विरोध करने के लिए सिर्फ सियाटेल में दसियों हजार प्रदर्शन-प्रतिरोधकारी नहीं जुटे थे। सियाटेल प्रतिरोध की अवधि में दुनिया भर के प्रमुख शहरों-राजधानियों-औद्योगिक केन्द्रों में हजारों-हजार लोगों ने इस प्रतिरोध-प्रदर्शन के साथ अपनी एकजुटता का प्रदर्शन करके इसे नवउदारी वैश्वीकरण के खिलाफ प्रभावी और मुखर वैश्विक प्रतिरोध बना दिया।

सियाटेल प्रतिरोध नवउदारी वैश्वीकरण को चुनौती देने के लिए वैश्विक प्रस्थान बिन्दु के बतौर स्थानीय, क्षेत्रीय, और वैश्विक प्रतिरोध का समागम-जुटावा था। वैश्विक मुक्तांगन प्रयोगशाला में यह एक प्रभावी और जुझारू सीधी कार्यवाही की कार्यनीति का अभिनव प्रयोग था। सियाटेल की सड़कों-चौराहों-पार्कों पर काले कपड़ों और मुखौटों में अराजकता वादियों (Anarchists) और 'Turtle People' के जत्थे, आक्रोशित युवा 'Roving gang' जत्थों द्वारा WTO प्रतिनिधियों को उनके होटलों / मीटिंग स्थलों से नहीं निकलने देना, फिलिस्तीनी 'इन्तिफादा' जैसा अफरातफरी और प्रतिरोध का माहौल : यह अद्‌भुत-अकल्पनीय नजारा उस अमेरिकी जन-मानस को झिंझोड़ कर जगा रहा था, जिसे 'क्लिंटनयुग' के 'सम्पदा गुब्बारे' ने मदहोश कर रखा था।

आलीशान आभिजात्य 'ग्रीन-रूम' में अमेरिका, कनाडा, यूरोपी यूनियन, और जापान के 'आधिकारिक' प्रतिनिधि समूचे भू-मंडल में व्यापार के बेरोकटोक उदारीकरण का रास्ता तय करने के लिए जुटे थे। बाहर सड़कों पर संगठित श्रम, पर्यावरण कार्यकर्ता, धार्मिक आस्थावादी, धर्मनिरपेक्ष मानवतावादी, सभी एक साथ क्लिंटन की खेली बाजी

पलटने के लिए जमा थे। इस बार सचमुच क्लिंटन का पासा उलटा पड़ गया था। दुनिया भर के आन्दोलनकारी युवाओं लोगों के प्रतिरोधी हौसले, प्रतिबद्धता और आत्मगौरव की ताकत उद्दंड अहंकारी अभिजात्यों की सम्पदा और ताकत पर भारी पड़ गई थी। प्रतिरोध के इस अभिनव प्रयोग ने उन तमाम लोगों के लिए भी साथ आ सकने की सम्भावनाओं के दरवाजे खोले, जो अभी तक अपनी पहचान अलग रखते हुए संयुक्त प्रतिरोधों में शामिल होने से परहेज कर रहे थे।

सियाटेल प्रतिरोध सामाजिक आन्दोलन के एक अनजानी-अछूती राह की ओर कदम बढ़ाने की भी शुरुआत थी। युवा प्रतिरोध ऐसी राजनीति की रचना की ओर अग्रसर था, जिसे अभी तक परिभाषित नहीं किया गया था। यह दुनिया भर से अन्तर्दृष्टियों, विचारों, और रणनीतियों का महासमागम था। इसके बावजूद यह आन्दोलन अपनी तात्त्विकता और व्यवहार में गैर संस्तरीकृत जनतांत्रिकता पर केन्द्रित था। इस अभिनव आन्दोलन की मूल तात्त्विकता : एक 'नहीं', और बहुत सारे 'हाँ' ('One NO and Many Yeses') थी।

सियाटेल पीढ़ी अपनी विशिष्ट पहचान की दावेदारी के साथ उतरी थी : नये विचारों और रणनीतियों की एक समूची नई पीढ़ी। नौजवान कार्यकर्ताओं की यह पीढ़ी मुँह पर दे मारने वाली (in-your-face) कार्यनीतियों के साथ नवउदारी वैश्वीकरण-कारपोरेटीकरण के मुकाबिल थी। Aarrb! (Apprentis Agitateurs pour un resean de resistance globale)—'वैश्विक प्रतिरोध के नेटवर्क के लिए आन्दोलनकारी प्रशिक्षु' समूह की संस्थापक फ्रेंच-ट्यूनिशियन कार्यकर्ता लायेला दाखली जैसी युवा ताकतें कला की सृजनशील कल्पनाशीलता का विस्थापित समुदायों की ठोस वास्तविकताओं के साथ आन्दोलन के अन्दर संश्रय के लिए प्रतिबद्ध थीं।[18]

आन्दोलन की ठोस अभिव्यक्तियों, विशेषकर सभाओं और प्रदर्शनों की धूम-धमाल, अफरा-तफरी में भी सियाटेल अनूठा था। गजब की घींगा-मुश्ती-मनमौजी माहौल को देख कर कई लोग सोचने लगे कि आखिर 'नई वैश्विक व्यवस्था' (New World Politics of Space) होगी कैसी? यह कोई 'व्यवस्था' होगी भी या सिर्फ 'अव्यवस्था की उस अफरातफरी' (Chaos) का बोलबाला जो, 'नवउदारी व्यवस्था तंत्र' के वर्तमान दौर के खतरों की चुनौती के सामने समूची दुनिया, और विशेषकर वैश्विक दक्षिण में मच रही उथल-पुथल के चलते बनेगा?

नवउदारी आर्थिक-वित्तीय व्यवस्था तंत्र पर सियाटेल के दीर्घकालिक प्रभाव पर भी संशय है। फ्रेंच कारपोरेट वैश्वीकरण विरोधी संगठन ATTAC, जो सियाटेल का एक प्रमुख घटक रहा है, की एक संस्थापिका सूसन जार्ज ने 9/11 की घटना के पहले इस नई आन्दोलनधर्मिता पर कहा : "दरअसल हम इन विश्वव्यापी कारपोरेट सरकारों से अभी तक कुछ भी हासिल नहीं कर सके हैं—वही पुराने लोग अपनी उन्हीं पुरानी नीतियों के साथ अपनी जगह पर पूरी मजबूती के साथ डटे हुए हैं। अपनी जीत की दिशा में हमें अभी बहुत ही लम्बा रास्ता तय करना होगा।"[19]

इस स्वीकारोक्ति के कुछ ही दिन पहले अन्तर्राष्ट्रीय महत्त्व की फ्रेंच पत्रिका ला मोंडे डिप्लोमेटिक के सम्पादकों की राय थी : 'विश्व व्यापार संगठन का शिखर

सम्मेलन भले ही असफल हो गया हो, मगर वैश्वीकरण अभी भी अपनी रफ्तार से और खूब मजे से आगे बढ़ रहा है।'

नाओमी क्लीन इसे और भी 'मुँह पर दे मारने' वाले अन्दाज में कहती है : "अभी भी वहाँ वही गन्दगी है—हम किसी भी तरह से और अधिक निजीकरण की ओर बढ़ते प्रवाह को रोक पाने तो क्या, उलट पाने में भी तनिक भी कामयाब नहीं हो सके हैं।"

जुलाई और अगस्त 2000 के वाशिंगटन, फिलाडेल्फिया, लास एंजिलिस के प्रतिरोध प्रदर्शनों में अपेक्षाकृत कम भीड़ जुटी थी और प्रदर्शनकारियों को कहीं ज्यादा पुलिस हिंसा और दमन का सामना करना पड़ा था। बावजूद इसके, अमेरिका के बाहर, विशेषकर यूरोप और लैटिन अमेरिका में आन्दोलन की शक्ति और सामर्थ्य में विस्तार होता रहा। इसके पीछे अमेरिकी सांस्कृतिक-राजनीतिक-आर्थिक ताकत की उद्दंडता के प्रति जागरूकता और आक्रोश एक बड़ा कारण था। नई आन्दोलनधर्मिता ने 'ब्रांडीकृत-कारपोरेटीकृत-मीडिया औपनिवेशिक क्षेत्र' के बाहर अपनी जगह की दावेदारी की ताकतवर रणनीति अपनाने का रास्ता लिया।

प्राग में सितम्बर, 2000 में अन्तर्राष्ट्रीय मुद्राकोश शिखर सम्मेलन के मुकाबिल 'प्रति शिखर सम्मेलन' (Counter-Summit) के रूप में आयोजित आई.एम.एफ. विरोधी प्रदर्शन पहला पूँजीवाद विरोधी वृहत्तर यूरोपी (Pan European) प्रदर्शन था। पुरानी सोवियत व्यवस्था के युवा छात्र कार्यकर्ताओं ने इस प्रतिरोध का एजेंडा और आवेग तय करने में मदद की थी। चेक गणराज्य की राजधानी हजारों-हजार प्रदर्शनकारियों के केन्द्रीय नारे से गूँज रही थी : "प्राग्, सियाटेल लड़ाई जारी है।" संगठनकारियों और प्रदर्शनकारियों दोनों के बीच बेहतर समन्वय, और आवेग-ऊर्जा का तालमेल काफी हद तक प्रतिक्रियात्मक पुलिस हिंसा को काबू में रख पाने में कामयाब रहा। प्राग् में संगठकों और प्रदर्शनकारी नेताओं ने ऐसी दृष्टि और वैचारिकी की जरूरत को महसूस किया, जो मुख्यधारा जनमत को अपना भविष्य नई दृष्टि-नये सपनों के साथ देखने के लिए प्रेरित कर सके।

आन्दोलनों के आन्दोलन (Movement of Movements)[20] की यह प्रयोगधर्मिता वस्तुतः लक्ष्यों (Targets), राजनीतिक धाराओं, सांगठनिक संरचनाओं, और कार्यवाही के तौर-तरीकों के मामले में काफी जटिल और बहुरंगी सम्मिश्रण है। इसके राजनीतिक फलक में वाम-लिबरलों, माडरेट सामाजिक जनवादियों से लेकर अराजकतावादी (Anarchists) और क्रान्तिकारी समाजवादी (Revolutionary Socialists) तक सभी शामिल हैं। मुक्त व्यापार और विश्व व्यापार संगठन के खिलाफ 'पीपुल्स ग्लोबल एक्शन' (PGA) की स्थापना 23 से 25 फरवरी, 1998 को जेनेवा में अन्यायपूर्ण विद्यमान विश्वव्यवस्था के खिलाफ सारी दुनिया में प्रत्यक्ष जनतंत्र (Direct Democracy) के विकास के लिए ग्रासरूट आन्दोलन के अहिंसक गठबन्धन के रूप में हुई थी। PGA 'पूँजीवाद-साम्राज्यवाद-सामन्तवाद' को खारिज करते हुए अपने लक्ष्य सीधी कार्यवाहियों, सिविल नाफरमानी, और अन्य सीधी टकराहट के तौर-तरीकों से हासिल करना चाहता है।

26 सितम्बर, 2000 के आई.एम.एफ. और विश्व बैंक शिखर सम्मेलन के

खिलाफ प्राग प्रतिरोध में अन्तर्राष्ट्रीय सोशलिस्ट ऐसे व्यापक जन प्रतिरोध के पक्षधर थे, जिसकी परिणति शिखर सम्मेलन परिसर को घेरे हुए एक विशाल 'मार्च' में हो। इसके विरोध में काफी सारे अराजकतावादी, आटोनामिस्ट, और पर्यावरण समूह थे, जिनके आन्दोलन शस्त्रागार में सीधी कार्यवाही के विभिन्न तौर-तरीके थे और वे 'मास मार्च' के प्रखर विरोधी थे। इस घड़े में ज्यादातर पीजीए के घटक थे : या बास्ता, इटालियन आटोनामिस्ट, जपतिस्ता सपोर्ट नेटवर्क, रीक्लेम दि स्ट्रीट, ब्रिटेन के पर्यावरण डाइरेक्ट एक्शन समूह आदि जो यूरोपी पीजीए के मूल कन्वेनर थे। दोनों पक्ष समूहों की आपसी बातचीत में यह तय पाया गया कि सारे प्रदर्शनकारी एक निर्धारित स्थल पर जमा होंगे। इसके बाद संयुक्त 'एकता मार्च' निकाला जाएगा। मार्च के बाद जुटे हुए प्रदर्शनकारी अलग-अलग मार्चों में विभाजित हो जाएँगे। इन मार्चों को उनकी राजनीतिक सम्बद्धता, वैचारिक अवस्थिति, अथवा क्षेत्रीय, भाषाई या सामुदायिक पहचान और उनके विशिष्ट 'प्रतिरोध शस्त्रागार' के अनुरूप 'रंग' का आवंटन होगा।

अन्ततः कुल तीन मार्च निकले: Ya Basta और अन्तर्राष्ट्रीय सोशलिस्टों का 'पीला' मार्च; Earth First! के ब्रिटिश पर्यावरणवादियों और रीक्लेम दि स्ट्रीट जैसे संगठनों का 'गुलाबी' मार्च, और 'ब्लैक ब्लाक' व सियाटेल के 'इन्फर्नल नॉयज ब्रिगेड' आदि संगठनों का 'नीला' मार्च। इन तीनों की विभिन्न प्रतिरोध कार्यनीतियाँ अपने-अपने तरीकों से प्रतिध्वनित होती रहीं। कुल मिलाकर यह झंडों-बैनरों और आसमान गुँजाते नारों से लबरेज विशाल क्लासिकीय मार्च का अद्‌भुत नजारा था। 'ब्लैक ब्लाक' गठबन्धन के मार्च में तमाम अराजकतावादी 'एफिनिटी' समूह काले कपड़ों और मुखौटों में थे। वे अपनी तैयारी विमर्श के मुताबिक रह-रहकर 'आक्रामक कार्यवाहियाँ करते रहते थे : डंडों, गुलेलों, बिलियर्ड गेंदो, माल्तोव काकेटेल' आदि के माध्यम से, या फिर रक्षात्मक तैयारी के साथ ढाल, छाती कवच, दस्तानों, हेलमेट, गैस मास्क आदि के साथ मार्च करते हुए।

कुछ अन्य आन्दोलनकारी समूह सहयोगी कार्यवाहियों में महारत के साथ परस्पर संवाद-सूचना-संचार और सहायता के लिए मुस्तैद अपनी बाइकों, वाकी-टाकीज, सेलफोनों के साथ सक्रिय थे। इन लोगों ने आँसू गैस, काली मिर्च स्प्रे, लाठी चार्ज आदि से घायलों के त्वरित प्राथमिक उपचार के लिए स्वयँसेवी मेडिकल दस्ते बना रखे थे। ऐसे प्रदर्शनकारियों की भी कमी नहीं थी, जो अपने-अपने इलाकों के आधुनिक और परम्परागत वाद्यों से सुसज्जित गीत-संगीत के साथ प्रदर्शनकारियों का मनोबल बढ़ा रहे थे। एक विशिष्ट अहिंसक तकनीक 'रूक्कुस सोसाइटी' के प्रदर्शनकारियों की थी : वे झटपट कहीं जमा हो जाने अथवा बिखर जाने, दीवार चढ़ने-फांदने, जो गिरफ्तारी देने को तैयार हों उनकी मदद करने, प्रदर्शनकारियों का मनोबल बढ़ाने से लेकर गिरफ्तारी वाहनों को घेर कर हल्ला-गुल्ला करते हुए गिरफ्तार साथियों को छुड़ा लेने तक की कार्यवाही में माहिर थे। राजनीतिक थियेटर, प्रतिरोध गीतों, प्रोत्साहनकारी उछल-कूद, मीडिया के साथ दाँव-पेच लड़ाने, ई-मेल खिलवाड़ (e-mail mischief), पुलिस रेडियो फ्रीक्वेंसियों की हाइजैकिंग जासूसी के उस्ताद अपने वाकी-टाकीज, स्कैनरों, रेडियो संचार उपकरणों, और सेलफोनों के जरिये मुस्तैदी के साथ अपने काम में लगे

थे। वे खूब जानते-समझते थे कि कब और कैसे किसी CEO पर जबानी हल्ला बोलते हुए उसे हतप्रभ करके उसका मनोबल तोड़ देना है, और कब मीडिया और दुनिया का ध्यान खींचने के लिहाज से गिरफ्तारी देनी है।

पूँजीवादी वैश्वीकरण के खिलाफ आन्दोलनों के आन्दोलन की ऐसी वैश्विक गतिविधियों के जरिये वैश्विक प्रतिरोध यात्रा में कुछ घटक आगे बढ़ेंगे, कुछ पीछे छूट जाएँगे, कुछ नये घटक शामिल होते रहेंगे। प्रतिरोध अपनी विविध धाराओं-छटाओं और धीमी-तेज-असमान गति से चलते रहेंगे। नये ट्रांसनेशनल आन्दोलन अपने व्यवहार और प्रभाव में महत्त्व हासिल करेंगे।

आन्दोलनों के आन्दोलन के साथ एक बड़ी कठिनाई यह है कि एक अमूर्त 'नवउदारी वैश्वीकरण' के अलावा इसके सामने ऐसा कोई 'वैश्विक-ट्रांसनेशनल ठोस व्यवस्था तंत्र' नहीं है, जिसके सामने या जिसके मुकाबिल वे अपनी माँगें रख सकें। माँगों को लेकर भी काफी सारी दुविधाएँ हैं। ऐसे में आन्दोलन के सामने दिशाहीनता का संकट भी है। कभी इस पर 'बिना सत्ता पर काबिज हुए दुनिया को बदलो' की जपतिस्ता वैचारिकता हावी हो जाती है। कभी यह एक नये किस्म के राष्ट्रवाद की ओर मुड़ जाती है जो तथाकथित 'पूर्व पूँजीवादी समाज की सीमित छोटे पैमाने की आत्मनिर्भर गतिविधियों' के अतीत के मोहपाश में फँसने लगता है। बावजूद इन सारी बातों के, इससे इनकार करना मुश्किल है कि 'आन्दोलनों का आन्दोलन' वैश्विक स्तर पर कई मायनों में 'ऐतिहासिक' रहा है।

जून 2000, टोरंटो : जॉन क्लार्क का 'ओंटारियो कोलिशन अगेन्स्ट पावर्टी' (OCAP)[21] एक्टिविज्म की अलग रणनीति है। यह रणनीति किसी भी ऐसी मूल्य व्यवस्थानिकता (Value system) को सिरे से खारिज करती है, जिसमें प्रतिभा-दक्षता-क्षमता का एकमात्र स्वीकार्य उपयोग उसका पैसे और ताकत के लिए व्यापार करना है। गठबन्धन अपने सदस्यों को सार्वजनिक प्रतिरोध के मुलायम-भद्र मानदंडों से बँधकर रहने के लिए मना करता है। यह आक्रोशित जनों को आक्रोशित होने से बिल्कुल भी मना नहीं करता, विशेषकर उन परिस्थितियों में, जब उनकी मुठभेड़ ऐसे पुलिस वालों से हो, जो गोलियों और गैरकानूनी-अन्यायपूर्ण हिरासतों में उन पर जुल्म तोड़ते रहे हों, या फिर ऐसे राजनीतिज्ञों से सामना हो, जो उनके घर-बार-रोजगार जब्त करने के कानून बनाते रहे हों। इनका मानना है कि जनतंत्र 'बाजार के अदृश्य हाथ' का खेल नहीं, बल्कि श्रमशील जनों के सचमुच के हाथों की साधना है। इसलिए वे नवउदारी पूँजीवाद की इस नसीहत को मानने से इनकार करते हैं कि : 'बकवास बन्द करो, चुप रहो, इन्तजार करो—इन्तजार के पेड़ पर जब मीठे फल लगेगें, वे तुम्हारे लिए ही होंगे।'

वर्ल्ड सोशल कोरम (WSF) और उसके बाद

डब्लू एसएफ धारावाहिकता की जड़ें MAI के खिलाफ 1998 के संघर्षों तक पहुँचती हैं, जब संघर्ष-विरोध की आँच ने फ्रांस को 'गुपचुप बातचीत' से बाहर निकल आने के लिए मजबूर किया था और ATTAC जैसी प्रतिरोधी सांगठनिकताओं ने जन्म लेना शुरू किया था। सन् 2005 में ATTAC से कई ब्राजली एनजीओ संगठनों ने वर्ल्ड सोशल

फोरम की शुरुआत के सिलसिले में सम्पर्क किया। एक एसे आन्दोलन की शुरुआत के लिए, जिसके जरिये नवउदारी वैश्वीकरण के खिलाफ दुनिया भर से उठ रही आवाजों को एक सामूहिक-समन्वित-समवेत आवाज में बदला जा सके, और साथ ही दुनिया को यह भी बताया-सुनाया-दिखाया जा सके कि वैश्वीकरण विरोधी आन्दोलन 'बनाना' क्या चाहता है, बजाय सिर्फ इसके कि वैश्वीकरण आन्दोलन 'मिटाना' क्या चाहता है।

WSF ने नवउदारी वैश्वीकरण के 'वाशिंगटन सहमति' मॉडल के मुकाबिल प्रतिरोध और नव निर्माण का 'पोर्टो अलेग्रे सहमति' मॉडल खड़ा करने का प्रयास किया। यह 'नहीं' की संस्कृति से निकलकर 'हाँ' की संस्कृति की ओर प्रस्थान था : 'एक दूसरी दुनिया सम्भव है'—और हम इसे बना सकते हैं। कहा जा सकता है कि WSF की स्थापना एक 'संरचना-सांगठनिकता' के बतौर नहीं, बल्कि एक प्रक्रिया के रूप में हुई।

WSF एक ऐसी नई संस्कृति के सृजन का आकांक्षी था, जो इस विश्वास पर टिकी थी कि 'विकल्प मौजूद है, एक नहीं कई सारे विकल्प।' हम कोई ऐसा अकेला अनम्य (Rigid) मॉडल नहीं बना सकते, जिसके अन्दर सारी समस्याओं का समाधान पहले से मौजूद हो। पूँजीवाद के विकल्प को सामूहिक रूप से ही विकसित करना होगा, और वह भी ऐसी कल्पनाशीलताओं-आकांक्षाओं के साथ, जिसे दुनिया के बेहतरीन हित में 'यूटोपियावाद' कहा जा सकता है। अपनी प्राथमिकता में WSF हाशिये और केन्द्र दोनों की रेडिकल ताकतों के बीच गठबन्धन बनाने की सम्भावना को आकार देने की कोशिश करेगा : दोनों ताकतों के बीच उस रिश्ते की पुनर्स्थापना, जो नव उदारवाद की विजय और सोवियत संघ की पराजय के चलते भंग हो चुकी है। (फ्रांकोइस होटार्ट के "Preface: From Davos to Porto Alegre" से)।[22]

WSF के पहले साल पोर्टे अलेग्रे में एक 'संयुक्त विचार प्रक्रिया' (joint thinking process) की शुरुआत के लिए दुनिया के 122 देशों के 700 आन्दोलनों के 4700 प्रतिनिधि और 15 हजार भागीदार जुटे थे। 2001 के तमाम प्रतिरोधों : मैक्सिको, ब्यूनस आयर्स, क्यूबेक, गोथेनबर्ग, जेनेवा, बेरुत, ब्रुसेल्स, जेनोवा, सभी जगह पहले WSF की छाप थी।

2001 का दूसरा WSF ऐसी पृष्ठभूमि में हुआ, जिस पर 9/11 त्रासदी और कुछ तथाकथित 'लिबरलों' के इस आरोप का कुहासा था कि वैश्वीकरण विरोधी होने का मतलब अमेरिका विरोधी होना है और अमेरिका विरोधी होने का मतलब आतंकवाद का सहयोगी होना है। इसका जबाब जोस बोबे[23] ने दिया कि : बर्लिन की दीवार के ढहने और दूसरे खाड़ी युद्ध के बाद से सैन्यवाद और आर्थिक वैश्वीकरण का घातक संश्रय बन चुका है और हमें यह समझना होगा दोनों एक-दूसरे की सेवा में निरन्तर तत्पर-तैनात रहते हैं। इस सन्दर्भ-पृष्ठभूमि में दूसरा WSF मानवता के लिए 'मधुर-मधुर-बेहतर साझा आकांक्षाओं' के आलेखन से आगे बढ़कर कहीं अधिक महत्त्वपूर्ण आयाम ले लेता है। WSF एक ऐसा अवसर भी होगा, जो 9/11 के सिर्फ पाँच महीने बाद घटित होने जा रहा है और एक ऐसी दुनिया को सामने लाने जा रहा है जो 'सबसे मजबूत' के कानून के आगे घुटने टेकने को तैयार नहीं है। (लामोंडे डिप्लोमैटिक जनवरी, 2002 अंक से)।

WSF अपनी वैश्विक गतिशीलता बनाए रखते हुए सन् 2004 में मुम्बई, भारत पहुँचा, जिससे इस वैश्विक आवाज को और अधिक एशियाई आवाजों से समृद्ध-सशक्त किया जा सके। इसमें अस्सी हजार के आस-पास लोगों की भागीदारी थी।[24] फोरम के पैनल में इस बार मध्य पूर्व और मुस्लिम जगत, विशेषकर फिलिस्तीन से बेहद महत्त्वपूर्ण जुझारू-प्रभावशाली संघर्षशील विचारक और कार्यकर्ता शामिल थे। ईरान की नोबेल पुरस्कार विजेता शिरीन एबादी ने दिल छू लेने वाला वक्तव्य दिया। फिलिस्तीनी मेडिकल रिलीफ सर्विसेज के प्रमुख मुस्तफा बर्घूटी ने उद्घाटन सत्र में कहा : "भले ही WSF के पास महाविनाश के हथियार (WMD) अथवा पैसे की ताकत न हो, मगर हम अपनी ताकत लोगों से हासिल करते हैं।" 2004 के WSF में ही पहली बार उन लोगों में, जो 'कार्यवाही करने' के हिमायती थे और उनमें, जो विचार-विमर्श और अनुभवों की साझेदारी से सन्तुष्ट थे—अन्तर खुलकर सामने आया।

माइकेल हार्ट 'Today's Bandung' में WSF प्रयोगधर्मिता की जीवन्तता को इस रूप में प्रस्तुत करते हैं (सन्दर्भ : पोर्टो अलेग्रे)[25]

'फोरम की पहली और सबसे प्रभावशाली छाप इसकी अपार गतिमान विशालता (Overflowing enormity) थी—भागीदारों की संख्या से कहीं ज्यादा फोरम के तहत हो रहे कार्यक्रमों, प्रतिरोधों और घटनाओं की भव्य विविधता और विशालता। अपने तमाम आधिकारिक सम्मेलनों, सेमिनारों, वर्कशापों के अलावा भी, जो ज्यादातर कैथोलिक विश्वविद्यालय परिसर में आयोजित हुए थे, ऐसी असंख्य गतिविधियाँ थीं जो आधिकारिक सूचनाओं से इतर पूरे शहर के चप्पे-चप्पे में घटित हो रही थीं। इनमें से अगर कई पोस्टरों और पर्चों के जरिये आमंत्रित-आयोजित हो रही थीं, तो कई एक मुँह से दूसरे मुँह के सूचना संचार-तंत्र के जरिये। अलावा इसके, फोरम के विभिन्न साझीदार समूह भी अपनी अलग-अलग सभाएँ, गतिविधियाँ आयोजित कर रहे थे—जैसे इतालवी सामाजिक आन्दोलनों की सभाएँ, या फिर ATTAC के विभिन्न राष्ट्रीय समूहों की अपनी सभाएँ। जगह-जगह आधिकारिक और स्वत:स्फूर्त प्रदर्शनों के आयोजन हो रहे थे : मई दिवस परेड की तर्ज पर फोरम का विशाल उद्घाटन प्रदर्शन, या फिर अपेक्षाकृत छोटे-छोटे प्रतिरोधी आक्रोशी प्रदर्शन, जो विश्व इकोनामिक फोरम में भाग लेने वाले विभिन्न देशों के सांसदों-सरकारी प्रतिनिधियों द्वारा 'आतंकवाद के खिलाफ वर्तमान अमेरिकी युद्ध अभियान' के पक्ष में वोट देने के खिलाफ किये जा रहे थे।

नदी के किनारे विशाल 'यूथ कैम्प' में एक अलग तर्ज की गतिविधियों की गहमागहमी थी। नदी के मैदान तम्बुओं से अटे पड़े थे। यहाँ रह रहे लोगों ने पन्द्रह हजार लोगों का ऐसा रंगारंग आशियाना बना रखा था जो किसी वैश्विक 'समर म्यूजिक कैम्प' का नजारा पेश कर रहा था—विशेषकर तब, जब बरसात हो रही होती थी, और हर कोई बरसते पानी और कीचड़ में प्लास्टिक की बोरियाँ रेनकोट की तरह ओढ़े नाचता-गाता, बाजे बजाता झूमने लगता था। कुल मिलाकर WSF का समाँ कुछ इस तरह का था कि जिस किसी को भी अगर पोर्टो अलेग्रे में 'हो क्या रहा था' समझने की सनक सवार हो जाती—उसके दिमाग की नसें फट सकती थीं। WSF को किसी सीमा में बाँधकर जाना नहीं जा सकता था—वह एक अफरातफरी, मनमौज और

विकेन्द्रित आवेग था। इस विशाल भव्यता की प्रचुरता ने हर किसी के अन्दर मानो एक उन्मादी आवेग-सा भर दिया था : दुनिया के तमाम हिस्सों से आए इतने सारे लोगों के ठाठें मारते उस जन समुद्र में खो जाने का अहसास, जो एक साथ मिलकर पूँजीवादी वैश्वीकरण के वर्तमान रूप के खिलाफ अपने-अपने तरीकों से जूझ रहे थे। यह खुली चुनौती, यह खुली टकराहट पोर्टो अलेग्रे का सबसे महत्त्वपूर्ण-केन्द्रीय प्राणतत्त्व था। हालाँकि फोरम कुछेक सन्दर्भों, विशेषकर सामाजिकता और भौगोलिकता के मामले में काफी हद तक सीमित था : पोर्टो अलेग्रे प्रमुख रूप से एक 'श्वेत कार्यवाही' थी। इसमें एशिया और अफ्रीका से प्रतिनिधित्व काफी कम था, और अमेरिकी भूगोलार्ध की जातीय विविधताओं (Racial differences) का भी प्रतिनिधित्व नहीं दिख रहा था।'

इस सन्दर्भ में 'ग्रासरूट ग्लोबलाइजेशन' में टॉम मार्तें का तर्क है कि नवउदारवाद की अपेक्षा के अनुरूप जरूरी सोशल इंजीनियरिंग को आगे बढ़ाने के लिए अपनी प्रभावी भूमिका के चलते राष्ट्र राज्य ही वैश्विक पूँजी (Global Capital) का निर्णायक औजार (Instrument) बना हुआ है। इसलिए राष्ट्र-राज्य ही उसके खिलाफ प्रतिरोध और चुनौती का भी सबसे महत्त्वपूर्ण प्रमुख क्षेत्र बना रहेगा (अपेक्षाकृत क्षेत्रीय-जातीय विसंगतियों के खिलाफ चुनौतियों के)।

पश्चिम अथवा पश्चिमी प्रभाव की इन प्रयोगधर्मिताओं को लेकर एक आम शिकायत यह है कि न तो वृहत्तर मुस्लिम जगत, और न ही एक करोड़ के आस-पास आबादी वाले यूरोपी मुस्लिम समुदाय की कोई प्रभावी भागीदारी या सम्यक् प्रतिनिधित्व इन आन्दोलनों में कहीं दिखता था।

जेनोवा में जी-8 शिखर सम्मेलन के खिलाफ जुलाई, 2001 में हुआ प्रतिरोध प्रदर्शन सक्रिय वैश्विक प्रतिरोधी प्रदर्शनों में भागीदारी और रणनीति दोनों ही दृष्टि से सबसे विशाल और प्रभावी था। इसकी प्रतिक्रिया बर्लुस्कोनी सरकार की ओर से अब तक के सबसे आक्रामक-हिंसक पुलिसिया दमन में हुई थी, जिसमें एक प्रदर्शनकारी की मौत और सैकड़ों घायल हुए थे। इतालवी राज्य का समूचे जी-8 राजतंत्र की ओर से शान्तिपूर्ण प्रदर्शनकारियों को ऐसा हिंसक जबाब वैश्विक शान्ति और न्याय आन्दोलन (Global Peace and Justice Movement) द्वारा जनित सारी उम्मीदों को तार-तार करने के लिए लक्षित था।

जेनोवा राज्य हिंसा के मुश्किल से छह हफ्तों बाद 11 सितम्बर, 2001 को अमेरिका में वर्ल्डट्रेड सेंटर और पेंटागान पर हमला हो गया। कारपोरेट पूँजीवाद के लिए अपनी वैश्विक साम्राज्यवादी आक्रामकता को अंजाम देने के लिए यह मानो ईश्वरीय वरदान था। इस त्रासदी को तुरन्त अमेरिका और उसकी सहयोगी सरकारों ने दुनिया भर में चल रहे वैश्वीकरण विरोधी आन्दोलनों के दमन ओर उनके द्वारा अब तक हासिल की गई उपलब्धियों-आवाजों को कुचलने के लिए बहाने के बतौर लपक लिया। अमेरिकी प्रशासन की ओर से कारपोरेट-वैश्वीकरण विरोधी प्रदर्शनकारियों को अलकायदा समर्थक आतंकवादी घोषित करने की मुहिम चल पड़ी। 2004 की शुरुआत में अमेरिका ने दूसरा 'पैट्रियाट एक्ट' 'अराजकतावादियों' के खतरे से निपटने के लिए पारित किया।

भय और आतंक के इस सर्वग्रासी माहौल ने 'वैश्विक शान्ति और न्याय आन्दोलन' को खुद को केवल 'शान्ति आन्दोलन' में तब्दील करने पर मजबूर कर दिया : 'चूँकि कारपोरेट वैश्वीकरण की नीति और नैतिकता तत्त्वत: हिंसक है इसलिए हमें गांधी और मार्टिन लूथर किंग जूनियर के 'मिशन' के साथ खुद को जोड़ने की जरूरत है।'

ईराक पर अमेरिकी हमले और कब्जे की तथाकथित 'शानदार त्वरित सफलता' ने आन्दोलन का कार्यभार और भी मुश्किल करने के साथ ही और भी जरूरी और तात्कालिक बना दिया। अपनी बिखरी ताकत को यथासम्भव सहेज-संगठित करके वैश्विक शान्ति और न्याय आन्दोलन ने अपनी वैश्विक एकजुटता, प्रभाव-प्रसार और गतिशीलता को विस्तार दिया। यह युद्ध विरोधी और वैश्वीकरण विरोधी ताकतों का एक वृहत्तर शान्ति और न्याय आन्दोलन के रूप में समागम था। इस नई संयुक्त आन्दोलनकारी ताकत के बारे में 'न्यूयार्क टाइम्स' को स्वीकार करना पड़ा कि यह आन्दोलन एक 'दूसरी महाशक्ति' के रूप में उभर रहा है, जो बुश की दुनिया को युद्ध की तरफ धकेलने का सबसे महत्त्वपूर्ण अनिच्छित नतीजा है।

इस समूचे 'वैकल्पिक वैश्वीकरण' (Alter Globalisation) की प्रक्रिया में सबसे कमजोर और चिन्ताजनक पहलू वैकल्पिक वैश्वीकरणवादियों की मध्यपूर्व और इस्लाम के सवाल पर धारणा और व्यवहार का था। अमेरिका के उन्मादी एकपक्षीय आक्रामक व्यवहार और इस आक्रामकता के 'जनतंत्र स्थापना' के रूप में महिमामंडन को चुनौती देने के लिए आन्दोलन के पास 'युद्ध नहीं' (No to the War) के परे कोई अन्य ठोस वैकल्पिक प्रस्ताव या कार्ययोजना नहीं थी। इस्लाम के प्रति गहरी जानकारी और समझदारी के अभाव और पश्चिम द्वारा मुस्लिम जगत और मध्यपूर्व को लेकर गढ़ी गई कुतार्किकता से जनित भय और जुगुप्सा के चलते वैकल्पिक वैश्वीकरणवादी इस्लाम और मुस्लिम जगत के प्रति कोई सही वैकल्पिक नीति और कार्य योजना नहीं बना सके। ये सवाल सचमुच प्रासंगिक हैं : समूचे 'वैकल्पिक वैश्वीकरण' आन्दोलन में कितने अरब और मुस्लिम वैकल्पिक वैश्वीकरणवादी सम्मिलित थे? कैसे मध्यपूर्व, अफ्रीका और एशिया के उन लाखों कार्यकर्ताओं-नौजवानों को इस आन्दोलन की मुख्यधारा में जोड़ा जा सकता है, जिनमें आन्दोलन की नई अपराजेय ताकत बनने की क्षमता है?

नाओमी क्लीन ईराक पर कब्जे के बाद आन्दोलन की अमेरिका केन्द्रित अवधारणा की संरचनात्मक कमजोरी की चर्चा करते हुए कहती है : 'अब यह अपने परम्परागत अर्थों में अमेरिका द्वारा साम्राज्य निर्माण का मसला नहीं रह गया है। अब सवाल बहुराष्ट्रिक साम्राज्यवाद का है। यूरोप वास्तव में अमेरिका के साम्राजी विमर्श की हाँ में-हाँ इसलिए मिलाता है कि ऐसा करना उन्हें उनकी खुद की जिम्मेदारी से बचने का मौका देता है। यूरोपी नेता इस धारणा को खूब बढ़ा-चढ़ाकर पेश करने में जबरदस्त रुचि लेते हैं कि वे अन्तर्राष्ट्रीय मंच पर अमेरिका की प्रति-शक्ति (Counter-Power) हैं। जबकि असलियत यह है कि अन्तर्राष्ट्रीय पहल के नाम पर यूरोप 90% वही सब कर रहा है, जो अमेरिका करता है। इसलिए जरूरत साम्राज्य के एक ऐसे विश्लेषणकारी विमर्श की है, जो यह समझ और समझा सके कि साम्राजी ताकतें वस्तुत: ट्रांसनेशनल हैं। इन्हें किन्हीं विशिष्ट राष्ट्र राज्यों के साथ नहीं जोड़ा जा सकता। यहाँ तक कि विकासशील

दुनिया में वैश्विक प्रबन्धकों (Global Managers) का वर्ग भी अपने उत्तरी बन्धुओं (Northern Counter parts) का ही हिस्सा है।"

यह प्रक्रिया और जटिल और कठिन हो जाती है जब ANSWER के सारा फ्लाउंडर जैसे वैकल्पिक वैश्वीकरण के संगठक भी यह तर्क देने लगते हैं कि : "लोग यह जानने-समझने लगे हैं कि उनका असली दुश्मन, वह दुश्मन जो समूची मानवीय प्रगति के खिलाफ खड़ा है, केवल अमेरिका और उसका साम्राज्यवाद है।" यह तार्किकता इस बात को पूरी तरह से नजरअन्दाज कर देती है कि साम्राज्यवद कभी भी औपनिवेशिक अथवा परिधि राष्ट्रों के प्रभावशाली क्षेत्रों के सक्रिय सहयोग के बिना सफल नहीं हुआ है। फिर अगर अमेरिका को किसी तरह उसकी साम्राज्यी आकांक्षाओं से बाहर कर भी दिया जाय, तो दर्जनों देश उसकी जगह लेने के लिए तैयार मिलेंगे।

अगर वैश्विक शान्ति और न्याय आन्दोलन को सचमुच 'वैश्विक' स्तर पर सैन्य-नवउदारी-साम्राज्यी वैश्वीकरण के खिलाफ प्रभावी ढंग से मुकाबिल होना है, तो अपनी रणनीति और संरचना को भी वैश्विक स्तर पर विविध सामुदायिकताओं-राष्ट्रीयताओं के आन्दोलनों के साथ बराबरी और बिरादाना आधार पर जोड़ना-जुड़ना होगा। अपने-आपको दुनिया भर में घूम-घूम कर शिखर सम्मेलनों का खरमंडल करने वाले गिरोह से उन असंख्य स्थानीय आन्दोलनों-संघर्षों के विशाल-आवेगी-ऊर्जावान समुच्चय में बदलना होगा जो अपने-अपने समुदायों-स्थानीयताओं में नवउदारी वैश्वीकरण की व्यावहारिक धरातल पर नीतियों-तर्कों और व्यावहारिकताओं के खिलाफ लड़ रहे हैं। यही ताकत वैश्विक स्तर पर एकजुट होकर सामूहिक रूप से वैश्विक प्रतिरोध की वैचारिकी, रणनीति और व्यवहार को रचते हुए नवउदारी वैश्वीकरण के लिए एक विकट चुनौती बन सकती है।

वैश्विक प्रतिरोध आन्दोलन और अराजकतावादी धारा का प्रभाव

व्यापक परिप्रेक्ष्य में देखें तो किसी समवेत-केन्द्रीय-सर्वमान्य रणनीति और कार्यक्रम के अभाव में कारपोरेट-वैश्वीकरण विरोधी आन्दोलन तात्त्विक रूप से अराजक ही है। उसका स्वरूप हिंसक अथवा अहिंसक कुछ भी हो सकता है। कारपोरेट-वैश्वीकरण विरोधी आन्दोलन में अराजकतावादी (Anarchists) धारा का बल राजसत्ता दखल से ज्यादा शासन (Rule) के तौर-तरीकों-तर्कों को बेनकाब, अमान्य और ध्वस्त करने के जरिये शासन से ज्यादा-से-ज्यादा 'स्वायत्तता के स्पेस' जीत लेने में है : (David Graeber: 'The New Anarchists')।[26] नाओमी क्लीन न्यूयार्क टाइम्स 2, दिसम्बर, 1999 में प्रकाशित अपने आलेख 'Rebels in search of Rules' में इसका दूसरा पक्ष जोड़ती है कि वे चाहते हैं कि : 'राष्ट्रीय सरकारें विश्व व्यापार संगठन की दखलन्दाजी के बिना अपने राष्ट्रीय प्राधिकार के व्यवहार में सक्षम होकर श्रम मानकों, पर्यावरण संरक्षण, और वैज्ञानिक शोध के ज्यादा कठोर अन्तर्राष्ट्रीय नियमों की माँग करें।'

सियाटेल के जमाने से ही सबसे ज्यादा प्रभावी अराजकतावादी रणनीति 'ब्लैक ब्लाक' की है। 'ब्लैक ब्लाक' सारे प्रमुख प्रतिरोध आन्दोलनों में पुलिस बल और कारपोरेट ताकतों के खिलाफ संगठित-समन्वित जुझारू प्रतिरोध के लिए जाना जाता है।

इनकी रणनीति स्थानीय स्तर पर ढीले-ढाले संगठित पाँच से पन्द्रह लोगों के आत्मनिर्भर सहायता समूहों 'एफिनिटी समूह' की है जो वृहत्तर प्रतिरोधों के समय आपस में मिलकर एक साझी वैचारिकी, लक्ष्य और रणनीति के तालमेल से अमल करते हैं। 1999 के अन्त में सियाटेल प्रतिरोध प्रदर्शन के समय तक ये एफिनिटी समूह अराजकतावादी अश्वेत ब्लाक के रूप में एकजुट होकर तमाम तरह की आर्थिक तोड़-फोड़ के तरीके अपना रहे थे : नाइक टाउन, लेविस, फाइडेल्टी इन्वेस्ट या अन्य बड़े बैंकों की सम्पदा को लक्ष्य करके तोड़-फोड़।

'ब्लैक ब्लाक' अराजकतावादियों और सहयोगी एफिनिटी ग्रुपों द्वारा अपनाई जाने वाली कार्यनीति के दो प्रमुख लक्ष्य हैं : (i) पुलिस / प्रशासन / सरकार की दमनकारी-हिंसक कार्यवाहियों के समय एकजुटता और सहायता पहुँचाना और (ii) प्रतिरोध के विशिष्ट मुद्दों के बारे में अपना अराजकतावादी दृष्टिकोण और व्यवहार प्रस्तुत करना।

अमेरिका के प्रत्यक्ष कार्यवाही नेटवर्क (Direct Action Network: DAN) ने सियाटेल प्रतिरोध की तैयारी में समूचे उत्तर पश्चिमी इलाके में विभिन्न जगहों पर सैकड़ों लोगों को सिविल नाफरमानी (Civil disobedience) की कार्यनीति में प्रशिक्षित किया था। अपने समूहों में भरोसा (Trust), निकटता (Affinity) और एकजुटता (Solidarity) के जरिये ये एक ऐसी गैर-संस्तरीकृत निर्णय-प्रक्रिया संरचना के पक्षधर हैं, जो विद्यमान वर्चस्ववादी विश्व व्यवस्था की बिल्कुल विपरीत अवधारणा है। निन्जा शैली का पहनावा पहने वे गुरिल्ला, जो बस दो-चार घंटे पहले पुलिस बलों से दो-दो हाथ कर रहे थे, प्रतिरोध सभा में पूरी गम्भीरता से प्रतिबद्धता और अवधारणात्मक वैचारिकी के साथ वृहत्तर आन्दोलन की समस्याओं और संघर्ष की अराजकतावादी कार्यनीति की सकारात्मक प्रासंगिकता पर विमर्श करते देखे जा सकते थे।

अराजकतावादी समूहों का आन्दोलन में एक और सकारात्मक योगदान पुलिस हिंसा और उत्पीड़न के शिकार अल्पसंख्यक समूहों और सामुदायिकताओं को आन्दोलन के अन्दर लाने का है। उनकी कार्यवाहियाँ वृहत्तर आन्दोलन के लिए वह सीखने में मददगार होती हैं जिन्हें अश्वेत-जातीय समूह-सामुदायिकताएँ न जाने कब से जानते-समझते-अनुभूत करते रहे हैं : 'अमेरिका या यूरोप में कहीं भी व्यवस्था की नाफरमानी की कीमत व्यक्ति की अपनी आजादी या फिर उसकी जान तक हो सकती है।' इसके चलते अराजकतावादियों का दृढ़ विश्वास है कि उस किसी भी आन्दोलन के लिए, जो आज की राजनीतिक व्यवस्था को रेडिकल रूप से चुनौती देना चाहता हो, बेहतर होगा कि वह नेताओं की अवधारणा से दूर रहे!

9/11 की परवर्ती दुनिया में अमेरिका से लेकर तीसरी दुनिया तक हर जगह अन्धराष्ट्रवादिता का कार्ड खेलते हुए राज्य ने इतनी ताकत और निरंकुशता हासिल कर ली है कि प्रतिरोधकारियों-आन्दोलनकारियों के किसी भी तरह के हिंसक व्यवहार का, वह चाहे जितना भी प्रतीकात्मक क्यों न हो, राज्य द्वारा दमनकारी हिंसा से जबाव दिया जाने लगा है। आज के वैश्विक परिवेश में प्रतिरोध की राजकीय प्रतिक्रिया सिर्फ गिरफ्तारी ही नहीं और भी बहुत कुछ है!

प्रतिरोधी हिंसा पर ऐसे बर्बर हिंसक खतरे के बावजूद यह अनुमान लगाना बहुत

मुश्किल नहीं है कि क्या हुआ होता अगर फालुजा या नजफ में ईराकी विद्रोहियों या फिर वेस्ट बैंक या गाजा में फिलिस्तीनी लड़ाकों ने अपने देश की कब्जावर बाहरी ताकतों के खिलाफ पूरी क्षमता से हिंसक जबाबी कार्यनीति की जगह जपतिस्ता या ब्लैक ब्लाक कार्यनीति अपनाया होता? क्या उन्हें अन्तर्राष्ट्रीय सार्वजनिक सहानुभूति का अपने पक्ष में इन्तजार करना चाहिए था? या फिर उन्हें एक ऐसे जनतंत्र का इन्तजार करना चाहिए था जो उनके पक्ष में और आक्रान्ताओं के खिलाफ अन्तर्राष्ट्रीय समर्थन जुटा सकती थी? और तब क्या ऐसी कोशिशों में आज उनका धरती पर अस्तित्व बचा होता?

जीवन अस्तित्व और अस्मिता के प्रतिरोध संघर्षों में हिंसक अथवा अहिंसक कार्यनीति के सवाल पत्थर की लीक बनाकर तय नहीं किये जा सकते।

आन्दोलनों के आन्दोलन की कुछ विशिष्ट वैश्विक चिन्ताएँ

आई.एम.एफ. : जहन्नुम में जाओ

नाओमी क्लीन 'Fences and Windows' में आन्दोलनों के आन्दोलन के कुछ प्रमुख वैश्विक मुद्दों की चर्चा करती है : मार्च 2002 : ठीक उसी दिन जब अर्जेंटीनी राष्ट्रपति एडुआर्डो दुहाल्डे आई.एम.एफ. के साथ एक और निरर्थक वार्ता में उलझा था, ब्यूनस आयर्स निवासियों का एक समूह बिल्कुल अलग तरह के प्रतिरोध में जूझ रहा था। वे पिछले एक महीने से खुद को अपने ही मकानों से बेदखल होने से बचाने की लड़ाई लड़ रहे थे। 335 आयाकुचो बाशिन्दो ने, जिनमें 19 बच्चे भी थे, खुद को अपने घरों के अन्दर कैद कर लिया था और किसी बाहरी के प्रवेश को रोकने के लिए बाड़ें लगा रखी थीं। यह नजारा अर्जेंटीनी राष्ट्रीय कांग्रेस से बस चन्द ब्लाक दूर था और वे अपने घरों से निकाले जाने पर हरगिज राजी नहीं थे। उनके घर की दीवाल पर हाथ से लिखा एक बड़ा सा बैनर टँगा था : 'आई.एम.एफ. : जहन्नुम में जाओ' (IMF: Go to Hell!)।

राष्ट्रीय नीति निर्माताओं और अर्थशास्त्रियों की चिन्ता पीसो मुद्रा के डालर के साथ रिश्ते, ओर 'स्टैग फ्लेशन' की थी। उन्हें बच्चों-बूढ़ों-बेरोजगारों के अपने घरों से बेदखल होने से कुछ लेना-देना नहीं था। उन्हें उन उम्रदराज औरतों के कभी न भरने वाले घावों के दर्द से भी कुछ लेना-देना नहीं था जो उन्हें 1970 से 1983 की सैन्य तानाशाही के दौरान तीस हजार से ज्यादा गुमशुदगियों के जरिये मिले थे। इस दर्द पर सिर्फ आई.एम.एफ. / MIT की टीम ही ऐसी आधिकारिक टिप्पणी कर सकती थी : 'आखिर किसी को तो मजबूत हाथों से देश चलाना ही था (Some body has to run the country with a tight grip)।' ऐसी वैचारिकी में दमन देश को बचाने की अनिवार्य पूर्वशर्त है : घरेलू बाजारों को चीरकर खोल देने के लिए, सार्वजनिक व्यय की भयावह कटौती के लिए, देशव्यापी निजीकरण की मुहिम के लिए आखिर जनता नहीं कीमत चुकाएगी तो और कौन चुकाएगा?

प्रवासी कामगार (Migrant Worker)

नाओमी क्लीन के मुताबिक बड़े पैमाने पर विस्थापन या पलायन विश्व बाजार में

गृहभूमि की खरीदारी नहीं है। यह उन मुक्त व्यापार नीतियों का अँधेरा पहलू है, जिन्हें हमारी सरकारें जी-जान से लागू करने में जुटी हैं। लोग अपना जीवन-अपना भविष्य सब कुछ दाँव पर लगाकर पुरानी-टूटी-खतरनाक नावों पर इसलिए नहीं सवार हो जाते कि वे दुनिया के बाजार में थोड़ा और ऊँचा चढ़ने, थोड़ा और मालदार होने के लिए निकल पड़े हैं। वे ऐसा इसलिए कर रहे हैं कि उनकी गृहभूमि पर हो रहे बदलावों ने उनका घर-बार, उनका रोजी-रोजगार, उनकी जमीन, अस्तित्व के उनके सारे अवसर छीनकर उनके लिए जीने का कोई विकल्प नहीं छोड़ा है। उनके खेत निर्यात फैक्ट्रियों या औद्योगिक कृषि बागानों में बदल दिये गए हैं, या फिर विशाल बाँधों की तलहटी में डुबो दिये गए हैं। 9/11 के बाद से, विशेषकर मध्यपूर्व और उत्तरी अफ्रीका से करोड़ो विस्थापितों की बाढ़-सी आ गई है। ये नवउदारी पूँजीवाद की भू-राजनीतिक आक्रामकता और प्राकृतिक साधन-सम्पदा लूट के वे ताजा-तरीन शिकार हैं, जिनकी गृहभूमियों को तानाशाहियों से मुक्त करा कर जनतंत्र के स्वर्णिम युग में ले जाने के लिए जलते श्मशानों और बूचड़खानों में बदल दिया गया है। यहाँ तानाशाहियों से लड़ने के नाम पर धार्मिक उन्मादी साम्प्रदायिकता के सारे पिशाचों को बन्द बोतलों से निकालकर सर से पाँव तक हथियारों से लैस करके अपनी ही जनता के कत्लेआम के काम पर लगा दिया गया है।

विस्थापन-पलायन के इस नये दौर के शुरू होने के पहले से ही सन 2000 में आठ करोड़ पचास लाख से ज्यादा माइग्रेंट कामगार दुनिया के बड़े बाजारों में मौजूद थे। ये मुक्त बाजार के अनदेखे प्रभाव भर नहीं हैं जो कभी विस्थापित हुए थे। ये मुक्त बाजार में वे नव प्रवेशी हैं, जो उसके ग्राहकों के बतौर नहीं, बल्कि एक 'माल' की तरह दाखिल हो रहे हैं, जिनके पास बेचने के लिए उनके 'श्रम' शरीर के अलावा कुछ भी नहीं है। वे इन भव्य आलीशान बाजारों में कौड़ियों के भाव बिकने वाले ड्राइवरों, खलासियों, दर्जिनों, दाइयों, बच्चे पालने वालियों, मौसमी दिहाड़ी खेत मजदूर, ढुलाई मजदूर, घरेलू नौकर की हैसियत से दाखिल होते हैं। इन बाजारों में मानव शरीर एक 'कार्गो' भर है, जिनके पास 'अधिकार' नाम की चिड़िया की छाया तक नहीं है।

नाओमी क्लीन कहती है कि वह आन्दोलनों के एक ऐसे नेटवर्क का हिस्सा है जो पूँजीवादी वैश्वीकरण के खिलाफ स्थानीय, राष्ट्रीय और अन्तर्राष्ट्रीय स्तर पर कहीं बेहतर, गहनतर, जिम्मेदार और संवेदनशील लोकतंत्रों के लिए संघर्ष करता है। यह नेटवर्क नवउदारी पूँजीवाद के विकल्प की वैश्विक दृष्टि और आयाम रखता है। लाखों लाख लोग सड़कों पर व्यापार शिखर सम्मेलनों के खिलाफ इसलिए नहीं निकलते हैं कि वे व्यापार की अवधारणा के विरोधी हैं। वे इसलिए निकलते हैं कि व्यापार और निवेश का इस्तेमाल स्वशासन (Self government) के मूलभूत सिद्धान्तों को नष्ट करने के लिए किया जा रहा है। वे उस अहंकारी निर्देश की मलामत-खिलाफत के लिए निकलते हैं, जो आज के नवउदारी युग में बहुपक्षीयता (Multilateralism) का पर्याय बन चुका है "हमारे रास्ते चलो वर्ना पूरी तरह से बरबाद कर दिये जाओगे।' आज वैश्वीकरण को लेकर जो भी बहसें चल रही हैं, वे दरअसल 'ताकत' (Power) को लेकर होने वाली बहसें हैं : किसके पास ताकत है? कौन इसे इस्तेमाल कर रहा

है? और कौन इसे ढकने की, यह दिखाने की कोशिश कर रहा है कि अब इसका कोई मतलब नहीं है? अब इससे काम नहीं चलने वाला कि 'न्याय और समानता का जमाना बस आने वाला है' का दिलासा देते हुए अधिसंख्य मानवता को झूठी सदिच्छाओं के झुनझुने के अलावा कुछ न दिया जाय।

खाद्यान्न सार्वभौमिकता

सारी दुनिया में उपभोक्ता अपनी राजनीतिक ताकत के प्रति जागरूक होकर सुपर बाजारों में जीएम खाद्यान्नों की जगह आर्गेनिक विकल्पों की माँग कर रहे हैं और अपनी सरकारों पर जीएम खाद्यान्नों को स्पष्ट चिह्नित करते हुए उन्हें प्रतिबन्धित करने का दबाव बना रहे हैं। इसके बावजूद इन सबसे बेपरवाह ऐग्री बिजनस तंत्र, और उनकी सहयोगी सरकारें, विनाशकारी बौद्धिक सम्पदा कानूनों के अन्तर्राष्ट्रीय हथियारों से लैस होकर वैश्विक स्तर पर खाद्य आपूर्ति को संगठित-समन्वित रूप से दूषित और जहरीला बनाने में व्यस्त हैं। ज्यादातर देशों के कानून निर्माता इस जटिल गड़बड़झाले के सामने हाथ खड़े करके अपनी जनता को इसे अपनी नियति मान लेने के लिए मनाने में लग गए हैं। आखिर इसमें उनका 'अपना' फायदा भी तो है!

असहमति की खरीदारी

जब से प्रतिरोध आन्दोलनों / नागरिक समाज संगठनों ने बड़े-बड़े बहुराष्ट्रिक कारपोरेटों की पर्यावरण और रोजगार विनाशकारी नीतियों के खिलाफ आवाज उठानी शुरू की है, इन बहुराष्ट्रिकों के पक्ष से उनकी पैरोकारी करने वाले बौद्धिकों, रणनीतिकारों और 'मीडिया विशेषज्ञों' में उनकी मदद करने की होड़-सी लग गई है। मदद के इस धंधे का कारोबार बौद्धिक जगत से लेकर राजनीति और नीति नियामक गलियारों तक फैला हुआ है। ये कारोबारी सचेत-सुनियोजित रूप से कारपोरेट नीतियों और उत्पादों की 'मानव हितकारी गुणवत्ता' को अपनी 'बौद्धिक प्रतिष्ठा के रुतबे से सत्ता और जनता के बीच स्वीकार्यता दिलाने की मुहिम चलाते हैं। इसी के साथ वे कारपोरेट-जनता भागीदारी के छद्म से 'असहमतियों की खरीदारी' करते हुए विरोधियों-विपक्षियों को अपने पाले में लाने का प्रयास भी करते हैं।

सार्वजनिक सेवाओं पर हमला

वर्ल्ड ट्रेड सेंटर / पेंटागान पर हमले के मुश्किल से चन्द घंटों बाद रिपब्लिकन कांग्रेसी सांसद कर्ट वेल्डन ने सीएनएन पर छाती ठोंक कर कहा कि वह आगे से किसी को भी स्कूल, अथवा अस्पताल जैसी गैरजरूरी चीजों के लिए वित्त प्रबन्धन की वकालत करते बर्दाश्त नहीं करेगा। अब से वित्त पोषण सिर्फ और सिर्फ जासूसी, बमों और अन्य तमाम 'मर्दाना' जरूरतों के लिए होगा : अमेरिकी सरकार के लिए पहली प्राथमिकता शिक्षा नहीं है, स्वास्थ्य सेवा भी नहीं है, अब प्राथमिकता अमेरिकी नागरिकों की रक्षा और सुरक्षा की है...'मैं एक शिक्षक हूँ जिसने एक नर्स से विवाह किया है'—आज इन सारी बकवासों का कोई मतलब नहीं है।

यूरोप, विशेषकर विकसित पश्चिमी यूरोप इस होड़ में पीछे नहीं है। इसी के साथ नवउदारी वित्तीय पूँजी के संरक्षक महाबली राष्ट्रों ने अन्तर्राष्ट्रीय संस्थानों विश्वबैंक, आई.एम.एफ., डब्लू.टी.ओ. और तमाम द्विपक्षीय-बहुपक्षीय 'समझौतों-सहमतियों' के माध्यम से विकासशील दुनिया में आर्थिक स्थिरता, प्रगति और जनतंत्र की रक्षा के नाम पर 'ढाँचागत पुनर्संरचना-समायोजन' और मितव्ययिता' उपायों को थोपने के जरिए सार्वजनिक कल्याणकारी सेवाओं के महाविनाश और कारपोरेट तंत्र की उद्दंड आक्रामकता को राज्य का संरक्षण सुनिश्चित कराने की मुहिम छेड़ रखी है।

भया दोहन

नाओमी क्लीन कहती है कि आज प्रतिरोधी भीड़ के नियंत्रण के लिए आँसू गैस, काली मिर्च पाउडर स्प्रे, लाठी चार्ज, पानी की तोप जैसे उपाय सबसे प्रभावी नहीं माने जाते। भीड़ नियंत्रण का सबसे प्रभावी 'Cutting edge' तरीका वह है, जो भीड़ को जमा होने के पहले ही 'नियंत्रित' कर ले। यह नव उदारवाद की आधुनिकतम 'स्टेट-ऑफ-दि-आर्ट' प्रतिरोध वर्जना तकनीक है : 'प्रतिरोध की आवाज का प्रतिरोधकर्ता द्वारा स्वयं शमन'। इस तकनीक के दो प्रमुख व्यवहार हैं : (1) प्रचार आक्रामकता के जरिए नवउदारी नीतियों को मानवता की अनिवार्य जरूरत के रूप में महिमामंडित करना; और (2) नव उदारवाद के विरोधियों-प्रतिरोध कार्यकर्ताओं का हिंसक-उन्मादी/आतंकी/अराजकतावादियों के रूप में अपराधीकरण करते हुए नवउदारी आक्रामकता के विरोध को राष्ट्रद्रोह का पर्याय बना देना। इस पूर्व प्रतिरोध-नियंत्रण अभियान में मुख्यधारा मीडिया सबसे प्रभावी मददगार है। एक और प्रभावी रास्ता प्रतिरोधी आन्दोलन/सांगठनिकताओं के अन्दर अपने घुसपैठियों के जरिये इनकी प्रतिरोधी क्षमता को अन्दर से तोड़ना है।

मुक्त व्यापार समझौता (FTAA) के खिलाफ क्यूबेक प्रदर्शन में घटित यह घटना इस तकनीक को प्रभावी रूप से अभिव्यक्त करती है :

'वे उत्साही कार्यकर्ताओं-अराजकतावादियों की सजधज में थे : हुड वाली स्वेट शर्टें, चहरे पर कनटोप मुखौटे, फलानेल शर्टों में, थोड़े थोबड़-थाबड़ से। अचानक वे जग्गी (प्रतिरोध कार्यकर्ता) को जमीन पर पटक कर लातों से पीटने लगे। वे सचमुच बहुत हिंसक तरीके से पीट रहे थे। फिर वे उसे घसीट कर ले जाने लगे। दोस्तों ने जग्गी को छुड़ाने-बचाने के इरादे से घेरना शुरू किया। अचानक कार्यकर्ता का वेश बनाए उन लोगों ने अपने कपड़ों के अन्दर छिपाये लम्बे-लम्बे बैटन (डंडे) निकालकर भीड़ को पीटते हुए पीछे धकलेना शुरू किया, और कड़कती आवाज में अपनी पहचान 'पुलिस' बतायी। उन्होंने जग्गी को पास में खड़ी एक वैन में पटका, और फर्राटे से निकल लिए।'

उधर सरकार 'भले' प्रदर्शनकारियों की प्रशंसा और 'बुरे-उद्दंड' प्रदर्शनकारियों को बदनाम करने की मुहिम चलाए हुए थी, मगर क्यूबेक की सड़कों पर किसी भी प्रदर्शनकारी के साथ 'सुरक्षा बलों' का रवैया एक सा क्रूर-हिंसक, कायराना और पूरी तरह मनमाना था। इन सुरक्षा बलों ने 'कैमरे के सामने' अपनी करतूतों का बहाना बनाने के लिए पत्थर के चन्द टुकड़ों को खुद फेंक कर वह तांडव शुरू कर दिया, जिसकी तैयारी और योजना उन्होंने शुरू से ही बना रखी थी। जैसे ही उन्होंने 'वांछित

बहाना' बना लिया, उन्होंने पूरे इलाके को आँसू गैस, दमघोंटू धुएँ, रबर की गोलियों, और यहाँ तक कि असली गोलियों से भी पाटना शुरू कर दिया।

तात्कालिक जन प्रदर्शन(Mass Demonstration) और दीर्घकालिक संगठानिकता

आमतौर पर प्रदर्शनकारियों में यह धारणा पायी जाती है कि जन प्रदर्शन (Mass Demonstration) हमेशा-हर स्थिति में सकारात्मक प्रभाव वाले, और हर समस्या की राम बाण दवा हैं : वे मनोबल बढ़ाते है, अपनी ताकत का प्रदर्शन करते हैं, और मीडिया का ध्यान आकृष्ट करते हैं। इन सबमें यह बात कहीं पीछे छूट जाती है कि प्रदर्शन अपने आप में 'आन्दोलन' नहीं होते। वे हमारे दिन-प्रतिदिन के आन्दोलनों-संघर्षों-प्रतिरोधों की एक हल्की सी झलक भर होते हैं—वे आन्दोलन-संघर्ष-प्रतिरोध, जो हम सब रोज अपने स्कूलों, कार्यस्थलों, खेतों या बस्तियों में कर रहे होते हैं। या फिर 'प्रदर्शनों' को कम-से-कम ऐसा ही होना चाहिए।

नाओमी क्लीन 11 मार्च, 2001 के ऐतिहासिक दिन को याद करती है जब जपतिस्ता कमांडरों ने अपनी 'सेना' के साथ मैक्सिको सिटी में प्रवेश किया था : एक ऐसी सेना, जिसने राज्य के खिलाफ एक सफल बगावत को अंजाम दिया था। मगर मैक्सिको सिटी के निवासियों की रीढ़ उनके भय से बिल्कुल भी नहीं सिहरी थी : 2 लाख से ज्यादा मैक्सिको शहर के आम नागरिक जपतिस्ताओं के स्वागत के लिए अपने घरों से निकल आए थे : सड़कें भीड़ से जाम थीं, मगर किसी को इससे कोफ्त नहीं हो रही थी। एक भी पटरी दुकानदार या फिर भरे-पूरे दुकानदार (affluent shop-keepers) ने भी डर के मारे अपनी दुकान न तो हटाई, और न ही दुकान का शटर गिराया। वे क्रान्ति को अपनी दुकानदारी के हमकदम चलते देख रहे थे।

ऐसा कैसे सम्भव हो सका? ऐसा इसलिए सम्भव हो सका कि मैक्सिको सिटी में उस दिन का मार्च पिछले सात सालों से अनवरत दिन-रात तैयार हो रहा था। कुछ लोग कहते है यह पिछले पाँच सौ सालों से तैयारी कर रहा था। यह तमाम स्थानीय सामुदायिक समूहों के साथ एकजुटता का गठबन्धन बनाने की; 'माक्विलाडोरा' फैक्ट्रियों के कामगारों के साथ, छात्रों के साथ, बौद्धिकों के साथ, पत्रकारों के साथ गठबन्धन बनाने की—वर्षों की साधना थी। यह कम-से-कम छह हजार लोगों के खुले विमर्शों : वर्षों के जन परामर्श (Mass consultation) का प्रतिफल था। मैक्सिको सिटी की वह ऐतिहासिक घटना—वह अद्भुत मार्च 'आन्दोलन' नहीं था : वह तो वर्षों के इस समूचे अदृश्य कठोर-कठिन परिश्रम की एक सार्वजनिक झलक भर थी! यही प्रदर्शनों की अन्तर्वस्तु है। वे अपने-आप में आन्दोलन या युद्ध नहीं हैं।

लैटिन अमेरिका : नवउदारी वैश्वीकरण के प्रतिरोध की प्रयोगशाला

पृष्ठभूमि

पूँजीवादी वैश्वीकरण के वर्तमान नवउदारी दौर का जन्म 1980 के दशक में जर्जर हो चुके ब्रेटनवुड्स विश्व व्यवस्था तंत्र का जीर्णोद्धार करके एक 'नई विश्व व्यवस्था' की रचना के क्रम में हुआ था। इस 'नई विश्वव्यवस्था' में विकासशील देशों की अर्थव्यवस्थाओं और समाजों को समाहित करने के लिए उनकी अर्थव्यवस्थाओं के सारे बन्द दरवाजों को खोला जाना था। इसी 'खोले जाने' की प्रक्रिया का नामकरण 'उदारीकरण' था। इसका शस्त्रागार काफी विशाल और वैविध्यपूर्ण था : मुद्रा अवमूल्यन, निर्यात प्रोत्साहन, सामाजिक उत्पादन और उससे जुड़े आर्थिक उद्यमों-उद्योगों का निजीकरण, उत्पादन, पूँजी और श्रम बाजार की नियमन-नियंत्रण से मुक्ति, उत्पादन और सेवा क्षेत्रों में पूँजी और व्यापार प्रवाह का उदारीकरण, 'प्रशासनिक विकेन्द्रीकरण' के जरिये 'राज्य और नागरिक समाज' की भागीदारी...। स्थानीय प्रशासन को 'नागरिक समाज' के साथ मिलकर आर्थिक और सामाजिक विकास के लिए प्राधिकार हस्तांतरण का व्यावहारिक मतलब 'विकास' के निजीकरण के जरिये जीवन निर्वाह दशाओं में सुधार की कीमत को राज्य की जगह खुद आम श्रमशील जनता पर थोपा जाना था।

जल्दी ही नवउदारी वैश्वीकरण की प्रक्रिया में सामाजिक बदलाव की प्रक्रिया (Social Process) के लिए अपेक्षित 'समायोजन' नुस्खों के 'सामाजिक और आर्थिक प्रभाव' उन तमाम सामाजिक समूहों और वर्गों पर साफ नजर आने लगे, जिनके ऊपर इस 'समायोजन' की कीमत चुकाने की जिम्मेदारी थोपी गई थी। यह श्रमशील सामाजिक वर्ग था : आम व्यापक मजदूर-किसान जन समुदाय।

इसी के साथ वैश्वीकरण का वर्गीय चरित्र भी सामने आने लगा था : वैश्विक सत्ता-शक्तिधारी वर्ग के उद्दंड-उन्मादी और अहंकारी नुस्खे, और इसके चलते जेफ्री फॉक्स के शब्दों में 'वैश्विक वर्ग युद्ध' (Global Class War)[27] के युग का आरम्भ। इस 'वैश्विक वर्ग युद्ध' में एक तरफ मुक्त व्यापार, आसमान छूते मुनाफे और सट्टेबाजी की राजनीति व अर्थशास्त्र, और दूसरी तरफ दुनिया की अधिसंख्य आबादी का दिनो-दिन गिरता जाता जीवन निर्वाह स्तर और गहराती जाती दरिद्रता थी।

नवउदारी सत्ता वर्ग द्वारा अपने सामूहिक हितों के संरक्षण-संवर्धन और वैश्विक प्रसार के लिए चलाए जा रहे वैश्विक वर्ग युद्ध के व्यापक और दूरगामी दुष्परिणाम अवश्यँभावी थे। वह सारा पुराना सामाजिक करारनामा (Social Contract) / समझदारी

चिन्दी-चिन्दी करके इतिहास के कूड़ेदान में डाल दिया गया, जिसके माध्यम से पूँजीवाद ने अपने मुनाफे को अन्य वृहत्तर सामाजिक वर्गों-समुदायों के साथ 'थोड़ा-बहुत' साझा करने की जिम्मेदारी ली थी। यह करारनामा पूँजीवाद ने स्वैच्छिक नैतिकता के आधार पर नहीं, बल्कि पूँजी के उत्पीड़ित-शोषित-शिकार वर्गों के सदियों के संघर्ष के दबाव में मजबूरी से स्वीकार किया था।

वैश्विक युद्ध का दूसरा मोर्चा पूँजीवाद ने राजसत्ता उपकरणों-संस्थानिकताओं-सांगठनिकताओं के माध्यम से राष्ट्रीय आय में श्रम की हिस्सेदारी को निरन्तर घटाते जाने के लिए खोला। राजसत्ता उपकरणों के जिम्मे श्रम की सांगठनिक और सौदेबाजी ताकत को लगातार कमजोर करने, और श्रमशील वर्गों द्वारा प्रभावी सामाजिक बदलाव के किसी भी प्रयास-आन्दोलन को कुचल देने का कार्यभार था। इसे राजसत्ता पूरी मुस्तैदी के साथ पूरा करने में जुटी हुई थी।

नवउदारी पूँजी द्वारा राष्ट्रीय और वैश्विक आय दोनों ही स्तरों पर श्रम की हिस्सेदारी घटाने का एक और रास्ता राष्ट्रीय और वैश्विक अर्थव्यवस्था में उत्पादन उद्योग आधारित प्रणाली के वर्चस्व को समाप्त करना था। इसके स्थान पर वित्तीय पूँजी की गतिशीलता, विशेषकर अल्पकालिक सट्टेबाज मुनाफा केन्द्रित गतिशीलता का वर्चस्व स्थापित करना शुरू हुआ। नवउदारी वैश्विक आक्रामकता के इन तमाम मोर्चों के पक्ष में वैधता और स्वीकार्यता का माहौल बनाने के लिए समूचा 'मुख्यधारा' बौद्धिक और मीडियातंत्र इनके राष्ट्रीय और मानवीय हित में होने, और इनकी विकल्पहीनता की ढोल पीट रहा था। तंत्र के हाथों बिका हुआ बौद्धिक समुदाय जनता के बीच यह जानकारी नहीं पहुँचने देने के लिए दिन-रात एक किए हुए था कि इससे किसे-कैसे-कितना फायदा हो रहा है?, यह फायदा किन नीतियों, निर्णय प्रक्रियाओं के जरिये हो रहा है? और इसकी कीमत कौन और कितने विनाशकारी-भयावह रूप में चुका रहा है?

1980 दशक से ही नवउदारवाद वैश्विक सत्ता-आभिजात्य की विचारधारा बनी हुई है। इस विचारधारा का संरक्षक-पोषक-संचालक वह ट्रांसनेशनल पूँजीवादी वर्ग है जो अपनी सालाना बैठक दावोस, स्विट्जरलैड के खूब सूरत पहाड़ों की हसीन वादियों में करता है, और जिसकी आलीशान खातिरदारी का खर्च विश्व अर्थव्यवस्था के बहुराष्ट्रिक स्वामी MNCs उठाते हैं। इस सालाना जलसे में करीब दो हजार वैश्विक स्तर के मुख्य कार्यकारी (CEOs), और बड़े-बड़े प्रभावशाली राजनेता भागीदारी करते हैं। ऐसे तमाम जलसे वैश्विक सत्ता आभिजात्य के अन्तर्राष्ट्रीय नौकरशाहों और अर्थशास्त्र के पंडितों के साथ नेटवर्किंग करने, वैश्विक अर्थव्यवस्था की स्थितियों, खतरों और सम्भावनाओं पर तैयार किये गए नीति पत्रों पर 'विमर्श' करने, और 'विश्व के भविष्य की रणनीति' तैयार करने का मंच बनते हैं। विश्व के भाग्य-विधाता यह महान दायित्व दुनिया के सबसे बेहतरीन व्यंजनों-मदिरा और अन्य कल्पनीय-अकल्पनीय अय्याशियों का लुत्फ उठाते हुए, निभाते हैं। ये नये साम्राजी विश्व व्यवस्था तंत्र के स्वघोषित और नामित आत्ममुग्ध-अहंकारी सदस्य और संरक्षक हैं।

पत्रकार इन तमाम अनिर्वाचित, स्वघोषित, अथवा नामित, महाप्रभुओं की विश्वअर्थव्यवस्था के प्रबन्धन और संचालन की 'अद्भुत प्रतिभा' के अपनी रोजाना की

'फील्ड और लाइव' रिपोर्टों में कसीदे पढ़ते और दुनिया को सुनाते नहीं अघाते। इनमें ब्राजील का निर्भरता सिद्धान्तकार (Dependency Theorist) और भूतपूर्व नवउदारी राष्ट्रपति फर्नांडो कार्डोसो, और मैक्सिको के भूतपूर्व राष्ट्रपति कार्डोस सेलिनास और अर्नेस्टो जेडिल्लो जैसी हस्तियाँ शामिल हैं। बाकी सूची फोर्बस की विश्व के सबसे खरबपति भाग्यशालियों की सालाना सूची है : बिल गेट्स, जार्ज सोरोस जैसी हस्तियों के बिना तो ऐसा कोई समागम सम्भव ही नहीं है। इनमें भावी-सम्भावित राष्ट्र-राज्य सत्ताओं के कर्णाधार और केन्द्रीय बैंकों के गर्वनर भी होते हैं। इन्हें वैश्विक व्यवस्था तंत्र में उनकी राष्ट्रीय जिम्मेदारियों तक पहुँचाने में चुनाव अथवा अन्य तमाम खर्चों के वित्त पोषण के लिए कारपोरेट जगत, और उनके पक्ष में माहौल तैयार करने के लिए मीडिया जगत अहर्निश तत्पर रहता है। यह वह रास्ता है, जिससे ये राष्ट्रीय सत्ता तंत्र में 'वैध और लोकतांत्रिक' रास्ते-तरीके से पहुँचते हैं, और वैश्विक सत्ता तंत्र के महाप्रभुओं और सहयोगियों द्वारा दी गई जिम्मेदारियों को निभाते हैं।

नवउदारीकरण और नव प्रतिरोध के दौर

लैटिन अमेरिका के सन्दर्भ-परिप्रेक्ष्य में 1980 दशक से शुरू हुए इस नवउदारी वैश्वीकरण अभियान को मोटे तौर पर चार कालखंडों में बाँट सकते हैं। पहला दौर 'शिकागो ब्बायज' द्वारा चिली में पिनोशे तानाशाही के जमाने से शुरू होकर अर्जेंटीना और उरुग्वे तक विस्तारित हुआ था। 1980 दशक में ही यह दौर ध्वस्त हो गया। दूसरा दौर 1980 के परवर्ती वर्षों में विश्व बैंक और अन्तर्राष्ट्रीय मुद्राकोश द्वारा थोपे गए 'वाशिंगटन सहमति' के ढाँचागत समायोजन सुधारों के अन्तर्गत विदेशी ऋण संकट, राष्ट्रराज्यों के दिवालिए पन और राजनीतिक उथल-पुथल के 'सुधार' का था।

1990 दशक के तीसरे दौर में ढाँचागत सुधार अपने वायदे निभा पाने में पूरी तरह असफल हो चुके थे। इन 'सुधारों' ने 'आर्थिक आजादी की ताकतों' को बेलगाम बना दिया। इसकी प्रतिक्रिया में इसी दौर में 'प्रतिरोध की ताकतों' का भी उदय शुरू हुआ, जो नव उदारवाद और राष्ट्रराज्य दोनों के लिए चुनौती बनीं। चौथे दौर में वैश्वीकरण और नवउदारीकरण के सिद्धान्तकारों ने नवउदारवाद का संशोधित मॉडल पेश किया : 'मानवीय चेहरे के साथ ढाँचागत समायोजन'। इसमें वे न्यायपूर्ण समानता (equity) और टिकाऊ मानवीय विकास (Sustainable Human Development) के साथ उत्पादक बदलाव (Productive Transformation) की अवधारणा लेकर आए। इस नई सामाजिक नीति का लक्ष्य गरीबों और उनके समुदायों, सबसे हाशिये के समूहों को ढाँचागत समायोजन कार्यक्रम में संक्रमण की भारी सामाजिक कीमत सहन करने में सहायता के लिए 'सामाजिक निवेश फंडों' का प्रबन्धन था। कहना न होगा कि इस समूची लफ्फाजी का एकमात्र व्यावहारिक अर्थ राज्य का अपने सारे सामाजिक दायित्वों-खर्चों से पल्ला झाड़ लेना था।

लैटिन अमेरिका के सन्दर्भ और परिप्रेक्ष्य में ही, नवउदारवाद के 'चार दौर' के सापेक्ष 'प्रतिरोध की शक्तियों' के विकास क्रम को भी मोटे तौर पर 'चार दौर' में चिह्नित कर सकते हैं। 1972 से 82 के दौर में मजदूरों और कामगारों की क्रमश: बढ़ती अग्रगति

और आकांक्षा का जबाब भूस्वामी जागीरदारों और बड़ी पूँजी की ओर से प्रतिक्रियात्मक हिंसक आक्रामकता से दिया जा रहा था। ग्रामीण गरीबों और भूमिहीन खेतिहरों के खिलाफ राज्य का दोतरफा हमला हो रहा था : 'प्रगति के गठबन्धन' (ग्रामीण क्षेत्रों में भूस्वामियों और बड़ी पूँजी का गठजोड़ (alliance of progress), जिसे अमेरिकी वित्त और 'अन्य तमाम जरूरी मदद' हासिल थी, की ओर से राज्य पोषित-संचालित हमले हो रहे थे। इसी के साथ राष्ट्रीय मुक्ति के लिए गुरिल्ला छापामार संघर्षों के खिलाफ राज्य मशीनरी अमेरिकी सैन्य, वित्त और खुफिया (सीआईए) मदद से लैस होकर टूटी पड़ रही थी। श्रमशील वर्ग के खिलाफ पूँजी और राज्य गठजोड़ की प्रतिक्रियात्मक आक्रामकता के चलते श्रमिक आन्दोलन और संगठन शक्ति में बिखराव, और इसके नतीजे में बेहतर वेतन और काम की दशाओं के लिए उनकी सौदेबाजी क्षमता का ह्रास हुआ। यह वाशिंगटन द्वारा निर्धारित 'राष्ट्रीय सुरक्षा सिद्धान्त' के वाशिंगटन-सीआईए प्रायोजित-संचालित सैन्य तख्ता-पलटों, तानाशाहियों, और तथाकथित 'विघटनकारियों' (subversives) के खिलाफ रक्तरंजित युद्धों का दौर था।

1983 से 1995 का कालखंड विशेषकर ग्रामीण अंचलों में जन आन्दोलनों (Popular movements) के उभार का दौर था। स्थानिक-जातीय जन समुदायों, वंचितों, भूमिहीनों, और छोटे किसानों की ताकत एकजुट होकर अपनी राष्ट्रीय सरकारों की नवउदारी नीतियों के प्रतिरोध में उतर रही थी। इक्वाडोर, चियापा, बोलीविया, तमाम जगहों पर स्थानिक, किसान, खेतिहर विद्रोह कर रहे थे। नतीजे में कई राष्ट्रपतियों की गद्दी गई, और नवउदारी एजेंडों को कुछ हद तक धक्का भी लगा। बोलीविया और इक्वाडोर में स्थानीय सामुदायिकताओं के आन्दोलनों ने सामाजिक-राजनीतिक आन्दोलनों का आयाम लेकर दो तरफा मोर्चे पर संघर्ष छेड़ा : चुनाव में भागीदारी, और साथ ही साथ राज्य के खिलाफ प्रतिरोध की सीधी कार्यवाहियों की आक्रामकता। यह दौर जन आन्दोलनों की कुल मिलाकर अग्रगति, और विकास के साथ वर्ग संघर्ष की नई रक्षात्मक-आक्रामक रणनीति के प्रयोग का था।

सन् 2000 से 2003 तक लैटिन अमेरिका सामाजिक-राजनीतिक बदलाव के लिए संघर्ष के विविध रूपों की प्रयोगधर्मिता और प्रतिक्रियावादी ताकतों के प्रत्याक्रमणों की रणभूमि बना रहा। अर्जेंटीना, बोलीविया और इक्वाडोर में सत्ता बदली। वेनेजुएला में ह्यूगो चावेज के नेतृत्व में बोलिवारी क्रान्ति के वर्ग संघर्ष और प्रतिक्रियावादी परम्परागत सत्ता वर्ग की लम्बी उठा-पटक चलती रही। चावेज के खिलाफ सैन्य तख्ता पलट, बोलिवारी संविधान द्वारा प्रदत्त अधिकार के तहत चावेज को 'रिकाल' जनादेश के जरिये सत्ताच्युत करने और आम हड़ताल के जरिये वाशिंगटन सैन्य-पूँजी प्रतिष्ठान-मीडिया और चर्च का प्रतिक्रियावादी गठजोड़ लगातार अपनी सत्ता वापसी के असफल प्रयास करता रहा। चावेज की अगुवाई में वेनेजुएला इन तमाम प्रतिक्रिया-प्रत्याक्रमणों का मुकाबला करते हुए बोलीवारी क्रान्ति के संविधान व चुनाव सम्मत रास्ते से समाज की समाजवादी दिशा में पुनर्निमाण की दिशा में कदम बढ़ाता रहा।

सन् 2003 से लैटिन अमेरिका में सामाजिक बदलाव और परम्परागत प्रतिक्रिया की ताकतों के बीच घात-प्रतिघात के दिलचस्प मुकाबले का दौर शुरू हुआ। कई

देशों के सत्ता तंत्र पर बदलाव के लिए जनाकांक्षा की लहर पर सवार व्यावहारिक परिणामवादी (Pragmatic), नवउदारवाद के साथ तालमेल के साथ यथासम्भव सीधी टकराहट से बचने वाली, सामाजिक जनवादी सत्ताओं की गुलाबी लहर चली। इनका रुझान जन भावनाओं और उत्तर वाशिंगटन सहमति की वैश्विक नीतियों के साथ तालमेल बनाकर चलने का था।

गुलाबी लहर के इसी दौर से जुड़ा एक और विशिष्ट पक्ष लैटिन अमेरिकी भूगोलार्ध में स्थानीय सामुदायिकताओं से लेकर वृहत्तर-व्यापक जन आन्दोलनों का चावेज का '21वीं सदी के नये समाजवाद' का रेडिकल प्रोजेक्ट भी था। इस प्रोजेक्ट में क्रान्ति का कार्यभार प्रतिक्रियावादी परम्परागत सत्तावर्ग को एकबारगी ध्वस्त करने के बजाय उसके साथ एक लम्बी थकावट-घिसावट का संघर्षण युद्ध चलाना था। इसके माध्यम से जनता की पहलकदमियों और ताकत के बल पर अन्ततः समाज के क्रान्तिकारी समाजवादी रूपान्तरण को अंजाम देना था। परिवर्तन और प्रतिक्रिया की ताकतों के बीच यह दाँव-पेची उठा-पटक फिलहाल तो तीखे सामाजिक वैषम्य-विभाजन और अस्थिरता को जन्म दे रही है। ब्राजील में सत्ता तंत्र पर चरम दक्षिणपंथी प्रतिक्रिया की वापसी हुई। 1 जनवरी, 2023 से एक बार फिर लूला के नेतृत्व में वाम की वापसी हुई है। वेनेजुएला में भी दक्षिणपंथी प्रतिक्रिया अपनी सत्ता वापसी के लिए लगातार चरम आक्रामक और उकसावेबाजी का रवैया अपनाए हुए है। कुल मिलाकर लैटिन अमेरिकी परिदृश्य में वाम परिवर्तन की धारा और चरम दक्षिणपंथी प्रतिक्रिया की जबरदस्त टकराहट जारी है।

ब्राजील में तत्कालीन सत्ताधारी राष्ट्रीय पार्टी पीटी (Workers Party) ने स्थानीय स्तर पर बदलाव का पहला प्रयोग 1989 से 2004 के बीच ब्राजील के रियो ग्रांडे दो सुल प्रान्त की राजधानी पोर्टो अलेग्रे की म्युनिसिपल सरकार में किया था। पीटी प्रशासन ने म्युनिसिपल संस्थानों को जबाबदेही और पारदर्शिता के लिए प्रतिबद्ध बनाने के साथ-साथ आम जन सभाओं के जरिये बजट तैयार करने की प्रक्रिया में नागरिकों की भागीदारी सुनिश्चित करने का प्रयास किया। जन भागीदारी बजट प्रक्रिया के इस प्रयोग को 'विश्व बैंक बहुपक्षीय संस्थाओं के विकास के लिए अन्तर्राष्ट्रीय कमीशन' और उदारवादी-बौद्धिक-अकादमिक जगत से सार्वजनिक हित के लिए सामूहिक निर्णय प्रक्रिया के बेहतरीन उदाहरण के रूप में सराहना मिली। इसे अन्य जगहों के लिए ग्रासरूट स्तर की भागीदारी राजनीति के मॉडल और गाइड के रूप में पेश किया गया।

बोलिविया और इक्वाडोर की सामाजिक प्रयोगशालाओं में म्युनिसिपलटी को सामाजिक उत्पादन के एजेंट के रूप में बदलने के प्रयोग चल रहे थे। स्थानीय राजनीति के रास्ते सामाजिक बदलाव के लिए वाम अपनी दावेदारी पेश कर रहा था। यह वृहत्तर राजनीति (मैक्रो पालिटिक्स) के साथ-साथ राष्ट्रीय चुनाव बनाम सामाजिक आन्दोलन के रास्ते सूक्ष्मतर राजनीति (माइक्रो पालिटिक्स) के विकास का प्रयोग था। स्थानीय राजनीति व भागीदारी विकास (Participatory Development) की दिशा में यह बदलाव एक ऐसी राजनीति और सामाजिक विमर्श (क्रान्ति) की 'सकारात्मक' वापसी के रूप में देखा जा रहा था, जिसका समय 'आकर जा चुका' था (सोवियत

सामाजिक-राजनीतिक क्रान्ति और बदलाव के उत्थान और पतन के रूप में)।

वर्ल्ड सोशल फोरम' के रूप में लैटिन अमेरिका एक और अलग तरह की प्रयोगधर्मिता को आगे बढ़ा रहा था। 3 जनवरी, 2007 को वेनेजुएला की राष्ट्रीय राजधानी काराकास मानो अन्तर्राष्ट्रीय वाम का 'मक्का' बन गई थी। करीब 170 देशों के हजारों-हजार सामाजिक कार्यकर्ता डब्लूएसएफ के छठवें संस्करण-सम्मेलन में भागीदारी के लिए पहुँचे थे। फोरम के हर सालाना संस्करण-समागम में दुनिया भर के हजारों एनजीओ और नागरिक समाज संगठन अधिक नैतिक और मानवीय वैश्वीकरण के तलाश के अपने अनुभवों के साथ जुटते थे। यह पूँजीवाद के निषेध की नहीं, बल्कि उसके कहीं ज्यादा मानवीय स्वरूप की तलाश थी : एक ऐसी 'दूसरी दुनिया', जो वर्तमान व्यवस्था के सुधार की दृष्टि तक सिमटी थी। ये सुधार अपनी प्रकृति और पहुँच में चाहे जितने रेडिकल हों, मगर ये व्यवस्था की नींव के साथ छेड़छाड़ का जोखिम नहीं उठाते थे।

इसके चलते इन फोरमों के दायरे से वह हर राजनीतिक संगठन स्पष्ट और घोषित तौर पर बाहर रखा गया था, जिसकी दृष्टि और दिशा क्रान्तिकारी परिवर्तन, और जिसके आयुधागार में हथियारबन्द संघर्ष, हिंसक टकराव और वर्ग संघर्ष हो! आमतौर पर यूरोप और उत्तरी अमेरिका में संकल्पित-विकसित 'आन्दोलनों के आन्दोलन' की इस प्रयोगधर्मिता की मूल संरचना में वहाँ के एनजीओ, सीएसओ, ट्रेड यूनियनें, छात्र, बेरोजगार आदि शहरी मध्यवर्ग था। इस प्रयोगधर्मिता की महत्त्वपूर्ण उपलब्धियों में सियाटेल और फिर उसके बाद दुनिया भर में होने वाले वैश्विक पूँजी के संरक्षकों-संचालकों के शिखर सम्मेलनों के बरअक्स अपने प्रति सम्मेलन-प्रदर्शन आयोजित करते रहना था : जेनोवा, क्यूबेक, मेलबोर्न, डकार...।

वर्तमान नवउदारी वैश्वीकरण के प्रतिरोध की दिशा में एक और प्रयोग नव वाम (New Left) द्वारा सत्ता को खारिज करने वाली राजनीति का है। 1960 और 1970 दशकों के वर्ग संघर्ष की दिशा सामाजिक बदलाव-पुनर्संरचना के लिये राजसत्ता पर कब्जे की थी। प्रतिरोध की मूल ताकत उन दिनों ग्रामीण अंचलों के भूमिहीन और लगभग भूमिहीन खेतिहर-किसानों के संगठनों-आन्दोलनों, और शहरों में संगठित श्रम आन्दोलनों की थी। इनका नेतृत्व आमतौर पर पेट्टी बुर्जुआ मध्यवर्गीय बौद्धिकों द्वारा किया जा रहा था। अपनी वैचारिकी और व्यवहार में इस संघर्ष की रणनीति राजसत्ता दखल के लिए ग्रामीण अंचलों से हथियारबन्द गुरिल्ला संघर्षों, और शहर में श्रमिक वर्ग की अगुवाई में 'आम हड़तालों' के समन्वय की थी।

1990 के दशक में नवउदारी वैश्वीकरण के पूरी तरह से बदले हुए सन्दर्भ और विशेषकर जनवरी 1994 के जपतिस्ता उभार के परिप्रेक्ष्य में सामाजिक बदलाव और पुनर्संरचना के लिए प्रतिरोधी संघर्षों की वाम वैचारिकी और व्यवहार में भी एक उत्तर आधुनिक (Post-Modern) मोड़ दिखता है। यह मोड़ 'बिना राजसत्ता दखल के सामाजिक परिवर्तन' का था : 'राजनीति करने का एक नया रास्ता' : बिना 'वर्ग संघर्ष' का रास्ता लिए अथवा बिना 'राजसत्ता की चाह लिए सामाजिक बदलाव' लाने की आकांक्षा। कई वाम धाराओं-कतारों ने स्थानीय राजनीति और सामुदायिक

विकास के स्तर पर, स्थानीय-सामुदायिक संघर्षों-आन्दोलनों में शामिल होने का रास्ता लिया : गरीब की ताकत : उसकी 'सामाजिक पूँजी' (Social Capital) के बल पर सामाजिक बदलाव।

कुछ अन्य वाम धाराओं-कतारों ने 21वीं सदी के शुरुआती सालों में ग्रान ब्यूनस आयर्स और अन्य कई जगहों पर बेरोजगार नौजवान-कामगारों की झुग्गी-झोंपड़ बस्तियों में उनके सामाजिक-राजनीतिक असन्तोष व आक्रोश को बौद्धिक-वैचारिक दिशा देने के जरिये सामाजिक बदलाव की ओर बढ़ने का रास्ता चुना।

21वीं सदी के लैटिन अमेरिकी प्रतिरोध संघर्षों की एक ओर विशिष्टता चुनावी राजनीति में वाम दावेदारी और सफलता के उभार की है। हालाँकि इस बात को लेकर काफी बहस है कि 'ऐसी वाम दावेदारी' में कितना 'वाम' बचा है? नई सहस्त्राब्दि में लैटिन अमेरिकी भूगोलार्ध में सत्ता परिवर्तनों की धारा अमेरिका के लिए चिन्ता, और वाम के लिए एक तरह की नई उम्मीदों और आशाओं का कारण थी। राष्ट्रीय राजनीति में इस 'वाम झुकाव' को लेकर मुख्यधारा बौद्धिकों और मीडिया की चिन्ता यह थी कि लैटिन अमेरिकी भूगोलार्ध में ठोस सुसंगत अर्थशास्त्र पर राजनीति की 'चिन्ताजनक जीत' हो रही है। सबसे ज्यादा चिन्ता वेनेजुएला में ह्यूगो चावेज की 'बोलिवारी क्रान्ति' की जीत को लेकर थी। इसे 21वीं सदी में लैटिन अमेरिकी राजनीतिक परिदृश्य में गुलाबी लहर के ज्वार का संकेत माना जा रहा था। 2002 की गर्मियों में बोलीविया में कोका उत्पादक कामगार-किसान नेता इवो मोराले की 'समाजवाद के लिए आन्दोलन' MAS पार्टी कांग्रेस (संसद) में दूसरी सबसे बड़ी राजनीतिक पार्टी बन चुकी थी। यह पार्टी दिसम्बर आते-आते तमाम म्युनिसिपल चुनावों में अपनी शानदार जीतें दर्ज करा चुकी थी।

इसके बाद राष्ट्रीय राजसत्ता पर चुनाव के जरिये जीत हासिल करने की झड़ी सी लग गई : अक्टूबर 2002 में ब्राजील में लूला डि सिल्वा और उसकी वर्कर्स पार्टी (PT), दिसम्बर 2005 में अर्जेंटीना में नेस्तर क्रिश्नर, दिसम्बर 2006 में इक्वाडोर में रफाइल कोरिया। 2006 की गर्मियों में इस गुलाबी लहर का ज्वार थोड़ा रुका। मैक्सिको में पीआरडी के राष्ट्रपति उम्मीदवार की जीत होते-होते रह गई, और पेरु में राष्ट्रपति हुमाला की एलन गार्सिया के हाथों हार हुई। बदनाम सामाजिक जनवादी एलन गार्सिया अपने नवउदारी अवतार में सत्ता पर काबिज होने में कामयाब हो गया। गुलाबी लहर ने जल्दी ही एक बार फिर जोर मारा, और निकारागुआ में डेनियेल आर्टेगा की जीत हुई। हालाँकि आर्टेगा की अवसरवादिता और धार्मिक कार्ड खेलने की बाजीगारी से लोग अपरिचित नहीं थे। कुल मिलाकर उस समय लैटिन अमेरिकी गोलार्ध में अमेरिका समर्थित-पोषित-प्रायोजित दक्षिणपंथी तानाशाहियों और सैन्य शासकों के दिन लद गए दिखते थे, और उनकी जगह नवउदारी राजसत्ताओं की एक रंगारंग नई नस्ल जगह लेती दिख रही थी।

ये सत्ताएँ नवउदारवाद के साथ सीधी टकराहट से बचते हुए अमेरिकी प्रभुत्व वाली नवउदारवादी नीतियों से क्रमशः दूर होते हुए लैटिन अमेरिकी अर्थशास्त्र की धारा को बदलने की कोशिश कर रही थीं। अर्जेंटीना में क्रिश्नर ने अर्जेंटीनी इतिहास

के अब तक के सबसे विषम आर्थिक-राजनीतिक संकट के दबाव में आई.एम.एफ., विश्वबैंक और अमेरिका को चुनौती दी। उसने देश के विदेशी कर्जों की अदायगी किस्तों को रोक कर हासिल बचत राशियों, आयात के वित्तीय संसाधनों और आय के अन्य श्रोतों को उत्पादक और सामाजिक निवेश में लगाया। सामाजिक निवेशों की प्राथमिकता में वे अल्पकालिक श्रम परियोजनाएँ शामिल थीं, जिनके लिए देश की बेरोजगार श्रमशक्ति, जो उस समय कुल श्रमशक्ति के 25% से ज्यादा थी, माँग करते हुए सड़कों पर उतरकर तमाम राजमार्गों पर जाम लगाकर अपने आक्रोश का प्रदर्शन कर रही थी। इस आक्रामक चुनौती वाली नीति का नतीजा तीन साल बाद अर्जेंटीना के लैटिन अमेरिकी भूगोलार्ध में सबसे तेज़ वृद्धि दर 8% के रूप में आया।

ब्राजील में पी.टी. नेता लूला डिसिल्वा ने अक्टूबर, 2002 में राष्ट्रीय सत्ता की बागडोर सँभाली। वाशिंगटन की नाराजगी के बावजूद 'वाल स्ट्रीट' कुल मिलाकर लूला से खुश था। लूला ने अमेरिकी भूगोलार्ध में अमेरिकी दादागिरी वाले 'मुक्त व्यापार क्षेत्र' (Free Trade Area) की स्थापना के अमेरिकी मंसूबों पर पानी फेरने में मुख्य भूमिका निभायी। लूला लैटिन अमेरिकी राजनीति में चावेज-मोराले-कोरिया धुरी के समर्थन में खड़े रहकर अमेरिका की आँखों की किरकिरी बना रहा। मगर इसी के साथ लूला ने ब्राजीली एग्री व्यावसायिक और पूँजीवादी हितों के पक्ष में 'वाल स्ट्रीट' के साथ सौदेबाजी, और अमेरिकी बाजार में इन हितों के लिए जगह बनाने की कोशिशें भी जारी रखीं।

इक्वाडोर में 2006 में मध्य-वाम गठबन्धन के नेता रफाइल कोरिया की देश के सबसे धनी व्यक्ति और नव उदारवाद के प्रतिबद्ध सिद्धान्तकार अल्वारो नोवोआ पर जीत हुई। इसके चलते इक्वाडोर में स्थानिक सामुदायिकताओं और व्यापक जनता के आन्दोलन एक बार फिर सरकार के एजेंडे पर आए। राष्ट्रीय सम्प्रभुता, देश के प्राकृतिक संसाधनों का राष्ट्रीयकरण, कृषि-भूमि सुधार, स्थानिक-जातीयताओं के अधिकार, विदेशी कर्ज अदायगी पर सामाजिक कार्यक्रमों की प्राथमिकता, बहुराष्ट्रिकों के साथ तेल समझौतों में राष्ट्रीय हितों की प्राथमिकता, मान्ता इलाके में अमेरिकी सामरिक अड्डों का अन्त, और लैटिन अमेरिकी भूगोलार्ध की भू-राजनीतिक एकता के स्वप्न को पुनर्जीवित करने जैसे मुद्दे 'राज्य' की चिन्ता में शामिल हुए।

कुल मिलाकर नई सदी में लैटिन अमेरिकी भूगोलार्ध में वाशिंगटन की दादागिरी लगातार कमजोर पड़ती दिख रही थी। वाशिंगटन अब मध्यपूर्व / अफगानिस्तान की तरह इस इलाके में भी पुराने दिन वापस लाने के लिए ताकत का इस्तेमाल करने: एक बार फिर 'गनबोट डिप्लोमेसी' और सीआइए के जरिये 'सुव्यवस्था-सुशासन' स्थापित कर सकने की हैसियत में भी नहीं है। अब उसके पास 'बेहतर सुशासन' (Good Governance) की अपनी परियोजना में इन देशों के 'नागरिक समाज' को शामिल करने का रास्ता बचा है जिसके इस्तेमाल की वह भरपूर कोशिशें कर रहा है। मगर लैटिन अमेरिकी जनता अब ऐसी किसी भी राजसत्ता के मातहत होने के खतरों और कीमत से परिचित है, जिसकी बागडोर वाशिंगटन और वैश्विक पूँजी के हितों के चाकर प्रभुत्वशाली वर्गों के हाथों में हो। मोराले और कोरिया ने बहुवर्गीय गठबन्धन

(Multi-class alliance) बनाकर प्रतिरोध की ताकतों को उत्तर वाशिंगटन सहमति के निर्देशन में पुरानी सरकार द्वारा चलाये जा रहे 'गुटशाही वर्ग शासन' (oligarchy class rule) और नवउदारवाद एजेंडा के खिलाफ गोलबन्द करने का काम किया। इसका नतीजा इन देशों में एक ऐसे बहु-जातीय (Multi-ethnic) अथवा बहु-राष्ट्रीय (Pluri-national) राज्य शासन की स्थापना में हुआ, जिसकी दिशा बोलिविया के उपराष्ट्रपति अल्वारो गार्सिया के मुताबिक पूँजीवाद के एक विशिष्ट 'एंडियन स्वरूप' (Andean form of Capitalism), और क्षेत्रीय राजनीति व व्यापार में एक नई अमेरिका विरोधी धुरी की है।

लैटिन अमेरिका के इस पूँजीवादी अर्थशास्त्र की पुनर्संरचना में 1990 दशक के वित्तीय संकट और नई सहस्त्राब्दि के शुरुआती सालों की मन्दी का योगदान माना जा सकता है। लैटिन अमेरिकी विकास वृद्धि दर की नाल कृषि-खनिज निर्यात के प्राथमिक क्षेत्र में गड़ी है। सन् 2003 से 2008 तक सभी लैटिन अमेरिकी अर्थव्यवस्थाओं ने अपनी आर्थिक प्रगति की रणनीति अपने 'निर्यात उत्पादन के पुनर्प्राथमिकीकरण' निर्धारित की। इसका आधार तेल, ऊर्जा, प्राकृतिक संसाधनों के बढ़ते बाजार, और विश्व बाजार में प्राथमिक उत्पादों की आमतौर पर बढ़ती कीमतों का फायदा उठाना था। इस नीति के चलते इन अर्थव्यवस्थाओं की विदेशी बाजारों पर निर्भरता बढ़ी। इस निर्भरता ने वर्गीय ताकतों के अन्तर्सम्बन्धों की संरचना-सन्तुलन में दक्षिणपंथी ताकतों को मजबूत किया। इसके नतीजे में राज्य के स्तर पर 'वाम' की तरफ आम रुझान के बावजूद अर्थव्यवस्था और समाज के स्तर पर 'वाम' कमजोर हुआ : ट्रेड यूनियन नेताओं का राजसत्ता तंत्र के साथ 'आमेलन' हुआ, और वे सामाजिक आन्दोलन, जिन्होंने प्रतिरोध की ताकतों को 1990 दशक के नव उदारवाद के खिलाफ गोलबन्द किया था, नेपथ्य में छूटते चले गए।

फिर आया साल 2008 : पूँजीवाद के गढ़ में अर्थव्यवस्था का पिछले दस सालों से फूलता गुब्बारा एकदम से फट गया। भू-राजनीतिक-आर्थिक प्रभाव की दृष्टि से लैटिन अमेरिका सबसे नजदीकी क्षेत्र होने के नाते क्षेत्र की अधिकांश अर्थव्यवस्थाएँ वैश्विक व्यापकता वाली आर्थिक मन्दी के भँवर में फँस गईं। अमेरिकी अर्थव्यवस्था जनित व्यवस्थानिक महामन्दी ने खुद अमेरिका और उसके साथ नाभि-नाल से जुड़ी अन्य अर्थव्यवस्थाओं को पूरी तरह विध्वंस के भँवर में खींच लिया। अमेरिकी साम्राज्य की बढ़ती हुई उद्दंड अति महत्त्वाकांक्षा, ईराक में साम्राजी युद्ध की कमर तोड़ देने वाली कीमत (जनवरी, 2009 तक ईराक युद्ध पर अमेरिका 597.7 बिलियन डालर से ज्यादा खर्च कर चुका था) और दुनिया भर में अपने सैन्य अड्डों-सामरिक महत्त्वाकांक्षाओं को बनाए रखने के खर्चों के चलते वित्तीय संकट और उससे जनित महामन्दी के विनाशकारी तूफान को थाम सकने की अमेरिकी ताकत काफी हद तक सीमित हो चुकी थी। इन परिस्थितियों का लैटिन अमेरिका के लिए एक सकारात्मक पक्ष यह निकला कि लैटिन अमेरिकी राज्यों की अमेरिका के साथ रिश्तों में 'कुछ हद तक स्वतंत्रता और सापेक्षिक स्वायत्तता' की गुँजाइश बनी। इस अवसर का फायदा चावेज ने वेनेजुएला को समाजवाद की दिशा की ओर बढ़ाने में उठाया।

बावजूद इसके सच्चाई यह भी थी कि लैटिन अमेरिका वैश्विक महामन्दी की गहन चपेट में था। क्षेत्र की हर अर्थव्यवस्था व्यापार, घरेलू उत्पादन, निवेश, रोजगार, राजकीय वित्त और आय की भयावह व लगातार गिरावट से जूझ रही थी। सामाजिक सेवाओं पर खर्चों में कटौती हुई, बड़े-बड़े बैंकों और उद्यमों-व्यवसायों के लिए राजकीय साख-सब्सिडी उपलब्धता बढ़ी, अर्थव्यवस्था के तमाम क्षेत्रों में, विशेषकर कृषि-खनिज और आटोमोबील उत्पादन के क्षेत्रों में बेरोजगारी बेतहाशा बढ़ी। विदेशों में काम कर रहे नागरिकों से आने वाले डालर और यूरो अन्तर्प्रवाह के कम हो जाने से भुगतान सन्तुलन (BOP) संकट बढ़ा। अमेरिका और यूरोप में हुए अपने भारी घाटे की भरपाई के लिए विदेशी सट्टेबाज निवेशकों ने बिलियनों डालर की निवेशित रकम इन अर्थव्यवस्थाओं से निकाल ली।

महामन्दी का एक मतलब यह भी था कि लैटिन अमेरिकी देशों की आर्थिक-सामाजिक संरचना में उस समूचे सामाजिक-आर्थिक वर्ग को, जिसके ऊपर 2003 से 2008 की आर्थिक प्रगति की गति निर्भर थी, अब एक दुखदायी और व्यापक उथल-पुथल-बदलाव के दौर से गुजरना होगा। वे तमाम ट्रेड यूनियनें और सामाजिक आन्दोलन, जो 2003-08 की प्रगति में अपनी सामाजिक-आर्थिक दशाओं और वेतन की बेहतरी की दावेदारी कर रहे थे, व्यापक सामाजिक सुधारों और प्राथमिक उत्पाद निर्यात मॉडल के अन्दर वित्तीय संसाधनों और सामाजिक खर्चों के बेहतर निवेश की जद्दो जहद कर रहे थे—उन्हें अब 'सीधी कार्यवाहियों' में उतरना होगा अन्यथा वे अपना प्रभाव-प्रासंगिकता सब कुछ खो देंगे। 2008 के परवर्ती दशक ने इसे व्यावहारिक रूप से सिद्ध किया।

लैटिन अमेरिकी मध्य-वाम सरकारों ने प्राथमिक तौर पर संकट से निपटने के लिए जो कदम उठाये उनमें : (i) बैंकिंग क्षेत्र को वित्तीय सहायता बेल-आउट (ब्राजील) और कृषि-खनिज निर्यात आभिजात्य के लिए करों में कटौती (ब्राजील और अर्जेंटीना); (ii) घरेलू उपभोग को गति देने के लिए उपभोक्ताओं के लिए सस्ते साख का प्रबन्धन (अर्जेंटीना) और; (iii) छोटी और मझोले आकार की खदानों से छँटनी किये गए कामगारों के लिए अस्थायी बेरोजगारी लाभ (बोलिविया) आदि उपाय प्रमुख थे।

आई.एम.एफ. अनुमान के मुताबिक 2008 में स्टाक मार्केट और अन्य सम्पदा बाजारों के धड़ाम होने और मुद्रा अवमूल्यन के चलते लैटिन अमेरिका की वित्तीय सम्पदा में 40% का ह्रास हुआ। स्वाभाविक रूप से इस घाटे का प्रतिफलन घरेलू मोर्चे पर खर्चों की व्यापक कटौती में हुआ। दूसरी ओर सर से पाँव तक कर्ज में डूबी 'निर्यात अभिजात्य' की बड़ी मछलियाँ दिवालिएपन के कगार पर पहुँच कर सम्बंधित सरकारों पर अपनी तात्कालिक कर्ज देयताओं से मुक्ति के लिए दबाव दे रही थीं। इसके चलते राज्य ने जनता पर कर्जों का बोझ लाद देने का रास्ता लिया, जिससे निर्यात क्षेत्र का कर्ज बोझ कम किया जा सके और शून्य ब्याज दरों पर निर्यातकों को पूँजी उपलब्ध करायी जा सके। सामाजिक सेवाओं-शिक्षा, स्वास्थ्य, पेन्शन और वेतन में भारी कटौती को 'राजकीय दमन' की ताकत के बल पर अमल में लाया गया। स्वाभाविक है ऐसे बनने वाले 'राज्यवाद' (Statism) का 'प्रगतिशीलता' से कुछ भी लेना-देना नहीं रह

जाएगा—'समाजवाद' की दावेदारी का तो प्रश्न ही नहीं है। इसका व्यावहारिक रूप लैटिन अमेरिकी राज तंत्र में बड़े पैमाने पर प्रतिक्रियावादी दक्षिण तंत्र की पुनर्वापसी है।

इन तमाम विपरीत परिस्थितियों और क्षेत्र में कई एक प्रतिक्रियावादी सरकारों की मौजूदगी (ब्राजील (2022 तक), पेरु, कोलम्बिया) के बावजूद अमेरिका के लिए अपने 'लूट की दादागिरी के स्वर्णिम युग' की पुनर्वापसी सम्भव नहीं रह गई है। बीते दशक में अमेरिका की प्राथमिकता अपने लैटिन अमेरिकी 'पिछवाड़े' से हटकर अपना ध्यान, संसाधन और सैन्य बल अफगानिस्तान, ईराक, सोमालिया की लड़ाइयों, ईरान पर दबाव बनाने, और फिलस्तीन, लेबनान सीरिया के खिलाफ इजराइली आक्रामकता को शह और समर्थन देने की बनी रही। वाशिंगटन की 'आतंक के खिलाफ युद्ध' की उत्तर 9/11 आक्रामकता की भू-राजनीतिक-रणनीतिक प्राथमिकता संसाधनों को लैटिन अमेरिका के बजाय दुनिया के दूसरे 'इलाकों' में लगाने की थी।

दूसरी तरफ लैटिन अमेरिकी भू-गोलार्ध में अमेरिका और लैटिन अमेरिका के 'आपसी' रिश्तों में भी तेजी से बदलाव आ रहा था : स्वतंत्रता (Independence)-वेनेजुएला; प्रतिस्पर्धी पूँजीवाद के तहत सापेक्षिक स्वायत्तता (Relative Autonomy)-ब्राजील; सापेक्षिक स्वायत्तता और मुखर विरोध (Critical Opposition)-बोलीविया; चुनिन्दा सहयोग (Selective collaboration) चिली, और नवउदारी फ्रेम वर्क के अन्दर पूरी तरह सहयोग (Deep collaboration) मैक्सिको, पेरु, कोलम्बिया।

वेनेजुएला लैटिन अमेरिका में एक वैकल्पिक राष्ट्रवादी ध्रुवीकरण के नेतृत्व की ओर तेजी से बढ़ रहा था। अमेरिकी दादागिरी की प्रतिक्रिया में राष्ट्रवादी सामाजिक कल्याणकारी कार्यक्रमों के जरिये व्यापक जन समर्थन हासिल करते हुए वेनेजुएला अपनी नेतृत्वकारी बढ़त बनाए हुए था। 'स्वातंत्र्य' की यह नीति काफी हद तक उत्पाद प्रसार (Commodity Boom) और तेल कीमतों के उछाल के बूते वित्त प्रबन्धन और सहयोग के रास्ते क्षेत्रीय, और काफी हद तक अन्तर्राष्ट्रीय सहयोगियों को भी जीत पाने में सफल रही थी। मगर चावेज की मृत्यु, अन्तर्राष्ट्रीय बाजार में तेल कीमतों के धड़ाम होने, और एक के बाद एक लैटिन अमेरिकी देशों में दक्षिणपंथी राजसत्ताओं की पुनर्वापसी ने फिलहाल इस अभियान पर प्रभावी रोक लगा दी है।

लैटिन अमेरिका की स्वायत्त-प्रतिस्पर्धी पूँजीवादी धारा का प्रतिनिधि राष्ट्र ब्राजील बना। उसने अपने को घरेलू कृषि-खनिज व्यापार और निवेश के प्रभावी खिलाड़ी के रूप में पेश किया। साथ ही साथ वह अपने पड़ोसी अपेक्षाकृत छोटे और कमजोर राष्ट्रों—पारागुए, बोलीविया, उरुग्वे, इक्वाडोर आदि के सापेक्ष अपनी प्रतिस्पर्धी आर्थिक क्षमता का भी विस्तार करता गया। ब्रिक्स (BRICS) समूह के अन्य राष्ट्रों रूस, भारत, चीन और दक्षिण अफ्रीका के साथ मिलकर ब्राजील एक ऐसे उभरते हुए विस्तारवादी आर्थिक सत्ता केन्द्र का आकांक्षी है, जो लैटिन अमेरिकी भू-गोलार्ध के प्रचुर प्राकृतिक संसाधनों और इलाके के छोटे राष्ट्रों पर अमेरिकी वर्चस्व के साथ प्रतिस्पर्धा और भागीदारी कर सके। इस सिलसिले में लूला, और उसके बाद दिल्मा रुसफ की सरकारों ने यूरोपी ताकतों, विशेषकर फ्रांस के साथ बेहतर तालमेल और क्षेत्रीय फोरमों व राष्ट्रवादी राजसत्ताओं के साथ द्विपक्षीय समझौतो की राह पकड़ी।

इसका उद्देश्य यूरोपी-अमेरिकी बहुराष्ट्रिक पूँजी के साथ अपने आर्थिक रिश्तों में बेहतर 'सन्तुलन' बनाना था। इसके चलते पीटी सरकारें आम ब्राजीली के हितरक्षण और शासन में जनभागीदारी / निगरानी के अपने एजेंडे से लगातार दूर होती गईं। इस दूरी का परिणाम लूला दि सिल्वा को जेल, दिल्मा रुसुफ पर महाभियोग और अन्ततः चरम भ्रष्ट व प्रतिक्रियावादी दक्षिणपन्थ की सत्ता पुनर्वापसी में निकला।

कुल मिलाकर लैटिन अमेरिकी भू-गोलार्ध की रेडिकल राष्ट्रवादियों से लेकर साम्राज्यवादी गठबन्धन वादियों तक तमाम राजसत्ताएँ एक ऐसे पूँजीवादी अर्थतंत्र और वर्ग व्यवस्था के दायरे में संचालित हो रही हैं, जिसमें बाजार के रिश्ते और पूँजीवादी वर्ग ही केन्द्रीय-खिलाड़ी हैं।

समाजवाद की स्थापना के लिए राजसत्ता पर नियंत्रण निस्सन्देह एक निर्णायक शर्त है। मगर इससे भी जरूरी बात यह है कि उन सामाजिक ताकतों की बनावट-बुनावट क्या है, जिन्होंने एक या दूसरे रास्ते-तरीके से सत्ता पर अपना दखल पा लिया है? चावेज के जमाने के एकमात्र समाजवादी देश वेनेजुएला ने तेल की बढ़ती वैश्विक माँग और प्राथमिक उत्पादों की विश्व बाजार में बढ़ती कीमतों का इस्तेमाल 'बोलिवारी क्रान्ति' की वैचारिकी पर आधारित समाजवाद के रास्ते पर बढ़ने के लिए किया था। अन्य देशों ने भले ही अमेरिकी साम्राज्यवाद के बरअक्स अपनी राष्ट्रीय सम्प्रभुताओं की जो भी रणनीति ली, मगर अपनी राजसत्ताओं का नव उदारवाद पक्षधर अन्तर्निहित चरित्र बनाए रखा। इतना जरूर है कि ऐसा करने में उन्होंने ज्यादातर उत्तर वाशिंगटन सहमति के 'मानवीय चेहरे के साथ नवउदारीकरण' द्वारा सुझाए सामाजिक समावेशी (Socially inclusive) और लोक लुभावन परिणामवादी कार्यक्रमों का मुखौटा पहने रहने का प्रयास किया। चावेज के वेनेजुएला और क्यूबा को छोड़कर लैटिन अमेरिका का अन्य कोई भी देश प्राथमिक उत्पाद प्रसार (Boom) के जरिये कमाए अतिरिक्त राजकोषीय आय का इस्तेमाल राष्ट्र को समाजवाद की दिशा में बढ़ाने के लिए नहीं करता है। समाजवाद की दिशा लेने से अर्थ समाजवादी लफ्फाजी नहीं, बल्कि सम्पदा की भागीदारी है : राजकोषीय आय का इस्तेमाल वंचितों और गरीबों की जीवन दशाओं के सुधार कार्यक्रमों में करना, और कीमत उछाल की 'अचानक आय' को श्रमिकवर्ग और सामान्य जन समुदायों-वर्गों की दशाओं को सुधारने में लगाना। इन नीतियों की वजह से 2003 से 2008 की अवधि में वेनेजुएला में प्रति व्यक्ति सामाजिक खर्च तीन गुना बढ़ा, सामाजिक सेवा-सहायता के लाभार्थियों की संख्या दो गुनी हुई, दरिद्रता 39% (2003 में दरिद्रता दर 54% थी जो 2008 में 28% रह गई) और चरम दरिद्रता 72% घटी।

बोलीविया में, जहाँ मोराले-गार्सिया-लिनेरा सत्तातंत्र की स्पष्ट घोषित नीति नवउदारीकरण और अमेरिकी साम्राज्यवादी विस्तारवाद के विरोध की है, विदेशी निवेशकों की आशंकाओं को दूर करने के लिए किये जा रहे निवेश और निर्यात खर्चों में की गई वृद्धियों के सापेक्ष सामाजिक कार्यक्रमों पर किये जाने वाले खर्चों में वृद्धि नहीं हुई। सामाजिक कार्यक्रमों पर जो राजकोषीय खर्च हुए भी, उनका फायदा सबसे गरीब तबकों के बजाय धनिक परिवारों को ज्यादा मिला। बहुतेरी तमाम मध्य-वाम

सरकारों ने, जो 21वीं सदी में लैटिन अमेरिका में सत्ता में आईं, विशेषकर ब्राजील और चिली ने, अपने दरिद्रता उन्मूलन कार्यक्रमों का विस्तार सार्वजनिक कल्याणकारी उपभोग के सन्दर्भ में किया था। मगर बोलिविया में सामाजिक कार्यक्रमों पर 'नई सामाजिक नीति' के तहत किये गए खर्चों के अलावा बोनस, विभिन्न नकद भत्तों, स्वास्थ्य और शिक्षा के क्षेत्र में किये गए अतिरिक्त खर्चों का लगभग पूरा वित्त प्रबन्धन क्यूबा और वेनेजुएला की ओर से आए अनुदानों से हुआ था। प्राथमिक उत्पाद निर्यात कीमतों के उछाल के जरिये कमायी गई बोलिवियाई राजकोषीय आय श्रमिक वर्ग और स्थानिक जातीय जन समुदायों की माँगों-आकांक्षाओं को पूरा करने के बजाय ज्यादातर विदेशी निवेशकों के हित में लगायी गई। कुल मिलाकर 21वीं सदी समाजवाद और गुलाबी लहर का लैटिन अमेरिकी उभार स्पष्ट दृष्टि और प्रतिबद्ध इच्छाशक्ति के अभाव में अपनी ढलान पर है।

लैटिन अमेरिकी 'रेडिकल वाम' का वर्तमान परिदृश्य

21वीं सदी के लैटिन अमेरिका के बहुरंगी वाम रुझान के ढेरों नाम-विशेषण हैं : पॉपुलिस्ट, भागीदारी, (Participative), रेडिकल, सामाजिक-जनवादी, राष्ट्रवादी...। वाम लहर एक परिघटना बन गई थी : यह लाल लहर नहीं, गुलाबी लहर थी : पापुलिस्ट राजसत्ताओं की 2009 तक बाढ़-सी आ गई : अर्जेंटीना, ब्राजील, ग्वाटेमाला, चिली, कोस्टारिका, उरुग्वे, पनामा, पेरु, पारागुए, अलसल्वाडोर—तमाम जगहों पर सुधारवादी और सामाजिक-जनवादी रुझानों के राष्ट्रपति थे। ये राष्ट्राध्यक्ष विद्यमान वैश्विक आर्थिक-राजनीतिक व्यवस्था तंत्र को कोई चुनौती दिये बिना हल्के-फुल्के सामाजिक-आर्थिक सुधार कार्यक्रमों के साथ उदारी जनतंत्र (Liberal Democracy) का एजेंडा आगे बढ़ा रहे थे।

परिदृश्य के दूसरे छोर पर वेनेजुएला, बोलीविया, इक्वाडोर और निकारागुआ थे : ये राष्ट्राध्यक्ष तुलनात्मक रूप से रेडिकल थे: विद्यमान वैश्विक राजनीतिक-सामाजिक-आर्थिक व्यवस्था तंत्र को अपने-अपने तरीकों से चुनौती दे रहे थे या चुनौती देने की कोशिश करते नजर आ रहे थे। वे अपने-अपने राजनीतिक-सामाजिक-आर्थिक क्षेत्रों में जन भागीदारी बढ़ाने के जरिये लोकतंत्र की जड़ें मजबूत करने की कोशिश कर रहे थे। कुछ हद तक वे मुक्त व्यापार की अवधारणा और बाजार-आधारित वैश्विक नीतियों की नियामक-संचालक अन्तर्राष्ट्रीय 'सुप्रानेशनल' सांगठनिकताओं का भी विरोध कर रहे थे। ये राष्ट्राध्यक्ष अपने-अपने देशों में वैश्विक मुक्त बाजार अर्थतंत्र के घरेलू सत्ता अभिजात्यों को चुनावी चुनौती में हराकर सत्ता तक पहुँचे थे, और सत्ताकाल में भी लगातार इनके भीतरघाती-परोक्ष-अपरोक्ष हमलों-चुनौतियों से जूझ रहे थे।

बीसवीं सदी के दौर में लैटिन अमेरिका के लगभग हर देश में रेडिकल वाम का रास्ता विभिन्न गुरिल्ला-छापामार संघर्षों-क्रान्तियों का रहा है। 1950 से 1970 के बीच लैटिन अमेरिकी वाम का विभिन्न पार्टियों, गुटों अथवा समूहों में विभाजन-विखंडन-बिखराव हुआ। रेडिकल वाम की प्राथमिकता घरेलू दायरों में जनतांत्रिक दावेदारी और विकास के संघर्षों से ज्यादा तानाशाहियों और सैन्य जुन्ताओं के खिलाफ सामाजिक-आर्थिक विकास और राष्ट्रीय स्वतंत्रता की बनी रही। यहाँ का वाम विमर्श मार्क्सवाद-लेनिनवाद को लैटिन अमेरिकी स्थितियों-दशाओं के अनुरूप विकसित करने पर केन्द्रित था।

सोवियत समाजवादी-पूर्वी यूरोपी मॉडल के बिखराव, उससे जुड़ी साम्यवादी वैचारिकता के पराभव, और शीतयुद्ध युग के अन्त के बाद 1990 के दशक में कुछ गिने-चुने संगठन, पार्टियाँ और वाम नेता ही हथियारबन्द सामाजिक क्रान्तियों की

वैचारिकी के पक्षधर रह गए थे। वाम के सामने न सिर्फ समाजवादी परियोजना की विफलता से जूझने की आन्तरिक चुनौती थी, बल्कि अमेरिकी विशेषाधिकारी वर्चस्व वाले नव उदारवाद से एक ऐसे जमाने में लड़ने की चुनौती भी थी, जिसमें सैनिक तानाशाहियों की जगह 'लोकतांत्रिक तरीके से निर्वाचित' सरकारों ने ले ली थी : भले ही वे 'लोकतांत्रित निर्वाचन' कितने भी 'प्रायोजित-प्रबन्धित' क्यों न रहे हों।

1980 के दशक से ही ऐसी तमाम 'लोकतांत्रिक सरकारें' : दक्षिणपंथी-प्रतिक्रियावादी/"कंजर्वेटिव' सरकारें सत्ता में आ चुकी थीं। लैटिन अमेरिका में वाम लहर का उभार 1998 में वेनेजुएला में चावेज की ऐतिहासिक विजय के साथ शुरू हुआ। इसके बाद 1999 में चिली में मध्य-वाम गठबन्धन 'ला कंसर्टेंसियों' के राष्ट्रपति के बतौर 'माडरेट समाजवादी' रिकार्डो लागोस की सरकार बनी। फिर तो लैटिन अमेरिका में वाम सरकारों की झड़ी लग गई। गुलाबी लहर के विजय अभियान को कुछ इस तरह तालिकाबद्ध कर सकते हैं—

वर्ष	*देश*	*राष्ट्राध्यक्ष*	*पार्टी*	*वामदिशा*
1999-2013	वेनेजुएला	ह्यूगो चावेज	मूविमेंटो क्विंटा रिपब्लिक /—पार्टीडो सोशलिस्टा युनिडो वेनेजुएला	रेडिकल
2014-जारी	" "	निकोलस मादुरो	" " "	
2006-2006	चिली	रिकार्डो लागोस	पार्टीडो सोशलिस्ता (PS)	माडरेट
2006-2010	"	मिशेल बाखलेट	" "	
2003-2010	ब्राजील	लूला डिसिल्वा	पार्टीडो ट्राबुल्हाडोरेस (PT)	"
2010-2016	"	दिल्मा रुसुफ	"	"
2003-2007	अर्जेंटीना	नेस्टर क्रिश्नर	फ्रेंटा पाट्रा ला विक्टोरिया (FPL)	"
2007-2015	"	क्रिस्टीना फर्नांडेज-क्रिश्नर	"	"
2004-2009	पनामा	मार्टिन ई टोरिजोस	पार्टीदो रिवोल्यूसियोनारिया-डेमोक्राटिका (PRD)	"
2005-2010	उरुग्वे	तबारे वाज्क्वेज	फ्रंटे आरिलयोस	
2010-2015	"	जोस मुजिका	"	"

2006— जारी	बोलीविया	इवोमोराले	मुविमेंटो अल सोशलिज्म	रेडिकल
2006-2010	कोस्टारिका	आस्कर आरिया-सांचेज	पार्टीडो लिबरासियों नेसियोनल (PLN)	माडरेट
2010-2014	"	लाउरा चिन्चिल्ला-मिरांडा	,,	,,
2007— जारी	निकारागुआ	डेनियल आर्टेगा	फ्रेंटे सांदनिस्ता डे लिबरासियों (FSNL)	रेडिकल
2006-2017	इक्वाडोर	रफाइल कोरिया	एलियान्जा पाट्रिया अल्तिवा सोवेराना-(PAIS)	रेडिकल
2008-2012	पारागुए	फर्नांडो लागो	कन्सर्हासियों नेसियोनल (CN)	माडरेट
2008-2012	ग्वाटेमाला	अल्वारो कोलोम	यूनिडाड नेसियोनल डे ला-एस्पेरान्जा (UNA)	माडरेट
2009-2014	अलसल्वाडोर	माउरिसियो फानेज	फ्रेंटे फाराबुन्दो मार्ती पारा लिबरेसियों-नेसियोनल (FMNL)	माडरेट
2006-2011	पेरु	एलन गार्सिया	एलियान्जा पापुलर रिवोल्यूसियोनारिया-अमेरिकाना (IPIRA)	,,
2011-2016	"	ओलान्ता हुमाला	पार्टीडो नेसियोनालिस्ता पेरुयानो (PNP)	"

रेडिकल वाम और सामाजिक जनवादी 'माडरेट' वाम

रेडिकल वाम 'लिबरल जनवाद' (Liberal Democracy) और बाजार अर्थव्यवस्था नीतियों को चुनौती देता है। वह 1990 और 2000 दशक के नवउदारवादी पूँजीवादी वैश्वीकरण की खिलाफत करता है। बावजूद इसके वह पूँजीवाद के दायरे में संस्थागत जनतंत्र (Institutional Democracy), चुनावों और अन्य विभिन्न राजनीतिक अधिकारों-संस्थानिकताओं का आमतौर पर समर्थक है। रेडिकल वाम आर्थिक परिक्षेत्र में राज्य के नियामक दखल से सामाजिक सुधारों, और व्यापक जन समुदायों में सम्पदा-आय के

पुनर्वितरण के लिए संघर्ष करता है। रेडिकल वाम की अवस्थिति काफी कुछ 1970-73 में राष्ट्रपति सल्वाडोर अलेन्दे, और ग्वाटेमाला में 1944-1954 के रेडिकल जनवाद वाले वाम गठबन्धन की नीतियों व व्यवहार से मिलती है। रेडिकल वाम व्यापक श्रमिक, किसान, स्थानिक जनसमुदायों के हक में आमूल-चूल सामाजिक-आर्थिक सुधारों और भूमि पुनर्वितरण का पक्षधर है। भागीदारी जनतंत्र के क्षेत्र में यह व्यापक आम जनता की स्थानीय स्तरों पर, विशेषकर सामाजिक-आर्थिक क्षेत्रों में भागीदारी पर बल देता है। अपनी सैद्धान्तिक-वैचारिक अवस्थिति में यह राष्ट्रवाद के मार्क्सवाद के साथ संश्रय और दुनिया की अन्य मार्क्सवादी पार्टियों के साथ बिरादराना रिश्तों का पक्षधर है। यह सामाजिक परिवर्तन में औरतों की महत्त्वपूर्ण भूमिका-भागीदारी ओर उनकी बिना शर्त सारे सामाजिक-राजनीतिक अधिकारों-अवसरों में बराबरी का पक्षधर है। रेडिकल वाम की इस अवस्थिति को चावेज की उस स्वीकारोक्ति में देखा जा सकता है, जिसमें वह अपनी पहचान बोलीवारी-मार्क्सवादी-लेनिनवादी-नारीवादी बताते हैं।

मध्य-वाम अवस्थिति के सामाजिक जनवादी

सामाजिक जनवादी 'माडरेट' अन्तर्राष्ट्रीय समाजवादी और सामाजिक जनवादी पार्टी समूह से हैं। 'लैटिन अमेरिका के तीसरे रास्ते' के ये सामाजिक जनवादी वस्तुत: लिबरल जनवादी नीतियों के विकास, बाजार अर्थव्यवस्था, नवउदारी आर्थिक नीतियों के मूल चरित्र और विशेषताओं को हल्की-फुल्की झाड़-फूँक के साथ बनाए रखने के पक्षधर हैं। वे सुधारवाद और परिणामवाद का रास्ता चुनते हैं। उनकी राजनीतिक-सामाजिक वैचारिकी और शब्दावली में 'वर्ग संघर्ष' और 'समाजवाद' जैसे शब्दों और विचारों के लिए जगह नहीं है। वे नवउदारी आर्थिक वैश्विक व्यवस्था तंत्र को स्वीकार करते हैं, मगर इसी के साथ 'कमजोर के अधिकार', 'सामाजिक न्याय', 'उत्तरदायित्व के साथ अधिकार' और 'कास्मोपोलिटन बहुलतावाद' जैसी अवधारणाओं को भी जोड़े रखना चाहते हैं। वे विचार केन्द्रित (चिली) अथवा आभिजात्य केन्द्रित (कोस्टारिका) कुछ भी हो सकते हैं। वे हर तरह के वाम ग्रुपों का गठबन्धन, (उरुग्वे, अर्जेंटीना) या फिर महज एक वाम दिखावे की अवसरवादी-परिणामवादी पार्टी (पेरु) भी हो सकते हैं। वे 21वीं सदी के 'नव वाम' की रंगारंग छटा के प्रतीक हैं।

लैटिन अमेरिका में वामपन्थी कम्युनिस्ट पार्टियों की धारावाहिकता और प्रासंगिकता का एकमात्र प्रतिनिधि क्यूबा है।

अन्य लैटिन अमेरिकी देशों में कम्युनिस्ट पार्टी के नाम और झंडे की प्रभावी ताकत के रूप में उपस्थिति नहीं मिलती। अमेरिका के छह दशकों से अधिक के गलाघोंटू प्रतिबन्धों और लैटिन अमेरिकी भूगोलार्ध में क्यूबा को बहिष्कृत रखने की हर सम्भव कोशिशों के बावजूद कम्युनिस्ट क्यूबा ने लैटिन अमेरिकी भूगोलार्ध में अपनी विश्वसनीयता, स्वीकार्यता और नेतृत्वकारी सम्मान बनाए रखा है। 2016 में अन्तत: अमेरिका को क्यूबा के साथ अपने राजनायिक रिश्ते 'समानता और सम्प्रभुता' के आधार पर बहाल करना पड़ा, हालाँकि अभी भी उसने आर्थिक प्रतिबन्ध नहीं हटाए हैं। इस प्रक्रिया को डोनाल्ड ट्रम्प प्रशासन ने पूरी तरह से उलट दिया। जो बाइडेन के

डेमोक्रेटिक प्रशासन की भी इस दिशा में कोई रुचि नहीं दिखती।

कुल मिलाकर लैटिन अमेरिकी भू-राजनीतिक-सामाजिक-आर्थिक परिदृश्य में एक छोर पर दक्षिणपंथी पार्टियाँ, आभिजात्य हित समूह, सैन्य ताकतें, और अमेरिकी प्रशासनिक-आर्थिक व सामरिक तंत्र के शह-समर्थन का संश्रय है। यह सत्ता पर येन केन प्रकारेण आभिजात्य सत्ता समूह का 'निर्वाचित जनतंत्र' और 'नवउदारी आर्थिक व्यवस्था तंत्र' बनाए रखना चाहता है। परिदृश्य के दूसरे छोर पर रेडिकल 'भागीदारी वाम जनतंत्र' है जो नवउदारी पूँजीवादी एजेंडे का घुर विरोधी है, मगर परिवर्तन और चुनौती को वह कमोबेश 'पूँजीवाद' के ही दायरे में रख रहा है। इन दोनों छोरों के बीच तमाम तरह के 'क्रिश्चियन डेमोक्रेट' और 'सामाजिक जनवादी वाम'—मध्यवाम' धाराए हैं, जो 'लिबरल डेमोक्रेसी' की पैरोकार हैं। ये सभी धाराएँ 'जनतांत्रिक निर्वाचन' के रास्ते सत्ता तक पहुँचने की प्रतिस्पर्धा करती हैं।

वेनुजुएला में चाविज्मो, बोलिवारी समाजवादी क्रान्ति, और 21वीं सदी के समाजवाद ने 'निर्वाचन' 'विजयों का रिकार्ड कायम किया है : नये संविधान के तहत राष्ट्रपति चुनावों में 1998, 2000, 2006, 2012, 2014 और 2018 में लगातार जीत, संसदीय चुनावों में 2000, 2005 और 2010 में जीत, नये संविधान पर 1999 जनमत संग्रह में जीत, संवैधानिक संशोधन जनमत संग्रह में 2007 में हार और 2009 में जीत, और इसके अलावा राष्ट्रपति चावेज के 'रिकाल' जनमत संग्रह की जीत। इन सभी निर्वाचनों-जनमत संग्रहों में तमाम मुद्दों पर परस्पर घुर विरोधी जोरदार बहसों के राष्ट्रीय अभियान चले हैं, और इन सभी निर्वाचनों-जनमत संग्रहों को अन्तर्राष्ट्रीय पर्यवेक्षकों और मीडिया ने 'Free and Fair' की मान्यता दी है। परन्तु 2018 के राष्ट्रपति निर्वाचन को ज्यादातर पश्चिमी राष्ट्र निष्पक्ष नहीं मानते। जनवरी 2019 में मादुरो के राष्ट्रपति पद की शपथ लेने के बाद, 23 जनवरी को विपक्ष के बहुमत वाली नेशनल असेम्बली के अध्यक्ष जुआन गुवायडो ने खुद को राष्ट्रपति घोषित कर दिया। इसे तुरन्त अमेरिका और ज्यादातर पश्चिमी यूरोपी राजसत्ताओं ने मान्यता दे दी। इसके बावजूद अमेरिका और पश्चिमी यूरोपी राजसत्ताएँ वर्तमान राष्ट्रपति निकोलस मादुरो को अपदस्थ कर पाने में सफल नहीं हुईं।

बोलीवरी क्रान्ति अपने घोषित लक्ष्यों-उद्देश्यों में पूँजीवादी वैश्वीकरण की धुर विरोधी है। यह पश्चिमी भू-गोलार्ध के नियामक नियंत्रण के अधीन संचालित वैश्विक संस्थानिकताओं का भी विरोध करती है। इसने वेनेजुएला में पूर्ववर्ती सामाजिक-आर्थिक व्यवस्था तंत्र वाले जनतंत्र को चुनौती देते हुए देश को भागीदारी जनतंत्र की ओर मोड़ने का प्रयास किया है। यह नागरिक अधिकारों के संरक्षण-संवर्धन, और भागीदारी जनतंत्र, जिसकी नींव व्यापक जन समुदायों की हितसाधक एकजुटता पर आधारित अर्थव्यवस्था हो, की पक्षधर है। भागीदारी जनतंत्र के मॉडल की स्थापना 1999 संविधान के जरिये की गई थी।

प्रत्यक्ष भागीदारी का व्यवहार स्थानीय स्तर—विशेषकर स्थानीय योजना बनाने तक ही व्यवहार में लाया जा सका है। स्थानीय म्युनिसिपल्टियों के आधे से ज्यादा निर्वाचित मेयर और प्रतिनिधि स्थानीय संगठनों द्वारा चयन के जरिये निर्वाचित हैं। स्थानीय

भागीदारी की यह रणनीति नागरिक समाज में इन स्थानीय सांगठनिकताओं के माध्यम से राज्य के बरअक्स एक ऐसी समानान्तर संरचना की है, जो सामाजिक बदलाव के लिए आमूल-चूल परिवर्तन की प्रक्रिया में जन भागीदारी को आवेग दे सके। लोगों को सामुदायिक विकास और उससे जुड़ी परियोजनाओं के साथ गहराई से जोड़ने, इसके सम्बन्ध में निर्णय लेने, और उसे सामूहिक रूप से लागू करवाने के लिए सामुदायिक काउंसिलों, कम्यूनों, और सामुदायिक नगरों की अवधारणा विकसित की गई है। इसके अलावा, स्वास्थ्य कमेटियों, सहकारी समितियों, शहरी भूमि कमेटियों आदि के जरिये गरीबी उन्मूलन, स्वास्थ्य सेवा, भूमि और आवास से जुड़ी राज्य परियोजनाओं-कार्यक्रमों को लागू कराया जाता है, और बाजार में व्यावसायिक उत्पादन की सामूहिक प्रणालियों-स्वरूपों को बढ़ावा दिया जाता है। 'सर्कुलोज बोलिवारियानोज' (बोलिवारी सर्किलें) में पचीस लाख से ज्यादा सदस्य हैं।

2002-2003 में बोलिवारी सत्ता प्रशासन ने रेडिकल रवैया अपनाते हुए नवउदारी आर्थिक-सामाजिक नीतियों और इनके वैश्विक निर्माता-नियामकों-संचालकों के वर्चस्व के खिलाफ दूरी और विरोध की नीति ली। बोलिवारी आर्थिक सुधारों का लक्ष्य : (i) वेनेजुएला की अमेरिकी तेल बाजार पर निर्भरता से मुक्ति; (ii) दूसरे पूँजीवादी देशों की पूँजी और तकनीक पर निर्भरता से यथासम्भव बचने की कोशिश; और (iii) राष्ट्रीय गुटशाही की आर्थिक-वाणिज्यिक दादागिरी को चुनौती। आर्थिक सुधारों में तेल और अन्य प्रमुख क्षेत्रों : बैंकिंग, बिजली, टेलीकाम, स्टील, सीमेंट का राष्ट्रीयकरण, वेनेजुएली उत्पादों के निर्यात के प्रसार-प्रोत्साहन के जरिये राज्य की अर्थव्यवस्था में ज्यादा सक्रिय भागीदारी, सहयोगी राष्ट्रों—विशेषकर लैटिन-अमेरिकी सहयोगियों के साथ संयुक्त उपक्रमों की भागीदारी, रेल, सड़क, बन्दरगाह आदि ढाँचागत विकास पर जोर, सार्वभौम-सार्वजनिक स्वास्थ्य सेवा, शिक्षा, निरक्षरता उन्मूलन, आय असमानता को कम करने के राज्य-वित्त प्रबन्धित सामाजिक कार्यक्रमों के जरिये वृहत्तर-व्यापक सामाजिक अधिकारों का संरक्षण-संवर्धन जैसी परियोजनाएँ और कार्यक्रम शामिल थे।

मिशन मर्काल एक देशव्यापी भंडारण योजना है जिसके जरिये खाद्यान्नों और अन्य आधारभूत जरूरत के उत्पादों को जरूरत मन्दों के लिए सब्सिडाइज्ड कीमत पर उपलब्ध कराने के साथ, 'मुफ्त सामुदायिक चौकों' का संचालन होता है। मिशन बेरियो अदेंत्रो सभी नागरिकों के लिए मुफ्त स्वास्थ्य सेवा सुनिश्चित करता है। मिशन गुआईकाइपुरो (Guaicaipuro) स्थानिक जन समुदायों के सामूहिक हितों-अधिकारों की गारंटी करता है। मिशन जमोरा (Zamura) छोटे और भूमिहीन किसानों को कतिपय पूर्व-निर्धारित आधारों पर बड़े भूस्वामियों की जमीन जब्ती का अधिकार देता है।

चावेज की अगुवाई में राज्य नीत अर्थव्यवस्था की दिशा में मजबूती के साथ कदम बढ़ाये गए थे। मगर आज भी वेनेजुएला की अर्थव्यवस्था पर मुख्य रूप से निजी क्षेत्र का ही वर्चस्व है। सामाजिक सुधारों के लिए वित्त प्रबन्धन का अधिकांश भाग सबसे बड़ी तेल कम्पनी के राष्ट्रीयकरण के जरिये सुनिश्चित हुआ। चावेज की मृत्यु के बाद से ही वेनेजुएली बोलिवारी क्रान्ति गहन संकट के दौर में है। चावेज के जमाने से ही राष्ट्रपति के अधिकारों और शक्ति के संकेन्द्रण की नीति व उपायों के चलते विधायिका,

प्रशासन, न्यायव्यवस्था और राष्ट्रीय मीडिया के जनपक्षधर विकास पर अपेक्षित ध्यान नहीं दिया जा सका। राज्य द्वारा वित्त पोषित सामाजिक सुधारों ने व्यापक जन समुदाय की व्यापक पहलकदमियों को खोलने की जगह करिश्माई चाविज्मो पर निर्भरता बढ़ाई।

बोलिवारी क्रान्ति तात्कालिक मुद्दों को हल करने और अमेरिका पोषित पुरानी दक्षिणपंथी-प्रतिक्रियावादी सत्ता आभिजात्य के हथकंडों से निपटने में इतनी उलझी रही कि, वह पुराने सत्ता आभिजात्य के हाथों से अर्थव्यवस्था की कुँजी निकालकर अर्थव्यवस्था में प्रभावी जन-सामुदायिक-सामाजिक नियंत्रण और भागीदारी सुनिश्चित कर पाने के वैकल्पिक मॉडल की प्रभावी पहलकदमी नहीं ले पायी। सत्ताशीर्ष पर बोलिवारी नियंत्रण के बावजूद मझोली और निचली नौकरशाही में पुराने सत्ता समर्थकों का दबदबा बना रहा। इसके चलते बोलिवारी नीतियों और व्यवहार के निचले स्तरों तक पहुँच पाने में लगातार बाधाएँ आती रहीं। अन्ततः बोलिवारी क्रान्ति की पार्टी भी खुद को गुटवाद, व्यक्तिवाद और भ्रष्टाचार के संक्रामक रोगों से मुक्त नहीं रख सकी। बोलिवारी क्रान्ति की दिशा राजनीतिक समाज अथवा राज्य को नागरिक समाज से अलग रखने की नहीं थी। बैंकों, खाद्य फैक्ट्रियों, खनिज कम्पनियों आदि के राष्ट्रीयकरण ने चाविस्ता समर्थकों और घरेलू विपक्ष के निरन्तर ध्रुवीकरण को बढ़ावा दिया। 'घरेलू विपक्ष' को अन्तर्राष्ट्रीय खिलाड़ियों, विशेषकर अमेरिका, बहुराष्ट्रिक-ट्रांसनेशनल कारपोरेटों, और उनसे जुड़े समूचे आर्थिक-वित्तीय, मीडिया, व 'धार्मिक' हितों का खुला समर्थन मिलता रहा है। आने वाले दिनों में निकोलस मादुरों के नेतृत्व में वेनेजुएल में चाविस्ता बोलिवारी क्रान्ति आगे बढ़ती रह सकेगी—वर्तमान परिस्थितियों में ऐसा निश्चित रूप से कह पाना कठिन। फिलहाल तो बोलिवारी क्रान्ति अपने अस्तित्व के संकट से जूझती दीख रही है।

बोलीविया

2005 के उत्तरार्ध में इवो मोराले के बोलिविया के राष्ट्रपति बनने के साथ उनकी अगुवाई वाले सामाजिक आन्दोलन की पार्टी 'Movimento Al Socialismo' (MAS), बोलिविया की सबसे महत्त्वपूर्ण राजनीतिक ताकत बन गई। MAS व्यापक लोकतांत्रिक जन आकांक्षाओं और उनकी सामाजिक ताकतों का गठबन्धन था : स्थानिक जातीय (ethnic) जन समुदाय, छोटे किसान, भूमिहीन खेतिहर, खनिज और सांस्कृतिक व नागरिक अधिकारों के लिए संघर्षरत विभिन्न स्थानीय आन्दोलन। इन सब में एक बात साझी थी : ये सभी नवउदारी पूँजी और उसके वैश्विक अभियान के घोर-विरोधी थे।

इवो मोराले ने राष्ट्रपति बनने के साथ ही व्यापक सामाजिक-सांस्कृतिक और लोकतांत्रिक क्रान्तिकारी बदलाव का आह्वान करते हुए तेल और गैस के राष्ट्रीयकरण, कृषि व भूमि सुधारों और एक बेहतर, न्यायपूर्ण समतामूलक संविधान के लिए संविधान सभा की राह चुनी। संयुक्त राष्ट्र में पूँजीवाद पर प्राकृतिक और मानवीय संसाधनों के शोषणकारी विदोहन का आरोप लगाते हुए इवो मोराले ने पूँजीवाद का उच्छेद करके उसकी जगह सामुदायिक समाजवाद (Communitarian Socialism) की स्थापना का आह्वान किया।

चावेज और मोराले दोनों ने ही अपने-अपने देशों में नये संविधान लागू किये, जो पुराने शोषणकारी-विभेदकारी समाज और उसको संचालित करने वाले विद्यमान सामाजिक व्यवस्था तंत्र से तात्त्विक रूप से अलग थे। नये संविधानों के जरिये इन्होंने अपने-अपने देश को एक नई राजनीतिक-आर्थिक-सामाजिक दिशा देने की कोशिश की। नतीजे में दोनों ही अपने-अपने देशों के पुराने सत्ता आभिजात्य वर्गो : दक्षिणपंथी-प्रतिक्रियावादी-कन्जर्वेटिव पार्टियों, भूस्वामियों, सैन्य तंत्र, धनी और बड़े व्यावसायिकों के लिए घोर घृणा के पात्र बने। दोनों ही अपने-अपने विशिष्ट तरीकों से लोकतांत्रिक व्यवस्था के केन्द्रीय तत्त्व के रूप में जन भागीदारी की वाम अवधारणा को राजनीतिक, सामाजिक और आर्थिक जीवन के अन्दर गहराई के साथ समाविष्ट करने की प्रतिबद्धता रखते थे। बोलिविया में भागीदारी जनतंत्र का स्वरूप जनादेशों (Referendums) और स्थानिक जनता के अधिकारों पर केन्द्रित था।

बोलीविया के 2002 के राष्ट्रपति चुनाव से कुछ दिन पहले वहाँ के अमेरिकी राजदूत ने बोलीविया की जनता को चेतावनी दी कि यदि उन्होंने मोराले को वोट दिया तो अमेरिका सारी विदेशी मदद रोक देगा, और अपने बाजारों में बोलीविया के प्रवेश की अनुमति नहीं देगा। इसके बावजूद मोराले को लगभग 21% मत प्राप्त हुए, हालांकि वह चुनाव हार गए थे। मोराले दिसम्बर 2005 के चुनावों में जीत हासिल करके बोलीविया के पहले स्थानिक जन-जातीय (indigenous) राष्ट्रपति बने।

दिसम्बर, 2007 में नव निर्वाचित संविधान सभा में MAS के भारी बहुमत (मगर दो-तिहाई नहीं) के साथ बोलिविया संवैधानिक रूप से ऐसे बहुजातीय राष्ट्रीयताओं का राष्ट्र (Multi-ethnic Country) बनने की राह पर था जिसमें सामाजिक सुधारों का वित्त प्रबन्धन राष्ट्र की खनिज सम्पदा श्रोतों से होना था। सशंकित-आक्रोशित दक्षिणपंथी राजनीतिज्ञों और इनके सहयोगियों-भूस्वामियों, बड़े व्यवसायियों और अन्य विभिन्न धनिक हित समुदायों ने एकजुट होकर संवैधानिक प्रक्रिया का जबरदस्त विरोध शुरू किया। कुछेक सम्पन्न क्षेत्रों में, जहाँ दक्षिणपंथ का बोलबाला था ,अपने यहाँ 'जनमत संग्रह' कराकर प्रतिक्रियावादियों ने खुद को 'स्वायत्त क्षेत्रीयताएँ' (Autonomous Regional States) घोषित कर दिया। ये सभी जनमत संग्रह राज्य और न्यायपालिका द्वारा असंवैधानिक करार दिये गए। इसके बाद मोराले के खिलाफ प्रदर्शनों और बगावतों का सिलसिला चला। विरोध पक्ष प्रस्तावित संविधान के अधिकांश प्राविधानों के खिलाफ था। 'क्षेत्रीय महाबली' राष्ट्रीय राजधानी को ला पाज से हटाकर सक्रे ले जाना चाहते थे। कई महीने इसी 'डेड लॉक' में गुजर गए। विवश होकर मोराले ने खुद अपने राष्ट्रपतित्व और क्षेत्रीय प्रशासकों (Regional Prefects) के लिए राष्ट्रीय जनमत संग्रह कराया जिसमें मोराले की विजय, और अधिकांश विरोधी नेताओं की हार हुई। इसने बोलिविया सत्ता सन्तुलन को दीर्घकालिक रूप से परिवर्तित कर दिया। अन्ततः जनवरी, 2009 के जनमत संग्रह में 60 प्रतिशत अनुमोदन के साथ नया संविधान लागू हुआ।

संविधान बोलिविया को विविध राष्ट्रीयताओं बहुजातीय और धर्मनिरपेक्ष एकीकृत समाज का देश (Unitary Social State of Pluri-National Multi-Ethnic and Secular Country) के रूप में परिभाषित करता है। इसके माध्यम से बोलिविया

'बहुतेरे राष्ट्रों का एक राष्ट्र' बना, जिसमें स्थानीय जातीय सामुदायिकताओं को न केवल अपने-अपने नागरिक व सांस्कृतिक अधिकारों की आजादी थी, बल्कि राष्ट्रीय संविधान और कानून की सीमाओं के अन्तर्गत अपने स्थानिक स्वशासन का अधिकार भी था।

बोलिवियाई जनतंत्र की परिभाषा प्रत्यक्ष भागीदारी जनतंत्र और अप्रत्यक्ष प्रतिनिधित्व वाले उदारी जनतंत्र (Direct Participative Democracy and Indirect Representative Liberal Democracy) के संश्रय के रूप में की जा सकती है, जिसमें राष्ट्रपति, विधायिका, न्यायपालिका, और निर्वाचक अधिकार स्पष्ट रूप से सुचिह्नित-विभाजित हैं। जनमत संग्रह, नागरिक पहलकदमियों और योजना / निर्णय से पहले सलाह-विमर्श की प्रक्रिया के जरिये जन भागीदारी सुनिश्चित की जाती है। प्रतिनिधित्व जनतंत्र का व्यवहार नियमित निर्वाचनों के जरिये होता है। नया संविधान न केवल विभिन्न प्राधिकार विभाजनों की स्वायत्तता, बल्कि म्युनिसिपल, क्षेत्रीय और स्थानिक-जातीय स्वायत्तताओं को भी मान्यता देता है।

बोलिविया की अर्थव्यवस्था राज्य, सामुदायिकताओं और निजी व्यक्तियों के मालिकाने की मिश्रित अर्थव्यवस्था है। राष्ट्र के प्राकृतिक संसाधनों का विदोहन और उपयोग राज्य के माध्यम से सार्वजनिक-सामूहिक हित में किया जाता है। जनता के पास भोजन, जल, शिक्षा, स्वास्थ्य और अन्य विभिन्न आधारभूत सामाजिक-आर्थिक जीवन दशाओं के गारंटीशुदा सामाजिक अधिकार हैं।

शुरुआती सालों में बोलिविया की मैक्रो-इकोनामिक मानकों पर लैटिन अमेरिकी भूगोलार्ध में तुलनात्मक प्रगति अभूतपूर्व रही : आर्थिक विकास, रोजगार विकास, व्यापार विकास, सभी क्षेत्रों में। 2005 में बोलिविया की जीडीपी विकास दर 3.7% थी जो 2009 में 6.1% हो गई। प्रतिव्यक्ति जीडीपी भी दोगुनी होकर 4500 डालर पार कर गई। प्राकृतिक गैस आपूर्ति के राष्ट्रीयकरण से राज्य की आय में बिलियनों डालर का मुनाफा हुआ। इसका इस्तेमाल तेल, खनिज, जल और संचार संसाधनों के विकास के लिए किया गया। 2006 में कांग्रेस ने ग्रामीण अंचलों में गरीबों और स्थानिक समुदायों के पक्ष में जमीन के पुनर्वितरण सुधार कार्यक्रम की स्वीकृति दी। गैस और अनाज की कीमतों पर नियंत्रण व सब्सिडी के जरिये चरम दरिद्रता की दर नीचे लाई गई। बोलिविया निरक्षरताविहीन राष्ट्र बना। ग्रामीण अंचलों में स्वास्थ्य सेवाओं का व्यापक प्रसार सुनिश्चित किया गया।

मोराले ने जनमत संग्रहों का नियमित उपयोग जनता के साथ सीधे संवाद की रणनीति के रूप में किया। कतारों के समर्थन-सहयोग तक सीमित रहने के बजाय राष्ट्रपतित्व प्राधिकार का आधार जनता के जनादेशों से सीधे संवाद-समर्थन बनाने पर ज्यादा था। बोलिवियाई रेडिकल वाम का मुख्य जनाधार खेतिहर किसानों, कोका उत्पादक किसानों, खनिक श्रमिकों, और स्थानिक जन समुदायों में है। समाज के उच्चतर धनिक वर्ग कुछ गिने-चुने क्षेत्रों और पूर्ववर्ती राजनीति-आर्थिक आभिजात्य तक केन्द्रित हैं।

2009 और 2014 में पुनर्निर्वाचित होने के बाद से माराले के ऊपर अपने जनाधारों, समर्थकों, ट्रेड यूनियनों, सामाजिक आन्दोलनों और स्थानिक जन समुदायों की जीवन दशाओं-आकांक्षाओं-अधिकारों के संरक्षण-संवर्धन का दबाव लगातार बढ़ा। वैश्विक

नवउदारी पूँजी की संस्थानिकताओं और उसके राष्ट्रीय पैरोकार अभिजात्यों का दबाव झेलते हुए इसे पूरा करना था। 2019 के चुनाव में स्पष्ट जीत हासिल करने के बावजूद अमेरिका और ओएएस के शह-संरक्षण में प्रायोजित विपक्षी प्रतिक्रिया द्वारा देश को गृहयुद्ध में झोंकने की साजिश के जरिए तख्ता-पलटकर दिया गया। मोराले को इस्तीफ़ा दे कर उप-राष्ट्रपति और मंत्रिमंडल के कई अन्य सदस्यों के साथ मेक्सिको में शरण लेना पड़ा। चरम प्रतिक्रियावाद और भ्रष्टाचार की प्रतिनिधि प्रतीक जेनी आने (Jeanine Anez) स्वघोषित अन्तरिम राष्ट्रपति बन गई। अक्तूबर 2020 के राष्ट्रपति पद के चुनाव में मोराले समर्थित उम्मीदवार, उनके भूतपूर्व आर्थिक व वित्तीय मामलों के मंत्री लुई आर्के (Luis Arce) की जीत हुई। मार्च 2021 में जेनी आने और उसके तत्कालीन अन्तरिम मंत्रिमंडल के पाँच सदस्यों को आतंकवाद, राष्ट्रद्रोह, और षड्यंत्र के आरोपों में गिरफ्तारी हुई। यह रेडिकल वाम के प्रति अमेरिका और दक्षिणपंथी प्रतिक्रिया की षड्यंत्रकारी नफ़रत का, विशेषकर जब उसका राष्ट्रपति वंचित और हाशिये के जन-जातीय समुदाय से हो, प्रतिनिधि उदाहरण है।

लैटिन अमेरिकी परिदृश्य में वेनेजुएला और बोलिविया के अलावा रेडिकल वाम सरकारों की सूची में दो और नाम जोड़े जा सकते हैं : निकारागुआ और इक्वाडोर। पुराने सांदनिस्ता नेता डेनियल आर्टेगा ने निकारागुआ के राष्ट्रपति का पद भार 2007 में सँभाला। 1990 दशक से ही सांदनिस्ता के आर्टेगा और पुराने राष्ट्रपति अलेमान व उसके कन्जर्वेटिव लिबरल गुट के साथ चले आ रहे समझौते के चलते निकारागुआ में राजनीतिक-जनतांत्रिक विकास और रेडिकल सुधार गतिरोध झेल रहे थे। राष्ट्रपति बनने के बाद आर्टेगा ने राजनीतिक-सामाजिक सुधारों की मुहिम शुरू की : बच्चों के लिए मुफ्त स्कूली शिक्षा, मुफ्त स्वास्थ्य सेवा, और लोक सेवकों के वेतन में 50% कटौती कार्यक्रमों का कोई खास विरोध नहीं हुआ। ज्यादा तनाव और विवाद के मुद्दे नये राज्य प्राधिकारियों और कमेटियों के जरिये सरकार में नागरिक भागीदारिता को बढ़ावा देने और पुलिस व सेना को राष्ट्रपति के नियंत्रण में लाने के प्रयास थे। नवम्बर, 2007 में राष्ट्रपति शासनादेश (Presidential Decree) के जरिये आर्टेगा ने एक विवादास्पद सुधार की शुरुआत की : 'कन्सेजोस सियुडाडानोस' (जन कमेटियाँ)। यह विद्यमान राजनीतिक संस्थानिकताओं के सापेक्ष एक समानान्तर जन प्राधिकार संरचना का प्रयास था। 2008 के स्थानीय चुनावों में निकारागुआ की दक्षिणपंथी राजनीति, नागरिक अधिकार संगठनों, चर्च, अमेरिका और ओ.ए.एस. ने भारी चुनाव धांधली का आरोप लगाया। सरकार ने नागरिक संगठनों पर लगाम लगाने की कोशिश की : नागरिक संगठनों को राजनीतिक उद्देश्यों के लिए विदेश से धन लेने पर पाबन्दी लगा दी। आर्टेगा के खिलाफ मीडिया और 'मानवाधिकार समूहों' ने एकजुट होकर तानाशाही चलाने, भ्रष्टाचार, बोलने और सभाओं की आजादी के हनन और संवैधानिक-मानवीय अधिकारों की अनदेखी के आरोपों की बौछार करते हुए उसके खिलाफ अभियान छेड़ दिया।

इक्वाडोर में रफाइल कोरिया ने 2006 में निर्वाचित होकर सत्ता सँभाली। कोरिया की पार्टी PAIS ने 21वीं सदी के समाजवाद के लिए क्रान्ति का आह्वान किया। इस क्रान्ति के एजेंडे में राजनीतिक, आर्थिक, नैतिक, सामाजिक, शैक्षिक और स्वास्थ्य

क्षेत्रों में आमूल-चूल क्रान्तिकारी बदलाव के साथ लैटिन अमेरिका की भूगोलार्धीय एकजुटता के मुद्दे शामिल थे। 2007 में इक्वाडोरी जनता ने संविधान सभा के पक्ष में मतदान दिया। 2008 में नया संविधान बना, और जनादेश (Referendum) के जरिये अनुमोदित हुआ। नये संविधान में स्थानिक जन समुदायों को केन्द्रीय महत्त्व मिला। ढाँचागत जरूरतों और खनिज सम्पदा संसाधनों के राष्ट्रीयकरण, भूमि-कृषि सुधारों, और अन्य प्रमुख सामाजिक-आर्थिक सुधारों की प्रक्रिया शुरू हुई। नतीजे में पुराने प्रतिक्रियावादी राजनीतिक आर्थिक अभिजात्य, राजनीतिक दक्षिण पंथ, भूस्वामी, धनी-बड़े उद्योगपति-व्यवसायी एकजुट होकर राजनीतिक अधिकारों के हनन और मीडिया की अनदेखी का हो हल्ला मचाने लगे। देश का राजनीतिक माहौल प्रदर्शनों, हड़तालों, सैन्य तख्ता पलट आशंकाओं से लगातार गर्म होने लगा।

कुल मिलाकर लैटिन अमेरिका का रेडिकल वाम अपने देशों के विशिष्ट रेडिकल जनतांत्रिक, राजनीतिक, आर्थिक और सामाजिक एजेंडों के जरिये 'लिबरल डेमोक्रेसी' और नवउदारी अर्थव्यवस्था को संवैधानिक रास्ते से सुधारों के जरिए भागीदारी जनतंत्र का विकल्प बनाने का प्रयास करता दिखाई देता है। स्वाभाविक रूप से इसके चलते उन्हें अन्तर्राष्ट्रीय और राष्ट्रीय नवउदारी सत्ता अभिजात्यों, भूस्वामियों, सैन्य प्रतिष्ठानों, राष्ट्रीय-बहुराष्ट्रिक पूँजीपतियों-उद्यमियों, अन्तर्राष्ट्रीय वित्तीय-व्यापारिक संस्थानिकताओं-सांगठनिकताओं और इस समूचे प्रतिक्रियावादी वैश्विक तंत्र के मुखिया अमेरिका की षड्यंत्रकारी नफरत के साथ तख्ता-पलट तक पहुँचते विरोध और अस्थिरता का सामना करना पड़ रहा है। यह भी ध्यान में रखना होगा कि इन सभी देशों के 'रेडिकलाइजेशन' के स्तर में भारी अन्तर है : वेनेजुएला, बोलीविया, इक्वाडोर, निकारागुआ (घटते क्रम में)।

मोटे तौर पर रेडिकल लोकतंत्र का मतलब राजनीतिक निर्णय प्रक्रिया, विशेषकर निचले-स्थानीय स्तर पर व्यापक जन समुदायों की दैनन्दिन सामाजिक-आर्थिक जीवन दशाओं के मामलों में जनता की प्रत्यक्ष और सक्रिय भागीदारी की व्यापक और वृहत्तर सम्भावनाओं से लिया जा सकता है। इसकी राह अपने समूचे ऐतिहासिक कालक्रम में, और आज भी बहुत अनिश्चित, असमतल, विवादास्पद और जोखिम से भरी हुई है। रेडिकल सामाजिक-आर्थिक-राजनीतिक परिवर्तन की कोशिशों को हमेशा प्रतिक्रियावादी दक्षिणपंथ के हमलों का सामना करना पड़ेगा—हमलावरों में तथाकथित 'नागरिक' (Civilian) तबकों के साथ, सैन्य प्रतिष्ठान और अन्तर्राष्ट्रीय विदेशी खिलाड़ी भी अक्सर शामिल रहते हैं।

रेडिकल वाम को दूसरा खतरा खुद अपने अन्दर से है : आमूल-चूल परिवर्तन और हमलावर प्रतिक्रिया के दबाव उसे तानाशाही और अधिनायकवाद की तरफ धकेल सकते हैं। रेडिकल वाम के लिए एक और बड़ा खतरा रेडिकल वाम कतारों के अन्दर अपने समाज में व्याप्त दक्षिणपंथी-प्रतिक्रियावादी भ्रष्टाचार का भागीदार हो जाने, अहंकार, जनता से कटते जाने, नौकरशाहाना प्रवृत्तियों में पतित होते जाने, और गुटबाजी में फँसकर अपना मूल चरित्र और दिशा खो देने का है।

सम्भवत: इन्हीं सन्दर्भों और परिप्रेक्ष्यों में राजनीतिक विश्लेषक और कार्यकर्ता मार्ता हार्नेकर[28] चावेज, मोराले और कोरिया के जरिये लैटिन अमेरिका में '21वीं सदी के

समाजवाद' और 'नव वाम' के उदय की घोषणा के साथ ही यह भी आगाह करती है कि फिलहाल ये दोनों ही अवधारणाएँ बिल्कुल अस्पष्ट हैं। एक लम्बे समय के बाद और अधिकांशतः व्यवहार की रणभूमि में ही ये अवधारणाएँ स्पष्ट और सुपरिभाषित हो पाएँगी। चावेज, मोराले और कोरिया की सरकारें निर्वाचित बहुमत के बल पर ही सत्ता में आईं। आमूल-चूल परिवर्तन के दूरगामी प्रभाव वाले बदलाव की जनतांत्रिक राह बनाने के लिए इन तीनों ने ही कांग्रेस के बहुमत, संविधान सभा, नये संविधान और जनादेश को आधार बनाया।

लैटिन अमेरिकी रेडिकल वाम की एक अन्य विशिष्टता तीसरी दुनिया के ज्यादातर अस्थिर जनतंत्रों में 'अवज्ञाकारी विरोध' (Disloyal Opposition) के प्रति हिंसक असहिष्णुता से यथासम्भव बचने की है। इन रेडिकल वाम सरकारों ने प्रतिक्रियावादी दक्षिणपंथ की ओर से सैन्य व अन्य तख्ता पलट प्रयासों, देश की अर्थव्यवस्था और सामाजिक सद्भाव की धज्जियाँ उड़ाने के हिंसक प्रयासों की चुनौतियों और देश पर तानाशाही लादने के प्रयासों के आरोपों के जवाब में दमन और हिंसा को प्रतिक्रिया से भरसक बचे रहने की नीति ली। वेनेजुएला में विपक्षी गठबन्धन ने 2004 में शहरी गुरिल्ला (Foquista) कार्यवाहियों (La Guarimta) के जरिये देश को अव्यवस्था-अराजकता और विखंडन की और धकेल देने का खुला आह्वान किया था। बोलीविया में विभिन्न प्रान्तीय गर्वनरों के प्रति वफादार पैरा मिलिट्री दस्तों ने खुलेआम सरकार समर्थक जन समुदायों-बस्तियों पर हिंसक-जानलेवा हमले किये। सन् 2008 में इन्हीं हिंसक विरोधी उपद्रवियों ने बोलिविया-ब्राजील गैस पाइप लाइन को उड़ा दिया, और पूर्वी तराई इलाके में सरकारी दफ्तरों को जमींदोज कर दिया।

लिबरल डेमोक्रेसी की सत्ता अभिजात्यों के हित में अधिकारों, विशेषाधिकारों (Prerogatives) के संकेन्द्रण की पक्षधरता के सापेक्ष लैटिन अमेरिका के ये तीनों रेडिकल वाम जनतंत्र 'सामाजिक समावेशन' और 'प्रत्यक्ष भागीदारी' के पक्षधर हैं। ये प्राधिकार के विकेन्द्रीकरण के साथ-साथ प्रशासन के प्राधिकार तंत्र पर 'रोक व नियंत्रण ' (Checks and Balances) की व्यवस्था के लिए भी प्रयत्नशील रहे हैं। रेडिकल जनतंत्र बहुमत की उस वैचारिकी को सामने लाता है जिसमें किसी भी मुद्दे पर निर्णय 50% से ज्यादा मत के आधार पर ही निर्णीत हो। इसके विपरीत 'लिबरल डेमोक्रेसी' राष्ट्रीय महत्त्व के मुद्दों पर सरकार और विपक्ष के बीच 'समझदारी' : 'गुपचुप पैक्ट' की 'जनतांत्रिक' निर्णय प्रक्रिया की पक्षधर है।

व्यापक जनता के स्तर पर जन गोलबन्दी और भागीदारी रेडिकल जनतंत्र का मूल चरित्र और व्यवहार है। यही उसके राजनीतिक अस्तित्व और निरन्तरता की अनिवार्य शर्त है। यह बात लिबरल डेमोक्रेसी के लिए सबसे चिन्ता और प्रतिक्रिया की है। वेनेजुएला और बोलिविया दोनों ही जगह विरोध पक्ष की अराजक, हिंसक, तख्ता पलट कोशिशों को नाकाम करके शासन व्यवस्था की पुनर्स्थापना में इसी जन गोलबन्दी और सक्रिय भागीदारी की केन्द्रीय भूमिका रही है। अप्रैल, 2002 में विरोधी प्रतिक्रियावादी प्रतिष्ठान और उसके सहयोगी शीर्ष सैन्य प्रतिष्ठान की तख्ता पलट कोशिश के खिलाफ चावेज और तख्ता पलट की हथियारबन्द ताकतों के बीच यही

जनसमुद्र विप्लवी सैलाब बनकर राजधानी काराकास के चप्पे-चप्पे पर आन्दोलित था। वेनेजुएला में ही दक्षिणपंथी प्रतिक्रियावादियों और भ्रष्ट ट्रेड यूनियन नौकरशाही के गठजोड़ द्वारा चलाई गई दो महीने लम्बी हड़ताल में भी झुग्गी-झोंपड़ों-पहाड़ियों में रहने वाला आम गरीब-वंचित समुदाय ही चावेज और वेनेजुएला राष्ट्र की ढाल बनकर तेल प्रतिष्ठानों की रक्षा में मुस्तैद था। बोलिविया में नये संविधान पर अन्तिम मतदान के ठीक पहले प्रान्तीय गर्वनरों के पैरा मिलिट्री दस्तों से सक्रे में संविधान सभा के सदस्यों की जान की सुरक्षा के लिए किसान और खनिक श्रमिक एकजुट गोलबन्द होकर मुस्तैद थे। तीस सितम्बर, 2010 को राष्ट्रपति कोरिया को बन्धक बनाकर तख्ता पलट की कोशिश करने वालों के समर्थन में सैनिकों को उतारे जाने की कोशिश के खिलाफ हजारों-हजार इक्वाडोरी जनसमुदायों ने सड़कों पर उतरकर तख्ता पलट की साजिश को नाकाम कर दिया था।

रेडिकल जनतंत्र के इन तीनों प्रयोगों में वंचित-विशेषाधिकार विहीन तबकों को सामाजिक-राजनीतिक-आर्थिक परिवर्तन की केन्द्रीय ताकत बनाकर नई जनतांत्रिक व्यवस्था में प्रत्यक्ष भागीदारी को कारपोरेटी मैकेनिज्म और राजनीतिक दलशाही के स्थान पर प्राथमिकता दी गई थी। यह बन्द, संवेदनहीन और गैर पारदर्शी आभिजात्य नौकरशाही के 'लिबरल जनतांत्रिक' मॉडल की जगह कहीं ज्यादा संवेदनशील, पारदर्शी और लचीले 'भागीदारी जनतंत्र' का विकल्प देने का प्रयास था। इन सभी प्रयोगधर्मिताओं में ऐसी किसी सुसंगठित-सुव्यवस्थित अगुआदस्ता(Venguard) राजनीतिक पार्टी का अस्तित्व नहीं था, जो पुस्तकीय लेनिनवादी परम्परागत पार्टी सांगठनिकता के अनुरूप क्रान्तिकारी सत्ता दखल के पहले और बाद में—दोनों स्तरों पर केन्द्रीय भूमिका में हो। लैटिन अमेरिका में रेडिकल वाम व्यापक जन-गोलबन्दी के सामाजिक आन्दोलनों के बूते निर्वाचन के रास्ते सत्ता पर पहुँचा।

सत्ता में रहते हुए लगातार पूँजी के वैश्वीकरण को चुनौती देने वाला वाम विमर्श, राष्ट्रीय सन्दर्भों में राजनीतिक संघर्षों की लगातार तीखी विषाक्त टकराहट, समाज का दो ध्रुवीय सामाजिक और राजनीतिक ध्रुवीकरण, और इन सबके बीच व्यवस्थातंत्र के रेडिकलाइजेशन का प्रयास इस प्रयोगधर्मिता की अनूठी विशेषताएँ मानी जा सकती हैं। इतने लम्बे समय तक और इतनी व्यापक-विस्तीर्ण जन गोलबन्दियों के साथ सामाजिक-राजनीतिक कार्यवाहियों में सत्ता नेतृत्व के पक्ष में जन भागीदारी के उदाहरण शायद ही किन्हीं अन्य देशों में मिल सकें। इसके बावजूद और इसी के साथ इस प्रयोगधर्मिता की एक और अनूठी विशेषता यह भी है कि इसने पुराने व्यवस्थातंत्र, उसकी सामाजिक-आर्थिक-राजनीतिक ताकतों और संरचनाओं को ध्वस्त नहीं किया, बल्कि इनके साथ एक लम्बी-कटु और कठोर घिसावट-थकावट के संघर्षण के जरिये अन्ततः इन्हें पराभूत करके 21वीं सदी के समाजवाद की स्थापना के प्रयास का रास्ता लिया।

शुरुआत छोटे-छोटे लक्ष्यों और कोशिशों से की गई। प्रारम्भिक केन्द्रीय अभियान संविधान सभा की स्थापना जरिये जन भागीदारी पर आधारित जनतंत्र की अवधारणा को अपने राष्ट्रीय सन्दर्भों में स्थापित करना था। चावेज ने 1998 में विदेशी कर्जों पर अपनी तरफ से एकतरफा देयता रोक घोषित करने के बजाय वार्ता के जरिये सहमति

की पेशकश की थी। 2005 में मोराले ने कोका उत्पादन और हाइड्रोकार्बन राष्ट्रीयकरण की रेडिकल माँग के साथ समझौता कर लिया। यह राष्ट्रीयकरण 1990 दशक के उन सामाजिक आन्दोलनों की केन्द्रीय माँग थी, जिनसे मोराले की पार्टी MAS का जन्म हुआ था। कोरिया ने 2006 में खुद के चावेज के बोलिवारी क्रान्ति आन्दोलन के साथ होने से इनकार किया।

ये सभी राष्ट्राध्यक्ष अपने दूरगामी लक्ष्य—21वीं सदी के समाजवाद की ओर धीमी गति से फूँक-फूँककर आगे बढ़ते रहने के पक्षधर थे। संवैधानिक सुधारों के प्रारम्भिक अभियानों के पक्ष में हासिल व्यापक जनसमर्थन की एकजुटता और ताकत का सुदृढ़ीकरण उन्होंने राष्ट्र के राजनीतिक और आर्थिक पुनर्निर्माण की दिशा में करने का प्रयास किया। अपनी हर राजनीतिक विजय से जनित आवेग को उन्होंने परिवर्तन की ताकतों को मजबूत बनाने में लगाया। यह प्रारम्भिक लोक लुभावन सफलताओं से क्रमिक रेडिकलाईजेशन की ओर सतत् गतिमान प्रक्रिया का प्रयोग था। 2001 में चावेज की भूमिसुधार और तेल क्षेत्र की संयुक्त उपक्रम कम्पनियों पर राजकीय नियंत्रण की डिक्री, 2005 में निजी सम्पदा के पुनर्परिभाषीकरण के जरिये भूमि पुनर्वितरण, 2007 और 2008 में रणनीतिक महत्त्व के क्षेत्रों की निजी कम्पनियों का राजकीय अधिग्रहण इसी क्रमिक गहन रेडिकलाइजेशन प्रक्रिया की संगति में थे।

इसके साथ, जहाँ जरूरी हो, वहाँ अचानक चुनौती से भी रेडिकल वाम को परहेज नहीं था। सत्ता में आने के चन्द महीनों बाद ही विदेशी कम्पनियों को नये राष्ट्रवादी कानूनों को मानने के लिए दबाव देने की गरज से मोराले ने देश की दो सबसे बड़ी तेल रिफायनरियों और 56 गैर सरकारी प्रतिष्ठानों के अधिग्रहण के लिए सैन्य दस्तों को तैनात कर दिया था। कोरिया ने प्रस्तावित संविधान सभा के मामले में चुनौती वाला रेडिकल रवैया लेते हुए घोषित किया कि उसके पास परम्परागत राजनीतिक आभिजात्य सत्ता वर्ग से भरी हुई विद्यमान कांग्रेस को भंग करने का पूरा अधिकार था। जहाँ तक प्रश्न नव उदारवाद विरोध का है, इन तीनों रेडिकल वाम सरकारों की कोशिश निजीकरण की प्रक्रिया पर यथासम्भव लगाम लगाने और उलटने की रही है।

परम्परावादी वाम आलोचकों की नजर में ये सभी लैटिन अमेरिकी रेडिकल वाम सरकारें वस्तुतः 'बुर्जुआ' सरकारें हैं जो अतीत की वाम परम्पराओं और अवस्थितियों से बिल्कुल अलग हैं। इसके उत्तर में रेडिकल वाम प्रयोगधर्मिता के पैरोकार 'राज्य के क्रमिक बदलाव' (Gradual Transformation of State) की अवधारणा पर बल देते हैं। उनके अनुसार यह ग्राम्शी की 'अवस्थिति का युद्ध' (War of Position) की अवधारणा की संगति में है। यह दृष्टि सार्वजनिक परिक्षेत्रों (Public Sphere) में वाम की क्रमशः बढ़त वाले 'स्पेसों' पर कब्जा (Incremental occupation of spaces) करने की रणनीति के रूप में 'राज्य को ध्वस्त करने' ("Smashing the State') के बजाय सार्वजनिक प्रशासन में अपनी मौजूदगी और 'राज्य' के अन्दर चलने वाले आन्तरिक अन्तर्विरोधों का फायदा उठाने पर बल देती है।

लैटिन अमेरिका में ही वाम प्रयोगधर्मिता की एक और धारा 'क्रान्ति के अन्दर क्रान्ति' (Revolution within the Revolution) की है जो नौकरशाहाना विशेषाधिकारों को

जड़ से मिटाना चाहती है। इस धारा की अभिव्यक्ति मुख्यतः बोलीविया और इक्वाडोर के स्थानिक सामुदायिकताओं के आन्दोलनों में देखी जा सकती है। ये आन्दोलन अपनी स्वायत्तता की रक्षा के लिए और मोराले और कोरिया द्वारा उन विशाल पैमाने की खनन गतिविधियों के राजकीय प्रोत्साहन के खिलाफ संघर्षरत हैं, जिनके चलते इन सामुदायिकताओं के जीवन अस्तित्व के इलाकों के बरबाद हो जाने का खतरा है।

लैटिन अमेरिकी रेडिकल वाम की तीनों सरकारों का मानना रहा है कि उनकी राह में नौकरशाही एक बड़ी बाधा है, जो राज्यतंत्र में पूरी तरह अन्तर्गुंथित है। इसके चलते यह रेडिकल कार्यक्रमों-योजनाओं को निचले स्तर तक अमल में लाने में सबसे बड़ी बाधा है। इसके बावजूद, ये सरकारें चीन की सांस्कृतिक क्रान्ति की तरह अचानक समूचे नौकरशाही तंत्र को जड़ से उखाड़ फेकने के 'शुद्धीकरण अभियान' का रास्ता नहीं लेतीं। ये सरकारें व्यापक विविधता वाले वृहत्तर सामाजिक जन-आन्दोलनों के जरिये नौकरशाही पर दबाव बनाने का रास्ता ले रही हैं। इसी के साथ ये अपने समर्थकों की एकजुटता बनाए रखते हुए निर्णय प्रक्रिया के संस्तरीकृत विशेषाधिकारों को भी पराभूत करने का प्रयास कर रही हैं।

क्षेत्रीय-विदेश नीति

साम्राज्यवाद और अमेरिकी प्रभुत्व-दादागिरी के विरोध के लिए चावेज ने 'बहु ध्रुवीय विश्व' की रणनीति का प्रतिपादन किया। OPEC, UNASUR, CELAC जैसी बहुराष्ट्रीय-क्षेत्रीय सांगठनिकताओं-मंचों के जरिये विभिन्न राष्ट्र समूहों के ब्लाक बनाकर विकसित ताकतवर देशों और अन्तर्राष्ट्रीय संस्थानिकताओं के साथ बराबरी के अधिकार के साथ सौदेबाजी और अपने परस्पर हितों की रक्षा को सुनिश्चित करने के प्रयास हुए। रेडिकल वाम ने परस्पर क्षेत्रीय एकजुटता और सहयोग को सुदृढ़ करने के लिए 'हमारे अमेरिका के लोगों के लिए बोलिवारी गठबन्धन' (The Bolivarian Alliance for the Peoples of our America: ALBA) का गठन किया और वृहत्तर महाद्वीपीय एकता के निर्माण में भी बढ़-चढ़ कर सक्रिय भूमिका निभाई। इस रेडिकल लैटिन अमेरिकी राष्ट्र समूह ने, जिसमें क्यूबा भी अग्रणी भूमिका में था, 1960 के दशक में अमेरिकी शह और दबाव में अमेरिकी भूगोलार्ध की सांगठनिकता, विशेषकर 'आर्गनाइजेन ऑफ अमेरिकन स्टेट्स' (OAS) से क्यूबा को बहिष्कृत रखने की नीति से उलट तमाम लैटिन अमेरिकी 'माडरेट' सरकारों के साथ नजदीकी सहयोग के रिश्ते बनाने, और मजबूत करने की राह पर सफलता के साथ कदम बढ़ाया।

21वीं सदी के प्रारम्भिक दशक में लैटिन अमेरिकी देशों ने जिस एकजुटता-समन्वय और सहयोग का प्रदर्शन किया, वह पिछली सदी के उस आपसी अविश्वास और साजिशी दाँव-पेच से बिल्कुल अलग है, जिसके मूल में अमेरिकी राजनीतिक-रणनीतिक और आर्थिक हित थे। यूनासुर (UNASUR) के सभी बारह सदस्य देशों ने 2008 में मानेडा घोषणा पर हस्ताक्षर करके बोलिविया में मोराले सरकार को अपदस्थ करने / गिराने की किसी भी सम्भावित योजना या प्रयास के विरोध में एकजुट खड़े होने की प्रतिबद्धता दिखाई। इसी एकजुटता का प्रदर्शन फिर दो साल बाद इक्वाडोर में तख्ता

पलट प्रयास के विरोध में हुआ था। जून 2009 में होंडुरास के तख्ता पलट के बाद डेढ़ साल तक यूनासुर के माडरेटों और रेडिकलों ने मिलकर नई सरकार को ओएएस में घुसने से रोके रखा। लैटिन अमेरिका और करेबियाई देश समूह के तमाम देशों की एकजुटता ALBA और 'पेट्रोकारिब' (Petrocarib) जैसे कार्यक्रमों के जरिये मजबूत होती रही। 'पेट्रोकारिब' के तहत करेबियाई और मध्य अमेरिकी देशों को वेनेजुएली तेल विशेष सहयोगी कीमतों-शर्तों पर उपलब्ध कराया जाता था। तीनों रेडिकल सरकारें राष्ट्रवाद का परचम बुलन्द करते रहने के बावजूद अन्तर्राष्ट्रीय-वैश्विक पटल पर किसी तरह के अलगाव अथवा बहिष्करण की नीति से परहेज करती रहीं : चावेज हमेशा विदेशी कर्ज देनदारी के 'डिफाल्ट' या अन्तर्राष्ट्रीय मुद्राकोश से बाहर होने से बचते रहे। मोराले बोलिविया के लिए अमेरिकी बाजार में जगह बनाने और बढ़ाने के लिए लगातार प्रयत्नशील रहे।

राजनीतिक दृष्टि और विमर्श

2005 से ही वेनेजुएला, बोलीविया, इक्वाडोर '21वीं सदी के समाजवाद' की आम अवधारणा की परिधि में पूँजीवाद के विकल्प की जद्दोजहद के लिए समर्थन-सहयोग जुटाने की कोशिश करते रहे हैं। जनवरी, 2009 में बोलिविया के नये संविधान के जनादेश द्वारा अनुमोदित' होने के बाद मोराले ने उस 'सामुदायिक समाजवाद' के जन्म की घोषणा की, जिसकी आधारशिला क्षेत्रीय-इलाकाई स्वायत्तता थी। ये सभी रेडिकल वाम लैटिन अमेरिका के बुर्जुआ जनतांत्रिक समाज की, जहाँ अभी भी उत्पादन के पूँजीवादी सम्बंधों का आर्थिक गतिविधियों पर वर्चस्व है, सच्चाइयों की परिधि में समाजवाद के अनूठे लैटिन अमेरिकी विशिष्ट स्वरूप की, परिकल्पना करते हैं। बोलिविया के तत्कालीन उपराष्ट्रपति गार्सिया लिनेरा के मुताबिक : समाजवाद बाजार अर्थव्यवस्था के अस्तित्व को खारिज नहीं करता, और उन लोगों के साथ भी विमर्श का पक्षधर है जो MAS के दीर्घकालिक संरचनात्मक लक्ष्यों और दृष्टि के साझीदार नहीं हैं। चावेज व्यावसायिक क्षेत्र (Business Sectors) के साथ 'रणनीतिक गठजोड़' की बात करते थे : राजकीय कम्पनियाँ विशिष्ट रणनीतिक क्षेत्रों में निजी क्षेत्र को प्रतिस्थापित करने के लिए नहीं, बल्कि उनके साथ प्रतिस्पर्धा के लिए होनी चाहिए, जिससे मुद्रास्फीति और आधारभूत आवश्यकता की वस्तुओं की किल्लत को रोका जा सके। वेनेजुएला अभी भी एक अति उपभोग केन्द्रित समाज है। वहाँ पूँजीवादी समाज के मूल्यबोधों का व्यापक प्रभाव है : अनाप-शनाप उपभोग (conspicuous consumption), व्यक्तिवाद, निजी सम्पदा का वर्चस्व अभी भी गहरी जड़ जमाए है।

इन तीनों राष्ट्रों में प्रतिक्रियावादी-दक्षिणपंथी-कन्जर्वेटिव विरोध पक्ष की तमाम सहयोगी-संश्रयकारी ताकतें अपने आपसी कटु अन्तर्विरोधों के बावजूद रेडिकल सत्ता के खिलाफ एकजुट हैं। वे निजी 'मुख्यधारा' मीडिया, कैथोलिक चर्च, और सबसे बढ़कर अमेरिका की वाशिंगटन-सीआईए-पेंटागान तिकड़ी संरक्षण-समर्थन और 'हर तरह की मदद' की आकांक्षी हैं, जो लगभग हर समय उपलब्ध रहती है। लैटिन अमेरिकी रेडिकल वाम ऐसी जटिल चुनौतीपूर्ण धरती और समाज में 21वीं सदी का समाजवाद

रोपने की कोशिश कर रहा है, जहाँ पूँजीवादी-साम्राज्यी-नवउदारी-पारम्परिक मूल्य-संस्थानिकताएँ-सांगठनिकताएँ, उनके सम्पदाशाली पैरोकार, अन्तर्राष्ट्रीय सहयोगी और उनके साथ अभी भी खड़ा मध्यवर्ग का काफी बड़ा हिस्सा, जो कुछ कमजोर भले ही पड़ गया हो, मगर अभी भी काफी दम-खम के साथ मौजूद है।

इन परिस्थितियों में यहाँ रेडिकल वाम को परम्परागत वाम की वेनगार्ड कम्युनिस्ट पार्टी और मजदूर वर्गीय नेतृत्व की सैद्धान्तिक प्रस्थापनाएँ बहुत कारगर नहीं दिख रही हैं। लैटिन अमेरिकी रेडिकल वाम अपनी जरूरत समाज के वृहत्तर और व्यापकतम हिस्सों : ग्रामीण गरीबों, कामगारों, किसानों, भूमिहीनों के साथ-साथ शहरी गरीबों, असंगठित क्षेत्र के श्रमशील समुदायों, धार्मिक समुदायों, स्थानिक जातीय समुदायों, 'एफ्रो वंशजों', और महिलाओं को एकजुट-गोलबन्द करने के रूप में चिह्नित करता है। यह गोलबन्दी ही परिवर्तन की आकांक्षी सारी राजनीतिक-सामाजिक ताकतों-समूहों के एक साथ मिलकर इस संघर्ष को आगे बढ़ाने के लिए राजनीतिक 'स्पेस' तैयार कर सकती है।

लैटिन अमेरिकी रेडिकल वाम अपनी वैचारिकी और व्यवहार में उन नैतिक और एथिकल मूल्यों को शामिल करता है, जो सामाजिक बेहतरी, भाइचारे और सामाजिक एकजुटता पर बल देते हैं। यहाँ लिबरेशन थियोलाजी का प्रभाव स्पष्ट देखा जा सकता है।[29] कोरिया का कहना है : 21वीं सदी के समाजवाद में नास्तिक और धार्मिक कैथोलिक दोनों ही शामिल हो सकते हैं...मैं खुद एक धर्मपालक कैथोलिक (Practicing Catholic) हूँ। यहाँ मेरी आस्था पर कोई आघात या अन्तर्विरोध नहीं है, बल्कि इसके उलट यह सामाजिक न्याय की खोज के प्रति मेरी प्रतिबद्धता को और भी मजबूत करता है।'

लैटिन अमेरिकी रेडिकल वाम वैचारिकी और व्यवहार का एक और पक्ष लैटिन अमेरिका के इतिहास, राजनीतिक व्यवहारों, और सामाजिक-सांस्कृतिक अनुभवों से अपना आवेग ओर जन विश्वसनीयता हासिल करना है। वह व्यापक जन आकांक्षाओं, बदलाव और लैटिन अमेरिकी एकजुटता के लिए संघर्ष का आह्वान लैटिन अमेरिका के महान ऐतिहासिक प्रतीकों : विशेषकर बोलिवार और मार्ती के नाम पर करता है। इसके जरिये राष्ट्रवाद का एक नया विमर्श, एक नई राष्ट्रीय-क्षेत्रीय आकांक्षा निर्मित की जाती है। अतीत की यह सृजनात्मक दृष्टि उस विद्यमान पारम्परिक बौद्धिकता को खंडित करने के काम आती है, जो पुरानी प्रतिक्रियावादी व्यवस्थातंत्र को वैधता प्रदान करती रही है। रेडिकल वाम वर्तमान सामाजिक आन्दोलनों और उनकी सामाजिक शक्तियों को अतीत के राजनीतिक और सामाजिक संघर्षों की धारावाहिकता से जोड़ता है। इसके माध्यम से वह समाज के वर्तमान में उपेक्षित-वंचित-हाशिये के लोगों : स्थानीय समुदायों, एफ्रो वंशजों, किसानों, कामगारों, औरतों को बदलाव के संघर्ष में साथ में लेने का प्रयास करता है। ये वे समुदाय है जो ऐतिहासिक रूप से सामाजिक बदलाव के लिए संघर्ष करते आए हैं।

लैटिन अमेरिकी रेडिकल वाम अपने प्रतिरोध की विरासत उस इतिहास से हासिल करता है, जो आधिकारिक इतिहास में दर्ज नहीं होते : स्पेनी 'कंक्विस्ताडोर' आक्रान्ताओं

के खिलाफ स्थानिक मूल समुदायों के संग्रामी नेताओं : तुपाक कटारी और तपाक अमारु जैसों की शौर्य गाथाओं का इतिहास। बोलिविया के आयमारा में इसे 'धीमी संगीतमय गति के साथ युग्मों का पीछे की ओर देखते हुए आगे बढ़ना' ('To waltz ahead while looking back) कहते हैं। प्रतिरोध की अपनी सांस्कृतिक विशिष्टताओं के साथ क्रमश: व्यापक और गहन होते जाने की यह प्रक्रिया अपने साथ ऐतिहासिक रूप से हाशिये पर धकेली हुई आवाजों को गर्व, सम्मान और बराबरी के हक से शामिल करती है। इसके माध्यम से वह उस हर वर्तमान आधुनिक सामाजिक ताकत के सशक्तीकरण की ओर लक्षित है, जो सामाजिक बदलाव के लिए आगे बढ़ने की प्रतिबद्धता और हौसला रखते हैं।

21वीं सदी के समाजवाद की वैचारिकता के बौद्धिक बीज पेरुवियाई विचारक जोस कार्ब्स मेरियाटेगुई[30] के विचारों में देखे ज। सकते है। वह एक ऐसे इंडो-अमेरिकी समाजवाद की पैरोकारी करता है जो अपने भू-गोलार्ध की ठोस सामाजिक-राजनीतिक सच्चाई के अनुरूप खुद को ढालने के साथ-साथ इसमें श्रमिक वर्ग के महत्त्व और भूमिका को स्वीकार करता है। यह वृहत्तर-व्यापक श्रमशील वर्ग और राष्ट्रीय संघर्ष की अवधारणा और व्यवहार में स्थानिक-जनजातीय, ग्रामीण जन समुदायों और उनके संघर्षों को शामिल करता है। स्पेनी आक्रान्ताओं द्वारा इस भूगोलार्ध पर कब्जे से भी पहले तक जाती हुई सामूहिकता की यह स्थानिक (Indigenous) ऐतिहासिक धारावाहिकता रेडिकल वाम की अगुवाई में समाजवाद की रचना को बल प्रदान करती है।

इसी के साथ रेडिकल वाम औपनिवेशिक विरासत के रूप में आर्थिक सामाजिक-राजनीतिक व्यवस्था तंत्र के वर्ग और जातीयता (Class and Race) के रिश्तों की पहचान करते हुए इन रिश्तों के आमूल-चूल बदलाव के लिए पूँजी के खिलाफ विकल्प की टकराहट के संघर्ष में एक व्यापक-वृहत्तर मोर्चा बनाने की दिशा लेता है। इसी क्रम में यह भी याद रखना जरूरी है कि रेडिकल वाम व्यापक-वृहत्तर मोर्चे की इस अवधारणा में औरतों को साथ लेने को केन्द्रीय महत्त्व देता है, जिनके संघर्ष और आकांक्षाएँ लैटिन अमेरिकी पुरुष वर्चस्ववादी 'माचिस्ता' इतिहास के दायरे से हमेशा बाहर रखी जाती रही हैं। इस अहंकारी उपेक्षा के खिलाफ रेडिकल वाम मुक्ति आन्दोलनों-प्रतिरोध-संघर्षों में औरतों की महत्त्वपूर्ण भूमिका, 19वीं सदी के सामाजिक-राजनीतिक संघर्ष में उनके अतुलनीय योगदान, और 20वीं सदी के राजनीतिक व श्रमिक सामुदायिक संघर्षों में उनकी निर्णायक भागीदारी को गर्व के साथ अपने संघर्षों की विरासत और 21वीं सदी के संघर्षों की ताकत बनाता है।

सामाजिक-आर्थिक आयाम

रेडिकल वाम अपने संघर्षो की मुख्य ताकत अनौपचारिक और औपचारिक दोनों अर्थव्यवस्थाओं के दायरे की छोटी-छोटी फर्मों के असंगठित क्षेत्र में रोजगार में लगी श्रमशक्ति को बनाता है। ये ताकतें अरसे से आर्थिक-राजनीतिक और सामाजिक आभिजात्य द्वारा उपेक्षित-बहिष्कृत रखी जाती रही हैं। इन्हें हमेशा से राष्ट्रीय स्तर पर प्रतिनिधित्व से वंचित रखा गया है। सामूहिक सौदेबाजियों, और श्रम विधानों में इनका कोई

अस्तित्व नहीं है। 1980 और 1990 दशक के नवउदारी ढाँचागत समायोजन (SAPs) नीतियों-कार्यक्रमों ने अनौपचारिक-असंगठित अर्थव्यवस्था को औपचारिक-संगठित क्षेत्र की कीमत पर विस्तार दिया। राष्ट्रीय श्रमिक एकजुटता और श्रमिक आन्दोलनों की ताकत कमजोर होती चली गई। 1980 दशक के मध्य से बोलिविया में राज्य स्वामित्व वाले उद्यमों के क्रमिक निजीकरण और 'स्वचालितीकरण' के 'श्रम सुधारों' की नीति से बोलिवियाई खनन कामगार फेडरेशन (Sindical de Trabajadores Minores: FSTMB) और श्रमिक कन्फेडरेशन: COB) की ताकत और प्रभाव का लगातार क्षरण हुआ। वेनेजुएला में तो संगठित श्रम आन्दोलन पूरी तरह प्रतिक्रियावादी दक्षिणपंथी ताकतों के गठबन्धन का हिस्सा बना गया। Confederacion de Trabajadores de Venejuela(CTU) ने 1997 के श्रमिक विरोधी नवउदारी 'श्रम सुधारों' को तैयार करने और अनुमोदित कराने में सक्रिय भूमिका निभाई थी। 2001 से 2003 कि अवधि में बड़े पूँजीपतियों, चर्च, मीडिया, और वाशिंगटन गठबन्धन का एक मजबूत-विश्वसनीय हिस्सा बनकर सीटीयू लगातार विभिन्न आम राष्ट्रीय हड़तालों के जरिये चावेज़ के विरुद्ध तख्ता पलट की साजिशों को सक्रिय सहयोगी बना रहा।

21वीं सदी समाजवाद के बौद्धिक सिद्धान्तकार अक्सर उस परम्परागत मार्क्सवाद से सहमति नहीं रखते, जो 'सर्वहारा' औद्योगिक मजदूर को केन्द्र में रखते हुए अन्य श्रमिकों-कामगारों को कम, अनुत्पादक—यहाँ तक कि लम्पट सर्वहारा की श्रेणी में भी डाल देता है। 21वीं सदी के समाजवाद के पैरोकार इसकी जगह नीति-विमर्श और व्यवहार के सभी स्तरों पर 'हाशिये और अर्ध हाशिये' की आबादी को राष्ट्र की महत्त्वपूर्ण निर्णय प्रक्रियाओं और राष्ट्र के सामाजिक-आर्थिक-सांस्कृतिक जीवन के अभिन्न और बराबरी के हक के साथ 'अंग' के रूप में शामिल करते हैं। वे उनके लिए औपचारिक-संगठित अर्थव्यवस्था के कामगारों के बराबर की जीवन दशाओं और अधिकारों की पैरोकारी करते हैं। वे बलपूर्वक रेखांकित करते है कि इन श्रमशील जनसमुदायों के लिए ऐतिहासिक रूप से सांगठनिकता, अनुशासन और अवसरों का अभाव रहा है। इस दृष्टि के साथ वे अक्सर समावेशी राजनीति और उससे जुड़े सामाजिक कार्यक्रमों को आर्थिक नफे-नुकसान के औपचारिक आकलन पर प्राथमिकता देते हैं। वेनेजुएला में सामुदायिक काउंसिलों और श्रमिक सहकारी समितियों के लिए उनके कीमत सापेक्ष (Cost effective) न होने के बावजूद भारी मात्रा में राजकोषीय वित्त प्रबन्धन किया गया क्योंकि इसके जरिये ही ऐतिहासिक रूप से बहिष्कृत समुदायों को राज्य की निर्णय प्रक्रिया में शामिल किया जा सकता था। इसके माध्यम से उन्हें मूल्यवान अनुभव और स्व-सशक्तीकरण के गर्व से आवेगित करके 21वीं सदी के समाजवाद की प्रभावी ताकत के रूप में रूपान्तरित किया जा सकता था।

आगे लैटिन अमेरिका में नवउदारी वैश्वीकरण के प्रतिरोध में राष्ट्रीय स्तर के कुछ प्रतिनिधि उदाहरणों को थोड़े विस्तार से परखने का प्रयास करेंगे।

अर्जेंटीना में उबाल

भारत के मुकाबले अर्जेंटीनी दिसम्बर की रातें बेहद गर्म होती हैं। 2001, दिसम्बर की इन्ही गर्म रातों में अर्जेंटीना की सड़कों पर व्यापक-आक्रोशित जन प्रदर्शनों का उबाल आया हुआ था। झुग्गी-झोंपड़बस्तियों से असंख्य लोगों का जन ज्वार शहरों में घुस कर सुपर मार्केटों और बड़े-बड़े स्टोरों में तोड़-फोड़-लूट मचा रहा था। अपनी थाली-कलछी की आवाजों से आसमान गुँजाती हजारों-हजार मध्यवर्गीय 'कार्सेरोलाजोस' (Carcerolazos) औरतें 'सिटी सेंटर' की ओर मार्च कर रही थीं। बेरोजगार 'हड़बोंगी' नौजवानों (Piqueteros) के सैकड़ों संगठित दस्ते राजमार्गों और पुलों पर बाड़ें-अवरोध खड़े कर रहे थे। इन प्रदर्शनों में सत्ताईस प्रदर्शनकारी मारे जा चुके थे।

उबाल का कारण आई.एम.एफ. द्वारा अर्जेंटीना को स्वीकृत कर्ज की किस्त अदायगी से इनकार से उपजी परिस्थितियाँ थीं। आई.एम.एफ. के आकलन में अर्जेंटीनी राष्ट्रपति फर्नांडो डे ला रुआ की सरकार सार्वजनिक व्यय कटौती शर्त को 'उनकी अपेक्षाओं' के अनुरूप लागू करने में विफल थी। बैंकों से पैसे निकालने की होड़ मची थी। निवेशकर्ता अर्थव्यवस्था से अपना पैसा निकालकर 'पीसो' (अर्जेंटीनी मुद्रा) को डालर से बदलने में लग गए थे। अर्थमंत्री डोमिन्गो कवाल्लो ने अस्थायी अवरोध ('corra lito') के रूप में नकद निकासी की मात्रा पर प्रतिबन्ध लगा दिया। नतीजे में लाखों लोगों की गाढ़ी कमाई की बचत दीवालिया होते बैंकों में फँसी रह गई। बीस दिसम्बर को डे ला रुआ ने इस्तीफा दे दिया और हेलीकाप्टर पर सवार होकर अर्जेंटीना के राष्ट्रपति भवन 'रोसाद महल' के चारों ओर फैले आँसू गैस के गहरे विषाक्त बादलों को चीरता पलायित हो गया।

दस दिन में अर्जेंटीना में पाँच नाममात्रिक मुखिया बदले। दिसम्बर के अन्त में तीन दिन पुराने रोड्रिग्ज प्रशासन ने 1 पीसो = 1 डालर की स्थिर विनिमय दर प्रणाली को खत्म कर दिया। मिनटों में पीसो मुद्रा 4 : 1 के गर्त में गिरकर 3.60 : 1 पर स्थिर हुई। रोड्रिग्ज ने 130 बिलियन डालर से ऊपर के विदेशी कर्ज की अदायगी से आधिकारिक तौर पर इनकार कर दिया। जीडीपी तेजी से रसातल को जा रही थी : 2002 की पहली तिमाही में ही जीडीपी 16.3% और मैन्यूफैक्चरिंग उत्पादन 20% से ज्यादा घट चुका था।

3 करोड़ 70 लाख अर्जेंटीनी आबादी में दो करोड़ के लगभग (52%) आधिकारिक दरिद्रता रेखा से नीचे आ चुके थे। इनके अलावा करीब 75 लाख लोगों के पास अपनी दो वक्त की रोटी के जुगाड़ का साधन नहीं रह गया था। बच्चे भूख से मर रहे थे।

बेरोजगारी 23% पहुँच चुकी थी, और 22% अर्धबेरोजगार जैसे-तैसे जीवन की गाड़ी खींच रहे थे। सार्वजनिक-सामाजिक सेवाएँ पूरी तरह तहस-नहस हो चुकी थीं। सारे अस्पताल और स्कूल बन्द पड़े थे। राजकीय पेन्शन और राजकीय श्रमिकों के वेतन रुके पड़े थे। केन्द्रीय सरकार नकद वेतन के बदले 'लेकोप' (Lecop) बांड जारी कर रही थी। प्रान्तीय सरकारें 2002 के शुरुआती महीनों से ही इसी रास्ते पर चल रही थीं। अर्थव्यवस्था में करीब 4 बिलियन पीसो के बराबर के बांड चलन में थे।

पहली जनवरी को कांग्रेस ने सीनेटर एडुआर्डो दुहाल्डे को डेला रुआ के बचे कार्यकाल के लिए शासन की बागडोर सौपी। सत्ता की कमान उस पेरोनिस्ट जस्टिकलिस्ता पार्टी के हाथों में आई, जिसने 1990 के दशक में कार्लोस मेनेम के राष्ट्रपतित्व में राज किया था। दुहाल्डे को बमुश्किल 10% अर्जेंटीनी जनता का समर्थन हासिल था : वह अपने ब्युनस आयर्स के कुख्यात दिनों : अपराध, छिनैती, भ्रष्टाचार, घूस और नशा, तस्करी की माफिया टाइप गर्वनरी के लिए ज्यादा जाना जाता था।

दिसम्बर के गर्म उबाल खाते हिंसक प्रदर्शनों में तो कमी आ गई थी, मगर असन्तोष-आक्रोश की आँच धीमी नहीं पड़ी थी। थाली-कलछी के प्रदर्शनों (कार्सेरोलाजोस) की जगह अब 'असेम्बेलास पापुलारेस' : उन खुली आम जन सभाओं ने ले ली, जो अक्सर रविवार की दोपहरों को स्थानीय सामाजिक सेवाओं, स्कूलों और खाद्य सहकारी समितियों आदि के प्रबन्धन के लिए हुआ करती थीं। बेरोजगारों के राष्ट्रीय संगठन 'ब्लाकुए पिक्यूटेरो नेसियोनल' देश के तमाम हिस्सों में समन्वित रूप से राजमार्गों पर अवरोध खड़े करने का आन्दोलन चला रहा था। उसका साथ देश के बहुत सारे ग्रासरूट समूह दे रहे थे, जिनमें 'कन्फेडररासियों डे ट्राबाजाडोरेस अर्जेंटिनोस' की कई रेडिकल ट्रेड यूनियनें भी शामिल थीं। मई 2002 में ट्रेड यूनियनों ने एक दिन की आम हड़ताल आयोजित की। जून के अन्तिम दिनों में ग्रान ब्यूनस आयर्स में दो 'पिक्यूटरों' आन्दोलनकारियों की पुलिस ने हत्या कर दी।

दिसम्बर प्रतिरोध जनता के लिए आपात नकद प्रबन्धन का वादा करके मुकर जाने के खिलाफ था। फेडरल सरकार ने सानजुआन प्रान्त के लिए 12 मिलियन पीसो का आपात ऋण स्वीकृत किया था। इससे 25% से ज्यादा बेरोजगारों को राहत की उम्मीद थी। ये बेरोजगार उन 30% से ज्यादा लोगों के सहारे जिन्दा थे जो खुद किसी तरह छोटे-मोटे रोजगारों के जरिये जिन्दगी की गाड़ी खींच रहे थे। मई में गरीबों के लिए आपात अनुदान के बतौर फेडरल बांडों की शक्ल में 150 पीसो प्रतिमाह रकम की योजना परिवार के बेरोजगार मुखिया के लिए स्वीकृत की गई। दो महीने के अन्दर तीस लाख लोगों ने आवेदन किया। करीब 17.5 लाख यह अनुदान पहले से पा रहे थे। झंझट से बचने के लिए सरकार आमतौर पर इस कोश के वितरण का जिम्मा स्थानीय पिक्यूटेरो संगठनों पर डाल दिया करती थी।

दुहाल्डे ने आई.एम.एफ. से वित्तीय अनुदान और बैंकिंग बेल-आउट वित्त प्रबन्धन के लिए गुहार लगायी। आई.एम.एफ. ने अपनी शर्तें रखीं : सरकार को सारी प्रान्तीय सब्सिडी रद्द करनी होगी, 'भ्रष्ट' न्यायपालिका से निजी उद्यमियों-पूँजीपतियों को संरक्षित रखना होगा, उन सारे आर्थिक विध्वंसक कानूनों को वापस लेना होगा जिनके

तहत वरिष्ठ बैंक अधिकारियों के खिलाफ डालर की विदेशों को तस्करी का मुकदमा चलाया जा रहा था, और दीवालिया फर्मों को विदेशियों को बेचे जाने पर प्रतिबन्ध लगा हुआ था। दुहाल्डे इन शर्तों का काँग्रेस से अनुमोदन करवाने में सफल रहा। आई.एम.एफ. ने अपनी चाभी और कस दी। अब वह सारे रोके गए बैंक खातों को दीर्घकालिक बांडों में बदले जाने का दबाव दे रहा था। इसके खिलाफ सारा अर्जेंटीनी मध्यवर्ग एकजुट हो गया। ऐसा होने पर सारे खाताधारक अपनी जमा रकमों से न जाने कब तक के लिए वंचित कर दिये जाते जबकि वे अभी ही एक-एक 'पीसो' के मोहताज थे। आई.एम.एफ. के निर्देशानुसार अभी और ज्यादा सार्वजनिक व्यय कटौती की जानी थी, जिसका मतलब और भी ज्यादा भयावह बेरोजगारी थी।

यह उस देश की दुर्दशा थी, जिसके बारे में जून, 1997 तक 'इकोनामिस्ट' पत्रिका एक सदी पहले के उस स्वर्णयुग की समृद्धि का बखान कर रही थी, जब पम्पा धरती की उर्वरा साम्राज्यवादी ब्रिटेन के लिए जहाजों में भरकर गेहूँ, बीज और ऊन की आपूर्ति कर रही थी और अर्जेंटीना उस भूगोलार्ध के सबसे धनी-समृद्ध राष्ट्रों में से था। प्रथम विश्वयुद्ध से करीब पचास साल पहले मेडिटेरेनियन यूरोप से लगभग तीस लाख बाशिन्दे अर्जेंटीना आकर किसानों, शहरी कामगारों, दुकानदारों, निवेशकों, बैंकरों, रेलवे इंजीनीयरों आदि के रूप में बस गए थे। इनमें से बड़ी संख्या ब्रिटिशों की थी। कुशल आबादी की इस नई आमद ने अर्जेंटीना में कृषि उत्पाद निर्यात अर्थव्यवस्था का आधारभूत ढाँचागत खड़ा करने में उल्लेखनीय योगदान किया। दशकों तक ब्यूनर्स आयर्स की गिनती लैटिन अमेरिका के सबसे धनी शहरों में होती रही।

आर्थिक विकास और समृद्धि के साथ राजनीतिक और सामाजिक परिवर्तनों का भी दौर आया। 1853 में फेडरल संविधान, और 1862 से नई राष्ट्रीय सरकार की स्थापना के साथ स्पेनी शासन के खिलाफ 1810 की क्रान्ति से अस्तित्व में आया क्षेत्रीय छत्रपों (Regional War Lords) का शासन तंत्र ढलान पर जाने लगा। शुरुआती दौर से ही अर्जेंटीनी राष्ट्र में प्रान्तीय विषमताओं का घुन लगा हुआ था। विदेशी साम्राजी अर्थव्यवस्थाओं के साथ अपनी पहुँच और रिश्तों के चलते ब्यूनस आयर्स प्रान्त सम्पदा और आबादी दोनों ही मामलों में अर्जेंटीना का सबसे धनी प्रान्त था। 1880 में तमाम प्रान्तीय गर्वनरों और सत्ता अभिजात्यों ने गोलबन्द होकर अपनी 'पार्टीडो आटोनोमिस्ता नेसियोनल' (PAN) बनाकर अन्ततः ब्यूनस आयर्स को बहुमत नियंत्रण के अधीन आने के लिए मजबूर किया। 'PAN' समझौते का निर्णायक तत्त्व राष्ट्रपति और प्रान्तीय गर्वनरों के बीच परस्पर सहयोगी सम्बंधों की स्थापना का था। इसके अन्तर्गत राष्ट्रपति प्रान्तों को राष्ट्रीय कोश से 'अनुदान' देता, और बदले में प्रान्तीय गर्वनरों का राजनीतिक समर्थन हासिल करता था। आमतौर पर राष्ट्रपति प्रान्तीय गर्वनरों के गठबन्धन का उम्मीदवार होता, और उपराष्ट्रपति ब्यूनस आयर्स से।

1890 के संकट दौर ने निर्यात अर्थव्यवस्था की विकास गति को रोक दिया। अर्जेंटीनी सरकारों की 'निवेश प्रोत्साहन नीतियों' के आकर्षण में लन्दन की फर्मों ने सार्वभौम मुनाफे की गारंटी के साथ भारी मात्रा में निवेश किया था। ब्रितानी ब्याज दरें इस कदर बढ़ती चली गईं कि स्थिति डाँवाडोल होने लगी। बैंक ऑफ इंग्लैंड ने सबसे

बड़ी निवेश फर्म 'बारिंग ब्रदर्स' को बचाने के लिए बचाव पैकेज (आज की शब्दावली में बेल-आउट) का इन्तजाम किया। मगर अर्जेंटीना में निवेश पलायन के चलते अर्जेंटीनी उद्योग दीवालिएपन के कगार पर था। नतीजे में विदेशी कर्ज अदायगी रुक गई, और देश गहरे मन्दी की चपेट में आ गया (यह लगभग 2002 जैसी स्थिति थी)।

अर्जेंटीना के संकट से बाहर निकलने में तीन बातों ने निर्णायक मदद की : अर्जेंटीनी सरकार ब्रिटिश देनदारों द्वारा दिये गए विदेशी कर्ज की अदायगी पर अल्पकालिक रोक के लिए उन्हें राजी कराने में सफल रही; पीसो के सामयिक अवमूल्यन से निर्यात के फिर से खड़े होने और आयात पर अंकुश लगने में मदद मिली; और विदेशी बाजार की परिस्थितियों ने अर्जेंटीनी उत्पादों के लिए विदेशी माँग सृजित किया जिससे देश के निर्यातोन्मुख विकास के गति पकड़ने में मदद मिली।

संकटग्रस्त अर्जेंटीना ने लोकतांत्रिक आकांक्षाओं और 'रेडिकलिस्टों' के उभार को आवेग दिया। 'स्वर्णयुग' (Belle epoque) के आर्थिक विस्तार-प्रसार ने ब्यूनर्स आयर्स में लैटिन अमेरिका के विशालतम मध्यवर्ग और श्रमिक वर्ग को विकसित किया था। यह मध्यवर्ग अपनी प्रकृति में परजीवी लगानखोर (rentier) और राज्य आश्रित था यह अर्थव्यवस्था में मैन्यूफैक्चरिंग की अनदेखी और ऐसे वाणिज्यिक, पेशेवर, और नौकरशाह पेशों की प्रमुखता का नतीजा था, जो परनिर्भर परिधि के समाजों (Perpheral Societies) की चारित्रिक विशेषता है। श्रमिक वर्ग प्राथमिक तौर पर दक्षिणी यूरोप से आकर बसे लोगों से बना था, और ज्यादातर उद्योग के बजाय परिवहन और अन्य सेवा क्षेत्रों में केन्द्रित था। श्रमिक और गरीब जन समुदाय की चरम शोषणकारी परिस्थितियों के चलते अक्सर विद्रोह फूट पड़ते थे, जिनका हिंसक क्रूरता के साथ दमन कर दिया जाता।

बारिंग ब्रदर्स संकटजनित आर्थिक उथल-पुथल से अस्तित्व में आई रेडिकल पार्टी ने अपने जन लोकतांत्रिक अभियान के इर्द-गिर्द मजबूत मध्यवर्गीय समर्थन जुटा लिया। 1916 में हुए पहले व्यापक मतदान आधारित निर्वाचन में रेडिकल पार्टी का नेता इर्गोयेन राष्ट्रपति बना। रेडिकलों ने प्रान्तीय गवर्नरों और सरकारों का समर्थन हासिल करने के लिए चली आ रही केन्द्रीय वित्त पोषण व्यवस्था के प्रवाह को रोक कर इसका इस्तेमाल अपने मेट्रोपोलिटन आधार को मजबूत करने के लिए करना शुरू किया। बढ़ते हुए फेडरल व्यय के जरिये विश्वविद्यालयी शिक्षा के प्रसार और प्रशासनिक पदों में बेशुमार वृद्धि को सुनिश्चित किया गया। नई सरकार ने 'सहयोगी' ट्रेड यूनियनों के साथ 'मिलजुल कर काम' करने की परम्परा शुरू की। निपट दमन तंत्र का स्थान कुछ हद तक 'आमेलन' और दमन के संश्रय ने ले लिया। 'गैर सहयोगी' श्रमिक वर्ग आन्दोलनों के साथ सरकार का पुराना दमनात्मक-आक्रामक रवैया बना रहा। 1919 की हड़तालों के दमन में यह पूरी नृशंसता के साथ उजागर हुआ।

'निर्यात विस्तार युग' की पूँजीवादी कृषि व्यवस्था ने आमतौर पर पम्पा के परम्परागत 'एस्तेन्सियारोज' और 'गाउकोज' को लगभग मिटा दिया था। प्रथम विश्वयुद्ध के ठीक पहले तक हर साल हजारों इतालवी मजदूर नौकाओं से अर्जेंटीना फसल कटाई मजदूरी के लिए पहुँचते। उत्तरी प्रान्त सान्ता फे में अमेरिका और कनाडा की तर्ज पर

एक ग्रामीण मध्यवर्ग विकसित होने लगा था। मगर सुदूर उत्तर-पश्चिम में परिस्थितियाँ विशिष्ट लैटिन अमेरिकी बनी रहीं। तुकुमान के गन्ना इलाके आन्तरिक चीनी उपभोग के लिए उत्पादन में लगे रहे। अन्य स्थानों पर औपनिवेशिक युग की 'हेसिएंडा' और 'कम्पेसिनों' ग्रामीण सामुदायिक उत्पादन व्यवस्थाएँ चलती रहीं। इस तरह खेतिहर समाज के रूप में अर्जेंटीना का दोहरा चरित्र विकसित हुआ : पम्पा की उच्च वेतन वाली पूँजीवादी कृषि व्यवस्था और सुदूरवर्ती अंचलों की स्थानीय औपनिवेशिक खेतिहर व्यवस्था—दोनों अलग-अलग धाराएँ अपने क्षेत्र विशेषों में मौजूद थीं।

1930 दशक से अर्जेंटीना के निर्यातोन्मुख विकास का पतन शुरू हुआ। अन्तर्राष्ट्रीय बाजारों में कृषि उत्पादों की लगातार घटती कीमतों से निर्यात आय में भारी गिरावट आई। द्वितीय विश्वयुद्ध के 'नौसेना ब्लाकेडों' के चलते अर्जेंटीना का यूरोपी बाजारों से सम्पर्क लगभग पूरी तरह से अवरुद्ध हो गया। अर्जेंटीनी रेलवे ने निर्यात के लिए उत्पादित मक्का को इंजन के ईंधन के रूप में इस्तेमाल करना शुरू कर दिया। उत्तर विश्वयुद्ध युग में अर्जेंटीना के परम्परागत ग्राहक राष्ट्रों के संरक्षणवाद, अपनी-अपनी कृषि को भारी पैमाने पर सब्सिडी, और बड़े कृषि फार्मों के जरिए उत्पादकता वृद्धि नीतियों के चलते इन बाजारों से अर्जेंटीनी आयात उत्पादों की माँग लगभग गायब हो गई। बीते जमाने की कुलाँचे भरती ग्रामीण अर्थव्यवस्था ध्वस्त हो गई, आर्थिक प्रगति का ताकतवर निर्यात इंजन ठप पड़ गया। 1940 दशक से लैटिन अमेरिकी भू-गोलार्ध में उत्तरी अमेरिका के नियंत्रणकारी-विशेषाधिकारी वर्चस्व के चलते अर्जेंटीना के लिए बीते जमाने के यूरोपी बाजार की तरह उत्तरी अमेरिकी बाजार सुलभ नहीं था।

1930 दशक के मध्य से अर्जेंटीना ने आयात-प्रतिस्थापन नीति के अन्तर्गत हल्के उपभोक्ता उत्पाद उद्योगों की स्थापना का अभियान चलाया। इसके उत्पाद युद्ध कालीन वर्षों में पड़ोसी लैटिन अमेरिकी देशों को निर्यात होते थे। 1945 के बाद पेरों के जमाने में नीतिगत केन्द्रीयता घरेलू बाजार की ओर मुड़ी। अब उत्पादन तेजी से विकसित-विस्तारित हो रहे शहरी श्रमिक वर्ग की जरूरतों के अनुरूप नकद वस्तु उत्पादों पर केन्द्रित था। लगने लगा कि अर्जेंटीना खेतिहर अर्थव्यवस्था से औद्योगिक अर्थव्यवस्था की ओर बिना किसी दर्द-दुर्घटना के शान्ति और सफलतापूर्वक संक्रमण कर रहा है। ग्रामीण इलाकों से लाखों लोग ब्यूनस आयर्स और फिर ग्रान ब्यूनस आयर्स शहरों में बसने के लिए उमड़े पड़ रहे थे। श्रमिक वर्ग और उनकी ट्रेड यूनियनें अर्जेंटीनी राजनीति के रंगमंच पर मजबूत-प्रभावी खिलाड़ियों के रूप में उभरने लगीं।

इस प्रक्रिया को शहरीकरण और नवजात-विकलांग औद्योगीकरण बल प्रदान कर रहा था। एक विशाल आबादी, जिसमें सबसे बड़ी संख्या ग्रामीण अंचलों से आकर बसने वालों की थी, अपनी जीवन दशाओं में अभूतपूर्व बेहतरी का आनन्द उठा रही थी। बीते जमाने के निर्यात युग की उच्च वेतन अर्थव्यवस्था को अब पेरोंवादी सामाजिक लाभ कार्यक्रमों में नवजीवन और विस्तार मिल गया था। मगर 1950 के दशक तक मैन्यूफैक्चरिंग भी कृषि निर्यात क्षेत्र की राह पर डाँवाडोल होने लगी थी। ग्रामीण आबादी का शहरों-औद्योगिक इलाकों की ओर पलायन अब भी जारी था। मगर अब फैक्ट्रियों के पास उनके लिए रोजगार नहीं था। अब यह आबादी ग्रान ब्यूनस आयर्स

की झुग्गी-झोंपड़ बस्तियों में भयावह तेजी से फैलती जाती हाशिये की आबादी का हिस्सा बनती जा रही थी।

1943 में सैनिक अफसरों के तख्ता-पलट के जरिये अर्जेंटीनी सत्ता पर काबिज हुए पेरों ने शासन के लिए अधिनायकवाद, निचले तबकों के समर्थन और अवसरवादी 'तीसरी अवस्थिति' (Third Position) का ऐसा जटिल घालमेल किया जिससे अर्जेंटीनी समाज में भारी उथल-पुथल भरा सामाजिक बदलाव आया। आर्थिक स्वतंत्रता और सामाजिक न्याय की ढोल बजाते हुए राज्य ने विदेश व्यापार का अधिग्रहण कर लिया। उद्योगों की स्थापना और सार्वजनिक सेवाओं का जाल बिछा कर पेरों ने श्रमिकों और शहरी गरीबों के लिए आय के पुनर्वितरण का प्रबन्ध किया। वेतन वृद्धियों और सामाजिक सेवा व्यय वृद्धियों के जरिये ट्रेड यूनियनों का समर्थन खरीदा गया। पेरों ने एक नये किस्म के 'कारपोरेट' समाज की स्थापना की। यह समाज राज्य नियंत्रित संगठनों की सदस्यता पर आधारित 'संगठित समुदाय' (The Organised Community) था। 1955 में पेरों को सत्ता से बाहर कर दिये जाने के बाद संगठित समुदाय आन्दोलन का लगभग एकाधिकारी स्वरूप भी ध्वस्त हो गया। मगर पेरोंवाद जिन्दा रहा। कारपोरेटी संस्थानिकताएँ न सिर्फ आयात प्रतिस्थापन नीतियों से जनित अपेक्षाकृत नये श्रमिक 'सर्वहारा', बल्कि पेरोंयुग के खुशहाल शहरी मध्यवर्ग के लोगों से भी भरी पड़ी थीं। पेरोंवाद ट्रेड यूनियनों, सेना और अन्य विविध सांगठनिकताओं के सहयोग के साथ राजनीतिक पार्टी से कहीं ज्यादा एक समेकित जनान्दोलन सरीखा था।

पेरों के बाद दो दशकों तक थोड़े-थोड़े अन्तराल पर अल्पजीवी सैन्य जुन्ता और कमजोर संवैधानिक सरकारों की अदला-बदली होती रही। बहुतेरे पेरोंवादी धड़े राजसत्ता के लिए आपस में प्रतिस्पर्धा करते रहे। 1960 दशक के अन्तिम वर्षों में सेना की दमनकारी नीतियाँ मध्यवर्ग और श्रमिक वर्ग दोनों के लिए असहनीय हो चली थीं। इसके चलते रेडिकल मिजाज के प्रतिरोध को आवेग मिला। मई 1969 में श्रमिकों और मजदूरों ने गोलबन्द होकर कार्डोबा में जन विद्रोह 'कार्डोबाज' का नेतृत्व किया। प्रतिरोधी जन गोलबन्दियों ने हथियारबन्द संघर्षों का रास्ता लिया। इनकी अगुवाई पेरोंवादी मोंटोनेरो और अन्य छापामार-गुरिल्ला दस्ते कर रहे थे। जबाब में दक्षिणपंथी हत्यारे दस्ते (Death Squads) छात्रों और जुझारू श्रमिकों को अपना निशाना बना रहे थे। यह एक लम्बे 'निकृष्ट युद्ध' (Dirty War) की शुरुआत थी।

1976 में सैन्य तानाशाही निकृष्टतम बर्बर हत्यारी नीतियों पर उतर आई। 'राष्ट्रीय पुनर्गठन की प्रक्रिया' (The Process of National Reorganisation) ने हजारों आन्दोलनकारी 'अवांक्षितों' और निरोहों को अपना शिकार बनाकर निगल लिया। यह 'राष्ट्रीय पुनर्गठन' नागरिक समाज पर लम्बे समय तक चलने वाला हत्यारा अभियान बन गया। इस अभियान ने छापामार-गुरिल्ला प्रतिरोध का जरूर दमन कर दिया मगर पोर-पोर खून में डूबे इस अभियान से देश के आर्थिक संकट का रत्ती भर उबार नहीं हुआ। 'हार्ड लाइन' प्रतिक्रियावादी 'कारपोरेटी गिरोह' के साथ मिलकर देश को लूट, फिजूलखर्ची और भ्रष्टाचार के दलदल में घसीटते चले गए। हाइपर मुद्रास्फीति 344%, भयावह तेजी से आकार लेता वि-औद्योगीकरण, नकारात्मक विकास, 45 बिलियन

डालर से ऊपर का विदेशी कर्ज—ये सभी सात सालों की उस त्रासद तानाशाही के आतंक की देन थे जो अन्ततः मालविना युद्ध में ध्वस्त हुई।

1983 में ये वे भयावह विनाशकारी परिस्थितियाँ थीं जिनमें नये रेडिकल राष्ट्रपति राउल अलफान्सिन ने अर्जेंटीना में जनतंत्र के पुनर्जन्म की घोषणा की। 'रेडिकल मध्यवर्गीय समुदायों' के पक्ष में पेरोंवादी तरीकों से अर्थव्यवस्था में जान डालने की प्रारम्भिक कोशिशों का नतीजा अल्पकालिक उपभोक्ता उभार में हुआ। इसने मुद्रा स्फीति को 1984 में 627% की आसमानी ऊँचाई पर पहुँचा दिया जो 1985 में 1890% के अकल्पनीय स्तर पर पहुँच गई। अलफान्सिन ने 'ट्रैक' बदलते हुए स्थिरीकरण (Stablisation) पैकेज लागू किया। यह पैकेज कंजर्वेटिव मौद्रिक नीतियों के साथ कीमतों और वेतन जाम का संश्रय था। इसका जबाब पेरोवादी ट्रेड यूनियनों ने आम हड़तालों की झड़ी लगाकर दिया। दो साल के अन्दर भयावह तेजी से बढ़ते कर्ज अदायगी दायित्व के दबाव में यह 'प्लान' पूरी तरह ध्वस्त हो गया। हाइपर स्फीति एक बार फिर आसमान पर थी।

सेना ने रक्षा बजट कटौतियों के खिलाफ 'विद्रोह' की चेतावनी दे डाली। सेना के मानवाधिकार उल्लंघनों की ज्यादतियों की पृष्ठभूमि में सेना का आकार 1983 से 1989 के बीच घट कर 1,75,000 से 95,000 पर आ चुका था। सेना की बड़ी मछलियों को जवाबदेही और दंड से बचाने के लिए सेना के दबाव के आगे घुटने टेकते हुए अल्फान्सिन ने जबाबदेही और कार्यवाही की 'कट-ऑफ' डेट घटाकर 1986 कर दी। 'प्लाजा डे मायो की माताओं' (Mothers of Plaza de Mayo) : अपने मारे गए / गायब हुए परिजनों की जबाबदेही के लिए राजधानी के प्लाजा डे मायो चौराहे पर वर्षों से शान्तिपूर्ण आन्दोलन कर रही माताओं ने इसका जबाब मौतों और 'टार्चर' के हजारों और प्रामाणिक दस्तावेज पेश करके दिया।

1987 में असन्तुष्ट कमांडेंटों की 'ईस्टर बगावत' असफल रही। 1988 में सरकार ने एक और 'स्थिरीकरण प्लान' पेश किया। यह शुरू होते ही धड़ाम हो गया। संकट सचमुच अकल्पनीय गहराई लेता जा रहा था : देश से पूँजी पलायन हो रहा था, विदेशी श्रोत पूरी तरह सूख चुके थे, और हाइपर स्फीति अर्जेंटीनी घरों में चूल्हा जल पाने की नौबत नहीं आने दे रही थी। नव कंजरवादियों (Neo-Cons: जल्दी ही इनका नया नामकरण नव-उदारवादी होने वाला था) ने सरकारी खर्चों में स्थायी कटौती और सारे राजकीय उपक्रमों-उद्योगों के निजीकरण की माँग की। अल्फान्सिन की राष्ट्रीय फोन कम्पनी 'EN TEL' और एयरलाइन्स 'Aerolineas Argentines' को बेचने की कोशिश को पेरोवादी ट्रेड यूनियनों और कांग्रेस ने ध्वस्त कर दिया। मई 1989 में दाने-दाने को मोहताज गरीब जनता ने समूचे ग्रान ब्यूनस आयर्स के सुपर मार्केटों पर हल्ला बोल कर लूटना शुरू कर दिया। इसी महीने राष्ट्रीय चुनाव हुए : 'रेडिकल' सत्ता से बाहर हुए और कार्लोस मेनेम के राष्ट्रपतित्व में पेरोंवादियों की सत्ता की पुनर्वापसी हुई।

ढहती हुई अर्थव्यवस्था और मँहगाई की वास्तविक दरों के 200% से ऊपर होने के बावजूद मेनेम की राष्ट्रपति उम्मीदवारी के अभियान का केन्द्रीय तत्त्व 'सेलरियाजो' : जीवन निर्वाह दशाओं में भारी वृद्धि का था। उसका नारा 'मेरे पीछे आओ' ('Follow

Me') से लगता था कि वह विदेशी कर्जों की अदायगी से इनकार करने वाला है। जीत के बाद उसके सुर बिल्कुल उलट गए : 'हम व्यावहारिक-परिणामवादी हैं, राजकीय उपक्रमों का निजीकरण होकर रहेगा, जिससे सरकार अपनी देनदारियों को पूरा कर सके। विश्वबैंक और आई.एम.एफ. की नीतियों-निर्देशों को लागू किया जाएगा।'

मेनेम ने स्थानीय अभिजात्यों के साथ अपने नजदीकी रिश्ते कायम किये, और उनसे अपनी प्रशासनिक कैबिनेट को भर लिया। 'अति अनुदारी उदारवादियों' (Ultra Conservatives Liberals) को भी उसने मुक्त बाजार पक्षधरता और राज्य हस्तक्षेप विरोध के सिद्धान्तकारों के बतौर गले लगाया। मेनेम का दोनों सदनों में बहुमत था। इसके भरोसे उसने राष्ट्रपति शासनादेशों के जरिये आर्थिक नीतियों को लागू करने के लिए आपात अधिकार हासिल करने की कोशिश की। ये वाशिंगटन सहमति के सुनहरे दिन थे : पूँजी प्रवाह के सारे अवरोध और टैरिफ हटाए जा रहे थे, राष्ट्रीकृत उद्योगों का निजीकरण हो रहा था, बाजार उदारीकरण को गति दी जा रही थी, सामाजिक-कल्याण योजनाओं-कार्यक्रमों पर खर्चों में बेतहाशा कटौती हो रही थी। ऐसे न जाने कितने उपाय अर्जेंटीना को हाईपर स्फीति के विनाशकारी भँवर से निकालने के अनिवार्य नुस्खों के बतौर लागू हो रहे थे।

पहले दो वर्षों तक इन नुस्खों का कुछ खास नतीजा नहीं निकला। 1991 में जादुई चमत्कार हुआ, जब अमेरिका मन्दी की भयावह चपेट में आया और वहाँ की पूँजी ने 'उभरते बाजारों' (Emerging Markets) की ओर 'उड़ान' का रास्ता लिया। अर्जेंटीना में भी 'नवउदारी क्रान्ति' को अंजाम देने के लिए अपेक्षित 'विदेशीपूँजी' चमत्कारी ढंग से प्रकट होने लगी। 1994 तक अमेरिकी फेडरल ब्याज के निचले स्तर के चलते अमेरिकी पूँजी का विदेशों के उभरते बाजारों में निवेश भारी मुनाफे का सौदा बना रहा। यह अर्जेंटीना में 1991 से 1994 का 'मेनेम बूम' काल था।

विदेशी पूँजी के अन्तर्प्रवाह के साथ सरकारी खर्चों में भी स्थिरता आई। नतीजे में मँहगाई दरों में गिरावट आई। 1990 दशक के शुरुआती सालों में अर्जेंटीना सबसे ज्यादा विदेशी पूँजी हासिल करने वाला दुनिया का चौथा राष्ट्र था। विदेशी पूँजी का आगम 1991 में 8.2 बिलि. डालर, 1992 में 11 बिलि. डालर, और 1993 में 10.7 बिलि. डालर हुआ। अर्जेंटीना अब नवउदारी चमत्कार का मॉडल और वैश्वीकरण का 'शोपीस' बन चुका था। 1990 के शुरुआती सालों में वार्षिक विकास दर 10% को छू रही थी। लगता था पिछले दशकों के अवरूद्ध विकास और अस्थिरता के त्रासद दिन बीतने ही वाले हैं।

विदेशी पूँजी से वित्त प्रबन्धित होकर उपभोग आयात अनछुई ऊँचाईयों को छूने लगा (21वीं सदी में यही ग्रीस में होने वाला था)। निर्यात में भी बढ़ोतरी हुई। मर्कोसुर क्षेत्रीय व्यापारिक गठबन्धन के जरिये अर्जेंटीनी सरकार ने ब्राजील के साथ नजदीकी रिश्ते बनाए, और ब्राजील वस्तुतः अर्जेंटीना का सबसे बड़ा विदेशी बाजार बन गया। 1994 तक मर्कोसुर देशों को अर्जेंटीना का निर्यात 70% तक बढ़ चुका था। इसमें सबसे बड़ा योगदान आटोमोबील का था, जो कुल निर्यात का 30% था।

मेनेम प्रशासन ने ब्रिटेन सहित तमाम बड़ी पश्चिमी ताकतों के साथ भी नजदीकी

रिश्ते बनाने का रास्ता लिया। ब्रिटेन के साथ नजदीकी बनाने के लिए मालविनास द्वीप समूह के स्वामित्व विवाद को भुला दिया गया। विदेश मंत्री गुइडो डि तेला ने 1991 से ही अमेरिकी खेमे का हिस्सा बनाने के लिए अर्जेंटीना के गुटनिरपेक्ष आन्दोलन समूह (NAM) से बाहर हो जाने का स्पष्टीकरण दिया : 'हमारी सरकार के हितों का एकमात्र केन्द्र अमेरिका है। इन हितों के पूरक के बतौर हम पश्चिमी यूरोप के साथ अपने बेहतर रिश्ते बनाएँगे। बाकी की दुनिया का हमारे लिए कोई अस्तित्व नहीं है।'

नये अर्जेंटीनी प्रशासन में फेडरल सरकार की भूमिका बदल चुकी थी। केन्द्र अब 'हस्तक्षेपवादी राज्य' नहीं रह गया था। अब वह धन उगाही करके 'कोपार्टिसिपासियों' व्यवस्था के तहत प्रान्तों के साथ बन्दरबाँट करने वाला 'हवाला तंत्र' था। स्वास्थ्य और शिक्षा भी प्रान्तों के हवाले करके करीब 1,80,000 शिक्षकों को प्रान्तों के 'सुपुर्द' कर दिया गया। 1990 से 1992 के बीच केन्द्र ने अपने दो लाख से ज्यादा रोजगारों से पल्ला झाड़ लिया जिसमें से 40% के करीब प्रान्तों को स्थानान्तरित कर दिये गए थे।

मेनेम सरकार की सबसे प्राथमिकता का एजेंडा निजीकरण था। सत्ता में उसे 'रेडिकलों' का भी समर्थन हासिल था। किसी भी अनचाही परिस्थिति से निपटने के लिए उसने सदन से अपने आपात अधिकारों का अनुमोदन करा लिया था। ट्रेड यूनियनों की ताकत आकर्षक समयपूर्व सेवानिवृत्ति योजनाओं और निजी कम्पनियों में इक्विटी हिस्सेदारी के जरिये तोड़ी गई। इसका सबसे खराब असर अर्थव्यवस्था के मूलभूत क्षेत्र : तेल, संचार, ऊर्जा, आधारभूत सेवाओं आदि पर पड़ा। 1990-94 के बीच अर्जेंटीना में भारी मात्रा में विदेशी निवेश आया, जिसमें अर्जेंटीनियों द्वारा विदेशों में जमा की गई बिलियनों डालर की रकम भी शामिल थी। मेनेम विश्वबैंक और आई.एम.एफ. की आँखों का तारा बन चुका था। निजीकरण के जरिये 1995 के पहले तक करीब 31 बिलियन डालर की रकम मेनेम सरकार ने जुटा ली थी। इसका इस्तेमाल विदेशी कर्जों का बोझ कम करने, और राजकोषीय घाटा मिटाने के लिए किया गया।

हो हल्ला तब शुरू हुआ, जब मेनेम ने राष्ट्रपति के आपात अधिकारों का इस्तेमाल करते हुए शासकीय डिक्रियों के जरिये निजीकरण की मुहिम शुरू की। इस सिलसिले में भ्रष्टाचार की जाँच रोकने के लिए अपने आदमियों से सुप्रीमकोर्ट को भर लिया। निजीकरण की मलाई काटने वालों में विदेशी और घरेलू दोनों ही बड़े पूँजी घराने शामिल थे। निजीकरण का सबसे मारक असर रोजगारों पर पड़ा। अकेले रेल क्षेत्र में रोजगार 9 लाख से घट कर दस हजार रह गए। दूसरी ओर 'हाईटेक-हाईग्रोथ' सेक्टर में दिखाए गए सब्ज बाग : 'लाखों नये रोजगारों' का कहीं कोई अता-पता नहीं था।

जब मेनेम ने अपने दूसरे शासनकाल की शुरुआत की, अर्जेंटीना उसके बनाए आर्थिक मॉडल के पहले बड़े झटके के दौर से गुजर रहा था। दिसम्बर, 1994 तक अमेरिका अपनी ब्याज दरों में भारी वृद्धि कर चुका था। नतीजे में दुनिया का बांड वित्त बाजार धड़ाम होने लगा था। मैक्सिन पीसो मुद्रा भारी अवमूल्यन का शिकार होकर अपने देश को लगभग दीवालिएपन के कगार पर पहुँचा चुकी थी। संकट का मारक असर समूचे लैटिन अमेरिका पर पूँजी पलायन के रूप में पड़ना अवश्यंभावी था।

अर्जेंटीनी स्टाक मार्केट भी भयावह तेजी से नीचे आने लगा और अर्थव्यवस्था पर

मन्दी का साया गहराने लगा। छह महीने के अन्दर बेरोजगारी 12% से 18% हो गई। पूँजी पलायन और 'रिजर्व' क्षरण से बैंक दिवालिएपन की तरफ जाने लगे। दो हफ्तों के अन्दर बैंक जमा 18% गिर गया। कई प्रान्तों को अपनी देनदारियों यहाँ तक कि वेतन और पेन्शन भुगतान भी रोकना पड़ा। 1994 की अन्तिम तिमाही से 1995 की पहली तिमाही के सिर्फ तीन महीनों में जीडीपी 7.6% सिकुड़ चुकी थी।

मेनेम ने मुद्रा विनिमय प्रणाली को यथावत रखते हुए, अर्जेंटीनी केन्द्रीय बैंक के रिजर्व कोश से विदेशी कर्ज अदायगी की गारंटी की। सरकार इस रिजर्व कोश की भरपाई के लिए 'और निजीकरण' से रकम जुटाने के भरोसे थी। मगर अब बेचने के लिए बचा क्या था? अर्जेंटीनी अर्थव्यवस्था के दिवालिएपन पर अन्तर्राष्ट्रीय बाजार में सट्टा लगने लगा। अमेरिका ने स्थिति सँभालने के लिए अपनी ब्याजदरों को थोड़ा नीचे गिराया और लगा कि अर्जेंटीना कुछ राहत की साँस ले सकेगा। मगर बजट घाटा सँभालना काबू से बाहर होता जा रहा था। गिरती हुई आमदनी और भयावह तेजी से बढ़ती उच्च ब्याज दर वाली कर्ज अदायगी देनदारी के चलते 1995 में 1.3 बिलि. डालर का बजट घाटा 1996 में 5.6 बिलि. डालर हो गया। देश अब निरन्तर बढ़ते कर्ज की चपेट में था, जिसका नतीजा दिसम्बर, 2001 में भारी 'देनदारी डिफाल्ट' के रूप में आने वाला था। जैसे-जैसे देश की हालत बिगड़ रही थी, देनदार 'जोखिम प्रीमियम' के रूप में ब्याज दर बढ़ाते जा रहे थे, और बजट घाटा बढ़ता जा रहा था।

अभी भी अर्जेंटीनी निर्यात में बड़ा हिस्सा कम मूल्यवान प्राथमिक उत्पादों (Low value primary goods) का था। इस क्षेत्र के आधे से ज्यादा रोजगार अस्थायी थे। 1995 में कई प्रान्तों में बैंकों के दिवालिया हो जाने का सबसे बुरा असर उन प्रान्तों की सार्वजनिक स्वास्थ्य और शिक्षा सेवाओं पर पड़ा। निजीकरण से आई सारी आमदनी खर्च हो चुकी थी। 1996 की शुरुआत से अमेरिकी डालर में चढ़त शुरू हुई। यह 1990 दशक की वैश्विक अर्थव्यवस्था का निर्णायक मोड़ था। इसके चलते 1990 दशक से 20वीं सदी के अन्त तक अमेरिका ने दुनिया की करीब-करीब सारी चल-पूँजी (Mobile Capital) सोख ली थी। 1997 की शुरुआत से अमेरिकी ब्याज दरें फिर से चढ़ने लगीं। कर्ज अदायगी भार वृद्धि की आशंका से इस बार दक्षिण-पूर्वी एशियाई देशों की अर्थव्यवस्थाओं में कोहराम मचना शुरू हुआ, जो भारी पूँजी पलायन और अर्थव्यवस्थाओं के ध्वस्त हो जाने के कगार तक पहुँचा। साल भर बाद 1998 में रूस ने अपनी कर्ज अदायगी में डिफाल्ट किया।

इस समय तक अर्जेंटीनी अर्थव्यवस्था मन्दी के गहरे भँवर में फँस चुकी थी। ज्यादातर प्रान्तों पर नवउदारी नीतियों से बरबादी का असर दिखने लगा था। बेरोजगार 'पिक्यूटोरेस' नौजवान CTA ट्रेड यूनियन और अन्य रेडिकल समूहों के समर्थन-सहयोग से सड़क जाम प्रतिरोध प्रदर्शनों में हजारों की संख्या में उतरने लगे थे। मेनेम के घरेलू समर्थन के जादू की नजरबन्दी छँटने लगी थी। उसने हालात की गर्मी का जायजा लेने के लिए संविधान परिवर्तन के माध्यम से तीसरी बार सरकार चलाने की इजाजत हासिल करने का प्रयास किया और बुरी तरह असफल रहा।

अक्टूबर 1997 में देश से मेनेम के जादू का अन्त भाँपते हुए अर्जेंटीना की

सबसे पुरानी राजनीतिक पार्टी 'रेडिकल्स' मेनेम का साथ छोड़कर एक नये गठबन्धन 'एलियान्जा' में नवगठित पार्टी 'फ्रेपासो' (Frepaso) के साथ शामिल हो गई। फ्रेपासो मध्य-वाम समूहों और 'लाइक माइंडेड' रेडिकल्स का जुटावा था, जिसमें ज्यादातर मध्यवर्ग के लोग थे। इसका नेता 1993 का पुराना पेरोंवादी 'जस्टकलिस्ता' शिक्षक कार्लोस 'चाची' अल्वारेज था। गठबन्धन 'एलियान्जा' का नाममात्रिक नेता फर्नांडो डे ला रुओ था, जो किसी विचारवान-सिद्धान्तकार नेता के बजाय तिकड़मी, वोट खींचने वाला व्यक्तित्व था।

क्लिंटन प्रशासन के डिक मोरिस की सलाह और निर्देशन पर एलियान्जा अभियान ने संकट को मुख्य मुद्दा बनाते हुए माडरेट उदारवादी साफ-सुथरी सरकार और बेहतर स्वास्थ्य व शिक्षा के वायदों की चाशनी में पगा कार्यक्रम पेश किया। मगर देश के आर्थिक मोर्चे पर अब और किसी 'कारगुजारी' की गुंजाइश बची ही नहीं थी। आमदनी, और उसके साथ उपभोग की माँग लगातार गिर रही थी, और उतनी ही तेजी के साथ कर्ज अदायगी बोझ से बजट घाटा बढ़ता जा रहा था। एक सार्वजनिक खर्च कटौती 'Adjuste' दूसरी कटौती को जन्म देती, और अर्थव्यवस्था अपने ध्वंस की ओर और एक कदम बढ़ जाती।

दिसम्बर, 1999 में बहुत कम अन्तर के साथ 'एलियान्जा' की जीत हुई। नई सरकार का एकमात्र लक्ष्य सेवा क्षेत्रों में (अब वही थोड़ा-बहुत बचा था) और विदेशी निवेश को न्योता देना और कर्जों के बोझ को और बढ़ाते जाना था। केन्द्र द्वारा प्रान्तों को 'कोपार्टिसिपासियों' फंड घटाकर प्रान्तीय खर्चों पर लगाम लगाने की कोशिश को पेरोंवादी प्रान्तीय गर्वनरों और कांग्रेस ने सफल नहीं होने दिया। नतीजे में राजनीतिक गतिरोध (Political Stalemate) की स्थिति बनी रही। करों की बढ़ोतरी और खर्चों की कटौती के जरिये की गई करीब 2% की राजकोषीय बचत उससे कई गुना ऋण विमोचन कीमत (Debt-servicing cost) की वृद्धि में गुम हो गई। अर्थव्यवस्था के संकट से बाहर आने—'रिकवरी' के लक्षण दूर तक नहीं थे। 'फ्लेक्सिबिजासियों' की नई कोशिशों : केन्द्रीय सामूहिक सौदेबाजी प्रणाली के अन्त, और यूनियनों द्वारा संचालित स्वास्थ्य कोशों में नियोजकों का अंशदान समाप्त करने के प्रस्ताव एक बार फिर कांग्रेस ने नकार दिये। सरकार ने समर्थन हासिल करने के लिए पेरोवादी सीनेटरों को खरीदने की कोशिश की। एलियान्जा सरकार गठन के सिर्फ 9 महीनों बाद उपराष्ट्रपति अल्वारेज ने इस्तीफा दे दिया। नाम के बतौर एलियान्जा का अस्तित्व बना रहा।

टाइम बम की घड़ी तेजी से टिक-टिककर रही थी। अप्रैल 2000 से अमेरिका में वाल स्ट्रीट की गिरावट ने अमेरिकी अर्थव्यवस्था के गुब्बारे के फूलने के अन्त, और विश्व अर्थव्यवस्था में आसन्न भारी गिरावट की घंटी बजा दी थी। अर्जेंटीना में एक बार फिर पूँजी पलायन की भगदड़ मच गई। नवम्बर, 2000 तक अर्जेंटीनी अर्थव्यवस्था का 'डिफाल्ट' में जाना तय लगने लगा। डेला रुओ ने आई.एम.एफ. की चौखट पर घुटने टेक दिये। विनाशकारी वित्तीय-राजकोषीय मितव्ययिता (Fiscal Austerity) की शर्तों पर चालीस बिलि. डालर का भारी-भरकम कर्ज मुद्रा परिवर्तनशीलता प्रणाली को 'सुदृढ़' करने के लिए मिला।

आई.एम.एफ. के निर्देशों के अनुरूप भारी पैमाने पर कामगारों-कर्मचारियों की छँटनी का भीषण नकारात्मक प्रभाव पड़ा : अवस्फीति (deflation), गहनतम मन्दी, पूँजी पलायन की भगदड़: ये सभी आसन्न 'डिफाल्ट' की पुष्टि कर रहे थे। खर्चों में कटौती की एक और हताश कोशिश में सरकार ने औरतों की सेवानिवृत्ति आयु बढ़ा दी, और न्यूनतम पेन्शन राशि घटा दी। 2009 की शुरुआत में बेरोजगारी घटाने, और उपभोग बढ़ाने के लिए सार्वजनिक निर्माण कार्यक्रमों की घोषणा कागजों से बाहर निकल ही नहीं पाई। आई.एम.एफ. ने शर्त रखी कि अगले 8 बिलि. डालर कर्ज के लिए अर्जेंटीना को 'शून्य राजकोषीय घाटा' हासिल करना होगा।

अक्टूबर, 2001 के मध्यावधि चुनावों में जनता की निराशा और मोहभंग दोनों साफ दिखाई दिया। एलियान्जा वोटों में भारी गिरावट और परोंवादी वोटों में बढ़त हुई। निराशा और मोहभंग की सबसे गहन अभिव्यक्ति चालीस लाख 'खाली' मत-पत्रों के रूप में हुई। बैंकों से निकासी नवम्बर के अन्त तक 500 मिलि. डालर प्रतिदिन से बढ़ कर दिसम्बर की शुरुआत में 1 बिलि. डालर के आस-पास पहुँच चुकी थी। ये वे परिस्थितियाँ थी, जिनमें कवालो ने कोरालितो (बैंक निकासी की मात्रा का परिसीमन) लागू किया। डेला रुओ के पक्ष में रहा-सहा समर्थन भी हवा हो गया।

दिसम्बर, 2001 का जन विद्रोह डेला रुओ के देश से पलायन, भारी मुद्रा अवमूल्यन और ऐतिहासिक कर्ज 'डिफाल्ट' का गवाह बना। यह अर्जेंटीना के नवउदारी चमत्कार के लम्बे दशक की 'शानदार उपलब्धियों' का असल चिट्ठा था। नव उदारवाद का विकासक्रम : विदेशी पूँजी से वित्त पोषित एक फलती-फूलती अर्थव्यवस्था > मृगतृष्णा का एक फरेब > बेरोजगारी का आसमान छूना > उच्च मूल्यवान निर्यात का सपना कभी पूरा नहीं होना > निजीकरण के जरिये देशी-विदेशी पूँजी घरानों का राज कायम होना > निजीकरण के जरिये दक्षता की जगह भ्रष्टाचार का बोलवाला > अर्थव्यवस्था और आम जन-जीवन का सम्पूर्ण ध्वंस! यह था अर्जेंटीनी नव उदारवाद का लम्बा दशक। अर्जेंटीना दुनिया के लिए व्यवसाय की सबसे महँगी, सबसे असुरक्षित जगह बन चुका था। घाटा, जिसे राजकीय सब्सिडी और मितव्ययी उपायों से शून्य करने का वादा था, भारी-भरकम ब्याज दरों वाले विदेशी कर्जों की देनदारी से कई गुना बढ़ गया। वाशिंगटन सहमति वस्तुतः बेरोजगारी, बढ़ती असमानता, घोर अवसरहीनता, दरिद्रता, सामाजिक-राजनीतिक वैषम्य और उथल-पुथल, और डिफाल्ट संकट उत्पादन की फैक्ट्री थी।

नव उदारवाद की ये तमाम परिस्थितियाँ अपनी राष्ट्रीय विशिष्टताओं के अनुरूप विभिन्न स्तर की भयावहता के साथ समूचे लैटिन-अमेरिकी भूगोलार्ध में व्याप्त थी। इन्हीं परिस्थितियों ने नवउदारवाद के खिलाफ 21वीं सदी के समाजवाद की विशिष्ट लैटिन अमेरिकी प्रयोगधर्मिताओं को जन्म दिया।

लैटिन अमेरिकी प्रतिरोध : 'बहुल वाम मगर एक रास्ता'

राजनीति की कला का प्राणतत्त्व उसकी अवधारणात्मक सैद्धान्तिकताओं, विश्लेषणात्मक विमर्शों और सामाजिक सिद्धान्त व अर्थशास्त्र से निचोड़े गए अमूर्तनों में नहीं है। यह मानव प्राणियों के आपसी रिश्तों में रचा-बसा है : वे मानव प्राणी, जो हाड़-मांस-रक्त से बने जीवित 'व्यक्ति' हैं, दुश्मन और दोस्त हैं, और साथ ही सामूहिक समुदाय का विस्तार लेते या फिर विघटन का शिकार बनते समूह भी। राजनीति की कला इन्हीं व्यक्तियों और समूहों के 'जीवित रिश्तों' : प्रेम और नफरत, संघर्ष और सहयोग के अनन्त रूपों में जन्म लेती है, और इन्हीं जीवित रिश्तों की खराद पर वैचारिकताओं-सैद्धान्तिकताओं को धार देती है।

राजनीति की अनिवार्य प्रकृति वैमर्षिक गतिशीलता की है। लैटिन अमेरिका के सन्दर्भ में यह अपनी ताकत ऐसे सांस्कृतिक-सामाजिक और प्रतीकात्मक संसार में निरन्तर गतिशील हस्तक्षेप के जरिये हासिल करती है, जो जातीयता (Race), राष्ट्रीयता, वर्ग, और संस्कृतियों के आधार पर बहुविध और बहुविभाजित है। यह लैटिन अमेरिकी बहुविध विशिष्टता उसे 21वीं सदी की वाम दावेदारी के परिक्षेत्र में राजनीति की एक नई कलात्मकता : 'बहुल वाम मगर एक रास्ता' ('Many Lefts but One Path')[31] की ओर ले गई। इसमें 'वाम' एक ऐसे 'स्पेस' गुंजाइश के रूप में अवधारित और व्यवहृत होता है, जहाँ राजनीति अपने 'नानाविध विभेदों' के साथ (Convergence across differences) एकजुट हो सकती है।[32]

27 जनवरी, 2006 को काराकास में आयोजित छठवें वर्ल्ड सोशल फोरम (WSF) में चावेज ने 'आवेग बनाम तार्किकता' (Passion Vs Reason) के अन्तर्द्वन्द को रेखांकित करते हुए दोनों की जरूरत पर जोर दिया था : 'यही वह क्षेत्र है जिसमें 'साम्राज्य' ने अपनी भारी-भरकम मेधा का प्रदर्शन किया है, विभिन्न उद्गमों-मूलों के बौद्धिकों और मीडिया ने मिलकर दो सालों से इस 'विभाजनकारी विचार' के प्रसार में एड़ी-चोटी का जोर लगा दिया है कि यहाँ लैटिन अमेरिका में बहुत सारे वाम वजूद में हैं : फिदेल और चावेज उन्मादी (Crazy) वाम हैं—और वे इस सूची में इवो मोराले को भी शामिलकर ले रहे हैं; दूसरी ओर वे लूला, लागोस, ताबरे, क्रिश्नर जैसों को 'स्टेट्समेन' की पदवी से नवाज रहे हैं। वे कहते हैं चावेज और फिदेल तो उन्मादी हैं, उन्मादी वाम...हमें जो मर्जी पुकारिये, मगर हम सब मिलकर 'दक्षिण' के इस गोलार्ध पर उसे उसकी अब तक की सबसे बड़ी हार देने जा रहे हैं, जो अगले पाँच लाख वर्षों तक याद रखी जाएगी।'

नवउदारी मुख्य धारा बौद्धिकों की नजर में लैटिन अमेरिकी वाम

अमेरिकी विदेशी मामलों की पत्रिका 'US Foreign Affairs' के मई-जून 2006 अंक में जार्ज कास्तेनाडा का एक लेख छपा था। कास्तेनाडा अमेरिका और पश्चिमी जगत के सबसे 'चहेते' लौटिन अमेरिका विशेषज्ञ अकादमिक बौद्धिकों में गिना जाता है। कास्तेनाडा खुद को एक जमाने का मैक्सिको का 'रेडिकल रेड गुरिल्ला' बताता है। इस रेडिकल रेड गुरिल्ला ने अपने मैक्सिकन कामरेडों से दगा करके मैक्सिको के कंजर्वेटिव पूँजीपति विसेंटे फाक्स की जीत सुनिश्चित कराने में जी-जान एक कर दिया था। इसका पुरस्कार उसे 2000 से 2003 तक मैक्सिको के विदेश मंत्री के रूप में मिला। आगे वह न्यूयार्क विश्वविद्यालय का राजनीति और लैटिन अमेरिका व केरेबियाई अध्ययन का 'ग्लोबल डिस्टिंग्विश्ड प्रोफेसर' बना। उसका अकादमिक-बौद्धिक 'आइवरी टावरों', और वाशिंगटन-न्यूयार्क-लन्दन नवउदारी भू-राजनीतिक कारीडोर में बड़ी इज्जत के साथ 'हवाला' दिया जाता है।

कास्तेनाडा अपने लेख में 'अभी बस दस साल पहले' (अब पचीस साल) की आर्थिक प्रगति और जनतांत्रिक शासन (Democratic Governance) : 'सोशल डेमोक्रेसी' के खुशहाल और सर्वगुणसम्पन्न जमाने को याद करता हुआ 'नोस्तालजिक' होकर आज के लैटिन अमेरिका की दुर्दशा की दिशा में बदलाव अर्थात लैटिन अमेरिका के अचानक 'वाम दिशा' ले लेने पर आहें भरता है।[33] 'पिछले पन्द्रह सालों की इस उभरती हुई प्रवृत्ति पर हमला बोलते हुए वह इस 'बदलाव' के बिन्दु को चावेज की 1998 चुनावी जीत के रूप में चिह्नित करता है। यहाँ से वह एक 'सम्पूर्ण वामपक्षीय 'सुनामी' का आना बताता है, जिसमें नेताओं, पार्टियों और आन्दोलनों की लहर, जिस पर वह 'जेनेरिक 'वाम' का लेबल चस्पा करता है, लैटिन-अमेरिकी क्षेत्र की सत्ता पर छा गई।

इस 'जेनेरिक' वाम लेबलिंग के तुरन्त बाद वह उसमें से एक 'अच्छे वाम' को खोज निकालता है। यह 'अच्छा वाम' आधुनिक, खुले दिमाग और विचारों वाला, सुधारवादी, है और अन्तर्राष्ट्रीयतावादी : 'चावेज वाम' से बिल्कुल अलग है। 'चावेज वाम' को वह लैटिन अमेरिकी 'पापुलिज्म' परम्परा की पैदाइश बताता है : वह पापुलिज्म जो 'राष्ट्रवादी, बड़बोला-हड़बोंगी (Strindent), बन्द दिमाग और विचारों वाला' था। उसके अनुसार यह पापुलिज्म 'बहिष्कृतों के समावेशन, मैक्रो अर्थशास्त्रीय नीति और विषाक्त-हिंसक-उद्दंड राष्ट्रवाद का अजीबो-गरीब घालमेल मसाला' था। इन नेताओं को चुनने के जरिये साधारण जन समुदाय को 'साधारण की असाधारण क्षमता' की अनुभूति हुई थी। पहली बार उन्होंने जाना और देखा कि ऐसा सामान्य-साधारण-गैर आभिजात्य भी देश का राष्ट्रपति बन सकता है, और वे ही उसे वहाँ तक पहुँचा सकते हैं।

कास्तिनाडा अपने सुनहरे सामाजिक जनवाद के जमाने के दो प्रतिनिधि उदाहरण देता है : चिली में पिनोशे के बाद कन्सर्टासियों : समाजवादी क्रिश्चियन डेमोक्रेटिक गठबन्धन के नेतृत्व वाला सत्ता गठजोड़; और दूसरा ब्राजील में फर्नांडो हेनरिक् कार्डोसो की सरकार : तथाकथित नव मार्क्सिस्ट (Neo-Marxist) और निर्भरता

सिद्धान्त (Dependency Theory) का जनक, जो 1994 से 2002 तक ब्राजील का राष्ट्रपति था। मगर कास्तेनेडा की नजर में केवल चिली ही 'क्षेत्र के लिए सही और आदर्श' मॉडल के रूप में खरा उतर सकता था। वह आगबबूला था कि ब्राजील में लोगों ने ब्राजीलियन सोशल डेमोक्रेटिक पार्टी (PSDB) के बेहद सक्षम-दक्ष पीएच.डी. शिक्षित उम्मीदवार को हरा कर एक कम पढ़े-लिखे गँवार किस्म के पुराने शारीरिक कामगार को जिता दिया।

अब कास्तेनाडा ने उन बहुतेरे 'बुरे वाम' को, जिनका उसने तब (जब वह 'सक्रिय क्रान्तिकारी राजनीति' में हुआ करता था') सामाजिक जनवादियों की नई किस्म के रूप में विरोध किया था, लैटिन अमेरिका के सही वाम ('right Left') में शामिलकर लिया था। वह उरुग्वे के ताबरे वाज्क्वेज और उसके 'फ्रेंटो एम्सियो' (FA: वृहत्तर मोर्चा) की खुल कर तारीफ कर रहा था। मगर सबसे ज्यादा खुश वह अब लूला को लेकर था। इस बात को लेकर वह काफी सन्तुष्ट था कि पीटी (लूला की कामगार पार्टी) अभी भी दिल्मा रुसफ की अगुवाई में सामाजिक जनवाद की राह पर ही चल रही थी। उसे अफसोस था कि अभी भी वह क्यूबा के साथ अपने भावनात्मक रिश्ते बनाए हुए है। इसलिए कास्तेनाडा की नजर में अभी पीटी का सही रूपान्तरण पूरा नहीं हुआ था। कास्तेनाडा इसका एक उदाहरण देता है : नवम्बर 2005 में जब लूला ब्रासिला राष्ट्रपति भवन में बुश का स्वागत कर रहा था, उसी की पीटी पार्टी राष्ट्रपति भवन के बाहर सड़कों पर बुश के पुतले फूँक रही थी।

लैटिन अमेरिकी वाम मोड़ की गुलाबी लहर की राजनीतिक विविधता को अक्सर सामाजिक जनवादी और पापुलिस्ट राजनीतिक विकल्पों के विभेद के रूप में समेट दिया जाता है। इस या उस विकल्प का यह द्वंद्व अलग सन्दर्भ और परिप्रेक्ष्य में विकसित हुई लैटिन अमेरिकी नई वाम परिघटना पर जाने-पहचाने लेबल चिपकाने की जल्दीबाजी दिखाना और इस परिघटना की गहराई में उतरने से पल्ला झाड़ लेना है। ऐसा करना विविध विशिष्टताओं और विभिन्नताओं वाले अलग-अलग आन्दोलनों-संघर्षो-प्रयोगों को एक 'कमोबेश अवधारणा' के अन्दर समेट कर उन्हें एक 'खास श्रेणी' की 'राजनीतिक शब्दावली' में समेट देना है। इस 'श्रेणीकरण' का इस्तेमाल फिर वर्गास की शब्दावली में सयानों को 'मूढ़ों'-'इडियटों' से अलग करने के लिए किया जाता है। ऐसा करने के जरिये उन सारे सामाजिक-आर्थिक विकल्पों को 'खारिज' करने की कोशिश की जाती है, जो 'नवउदारी आर्थोडाक्सी' से अलगाव की दिशा लिए हुए हैं। कुल मिलाकर लैटिन अमेरिकी विशिष्टताओं के विकल्पों या विकल्प की कोशिशों को कृत्रिम रूप से पापुलिज्म अथवा नवउदारवाद की एक या दूसरी किस्म के बतौर निपटा देना गलत है।

इसी क्रम में एक और मैक्सिकन राजनीतिज्ञ से अर्थशास्त्रीय 'विशेषज्ञ' बना येल विश्वविद्यालय के वैश्वीकरण अध्ययन केन्द्र (Centre for the Study of Globalisation) का डायरेक्टर, और विसेंटे फाक्स के ठीक पहले का अन्तिम मैक्सिकन PRI राष्ट्रपति अर्नेस्टो जेडिल्लो पापुलिज्म को करीब एक सदी की लैटिन अमेरिकी राजनीति की सबसे सर्वग्रासी-छुतही (Pervasive) राजनीतिक विचारधारा बताता है।

उसके अनुसार एक ऐसी 'सामाजिक विभेदकारी लफ्फाजी' (Socially divisive rhetoric)[34] के इस्तेमाल के जरिये यह विचारधारा व्यापक जनसमर्थन हासिल करने में सफल रही है, जो 'महज सदिच्छा से अपने लोगों की जीवन दशा को बेहतर बनाने' का वादा करती है : न कि अनुशासन, बचत और कड़ी मेहनत से।

अर्नेस्टो जेडिल्लो के अनुसार लूला की आसन्न विजय पर निवेशक व्यर्थ ही ब्राजीली मुद्रा का अवमूल्यन करने के रूप में 'ओवर रिएक्ट' कर रहे थे। उसके आकलन में लूला में किसी 'पारम्परिक डाइ हार्ड पापुलिस्ट' के बजाय 'एक बेहतर पापुलिस्ट' बनने की सम्भावनाएँ ज्यादा थीं। ऐसा बनने के लिए लूला को अपने अति उत्साही 'ग्रासरूट' समर्थकों को निराश करना होगा। और यही सबसे सही होगा क्योंकि अब ब्राजील को अगस्त, 2002 में आई.एम.एफ. द्वारा सुझाई गई कड़वी दवा से कहीं ज्यादा कड़वी दवा की जरूरत थी अन्यथा ब्राजील की अर्थव्यवस्था और ब्राजील की जनता दोनों का जीवन नर्क बनने जा रहा था।

माइकेल रीड 1996 से 'दि इकोनामिस्ट' पत्रिका का लैटिन अमेरिका का ब्यूरो चीफ रहा है। 'दि इकोनामिस्ट' नव उदारवाद की सबसे प्रखर वैचारिक पत्रिका मानी जा सकती है। अपनी 2007 की किताब[35] में रीड 'लैटिन अमेरिका की आत्मा के लिए लड़ाई' (The Battle for Latin America's Soul) को जनवादी समाजवाद (Democratic Socialism), जिसे सोशल डेमोक्रेसी पढ़ना ज्यादा उपयुक्त होगा, के मुकाबले पापुलिस्ट निरंकुशता की लड़ाई के रूप में देखता है। इस 'पापुलिस्ट निरंकुशता' की चरम अभिव्यक्ति वह ह्यूगो चावेज में देखता है : 'यहाँ है लिबरल डेमोक्रेसी की पापुलिस्ट चुनौती...जरा चावेज से उसकी लफ्फाजी का लबादा नोंच फेंकिये : वह किसी 'टिपिकल मिलिट्री काडिल्लो' (Warlord) जैसा नजर आने लगेगा। उसकी परियोजना पापुलिज्म का अद्यतन संस्करण नजर आएगी : एक करिश्माई मसीहाई रक्षक, जो अंकुश विहीन अपोषणीय पुनर्वितरण के जरिये नागरिक नहीं, याचक बनाने की राजनीति को मीडिया के साथ जोड़कर व्यापक जनता के साथ सीधा रिश्ता बना रहा है।'

नवउदारी बौद्धिकों की मुख्यधारा 1990 दशक को लैटिन अमेरिका में 'वाम' नवउदारवाद का जन्म काल मानती है। रीड यहाँ तक कहता है कि पापुलिज्म यहाँ अक्सर असमानता, और ताकतवर कंजर्वेटिव गुटों के वर्चस्व के खिलाफ सकारात्मक राजनीतिक जबाब था। यह वह राजनीतिक रथ था, जिस पर सवार होकर बहुत से लैटिन अमेरिकी देशों ने व्यापक जन राजनीति (Mass Politics) के आधुनिक युग में प्रवेश किया है।

लैटिन अमेरिका में 21वीं सदी के वाम मोड़ को समझने के लिए इन नवउदारी मुख्यधारा बौद्धिकताओं के तर्कों और निष्कर्षों के जाल से बाहर आकर वर्तमान लैटिन अमेरिकी राजनीति की ऐतिहासिक जड़ों तक जाना होगा और इस राजनीति की विरासत और नवीनता दोनों की पहचान करनी होगी। इसके लिए हमें लैटिन अमेरिका की सामाजिक और सांस्कृतिक जड़ों को भी उतनी ही गहराई और गम्भीरता के साथ जानने की जरूरत है, जितनी इसकी राजनीतिक, संस्थानिक और अर्थशास्त्रीय जड़ों

को। कार्लोस टोरे के अनुसार राजनीति को केवल नेताओं के शब्दों, व्यवहारों और रणनीतियों के दायरे में नहीं समेटा जा सकता है। नेता और जनता के बीच के आत्मीय रिश्तों (जिन्हें 'पापुलिस्ट बांड' की संज्ञा दे दी जाती है) को समझने के लिए साथ देने वाली जनता की स्वायत्त आकांक्षाओं, उम्मीदों, संस्कृतियों और विमर्शों को भी समझना उतना ही जरूरी है। इस 'आत्मीयता' की अपील को समझने के लिए नेताओं, और उनका साथ देने वाली जनता के बीच शब्दों, संवादों, संचारों और विमर्शों पर गम्भीरता के साथ ध्यान दिया जाना बेहद जरूरी है।

'वे-और-हम' (them-us) की तार्किकता असमानता के विमर्श को जन्म देकर जतन से पालती-पोसती है। इस तार्किकता का लूट, विभेद, वैषम्य, और बहिष्करण का बहुत लम्बा इतिहास रहा है। इनकी आज की छवियाँ, अभिव्यक्तियाँ, और प्रभाव इस ऐतिहासिकता के सरल-सहज प्रतिबिम्ब भर नहीं हैं। इससे कहीं अधिक, ये वे सक्रिय संरचनाएँ हैं, जो अपनी लम्बी ऐतिहासिकता की पूर्वाग्रही दृष्टि के साथ परिस्थितियों की परख-पड़ताल और व्याख्या करती हैं।

चावेज ने 2006 के WSF में घोषणा की थी :

> 'वे जिन्होंने अपने हाथों में क्रान्ति का ध्वज उठा रखा है, आज साम्राज्य के खिलाफ विजयी आक्रामकता की मुहिम पर हैं...प्रतिनिधि जनतंत्र (Representative Democracy) हमेशा से ही अभिजात्यों के जनतंत्र और इस तरह एक झूठे जनतंत्र में पतित होने के लिए अभिशप्त रहा है... हम चाहते हैं एक नया मॉडल, एक क्रान्ति और जनता का जनतंत्र, जो जनता की भागीदारी और जनता के नेतृत्व वाला हो...वह जनतंत्र नहीं, जो किसी ऐसे आभिजात्य द्वारा परिभाषित किया गया हो, जो खुद को जनता का प्रतिनिधि होने का दावा करता हो।'

चावेज के ये क्रान्ति आवेगी शब्द अपने ब्राजीली समवर्ती (Counter part) के शब्दों के सन्तुलन से बिल्कुल अलग थे। मगर तभी चावेज ने अपनी बात आगे बढ़ाई :

> 'कोई भी मुझे ठीक वैसा ही करने के लिए नहीं कह सकता जैसा फिदेल करते हैं, या ईवो को ठीक वैसा ही करने को नहीं कहा जा सकता जैसा लूला करते हैं।'

चावेज ने जोर देकर कहा कि हमारे संघर्षों को एक ऐसी प्रक्रिया के रूप में देखा-समझा जाना चाहिए, जिसमें राष्ट्रों और राष्ट्रपतियों की अपनी परिस्थितियाँ हैं, मगर हम सब एक रास्ते पर चल रहे हैं, एक ही दिशा में चल रहे हैं, और यही बात सबसे महत्त्वपूर्ण हैं। चावेज ने इस उद्घोष के साथ अपनी बात पूरी की कि पूरी तरह से मानवीय होना कहीं ज्यादा गहराई, कहीं ज्यादा ईमानदारी के साथ राजनीतिक होना है : 'मैं लूला से प्यार करता हूँ, मैं उनका सम्मान करता हूँ। लूला बेहतरीन दिल वाले बेहतरीन इनसान हैं। वह मेरा भाई और मेरा साथी (Compenero) है और मैं उसे अपना आलिंगन और अपनी प्रशंसा देता हूँ।'

ब्राजील

लैटिन अमेरिका की वर्तमान राजनीतिक वैचारिकी और व्यवहार पिछले करीब पचीस वर्षों की उस पारस्परिक एकजुटता की प्रक्रिया का परिणाम है, जो व्यक्तिगत सम्बन्धों और परस्पर विश्वास के जरिये लगातार मजबूत होती गई है। साओ पाउलो फोरम (FSP) की स्थापना 'वाम' के बेहद कठिन, निराशा भरे दौर में हुई थी। यह एक ऐसी एकजुटता और समन्वय सम्भावना की तलाश थी, जिसमें परम्पराओं, विचारधाराओं, संघर्ष के स्वरूपों, और नेतृत्व शैली की विविधताओं-बहुलताओं का समन्वय-सामंजस्य हो। अपने समागम और व्यवहार में FSP ऐसी वाम सांगठनिकता को प्रतिबिम्बित कर रहा था, जिसमें लूला, उसकी वर्कर्स पार्टी (PT), ब्राजीली वाम और उससे जुड़े हुए तमाम सामाजिक आन्दोलन एक मंच पर थे। लूला ने सन् 2005 में इस 'एनकुएँत्रो' की पन्द्रहवीं वर्षगाँठ पर 1990 में इसके जन्म को याद करते हुए कहा था कि तब :

> 'हम बहुत थोड़े लोग थे, साख खो चुके थे, और बातें बहुत करते थे... सच्चाई यही है कि FSP ने हमें 'कम्पेन्हीरों' (साथियों) की तरह काम करना सिखाया—यहाँ तक कि अपनी विभिन्नताओं और विभेदों के अन्दर भी।' जो इस प्रक्रिया में शामिल थे : 'वे किसी एक ही तरीके से नहीं सोचते थे, एक ही तरह के सपनों में भी यकीन नहीं रखते थे, मगर इतना जरूर यकीन रखते थे कि 'फोर्डे साऊ पाउलो' (FSP) एक रास्ता हो सकता है।'... शुरुआत में : 'कुछ संगठन इसका हिस्सा नहीं बनना चाहते थे क्योंकि वे सोचते थे कि हम पगलाये लोगों (crazies) का झुंड भर है।... अक्सर सहमतियों के बजाय विभेद ज्यादा उभरते थे। मगर तब वहाँ हमेशा ही कोई न कोई समूह ऐसा मौजूद होता, जो तब के लिए एक बीच का रास्ता और 'सही शब्दों' को चुनने में मददगार होता।'

एक और FSP संस्थापक की नजर में FSP के अन्दर समूचा वाम वैचारिक फलक समाहित था। अपनी साम्राज्यवाद विरोधी और नव उदारवाद विरोधी पारिभाषिकता के साथ FSP एक ऐसी गुंजाइश : Space बनाता था, जहाँ विभिन्न सदस्य संगठन एक-दूसरे से मिल और बात कर सकें—विमर्श-बहस के लिए एक 'स्पेस', संचार-संवाद समन्वय और एकजुटता का एक तरीका निकाल सकें। FSP का अस्तित्व 1989 के लूला के राष्ट्रपति उम्मीदवारी अभियान के एक साल बाद आया था, जिसमें वह सिर्फ 6% मत अन्तर से हारा था।

यह वह समय था, जब ब्राजील में व्यवस्था विरोधी सामाजिक जनान्दोलनों का दौर उभार पर था। ऐसे में एक रेडिकल-जुझारू ग्रासरूट 'नव यूनियनवाद' (New unionism) ने अपनी संघर्षशील-गैर समझौतावादी प्रतिबद्धता के साथ खुद को ब्राजील के तथाकथित पुनर्प्रतिष्ठित जनतंत्र के दायरे से बाहर रखते हुए 1985 के 'अपरोक्ष निर्वाचनों' में वोट करने से इनकार करने के साथ ही 1988 के 'जनतांत्रिक' संविधान पर भी हस्ताक्षर से इनकार कर दिया था। इन अर्थों-सन्दर्भों में वर्कर्स पार्टी (PT) 1990 में कई मायनों में उन व्यापक जन उभारों-संघर्षों-विद्रोहों, सामाजिक आन्दोलनों, और

एक रेडिकल वाम राजनीतिक पार्टी के पारस्परिक 'रिश्तों और सहयोग' का आदर्श प्रतिनिधित्व करती थी जिनकी प्रतिबद्धता समाजवाद के साथ थी। 'विभिन्नताओं की तार्किकता' (Logic of difference) पर आधारित PT एक वृहत्तर आन्दोलन था, जिसने बहुत मुश्किल से एक पार्टी का रूप लिया। यह मुश्किल और असहजता 1993 में मार्सेलो कावारोजी की भागीदारी और बहिष्कार की तनावपूर्ण दुविधा में सामने आई, जब पीटी दस्तावेज ने क्यूबा और निकारागुआ के 'सांदनिस्ता' के पक्ष में खुलकर समर्थन की जुझारू वाम अवस्थिति ली थी।

1989 का साल 21 वर्षों की सैनिक तानाशाही के बाद पहले निर्वाचन का साल था। अभियान बेहद तनावपूर्ण और ध्रुवीकृत था। एक रेडियो साक्षात्कार में लूला से पूछा गया कि वह कैसे 'बर्बर पूँजीवाद' (Savage Capitalism) से ब्राजील को बचाकर समाजवाद की राह पर ले चलेंगे? लूला का जबाव था :

> 'मुझे कभी भी 'बर्बर पूँजीवाद' शब्दावली नहीं भाती। मैं हमेशा सोचता हूँ कि बर्बर पूँजीवाद का कोई अस्तित्व नहीं है। मैं तो ऐसे पूँजीवाद को जानता हूँ जो या तो काटता है (Bites) या फिर नहीं काटता है। जो काटता है—बुरा है और जो नहीं काटता है—अच्छा है। मेरे विचार से ब्राजीली उद्योगपतियों-व्यवसायियों, सरकार और प्रभुत्वशाली वर्ग की मानसिकता बहुत पिछड़ी और प्रतिक्रियावादी (Retograde) है। जब बात धन कमाने की आती है, ब्राजीली व्यवसायी उतने ही आधुनिक हैं, जितने यूरोपी। मगर जब बात पगार देने की आती है वे एक सदी पहले के अंग्रेजों की तरह पिछड़े हैं। इसलिए मैं जो सोचता हूँ वह यह है कि हमारी एक अपनी नई गति (dynamic) है—न सिर्फ आर्थिक, बल्कि सांस्कृतिक भी, जिससे लोग यह समझना शुरू कर सकें कि आय का बँटवारा जरूरी है। मैं यही कहना चाहूँगा कि हम सरकार के लिए एक ऐसी नीति और कार्यक्रम विकसित कर रहे हैं, जो सामाजिक खेमे की कुछ चीजों को प्राथमिकता देगी। मैं यही कहूँगा कि हम समाजवाद 'बनाने' जा रहे हैं।'

पीटी एक ऐसी बहुलतावादी पार्टी थी, जिसमें मार्क्सवादी-लेनिनवादी क्रान्तिकारी, लिबरेशन थियोलाजी के कार्यकर्ता, 'न्यू डील' शैली के सामाजिक सुधारवादी, और डेमोक्रेट, यहाँ तक कि लिबरल भी शामिल थे। इसने वैचारिक मतभेदों को किनारे रखते हुए, नीचे से ऊपर की ओर व्यवहृत भागीदारी राजनीति पर बल दिया। यह एक ऐसे मिलन बिन्दु के रूप में अवधारित-संरचित की गई थी, जिसमें सैद्धान्तिक गैर-लचीलेपन (doctrinal rigidity) के लिए कोई जगह न हो, और जो गहरे सामाजिक सरोकारों पर केन्द्रित हो। पीटी दो परस्पर विपरीत ध्रुवीय नजरियों (outlooks) का अनूठा संश्रय बनी : संकीर्ण जुझारू श्रमिकवाद, और बिना किसी मीन-मेख के उदारवाद का संश्रय। परस्पर विरोधी दृष्टियों, प्रवृत्तियों, ताकतों, वैचारिकताओं का ऐसा बेमेल समागम समूह वस्तुत: एकजुटता की ताकत, तकलीफों की साझी कहानियों, और अपनी 'अलग' पहचान पर टिका था।

समय के साथ पीटी और ब्राजीली रचनाशीलता ने नव-उदारवाद की अपनी भाषा और व्यवहार को विकसित किया। उन्होंने नई सहस्त्राब्दि के उषाकाल में अपनी इस नई भाषा और व्यवहार को WSF के रूप में वैश्विक आयाम देने के लिए तैयार किया। WSF का जन्म मुख्यत: ब्राजीली सामाजिक आन्दोलनों, जिसमें पीटी का सर्व-सम्पूर्ण वर्चस्व नहीं था, और 'ले मोंडे डिप्लोमेटिक' के इर्द-गिर्द फ्रांसीसी बौद्धिक-विचारक समूहों के सम्मिलित प्रयासों का प्रतिफल कहा जा सकता है। मूलत: WSF चार्टर एक ऐसे व्यापक वृहत्तर मिलन स्पेस (broad space of convergence) को परिकल्पित और परिभाषित करता है जो वाम के अन्दर अतीत के वैचारिक झगड़ों और वर्तमान प्रतिद्वंद्विताओं—दोनों से खुद परे रखती है। लक्ष्य एक ऐसे व्यापक-वृहत्तर स्पेस का था, जिसमें विभिन्न ताकतों, परियोजनाओं और धाराओं की तमाम शाखाएँ-अभिव्यक्तियाँ एक न्यूनतम साझा व्यवहार के इर्दगिर्द जुट सकें।

WSF और वर्तमान लैटिन अमेरिकी वाम—दोनों को ही किसी सीमित-सुचिह्नित दायरे में परिभाषित कर पाना मुश्किल है। ये दोनों ही समूचे पूँजीवाद—'पूँजीवाद की परिघटना' (Capitalism per se) के नहीं, बल्कि नव उदारवाद के विरोधी है। ये किसी भी तरह की 'पूँजी' का विरोध करने के बजाय, 'पूँजी द्वारा प्रभुत्व' (domination by Capital) के विरोधी हैं। साम्राज्यवाद के किसी भी स्वरूप के घोर विरोधी होते हुए भी इनका मानना है कि जरूरी नहीं है कि सभी पूँजीवादी देश साम्राज्यवादी भी हों। नतीजे में WSF अपने वार्षिक संस्करणों में सालोसाल नामचीन हस्तियों, फ्रांसीसी काबीना मंत्रियों, नोबेल पुरस्कार विजेताओं, जोसेफ स्टिगलिज जैसे विश्वबैंक के अर्थशास्त्रियों, और साथ ही अन्तर्राष्ट्रीय वित्तीय सट्टेबाज सिद्धान्तकारों जार्ज सोरोस, अनगिनत-अराजक धाराओं, समाजवादियों, साम्यवादियों, सामाजिक-जनवादियों, लिबरलों, सर्वथा असम्बद्धों और श्रमिक, पर्यावरण, महिला, स्थानीय जातीयताओं की विविध सामूहिकताओं और कार्यकर्ताओं को आकृष्ट करता रहा है।

लूला व्यक्तित्व और विचार

एक भूतपूर्व 'मेटल श्रमिक' के रूप में लूला ब्राजीली व्यापक जन समुदाय की उस आकांक्षा—उस सपने के मूर्त प्रतिनिधि हैं, जिसमें उन्हीं हाशिए के 'सबाल्टर्न' समुदाय का—उनमें से ही एक व्यक्ति—उन्हीं की अनुभूतियों-आकांक्षाओं-सपनों-संघर्षों से गुजरते हुए अपनी वैयक्तिक सफलता को व्यापक जनसमुदाय की 'मूर्त सामूहिक सफलता' में बदल देता है।

1979 में लूला मेटल वर्कर्स यूनियन के नेतृत्व में शामिल हुए। लूला के लिए, और सभी गरीब, वंचित और हाशिए के लोगों के लिए भी, पहली प्राथमिकता एक ऐसे समाज में अपनी आवाज की पहचान स्थापित करने की थी, जिसका मूल चरित्र राजनीति और फैक्ट्री दोनों ही जगह दागदार संस्तरीकृत विशेषाधिकारों और दमनकारी-निरंकुश सत्ता-शासन का था। ऐसा समाज गरीब, कमजोर, अश्वेत, अशिक्षित, मजदूर—विशेषकर लूला जैसे ग्रामीण अंचलों से विस्थापित मजदूरों के लिए पहाड़ जैसी चुनौती बनकर खड़ा था।

छोटे या कमजोर की अवधारणा ताकतवर के सामने चुनौती बनकर खड़ा होने के लिए छद्म और शातिरपन (Guile and cunning) को हथियार बनाने की माँग कर रही थी। वे जो नेतृत्व के आकांक्षी थे, उनमें मेलिसिया या अस्तूसिया (Malicia/Astucia) : शातिरपन और चालाकी खासतौर पर अपेक्षित थी। लूला जल्दी ही हर किसी के लिए हर जरूरत की जरूरत बन गए। ऐसा वही नेता कर सकता था, जो विद्यमान ताकत के रिश्तों की अन्दरुनी खींचतान में ताकतवरों के बीच की छोटी से छोटी दरार का खुद को नुकसान पहुँचाए बगैर अपने फायदे के लिए 'इस्तेमाल' कर सकने का हुनर रखता हो। यह अन्तर्विरोधों को सही समय और सही तरीके से परख कर अपने हितों-आकांक्षाओं के अनुरूप इस्तेमाल करने की क्षमता थी। यह उन परिस्थितियों में और भी जरूरी था, जब नेता किसी गम्भीर बदलाव और संघर्ष केन्द्रित व्यवहार का लक्ष्य रखता हो। इसी के साथ एक और विशिष्ट क्षमता की भी जरूरत थी : अपने अनुयायियों की शंका के दायरे से खुद को पूरी तरह बाहर रखने की क्षमता, अनुयायियों में अपनी प्रतिबद्धता, ईमानदारी, और निष्ठा के प्रति शंकाविहीन विश्वास बनाने और बनाए रखने की क्षमता।

प्रक्रिया और सम्बन्धों दोनों ही धरातलों पर नेतृत्व जन चेतना (Mass consciousness) और जनगोलबन्दी (Mass Mobilisation) के बीच एक अनौपचारिक पुल का काम करता है। इस दृष्टि से एक साझा मिलन के वृहत्तर 'स्पेस' में विभिन्न विभेदों और विभिन्नताओं के साथ लोगों को समाहित-समागमित कर लेने की लूला की रणनीति 21वीं सदी के प्रतिरोध संघर्षों के लिए विशिष्ट योगदान है। इस मामले में चावेज की प्राथमिकता विभिन्नताओं-विभेदों को अपने इर्द-गिर्द गोलबन्द कर लेने की, उनके सर्वमान्य 'प्रतिनिधि' होने की, उनकी ताकत की मूर्तमान अभिव्यक्ति होने की है। चावेज तुलनात्मक रूप से लूला के 'मिलन (convergence) के लिए आग्रह' (persuation) की जगह 'एकता के लिए निर्देशन' (command) पर ज्यादा व्यवहार करते दिखते हैं।

1978 और 1980 की असाधारण हड़तालों के दौरान लूला की ताकत उसके साथी श्रमिक समुदाय की समवेत ताकत थी। इसके चलते लूला एक ताकतवर 'नई पहचान' खड़ी कर पाने में कामयाब रहे। यह पहचान 'नेता' और 'अनुयायी' दोनों को ही उन अनछुई ऊँचाइयों और जगहों पर ले गई, जिसकी उन्होंने कल्पना भी नहीं की थी। स्थानीय प्रक्रियाओं-व्यवहारों के दायरे से बाहर निकलकर लूला ने अपनी प्रतिभा, गुणों, क्षमताओं को पूर्ववर्ती श्रमिक संघर्षों से हासिल प्रतीकात्मक सामाजिक पूँजी और नैतिक प्राधिकार के साथ जोड़ कर व्यापक जन संघर्षों को संचालित करने के लिए नई समन्वयकारी सांगठनिकताओं-संस्थानिकताओं के निर्माण के काम में लगाया।

इसी दौर में लूला ने अपनी एक नई विशिष्ट क्षमता विकसित की। अपने दसियों लाख समर्थक वोटरों के साथ सीधे दिल से संवाद करने, और आगे समय के साथ राष्ट्रपति पद की दावेदारी में अपनी 'अपील' को उन करोड़ों लोगों तक विस्तारित करने की क्षमता, जो सामाजिक-आर्थिक अवस्थितियों में लूला से ऊपर अथवा नीचे

थे। तीन दशकों तक लूला ने 'सकारात्मक शातिरपन की बदलाव की राजनीति' पर व्यवहार किया। इसकी अनूठी विशिष्टता मूलत: विभिन्नताओं और विभेदो 'के साथ' समागम के 'स्पेस' बनाने, और बढ़ाने की थी। विभिन्नताओं और विभेदों के साथ समागम की यह अवधारणा 21वीं सदी के प्रतिरोध की दिशा में साझा मूल्यों, दृष्टियों और व्यवहारों की रचना, और एक अनजाने-अनिश्चित उत्तर नवउदारी भविष्य की ओर कदम बढ़ाने में अपनी सीमाओं और सम्भावनाओं दोनों के साथ अपना विशिष्ट योगदान कर सकती है।

समालोचनात्मक पड़ताल

जून, जुलाई 2013 : ब्राजील के सौ से ज्यादा शहरों में हजारों प्रदर्शनकारी पीटी सरकार के गहराते संकट के दौर में पुलिसिया दमन का मुकाबला करते हुए सड़कों पर थे। प्रदर्शन की तात्कालिक वजह साओ पाउला में सार्वजनिक परिवहन सेवाओं की कीमतों में वृद्धि थी। यह वही साओ पाउला था, जहाँ 1990 में साओ पाउला फोरम की स्थापना के जरिये ब्राजील में 'विभेदों और विभिन्नताओं के मिलन' के रास्ते पीटी के राष्ट्रपति भवन में प्रवेश के बीज पड़े थे। 2013 वह समय था, जब ब्राजीली अर्थव्यवस्था और आम ब्राजीली जन समुदाय गहराते आर्थिक संकट और मन्दी की मार झेल रहे थे, और सरकार आगामी 2014 विश्व फुटबाल कप और उसके बाद 2016 रियो ओलम्पिक की तैयारियों पर बिलियनों डालर की रकम खर्च करने जा रही थी। ये प्रदर्शन इन आलीशान फिजूलखर्चियों, सार्वजनिक सेवा की मात्रा और गुणवत्ता की कटौतियों, शहरी गरीब व आम मध्यमवर्गीय समुदायों और श्रमिकों की जीवन दशाओं में तेजी से आती गिरावट, और ब्राजीली सत्तातंत्र में राजनीति, मीडिया और पुलिस के अन्दर तेजी से फैलते भ्रष्टाचार के खिलाफ थे।

इन प्रदर्शनों को दो नजरियों से विश्लेषित किया जा रहा था। इन प्रदर्शनों के बिखराव और दिशाहीनता को लेकर चिन्ता व्यक्त करते हुए इनके राजनीतिक और बौद्धिक नेतृत्व की जरूरत को रेखांकित किया जा रहा था। दूसरी धारा के अनुसार ये प्रदर्शन पार्टियों, सरकार और राज्य के खिलाफ और उसके 'दायरे' से बाहर 'स्वायत्त राजनीति' का प्रतिनिधित्व करते थे : ये प्रदर्शन प्रतिनिधित्ववादी वाम राजनीति बनाम उत्तर 1968 स्वायत्त राजनीति का विस्तार थे। मगर ब्राजील की वाम राजनीति को इन दोनों में से किसी भी दायरे में बाँध कर रख पाना सम्भव नहीं है। उस समय की ब्राजीली राजनीति की कुंजी तत्कालीन सत्ताधारी पार्टी पीटी के व्यापक जन समुदायों—विशेषकर संगठित और असंगठित श्रमिक वर्ग के साथ रिश्तों में थी।

20वीं सदी के वाम की वैचारिकी और व्यवहार में श्रमशक्ति वृहत्तर क्रान्तिकारी संघर्षों की निर्णायक ताकत, राजसत्ता और पार्टी सामाजिक बदलाव व पुनर्संरचना का निर्णायक राजनीतिक हथियार, और श्रमस्थल (औद्योगिक फैक्ट्री) राजनीतिक सांगठनिकता की निर्णायक जमीन हुआ करती थी। 21वीं सदी में लूला ने इससे अलग एक नई वाम प्रयोगधर्मिता का रास्ता चुना। यह शुरू तो श्रमिक वर्ग सांगठनिकता और शक्ति से हुई मगर अपनी वृहत्तर राजनीतिक-दृष्टि और विस्तार में वह उन तमाम

ताकतों-सांगठनिकताओं दृष्टियों और आकांक्षाओं को समेटती हुई एक ऐसे संयुक्त-समागमी आन्दोलनधर्मिता की ओर प्रवृत्त हुई जहाँ तमाम विभिन्नताएँ और विभेद अपना अस्तित्व मिटाए बगैर एक साथ एक दिशा में आगे बढ़ सकते थे। इस नई प्रयोगधर्मिता के साथ पीटी 2002 में लूला के नेतृत्व में सत्ता में यह उम्मीद जगाती हुई आई थी कि नवउदारवाद को चुनौती देते हुए ब्राजील एक नये लोकप्रिय, भागीदारी, समावेशी विकास और जनतंत्र का मॉडल बनने जा रहा है।

मगर व्यवहारत: ऐसा होने नहीं जा रहा था। लूला ने 2002 के अपनी राष्ट्रपति उम्मीदवारी अभियान में अपना 'कार्टा' (Carta) (ब्राजीली जनता के नाम पत्र) जारी किया था। इसके अनुसार भावी पीटी सरकारों के लिए फिलहाल नवउदारी मैक्रो अर्थशास्त्रीय फ्रेम वर्क को बनाए रखते हुए काम करने की मजबूरी बनी रहेगी। इस खुलासे ने काफी सारे जुझारू पीटी घटकों, वाम सांगठनिकताओं और ग्रामीण कामगारों के संगठन MST जैसे आन्दोलनों के सामने ठगे जाने के बावजूद एक साथ रहने की विवशता का अन्तर्द्वंद्व खड़ा कर दिया था।

पहले लूला, और फिर दिल्मा रुसुफ की अगुवाई में पीटी के पास ब्राजील के संगठित श्रमिक व आम जनसमुदायों के साथ रिश्ते का वह तुरुप का पता था, जिसके बूते वह 2002 से 2016 तक लगातार नवउदारी अर्थशास्त्रीय फ्रेमवर्क को बनाए रखते हुए सत्ता पर पकड़ बनाए रख सके। इस अवधि में ब्राजील में नवउदारवाद के समापन-विस्थापन का रास्ता बनने के बजाय उसकी स्थिरता की स्थितियाँ बनीं। इससे जनित घटती लोकप्रियता और जीत के घटते अन्तर के साथ पीटी क्रमश: दक्षिणपंथी प्रतिक्रियावादी पुराने सत्ता अभिजात्यों के साथ समझौतों में सरकार चलाने के लिए मजबूर होती गई। इसका अन्त पीटी की सत्ता से पूरी तरह विदाई, और चरम प्रतिक्रियावादी भ्रष्ट दक्षिणपंथ की पुनर्वापसी के रूप में हुआ।

2002 में जीत के बाद 'सालिडेरिटी इकोनामी मूवमेंट' और MST की पक्षधरता के साथ शिक्षा, स्वास्थ्य आदि सामाजिक क्षेत्रों में कुछ सुधार कार्यक्रमों को चलाने के अलावा सत्ता संचालन की आर्थिक, राजनीतिक और सामाजिक रणनीति कुल मिलाकर नव उदारवाद के साथ ही बनी रही। ट्रांसनेशनल वित्तीय तंत्र और राष्ट्रीय-अन्तर्राष्ट्रीय 'एग्री बिजनेस' के लिए सब्सिडी, टैक्स छूट, और औपचारिक-अनौपचारिक संस्थानिक रिश्तों के जरिये सत्ता और नवउदारवाद दोनों की स्थिरता सुनिश्चित करने की दिशा ली गई। इसकी कीमत स्वाभाविक रूप से स्वास्थ्य, शिक्षा, आवास, रोजगार और अन्य तमाम जीवन निर्वाह जरूरतों को चुकानी पड़ी।

एग्री व्यवसाय का तेजी से, व्यापक फैलाव के साथ विस्तार हुआ। इसने ग्रामीण संरचना में रोजगार बढ़ाया, मगर इसी के साथ एक नया ग्रामीण समुदाय भी खड़ा किया : कृषि उद्योग का कामगार, जिसकी काम की दशाओं पर कोई राजनीतिक-सामाजिक नियम-नियंत्रण-संरक्षण नहीं था। इसके चलते काम की दशाएँ बेहद कठोर, असुरक्षित, और जोखिम भरी थीं और मजदूरी बेहद कम। कृषि उद्योग की 'वंचित करने के जरिये संचय' (Accumulation through Dispossession) की रणनीति ने किसानों और स्थानिक जनसमुदायों को उनकी जमीनों से बेदखल करना शुरू किया। जीवन और

पर्यावरण प्रणाली तहस-नहस होने लगी। सामाजिक असमानता का जहर ग्रामीण अंचलों में भी फैलने लगा। सामाजिक कार्यकर्ता और अकादमिक सान्द्रा गादेल्हा कहती है : "लूला और पीटी सरकारों ने खुद को 'MST का जनक' बताया था। व्यवहार में ये 'कृषि उद्योग की जननी' (Mother of Agribusiness) निकले : कृषि सुधार बस दूर का सपना बने रहे।"[36]

सार्वजनिक क्षेत्र में पेन्शन के नवउदारी 'सुधार' का विरोध करने वाले सीनेटर पार्टी से बाहर किए जाने लगे। यह ब्राजीली राज्य के ऐतिहासिक वि-जनतंत्रीकरण, नये राजनीतिक आभिजात्य के उदय, और जन-पक्षधर ताकतों के बहिष्करण का संकेत था। पार्टी नौकरशाहाना नेतृत्व शैली, गम्भीर पार्टी शिक्षा-विचार-विमर्श-भागीदारी के ह्रास, और ग्रासरूट सांगठनिकता के कठिन-कठोर काम से दुराव की ओर बढ़ रही थी। गम्भीर और नियमित कार्यभार से बचते रहने की प्रवृत्ति बढ़ने लगी। यह कार्यभार पार्टी को उस नई नौजवान पीढ़ी के साथ गहराई से जोड़ सकता था, जिसके साथ जनतंत्र, विकास और राजनीति में उसकी आवाज का वादा किया गया था। नौजवान चारों ओर से लगातार बढ़ती असमानता, घटती सार्वजनिक-आधारभूत सेवा-संरक्षा के दबाव में अपना आक्रोश सड़क पर प्रदर्शनकारी उबालों में अभिव्यक्त कर रहा था।

नव उदारवाद के साथ पीटी के बेमेल सहयोग की इस रणनीति का दुष्परिणाम झेलने वाले बहुत थे : संगठित श्रमिक वर्ग, सार्वजनिक क्षेत्र कर्मचारी, ग्रामीण क्षेत्र के असंगठित कामगार, वाम जुझारू ताकतें, किसान, स्थानिक जातीय सामुदायिकताएँ, युवा और 'बोल्सा फेमिला' कार्यक्रम के तहत नकद भुगतान सहायता के बावजूद व्यापक गरीब-वंचित सामाजिक समूह। इस बेमल सहयोग की रणनीति का नुकसान उठाने वाली एक बड़ी राजनीतिक ताकत भी थी : खुद पीटी अपनी साख, विश्वसनीयता और जनाधार खोती जा रही थी। जून-जुलाई 2013 में सड़कों पर अपने आक्रोश का प्रदर्शन करने वाले उसी नुकसान उठाने वाले समुदायों-सामाजिक समूहों से थे। एक बार फिर विविध विभिन्नताएँ अपनी बहुरंगी ऐतिहासिकताओं, विशिष्टताओं, आकांक्षाओं और सामाजिक-राजनीतिक दृष्टियों के साथ ब्राजील की सड़कों पर थीं।

नवउदारवाद के साथ सहयोग की रणनीति के बावजूद पीटी अपने प्रतिद्वंद्वी नवउदारी खेमे से मध्यवर्गीय ताकतों-सामाजिक समूहों को अपने खेमे में खींच पाने में असफल रही। इसके उलट खुद इसकी अपनी काफी सारी सहयोगी ताकतों, समूहों, श्रमशील समुदायों ने साथ छोड़ते हुए वैकल्पिक दृष्टि, गोलबन्दी और सांगठनिकताओं की राह पकड़ी। MST ने उन कृषि सुधारों के लिए, अपनी जद्दोजहद और गोलबन्दी जारी रखी जो सरकारी-कानूनी भूमि पुनर्वितरण से कहीं आगे जाते हैं। यह गोलबन्दी व्यापक जनसमुदायों और वर्गों की स्वायत्त सांगठनिकताओं के जरिये ब्राजीली समाज के राजनीतिक, आर्थिक, सांस्कृतिक जनतंत्रीकरण की आकांक्षी है। MST सामुदायिकताएँ एग्रीबिजनेस उत्पादों की चुनौती में अपने बूते ऐसी कृषि उत्पादकता का विकास करना चाहती हैं, जिसके केन्द्र में सामुदायिक जरूरतों की पूर्ति, और जीवन व पर्यावरण पोषणीयता हो। MST ने ग्रामीण भूमिहीन मजदूरों की स्वतः सांगठनिकता बनाने और विकसित करने की दिशा में आगे बढ़ते रहना जारी रखा।

एकजुटता अर्थव्यवस्था आन्दोलन (Solidarity Economy Movement) ने भी बदलाव (Transformation) की दिशा में आगे बढ़ते रहना जारी रखा है : उपभोग, उत्पादन, विनिमय, वित्त, संचार, शिक्षा, स्वास्थ्य और सर्वांगीण विकास की नैतिकता, पारस्परिकता और सहयोग पर आधारित व्यवस्था, जो जीवन जीने और सामाजिक-सांस्कृतिक-आर्थिक वैचारिकता की नई दृष्टि और व्यवहार की ओर उन्मुख हो। यह आन्दोलन विशेषकर शहरी-गरीब महिलाओं और अन्य वंचित-उपेक्षित शहरी श्रमशील समुदायों के बीच अपना प्रभावी जनाधार बना रहा है। बड़े-बड़े बाँधों के निर्माण से विस्थापित सामुदायिकताएँ, संगठित गोलबन्द होकर पर्यावरण संगत विकास के जनपक्षधर पोषणीय रूपों के लिए लड़ रही हैं। सियेरा (Ceara) 'मूविमेंटो 21' (Movimento 21) की एकजुटता के साथ स्थानीय समुदायों, रेडिकल बौद्धिकों, वकीलों, वैज्ञानिकों, शिक्षाविदों और MST व PSOL जैसी सांगठनिकताओं को एक मंच पर लाकर संघर्ष की गोलबन्दी के प्रयास कर रहा है।

जून / जुलाई 2013 के जन प्रतिरोध प्रदर्शनों की व्यापकता और प्रतिरोधी तेवर आगे के दिनों में लगातार बढ़ते गए। पुलिस बर्बरताओं और विश्व फुटबाल कप व ओलम्पिक तैयारियों की भारी-भरकम परियोजनाओं में निवेश के विरोध में जन समुदायों ने 'फावेला' बनाकर सड़कों पर छात्रों और मध्यवर्गीय प्रदर्शनकारियों के साथ उतरना शुरू कर दिया।

ब्राजील के राजनीतिक परिदृश्य में प्रतिनिधित्व का संकट लगातार गहराता गया। प्रदर्शन थमने का नाम नहीं ले रहे थे : पक्ष और विपक्ष दोनों ही तरफ से लोग सड़कों पर अपने उग्र तेवरों के साथ थे : म्युनिसिपल दफ्तरों और अन्य सार्वजनिक भवनों-चौराहों पर कब्जा कर रहे थे, जाम लगा रहे थे। लगातार घटती सार्वजनिक सेवाओं, बढ़ते कृषि उद्योग निवेश, ओलम्पिक खर्चों, और राजकीय भ्रष्टाचार के खिलाफ बेकाबू होते गुस्से का प्रतिक्रियावादी दक्षिणपंथी विपक्ष (जो खुद भी सत्ता सुख के मजे ले रहा था) ने पूरा फायदा उठाने की कोशिश और अन्ततः सफल रहा। ट्रेड यूनियन नेतृत्व पर भी इस लगातार बढ़ते जन आक्रोश और असन्तोष का साथ देने के लिए अपनी आम कतारों का जबरदस्त दबाव पड़ा।

12 मई, 2016 को ब्राजील में अपने तरीके का अनूठा तख्ता पलट हुआ। 2014 के आम चुनाव में दुबारा राष्ट्रपति पद पर बहुत ही कम अन्तर से जीतने के मुश्किल से एक साल के अन्दर दिल्मा रुसुफ को सीनेट ने महाभियोग प्रस्ताव 55-22 से मंजूर करके अगले छह माह के लिए राष्ट्रपति पद से बाहर कर दिया। इसी के साथ ब्राजील में वर्कर्स पार्टी (पीटी) के पिछले तेरह वर्षों के अनवरत शासन का भी अन्त हो गया।

पीटी पार्टी के संस्थापक लूला डि सिल्वा अपनी राजनीतिक यात्रा का आरम्भ 1979 में मेटल वर्कर्स यूनियन के नेतृत्व से करते हुए 2002 में राष्ट्रपति भवन के अन्दर पहुँचे थे। उनकी उत्तराधिकारी दिल्मा रुसफ ने अपना राजनीतिक जीवन 1964 से 1985 की खूँखार सैनिक तानाशाही के खिलाफ मार्क्सवादी छापामार संघर्षों के एक छापामार कामरेड के रूप में शुरू किया। जनवरी 1970 में गिरफ्तार होकर तीन साल

तक बर्बर शारीरिक-मानसिक मंत्रीणा-प्रताड़ना झेलने के बाद वह 1972 के अन्त में रिहा हुई थी। लूला सरकार में 'चीफ ऑफ स्टाफ' और ऊर्जा मंत्री की जिम्मेदारियाँ निभाने के बाद 2010 के आम चुनाव में वह वर्कर्स पार्टी के उम्मीदवार के बतौर राष्ट्रपति निर्वाचित हुई।

महाभियोग का समर्थन करने वाले, विपक्षी राजनीतिज्ञ और मीडिया का दावा था कि वे दिल्मा के खिलाफ भ्रष्टाचार और आर्थिक अदूरदर्शिता की लड़ाई लड़ रहे थे। सच्चाई इसके उलट है। दिल्मा के खिलाफ भ्रष्टाचार का एक भी आरोप नहीं था। दिल्मा के ऊपर आरोप यह था कि दूसरे कार्यकाल के लिए निर्वाचन की अवधि (2014) में उसकी सरकार ने बजट घाटे को छिपाकर अर्थव्यवस्था की गलत तस्वीर पेश करने के जरिये अनधिकृत कर्ज हासिल किया था। दुनिया में सम्भवत: ऐसी एक भी सरकार खोज पाना मुश्किल होगा, जो अपनी अर्थव्यवस्था की बिल्कुल सही-पारदर्शी-पाक-साफ तस्वीर अपनी जनता के सामने और अन्तर्राष्ट्रीय पटल पर आर्थिक लेन-देन की सौदेबाजियों में रखती हो।

दूसरी ओर विपक्षी उप राष्ट्रपति माइकेल टेमर के खिलाफ, जिसने दिल्मा की जगह राष्ट्रपति का पद भार सँभाला, सरकारी पेट्रोलियम कम्पनी पेट्रोब्रास में घूसखोरी सहित तमाम भ्रष्टाचार के मामले थे। ब्राजीली जनता के बीच उसे सिर्फ 2% जन समर्थन हासिल था। महाभियोग के सूत्रधार और संचालक रेनान काल्हीरो के खिलाफ ग्यारह भ्रष्टाचार और अन्य आपराधिक मुकदमे चल रहे थे।

ब्राजील की यह असाधारण राजनीतिक अस्थिरता एक ऐसे समय में आई, जब उसके सामने भयावह आर्थिक संकट और ब्राजीली सत्ता-प्रशासन तंत्र में पोर-पोर समाए भ्रष्टाचार से निपटने की बेहद कठिन चुनौती थी। एक तरफ ब्राजीली सरकार अपनी ओलम्पिक परियोजनाओं के भारी-भरकम खर्चों में मशगूल थी। दूसरी तरफ उत्पाद कीमतों में भारी अन्तर्राष्ट्रीय गिरावट ब्राजील की निर्यात निर्भर अर्थव्यवस्था की कमर तोड़ रही थी। अचानक आए इस संकट से निपटने के लिए सार्वजनिक खर्चों में कटौती जैसे आपात प्रयासों ने वर्कर्स पार्टी के परम्परागत आधार श्रमशील समुदाय को और भी आक्रोशित और दूर करने का काम किया। लगातार गहराती मन्दी, भ्रष्टाचार और सरकार की राजनीतिक उथल-पुथल में दक्षिणपंथी-प्रतिक्रियावादी हमलों से निपट पाने की नाकामी की कीमत आम जनता अपनी दैनन्दिन जीवन निर्वाह की दुर्दशा के रूप में चुकाती चली आ रही थी। इसका भरपूर फायदा दक्षिणपंथी-प्रतिक्रियावाद उठाने में कामयाब रहा।

अन्तरिम राष्ट्रपति माइकेल टेमर के नेतृत्व में बनी सरकार ब्राजील को उसका कौन सा भविष्य देना चाहती थी, उसकी कैबिनेट संरचना से साफ झलकता था। टेमर की 24 सदस्यी कैबिनेट पूरी तरह से श्वेत, धनाढ्य, कंजर्वेटिव दक्षिणपंथियों की थी। इनमें से ज्यादातर के खिलाफ भारी पैमाने के आपराधिक भ्रष्टाचार और आर्थिक लूट के मामले दर्ज थे। इस सरकार के चीफ ऑफ स्टाफ एलिसेयू पादिल्हा के मुताबिक : 'लोग सड़कों पर दो चीजों के लिए थे : वे भ्रष्टाचार मुक्त और दक्ष राज्य चाहते थे। अब सरकार से भ्रष्टाचार बाहर हो गया है और दक्षता अन्दर आ चुकी है!'

इस सरकार में एक भी अश्वेत, एक भी महिला, एक भी स्थानिक-जातीय या एक भी ऐसा व्यक्ति नहीं था, जो अपनी सामाजिक-सांस्कृतिक-आर्थिक अवस्थिति या संस्तरण में ब्राजील की बीस करोड़ चालीस लाख आबादी की 99% आम जनता की अवस्थिति का प्रतिनिधित्व करने का दावा कर सके। दिल्मा रुसफ की कैबिनेट में महिलाओं और अश्वेतों का भरपूर प्रतिनिधित्व था। दोनों ही कार्यकाल की कैबिनेटों में पन्द्रह-पन्द्रह महिलाएँ थीं। टेमर ने पहला काम महिला, मानवाधिकार और नस्लीय समानता के मंत्रालय को भंग करने का किया। टेमर और उसके मंत्रिमंडल के तीन कद्दावर मंत्री और तख्ता पलट के शातिर खिलाड़ी रोमेरो लूठा, नियोजन मंत्री और टेमर की पार्टी (PMDB) के मुखिया ब्राजीली इतिहास के अब तक सबसे बड़े भ्रष्टाचार—राजकीय तेल कं. पेट्रोब्रास में घूस माफिया गिरोह चलाने की जाँच झेल रहे थे। इस कैबिनेट का कृषि मंत्री ब्लाइरो मागी दुनिया का 'सोया किंग' (Soya King) कहलाता है और उसे ग्रीन पीस ने ब्राजील के विशाल-अद्भुत अमेजन वर्षा वनों का सबसे बड़ा विनाशक बताया है। उद्योग मंत्री मारकोस पेरीरा ताकतवर 'युनिवर्सल चर्च आर्गनाइजेशन' का इवेंजेलिकल पादरी था। न्यायमंत्री एलेक्जान्द्रे दे मोराएस अभी तक साओ पाउलो का सुरक्षा प्रमुख, और बर्बर पुलिसिया ज्यादातियों, दमन और मानवाधिकारों के हनन का कुख्यात् सरगना था। ब्राजील और ब्राजील की 99% जनता का भविष्य अब इसी 'भ्रष्टाचार मुक्त और दक्ष' सरकार के हवाले था।

महाभियोग आरोपों का कोई ठोस आधार या कानूनी वैधता न होने के बावजूद 31 अगस्त, 2016 की ब्राजीली सीनेट में महाभियोग पारित हो गया, और दिल्मा रुसुफ अपदस्थ कर दी गई। 2018 नये चुनाव होने तक टेमर की भ्रष्टतम दक्षिणपंथी नवउदारी सत्ता को नंगा तांडव करने का लाइसेन्स मिल गया। अर्थव्यवस्था को पटरी पर लाने के नाम पर तमाम सार्वजनिक सेवाओं की कटौती, रोजगार और जीवन निर्वाह कृषि संरचना का सम्पूर्ण विनाश, रहे-सहे सार्वजनिक उद्योगों का औने-पौने वामों पर 'निजी क्षेत्र' को दान, श्रम सुधारों के नाम पर किसी भी तरह की श्रमिक सांगठनिकता और प्रतिरोध पर रोक और वेतन, सेवा शर्तों की मनमानी कटौती, और आम जनता के पक्ष में किसी भी तरह की सब्सिडी का अन्त सुनिश्चित किया जाने लगा। इस 'आर्थिक-प्रशासनिक दक्षता' के खिलाफ किसी भी तरह के प्रतिरोध का दमन पुलिस, पैरामिल्ट्री और अर्थतंत्र के नये महाप्रभुओं के भाड़े के हत्यारों-लठैतों के जरिये हो रहा था।

1 जनवरी, 2019 को जेर बोल्सोनारो के राष्ट्रपतित्व में चरम प्रतिक्रियावादी दक्षिणपंथी सरकार का गठन हुआ। बोल्सानारो सरकार के सर्वाधिक प्रभावशाली चेहरों में उसके तीन उद्दंड-'मर्दोने' आक्रामक बेटे थे जो सर्वोच्च न्यायालय को बन्द करने की खुलेआम धमकी दे रहे थे। शिक्षा मंत्री रिकार्डो वालेज रोड्रिग्ज ब्राजील की शिक्षा व्यवस्था को विज्ञान और मार्क्सवाद का बन्धक बताकर उसे पूरी तरह नष्ट कर देने और सैन्य-अनुशासन वाली शिक्षा प्रणाली लाने पर आमादा था। साओ पाउलो का सीनेटर और बोल्सोनारो का अभियान प्रबन्धक सर्जियो ओलिम्पियो गोमेज उर्फ मेजर ओलिम्पियो 'कानून-व्यवस्था' के लिए असहमति-विरोध के निर्मम-हिंसक दमन और सामाजिक सुरक्षा तहस-नहस करने का विशेषज्ञ था। शिक्षा मंत्री पाउलो गएडे 'बाजार

अर्थव्यवस्था' का शिकागो बौद्धिक विशेषज्ञ था। बोल्सानारो के राष्ट्रीय सुरक्षा सलाहकार और उपराष्ट्रपति सेवानिवृत्त चार सितारा जनरल थे। ऐसी सरकार के हाथों में ब्राजील और ब्राजीली ने जनता के भविष्य की कल्पना ही की जा सकती थी।

ब्राजीली ने जनता अपने अधिकारों, जीवन निर्वाह साधनों-संसाधनों-अवसरों और जनतांत्रिक आकांक्षाओं पर हमलों को मौन-असहाय होकर स्वीकार करने से इनकार कर दिया। बोल्सोनारो सत्ता की पूरी अवधि में प्रतिरोधी संघर्षों-प्रदर्शनों-जन उभारों का उबाल बना रहा। नवउदारी शासन तंत्र को ब्राजील को गृहयुद्ध की तरफ धकेल कर भी अपना 'भ्रष्टाचार मुक्त और दक्ष' शासन चलाते रहने से परहेज नहीं था।

ऐसे में एकमात्र उम्मीद अभी भी वर्कर्स पार्टी ही है। 2022 के चुनावों में ब्राजील की जनता ने एक बार फिर से लूला और पीटी को अवसर दिया है। लूला ने 1 जनवरी 2023 से राष्ट्रपति का पदभार सँभाल लिया है। पीटी के पास अभी भी श्रमिक और गरीब जन समुदाय का प्रभावी जनाधार है। अभी भी ब्राजीली जनता के बीच इसकी काफी कुछ साख बची है। परन्तु यक्ष प्रश्न यह है कि क्या वर्कर्स पार्टी (पीटी), लूला, और दिल्मा के सन् 2002 से तेरह वर्ष तक चले नवउदारवाद के साथ संश्रय-सहयोग के समागम (convergence) के रास्ते नवउदारवाद को परास्त-पराभूत करने के अपने प्रयोग के नतीजों से सबक लेने को तैयार है? क्या पीटी, लूला और दिल्मा नव उदारवाद से 'उम्मीदें' छोड़कर संघर्षशील-श्रमशील विविधताओं-विभेदों-जन आकांक्षाओं के समागम की गोलबन्दी के जरिये नवउदारवाद को चुनौती देने की अपनी मूल प्रयोगधर्मिता की ओर लौटने के लिए तैयार हैं? दिल्मा ब्राजील की 'इस्पात महिला', 'फाइटर' के बतौर जानी जाती है। 1970 से 73 तक उसने सैनिक तानाशाही के आतंक से मोर्चा लिया है। 2009 में उसने अपने लिंफेटिक कैन्सर से सफल लड़ाई की है। दिल्मा का खुद कहना है : "मैं अपने जीवन में बेहद ही कठिन परिस्थितियों का सामने करते हुए आगे बढ़ी हूँ, इनमें वे हमले-उत्पीड़न भी शामिल हैं जो मुझे मेरी शारीरिक सहनशीलता की सीमाओं तक ले गए हैं। मगर कुछ भी मुझे मेरी ओर से डिगा नहीं सका है।" क्या यह 'फाइटर' एक बार फिर अपनी लड़ाई सबसे पहले अपनी पार्टी के अन्दर तेरह वर्षों के सत्तासुख के घुन : 'भ्रष्टाचार, नौकरशाही, और गुटशाही' के खिलाफ शुद्धीकरण की मुहिम से शुरू कर सकेगी? क्या लूला और यह फाइटर मिलकर एक बार फिर पार्टी को उसकी मूल जड़ों की ओर, व्यापक श्रमशील समुदायों की ओर समझौताविहीन पक्षधरता की प्रतिबद्धता के साथ ले चल सकेंगे? इन सवालों के जबाब से ही यह तय ही सकेगा कि 'विविधताओं के मिलन की गोलबन्दी' की प्रयोगधर्मिता नवजीवन और नई जिजीविषा हासिल करके नवउदारवाद को सचमुच 'भ्रष्टाचार मुक्त और दक्ष' प्रभावी चुनौती दे सकेगी, या फिर पीटी सत्तातंत्र के गलियारों में नव उदारवाद की 'बी' टीम बनकर इतिहास के कूड़ेदान में गुम हो जाने के लिए अभिशप्त होगी।

चावेज और वेनेज़ुएला : 21वीं सदी के समाजवाद का बोलिवारी रास्ता

एक सामान्य निम्न मध्यवर्गीय शिक्षक दम्पती परिवार में जन्मे ह्यूगो चावेज ने वेनेज़ुएली सत्ता गुटशाही की कुख्यात सेना के अधिकारी के रूप में अपनी युवा जीवन-यात्रा शुरू की थी। वहाँ से चावेज के वेनेज़ुएला का राष्ट्रपति बनकर वैश्विक नव उदारवाद को 21वीं सदी के समाजवाद की चुनौती के नायक बनने की संघर्ष-यात्रा साधारण मनुष्य की असाधारण क्षमता और उपलब्धियों की अद्भुत रोमांचकारी गाथा है।

लूला की तरह चावेज ने अपने राजनीतिक जीवन की यात्रा हजारों श्रमिक साथियों-सहयोगियों के साथ सीधे संवाद और जन संघर्षों की भागीदारी से नहीं शुरू की थी। चावेज का राजनीतिक जीवन सेना के अन्दर एक छोटे से 'भूमिगत गिरोह' की दुस्साहसी राजनीति से शुरू हुआ था। सेना के आम अफसर की गुमनामी से बाहर उन्हें उनकी विद्रोही बगावत लेकर आई। यह तथाकथित निर्वाचित जनतांत्रिक' सरकार के खिलाफ सैनिक तख्तापलट का असफल प्रयास था। करोड़ों वेनेज़ुएली जनता के साथ उनका रिश्ता पहली बार उस तख्ता पलट के प्रयास से नहीं, बल्कि उस अद्भुत-असाधारण हठीली ईमानदारी के शौर्य से बना, जब चावेज ने तख्ता पलट की असफलता के बाद राष्ट्रीय टेलीविजन पर इस तख्ता पलट के 'फिलहाल (For Now) असफल' हो जाने की व्यक्तिगत जिम्मेदारी लेकर समूचे वेनेज़ुएला को अचंभित कर दिया था।

जल्दी ही चावेज के 'फिलहाल' ने 1992 के एक-दूसरे असफल सैन्य तख्ता पलट प्रयास को जन्म दिया। इस असफलता के बाद सम्भवत: चावेज ने अपनी असली राजनीतिक प्रतिभा को पहचाना : व्यापक जन समुदाय के साथ सीधे संवाद के जरिये जनता के विश्वास की पूँजी के साथ राजनीति की राह पर कदम बढ़ाने की प्रतिभा। इतिहास ने चावेज के कंधों पर लगातार उथल-पुथल भरे संघर्षों की राह पर हार के कगार पर पहुँच कर शानदार जीतें हासिल करते हुए एक के बाद एक जनादेशों-निर्वाचनों के जरिये अपने देश में आमूल-चूल परिवर्तनकारी क्रान्ति को सफलतापूर्वक अंजाम देने और वैश्विक नवउदारवाद के प्रतिरोध का एक नया मॉडल खड़ा करने की जिम्मेदारी डाली।

1998 में चावेज ने राष्ट्रपति पद के लिए वेनेज़ुएली समाज और राजनीति की आमूल-चूल पुनर्संरचना के एजेंडे पर भारी जनादेश के साथ स्वीकृति हासिल की। दो साल के अन्दर नया बोलिदारी संविधान बना, जनादेश के जरिये लागू हुआ। नये

निर्वाचन में जनता ने अगले छह सालों के लिए वेनेजुएला की कमान चावेज के हाथों में कांग्रेस के अन्दर भी बहुमत के साथ थमा दी। 18 महीने बाद पुरानी दक्षिणपंथी सत्ता, चर्च, मीडिया, और वाशिंगटन गठबन्धन ने आम हड़ताल और प्रदर्शन का आह्वान करते हुए सैनिक तख्ता पलट के जरिये चावेज को राष्ट्रपति पद से हटाकर बन्दी बना लिया। बहत्तर घंटों के अन्दर व्यापक आम जनता और सेना की निचली कतारों की एकजुट जबाबी कार्यवाही ने चावेज को मुक्त कराकर वापस राष्ट्रपति भवन में पहुँचा दिया। मुश्किल से एक साल के अन्दर फिर पुराने सत्ता गठबन्धन ने इस बार नियोजक और ट्रेड यूनियन नौकरशाही गठजोड़ को साथ लेकर लैटिन अमेरिकी इतिहास की सबसे लम्बी 2 दिसम्बर, 2002 से 2 फरवरी, 2003 तक चलने वाली हड़ताल चलाई। तेल उद्योग सहित सारे प्रमुख आर्थिक क्षेत्रों में कामकाज ठप हो गया। एक बार फिर झुग्गी-झोंपड़ जन समुदायों और सेना की निचली कतारों के विशाल समर्थन और क्यूबा से शिक्षकों-डाक्टरों और दवाओं के सहयोग से यह कोशिश नाकामयाब हुई। फिर दक्षिणपंथी गठजोड़ ने बोलिवारी संविधान के 'रिकाल' प्राविधान के जरिये संवैधानिक तख्ता पलट का प्रयास किया। 'रिकाल' जनमत संग्रह में जनता ने एक बार फिर चावेज में अपना अटूट विश्वास व्यक्त किया।

चावेज का सबसे प्रभावी हथियार जनता के साथ जनता की बोली और शैली में बेलाग संवाद की उनकी क्षमता थी। चावेज अपने संवाद-विमर्शों की विविधता-व्यापकता और अनूठे वैयक्तिक अन्दाज से व्यापक जन समुदायों को मंत्रमुग्ध कर लेते थे। योलान्दा सालेस चावेज को वेनेजुएली राजनीति का महानतम किस्सागो कहती है। हमेशा चावेज के पास कुछ बड़ा, कुछ अद्भुत, कुछ रोमांचकारी, कोई महान कहानी, कुछ बड़ा कहने-सुनाने-रिझाने के लिए होता ही होता था। योलान्दा कहती है कि चावेज ने जैसे हमसे हमारी कल्पनाशीलता ही चुरा ली थी, वह कल्पनाशीलता को किसी जादूगर की तरह इस्तेमाल करता था, नियंत्रित करता था और अपने मुताबिक मोड़ सकता था।[37]

चावेज ने 'पूँजी गुटशाही जनतंत्र' के मिथक को आम वेनेजुएली जनता के सामने तार-तार कर दिया : जनतंत्र के मिथक में आम जनता के समूचे बहिष्करण को बेनकाब कर दिया : इस छद्म को नंगा कर दिया कि वेनेजुएला विकास की ऊँचाइयों को हासिल कर चुका था और वेनेजुएला एक 'कास्मो पोलिस' समाज था। चावेज ने वेनेजुएलियों को एक नया वेनेजुएला दिखाया। योलान्दा अपनी बात आगे बढ़ाते हुए कहती है : "वे जो वेनेजुएली सत्ता और समाज के शिखर पर थे, उन्हें वे वेनेजुएली कभी दिखाई ही नहीं देते थे। उन्होंने व्यापक आम जन समुदायों-वर्गों के लोगों को कभी सचमुच के जीते-जागते मानव-प्राणियों के रूप में देखा ही नहीं था, उन्हें कभी पहचाना ही नहीं था; यहाँ तक कि 'नागरिक समाज' के बौद्धिक विमर्श के खजाने भी कभी उन तक नहीं पहुँचते थे।"

चावेज ने अपना विमर्श पुयेब्लो-पोबरेजा (Pueblo-pobreza)[38] : 'गरीब आम जनता' के खिलाफ उस 'लूट, कब्जे, और सफाये' (Pillaging, Appropriation and Extermination) को खत्म के करने पर केन्द्रित किया जिसकी शुरुआत सदियों

पहले वेनेजुएली धरती और लोगों को आक्रान्त करने से हुई थी, और जो साम्राज्यी विदेशी शोषकों की शह और सहयोग से पल रही भ्रष्ट और निकृष्ट गुटशाही द्वारा निर्बाध जारी थी।

चावेज और हाशिये पर धकेली जा रही व्यापक जनता के बीच संवाद एक समन्वित-जटिल सामाजिक प्रक्रिया थी। इसकी अनूठी पहचान भावनात्मक और नैतिक अपील के साथ जुड़ी हुई सरल-सहज मगर नाटकीय-काव्यात्मक छवियों वाले आत्मीय संचारी संवादों की थी। इतिहास की काल-वीथिकाओं से जाने-पहचाने चेहरों, आकांक्षाओं, आँसुओं और आक्रोशों को आज के साथ जोड़कर यह संवाद जैसे जादुई प्रभाव में बदल जाता था : औपनिवेशिक शासकों की क्रूरता, स्थानिक जनजातीय समुदायों के साथ उनका निकृष्टतम बर्बर व्यवहार, अश्वेतों की गुलामी : आज की तकलीफें, आज की आकांक्षाएँ, आज के सपने उन बीते अतीतों की छवियों के जरिये अपनी व्याख्या हासिल करते थे। यह आज की एक ऐसी सतत् गतिमान पुनर्संरचना थी, जो पुरानी संरचनाओं के बहुत से तत्त्वों को आवाज तो देती थी, मगर अतीत के पुनर्स्थापन के बजाय आज की विशिष्ट आकस्मिकताओं के प्रति खुली दृष्टि, और बदलाव के प्रति हठीली प्रतिबद्धता भी रखती थी।

चावेज की 'बदलाव की हठीली प्रतिबद्धता' में 'बदले' के लिए कोई जगह नहीं थी। सैन्य और राजनीतिक तख्ता पलट प्रयासों और आम हड़तालों के जरिये देश के समूचे आर्थिक-सामाजिक ताने-बाने को छिन्न-भिन्न करके गृहयुद्ध छेड़ने की कोशिशों और तथाकथित 'स्वतंत्र मीडिया' तंत्र द्वारा चावेज के खिलाफ निकृष्टतम गाली-गलौज की सीमा तक विष-वमन और चरित्र हनन के हमलों के बावजूद चावेज की बोलिवारी क्रान्ति की अवधारणा और व्यवहार में 'राजनीतिक बन्दी' अथवा 'मीडिया सेन्सरशिप' के लिए कोई जगह नहीं थी। लोगों के जुटावे और सरकार व चावेज विरोधी प्रदर्शन, महत्त्वपूर्ण आर्थिक-औद्योगिक राजनीतिक प्रतिष्ठानों का घेराव, राजमार्गों का जाम, यहाँ तक कि तोड़-फोड़ की कार्यवाहियों के प्रति भी बोलिवारी प्रशासन का रवैया दुनिया के सबसे 'जागरूक जनतंत्र' अमेरिका के शहरों में उनके नागरिकों द्वारा किये जाने वाले विरोध प्रदर्शनों के प्रति अपनाए जाने वाले रवैये से कहीं ज्यादा नरम और सहिष्णु था। वेनेजुएली और अन्तर्राष्ट्रीय मीडिया का चौबीसों घंटे चौतरफा हमला अनवरत चलता रहता था। राजनीतिक प्रदर्शनों और प्रति-प्रदर्शनों पर कोई रोक नहीं थी जिनमें पुलिस अधिकतम संयम बरतती थी। कांग्रेस नियमित रूप से बैठती थी। विरोध पक्ष कांग्रेस के अन्दर और बाहर सड़क पर पूरी आजादी के साथ सरकार, विशेषकर चावेज विरोधी विषवमन और कार्यवाहियाँ करता रहता था। विधायिका और न्यायपालिका पर सरकार किसी तरह के 'संविधानेतर' नियंत्रण की पक्षधर नहीं थी।

बोलिवारी क्रान्ति के दूसरे और तीसरे शुरुआती साल में तेल की अन्तर्राष्ट्रीय कीमतों में वृद्धि हो रही थी, अर्थव्यवस्था करीब 3% की दर से बढ़ रही थी, मुद्रास्फीति-मँहगाई सन् 2001 में बीस साल के न्यूनतम स्तर 12% पर थी। सन 2002 में तेल की कीमतें एक बार फिर गोता लगाने लगीं। मौका पा कर पूँजीपति विपक्ष देशी-विदेशी पूँजी को विदेश पलायित करने, देश की आर्थिक-औद्योगिक व्यवस्था को ध्वस्त करने और

फिर इसका बहाना बनाकर ट्रेड यूनियन हड़ताल के जरिये एक और तख्ता पलट करने की कोशिश में जुट गया। विपक्ष के दो महीने लम्बी अर्थव्यवस्था और तेल उद्योग के 'ब्लाकेड' के विनाशकारी-विषाक्त प्रहार की कीमत वेनुजुएला ने कम-से-कम 6 बिलि. डालर के नुकसान से चुकाई।

चावेज की आम वेनेजुएली गरीब जनता, स्थानिक जन-जातीय समुदायों के साथ उन्हीं की बोली और सांस्कृतिक शैली में आत्मीय संवाद कर सकने की क्षमता मीडिया, मर्ध्यवर्ग, पुरानी सत्ता गुटशाही और उसके समर्थक वर्गों के लिए 'राष्ट्राध्यक्ष की मर्यादा' का अपमान थी। वेनेजुएला में 67% आबादी मिश्रित नस्ल समुदाय 'मेस्तीजो' की, 10% अश्वेतों की और 23% श्वेतों की है। विपक्षी श्वेत सत्ता गुट आभिजात्य अपनी विचारधारात्मक और व्यावहारिक नस्लीय नफरत में चावेज को 'बन्दर' और चावेज समर्थक जनता 'चाविस्ता' को लम्पट (Lumpen), और नीग्रो' कहती थी। निजी स्वतंत्र मीडिया इस समूची विचारधारात्मक-नस्लीय नफरत को चावेज के खिलाफ हिंसक नफरत के विमर्श अभियान में बदलते हुए वेनेजुएली समाज को लगातार राजनीतिक रूप से दो विपरीत और विद्वेषी ध्रुवों की ओर बाँटता चला गया।

1970 दशक में आसमान छूती तेल की कीमतों ने वेनेजुएला को लैटिन अमेरिकी-करेबियाई भूगोलार्ध का सबसे ज्यादा प्रतिव्यक्ति आय वाला देश बना दिया था। इस समृद्धि ने भारी पैमाने पर राजकीय बन्दर बाँट और मध्यवर्गीय उपभोग की अनाप-शनाप बेतहाशा वृद्धि का वित्त-प्रबन्धन किया। उत्पादक उद्योगों की स्थापना और विकास पूरी तरह उपेक्षित रहा। इस समृद्धि का कोई लाभ गरीब जनता तक 'ट्रिकल डाउन' होकर नहीं पहुँचा।

पेट्रो आय में गिरावट की शुरुआत होने तक वेनेजुएला में दो दलीय राजनीतिक राजतंत्र : 'एक्सियो डेमोक्राटिका : तथाकथित सामाजिक जनवाद की एक किस्म और COPEI : क्रिश्चियन जनवाद की एक नस्ल के बीच सत्ता सुख और समृद्धि की राष्ट्रीय 'बरबादी और भ्रष्टाचार' की बन्दरबाँट का बारी-बारी से खेल चल रहा था। 1978 से 1985 के बीच सकल घरेलू उत्पाद (जीडीपी) लगातार गिरता रहा, पूँजी पलायन होता रहा, विदेशी कर्ज चढ़ता रहा। नवउदारी दवा का कड़वा घूँट पिलाने के दो एक-के-बाद-एक प्रयास मुँह की खा चुके थे।

1989 में वेनेजुएली 'काराकाजो'[39] को कई राजनीतिक विश्लेषक नवउदारवाद के खिलाफ दुनिया का पहला राष्ट्रीय प्रतिरोध मानते हैं। नवउदारी दवा के दूसरे प्रयास ने 1996 में चावेज के बोलिवारी प्रतिरोध की जमीन तैयार कर दी थी। 1990 दशक के मध्य तक प्रति व्यक्ति जीडीपी 1960 दशक के निचले स्तर पर आ चुकी थी। औद्योगिक मजदूरों का वास्तविक वेतन 1980 दशक के मुकाबले 40% नीचे गिर चुका था। अर्थव्यवस्था के इस ध्वंस ने अधिसंख्य आम वेनेजुएली समुदाय पर वज्रपात करते हुए पहले से ही नासूर बन चुकी भयावह असमानता को और विनाशकारी बना दिया। मजदूरी की गिरावट और सार्वजनिक सामाजिक सेवा खर्चों की बेतहाशा कटौती के चलते 1984 में 36% गरीबी रेखा से नीचे की आबादी वाला देश 1995 में 66% गरीबों का देश बन चुका था जिनमें 36% चरम गरीबी के शिकार थे। बेरोजगारों की

संख्या दोगुनी हो चुकी थी। 1981 से 1997 के बीच राष्ट्रीय आय में निचली 40% आबादी की हिस्सेदारी 19.1% से घट कर 14.7% और शिखर के 10% की हिस्सेदारी 21.8% से 32.8% हो चुकी थी। इन दो ध्रुवों के बीच सिकुड़ता मँहगाई की मार झेलता मगर अभी कुछ हद राजकीय संरक्षण से पुचकारा जाता मध्यवर्ग था। यह वह वेनेजुएला था, जो नवउदारवाद ने चावेज को विरासत में दिया था।

सन् 2001 से बोलिवारी संविधान और क्रान्ति की दिशा के अनुरूप चावेज ने अपनी सामाजिक प्राथमिकताओं के कार्यक्रमों की शुरुआत की। मध्यवर्ग को इससे खासी शिकायत होने लगी कि तेल उत्पादक निर्यातक देश समूह ओपेक में पहली बार वेनेजुएला ने अपनी नेतृत्वकारी-समन्वयकारी भूमिका निभाते हुए तेल आय में वृद्धि सुनिश्चित की, मगर इस आय को गरीबों पर 'लुटाना' शुरू कर दिया। राज्य का शिक्षा बजट 1999 से 2001 में सकल राष्ट्रीय उत्पाद (जीएनपी) के 3.3% से बढ़कर 5.2% हो गया, सार्वजनिक आवास और सामुदायिक सेवा बजट 0.8% से 1.5% हुआ, स्वास्थ्य बजट 1.1% से 1.4% बढ़ा। मध्यवर्ग को इससे कोई लेना-देना नहीं था, क्योंकि वह शिक्षा और स्वास्थ्य सेवाएँ निजी क्षेत्र से हासिल करने की हैसियत में था। परन्तु जल्दी ही विपक्ष के दो माह लम्बे 'तेल ब्लाकेड' के चलते हुए अवमूल्यन और आमदनी गिरावट का असर मध्यवर्ग पर गरीब की अपेक्षा कहीं ज्यादा पड़ा क्योंकि यही वर्ग कारों या फिर फ्लोरिडा में छुट्टियाँ मनाने पर डालर खर्च किया करता था।

नवम्बर, 2001 में चावेज ने विधायिका स्वीकृत 49 शासनादेशों के जरिये व्यापक सामाजिक-आर्थिक नीतिगत सुधार-बदलाव की दिशा ली। तेल उद्योग के 'सुधार' का काम पहली जनवरी 2003 से शुरू होना था। पेट्रो उद्योग का 1976 में ही राष्ट्रीयकरण हो चुका था और सरकारी कम्पनी PDVSA अपने 'टर्न ओवर' के मामले में लैटिन अमेरिका की सबसे बड़ी तेल कम्पनी थी। मगर इसकी दक्षता की स्थिति यह थी कि इसकी प्रति बैरल तेल निकालने की कीमत अन्य बड़ी तेल कम्पनियों की तेल निकासी कीमत की तीन गुना थी। PDVSA अपने व्यावहारिक अर्थों में राज्य मालिकाने की ऐसी 'निजी जागीर' बन चुकी थी, जो किसी भी तरह की राष्ट्रीय अथवा सामाजिक विकास नीति की घोर विरोधी थी। PDVSA ने अपनी आमदनी का अधिकतम निवेश विदेशों में : यूरोप और अमेरिकी तेल शोधक कारखानों की खरीद और उत्तरी अमेरिका में गैस स्टेशनों की श्रृंखला के मालिकाने में किया था। इसके जरिये वह तेल आय को अपने सहयोगी प्रतिष्ठानों के 'घाटे' की प्रतिपूर्ति के लिए स्थानान्तरित करके वेनेजुएली राज्य को राष्ट्रीय आय के रूप में मिलने वाली रायल्टी की डकैती का काम करती थी। यह रायल्टी 1981 में 71 सेंट प्रति डालर से घटाते हुए 2000 में 39 सेंट पर आ चुकी थी। अब PDVSA निजीकरण की वकालत करते हुए विदेशी कम्पनियों को देश के अन्दर वापस बुलाने की साजिश में लगी थी।

मगर चावेज इस राह में रोड़ा बने हुए थे। नये तेल कानून ने विदेशी कम्पनियों की संयुक्त उपक्रमों में भागीदारी को 50% पर सीमित करने के साथ प्रति बैरल तेल निकासी पर राज्य की निश्चित 'Fixed' रायल्टी को दो गुना कर दिया। PDVSA के लेखा फ्राड

और वित्तीय अपारदर्शिता पर अंकुश लगाने के लिए लेखांकन निगरानी के अन्तर्गत राज्य ने पेट्रोलियम उद्योग के निदेशक मंडल के पुनर्गठन / पुनर्संरचना के अधिकार भी अपने हाथों में लेने के प्रावधान किये। PDVSA ने अहंकारी-उन्मादी प्रतिक्रिया में तेल ट्रेड यूनियन FEDECAMERAS और राष्ट्रीय ट्रेड यूनियन की भ्रष्टतम माफ़िया शैली वाली CTU नौकरशाही के साथ मिलकर 10 दिसम्बर, 2001 से हड़ताल कर दी। दो महीने बाद चावेज ने PDVSA के वरिष्ठ प्रबन्धकों को 'डिसमिस' कर दिया। यह अप्रैल 2002 तख्ता पलट प्रयास की पृष्ठभूमि बनी।

तख्ता पलट प्रयास की असफलता के बावजूद चावेज को इन भ्रष्ट वरिष्ठ प्रबन्धकों को बहाल करने पर मजबूर होना पड़ा। बहाल होते ही ये चावेज के खिलाफ नई साजिश रचने में जुट गए। निर्णायक वर्चस्व की लड़ाई दिसम्बर 2002 से समूचे तेल उद्योग को अनिश्चित काल के लिए ठप कर देने से शुरू हुई। इसका शातिर सूत्रधार PDVSA का सबसे उद्दंड-आक्रामक प्रशासक जुआन फर्नांडेज था। वस्तुतः यह हड़ताल न होकर तालाबन्दी थी। इसे कम्पनी के बड़े प्रबन्धक संचालित कर रहे थे, जिसे विशेषज्ञ सफेद कालर 'टेक्नोक्रेट' तेल आपूर्ति ठप करके अंजाम दे रहे थे। तेल कामगारों की यूनियन फेडे पेट्रोल की तेल आपूर्ति ठप करने से इनकार करने पर चुनिन्दा टैंकर प्रभारियों और डाकरों ने इसे अंजाम दिया था। जनवरी के अन्त तक हड़ताल / तालाबन्दी के ध्वस्त हो जाने से PDVSA आभिजात्य पर वज्रपात हो गया : इसके सबसे 'प्रभावी-खूँखार' प्रबन्धक बर्खास्त कर दिये गए, और तेल उत्पादन असाधारण तेज गति से शुरू हो गया। कम्पनी ने भूतपूर्व OPEC सेक्रेटरी जनरल अली रोड्रिग्ज की कमान में पारदर्शिता और प्रबन्धन भागीदारिता के साथ वेनेजुएली राष्ट्र और जनता के हित में तेल प्रबन्धन के जरिए आय संवर्धन और उपयोग की दिशा ली।

दक्षिणपंथी प्रतिक्रिया के लिए एक और बड़ा मुद्दा भूमि सुधार का था : नवम्बर, 2009 के '49 शासनादेशों' में मूलभूत कृषि और भूमि सुधार के मुद्दे शामिल थे। 1960 में भूमि सुधार के हल्के-फुल्के प्रयासों से करीब 1,50,000 छोटे किसानों को कुछ फायदा हुआ था। 1970 में तेल उछाल की आसमानी आय के नशे में सरकार ने भूमि सुधार कानून को आगे लागू करने से पूरी तरह आँखें मूँद लीं। उसी समय वेनेजुएली समाज के व्यापक शहरीकरण का दौर शुरू हुआ। आज वेनेजुएला की 87% आबादी शहरों में रहती है। पिछले 50 सालों में जीडीपी में कृषि की हिस्सेदारी 1960 में 50% से घटकर बीसवीं सदी के अन्त तक सिर्फ 6% रही गई थी। वेनेजुएला कृषि उत्पादों-खाद्यान्नों का आयातक देश बन चुका था। 75% से ज्यादा कृषि भूमि-सम्पदा 5% जागीरदारों के पास थी। 75% आबादी के पास सिर्फ 6% जमीन थी। 60% से ज्यादा खेतिहर किसान खेतीबारी से अपना जीवन चलाते थे, पर उनके द्वारा जोती-बोयी जाने वाली जमीनों पर उनका कोई मालिकाना नहीं था।

चावेज के कृषि सुधार कानूनों (Ley de Tierras) ने इसके समाधान की दिशा में कदम बढ़ाया : कृषि भूमि उत्पादकता के अनुसार अधिकतम वैध जोतों का आकार 100 से 5 हजार हेक्टेयर की सीमा में बाँधा गया। 80% से अधिक अप्रयुक्त जोत रखने पर विशेष कर का प्राविधान किया गया। सरकारी और अधिकतम जोत आकार

के आधार पर अधिगृहीत कुछ जमीनों का भूमिहीनों को जोतने-बोने के लिए पुनर्वितरण किया गया। अत्यन्त उच्च उत्पादकता की 100 हेक्टेयर और न्यूनतम उत्पादकता की 5 हजार हेक्टेयर से ऊपर की जमीनों को सरकार द्वारा बाजार मूल्य मुआवजे पर अधिगृहीत किया जा सकता था।

इसके अलावा खुद सरकार के मालिकाने में काफी सारी जमीन थी जिसका पुनर्वितरण के लिए उपयोग किया जा सकता था। कोई भी 18 से 25 साल का वेनेजुएली जमीन के लिए आवेदन कर सकता था। तीन साल जोतने-बोने के बाद उसे अपने वंशजों को हस्तांतरणीय मालिकाना मिल जाता, मगर बेचने का अधिकार नहीं। अगस्त, 2003 तक करीब 1,80,000 परिवारों को 10 हेक्टेयर औसत से पन्द्रह लाख हेक्टेयर जमीन का पुनर्वितरण हुआ। जमीन पुनर्वितरण की प्रक्रिया को गति देने और व्यवस्थित करने के लिए राष्ट्रीय स्तर की तीन कृषि संस्थाएँ बनाई गईं : राष्ट्रीय भूमि संस्थान, जिस पर कृषि जोतों के निर्धारण-नियमन की जिम्मेदारी थी; राष्ट्रीय ग्रामीण विकास संस्थान के जिम्मे कृषि उत्पादकों (खेतिहरों) के लिए तकनीक ओर ढाँचागत संसाधन-सहायता उपलब्ध कराने का कार्यभार था; और वेनेजुएली कृषि कारपोरेशन को किसानों के लिए बाजार-विपणन सहायता का प्रबन्ध करना था।

फेडेकामेरास ने इन कानूनों को निजी सम्पदा के अधिकार का हनन करार दिया। इस मुद्दे को लेकर नियोजकों ने 10 दिसम्बर, 2001 से तालाबन्दी यह कहते हुए शुरू कर दी इन कानूनों और इनसे जुड़े उपायों से नियोजकों के व्यवसाय करने की सुविधा में बाधा पड़ेगी। CTU की भ्रष्ट ट्रेड यूनियन नौकरशाही इस तालाबन्दी के सम्पूर्ण समर्थन में थी। हड़ताल की विफलता के बाद विपक्ष एक और खतरनाक-मारक प्रतिक्रिया में जुट गया। अगस्त, 2002 में उत्तरी वेनेजुएला के एक छोटे से कस्बेनुमा शहर में कुछ नकाबपोश बाइक सवार वहाँ के एक लोकप्रिय सर्जन और स्थानीय भूमि कमेटी के मुखिया पेड्रो डोरिया के यहाँ पहुँचे, उसे आवाज दी, और बाहर आते ही शरीर में पाँच गोलियाँ दाग कर हत्या कर दी। डोरिया की भूमि कमेटी अपने इलाके की उन अप्रयुक्त जमीनों की पड़ताल-पहचान कर रही थी जिनका सरकारी मालिकाना था और जिन्हें पचास आवेदक परिवारों को आवंटित किया जा सकता था। एक स्थानीय जागीदार 'लातिफन्दिस्ता' (Latifundista) का, जो एक पुराने महाभ्रष्ट राष्ट्रपति कार्लोस पेरे का करीबी और 60 हजार हेक्टेयर से ज्यादा 'बेनामी' जमीनों का मालिक था, इन सरकारी जमीनों पर अवैध कब्जा था। वह डोरियो भूमि कमेटी और सरकारी अमलदारों को जमीन मुआयने से रोक रहा था। यह कोई इकलौती घटना नहीं थी। अकेले 2003 में पचास से ज्यादा ऐसे लोकप्रिय किसान-जन नेताओं की हत्या हो चुकी थी। सभी में जागीरदारों और पुलिस की मिलीभगत थी।

दस में से करीब नौ वेनेजुएली शहरों में रहते हैं। इनमें से 60% लोग कब्जा की हुई खाली जमीनों पर (Squatting) या पहाड़ी ढलानों पर टिन, लकड़ी, कच्ची-पक्की ईटों, प्लास्टिक शीटों, यहाँ तक कि पुराने ट्रक और कंटेनर कबाड़ों में अपना आशियाना बनाकर रह रहे थे। ऐसी अधिकांश झुग्गी-झोंपड़ बस्तियाँ—'बेरियोज' (Barrios) काराकास के चतुर्दिक पहाड़ी ढलानों पर बसी हैं। इन पर हमेशा तेज

बरसात में भूस्खलन से घाटी में समा जाने का खतरा बना रहता है। इन्हीं पहाड़ी ढलानों के बैरियोज से 27 फरवरी, 1989 को लाखों की संख्या में वेनेजुएली गरीब राष्ट्रपति कार्लोस आन्दे पेरेज की आई.एम.एफ. निर्देशित नवउदारी पैकेज के खिलाफ पहले राष्ट्रीय युद्ध 'काराकाजो' के लिए उतर पड़े थे। पूरे वेनेजुएला में इस प्रतिरोध युद्ध की आँच जंगल की आग की तरह फैल गई थी। अगले दो महीनों तक चले 'कार्लोसी दमन' के तांडव में एक हजार से ज्यादा आम वेनेजुएलियों की हत्या हुई थी। तब से ही इन झुग्गी-झोंपड़बस्तियों के बाशिन्दों का आन्दोलन 'असेम्बलीया दे बेरियोज' इन झोंपड़-बस्तियों के वैधकरण को वेनेजुएली गरीब की केन्द्रीय माँग बनाकर संघर्षरत था। चावेज के बोलिवारी आन्दोलन में यह आन्दोलन अपनी पूरी ताकत और प्रतिबद्धता के साथ आमेलित होकर चावेज की प्रभावी चाविस्ता ताकत बन गया था।

4 दिसम्बर, 2002 को चावेज ने बेरियोज का वैध स्वामित्व वहाँ के बाशिन्दों के पक्ष में हस्तांतरित करने के लिए डिक्री जारी की। इसमें करीब पाँच लाख प्लाट होल्डरों का फायदा होना था। यह डिक्री राजकीय स्वामित्व वाली जमीनों के लिए थी। वेनेजुएली बेरियोज करीब एक तिहाई सरकारी जमीन, एक तिहाई निजी जमीन, और एक तिहाई विवादित जमीनों पर कब्जा कर बने थे। निजी जमीनों के मालिकाना हस्तांतरण के लिए कांग्रेस में कानून पारित कराने की जरूरत थी। इसके लिए हर बैरियों में एक 'भूमि कमेटी' बनी। कमेटी के प्रतिनिधियों ने राष्ट्रीय असेम्बली में प्रस्तावित कानून में झोंपड़बस्तियों के हित में कई महत्त्वपूर्ण संशोधन रखते हुए कांग्रेस के सीनेटरों को राजी कराने की कोशिश की। इससे वेनेजुएला की करीब 40% आबादी—एक करोड़ गरीबों को फायदा होता।

शहरी भूमि मालिकाने के नियमितीकरण के राष्ट्रीय तकनीकी कार्यालय (National Technical Office for the Regularisation of Urban Land Tenancy) के निदेशक इवान मार्टिनेज के मुताबिक इन झुग्गी-झोंपड़ बस्तियों के हक में मालिकाने के हस्तांतरण के जरिये राज्य अपने उस सामाजिक कर्ज की भरपाई कर सकता था जो उसे वेनुजुएली गरीब के हक में अदा करनी थी : पिछली आधी सदी में राज्य ने अपने नागरिकों के लिए मुश्किल से दस लाख और निजी क्षेत्र ने करीब बीस लाख मकान बनाए। जबकि बैरियोज के बाशिन्दों ने, जिनके पास सबसे कम साधन-संसाधन थे, तीस लाख से ज्यादा घर बनाए थे। यह देखते हुए कि बैरियोज में एक घर उजाड़ कर कहीं और उन्हें एक घर बनाकर देने में दस गुना लागत आएगी, 'बैरियोज' को समाधान का हिस्सा बनाना अनिवार्य हो जाता है।

इन अर्थों में नया कानून बैरियोज को एक सामूहिक अस्तित्व के रूप में स्वीकार करता है जिसके हक में वैध स्वामित्व हस्तांतरित किया जा सकता है क्योंकि इस 'सामूहिक अस्तित्व' में सामाजिक-बदलाव की अपार क्षमता मौजूद है। भूमि कमेटियों की संरचना सात से ग्यारह चुने हुए सदस्यों की होती है, जो बैरियोज समुदाय के कम-से-कम आधे (अधिकतम 200) परिवारों की सभा द्वारा चुने जाते है। यह चावेज की एक और सृजनशीलता : 'बोलिवारी सर्किलों' के रूप में 2001 में बनाई गई सांगठनिकताओं

की संगति में थी। ये सर्किलें जन समुदायों द्वारा अपनी स्थानीय समस्याओं पर विचार विमर्श करने, उनकी प्राथमिकताओं के अनुसार योजना बनाने, उनके साधनों-संसाधनों के लिए उपयुक्त प्रशासनिक इकाइयों को प्रस्तुत करने, और इन पर अपने सहयोग और देख-रेख में अमल कराने के लिए बनाई गई थीं। प्रतिक्रियावादी विपक्ष और उसका स्वामिभक्त निजी मीडिया इन बोलीवारी सामुदायिक सर्किलों को 'अधिनायकवादी राज', विशेषकर चावेज की तानाशाही' के लठैत बता रहा था। व्यवहार में ये सर्किलें 'लठैती' का ठीक उलटा करती थीं : सांस्कृतिक कार्यक्रमों का आयोजन, सिमोन बोलिवार के म्यूरल पेंट करना, संविधान के प्राविधानों और अपनी सामुदायिक जरूरतों, अधिकारों के लिए वर्कशाप चलाना, सामुदायिक केन्द्रों का निर्माण करना...।

भूमि कमेटियाँ हर परिवार के कब्जे में जमीन के प्लाट की पैमाइश करती थीं, और उनके आपसी विवादों का सामूहिक-पास्परिक विमर्श और सौहार्द्र से निपटारा करती थी। इस काम में मदद के लिए सरकारी कर्मचारी उन्हें पैमाइश के उपकरण और उनके उपयोग का प्रशिक्षण देते थे। भूमि पैमाइश और पंजीकरण में प्रत्येक बैरियों के लिए उस जमीन के टुकड़े को चिह्नित करना जरूरी था, जो बस्ती के मनोरंजन खेल-कूद और अन्य सामूहिक क्रिया-कलापों के लिए उपयोग किया जाएगा। सम्बन्धित बैरियो सम्पदा का खाका तैयार हो जाने पर राष्ट्रीय तकनीकी कार्यालय बैरियों के पक्ष में सामूहिक स्वामित्व का कानूनी प्रमाण-पत्र जारी कर देता है और कोई निजी मालिकाना नहीं रह जाता। यह सारी प्रक्रिया सरकारी स्वामित्व वाली जमीन पर ही सम्भव थी। असुरक्षित बैरियोज में रहने वाले लोग दूसरे सुरक्षित स्थान पर सरकार द्वारा निर्मित मकानों में रहने का दावा अपनी पुरानी सम्पदा के बदले में कर सकते थे।

भूमि कमेटियों की एक महत्त्वपूर्ण जिम्मेदारी अपनी बस्ती का 'चार्टर' तैयार करने की थी। चार्टर में उस बस्ती के बनने-बसने का इतिहास, भौगोलिक पैमाइश, अपने विशिष्ट मूल्यबोध और सामाजिक-सामुदायिक व्यवहार के नियमों का उल्लेख होता था, जिससे उस बैरियो की सामूहिक पहचान सुदृढ़ की जा सके। समुदाय के सदस्यों से यह पूछे जाने पर वे इस सब के जरिये क्या हासिल करना चाहते हैं, ज्यादातर का एक ही जबाब होता : 'पहचान : हमारा सरकार में भरोसा इस बस्ती के स्वामित्व अधिकार के लिए नहीं है, बल्कि इससे भी बढ़कर इसलिए है कि अब हम उन फैसलों में ज्यादा अधिकार के साथ भागीदारी कर सकते है, जिनका सम्बन्ध हमारी बस्तियों-समुदायों से है।'

चावेज की ग्रामीण और शहरी दोनों ही स्तर की अधिकांश बदलाव-सुधार नीतियाँ और कार्यक्रम अपनी प्रकृति में 'निजीकरण' की नीतियाँ और कार्यक्रम थीं। इनकी दिशा निजी सम्पदा के अधिग्रहण या सार्वजनिक मालिकाने की अपेक्षा सार्वजनिक-सरकारी सम्पदा को पुनर्वितरण के जरिये निजी और सामुदायिक मालिकाने में देने की है। इस निजीकरण की सामाजिक दृष्टि और लक्ष्य नवउदारवाद से बिल्कुल विपरीत है। विश्वबैंक और अन्तर्राष्ट्रीय मुद्राकोश के नवउदारी वैश्वीकरण की ढाँचागत पुनर्संरचना नीति और कार्यक्रम मानव जीवन और पर्यावरण संरक्षण-संवर्धन के लिए सारे अनिवार्य सार्वजनिक-सरकारी साधनों-संसाधनों-सेवाओं-उपयोगिताओं-उद्योगों-जल, जंगल,

जमीन, ऊर्जा, संचार, परिवहन सब कुछ ट्रांसनेशनल कारपोरेटों के पक्ष में निजीकरण के लिए है। चाविस्ता दृष्टि, नीति और कार्यक्रम राज्य के अप्रयुक्त साधनों-संसाधनों को राष्ट्र की उत्पादक समृद्धि का हिस्सा बनाने की है।

नव उदारवादी वैश्वीकरण के खिलाफ वृहत्तर वैश्विक जन प्रतिरोध और विकल्प की चाविस्ता दृष्टि लूला के मुकाबले ज्यादा स्पष्ट और सटीक है। लैटिन अमेरिका में चल रहे नव उदारवाद विरोधी विभिन्न प्रयोगधर्मिताओं की विशिष्टताओं का सम्मान करते हुए और इनकी एकजुटता की आकांक्षा करते हुए भी चावेज चाविस्ता प्रयोगधर्मिता की विशिष्टता से समझौता नहीं करते। WSF में चावेज न सिर्फ खुद की पहचान जुझारू-संघर्षशील मार्क्सवादी वाम के साथ करते हैं, बल्कि WSF की उस स्वत: परिभाषित-पहचान की भी आलोचना करते हैं जिसमें WSF खुद को एक सांगठनिकता के बजाय एक प्रक्रिया के रूप में देखता है : आत्म विश्लेषणात्मक विचार (Reflective Thinking), विचारों (ideas) पर जनतांत्रिक बहस, प्रस्तावों की रचना, अनुभवों के मुक्त आदान-प्रदान की एक प्रक्रिया के रूप में; नागरिक समाज द्वारा परस्पर विमर्श की बहुलतावादी गुंजाइश (PLuralistic Space of Encounter) के रूप में; आन्दोलनों के आन्दोलन के रूप में; स्वायत्तता और क्षैतिजिकता (Autonomy and Horizentality) की मुक्त अभिव्यक्ति के रूप में।

इससे हट कर चावेज आने वाले वर्षों के लिए ज्यादा सटीक-सही-सुस्पष्ट-परिपूर्ण (Perfect) रणनीति की जरूरत पर जोर देते हैं : 'हमें अपने सारे कारणों को आपस में जोड़ना होगा—हमारी जरूरत एकता, एकता और एकता की है।' चावेज नव उदारवाद के खिलाफ राष्ट्रीय और वैश्विक दोनों स्तरों पर हमलों (Offensives), विजयों (Victories), लड़ाइयों (Battles) और जरूरत पर पीछे हटकर फिर से इस पूरी कड़ी को निर्णायक संघर्ष और निर्णायक जीत तक दुहराते रहने की दृष्टि रखते थे।

चावेज ने आगाह किया कि अगर WSF विश्व के भविष्य के लिए अनिवार्य और आसन्न संघर्ष के लिए एक संयुक्त कार्ययोजना (Work Plan) : एक संयुक्त सार्वभौम कार्यवाही की योजना (United Universal Plan of Action) पर सहमत नहीं होता, तो वह एक 'लोक गाथिक पर्यटक तमाशा' (Folklorist Tourist encounter) बनकर रह जाने के लिए अभिशप्त है। चावेज ने कार्लमार्क्स की याद दिलाते हुए कहा कि मार्क्स ने ही 'समाजवाद या मृत्यु' का नारा दिया था।

चावेज और लूला दोनों ही जनतांत्रिक निर्वाचन के रास्ते सत्ता के शिखर पर पहुँचे थे। दोनों के पास करिश्माई नेतृत्व की वह ताकत थी, जो अपने लाखों-लाख जनाधार के साथ पहचान-आत्मीयता-भावना-तादात्मय का अन्तरंग रिश्ता बनाकर राष्ट्र और समाज को एक नई दिशा में आगे ले चल सकने में सक्षम थी। दोनों ही आवेग और तार्किकता के धनी थे। आक्रोश का आवेग चावेज में ज्यादा ताकत के साथ निखर कर सामने आता था। लूला अपनी मुस्कान, अपने विनोद (humor) और उस तादात्म्य (empathy) के लिए ज्यादा जाने जाते हैं जो अक्सर उनकी आँखों में आँसू ला देती थी।

आज चावेज इस दुनिया में नहीं है। लूला ब्राजील की सत्ता से च्युत होने और षड्यंत्र के तहत जेल में डाले जाने की सजा भुगतने के बाद एक बार फिर से ब्राजील और पीटी के शिखर संचालक बन चुके हैं। वेनेजुएला और ब्राजील दोनों ही आज गहरे संकट में हैं। दोनों ही प्रयोगधर्मिताएँ एक बार फिर गम्भीर आत्म विश्लेषण, पुनर्जीवन और पुनर्उभार की माँग कर रही हैं : अपनी पुरानी चूकों से सबक लेते हुए, वर्तमान चुनौतियों का और भी गम्भीर विश्लेषण करते हुए, अपनी रणनीति की समीक्षा करते हुए, अपने जनाधारों का विश्वास फिर से जीतते हुए नई जिजीविषा नये आवेग के साथ एक बार फिर हमला-जीत-युद्ध—दो कदम पीछे लेकर, फिर हमला की माँग कर रही हैं।

नव उदारवाद का संकट और 21वीं सदी के जन प्रतिरोध

'स्पेस की राजनीति'

वित्तीय पूँजी की अहंकारी लूट और लालच से जनित वैश्विक महामन्दी के वर्तमान संकट की कीमत और दुष्परिणाम का बोझ नवउदारी पूँजीवाद सामान्य जन-समुदायों पर डालकर अपना 'बेल-आउट' करने के वैश्विक अभियान में जुट गया है। 'बेल-आउट' के इस बोझ ने आम जन-समुदायों की सहनशीलता को इस सीमा तक चुनौती दी कि 21वीं सदी का दूसरा दशक शुरू होते सारी दुनिया में सामाजिक आन्दोलनों का विस्फोटक उभार होने लगा। अधिकांशत: स्वत: स्फूर्त रूप से लोग लाखों की संख्या में सड़कों-चौराहों पर उतरकर विद्यमान सामाजिक-राजनीतिक-आर्थिक व्यवस्था तंत्र के खिलाफ 'बस, अब और नहीं' की प्रतिरोधी चीत्कार करने लगे।

वर्तमान जनप्रतिरोध संघर्षों की सम्भवत: सबसे विशाल (संख्या और आक्रोश दोनों में) और सबसे प्रभावी छवि या प्रतिनिधि अभिव्यक्ति कैरो (Cairo) में 'तहरीर चौक' के लम्बे-जुझारू कब्जे (Occupation) की थी। तहरीर (आजादी) चौक मिस्र की क्रान्ति का केन्द्रबिन्दु बन गया, जहाँ लाखों की संख्या में प्रदर्शनकारी चौबीसों घंटे जमा रहते। प्रतिरोध की इस नई जुझारू छवि ने दुनिया के अन्य हिस्सों, विशेषकर पश्चिम में इसी तर्ज की प्रतिरोध गोलबन्दियों को प्रेरित किया। लन्दन में छात्र-नौजवानों ने 24 घंटे के लिए ट्राफलगर चौक पर कब्जा करके इसे 'तहरीर चौक' में बदल दिया। फिर तो जैसे दुनिया भर में सार्वजनिक स्थलों पर कब्जा करके उन्हें तहरीर चौकों में बदल देने की झड़ी लग गई।

पश्चिम में इस 'जगह की राजनीति' (Politics of Space) की सबसे प्रभावी अभिव्यक्ति स्पेन का 'इंडिग्नाडोज' (Indignados) आन्दोलन था। 15 मई, 2011 को जन्म लेने के चलते यह 15-M आन्दोलन के नाम से भी जाना जाता है। इसकी शुरुआत इसी दिन स्पेन के करीब पचास से ज्यादा शहरों में एक साथ हुई थी। 49,10,200 बेरोजगारों वाला स्पेन मार्च 2011 में यूरोप में सबसे अधिक बेरोजगारी दर (21.3%) वाला देश था। युवा बेरोजगारी (16 से 25 वर्ष आयु वर्ग) दर 43.5% थी। सरकार के 'ढाँचागत पुनर्समायोजन' (SAPs) उपायों में नियोजकों द्वारा श्रमिकों की मनमर्जी 'रखो-निकालो' (Hire and Fire) की खुली छूट, और सेवानिवृत्ति आयु 65 से 67 वर्ष करने जैसे उपाय शामिल थे। हर उपाय बेरोजगारी को बढ़ाने और आम जन-जीवन-निर्वाह को बदतर करने का काम कर रहा था। सरकार की इन श्रमिक और आम जन विरोधी नीतियों के खिलाफ स्पेन में 29 सितम्बर, 2010 को आम हड़ताल हुई। उसके बाद से लगातार प्रदर्शनों और हड़तालों का सिलसिला चलता रहा था।

15-M आन्दोलन की आक्रोशित वृहत्तर जनधारा में स्पेनी समाज के तमाम तबके शामिल थे : 'नी-नी पीढ़ी' (ni-ni generation)[1] : वे नौजवान, जो न तो पढ़ाई कर रहे थे, और न ही किसी रोजगार में या प्रशिक्षु थे, से लेकर असन्तुष्ट-आक्रोशित पेशेवर तबकों तक। तहरीर चौक के आह्वान से प्रेरणा लेते हुए इन आन्दोलनकारियों ने 'चौक पर कब्जा करो' (Take the Square) का आह्वान किया। परिणाम स्पेन के तमाम शहरों में सार्वजनिक चौराहों पर कब्जे में हुआ। दो सबसे विशाल और महत्त्वपूर्ण कब्जे मेड्रिड में पुयेर्टाडेल सोल (Puerta del sol), और बर्सीलोना में प्लाजा केटालून्या (Plaza Catalunya) थे। तहरीर चौक का असर इस केन्द्रीय नारे में साफ देखा जा सकता था : 'मैड्रिड का तहरीर = मैड्रिड का पुयेर्टा डेल सोल' (Tahrir de Madrid = Puerta del sol de Madrid)।

तहरीर चौक कब्जा मिस्र के आन्दोलनकारियों-प्रदर्शनकारियों की दैनन्दिन जन-जीवन की कठोरतम दुश्वारियों के चलते आक्रोश की विस्फोटक अभिव्यक्ति थी। 2011 की क्रान्ति से पहले भी तहरीर चौक ऐतिहासिक रूप से जन प्रतिरोध प्रदर्शनों का केन्द्र रहा है। यहीं ईराक युद्ध के खिलाफ विशाल जन प्रदर्शन मार्च, 2003 में हुए थे। इस चौक की ऐतिहासिकता के चलते यहाँ अन्तर्राष्ट्रीय मीडिया का ध्यान आकृष्ट कर लेने और पुलिस दमन की स्थिति में जवाबी मोर्चेबन्दी में एकजुट हो सकने की सहूलियतें भी हैं। तहरीर चौक को लम्बे समय तक कब्जा करके इसे क्रान्ति के समागम केन्द्र में बदल देने की रणनीति का विचार प्रदर्शनों के प्रारम्भिक अथवा मूल विचार और कार्यनीति का हिस्सा नहीं था। यह संघर्ष की गति के दौरान सत्ता तंत्र के खिलाफ संघर्ष की प्रभावोत्पादकता बनाए रखने, और विस्तारित करने की स्वाभाविक आकांक्षा से विकसित हुआ।

इसके सापेक्ष, 'इंडिग्नाडोज़' आन्दोलन ने शुरुआत से ही मैड्रिड में पुयेर्टा डेल सोल और बार्सिलोना में प्लाजा केटालून्या पर कब्जे के साथ एक ऐसी 'जगह की राजनीति' (Politics of Space) की रणनीति ली, जिसमें सार्वजनिक स्थल पर कब्जा प्रतिरोध की केन्द्रीय अभिव्यक्ति है।

लेफेबरे (Lefebvre)[2] अपने 'प्रोडक्शन ऑफ स्पेस' के सिद्धान्त के प्रतिपादन में कहता है कि सामाजिक स्पेस अन्य तमाम चीजों के बीच एक और चीज (A thing among many) भर नहीं है। न ही यह अन्य उत्पादों में एक और उत्पाद (a product among other products) है। 'स्पेस' उत्पादित चीजों को समाहित (subsume) करते हुए उनके रिश्तों को उनके सहअस्तित्व और समवर्तिता (Coexistance and simultaneity) में समाविष्ट (encompass) कर लेता है। इन अर्थों-सन्दर्भों में 'स्पेस' कोई पूर्व विद्यमान, खाली अथवा प्राकृतिक (Natural) जगह नहीं है। 'स्पेस' को विशुद्ध रूप से भौगोलिकता, जलवायु, या नृवांशिकता (Anthropology) के रूप में भी निर्धारित-निर्दिष्ट नहीं किया जा सकता है। 'स्पेस' वस्तुतः प्राकृतिक (Natural) और सामाजिक दोनों ही प्रकृति की विभिन्न विविध चीजों (Objects), जिनमें इन चीजों के परस्पर विनिमय (exchange) को सहज-सम्भव बनाने वाले 'नेटवर्क' भी शामिल हैं, के रिश्तों के बनने की सतत विकासमान-गतिमान प्रक्रिया है।

इस अर्थ में इंडिग्नाडो द्वारा सार्वजनिक स्थलों का कब्जा किसी भौतिक स्थान को कब्जे में लेकर उसका पुनर्गठन-पुनर्प्रबन्धन करना भर नहीं है। इससे कहीं ज्यादा इसे गोलबन्दी, प्रभावोत्पादकता, और प्रचार के एक कारक संसाधन (Instrmental resource) के रूप में अवधारित किया जाना चाहिए। 'कब्जा' खुद 'सामाजिक स्पेस' के उत्पादन की प्रक्रिया में एक महत्त्वपूर्ण कार्यवाही या हस्तक्षेप है। यह हस्तक्षेप सार्वजनिक स्थलों के स्वरूप-उपयोगिता-प्रभाव की समाज में विद्यमान धारणाओं और स्वरूपों की जगह सार्वजनिक स्थल के वैकल्पिक स्वरूपों को उत्पादित और विकसित करने का प्रयास है।

लाफ़ेबरे 'स्पेस' के उत्पादन को 'अवधारणात्मक त्रयात्मकता' या 'त्रिद्वंद्वात्मकता' (Triletics) के रूप में देखता है, जिसमें तीन 'स्थानिक' (Spatial) पल (Moments) एक साथ एक-दूसरे को प्रभावित करते रहते हैं :

(i) स्थानिक व्यवहार (Spatial Practices: l 'espace percu) 'स्पेस' को उसके उसी वास्तविक भौतिक रूप में सन्दर्भित करता है, जिसमें यह दृष्टिगोचर और जनित (Perceived and generated) होता है;

(ii) स्पेस का प्रस्तुतीकरण (Representation of space: l' espace concei) 'स्पेस' को उसके परिकल्पित, मानसिक (Imagined, mental) रूपों में सन्दर्भित करता है : जैसी उसकी अवधारणा और कल्पना (Conceived and Imagined) की जा रही है;

(iii) प्रतिनिधित्वकारी स्पेस (Representational space: l' espace view) 'स्पेस' जैसा वह कालक्रम में इस्तेमाल के जरिये जिया और बदला (lived and modified) जाता रहा है और रहेगा। इस तरह 'स्पेस' का स्वरूप भौतिक और परिकल्पित दोनों है। 'स्पेस' की प्रकृति लगातार उभरते-बनते रहने (emergence) की है, जो इन तीनों 'स्थानिक पलों' की निरन्तर अन्तर्क्रिया पर निर्भर है।

'स्पेस' के विद्यमान प्रभुत्वकारी प्रस्तुतीकरण (Dominent representations of space) उत्पादन के विद्यमान सम्बन्धों और उस 'व्यवस्था' (order) से बंधे होते हैं, जिन्हें ये सम्बन्ध निर्धारित और लागू करते हैं। प्लाजा केटालून्या के मामले में यह स्थल विद्यमान प्रभावी समूहों-व्यवहारकर्ताओं द्वारा एक 'सिटी सेंटर' के रूप में अवघारित था—पर्यटन गतिविधियों का एक ऐसा संकुल (Hub), जिससे ढेर सारे पर्यटन आकर्षण और समीपवर्ती वाणिज्यिक दुकानदारी जुड़ी हुई थी। सार्वजनिक स्थल का यह प्रस्तुतीकरण खास पूँजीवादी उत्पादन सम्बन्धों और उस सामाजिक व्यवस्था (Social order) की अपेक्षा करता है, जो उन सम्बन्धों से जनित होती हैं। यह 'अमूर्त स्पेस' एकरसता, नीरवता, संस्तरण और सामाजिक विखंडन (Social fragmentation) को अभिव्यक्त करता है : 'सामाजिक जीवन पूँजी के तर्क के मातहत है।' पूँजी का तर्क मानव समुदाय की विभिन्न-विविध सामाजिक-आर्थिक-सांस्कृतिक जरूरतों की पूर्ति के विपरीत दिशा में चलता है।

स्थानिक व्यवहारिकताएँ (spatial practices) उस गोंद की तरह हैं जो सामाजिक समूह के सदस्यों को आपस में जोड़े रखते हुए समाज में एक स्तर का सामंजस्य (cohesion) और निरन्तरता सुनिश्चित करती हैं। इस सामंजस्य के निर्वहन के लिए व्यक्तियों से एक स्तर की दक्षता और क्रियाशीलता की अपेक्षा होती है। प्लाजा केटालून्या के सन्दर्भ में इन स्थानिक व्यावहारिकताओं को बार्सीलोना निवासियों की दैनन्दिन दिनचर्या और उन प्रतीकात्मकताओं के रूप में देखा जा सकता है, जो मीडिया और विज्ञापन उद्योग द्वारा प्रचारित होकर 'स्पेस' का प्रभावी प्रस्तुतीकरण (Dominent Representations of Space) बनती हैं।

प्रतिनिधित्वकारी (Representational) स्पेस प्रत्यक्ष रूप से व्यवहृत स्पेस हैं, जो अपने सम्बद्ध प्रतीकों और छवियों के माध्यम से जिए जा रहे होते हैं। इस 'जिए जा रहे स्पेस' (Lived Space) में सामाजिक एजेंट या तो 'स्थानिक व्यावहारिकताओं और प्रस्तुतीकरणों' के अनुरुप अपनी निर्धारित जगहों-भूमिकाओं के दैनन्दिन व्यवहारों में जीते रह सकते हैं, या फिर वे उन 'स्थानिक व्यावहारिकताओं और प्रस्तुतीकरणों' से इनकार करते हुए, उन्हें चुनौती देते हुए इस 'स्पेस' के उपभोग को बदलने की कोशिश कर सकते हैं (Alter ways in which the spaces are consumed)।

बार्सिलोना में प्लाजा केटालून्या पर कब्जा और डेरा डंडा (encampment) विद्यमान—दी हुई आर्थिक राजनीतिक व्यवस्था की असमानताओं और विषमताओं के प्रति खुली असहमति और नकार के साथ विद्यमान व्यवस्था के प्रतिरोध में 'स्पेस' के पुनर्गठन-पुनर्संयोजन का प्रयास था। इसका प्रतिनिधि स्वरूप प्लाजा में लोगों की आम भागीदारी : 'जनरल एसेम्बली' थी। सामाजिक स्पेस के ऐसे जीवन्त व्यवहार और अनुभूतियाँ वस्तुतः 'स्पेस' के विद्यमान-प्रभावी और वर्चस्वकारी प्रस्तुतीकरणों के प्रति विद्रोह को अभिव्यक्त करती हैं। इस विद्रोह के चलते विद्यमान 'अमूर्त स्पेस' एक नये तरह के स्पेस में बदल सकता है। यह प्रक्रिया पुराने स्थानिक सम्बन्धों-रिश्तों के अन्त, और नये सम्बन्धों-रिश्तों के जन्म लेने के जरिये व्यवहृत होती है।

कुल मिलाकर कहा जा सकता है कि 'सामाजिक स्पेस' कोई जड़ और स्थिर-ठोस वस्तु न होकर, उन चीजों के बीच परस्पर सम्बन्धों-रिश्तों की एक व्यवस्था है, जो लगातार गतिशीलता की स्थिति में रहती हैं। इस अर्थ सन्दर्भ में 'इंडिग्नाडोज' की दिशा ऐसी व्यावहारिकताओं की थी, जो एक नये और अलग तरह के स्पेस के बनने में विशिष्ट योगदान कर सकती हैं। यह बात 'कब्जे' (occupation) के भागीदारों की चेतना में भी प्रतिबिम्बित होती थी।

'कब्जे के एक समूह Abrasad@s de sol के अनुसार : 'पुयेर्टा डेल सोल कब्जा करके उसे मुक्त कराए जाने ने स्थापित व्यवस्थातंत्र, उसके आम ढर्रे (routine) और यहाँ तक कि पालतू बनाई जा चुकी आम धारणा (domisticated common sense) की दीवार में भी एक दरार खोली है। इस दरार से मुक्ति की उस चेतना ने प्रवेश किया है, जो असेम्बलियों, कमीशनों, कार्य समूहों और उनकी क्षैतिजीय कार्यवाहियों में मूर्त हो रही है। इन कार्यवाहियों का आधार प्रस्तावों पर खुली-मुक्त बहसों और प्रतिनिधियों के 'रोटेशन' के साथ एकजुटता, सच्चे संचार-संवाद और परस्पर साथ-सहयोग : सच्चे

जनतंत्र में है। संक्षेप में हम पैसे की तानाशाही और राजनीतिज्ञों के वरद हस्त के बिना अपने भाग्य (destiny) को सचमुच नियंत्रित-निर्धारित करने के सबसे बेहतरीन और सबसे न्यायसंगत तरीकों को ईजाद और अनुभूत करने की कोशिश कर रहे हैं।'

नीरस-एकरस और विराजनीतिकृत (de-politicised) स्पेसों के बजाय ये प्रयास चौक-चौराहे पर व्यापक-वृहत्तर जन विमर्शों, हजारों नागरिकों के राजनीतिकरण, और एक ऐसे शुरुआती आन्दोलन की जन्मस्थली बन रहे थे, जो समाज के सर्व-सम्पूर्ण रूपान्तरण-बदलाव की ओर लक्षित थी। Abrasad@s de sol इस कब्जा आन्दोलन को ऐसे स्पेस के रूप में परिभाषित करता है जो 'उपभोक्तावाद से, अकेलेपन से, नीरस-बोरियत से मुक्त होकर अनुभूतियों और परियोजनाओं के आमेलन-संश्रय के एक 'मेल्टिंग पॉट' में बदल रहा है। यह स्पेस को ऐसी चुम्बकीय 'मेल्टिंग पॉट' में रूपान्तरित करने की कोशिश है, जहाँ वे अजनबी, जो अब तक इधर-उधर-अकेले बियाबानों में भटकते फिरते थे, आपस में घुल-मिल सकते हैं, और एक-दूसरे के साथ मिलकर एकाकार हो सकते हैं।'

ऐसी जनकब्जा कार्यवाहियों में 'नये स्पेसों' के उभरने-बनने की सम्भावनाएँ जरूर दिखती हैं लेकिन इनकी सीमाओं को भी नजरअन्दाज नहीं किया जा सकता। एक महीने तक लगातार चली गहमागहमी और आवेग भरी कब्जा गतिविधियों के बाद पुयेर्टा डेल सोल और प्लाजा केटालून्या दोनों ही जगहों के प्रदर्शनकारियों ने डेरा-डंडा हटाने का फैसला किया। इस फैसले के पीछे की रणनीतिक दृष्टि चौक-चौराहों से परे अपनी आन्दोलनधर्मिता-प्रतिरोध के विस्तार की थी : बस्ती असेम्बलियों (Neighbourhood Assemblies) के माध्यम से निचले स्तर के ग्रासरूट आन्दोलनों को मजबूत करना, और फिर इस नई मजबूती के साथ और अधिक गोलबन्दियों और प्रतिरोध प्रदर्शनों की दिशा लेना। इन अर्थ-सन्दर्भों में चौक-चौराहों से डेरा-डंडा हटाने को स्पेस की रेडिकल राजनीति के पराभव या असफलता के रूप में नहीं देखा जाना चाहिए।

कब्जा आन्दोलन निश्चित रूप से हाकिम बे (Hakim Bey) द्वारा विकसित 'अस्थायी स्वायत्त जोन' (Temporary Autonomous Zone: TAZ)[3] की अवधारणा से काफी आगे है। 'ताज' (TAZ) : छापामार कार्यवाही के जरिये मुक्त कराया गया एक क्षेत्र : जमीन का टुकड़ा, समय, अथवा परिकल्पित अवधारणा कुछ भी हो सकता है। यह राज्य द्वारा कुचले जाने के पहले ही खुद को अवमुक्त (Dissolve) करके किसी और जगह और समय पर पुनर्गठित (Re-Form) हो जाना भी है। यह ऐसा मुक्त क्षेत्र (Free enclave) है, जो अपना अल्पकालिक, मगर धनीभूत-आवेगी (Intense) जीवन जीता है।

इससे काफी आगे और अलग 'कब्जा आन्दोलन' अपेक्षाकृत टिकाऊ तरीके से अपनी सामूहिक सांगठनिकता और प्रतिरोध प्रदर्शन का संचालन करते हुए विद्यमान व्यवस्था तंत्र के खिलाफ अपने स्पष्ट प्रस्तावों और माँगों को विकसित करना है। 'नये स्पेस' का प्रभावी उभार और विकास ताज (TAZ) जैसी कार्यवाहियों के बजाय एक टिकाऊ-सुचिह्नित सामाजिक आन्दोलन की अपेक्षा रखता है।

अपने अपेक्षाकृत अल्पकालिक जीवनकाल के बावजूद इंडिग्नाडोज जैसी जन

कब्जा (Mass occupation) कार्यवाहियाँ अपने आप में स्थानिक सम्बन्धों-रिश्तों (spatial Relations) में प्रभावी-सुचिह्नित बदलाव को प्रतिबिम्बित करती हैं। पुयेर्टा डेल सोल और प्लाजा केटालून्या केन्द्रीय कब्जे को हटाने के बाद भी इंडिग्नाडों 2011 की पूरी गर्मियों भर विभिन्न सार्वजनिक चौकों के कब्जों, सड़कों पर प्रदर्शनों और पुयेर्टा डेल सोल में पुनर्वापसी की कोशिशों के जरिये अपना आन्दोलन चलाता रहा था।

19 जून, 2011 को 15-M आन्दोलन ने 'कार्यवाही के अन्तर्राष्ट्रीय दिवस' (International Day of Action) के संयुक्त आह्वान के साथ समूचे यूरोप में नवउदारी मितव्ययिता उपायों के थोपे जाने के खिलाफ लाखों लोगों को सड़कों पर उतारा। अकेले बार्सिलोना में दस हजार से ज्यादा लोग सड़कों पर थे। 15 अक्टूबर की गोलबन्दी का जन्म भी 'इंडिग्नाडोज' से ही हुआ था, जिसमें पाँच लाख लोग मैड्रिड की सड़कों पर पुयेर्टा डेल सेल की ओर मार्च कर रहे थे, और ढाई लाख लोग बार्सिलोना की सड़कों पर थे। इस तरह इंडिग्नाडो मई 2011 डेरा-डंडा का भौतिक अस्तित्व भले ही दीर्घकालिक नहीं रहा हो, मगर स्पेनी समाज का सामाजिक स्पेस इन कब्जों के के जरिये काफी कुछ बदला जा चुका था। पूँजीवाद के अमूर्त स्पाशियल सम्बन्धों को चुनौती देते हुए एक नये और अलग 'स्पेस' के बनने-विकसित होने की सम्भावना जन्म ले रही थी।

पुयेर्टा डेल सोल और प्लाजा केटालून्या डेरा-डंडा कब्जा और उसके बाद भी निचले ग्रासरूट स्तर की स्थानीय जन असेम्बलियों का फेडरेशन बनाने की 15-M आन्दोलन की अवधारणा और व्यवहार भागीदारी जनतंत्र में क्षैतिजिकता और सामूहिकता (Horizentalism and Collectivism) को रेखांकित करती है। ये जन असेम्बलियाँ व्यावहारिक आन्दोलनात्मक-प्रतिरोध, वैकल्पिक जनतंत्र की कार्यवाहियों की गोलबन्दी और राजनीतिक माँगों और रणनीतियों को सूत्रबद्ध करने के लिए आन्दोलन के सबसे महत्त्वपूर्ण निर्णय प्रक्रिया मंच थे। मैड्रिड आकुपेशन में 200 से ज्यादा कमीशनों की सामूहिकता थी, जिनकी अपनी-अपनी असेम्बलियाँ थीं। अपनी असेम्बलियों में किये गए निर्णयों-प्रस्तावों को ये कमीशन जनरल असेम्बली में रिपोर्ट करते थे, जो फेडरेशन का सर्वोच्च निर्णायक निकाय था। यहाँ सैकड़ों लोगों की खुली आम सभाओं में बहस-विमर्श के जरिये सर्वाधिक महत्त्वपूर्ण राजनीतिक निर्णय लिए जाते थे। निर्णय प्रक्रिया का आधार आमतौर पर सहमति (consensus) के जरिये सभी भागीदारों की समान भागीदारी विकसित करने और नेता या संस्तरणों के बनने से बचने का रहता था।

निस्सन्देह ऐसी 'क्षैतिजीय' और 'भागीदारी' सांगठनिकताओं की सीमाएँ और चुनौतियाँ हैं। विशेषकर इनमें अनौपचारिक-प्रच्छन्न सांस्तरिकताओं, या फिर 'संरचनाहीनता की अराजकता और आतंक' (tyranny of structurelessness) के खतरे थे। इसलिए 'इंडिग्नाडोज' या 15-M जैसे उन तमाम आन्दोलनों को, जो क्षैतीजीय सामाजिक सम्बन्धों को विकसित करने के जरिये विद्यमान सामाजिक-राजनीतिक-आर्थिक व्यवस्था तंत्र का विकल्प बनाने की दिशा और दृष्टि रखते हों, अपनी क्षैतिजीय सामूहिकताओं के अन्दर इस तरह की नकारात्मक प्रवृत्तियों को न पनपने देने के लिए लगातार निर्मम आत्म-मंथन करते रहना जरूरी है। विद्यमान सामाजिक सम्बन्धों की

संस्तरणशीलता को चुनौती देते हुए क्षैतिजीय-संस्तरणविहीन सामाजिक सम्बन्धों का निर्माण और विकास कभी भी एकल अथवा अन्तिम प्रक्रिया कार्यवाही नहीं है—इसे अनवरत संघर्षशील विमर्शों और व्यवहारों के जरिये लगातार बिना रुके, बिना थके, बनाते और विकसित करते रहना होता है।

अपनी सीमाओं और चुनौतियों के बावजूद इन कब्जा आन्दोलनों की 'स्पेस की राजनीति' नये सामाजिक रिश्ते बनाने की दिशा में महत्त्वपूर्ण योगदान कर सकती है। यह दृष्टि 15-M आन्दोलन की केन्द्रीयता में शुरू से ही रही है। आन्दोलन का मानना है :

'...इसलिए हमें 'सामूहिक मुक्ति' (Collective Liberation) के उस सिद्धान्त को निश्चित रूप से आगे बढ़ाना होगा, जिसके चलते हम सब 'सोल' को पूरे मैड्रिड के लिए फिर से अपने कब्जे में ले सकें। अब इस सिद्धान्त को उन तमाम अप्रयुक्त स्थानों और जगहों (Spaces and places) तक विस्तारित करना होगा, जिन्हें अर्थव्यवस्था ने बरबाद कर रखा है और राजनीतिज्ञों ने भुला रखा है। सार्वजनिक स्थलों-चौराहों को राजनीतिज्ञों के बगैर राजनीति करने की जगहों में बदलना होगा। सार्वजनिक चौराहों पर जुटने और प्रतिरोध करने का हमें पूरा अधिकार है, क्योंकि ये चौराहे सार्वजनिक सम्पदा हैं। इसलिए जैसा कि यहाँ सोल में स्वतः प्रेरित रूप से हुआ है, चौराहों को बिना पैसे, बिना नेता, और बिना बनियों की जगह होनी चाहिए। ये जगहें एक नई दुनिया का बीज रूप हैं। वह एकमात्र प्राधिकार जो ये स्वीकार करती हैं, वह हमारी बस्ती या शहर की असेम्बली है। मगर मुक्ति की वह आकांक्षा 'सोल' में समाहित नहीं हो सकती, क्योंकि रहने के घरों या जुटने के लिए जगहों के बिना न तो असेम्बलियों का अस्तित्व सम्भव है, न ही सच्चे जनतंत्र का और न ही किसी ऐसे नये समाज का, जो सच्चे अर्थों में मूल्यवान है।'[4]

15-M के मेनिफेस्टो में स्थानीय बस्तियों की स्थानीय पहलकदमियों के महत्त्व को कुछ इस तरह से रेखांकित किया गया है : 'पर्यटन के लिए 'थीम पार्क' का थोपा जाना, आधारभूत जीवनोपयोगी उत्पाद को महँगे विलासिता उत्पादों के व्यापार से प्रतिस्थापित करना, विशाल-खर्चीले-तड़क-भड़क वाले मनोरंजन तमाशों का आयोजन, और आभिजात्य सांस्कृतिक उपभोग—इन सबने जीवन और स्थानीय-सामुदायिक जीवन शैली का गला घोंट दिया है। सार्वजनिक स्थल एक विजातीय आबादी (Alien Population) और ऐसे व्यापारी नेटवर्क के हवाले कर दिये गए हैं जिनकी स्थानीय बस्तियों-आबादी में कोई जड़ें नहीं हैं। यह बेहद महत्त्वपूर्ण है कि अपने सहअस्तित्व को परिभाषित-सुचिह्नित करने, अपने मनोरंजन, अपनी पार्टियों, और अपने समागम स्थलों के लिए अपने खुद के स्थान बनाने-विकसित करने की स्थानीय बाशिन्दों की क्षमता-योग्यता को फिर से हासिल किया जाय। इसमें सड़कों को राजनीतिक संचार-संवाद की जगहों के रूप में पुनर्स्थापित करना शामिल है, जहाँ स्थानीय बस्तियों, समुदायों की जरूरतों और संघर्षों (conflicts) पर भरपूर रोशनी डाली जा सके।'

15-M 'स्पेस की राजनीति' की एक और विशिष्टता उसका सभी नागरिकों के लिए बिना किसी भेदभाव-दुराव के समावेशी आह्वान है। एकजुटता और समावेशिता के प्रति विशेष झुकाव आन्दोलन द्वारा खुद को एक ऐसे 'अहिंसक आन्दोलन' के रूप में

परिभाषित करने से भी स्पष्ट होता है, जो किसी भी व्यक्ति, समूह या सांगठनिकता द्वारा किसी भी प्रकार की हिंसा, तोड़-फोड़, नस्लवाद, होमोफोबिया, अथवा अन्धराष्ट्रवाद की किसी भी कार्यवाई का प्रश्रय, समर्थन अथवा सहभागिता नहीं करता है।

'स्पेस की राजनीति' की एक और विशेषता प्रभुत्ववाद का विरोध है। 15-M आन्दोलन का मानना है कि सामुदायिक नियंत्रण, और स्वत: सांगठनिकता (Self organising) की प्रवृत्ति व व्यवहार को, जो इंडिग्नाडोज आन्दोलन और बार्सिलोना डेरा-डंडा कब्जों के प्राणतत्त्व हैं, वृहत्तर आर्थिक, राजनीतिक और सामाजिक व्यवस्था के बदलाव का हथियार बनाया जाना चाहिए। केवल यही एक रास्ता है, जिसके जरिये सत्ताशीर्ष पर कब्जा जमाए अभिजात्यों के उद्दंड अहंकार के सामने म्यूनिसिपल और संसदीय प्रतिनिधियों को घुटने टेकने से रोका जा सकता है। इसके अलावे सामुदायिक नियंत्रण के जरिये असेम्बलियों और कमीशनों में, शहरों और कस्बों में, और साथ ही साथ काम और पढ़ाई की जगहों पर भी स्वत: सांगठनिकता की प्रक्रिया सुनिश्चित की जानी चाहिए, जिससे वे भविष्य के समाज के आधार और निर्माणशालाएँ बन सकें।[5]

इसी सिलसिले में ब्राजीली भूमिहीन मजदूर आन्दोलन के एक कोआर्डिनेटर जोओ पेड्रो स्टेडिले का कहना है : 'ताकत (Power) का सवाल राष्ट्रपति भवन पर कब्जा कर लेने से नहीं हल हो सकता है—यह सबसे आसान चीज है, और अतीत में कई बार आजमायी जा चुकी है—ताकत का सवाल सामाजिक रिश्तों-सम्बन्धों को बदलने के जरिये ही हल हो सकता है।' यह अवधारणा राजनीतिक क्रान्ति और सामाजिक क्रान्ति के अन्तर को प्रतिबिम्बित करती है। राजनीतिक क्रान्ति (राष्ट्रपति भवन पर कब्जा) सरकार या उसकी संरचना को बदल सकती है, मगर सामाजिक क्रान्ति के बिना सत्ता के सारे अन्तर्निहित पूँजीवादी सामाजिक रिश्ते यथावत बने रहेंगे। सामाजिक क्रान्ति समाज के सामाजिक, राजनीतिक और आर्थिक सभी आधारों को बदलने की दिशा रखती है।

इसका यह मतलब नहीं लगाया जाना चाहिए कि 'स्पेस की राजनीति' किसी समाज के उस आमूल-चूल रेडिकल सामाजिक बदलाव के लिए पर्याप्त है, जिसे इंडिग्नाडोज जैसे आन्दोलन हासिल करना चाहते थे। सार्वजनिक स्थलों का सामुदायिक नियंत्रण वृहत्तर सामाजिक बदलाव का एक महत्त्वपूर्ण हिस्सा होने के बावजूद विद्यमान प्रभुत्ववादी व्यवस्था तंत्र को सचमुच में प्रभावी चुनौती देने और बदलने के लिए अपने आप में बिल्कुल भी पर्याप्त नहीं है।

इसी सन्दर्भ में आन्दोलन के एक महत्त्वपूर्ण कार्यकर्ता हुर्तादो का आन्दोलन के प्रति आत्ममंथन करते हुए कहना है कि आन्दोलन ने व्यवस्था तंत्र के अन्दर किसी एक स्थान को वापस हासिल करने की आँकांक्षा पर विशेष जोर दिया, बिना व्यवस्था के न्यायिक अथवा अन्यायिक होने पर सवाल किये। इसके चलते आन्दोलन की उस राजनीतिक, सामाजिक, आर्थिक व्यवस्था मॉडल को बदले जाने की असली चेतना शायद पीछे छूट गई, जो चाहे नवउदारवादी मुखौटा लगाये हो, या फिर कमोबेश सुधरे-बिगड़े किसी और अवतार में हो, अपनी मूल तात्त्विकता और प्रकृति में असमानता और वैषम्य से भरपूर है।

आन्दोलन की व्यवस्थातंत्र के अन्दर 'स्थान वापस हासिल करने' की आकांक्षा की यह समालोचनात्मक आत्मदृष्टि आन्दोलन को 'व्यवस्था विरोधी' हुए बगैर व्यवस्था के किसी एक हिस्से के खिलाफ ऐसे विद्रोह के रूप में देखती है जो व्यवस्था की सीमाओं और पहुँच के अन्दर बने रहकर अन्ततः व्यवस्था की सेवा के ही काम आता है।

हुर्तादो की यह आलोचना उस द्वंद्वात्मक विमर्श की याद दिलाती है जिसने रेडिकलवाद को लम्बे अरसे से विभाजित कर रखा है : क्या आमूल-चूल रेडिकल सामाजिक परिवर्तन स्वायत्त स्थानिकताओं को विकसित करने के जरिये हासिल किया जा सकता है? या फिर क्रान्तिकारी कार्यवाहियों की केन्द्रीय दिशा राज्य की ओर केन्द्रित होनी चाहिए? क्या हमें 'पावर-टू' (Power-to) बनाम 'पावर-ओवर' (Power-over) का रास्ता लेना चाहिए? या फिर 'आत्मीयता की राजनीति' (Politics of Affinity) बनाम 'प्रभुत्व की राजनीति' (Politics of Hegemony) का रास्ता ज्यादा सही है?

द्वन्दात्मकता का यह दो ध्रुवीय अतिवाद पूँजीवादी व्यवस्था के अन्दर 'स्पेस' को वापस कब्जे में लेने, और पूँजीवादी व्यवस्था के खिलाफ संघर्ष संचालित करने के बीच अनावश्यक वितंडा खड़ा करता है। मूल प्रश्न यह है कि इन आन्दोलनों की पहलकदमी पर नये 'स्थानिक' (spatial) और सामाजिक रिश्तों का बनना क्या पूँजीवादी प्रभुत्व को प्रभावी चुनौती देने का एक (एकमात्र नहीं) आधार बन सकता है, या फिर ये पहलकदमियाँ अपनी प्रभावोत्पादकता में व्यवस्था के अन्दर के 'स्पेसों' को महज ऐसी अस्थायी मुक्त सामूहिकताओं (temporary free enclaves) में बदलने तक सीमित रह जाती हैं, जिनका न तो कोई व्यापक प्रभाव पड़ना है, और न ही इन्हें लम्बे अरसे तक टिकाए रखा जा सकता है?

वैकल्पिक स्थानिक (spatial) और सामाजिक रिश्तों के ये प्रयोग पूँजी और राजसत्ता (Capital and State power) के प्रवाह में बाधाएँ या प्रतिरोध खड़ा करके वर्चस्व (Hegemony) को चुनौती देने में महत्त्वपूर्ण योगदान कर सकते हैं। 'सामान्यता' (Normality) की राह में ये 'रोड़े' कई तरह से व्यवधान डाल सकते हैं : पूँजी के खिलाफ श्रम की ताकत की दावेदारी के लिए 'हड़तालें', राजनीतिक व्यवस्था की 'वैधता' को चुनौती देने के लिए 'चुनाव बहिष्कार', या फिर राजनीतिक व्यवस्था के संचालन को बाधित करने के लिए 'संसद का घेराव' जैसे तमाम तरीके वैकल्पिक स्थानिक और सामाजिक रिश्तों के लिए स्पेस की राजनीति के आयुध भंडार का हिस्सा बन सकते हैं।

'स्पेस की राजनीति' की एक और विशिष्टता पूँजी और राजसत्ता को अप्रासंगिक बना देने की कोशिश के जरिये वर्चस्व (Hegemony) को चुनौती देने की है। 'स्पेस की राजनीति' की सामुदायिकताएँ (Communities) अपनी जरूरतों की पूर्ति-आपूर्ति निजी व्यक्तियों के तौर पर करने के बजाय सामूहिकता और सहकारिता के जरिये करने की कोशिश करती हैं। इसी तरह वे आपसी स्थानिक मुद्दों-विवादों-अन्तर्विरोधों का हल आधिकारिक राजकीय प्रक्रिया-व्यवस्था तंत्र के जरिये करने के बजाय अपनी खुद की भागीदारी संस्थानिकताओं-व्यवस्थाओं के जरिये करने का प्रयास करती हैं। ये सामुदायिकताएँ अपने नये स्थानिक (spatial) और सामाजिक रिश्तों की रचना के

माध्यम से 'मानव समुदाय' की विविध-विभिन्न जरूरतों की पूर्ति करते हुए सक्रियताओं-व्यवहारों की ऐसी शृंखला बनाकर बढ़ने की ओर प्रवृत्त होती हैं जो सत्ता (Power) को राज्य और पूँजी के दायरे से खींच कर स्थानिक समुदायों में निहित करने की दिशा लेती है। 'स्पेस की राजनीति' की यह रेडिकल दिशा विद्यमान वर्चस्व के प्रतिरोध और चुनौती के स्थानीय आयामों को वृहत्तर-व्यापक फलक तक विस्तारित करने में मददगार हो सकती है।

वर्चस्व (Hegemony) के खिलाफ चुनौती भरा प्रतिरोधी टकराव एक सतत् गतिमान संघर्ष है। 'इंडिग्नाडोज' जैसे आन्दोलनों की 'स्पेस की राजनीति' को हस्तक्षेप : विद्यमान प्रभावी स्पेस की राजनीति में एक दरार बनाने की कोशिश के रूप में देखा जाना चाहिए। इस दरार से वर्चस्व के व्यवस्था तंत्र के खिलाफ वृहत्तर चुनौती और प्रतिरोधी संघर्ष की सम्भावना बन सकती है। इन आन्दोलनों का 'रेडिकल' तत्त्व समाज के अन्दर इन्हीं छोटी-बड़ी दरारों में है : ये दरारें 'भविष्य की परियोजनाएँ' न होकर 'वर्तमान के खिलाफ नाफरमानी' हैं, जिनसे भविष्य की राह बनाने में मदद मिल सकती है। ये दरारें भविष्य की ठोस परियोजना या 'मॉडल' भले ही नहीं हैं, मगर इनमें भविष्य की दृष्टि और वैचारिकता के बीज निश्चित रूप से मौजूद हैं। सामाजिक स्पेसों और सामाजिक रिश्तों का बदलाव (Process) प्राथमिक रूप से इसी परिप्रेक्ष्य में होता है : यहाँ लक्ष्य की क्रान्तिकारिता इन दरारों को चौड़ा करते जाने, इनकी संख्या बढ़ाते जाने में, और फिर इन्हें आपस में जोड़कर एक ऐसा विशाल रास्ता बना देने की दृष्टि में है, जिसमें से एक नई दुनिया की राह निकाली जा सके।

इसलिए उन तमाम आन्दोलनों के लिए, जो समाज के आमूल-चूल रेडिकल 'ट्रांसफार्मेशन' की दृष्टि और दिशा रखते हैं, अपनी रणनीति के शस्त्रागार में 'स्पेस की राजनीति' को विद्यमान व्यवस्था तंत्र के खिलाफ वृहत्तर प्रतिरोध के लिए शामिल करना मददगार हो सकता है। इसके लिए एक 'समावेशी गठबन्धन निर्माण' (Inclusive Coalition) की प्रतिबद्धता जरूरी है। यह प्रतिबद्धता समाज के व्यापकतम और विविधतम हिस्सों को सचेतन गहनता के साथ एकजुट करके साथ लाने की बेहद मुश्किल मगर उतनी ही जरूरी कार्यनीति और ईमानदार व्यावहारिकता की माँग करती है। इस ईमानदार कार्यनीति और व्यावहारिकता की जरूरत राजनीति के एक ऐसे खुले-पारदर्शी स्वरूप की है, जिसमें तमाम विभिन्न स्थानीय-क्षेत्रीय संघर्षों को एकजुट करने के साथ-साथ इस एकजुटता को उन वृहत्तर राष्ट्रीय-वैश्विक प्रतिरोधों के साथ जोड़ने की दिशा हो, जिनके जुड़ाव का सबसे बड़ा आधार राजसत्ता और पूँजीसत्ता के प्रवाहों में प्रभावी बाधा बनने की साझा प्रतिबद्धता है।

'स्पेस की राजनीति' वस्तुत: विद्यमान ठोस राजनीतिक-आर्थिक परिस्थितियों और उनसे जनित हमलों-संकटों के सन्दर्भ-परिप्रेक्ष्य में 'ठोस माँगों' को सामने लाने और आन्दोलन के समर्थन में स्थानीय सामुदायिकताओं का 'बल' और 'आवेग' जोड़ने के लिए भी महत्त्वपूर्ण है। 'इंडिग्नाडोज' आन्दोलन की माँगों-प्रस्तावों में इसे साफ तौर पर देखा जा सकता है : चुनाव सुधार, बैंकिंग क्षेत्र का नियमन और राष्ट्रीयकरण, ज्यादा और सुसंगत सार्वजनिक सेवाएँ...। इस दृष्टि से भी सार्वजनिक स्थलों पर डेरा-डंडा

कब्जा विद्यमान व्यवस्था तंत्र के नियमित सत्ता शक्ति प्रवाह (regular flow of power) में एक वृद्धिमान व्यवधान के रूप में देखा जा सकता है।

इस बात पर बल दिया जाना जरूरी है कि 'स्पेस की राजनीति' कोई एकमात्र और अन्तिम रणनीति नहीं हो सकती। 'स्पेस की राजनीति' के अन्य रणनीतियों, विशेषकर जिनकी दृष्टि में भविष्य के समाज की सुस्पष्ट कल्पना और जिनके व्यवहार में विद्यमान व्यवस्था तंत्र के साथ जुझारू और प्रत्यक्ष टकरावों की दिशा हो, सम्भावित और आकांक्षित रिश्तों को लेकर सवाल बने रहेंगे। मगर सारे सवालों के बावजूद इसे खारिज करना सम्भव नहीं है कि सार्वजनिक स्थलों के डेरा डंडा-कब्जे की 'स्पेस की राजनीति' नीचे से सामाजिक रिश्तों के बदलाव की दिशा में महत्त्वपूर्ण योगदान कर सकती है।

'स्पेस की राजनीति' और डिजिटल-तकनीक

21वीं सदी की शुरुआत से ही दुनिया के तमाम देशों में सामाजिक आन्दोलनों की ओर से विद्यमान नवउदारी राजनीतिक-आर्थिक-सामाजिक व्यवस्थातंत्र को चुनौती मिल रही है। ऐसे अधिकांश सामाजिक आन्दोलनों ने, विशेषकर अपनी सांगठनिकता, गोलबन्दी, प्रचार और परस्पर संवाद-संचार के लिए डिजिटल-सोशल मीडिया तंत्र का प्रभावी इस्तेमाल किया है। 21वीं सदी की इस प्रभावी डिजिटल-तकनीक ने बहुतेरे तरीकों से प्रतिरोध आन्दोलनों-प्रदर्शनों-डेरा-डंडा कब्जों को सशक्त किया है और उनकी प्रभावोत्पाकदता में महत्त्वपूर्ण योगदान किया है। हालाँकि इस 'डिजिटल सशक्तीकरण' के कई एक नकारात्मक परिणाम-प्रभाव भी इन आन्दोलनों-संघर्षों की, विशेषकर दीर्घकालिक रणनीतिक-सांगठनिक प्रभावोत्पाकदता के सन्दर्भों में देखे जा सकते हैं।

आन्दोलनों की इस अचानक डिजिटल क्षमता के प्रति सरकारों / व्यवस्थातंत्र की प्रारम्भिक प्रतिक्रिया अनदेखी करने, हतप्रभ किंकर्तव्यविमूढ़ रह जाने की थी। मगर जल्दी ही नवउदारी व्यवस्थातंत्र ने, जिसके पास पहले से ही पारम्परिक मीडिया-प्रचार तंत्र के 'इस्तेमाल' करने के अपार शक्ति-संसाधन-विशेषाधिकार हैं, नई डिजिटल दुनिया के दाँव-पेचों की ताकत को पहचान कर इसे अपनी प्रतिरोध विरोधी प्रतिक्रिया का हिस्सा बनाने, और डिजिटल माध्यम पर यथासम्भव 'नियंत्रण' बनाने का प्रयास शुरू कर दिया।

डिजिटल-सोशल मीडिया का प्रभावी इस्तेमाल करने वाले 21वीं सदी के सामाजिक आन्दोलनों का विस्तार दुनिया के ज्यादातर देशों में देखा जा सकता है। नवउदारी पूँजीवाद के केन्द्र अमेरिका में आकुपाई आन्दोलनों से लेकर परम्परागत यूरोपी जनतंत्रों : ब्रिटेन और स्पेन तक, तुर्की और उक्रेन जैसे प्रारम्भिक डाँवाडोल जनतंत्रों से लेकर अरब दुनिया की राजशाहियों और तानाशाहियों तक—हर जगह इसकी धमक देखी-सुनी जा सकती है।

सोशल मीडिया ने जिन महत्त्वपूर्ण क्षेत्रों में प्रतिरोध आन्दोलनों को सशक्त किया है, उनमें जनता का ध्यान खींचने और जनसमर्थन हासिल करने, 'सत्ता सेन्सरशिप' के साथ लम्बे अरसे तक लुकाछिपी खेलते रह सकने, और प्रतिरोध समन्वय व व्यवस्था तंत्र को बेहतर ढंग से संचालित करने जैसे महत्त्वपूर्ण क्षेत्र शामिल हैं। डिजिटल तकनीक के जरिये लोग उन बहुतेरी सूचनाओं-जानकारियों का आपस में आदान-प्रदान करके उन तक अपनी पहुँच बना लेते हैं, जिन्हें सत्तातंत्र छिपाने या रोकने का प्रयास करता है। अलावा इसके, इस तकनीक के जरिये तात्कालिक-अचानक प्रदर्शनों से सत्ता तंत्र

को हतप्रभ कर देना कहीं आसान हो गया है। दूसरी ओर सोशल मीडिया ने सरकारों और समाज के प्रतिक्रियावादी दक्षिणपंथी तबकों के लिए भी इन्हीं सुविधाओं-सहूलियतों का अपने पक्ष में इस्तेमाल करने के अपार अवसर प्रदान किये हैं। इंटरनेट के जरिये 21वीं सदी में सार्वजनिक ध्यानाकर्षण और 'नजर रखने' (surveillance) के तौर-तरीकों-प्रभावोत्पादकताऔर विस्तार में भारी बदलाव आया है।

तुर्की में, सत्ता चाटुकार मीडिया गुटशाही के साथ मिलकर सरकार अपने राजनीतिक और वित्तीय दबाव के जरिये 'ब्राडकास्ट मीडिया', विशेषकर टीवी पर अपना नियामक दबदबा रखती रही है। इसके चलते तुर्की में सरकार के लिए नागवार क्षेत्रों-घटनाओं के प्रति 'मास-मीडिया' 'शुतुरमुर्गी मौन और दृष्टि' का आदी हो चुका है। भ्रष्टाचार, हिंसा, सरकार की जनविरोधी आर्थिक नीतियाँ और उन पर 'गैर संवैधानिक' खिलाड़ियों का नियामक वर्चस्व मास मीडिया के लिए शायद ही कभी खबर बनता है। ऐसे में एक सार्वजनिक पार्क के भविष्य के छोटे से मसले को लेकर 28 मई, 2013 को शुरू हुआ 'गेजी पार्क प्रतिरोध'[6] (Gezi Park Protest) देखते-देखते नियंत्रण, प्राधिकार और शहरी विकास जैसे मूलभूत मुद्दों का ज्वलंत संघर्ष बनने लगा। मगर तुर्की टीवी केन्द्र अपने 'स्थापित मीडिया प्रतिमानों' के मुताबिक इनसे पूरी तरह आँखें मूँदे रहे। आए दिन प्रदर्शनकारियों और पुलिस के बीच झड़प इतनी उग्र होती जा रही थी कि 'CNN International' इस्ताम्बूल से इन प्रदर्शनों का नियमित रूप से 'लाइव' प्रसारण कर रहा था। ऐसे ही एक समय में सीएनएन तुर्क (CNN Turk) पेंगुइन पर एक डाक्यूमेंट्री दिखा रहा था, और अन्य तमाम तुर्की टीवी केन्द्र कुकरी, टॉक शो, सोप आपेरा समेत तमाम तमाशे दिखा रहे थे, सिवाय उस समय तुर्की में घट रही साल की सबसे बड़ी न्यूज स्टोरी के। एक आक्रोशित दर्शक ने अपने दो टीवी को अगल-बगल किया, एक पर CNN तुर्क का पेंगुइन शो, और दूसरे पर CNN International का आँसू-गैस और झड़पों का जीवन्त 'लाइव' प्रसारण चलाया। दर्शक ने इन दोनों की साथ-साथ तस्वीर ली, और तस्वीर को सोशल मीडिया पर ट्वीट कर दिया। फोटो 'वाइरल' हो गई, और तभी से प्रदर्शनकारियों ने हर जगह घुटना टेकू, मौन 'मुख्यधारा मीडिया' का नाम 'पेंगुइन मीडिया' कर दिया।

मिस्र में सोशल मीडिया का प्रभाव इसलिए अपेक्षाकृत ज्यादा रहा कि वहाँ तुलनात्मक रूप से काफी जल्दी देश का एक चरम नियंत्रित समाज से अपेक्षाकृत खुले समाज में संचरण हुआ था। मुबारक के पतन के बाद सैनिक जुन्ता शासन को जन दबाव के चलते काफी हद तक साफ-सुथरा चुनाव कराना पड़ा और मुस्लिम ब्रदरहुड सत्ता में आया। मगर जल्दी ही जुलाई, 2013 में तख्ता-पलट कर सेना ने सत्ता की समूची कमान अपने हाथ में ली। मुस्लिम ब्रदरहुड के सत्ता काल में मिस्र पर अस्थिरता-उथल-पुथल और अराजकता का बोलबाला था। सत्ता-ताकत के दावेदार तमाम 'ध्रुवीकृत समीकरण' अपने-अपने वर्चस्व की जद्दोजहद कर रहे थे। अन्ततः बन्दूक वाले सैन्य ध्रुवीकरण ने सत्ता की कमान हथिया ली। इसके बाद मिस्र में तहरीर आन्दोलनकारियों और मुस्लिम ब्रदरहुड दोनों के खिलाफ गैर न्यायिक यातनाओं-हत्याओं और झूठे-न्यायिक नाटकों के जरिये विरोधियों का सफाया अभियान चला। अन्ततः

सेना ने वर्दी उतार कर 'सैन्य जनतांत्रिक शासन' स्थापित कर लिया।

मुबारक के पतन और तहरीर अरब वसन्त के पहले मिस्र में करीब 35% आबादी इंटरनेट का इस्तेमाल दुनिया की अन्य तमाम जगहों के 'आन लाइन संचारी समूहों' की तरह ही अधिकांशतः परम्परागत रूपों : फेसबुक, पारिवारिक हाल-चाल, मनोरंजन-मजाक की वीडियो शेयरिंग आदि में इस्तेमाल कर रही थी। मगर इसी के साथ मिस्र में इंटरनेट इस्तेमाल करने वालों का एक छोटा सा संगठित-प्रतिबद्ध कार्यकर्ता नेटवर्क भी था, जिसकी नजर में इंटरनेट के 'आन लाइन संचारी स्पेस' को मुक्ति संघर्ष की राह में लगाया जा सकता था। उन 'लाल रेखाओं' को, जिन्हें पार करने की इजाजत किसी अन्य ब्राडकास्ट-संचारी मीडिया को नहीं थी, यहाँ कुछ हद तक चुनौती दे सकने की गुंजाइश थी, कम-से-कम भ्रष्टाचार और यातना-यंत्रणा जैसे मुद्दों पर। क्रान्तिपूर्व मिस्र में राजनीति, भ्रष्टाचार, पुलिस हिंसा-उत्पीड़न पर मुँह खोलना मौत को दावत देना था।

ये वे परिस्थितियाँ थीं, जिनमें दुनिया की अन्य जगहों की अपेक्षा मिस्र और मध्यपूर्व के कई अन्य देशों के कार्यकर्ताओं ने 'आन लाइन स्पेस' की राजनीतिक क्षमता और सम्भावना पर ध्यान देना शुरू किया। काफी लोगों का मानना है कि 2004 और 2005 के ईराक विरोधी प्रदर्शन इस दिशा में निर्णायक मोड़ थे। पहली बार मध्य पूर्व की कई सरकारों ने सड़कों पर सार्वजनिक प्रतिरोध प्रदर्शनों की इजाजत दी थी। इसके चलते हजारों अजनबी प्रतिरोध-प्रदर्शनकारियों का पहली बार आपस में मिलना-जुलना हुआ, जिसमें आन-लाइन स्पेस ने महत्त्वपूर्ण भूमिका निभाई। जिन्न के बोतल का ढक्कन खुलने लगा था।

'ब्लागिंग' की शुरुआत और सस्ते कैमरा सेल फोनों के चलन से कार्यकर्ताओं को नागरिकों के दैनन्दिन जीवन की दुश्वारियों, तकलीफों और उत्पीड़नों के वीडियो प्रमाण हासिल करने, और उन्हें आनलाइन चलन में डालने में काफी मदद मिली। एक जाना-पहचाना ब्लागर वईल अब्बास[7] मानों आन लाइन 'इन्वेस्टिगेटिव जनर्लिस्ट' बन गया था : वईल ने पुलिस भ्रष्टाचार और ज्यादातियों, उत्पीड़न, सड़कों पर औरतों की बेइज्जती, ट्रैफिक दुर्दशा, घूसखोरी आदि अनगिनत मसलों पर आनलाइन वीडियो जारी किये, जो आम जनता की तकलीफों के मर्म को छूते थे।

मध्यपूर्व में सोशल-डिजिटल संचार में एक और महत्त्वपूर्ण आवेग मिस्र और ट्यूनीशिया में फेसबुक, विशेषकर 2009 से इसके अरबी अनुवाद की शुरुआत से मिला। अरबी अनुवाद के चलते सामान्य जन समुदाय के व्यापक-विविध हिस्सों के लिए इस 'सोशल नेटवर्किंग टूल' का इस्तेमाल सहज हुआ। दो-एक साल के अन्दर समूचे मध्यपूर्व और उत्तरी अफ्रीका क्षेत्र (MENA) से इस नये, लगातार फैलते जाते संचार-संवाद मंच का इस्तेमाल करने वाले करोड़ों लोग हो गए। इसमें कतर आधारित समाचार नेटवर्क अल जजीरा का भी महत्त्वपूर्ण प्रभावी योगदान था। इन सन्दर्भों में सोशल नेटवर्किंग माध्यमों के आगमन ने इस क्षेत्र (MENA) में सार्वजनिक संवाद-संचार की प्रकृति ही बदल दी।

सत्ता तंत्र ने भी इस नये सूचना-संचार तंत्र का संज्ञान लेते हुए सत्ता दाँव-पेंच में इसके इस्तेमाल के तौर-तरीके सीखना शुरू कर दिया। सत्ता की अपनी जन-प्रतिरोध

प्रसार विरोधी डिजिटल रणनीति के तरकश में कई महत्त्वपूर्ण तीर थे। हाई प्रोफाइल विरोधी नेताओं के इस माध्यम का इस्तेमाल करने पर कानूनी रोक के साथ ही नये डिजिटल माध्यमों को लेकर जनता में भ्रम और भय फैलाने की कोशिश हुई। इसका मुख्य उद्देश्य विरोधियों को इस माध्यम का इस्तेमाल करने से रोकने से कहीं ज्यादा अपने समर्थकों को इससे 'गुमराह होने' से रोकने का था। 'ब्लाकिंग', अक्सर सूचना तक पहुँच पाना असम्भव बना देने के बजाय लोगों को 'ब्लाक्ड सूचना' तक अन्य डिजिटल 'बाइपास' के जरिये पहुँचने के लिए ज्यादा प्रेरित करती थी।

एक और शातिर तरीका डिजिटल स्पेस को अपने समर्थकों और भाड़े के ऐसे कार्यकर्ताओं (Paid Trolls) से भर देना था, जिनका पेशा आनलाइन स्पेस को 'नेवीगेट' कर पाना अधिक से अधिक मुश्किल और भ्रामक बना देना था। बैन और भ्रम व भय फैलाने के अभियान सोशल मीडिया को 'शैतानी ताकत', 'परिवार तोड़ने वाला', 'बाल पोर्नोग्राफी संचालक', 'देशद्रोहियों का स्वर्ग' आदि बताने के जरिये वस्तुतः विरोधियों को इस माध्यम से विरत रखने से ज्यादा सरकारी समर्थकों को एकजुट रखने के लिए थे—'अपने कानूनी जनाधार' को यह बताने के लिए कि यह नया माध्यम भरोसे लायक नहीं था, बेहद गंदा और अनैतिक था, और साथ ही खतरनाक भी। विरोधियों की इस माध्यम तक पहुँच को पूरी तरह से रोक पाना व्यावहारिक रूप से असम्भव था। इसलिए ज्यादा फायदेमन्द यह था कि अपने लोगों को इस माध्यम से दूर रखा जाए।

मिस्र में सोशल मीडिया पर पूरी तरह से लगाम लगाने के बजाय सैन्य काउंसिल ने फेसबुक पर अपनी 'विज्ञाप्तियाँ' डालनी शुरू कीं। इनके समर्थन में दसियों हजार सरकारी समर्थक—कुछ असली, कुछ भाड़े के, अपने ऊल-जलूल तर्कों और गाली-गलौज के 'दृष्टिकोण' साथ प्रतिरोध कार्यकर्ताओं के तर्कों को काटने, उन्हें हैरान-परेशान करने की सरकारी देशभक्ति में लग गए। मुस्लिम ब्रदरहुड के विरोधियों ने, जिनमें काफी सारे सैन्य तंत्र समर्थक थे, आन लाइन कार्यकर्ताओं के प्रतिरोध / पेटीशन तरीके को अपनाते हुए ब्रदरहुड सरकार के खिलाफ तथाकथित लाखों हस्ताक्षरों की दावेदारी के साथ अभियान चलाया। इसके बाद उन्होंने अपनी 'तहरीर रैली' करते हुए सरकार के इस्तीफे की माँग की। चन्द दिनों बाद सेना ने देश की सत्ता बागडोर सँभाल ली।

कुल मिलाकर, 2011 के पहले के मुकाबले अब डिजिटल सोशल मीडिया पर केवल सामाजिक कार्यकर्ताओं का विशेषाधिकार नहीं रह गया है। प्रतिरोध और उसकी सत्ता प्रतिक्रिया के परम्परागत और डिजिटल रूपों के संश्रय की जटिल गतिशीलता के वर्तमान वातावरण में दोनों ओर से इस नये माध्यम को अपनी-अपनी सेवा में लगाने की प्रक्रिया प्रगति पर है। सत्ता के लिए केवल परम्परागत दमनकारी तरीकों के बल पर जनप्रतिरोधों-सामाजिक आन्दोलनों को काबू में रख पाना अब लगभग असम्भव है। काबू में लाने के नये डिजिटल उपायों को विकसित करने का काम तेजी से जारी है।

नव प्रतिरोधी आन्दोलनों में डिजिटल तकनीकी की उपादेयता और महत्त्व के परिप्रेक्ष्य में चार्ल्स टिली[8] के इस तर्क को ध्यान में रखे जाने की जरूरत है कि मूलभूत रूप से सामाजिक आन्दोलनों की प्रभावोत्पादकता का आधार उनके सफलतापूर्वक अपनी उपादेयता (worthiness), एकता, संख्या और प्रतिबद्धता का प्रदर्शन कर

पाने में होता है। जनता को अपने उद्देश्य की न्यायसंगतता और अनिवार्यता के प्रति सहमत करा पाना उपादेयता है; एकता उनके हौसले का प्रतीक है; संख्या उनके प्रति जन समर्थन को प्रदर्शित करती है; और प्रतिबद्धता प्रतिरोध में उनके टिके रहने और व्यवस्था तंत्र में हलचल मचा सकने की क्षमता का द्योतक है। इस दृष्टि से किसी भी आन्दोलन में भागीदारों की सफलता का पैमाना उनके इन चारों लक्ष्यों को हासिल कर पाने की स्थिति का होना चाहिए, न कि किसी आनलाइन आफ लाइन या वर्चुअल / सड़क का कृत्रिम विभाजन। बड़े-बड़े विशाल सड़कों-चौराहों के प्रतिरोध भी अपनी मंजिल तक पहुँच पाने में असफल रह सकते हैं, यदि वे आम जनता की नजरों में अपनी उपादेयता खो देते हैं। इसलिए डिजिटल प्रभाव से आवेगित सड़क-चौराहों की प्रतिरोध कार्यवाहियों को दीर्घकालीन और दूरदृष्टि पूर्ण सामाजिक आन्दोलनों से अलग 'जादुई चमत्कार' मान लेना भूल होगी।

सामाजिक आन्दोलनों-प्रतिरोध कार्यवाहियों के समन्वय और प्रबन्धन में डिजिटल तकनीक की भूमिका

ऐतिहासिक रूप से प्रतिरोध आन्दोलनों का सफलतापूर्वक समन्वय-संचालन, और उनका दमन दोनों ही काफी कुछ प्रदर्शनकारियों और सत्तातंत्र के संचार-संवाद-संचालन समीकरण की स्थिति पर निर्भर करता है। अक्सर प्रतिरोध संघर्षों की अफरातफरी, गहमा-गहमी, अराजकता जैसी स्थितियाँ खुद प्रतिरोधकारियों के लिए प्रतिरोध स्थल के वातावरण का सही आकलन कर पाना मुश्किल कर देती हैं। इस वातावरण में सत्तातंत्र की ओर से आँसू गैस, वाटर कैनन, लाठी चार्ज, इधर-उधर भागते लोग, पीछा करती पुलिस जोड़ दीजिए : सही स्थिति का आकलन कर पाना और उसके मुताबिक निर्णय ले पाना और भी कठिन हो जाएगा।

प्रतिरोधी ताकतों के पास डिजिटल सम्पर्क-संवाद की सुविधा होने के पहले तक पुलिस और सत्तातंत्र को अपने रेडियो, ट्रांसमीटर, हेलीकाप्टर, विशेषज्ञ प्रशिक्षण आदि के चलते लगभग एकपक्षीय बरतरी हासिल थी। अब प्रतिरोध शक्तियाँ भी पलक झपकते आपस में संवाद-संचार कर सकती हैं, और वह भी प्रभावी कुशलता के साथ। समन्वय और प्रबन्धन के क्षेत्र में सोशल मीडिया का प्रभाव केवल प्रतिरोध के लिए निर्धारित समय और स्थान पर जमा होने या प्रतिरोध के समय वातावरण का सही आकलन करते रहना भर नहीं है। ऐतिहासिक रूप से भारी संख्या में लोगों को एक जगह जुटाना, और आपस में सूचनाओं का प्रभावी और त्वरित ढंग से आदान-प्रदान कर पाना एक भारी सांगठनिक चुनौती रही है, जिसे इंटरनेट ने काफी हद तक आसान किया है।

'गेजी पार्क' प्रतिरोध के दौरान कालेज के चार नौजवान विद्यार्थियों ने स्वयंसेवी रूप से एक 'नागरिक समाचार नेटवर्क' (Citizen News Network)[9] बनाया था। इसके जरिये वे भारी पैमाने पर हजारों खबरें जुटाते, उनकी प्रामाणिकता की पुष्टि करते, और शेयर करते—सब ऑन लाइन और बिजली की गति से। यह नेटवर्क अपनी पहुँच और प्रामाणिकता में इतना प्रभावी था, कि केवल प्रतिरोधी ताकतों के लिए ही नहीं, बल्कि आम जनता के लिए भी भरोसे का वैकल्पिक मीडिया-समाचार श्रोत बन गया था। इतने

विशाल पैमाने के कार्यभार के लिए पूर्व-डिजिटल युग में दर्जनों प्रशिक्षित-दक्ष विशेषज्ञों, और भारी-भरकम संरचना-तंत्र की जरूरत पड़ती। अब यह काम ये चार उत्साही-अप्रशिक्षित नौजवान छात्र अपने सामान्य डिजिटल उपकरण से एक वाई-फाई सुविधा युक्त कॉफीशाप से कर रहे थे। @140 Journos नेटवर्क कुशलता के साथ प्रतिरोध की 'लाइव' सूचनाएँ, उसको लेकर जनता के विभिन्न हिस्सों की प्रतिक्रियाएँ, और साथ ही अन्य राजनीतिक हलचलों की जानकारियों को भी हासिल करने, क्यूरेट-कोलेट करने, और प्रमाणित करने के बाद प्रसारित कर रहा था। ये वे जानकारियाँ-सूचनाएँ थी, जिनको मुख्यधारा का 'तुर्की पेंगुइन मीडिया' कभी सामने नहीं लाता।

मिस्र में तीन युवतियाँ और एक युवक, जिनमें से केवल दो भौतिक-शारीरिक रूप से कैरों में थे, नवम्बर, 2011 के तहरीर चौक की चरम हिंसक झड़पों के कठिनतम दौर में दस 'फील्ड अस्पतालों' के समन्वय, दवा, खून आदि विभिन्न जरूरतों के प्रबन्धन और संचालन का काम कुशलता के साथ पूरा कर रहे थे। यह वह कठिनतम दौर था, जिसमें दर्जनों जानें गई थीं और सैकड़ों लोग घायल हुए थे। इन फील्ड अस्पतालों में तमाम तरह की आपूर्तियों, स्वास्थ्य वालेंटियरों, डाक्टरों और घायलों का प्रबन्धन मामूली काम नहीं था : विशेषकर स्थिति की अराजकता, सत्ता तंत्र के हर सम्भव दमन, और वांलेटियर डाक्टर, नर्सों और सहायकों के लिए ऐसे चरम तनावपूर्ण वातावरण को देखते हुए। चन्द दिनों के अन्दर ट्विटर, गूगल स्प्रेडशीट, फोनकाल, साइबर जैसे मोबाइल मेसेजिंग 'एप्स' के साथ इन चार युवा वालेंटियरों ने आपूर्ति व्यवस्था का काम कुशलता के साथ सँभाल लिया था।

स्पेन, इटली ग्रीस आदि दक्षिण यूरोपी देशों में विभिन्न रूपों-स्वरूपों में किये गए सैकड़ों से लाखों तक की भागीदारी वाले ज्यादातर 'इंडिग्नाडो'/ आकुपाई प्रतिरोधों की गोलबन्दी और समन्वय ऑन लाइन हुआ था। ब्रिटेन में 2011 में एक महीने तक चले युवा आक्रोश के विस्फोट में नौजवान युवक-युवतियाँ ब्लैकबेरी मेसेंजर जैसी मेसेजिंग तकनीकों के जरिये एक-दूसरे को स्थानीय परिस्थितियों, खतरों और अवसरों के प्रति अद्यतन रखते थे। अमेरिका में 'आकुपाई' प्रतिरोध आन्दोलनों में अपनी गोलबन्दियों और अपने सन्देशों के वैश्विक प्रसार दोनों के लिए सोशल मीडिया को सबसे कारगर माध्यम बनाया गया था। एक-के-बाद एक तमाम देशों में तमाम सामाजिक आन्दोलनों-असन्तोषों-प्रतिरोधों की गोलबन्दी, समन्वय, प्रसार और प्रचार का सबसे प्रभावी माध्यम डिजिटल मीडिया बनता जा रहा है।

डिजिटल तकनीक की क्षमता और सीमाएँ

वर्षों की कठिन-कठोर सांगठनिक तैयारी के बिना प्रतिरोधी शक्तियों का पलक झपकते एक स्थान पर हजारों-हजार की संख्या में जुटावा जमा लेने की क्षमता डिजिटल तकनीक आन्दोलन के लिए एक ऐसा मंच भी बन सकती है, जो आन्दोलन की बहुत सी गम्भीर कमजोरियों को ढके रहती है। संगठित करने, निर्णय प्रक्रिया में सामूहिक नेतृत्व को विकसित करने, और पूरे आन्दोलन की प्रभावी दीर्घकालिक दृष्टि और दिशा निर्माण के कार्यभार, लम्बे समय तक साथ काम करते हुए साझा दृष्टि, मूल्य और प्रतिबद्धता

विकसित करने के जरिये ही सम्भव है। डिजिटल सपोर्ट उन बहुत सारी कार्यवाहियों का सफलतापूर्वक संचालन सुनिश्चित कर सकता है, जिनके लिए इस सपोर्ट के न होने पर एक दीर्घकालिक-औपचारिक सांगठनिकता की जरूरत होती। मगर इसे भी नजरअन्दाज कर पाना मुश्किल है कि 'दीर्घकालिक औपचारिक सांगठनिकता' का अतिरिक्त फायदा ऐसी सांगठनिक क्षमता के विकास में हुआ करता था, जो आन्दोलन के दीर्घकालिक टिकाऊपन की जरूरतों की संगति में था। आन्दोलन की जरूरतों के प्रबन्धन के लिए एक साथ मिलकर काम करना, चाहे वह कितना भी मुश्किल क्यों न हो, एक-दूसरे के साथ प्रभावी ढंग से जुटे-टिके रहने के लिए अपेक्षित विश्वास और क्षमता का भी निर्माण करता था।

आज बहुतेरे डिजिटल सांगठनिकता से संचालित आन्दोलन अपने सबसे कठिन और निर्णायक दौर: सत्ता प्राधिकारियों के साथ सीधी टकराहट के दौर में आपस में एकजुट रहकर, गठबन्धन बनाकर काम करने, अथवा चरम तनावों के दौर में भी आन्दोलन को सफलता के साथ एकजुट रखते हुए संचालित करने के किसी प्रभावी-दीर्घकालिक-परस्पर विश्वास और सक्रियता के अनुभव की पूँजी के बिना ही प्रवेश कर रहे हैं। वे इस मंजिल तक इसलिए पहुँच पाये कि डिजिटल संरचना ने उनके लिए ऐसे 'आसान शार्टकट' बना दिये हैं, जो चन्द लोगों को तेजी के साथ कार्यभारों के सफलतापूर्वक सम्पादन में सक्षम बनाते हैं। प्रथम दृष्ट्या यह एक महत्त्वपूर्ण लाभ दिखाई देता है। मगर अपनी दीर्घकालिकता में यही लाभ बहुत से आन्दोलनों की अग्रगति में प्रभावी बाधा भी बन रहा है।

नये सामाजिक प्रतिरोध आन्दोलनों की सांगठनिकता की विशिष्ट शैली और आकांक्षाएँ है : एडहाक (Adhoc), नेताविहीन, भागीदारी, और क्षैतिजिकता। वे भागीदारी सांगठनिकता (Participative organising) के उस मूल्यबोध को सर्वाधिक महत्त्व देते हैं, जो औपचारिकीकरण और संस्थानिकीकरण का विरोधी है। इन आन्दोलनों में 'सार्वजनिक स्थल का कब्जा' एक तरह से मानवीय मूल्यों का सामूहिक उत्सव है : एक-दूसरे की परवाह, बाजार-विहीन अन्तर्क्रियाएँ पुस्तकालयों / फूड किचन / स्वास्थ्य सेवा आदि, समानता का उत्सव, और भ्रष्टाचार और परम्परागत राजनीति का निषेध-प्रतिरोध। न्यूनतम सांगठनिक क्षमता और संरचना के साथ इतने व्यापक पैमाने और स्तर के सामुदायिक व्यवहारों का संगठन-प्रबन्धन कर पाना डिजिटल तकनीक की मदद के बिना असम्भव था। डिजिटल तकनीक और संरचना ने प्रतिरोधी शक्तियों की वैकल्पिक राजनीति की आकांक्षा को बल प्रदान किया है : बाजारों और प्राधिकारों के निषेध और प्रतिरोध के जरिये जीवन अस्तित्व की सामुदायिकता के वैकल्पिक 'स्पेसों' को रचने की राजनीति। पहले के नागरिक अधिकार आदि आन्दोलनों को अपनी ऐसी क्षमताओं के निर्माण के लिए प्रतिरोध-आन्दोलन में उतरने के काफी पहले से तैयारी शुरू कर देनी पड़ती थी। यह लम्बी पूर्व तैयारी उन्हें प्राधिकारियों के साथ तीखी टकराहटों और पीछे ढकेलने की उनकी कोशिशों के तनाव भरे दौर में अपनी ताकतवर दावेदारी के साथ वार्ताओं-सौदेबाजियों में उतरने, अथवा ऐसे कठिन-कठोर पलों में आन्दोलन को बचाकर रख पाने के कौशल में बहुत काम आती थी।

इस क्षमता-कौशल की कमजोरी आज के कुछेक आन्दोलनों में सड़क पर प्रतिरोध-प्रदर्शनों के परवर्ती दौर में आमतौर पर देखने को मिलती है। विशेषकर तब, जब आन्दोलन की प्रारम्भिक ऊर्जा और आवेग ढलान पर हो, और सत्ता प्रतिष्ठान ज्यादा हमलावर होने लगा हो। ऐसा ही तुर्की के गेजी पार्क प्रदर्शनों में हुआ, जब अन्ततः सत्ता के दमनकारी पुलिस-तंत्र ने बलपूर्वक प्रदर्शनकारियों को पूरी तरह तितर-बितर करके दुबारा जुटने नहीं दिया। कभी-कभी बिखराव का तनाव सत्ता दमन से इतर कारणों से भी आ सकता है जैसा अमेरिकी आकुपाई आन्दोलन पर जाड़े की मौसमी विषमता ने किया।

ऐसे बिखराव-तनाव की स्थिति में प्रदर्शनकारी, जो डिजिटल तकनीक या असेम्बलियों जैसी क्षैतिजीय शैली में आन्दोलन को एडहाक तरीके से चला रहे होते हैं, अक्सर सत्ता प्रतिक्रिया का प्रभावी जबाब दे पाने या अपना अगला कदम निर्धारित कर पाने की स्थिति में नहीं होते हैं। गेजी पार्क के ही मामले में, प्रदर्शन के अन्तिम दौर में सरकार ने आन्दोलन कारियों के प्रतिनिधिमंडल को वार्ता के लिए आमंत्रित किया। इसको लेकर प्रतिनिधित्व और प्राधिकार का सवाल खड़ा हो गया। जैसे-तैसे कुछ लोग अंकारा में तुर्की के प्रधानमंत्री रेकप एर्डोगन (वर्तमान राष्ट्रपति) और उसकी पार्टी AKP के पदाधिकारियों वाले सरकारी प्रतिनिधि मंडल से मिले। सत्ता प्रतिनिधिमंडल की बातों को वे वीडियो लिंक के जरिये इस्ताम्बूल गेजी पार्क प्रदर्शन स्थल तक पहुँचा रहे थे। वहाँ किसी औपचारिक संगठन अथवा किसी निर्णय प्राधिकार संस्थानिकता के अभाव में गेजी पार्क आन्दोलन छोटे-छोटे समूहों में बँटकर सरकारी प्रस्तावों पर विमर्श करने लगा। घंटों समय लगने के बावजूद किसी नतीजे पर नहीं पहुँचा जा सका। कुछ औपचारिक सांगठनिकताओं ने, जो आन्दोलन की भागीदार थीं, एक सांकेतिक तम्बू छोड़कर बाकी का सारा डेरा-डंडा हटा लेने का फैसला किया। बहुतेरे अन्य लोग और समूह वहाँ टिके रहने के पक्षधर थे। इस बिखराव का फायदा उठाकर सरकार ने तेजी के साथ भारी पुलिस बल के साथ धावा बोलकर कब्जा-प्रदर्शन पूरी तरह से हटा दिया।

15 अक्टूबर, 2011 को दुनिया भर के 900 से ज्यादा शहरों में हुए विशाल 'आकुपाई प्रदर्शन' मार्चों ने अपने आकार में सम्भवतः न जाने कितने विशालतम ऐहिसिक प्रदर्शनों को पीछे छोड़ दिया। 15 अक्टूबर, 2011 के ये प्रदर्शन लगभग दो सप्ताह की तैयारी में सफलता के साथ आयोजित हुए थे। इसके बावजूद इन प्रदर्शनों की ऊर्जा और धमक आकांक्षित नीतिगत परिवर्तनों को राष्ट्रीय अथवा वैश्विक किसी भी स्तर पर लागू नहीं करा सकी। यहाँ प्रतिरोध का आकार नहीं, बल्कि उसकी क्षमता का संकेत महत्त्वपूर्ण था। इस क्षमता के संकेत को तकनीकी प्रगतियों ने सम्भव बनाया था। मगर इसे आगे प्रभावी ढंग से विकसित करके नवउदारी वैश्विक तंत्र के लिए प्रतिरोध की प्रभावी और दीर्घकालिक चुनौती खड़ी करने के लिए वांछित सांगठनिक क्षमता, अनुभव और सम्भवतः दृष्टि का भी अभाव इस परियोजना को बहुत आगे तक नहीं ले जा सका।

निस्सन्देह डिजिटल तकनीक के साधन-संसाधन आन्दोलनों को अतीत के प्रदर्शनों से भी अधिक ऊर्जा और त्वरित आवेग के साथ हजारों-हजार लोगों को सड़कों पर

उतार देने की क्षमता रखते हैं। मगर इनके पास अतीत के आन्दोलनों की सांगठनिकता और दीर्घकालिक-पूर्णकालिक प्रतिबद्ध कार्यकर्ता बल की पूँजी का अभाव खटकता है। डिजिटल प्रभाव नये प्रतिरोध आन्दोलनों को सड़कों पर उतारने का 'शार्टकट' जरूर है, मगर अपने साथ यह अपनी कमजोरियाँ भी आन्दोलन में लाता है। ये आन्दोलन अपनी क्षमता और प्रभाव में सत्तातंत्र को चुनौती दे सकने की पुराने प्रतिरोधी आन्दोलनों की बराबरी नहीं कर पाते। स्वाभाविक रूप से ये सत्ता तंत्र और सरकारों के लिए उस स्तर का गम्भीर खतरा भी नहीं बन पाते। यह स्थिति डिजिटल प्रभावोत्पाकदता और क्षमता की दीर्घकालिक सांगठनिकता और क्षमता के साथ संश्रय के नये प्रतिरोधी समीकरणों की माँग करती है। परिस्थितियाँ संगठन और नेताविहीन भागीदारी के नये प्रतिरोध आन्दोलनों द्वारा पुरानी प्रतिरोधी सांगठनिकताओं को पूरी तरह नकारने-खारिज करने के बजाय इनके अनुभवों : इनकी कमजोरियों और ताकत—दोनों से सबक लेकर नये प्रयोगों और नये हौसलों की जरूरत को रेखांकित कर रही हैं।

अभी आने वाले समय में लम्बे समय तक तात्कालिक स्वत:स्फूर्त मुद्‌दा आधारित भावात्मक-आवेगी प्रतिरोध बनाम सत्ता आभिजात्य के खिलाफ दीर्घकालिक चुनौती पेश करते हुए टिकाऊ विकल्प की दीर्घकालिक रणनीति के महत्त्वपूर्ण अंग के रूप में दीर्घकालिक-नियोजित-सुसंगठित, सिद्धान्त आधारित प्रतिरोधों का द्वंद्व वैचारिक और व्यावहारिक दोनों ही धरातलों पर बना रहेगा। इसी द्वंद्व से किसी नये सच्चे और समर्थ दीर्घकालिक प्रतिरोधी समीकरण की नई राह के बनने की उम्मीद की जा सकती है।

'इंडिग्नाडोज' : नवउदारवाद के प्रतिरोध का स्पेनी बिगुल

दीर्घकालिक राजनीतिक संकट की ओर स्पेन

जून 1977 के पहले आम चुनावों के साथ स्पेन में संसदीय जनतंत्र की यात्रा शुरू हुई थी। तब से लेकर दिसम्बर 2015 के चुनावों में त्रिशंकु संसद के नतीजों के पहले तक स्पेन में द्वि-दलीय सत्तागुट शाही की अदलाबदली वाला 'स्थायित्व और शान्ति' का जनतांत्रिक खेल चल रहा था। दिसम्बर, 2015 में दोनों पार्टियों (कंजर्वेटिव और सामाजिक जनवादी) में से किसी को भी स्पष्ट बहुमत नहीं होने के चलते जून 2016 में दुबारा चुनाव हुए। जोड़-तोड़ करके कंजर्वेटिव (PP) पार्टी ने सरकार बनाई। मेरियानो राजोय के नेतृत्व वाली यह सरकार 1 जून 2018 को अविश्वास प्रस्ताव में गिर गई। सामाजिक जनवादी पार्टी (PSOE) ने पेड्रो सांचेज के नेतृत्व में 6 विभिन्न छोटी-छोटी पार्टियों के गठबन्धन से नई सरकार बनाई।

द्विदलीय जनतांत्रिक स्थायित्व में सेंध लगने की औपचारिक शुरुआत 2008 के भयावह वैश्विक आर्थिक-वित्तीय संकट और महामन्दी से हुई। इस संकट और महामन्दी ने भारी पैमाने पर वित्तीय और उत्पादक सम्पदा दोनों का विनाश किया। नतीजे में बेरोजगारी बेतहाशा बढ़ी। संकट और महामन्दी से बाहर आने की प्रयास में अमेरिकी और यूरोपी अन्तर्राष्ट्रीय साझीदारों की 'निर्देशनुमा सलाह' पर स्पेन ने भी 'चमत्कारी मितव्ययिता नीतियों के जरिये ढाँचागत सुधार' की राह पकड़ी।

इन 'चमत्कारी नीतियों' का सबसे बड़ा चमत्कार व्यापक स्पेनी नागरिक समुदाय के दरिद्रीकरण और उससे उपजे जन आक्रोश के रूप में हुआ। आग में घी डालने वाले और भी कारक थे। सत्ताशीर्ष पर बैठे 'हाई-प्रोफाइल' लोगों के भ्रष्टाचार की कहानियों की बाढ़-सी आ गई थी। इसके अलावा, इस संकट ने स्पेन की राष्ट्रीयताओं, विशेषकर केटालून्या की स्वतंत्र राजनीति और भौगोलिकता की आकांक्षाओं को भी आवेग दिया। व्यापक स्पेनी जनसमुदाय के अन्दर वर्तमान राजनीतिक व्यवस्थातंत्र के प्रति घोर निराशा और आक्रोश लगातार बढ़ रहा था। लगभग चार दशक के द्विदलीय जनतांत्रिक संक्रमण मॉडल की प्रासंगिकता तेजी से छीज रही थी।

आर्थिक-वित्तीय संकट और महामन्दी, इससे निपटने के लिए अपनाई गई राष्ट्रीय-अन्तर्राष्ट्रीय नीति, व्यवस्थातंत्र के राजनीतिक दलों और संस्थानिकताओं पर से उठता भरोसा, भ्रष्टाचार के घोटाले, और केटालोनिया की आजादी की आकांक्षा—इन सबने मिलकर स्पेन में आर्थिक-वित्तीय संकट के साथ-साथ राजनीतिक संकट को भी गहन

किया। ऐसे में नई वामधारा की पार्टी 'पोडेमास' (Podemas) ने 'इंडिग्नाडोज' और 15-M आन्दोलनों की अपरोक्ष पूँजी (आन्दोलन और पार्टी दोनों ही एक-दूसरे के साथ किसी प्रत्यक्ष रिश्ते से इनकार करते रहे हैं) के साथ 2014 में स्पेन के राजनीतिक रंगमंच पर अपनी प्रभावी उपस्थिति दर्ज की। तेजी से जनाधार विस्तारित करते हुए 2015 आम चुनाव में 'पोडेमास' ने द्विदलीय सत्ता शासन के मंसूबों पर पानी फेर दिया। पोडेमास स्थापित पार्टियों को 'राजनीतिक कबीला' (Political caste) कहती है, जिन्हें जनता के हितों के बजाय सिर्फ अपने मतलब की चिन्ता है।

स्पेन के द्विदलीय जनतंत्र के परस्पर सत्ता संचरण के खेल पर एक नजर :

पार्टी	*वर्ष से तक*	*महीने*	*प्रधानमंत्री*	*सीटें (350 में)*	*% वोट*	*हटने का कारण*
यूसीडी	1977-1979	25	अडोल्फो सुआरेज	166	47.4	संविधान सभा चुनाव
यूसीडी	1979-1981	22	वही	168	48.0	त्यागपत्र
यूसीडी	1981-1982	21	लियोपाल्डो काल्वोस्टेलो	-	-	चुनाव
पीएसओई	1982-1986	44	फेलिप गोन्जालेज	202	57.7	"
"	1986-1989	40	" "	184	52.6	"
"	1989-1993	44	" "	175	50	"
"	1993-1996	33	" "	159	45.4	"
पी.पी.	1996-2000	48	जोस एम. अजनार	156	45.6	"
पी.पी.	2000-2004	48	" "	183	52.3	"
पीएसओई	2004-2008	48	जोसलुइसरोड्रिग्ज जपाटेरो	164	46.9	"
पीएसओई	2008-2011	44	" "	169	48.3	"
पी.पी.	2011-2015	48	मेरियानो राजोय	186	53.1	"
दिसम्बर	2015		चुनाव में किसी को बहुमत नहीं	जून	2016 में	पुनर्निर्वाचन हुआ
पी.पी.	2016-2018	24	मेरियानो राजेय	137	38.28	अविश्वास प्रस्ताव
पीएसओई	जून 2018	जारी	पेड्रो सांचेज	85	22.67	

स्पेनी सोशलिस्ट वर्कर्स पार्टी (PSOE) नवम्बर, 2011 में आम चुनाव हार गई। मन्दी, मितव्ययिता नीतियों, और नागरिकों के असन्तोष-आक्रोश ने जपाटेरो सरकार को बाहर का रास्ता दिखा दिया। PSOE को 2008 से 2011 के बीच करीब 42 लाख वोटों का नुकसान हुआ। यह स्पेन में जनतंत्र के जन्म से तब तक की सबसे बड़ी समर्थन गिरावट थी। मेरियानो राजोय की अगुवाई में पीपी स्पष्ट बहुमत के साथ जीती थी। यह स्पष्ट बहुमत स्पेनी राजनीति के किसी निर्णायक मोड़ का प्रतीक न होकर द्विदलीय सत्ता अदली-बदली का दुहराव भर था। पहले दो आम चुनावों के अतिरिक्त, जिन्होंने स्पेन में संसदीय जनतंत्र की आधारशिला रखी थी, सरे आम चुनावों के नतीजे समाजवादियों या कंजर्वेटिवों के बीच बँटते रहे थे।

दिसम्बर, 2015 आम चुनावों का नतीजा स्पेन की जनता का अपने यहाँ के द्विदलीय जनतांत्रिक अदला-बदली के शासन से सम्पूर्ण मोहभंग और हताशा का अंक-पत्र था। बेरेजगारी 21% से पार थी, आर्थिक विषमता अपने चरम पर पहुँच रही थी, सार्वजनिक खर्चों में बेतहाशा कटौती हो रही थी, आम जनता पर पूरी निर्ममता के साथ करों का बोझ लादा जा रहा था। राजोय की पीपी, जिसे 2011 में 53.1% मत के साथ 186 सीटों का स्पष्ट बहुमत मिला था, 2015 में 28.7% मत के साथ 123 सीटों पर सिमट गई। पेड्रो सांचेज की PSOE भी 2011 में 110 से घटकर 90 सीटों पर आ गई (मत प्रतिशत 22)।

2014 में बनी मितव्ययिता विरोधी वामधारा पार्टी 'पोडेमास' : 'हम कर सकते है' (Podemas: We Can) ने 37 साल के नौजवान विश्वविद्यालय प्रोफेसर पाब्लो इग्लेसियास की अगुवाई में 20.6% मत हासिल करके 69 सीटों पर जीत दर्ज की। जनता ने द्विदलीय सत्ता तंत्र के खिलाफ अपना गुस्सा सिर्फ वामधारा को वोट दे कर ही नहीं निकाला था। 36 वर्षीय वकील अलबर्ट रिवेरा की नई मध्यमार्गी-बाजरोन्मुख पार्टी 'सियुडाडानोज' (Ciudadanos: Citizens) ने 13.9% मतों के साथ 40 सीटें जीती थीं। द्विदलीय जनतंत्र के दोनों खिलाड़ियों ने मिलकर सत्तासुख बाँटने से इनकार का दिया। नतीजे में छह माह के अन्दर स्पेन में जून 2016 में दुबारा आम चुनाव हुआ।

जून, 2016 के आम चुनावों में फिर त्रिशंकु संसद बनी। तीसरी बार चुनाव से बचने के लिए (PSOE) ने विश्वास मत का बहिष्कार किया, और राजोय की PP ने जोड़-तोड़ करके सरकार बना ली। जून 2018 में यह सरकार अविश्वास प्रस्ताव में गिर गई और PSOE के पेड्रो सांचेज ने छह छोटे दलों के साथ (जिनमें धुर राष्ट्रवादी पार्टियाँ भी थीं) मिलकर गठबन्धन सरकार बना ली। 2015 में स्पेन में मन्दी की तथाकथित विदाई के भारी-भरकम दावों और मैक्रो-अर्थशास्त्रीय आँकड़ों : जीडीपी आदि के अन्य यूरोपी अर्थव्यवस्थाओं से बेहतर गति पकड़ने की ढोल पीटने के बावजूद ये दोनों परम्परागत राजनीतिक पार्टियाँ आम स्पेनी नागरिक के मन में अपने प्रति नकारात्मक छवि, आक्रोश और हताशा को तनिक भी नहीं कम कर पाईं। यह पीपी और PSOE दोनों द्वारा 2008 से लागू की जा रही विनाशकारी नीतियों और उनसे जनित भयावह सामाजिक-आर्थिक विषमता-असमानता का प्रतिफल था।

द्विदलीय सत्ता अदला-बदली की व्यवस्था के अन्त के स्पष्ट संकेत मई 2014 के

यूरोपी संसद के नतीजों से ही मिल गए थे। इन चुनावों में 25% से ज्यादा मतदाताओं ने अपना निर्णय 2011 आम चुनावों के सापेक्ष बदल लिया था। दोनों पार्टियों को मिलाकर भी 50% मत नहीं मिले थे। यह आम स्पेनी जनता के द्विदलीय शासन और समूचे विद्यमान राजनीतिक सत्ता तंत्र के प्रति असन्तोष की अभिव्यक्ति थी। यह असन्तोष उस समय सिर्फ चार महीने पहले जन्मी पार्टी पोडेमास की अभूतपूर्व सफलता के रूप में अभिव्यक्त हुआ था। दरिद्रता कम करने, प्रत्येक नागरिक के लिए न्यूनतम सम्मानजनक आय की गारंटी, अर्थव्यवस्था के आधारभूत रणनीतिक क्षेत्रों पर सार्वजनिक नियंत्रण और बैंकिंग को वापस जनता की सेवा में लगाने के लिए वित्तीय व्यवस्थातंत्र के पुनर्दिशानिर्धारण कार्यक्रमों के साथ पहली ही बार में पोडेमास 8% मत के साथ 54 में पाँच सीटों पर जीत दर्ज करके यूरोपी संसद में स्पेनी उम्मीदवारों की चौथी सबसे ज्यादा मत हासिल करने वाली पार्टी बन गई।

जुलाई 2007 में मन्दी की पहली आहट के साथ ही अर्थव्यवस्था ने तेजी के साथ गोता लगाना शुरू कर दिया था। नवम्बर, 2011 का चुनाव पी.पी. ने जरूर जीत लिया था, मगर जनता के आकलन में स्पेन की राजनीकि-आर्थिक हालत और सरकार की नीतियों-व्यवहारों को लेकर नकारात्मक आकलन और गुस्सा बढ़ता जा रहा था। जनता देश, समाज, अर्थव्यवस्था और राजनीति की बढ़ती दुर्दशा के लिए पी.पी. और PSOE दोनों को बराबर का जिम्मेदार मान रही थी।

मन्दी व्यावहारिक धरातल पर आय के लगातार छीजने और भौतिक-सम्पदा-जीवन निर्वाह के साधनों-संसाधनों के छिनते चले जाने में अभिव्यक्त हो रही थी। मितव्ययिता के उपायों में सरकार का ज्यादा जोर कर वृद्धि के बजाय सार्वजनिक खर्चों की बेतहाशा कटौती पर था। इस नीति का सबसे बुरा प्रभाव जनता के सबसे गरीब तबकों पर पड़ा जो इन सार्वजनिक सेवाओं पर सबसे ज्यादा निर्भर थे। मन्दी और मितव्ययिता के मारक समीकरण ने सामाजिक असमानता की खाई को गहरा और चौड़ा करना शुरू कर दिया।

सबसे ज्यादा गुस्सा स्पेनी जनता के अन्दर इस बात को लेकर था कि उनके साथ सौतेला बर्ताव हो रहा था : समाज के सबसे वंचित-हाशिये के तबकों पर, जिनकी इस संकट को जनने में कोई भागीदारी नहीं थी, इस संकट और मन्दी का सबसे ज्यादा बोझ डाला जा रहा था। गरीबों के लिए खर्चों की कटौती के ठीक उलट बैंकों के बेल-आउट पर अरबों डालर लुटाए जा रहे थे। इनकी कीमत भी अन्ततः गरीब को ही चुकानी थी। राजनीतिज्ञों की चिन्ता नागरिकों को बचाने से कहीं ज्यादा बैंकों को बचाने की थी। यह बात मन्दी शुरू होने के साथ ही हजारों स्पेनियों को उनके मकानों से कर्ज अदायगी डिफाल्ट में जबरिया बेदखली अभियान से पूरी तरह स्पष्ट था।

तमाम स्थापित राजनीतिक खिलाड़ियों के भ्रष्टाचार घोटालों के लगातार सामने आने के साथ-साथ समूची स्पेनी राजनीतिक संस्कृति के प्रति वितृष्णा गहराती गई। हर खबर, जिसमें पहली बार राजशाही परिवार के भी भ्रष्टाचार की खबर शामिल थी, जनता के अन्दर आर्थिक संकटों के चलते सम्पूर्ण राजनीतिक व्यवस्था तंत्र और संस्थागत राजनीतिक संरचनाओं-सांगठनिकताओं के प्रति पहले से मौजूद अविश्वास, निराशा और आक्रोश ब्रढ़ाती गई। ये खबरें किसी एक पार्टी, व्यक्ति या समूह के भ्रष्टाचार की

नहीं होकर समूचे संस्थानिक भ्रष्टाचार के कैन्सर की थीं।

केटालान की आजादी के सवाल ने भी इस समूचे राजनीतिक गड़बड़झाले को और जटिल बनाने का काम किया। अलगाववाद की जड़ें काफी गहरी थीं, जो स्पेनी राष्ट्रीय सरकारों और केटालान क्षेत्रीय सरकारों के परस्पर विरोधी रिश्तों की कड़वाहटों में काफी अरसे से व्यक्त हो रही थीं। मन्दी के संकट के चलते आम जन-जीवन की दैनन्दिन दुर्दशा ने आजादी की आकांक्षा को हवा दी, विशेषकर यह देखते हुए कि संकट काल से निपटने में राजकोषीय वित्त के मामले में केटालान के साथ सौतेला व्यवहार हो रहा था।

नागरिक हताशा और आक्रोश का ज्वार : इंडिग्नाडोज़ का जन्म

नागरिकों की हताशा और आक्रोश अब बढ़ते हुए सामाजिक-राजनीतिक प्रतिरोध-प्रदर्शनों में फूटने लगा था। स्पेन में मन्दी के पहले कभी भी सालाना हड़तालों की संख्या 800 के पार नहीं पहुँची थी। मन्दी आने के साथ यह आँकड़ा एक हजार के पार था। इनमें सबसे महत्त्वपूर्ण आम राष्ट्रीय हड़तालें थीं। स्पेन के 2015 तक के समूचे जनतांत्रिक कालखंड में कुल ग्यारह राष्ट्रीय हड़तालें हुई थीं जिनमें से चार सितम्बर, 2010 से नवम्बर, 2012 के बीच हुईं। पहली दो हड़तालें समाजवादी सरकार (PSOE) के जमाने में 29 सितम्बर, 2010 और 27 जनवरी, 2011 को, और बाकी की दो कंजर्वेटिव सरकार (PP) के जमाने में 29 मार्च, 2012 और 14 नवम्बर, 2012 को हुईं। पहली हड़ताल तथाकथित 'श्रम सुधारों', सार्वजनिक क्षेत्र में वेतन कटौतियों, और पेन्शन 'फ्रीज' के खिलाफ स्पेन के दो सबसे बड़ी ट्रेड यूनियन संगठनों : CCOO और UGT की अगुवाई में हुई थी। दूसरी हड़ताल केटालोनिया, गैलीसिया, बास्क् काउंटी, और नवारे स्वायत्त सामुदायिकताओं की क्षेत्रीयतावादी ट्रेड यूनियनों की अगुवाई में हुई थी। तीसरी हड़ताल में पीपी सरकार द्वारा पारित श्रम सुधारों के विरोध में न सिर्फ स्पेन की अधिकांश ट्रेड यूनियनें, बल्कि 15-M आन्दोलन भी शामिल था। चौथी हड़ताल का प्रारम्भिक आह्वान कई स्पेनी ट्रेड यूनियनों ने मिलकर किया। इस पहलकदमी को और कई यूरोपी ट्रेड यूनियनों और अन्य विभिन्न प्रतिरोधी समूहों-संगठनों का समर्थन मिला। यूरोपी सत्ता प्राधिकारियों द्वारा अपने-अपने देशों में लागू किये जा रहे 'मितव्ययिता' उपायों के खिलाफ स्पेन और पुर्तगाल में पहली संयुक्त आम हड़ताल हुई। इसके समर्थन-सहयोग में यूरोपी यूनियन के अन्य तमाम देशों में राजनीतिक हड़तालें, प्रतिरोध प्रदर्शन और अन्य प्रतिरोधी कार्यवाहियों के आयोजन हुए।

सबसे ताकतवर-प्रभावी प्रदर्शन 15 मई, 2011 को आयोजित हुआ। एक ग्रासरूट नागरिक संगठन 'डेमोक्रेसिया रियल या' (Democracia Real Ya) और कुछ अन्य समूहों ने मितव्ययिता नीतियों के खिलाफ प्रतिरोध और स्पेनी राजनीति व समाज में बदलाव की माँग के लिए स्पेन के पचास से अधिक शहरों में 15 मई, 2011 को प्रदर्शन का आह्वान किया। उस दिन पचास से ज्यादा शहरों में प्रदर्शन तो हुए ही, कई जगहों पर प्रदर्शनकारियों ने प्रदर्शन के बाद वापस जाने के बजाय सार्वजनिक प्रदर्शन स्थल-चौराहों पर कब्जे और रैलियों के जरिये आन्दोलन को जारी रखने का फैसला

लिया। इस तरह 15-M आन्दोलन 'इंडिग्नाडोज' ('Los Indignados) का जन्म हुआ।

15-M आन्दोलन दिनोदिन बढ़ते जनसमर्थन और भागीदारी के बूते विस्तार करता गया। आन्दोलन की दृष्टि और माँगों का भी इस गोलबन्दी के साथ विस्तार हुआ : यह दृष्टि वृहत्तर-व्यापक भागीदारी वाले जनतंत्र और स्पेन के सामाजिक-आर्थिक मॉडल के आमूल-चूल बदलाव की थी। आन्दोलन के केन्द्रीय निशाने पर दोनों स्थापित राजनीतिक पार्टियाँ PSOE और PP थीं, जिन्हें आन्दोलन देश की वर्तमान दुर्दशा के लिए पूरी तरह से जिम्मेदार मानता था : बेरोजगारी, सामाजिक प्रवंचना (Social deprivation), आधारभूत बुनियादी अधिकारों का हनन, राजनीतिक भ्रष्टाचार, बैंकिंग और वित्त बाजार को अन्धसमर्थन—सारा कुछ इन दोनों राजनीतिक दलों की नीतियों और व्यवहारों का नतीजा था।

15-M आन्दोलन की गोलबन्दी किसी स्थापित वाम / प्रतिरोधी सांगठनिकता अथवा दीर्घकालिक सांगठनिक प्रयासों का परिणाम नहीं थी। विभिन्न-विविध समूहों-संगठनों व्यक्तियों के बीच किसी औपचारिक जुड़ाव अथवा सैद्धान्तिक-वैचारिक प्रतिबद्धता के आधार पर गोलबन्दी के बजाय आन्दोलन के सूचना-संचार के आदान-प्रदान और प्रदर्शन गोलबन्दी के लिए ऑन लाइन स्पेशल नेटवर्क मीडिया का प्रमुखता से इस्तेमाल किया गया था। आन्दोलन-प्रदर्शन के भागीदार नौजवान, पढ़े-लिखे, किसी खास राजनीति के साथ आमतौर पर लगभग प्रतिबद्धता नहीं रखने वाले, मगर इसके बावजूद विभिन्न सामाजिक सांगठनिकताओं और राजनीतिक व्यवहारों की जागरूकता और अनुभव रखने वाले युवक-युवतियाँ थे। स्वाभाविक रूप से इस गोलबन्दी में स्थापित राजनीतिक पार्टियों अथवा ट्रेड यूनियनों के कार्यकर्ताओं की अपेक्षाकृत कम भागीदारी थी। इस नये आन्दोलन का एक प्रभाव आने वाले नवम्बर 2011 आम चुनावों में आन्दोलन के ज्यादातर भागीदारों द्वारा किसी भी स्थापित पार्टी के पक्ष में वोट देने से विरत रहने का था।

15-M की राजनीतिक तार्किक संस्थानिक धारावाहिकता राजनीतिक पार्टी के रूप में 'पोडेमास' के उदय में देखी जा सकती है। हाँलाकि दोनों परिघटनाए एक नहीं हैं और न ही पोडेमास नेतृत्व खुद के 15-M का वारिस होने का दावा करता है। मगर फिर भी इतना तो जरूर ही कहा जा सकता है कि 15-M आन्दोलन ने पोडेमास के जन्म की परिस्थितियाँ तैयार कर दी थीं। पोडेमास ने 15-M द्वारा 'राजनीतिक कबीले' (Political caste) के खिलाफ आक्रोश की गोलबन्दी की पूँजी के साथ स्पेनी राजनीति के एजेंडे में जबरदस्त सेंध मारी और भारी जन समर्थन हासिल किया। यह समर्थन 2014 के यूरोपी संसद और 2015 के स्पेनी आम चुनावों में भारी मतों के रूप में परिवर्तित हुआ। 2014 में अपने जन्म के साथ 'पोडेमास' परिघटना जन समर्थन में लगातार बढ़त लेती गई। ऐसे में जून 2016 के चुनावों और उससे आगे की स्पेनी राजनीति में कुछ महत्त्वपूर्ण सवाल उभरने लगे। क्या स्पेनी राजनीति में स्थापित 'पोलिटिकल कास्ट' का नया गठबन्धन बनेगा? या फिर आर्थिक-राजनीतिक संकट ने परम्परागत राजनीतिक प्रतिबद्धताओं को ध्वस्त करके स्पेन को एक दीर्घकालिक राजनीतिक उथल-पुथल के दौर में ढकेल दिया है? पोडेमास की राजनीतिक दृष्टि और व्यवहार ठोस धरातल पर

क्या होगा? क्या यह विकल्प की राजनीति की शुरुआत बन सकेगा या फिर वैश्विक नव उदारवाद में समाहित हो जाएगा?

स्पेनी संकट का जन्म

2008 से शुरू हुई महामन्दी और आर्थिक-वित्तीय संकट से वैश्विक अर्थव्यवस्था के पूरी तरह से बाहर निकल आने की स्थितियाँ अभी तक नहीं बन पायी हैं। इस गम्भीर आर्थिक-वित्तीय संकट के वैश्विक प्रसार के बहुत सारे कारण गिनाए जा सकते हैं। अमेरिकी वित्तीय संकट का असर यूरोपी अर्थव्यस्थाओं और फिर इससे जुड़ी तमाम अन्य विकासशील-उभरती अर्थव्यवस्थाओं पर पड़ा। अमेरिका और ज्यादातर बड़ी यूरोपी अर्थव्यवस्थाओं में 'हाउसिंग गुब्बारा' पूरी तरह फट गया। 2008 की शुरुआत में लगाये गए 'अस्थायी परिघटना' के अनुमानों के विपरीत स्टाक मार्केट के पल-पल के भयावह उतार-चढ़ाव विश्व बाजार की स्थायी परिघटना बन गए।

एंड्रू हाल्देन (2012)[10] के मुताबिक विगत वर्षों की अर्थव्यवस्था की हृदयगति रोक देने वाली मन्दी मुख्य रूप से वित्तीय क्षेत्र की ज्यादातियों का नतीजा थी : वित्तीय क्षेत्र के समूचे नियमन-नियंत्रण तंत्र का पूरी तरह ध्वस्त हो जाना, और बैंकिंग संकट का सार्वभौम ऋण संकट में बदल जाना। पूरी दुनिया में पिछले दशकों से चलाये जा रहे वित्तीय क्षेत्र नियमन-नियंत्रण मुक्ति अभियान ने अंधाधुंध-बेपरवाह बैंक कर्जों का भयावह दुश्चक्र बना दिया। यूरोप में भी बैंकों ने चाहे सरकारों को कर्ज दिया हो (ग्रीस, पुर्तगाल) या फिर निजी आवासीय क्षेत्र को (स्पेन)—कर्ज का परिमाण लेने और देने वाले दोनों की क्षमता से कई गुना अधिक था। यूरोपी यूनियन में बेल-आउटों की झड़ी (आयरलैंड, पुर्तगाल, ग्रीस, स्पेन, साइप्रस) वित्तीय संकट की असली जड़ों की कहानी कह रहे थे : बैंकों और राष्ट्रीय अर्थव्यवस्थाओं की पारस्परिक अतिनिर्भरता ने कर्ज अतिरेक के जरिये बैंक-वित्तीय संस्थानों को 'असफल होने की दृष्टि से कहीं बड़ा' बना दिया। अगर ये बड़े बैंकिंग जहाज डूबेंगे तो इनके साथ समूची राष्ट्रीय अर्थव्यवस्था डूबेगी। इन वित्तीय ज्यादतियों ने यूरोजोन में सार्वभौम ऋण (Soverign Debt) संकट खड़ा किया, और वित्तीय क्षेत्र को ध्वंस से बचाने की पूरी कीमत आम जनता से वसूली गई।

प्राथमिक और तकनीकी तौर पर स्पेनी संकट का जन्म स्पेनी बैंकिंग प्रणाली द्वारा फुलाये जा रहे 'हाउसिंग गुब्बारे' के फूटने से हुआ। फूलते गुब्बारे के मुनाफे के नशे में स्पेनी बैंकों को लगा कि इस आवासीय गुब्बारे के फूलने का अन्त कभी आएगा ही नहीं। स्पेनी बैंकों ने बिलियनों यूरो की राशि निर्माण उद्योग और आवासीय गृह बन्धक कर्जों के रूप में बाँटी। अचानक 2008 में वाल स्ट्रीट में अमेरिकी हाउसिंग गुब्बारे के फूटने के साथ वित्तीय संकट का विस्फोट हो गया। स्पेन में बैंकों के लिए वित्तीय आगम बन्द हो गए, और इसी के साथ समूचा हाउसिंग निर्माण कारोबार ठप पड़ गया। मकानों की कीमतें भयावह तेजी के साथ गिरने लगीं। अर्थव्यवस्था मन्दी के दौर में आ गई। चारों ओर बेरोजगारी का आलम छाने लगा।

यूरोपी नवउदारी तिकड़ी (Troika) : यूरोपी केन्द्रीय बैंक, यूरो काउंसिल और

अन्तर्राष्ट्रीय मुदाकोष ने वह सारा निजी कर्ज जो 'हाउसिंग गुब्बारे' ने जनित किया था, बैंकिंग व्यवस्था के बेल-आउटों और अर्थव्यवस्था को वापस पटरी पर लाने की 'मितव्ययिता' नीतियों के जरिये सार्वजनिक-राजकीय कर्ज में बदल दिया। स्पेन के तमाम बड़े बैंकिंग खिलाड़ियों ने आँख मूँदकर स्पेनी प्रापर्टी मार्केट पर दाँव खेलते हुए बिलियनों यूरो के विषाक्त-डुबाऊ 'रियल-इस्टेट' कर्जे बाँटे थे। 2010 से 2011 के एक साल में स्पेनी सरकार इन बैंकों को फिर से खड़ा करने के लिए पूँजी और तरलता उपलब्ध कराने में 20 बिलियन यूरो लगा चुकी थी। मई 2012 में स्पेन के सबसे बड़े बैंक 'बैंकिया' (Bankia) के बेल-आउट में 19 बिलि. यूरो की और रकम लगी। स्पेन की अर्थव्यवस्था के डाँवाडोल होने की भनक पाते ही विदेशी निवेशकों ने सरकारी बांडों के बाजार से एकदम से हाथ खींच लिया और सरकार के लिए वित्त प्रबन्धन की मुश्किल आ गई। स्पेन को यूरोपी यूनियन से अपने बैंकों के पुनर्पूंजीकरण (Recapitalisation) की औपचारिक गुहार लगानी पड़ी। 10 जून, 2012 को यूरो ग्रुप के साथ 'बेल-आउट-डील' हुई : स्पेनी बैंकों को 100 बिलि. यूरो की रकम मिली। यह सारी रकम देश पर सार्वभौम कर्ज के रूप में थी।

सार्वभौम कर्ज की शुरुआत से ही बेल-आउट की पूर्व शर्त के रूप में सरकार को मितव्ययिता उपायों के जरिये सार्वजनिक कर्जा घटाने, सार्वजनिक बजट को 'चुस्त-दुरुस्त' करने, अन्तर्राष्ट्रीय प्रतिस्पर्धी क्षमता बढ़ाने के जरिए आर्थिक पुनरुत्थान सुनिश्चित करना था। इसके अनुपालन में स्पेनी सत्ता तंत्र ने स्पेनी इतिहास के सबसे कठिन-कठोर-निर्मम 'मितव्ययिता उपायों' को लागू किया : 27.3 बिलि. यूरो के बजटीय मितव्ययिता उपायों के अतिरिक्त स्वास्थ्य और शिक्षा के क्षेत्र में भी दस बिलियन यूरो की और कटौती मार्च 2012 तक लागू हो चुकी थी। 3 जुलाई, 2012 को अतिरिक्त मितव्ययिता उपायों की घोषणा हुई जिनके जरिये उस साल के बजट से 65 बिलि. यूरो की और कटौती होनी थी। इन मितव्ययिता कटौतियों ने संकट को दूर करने के स्थान पर गहराने का काम किया। नतीजे में राष्ट्र के व्यापक जन समुदायों की जीवन-निर्वाह दशाओं : साधनो-संसाधनों का महाविनाश शुरू हो गया। अर्थव्यवस्था की मन्दी के गहराने के साथ-साथ आम जनता के तमाम वर्गों-समुदायों का जीवन दूभर होता गया।

संयुक्त राष्ट्र की आर्थिक, सामाजिक और सांस्कृतिक अधिकारों की कमेटी (UNCESCR) ने 7 और 8 मई, 2012 को स्पेन में सामाजिक-आर्थिक अधिकारों की स्थिति का आकलन किया। कमेटी ने स्पेन में आवास, शिक्षा, स्वास्थ्य, काम और अन्य जीवन निर्वाह के अन्य मूलभूत अधिकारों के संरक्षण में मितव्ययिता उपायों के चलते हो रही कटौती पर गम्भीर चिन्ता व्यक्त करते हुए स्पेन को मितव्ययिता उपायों पर पुनर्विचार करने और ऐसे किसी भी नये उपाय से विरत रहने की सलाह दी जिनसे इन अधिकारों पर प्रतिकूल प्रभाव पड़ने की सम्भावना हो। इन मूलभूत अधिकारों के सन्दर्भ में कमेटी का आकलन उल्लेखनीय है :

काम : जून 2012 में बेरोजगारी की दर सक्रिय आबादी के 24.6% तक पहुँच चुकी थी जो आर्थिक सहयोग व विकास संगठन (OCED) के सदस्य देशों में सबसे ज्यादा थी। 25 वर्ष से कम आयु वर्ग के युवा-युवतियों में बेरोजगारी की दर 52.1%

थी। कुल 46 लाख लोगों के पास रोजगार नहीं था, जिसमें से 40% लम्बे समय से बेरोजगार थे। न्यूनतम वेतन का निर्धारित स्तर सम्मानजनक जीवन निर्वाह स्तर की अपेक्षाओं-जरूरतों को पूरा नहीं कर सकता था। इसके बावजूद स्पेन में 31% कामगार यही या इससे भी कम मजदूरी पा रहे थे।

जीवन निर्वाह का औसत स्तर : 2011 में औसत परिवार (Household) आय 4.4% कम हो चुकी थी। बिना कोई आमदनी वाले परिवारों की संख्या भयावह तेजी के साथ बढ़ रही थी : मई 2012 में 5,80,000 परिवारों के पास आमदनी का कोई साधन नहीं था। 26.1% परिवार बड़ी मुश्किल से अपनी मासिक जरूरतों की पूर्ति कर रहे थे, और 33.5% परिवारों के पास आकस्मिक जरूरतों को पूरा करने के लिए कोई आमदनी या साधन नहीं था। साल 2012 की शुरुआत में 25.5% परिवार गरीबी रेखा से नीचे जीवनयापन कर रहे थे।

स्वास्थ्य : इस क्षेत्र में शासनादेश कानून 16/2012 के जरिये लाखों आप्रवासी (Migrants) लोगों को चिकित्सा सेवा से वंचित कर दिया गया, जिनके पास वैध दस्तावेज नहीं थे।

आवास : आधे से ज्यादा (51.4%) आबादी आवासीय कीमतों और कर्ज अदायगी किस्तों के चलते भारी वित्तीय दबाव में थी। न्यायालय कुर्की के जरिये मकानों की बेदखली महामारी बनती जा रही थी। 2007 में 25953 बेदखली के मुकाबले 2010 में 93,636 लोग अपने मकानों से बेदखल किये गए। स्पेन में संकट शुरू होने से 2010 तक करीब 3,50,000 लोग अपने घरों से हाथ धो चुके थे।

शिक्षा : शिक्षा में 3 बिलि. यूरो की सालाना कटौती का भयावह प्रभाव पड़ा। इसके अलावा विश्वविद्यालयी शिक्षा शुल्क में क्षेत्रवार 15% से 25% तक बढ़ोतरी हुई। इसके चलते जनता के गरीब-साधनहीन-वंचित व्यक्तियों और तबकों के उच्च शिक्षा के अधिकार पर भारी असर पड़ा। अलावा इसके, मई 2012 में स्पेन में जल्दी स्कूली शिक्षा से विरत् हो जाने वाले बच्चों की दर 28% हो चुकी थी जो यूरोपी यूनियन औसत का दुगना थी।

ये वे परिस्थितियाँ थी जिन्होंने 15-M 'इंडिग्नाडोस' आन्दोलन को जन्म दिया।

'इंडिग्नाडोस' आन्दोलन

स्पेन में 15-M आन्दोलन के जन्म में कई सारे सामाजिक नेटवर्क समूहों और नागरिक मंचों की भूमिका रही है। 'अब सच्चा जनतंत्र!' (Real Democracy Now!) और 'बिना भविष्य के युवा' (Youth without future) जैसे ग्रासरूट नागरिक संगठन 2011 में उभरे, और उन्होंने करीब 20 छोटे-छोटे अन्य संगठनों और समूहों को एकजुट किया था। 'रीयल डेमोक्रेसी नाऊ! ने 15 मई, 2011 को स्पेन के 58 शहरों में प्रदर्शन का आह्वान किया। हजारों-हजार नागरिक इन शहरों में सड़कों पर इस बैनर के साथ उतर पड़े : 'सच्चा जनतंत्र अब, हम बैंकरों और राजनीतिज्ञों के हाथों बिकने वाली चीजें नहीं है' (Real Democracy Now! We are not commodities in the hands of bankers and politicians)। मैड्रिड में पहले प्रदर्शन के बाद कुछ प्रदर्शनकारियों

ने वहीं स्वत: स्फूर्त तरीके से रात भर पुयेर्टा डेल सोल पर कब्जे के लिए रुकने का फैसला इस इरादे से लिया कि वे अगले इतवार 22 मई के स्थानीय निर्वाचन तक वहीं डेरा-डंडा डाले रहेंगे।

दूसरे दिन भोर में पुलिस ने पुयेर्टा डेल सोल चौक पर धावा बोला, और कैम्प कर रहे करीब 150 लोगों को जबरन हटा दिया। पुलिस की इस हिंसक ज्यादती के साथ जबरन कैम्प खाली करा लेने के विरोध में प्रदर्शनकारियों ने सोशल नेटवर्क के जरिये स्पेन के तमाम चौराहों-चौकों पर विशाल प्रतिरोध प्रदर्शनों का आह्वान किया। मैड्रिड में 12 हजार से ज्यादा लोग जमा हुए। उनमें से करीब दो सौ लोगों ने एक 'असेम्बली' आयोजित की, और खुद को उसी चौराहे पर रात गुजारने के लिए गोलबन्द किया। इस तरह 15-M आन्दोलन से पुयेर्टा डेल सोल कैम्प (acampada sol) का जन्म हुआ, जो वहाँ एक महीने से ज्यादा तक डटा रहा। आन्दोलन ने 12 जून, 2011 को कैम्प हटाने का फैसला लिया।

कैम्प अवधि के दौरान मैड्रिड का केन्द्रीय चौराहा पूरी तरह से प्रतिरोध कैम्प बन गया। जल्दी ही इस कैम्प-कब्जे ने एक छोटे से शहर का रूप ले लिया। कैम्प परस्पर सहयोग-सहकार, एकजुटता, स्वायत्तता और क्षैतिजीयता के मूल्यों पर अपना संगठन खुद चला रहा था। ये कब्जे वस्तुत: खाली जगहों की नीरस मुर्दैनी को सक्रिय जनजीवन की आत्मीय सामुदायिकता की जीवन्तता में बदल देने के प्रयास थे। इनकी शुरुआत शरीरों के जुटावे से हुई, फिर डेरे-तम्बू लगे, फिर देखते-देखते भरी-पूरी आत्मनिर्भर छोटी सी दुनिया बन गई। कब्जे की क्रमिकता की कुछ इस तरह से गिनाई सकती है : (i) सबसे पहले कब्जा, (ii) इसके बाद जनरल असेम्बली, (iii) किचन और भोजन-पानी प्रबन्ध सांगठनिकता (iv) रात सोने का इन्तजाम। जैसे-वैसे दिन बीतते गए, कैम्प और ज्यादा सुसंगठित-सुव्यवस्थित होता चला गया।

चौराहे की मूर्तियों और लैम्प पोस्टों से चमकीली नीली तारपुलिन शीटें बाँधकर छाया की गई थी, फर्श पर तम्बू गाड़ दिये गए थे। सोफा, दरी-चटाई, तम्बुओं का मिल-जुल कर इन्तजाम किया गया था। एक कम्पनी ने कुछ मुफ्त 'केमिकल टॉयलट' दे दिये। बहुत सारी कमेटियाँ बनीं : भोजन, सफाई, कानूनी मामले, संचार-संवाद, असेम्बली, संगठन और बुनियादी संरचनाएँ। कमेटी प्रस्तावों को सुनने और उन पर मिल-जुलकर बहस-विमर्श करने के लिए रोज असेम्बली जुटती। राजधानी के बीचोबीच एक समानान्तर नगर रच दिया गया था। इस वैकल्पिक जीवन की रचना वे नौजवान कर रह थे, जिन्हें व्यवस्था-तंत्र 'गुमशुदा पीढ़ी' (Lost Generation) कहकर खारिज कर चुका था। 'व्यवस्था तंत्र' के मारक आर्थिक संकट ने उनके लिए कोई अवसर छोड़ा ही नहीं था। इन नौजवानों ने खुद को नया नाम दिया 'इंडिग्नाडोस' (Indignados)।[11]

15-M आन्दोलन अहिंसक प्रकृति और प्रतिबद्धता वाला एक वृहत्तर सामाजिक आन्दोलन था। इसकी किसी राजनीतिक पार्टी या ट्रेड यूनियन के साथ सम्बद्धता नहीं थी। इसमें कोई एक नेता नहीं था। यह किसी भी विद्यमान राजनीतिक सांगठनिकता के साथ रिश्ता नहीं रखता चाहता था। इसके बावजूद यह 'गैर-राजनीतिक' आन्दोलन नहीं था। इसका मानना था कि वर्तमान राजनीतिक-आर्थिक व्यवस्था तंत्र अपने नागरिकों

को सुनने और उनका प्रतिनिधित्व करने में नितान्त अक्षम हो चुका है। आन्दोलन की माँग उन तमाम वर्तमान सामाजिक-आर्थिक नीतियों के आमूल-चूल बदलाव की थी, जिन्होंने बेरोजगारी, घरों से बेदखली, और दरिद्रता को जन्म दिया था।

उनकी माँग सक्षम विकल्प के रूप में एक ऐसे जनतंत्र की थी, जहाँ नागरिक तमाम राजनीतिक गतिविधियों में स्थानीय से राष्ट्रीय स्तर तक की भागीदारी कर सकें। वे ऐसे किसी भी विचार-व्यवहार, सामाजिक मूल्यबोध और नैतिकता को खारिज करते थे, जो बड़े व्यवसायिक हितों और बैंकों को देश की राजनीतिक और समाज पर हावी होने की इजाजत देती थी। वे ग्रासरूट भागीदारी जनतंत्र, और जन असेम्बलियों व साझा सहमति निर्णय प्रक्रिया पर आधारित प्रत्यक्ष जनतंत्र (Direct Democracy) के जरिये वर्तमान समस्याओं का वैकल्पिक हल प्रस्तुत कर रहे थे।[12]

12 जून, 2011 के पुयेर्टा डेल सोल कैम्प हटाने का फैसला लेने के बाद आन्दोलन को बस्तियों (Neighbourhood) की ओर विकेन्द्रित-विस्तारित करने : 'टोमा लास बैरियोंज' (Toma las barrios) : 'बस्तियों को हासिल करो' विचार ने जन्म लिया। मैड्रिड की हर बस्ती में असेम्बलियों को बनाने और इनके जरिये 'सामुदायिक व्यवस्था तंत्र' बनाने की पहलकदमियों का दौर चला। इस तरह पुयेर्टा डेल सोल की केन्द्रीयता ने अब विकेन्द्रित स्थानीयता की दिशा ली। 28 मई, 2011 से बस्ती असेम्बलियों की सांगठनिकता के प्रयोग शुरू हो गए थे। साल के अन्त तक दो सौ से ज्यादा स्थानीय असेम्बलियाँ व्यवहार में आ चुकी थीं। इनका समन्वय 'असेम्बलिया पापुलर डे मैड्रिड' अथवा 'असेम्बलिया इंटर बैरियोज' की फेडरल असेम्बली के जरिये होता था। ज्यादातर बस्ती संगठनों में 'सोल' की तर्ज पर मुद्दा आधारित (भोजन, किचन, संचार आदि) वर्किंग ग्रुप बनाए गए थे, जो जनरल असेम्बली के साथ समन्वय और सहयोग से काम करते थे।

इस विकेन्द्रीकरण का लक्ष्य स्थानीय क्षेत्रीयताओं में ऐसे प्रत्यक्ष और भागीदारी जनतंत्र को प्रोत्साहित करना, जो राजनीति को एक सामूहिक कला की समझदारी के साथ आत्मसात करके व्यवहार करता है। सामूहिक रूप से मिल-जुलकर सामाजिक रिश्तों का एक ऐसा वैकल्पिक ताना-बाना रचना, जिसमें लोगों को उनके वैयक्तिक अलगावों से बाहर निकालकर सामुदायिकता के सृजनशील संसार में लाया जा सके। विकेन्द्रीकरण का एक और राजनीतिक उद्देश्य था : सार्वजनिक जगहों को ऐसी जगहों के रूप में फिर से हासिल करना, जहाँ राजनीति परस्पर विमर्श के रूप में सार्वजनिक राजनीतिक भागीदारी के माध्यम से व्यवहृत होती हो। वे सार्वजनिक जगहों को उसका 'सार्वजनिक' स्वरूप देना चाहते थे : जहाँ नागरिक अपने साझा हितों-मामलों पर खुलकर विमर्श कर सकें, और जो वैमर्षिक अन्तर्क्रिया (discursive interaction) का मंच बन सके।

यह वैमर्षिक अन्तर्क्रिया अर्थव्यवस्था, राजनीति, स्वास्थ्य सेवा, सामाजिक सेवा, माइग्रेशन, अन्तर्राष्ट्रीय राजनीति, आवासीय अधिकार, श्रम अधिकार, पर्यावरण, महिला प्रश्न-नारीवाद आदि तमाम मुद्दों पर बने वर्किंग समूहों और बस्ती समूहों (भौगोलिकता और हितों के आधार पर संगठित) के माध्यम से संगठित-संचालित होती है। इस नेटवर्क के माध्यम से तमाम छोटी-छोटी सामूहिकताओं और मुख्य संयोजक निकाय के बीच नियमित संचार-संवाद सुनिश्चित होता है। यह एक छोटे समूह से बड़े समूह नेटवर्क

का मॉडल है जिसमें बहुत सारी गाँठे-शाखाएँ तो हैं, मगर कोई केन्द्र नहीं है। असेम्बली मीटिंग निर्णय साझा सहमति के आधार पर लिए जाते हैं।

आन्दोलन क्षैतिजीय निर्णय प्रक्रिया का ऐसा मॉडल विकसित कर रहा था, जिसमें प्रक्रिया भी उतनी ही महत्त्वपूर्ण है जितना निर्णय। साझा सहमति में सभी के विचारों और चिन्ताओं को सक्रिय रूप से रचनात्मक निर्णय प्रक्रिया में शामिल करने की कोशिश होती है। किसी भी मुद्दे पर सारे विचारों-बहसों-चिन्ताओं को सुनने के बाद उन्हें एक प्रस्ताव के रूप में सूत्रबद्ध किया जाता है जिसमें सभी के विचारों का समावेश हो। असेम्बली पहले से नहीं तय करती कि कौन बोलेगा और कौन नहीं अथवा कौन किस क्रम में बोलेगा। सभा के संचालन का कोई एक पूर्व निश्चित-निर्धारित 'कोड' सम्भव नहीं था, क्योंकि यह कभी भी पहले से तय नहीं रहता कि भागीदार कौन हैं? 15-M वैचारिकता के स्तर पर भी 'युनिफार्म कोड' को प्रोत्साहित नहीं करता। आन्दोलन की नेटवर्क संरचना का महत्त्वपूर्ण मूल्यबोध यह है कि नेटवर्कों को विभाजित किये बिना ही बहुगुणित (split) किया जा सकता है। ये नेटवर्क खुद ही अपनी सामूहिकताओं (Hubs) का सम्पर्क सूत्र हैं, इसलिए किसी केन्द्रित प्राधिकार की जरूरत ही नहीं है। नेटवर्क संरचना यह सुनिश्चित करती है कि नेटवर्क के अन्दर कर्ताओं (Actors) और समूहों के बीच स्वायत्तता और सम्पर्क-सहयोग की निर्बाध सम्भावना बनी रहे।

15-M आन्दोलन का प्रभाव

15-M के माध्यम से एक नये सामाजिक परिवेश-वातावरण के बनने की स्थितियों ने जन्म लिया। दार्शनिक अमाडोर फर्नांडेज-सवाटोर के अनुसार 15-M आन्दोलन एक 'नया मन-मिजाज' (New state of mind) सामने लाया।[13] 'इंडिग्नाडोस' आन्दोलन ने सार्वजनिक विमर्श का एक समूचा नया क्षेत्र—नई दृष्टि दी। आन्दोलन ने दिखाया कि यह सम्भव है कि अलग तरीके से सोचा जा सके, अनुभूत किया जा सके और व्यवहार किया जा सके। आन्दोलन में जूटे हजारों-हजार लोग यह दिखा रहे थे कि स्पेन के महानगरों के हाशियों की बस्तियों से यदा-कदा महानगरों की सड़कों पर मुद्दों विशेष पर प्रदर्शन में उमड़ पड़ने वाली भीड़ से आगे भी बहुत कुछ है : नई पहलकदमियाँ ली जा रही हैं : पूरे देश में लोगों के मन-मिजाज का तादात्म्य और अन्तर्क्रिया शुरू हो रही है : यह तादात्म्य-अन्तर्क्रिया सड़क और इंटरनेट दोनों स्तरों पर बिना किसी हो-हल्ले के चल रही है। विद्यमान जड़-नीरस-निष्प्राण सामाजिक व्यवस्था तंत्र के समानान्तर एक वैकल्पिक-आवेगी-आत्मीय-जीवन्त सामाजिक नेटवर्क जन्म ले रहा है। इस दृष्टि को (Real Democracy Now!) के मेनिफेस्टों में पूरे साफ तौर से रखते हुए 15 मई आन्दोलन के लिए आह्वान किया गया था :

> *Real Democracy Now! Manifesto*
>
> हम आम लोग हैं। हम आपकी तरह हैं : लोग, जो हर सुबह उठ जाते हैं—पढ़ाई के लिए, काम पर जाने के लिए या फिर काम खोजने के लिए; लोग, जिनके परिवार और इष्टमित्र हैं। कुछ हमें प्रगतिशील मानते हैं, कुछ

रूढ़िवादी। हममें से कुछ आस्तिक हैं, तो कुछ नहीं हैं। हममें से कुछ की सुस्पष्ट-सुविचारित विचारधारा है, तो कुछ गैर राजनीतिक हैं। मगर हम सबके सब उस राजनीतिक, आर्थिक और सामाजिक दृष्टि से चिन्तित और आक्रोशित हैं, जो हमें चारों ओर से घेरे हुए है : राजनीतिज्ञों, उद्योगपतियों, बैंकरों में छाया भ्रष्टाचार, जिसने हमें असहाय, और बिना आवाज के बनाकर रख छोड़ा है।

यह हालत एक आम, रोजमर्रा की तकलीफ बन चुकी है, बिना किसी उम्मीद के। मगर यदि हम अपनी ताकत गोलबन्द कर लें, तो हम इसे बदल सकते हैं। यह समय है चीजों को बदलने का, यह समय है मिलकर एक बेहतर समाज बनाने का। इसलिए हम पुरजोर ढंग से इसे कह रहे हैं कि किसी उन्नत समाज की प्राथमिकताएँ अनिवार्य रूप से समानता, घर, रोजगार, संस्कृति, स्वास्थ्य, शिक्षा, राजनीतिक भागीदारी और निर्बाध वैयक्तिक विकास के अधिकार होने चाहिए। हमारी सरकार और अर्थव्यवस्था की वर्तमान स्थिति इन अधिकारों की कोई परवाह नहीं करती, और हर तरह से मानव प्रगति की राह में बाधा बनती है। नागरिक उस अल्पसंख्या की समृद्धि के लिए बनाई गई मशीन के कल-पुर्जे भर हैं जिसे हमारी जरूरतों की कोई परवाह नहीं है। हम गुमनाम-गायब हैं, मगर हमारे बिना इनमें से किसी का भी वजूद सम्भव नहीं है, क्योंकि हम ही दुनिया को गति देते है। हमें जरूरत है एक नैतिक क्रान्ति (ethical Revolution) की। बजाय पैसे के मनुष्यों के ऊपर तरजीह देने के, हम इसे वापस अपनी सेवा में लगाएँगे। हम लोग (People) हैं, कोई उत्पाद नहीं। इन तमाम बातों के चलते, हम बेहद आक्रोशित है।

हम, बेरोजगार, अपनी मेहनत की पूरी कीमत से वंचित ठेका कामगार, अनिश्चय और असुरक्षा में पिसते, नौजवान...हम आत्मसम्मान और गौरवपूर्ण भविष्य की दिशा में परिवर्तन की माँग करते हैं। हम तंग आ चुके हैं : सुधारों से, छँटनी का शिकार बनने से, बैंकों से जिन्होंने हमारे बन्धकों को असहनीय बना कर, हमारे घरों को छीनकर संकट खड़ा कर दिया है। उन कानूनों से जो ताकतवरों के स्वार्थ में हमारी आजादी पर डाका डाल रहे हैं। हम अपनी इस दु:स्थिति के लिए राजनीतिक और आर्थिक सत्ता को जिम्मेदार ठहराते हैं और परिवर्तन की माँग करते हैं। इस मंच के जरिये हम उन तमाम समूहों, संगठनों और आन्दोलनों के साथ साझा और वैश्विक कार्यवाही का संयोजन-समन्वय करना चाहते हैं, जो अलग-अलग तरीकों से इस परिवर्तन के लिए योगदान का प्रयास कर रहे हैं। हम तमाम नागरिकों का आह्वान करते हैं कि वे 15 मई को 18:00 बजे सड़कों पर इस नारे के साथ उतरें : 'सच्चा जनतंत्र, अब और अभी' (Real Democracy NOW) हम बैंकरों और राजनीतिज्ञों के हाथों का खिलौना नहीं हैं।' हम आह्वान

करते हैं आप से इस एकल चीत्कार के साथ शान्तिपूर्ण ढंग से शामिल होने केलिए, किसी भी विशिष्ट राजनीतिक प्रतीक को अलग रखते हुए।

वित्तीय संकट का मानवाधिकार संकट में विस्तार

15 मई, 2011 को अपने पहले प्रदर्शन से ही 15-M आन्दोलन ने संकट को लेकर एक व्यापक-वृहत्तर जन-विमर्श चलाने की दिशा ली। यह वैश्विक संकट के लिए जिम्मेदार राजनीतिक और आर्थिक-वित्तीय ताकतों द्वारा चलाये जा रहे 'संकट विमर्श' की तथाकथित मुख्यधारा को सचेत रूप से विखंडित-खारिज (de-construct) करने की प्रक्रिया थी। इस प्रक्रिया का एक अनिवार्य और बेहद महत्त्वपूर्ण हिस्सा इस संकट के कारणों और परिणामों की वैकल्पिक 'जन व्याख्या' प्रस्तुत करना था। आन्दोलनकारियों ने मजबूती के साथ इस बात की आलोचना की कि जनता के हितों और अधिकारों के ऊपर आर्थिक हितों को प्राथमिकता दी जा रही थी। उनकी अपील 'मानवीय गरिमा' (Human Dignity) के लिए थी क्योंकि वर्तमान व्यवस्था तंत्र ने उन्हें इसका ठीक उलटा 'गरिमाविहीन' (Indignados) बना दिया था।

'इंडिग्नाडोस' की कोशिश वर्तमान व्यवस्था तंत्र की विसंगतियों और खालीपन को एकजुटता और स्व सांगठनिकता के सिद्धान्तों पर आधारित अपनी खुद की सामुदायिक जगहों से भरने की थी। इस कोशिश का एक बड़ा हिस्सा अपने सामाजिक-आर्थिक अधिकारों के सामूहिक संरक्षण का था। सारी दुनिया के 'कब्जा आन्दोलनों' (Occupy movements) में एक बात साझी है : वे यह मानते हैं कि विद्यमान व्यवस्था तंत्र और वर्तमान वैश्विक संकट की असफलताओं ने उनके लिए मरणासन्न दुनिया के खालीपन को भरते हुए बेहतर दुनिया बनाने के अवसर प्रदान किये हैं। अपनी सामुदायिकताओं का स्वयं प्रबन्धन करते हुए वे एक ऐसे न्यायपूर्ण समाज के लिए लड़ रहे हैं, जो लोगों की जरूरतों को पूरा करने में सक्षम हो।

वित्तीय संकट द्वारा वास्तविक अर्थव्यवस्था को महाविनाश की चपेट में ले लेने से सारी दुनिया में आम जनता के जीवन और जीवन निर्वाह दशाओं-साधनों-संसाधनों पर भयावह विनाशकारी प्रभाव पड़ा। आर्थिक मन्दी मानवीय अधिकारों के समूचे अस्तित्व के लिए खतरा बनती, विशेषकर सामाजिक, आर्थिक और सांस्कृतिक अधिकारों के लिए। इग्नासियो सैज (2009) का मानना है कि जो कुछ वित्तीय संकट के रूप में शुरू हुआ था, वह तेजी के साथ वैश्विक मानवाधिकार संकट में बदलता जा रहा है।[14] भयावह तेजी से बढ़ती बेरोजगारी और जीवन निर्वाह साधनों-संसाधनों का विनाश काम के अधिकार, भोजन के अधिकार, समुचित आवास के अधिकार, स्वास्थ्य के अधिकार और शिक्षा के अधिकार जैसे सारे अधिकारों को छीनता-नष्ट करता जा रहा है। मन्दी से उबरने की मुख्यधारा अन्तर्राष्ट्रीय रणनीतियों में मानवाधिकारों को अपनी दृष्टि और निर्देशक सिद्धान्त बनाने की जगह नहीं है। वर्तमान आर्थिक संकट और उससे जनित मानवाधिकार संकट ने यह साफ कर दिया है कि वे सारे मूल्यबोध, जिनसे हमारे विद्यमान सामाजिक तंत्र का संचालन हो रहा है—पूरी तरह खोखले और दीवालिया हो चुके हैं।

इस विषम परिस्थिति ने सिद्धान्तों और मूल्यों को लेकर ऐसे सार्वजनिक 'जन

विमर्श' की जमीन तैयार की, जिसमें मानवाधिकारों को केन्द्र में रखकर बहस-विमर्श चलाया जा सके। मगर इससे आँखें मूँदे अन्तर्राष्ट्रीय व्यवस्थातंत्र समुदाय अपनी नीतियों और विमर्शों में वित्तीय-आर्थिक मामलों को एकमात्र मुद्दा बनाए हुए है। अर्थव्यवस्था को 'वापस पटरी पर लाने' के प्रयासों में इसकी चिन्ता करने वाला कोई नहीं है कि ऐसी पटरी पर चलकर ट्रेन अन्ततः पहुँचने कहाँ वाली है!

इस वैश्विक संकट की प्रतिक्रिया-प्रतिवाद और प्रतिरोध में जन्म लेने वाले दुनिया भर के 'कब्जा' आन्दोलनों, विशेषकर स्पेन के 'इंडिग्नाडोस' की विशिष्टता दृष्टि और दिशा के इस खालीपन को भरने का सामूहिक प्रयास है। वह करने की, जिसे अन्तर्राष्ट्रीय संस्थानिकताएँ और व्यवस्था तंत्र करने में नाकामयाब रह हैं—बल्कि जिसे करने से वे जान-बूझकर इनकार करते रहे हैं। इसीलिए ये आन्दोलन संकट के मानवाधिकार पहलू को मजबूती और प्रतिबद्धता के साथ सामने लाते हुए एक बेहतर दुनिया की अपनी माँग में सामाजिक-आर्थिक अधिकारों को प्रमुखता के साथ शामिलकर रहे हैं। 'हम 99% हैं' (We are the 99%) जैसे आन्दोलनों की मूल दृष्टि दुनिया में विद्रूप जुगुप्सा पैदा करने वाली अय्याश सम्पन्नता और शेष सम्पूर्ण मानवता के बीच लगातार बढ़ते अन्तर को रेखांकित करती है।

दस दिसम्बर 2011, मानवाधिकार के अन्तर्राष्ट्रीय दिवस के अवसर पर 'चौराहों पर कब्जा करो' ('Take the Square') सांगठनिकता ने प्रदर्शनों का आह्वान किया। सारे 'आकुपाई' आन्दोलनों के अन्तर्राष्ट्रीय समन्वय के रूप में इस सांगठनिकता ने मानवाधिकार दिवस पर 'मानवाधिकार वैकल्पिक नहीं है' (HRs are Not Optional) नारे के साथ कार्यवाही का वैकल्पिक दिवस (AlternativeAction) मनाने का आह्वान किया।

'इंडिग्नाडोस' आन्दोलन की भाषा अधिकारों की भाषा है। यह अधिकारों के हनन की भर्त्सना करते हुए अपने प्रतिरोध को एक कदम आगे ले जाता है। आन्दोलन इस बात को सामने लाता है कि चन्द ताकतवर लोगों और संस्थाओं ने अपने हाथों में अधिकारों के निर्धारण का सारा अधिकार समेट रखा है। अधिकारों को लेकर इन एकाधिकारियों और 99% जनता के झगड़ों-अन्तर्विरोधों का समाधान उस समूची सत्ता-शक्ति संरचना के आमूल-चूल बदलाव से ही हो सकता है, जो इन झगड़ों-अन्तर्विरोधों के चलते और बढ़ते रहने के लिए जिम्मेदार है।

मई, 2012 में इंडिग्नाडो आन्दोलन के एक वर्ष पूरे होने पर 'ग्लोबल मेनिफेस्टो' जारी करके 'प्रतिरोध की वैश्विक मई' (Global May of Protest) मनाने का आह्वान किया गया था। 'ग्लोबल मेनिफेस्टो' रेखांकित करता है कि किस तरह 'इंडिग्नाडोस' आन्दोलन ने सत्ता संरचना में आमूल-चूल बदलाव के अपने विमर्श और दावेदारी में प्रमुखता के साथ मानवाधिकारों की माँगों को शामिल किया है जिससे वैश्विक स्तर पर मानवाधिकारों का बेहतर संरक्षण-संवर्धन सुनिश्चित हो सके। इस 'ग्लोबल मेनिफेस्टो' पर एक नजर :

Global Manifesto[15]

हमें चाहिए एक दूसरी दुनिया, और ऐसी दुनिया सम्भव है :

1. अर्थव्यवस्था को अनिवार्य रूप से लोगों के कल्याण और पर्यावरण के सहयोग के लिए लगाया जाना चाहिए न कि निजी मुनाफे के लिए।

सभी मानव-प्राणियों के लिए स्वास्थ्य, प्राथमिक से उच्चतर स्तर तक शिक्षा और आवास की मुफ्त व्यवस्था हो। हम सामाजिक सेवा प्रबन्धन के निजीकरण और इन सेवाओं के निजी मुनाफे के लिए इस्तेमाल को पूरी तरह खारिज करते हैं। हम माँग करते हैं सेवानिवृत्ति पेन्शन की, जिससे हम किसी भी आयु में गौरव और गरिमा के साथ जी सकें।

हम माँग करते हैं अस्वस्थता अवकाश और सवेतन छुट्टियों की अनिवार्य व्यवस्था की। हर मानव प्राणी को उसकी आजीविका के लिए पर्याप्त आय का अधिकार होना चाहिए। इसके लिए हम रोजगार अथवा वैकल्पिक रूप से सार्विक आधारभूत आय की गारंटी की माँग करते हैं।

रोटी के साथ हमें गुलाब भी चाहिए। संस्कृति का आनन्द लेने का, मनुष्यता की प्रगति की सेवा में सृजनात्मक और संवर्धनात्मक आनन्द (Creative and Enriching Leisure) में भागीदारी सभी का अधिकार है।

सभी के हित में खाद्य सुरक्षा के उपाय के रूप में पोषणीय खेती (Sustainable Farming) की हम माँग करते हैं।

2. इन उद्देश्यों को हासिल करने के लिए हमारा दृढ़ विश्वास है कि स्थानीय से वैश्विक तक सभी स्तरों पर अर्थव्यवस्था को जनतांत्रिक ढंग से संचालित होना चाहिए और वित्तीय संस्थानों, ट्रांसनेशनल कारपोरेटों और उनकी लॉबियों पर हर हाल में जनता का जनतांत्रिक नियंत्रण होना चाहिए। इसके लिए हम माँग करते हैं :

करमुक्त स्वर्गों (Tax Heavens) को पूरी तरह खत्म करके वित्तीय सट्टेबाजियों का नियमन और नियंत्रण।

जीवन और संसाधनों का बाजारी-वाणिज्यीकरण और देशों के बीच पगार और व्यापार की 'डंपिंग' का खात्मा...।

जब तक सामाजिक गैर बराबरी का अस्तित्व है, सभी स्तरों पर कराधान की प्रणाली एकजुटता (Solidarity) के सिद्धान्त पर आधारित होनी चाहिए। उन्हें, जिनके पास ज्यादा है, सामाजिक कल्याण की सेवाओं के संचालन के लिए योगदान करना चाहिए। अधिकतम आय का परिसीमन हो, और न्यूनतम आय इस तरह निर्धारित हो कि समाज में वैषम्य और आक्रोशपूर्ण विभाजन और उसके सामाजिक-राजनीतिक-आर्थिक दुष्प्रभावों को कम किया जा सके।

बैंकों को उबारने के लिए अब और कोई धन नहीं। हम राष्ट्रों पर लादे गए कर्जों के 'सामाजिक आडिट' की माँग करते हैं। वित्तीय संस्थानों के पक्ष में अनियमित-अवैध कर्जों की चुकौती न की जाए। निजी सम्पदा अथवा निवेश के संरक्षण पर जनता : कामगारों, नागरिकों और पर्यावरण संरक्षण के अधिकार को प्राथमिकता दी जानी चाहिए।

जिस सीमा तक मानवाधिकारों की वर्तमान उद्घोषणा हमारे अधिकारों को परिभाषित करती है, इसे धनी और गरीब सभी देशों में अनिवार्य रूप से लागू कराया जाए। ऐसी संस्थाओं की स्थापना की जरूरत है जो इनका अनिवार्य रूप से पालन करा सकें, उल्लंघन करने वालों को दंडित कर सकें, और एक वैश्विक न्यायालय (Global court) की भी, जो सरकारों, कारपोरेटों और व्यक्तियों द्वारा किये गए सामाजिक, आर्थिक और पर्यावरणीय अपराधों पर मुकदमा चलाकर फैसला ले सके।

यह विश्वव्यापी वैश्विक वसन्त तुमुल है (Worldwide Global Spring), हम इसमें हमेशा रहेंगे और जीतने तक लड़ेंगे। हम महज 'लोग' (People) होने पर नहीं रुक जाएँगे। हम सिर्फ संख्या नहीं हैं (We are not numbers) हम मुक्त स्त्री और पुरुष हैं।

एक वैश्विक वसन्त तुमुल के लिए।

वैश्विक जनतंत्र और सामाजिक न्याय के लिए।

मई 2011 में अपने जन्म के बाद से 15-M लगातार संकट के असली कारणों को जनता के सामने लाने के लिए 'मुख्यधारा विमर्शों-तर्कों' की पोल खोलने का सचेत प्रयास चला रहा था। इस प्रयास-विमर्श की एक प्रमुख पहलकदमी 'झूठ का पर्दाफाश' [Desmontendo mentrias: (Dismantling Lies)] अभियान था। 'हम सो रहे थे—अब हम जाग गए हैं' ('We were sleeping; then we woke-up') केन्द्रीय नारे वाला यह अभियान वैश्विक संकट पर राजनीतिक-आर्थिक ताकतों के 'मुख्यधारा विमर्श' के झूठ का पर्दाफाश करते हुए संकट के वास्तविक कारणों व परिणामों को सामने ला रहा था :

हम स्पेनी सरकार के उन तमाम झूठों को ध्वस्त करना चाहते हैं जो श्रम बाजार सुधारों, यूरोपी यूनियन और यूरोपी केन्द्रीय बैंक द्वारा थोपे गए ढाँचागत सुधार उपायों, सामाजिक और आर्थिक अधिकारों पर हो रहे अभूतपूर्व हमलों और सार्वजनिक सेवाओं के निजीकरण से सम्बंध रखते हैं। हम उस अन्यायपूर्ण, असन्तुलित और असामयिक श्रम बाजार सुधार को पूरी तरह खारिज करते हैं जो इसके उत्पीड़ितों को दंडित और बड़े कारपोरेटों के हितों और अपराधों का संरक्षण करता है और इस विषाक्त

वित्तीय व्यवस्था को अछूता छोड़ देता है (यहाँ तक कि लाखोंलाख यूरो इसे भेंट के बतौर दे दिये जाते हैं)। हम उन तमाम मितव्ययिता उपायों, खर्च कटौती योजनाओं, और सार्वजनिक सेवाओं के निजीकरण की घोर भर्त्सना करते हैं जो सार्वजनिक कर्ज के बहाने से थोपी गई हैं और जिनका मतलब सिर्फ : बेरोजगारी, गरीबी, रोजगार असुरक्षा और गैर बराबरी है।

[Dismantling lies call to PUERTA DEL SOL on May1, 2012]

वे हमें मूर्ख बना रहे होते हैं, जब वे वित्तीय बुलबुले के फूटने और संकट की शुरुआत होने पर बैंकरों और वित्तीय सट्टेबाजों के निजी कर्जों का सार्वजनिक धन से भुगतान करना शुरू करते हैं।

वे हमें मूर्ख बना रहे होते हैं, जब वे संवैधानिक सुधार के जरिये इस कर्ज का भुगतान हम पर, हमारी जरूरतों और सामाजिक गारंटियों के ऊपर थोपते हैं—वह कर्ज जो हमारा हरगिज नहीं है।

वे हमें मूर्ख बना रहे होते हैं, जब वे कहते हैं कि उनके उपाय मितव्ययिता के हैं। यह सच नहीं है : यह मितव्ययिता सिर्फ आम लोगों पर लागू की जा रही है, उन पर नहीं जिन्होंने ये ज्यादतियाँ की हैं।

वे हमें मूर्ख बना रहे होते हैं, जब वे खर्च कटौती योजनाओं को लागू करने में हमेशा सबसे पहले उन क्षेत्रों पर हमला करते हैं, जो नागरिकों के लिए सबसे जरूरी हैं : उनके सामाजिक और आर्थिक अधिकार।

वे हमें मूर्ख बना रहे होते हैं, क्योंकि बिना सामाजिक अधिकारों की कटौती किये इस संकट से निकलने का रास्ता मौजूद है।

[PUERTA DEL Sol Working group on Economy : "They are Fooling" Manifesto Feb.2012]

'इंडिग्नाडोस' का मानना है कि वर्तमान संकट मानवाधिकारों को दो तरह से प्रभावित कर रहा है : (i) संकट से बाहर निकलने की कोशिशों में अपनाई और लागू की जा रही आर्थिक नीतियों से मानवाधिकारों का व्यापक मूलभूत हनन हो रहा है; और (ii) संकट का मुख्य कारण सम्पूर्ण वित्तीय व्यवस्था तंत्र है जो मानवाधिकार केन्द्रित समाज की अवधारणा के पूरी तरह खिलाफ है। इस दिशा में इस अभियान के केन्द्रीय मुद्दे थे : यूरोपी कमीशन, यूरोपी सेंट्रल बैंक और आई.एम.एफ. 'तिकड़ी' के निर्देश पर राष्ट्रीय सरकारों द्वारा जनता के ऊपर थोपा जा रहा मितव्ययिता उपायों के बोझ; और वैश्विक वित्तीय तंत्र संरचना में विसंगतियों व अन्तर्विरोधों का विरोध, जिनका मूल चरित्र आम जन विरोधी है।

मितव्ययिता हमलों के खिलाफ संघर्ष

स्वाभाविक रूप से आन्दोलन का केन्द्रीय मुद्दा मितव्ययिता उपायों के खिलाफ संघर्ष था। आन्दोलन का मानना था कि इन मितव्ययिता उपायों से जनता के आर्थिक, सामाजिक और सांस्कृतिक अधिकारों पर गम्भीर हमला हो रहा है, और इसके चलते जनता का जीवन निर्वाह स्तर लगातार गिर रहा है। इसलिए जब भी सरकार कोई नई मितव्ययिता नीति, योजना या उपाय की घोषणा करती, आन्दोलन की प्रतिक्रिया विशाल और व्यापक प्रतिरोध प्रदर्शन के आह्वान की होती।

राजकोषीय स्थिरता (Fiscal Stability) हासिल करने के लिए और अधिक बजट कटौतियों की आई.एम.एफ. शर्त पालन में स्पेनी सरकार ने 13 जुलाई, 2012 को 67 बिलि. यूरो की और बजट कटौती घोषणा की। इंडिग्नाडोस ने इसे सामाजिक अधिकारों पर हमला घोषित करते हुए 99% के खिलाफ सरकार के इस वित्तीय तख्ता-पलट के विरोध में 'नागरिक प्रतिक्रिया' (Citizen Reaction) के लिए 16 जुलाई 2012 की असाधारण असेम्बली बुलाई। असेम्बली के आह्वान पर 19 जुलाई को स्पेन में 80 से ज्यादा शहरों में हजारों हजार नागरिकों ने प्रदर्शन किया। अकेले मैड्रिड में 80 हजार से एक लाख के बीच प्रदर्शनकारी जुटे थे। तमाम प्रमुख केन्द्रीय ट्रेड यूनियनों, पेशेवर संगठनों, लोक सेवक संगठनों, फायरमैन, नर्स, डाक्टर, सार्वजनिक परिवहन कर्मचारी, सार्वजनिक शिक्षा के हर स्तर के शिक्षक, खदान श्रमिक, पुराने-नये तमाम राजनीतिक समूह, 15-M कार्यकर्ताओं के साथ प्रदर्शन में शामिल थे : सबकी अपनी-अपनी माँगें थीं : मगर निशाना सभी का एक था : 'मितव्ययिता के खिलाफ संघर्ष।'

सत्ता तंत्र द्वारा मितव्ययिता उपायों को लादे जाने का सबसे बड़ा तर्क बढ़ते सरकारी कर्ज पर लगाम लगाना और सार्वजनिक बजट को चुस्त-दुरुस्त-सुदृढ़ करना था। 15-M का इस सिलसिले में कहना था कि कमर कसने के पहले सबसे जरूरी काम नजरअन्दाज कर दिया गया है : सार्वजनिक कर्ज की गहनतम समीक्षा करनी होगी : यह तय करने के लिए कि यह कर्ज सही अर्थों में आम जनता की बेहतरी पर खर्च के लिए लिया गया था या फिर जैसा कि ज्यादातर मामलों में हुआ है यह बैंकों को 'बेल-आउट-रेस्क्यू पैकेज' के अनुदान के लिए राज्य बजट पर डकैती के रूप में लिया गया है।

15-M ने सरकार के सार्वजनिक कर्जों और उन तमाम निजी कर्जों के, जिन्हें 'बेल-आउटों' के जरिये सार्वजनिक कर्जों में बदल दिया गया था, जन विश्लेषण (Popular analysis) के लिए 'नागरिक कर्ज आडिट' (Citizen Debt Audit) का मंच बनाया। इसके जरिये आन्दोलन ने एक सर्वांगीण, वृहत्तर-व्यापक विश्लेषण अभियान चलाये जाने का आह्वान किया—न सिर्फ इन कर्जों के आर्थिक और वित्तीय पक्षों का, बल्कि इनके जेंडर, पर्यावरण, संस्कृति, समाज और राजनीति के क्षेत्रों में पड़ने वाले प्रभावों का भी विस्तृत आकलन-विश्लेषण। आन्दोलन ने 'हमने नहीं लिया है। हम भुगतान नहीं करेंगे!' ('We don't owe : We won't pay') नारे के साथ एक 'अन्तर्राष्ट्रीय नागरिक कर्ज आडिट नेटवर्क (International Citizen Debt

Audit Network : KAN-25) के निर्माण में भी महत्त्वपूर्ण भूमिका निभाई। पुयेर्टा डेल सोल नागरिक आडिट मंच के मार्च 2012 स्थापना मेनिफेस्टो में पहलकदमी की इस दृष्टि को रेखांकित किया गया :

> इस अभियान के जरिये हम कर्ज की समस्या से निपटने के लिए एक जन केन्द्रित प्रक्रिया की शुरुआत कर रहे हैं। स्पेन और यूरोपी हाशिये के अन्य देशों में हम देख रहे हैं कि किस तरह उन समायोजनों और मितव्ययिता नीतियों को न्यायसंगत ठहराने के लिए सार्वजनिक कर्ज संकट का इस्तेमाल किया जा रहा है जिनके जरिये हमारे सामाजिक और आर्थिक अधिकारों को ध्वस्त किया जा रहा है : वे अधिकार जिन्हें हमारी पिछली पीढ़ियों ने वर्षों के संघर्ष के बाद हासिल किया था, पूरी उद्दंडता और बिना किसी जबाबदेही के आधारभूत सार्वजनिक सेवाओं का निजीकरण और शिक्षा, स्वास्थ्य व सामाजिक सेवाओं की कटौती हो रही है। नागरिक असहाय देख रहे हैं कि किस तरह सेवा निवृत्ति आयु रोकी जा रही है, जीवन स्तर बरबाद किया जा रहा है, सेवानिवृत्ति पेन्शन 'फ्रीज' की जा रही है, और श्रम अधिकार गायब होते जा रहे हैं। स्पेनी सरकार का कर्ज जरूर बहुत ही भारी है। मगर यह कर्ज किसने लिया था और इससे फायदा किसने लिया? क्या सचमुच हम सभी अपनी चादर से बाहर पाँव पसार कर जीते रहे हैं, जैसा हमें लगातार बताया जा रहा है? या फिर असल सच्चाई यह है कि इस कर्ज ने सिर्फ उस ताकतवर अल्पसंख्या को फायदा पहुँचाया है जो मितव्ययिता नीतियों के जरिये भी मुनाफा पीट रहा है? क्या हम एक ऐसे कर्ज का भुगतान कर रहे हैं जो हमने नहीं लिया है और जो जनता के हितों के खिलाफ है? सिटिजन आडिट ऑफ दि डेट प्लेटफार्म से 'हम पर देनदारी नहीं है, हम भुगतान नहीं करेंगे' नारे के साथ हमें इस बात को जानने की माँग करने का अधिकार है कि इस प्रक्रिया में ऐसा क्या हुआ है जिसे वर्तमान स्थिति पैदा हुई है?
>
> [PUERTA DEL SOL Citizen Audit Platform Founding Manifesto March, 2012]

वित्त और मानवाधिकारों के रिश्तों की समीक्षा

आन्दोलन का मानना है कि संकट और मानवाधिकार उल्लंघन दोनों का सबसे बड़ा कारण वैश्विक वित्तीय व्यवस्था तंत्र की वह संरचना है, जिसकी नीतियों और व्यवहारों ने मानव विकास के गारंटरों और सुनिश्चित कर्ताओं के रूप में बाजार को मान्यता देकर राज्य से कहीं ऊपर प्राथमिकता दी है। वित्तीय संरचना की इसी नवउदारी विचारधारा के तहत स्पेनी सरकार ने अपने नागरिकों के आर्थिक और सामाजिक अधिकारों की पूर्ति से सम्बन्धित ज्यादातर जिम्मेदारियों की तिलांजलि दे दी है। ये जिम्मेदारियाँ अब बाजार के हवाले कर दी गई हैं।

बाजार पर किसी तरह का नियमन-नियंत्रण और मूल्यबोध लागू किये बगैर मानवीय आवश्यकताओं की पूर्ति का दायित्व सौंपे जाने के भयावह विनाशकारी नतीजे निकल रहे हैं। स्पेन में हाउसिंग गुब्बारे के फूटने के चलते यह पूरी तरह साफ हो गया कि बाजार को बेलगाम छूट ने वित्तीय संस्थानों और बैंकों को करोड़ों आम नागरिकों की मूलभूत जीवन निर्वाह जरूरतों के साथ मुनाफे के लिए सट्टेबाजी का खेल खेलने का खुला मैदान दे दिया था। 'इंडिग्नाडोस' ने माँग उठायी कि तमाम वित्तीय संस्थान, बैंकर, और अन्य सट्टेबाज जो इस खेल में शामिल रहे हैं, उन पर इसकी जिम्मेदारी तय की जाय। पुयेर्टा डेल सोल का 'हम बैंक बेल-आउटों का भुगतान नहीं करेंगे' मेनिफेस्टो इसे स्पष्टता के साथ रेखांकित करता है :

> जबकि 25% से ज्यादा स्पेनी आबादी, जिनमें 22,00,000 बच्चे हैं, गरीबी रेखा से नीचे रह रही है; जबकि हजारों परिवार अपने घरों से बेदखल कर दिये गए हैं और किये जा रहे हैं; जबकि हजारों आप्रवासियों (Migrants) के स्वास्थ्य सेवा अधिकार उनसे वर्षों तक जान जोखिम के काम (अगर गैरकानूनी न भी कहें) लिए जाने के बावजूद खत्म किये जा रहे हैं; जबकि हजारों गम्भीर बीमार अपनी बीमारी का भारी-भरकम खर्च खुद उठाने के लिए मजबूर किये जा रहे हैं; जबकि हमारे बच्चे और जवान देख रहे हैं कि मुफ्त सार्वजनिक शिक्षा के उनके संवैधानिक अधिकार पर किस कदर खतरा मंडरा रहा है; तब ऐसे में राजनेता बैंकों की सेवा में, कटौतियों और नवउदारी सुधारों को धड़ल्ले से लागू किये जा रहे हैं और इस तरह उस कल्याणकारी मॉडल के चौतरफा शिकंजा कसते जा रहे हैं जिसे हमारे अभिभावकों, दादा-परदादाओं ने अनथक श्रम से बनाया था। और यह सारा कुछ केवल बैंकों को बचाने के लिए है...।
>
> हम, नागरिक और हमारे अधिकार एक बार फिर से बैंकों को चुकाने की कीमत बना दिये गए हैं जिससे बैंकर्स और राजनेता संकट से मालामाल होकर निकल सकें।
>
> [PUERTA DEL SOL Working group on Economy 'We won't pay bank bailout' Manifesto; May, 2012]

इसी सन्दर्भ में 15-M ने स्पेन के चौथे सबसे बड़े बैंक 'बांकिया रोड्रिगो रातो' (Bankia Rodrigo Rato) और इसके शीर्षस्थ प्रशासकों को उनकी कारजुजारियों के लिए जबाबदेह बनाने का अभियान चलाया। बैंक की बैलेंस-शीट विषाक्त वसूली न हो सकने वाले अनगिनत रियल इस्टेट 'ट्रांजेक्शनों' से भरी पड़ी थी। बैंक अब सरकार से अपनी इस गंदगी की सफाई के लिए मई, 2012 में 19 बिलि. यूरो 'सार्वजनिक सहायता' की माँग कर रहा था। राजोय सरकार ने दरियादिली दिखाते हुए बैंक के पक्ष में 23.5 बिलि. यूरो का स्पेनी इतिहास का अब तक का सबसे बड़ा बेल-आउट स्वीकृत कर दिया। इसके चन्द हफ्तों पहले बुनियादी सामाजिक सेवा खर्चों के मदों

में 27 बिलि. यूरो की कटौती की 'बजट समायोजन योजना' स्वीकृत हुई थी। स्पष्ट था सामाजिक सेवा खर्चों (मानवाधिकार दायित्वों) का पैसा कहाँ जा रहा था। बैंक ने अपने घाटे को छिपाने के लिए बैलेन्स-शीट में भारी पैमाने पर हेराफेरी की थी। मगर सरकार ने इसकी जिम्मेदारी तय करने के लिए जाँच बैठाने की जरूरत नहीं समझी। तब इंडिग्नाडोस ने 'मनमाना संरक्षण खत्म हुआ' (Impunity is over) नारे के साथ बैंक और उसके निदेशकों के खिलाफ सार्वजनिक जाँच बैठाते हुए कानूनी कार्यवाही के लिए '15-M Pa Rato' अभियान चलाया। इस अभियान के संस्थापना मेनिफेस्टो ने साफ सन्देश दिया :

> सन्देश साफ है : गैर जबाबदेही बहुत हो चुकी, अब नहीं। यह बचाव नहीं, नोच-खसोट है। हमारी सरकार ने रातो (Rato) को उसकी लूट-खसोट (rip-off) के लिए जबाबदेह नहीं ठहराया है, मगर हम, हम जनता, जबाबदेही की माँग कर रहे हैं, हमारे पास उनके खातों और हेराफेरियों को बेनकाब करने, उन्हें बेइमान ठहराने और उन पर मुकदमा चलाने के साधन मौजूद हैं। क्योंकि उन जबाबदेह लोगों के नाम और उपाधियाँ है, और उन्होंने जो भी किया है, उसके लिए उन्हें जिम्मेदार ठहराया ही जाना चाहिए। यह न्यूनतम सम्भव गैर-बराबरी के साथ एक ऐसी दुनिया बनाने का मसला है, जहाँ कोई भी विशाल बहुसंख्या की तुलना में शर्मनाक ढंग से अमीर (insultingly wealthy) न हो जबकि बाकी के सब उसके लिए ही काम कर रहे हों। हम यह सारा कुछ शान्तिपूर्ण ढंग से हासिल करेंगे, क्योंकि हम शान्तिप्रिय लोग हैं। और हम शान्तिप्रिय इसलिए हैं क्योंकि हम सही हैं। हम एक नहीं है, दस भी नहीं, हजारों या फिर लाखों भी नहीं, हम असंख्य हैं, हम हर जगह हैं, क्योंकि हम 99% हैं। उनके पास पैसे की ताकत है, मगर हमारे पास साझा उद्‌देश्य से गोलबन्द लोगों की ताकत है : और जबाबदेही का उद्‌देश्य भी है।
>
> [PUERTA DEL SOL 15-M pa rato founding Manifesto: May, 2012]

इंडिग्नाडोस यहीं पर नहीं रुका। उसने चुनौती दी कि संकट के लिए जिम्मेदार लोगों को चिह्नित करके उनके खिलाफ जाँच और जिम्मेदारी तय करना भर ही पर्याप्त नहीं होगा। वित्त और मानवाधिकारों के बीच रिश्तों को नये सिरे से पुनर्परिभाषित-पुनअर्वधारित करना होगा। अभी तक ये रिश्ते पिछले कई दशकों से वैश्विक अर्थतंत्र के क्षेत्र में उसके 'वित्तीयकरण' से तय होते रहे हैं। इसके चलते आज ऐसी स्थिति बन गई है कि राष्ट्रीय और अन्तर्राष्ट्रीय दोनों ही स्तरों पर वित्तीय व्यवस्था तंत्र इस कदर हावी होता जा रहा है कि दुनिया में आम जनता के सामाजिक-आर्थिक अधिकारों की सुध लेना वाला कोई नहीं है। सरकार ने सचेत ढंग से देश के वित्तीय-आर्थिक व्यवस्था तंत्र में सट्‌टेबाजी के फलने-फूलने-फैलने की इजाजत दी। सरकार नीतिगत निर्णय लेकर बैंकों के गारंटर की भूमिका में आई। बैंकों ने उन्मादग्रस्त होकर सट्‌टेबाजी की, क्योंकि

वे आश्वस्त थे कि जरूरत पड़ते ही सरकार बेल-आउट के लिए तैयार बैठी है। मगर सरकार कभी उन करोड़ों आम नागरिकों के गारंटीकर्ता की भूमिका में नहीं उतरी, जो बैंकों की इस उन्मादी सट्टेबाजी के चलते अपने घरों को खोते जा रहे हैं और जबरन अपने घरों से बेदखल किये जा रहे हैं। स्वाभाविक है, वित्त और मानवाधिकारों के वर्तमान-विद्यमान रिश्ते में समाज के सबसे गरीब तबकों के लिए बेल-आउट की कोई गुंजाइश नहीं है। वे जो इस उन्मादी सट्टेबाजी के निरीह शिकार हुए हैं, उन्हें ही इस सट्टेबाजी घाटे के 'बेल-आउट' की समूची कीमत अपने रोजगार, अपने घर, और अपने जीवन निर्वाह के सारे साधनों-संसाधनों से अदा करनी है।

संस्थानिक खालीपन के संघर्ष

15-M के मुताबिक स्पेन में संस्थानिक खालीपन (Systemic gap) दो तरीकों से था :

(i) स्पेन में हजारों घर खाली पड़े हुए थे। यह वह भौतिक खालीपन था, जो स्पेन में आवासीय गुब्बारे के फूटने के चलते पैदा हुआ था : करीब 20% : 60 लाख के लगभग मकान खाली पड़े थे, क्योंकि उनकी किस्तें भरने की हैसियत अब इनके लिए कर्ज लेने वालों की नहीं रही। इसके साथ ही स्पेन से पूँजी पलायन की प्रक्रिया के चलते अब निर्माण उद्योग में पैसा लगाने वाला भी कोई नहीं था। जून, 2012 तक स्पेन में 46,15,269 लोग बेरोजगार थे। ऐसे लाखों आप्रवासी जिनके पास वैध दस्तावेज नहीं थे, स्वास्थ्य जैसी बुनियादी अस्तित्व की जरूरत से भी वंचित किये जा चुके थे। मितव्ययिता अभियान के चलते स्पेन की 24% आबादी सामाजिक बहिष्करण और हाशिये की जिन्दगी जीने को मजबूर थी।

(ii) स्पेन का दूसरा संस्थानिक खालीपन विचारधारा का खालीपन था। यह वह खालीपन था, जिसने आम स्पेनी के लिए एक बेहतर दुनिया की चाहत जगाई थी। अपने अतीत और वर्तमान से कोई भी सबक सीखने और जनता के दर्द को, उसकी तकलीफों को कम करने की किसी भी कोशिश से सत्तातंत्र को कोई मतलब नहीं था। यह दर्द-तकलीफ स्पेनी आबादी में समान रूप से वितरित नहीं थी। इसमें आसमान छूती असमानताएँ थीं। इस खालीपन ने जनता को सामूहिक कार्यवाही और एकजुटता के जरिये अपने दर्द-तकलीफ का हल खुद तलाशने की राह दी।

जनता की सामूहिक कार्यवाहियाँ और एकजुटता अपनी स्व-सांगठनिकता की परिधि में अधिकारों की नई परिभाषाएँ रच रही है। ये अधिकार निजी सम्पदा, पूँजी और बाजार के मूल्यों से परिभाषित होने के बजाय मानवाधिकारों के मूल्यों से परिभाषित-निर्धारित होते हैं। इन्हीं मूल्यबोधों ने एकजुटता और सामूहिक कार्यवाहियों के लिए जमीन-गुंजाइश बनाई है। आवासीय गुब्बारे के फूटने से बेहद कड़वी-विकृत सच्चाई सामने आई कि आवेदकों को अँधेरे में रखकर दिये गए कर्जों या फिर सीधे-सीधे बैंकों की धोखाधड़ी के चलते लाखों आम स्पेनी अपने घरों से हाथ धो रहे थे। दूसरी ओर लाखों किराएदार भी मकानों से बेदखल किये जा रहे थे, क्योंकि या तो वे पूरी तरह

बेरोजगार हो चुके थे या फिर रोज-रोज बढ़ते जाते किराए का बोझ उठाने की हैसियत में नहीं थे। इसके चलते स्पेन में अजीबोगरीब विरोधाभासी स्थिति थी : लाखों मकान खाली पड़े थे—और लाखों बेघरबार परिवार सड़कों पर थे!

'इंडिग्नाडोस' ने इस मुद्दे पर अन्य नागरिक संगठनों के साथ मिलकर 'सीधी कार्यवाहियों' की योजना तैयार की और 'जबरिया बेदखली बन्द करो ('Stop desahucios') अभियान छेड़ दिया। स्पेन में साल 2010 के मुकाबले 22% ज्यादा जबरन बेदखलियों में 58241 परिवारों के मकान छीने जा चुके थे। आन्दोलन ने अपना अभियान शुरू करते हुए एक साल में करीब 200 बेदखलियों को रोकने में सफलता पायी। आवासीय अधिकारों पर एक वर्किंग ग्रुप' गठित किया गया, जिसने अपना 'हाउस ऑफिस (Oficiana de vivienda) स्थापित किया। बन्धक कर्जों के शिकारों को 15-M के साथ जोड़कर जबरिया बेदखली कार्यवाही स्थलों पर प्रतिरोध के लिए संख्या बल और 'हंगामे' की ताकत सुनिश्चित की गई। इस काम में 'बस्ती असेम्बलियों' की सबसे प्रभावी भूमिका थी : वे इलाके में होने वाली बेदखलियों की सूचनाएँ जुटातीं, और फिर बेदखली की तिथि और समय पर कार्यकर्ताओं को जुटा-गोलबन्द करके प्रतिरोधी कार्यवाहियों में उतरतीं।

इसके अलावा आवासीय संकट के सन्दर्भ में आन्दोलन की एक और बड़ी पहलकदमी 'दासियों एन-पागो' (Dacion en-pago) अभियान था, जो आवासीय सम्पदा की जब्ती (fore closure) के बाद समूचा कर्ज भार चुकता मानकर कर्ज निरस्त करने के लिए कानून बनाए जाने की माँग कर रहा था। इस दिशा में आन्दोलन ने अपेक्षित संख्या में जनता के हस्ताक्षर जुटाकर संसद में 'पेटीशन' देकर आवासीय कानून में इसके प्राविधान के लिए संशोधन किये जाने की माँग की, जिससे निरीह बन्धक कर्जदारों को बैंक की दया के विशेषाधिकार पर निर्भर न रहना पड़े।

आवासीय संकट के प्रतिरोध की एक और पहलकदमी 'कब्जा कार्यालय' (Oficiana de Okupacion) की स्थापना थी। इसके जरिये 'बेघरबार जरूरतमन्दों को 'कब्जा : स्क्वैटिंग' परामर्श और सहायता उपलब्ध कराई जाती थी। स्क्वैटिंग मूलत: किसी खाली-अप्रयुक्त भवन, विशेषकर आवासीय भवन में उन लोगों के दाखिल होकर कब्जे की प्रक्रिया है, जो उसे स्वामित्व, किराए अथवा अन्य किसी वैध आधार पर इस्तेमाल करने के लिए अधिकृत नहीं हैं। आन्दोलन स्क्वैटिंग का दो तरह से इस्तेमाल करता था : खाली भवनों पर 'स्व प्रबन्धित सामाजिक केन्द्रों' (Centros sociales auto gestionedoi) जैसी परियोजनाओं को विकसित-संचालित करने के लिए कब्जा करना : बहुरंगी सांस्कृतिक केन्द्रों, तरह-तरह के 'डायरेक्ट-एक्शन' समूहों, अभियानों और अन्य सामूहिक कार्यवाहियों की योजना-गोलबन्दी-संचालन केन्द्रों के रूप में उपयोग करने के लिए।

स्क्वैटिंग का दूसरा इस्तेमाल उन हजारों बेघरबार परिवारों के लिए समुचित रिहाइश की जगह का प्रबन्ध करने के लिए किया जाता था, जो इस संकट के चलते अपने घरों से बेदखल कर दिये गए थे। सफलता की एक कहानी सेविल्ला इलाके में 'कोराला लॉ यूटोपिया' ('Corala La Utopia) थी। 32 बेघरबार परिवारों ने, सेविल्ला 15-M

कार्यकर्ताओं की मदद से 16 मई, 2012 को एक रीयल इस्टेट एजेन्सी के खाली पड़े भवन पर कब्जा जमा लिया। ये परिवार या तो अपने घरों से जबरन बेदखल किये जा चुके थे, या फिर ऐसे बेरोजगार हो चुके थे जिनके लिए मकानों की बन्धक किस्त न चुका पाने के कारण बेदखली आसन्न थी। सेविल्ला 15-M ने इन परिवारों को भरपूर सहयोग देते हुए खाली भवन पर कब्जा सुनिश्चित कराया।

नये बेहतर समाज के लिए सामूहिक प्रयास

कुल मिलाकर 'इंडिग्नाडोस की दृष्टि और व्यवहार सामूहिक जन प्रयासों से एक अलग और बेहतर समाज का निर्माण करने की है। यह प्रयास स्थानीय स्तर से शुरू होकर, वैश्विक स्तर पर अपनी पूर्णता को पहुँचेगा। इस प्रक्रिया का केन्द्रीय प्राणतत्त्व मानवाधिकारों के लिए संघर्ष है। इन संघर्षों के जरिये 15-M ने 'अधिकारों की नई संस्कृति' की नई प्रयोगशाला बनाने का प्रयास किया। यह वह सामाजिक-राजनीतिक जन उभार है जिसमें लोग अपनी जरूरतों की पहचान खुद करते हुए, खुद ही मिल-जुल कर एक-दूसरे की मदद करते हुए इन जरूरतों को पूरा करने का रास्ता निकालते हैं। यह आन्दोलन अपनी वैचारिकी और व्यवहार के जरिये परोक्ष-अपरोक्ष दोनों तरह से आत्म-निर्धारण और स्वायत्तता की ऐसी व्यवस्था बनाना चाहता है जो राज्य आधारित-नियंत्रित अधिकारों की अवधारणा और सत्ता संरचना से बिल्कुल अलग हो। यह सामुदायिकता की जमीन पर खड़े होकर मानवाधिकारों को हासिल करने का रास्ता है।

यह सत्ता की परम्परागत संरचनाओं पर अब तक आश्रित रहने के चलते उनके अधिकारों के खतरे में पड़ जाने की समझदारी थी। इसलिए वे अधिकारों की नई परिभाषा रच रहे थे : ऐसी परिभाषा, जो अधिकारों को परिभाषित करने के साथ-साथ उन्हें हासिल करने की ताकत भी दे सके। स्व-सांगठनिकता, स्व-प्रबन्धन की एक ऐसी परियोजना, जो ऐसी समानान्तर सत्ता संरचना का जीवन जीती हो, जिसमें अधिकार सामूहिक रूप से बनाए और हासिल किये जाते हैं। एक ऐसी परियोजना, जिसमें अधिकार उसी सीमा तक हासिल किये जा सकेंगे, जहाँ तक लोग दूसरे के साथ मिल-जुल कर इन अधिकारों के उपयोग की सामूहिक क्षमता का विकास-विस्तार कर सकेंगे। यह छोटे-छोटे कदमों से छोटे-छोटे प्रयासों की वह राजनीति है, जो वैकल्पिक सत्ता-शक्ति के नये रूप गढ़ रही है।

अधिकारों की यह वैकल्पिक अवधारणा जनतंत्र की वैकल्पिक अवधारणा के साथ अविच्छिन्न रूप से जुड़ी हुई है। जनतंत्र की इस वैकल्पिक अवधारणा में जनतंत्र की शुरुआत नागरिकों द्वारा एक-दूसरे की चिन्ता करने, एक-दूसरे की देखभाल करने से शुरू होती है। एक-दूसरे की चिन्ता करने की यह चेतना उन्हें जिम्मेदारी के साथ काम करने के लिए प्रवृत्त करती है। यह जिम्मेदारी न सिर्फ खुद के लिए है, बल्कि इससे कहीं आगे अपने परिवार, समुदाय, देश, लोग और पूरी धरती तक विस्तारित हो जाती है। वस्तुतः जनतंत्र की यह अवधारणा 'अपने' और 'आत्मीयता' के अनन्त विस्तार की अवधारणा है। आत्मीयता का यह 'अपनत्व' आन्दोलन के सारे नेटवर्कों के मूल में है। यह अपनत्व एक समुदाय या सामूहिकता के रूप में 'हम सब' की वह जिम्मेदारी

है, जिससे यह सुनिश्चित हो सके कि लोगों की जरूरतें पूरी हों, उनका बराबर से सम्मान हो, वे बराबरी के हक से सारे निर्णयों-व्यवहारों में शामिल हों, और उन पर किसी तरह का दबाव-जबरदस्ती न हो। आन्दोलन एक ऐसी कल्पनाशील सृजनशीलता का पक्षधर है, जो समाज के हर क्षेत्र और हर तबके की सामूहिक चेतना की 'मुक्ति' का आकांक्षी है। वह मुक्त सामूहिक चेतना, जो सत्ता-शक्ति की वर्तमान संरचना को चुनौती दे सके, और इसे एक बेहतर, क्षैतिजीय समृद्ध मानवीय विकल्पों से बदल सके।

आन्दोलन का ध्येय वाक्य है : 'सृजित करना, प्रतिरोध करना है—प्रतिरोध करना, सृजित करना है।' "To Creat is to Resist : To Resist is to Create"[16]

15-M का दीर्घकालिक प्रभाव

कहा जा सकता है कि 15-M ने ऐसा राजनीतिक सौन्दर्यशास्त्र रचने की कोशिश की जो तात्कालिकता को दीर्घकालिकता के साथ जोड़ता है। ट्विटर पर धूम-धमाल मचाने वाली बहसें, सड़कों-चौराहों पर तम्बू-डेरे-डंडों में जीवन्त जीवन, फेस-बुक ग्रुप, बस्ती असेम्बलियाँ, आती-जाती रह सकती हैं। मगर आन्दोलन ने एक व्यापक और गहरी अनुभूति आम स्पेनी के दिलो-दिमाग में जगाई कि स्पेन के राजनीतिक व्यवस्था तंत्र को बहुत गहरी मरम्मत या फिर बदले जाने की जरूरत है—यह अनुभूति लम्बे समय तक टिकेगी। इंडिग्नाडोस की भाषा स्पेन के राष्ट्रीय विमर्श की भाषा बनती दिख रही है।

12 से 15 मई 2012 के बीच इंडिग्नाडोस आन्दोलन की वर्षगाँठ पर स्पेन के तमाम शहरों में शानदार प्रदर्शनों के बावजूद स्पेनी अखबार 'एल पाइस' (El Pais) की राय में स्पेनी जनता के बीच इंडिग्नाडोस के प्रति सहानुभूति-समर्थन में 13% के करीब कमी आ गई थी। ABC नेटवर्क की भी यही राय थी। मगर मुख्यधारा मीडिया इस सच्चाई की इस अन्तर्धारा को नहीं देख पा रहा था कि अपनी ताकत खोने की जगह आन्दोलन कहीं ज्यादा ताकतवर, परिपक्व, सुसंगठित, और समन्वित हो रहा था—हजारों-हजार लोगों का प्रतिबद्ध समर्थन और सहयोग हासिल कर रहा था।

मई 2011 बीतने के साथ ही 15-M ने पुयेर्टा डेल सोल और केटालून्या कैम्पों से आगे आन्दोलन के जीवन और विस्तार की रणनीति पर सोचना शुरू कर दिया था। रणनीति के इसी बदलाव का नतीजा आन्दोलन को 'बस्तियों' की ओर विकेन्द्रित-विस्तारित करने का विचार था। आन्दोलन महानगरों के चौराहों की केन्द्रीयता में जन्म लेकर अपनी प्राणशक्ति हासिल करने के लिए बस्तियों में पहुँचा। इस विकेन्द्रीकरण के लक्ष्य स्पष्ट थे :

(i) स्थानीयताओं (local spheres) में प्रत्यक्ष और भागीदारी जनतंत्र का विकास। एक ऐसा जनतंत्र, जो राजनीति को लोगों को उनके अकेलेपन की खोल से बाहर निकालकर समुदाय की जीवन्त शक्ति बनाने, और फिर इस सामूहिक जीवन्तता के जरिये सामाजिक रिश्तों का एक सम्पूर्ण वैकल्पिक ताना-बाना रचने की सामूहिक कला मानता हो।

(ii) सार्वजनिक स्थलों को ऐसे 'स्पेस' के रूप में फिर से हासिल करना, जिसमें

राजनीतिक भागीदारी मुक्त विमर्शों की प्रक्रिया से सुनिश्चित होती हो—एक ऐसा 'स्पेस' जिसमें लोग अपने साझे सवालों-चिन्ताओं के बारे में खुलकर बातें कर सकते हों—और उनका निदान ढूंढ़ सकते हों। यह क्षैतिजीय सांगठनिकता, सामूहिक आत्मीयता और 'नीचे से जनतंत्र' का स्पेस था।

असेम्बलियों के माध्यम से सृजित होने वाली 'सामूहिक आत्मीयता' का एक महत्त्वपूर्ण और दिलचस्प उदाहरण 'समय बैंकों' (Bancas de tiempo) की स्थापना है। यह परस्पर सेवाओं की एक ऐसी गैर-मौद्रिक संरचना सृजन है, जो बाजार के दायरे और अवधारणा से हटकर एक-दूसरे की जरूरतों की पूर्ति सुनिश्चित करती है। मौद्रिक व्यवस्था के विकल्प के रूप में इन समय बैंकों की 'चलन इकाई' (unit of currency) व्यक्ति का एक घंटे का श्रम है। पड़ोसी अपनी 'ऑन लाइन प्रोफाइल' बैंक में जमा कर सकते हैं जिसमें वे अपना समय और सेवा की प्रकृति डालने के साथ-साथ अपने लिए वांछित सेवा की जानकारी भी दे सकते हैं। इस तरह बैंक के माध्यम से लोग एक-दूसरे से सेवाओं का आदान-प्रदान सुनिश्चित कर सकते हैं।

सृजनशीलता का एक और अभिनव उदाहरण पास-पड़ोस की खाली जगहों में सामुदायिक रूप से 'आर्गेनिक साग-सब्जी-फल की बागवानी' का है। इसके जरिये बाजार पर खाद्य निर्भरता को यथा सम्भव कम करने के साथ ही पर्यावरण सुसंगत कृषि उत्पादन और उपभोग की सहकारी समितियों को भी विकसित करने के प्रयोग किये गए। ये प्रयोग वाणिज्यिक 'धंधे' की नीरसता और धूर्तता से हटकर उत्पादकों और उपभोक्ताओं के बीच आत्मीय रिश्तों के बीज डालने के लिए लक्षित हैं।

आन्दोलन ने 'कोई मानव प्राणी अवैध नहीं हैं ('No Human Being is Illegal') नारे के तहत, विशेषकर बड़ी-बड़ी आप्रवासी बस्तियों में मानवाधिकार निगरानी ब्रिगेडों की स्थापना की। इनके जरिये न सिर्फ इन आप्रवासी समूहों पर पुलिस ज्यादतियों की 'अदृश्यता' और 'असंवेदनशीलता' को व्यापक-वृहत्तर जन विमर्श और प्रतिरोध के दायरे में लाया गया, बल्कि इन हाशिये के समूहों को लेकर सत्ता-व्यवस्था तंत्र के अन्दर आमतौर पर पाये जाने वाले अन्धराष्ट्रवादी (Xenophobic) और नस्लीय पूर्वाग्रहों के खिलाफ भी अभियान छेड़ा गया। ये मानवाधिकार ब्रिगेड 'इमिग्रेशन डिटेंशन केन्द्रों' में पकड़कर लाये जाने वाले आप्रवासियों के मानवाधिकारों की गारंटी के साथ-साथ इस समूची 'डिटेंशन केन्द्र' प्रणाली और संस्थानिकता को भंग किये जाने के लिए जन गोलबन्दियों और प्रदर्शनों की सांगठनिकता और आयोजनों के केन्द्र में थे।

15-M सड़कों पर अचानक जन विस्फोट के रूप में जन्मा था। मगर इसने अपनी वैकल्पिक वैचारिकी और व्यवहार के बीज तमाम हाशिये की सामुदायिकताओं-बस्तियों में छींट दिये। आन्दोलन ने परिवर्तन और विकल्प के लिए एकजुटता की 'वैश्विक जागरूकता' का रास्ता दिखाया। एक कार्यकर्ता-शोधकर्ता इस्थर विवास का कहना है :

'अपनी वैयक्तिक अकेली कार्यवाहियों के जरिये हम दुनिया को नहीं बदल सकते, व्यापक-वृहत्तर पैमाने पर और मूलभूत वैचारिकताओं-व्यवहारों का बदलाव केवल सामूहिक कार्यवाहियों के जरिये ही हो सकता है। अगर हम संघर्ष नहीं करते, अगर

हम 'प्रो एक्टिव' नहीं होते, अगर हम सड़कों पर नहीं होते—हम शुरू होने के पहले ही खत्म हो चुके होते।'[17]

15-M आन्दोलन प्रतिरोध-प्रदर्शनों से कहीं बढ़ कर था। इसने सामूहिक कल्पनाशीलता-संवेदना-सृजनशीलता और राजनीतिक वातावरण को आमूल-चूल तरीके से बदलने की दिशा ली। इसने समाज के नये सिरे से राजनीतिकरण की प्रक्रिया की शुरुआत की। कार्यवाहियों के एजेंडा ने जुझारू रेडिकल विस्तार का आयाम लिया : 'अब हम चौराहों-चौकों पर कब्जा नहीं कर रहे, बल्कि अपने ही पड़ोस की सार्वजनिक जगहों को अपने लिए वापस हासिल कर रहे हैं, हम जबरन बेदखली रोक रहे हैं, हम अपनी पहलकदमियों की 'क्राउड फंडिंग' कर रहे हैं। हम बैंकरों के खिलाफ कानूनी कार्यवाहियाँ कर रहे हैं। हम अपना वैकल्पिक समानान्तर सामाजिक सहयोग नेटवर्क बना रहे है।'

मार्ता सांचेज 15-M की अवधारणा को कुछ इस तरह व्यक्त करती है : यह एक मौन क्रान्ति' (Silent Revolution) के लिए भूमिगत काम करने वाला गतिशील (dynamic) आन्दोलन सरीखा है। 'धीमी अधीरता' (slow impatience) के साथ लैस 15-M सत्ता पर काबिज 1% और समाज की व्यापक वृहत्तर 99 % ताकतों के परस्पर सम्बन्धों (correlation) की पुनर्संरचना के लिए अपने प्रयास केन्द्रित कर रहा है।[18]

'एगोनिस्टिक जनतंत्र'

चन्ताल माउफे[19] वैकल्पिक जनतंत्र की इस अवधारणा की दार्शनिकता को इस तरह रेखांकित करती है :

> जनतंत्र को कोशिश करनी चाहिए कि वह ऐसी संस्थानिकताओं की रचना करे, जो संघर्षो-टकरावों (conflicts) के उभरने पर उन्हें एक 'एगोनिस्टिक' (agonistic) स्वरूप लेने की इजाजत दें : दुश्मनों के बीच उन्मूलनकारी 'एंटागोनिज्म' (antagonism) की जगह परस्पर प्रतिद्वंद्वी टकराहट (adversarial confrontation) का स्वरूप। वे एक-दूसरे के प्रति इस तरह से असहमत हों कि वे दूसरे समुदाय को नष्ट किये जाने वाले दुश्मन के बतौर न देखें : हमें एक साथ रहने का तरीका खोजने की जरूरत है।

यह बेल्जियन राजनीतिक सिद्धान्तकार अपने 'रेडिकल और एगोनिस्टिक जनतंत्र' की अवधारणा के लिए खास तौर से जानी जाती है। एक साक्षात्कार में वह अपनी इस अवधारणा को कुछ इस तरह से व्यक्त करती है :

> 'हम पूँजीवाद का अन्त करना चाहते हैं, बिल्कुल ठीक, मगर हम ऐसा करने कैसे जा रहे हैं, और किसके साथ? यह काफी पुरानी लफ्फाजी हो गई है—पूँजीवाद का अन्त। मेरे विचार से सवाल विद्यमान संस्थानिकताओं के साथ चुनौती में उतरने (Engage) का है, और यह एक लम्बी प्रक्रिया है। एकदम नये सिरे से नई शुरुआत की रणनीति (जैसे सोवियत क्रान्ति) काम

नहीं करती। आप एक झटके में किसी समाज को खत्म करके एकदम नये सिरे से (from scratch) शुरुआत नहीं कर सकते। यह बिल्कुल सम्भव नहीं है...!

'अवस्थिति का युद्ध' (War of Position) एक बेहतर राजनीति है, हमें कतिपय चिह्नित (specific) संस्थाओं को बदले (Transform) जाने के लिए निशाना बनाने (Target) की जरूरत है...। सबसे जरूरी कार्यभार नव उदारवाद और वित्तीय पूँजीवाद के प्रभुत्व (hegemony) को खत्म करने का है। निश्चित रूप से यह पूँजीवाद का अन्त नहीं होने जा रहा है। लक्ष्य एक ऐसे समाज की रचना का होना चाहिए, जो बाजार के तर्क के मातहत न हो। ऐसे कुछेक क्षेत्र रह ही सकते हैं जो पूँजीपतियों द्वारा संगठित-संचालित होते रहेंगे—मगर मुख्य समाज (Main Society) ऐसा नहीं होगा, जिसमें बाजार सारी चीजों पर नियंत्रण रखता हो।

मगर ऐसा एक दिन में तो नहीं हो सकता। निश्चित रूप से हार्ट और नेग्री जैसों के प्रस्तावों की एक धारा मौजूद है जो यह मानती है कि विविधताओं की स्वसांगठनिकता का विकास (Development of the self organisation of the multitude) पूँजीवाद को पूरी तरह से अप्रासंगिक बना देगा। वे भी मानते है कि यह एक लम्बी प्रक्रिया होने जा रही है और इसलिए वे किसी 'जेकोबिन' तर्ज की क्रान्ति की पैरोकारी नहीं करते। मगर उनका मानना है कि अन्ततः राज्य का अस्तित्व विलोप हो जाएगा (State will disappear), और मैं ऐसा बिल्कुल नहीं मानती। जीवन के नये रूपों (New forms of living) के उस तरह के कुछेक प्रयोग महत्त्वपूर्ण जरूर हैं, मगर इतना ही काफी नहीं है। पूँजीवाद की ताकत इस बूते नहीं विलोप होने वाली कि हमारे पास विद्यमान संस्थानिकताओं के दायरे से बाहर बहुत सारी स्व सांगठनिकताएँ मौजूद हैं। हमें उन संस्थानिकताओं के साथ उन्हें पूरी तरह से बदलने के लिए (Transform them profoundly) के लिए चुनौती (engage) में उतरना होगा।

वे सोचते हैं कि ऐसा कोई इतिहास का नियम है जो अनिवार्य रूप से 'सर्व सम्पूर्ण जनतंत्र' (Absolute Democracy) की ओर जाता है। मैं नहीं सोचती कि ऐसा कुछ है। पूँजीवाद सिर्फ हम लोगों के धैर्य के साथ इन्तजार करने से 'गायब' नहीं होने जा रहा। हमें उसके साथ चुनौती में उतरना होगा, और यही 'एगोनिस्टिक एंगेजमेंट' की रणनीति है। यह सम्पूर्ण क्रान्ति नहीं है और ऐसा सम्भव भी नहीं है। यह 'अवस्थिति का युद्ध' (War of Position) है : विद्यमान संस्थानिकताओं को बदलने की लड़ाई।

समस्या नव उदारवाद के प्रभुत्व (Hegemony) की नहीं है। यह इतना सर्वग्रासी हो चुका है कि इसने अपने बारे में कोई विकल्प न होने का

विचार थोप दिया है। नवउदारवाद इस विचार को खारिज करता है कि शिक्षा ऐसी 'सार्वजनिक सेवा' है जिसे प्रदान करने की जिम्मेदारी राज्य की है। नवउदारवाद की यह बात सामाजिक-जनवाद की राजनीति भी स्वीकार करती है। मध्य-दक्षिण (Centre-right) और मध्य-वाम (Centre-left) पार्टियों में इस पर सहमति है जिसका नतीजा यह है कि लोगों के लिए विकल्प चुन सकने की कोई सम्भावना ही नहीं बची है। इसके चलते वह एकमात्र रास्ता जिससे लोग अपनी आवाज उठा सकते हैं, इस तरह के 15-M प्रतिरोध आन्दोलनों का है, क्योंकि प्रतिरोधों (protests) के अलावा और कोई वास्तविक 'राजनीतिक चैनल' बचा ही नहीं है।'

ग्रीक आक्रोश और प्रतिरोध

ग्रीस में ग्रीक सरकार, यूरोपी यूनियन, और अन्तर्राष्ट्रीय मुद्राकोश द्वारा हस्ताक्षरित नवउदारीवादी विध्वंसक नुस्खे के सहमतिपत्र (मेमोरेंडम) के खिलाफ सामाजिक प्रतिरोध की सबसे बड़ी और प्रभावी ताकत 'अगनातिस्मेनी' (Aganaktismeni : The Indignent) जन आन्दोलन था। इस आन्दोलन ने समूचे ग्रीस के सार्वजनिक चौराहों-चौकों को राजनीतिक जन गोलबन्दी के केन्द्रों में बदल दिया।

आन्दोलन अपनी प्रकृति और आवेग में स्पेन में 'इंडिग्नाडोस' और अमेरिका के 'आकुपाई' आन्दोलनों से काफी कुछ मिलता था। इन तीनों ही प्रतिरोध आन्दोलनों में आधिकारिक राजनीतिक सत्ता संस्थानों के खिलाफ व्यापक जन गोलबन्दी ने वित्तीय पूँजीवाद को चुनौती दी। आम जनों की वृहत्तर एकजुटता के सिद्धान्त को व्यवहार में लाते हुए इन आन्दोलनों ने सार्वजनिक चौराहों पर डेरा-डंडा डालकर प्रत्यक्ष भागीदारी जनतंत्र का प्रयोग करते हुए व्यवस्थातंत्र में आमूल-चूल बदलाव की माँग उठाई थी। बावजूद इन समानताओं के, राजनीतिक प्राथमिकताओं और माँगों, प्रतिरोध की अभिव्यक्तियों, प्रतिरोधी समूहों-व्यक्तियों की पहचानों, और सामूहिक गोलबन्दियों की शैलियों और व्यवहारों में इन सभी आन्दोलनों की अपनी-अपनी विशिष्टताएँ और अन्तर थे।

अन्य दोनों आन्दोलनों की तुलना में ग्रीक आन्दोलन ऐसा व्यापक-वृहत्तर सामाजिक आन्दोलन नहीं कहा जा सकता जिसमें सभी प्रतिरोधियों-आन्दोलनकारियों की एक न्यूनतम 'साझा पहचान' समाहित हो। इस आन्दोलन में राजनीति की परस्पर घुर विरोधी धाराएँ अपनी अलग-अलग पहचान और दावेदारी के साथ मौजूद थीं। वाम धाराओं के प्रतिरोधियों की इसमें प्रमुख भूमिका थी। मगर दक्षिणपंथी और उदारवादी राजनीति की धाराएँ भी सामूहिक गोलबन्दियों में बढ़-चढ़कर हिस्सा ले रही थीं। यही नहीं, चरम दक्षिणपंथी भी आन्दोलन के आक्रोश और आवेग को अपने पक्ष में भुनाने की भरपूर कोशिश कर रहे थे। इस राजनीतिक विशिष्टता के चलते ग्रीक आन्दोलन के सामने विविधता और समावेशन के सिद्धान्त (Principle of diversity and inclusiveness) के मामले में इंडिग्नाडो और आकुपाई आन्दोलनों की बहसों से बिल्कुल अलग तरह की चुनौती थी।

ग्रीक आन्दोलन के लिए 'अगनातिस्मेनी' (Aganaktismeni) शब्दावली की ईजाद ग्रीक मुख्यधारा मीडिया ने इस आन्दोलन के स्पेनी इंडिग्नाडोस की नकल होने के व्यंग्य के तौर पर की थी। ग्रीक आन्दोलन अपने कई सारे वैकल्पिक नामों : 'पियाजा आन्दोलन' (Piaza Movement), 'आक्रोशित' ('The Outraged'), 'गुस्सैल'

('The Infuriated') और 'चौराहा आन्दोलन' ('The Square Movement') आदि से भी जाना जाता है।

राजनीतिक-आर्थिक पृष्ठभूमि

सन् 2008 के वित्तीय संकट में 'लेमान बदर्स' के दिवालिया होने के बाद ग्रीक अर्थव्यवस्था के सामने लगातार बढ़ रहे भयावह सार्वजनिक कर्ज के बोझ और घाटे की पहाड़ जैसी चुनौती थी। 4 अक्टूबर, 2009 के आम चुनावों के जरिये ग्रीक की समाजवादी पार्टी PASOK सत्ता में आई। अप्रैल 2010 तक ग्रीस अन्तर्राष्ट्रीय बाजार में अपनी साख और पहुँच दोनों खो चुका था। राज्य दिवालिएपन के संकट से बचने के लिए 23 अप्रैल को ग्रीक प्रधानमंत्री ने सरकार की ओर से यूरोपी यूनियन और आई.एम. एफ. के आगे 'बेल-आउट' की गुहार लगाई। यूरोपी केन्द्रीय बैंक, यूरोपी कमीशन और आई.एम.एफ. की तिकड़ी (Troika) के साथ ग्रीक सरकार ने सहमति-पत्र पर हस्ताक्षर किये। सहमति-पत्र में अल्पकालीन लक्ष्यों (short-term objectives) और दीर्घकालिक 'ढाँचागत-सुधारों' (long-term structural reforms) के लिए तमाम तरह की आर्थिक व वित्तीय नीतियों के प्राविधान शामिल थे। सहमति-पत्र को लागू किये जाने की समूची प्रक्रिया तिकड़ी की निगरानी में हो रही थी। जब कभी ग्रीक सरकार सामयिक 'टारगेट' को पूरा करने में असफल होती, जनता पर और ज्यादा कठोर मितव्ययिता उपायों को लादती, क्योंकि शर्तों के पूरी न होने की दशा में तिकड़ी अगली किस्त जारी करने से इनकार कर देती थी।

मितव्ययिता नीतियों के हमले के खिलाफ पहला प्रतिरोध फरवरी 2010 में हुआ। समूचे 2010 के दौरान ग्रीक में सार्वजनिक व निजी दोनों ही क्षेत्रों में हड़तालों और जन प्रदर्शनों-रैलियों की झड़ी लगी रही। इन प्रतिरोध हड़तालों और रैलियों में व्यापक जन भागीदारी, और सभी जगहों पर सामूहिक गोलबन्दियाँ उल्लेखनीय थीं। प्रतिरोधियों की सामाजिक-आर्थिक-राजनीतिक पहचानों की विविधता अभूतपूर्व थी। इन प्रतिरोधों में आन्दोलनकारी अपने गुस्से का न सिर्फ सरकारी मितव्ययिता नीतियों, बल्कि समूची सत्ता संस्थानिकता के खिलाफ भी प्रदर्शन कर रहे थे। आन्दोलन के नारे संसद को भ्रष्ट और दिवालिया राजनीतिक सत्ता तंत्र का प्रतिनिधि प्रतीक-पर्याय बता रहे थे : लगभग हर प्रदर्शन में यह नारा प्रमुखता से गूँज रहा था : 'जला दो, इस रंडीखाने संसद को जला दो ('Burn!, Burn! This Brothel, the Parliament')।

इन प्रतिरोध आन्दोलनों-प्रदर्शनों में बहुत सारी नई जन सामूहिकताएँ सक्रिय थीं। तमाम नागरिक पहलकदमी मंच, दोनों स्थापित राष्ट्रीय ट्रेड यूनियन फेडरेशनों (GSEE और ADEDY) के खिलाफ दर्जनों नई ग्रासरूट ट्रेड यूनियनें, जनान्दोलन 'मैं भुगतान नहीं करूँगा' (I won't pay) इन प्रतिरोध प्रदर्शनों में बढ़-चढ़कर हिस्सा ले रहे थे। 2010 के आन्दोलन-प्रदर्शन प्रतिरोधी राजनीति की संस्कृति में आ रहे बदलाव का इशारा जरूर कर रहे थे, मगर कुल मिलाकर करके वे अभी भी परम्परागत राजनीतिक विभाजनों के दायरे के अन्दर ही थे। प्रतिरोध रैलियाँ आमतौर पर तीन अलग-अलग धाराओं में विभाजित थीं : दोनों मुख्यधारा के ट्रेड यूनियन कनफेडरेशन; वामधारा की

पार्टी 'सिरिजा' (Syriza) और संसदेतर वाम (extra-parliamentry left); और ग्रीक कम्युनिस्ट पार्टी।

नवम्बर, 2010 में सरकार ने अगले साल के बजट का 'फाइनल ड्राफ्ट' जारी किया। बजट का लक्ष्य बजट घाटे को 5 बिलि. यूरो कम करके 17 बिलि. यूरो, अर्थात जीडीपी के 7.4% पर लाना था। देश के जल्दी ही संकट से उबर जाने के लगातार दावों के बावजूद एक के बाद एक थोपे जा रहे विनाशकारी मितव्ययिता उपाय, अर्थव्यवस्था का लगातार सिकुड़ते जाना, बेरोजगारी में बेतहाशा वृद्धि, सार्वजनिक कर्ज का लगातार बढ़ते जाना—ये तमाम बातें ग्रीक समाज में इस डर और आशंका को घनीभूत करती जा रही थीं कि देश कर्ज और संकट के भयावह दुश्चक्र में बुरी तरह फँस चुका है। लगातार शिकंजा कसती जाती मितव्ययिता नीतियाँ अब न सिर्फ श्रमिक वर्ग, बल्कि समाज के मध्यवर्गीय तबकों का भी जीवन दूभर बनाने लगी थीं। सार्वजनिक और निजी दोनों ही क्षेत्रों में वेतन और पेन्शन की लगातार कटौती हो रही थी। करों का बोझ आम जनता पर बढ़ता ही जा रहा था। सार्वजनिक खर्चों की सरकारी कटौती के जरिये कल्याणकारी राज्य की समूची अवधारणा ध्वस्त हो चुकी थी।

सन् 2011 तक समूचे सामाजिक ताने-बाने का विनाश स्पष्ट था। शहर सड़क-चौराहे बेघरबार भटकती समूची नई युवा पीढ़ी से अटे पड़े थे। भुखमरी से मौत रोकने के लिए मुफ्त भोजन व्यवस्था पर दबाव बढ़ता जा रहा था। समाज के इस भयावह तेजी के साथ विखंडन और बिखराव ने जनता के अन्दर पहले से मौजूद आक्रोश और गुस्से की आग में घी का काम किया। न सिर्फ प्रतिरोध की जन गोलबन्दियों में वृद्धि हुई, बल्कि इन गोलबन्दियों के तेवर भी अब ज्यादा आक्रामक होने लगे थे।

चौराहा कब्जा आन्दोलन

ये वे परिस्थितियाँ थीं, जिनमें 23 फरवरी, 2011 को 'सिन्तामा चौराहा' (Syntagma Square) कब्जे का पहला प्रयास हुआ। जबरदस्त हिंसक पुलिस कार्यवाही और आन्दोलनकारियों की कम संख्या के चलते यह प्रयास असफल रहा। कुछ ही महीने बाद स्पेन में आन्दोलनकारियों ने 15 मई, 2011 से पुयेर्टा डेल सोल और प्लाजा केटालून्या चौराहों पर सफलतापूर्वक कब्जा कर लिया था। इसके बाद ग्रीक सोशल मीडिया में 25 मई, 2011 को बिना किसी पार्टी झंडे-बैनर के शान्तिपूर्ण प्रदर्शन के आह्वान गूँजने लगे थे। इन आह्वानों में ग्रीक मीडिया द्वारा प्रचारित स्पेनी इंडिग्नाडो कहानियों का भी प्रभाव माना जा सकता है। मीडिया प्रचार कर रहा था कि स्पेनी इंडिग्नाडोस अपने प्रदर्शनों में व्यंग्य बैनर लिए हुए थे जिन पर लिखा था : 'शान्त, वर्ना हम ग्रीकों को जगा देंगे!' ('Silence, or we will awaken the Greeks!')। जो भी हो, आह्वान जबरदस्त सफल रहा। 25 मई को ग्रीस के 38 से ज्यादा शहरों में लोगों ने बड़ी संख्या में जुटकर प्रदर्शन किये।

एथेन्स में 25 मई को जबरदस्त जन रैली के बाद प्रतिरोध-प्रदर्शनकारियों के एक समूह ने रात भर सिन्तामा चौराहा कब्जा करके वहीं रुकने का तय किया। स्वाभाविक रूप से तहरीर चौक कब्जे में 'अरब वसन्त' और स्पेनी 'इंडिग्नाडोस' आन्दोलन

की प्रेरणा का भी योगदान था। सिन्तामा चौराहा का यह प्रारम्भिक कब्जा जल्दी ही दीर्घकालीन डेरा डालो-डंडा डालो कब्जा आन्दोलन बन गया। इस कब्जा आन्दोलन ने समूचे ग्रीस में सामूहिक जन गोलबन्दियों में प्रभावी और अग्रणी भूमिका निभाई।

यह कहना पूरी तरह सही नहीं होगा कि सिन्तामा चौक कब्जा केवल अरब वसन्त और इंडिग्नाडोस की देन या प्रेरणा से था। ग्रीक प्रतिरोध संघर्षों के शस्त्रागार में 'कब्जा' कोई नई बात नहीं थी। सार्वजनिक और निजी भवनों, मंत्रालयों , विश्वविद्यालयों, फैक्ट्रियों, स्कूलों, टाउन हालों, राजमार्गों पर कब्जा ग्रीक प्रतिरोध की परम्परागत कार्यनीति रही है। दिसम्बर 2008 के हिंसक दंगों के बाद से कब्जे की कार्यवाहियाँ तेजी से बढ़ रही थीं। सिन्तामा चौक से पहले सेंट्रल एथेन्स में अफगानी आप्रवासियों ने अपने राजनीतिक शरणार्थी दर्जे के अधिकार की माँग पर काफी लम्बे समय तक कब्जा किया था। वे वहाँ काफी लम्बी भूख हड़ताल पर भी रहे थे, और कइयों ने इस भूख हड़ताल के दुस्साहसी आवेग में अपने होंठों को सिल लिया था।

सिन्तामा कब्जा सामाजिक-राजनीतिक-आर्थिक प्रतिरोध के क्षेत्र में एक नई राजनीतिक रणनीति का प्रारम्भ था। इस कब्जे में प्रतिरोधकर्ताओं-आन्दोलनकारियों ने उस स्थान की अवस्थिति और प्रतीकात्मक महत्त्व का भरपूर फायदा उठाया। सिन्तामा (संविधान) चौक ग्रीस में जनतंत्र के लिए संघर्ष का प्रतीक है। 1843 से ही आटोमान शाही के खिलाफ उन व्यापक जन संघर्षों का केन्द्र सिन्तामा रहा है, जिनके परिणाम स्वरूप अन्ततः ग्रीक संविधान बना था।

राजधानी के केन्द्रीय चौराहे पर लम्बे समय तक चले 25 मई, 2011 सिन्तामा कब्जे ने एक ऐसी विशाल खुली जगह प्रतिरोध के लिए सुनिश्चित की, जहाँ समूची राजधानी से लोग आकर जुट सकते थे। संसद के ठीक सामने सिन्तामा चौक की रणनीतिक अवस्थिति प्रतिरोधी जन समुदाय की ओर से संसद के अन्दर बैठे कानून निर्माताओं के राजनीतिक निर्णय प्राधिकार को दी जा रही प्रतीकात्मक चुनौती को और भी गहन और प्रभावी बना रही थी। सामने संसद की विशाल इमारत सिन्तामा चौराहे पर जुटे प्रदर्शनकारियों के लिए आक्रोश का एक ठोस प्रतीकात्मक निशाना थी। सिन्तामा चौराहा ग्रीस की बहुविध राजनीतिक ताकतों के लिए एक तरह की केन्द्रीय और अपेक्षाकृत समन्वित पहचान का निशाना (Target) प्रदान कर रहा था।

27 मई को सिन्तामा चौक में पहली जन असेम्बली हुई। असेम्बली ने अपने प्रस्ताव में नागरिकों से 'प्रत्यक्ष जनतंत्र' (Direct Democracy) और 'समानता-न्याय-गौरव' के सिद्धान्तों के लिए संघर्ष का आह्वान किया। असेम्बली ने आन्दोलन का लक्ष्य निर्धारित किया : हम चौराहे को तब तक नहीं छोड़ेगे, जब तक कि वे तमाम लोग, जो हमें यहाँ लाये हैं, चले नहीं जाते : सरकार, तिकड़ी, बैंक, मेमोरेंडा और वे सभी जो हमारा शोषण करते हैं। हम उन्हें यह साफ सन्देश दे रहे हैं कि ये कर्जे हमारे नहीं हैं। प्रत्यक्ष जनतंत्र अभी! समानता-न्याय-गौरव (Direct Democracy Now!—Equality-Justice-Dignity)।

इस अर्थ-सन्दर्भ में प्रतिरोधकर्ताओं ने इंडिग्नाडोस के आह्वान 'सच्चा जनतंत्र-अभी' (Real Democracy,Now!) से अलग पहचान बनाई। वे 'सच्चे जनतंत्र' की

जगह 'प्रत्यक्ष जनतंत्र' का आह्वान करते हुए अपनी इस दावेदारी पर बल दे रहे थे कि उनकी समस्याओं का हल, उनकी माँगें प्रतिनिधित्व जनतंत्र (Representative Democracy) की आधिकारिक संस्थाओं के बस की बात नहीं है।[20]

29 मई को इंडिग्नाडोस आन्दोलन द्वारा समूचे यूरोप में जनगोलबन्दियों और प्रदर्शनों के आह्वान पर ग्रीस के पचपन शहरों में प्रदर्शन हुए। सिन्तामा चौक पर प्रदर्शनकारियों की संख्या कई गुना बढ़ गई। अलग-अलग 'वर्किंग ग्रुप' बने विशिष्ट मुद्दों की असेम्बलियाँ गठित हुईं : रोजगार, शिक्षा, आर्थिक संकट आदि...। 31 मई की 'पापुलर असेम्बली' ने 'ऊपरी' सिन्तामा और 'निचले' सिन्तामा चौक के प्रतिरोधकर्ताओं के बीच सांगठनिक सम्पर्क का प्रस्ताव रखा। यह सिन्तामा आन्दोलन की एक अनूठी विशिष्टता से निपटने की समझदारी थी : परस्पर विरोधी-संघर्षशील राजनीतिक ताकतों के बीच मेमोरेंडा और सरकारी राजनीतिक संस्थाओं के खिलाफ साझे विरोध की जमीन पर एकजुट हो सकने की समझदारी।

ग्रीक कब्जा आन्दोलन में, हालाँकि सभी प्रतिरोधी-प्रदर्शनकारी मेमोरेंडा के खिलाफ साझा विरोध रखते थे मगर आपसी विरोधाभासी नीतियों और मूल्यों के चलते वे अक्सर एक-दूसरे के प्रति सकारात्मक दृष्टि या पहचान नहीं रखते थे। सिन्तामा में विचारधारा के मतभेद ने स्थानिकता के अलगाव का भी रूप ले लिया था। सिन्तामा चौक कोई एकल भौतिक स्थान नहीं है। यह दो अलग-अलग चौकों से बना है। ये दोनों चौक दो अलग-अलग धरातल पर हैं—ऊपर और नीचे—जो एक-दूसरे के साथ सीढ़ियों से जुड़े हैं। इस तरह सीढ़ियाँ ऊपर और नीचे के कार्यकर्ताओं के बीच की एक अदृश्य विभाजन रेखा का काम करती हैं। शुरुआत के दिनों में दोनों चौकों के प्रदर्शनकारी आमतौर पर मिल-जुलकर प्रदर्शन में भागीदारी करते थे और इस तरह दोनों चौक एकाकार हो जाते थे।

कब्जा गोलबन्दी के पहले महीने से ही प्रदर्शनकारियों ने अपने-अपने चौकों में अपनी विशिष्ट प्रतिरोध-प्रदर्शन पहचान बनानी शुरू कर थी। यह जल्दी ही दो बिल्कुल अलग-अलग 'ब्लाकों' के रूप में स्थापित हो गई। ऊपरी चौक में, प्रतिरोधकारी आमतौर पर अपने आक्रोश और गुस्से का प्रदर्शन करते रहते थे। प्रतिरोध की प्रमुख कार्यनीति और व्यवहार संसद और राजनीतिक पार्टियों के प्रति सामूहिक लानत-मलामत और गुस्से का प्रदर्शन था। उनके लिए यह सिर्फ सामाजिक अन्याय का मामला नहीं था। बल्कि इससे कहीं ज्यादा यह देश के साथ गद्दारी का मामला था। गद्दारों को सजा देना जरूरी था। चूँकि सभी राजनीतिज्ञों को एक समान गद्दारों और भ्रष्टों के रूप में निरूपित किया जा रहा था, इसलिए इस ऊपरी ब्लाक में जबरदस्त राजनीति विद्वेषी जनाक्रोश था। इस सर्वग्रासी राजनीतिक विद्वेष-विरोध के साथ राष्ट्रवाद और सांस्कृतिक विशिष्टतावाद गहरा जुड़ा था। व्याख्यानों-विमर्शों में ग्रीक राष्ट्र के गौरवशाली अतीत की दुहाई देते हुए ओटोमान साम्राज्य के खिलाफ 1821 के स्वाधीनता संघर्ष के योद्धाओं के बखान होते। प्रतिरोधकर्ता जन सार्वभौमिकता (Popular Sovereignty) के जनमत-संग्रह जनादेश (referenda) जैसे प्रत्यक्ष रूपों की माँग के साथ ग्रीक 'जनता' (People) की संयुक्त आकांक्षा (unified will) की बात करते थे। उनकी सच्चे जनतंत्र की दावेदारी

में ज्यादा मजबूत-ताकतवर और प्रभावी राज्य की माँग शामिल थी। ऊपरी चौक के इस तीखे राष्ट्रवादी और 'पापुलिट' तेवर ने अपने सार्वजनिक स्थान को 'केवल ग्रीक' प्रतिरोधकर्ताओं की जगह में बदल दिया था। अन्ध राष्ट्रवाद तक विस्तारित होते इस राजनीतिक स्पेस में चरम दक्षिणपंथी ताकतों की घुसपैठ के लिए जगह बनी।

निचले चौक पर प्रतिरोध की तात्त्विकता और स्वरूप बिल्कुल अलग थे। यहाँ प्रतिरोधी जन समुदाय 'प्रत्यक्ष जनतंत्र' का प्रयोग कर रहे थे। वे जन असेम्बलियों के माध्यम से क्षैतिजीय निर्णय प्रक्रिया पर काम कर रहे थे। उनकी शब्दावली 'कास्मोपोलिटिन' थी : वह राष्ट्रीय प्रतिरोधों की अन्तर्राष्ट्रीय एकजुटता और समन्वय के पैरोकार थे। सोशल मीडिया के माध्यम से वे ट्यूनीशिया, मिस्र और स्पेन के आन्दोलनकारियों के साथ नियमित सम्पर्क और समन्वय के साथ अपने प्रतिरोध को धार दे रहे थे। निचले चौक प्रतिरोध के कार्यकर्ताओं में काफी संख्या ऐसे लोगों की थी, जिनके पास 'वैश्विक न्याय आन्दोलन' (Global Justice Movement), युद्ध विरोधी आन्दोलन (Anti War Movement) और WSF का अनुभव था। उनकी आम समझदारी और सहमति आन्दोलन का मूल चरित्र अहिंसक बनाए रखने की थी। वे अपने व्यवहार के जरिये यह बताना-दिखाना चाह रहे थे कि सामूहिक स्वशासन एक व्यवहार्य अवधारणा है।

निचले चौक प्रतिरोध में वामधारा की दो पार्टियों : सिरिजा (Syriza) और गैर संसदीय वाम धारा पार्टी 'अन्तास्र्या' (Antarsya) की प्रमुख भूमिका थी। ये दोनों पार्टियाँ छतरी सांगठनिकता (umbrella Organisation) की जिम्मेदारी निभा रहीं थीं जिनके साथ बहुतेरे-बहुविध राजनीतिक संगठन मिलकर काम कर रहे थे। इनके अलावा गैर संसदीय वामधारा के और भी कई समूह और प्राधिकार विरोधी / अराजक धारा के भी समूह इन प्रतिरोध गोलबन्दियों में सक्रियता के साथ भागीदार थे।

ग्रीस के वाम फलक में लम्बे अरसे से चली आती वैचारिक टकराहटों-विभेदों का इतिहास रहा है। निचले चौक कब्जे में इन टकराहटों-विभेदों की जल्दी ही दो ध्रुवीय गोलबन्दी बन गई : सुधारवादी बनाम रेडिकल। कुछ का मानना था कि प्रतिरोध की दिशा सरकार गिराने और नये आम चुनाव कराने की होनी चाहिए। कुछ अन्य आन्दोलन की पूँजीवाद-विरोधी, व्यवस्थातंत्र विरोधी गोलबन्दी के सुदृढ़ीकरण के पक्षधर थे। मतभेदों के और भी कई मुद्दे थे : जैसे ग्रीस की यूरोपी यूनियन में भागीदारी, या सामूहिक गोलबन्दी और प्रतिरोध का राष्ट्रीय / अन्तर्राष्ट्रीय स्वरूप। कुल मिलाकर ग्रीक कब्जा आन्दोलन में एक ऐसा वृहत्तर यूरोपी राजनीतिक प्रतिरोधी स्पेस बनाने की आकांक्षा, जहाँ मितव्ययिता नीतियों को चुनौती दी जा सके, हमेशा दोयम दर्जे पर बनी रही।

सिन्तामा से अलग ग्रीस के दूसरे चौक-चौराहों पर प्रतिरोध आन्दोलनकारियों की राजनीतिक विविधता के बावजूद वे एक ही 'भौतिक स्पेस' पर जुटकर आन्दोलन कर रहे थे। यहाँ आन्दोलन के अन्दर विभाजन तो साफ देखे जा सकते थे मगर उनमें किसी तरह की सीधी टकराहट नहीं थी।

जून आते-आते गोलबन्दियों का विस्तार और प्रभाव कई गुना बढ़ चुका था। सरकार की राजनीतिक साख पूरी तरह खत्म हो चुकी थी। पाँच जून के सबसे प्रभावी

सिन्तामा प्रदर्शन में पाँच लाख के आस-पास लोगों की भागीदारी थी और दस हजार से ज्यादा कार्यकर्ताओं की पापुलर असेम्बली हुई थी। 15 जून की आम हड़ताल में प्रदर्शनकारियों ने संसद को घेरने की कोशिश की। पुलिस ने बर्बर आक्रामकता के साथ प्रदर्शनकारियों के खिलाफ आँसूगैस गोलों और 'फ्लैश ग्रेनेडों' का इस्तेमाल किया।

प्रतिरोधी ताकतों की सबसे मजबूत गोलबन्दी 28 और 29 जून को हुई, जब संसद के अन्दर मितव्ययिता उपायों का नया पैकेज अनुमोदन के लिए पेश किया जा रहा था। प्रदर्शनकारियों ने तय किया कि वे संसद का घेराव करेंगे, सांसदों को अन्दर जाने से रोकेंगे, और अन्दर पहुँचने वाले सांसदों (डेपुटियों) पर प्रस्ताव के खिलाफ मत देने के लिए दबाव बनाएँगे। ज्यादातर प्रदर्शनकारियों को भरोसा था कि सिन्तामा चौक सहित सारे ग्रीस में इतने लम्बे अरसे से चल रहे, इतने विशाल स्तर के प्रतिरोध के आक्रोश और आवेग को ध्यान में रखते हुए ये डेपुटी प्रस्तावों के पक्ष में मतदान से जरूर हिचकेंगे। मगर प्रस्ताव भरपूर बहुमत के साथ पारित-अनुमोदित हो गया। बाहर प्रदर्शनकारियों पर पुलिस दुश्मन सेना की तरह टूट पड़ी : प्रदर्शनकारियों, पत्रकारों, राहगीरों, सिन्तामा चौक के प्राथमिक उपचार केन्द्रों में मरहम पट्टी करा रहे घायलों तक को बेरहमी के साथ खदेड़-खदेड़ कर पीटा गया। प्रदर्शनकारियों ने नारा दिया। 'यह तो जुन्ता है, इसका भी अन्त होगा' पूरे सप्ताह प्रतिरोध-प्रदर्शन जारी रहे। मितव्ययिता प्रस्तावों के अनुमोदन ने आन्दोलन की राजनीतिक क्षमता-सम्भावना को लेकर हजारों प्रदर्शनकारियों के विश्वास को चकनाचूर कर दिया था।

एक प्रतिरोध कार्यकर्ता सिसी कोरिगी ने अपनी हताशा कुछ इस तरह से व्यक्त थी : "मैं चौक पर इस विश्वास के साथ गई थी कि प्रतिरोध के कुछेक दिनों बाद, हमारी सरकार या कम-से-कम अन्य संसदीय पार्टियाँ इस व्यापक जन आक्रोश को सुनेगी-समझेंगी। वे हमारी माँगों: समानता-गौरव-काम के हमारे अधिकार का सम्मान करेंगी!" प्रदर्शनकारी विद्यमान राजनीतिक संस्थाओं की वैधता पर तो सवाल उठा रहे थे, मगर प्रतिनिधित्व जनतंत्र (Representative Democracy) के प्रति अपने विश्वास और सहमति से भी नहीं हटना चाहते थे। एक कार्यकर्ता के मुताबिक :

> हमारा सबसे बड़ा भ्रम यह था कि हम विश्वास कर रहे थे कि हमने अचानक हजारों-हजार लोगों को जनतंत्र को खारिज करने (reject) के लिए मना लिया था, और यह भी कि वे अब 'अगले कदम' की ओर बढ़ने के लिए तैयार थे...। वे राजनीतिज्ञों को, बिना किसी भेदभाव के सारे राजनीतिज्ञों को जी भर के कोस रहे थे, फिर भी वे सारे दिन संसद के सामने जमे रहते थे, मानो वे अपने प्रतिनिधियों से कुछ-न-कुछ की उम्मीद कर रहे हों। उनकी माँगें, उनके दावे ठीक उन्हीं लोगों से थे, जिनके खिलाफ वे नारे लगा रहे होते थे। यह सब हम उस समय नहीं देख पाये थे।

3 जुलाई को पापुलर असेम्बली में दो प्रस्ताव पेश हुए : अब हमें क्या करना है और कैसे करना है? तीस जुलाई को फिर पुलिस ने जबरदस्त हिंसक कार्यवाही करते हुए कब्जा हटा दिया। पूरे सितम्बर-अक्टूबर विभिन्न पारम्परिकों तरीकों से प्रतिरोध प्रदर्शनों

की गोलबन्दी चलती रही : हड़तालें, प्रदर्शन, सरकारी इमारतों पर कब्जा...। इस बीच बेरोजगारी और आर्थिक विपन्नता दिन-दूनी-रात-चौगुनी बढ़ती रही। इन परिस्थितियों ने प्रतिरोध कार्यवाहियों-गोलबन्दियों की ग्रासरूट दिशा को मजबूत किया। प्रतिरोध प्रदर्शनकारी इस बात की उम्मीद छोड़ चुके थे कि ऊपर से कुछ भी बदलने वाला है। अब वे विभिन्न क्षेत्रीय और स्थानीय एकजुटता नेटवर्कों की गोलबन्दियों में लग गए थे।

ग्रीक कब्जा आन्दोलन का एक मजबूत प्रभाव विद्यमान राजनीतिक पार्टी व्यवस्था पर भी पड़ा। आन्दोलन ने ऐसे राजनीतिक परिवर्तनों को गति दी, जिन्होंने स्थापित राजनीतिक पार्टियों की विद्यमान व्यवस्था को काफी हद तक बदलने का काम किया।

अक्टूबर 2011 में ग्रीक प्रधानमंत्री जार्ज पापेन्द्रू ने यूरोपी यूनियन के साथ हुए बेल-आउट समझौते पर जनमत संग्रह कराने की घोषणा की। इसका ग्रीक आम जनता ने तीखा प्रतिवाद किया। अब तक के सारे फैसले, तमाम प्रतिरोधों-प्रदर्शनों-आन्दोलनों को नजरअन्दाज करते हुए बन्द दरवाजों के पीछे गुपचुप लिए गए थे। अब अचानक जनमत संग्रह के जरिये सरकार अपनी पूरी तरह गिर चुकी साख को सँभालने और समयपूर्व आम चुनाव की मजबूरी से बचने का नाटक खेल रही थी!

नवम्बर, 2011 में प्रधानमंत्री ने इस्तीफा दे दिया और तीन पार्टियों : समाजवादी (PASOK), कंजर्वेटिव (New Democracy) और चरम दक्षिणपंथी (LAOS) की अन्तरिम गठबन्धन सरकार बनी। मई और जून 2012 के राष्ट्रीय चुनावों में ग्रीक की परम्परागत द्विदलीय शासन व्यवस्था का अन्त हो गया। ग्रीक राजनीति के क्षितिज पर बहुध्रुवीय-बहुदलीय पार्टी तंत्र का आगमन हुआ। दोनों ही चुनावों में 'न्यू डेमोक्रेसी' पार्टी की सिरिजा (Syriza) पार्टी पर बहुत कम अन्तर के साथ जीत हुई। सिरिजा, जिसे 2009 के चुनावों में सिर्फ 4.59% मत मिले थे इस बार मुख्य विपक्षी पार्टी थी। इसके अलावा संसद में और कई नई पार्टियों ने प्रवेश किया : मध्य-वाम की 'डेमोक्रेटिक लेफ्ट' पार्टी, दक्षिणपंथी-पापुलिस्ट 'दि इंडिपेंडेंट ग्रीक्स' और यहाँ तक कि नव नाजी पार्टी 'गोल्डेन डॉन' भी। घुर दक्षिणपंथ की पार्टी (LAOS) जो अन्तरिम सरकार की साझीदार थी, अपना खाता भी नहीं खोल पाई।

प्रतिरोध की सामाजिक-राजनीतिक प्रोफाइल

चिन्ताएँ-तकलीफें, जिनके इर्द-गिर्द आन्दोलन की गोलबन्दी हुई : सरकार की मितव्ययिता नीति, विदेशी संस्थानिक और निजी साहूकार, बैंक, राजनीतिक पार्टियाँ, आर्थिक अभिजात्य, भ्रष्टाचार, बढ़ती असमानता, बेरोजगारी, सार्वजनिक खर्चों की कटौती अनन्त थीं। ये तमाम चिन्ताएँ-तकलीफें वैश्विक वित्तीय पूँजी की ताकत और नवउदारी विस्तारवाद, राष्ट्रीय नीतियों पर यूरोपी यूनियन, यूरोप केन्द्रीय बैंक और आई.एम.एफ. के नियंत्रणकारी दखल, राजनीतिक प्रतिनिधित्व के संकट, और सर्वग्रासी भ्रष्टाचार का परिणाम थीं।

नतीजे में प्रतिरोध की सामूहिक गोलबन्दियों में अनुभवी राजनीतिक कार्यकर्ताओं से लेकर सड़क पर पहली बार प्रतिरोध में उतरने वाले नागरिकों तक सभी शामिल थे। वे अपनी राजनीतिक समझदारी, सामाजिक संस्तरण, और आयु वर्ग में व्यापक

ग्रीक समाज का प्रतिबिम्ब थे। जून, 2011 सिन्तामा चौक प्रदर्शनों में 23.8% निजी क्षेत्र कर्मचारी, 14.6% पेन्शन धारक, 13.7% सार्वजनिक क्षेत्र कर्मचारी, 13.7% बेरोजगार, 13.2% स्वरोजगारी, 12.9% विश्वविद्यालयी छात्र थे। 60% के पास स्नातक और 8% के पास परास्नातक डिग्रियाँ थीं। 25.3% प्रदर्शनकारी 25 से 44 वर्ष आयु वर्ग और 27.4 % 35 से 49 वर्ष आयु वर्ग के थे। 43% प्रदर्शनकारी वामधारा राजनीतिक प्रतिबद्धता और 36% दक्षिणपंथी प्रतिबद्धता वाले नागरिक थे। समूचे ग्रीस के आन्दोलनों के स्तर पर 38% प्रदर्शनकारी खुद को किसी भी विचारधारा विशेष के साथ सम्बद्ध नहीं मानते थे।

प्रतिरोधी कार्यकर्ता निचले सिन्तामा चौक कब्जे में प्रत्यक्ष जनतंत्र का प्रयोग कर रहे थे। सामूहिक गोलबन्दी बनाने और बनाए रखने के लिए बहुत से 'कार्यकारी समूह' (Working groups) बनाए गए थे। एक नर्सरी थी, खाने-पीने की राशनिंग का ग्रुप था, साफ-सफाई की टीम थी, मीडिया ग्रुप थे, कलाकारों-संस्कृतिकर्मियों की टीम थी...। इसी तरह वे तमाम समूह भी थे जो ग्रासरूट जनतंत्र की वैचारिकता को उत्साह के साथ व्यवहार में उतारने में लगे हुए थे। अर्थव्यवस्था की वर्तमान दशा, वैकल्पिक आर्थिक नीतियों की सम्भावनाओं आदि पर खुली बहस-विमर्शों के जरिये नागरिक अपनी राय व्यक्त करते और आम सहमति पर पहुँचते। यह ग्रासरूट जनतंत्र की ओर से पारम्परिक व्यवस्था तंत्र के 'टेक्नोक्रेटों' और नागरिकों के पारम्परिक विभाजन को खुली जन चुनौती थी। हर रात नौ बजे से पापुलर असेम्बलियों का आयोजन होता। वक्ताओं का चयन और क्रम पूर्व निर्धारित नहीं रहता था। हर असेम्बली में करीब सौ लोग अपनी राय व्यक्त करते। डेरा-डंडा कार्यकर्ताओं का दृष्टि विस्तार कब्जा किये गए चौराहों-चौकों से आगे निकलते हुए सामाजिक रिश्तों के बदलाव तक जाता था। आगे की गोलबन्दियों-प्रतिरोध चुनौतियों को सुनिश्चित करने के लिए बस्ती असेम्बलियों के साथ नियमित और जीवन्त सम्पर्क स्थापित किये गए।

कैम्पों के जरिये एक ऐसा वैकल्पिक सार्वजनिक परिक्षेत्र बनाने की कोशिश हो रही थी, जिसमें लोग खुलकर एक-दूसरे के साथ अन्तर्क्रिया कर सकें, एक-दूसरे के साथ बहसों-विमर्शों में उतर सकें, सूचनाओं-जानकारियों का आदान-प्रदान कर सकें, और अपने विचारों-अनुभूतियों को व्यक्त कर सकें। इस प्रयोगधर्मिता के भागीदार अपने विचार-राय व्यक्त करने के साथ-साथ अपने गुस्से, संशय, आशंका की भावनाओं को भी व्यक्त कर रहे थे। इसके जरिये एक-दूसरे से अनजान आम नागरिकों के बीच सामाजिक अन्तर्क्रिया, और संवाद-संवेदना का रिश्ता बन रहा था।

इसके बावजूद समावेशन के विस्तार में ग्रीक कब्जा आन्दोलन 'इंडिग्नाडोस' और 'आकुपाई' आन्दोलनों से अलग और सीमित विस्तार वाला था। 'इंडिग्नाडोस' और 'आकुपाई' का राजनीतिक 'एक्टीविज्म' विविधताओं की गुंजाइश वाले 'स्पेस' बनाने की आकांक्षा के साथ जुड़ा हुआ था। यहाँ आन्दोलनकारी आन्दोलन के विस्तार और व्यापकता के अन्दर अलग-अलग तरह की विरोधाभासी वैचारिकताओं वाली सामूहिकताओं के अस्तित्व से भलीभाँति परिचित थे, और इन विविधताओं को बनाए रखते हुए जगह देने के लिए तैयार थे। वे अलग-अलग पहचानों और हितों वाले 'प्रति-

विमर्शों' (counter-discourses) को प्रोत्साहित करते थे। 'इंडिग्नाडोस' सचेत-सक्रिय ढंग से आन्दोलन की संरचना-रणनीति-निर्णय प्रक्रिया और व्यवहार में वंचितों की आवाजों को शामिल करता था। 'आकुपाई' आन्दोलन के अन्दर गरीब, श्रमिक जन समुदायों, अश्वेतों के प्रतिनिधित्व को सचेत रूप से शामिल करने की वैचारिकता और व्यवहार दोनों था। यहाँ ऐसी चेतना और व्यहार का अभाव था।

सिन्तामा प्रदर्शनकारी सिर्फ मितव्ययिता नीतियों के खिलाफ अपनी आवाज और अपने गुस्से को अभिव्यक्त नहीं कर रहे थे। वे ठोस रूप से सरकार गिराने और मेमोरेंडम को निरस्त कराने का प्रयास कर रहे थे। उनके लिए आन्दोलन का नतीजा उनकी निजी जिन्दगियों और देश के भविष्य दोनों को प्रभावित करने वाला था। उनकी प्राथमिकता सरकार के साथ तुरन्त राजनीतिक चुनौती की टकराहट में उतरने की थी। ऐसे में 15-M के नागरिक अनुशासन और अहिंसा के अन्य मानदंड निर्वाचित राज प्रतिनिधियों के खिलाफ ग्रीक समाज के ध्रुवीकरण और सार्वजनिक गुस्से के विस्फोट से मेल नहीं खाते थे।

सामाजिक आन्दोलन आमतौर पर आन्दोलन की भागीदारी के सन्दर्भ में अपने-पराए की समझदारी की प्रतीकात्मक सीमा रेखाएँ बना लेते हैं। सामाजिक आन्दोलन विपक्षियों की पहचान को सचेत रूप से सुचिह्नित करते हैं : विपक्षी की पहचान सामूहिक कार्यवाही की निर्णायक पूर्व शर्त है। ग्रीक कब्जा आन्दोलन में ये सीमा रेखाएँ एक ही समय में कठोर और लचीली दोनों थीं। कठोर उन राजनीतिक ताकतों के सन्दर्भ में, जो मेमोरेंडम की विरोधी थीं या कम-से-कम समर्थक तो नहीं ही थीं। लचीली विचारधारात्मक अन्तर्विरोधों के सन्दर्भ में : जिसमें परम्परागत-गैर परम्परागत वाम और अराजकतावादियों से लेकर पापुलिस्ट दक्षिणपंथी, अन्धराष्ट्रवादी और चरम दक्षिणपंथी तक सभी शामिल हो सकते थे।

आन्दोलन के सहभागी कार्यकर्ताओं का ग्रीक अतीत और उसकी राजनीतिक परम्परा-विरासत के प्रति गहरा लगाव था। 1974 में ग्रीस में जनतंत्र की स्थापना के साथ ही 1973 में जुन्ता के खिलाफ एथेंस के राष्ट्रीय तकनीकी विश्वविद्यालय के छात्रों का विद्रोह जनतंत्र के संघर्षों के सबसे महत्त्वपूर्ण-गौरवशाली प्रतीकों में एक बन चुका था। 2011 के ग्रीक चौक कब्जों में प्रदर्शनकारी विद्यमान सत्ता तंत्र को एक ऐसे छद्म जनतंत्र के रूप में कोस रहे थे जो नागरिकों के तमाम अधिकारों के हनन पर आमादा था। आन्दोलन के नारे अपने वर्तमान आन्दोलन का रिश्ता 1973 के छात्र विद्रोह के साथ जोड़ रहे थे : 'रोटी, शिक्षा, आजादी : जुन्ता 1973 में नहीं खत्म हुई थी' 1

चरम दक्षिणपंथ की घुसपैठ

अपने निकटवर्ती अतीत की ओर ग्रीक आन्दोलनकारियों का झुकाव ग्रीक की द्विदलीय शासन व्यवस्था के खिलाफ उनके व्यापक आक्रोश-गुस्से को अभिव्यक्त करता था। उत्तर-जुन्ता जमाने की वाम-दक्षिण धारा की PASOK अथवा न्यू डेमोक्रेसी की आपसी अदला-बदली का सत्ता तंत्र इस गुस्से के निशाने पर था। मई और जून 2012 के आम चुनावों में वाम-दक्षिण की इस परम्परागत जुगलबन्दी को ग्रीक जनता ने सिरे से

नकार दिया था। आन्दोलन जनता के इसी आक्रोश और निराशा का प्रतिबिम्ब और अगला कदम था, जिसमें मेमोरेंडम विरोधी धारा की तमाम विभिन्न-विविध राजनीतिक सामूहिकताएँ शामिल थीं। इनमें से एक धारा चरम दक्षिणपंथ की भी थी।

ग्रीस में चरम दक्षिणपंथ के उभार के सबसे प्रभावी कारणों में विद्यमान आर्थिक संकट और मितव्ययिता नीतियों के भयावह-विनाशकारी सामाजिक प्रभाव कहे जा सकते हैं। अन्य कारकों-कारणों में राजनीतिक सत्ता तंत्र में बढ़ता अधिनायकवाद : संसदीय प्रक्रियाओं-मर्यादाओं की अवहेलना-अवमानना, पुलिस बर्बरता और खुफियातंत्र की बढ़ती दखल; और विद्यमान पार्टी तंत्र व 'मास मीडिया' के प्रभावशाली हिस्सों के अन्दर चरम दक्षिणपंथ को मिल रही क्रमशः मान्यता भी थे। चरम दक्षिणपंथ ने अपने अन्दर बहुत सारे चरम प्रतिक्रियावादी विचारों को समाहित किया : वाम की 'मिटाए जाने वाले दुश्मनों' के रूप में पहचान [वर्तमान में यह पहचान आप्रवासियों (MIgrants) को अपने आन्तरिक दुश्मनों के रूप में चिह्नित करने के रूप में अभिव्यक्त हो रही है]; पश्चिम के प्रति गहरा अविश्वास; नस्लवाद और अन्धराष्ट्रवाद का संश्रय; संसदवाद विरोध; और अधिनायकवाद।

चरम दक्षिणपंथ ने स्वयँ को प्रतिनिधि जनतंत्र और राजनीतिक पार्टियों के खिलाफ जनता के आक्रोश के एकमात्र वास्तविक और गम्भीर व्यवस्था विरोधी ताकत के रूप में पेश करने का प्रयास किया। वह जनता के आक्रोश को नागरिक समाज के अन्दर अपनी दखल बनाने-बढ़ाने के निर्णायक अवसर की तरह इस्तेमाल कर रहा था। जुन्ता के पतन के बाद बहुत सारी चरम दक्षिणपंथी पार्टियाँ राष्ट्रीय चुनावों में भाग लेती रही थीं। शुरुआती दौर में ये परम्परागत राजतंत्र और जुन्ता समर्थकों की आवाजों का प्रतिनिधित्व करती थीं। 1990 दशक के शुरुआती वर्षों से चरम दक्षिणपंथ ने अपने विचारधारात्मक पुनर्नवीकरण की दिशा ली। अपने एजेंडा में वर्तमान चुनौतियों को शामिल करते हुए इसने राष्ट्रवाद को अपनी विचारधारात्मक पहचान बनाया। इसी के साथ तथाकथित गैरकानूनी आप्रवासन (illegal immigration) के खिलाफ संघर्ष भी इसका प्रमुख एजेंडा बना।

वर्तमान ग्रीक कब्जा आन्दोलन के शुरुआती दिनों की सामूहिक गोलबन्दियों में चरम दक्षिणपंथ ने 'ऊपरी चौक' में अपने झंडे-बैनर के साथ जगह बनाने का प्रयास किया। वाम धारा के कार्यकर्ताओं ने चरम दक्षिणपंथियों को चौक से बाहर कर दिया। इसके बाद ऊपरी चौक में सामान्यतया चरम दक्षिणपंथ की कोई सुचिह्नित-सुसंगठित उपस्थिति नहीं नजर आई। बावजूद इसके, चरम दक्षिणपंथ ने सरकार, मितव्ययिता नीतियों, और राजनीतिक पार्टियों के खिलाफ व्यापक जन आक्रोश को अपने हित में भुनाने की कोशिशें जारी रखीं।

अन्य तमाम प्रतिक्रियावादी आन्दोलनों (Counter-movements) की तरह ही चरम दक्षिणपंथ ने भी अपनी विरोधी ताकतों के नारों और कार्यनीतियों-व्यवहारिकताओं को अपने तरीके से इस्तेमाल करने की नीति ली। उन्होंने इस तर्क के साथ 'सीधी कार्यवाहियों' में उतरना शुरू किया कि बैंकरों, राजनीतिक अभिजात्यों, यहूदियों, और अधिनायकवादियों की ओर से अपने वैश्विक शासन के लिए नये गुप्त तरीके थोपने

की साजिश चल रही है। चरम दक्षिणपंथी अपने राजनीतिक विमर्श में वाम धारा विमर्श की शब्दावलियों को भी अपनी लफ्फाजी का हिस्सा बनाने में परहेज नहीं करते। चरम दक्षिणपंथी ब्लाग 'सोशल इन्सरेक्शन' 'नाम चामस्की' का हवाला देते हुए राजनीतिज्ञों के खिलाफ राष्ट्र के साथ गद्दारी का आरोप लगाता है, उन सबको तुरन्त सजा दिये जाने की माँग करता है, साजिश सिद्धान्त (conspiracy theory) की पैरोकारी करता है, और तमाम राजनीतिक पार्टियों की 'दुकानदारी' तुरन्त बन्द किये जाने का आह्वान करता है।

ऊपरी चौक के प्रदर्शनकारियों द्वारा प्रतिक्रियावादी आक्रोश की अभिव्यक्तियों को लेकर निचले चौक के अधिकांश वाम कार्यकर्ता चिन्तित नहीं थे। उनकी दृष्टि में सामूहिक गोलबन्दियों में सक्रिय भागीदारी ही राजनीतिक चेतना और समझदारी के विकास और उसके 'रेडिकलाइजेशन' की सबसे महत्त्वपूर्ण उत्प्रेरक थी। उनके लिए ऊपरी चौक की आक्रोशित प्रतिक्रिया ऐसे व्यक्तियों की तात्कालिक, विचारहीन अभिव्यक्तियाँ थीं, जो वर्षों से अपने 'निजी खोलों' में बन्द रहने के चलते अपने आक्रोश को गम्भीर राजनीतिक विमर्श में बदल सकने में अक्षम थे।

मगर ऊपरी चौक के प्रदर्शनकारी ऐसे भी सीधे-साधे उद्वेगी (Indignant) नहीं थे, जिनकी कोई राजनीतिक पहचान या समझदारी नहीं थी। वे कोई साफ-सुथरी स्लेट नहीं थे जिस पर नई पहचान की इबारत लिखी जा सकती थी। उनके आक्रोश और उद्वेग (Indignation) में निश्चय ही समाज व्यवस्था के प्रति 'अपनी नैतिक और अवधारणात्मक राजनीतिक समझदारी' निहित थी। दोनों ही चौकों के प्रदर्शनकारी सामूहिक गोलबन्दियों में अपने नैतिक-राजनीतिक आवेश-आक्रोश के चलते भागीदार थे। वे सभी अन्याय-अनीति के प्रतिकार की ऐसी अवधारणा के साथ एकजुट थे जो विद्यमान व्यवस्थातंत्र के राजनीतिक प्राधिकारियों की नीतियों व व्यवहारों को अनैतिक और अन्यायपूर्ण मानती थी।

इस समानता के आगे उनकी नैदानिक प्राथमिकताएँ, और मूल्यबोध बिल्कुल अलग थे। इसके चलते ऊपरी चौक वाले 'राष्ट्र के साथ गद्दारी' का आरोप लगा रहे थे, जबकि निचले चौक का गुस्सा 'सामाजिक अन्याय' पर केन्द्रित था। ऊपरी चौक में विद्यमान परिस्थिति के कारणों की तलाश मुख्यत: 'राजनीतिक प्रतिष्ठान' में की जा रही थी। निचले चौक में कारणों की तलाश 'वैयक्तिक भ्रष्टता' से कहीं ज्यादा 'व्यवस्थानिक संकट' में की जा रही थी।

टर्नर (1996) का कहना है कि जब खतरे की अनुभूतियाँ बढ़ने लगती हैं, चाहे वे बदली हुई वस्तुगत परिस्थितियों के चलते हों, या फिर विद्यमान परिस्थिति के प्रति आत्मगत पुनर्परिभाषीकरण से हों, तब 'खतरे में पास्परिक निर्भरता' (interdependance in risk) की साझी अवधारणात्मक समझदारी विकसित होने लगती है।[21] 'खतरे के प्रति पारस्परिक निर्भरता का यही मजबूत विश्वास समूचे ग्रीक चौक आन्दोलन में सामूहिक कार्यवाहियों के लिए निर्णायक एकजुटता और गोलबन्दी सुनिश्चित कर रहा था।

आक्रोश से जनतंत्र की ओर?

ग्रीक कब्जा आन्दोलन ने पूरे देश में कब्जा किये चौकों-चौराहों को राजनीतिक जन चुनौती और दावेदारी के केन्द्रों में बदल दिया था। यह सही है कि अपने तात्कालिक लक्ष्यों को हासिल कर पाने में यह सफल नहीं हो सका, मगर निश्चित रूप से इस आन्दोलन ने ग्रीक राजनीति और ग्रीक जनता दोनों पर दीर्घकालिक प्रभाव डाला। न सिर्फ 'स्थापित ग्रीक राजनीति' ने अपनी विश्वसनीयता खो दी, बल्कि ग्रीक जनता भी अब 'राजनीति के शातिर खिलाड़ियों' के पीछे आँखें-मूँदकर चलने के लिए तैयार नहीं थी। उसे विकल्प की तलाश है। वह विकल्प में अपनी मजबूत भागीदारी की दावेदारी कर रही है।

इस आन्दोलन ने ग्रीक जनता के राजनीतिक मनोविज्ञान और व्यवहार (Political Psyche and Behaviour) को गहरे प्रभावित किया। ग्रीक चौक आन्दोलन ग्रीक समाज में आए गम्भीर अवधारणात्मक और भावनात्मक बदलाव का परिणाम था। इस बदलाव का राजनीतिक परिणाम नागरिकों द्वारा हजारों-हजार की संख्या में सड़कों-चौराहों पर उतरकर इन पर कब्जा करके व्यवस्थातंत्र के खिलाफ आक्रोश-उद्वेग और घोर वितृष्णा अभिव्यक्त करने के रूप में निकला। अक्सर आक्रोश-उद्वेग और वितृष्णा अभिव्यक्तियों की विविधताओं में प्रदर्शनकारियों की परस्पर विरोधी राजनीतिक पहचानें निहित थीं।

ग्रीक कब्जा आन्दोलन का सबसे सकारात्मक और दीर्घकालिक सम्भावित परिणाम ग्रीक जनता द्वारा अपने जन आक्रोश-उद्वेग-वितृष्णा की इस जटिल अन्तर्क्रिया की परिपक्वता और समझदारी हासिल करके ऐसे सच्चे जनतंत्र की राह पकड़ना हो सकता है जिसमें नागरिक भागीदारिता के लिए हर स्तर पर भरपूर गुंजाइश हो। आगे के संसदीय चुनावों में ग्रीक जनता ने सच्चे जनतंत्र और नागरिक भागीदारिता की अपनी इस चाह को ग्रीक सत्तातंत्र की बागडोर सिरजा पार्टी और उसके नेता एलेक्सिस सिप्रास के हाथों में सौंपकर अभिव्यक्त किया। मगर सिरजा और सिप्रास जन-आकांक्षाओं की कसौटी पर फिलहाल तो बहुत खरे उतरते नहीं दिखते। उनकी सविच्छाओं-भावनाओं पर अन्तर्राष्ट्रीय नवउदारी वित्तीय जकड़बन्दी का दबाव भारी पड़ा। नतीजे में 2019 से ग्रीक राज सत्ता में दक्षिणपंथ की वापसी हुई। यह वापसी दक्षिणपंथ के साथ जन समर्थन का नहीं,बल्कि सिप्रास और सिरजा के प्रति मोहभंग और ग्रीक सत्ता राजनीति में किसी सच्ची जनपक्षधर ताकत के विकल्प के अभाव की हताशा का प्रतिबिम्ब है।

अरब वसन्त का तुमुलनाद

राजनीतिक परिदृश्य

अरब वसन्त वह जटिल राजनीतिक-आर्थिक-सामाजिक परिघटना है, जो अरब जगत के कई देशों में हुए जन विद्रोहों और कुछेक तानाशाहियों के पतन से कहीं आगे तक जाती है। अरब वसन्त अपने समाज व राजनीति की संरचना (Structure), कर्ता (Agency), इरादा (Intention) और परिस्थिति की आकस्मिकता (Contingency) के दबाव की परस्पर जटिल अन्तर्क्रियाओं का परिणाम कहा जा सकता है। साझी चिन्ताएँ-तकलीफें, राज्य की बढ़ती अक्षमता, धैर्य के टूटने का क्षेत्रीय विस्तार, और जन प्रतिरोध की ताकत—इन सभी ने साल 2011 में समूचे अरब जगत में अभूतपूर्व जन गोलबन्दियों और जन विद्रोहों का ज्वार लाने में महत्त्वपूर्ण भूमिका निभाई। जन गोलबन्दियों और जन विद्रोहों की जो शृंखला ट्यूनीशिया से शुरू हुई, वह समूचे अरब जगत में फैलती हुई खाड़ी देशों तक पहुँच गई थी।

राजनीतिक रूप से अरब जगत दुनिया का ऐसा अनूठा हिस्सा है जहाँ बीसवीं सदी में भी पूरे क्षेत्र में जगह-जगह अधिनायकवादी सत्ताएँ स्थापित हुई थीं। ये राजशाहियाँ-अधिनायकवादी सत्ताएँ 21वीं सदी में भी जनतंत्र के लिए जन आकांक्षाओं की वैश्विक बयार को अपने इलाकों में घुसने से रोके हुए हैं। मगर वे जनतंत्र के लिए अरब वसन्त के जन-ज्वार को नहीं रोक सकीं। साल 2011 में ट्यूनीशिया और मिस्र में हुए जन विद्रोहों ने चन्द हफ्तों के अन्दर ही वहाँ की सत्ताओं को इस्तीफे के लिए मजबूर कर दिया। इन सफलताओं के उत्साह का आवेग पूरे मध्यपूर्व में जन आन्दोलनों-प्रदर्शनों की प्रतिरोध लहर बनकर फैला। जनता लगभग समूचे मध्य पूर्व में आमूल-चूल राजनीतिक-आर्थिक सुधारों और कुछ जगहों पर सत्ता परिवर्तन की भी माँग करती हुई सड़कों पर थी। दशकों के अधिनायकवादी शासन और राजनीतिक जड़ता के बाद अन्ततः व्यापक जन आन्दोलनों के उभार ने अरब जगत में कई सत्ता परिवर्तनों सहित भारी राजनीतिक उथल-पुथल मचाई।

जन उभारों के इस ज्वार के बहुतेरे कारण गिनाए जा सकते हैं :

वोल्कर पार्थे (2011)[22] का तर्क है कि अरब वसन्त का सबसे निर्णायक उत्प्रेरक वहाँ 1970 से 2010 के बीच का जनसांख्यिकीय (demographic) परिवर्तन है। इस अवधि में अरब जगत की आबादी लगभग तीन गुनी बढ़कर 12 करोड़ 80 लाख से 35 करोड़ 90 लाख हो गई। इस आबादी में 41% जनता गरीबी रेखा से नीचे रह रही थी, और करीब 30% आबादी 20 से 35 साल आयु वर्ग के युवाओं की थी। 41%

गरीबी इस तथ्य के बावजूद थी कि अरब दुनिया में हाल के दशकों में तुलनात्मक रूप से शिक्षा (उच्च शिक्षा समेत) के बेहतर प्रसार और डिजिटल तकनीकी नेटवर्क की सुविधाओं के चलते 21वीं सदी की युवा अरब पीढ़ी अपनी पुरानी पीढ़ी की तुलना में ज्यादा पढ़ी-लिखी और देश-दुनिया के प्रति ज्यादा जागरूक थी। मगर श्रम बाजारों में इन विश्वविद्यालय शिक्षित युवाओं के लिए रोजगार के अवसर लगभग नदारद थे। भविष्य के अभाव, जीवन निर्वाह कीमतों की बेहताशा वृद्धि, और भ्रष्ट-दमनकारी-अधिनाकयवादी शासकों के खिलाफ उबलते गुस्से ने इस पीढ़ी को अन्ततः उठ खड़े होने के लिए मजबूर कर दिया।

फिलिप हावर्ड और मुजम्मिल हुसैन (2011)[23] का इशारा एक अलग पहलू की तरफ है। वे फेसबुक, ट्विटर, यू-ट्यूब, टेक्स्ट मैसेज सोशल मीडिया समेत डिजिटल तकनीक के योगदान को रेखांकित करते हैं। वे मानते हैं कि असन्तोष-आक्रोश इंटरनेट के आगमन के काफी पहले से पनप रहा था। मगर इस असन्तोष-आक्रोश के संचार-फैलाव की अधिनायकवादी शासन की संस्थानिकताओं में गुंजाइश नहीं थी। 'वर्चुअल संचार' (Virtual communication) लोगों को आपस में इस असन्तोष-आक्रोश को साझा करने, और प्रतिरोध आन्दोलनों को संगठित-गोलबन्द करने के लिए जनता की आँखों के सामने अपने भ्रष्ट शासकों की आलीशान-अय्याश-अहंकारी जीवन शैली ले आया। साथ ही पश्चिम समेत दुनिया के अन्य हिस्सों में लोगों की आजादी, समृद्धि और जनतंत्र-न्याय-समानता के लिए की जा रही जद्दोजहद के जरिये भी उन्होंने अपने और दुनिया के अन्य हिस्सों के जनजीवन के अन्तर को देखा और महसूस किया। मोहम्मद बोआजिजी के ऐतिहासिक आत्मदाह को सोशल मीडिया ने 'एकजुटता की एक नई दुनिया' में रूपान्तरित कर दिया। इस रूपांतरण ने वर्चुअल दुनिया से असल, भौतिक दुनिया में छलाँग लगाते हुए विशालतम, अभिभूत कर देने वाले जन प्रतिरोधों-प्रदर्शनों का रूप लेकर अधिनायकवादी सत्ताओं के सामने पहाड़ जैसी जन चुनौती खड़ी कर दी। प्रतिरोधों के सफल संगठन-संचालन में डिजिटल मीडिया के जरिये अगले कदम और अगली जगह की पलक झपकते जानकारी की निर्णायक भूमिका थी।

दूसरी ओर ऐसबर्ग (2011) और पार्थे (2011)[24] का कहना है कि प्रतिरोध के जन उभारों का सीधा सम्बन्ध 'मानवीय गरिमा, आजादी और सामाजिक न्याय' की माँग से था। 25 जनवरी, 2011 को मिस्र के तहरीर चौक पर लाखों लोगों के पहले विशालतम जनप्रदर्शन का केन्द्रीय नारा 'रोटी, आजादी और मानवीय गरिमा' का था। प्रदर्शनकारी ऐसी न्यायपूर्ण संरचना और व्यवस्थातंत्र के लिए सड़कों पर थे, जिसमें आम नागरिकों को रोजगार अवसरों से इसलिए नहीं वंचित होना पड़े कि वे किन्हीं 'खास परिवारों' से नहीं थे। प्रदर्शनकारी एक ऐसी राजनीतिक-आर्थिक व्यवस्था की माँग कर रहे थे, जिसमें सर्वव्यापी-सर्वग्रासी भ्रष्टाचार की घुन न लगी हो। वे एक ऐसा राज्य माँग रहे थे, जो उन्हें अभाव-दरिद्रता और दर्द भरा सामाजिक-आर्थिक जीवन जीने के लिए नहीं मजबूर करे।

हार्दी (Hardee) अरब वसन्त के राजनीतिक-आर्थिक सैद्धान्तिक परिप्रेक्ष्य की ओर ध्यान दिलाता है। यह उस 'अधिनायकवादी सामाजिक करार' (Authoritarian

Social Contract) का मूलभूत संकट था जो दशकों से अरब जगत की आम जनता और सत्ता संरचना के बीच के रिश्तों को अवधारित-निर्धारित-संचालित करता आ रहा था। यह करार सत्ता तंत्र के प्रति राजनीतिक वफादारी के बदले में जनता को जीवन निर्वाह के लिए न्यूनतम जरूरी 'राजकीय सहायता' (सब्सिडी) का था।

1970 दशक में वैश्विक बाजार में तेल कीमतों की जबरदस्त उछाल ने मध्यपूर्व में 'आसमानी मुनाफे पर आधारित पेट्रोवाद' सम्भव बनाया। मध्यपूर्व के तेल उत्पादक देशों में 'पेट्रोडालर' की आसमानी कमाई में जबरदस्त इजाफा हुआ। इस कमाई ने न सिर्फ तेल उत्पादक देशों को अपनी राज्य सीमाओं के अन्दर 'पेट्रोवाद' लागू करने का अवसर दिया, बल्कि अरब के तेल धनी देशों द्वारा अपने 'तेल गरीब भाइयों' को राजनीति प्रेरित 'संसाधन' हस्तांतरण के जरिये उनका भी राजनीतिक सहायता प्राप्त राज्य (Political rentier state) बनना सम्भव किया। इस राजनीति प्रेरित सहायता से गरीब राज्य भी अपने यहाँ 'सामाजिक करार की सौदेबाजी' सफलतापूर्वक कर रहे थे।

बीसवीं सदी के अन्तिम दो दशकों में तेल की गिरती कीमतों के संकट ने इस 'पेट्रोवाद सौदेबाजी' को लम्बे समय तक टिकाए रख पाना बेहद मुश्किल कर दिया। किसी भी गैर उत्पादक मुनाफे वाले देश (rentier State) की वितरण सहायता केन्द्रित शासकीय रणनीति की अपनी सीमाएँ होती हैं। अर्थव्यवस्था के उत्पादक क्षेत्र लगातार उपेक्षित रहते हैं, और सरकार के खर्चे लगातार बढ़ते रहते हैं। चूँकि अर्थव्यवस्था की उत्पादक क्षमता उपेक्षित ,है इसलिए करों के जरिये तेल की गिरती कीमतों की भरपाई के विकल्प के अवसर भी नहीं हैं। इसमें बेक (Beck) एक और महत्त्वपूर्ण बात जोड़ता है कि वितरणवादी नीति का एक अघोषित उद्देश्य समाज के अराजनीतिकरण के लिए राजनीतिक संस्थानिकताओं के विकास को उपेक्षित रखना भी होता है।

अरब वसन्त ने मध्यपूर्व की अधिनायकवादी सत्ताओं के दशकों के स्थायित्व-सुकून और समरसता (homogeneity) में जबरदस्त खलल डाला। निस्सन्देह अरब जगत की सभी अधिनायकवादी सत्ताएँ अरब वसन्त के तुमुलनाद से भहरा नहीं गईं : विशेषकर खाड़ी सहयोग परिषद (GCC) के देश अपने क्षेत्र में अपने अधिनायकवादी शासन की जड़ों को उखड़ने से बचाए रखने में कामयाब रहे थे। कई अन्य अरब देश भी फौरी तौर पर (विशेषकर सीरिया, मिस्र आदि) दमनकारी सत्तातंत्र की ताकत के बूते सत्ता की कमान अपने हाथों में बनाए रखने में सफल रहे। इस सफलता की भारी भौगोलिक-राजनीतिक कीमत अदा करने के बावजूद वे अपने यहाँ नये उभरते प्रतिरोधी आन्दोलनों को घुटने टेकने पर मजबूर करने में विफल हैं। अरब वसन्त के सन्दर्भ में अरब दुनिया के कुछ प्रतिनिधि देशों की चर्चा करने से पहले खाड़ी सहयोग परिषद (Gulf Cooperation Council : GCC) की अरब वसन्त के प्रति दोहरी और विरोधाभासी नीति पर नजर डालना प्रासंगिक होगा :

खाड़ी विकास परिषद देश और अरब वसन्त

खाड़ी सहयोग परिषद (जीसीसी) देशों की राजनीतिक, आर्थिक, जनसांख्यिकीय, और सामाजिक परिस्थितियाँ मध्यपूर्व और उत्तरी अफ्रीकी क्षेत्र (Middle East and

North Africa : MENA) की वास्तविकताओं से काफी भिन्न हैं। इन देशों में लोगों के लगभग एक जैसे मन-मिजाज, बिरादराना साझेपन की भावना, गोलबन्दियों के तौर-तरीकों और मुद्दों की साझेदारी ने समूचे अरब जगत की साझी संस्कृति, इतिहास और अस्मिता की पहचान के निर्णायक महत्त्वपूर्ण कारकों के साथ मिलकर अधिकांश खाड़ी (GCC) देशों में जन विद्रोहों-प्रतिरोध प्रदर्शनों को सम्भव बनाया था।

इन जनविद्रोहों-प्रतिरोधों को लेकर जीसीसी सत्तातंत्र ने आश्चर्यजनक रूप से दोहरा मापदंड अपनाया। अपने परिषद देश समूह के अन्दर सत्ता की नीति दमन-आतंक-गिरफ्तारी-देश निकाला आदि हिंसक दमनात्मक कार्यवाहियों के साथ जीवन निर्वाह रियायतों-अवसरों में वृद्धि के जरिये 'फुसलाने' के संश्रय की थी। परिषद देशों के बाहर के अरब देशों में अरब वसन्त के जन उभार के प्रति खाड़ी सत्ता परिषद की नीति जनविद्रोहों-प्रदर्शनों के राजनायिक-कूटनीतिक (Diplomatic) और मीडिया समर्थन के साथ-साथ सीआइए और सऊदी अरब के संश्रयकारी सहयोग से परोक्ष-अपरोक्ष सहयोग करने की थी।

अपने क्षेत्र के अन्दर दमन और 'फुसलाने' की रणनीति बहरीन और ओमान के प्रतिनिधि उदाहरणों में देखी जा सकती है। 16 फरवरी, 2011 को बहरीन की राजधानी मनामा में 'पर्ल राउंड अबाउट' पर दसियों हजार प्रदर्शनकारी जनतंत्र की माँग के लिए जमा थे। मगर इस समय दुनिया भर के मीडिया की निगाहें अपने कैमरों के साथ कैरो (Cairo) और ट्यूनीशिया में जमा थीं। रात के अँधेरे में बहरीनी फौजों ने डेरा डाले प्रदर्शनकारियों पर धावा बोला, और सोते हुए प्रदर्शनकारियों को हिंसक ढंग से वहाँ से 'खदेड़' दिया। आगे कई सप्ताह तक प्रदर्शनों का सिलसिला जारी रहा। पहली रात को ही खाड़ी परिषद ने अपनी आपात बैठक बुलाकर खलीफा परिवार के शासन के प्रति अपनी सम्पूर्ण एकजुटता दिखाई। आगे के महीनों तक चले प्रदर्शनों में 45 से ज्यादा लोग मारे गए, 1500 से ज्यादा गिरफ्तार हुए और हजारों प्रदर्शनकारियों की नौकरियाँ गईं।

ओमान के उत्तरी बन्दरगाह शहर सोहर में सैकड़ों प्रदर्शनकारी जुटकर रोजगार देने और भ्रष्टाचार का अन्त करने की माँग कर रहे थे। सुल्तान कब्बूस ने इसकी प्रतिक्रिया कुछ इस तरह व्यक्त की : 12 कैबिनेट मंत्री बर्खास्त कर दिये गए, सरकारी कर्मचारियों के वेतन बढ़ा दिये गए, और न्यूनतम वेतन और रोजगार लाभों में 40% बढ़ोतरी की सहमति दी गई : देश में फिर से अमन-चैन आ गया।

जीसीसी दोहरे मापदंड के कुछ महत्त्वपूर्ण कारक

(i) परिषद सदस्य देश बनाम बाहरी

मई 1981 में खाड़ी सहयोग परिषद की स्थापना हुई थी। अपने जन्म से ही इसका मूल और सर्वोपरि उद्देश्य सुरक्षा बलों और आर्थिक प्रलोभनों के बूते शेख सत्ताओं का अपने-अपने देशों में सत्ता पर पकड़ बनाए रखना सुनिश्चित करना था। परिषद देश समूह के अन्दर अरब वसन्त का कोई भी उभार शेख सत्ताओं के अस्तित्व और स्थायित्व के लिए भारी खतरा माना गया। इसका जबाब उन्होंने मजबूत दमनकारी

कड़ाई के साथ फुसलाने वाले उपायों को मिलाकर दिये जाने की रणनीति से दिया। समाज के महत्त्वपूर्ण तबकों के लिए वित्तीय प्रोत्साहनों की सौगात और कुछेक आधे-अधूरे दिखावटी राजनीतिक-आर्थिक सुधारों के साथ जनता का मुँह बन्द करने की कोशिश हुई। दूसरी तरफ सड़कों पर उतरे विद्रोही प्रदर्शनकारियों के खिलाफ फौजी कार्यवाही समेत कठोरतम दमनात्मक रवैया अपनाते हुए शाही सत्तातंत्र का बने रहना सुनिश्चित किया गया।

मई 2011 में सऊदी अरब सत्ताशाही ने 130 बिलि. अमेरिकी डालर का 'कल्याणकारी पैकेज' देश को दिया जो उसके साल 2007 के समूचे राष्ट्रीय बजट से भी ज्यादा था। रोजगार और वेतन वृद्धि के जरिये सार्वजनिक क्षेत्र में भारी पैमाने पर निवेश किया गया। गृह मंत्रालय ने पहले से ही देश के समूचे निजी क्षेत्र के बराबर रोजगार दिया हुआ था। अब 60 हजार और नये रोजगार सृजित किये गए, पाँच लाख नये मकान बनाए गए, सार्वजनिक क्षेत्र का न्यूनतम वेतन निजी क्षेत्र के औसत वेतन का तीन गुना कर दिया गया। सितम्बर, 2011 में कुछ राजनीतिक सुधारों की भी 'घोषणा' हुई : औरतों को वोट देने और म्युनिसिपल चुनावों में भाग लेने की इजाजत दी जाएगी और शूरा काउंसिल में भी नामित किया जाएगा। इन पर अमल अभी दूर की कौड़ी थी।

इसी तरह बहरीन और ओमान ने भी रोजगार लाभों में वृद्धि, नये सार्वजनिक क्षेत्र रोजगार और अधिक सब्सिडी का रास्ता लिया। तीन लाख से कम आबादी वाले बहरीन ने गृह मंत्रालय के जरिये बीस हजार नये रोजगार का वायदा किया। इन दोनों देशों को अन्य खाड़ी परिषद देशों, विशेषकर सऊदी अरब के सहयोग से बीस मिलि0 डालर की सहायता राशि मिली। मार्च, 2011 में सऊदी अरब की फौज और यूएई की पुलिस ने बहरीन में घुसकर वहाँ के सुन्नी शासक अल खलीफा परिवार को जनतंत्र आन्दोलन के प्रदर्शनकारियों से (जो ज्यादातर देश के शिया बहुसंख्यक समुदाय के थे) बचाने के लिए सैन्य कार्यवाही का तांडव किया।

दूसरी ओर, खाड़ी परिषद से बाहर के देशों, विशेषकर लीबिया और सीरिया में परिषद समूह की एक छोटी सी, मगर प्रभावशाली कतर शेखशाही उन देशों के सत्ताविरोधी विद्रोहों-आन्दोलनों की हर तरह से मदद करने में जुटी थी। कतर प्रतिव्यक्ति आय के मामले में दुनिया के सबसे धनी देशों में से है। अरब वसन्त के पहले तक कतर की अन्तर्राष्ट्रीय रंगमंच पर मुख्य भूमिका अरब और मुस्लिम प्रभाव की दुनिया में मची उथल-पुथल : लेबनान, इजराइल-फिलिस्तीन, पश्चिमी सहारा, अफगानिस्तान आदि में 'पश्चिमी हितों' की ओर से राजनीतिक दलाली करते रहने की थी। अब यह भूमिका सीधे-सीधे लीबिया में कद्दाफी विरोधी विद्रोहियों के समर्थन में नाटो के नेतृत्व वाले 'हस्तक्षेप मिशन' के उत्साही भागीदार तक विस्तारित हो चुकी थी। कतर 'लीबियाई संक्रमणकालीन राष्ट्रीय परिषद' (TNC) को मान्यता देने वाला पहला अरब देश था। कतर ने कद्दाफी विद्रोहियों को वित्त, गैस, हथियार हर तरह की निर्णायक मदद पहुँचाई थी। 24 अगस्त, 2011 को कद्दाफी के राष्ट्रपति परिसर पर निर्णायक हमलावर फौजों की सबसे अगली कतारों में कतर की 'स्पेशल फोर्स' थी।

राजशाही बनाम गणतंत्र

यमन काफी अरसे से अब्दुल्ला सालेह और उसकी विरोधी ताकतों के बीच चल रहे संघर्षों की रणभूमि बना हुआ था। सितम्बर, 2011 में सऊदी अरब की मध्यस्थता में हुए करार के तहत राष्ट्रपति सालेह ने अपने लिए 'इम्यूनिटी' की गारंटी के साथ इस्तीफा दे दिया। समूचा खाड़ी सहयोग परिषद, विशेषकर सऊदी अरब कभी स्वतंत्र नागरिक आन्दोलनों (विशेषकर जिनमें जिनमें नौजवानों की बढ़-चढ़कर भागीदारी हो), के पक्ष में नहीं रहा। ऐसे आन्दोलनों से उनके लिए सबसे बड़ा खतरा जनतंत्र की आकांक्षाओं की छूत अपने 'इलाको' में फैलने का है। इसलिए यमन में सऊदी अरब मध्यस्थता वाले 'करार' में उन युवाओं की आकांक्षाओं के लिए कोई जगह नहीं थी, जो यमन की सड़कों पर उतरकर पूरी तरह भ्रष्ट और नाकारा हो चुके सत्ता तंत्र के समूल अन्त के लिए अपनी जानें कुर्बान कर रहे थे। जनतंत्र आकांक्षी आन्दोलन के प्रति जीसीसी समर्थन बस बदनाम शासक को बदलकर विद्यमान व्यवस्था तंत्र को यथावत रखते हुए अपनी 'क्षेत्रीय स्थिरता' सुनिश्चित किये रहने तक सीमित था।

दूसरी ओर अरब शेख शाहियों के मामले में खाड़ी परिषद का रवैया बिल्कुल अलग था। मोरक्को और जार्डन में न सिर्फ विद्यमान सत्ता व्यवस्थातंत्र, बल्कि खुद शासकों को भी बचाना जरूरी था। यह वह एकजुटता थी, जो न सिर्फ इन शेख शाहियों, बल्कि उसके साथ समूचे क्षेत्र में भी शासन की शेखशाही प्रणाली को सुरक्षित रखने के लिए प्रतिबद्ध थी। इन सन्दर्भों में खाड़ी परिषद किसी क्षेत्रीय संगठन से कहीं ज्यादा वस्तुत: 'शेखों-शाहों का क्लब' है। जार्डन और मोरक्को शेख शाहियों को उनके 'मुश्किल वक्त' में भरपूर वित्तीय मदद देकर और आनन-फानन उन्हें इस 'विशिष्ट क्लब' में शामिल होने का न्योता देकर खाड़ी परिषद के देशों ने अपनी शेखशाही प्रणाली को मजबूत करने की कोशिश की। दूसरी तरफ यमन बरसों से खाड़ी परिषद में सदस्यता हासिल करने की कोशिश करते रहने के बावजूद कामयाब नहीं हुआ क्योंकि वहाँ शेखशाही का राज नहीं था।

सुन्नी-शिया विभाजन

खाड़ी परिषद सुन्नी कट्टर इस्लामी पंथ की शेख-खलीफा शाहियों का 'विशिष्ट क्लब' है। परिषद ने हमेशा समूचे क्षेत्र में सुन्नी ताकतों को शह-समर्थन की नीति ली है। इसके लिए उसकी दोहरी नीति रही है : शिया बहुसंख्या वाले देशों में सुन्नी अधिनायकवादी शासन के खिलाफ प्रतिरोध-प्रदर्शन-विरोध में सुन्नी शेखशाहियों को खुला संरक्षण-समर्थन (जैसे बहरीन); और दूसरी ओर गैर सुन्नी शासकों के खिलाफ अधिनायक तंत्र विरोधी सुन्नी समूहों-आन्दोलनों-विद्रोहों को शह-समर्थन [जैसे सीरिया, जहाँ शिया-अलावाइत (Alawaits) सम्प्रदाय के असद परिवार का अधिनायकतंत्र है]।

सुन्नी-शिया का यह विभाजन, अधिकांशत: सुन्नी अरब खाड़ी परिषद और शिया बहुल ईरान के बीच प्रतिद्वंद्विता के सन्दर्भ में महत्त्वपूर्ण है। 1980-81 में खाड़ी परिषद की स्थापना की पृष्ठभूमि में ईरान में शिया इस्लामिक क्रान्ति के शासन की स्थापना भी एक महत्त्वपूर्ण कारक था। खाड़ी परिषद देशों में ओमान, कतर, यूएई, कुवैत ऐसे देश

हैं, जहाँ के शिया समुदाय काफी हद तक वहाँ के सामाजिक-राजनीतिक ताने-बाने में शामिल हैं, और बाकी जन समुदायों की तरह ही आम आर्थिक समृद्धि का उपयोग कर रहे हैं। इसके चलते यहाँ की सत्ताशाहियों को शिया समुदायों से सीधा खतरा नहीं है।

दूसरी ओर सऊदी अरब और बहरीन में शिया समुदाय सामाजिक-राजनीतिक-आर्थिक सभी स्तरों पर बुरी तरह उपेक्षित और हाशिये पर है। सत्ताशाही इन्हें सामाजिक स्थायित्व और राष्ट्रीय सुरक्षा दोनों के लिए खतरा मानती है। बहरीन में शिया समुदाय की करीब 70% आबादी है, जो अधिकांशतः रणनीतिक महत्त्व के इलाकों और उद्योगों में केन्द्रित है। सऊदी अरब के तेलसम्पन्न पूर्वी प्रान्त हासा में तेल क्षेत्र की 40% से 60% श्रमशक्ति शिया समुदाय की है। सऊदी राजशाही ऐतिहासिक रूप से अपनी सत्ताशाही प्राधिकार की वैधता खुद के इस्लाम के दो महानतम केन्द्रों : मक्का और मदीना के संरक्षकों के रूप में हासिल करती रही है। इस्लाम के सबसे धार्मिक महत्त्व के स्थलों के स्वघोषित संरक्षक की भूमिका को किसी भी तरह की चुनौती सऊदी अरब सत्ता राजशाही के लिए बड़ा खतरा बन सकती है। इसलिए सऊदी अरब सचेत ढंग से हर कहीं सुन्नी 'इस्लामी राजनीतिक ताकतों' के परोक्ष-अपरोक्ष शह-समर्थन की नीति पर चलता है। ट्यूनीशिया में जैन-अल-आब्दीन बेन अली के पतन के बाद इस्लामी ताकतों को समर्थन इसी कड़ी में था। सऊदी अरब द्वारा मिस्र में भी होस्नी मोबारक के बाद इस्लामी ताकतों को सलाफी इस्लामी कट्टरपंथ के पक्ष में सन्तुलन बनाए रखने की नीयत से समर्थन दिया जा रहा था।

खाड़ी परिषद देशों द्वारा अपने खुद के इलाकों, विशेषकर बहरीन में जन विद्रोहों-असन्तोषों-प्रतिरोधों से निपटने के लिए जो तौर-तरीके अमल में लाये गए, वे अरब वसन्त की जनतंत्र आकांक्षी प्रवृत्ति और दिशा के बिल्कुल विपरीत थे। मगर वैश्विक जनतंत्र के खलीफाओं : पश्चिमी जनतांत्रिक देशों को—खाड़ी परिषद के इस रवैये से कोई शिकायत नहीं है। वस्तुतः बहरीन में खाड़ी परिषद के तत्काल दमनकारी हस्तक्षेप और लीबिया व सीरिया जैसे अन्य तमाम अरब देशों में इसकी परोक्ष-अपरोक्ष दखलन्दाजियों ने पश्चिमी देशों को खाड़ी में इस सन्दर्भ में किसी सीधे हस्तक्षेप से विरत रहकर क्षेत्र में अपनी भू-राजनीतिक-रणनीति का खेल खेलते रहने का भरपूर मौका दिया है।

अरब वसन्त के सन्दर्भ में कुछ प्रतिनिधि देशों की प्रतिक्रियाएँ

सऊदी अरब

सऊदी अरब में 2011 की शुरुआत से, विशेषकर शिया बहुल पूर्वी क्षेत्र में प्रदर्शन शुरू हो चुके थे। सत्ताशाही ने अपने विशाल सम्पदा-संसाधनों के बल पर 'छड़ी और दुलार' (Sticks and Carrots) की नीति से देश में स्थिरता लाने की कोशिश की। रियायतों के जरिये समाज के असरदार रणनीतिक तबकों के अराजनीतिकरण की कोशिश की गई। इसी के साथ-साथ पहले से ही भारी-भरकम सुरक्षा और खुफियातंत्र को और भी 'मजबूत' बनाने में जमकर निवेश किया गया। अन्य देशों में प्रदर्शनों-प्रतिरोधों के ज्वार को देखते हुए सत्ता तंत्र ने प्रदर्शनों पर राष्ट्रव्यापी प्रतिबन्ध लगा दिया। सुरक्षा बलों की

संख्या बढ़ा दी गई। दूसरी तरफ तत्कालीन शाह अब्दुल्ला ने 130 बिलि. डालर के लोक लुभावन सहायता पैकेज का खजाना खोल दिया। इस्लाम के पवित्रतम स्थलों के स्वघोषित संरक्षकों ने वरिष्ठ इस्लामिक उलेमाओं की प्रभावशाली परिषद हयात किबर अल-उलामा से 'प्रदर्शन' के इस्लाम विरोधी होने का फतवा भी हासिल कर लिया।

सीरिया

सीरिया में बशर-अल-असद के अधिनायकवाद के खिलाफ असन्तोष और विरोध की आँच साल 2005 की दमास्कस घोषणा के जमाने से ही सुलग रही थी। बावजूद इसके, ज्यादातर छोटे-बड़े प्रतिरोध आन्दोलनों का कड़ाई से दमन करते हुए असद शासनतंत्र सत्ता पर अपनी पकड़ बनाए रखने में सफल था। अरब वसन्त के ज्वार में एक बार फिर विरोध की विशालतम गोलबन्दी हुई। सत्तातंत्र ने कठोरतम दमन और कुछेक दिखावटी सुधारों के जरिये दबाने का असफल प्रयास किया। सत्ता प्रतिष्ठान की संस्थानिकताओं पर असद का दबदबा बना रहा।

तब से सीरिया में भयावह गृहयुद्ध और अराजकता की स्थिति बनी हुई है। सीरिया का एक तिहाई से ज्यादा हिस्सा आतंकी संगठन इस्लामिक स्टेट (IS) के कब्जे में चला गया था। सीरिया एक ओर पश्चिमी ताकतों, उनके क्षेत्रीय लठैतों, विशेषकर सऊदी अरब और दूसरी ओर रूस-चीन-ईरान की असद समर्थक धुरी के क्षेत्रीय भू-राजनीतिक हितों के घात-प्रतिघात में सीरियाई जनता का बूचड़खाना बना हुआ है। इस पूरे परिदृश्य में तमाम तरह के आतंकी संगठन बर्बरतम् हिंसक अराजकता, हत्या-लूटपाट और विध्वंस का तांडव कर रहे हैं। असद आभिजात्य वर्ग के ढुलमुल समर्थन और सुरक्षा तंत्र पर कमोबेश मजबूत पकड़ के बूते अभी भी सत्ता में है।

सीरिया की तेल आय इतनी नहीं है कि वह सऊदी अरब जैसे तेल धनी राष्ट्रों की तरह बहुसंख्यक आबादी की वफादारी 'खरीद' सके, और साथ ही इतना प्रभावी सुरक्षा तंत्र विकसित कर सके जो किसी भी तरह और स्तर के 'विद्रोह' का दमन करने में सक्षम हो। हालाँकि सारिया के पास अभी भी थोड़ा-बहुत तेल संसाधन रिजर्व है, मगर अगले दस सालों में वह शुद्ध तेल आयातक देश बन सकता है। दूसरी ओर बहरीन की तरह सीरिया के पास कोई सऊदी अरब जैसा 'हैवीवेट' पड़ोसी भी नहीं है जो उसके मुश्किल वक्त में धन और बाहुबल दोनों से मदद कर सके। उलटे सऊदी अरब और खाड़ी परिषद का 'अपना हित' दमास्कस की अस्थिरता की आग में घी डालते रहने में है। इसलिए वे सीरिया के खिलाफ अरब विद्रोही-आतंकी गुटों की हर तरह से परोक्ष-अपरोक्ष मदद की भूमिका में हैं।

बावजूद इसके सीरिया के सुविधाभोगी प्रभावी आभिजात्य समूह में अपने विशेषाधिकारों के जाने के डर से खुलकर विरोध का साहस नहीं है। फिर असद का अभी भी सुरक्षाबलों पर काफी हद तक प्रभावी नियंत्रण है। यहाँ मिस्र की तरह सुरक्षा तंत्र के विद्यमान शासक की वफादारी से विरत हो जाने की कोई सम्भावना नहीं दिखती। अन्तर्राष्ट्रीय राजनीति के मंच पर अभी भी असद को संयुक्त राष्ट्र सुरक्षा परिषद में रूस और चीन का 'वीटो' समर्थन हासिल है। क्षेत्रीय स्तर पर ईरान और हेजबुल्लाह उसके साथ हैं।

दूसरी और पश्चिमी ताकतें जनतंत्र की चाहे जितनी दुहाई दें, प्रभावी तौर पर सीरिया में वे अलकायदा के अनुषंगिक संगठनों, जबहत-अल-नुसरा और इस्लामिक स्टेट (IS) के साथ खड़ी थीं। कतर और तुर्की के जरिये सीरियाई विद्रोहियों-आतंकी संगठनों को फंडिंग और अन्य साजो-सामान-संसाधनों की आपूर्ति सुनिश्चित करते हुए सऊदी अरब सीरियाई विद्रोह के सबसे बड़े वित्त पोषक की भूमिका में है। दरअसल रियाद (सऊदी अरब) का आइएस से विरोध अन्य किसी बात का न होकर सिर्फ इतना है कि वह सऊदी प्रभाव के तहत काम करने के बजाय अपनी स्वतंत्र आतंकी कार्यवाहियों पर आमादा है।

आज सीरिया एक नये अन्तर्राष्ट्रीय शीतयुद्ध सहित पाँच अलग-अलग तरह के संघर्षों की रणभूमि है। करीब पचास लाख सीरियाई अपना सब कुछ छोड़कर देश से पलायित हो चुके हैं। अब तक पाँच लाख से ज्यादा लोग मारे जा चुके हैं। सम्पदा और ऐतिहासिक धरोहरों के विध्वंस का अन्दाजा लगाना असम्भव है। हर लड़ाका ग्रुप बर्बरता और अमानुषिकता की पैशाचिक हदों को पार करने की होड़ में है—बच्चों को इकट्ठा करके सरे आम उनकी गर्दन कलम कर देने से लेकर औरतों की खुलेआम खरीद-फरोख्त और जिस्मफरोशी तक कुछ भी बचा नहीं है। बशर अल-असद अभी तक सीरिया का राष्ट्रपति है : सालों पहले पश्चिमी नेताओं और उनके सऊद क्षत्रपों के इस दावे के बावजूद की असद सत्ता बस चन्द हफ्तों की मेहमान है। आज सीरिया से इस्लामिक स्टेट की विदाई के दावों के बावजूद सीरिया में 'सीरिया' को खोज पाना किसी के बूते का नहीं। यह स्थिति अभी कब तक रहेगी कोई नहीं बता सकता।

ट्यूनीशिया

अरब वसन्त आन्दोलन के एक महीने के अन्दर जनवरी, 2011 खत्म होने से पहले राष्ट्रपति बेन अली का तेईस साल से चला आ रहा भ्रष्टतम् अधिनायकवाद अतीत का इतिहास बन चुका था। अक्टूबर 2011 में संविधान सभा चुनकर उसे नये संविधान की रचना और एक नई सरकार की नियुक्ति का कार्यभार सौंपा गया। अन्य अरब देशों के मुकाबले ट्यूनीशिया में नये जनतांत्रिक राजनीतिक-आर्थिक-सामाजिक संरचनाओं की ओर संक्रमण की बेहतर सम्भावनाएँ थीं। ट्यूनीशिया में तुलनात्मक रूप से बेहतर विकसित नागरिक समाज संरचना काफी पहले से मौजूद थी। ट्यूनीशियाई श्रमिक आन्दोलन देश के छतरी ट्रेड यूनियन संगठन 'ट्यूनीशियन जनरल लेबर यूनियन' की अगुवाई में गोलबन्द था। महिला अधिकार संगठन भी सुसंगत तरीके से सक्रिय और संगठित थे। हालाँकि इनमें से गिने-चुने नागरिक समाज संगठन ही मानवाधिकारों, नागरिक अधिकारों और महिला अधिकारों के क्षेत्र में 'स्वतंत्र' रूप से काम कर रहे थे। ज्यादातर सांगठनिकताएँ सरकार द्वारा स्वीकृत और वित्तपोषित योजनाओं-कार्यक्रमों के क्रियान्वयन तक सीमित थीं : संस्कृति, खेल-कूद, आर्थिक विकास, महिला अधिकार आदि। अन्य अरब देशों के मुकाबले यहाँ महिलाएँ बेहतर शिक्षित थीं, अरब वसन्त से पहले संसद में लगभग एक चौथाई सीटों पर महिलाएँ थीं। हालाँकि उनकी निर्णय प्रक्रिया में प्राधिकार लगभग नदारद थे।

डिजिटल-सोशल सम्पर्क-संचार के क्षेत्र में भी ट्यूनीशियाई समाज अन्य अरब समाजों से आगे थे। एक तिहाई आबादी अरब वसन्त के पहले तक इंटरनेट का इस्तेमाल राजनीतिक व्यवस्थातंत्र के खिलाफ विमर्श के मंच के रूप में कर रही थी। बेन अली के पतन के बाद वर्चुअल दुनिया की राजनीतिक बहसें खुलकर सड़कों की दुनिया में आ गई थीं। ट्यूनीशिया के तमाम निष्कासित प्रभावी शख्सियतें देश लौट आई थीं। ढेर सारी राजनीतिक पार्टियाँ अस्तित्व में आ गईं। अक्टूबर 2011 के चुनावों में इस्लामी पार्टी 'अन्हदा' (Ennahda) ने 217 में 89 सीटें जीती, और गैर-धार्मिक राजनीतिक पार्टियों के समर्थन से गठबन्धन सरकार बनाई। अरब वसन्त के बाद 2011 से केवल ट्यूनीशिया एकमात्र अरब देश था, जहाँ दूसरी बार शान्तिपूर्ण चुनाव हो सके।

उल्लेखनीय है कि ट्यूनीशिया में, बेन अली के पूर्ववर्ती हबीब बर्गुइबा ने भी अपने 1957 से 1987 तक के तीस साल लम्बे स्वेच्छाचारी शासन में सेना को राजनीतिक और आर्थिक निर्णय प्रक्रिया में किसी तरह के दखल से दूर रखा था। बेन अली ने भी इस परम्परा का पालन करते हुए शासन व्यवस्था के लिए खुफियातंत्र 'मुखाबरात' पर आधारित पुलिसतंत्र का सहारा लिया था। इसके चलते शासन-सत्ता विशेषाधिकार से दशकों से वंचित सेना के लिए अरब वसन्त के तुमुल उभार में सत्ता तंत्र की ओर से 'दखल' देने का कोई 'स्वार्थ' नहीं था।

अलावा इसके, अर्थतंत्र के मामले में भी ट्यूनीशिया एक बहुत छोटा सा तेल निर्यातक देश है। अन्य अरब देशों के मुकाबले इसकी अर्थव्यवस्था ज्यादा विविधीकृत है। यहाँ का मध्यवर्ग अपेक्षाकृत बड़ा और बेहतर शिक्षित है। इसके बावजूद यहाँ अरब वसन्त जनित करने वाली प्रतिकूलताओं में 15% बेरोजगारी, पश्चिम पर अतिनिर्भरता के चलते 2008-09 वित्तीय संकट के दौर में अर्थव्यवस्था पर पड़ा विनाशकारी प्रभाव और अतीत की राजनीतिक अस्थिरता और स्वेच्छाचारिता का इतिहास प्रमुख रहे हैं।

मिस्र

फरवरी 2011 में राष्ट्रपति होस्नी मुबारक के इस्तीफे के बाद से मिस्र लगातार अस्थिरता और उथल-पुथल भरे संक्रमणकालीन दौर में था। देश लगातार भीषण हिंसक दंगों-प्रदर्शनों की चपेट में था। राज्य की ओर से हर प्रतिक्रिया राजनीतिक और आर्थिक अस्थिरता की आग में घी डाल रही थी। जनता का गुस्सा संक्रमणकालीन सैन्य सरकार द्वारा नागरिक सरकार को सत्ता हस्तांतरण में विलम्ब और आनाकानी के खिलाफ बढ़ रहा था। मिस्र में 1954 से ही सैन्य-औद्योगिक प्रतिष्ठान का राजनीतिक और आर्थिक दखल लगातार बढ़ता गया है। इसके चलते होस्नी मुबारक के जाने के बावजूद सत्ता तंत्र की सैन्य ताकतें बेहद मजबूत हैं।

मुबारक पतन के बाद हुए आम चुनावों में इस्लामिक पार्टियों (विशेषकर मुस्लिम ब्रदरहुड) ने दो तिहाई सीटें जीत लीं। इससे मिस्र में सलाफीवाद की बढ़ती लोकप्रियता और सलाफियों और मुस्लिम ब्रदरहुड के नये क्षेत्रीय गठबन्धन की सम्भावना को बल मिला। मगर सैन्य सत्ता प्रतिष्ठान सत्ता तंत्र से अपनी पकड़ छोड़ने को तैयार नहीं था।

नतीजे में एक सैन्य प्रायोजित विद्रोह के जरिये एक बार फिर सत्ता पर सेना का कब्जा हुआ। उसके बाद सैन्य प्रतिष्ठान का 'नागरिक वर्दी' में चुनाव के जरिये जनतांत्रिक अधिनायकवाद आ गया।

मिस्र के प्रगतिशील राजनीतिक विकास के लिए सेना की ओर से विशेषकर 11 फरवरी, 2011 को सुप्रीम काउंसिल ऑफ आर्म्ड फोर्सेज (SCAF) द्वारा सत्ता पर कब्जा स्थायी खतरा था। इसने अपनी हिंसक दमनकारिता का परिचय सत्ता विरोधी प्रदर्शनों के बर्बर दमन से लेकर मुस्लिम ब्रदरहुड और विरोधी अरब वसन्त नेताओं, कार्यकर्ताओं, और समर्थक जनता के न्याय और जनतंत्र के सारे मानदंडों और नैतिकता को ताक पर रखकर गिरफ्तारियों, गैरन्यायिक हत्याओं, गुमशुदगियों और न्याय के प्रहसन के जरिये 'मृत्युदंडों' के रूप में लगातार दिया है। सैन्य-औद्योगिक प्रतिष्ठान के आर्थिक साम्राज्य के कब्जे में मिस्र की जीडीपी का एक चौथाई से भी ज्यादा हिस्सा है। इसमें बेकरी और गैस स्टेशनों से लेकर फैक्ट्रियों और राजमार्ग चुँगी नाका संचालन तक की आर्थिक गतिविधियाँ शामिल हैं। अरब वसन्त जनने वाली सामाजिक-आर्थिक-चुनौतियों में मुख्य रूप से 22% आबादी गरीबी रेखा से नीचे, 12% और लगातार बढ़ती हुई बेरोजगारी, और लगातार गिरती हुई अर्थव्यवस्था थी। देश की बढ़ती श्रमशक्ति को रोजगार देने के लिए न्यूनतम 6 से 7% वार्षिक विकास दर की जरूरत थी, जिसके सम्भव हो सकने का कोई प्रश्न ही नहीं था।

कतर

कतर का अधिनायकवादी सत्ता तंत्र सम्भवत: अरब वसन्त से सबसे कम प्रभावित सत्ताशाही थी। इसका सबसे प्रमुख कारण कम आबादी और विशालतम तेल व गैस भंडार का खजाना था। ईरान और कतर का गैस भंडार मिलाकर दुनिया का सबसे बड़ा गैस भंडार है। सन् 2006 में कतर दुनिया सबसे बड़ा गैस निर्यातक था। इस अपार-अकूत भूगर्भ समृद्धि के साथ कतरी सत्ताशाही की सिर्फ बीस लाख आबादी को सँभालने की जिम्मेदारी थी। इसमें भी सिर्फ 2,20,000 कतरी नागरिक थे। 2009 में कतर की प्रति व्यक्ति आय अमेरिकी डालर में प्रतिव्यक्ति क्रय शक्ति (PPP) के पैमाने से 82978 अमेरिकी डालर थी जो दुनिया की दूसरी सबसे अधिक प्रतिव्यक्ति आय थी। कतर की बेरोजगारी दर 1% से भी नीचे है, जो उसे सामाजिक-राजनीतिक-आर्थिक असन्तोष के उस सबसे बड़े कारण से सुरक्षित रखती है, जिसने अरब वसन्त में अरब जगत के ज्यादातर अन्य देशों को हिलाकर रख दिया था। 'ऊपर' से होने वाली 'सामाजिक समृद्धि' की बरसात ने 'नीचे' से उठने वाली राजनीतिक भागीदारी की आकांक्षा को काफी हद तक कमजोर कर दिया है। लोगों के लिए जनतांत्रिक संरचनाओं और मूल्यबोध का महत्त्व दूसरे अरब देशों की तुलना में काफी कम है।

आन्तरिक मोर्चे पर आश्वस्त और भूगर्भ-समृद्धि से मालामाल कतर अपनी सत्ताशाही की क्षेत्रीय और अन्तर्राष्ट्रीय स्वीकृति व वैधता एक 'जिम्मेदार क्षेत्रीय खिलाड़ी', 'कूटनीतिक मध्यस्थ', और 'राजनीतिक वार्ताकार' के रूप में बढ़ा रहा है। इन भूमिकाओं का उसने 'अरब वसन्त' में भरपूर शातिराना इस्तेमाल किया। कतर

ने खाड़ी परिषद के सदस्य देशों और शेखशाहियों के अलावा समूचे क्षेत्र में अरब वसन्त के उभार को 'अपने तरीके' से शह-समर्थन देने की कोशिश की। पश्चिम के साथ खुलकर खड़े होते हुए कतर ने अरब लीग के अन्दर लीबिया के खिलाफ नाटो (NATO) सैन्य हस्तक्षेप की पैरोकारी की। न सिर्फ लीबिया के विद्रोहियों की कतर ने हथियार, प्रशिक्षण और पैसे से भरपूर मदद की, बल्कि कद्दाफी पतन के निर्णायक हमले में कतरी सेना 'नाटो' के साथ सबसे अगली कतारों में थी। सीरिया में भी कतर ने विद्रोही गुटों को भरपूर शह-समर्थन-सहयोग दिया।

बहरीन

अरब वसन्त के ज्वार में खाड़ी परिषद के अनुत्पादक आमदनी (Rent) आधारित देशों में विशालतम् प्रतिरोध प्रदर्शन बहरीन में हुए थे। फरवरी 2011 में करीब एक तिहाई जनता अपने अधिकारों के लिए बहरीन की सड़कों पर थी। बावजूद इसके, इस विशाल जन प्रतिरोध को दबाने में राजसत्ता को कुछ खास मुश्किल नहीं आई। इसका सबसे बड़ा कारण परिषद के महाबली पड़ोसी देश सऊदी अरब का 'हर तरह' से भरपूर समर्थन था। सऊदी अरब को डर था कि खाड़ी राजशाही के किसी भी देश में इस तरह का राजनीतिक संकट समूचे मध्यपूर्व की शेख-खलीफा शाही व्यवस्था के लिए खतरा बन सकता है। इसके चलते सहयोग-समर्थन का स्तर मार्च 2011 में सउद सेना की बहरीन में 'कार्यवाही' तक जा पहुँचा।

बहरीन राजशाही की दूसरी बड़ी ताकत उसकी सेना की गुणात्मक क्षमता और पेशेवर रवैये की थी। बहरीनी सेना आधुनितम् हथियारों से लैस, विदेशी विशेषज्ञों की देख-रेख में बेहतरीन प्रशिक्षण से प्रशिक्षित और भरपूर वित्तीय व अन्य सुख-सुविधाओं से सम्पन्न थी। बहरीन राजशाही ने सेना में विदेशों से बेहतरीन पेशेवर अधिकारी भर रखे थे, और सेना को हमेशा ही 'नागरिक समाज' के सम्पर्क की छूत से दूर रखा था। ऐसे में बहरीनी सेना खुद को राष्ट्रीय सेना की बजाय शाही परिवार और बहरीन के सुन्नी आभिजात्य की खिदमत में एक 'सुन्नी लड़ाका फौजी दस्ते' के बतौर देखती थी।

लीबिया

कद्दाफी सत्ता को 'नाटो' (NATO) के सीधे हस्तक्षेप के बगैर उखाड़ पाना किसी सूरत में सम्भव नहीं था। कद्दाफी विरोधियों की सामरिक ताकत शासनतंत्र की सैन्य शक्ति के आगे कुछ भी नहीं थी। यह सही था कि लीबिया की नियमित सेना की माली हालत कुछ खास ठीक नहीं थी, मगर कद्दाफी के बेटों की कमान में बेहतरीन प्रशिक्षित और हथियारबन्द पेशेवर मिलिशिया थी, जिनके बूते पाँच महीने तक चली नाटो सैन्य कार्यवाहियों का कद्दाफी शासनतंत्र मुकाबला करता रहा था। नाटो की सैनिक कार्यवाहियाँ उन्हीं पश्चिमी देशों के निर्देशन और कमान में हो रही थीं जो अभी हाल-फिलहाल तक लीबियाई तानाशाह मुअम्मार कद्दाफी के साथ गलबहियाँ डाले तेल के सौदे करते रहे थे। उन्हें यह भी मालूम था कि अपनी तानाशाही और सनक के बावजूद कद्दाफी ने लम्बे अरसे से देश में स्थायित्व सुनिश्चित करते हुए अपनी तेल

आय का इस्तेमाल लीबिया की प्रतिव्यक्ति आय को अफ्रीकी महाद्वीप में सबसे अधिक 12 हजार डालर प्रति व्यक्ति पर पहुँचा दिया था। पश्चिमी ताकतें यह भी बखूबी जानती थीं कि लीबिया की बागी ताकतों को देश से कुछ लेना-देना नहीं था, उनका एकमात्र मकसद कद्दाफी को सत्ता से हटाना था, और नाटों की 'हर तरह' की मदद के बिना ये बागी किसी काम के नहीं थे।

फरवरी, 2011 के प्रदर्शनों के कद्दाफी द्वारा बर्बर हिंसक दमन के बाद 'अन्तर्राष्ट्रीय समुदाय' हरकत में आया। संयुक्त राष्ट्र सुरक्षा परिषद प्रस्ताव 1970 के जरिये लीबिया के खिलाफ प्रतिबन्ध लगा दिये गए। कद्दाफी पर इसका कोई असर नहीं पड़ा, और वह विरोधियों के गढ़ बेनगाजी को करीब-करीब ध्वस्त करने ही वाला था कि सुरक्षा परिषद प्रस्ताव 1973 पारित हुआ। प्रस्ताव के तहत 'नागरिकों की सुरक्षा' के नाम पर 'नो फ्लाई जोन' बना दिया गया। इस बीच नाटो भागीदारों और उनके क्षेत्रीय 'वफादारों' ने विद्रोहियों को हथियारों-गोलाबारूद-पैसे हर तरह की मदद से लाद दिया। अन्तर्राष्ट्रीय सैन्य कार्यवाही 31 अक्टूबर को खत्म हुई जब नाटो सेनाओं के संरक्षण में बागियों ने कद्दाफी का कत्ल कर दिया। तब से आज तक लीबिया गृहयुद्ध, हत्या, पलायन, विखंडन, आतंकवाद और अपने अस्तित्व के संकट से जूझ रहा है। यह लीबिया के 'नागरिकों की सुरक्षा' के लिए अन्तर्राष्ट्रीय समुदाय की नाटो कार्यवाही की सौगात है। नाटो शक्तियों द्वारा बागियों को मुहैया कराए गए हथियार आज पश्चिमी अफ्रीका के इस्लामी आतंकवादी गुटों के हाथों में हैं।

कद्दाफी के अपने शासनकाल में तेल आमदनी की वितरण नीति और औपचारिक राजनीतिक संस्थाओं को विनष्ट करने के जरिये लीबियाई समाज का अराजनीतिकरण कर दिया गया था। इसका उद्देश्य विरोधियों को राजनीतिक सुधारों के लिए जन और संस्थानिक किसी भी तरह का आधार हासिल करने से रोकना था। शासनतंत्र पूरी तरह एकजुट था, क्योंकि शासनतंत्र का मतलब केवल कद्दाफी और उसके निकटतम परिवार जन थे। सत्तातंत्र के पास विरोधियों के मुकाबले के लिए एकमात्र संस्थान सैन्य प्रतिष्ठान था, जिसके पर नाटो कार्यवाहियों द्वारा कतर दिये गए थे।

समाज के सर्वांगीण और सर्वग्रासी अराजनीतिकरण के चलते कद्दाफी पतन के बाद वस्तुतः कोई नागरिक समाज संक्रमण के लिए था ही नहीं। एक ऐसे समाज में, जिसकी दशकों से कोई नागरिक संस्कृति और राजनीतिक संस्थानिकता नहीं रही हो, स्वाभाविक रूप से कबीलाई लड़ाकों, धार्मिक आतंकवादियों, और पड़ोसी घुसपैठियों की बन आई। इसका परिणाम विध्वंस और विनाश है। लीबिया को इस विध्वंस और विनाश के भँवर में ढकेलने के बाद अब 'पश्चिमी अन्तर्राष्ट्रीय समुदाय' की चिन्ताओं के एजेंडे पर लीबिया कहीं दूर-दूर तक नहीं है।

अल्जीरिया

लम्बे समय से अल्जीरिया में अधिनायकवादी शासन का 'अमन-चैन' था। सत्ता की दमनकारी नीतियों और दिन पर दिन दूभर होते जा रहे जीवन निर्वाह के विरोध में प्रतिरोध प्रदर्शनों की शुरुआत जनवरी, 2011 से हुई। अल्जीरिया की 75% आबादी 30 वर्ष

से नीचे के युवाओं की है। यहाँ बेरोजगारी दर 10% थी। इसके बावजूद तीस हजार अल्जीरियाई पुलिस बल के मुकाबले सड़कों पर अल्जीरियाई जन चुनौती कभी तीन हजार की संख्या पार नहीं कर पाई। ऐसे में राजनीतिक गोलबन्दी के उस निर्णायक जन उभार के स्तर तक पहुँचने का सवाल ही नहीं था, जिसने ट्यूनीशिया और मिस्र के शासकों को इस्तीफा देने पर मजबूर कर दिया था। इस कमजोरी के दो कारण गिनाए जा सकते हैं : 1990 दशक के अल्जीरियाई गृहयुद्ध की भयावह दिल-दहला देने वाली यादें अभी जन-मानस में बनी हुई थीं। दूसरे, राज्य के पास भारी-भरकम तेल आय थी।

1989 में समूचे अरब जगत में अल्जीरिया एकमात्र देश था जो जनतंत्र की राह पर कदम बढ़ा सकता था। मगर जब 1992 के चुनावों में विरोध पक्ष के इस्लामी पार्टी 'फ्रंट इस्लामिक दे सालुत'(FIS) को बहुमत मिला, सरकार ने सत्ता हस्तांतरण से इनकार कर दिया। पार्टी पर रोक लगा दी गई—इसके हजारों सदस्य जेल में ठूँस दिये गए और कत्ल कर दिये गए। अगले दस सालों तक FIS समर्थकों और सरकारी सुरक्षा बलों के बीच चले गृहयुद्ध में दो लाख से ज्यादा जानें गई थीं। सत्ता प्रतिष्ठान और सुरक्षा बलों के जनरलों ने अन्ततः एक बार फिर अधिनायकवादी सरकार की स्थापना कर दी। इसका भौतिक आधार (Material Base) तेल और गैस की अकूत आय थी!

अल्जीरियाई अर्थतंत्र की रीढ़ भारी तेल और गैस भंडार है। यह देश की 98% निर्यात आय और लगभग आधी जीडीपी है। स्वाभाविक रूप से अर्थव्यवस्था के आधारभूत उत्पादक क्षेत्र बुरी तरह उपेक्षित हैं। चूँकि तेल उद्योग बेहद पूँजी और तकनीक केन्द्रित उद्योग है, इसलिए इसमें रोजगार की काफी कम गुंजाइश है। इसकी कीमत बेरोजगार युवा भुगत रहे थे। तेल उद्योग से बाहर औपचारिक औद्योगिक श्रम बाजार लगभग नदारद था। तेल की चढ़ती कीमतों ने काफी दिनों तक अधिनायकवादी शासनतंत्र के चलते रहने का आधार दिया था।

मगर 1999 से स्थितियाँ बदल रही थीं। राष्ट्रपति अब्दुल अजीज बुतफ्लीका प्रतिरोध-प्रदर्शनों को 'छड़ी और दुलार' से निपटाने की लगातार कोशिश कर रहा था। भारी दमन-आतंक के साथ हल्की-फुल्की राजनीतिक-आर्थिक रियायतें आजमायी जा रही थी : वेतन वृद्धि, खाद्यान्न कीमतों में कमी, 1992 से चले आ रहे राष्ट्रीय आपातकाल का अन्त और कुछेक और राजनीतिक सुधारों की घोषणा। 2014 में बुतफ्लीका ने चौथी बार चुनाव 'जीत' लिया। लगातार विरोध प्रदर्शनों के बावजूद उसने अप्रैल 2019 के चुनावों में पांचवीं बार चुनाव लड़ने की घोषणा की। जनता के सब्र का बाँध टूट गया। अन्ततः जन प्रदर्शनों के दबाव में उसे चुनाव स्थगन और अपने त्यागपत्र की घोषणा करनी पड़ी। ऊपरी सदन के स्पीकर अब्देल कादर बेन्सला ने अन्तरिम राष्ट्रपति का कार्यभार सँभाल लिया। मगर प्रदर्शन जारी रहे।

यमन

21 फरवरी, 2011 के प्रदर्शनों की शुरुआत के करीब एक साल बाद जनवरी, 2012 के अन्त में दशकों की तानाशाही का शान्तिपूर्ण अन्त हुआ और राष्ट्रपति अली अब्दुल्लाह सालेह ने इस्तीफा दे दिया। पुराने उपराष्ट्रपति अब्द रब्बो मंसूर हादी को दो साल के

लिए राष्ट्रपति चुनकर संवैधानिक सुधार प्रक्रिया की शुरुआत का कार्यभार दिया गया।

देश की राजनीतिक-आर्थिक स्थिति सचमुच भयावह थी। यमन अरब क्षेत्र का सबसे गरीब देश है। शासक वर्ग अभी तक देश में शासनतंत्र के सम्पूर्ण ध्वंस और देश को असफल राष्ट्र में पतित हो जाने से किसी तरह बचाने की कोशिश करता रहा था। मगर आज यमन में चारों तरफ विनाशकारी-विध्वंसक गृहयुद्ध का तांडव है। नया राष्ट्रपति मंसूर हादी सऊदी अरब भाग गया। 2009 में वाशिंगटन ने अलकायदा खतरे के रोकने के लिए फौजें तैनात का दी थीं। आज अलकायदा यमन में अपनी सल्तनत चला रहा है। दक्षिणी यमन अलग होने के कगार पर है, गृहयुद्ध रुकने का नाम नहीं ले रहा है, और अलकायदा की ताकत बढ़ती जा रही है। देश में लम्बे अरसे से चली आ रही शासकीय गुटबन्दियों के चलते यमनी समाज उत्तर और दक्षिण के दो ध्रुवों में बँट गया, अतिवादी-आतंकी इस्लामी गुटों को खुल कर खेलने का मौका मिला और कबीलाई वफादारियों पर आधारित गृहयुद्ध फैलता चला गया। परिस्थिति से निजात मिलने की फिलहाल कोई सूरत नहीं नजर आती।

मोरक्को

मोरक्को में जन प्रतिरोध प्रदर्शन फरवरी, 2011 से शुरू हुए। शाह मोहम्मद VI ने जनता से जन प्रतिनिधित्व संस्थानिकताओं को मजबूत करने के लिए दूरगामी संवैधानिक सुधारों का वादा किया। जनता की माँग बिल्कुल नये संविधान की थी। संविधान के मुताबिक राजा की सार्वजनिक आलोचना पर पूरी तरह से पाबन्दी थी। सत्ताशाही पिछले कई सालों से अन्तर्राष्ट्रीय पटल पर अपने देश में जनतांत्रिक संक्रमण प्रक्रिया के लागू होने की दुहाई देती आ रही थी। व्यावहारिक धरातल पर राजनीतिक व्यवस्थातंत्र अपनी मूल प्रवृत्ति और व्यवहार दोनों ही स्तरों पर अधिनायकवादी बना रहा। फरवरी, 2011 के शुरुआती दौर में प्रतिरोधों को दमन के बल पर कुचलने की नाकाम कोशिशों के बाद शाह मोहम्मद ने नये संविधान के लिए जनमत संग्रह कराने का ऐलान किया।

अरब-वसन्त के काफी पहले से ही मोरक्को में युवा वर्ग और मीडिया दोनों अपनी-अपनी चिन्ताओं को लेकर शासनतंत्र के खिलाफ उद्वेलित हो रहा था। अरब वसन्त ने इस चिन्ता और उद्वेग को ऐसा विमर्श दिया, जिसे राजशाही और राजा की धार्मिक वैधता को चुनौती देने से कोई परहेज नहीं था। नये संविधान की माँग वस्तुत: सत्तातंत्र के जनतांत्रिक प्राधिकार के संक्रमण के पक्ष में शाही सत्ता और प्राधिकार में बड़े पैमाने पर कटौती की ओर लक्षित थी। मगर व्यावहारिक धरातल पर ऐसा हुआ नहीं। नये संविधान के प्रारूप में ज्यादातर पुराने अधिनायकवादी-स्वेच्छाचारी शाही प्राविधान सुरक्षित रखे गए थे। नये संविधान के अनुसार भी राजा को मंत्रिपरिषद की बैठक बुलाने, उसकी अध्यक्षता करने, और उसका एजेंडा निर्धारित करने का अधिकार था।

मोरक्को के निर्वाचन कानूनों और वहाँ की 34 पार्टियों में बिखरा हआ राजनीतिक परिदृश्य यह सुनिश्चित करने के लिए काफी था कि कोई भी पार्टी संसद में एक चौथाई से ज्यादा सीटें जीतकर राजमहल को चुनौती देने की हैसियत में न आ सके। राजा को प्रधानमंत्री की नियुक्ति का विशेषाधिकार है। प्रधानमंत्री को मंत्रियों को नामित करने

अथवा संसद की सबसे बड़ी पार्टी से नियुक्त करने के लिए 'अनुशंसा' का अधिकार है। यह 'अनुशंसा' राजा पर बाध्यकारी नहीं है।

देश की भ्रष्ट न्यायपालिका के खिलाफ जनता ने एक स्वतंत्र-निष्पक्ष न्यायपालिका की आवाज उठाई। जवाब में राजा ने न्याय मंत्री को 'सुप्रीम काउंसिल ऑफ मेजिस्ट्रेट्स' के नियंत्रण व निगरानी के कार्यभार से मुक्त कर दिया। काउंसिल के पास जजों की नियुक्ति और बर्खास्तगी का सम्पूर्ण प्राधिकार है। नये संविधान के अनुच्छेद 115 के जरिये राजा को काउंसिल के आधे सदस्यों को नामित करने का अधिकार दिया गया। पुराने संविधान में यह अधिकार 40% था। कुल मिलाकर यह कह पाना मुश्किल है कि नये संविधान से जनता की जनतांत्रिक आकांक्षा की दावेदारी को तनिक भी फायदा हुआ या नहीं।

जार्डन

हाशमी सल्तनत के खिलाफ बेरोजगारी, खाद्यान्न की बढ़ती कीमतों, और संस्थानिक भ्रष्टाचार के विरोध में अरब वसन्त प्रतिरोध प्रदर्शनों की शुरुआत जनवरी 2011 से हुई। सबसे विशालतम प्रदर्शन 6 हजार का था जो अन्य अधिकांश अरब राष्ट्रों की तुलना में कुछ भी नहीं था। इसके पहले भी जार्डन में हिंसक प्रदर्शनों-दंगों का इतिहास लगभग नदारद रहा है। नवम्बर 2010 के विवादास्पद आम चुनावों ने भी प्रतिरोध-प्रदर्शनों के उभार में महत्त्वपूर्ण भूमिका निभाई थी। सरकारी सब्सिडी बढ़ाकर प्रतिरोध-आक्रोश का उबाल शान्त करने की प्रधानमंत्री रिफाई की कोशिश नाकाम रही। सुल्तान अब्दुल्लाह II ने 1 फरवरी, 2011 को सरकार बर्खास्त करके मारुफ अल-बाखित को नया प्रधानमंत्री नियुक्त किया। अक्टूबर 2011 में बाखित को भी चलता करके अवन अल-कस्वानेह को प्रधानमंत्री बनाकर उसे सुधार केन्द्रित सरकार बनाने की जिम्मेदारी दी गई। कस्बानेह पुराने सुल्तान हुसैन के वरिष्ठ परामर्शदाताओं में से था, और संयुक्त राष्ट्र में अन्तर्राष्ट्रीय पहचान-स्वीकृति रखता था। ज्यादातर लोगों ने इस नियुक्ति का समर्थन किया, इस उम्मीद में कि कम-से-कम वह तो भ्रष्टाचार में अपना मुँह काला नहीं करेगा। उसकी 29 सदस्यी मंत्रिपरिषद में 16 नये मंत्री थे।

मार्च 2011 में ही सुल्तान अब्दुल्लाह ने प्रतिरोध प्रदर्शनों की प्रतिक्रिया में एक 'नेशनल डायलॉग कमेटी' बनाकर उसे संविधान में संशोधनों के लिए सुझाव देने, विवादास्पद निर्वाचन कानून में सुधार करने और राजनीतिक पार्टियों की स्थापना के सम्बन्ध में नियम बनाने की जिम्मेदारी सौपी। 2011 की दूसरी छमाही में शासन की तरफ से भ्रष्टाचार विरोधी अभियान चलाया गया। इसके तहत एक जमाने के हैवीवेट रहे लोगों की गिरफ्तारियाँ हुई और उनके खिलाफ मुकदमे चले। कुल मिलाकर अरब वसन्त के तुमुल में जार्डन अपने अधिनायकवादी-सुल्तानी शासनतंत्र को बचाए रखते हुए जनतंत्र की तरफ बढ़ाने और संवैधानिक राजशाही बनने का भ्रमजाल बनाकर प्रतिरोध की आँच शान्त करने में कामयाब हो गया। मगर संस्थानिक राजनीतिक सुधारों की सच्ची-ईमानदार जनतांत्रिक प्रक्रिया का कहीं दूर तक पता नहीं मिलता।

अरब वसन्त तुमुल के बाद का अरब परिदृश्य

2011 की शुरुआत में अरब वसन्त के ज्वार में ट्यूनीशिया और मिस्र की तानाशाहियों के अन्त का फायदा 'मुस्लिम ब्रदरहुड' या इसके अनुसंगी संगठनों को मिला। मगर जल्दी ही मिस्र में मुस्लिम ब्रदरहुड शासन का सेना ने अन्त कर दिया। ट्यूनीशिया में इस्लामी एन्हादा पार्टी और धर्मनिरपेक्षवादियों के बीच कशमकश चलती रही। नाटो और उसके स्थानीय क्षत्रापों द्वारा कद्दाफी के कत्ल के बाद लीबिया खुद को कत्ल करने में जी जान से जुट गया। ईराक में 'बशर अल असद' की सत्ता के अन्त के सबसे बड़े क्षेत्रीय पैराकार तुर्की और सऊदी अरब थे। अन्कारा (तुर्की) की हरचन्द कोशिश थी कि अलावी (Alawite) असद को ईराक की गद्दी से हटाकर वहाँ किसी सुन्नी शासक, विशेषकर सम्भव हो सके तो सीरियाई मुस्लिम ब्रदरहुड से किसी को सत्ता की बागडोर सौपी जा सके। मगर असद मिश्र, ट्यूनीशिया, लीबिया सभी से अधिक मजबूत और जिद्दी निकला। तुर्की ने असद विरोधी बागियों की खुली मदद करनी शुरू की। सीरिया के साथ अपनी लम्बी सीमाएँ विद्रोहियों की आवाजाही के लिए खुली छोड़ दीं जिससे बाग़ी गुट और आईएस व जबहत अल-नुसरा जैसे जिहादी आतंकी तुर्की पहुँच कर हथियार और पैसे से 'मजबूत' होने के बाद सीरिया में दाखिल हो सकें।

'लन्दन रिव्यू ऑफ बुक्स' में सेमूर हर्ष का दावा है कि तुर्की, सऊदी अरब और कतर सीरिया के खिलाफ आइएस और अल-नुसरा की सीधे-सीधे वित्तीय और साजो-सामान-हथियारों की मदद कर रहे थे। आगे भारी अन्तर्राष्ट्रीय और घरेलू दबाव से मजबूर होकर तुर्की ने आधे-अधूरे मन से आइएस के खिलाफ जंग का ऐलान किया, सीमा आर-पार की गतिविधियों पर लगाम लगाने के थोड़े-बहुत उपाय किये, और अमेरिका को आईएस के खिलाफ अपने हवाई अड्डों के इस्तेमाल की इजाजत दी। मगर अन्कारा के हमलों का मुख्य निशाना हमेशा कुर्द बने रहे। अक्टूबर 2015 से तुर्की की सेनाएँ न सिर्फ दक्षिण-पूर्वी तुर्की के कुर्द शहरों पर लगातार हमले करती रही हैं, बल्कि सीरिया की सीमा में भी घुसकर कुर्दिस्तान वर्कर्स पार्टी (PKK) और पीपुल्स प्रोटेक्शन युनिटों (YPG) के लड़ाकों पर हमले कर रही हैं। ये वे ताकतें हैं जो आइएस के 2012 में इलाके में दाखिल होने के समय से ही उसके खिलाफ सबसे जबरदस्त मोर्चा लेती रही हैं। राष्ट्रीय-अन्तर्राष्ट्रीय दोनों स्तरों पर तुर्की के राष्ट्रपति एर्डोगन की 'जस्टिस एंड डेवलपमेंट पार्टी' (AKP) पर आइएस जिहादियों और आइएस तेल की तस्करी में अपने देश की सीमाओं पर खुली छूट देकर आइएस के बनने और फैलने में प्रभावी भूमिका निभाने के आरोप लगते रहे हैं।

2013 से अमेरिकी राष्ट्रपति ओबामा ने सीआईए को सीरिया के बागियों को हथियारबन्द करने की गुप्त हिदायत दी। इस काम में मदद के लिए अरब क्षेत्र में सीआईए का दशकों पुराना साझीदार दोस्त सऊदी अरब जी जान से हाजिर था। तभी से सीआइए और सऊदी अरब मिलकर बागी प्रशिक्षण मिशन 'टिम्बर सिकामोर' ('Timber Sycamore')[25] चला रहे हैं। इस मिशन में 'हाउस ऑफ सऊद' की

जिम्मेदारी हथियार और भरपूर वित्त प्रबन्धन की है। प्रशिक्षुओं को AK-47 और टैंक विध्वंसक मिसाइलों का प्रशिक्षण सीआइए देती है।

अमेरिका को इस पूरे इलाके में मानवाधिकारों के खुलेआम और बर्बर उल्लंघन, औरतों की बेइज्जती-खरीद-फरोख्त-कत्लेआम, और इस्लाम की उस चरम कट्टरपंथी वहाबी धारा का समर्थन करने से कोई परहेज नहीं है जो उन कई दुर्दान्त इस्लामिक आतंकी संगठनों का घोषित धार्मिक पंथ है जिनसे लड़ने के दावा अमेरिका करता है। अमेरिका को 'हाउस ऑफ सऊद' द्वारा सऊदी अरब शिया समुदाय के सबसे प्रभावी और मान्य धार्मिक नेता निम्र-अल-निम्र का सरे आम सर कलम कर दिये जाने पर भी कोई आपत्ति नहीं है। निम्र-अल-निम्र ने सऊद शाही परिवार की सत्ता को चुनौती देने का साहस किया था और 2011 के अरब वसन्त में सल्तनत के पूर्वी इलाके में हुए प्रतिरोध प्रदर्शनों का प्रेरणा श्रोत था। निम्र अल-निम्र को 46 और लोगों के साथ कत्ल करके रियाद की सल्तनत ने पूरे अरब इलाके को, जो पहले से ही आतंकवाद, बगावत, गृहयुद्धों और गुटबन्दियों की आग में झुलस रहा है, और भी अराजकता और उथल-पुथल की ओर ढकेल दिया।

सीरिया में करीब पाँच लाख लोग मारे जा चुके हैं, और आधी आबादी देश से पलायित हो चुकी है। अमेरिका-सऊद-तुर्की अगर सत्ता विरोधी बागियों की तरफ हैं तो रूस और ईरान असद के साथ। इस विनाशलीला में एक तिहाई सीरिया पर आईएस ने कब्जा कर लिया था, जिसे छुड़ाने में असद समर्थक और विरोधी दोनों ही अन्तर्राष्ट्रीय समुदायों के छक्के छूट गए। भौतिक अनुपस्थिति के बावजूद आईएस का सीरिया और अन्य जगहों पर विध्वंसक कहर जारी है। यमन में जारी गृहयुद्ध अभी न जाने कब तक कितनों की जानें लेता रहेगा। ईराक, लीबिया कहीं भी स्थायित्व, विकल्प और शान्ति की दूर-दूर तक कोई सम्भावना नहीं दिख रही। कुल मिलाकर पश्चिम एशिया में उथल-पुथल, अराजकता, विध्वंस, विखंडन, कत्लो-गारत का दौर निकट भविष्य में थमने वाला नहीं दिखता है।

वैश्विक जनतंत्र के स्वघोषित खलीफा, अमेरिका के सबसे प्रिय क्षेत्रीय साझीदार सऊदी अरब में जनतंत्र का कोई पता-ठिकाना नहीं है। औरतों को 'भ्रष्ट होने' से बचाने के तथाकथित शरिया सिद्धान्त 'दार अल-फसाद' के नाम पर औरत के खिलाफ हर तरह की पाबन्दी लगी हुई है। अदम अल किफाह के नाम पर औरत अपने मर्द संरक्षक के बिना कहीं नहीं निकल सकती, कुछ नहीं कर सकती। औरत काले लबादे में 'अबाया' (abaya) में सर-से-पाँव तक ढके रहने को मजबूर है। जेंडर समानता के मामले में सऊदी अरब का 152 देशों में 145वाँ स्थान हैं। देश की श्रमशक्ति में औरत की भागीदारी सिर्फ 13% है। सऊदी अरब दुनिया का ऐसा अकेला देश है, जहाँ औरत कार चलाने के लिए, पासपोर्ट हासिल करने के लिए, बैंक खाता खोलने के लिए, शादी करने के लिए, विदेश यात्रा करने के लिए, और उच्च शिक्षा हासिल करने के 'अपराध' में कानूनी तौर पर गिरफ्तार की जा सकती है।

सन् 2011 में तत्कालिन सुल्तान ने औरत के लिए वोट और म्युनिसिपल चुनाव में भागीदारी का वायदा किया था। दिसम्बर 2015 में सऊदी औरत को आंशिक रूप

से पहली बार वोट देने और म्युनिसिपल चुनाव में खड़े होने का मौका मिला। कुल 978 औरतों ने उम्मीदवारी का पर्चा भरा और सऊदी अरब की कुल 1 करोड़ बीस लाख औरतों की आबादी में सिर्फ एक लाख तीस हजार को वोट देने का अधिकार मिला। औरतों के लिए अलग मतदान केन्द्रों की व्यवस्था की गई थी। 1263 में से 424 मतदान केन्द्र औरतों के लिए थे। पहली बार मक्का और अल-जवाफ की म्युनिसिपल काउंसिलों में दो औरतें चुनी गईं। सुल्तान अब्दुल्लाह ने औरतों से वोट और म्युनिसिपल उम्मीदवारी का वादा 2011 में किया था। सुल्तान अब्दुल्लाह जनवरी 2015 में अल्लाह को प्यारे हुए। चुनावों में वोट और उम्मीदवारी की औरतों की पहली भागीदारी दिसम्बर, 2015 में हुई।

इस निराशाजनक परिदृश्य के बावजूद यह मान लेना भूल होगी कि अरब वसन्त अरब जगत में असफल रहा है अथवा आगे इसका कोई भविष्य नहीं है।[26] एक दशक से अधिक बीत चुकने के बावजूद अरब वसन्त मध्यपूर्व जगत के युवा आक्रोश और प्रतिरोधी आवेग को जिन्दा रखने का मूल श्रोत व प्रेरणा बना हुआ है। यह सही है कि आज यह समूचा क्षेत्र उस अमन-चैन-समावेशी-समृद्ध-जनतांत्रिक समाज की दृष्टि और सपने से कुछ और दूर चला गया दिखता है, जिसके लिए वर्ष 2011 में लाखों-लाख युवाओं ने समूचे अरब की सड़कों-चौराहों को अपने आवेगी प्रतिरोध और आक्रोश से भर दिया था और अकल्पनीय दमन का मुकाबला किया था।

उनके पास कोई 'नेतृत्व' नहीं था। उनके पास अपने शरीर, साहस और प्रतिबद्धता के अलावा प्रतिरोध और चुनौती का कोई हथियार भी नहीं था। उनके पास 'तत्काल' को बदलने के सिवा कोई दूरगामी दृष्टि, रणनीति और कार्यक्रम भी नहीं थे। इसके चलते उनसे भूलें भी हुईं और सत्ता तंत्र को बर्बरतम हिंसक दमन का मौका भी मिला। मगर दमन की बर्बरता परिवर्तन के लिए प्रतिबद्ध साहस को नहीं मिटा सकती। प्रतिबद्धता के उस साहस को कैसे खारिज कर सकते हैं जिसने अपने पहले ही साल में ट्यूनीशिया, मिस्र और यमन की सत्ताशाहियों को ध्वस्त कर दिया था, और कई देशों को आधा-अधूरा ही सही, मगर जनतंत्र के लिए जनता की आवाज को सुनने पर मजबूर कर दिया था।

अलावा इसके, अरब वसन्त मध्यपूर्व में वह पहला वसन्त था, जिसमें लाखों-लाख अरब युवाओं ने 'आजादी' और 'जनतंत्र' का पहला गीत गुनगुनाया था। इस वसन्त ने पश्चिम की तथाकथित सभ्य दुनिया के उस अहंकार को तार-तार कर दिया, जिसमें उन्होंने 'अरब युवा' को 'चुका हुआ' और अरब जगत को आजादी व जनतंत्र के लिए अक्षम घोषित कर रखा था। अरब वसन्त ने यह साबित किया कि कट्टर शेखशाहियों और तानाशाहियों के मरुस्थल में भी मनुष्य और मनुष्यता की आजादी और प्रगति के सपनों के नखलिस्तान जिन्दा हैं। आजादी और जनतंत्र के सपनों और संघर्षों का ज्वार कमजोर भले ही पड़ गया हो, चुका नहीं है। यही कारण है कि अरब जगत की सत्ता में आज भी समूचे अरब जगत से अरब वसन्त की स्मृतियों को भी मिटा देने की छटपटाहट दिखती है। अभी अरब दुनिया को शान्ति, स्थिरता, और जनतंत्र की राह पर बहुत लम्बा सफर तय करना है।

अरब वसन्त की आर्थिकी

राजनीतिक क्रान्तिकारी उथल-पुथल अक्सर राजनीतिक संस्थानिकताओं के औपचारिक परिवर्तनों को अंजाम दे सकती है। मगर जरूरी नहीं कि राजनीतिक संस्थानिकताओं के औपचारिक परिवर्तनों का परिणाम समाज में आर्थिक सत्ता के भी मूलभूत पुनर्वितरणकारी परिवर्तनों में प्रतिफलित हो। सत्ता आभिजात्य के अन्दर एक खास तरह का शातिर टिकाऊपन होता है : वे परिवर्तनों को हमेशा अपने पक्ष में पलटने की फिराक में रहते हैं। अगर पुराने राजनीतिक खिलाड़ियों को नये खिलाड़ियों से बदल भी दिया जाए, तो इसका नतीजा सिर्फ राजनीतिक सत्ता समीकरण के बदलने में होता है। देश-समाज का आर्थिक ढाँचा यथावत बना रहता है।

विगत तीन-चार दशकों से मध्यपूर्व में युवा आबादी में अभूतपूर्व वृद्धि की गति ने वहाँ की जनांकिकीय संरचना को बदल कर रख दिया है। मध्यपूर्व के ज्यादातर देशों की विशाल बहुसंख्यक आबादी 30 वर्ष से कम आयु वर्ग की है। कहीं-कहीं तो यह अनुपात तीन चौथाई तक पहुँच चुका है। इस युवा आबादी को, जिसमें औरतें भी काफी संख्या में शामिल हैं, रोजगारों की तलाश है। 1996 से 2006 के दस वर्षों में मध्यपूर्व और उत्तरी अफ्रीका (MENA) क्षेत्र की 'श्रम शक्ति' में विश्व वार्षिक औसत की तीन गुना दर से इजाफा हुआ। जार्डन में 70% से ज्यादा बेरोजगार 29 वर्ष से कम के हैं।

अरब दुनिया में विगत तीन-चार दशकों में सिर्फ युवा आबादी ही नहीं बढ़ी। ज्यादातर देशों में शिक्षा के क्षेत्र में होने वाले बेहतर निवेश और शिक्षा में जेंडर अन्तर को पाटने की कोशिशों के नतीजे में यह युवा आबादी अपनी पुरानी पीढ़ी की तुलना में ज्यादा शिक्षित और जागरूक भी है। 1960 के दशक में MENA क्षेत्र में शिक्षा का स्तर दुनिया की सबसे निचली पायदानों पर था। 1980 से 2000 के बीस वर्षों में इस इलाके में शिक्षा का प्रसार दुनिया के किसी भी अन्य हिस्से से कहीं ज्यादा तेजी से हुआ।

निश्चित रूप से इस शिक्षा की गुणवत्ता पर सवाल उठाये जा सकते हैं। मगर बावजूद न्यूनतर गुणवत्ता के, शिक्षा के क्षेत्र में भारी मात्रात्मक छलाँग ने भी एक तरह की गुपचुप क्रान्ति कर दी। युवा आकांक्षाओं और अपने परिवेश की समझदारी में क्रान्तिकारी बदलाव हुआ। इसमें संवाद-संचार की वैश्विक पहुँच की तकनीक और उपकरणों ने भी खासी मदद की। दूसरी ओर विद्यमान स्थानीय शासन-व्यवस्था तंत्र पूरी तरह जड़ हो चुका था। इसके पास इन शिक्षित युवाओं की आर्थिक गतिशीलता और समृद्धि के लिए देने के अवसर लगभग नदारद थे। ओटोमान साम्राज्य के विखंडन और द्वितीय विश्वयुद्धोत्तर औपनिवेशिक 'प्रभाव के क्षेत्रों' (Sphere of influence) की बन्दर बाँट में अरब जगत में 'बनाए गए' राष्ट्र राज्यों के बीच श्रमशक्ति की अन्तरक्षेत्रीय गतिशीलता की भी गुंजाइश लगभग नहीं थी।

अरब जगत की जनसंख्या संरचना और आर्थिक संरचना में जमीन-आसमान का अन्तर है। आर्थिक संरचना बढ़ती हुई आबादी की जरूरतों और आकांक्षाओं के प्रति पूरी तरह असंवेदनशील और जड़ है। अर्थव्यवस्था के अन्दर जो कुछ गिने-चुने अवसर हैं भी, उनकी 'राशनिंग' प्रतिस्पर्धी क्षमता-कौशल-दक्षता के आधार पर नहीं,

बल्कि आर्थिक-राजनीतिक आभिजात्य के साथ 'रिश्तों' के आधार पर होती है। हाइड्रोकार्बन-भूगर्भ ऊर्जा श्रोतों पर अति निर्भरता और अकर्मण्य-अक्षम सार्वजनिक क्षेत्र की अर्थव्यवस्था पर नियामक विशेषाधिकार के चलते अर्थव्यवस्था में बढ़ती हुई श्रमशक्ति की संगति में विस्तार की न तो गुंजाइश है, और न ही क्षमता। ऐसे में पढ़ी-लिखी नौजवान विशाल आबादी को अपने भविष्य और आर्थिक-सामाजिक गतिशीलता की कोई उम्मीद नजर नहीं आती।[27]

श्रम बाजार में तमाम विभेदीकरण हैं : सार्वजनिक / निजी क्षेत्र; औपचारिक / अनौपचारिक क्षेत्र; नागरिक / बाहरी श्रमशक्ति। सार्वजनिक क्षेत्र उद्यमों का अपने-अपने देश की 'नागरिक श्रम शक्ति' के लिए उच्च वेतन अवसरों पर लगभग एकाधिकार है। निजी क्षेत्र आमतौर पर आप्रवासी श्रमिकों पर निर्भर है। खाड़ी सहयोग परिषद (GCC) इलाके में 90% श्रमशक्ति विदेशी आप्रवासी श्रमिकों की है।

अरब दुनिया में एक बड़ा संकट निजी क्षेत्र का प्रभावहीन और कमजोर होना है। पूरे इलाके में कभी भी ऐसे मजबूत निजी क्षेत्र को खड़ा करने की कोशिश नहीं हुई जो 'शासकीय संरक्षण और प्रोत्साहन' के बिना स्वतंत्र रूप से वैश्विक बाजारों में प्रतिस्पर्धी क्षमता के साथ उतर सके और राष्ट्रीय श्रमशक्ति के लिए रोजगार के बेहतर और भरपूर अवसर सृजित कर सके। अरब दुनिया में निजी क्षेत्र का अस्तित्व और सफलता 'उद्यमिता के साहस' के बजाय 'सत्ता के दुलार' पर टिकी है। अरब दुनिया में निजी क्षेत्र के विकास की समस्या निवेश वातावरण सुधारने, व्यापार लागत घटाने, सस्ती साख, या बाजार केन्द्रित आर्थिक सुधारों का ही मामला नहीं है। इससे कम महत्त्वपूर्ण और निर्णायक 'राजनीतिक समस्या' नहीं है। एक स्वतंत्र-सक्षम-प्रभावी निजी क्षेत्र, जिसके नियंत्रण में बहुसंख्यक श्रमशक्ति हो, विद्यमान शासकीय अधिनायकवाद—सुल्तानशाही के लिए खतरा बन सकता है।

ऐसे में जब भी सवाल जीवन निर्वाह के आधारभूत साधनों-संसाधनों का आता है : खाना, ऊर्जा, रोजगार, आवास, अन्य सार्वजनिक-नागरिक सेवाएँ-सुविधाएँ—राज्य ही इन सबका पहला और अन्तिम प्रदाता है। जीवन निर्वाह प्रदान की यह व्यवस्था भारी-भरकम सब्सिडी, आर्थिक नियंत्रण-नियमन और तमाम तरह के गैर प्रतिस्पर्धी/ एकाधिकारी आर्थिक-वित्तीय औद्योगिक व्यवहारों के जरिये चलती है। नतीजे में एक केन्द्रीकृत नौकरशाही व्यवस्था अपने छोटे से अभिजात्य-पोषित विशेषाधिकारी वर्ग के साथ फूलती-फलती रहती है। इसमें अपने आम नागरिकों के लिए समृद्धि और सामाजिक-आर्थिक न्याय सुनिश्चित करने की न तो क्षमता है और न ही चिन्ता। आर्थिक-सामाजिक व्यवस्था का यह मॉडल अपने प्राकृतिक संसाधनों के गैर उत्पादक विदेशी मुनाफे के निर्बाध आगम पर निर्भर है। इलाके में ऐसे देशों की कमी नहीं है जिनके अपार प्राकृतिक तेल-गैस भंडार उनके सकल राष्ट्रीय निर्यात का 80% या उससे भी ज्यादा है।

जिन देशों के पास तेल का टोटा है, वहाँ उनकी भू-राजनीतिक अवस्थिति के चलते मिलने वाली 'विदेशी सहायता' अर्थव्यवस्था को उत्पादन के झंझट से निकालकर 'संरक्षण-दुलार' की व्यवस्था बनाए रखने के लिए उपलब्ध है। मिस्र की विदेशी मुद्रा

आमदनी का दो-तिहाई से ज्यादा तेल, सहायता और सुएज नहर की कमाई से आता है। प्रति व्यक्ति आधार पर 2008 में MENA क्षेत्र दुनिया में सबसे ज्यादा विदेशी सहायता हासिल कर रहा था : प्रति व्यक्ति 73 डालर। भूखों मरते सब सहारा अफ्रीका में यह सहायता 49 डालर प्रति व्यक्ति थी। विदेशी सहायता की इस अतिशय उदारता का एकमात्र कारण दानदाता पश्चिमी देशों के 'भू-राजनीतिक हित' हैं।

गरीब देशों की आमदनी का एक और साधन विदेशों में काम कर रहे उनके नागरिकों द्वारा भेजी जाने वाली रकम (remittances) है। साल 2010 में जार्डन की जीडीपी का 13% और लेबनान का 20% इसी श्रोत से आता था। तेल और सहायता के इन खुदाई-खैराती संसाधनों ने अरब दुनिया में एक प्रतिगामी-जड़, गैर संवेदनशील राजनीतिक-आर्थिक व्यवस्थातंत्र को विकसित किया। इसके जरिये इलाके में एक ऐसा सामाजिक करार (Social contract) फला-फूला, जिसने कल्याणकारी सहायता की खैरात के बदले में विद्यमान शासनतंत्र के प्रति वफादारी का सौदा किया। अरब देशों का सत्ता तंत्र इस सामाजिक करार को दमन और पुनर्वितरण की 'छड़ी और दुलार' के संश्रय से चलाते रहने का आदी है। मगर 21वीं सदी में अरब जगत की जनसंख्या की संरचना में आए परिवर्तनों ने, जिसे तकनीक के परिवर्तनों ने मजबूती प्रदान की, शासन-तंत्रीय भ्रष्टाचार और असमानता के प्रति गहरे होते असन्तोष-आक्रोश के साथ मिलकर इस 'संश्रय' के दोनों हिस्सों : दमन और पुनर्वितरण की लागत शासनतंत्र के लिए काफी हद तक बढ़ा दी है।

वर्तमान डिजिटल युग ने सामूहिक कार्यवाहियों का एक बिल्कुल नया क्षेत्र 'वर्चुअल सामूहिकता और साझीदारी' विकसित कर ली है जो काफी हद तक 'शासन के लम्बे हाथों' से खुद को बचा पाने में सफल है। 21वीं सदी की इस विशिष्टता ने दमन के परम्परागत तौर-तरीकों की धार थोड़ी कुन्द की है। इसके चलते शासनतंत्र के सामने न सिर्फ अपने दमन और खुफिया तंत्र में ज्यादा निवेश करने, बल्कि दमन के नये हथियार और तौर-तरीके विकसित करने की जरूरत आ पड़ी है। दूसरी तरफ पुनर्वितरण की लागत भी बहुत तेजी से बढ़ी है। अरब जगत की जनसंरचना में आया युवा उभार विद्यमान कल्याणकारी व्यवस्था क्षमता को चुनौती दे रहा है। सत्ता बजट का काफी बड़ा हिस्सा आयातित खाद्य सामग्रियों-खाद्यान्नों की सब्सिडी पर खर्च हो रहा है। सऊदी अरब अपने खाद्यान्न आयातों पर 1 बिलि. डालर से ज्यादा की प्रतिमाह सब्सिडी दे रहा है। खाड़ी परिषद देश समूह अपनी कुल खाद्य जरूरतों का 90% आयात करता है।

इलाके की जनसंख्या संरचना में परिवर्तन, बढ़ती बेरोजगारी, भ्रष्टाचार और मीडिया-संचार पहुँच जैसे कारकों ने मिलकर स्थिति को सचमुच विस्फोटक बना दिया है। उल्लेखनीय है कि तेल कीमतों का विश्वबाजार में निरन्तर उतार-चढ़ाव भी अरब अर्थव्यवस्थाओं के लिए संरचनात्मक संकट का कारक है : स्वाभाविक रूप से तेल की कीमतों के गिरने के साथ समाज के लिए सार्वजनिक व्यय अर्थव्यवस्था की जरूरतें कम नहीं होतीं।

उच्च वेतन रोजगार अवसरों के सार्वजनिक क्षेत्र में संकेन्द्रित होने के चलते, श्रम

बाजार में आने वाले नव प्रवेशी इसी क्षेत्र की तरफ लपकते हैं। सार्वजनिक क्षेत्र का दक्षता, योग्यता और उत्पादन कौशल प्रशिक्षण से कुछ लेना-देना नहीं है। नतीजे में निजी क्षेत्र के पास हमेशा कुशल-दक्ष श्रमशक्ति का अभाव बना रहता है। इस तरह शिक्षा व्यवस्था और आर्थिक संरचना-व्यवस्था तंत्र दोनों की विफलता यह सुनिश्चित करती रहती है कि युवाओं की विशाल बहुसंख्या न सिर्फ 'रोजगारविहीन' बल्कि 'रोजगार के अयोग्य' भी बनी रहे।

अरब वसन्त से 'निपटने' की कोशिशों में अरब राजसत्ताओं ने अपने डाँवाडोल 'सामाजिक करार' को ही येन-केन-प्रकारेण लागू करते रहने की नीति ली। अल्जीरिया, लीबिया, मिस्र, जार्डन, मोरक्को, सीरिया, टयूनीशिया, कुवैत, सभी ने खाद्यान्न और तेल ऊर्जा पर सब्सिडी बढ़ा दी। तेल धनी देशों ने अरब वसन्त से निपटने का एक अतिरिक्त उपाय सार्वजनिक क्षेत्र वेतन और रोजगार अवसरों में भारी वृद्धि के रूप में किया। अरब सत्ता तंत्र ने अरब वसन्त से कोई सबक राज्य-उद्यम सम्बन्धों की पुनर्संरचना के लिए नहीं लिया। राज्य और निजी क्षेत्र के रिश्ते संस्थानिक-सैद्धान्तिक-नीतिगत दिशा लेने के बजाय यथावत 'निजी सम्पर्क और प्रश्रय' के बने हुए हैं। ज्यादातर देशों में चन्द गिने-चुने परिवारों ने सत्ता से अपनी नजदीकियों के बूते अपने व्यापारिक साम्राज्य खड़े कर रखे हैं : चाहे वह ट्यूनीशिया का ट्राबेल्जी परिवार हो, मिस्र का अहमद एज्ज या फिर सीरिया का रामी मखलूफ परिवार। इस तरह का 'दुलरुआ पूँजीवाद' (Crony Capitalism) अरब दुनिया में प्रतिस्पर्धा उद्यमिता की भ्रूणहत्या पर आमादा है। यहाँ व्यवसाय के नये अवसर केवल 'भीतरी' खिलाड़ियों के विशेषाधिकार हैं।

क्षेत्रीय परस्पर वैमनस्य

उत्पादन, व्यापार और आर्थिक सम्पर्कों के मामले में मध्यपूर्व दुनिया के सबसे विखंडित, बिखरे हुए इलाकों में से है। करीब 35 करोड़ की आबादी वाले अरब जगत के पास साझी भाषा, संस्कृति और शानदार व्यापारिक सभ्यता की विरासत है। बावजूद इसके, अरब जगत कभी एक साझा आर्थिक-व्यापारिक बाजार या यूनियन के तौर पर नहीं विकसित हो सका। अरब देशों के अपने आपसी व्यापारिक रिश्ते आश्चर्यजनक रूप से कमजोर हैं। क्षेत्रीय बाजार एक-दूसरे से और फिर इसके विस्तार में समूची शेष दुनिया से कटे हुए हैं। शायद ही दो-चार अरब देश होंगे, जो पड़ोसियों को अपना स्वाभाविक व्यापारिक साझीदार मानते हों और इसके अनुरूप व्यवहार करते हों। वृहत्तर अरब विस्तार का व्यापार किसी भी अरब राष्ट्र की आर्थिक-व्यापारिक नीति या चिन्ता में नहीं है। अरब जगत के समूचे वाणिज्यिक व्यापार में अन्तर-अरब (Intra-Arab) व्यापार 10% के आस-पास सिमटा रहता है। हालाँकि अरब देशों ने न जाने कितने पारस्परिक व्यापारिक संगठन-मंच बना रखे हैं : अरब कॉमन मार्केट, युनाइटेड अरब रिपब्लिक्स, फेडरेशन ऑफ अरब रिपब्लिक्स, अरब कोआपरेशन काउंसिल, अरब मगरिब यूनियन, ग्रेटर अरब फ्री ट्रेड अरेंजमेंट, अगादी एग्रीमेंट (मिस्र, जार्डन, मोरक्को, ट्यूनीशिया), खाड़ी सहयोग परिषद (GCC)...। ये तमाम कोशिशें क्षेत्रीय व्यापार को बढ़ावा देने में असफल रही हैं। आर्थिक समन्वय-सहयोग की कोशिशें हमेशा आन्तरिक विद्वेषों,

निजी हितों-ताकतों पर निर्भरता और परस्पर सहयोग-समन्वय के लिए मजबूत घरेलू माँग के अभाव में मात खाती रही हैं।

ऐसा विखंडन-बिखराव अपनी बहुआयामी कीमत वसूलता है : 'स्केल ऑफ इकोनामी' का अभाव, 'अन्दर के दुलरुओं का पोषण, प्रतिस्पर्धी बाजारों के विकास में बाधा, 'अन्दर के दुलरुओं' का एकाधिकारी वर्चस्व, 'उत्पादन' के मुनाफे की जगह 'सम्पर्क' का मुनाफा, और विद्यमान असमानताओं-विषमताओं की निरन्तर गहनता। इनके चलते पूँजीगत वस्तुओं की कीमतें बढ़ती हैं, जो निवेश की उत्पादकता और उपादेयता को सीमित करती है। 'सम्पर्क मुनाफे' का खेल व्यापार-उद्यमिता परिवेश को जोखिम भरा बनाता है। क्षेत्रीय सार्वजनिक उपभोग की वस्तुओं की आपूर्ति का अभाव बना रहता है। इसके चलते क्षेत्रीय देशों के बीच परस्पर सहयोग बाधित होने के साथ-साथ उत्पादकता की बरबादी भी होती है। दुनिया से भौगोलिक सम्पर्क की दृष्टि से मध्यपूर्व के लिए काफी सम्भावनाएँ हैं : यह यूरोप, अफ्रीका और निकटतरपूर्व (Near East) से सम्पर्क के सारे प्रमुख सामुद्रिक-व्यापारिक मार्गों से जुड़ा है। इस भौगोलिक सहूलियत को यह क्षेत्र अपनी व्यापार और उद्यमिता संकुल के अर्थशास्त्र के रूप में विकसित कर पाने में असफल रहा है। इसे विडम्बना ही कहेंगे कि वह क्षेत्र, जो एशियाई व्यापारियों-उद्योगपतियों को यूरोपी बाजार से जोड़ता है, खुद प्राथमिक-प्राकृतिक उत्पादनों तक सिमटा हुआ है।

मध्यपूर्व अपने इतिहास और राजनीति में हमेशा से विभाजित रहा है। अरब जगत की उद्योग-व्यापार के क्षेत्र में कमजोर और विभाजनकारी विरासत रही है। कमजोर निजी क्षेत्र की जड़ें अरब इतिहास में बहुत गहरे तक धंसी हैं। फलता-फूलता मजबूत निजी क्षेत्र यहाँ की शासनशाहियों की नजर में वरदान के बजाय खतरा रहा है। यहाँ व्यापार-धंधा हमेशा से विदेशियों अथवा स्थानीय अल्पसंख्यक समुदायों के हाथों में रहा है। ऐसा राजनीतिक दृष्टि से कहीं ज्यादा निरापद माना जाता है। विदेशी व्यापारी-सौदागर सत्ताशाहियों से 'विशेषाधिकारों की खरीद' के जरिये 'खरीद का मुनाफा' कमाते थे। इसलिए उनके शाही प्राधिकार के लिए खतरा बनने की सम्भावना बहुत कम रहती थी। औपनिवेशिक पश्चिमी साम्राज्यी हितों द्वारा ओटोमान साम्राज्य के विखंडन में अपने-अपने 'प्रभाव के क्षेत्रों' के अनुरूप अरब भूमि पर खींची गई मनमानी राजनीतिक रेखाओं ने अपने साथ-साथ स्थायी आर्थिक अवरोध रेखाएँ भी खींच दीं।

मध्यपूर्व में राष्ट्र-राज्यों की निर्माण प्रक्रिया के साथ अक्सर यूरोपी व्यापारियों-सौदागरों का पलायन भी जुड़ा रहा है। यह खालीपन अरब दुनिया कभी अपनी आर्थिक-औद्योगिक ताकतों से नहीं भर सकी। अलावा इसके, द्वितीय विश्वयुद्धोत्तर राष्ट्रीय आन्दोलनों और स्वतंत्रता के बाद राष्ट्रीय सरकारों का राष्ट्रवादी-समाजवादी दौर काफी हद तक व्यापार और पूँजी से संशंकित था। नासिरवाद के जमाने में अरब दुनिया में राष्ट्रीयकरण की जबरदस्त लहर थी। इसका असर निजी क्षेत्र की कीमत पर राज्यतंत्र की मजबूती के रूप में हुआ। इसने व्यापार-उद्यमिता प्रोत्साहनकारी नीतियों और क्षेत्रीय आर्थिक-व्यापारिक समन्वय-सहयोग-सांगठनिकता की सम्भावना को प्रभावित किया। इसके बाद क्रमशः तेल और विदेशी सहायता पर अधिकाधिक निर्भर

होते चले गए 'राजतंत्रों' के लिए व्यापार-उद्यमिता के विकास पर ध्यान देने की जरूरत कमतर होती चली गई।

लम्बे अरसे से नौकरशाही के मकड़जाल ने मध्यपूर्व में उद्यमिता के विकास की सम्भावना को बाधित करते हुए बाजारों को सचेत-सायास रूप से स्थानिक, विखंडित-विभाजित, और एक-दूसरे के सम्पर्क से दूर रखा है। प्रतिस्पर्धा का गला घोंटती ये बाधाएँ सशक्त-सक्षम-प्रतिस्पर्धी राष्ट्रीय व क्षेत्रीय अर्थव्यवस्था को जन्म नहीं लेने देतीं। ये बाधाएँ अपने 'भीतरी दुलरुओं' को विशेषाधिकार 'अता' करते हुए प्रतिस्पर्धियों के लिए अर्थव्यवस्था में घुसने के खिड़की-दरवाजे बन्द कर देती हैं। यहाँ सामान्य निवेशक और उद्यमी के लिए कोई 'समतल खेल का मैदान' (Level playing field) नहीं है।

यहाँ अर्थव्यवस्था में नई फर्मों का प्रवेश मना है। इसके चलते परस्पर उत्पादन-उद्यमिता की प्रतिस्पर्धा, जो अक्षम-कमजोर खिलाड़ियों को प्रतिस्पर्धा से बाहर करके राष्ट्रीय-क्षेत्रीय अर्थव्यवस्था को मजबूत बना सकती है, काफी हद तक नदारद है। साख उपलब्धि के क्षेत्र में तो नव प्रवेशियों के लिए पहाड़ जैसी मुश्किलें हैं। कई राष्ट्रों के पास वैश्विक बाजार से जुड़ाव के लिए विश्वस्तरीय ढाँचागत सुविधा-संसाधनों-संरचनाओं के बावजूद उनकी क्षेत्रीय जुड़ाव में कुछ खास रुचि नहीं दिखती। सीमा प्रवेश प्रक्रियाओं को लेकर भी अरब देशों में समन्वय-सहयोग-पारस्परिकता काफी सीमित है। ये बाधाएँ-असुविधाएँ-अड़चनें उद्योग-उद्यमिता-व्यापार के क्षेत्र में ऊँची उत्पादन लागत और न्यूनतम प्रतिस्पर्धी क्षमता को संस्थानिकता-व्यवस्थानिकता का स्थायित्व प्रदान करती हैं।

कुल मिलाकर मध्यपूर्व एक दुश्चक्रीय संकट में फँसा हुआ है। इसके बाजार आकार-विस्तार और विविधिता में छोटे होने के चलते व्यापार की अनिश्चिताओं को बढ़ाते हैं, निवेश को हतोत्साहित करते हैं, और निजी क्षेत्र को 'इकोनोमी ऑफ स्केल' हासिल करने से रोकते हैं। छोटी अर्थव्यवस्थाओं के प्रतिस्पर्धो टिकाऊपन और समृद्धि के लिए यह और भी जरूरी हो जाता है कि वे मैन्यूफैक्चर उत्पादों के निर्यात पर केन्द्रित करें। मगर अरब अर्थव्यवस्थाओं की प्रतिकूलताएँ निजी क्षेत्र को निर्यात क्षेत्र में उच्च मूल्य वर्धित गतिविधियों (High value added activities) की ओर विविधीकृत होने से रोकती हैं। इसके चलते मध्यपूर्व की प्राथमिक-प्राकृतिक उत्पादों के निर्यात और रोजगार सृजन के लिए राज्य और राजकीय क्षेत्र पर निर्भरता दोनों बढ़ती है।

मध्यपूर्व की अधिनायकवादी अराजक अर्थव्यवस्था सत्ताधारी आभिजात्य के लिए निर्णायक राजनीतिक महत्त्व की है। व्यवस्थातंत्र के भीतर के 'दुलरुओं' को एकाधिकारी विशेषाधिकार प्रदान करने के माध्यम से एकाधिकारी अनुत्पादक मुनाफे का प्रवाह अपने 'नजदीकी' गुटों को सुनिश्चित करने के जरिये सत्तातंत्र विद्यमान शासकों की ताकत को मजबूत करता है। तमाम संस्थानिक-व्यवस्थानिक अड़चनों के चलते श्रमशक्ति और उद्यमिता फर्में दोनों अनौपचारिक क्षेत्रों में संकेन्द्रित होने के लिए मजबूर हैं। ऐसे में कई अरब देशों में काफी बड़ा (श्रमशक्ति के लिहाज से) अनौपचारिक क्षेत्र बन गया है। इसका प्रतिकूल असर अर्थव्यवस्था में 'काली अर्थव्यवस्था' के बढ़ते दखल के रूप में पड़ता है : काली अर्थव्यवस्था जार्डन में जीडीपी का 26% और मोरक्को में 44%

तक है। तेल धनी अर्थव्यवस्थाएँ भी काली अर्थव्यवस्था के प्रभाव से अछूती नहीं हैं।

पूरी अरब दुनिया में आबादी की एक बिल्कुल झीनी सी, मगर भरपूर मलाईदार परत समूची अर्थव्यवस्था पर नियंत्रणकारी दखल रखती है : बैंक, व्यापार-वाणिज्य, टेलीकाम-मीडिया सब कुछ इसी के कब्जे में है। इसके चलते अरब अर्थव्यवस्था एक ऐसा पिरामिड बन गई है जिसके शीर्ष पर चन्द गिनी-चुनी विशेषाधिकारी फर्में हैं, और नीचे तल पर अनौपचारिक क्षेत्र की छोटी फर्मों की विशाल संख्या। दोनों के बीच की काली अर्थव्यवस्था इन्हें जोड़े-जिलाये रखने का काम करती है। तथाकथित आर्थिक सुधारों ने भी राज्य की विशाल सार्वजनिक क्षेत्र की ताकत और भारी-भरकम नौकरशाहाना नियमन नियंत्रण की अराजक मनमानी पर लगाम लगाने की हिम्मत नहीं की है।

मध्यपूर्व कुल मिलाकर एक बेहद प्रतिकूल राजनीतिक सन्तुलन पर झूल रहा है : यह सन्तुलन उस सत्ता आभिजात्य को टिकाए रखने का काम करता है, जिसकी नजर में उसके नियंत्रणकारी अराजक वर्चस्व से स्वतंत्र गतिमान निजी क्षेत्र उसके अस्तित्व के लिए खतरा बन सकता है। अरब समाज का बेहद छोटा-सा, ज्यादातर पारिवारिक रिश्ते-नातों की नजदीकियों से सुसंगठित सत्ता आभिजात्य किसी भी कीमत पर अपने पक्ष में यथास्थिति बनाए रखने का प्रयास करता है। व्यापार-उद्यमिता के लिए ये मानव जनित बाधाएँ, क्षेत्र की भौगोलिक बाधाओं से कम दुष्कर नहीं हैं। स्वतंत्र-गतिशील फलते-फूलते निजी क्षेत्र का अभाव मध्यपूर्व में मध्यवर्ग के विकास की सबसे बड़ी बाधा है।

दूसरी ओर मध्यपूर्व की बदलती जनांकिकीय संरचना में करोड़ों युवाओं की आबादी मध्यवर्ग के दरवाजे पर लगातार दस्तक दे रही है। ऐसे में निजी क्षेत्र के अवरोध की शासकीय नीति खुद आभिजात्य शासन की निरन्तरता के लिए खतरा बन रही है। 21वीं सदी में अरब दुनिया एक नये युग के मुहाने पर है। यह एक ऐसे अभूतपूर्व जनांकिकीय संक्रमण का गवाह बन रही है, जहाँ अरब इतिहास की आज तक की विशालतम् युवा आकांक्षा का ज्वार उमड़ने को आतुर है। यह तारिक युसुफ[28] के शब्दों में 'इन्तजार करती पीढ़ी' (The generation in waiting) है : ऐसी पीढ़ी, जो रोजगार और न्याय का बेसब्री से इन्तजार कर रही है।

दूसरी ओर अरब सत्ता आभिजात्य ने अति संकेन्द्रित आर्थिक नियंत्रण और पहाड़ जैसे व्यापार-उद्यमिता अवरोधों के जरिये एक ऐसा आर्थिक नस्लवाद स्थापित कर दिया है जो सचेत-व्यवस्थित ढंग से हाशिये के लोगों और फर्मों को 'आभिजात्य अर्थव्यवस्था' के अन्दर प्रवेश से रोकती है।

अतीत में इतिहास के अनेक निर्णायक मोड़ों पर अरब सत्ता तंत्र ने तमाम तरह के मुखौटों और लफ्फाजियों की चाशनी और दमन के डंडों के जोर पर दिखावटी 'सुधारों' को लागू करने की कोशिश की है। ऐसे हर 'सुधार' ने सत्ता के विकेन्द्रीकरण के बजाय सत्ता के संकेन्द्रण की सेवा की है। चाहे वे आटोमान शासन के संक्रमणकालीन सुधार रहे हों, 1960 दशक के राष्ट्रवादी-राष्ट्रीयकरणवादी सुधार रहे हों, या फिर 1980 दशक के 'नव उदारवादी' सुधार—ये सभी राज्य और विद्यमान राजतंत्र की सत्ता को नवजीवन देने का काम करते रहे हैं। अरब वसन्त की प्रतिक्रिया में किये जाने वाले

'शासकीय सुधार' भी एक बार फिर से यही यक्ष प्रश्न सामने लाये हैं : इनकी दिशा क्या है? जबाब पुराने ऐतिहासिक अनुभवों से कोई सबक लेता नहीं दिखता।

युवा असन्तोष की छटपटाहट

नौजवान फेरी वाले मोहम्मद बुआजिजी ने 21वीं सदी के पहले दशक के अन्त में सरे-आम-सरे राह आत्मदाह करते हुए सम्भवत: सोचा भी नहीं होगा कि वह ट्यूनीशिया में एक प्रभावी क्रान्ति की शुरुआत कर रहा है। वह इससे भी अनजान था कि वह अपने आत्मदाह के जरिये समूचे अरब के नौजवानों को सामाजिक परिवर्तन के लिए सड़कों-चौराहों-चौकों पर जन सैलाब बनकर हर जगह-हर देश में प्रदर्शनों, प्रतिरोधों, बगावतों, और हथियारबन्द झड़पों की सामूहिक युवा गोलबन्दियों को आवाज देने जा रहा है।

बुआजिजी के आत्मदाह की गूँज सारी दुनिया में इसलिए सुनाई पड़ी कि वह एक ऐसी समूची आबादी की नौजवानी का प्रतीक बन गया, जो अरब वसन्त की निर्णायक ताकत बनने जा रही थी : युवा, एकल, बेरोजगार, अल्प रोजगार, हताश, अपने वर्तमान और भविष्य के साथ विनाशकारी खिलवाड़ करने वाली सरकारों के खिलाफ गुस्से से उबाल खाता हुआ। बुआजिजी अरब वसन्त का वाहक इसलिए नहीं बना, कि वह 'कुछ खास' था। इसके ठीक उलट वह अरब वसन्त को इसलिए आवाज दे सका कि वह बिल्कुल भी खास नहीं था : वह उन करोड़ों आम अरब युवाओं में से एक था, जिनके लिए अरब दुनिया के शासकों के पास देने को आक्रोश और भविष्यहीनता के अन्धकार के अलावा कुछ भी नहीं था।

अरब वसन्त गहन-गम्भीर सामाजिक-सांस्कृतिक-आर्थिक हताशा और नैराश्य की विस्फोटक अभिव्यक्ति थी। एक समूची युवा पीढ़ी की हताशा और नैराश्य का आक्रोश, जिसे जीवन की परिपक्वता में प्रवेश करने से रोक दिया गया था, जिसे सरकारों और बाजारों ने पूरी तरह से खारिज कर दिया था। इस दृष्टि से अरब वसन्त महज एक राजनीतिक संघर्ष न होकर आर्थिक-सामाजिक और सांस्कृतिक संघर्ष भी था। शासन व्यवस्था तंत्र ने आबादी के साथ अपना मूलभूत-मौलिक सामाजिक करार तोड़ दिया था : कि एक दिन बच्चे बड़े होंगे—वे समाज की उत्पादक शक्ति बनकर राष्ट्र निर्माण में योगदान करेंगे—फिर अपना परिवार अपने बूते बसाएँगे। यह समूचा करार उस समूची युवा पीढ़ी के लिए तोड़ दिया गया था, जिसे आयु हो चुकने के बावजूद परिपक्व युवा होने की इजाजत न देकर अन्तहीन 'इन्तजार' के अँधेरे में ढकेल दिया गया था।

अरब वसन्त में अरब दुनिया के विभिन्न देशों में भागीदार प्रतिरोधियों की विविधता के बावजूद अरब के हर देश, हर स्थान में सड़कों पर सबसे ज्यादा शिद्दत के साथ जूझता एक जैसा चेहरा नजर आता था : किशोर से युवा दहलीज पर कदम रख चुकी 15 से 25 वर्ष आयु समूह की अरब तरुणाई। इस तरुणाई के साथ ही अधिनायकवादी-स्वेच्छाचारी-दमनकारी निजाम के खिलाफ अरब वसन्त में अपनी अस्मिता और आत्मगौरव के लिए जूझने वाले हर आयु वर्ग के आम जन भी सड़कों-चौराहों-चौकों पर थे। जैसे-जैसे पुलिस और सेना का दमन बढ़ता गया—और ज्यादा लोग अपने-अपने शहरों में अस्मिता-गौरव और सुरक्षा की इस लड़ाई में शामिल होते गए। यह

आम अरब की मुक्तिकामी आकांक्षाओं का क्रान्तिकारी ज्वार था।

अरब दुनिया में अरब वसन्त की छूत के पीछे समूचे क्षेत्र में अरब नौजवान का इस नतीजे पर पहुँचना था कि उनकी समूची पीढ़ी का रास्ता पूर्व परिपक्वता की दहलीज पर रोक दिया गया था। कत्लो-गारत-गिरफ़्तारी-अस्थिरता-अनिश्चय की गर्मी से अरब वसन्त के पिघल जाने के बाद भी, अथवा यहाँ-वहाँ किसी तानाशाह स्वेच्छाचारी के चले जाने, या सत्ता की चन्द 'खैरातों-सौगातों' से अरब युवा की हताशा और आक्रोश की आँच ठंडी नहीं पड़ी है।

विगत तीन-चार दशकों से अरब दुनिया की जनांकिकीय संरचना में आमूल-चूल बदलाव आ रहा है और अभी यह प्रक्रिया जारी है। इस जनसांख्यिकीय संक्रमण का कारण किसी तरह का आप्रवासन (migration) न होकर शिशु मृत्युदर की कमी और जीवन प्रत्याशा की वृद्धि है। इस अभूतपूर्व वृद्धि ने अरब आबादी की संरचना में आयु-वर्ग के मामले में असन्तुलन की स्थिति बना दी है। 2011 तक करोड़ों 'किशोर' अपनी वयस्कता की उम्र पर आ चुके थे और वयस्कता के फायदों के आकांक्षी थे। चौबीस साल से कम उम्र के युवाओं की संख्या अरब आबादी की करीब आधी है।

वयस्कता की दहलीज पर पहुँचा 15 से 24 साल का युवा वर्ग आबादी का करीब 20% हिस्सा है। वह अपनी शिक्षा लगभग पूरी कर चुका है, रोजगार की तलाश में है, और शादी करके अपना 'घर-परिवार' बसाना चाहता है। बाकी के 30% बच्चों से किशोर तक की आबादी अगले दो-तीन दशकों में समय के साथ-साथ अपने क्रम में वयस्कता की इस दावेदारी में शामिल होती चली जाएगी। कम-से-कम 2030 तक तो यही स्थिति बनी रहेगी। ईराक, ओमान, कतर, यूएई आदि में तो यह स्थिति 2050 तक बनी रह सकती है। तब तक अरब दुनिया के सामने आक्रोश-हताशा और असन्तोष की विस्फोटक चुनौती बनी रहेगी : युवाओं की विशाल उबाल खाती आबादी की चुनौती जो समाज में अपनी खुद की जगह और अपनी खुद की अस्मिता-गौरव की पहचान बनाने के लिए व्यग्र और आक्रोशित रहेगी।

इस आग में घी डालने का काम बेरोजगारी/अल्परोजगारी कर रही है। आइएलओ (ILO) की साल 2011 की वैश्विक रोजगार रुझान रिपोर्ट (Global Employment Trends Report) के जनुसार MENA क्षेत्र (मध्यपूर्व और उत्तरी अफ्रीका) में वर्ष 2010 में बेरोजगारी दर, विशेषकर युवा बेरोजगारी दर 10.3%। यह दुनिया के किसी भी अन्य क्षेत्र के मुकाबले सबसे ज्यादा थी। इस क्षेत्र में बेरोजगारी दर से जुड़ा एक बड़ा मुद्दा विभिन्न राष्ट्रों के बीच बेरोजगारी विषमता का भी है : यमन में बेरोजगारी दर 35% है और कतर में सिर्फ 0.5%। युवा बेरोजगारी यमन में 50% और संयुक्त अरब अमीरात में 12.1% है। समूची अरब दुनिया के वर्तमान और भावी रोजगार आकांक्षियों की जरूरत पूरी करने के लिए सन् 2020 तक कम-से-कम पाँच करोड़ दस लाख नये रोजगार सृजित करने होंगे।[29] यह एक असम्भव सम्भावना है।

अरब रोजगार परिदृश्य की एक और जटिलता रोजगार में कम भागीदारी दर (Low Participation Rate) की है। समाज में जितने लोग काम करने लायक हैं, उनसे बहुत कम लोग वास्तव में काम कर रहे हैं। रोजगार योग्य आबादी से रोजगार

का अनुपात यहाँ 43% है। अरब की काफी बड़ी आबादी ऐसे युवाओं की है, जो रोजगार की तलाश करने के बजाय परिवार की आय अथवा बाहर विदेश कमाने गए परिवार के सदस्यों द्वारा भेजी जाने वाली राशियों के भरोसे जी रहे हैं। फिर करोड़ों ऐसे युवा हैं जो अल्प रोजगार अथवा काली अर्थव्यवस्था की कमाई से अपना पेट पाल रहे हैं। कार्य सक्षम आयुवर्ग की केवल 30% औरतें श्रम बाजार में भागीदारी कर रही हैं—यह अनुपात समूची दुनिया में न्यूनतम है। बेरोजगारी दर के आँकड़ों में सिर्फ वही शामिल हैं, जो रोजगार की तलाश में लगे हैं मगर पा नहीं रहे है। इस आँकड़े में वह आधी युवा आबादी और दो तिहाई औरतों की आबादी शामिल नहीं है, जो निराश होकर रोजगार तलाशना बन्द कर चुकी हैं।

किसी भी समाज में बेरोजगारी के दो प्रमुख कारक हैं। अर्थव्यवस्था के विभिन्न क्षेत्रों में पर्याप्त रोजगार अवसर उपलब्ध कराने में रोजगार बाजार की विफलता; और उद्योगों-क्षेत्रों की बहुविध विविधताओं के अनुरूप युवाओं को सम्यक् शिक्षण व प्रशिक्षण की जिम्मेदारी के निर्वहन में राज्य की विफलता। अरब जगत में शिक्षा के मात्रात्मक प्रसार के बावजूद भारी पैमाने पर गुणात्मक अन्तर भी युवाओं के लिए रोजगार अवसरों के अकाल का एक बड़ा कारण है।

अधिकांश अरब राज्यों ने 1970 और 1980 के दशकों में बड़े पैमाने पर व्यापक शैक्षिक सुधार अभियान चलाया था। इस अभियान में शैक्षणिक-साक्षरता कार्यक्रमों में व्यापक भागीदारी के साथ ग्रामीणों, गरीबों और समाज के अन्य हाशिये के समुदायों के लिए शिक्षा के अवसर सुलभ हुए, निरक्षता काफी हद तक घटी, शिक्षा पंजीकरण में जेंडर विषमता घटी, साथ ही उच्च शिक्षा (स्नातक) स्तर पर भी जेंडर अन्तर कम हुआ। इसका अर्थ यह नहीं कि अरब जगत में शिक्षा अब कोई समस्या नहीं रही : मोरक्को में अभी भी 40% आबादी निरक्षर है, जार्डन और कई अन्य देशों में माध्यमिक व उच्च शिक्षा अभी भी मध्यम और उच्चवर्गीय युवा का विशेषाधिकार है।

शिक्षा की गुणवत्ता के सम्बन्ध में एक मोरक्कन युवती की हताशा समूचे अरब जगत की स्थिति का प्रतिनिधि वक्तव्य है : "मोरक्को में शिक्षा का मूल्य शून्य है। मैं इसे जानती हूँ, मेरी सारी कक्षा सहपाठिनें इसे जानती हैं। यहाँ तक कि हमारे अभिभावक भी इसे जानते हैं। मगर हम करें क्या?" जब अरब युवा अपनी शिक्षा से हासिल दक्षता (skills) और ज्ञान (knowledge) की कसौटी पर कसे जाते हैं, अरब जगत की शिक्षा के क्षेत्र में समूची प्रगति सिर्फ एक छलावा बनकर रह जाती है।

शिक्षा में 'मात्रात्मक' सुधार और उसके 'समतुल्य गुणात्मक छलाँग' में विशाल अन्तर समूचे अरब क्षेत्र में अवरुद्ध आर्थिक विकास का एक बड़ा सामाजिक कारक है। अरब शिक्षित युवा अन्तर्राष्ट्रीय स्तर पर दक्षता-कौशल की प्रतिस्पर्धा में नहीं टिक पाता : विशेषकर आधारभूत गणितीय, विश्लेषणात्मक, और संचार कौशल-दक्षता के मामलों में, जो लगभग सारे आधुनिक रोजगार अवसरों की अनिवार्य जरूरत हैं। अरब दुनिया की शैक्षणिक प्रणाली मूलत: आज भी सदियों पुरानी कुरान-मदरसा की तोतारटन्त तकनीक पर आधारित है। छात्र यहाँ ब्लैक बोर्ड से आँकड़ों और जुमलों को अपनी कापियों पर उतारने में घंटों गुजार देते हैं। आज भी उनकी आँखें 'कोर्स टेक्स्ट

बुक' के पन्नों, या फिर कक्षा में आँकड़ों और तथ्यों का भाव-विश्लेषणहीन दुहराव करते शिक्षक पर टिकी होती हैं। सृजनात्मक / मौलिक गतिविधियाँ, समूह गतिविधियाँ, बहस-विमर्श, अभिमतों की अभिव्यक्ति आज भी आमतौर पर अरब शैक्षणिक प्रणाली के लिए अजूबा है। इस प्रणाली में छात्रों के वैयक्तिक जरूरतों के स्तर का आकलन और तदनुरूप 'प्रोत्साहन-निर्देशन' के लिए कोई जगह नहीं है।

बावजूद इसके, समूचे अरब जगत में यह आम धारणा गहरी जड़ जमाए हुए है कि सबसे बेहतर रोजगार की अनिवार्य शर्त विश्वविद्यालय की डिग्री है। मगर व्यापार जगत को ऐसे युवाओं की तलाश है जिनके अन्दर 'समस्या समाहार कौशल' (problem solving skill) हो। इसके सापेक्ष अरब युवा अभी भी यही मानता है कि नया 'जॉब' पाने के लिए भाषा और कम्प्यूटर का तोतारटन्त ज्ञान ही सबसे जरूरी है। उच्च शिक्षा में युवाओं के अन्दर मानविकी और समाज विज्ञान के विषयों में परास्नातक 'मेजर' करने की होड़ मची है। इन विषयों की सार्वजनिक क्षेत्र रोजगार अवसरों में सबसे ज्यादा पूछ है। मगर इन्हीं विषयों में बेरोजगार युवाओं की पहले से ही भरमार है। मोरक्को और मिस्र जैसे कई देश अपने यहाँ विज्ञान, तकनीक और इंजीनियरिंग विषयों की पढ़ाई में छात्रों के प्रवेश की संख्या को सीमित रखते हुए भावी पीढ़ी की आई.टी., बायो-टेक, बायो-मेडिसिन और इंजीनियरिंग आदि के रोजगारपरक क्षेत्रों में प्रवेश के लिए योग्यता हासिल करने की राह रोके हुए हैं।

कुल मिलाकर अरब दुनिया में सार्वजनिक क्षेत्र रोजगार पर अति निर्भरता और व्यापक रोजगार के लिए वांछित दक्षता-कौशल के अभाव का विडम्बनापूर्ण दुश्चक्र बन गया है। आप जितने ज्यादा शिक्षित होते जाएँगे, आपकी रोजगार हासिल करने की सम्भावना उतनी ही कम होती जाएगी। जार्डन में 'हर मेजेस्टी' महारानी रानिया अल-अब्दुल्ला का सबसे प्रिय अभियान शिक्षा है : यहाँ 53% बेरोजगार युवाओं के पास डिग्री स्तर, अथवा उससे उससे भी उच्चतर स्तर की विश्वविद्यालयी शिक्षा है। ऐसे में अरब युवाओं के लिए यह सन्देश एक क्रूर मजाक बनकर रह गया है : 'अगर तुम ज्यादा शिक्षा हासिल करोगे, तुम्हारे पास रोजगार के ज्यादा और बेहतर अवसर होंगे।'

अति शिक्षित और मगर बेरोजगार युवा वर्ग की विशाल बहुसंख्या अपनी हताशा और आक्रोश की गोलबन्दी विभिन्न तरह की सांगठनिकताओं में करने लगी थी। इसके परिणाम विद्यमान शासनतंत्र की सुरक्षा के लिए सचमुच चुनौतीपूर्ण हो सकते थे। मोरक्को में विश्वविद्यालय डिग्रीधारी 'बेरोजगार युवाओं का संगठन 'Association National edes Diplomees Chomeur' करीब एक दशक से ज्यादा समय से सक्रिय था। यह 20 फरवरी, 2011 के आन्दोलन की सबसे प्रभावी ताकत बना। मिस्र, ट्यूनीशिया आदि तमाम राष्ट्रों में इसी तरह की विभिन्न सांगठनिकताएँ सक्रिय हैं।

युवा असन्तोष का एक अनुषंगिक कारण यह भी है कि ऐसे ज्यादातर युवा, जो एक बार मजबूरी में अनौपचारिक अथवा काले क्षेत्रों में आड़े-तिरछे रोजगार इस उम्मीद में स्वीकार कर लेते हैं, कि आगे वे बेहतर औपचारिक रोजगार हासिल कर लेंगे, कभी अपनी उम्मीद पूरी नहीं कर पाते।

अरब वसन्त को लेकर ब्रुकलिन संस्थान[30] के एक विश्लेषक की राय के मुताबिक

'ये क्रान्तियाँ बहुत ज्यादा पढ़े-लिखे शिक्षित युवा वर्ग द्वारा नहीं अंजाम दी गई थीं : ये जन उभार उस अपर्याप्त शिक्षित युवा वर्ग की जरूरतों और माँगों से विस्फोटित हुए थे, जिसका ज्ञान व कौशल तेजी से विकसित होती दुनिया की माँगों की पूर्ति नहीं करता।' इस सन्दर्भ और परिप्रेक्ष्य में अरब युवा 'सुशिक्षित' (well educated) न होकर 'अति शिक्षित' (over educated) हैं। उनकी रुकी हुई भविष्यहीन जिन्दगी का हर दिन उन्हें इस कड़वी सच्चाई की ठोकर लगा रहा है।

यह सचमुच में त्रासद है कि अरब दुनिया के करोड़ों युवाओं के लिए वर्षों की स्कूली पढ़ाई-लिखाई उनके लिए आर्थिक विकास के अवसर सुनिश्चित कर पाने में बुरी तरह से विफल रही है। ऐसे करोड़ों युवा, जो अनौपचारिक क्षेत्रों में आड़े-तिरछे असुरक्षित रोजगार हासिल भी कर सके हैं, अपनी दैनिक जिन्दगी की मूलभूत जरूरतों को भी नहीं पूरा कर पा रहे हैं। यह स्थिति 2008 की वैश्विक मन्दी के संकट के चलते और भी भयावह हुई है, जिसके चलते खाद्य जरूरतों, पकाने के तेल, ईंधन और अन्य तमाम रोजमर्रा की जरूरतों के दाम आसमान चढ़ते चले गए। युवाओं के लिए रोजमर्रा का पेट पालते रहने से आगे भी जीवन है, सपने हैं। उन्हें आगे अपने भविष्य की जरूरतों के लिए भी पैसे बचाने होंगे। विशेषकर एकल युवाओं को आगे बड़ी एकमुश्त रकम की जरूरत पड़ेगी जब वे अपनी वयस्कता पूर्व की स्थिति से निकलकर वयस्कता की ओर कदम बढ़ाएँगे : शादी करेंगे और अपना घर-परिवार बसाएँगे।

इस जरूरत का पूरा न हो पाना एक अलग तरह की हताशा पैदा करता है। एक ऐसी जटिल हताशा जो जैविक वयस्कता की जरूरतों और सामाजिक वयस्कता के अवसर की उपलब्धता के बढ़ते अन्तर के चलते पैदा होती है। अरब युवा उम्र की उस दहलीज पर खड़ा है, जहाँ शादी उसकी सामाजिक जिम्मेदारी तो है (विशेषकर यह देखते हुए कि इस्लाम में शादी के बाहर यौनिक सम्पर्क का 'जिना' के रूप में निषेध है) मगर समाज उस युवा को अपनी जिम्मेदारी के लिए सक्षम बनाने की जिम्मेदारी नहीं पूरा कर पा रहा है।

अरब दुनिया के सन्दर्भ में विवाह और यौनिकता की बहस का एक विशिष्ट आयाम है : यहाँ विवाह केवल दो व्यक्तियों के बीच करार नहीं है। यह पूरे समाज के साथ एक सामाजिक दायित्व का करार है कि ये दो व्यक्ति एक परिवार बनाएँगे, और समाज के लिए नई पीढ़ी का योगदान करेंगे। बावजूद इस सामाजिक करार के मध्यपूर्व में युवा वर्ग अन्य देशों की अपेक्षा काफी देर से विवाह कर रहा है (आदमी 31 वर्ष : औरत 23 वर्ष)। ज्यादातर अरब युवाओं के लिए विवाह और परिवार उनके जीवन-चक्र की समझौताविहीन अनिवार्यताएँ हैं।

इसके बावजूद विवाह को टालने अथवा मना करने की मजबूरी का कारण आर्थिक-वित्तीय है : तब तक इन्तजार, जब तक कि उनके अभिभावकीय परिवार उनके विवाह लायक रकम न जुटा लें। अरब में विवाह बहुत महँगे हैं। 1995 में विवाह की औसत लागत प्रतिव्यक्ति वार्षिक आय का 4.5 गुना और घर खर्च का ग्यारह गुना थी। 2005 तक यह लागत 70% से ज्यादा बढ़ चुकी थी। इस खर्च का एक बड़ा हिस्सा (1/5 या उससे भी ज्यादा) सामाजिक शानो-शौकत के दिखावों पर लगता है। इसके

अलावा विवाह के दहेज का खर्च अलग है। यहाँ दहेज 'मेहर' की रकम के रूप में दूल्हे से दुल्हन को मिलती है।

विवाह और घर-परिवार की राह में एक और बड़ी बाधा 'आवास' की बढ़ती कीमतें हैं। दूल्हे से इस बात की अपेक्षा होती है कि वह शादी के समय जोड़े के लिए एक घर खरीदे या कम-से-कम इतनी रकम का इन्तजाम कर ले कि कोई अपार्टमेनट लीज पर ले सके। पुराने जमाने में शादी के बाद संयुक्त परिवार में एक छत के नीचे रहना आम बात थी। आज के डिजिटल जमाने में वैयक्तिक और सामाजिक दोनों ही अवधारणाओं में नाटकीय परिवर्तन हो रहे हैं। आज का अरब युवा शादी करके अपना स्वतंत्र जीवन बिताने के साथ ही अपने अभिभावकीय परिवार का सामीप्य और संयुक्त परिवार की 'सुरक्षा' का सुख भी चाहता है। यह आज के ज्यादातर युवा जोड़ों का आदर्श है। मगर इसकी कीमत कुछ कम नहीं : एक 'शुरुआती घर' अथवा अपार्टमेंट की कीमत अब विवाह लागत का हिस्सा है। ऐसे में घर की कीमत और अभिभावकीय घर के समीप नये घर की अवस्थिति की चाहत—ये दोनों बातें शादी में देर का प्रभावी कारण बन रही हैं।

कुल मिलाकर आज का अरब युवा अनुपयोगी शिक्षा, बेरोजगारी, परिवार बनाने-बसाने की असमर्थता के साथ-साथ अपने समाजों की सांस्कृतिक सच्चाइयों के संयुक्त दबाव में पिस रहा है। युवा अपनी विशिष्ट वैयक्तिक-सामाजिक-आर्थिक पहचान बनाने के लिए संघर्ष करने के साथ-साथ अपने समाज से मिलने वाली एक प्रतीकात्मक हिकारत से भी जूझ रहा है। यह प्रतीकात्मक सामाजिक हिकारत 'एक बेहतर मुसलमान' नहीं बन पाने की, एक बेहतर माता / पिता या जीवनसाथी नहीं बन पाने की; अपने देश-समाज की आर्थिक समृद्धि में प्रभावी योगदान करने वाला बेहतर नागरिक नहीं बन पाने की; इस्लामी रवायत के मुताबिक 'जकात' के लिए वित्तीय रूप से सक्षम नहीं बन पाने; या फिर एक सच्चे मुसलमान का आदर्श फर्ज 'हज' करने की हैसियत नहीं बना पाने की है। उन तमाम युवाओं के लिए, जिनके सामने अपनी शादी की शानो-शौकत और घर के लिए उठाये गए कर्ज को जिन्दगी भर पाटते रहने के साथ घर-परिवार की दो वक्त की रोजी-रोटी चलाते रहने की पहाड़ जैसी चुनौती है, 'जकात' और 'हज' की अक्षमता एक भावनात्मक जटिल हताशा पैदा करती है।

शिक्षा और डिजिटल तकनीक से लैस आज का अरब युवा अपनी अधिकाधिक वैयक्तिक स्वायत्तता का आकांक्षी है। ऐसे में बहुत से युवाओं के सामने पारम्परिक पारिवारिक समन्वय के परम्परागत मूल्यों के साथ रहने-चलने अथवा भौतिक व मनोवैज्ञानिक दोनों ही स्तरों पर अपने जीवन की अलग स्वतंत्र राह चुनने की दुविधा का संकट खड़ा हो जाता है। ये युवा 'अपने बूते' परिवार का वयस्क सदस्य बनने की क्षमता नहीं रखते, और अपनी तीसरी और चौथी दहाई की उम्र में भी संयुक्त परिवार के 'बच्चे' बने रहते हैं। ऐसे में वे एक भावनात्मक-मानसिक संत्रास में जी रहे होते हैं कि अपने माँ-बाप, भाई-बहन, संगी-साथियों के सापेक्ष उनकी अपनी स्वतंत्र पहचान बन सकने के सारे रास्ते अवरुद्ध हैं। दुनिया के अन्य किसी भी हिस्से की तरह अरब में भी अपने अभिभावकीय परिवार के साथ रहने की 'कीमत' चुकानी ही पड़ती है।

अरब वसन्त की विदाई

सन् 2011 और 2012 की विदाई के साथ अरब वसन्त के युवा आक्रोश द्वारा जनित वृहत्तर अरब एकता (Pan-Arab unity) और अरब समाज व राजनय के जनतंत्रीकरण की रूमानी आकांक्षाएँ भी धूमिल पड़ने लगीं। यह पूरी तरह स्पष्ट था कि अरब दुनिया में कहीं कुछ भी 'खास' नहीं बदला। ट्यूनीशिया के तानाशाह बेन अली की बिना खून-खराबे के विदाई से बने आवेग ने जल्दी ही अरब जगत में सैन्य तख्ता पलटो, इस्लामी ताकतों के हावी होने, और 'सिविलियन वर्दी' में सैन्य कमान के काबिज होने (मिस्र) की राह पकड़ ली। निश्चित रूप से यह राह अरब वसन्त की आकांक्षित राह नहीं थी। मोरक्को की क्रान्ति भी एक दयालु सुल्तान की दुलार भरी गोदी में सो गई। ट्यूनीशिया, मिस्र और मोरक्को की इन तीनों सफल कहानियों में देखते-देखते इस्लामी प्रतिक्रियावादी, सैन्य, यथास्थितिवादी ताकतों ने सत्ता गलियारों की खाली जगहों को भर दिया।

दूसरी तरफ अरब वसन्त आक्रोश और असन्तोष के उबलते लावे में पिघलता जा रहा था : नाटो की कमान में लीबियाई बागी कद्दाफी का कत्ल करने के बाद समूचे लीबिया का कत्ल करने में जुट गए। यमन पोर-पोर तक कमजोर विखंडित होता हुआ हिंसा और अराजकता के भँवर में समाता चला गया। सऊदी अरब के टैंक शिया बहुसंख्यक हितों के खिलाफ वहाबी प्रतिक्रान्ति को अंजाम देने के लिए बहरीन की सीमाओं में घुस गए। वृहत्तर अरब एकता की चिन्दी-चिन्दी हो रही थी। कुवैत अरब वसन्त की छूत को रोकने के लिए अपने नागरिकों को सीधे-सीधे नकद भुगतान और चौदह महीने के मुफ्त राशन की घूस बाँट रहा था। जार्डन में 'माडरेट' सुल्तान अब्दुल्ला के खिलाफ अक्टू0 2012 में विशाल प्रदर्शन हुए। सीरिया जनसंख्या और भूगोल दोनों में खंड-खंड विखंडित होता हुआ असद पक्षघर और विरोधी अन्तर्राष्ट्रीय समुदायों की राजनीति के खेल का बूचड़खाना बन गया।

अरब वसन्त अरब शासन तंत्रों के लिए युवाओं को उनके वयस्क बनने की राह के अवरोधों को हटाने की चुनौती बनकर आया था। अगर युवाओं को वयस्क बनने के सामाजिक-राजनीतिक-आर्थिक अवसर नहीं दिये गए, तो वे अपने बूते इस अवरुद्ध वयस्कता की स्थिति से निकलने की राह निकाल लेंगे, भले ही इसका रास्ता शान्तिपूर्वक विशाल जन प्रदर्शनों या फिर जुझारू हिंसक संघर्षों तक जाता हो।

तहरीर चौक के प्रदर्शनों का अन्त एक आपात स्थिति के दूसरी आपात स्थिति में बदलने में हुआ। मोरक्को में सुल्तान की 'सुधार' घोषणाओं के बाद निर्वाचित इस्लामी सरकार की वायदा-खिलाफियों के विरोध में राजधानी कासाब्लांका में फिर से प्रदर्शन हुए। लीबिया में कद्दाफी के कत्ल के बाद मुजहिदीनों के हौसले अमेरिकी राजदूत के कत्ल तक बुलन्द हो गए और फिर सारा लीबिया एक-दूसरे को कत्ल करने में जुट गया। सीरिया का क्या होगा, किसी को कुछ पता नहीं। सीरिया अपने अब तक के इतिहास के सबसे अँधेरे दौर में है। अरब जगत की ये भयावह-त्रासद स्थितियाँ अब तक लाखों निरीह नागरिकों की जानें ले चुकी हैं, और कत्लो-गारत का यह जलजला कब

थमेगा—कोई नहीं बता सकता। करोड़ों सीरियाई और MENA क्षेत्र के अन्य नागरिक अपनी जान की बाजी लगाकर यूरोप में दाखिल हो रहे हैं, और वहाँ की अर्थव्यवस्थाओं के लिए चुनौती बन रहे हैं। अरब वसन्त राज्य तंत्र की संस्थानिकताओं और शासकीय संरचनाओं में कोई बड़ा आमूल-चूल बदलाव नहीं ला पाया।

यह पहली बार नहीं है जब अरब जगत में क्रान्ति की आवेगी उथल-पुथल मची है, और निश्चित-निर्विवाद रूप से अरब वसन्त अरब दुनिया का अन्तिम क्रान्तिकारी जन विद्रोह साबित नहीं होने जा रहा। अरब जगत की विभिन्न पीढ़ियों के सामाजिक-राजनीतिक आन्दोलनों में हमेशा ही युवा वर्ग ने अपनी नई पहचान हासिल करने की जद्दोजहद की है। अरब दुनिया की एक समूची पीढ़ी के लिए नासिर का 'पैन-अरबवादी 'समाजवाद' अरब अस्मिता की कसौटी बना रहा। न जाने कितने मोरक्कोवासी अभी भी 1975 के 'ग्रीन मार्च' के आदर्शों के साथ खुद की पहचान जोड़ने में गर्व महसूस करते हैं। 'लेबानीज' नागरिकों की भी उसी साल (1975) शुरू हुए गृहयुद्ध के साथ पुनर्लेखित राष्ट्रीय और धार्मिक पहचान की अपनी समझदारियाँ हैं। पड़ोस के गैर-अरब देशों के भी अपने-अपने मिलते-जुलते अनुभव हैं। ईरान की एक समूची पीढ़ी 1979 की इस्लामी क्रान्ति के साथ समर्थक या विरोधी पक्षधरता के आधार पर अपनी पहचान बनाती रही है। नौजवान ईरानियों ने एक बार फिर 2009 में अपनी क्रान्तिकारी पहचान बनाने की कोशिश की, जिसे सत्तातंत्र ने फिलहाल नाकाम कर दिया।

ठीक इसी तरह करोड़ों अरब युवाओं के लिए 2011 की अरब वसन्त क्रान्ति उनके जीवन की निर्णायक-नियामक परिघटना बनी रहेगी : विशेषकर बेरोजगार और एकल युवाओं के लिए, जिनके लिए अरब वसन्त अपनी दीर्घकालिक पूर्व वयस्कता से बाहर निकलने की एकमात्र अभिव्यक्ति और पहचान रहा है। पड़ोस के ईरान की औरतें 16 सितम्बर, 2022 से 'औरत, ज़िंदगी और आजादी' के नारे के साथ सैकड़ों हत्याओं, और हजारों गिरफ्तारियों-प्रताड़नाओं का सामना करती हुई समूचे कठमुल्ला शासन-तंत्र और उसकी हिंसक ताकत को चुनौती दे रही हैं।

अरब जगत में इन तमाम कारकों (जो निश्चित रूप से अरब के अनूठे-विशिष्ट कारक नहीं हैं) : जनसंख्या का युवा उभार, चारों ओर पाँव पसारे युवा बेरोजगारी, शिक्षा का मात्रात्मक प्रसार और गुणात्मक ठहराव, विश्वविद्यालयी डिग्री धारकों का अम्बार, आवासीय चिन्ता; शादी की ढलती जाती उम्र : इन सारे कारकों ने मिलकर अभूतपूर्व जटिल और व्यापक सामाजिक संकट खड़ा कर दिया। दुनिया के अन्य किसी कोने में युवाओं के लिए वयस्क होने की राह में ऐसे अवरोध एक साथ, और इतने जटिलतम रूपों में नहीं आए थे। इन समस्याओं से निजात दिलाने के अवसरों को उपलब्ध कराने में शासन तंत्रों की अक्षमता की हताशा और इन्तजार की अति हो जाने का आक्रोश अन्ततः अरब वसन्त का तुमुल विस्फोट बन गया। अरब वसन्त के माध्यम से उन्होंने दुनिया में अपनी जगह और पहचान की दावेदारी के साथ, सत्ता परिवर्तन की माँग की।

युवा आक्रोश-आकांक्षा का ज्वार अरब वसन्त ज्वार के भाटे में बदल जाने के बावजूद रुकने-थमने वाला नहीं है। प्रतिरोध की एक राह के बन्द होने पर सौ राहें खुलती रहेंगी—संघर्षों की चुनौतियाँ परवान चढ़ती रहेंगी। यह क्रम तब तक चलता

रहेगा जब तक कि संघर्षशील पीढ़ी अपनी पहचान-अस्मिता और समाज-अर्थतंत्र व राजनीति में अपनी गरिमापूर्ण जगह की दावेदारी हासिल नहीं कर लेती। वयस्कता के लिए इन्तजार करती युवा पीढ़ी के वयस्क होने के सामाजिक दायित्व के प्रति शासकों और शासन व्यवस्थाओं की गद्दारी को उसके अन्त होने तक चुनौती मिलती रहेगी। जैसे-जैसे धरती के देशों और गोलार्धों में यथास्थिति की जड़ता को चुनौती देती जवानी का हुजूम बढ़ता जाएगा, वे दुनिया में जन पक्षधर आमूल-चूल परिवर्तनों की अजेय ताकत बनते जाएँगे।

‘आकुपाई’ आन्दोलन : विषम असमानता का जन प्रतिरोध

‘आकुपाई वालस्ट्रीट’ : 1% के वैश्विक अर्थशास्त्र को चुनौती

अमेरिका में पिछले चार दशकों से असमानता जिस भयावह तेजी और तीखेपन के साथ बढ़ी है, उसने पूँजीवाद के वैश्विक मुख्यालय में सामाजिक आन्दोलनों के उभार और उसकी धारावाहिकता का रास्ता बनाया। अमेरिका उस अद्भुत पूँजीवादी विडम्बना का जीता-जागता प्रतिनिधि उदाहरण है, जिसमें वित्तीय आय की आसमानी उड़ान की अनिवार्य शर्त लगातार कमजोर होती आय पुनर्वितरण व्यवस्था है। यह विडम्बना आर्थिक और सामाजिक दोनों स्तर की असमानता-विषमता की खाई को लगातार गहरी और चौड़ी करती जाती है। बढ़ती असमानता उन कारकों की अभिव्यक्ति और प्रेरक दोनों बनती है, जो न्यूनतर आय वर्ग के लोगों के अपने हितों के लिए गोलबन्द होने की राह लगातार मुश्किल करती जाती है। इसका एक प्रतिनिधि उदाहरण पिछले तीन-चार दशकों में निजी क्षेत्र से उन श्रम यूनियनों का लगभग ‘गायब’ हो जाना है, जो ऐतिहासिक रूप से उच्चतर वेतन, बेहतर श्रम दशाओं और सामाजिक सुरक्षा-संरक्षा कार्यक्रमों लिए दबाव बनाने वाली आर्थिक व राजनीतिक परिदृश्य की प्राथमिक और प्रभावी संस्थानिकताएँ रही हैं।

आर्थिक-राजनीतिक परिदृश्य में श्रम सांगठनिकताओं का यह खालीपन 2007-08 के ऐतिहासिक आर्थिक-वित्तीय संकट में अमेरिका में किसी वाम सामाजिक आन्दोलन को जन्म नहीं दे सका। अमेरिका में तथाकथित सुसंगत और सुचारू रूप से काम कर रही निर्वाचन प्रक्रिया के प्रति अति आत्मविश्वास स्वतंत्र सामाजिक आन्दोलन की गोलबन्दी और व्यवहार के विकास की सम्भावना को काफी हद तक कुन्द करता है। वर्तमान आर्थिक-वित्तीय संकट दौर में बराक ओबामा की कांग्रेस में प्रभावी बहुमत के साथ राष्ट्रपति के रूप में जीत ने भी यही भूमिका निभाई थी। धीरे-धीरे सच्चाई स्पष्ट होती गई कि अमेरिका का राजनीतिक तंत्र आर्थिक और वित्तीय संकट के कारणों और परिणामों—दोनों से निपटने में नितान्त अक्षम हो चुका था। अमेरिकी समाज और राजनीति के इस मुकाम पर ‘आकुपाई वाल स्ट्रीट आन्दोलन’ का जन्म हुआ।

सन् 2011 तक वे ज्यादातर बैंक, और अमेरिका के वैश्विक महाबली बैंक तो निश्चित रूप से, जिन्होंने 2008 के वित्तीय संकट में केन्द्रीय विनाशकारी भूमिका अदा की थी, बिना किसी चोट-चपेट के सुरक्षित ‘अपनी पटरी’ पर वापस आ चुके थे। उनकी इस शानदार ‘मलाईदार वापसी’ को सार्वजनिक सार्वभौम गारंटी और अकल्पनीय

'तरलता' : 'बेल-आउटों' के जरिये सुनिश्चित की गई थी। संकट के बाद इन बैंकों और वित्तीय 'महासंस्थानों' के कार्यकारियों का 'कंपेन्सेशन' घटने के बजाय, भारी-भरकम तरीके से बढ़ गया था। सिक्के के दूसरे पहलू में संघीय प्रशासन और राज्यों की सरकारें एक के बाद एक मितव्ययिता कानून लागू करते हुए इन 'असफल होने के लिए जरूरत से ज्यादा बड़े' संस्थानों के बेल-आउट की कीमत उस श्रमिक वर्ग और आम अमेरिकी नागरिक से वसूल रही थीं, जिनका इस संकट के बनने अथवा विस्तारित होने में कोई योगदान नहीं था।

इसी परिप्रेक्ष्य में आकुपाई वाल स्ट्रीट (OWS) ने केन्द्रीय नारा दिया : 'बैंकों को उबार लिया, और हमें बेच दिया' (Banks got bailed out and We got sold out)। शासनतंत्र की इस नीति का मूल कारण अमेरिका के धनपति कुबेरों की दोनों प्रमुख राजनीतिक पार्टियों पर नियामक-नियंत्रणकारी पकड़ है। ये धनपति कुबेर आभिजात्य अमेरिकी आर्थिक-वित्तीय तंत्र के मुख्य कार्यकारी (CEOs) वित्तीय कार्यकारी (CFOs), वालस्ट्रीट के वकील और 'लॉबिस्ट' हैं। इस आर्थिक-वित्तीय सत्ता तंत्र ने 1980 और 1990 के दशक से ही यह सुनिश्चित कर दिया है कि वित्तीय क्षेत्र के नियमों और नियंत्रणों से मुक्त होने की प्रक्रिया निर्बाध गति से चलती रहेगी (सरकार में चाहे जो पार्टी रहे), किसी भी संकट में बिना किसी शर्त और पाबन्दी के बेल-आउट उपलब्ध रहेगा, नई पुनर्वितरणकारी सामाजिक नीतियाँ कम-से-कम बनाई जाएँगी, और पुरानी नीतियों का क्रियान्वयन कमजोर किया जाता रहेगा। यह शासन व्यवस्था तंत्र की मिलीभगत थी : निजी क्षेत्र-बाजार अमेरिकी समाज के व्यापक-वृहत्तर समृद्धि में योगदान के दायित्व से मुक्त रहेगा, और राज्य इस दायित्वहीनता के खिलाफ किसी तरह के नीतिगत प्रतिकार से विरत रहेगा। इस मिलीभगत ने असमानता पिरामिड के शीर्ष की आय में अभूतपूर्व सट्टेबाज वृद्धि को सुनिश्चित किया। यह अमेरिकी समाज के शीर्ष 1%, विशेषकर 0.1% की आमदनी की वह उड़ान थी, जिसका छदाम भी जनता तक ट्रिकल डाउन होने की कोई गुंजाइश नहीं थी। यह आकुपाई वाल स्ट्रीट आन्दोलन की पृष्ठभूमि थी।

अमेरिकी समाज में आय असमानता के अन्तर में तेजी से वृद्धि का दौर 1920 के दशक से ही निर्बाध गति से जारी है। 1970 के दशक से असमानता की वृद्धि भयावह रूप से असहनीय होने लगी। यह वह समय भी था, जब अर्थव्यवस्था और आमदनी के आँकड़ों के तुलनात्मक रूप से ज्यादा व्यवस्थित ढंग से 'बाहर' आने की शुरुआत हुई थी। इससे अर्थतंत्र के शीर्ष पर काबिज आभिजात्य के अकल्पनीय मुनाफे की तस्वीर सार्वजनिक हुई। 1970 में अमेरिका के शीर्षस्थ 1% की आमदनी राष्ट्र की कुल टैक्स पूर्व आमदनी के 10% से कुछ कम थी, जो मोटे-तौर पर ज्यादातर यूरोपी समाजों की संगति में थी। सन् 2007 तक 1% की कुल टैक्सपूर्व आय की हिस्सेदारी 23.5% हो चुकी थी। आमदनी का शीर्ष की ओर संकेन्द्रण स्वाभाविक रूप से असमानता की विषमता भी बढ़ाता गया। 0.1% की आय हिस्सेदारी 1970 में 1.9% से बढ़कर 2007 में 8.2% हो चुकी थी। इस अवधि में टैक्स नीतियों हुए बदलावों ने टैक्स पूर्व आमदनी की वृद्धि में भरपूर योगदान किया। 1970 से 2007 के बीच शीर्ष सीमान्त

टैक्स (top marginal Tax) दर 60% से घट कर 35%, और अधिकतम पूँजीगत लाभ टैक्स (Capital gaion Tax) दर 32% से घटकर 15% पर आ चुकी थी।

आर्थिक पिरामिड के शीर्ष पर आमदनी के अकल्पनीय संकेन्द्रण के मूल में अमेरिकी राजनीतिक-आर्थिक व्यवस्था तंत्र में उस आभिजात्य की ताकत में लगातार इजाफा होते जाना है जिसके हाथों में वित्तीय और भौतिक पूँजी के नियंत्रण की कुंजी है। 1970 से 2007 की अवधि में आय में श्रम की हिस्सेदारी का अनुपात 66% से घट कर 60% रह गया। उल्लेखनीय है कि श्रम की हिस्सेदारी में उन तमाम शीर्ष कार्यकारियों-मुख्य कार्यकारियों के वेतन और तमाम तरह के 'कम्पन्सेशन' भी शामिल हैं, जो किसी भी मायने में 19वीं सदी के बड़े पूँजीपतियों से कम नहीं हैं। इनके 'वेतन-कम्पन्सेशन' को हटाने पर श्रम की वास्तविक आय हिस्सेदारी की गिरावट कई गुना बढ़ जाएगी।

अर्थव्यवस्था के शीर्ष की ज्यादातर आमदनी पूँजी आधारित आय (Capital Based Earning) से होती है : पूँजीगत लाभ (Capital gains), डिविडेंड, उद्यमिता आय और लगान (rent)। वर्ष 2007 में शीर्ष 1% और 0.1% की कुल आमदनी में पूँजी आधारित आय का प्रतिशत क्रमश: 62 और 74 था। आर्थिक सम्पदा-समृद्धि की भयावह असमानता बढ़ाती इस शीर्षस्थ आय वृद्धि '(पूँजीगत और वेतन-कंपेन्सेशन' दोनों में) का सबसे बड़ा हिस्सा अर्थव्यवस्था के भौतिक-औद्योगिक उत्पादक क्षेत्र के बजाय वित्तीय क्षेत्र से आता है।

समाज के 1% की आय का अकल्पनीय संकेन्द्रण इस सच का प्रतिबिम्ब है कि समाज में आय असमानता अनिवार्य-अविच्छिन्न रूप से आय के पूँजी और श्रम के बीच वितरण की असमानता से जुड़ी है। यह असमानता वृहत्तर सामाजिक अन्याय और अनैतिकता की वाहक है। 'आर्थिक लगान' और 'सम्पदा पर मुनाफा' उत्पादकता से नहीं जुड़े होने के नाते समाज की बहुसंख्या की नजर में बिना कमाई हुई आय : 'हराम की कमाई' है। आम जन समुदाय के लिए आय वितरण की न्यायशीलता और नैतिकता में 'मेहनत से कमाई आय' और 'पायी हुई आय' दो विपरीत ध्रुवों पर हैं।

यही कारण है कि आकुपायी वाल स्ट्रीट आन्दोलन अपने प्रतिरोधी विमर्श के केन्द्र में समाज के शीर्ष 1% को रखता है, और बाकी समूची 99% मनुष्यता को अपने आन्दोलन की सहयोगी-समर्थक-साझीदार ताकतों के रूप में अवधारित करता है। इसी परिप्रेक्ष्य में आकुपायी वाल स्ट्रीट के आन्दोलनकारियों का कहना है : "हमारी माली हालत कमजोर है, मगर हमारे हौसले बुलन्द हैं, हम 99% हैं, हमारा वसन्त आ रहा है।" ("our finances are weak, but our spirit is strong. We are 99%, our spring is coming")। असमानता के अर्थशास्त्र को राजनीति के समाजशास्त्र द्वारा दी जा रही चुनौती की दशा और दिशा पर आने वाले दिनों में शक्ति और सम्पदा के पुनर्वितरण और एक बेहतर समतामूलक-न्यायसंगत समाज की आकांक्षा का भविष्य निर्भर करेगा।

आकुपाई आन्दोलन : असहमति का आवेश या बेहतर भविष्य की दृष्टि?

अधिकारिक रूप से आकुपाई आन्दोलन का जन्म 17 सितम्बर, 2011 को माना

जाना चाहिए, जब न्यूयार्क के वैश्विक वित्तीय केन्द्र 'वाल स्ट्रीट' के 'जुकोटी पार्क' (Zuccotti Park) पर प्रतिरोध-प्रदर्शन कार्यकर्ताओं का भारी जुटावा हुआ। 'वाल स्ट्रीट' सिर्फ न्यूयार्क या अमेरिका का वित्तीय नगर ही नहीं, बल्कि वैश्विक वित्तीय तंत्र का केन्द्र है। आन्दोलन को उस वृहत्तर-व्यापक सामाजिक-आर्थिक प्रतिरोध की आन्दोलनकारी धारावाहिकता (सांगठनिक और वैचारिक दोनों धरातल पर) के रूप में भी देखा जा जा सकता है, जिसकी शुरुआत स्पेन में चार महीने पहले 15 मई, 2011 को हुई थी : 'इंडिग्नाडोस'। 'इंडिग्नाडोस' आक्रोशित जन प्रतिरोधों का वह आवेग था जो बेरोजगारी, सार्वजनिक कल्याण-सुरक्षा-संरक्षा खर्चों में कटौती और 'ट्रॉइका' : यूरोपी कमीशन, यूरोपी सेंट्रल बैंक व आई.एम.एफ. द्वारा थोपी जा रही ढाँचागत समायोजन की मितव्ययिता नीतियों-उपायों के खिलाफ स्पेन से शुरू होकर तमाम मेडिटेरेनियन देशों में फैल गया था।

संरचना और सांगठनिकता की दृष्टि से 'आकुपाई' आन्दोलन की प्रवृत्ति सांगठनिक संस्थानिकताविहीन खुलेपन (amorphus) की है। धरती के हर गोलार्ध में विस्तार, और प्रतिरोधों का 'टिकाऊ जुझारूपन' इसे 21वीं सदी का एक विशिष्ट-महत्त्वपूर्ण राजनीतिक विकासक्रम बना देता है। इसके उदय को वैश्विक बाजार व्यवस्था तंत्र द्वारा चलाये जा रहे वैश्विक सामाजिक विस्थापन अभियान की वह प्रतिक्रिया माना जा सकता है, जिसे 2008 के वैश्विक वित्तीय संकट और विश्वयुद्ध के बाद की सबसे विनाशकारी महामन्दी ने आवेग दिया था।

पोलानी का दोहरी गतिशीलता सिद्धान्त

1945 में पोलानी[31] आधुनिक पूँजीवादी समाजों की पड़ताल करते हुए उनकी नियामक विशेषता दो विपरीत ध्रुवी 'दोहरी गतिशीलता' (Double Movement) के रूप में चिह्नित करता है। यह दोहरी गतिशीलता बाजार अर्थव्यवस्था का अनियंत्रित नियम-विहीन विस्तार-प्रसार और अवैयक्तिक (impersonal) बाजार ताकतों की अतियों के नकारात्मक प्रभावों से खुद को बचाने के लिए समाज द्वारा की जाने वाली प्रतिगतिशीलता (Counter-Movement) है।

1970 से 2007 का कालखंड विकसित पूँजीवादी अर्थव्यवस्थाओं की नीतियों और व्यवहारों में अधिकाधिक विनियमन (deregulation), अर्थव्यवस्था के निरन्तर बढ़ते वित्तीयकरण और सामाजिक-सार्वजनिक संरक्षण के घटते उपायों और खर्चों के नवउदारवाद के रूप में जाना जाता है। यह कालखंड पोलानियन मुक्त बाजार गतिशीलता (Polanyian Laissez fair Movement) में सामाजिक रूप से नियमित-नियंत्रित परिक्षेत्रों (domains) में बाजार-सम्बन्धों के उन्मुक्त विस्तार-प्रसार का आन्दोलन भी कहा जा सकता है। इसकी प्रतिनिधि विशेषताएँ विनियमन, निरन्तर बढ़ती असमानता, और नवउदारी विचारधारा का वर्चस्व है जिसका प्रतिनिधि और नेतृत्वकारी उदाहरण अमेरिका है।

पोलानी का दोहरी गतिशीलता का सिद्धान्त सामाजिक वर्ग को एक ऐसा 'संकर्षण बिन्दु' (pivotal point) मानता है, जिसके इर्द-गिर्द दोहरे आन्दोलन के दोनों किनारों

पर 'हितों' की गोलबन्दी (बाजार सम्बन्धों के पक्ष अथवा विरोध में) की जा सकती है। पोलानी का यह भी मानना है कि अन्तत: समाज प्रति आन्दोलन की ओर अग्रसर होगा, विशेषकर तब, जब सामाजिक विस्थापन (Social dislocation) अपनी चरम विकट स्थिति में पहुँचकर इसे अपरिहार्य बना दे, और प्रति आन्दोलन की जरूरत सामाजिक वर्गों के विभेद को पार कर जाय (transcending social classes)।

पोलानी का तर्क है कि समाज पर अपने विनाशकारी-विघटनकारी प्रभाव के चलते बाजार अर्थव्यवस्थाएँ समाज को बचाने के लिए सामयिक (spontaneous) सामाजिक प्रतिक्रियाओं को जन्म देती हैं। यही प्रतिक्रियाएँ प्रति-गतिशीलता का रूप लेकर मुक्त बाजार-मुक्त व्यापार के विरोध में खड़ी होती हैं। पोलानी के अनुसार, "जहाँ एक तरफ बाजार समूची धरती पर पसरते लगते हैं और उत्पादों-वस्तुओं की मात्रा अकल्पनीय आयामों का विस्तार लेने लगती है, वहीं दूसरी ओर, श्रम, जमीन और मुद्रा (Labour,Land and Money) के सापेक्ष बाजार की गतिविधियों पर अंकुश लगाने के लिए बनाई गई ताकतवर संस्थानिकताओं के अन्दर नीतियों और उपायों का एक नेटवर्क भी विकसित-समेकित (integrated) होने लगता है।" पोलानी का मानना है कि आधुनिक पूँजीवादी समाजों के इतिहास की विशेषता बाजार ताकतों की वह गतिशीलता है, जो अर्थव्यवस्था को समाज से ज्यादा-से-ज्यादा दूर करते जाने (विशेषकर विनियमन की मदद से) का प्रयास करती है, और दूसरी तरफ एक ऐसी संरक्षणकारी प्रतिगतिशीलता है, जो अर्थव्यवस्था को समाज के साथ फिर से जोड़ने के लिए प्रयत्नशील है (कल्याणकारी नीतियों और बाजार गतिविधियों पर अंकुश आदि की मदद से)।

मुक्त व्यापार (Lassez-fair) का पुनर्जन्म

1970 का दशक विकसित विश्व अर्थव्यवस्था की नीति, वैचारिकी और व्यवहार तीनों दृष्टियों से अभूतपूर्व संकटकाल था। 1970 दशक के शुरुआती वर्षों तक द्वितीय विश्वयुद्धोत्तर वैश्विक पुनर्संरचना की दीर्घकालिक समृद्धि (Boom) : वृद्धिमान वास्तविक वेतन, कल्याणकारी सामाजिक सुरक्षा-संरक्षा प्रसार, और कई देशों में ताकतवर ट्रेड यूनियन सांगठनिकताओं और 'लेबर' पार्टियों के प्रभाव विस्तार के वाहक बने हुए थे। यूरोप में ट्रेड यूनियनों और राजनीति में लेबर पार्टियों ने उत्पादन की दिशा तय करने और औद्योगिक नीति के निर्धारण में प्रभावी भूमिकाएँ निभाई थीं। अमेरिका जैसी अपेक्षाकृत उदारीकृत बाजार अर्थव्यवस्था भी श्रमिक-संगठनों को अमेरिकी राजनीतिक-आर्थिक परिदृश्य का जरूरी हिस्सा स्वीकार करती थी। 1945 में अमेरिकी चेम्बर ऑफ कॉमर्स के अध्यक्ष एरिक जान्स्टन ने माना : "श्रमिक यूनियनें अमेरिकी जीवन के आर्थिक ताने-बाने में अन्तर्गुंथित हैं, और सामूहिक सौदेबाजी वस्तुत: जनतांत्रिक प्रक्रिया का ही हिस्सा है।"

1970 दशक के मध्य तक उत्पाकदता वृद्धि का वह आवेग, जिसने पिछले तीन दशकों की विकास दर को अभूतपूर्व गति दी थी, धीमा पड़ने लगा था। वैश्विक अर्थव्यवस्था पर मुद्रा स्फीति संकट के बादल छाने लगे थे। व्यवस्थातंत्र की दृष्टि

में मुद्रा स्फीतिकारी दबाव का प्रमुख कारण 'मूल्यवृद्धि पर आधारित वेतन' जैसी गैर लचीली वेतन नीतियाँ थीं। व्यापक मुख्यधारा वैचारिकी और प्रचारतंत्र ने जनता के काफी बड़े हिस्से की नजरों में श्रमिक यूनियनों, लेबर पार्टियों और ट्रेड यूनियन सामूहिक सौदेबाजी को आर्थिक गतिरूढ़ता का वाहक 'विलेन' बना दिया। सामूहिक सौदेबाजी की संस्थानिकताओं-सांगठनिकताओं पर चौतरफा हमले शुरू हुए। नये अर्थशास्त्र के पंडित हस्तक्षेपकारी आर्थिक नीतियों को अर्थव्यवस्था में राजनीतिक संस्थाओं द्वारा अवांछित हस्तक्षेप घोषित करने लगे। ब्रिटेन में लेबर पार्टी के सम्मेलन में 1978 में जेम्स कालाघन ने औद्योगिक कार्यवाहियों के नियंत्रण को श्रमिकों के हाथों से वापस ले लेने की जबरदस्त पैरोकारी की।

पूँजीपति वर्ग का बाजार को नियमन-नियंत्रण मुक्त करने में स्वाभाविक निहित स्वार्थ था। इस वर्ग के पास निर्णायक नीतिगत परिवर्तन के लिए सरकार, कानून और नीति निर्माताओं के साथ 'लाबिंग' करने और 'नवउदारवाद' के रूप में मुक्त बाजार विचारधारा को वैश्विक अर्थतंत्र की अपरिहार्य विचारधारा व नीति के बतौर प्रचारित-प्रसारित करने के लिए पर्याप्त 'वित्तीय साधन' थे। नियमन-नियंत्रण मुक्ति और मुक्त बाजार आदर्शों के प्रोत्साहन-प्रसार के लिए एक नई विचाराधात्मक बौद्धिक नस्ल कारपोरेट वित्त पोषित 'अन्तर्राष्ट्रीय थिंक टैंकों' के बतौर पेश की जाने लगी।

नव उदारवाद का वैचारिक-बौद्धिक आधार नव क्लासिकीय आर्थिक सिद्धान्त और उससे जुड़ी इस वैचारिकी में निहित है। यह मानव कल्याण की प्रगति में 'तार्किक उपयोगिता आकांक्षी व्यक्ति' (Rationality seeking individual) को निर्बाध आजादी दिये जाने की माँग करती है। 1972 और 1976 में मुक्त बाजार के दो उत्साही पैरोकारों : 'फ्रेडरिक वॉन हायेक और मिल्टन फ्रायडमैन को नोबेल पुरस्कार से पुरस्कृत किया गया। ऐसे उपायों के जरिए व्यापक जन-समुदायों के अन्दर नव उदारवाद की वैधता और अपरिहार्यता का भाव भरने के साथ-साथ अकादमिक जगत में भी नव क्लासिकीय अर्थशास्त्र का वर्चस्व स्थापित करने का अभियान चला। 1970 दशक की इस नव क्लासिकीय आर्थिक सैद्धान्तिकी ने सामाजिक सुरक्षा-संरक्षा-कल्याण से प्रेरित बाजार नियमों-नियंत्रणों पर 'न्यू डील अवरोध' (New Deal Rigidities) का लेबल चस्पा कर दिया।

1978 का उत्तरार्ध विकसित विश्व, विशेषकर अमेरिका के लिए आर्थिक वैचारिकी और नीति के क्षेत्र में निर्णायक मोड़ था। श्रमशक्ति की तमाम संस्थानिकताओं-सांगठनिकताओं को बदनाम करके पीछे ढकेल दिया गया। नवउदारी नीतियों के पक्ष में विचारधारात्मक बदलाव सुनिश्चित करते हुए अमेरिका में बाजार के विस्तार और पहुँच को अभूत पूर्व ऊँचाइयाँ देने के लिए 'सुधारों' की श्रृंखला का अभियान चला। रीगन प्रशासन ने 'राष्ट्रीय श्रम सम्बन्ध बोर्ड' (NLRB) का पुनर्गठन करके बोर्ड का अध्यक्ष एक 'मैनेजमेंट कंसलटेंट' को बनाया। इस तरह अमेरिका की व्यापार और श्रमिक हितों की सबसे महत्त्वपूर्ण और शक्तिशाली निर्णायक (arbiter) सांगठनिकता की कमान स्थायी रूप से 'व्यापार' को सौंप दी गई।

रीगन राष्ट्रपति काल के पहले साल में एयर ट्रैफिक कंट्रोलर्स यूनियन की हड़ताल

हुई थी। रीगन ने उन्हें 'अल्टीमेटम' दिया : 48 घंटे के अन्दर काम पर वापस आओ, या फिर 'डी सर्टिफाइड' हो जाओ। यूनियन डी सर्टिफाइड हो गई। यह शुरुआत थी। रीगन और बाद के प्रशासनों में श्रमिक यूनियनों की राजनीतिक और सांगठनिक ताकत लगातार छीजती चली गई। यह वह पृष्ठभूमि थी, जिसमें न्यूनतम वेतन वृद्धि ने उत्पादकता वृद्धि से पिछड़ना शुरू किया। 1975 से 2005 के बीच उत्पादकता के साथ न्यूनतम वेतन का अनुपात करीब-करीब आधा हो गया। विश्वयुद्धोतर काल के शुरुआती जमाने से फलती-फूलती आ रही सामाजिक संस्थानिकता और दायित्व बोध से अर्थव्यवस्था अधिकाधिक विलग और गैर संवेदी होती गई। वेतन-निधारण अब बाजार शक्तियों की मनमानी सनक का विशेषाधिकार था।

अमेरिका में नवउदारवादी आवेग के अन्य नतीजे : शीर्ष आय वर्ग की टैक्स दरों में कटौती, सरकार के प्राधिकार परिक्षेत्र का संकुचन और राज्य की बाजार में हस्तक्षेप की क्षमता का लगातार ह्रास। 1986 में श्रम आय कर की सर्वोच्च दर 50% से घटाकर 36% और फिर 2001 में 36% से घटाकर 31% कर दी गई। इसी तरह गैर श्रम आय कर की सर्वोच्च दर भी 70% से 50% पर आ गई। दरों के घटने के अनुपात में सरकारी खर्चों में कटौती नहीं होने से सार्वजनिक क्षेत्र का कर्जा बढ़ा। कर्ज की बढ़ोतरी से ब्याज दरों पर दबाव बढ़ा।

सामान्य अर्थशास्त्रीय नियमों के मुताबिक अमेरिका में आवासीय बाजार में मन्दी आनी चाहिए थी। मगर बाजार को नियमन-नियंत्रण से मुक्त करके 'वित्तीय आविष्कारों', विशेषकर बन्धक आधारित बांडों के रूप में 'बन्धकों के सेक्युरिटाइजेशन' की धूम ने बन्धक बाजार का कल्पनातीत विस्तार करना शुरू किया। ये नये बन्धक उत्पाद नये-नये तरह के 'सम्पदा उत्पाद परिसम्पत्तियों' (assets) में 'री पैकेज' करके भारी मुनाफे पर बार-बार बेचे जा रहे थे। आवासीय सम्पदा मूल्य के सापेक्ष बन्धक कर्ज का अनुपात 1983 में 21% से बढ़कर 2004 में 35% हो गया। ऐसे तमाम अनियंत्रित वित्तीय उत्पाद 'आविष्कारों' के बल पर अमेरिका में साख बाजार आसमानी उड़ान भरने लगा। 1975 से 1984 के बीच साख बाजार का कुल कर्ज 2.5 ट्रिलि-डालर से 7.2 ट्रिलि-डालर हो चुका था।

पोलानी की शब्दावली में इस अवधि में साख उपलब्धि में लगातार विस्तार समाज के प्रति आदोलन (Counter-Movement) की गतिशीलता को थामे रखने का बड़ा कारक था : श्रमिक वर्ग के जीवन निर्वाह का स्तर वास्तविक वेतन आय वृद्धि से नहीं, बल्कि कर्ज आधारित उपभोग के रास्ते ऊपर चढ़ रहा था। वित्तीय आविष्कारों, विशेषकर 1970 दशक के अन्त से वैयक्तिक पेन्शन खातों की शुरुआत से आम अमेरिकी के इक्विटी बाजार के साथ उत्तरोत्तर जुड़ते जाने की प्रक्रिया गति पकड़ रही थी। पहले से कहीं अधिक अमेरिकी जनता वित्तीय बाजार की गतिविधियों उतार-चढ़ावों में दिलचस्पी लेने लगी थी। 1989 से 2007 के बीच सकल सम्पदा में पेन्शन खाता हिस्सेदारी 1.5% से बढ़ कर 12.1% हो गई। इसी अवधि में हाउसहोल्ड होल्डिंग स्टाक की इक्विटी बाजार में हिस्सेदारी 24.4 से बढ़कर 49.5% हो गई।

कर्ज आधारित उपभोग और इक्विटी बाजार में जन भागीदारी के संश्रय ने पोलानी

की 'सर्व सामाजिक' (tans-societal) प्रति गतिशीलता को निचले स्तर पर बनाए रखने में योगदान किया। आम जनता साख और इक्विटी बाजार को चुनौती देने, अथवा उसमें बाधा पहुँचाने की इच्छुक नहीं थी। इन्हीं पर उसकी भी भौतिक सम्पन्नता टिकी हुई थी। साख और इक्विटी बाजार नियमन-नियंत्रणविहीन वित्तीय बाजार पर आधारित था। प्रति-आन्दोलन की गतिशीलता में अवरोध साख के अधिकाधिक उत्पादीकरण के जरिये बढ़ता रहा। यह वह प्रक्रिया थी, जो 2008 के उस संकट का वाहक बनी, जिसकी समायोजन कीमत अन्ततः उन्हीं आम नागरिकों को चुकानी थी, जिन्हें कर्ज और इक्विटी बाजार की लुभावनी अन्तहीन उपभोग समृद्धि के मायाजाल में फँसा कर लूटा गया था।

निरन्तर नियंत्रणहीन-उद्दंड होती जाती साख व इक्विटी बाजार अर्थव्यवस्था पर राजनीति की ढीली पड़ती पकड़ के संश्रय का अनिवार्य नतीजा 'अर्थशास्त्रीय अनुशासन' की धज्जियाँ उड़ने में निकलना ही था। निजी क्षेत्र, अकादमिक जगत, और सरकारी संस्थानिकताओं के बीच परस्पर आवाजाही का झूलन-दरवाजा (revolving-door) बन चुका था। नवउदारी व्यावसायिक हितों के पैरोकार वैयक्तिक अथवा कारपोरेट स्पांसरशिप व लॉबिंग के जरिये मनमर्जी अकादमिक संस्थाओं और विधाई संस्थानिकताओं में आवाजाही कर रहे थे। अकादमिक अर्थशास्त्री-सिद्धान्तकार मीडिया विशेषज्ञों और नीतिगत परामर्श दाताओं की मलाईदार भूमिका निभा रहे थे। हितों के इस टकराव ने इन 'विशेषज्ञ' अर्थशास्त्रियों-सिद्धान्तकारों के मुक्त बाजार पूर्वाग्रह को चरम पर पहुँचाया। इन्होंने अर्थव्यवस्था के नवउदारवादी झुकाव को समर्थन देकर उसे वैचारिक-सैद्धान्तिक वैधता प्रदान कराने में महत्त्वपूर्ण भूमिका निभाई। इस तरह नव उदारवादी विचारधारा का वर्चस्व अकादमिक व राजनीतिक मदद से बढ़ता चला गया। नतीजे में इक्विटी शेयरों, बन्धक कर्जों, और विचारहीन मनमाने उपभोग प्रसार के जरिये आम जनता की विशाल बहुसंख्या नवउदारी बाजारों में भौतिक रूप से समाहित होने लगी। यह 'अमेरिका की समझौताविहीन जीवन शैली' ('The Non-negotiable way of American Life') थी!

नवउदारवादी बाजार तंत्र ने अपनी ऐतिहासिक प्रकृति के अनुरूप सामाजिक-आर्थिक्र साधनों-संसाधनों का 'वाल स्ट्रीट' की ओर पुनरावंटन किया। 'पुनरावंटन' का परिणाम 'साख जोखिम का गरीबों की ओर, और सम्पदा-समृद्धि का शीर्षस्थ अमीरों की ओर संकेन्द्रण' होना ही था। 1983 से 2007 के बीच सकल शुद्ध सम्पदा (Total Net Wealth) के रूप में शीर्षस्थ 1% आय अर्जकों की शुद्ध सम्पदा होल्डिंग (Net Wealth Holding) 9.1% से बढ़कर 18.5% हो गई। स्वाभाविक रूप से सर्वाधिक सम्पदाशील-धनी अमेरिकियों का नवउदारवाद के प्रसार के साथ गहनतम् निहित स्वार्थ जुड़ता गया। इस नवउदारवाद के जरिये वह दोहरी सुरक्षा का लाभ ले रहा था : 'घाटा जनता के कन्धों पर, और बेल-आउट सरकार के कन्धों पर'। वैसे बेल-आउट भी अन्ततः और वस्तुतः जनता के ही कन्धों पर था। इस समूचे नवउदारी ताने-बाने ने नियमन-नियंत्रण मुक्ति की प्रक्रिया को लगातार आवेग देते हुए अर्थव्यवस्था को लगातार समाज से दूर करते जाने का काम किया।

संकट (आकुपाई आन्दोलन की पृष्ठभूमि)

वित्तीय क्षेत्र के विनियमीकरण ने वित्तीय सेवा उद्योग के लिए 'वित्तीय उत्पाद आविष्कारों' का विशाल क्षेत्र खोल दिया। रीगन और क्लिंटन प्रशासन की देख-रेख में फलते-फूलते बन्धक आधारित बांडों और 'डेरिवेटिव्स' जैसे नये वित्तीय उत्पादों के आविष्कार-प्रसार ने बन्धक कर्जों की माँग की 'भूख' बढ़ायी। इन्हीं बन्धक कर्जों से ये उत्पाद बनाए जाते थे। 1999 में ग्लास-स्टीगल कानून 1933 निरस्त करके वाणिज्यिक बैंकों के लिए, (जिनका व्यापार क्षेत्र अब तक परम्परागत बैंकिंग गतिविधियों तक सीमित था) कहीं ज्यादा जोखिम भरी 'वित्तीय ट्रेडिंग' के क्षेत्र में प्रवेश का रास्ता साफ कर दिया गया। अब तक यह 'जोखिम ट्रेडिंग' सिर्फ निवेश बैंकों (Investment Banks) के जिम्मे थी।

1990 दशक में 'वित्तीय आविष्कार' अपने चरम पर पहुँचा, और बन्धक आधारित 'सेक्युरिटीज' का विविधता-विस्तार और प्रसार कल्पनातीत रूप से बढ़ा। सन् 2000 में 'सौदा वायदा आधुनिकीकरण कानून' (Commodity Futures Modernisation Act) ने सुनिश्चित कर दिया कि अति जटिल और जोखिम भरी (Toxic) वित्तीय सम्पदाएँ 'डेरिवेटिव्स' नियंत्रण-नियमनविहीन बनी रहेंगी। इन विषाक्त जोखिम भरी सम्पदाओं में व्यापारिक कारोबार 2006 में 106 ट्रिलि. डालर से बढ़कर 2008 में 531 ट्रिलि. डालर हो गया!

सन् 2004 में अमेरिकी सेक्युरिटी-एक्सचेन्ज कमीशन ने बैंकों के लिए न्यूनतम अनिवार्य पूँजी अपेक्षा घटा दी। इसका मतलब बैंकों के लिए 'लिवरेज' : कर्ज देने की क्षमता में अभूतपूर्व वृद्धि था। रघुराम राजन (2010)[32] का तर्क है कि 1990 दशक के उत्तरार्ध और 2000 दशक के शुरुआती वर्षों में अमेरिकी केन्द्रीय बैंक 'फेडरल रिजर्व' की पूर्व रोकथामकारी (Pre-emptive) नियमन उपायों की जगह 'गुब्बारों' (Bubbles) के प्रतिकूल प्रभावों को कम करने की नीति ने बैंकरों को ज्यादा-से-ज्यादा जोखिम भरे कर्ज कारोबार के लिए प्रोत्साहित किया। इसी तर्क को मिलर 'वृहत्तर नैतिक जोखिम' (Meta Moral Hazard) की स्थिति के रूप में देखता है।[33]

जैसे-जैसे राजनीतिक संस्थानिकताओं का मुद्रा आपूर्ति पर से नियंत्रण घटता है, साख बाजार का नियंत्रणविहीन विस्तार बढ़ता है। बाजार अपनी सामाजिक जबाबदेही से भी मुक्त होता जाता है। रघुराम राजन के अनुसार वित्तीय उत्पाद उपकरणों के विविधीकरण और विस्तार और इसी के साथ इन नई सम्पदाओं के लिए किसी स्पष्ट जवाबदेह नियामक फ्रेमवर्क के अभाव की इस मौद्रिक परिघटना ने बन्धक कर्जों के विशाल विस्तार और आवासीय कीमतों की तेज स्फीति को आवेग प्रदान किया। ये दोनों ही विस्तार (बन्धक कर्ज और आवासीय सम्पदा कीमत) आर्थिक सैद्धान्तिकताओं (Economic Fundamentals) द्वारा प्रतिपादित-अनुमन्य स्तरों से कहीं ज्यादा थे।

मकान की कीमत आय के अनुपात में कई गुना बढ़ती चली गई। इसका नतीजा आम अमेरिकी नागरिकों के काफी बड़े समुदाय में 'सम्पन्नता का भ्रम' पनपने में हुआ जिसने अति उपभोग का रास्ता पकड़ा। दूसरी ओर नियम-नियंत्रण मुक्ति की नीतियों

ने बैंकों के लिए विचारहीन अति जोखिम उठाने और ज्यादा-से-ज्यादा 'कर्ज लिवरेज' का मार्ग प्रशस्त किया। इसका नतीजा अमेरिका के दोनों ही बाजारों : आवास और 'इक्विटी' में तरलता अतिरेक और 'गुब्बारे' के फूलने में हुआ। यह स्थिति ज्यादा दिन तक टिकने-चलने वाली नहीं थी। मगर अमेरिका के नियामक तंत्र और शातिर वित्तीय खिलाड़ियों : बड़े-बड़े बैंकों और बन्धक व अन्य वित्तीय 'चमत्कारी' उत्पाद व्यापार संस्थानों के साथ-साथ आम मध्यवर्गीय अमेरिकी नागरिक भी यही समझकर आँखें मूँदे हुए 'म्यूजिकल चेयर डांस' की धुन पर थिरके जा रहे थे मानो यह समृद्धि अन्तहीन-अविनाशी है।

सन् 2006 में ब्याज दरें बढ़ीं और आवासीय सम्पदा कीमतों में अवरुद्धता आई। अब तक 1990 से 2006 के बीच हाउस होल्ड 'हाथ में आमदनी' के मुकाबले हाउस होल्ड कर्जों का अनुपात 82% से बढ़कर 132% हो चुका था। ऐसे में ब्याजदरों की वृद्धि ने कर्ज में सर से पाँव तक डूबे आम अमेरिकी के लिए कर्ज अदायगी की मुश्किलें अचानक कई गुना बढ़ा दीं। आवासीय सम्पदा की तेजी से गिरती कीमतों का नकारात्मक-प्रतिकूल प्रभाव जटिलतम रूपों में समूची अर्थव्यवस्था और उपभोग तंत्र में फैलता चला गया। कर्जों की अदायगी में 'डिफाल्ट' विनाशकारी सुनामी की तरह फैला। वित्तीय बाजार में 'तरलता संकट' का घना मातम छा गया। नतीजे में इक्विटी बाजार भी ताश के पत्तों की तरह ढहने लगा।

अमेरिका का संकट वैश्विक संकट का विस्तार लेने लगा, क्योंकि अमेरिकी 'वित्तीय आविष्कारी उत्पादों' से दुनिया की ज्यादातर अर्थव्यवस्थाओं की तिजोरियाँ अटी पड़ी थीं। वैश्विक इक्विटी बाजारों के इस विनाशकारी विध्वंस और उसकी परवर्ती वैश्विक महामन्दी ने दुनिया की ज्यादातर अर्थव्यवस्थाओं को अपनी चपेट में लेते हुए फेलानी के मुद्रा को एक वस्तु के रूप में विश्लेषण की पुष्टि की (Money as Commodity)। विनियमित (deregulated) मौद्रिक कारकों द्वारा उत्प्रेरित कीमतों के विनाशकारी विचलनों ने अर्थव्यवस्था से उत्पादक सांगठनिकता के लुप्त होने, और पूँजी के वैश्विक विनाश अभियान को चरम पर पहुँचाया। यह आकुपाई आन्दोलन की पृष्ठभूमि बनी।

आकुपाई आन्दोलन

14 जुलाई, 2011 को कनाडियाई अखबार 'एड बस्टर्स' में एक विज्ञापन छपा। इसमें लोगों को 'आकुपाई वाल स्ट्रीट' के लिए आमंत्रित किया गया था। 'न्यूयार्कर्स अगेन्स्ट बजट कट्स' (NYABC) नाम के एक संगठन ने, जिसमें ज्यादातर छात्र थे, विज्ञापन के सन्दर्भ में वाल स्ट्रीट कब्जे की तैयारियों के लिए एक बैठक 1 अगस्त को बुलाई। अराजकतावादी (Anarchists) उत्साही कार्यकर्ताओं का एक बड़ा समूह NYABC के साथ कब्जा आन्दोलन के केन्द्रीय संगठनकर्ताओं के रूप में जी जान से जुट गया। निर्णय प्रक्रिया 'जनरल असेम्बली' के जरिये सामूहिक निर्णय की तय हुई। मई 2011 के स्पेनी 'इंडिग्नाडोस' आन्दोलन ने भी यही सामूहिक निर्णय प्रक्रिया अपनाई थी।

17 सितम्बर, 2011 : मैनहट्टन में वाल स्ट्रीट के पास जुकोटी पार्क में करीब

दो हजार लोग का जुटावा हुआ और 'कब्जा आन्दोलन' शुरू हो गया। अगले 15 अक्टूबर तक प्रदर्शनकारी पार्क पर कब्जा जमाए रहे। क्षैतिजीय सांगठनिक संरचनाओं और इंटरनेट व डिजिटल युग की त्वरित संचार-संवाद तकनीकों के माध्यम से सारी दुनिया के साथ इस आन्दोलन का जुड़ाव होता गया। इंटरनेट के माध्यम से ही OWS ने 15 अक्टूबर को अन्तर्राष्ट्रीय कार्यवाही दिवस (International Day of Action) मनाए जाने का आह्वान किया। इस दिन दुनिया भर के तीन सौ से ज्यादा शहरों में प्रतिरोध प्रदर्शन आयोजित हुए। प्रदर्शनकारियों ने OWS आन्दोलन और उसके मुद्दों के साथ अपनी एकजुटता का प्रदर्शन किया। इसी के साथ दुनिया भर में प्रतिरोध कार्यवाहियों के साथ 'आकुपाई' जोड़ने का चलन चल निकला। 15 अक्टूबर को मैड्रिड में पाँच लाख से ज्यादा प्रदर्शनकारी सड़कों पर थे। दुनिया के तमाम शहरों में 'आकुपाई' नारों और बैनरों के साथ सार्वजनिक स्थलों पर डेरे-तम्बू लग गए। 'आकुपाई' शीर्षक आन्दोलनों की वैश्विक स्तर पर पारस्परिक सम्बद्धता, संवाद और संचार का ढीला-ढाला ताना-बाना भी सहज रूप से बनने लगा। फरवरी 2012 तक दुनिया भर में करीब 1590 प्रतिरोध आन्दोलन अपनी पहचान 'आकुपाई' के साथ जोड़ चुके थे।

आकुपाई आन्दोलन, सामाजिक आन्दोलन के किसी परम्परागत मॉडल, स्वरूप, तौर-तरीके, अथवा सांगठनिकता पर संचालित नहीं होता। इसका कोई केन्द्रीय नेतृत्व अथवा सांगठनिक-व्यवस्थानिक नेतृत्व तंत्र नहीं है। आकुपाई आन्दोलन सत्तातंत्र के सामने कोई विशिष्ट-सुचिह्नित स्पष्ट माँग भी नहीं रखता। आन्दोलन की कोई विशिष्ट-वर्गीय संरचना अथवा दलीय राजनीतिक-वैचारिक प्रतिबद्धता भी नहीं है। आन्दोलन अपनी सांगठनिक संरचना को संरचनात्मक जड़ताविहीन और क्षैतिजीय मानता है। सैकड़ों कब्जा आन्दोलन अपनी-अपनी स्थानिक विशिष्टताओं और परिवेश के अनुरूप अपनी कार्यनीतियाँ तय और लागू करते हैं। ये OWS के साथ अपनी सम्बद्धता नारों अथवा 'ऑन-लाइन फोरमों' के स्तर पर जोड़ते हैं। सभी आकुपाई आन्दोलनधर्मिताओं की एक साझी और बड़ी चिन्ता व आक्रोश 'असमानता' को लेकर है। उनका एक निश्चित सर्वमान्य नारा 'हम 99% हैं' ('We are 99%') पूरे वैश्विक आकुपाई आन्दोलन को भावनात्मक स्तर पर जोड़ता है।

प्रतिरोधकारी संरचना

जुकोटी पार्क के प्रथम कब्जा आन्दोलन में यह माना जा सकता है कि स्वघोषित 'अराजकतावादियों' (Anarchists) का एक बड़ा उत्साही समूह इस आन्दोलन को संगठित करने में सबसे ज्यादा सक्रिय था। इसका प्रभाव आन्दोलन की सांगठनिकता-संरचना और व्यवहार में भी परिलक्षित हुआ : आन्दोलन ने स्पष्ट और घोषित रूप से संगठन की किसी भी तरह की 'वर्टिकल' संरचना को खारिज किया। आन्दोलन की निर्णय प्रक्रिया के संचालन के लिए सामूहिक सहमति आधारित 'जनरल असेम्बली' स्वरूप-सांगठनिकता को सर्वोपरि स्वीकार किया गया।

इस अराजकतावादी प्रभाव के बावजूद आन्दोलन के अन्दर अराजकतावादी राजनीतिक दर्शन और वैचारिकी का वर्चस्व नहीं रहा है। आन्दोलन के भागीदार

आन्दोलन को 'रेडिकल नेतृत्व वाला मुख्यधारा आन्दोलन' मानते हैं। राजनीतिक रूप से यह 'भानमती का कुनबा' या 'शंकर की बारात' जैसा अद्भुत समागम था। अन्य बड़े कब्जा आन्दोलनों : 'आकुपाई बोस्टन' और 'आकुपाई शिकागो' आदि की पहलकदमी सामुदायिक समूहों (community groups) और स्थानीय श्रमिक यूनियनों ने ली थी और इसके अन्दर किसी तरह का कोई खास 'राजनीतिक पूर्वाग्रह' (Political bias) नहीं था। बहुतेरे कब्जा आन्दोलनों में श्रमिक संगठनों ने न सिर्फ आन्दोलन को अपना आधिकारिक समर्थन दिया, बल्कि आन्दोलन के लिए सांगठनिक कार्यकर्ता भी दिये। बोस्टन, शिकागो, ऑकलैंड, न्यूयार्क में श्रमिक संगठनों ने आन्दोलन के साथ अपनी एकजुटता व्यक्त की। न्यूयार्क में यूनियनों ने प्रतिरोध-प्रदर्शन मोर्चों में बढ़-चढ़कर भागीदारी की। 2 लाख पचास हजार से ज्यादा सदस्यों वाली 'आईलैंड फेडरेशन ऑफ लेबर' ने OWS को अपना आधिकारिक समर्थन दिया।

ज्यादातर प्रदर्शन-आन्दोलनकारी तुलनात्मक रूप से नौजवान थे : 64% प्रतिभागी 35 वर्ष से कम आयु के थे। केलिफोर्निया विश्वविद्यालय के प्रोफेसर डेविड मेयर, जो आन्दोलन के सक्रिय प्रतिभागी थे, का मानना है कि प्रदर्शनकारियों के अन्दर निश्चित रूप से एक 'युवा आवेग' ('Youthful skew') था।

आन्दोलन के ज्यादातर प्रतिभागी 'श्वेत' थे। इस नस्लीय असन्तुलन को लेकर आन्दोलन के अन्दर श्वेत बहुसंख्या की चिन्ताओं के पक्ष में 'पूर्वाग्रह' की आशंका की जा सकती है। इस आशंका को खारिज करते हुए आन्दोलन नस्ल के मुद्दे को आन्दोलन के लिए गौड़ बताता है, अथवा आन्दोलन को 'बहुनस्लीय' रूप में निरूपित करता है। हेना अशरफ : आन्दोलन की एक अश्वेत कार्यकर्ता का मानना है कि नस्ल को लेकर उठने वाले मुद्दे खुद आन्दोलन की संरचनाओं के अन्दर निपटा-सुलझा लिए जाते थे।

ज्यादातर आन्दोलनकारी निम्न आय वर्ग समूह से थे : 47.5% की सालाना आमदनी 26 हाजर डालर से कम थी। केवल 13% आन्दोलनकारी 75 हजार डालर से ऊपर कमा रहे थे। प्रतिभागियों की बहुसंख्या को 'मध्यवर्ग' के रूप में वर्गीकृत किया जा सकता है। इन अर्थों में आन्दोलन 'केवल गरीब जन सामुदायिकता समूहों के लोगों' का नहीं कहा जा सकता है। आन्दोलन का औसत शैक्षणिक मान काफी ऊँचा था : 64.7% प्रतिभागियों के पास कालेज स्तर की कम-से-कम एक डिग्री अवश्य थी।

राजनीतिक समझदारी और प्रतिबद्धता की दृष्टि से कार्डेरो-गुजमान सर्वेक्षण के मुताबिक 27.3% प्रतिभागियों ने खुद की 'डेमोक्रेट' और 2.4% ने 'रिपब्लिकन' पहचान बताई थी। स्पष्ट है कि 70.3% प्रतिभागी किसी पारम्परिक दलीय राजनीति के साथ खुद को नहीं जोड़ते थे। यह न्यूयार्क जनरल असेम्बली के आधिकारिक 'कब्जे का घोषणा पत्र' (Declaration of occupation) की संगति में है जो कब्जा आन्दोलनकारियों को सिर्फ 'लोग' (The People) के रूप में घोषित करते हुए आन्दोलन की किसी खास सामाजिक समूह अथवा राजनीतिक पार्टी के साथ पहचान जोड़ने से इनकार करता है। इसलिए अमेरिकी आकुपाई आन्दोलन किसी खास सामाजिक समूह-समुदाय के बजाय अमेरिकी समाज के तमाम विभिन्न हिस्सों का संश्रय माना जा सकता है। इतना जरूर है कि इसमें श्वेत निम्न मध्यवर्गीय और गरीब अधिक संख्या में थे।

आन्दोलन के कारक

न्यूयार्क जनरल असेम्बली के शुरुआती दस्तावेजों से ही दिखने लगा था कि आन्दोलनकारी-कब्जाकारी 'एक ऐसे नये सामाजिक-राजनीतिक और आर्थिक विकल्प का सपना देखने का साहस कर रहे थे, जिसमें समानता की सम्भावना की कहीं ज्यादा हो।' अपनी शुरुआत से ही आन्दोलन विद्यमान आर्थिक और राजनीतिक व्यवस्था तंत्र की संरचना व संचालन को मूलभूत रूप से समस्याग्रस्त मानता आया है।

कब्जे के शुरुआती दौर में एक प्रतिभागी एली श्मिट् ने कतिपय विशिष्ट माँगों को सूत्रबद्ध करने की कोशिश की थी। इसकी कुछ प्रमुख माँगें थीं : कर्जों का निरस्तीकरण, वित्तीय लेन-देन पर करों का प्राविधान, 1999 में रद्द किये ग्लास-स्टीगल बैंकिंग नियमन कानून की बहाली, कामगार अमेरिकियों के लिए सवैतनिक अस्वस्थता अवकाश, सभी को रोजगार, 'सिटिजन युनाइटेड' सुप्रीम कोर्ट निर्णय को रद्द करना, राजनीतिक पारदर्शिता सुनिश्चित करने के लिए स्पष्ट प्रणाली-संरचना और सामाजिक-वेतन की व्यवस्था को लागू किया जाना।[34]

इन घोषणाओं की संगति और विस्तार में, OWS वेबसाइट पर भी इससे मिलती-जुलती चिन्ताओं की गूँज सुनाई देती है। OWS वेबसाइट के मुताबिक आन्दोलन जनतांत्रिक प्रक्रिया पर हमलावर बड़े बैंकों और बहुराष्ट्रिक अहंकारी ताकतों की दादागिरी, वित्तीय संकट में वाल स्ट्रीट की भूमिका, और शीर्षस्थ 1% धनिकों को चुनौती दे रहा है जो एक अन्यायपूर्ण वैश्विक अर्थव्यवस्था के नियम-कानून लिख रहे हैं। आन्दोलन की चिन्ताओं का एक साझा और स्थायी सूत्र बाजार की मनमानी पर अंकुश लगाने, और अर्थव्यवस्था का फिर से सामाजिक दायित्व सुनिश्चित किये जाने की आकांक्षा है।

आन्दोलन की एक और बड़ी आकांक्षा राजनीतिक संस्थानिकताओं के अन्दर जनतांत्रिक सिद्धान्तों और मूल्यों की पुनर्स्थापना की है। यह वह चिन्ता है जिसे कार्यकर्ता और प्रोफेसर डेविड मेयर 'जनतांत्रिक ह्रास' मानते हैं। रजा और कर्निक (2012)[35] आन्दोलन को प्रतिनिधित्ववादी राजनीति के संकट की प्रतिक्रिया के रूप में देखते हैं। इनका मानना है कि आकुपाई आन्दोलन की दूरगामी दृष्टि अर्थव्यवस्था में संस्थानिक परिवर्तन की है, और इसकी शुरुआत वह राजनीतिक सुधारों से करना चाहता है।

आकुपाई आन्दोलन अपने 'डेरा-तम्बू डालो' कब्जे का इस्तेमाल भागीदारी जनतंत्र के व्यवहार के मॉडल के रूप में करता है। यह आन्दोलन की राजनीतिक सांगठनिकता का प्राथमिक स्वरूप है। यह एक तरह के सूक्ष्म समाजों (Micro-societies) की रचना है जो न्यायपूर्ण समानता और समावेशन के सिद्धान्तों पर काम करते हैं। इन सूक्ष्म समाजों का जनरल असेम्बली मॉडल तत्त्वत: जनतांत्रिक है, और सामूहिक आम सहमति के सिद्धान्त पर काम करता है।

स्पेनी 'इंडिग्नाडोस' की एक संचार संगठक बीट्रिज पेरेज[36] का मानना है कि ये कैम्प 'प्रदर्शन' (demonstrations) न होकर गतिमान सांगठनिकता (ongoing Organisation) का एक रूप हैं। अपने विचारों और व्यवहारों के जरिये आन्दोलनकारी ऐसी वैकल्पिक संस्थानिकताओं की रचना करने का दावा करते हैं जिन्हें वे विद्यमान

संस्थानिकताओं के बदले, जिन्हें वे चुनौती दे रहे हैं, प्रतिस्थापित करना चाहते हैं। स्पेन के 'इंडिग्नाडोस' का मेनिफेस्टो इस सन्दर्भ में आन्दोलन की अर्थव्यवस्था को फिर से सामाजिक संस्थानिकताओं और दायित्वों के साथ जोड़ने की सर्वोपरि आकांक्षा का प्रतिनिधि दस्तावेज है। इसका कहना है : "एक समाज के बतौर यदि हम अपना भविष्य एक निरपेक्ष-अमूर्त अर्थव्यवस्था को हवाले करने से मना करना सीख लें, हम उस दुर्दशा का अन्त कर सकते हैं जिसे हम सब भोग रहे हैं।"

भागीदारों के अनुसार कैम्प के अन्दर जनतंत्र का व्यवहार न्यायपूर्ण समानता पर आधारित आर्थिक व्यवस्थातंत्र के लिए संस्थानिक पूर्व शर्तों की रचना प्रक्रिया की अनिवार्य प्रक्रिया है। यह 'नागरिक समाज की नीचे से संरचना' ('composition of civil society from below') है। इस दावे को फिलहाल अतिरंजना मान सकते हैं। बावजूद इसके, कैम्प जीवन की व्यापक जनतांत्रिक स्वायत्तशासी राजनीतिक सांगठनिकता और व्यवहार इस बात की पुष्टि तो करता ही है कि आम जन समुदायों का काफी बड़ा हिस्सा विद्यमान पारम्परिक प्रतिनिधित्व संरचना से परे राजनीति की नई संरचनाओं और व्यवहारों का पक्षधर है। 'आकुपायी शिकागो' का एक प्रतिभागी जो हुडिन इसी पक्षधरता की पुष्टि करता है जब वह कहता है कि हम आवश्यक आर्थिक सुधारों के लिए : "किसी भी राजनीतिज्ञ पर भरोसा नहीं कर सकते।" इस परिप्रेक्ष्य में राजनीतिक सुधार आकुपाई आन्दोलन की एक केन्द्रीय चिन्ता है।

वेबसाइट 'हम 99% हैं' (We are 99%) को आन्दोलन का आन्तरिक दस्तावेज माना जाता है। वेब साइट पर वर्तमान व्यवस्था तंत्र के शिकार-हताश-आक्रोशित प्रतिभागियों के निजी अनुभवों और उद्गारों का विशाल संकलन है। प्रश्न 'आप कब्जा आन्दोलन में क्यों हैं?' के जवाब में काफी बड़ी संख्या में प्रतिभागी उन जानलेवा कर्जों का हवाला देते हैं, जिनके चलते उनका जीवन दूभर होता जा रहा है। 2000 से 2007 के बीच अमेरिका में कर्ज दो गुने से ज्यादा हो गया। इस बीच कीमतें 20% बढ़ीं, और वास्तविक वेतन सिर्फ 2%।

छात्र अपना सामाजिक-आर्थिक जीवन शुरू करने से पहले ही कर्ज में डूब चुका होता है। सन् 2008 में चार वर्षीय स्नातक पाठ्यक्रम पूरा करके विश्वविद्यालयों से निकलने वाले 65.6% छात्रों पर औसत 23186 डालर प्रति छात्र का कर्ज था। अमेरिका में कर्जों के विनाशकारी ऊँचाइयों तक छलाँग लगाने का सबसे बड़ा कारण वित्तीय क्षेत्र की नियमन-नियंत्रण मुक्ति और तथाकथित 'वित्तीय उत्पाद आविष्कार' थे। ग्लास-स्टीगल कानून को बहाल करने, कर्जों को माफ करने अथवा नये सिरे से पुनर्निर्धारित करने, और वित्तीय सट्टेबाजियों पर रोक लगाने की माँग करके कब्जा आन्दोलनकारी वस्तुत: अमेरिका के समूचे पारम्परिक वित्तीय व्यवहार को खारिज कर रहे थे। व्यवस्था तंत्र के कर्जों को रद्द करने की असम्भाव्यता और वित्तीय तंत्र पर लगाम लगाने से इनकार के खिलाफ जन विमर्श खड़ा करके आन्दोलन मुद्रा के जिंसीकरण (commoditisation of money) की व्यवस्थानिक अवधारणा को चुनौती दे रहा था।

अमेरिका की आम आबादी की भयावह ऋणग्रस्तता के साथ ही एक और 'भयावह समस्या 'बेरोजगारी' भी थी। 2009 में बेरोजगारी 10% पहुँच गई, जो 1982 के बाद

का सबसे ऊँचा स्तर था। नौजवानों के लिए यह समस्या और भी मारक थी। 2010 में 25 वर्ष से नीचे के युवाओं की बेरोजगारी दर 18.2% थी। डेविड ग्राइबर OWS आन्दोलन का एक नृशास्त्री कार्यकर्ता[37]

इस बिडम्बना को इस तरह से व्यक्त करता है : आन्दोलन अमेरिकियों की नई पीढ़ी की 'बेपरवाह खुद्दार दावेदारी' (defient self-assertion) की शुरुआत का गवाह बन रहा है। एक ऐसी पीढ़ी, जो अपनी शिक्षा पूरी करने के बाद अपने लिए कोई रोजगार, कोई भविष्य नहीं देख पा रही है, मगर बावजूद इसके भारी-भरकम कर्ज के बोझ से दबी हुई है।'

मार्च 2009 से दिसम्बर 2009 के बीच पूँजीपतियों का मुनाफा 280 बिलि. डालर बढ़ा। इसी अवधि में वेतन 90 बिलि. डालर कम हुए। नतीजे में तीन दशकों से निर्बाध गति से बढ़ती चली जा रही असमानता ने और भी तेज छलाँग लगाई। 1983 से 2006 के बीच शीर्षस्थ 1% की राष्ट्रीय आमदनी में हिस्सेदारी 12.8% से बढ़कर 21.3% हो गई। इसी अवधि में निचली 40% आबादी की आमदनी में हिस्सेदारी 12.3% से घटकर 9.6% रह गई। यह त्रासदी आकुपाई आन्दोलन के केन्द्रीय नारे में व्यक्त हुई : 'हम हैं 99%।' आन्दोलन अमेरिकी समाज में पूँजी के ध्रुवीकरण के खिलाफ आम जनता का ध्रुवीकरण था।

आकुपाई आन्दोलन की एक और बड़ी चिन्ता व्यक्तियों के लिए कब्जा करके रहने के लिए 'भौतिक स्थान' (Physical Space) बनाने की थी। मार्च 2006 से मार्च 2007 के एक वर्ष में अमेरिका में 'बन्धक घर बेदखली' 47% बढ़ी, और यह बढ़त लगातार जारी रही। 6 दिसम्बर, 2011 को व्यवस्थानिक 'घर बेदखली' (Foreclosure) अभियान के खिलाफ 'अपने घरों पर कब्जा करो' (Occupy our houses) आन्दोलन की शुरुआत हुई। इसके जरिये घर बेदखली का मुद्दा आकुपाई आन्दोलन के केन्द्रीय दायरे में आया। कार्यवाही का विशेष बल इस पर था कि आन्दोलनकारी ऐसे घरों पर भौतिक रूप से कब्जा बनाए रखते हुए उनकी बेदखली नहीं होने दें। इसी तरह सार्वजनिक पार्कों और वित्तीय संकुलों पर कब्जे के माध्यम से आन्दोलन सार्वजनिक स्थलों को आम जनता के हक और हित में अहिंसक ढंग से वापस कब्जा लेने का ऐलान कर रहा था।

आन्दोलन की माँगों के परिप्रेक्ष्य में कहा जा सकता है कि आन्दोलन अपने-अपने तरीके से बहुत सारी माँगों को उठा रहा था। परन्तु कुल मिलाकर आन्दोलन की रणनीति किसी व्यापक नीतिगत ऐजेंडे को सामने रखकर चुनौती पेश करने की नहीं थी। कई आलोचकों की नजर में ऐसा करके आन्दोलन विधाई प्राधिकारियों के हाथों से नीतिगत परिवर्तनों का प्राधिकार छीन लेने की आन्दोलन की क्षमता और सम्भावना को कुन्द कर रहा था। इसके जबाब में जूडिथ बटलर (2011)[38] का कहना है कि आकुपाई आन्दोलन की मूलभूत माँग आर्थिक न्याय और समानता की है। यह वह आकांक्षा है जिसे किन्हीं विशिष्ट मुद्दा आधारित माँगों के खाँचे में संकेन्द्रित अथवा बाँधकर नहीं रखा जा सकता। नाओमी क्लीन (2012) का भी कहना है कि "हम अपना समय छोटे-मोटे नीतिगत परिवर्तनों को जीतने में बरबाद नहीं करना चाहते।"

इसके बावजूद, शिकायतों और चिन्ताओं के घने कुहासे को चीर कर कई स्पष्ट-विशिष्ट माँगें आन्दोलन की संघर्षशीलता को धार दे रही थी। ऐसी ही एक विशिष्ट माँग सुप्रीम कोर्ट के 'सिटिजन्स युनाइटेड' फैसले को रद्द करने की थी। सुप्रीम कोर्ट ने 21 जनवरी, 2010 को सिटिजन्स युनाइटेड के पक्ष में फैसला सुनाते हुए कारपोरेटों को राजनीतिक पार्टियों के चुनाव अभियान में 'सहयोग' करने का अधिकार दिया। इस अधिकार के साथ दोनों ही पक्षों (कारपोरेट और राजनीतिक पार्टी) पर इस 'सहयोग' को उजागर (disclose) करने का कोई दायित्व नहीं था। आन्दोलनकारी इसे इस आधार पर चुनौती दे रहे थे कि फैसले ने एक ऐसी 'नजीर' कायम कर दी थी जिससे कारपोरेट हितों से समर्थन हासिल करने वाले राजनीतिज्ञों के लिए 'हितों के टकराव' की पूरी सम्भावना बनती थी। इसके जरिये सर्वोच्च न्यायालय ने धन कुबेरों के हाथों में एक ऐसा नायाब हथियार दे दिया था, जिसके जरिये वे अपने मनमाने हित में जब चाहें—जैसे चाहें नीतिगत परिवर्तन करा सकते थे।

इस समूचे संकट का, जिसने आकुपाई आन्दोलन को जन्म दिया, केन्द्रीय कारक बाजार की विफलता थी। इस विफलता ने उन आर्थिक और सामाजिक परिस्थितियों को जन्म दिया, जिन्हें पोलानी की शब्दावली में आत्म समायोजित बाजार (Self-adjusting Market) द्वारा 'समाज की मानवीय और प्राकृतिक तात्त्विकता का समूल नाश' कहा जा सकता है। आकुपाई आन्दोलन 'समूल नाश' के इस बाजारी-व्यवस्थानिक अभियान के खिलाफ चुनौती थी। आकुपाई आन्दोलन वित्तीय बाजार तंत्र को उसके वर्तमान स्वरूप में पूरी तरह खारिज करता है। आकुपाई आन्दोलन श्रम बाजार में व्यक्तियों के हित में संस्थानिक समर्थन सहयोग की समाप्ति का विरोध करता है। आकुपाई आन्दोलन प्रतिनिधित्वकारी राजनीति (Representative Politics) के वर्तमान स्वरूप और संस्थानिकता से इनकार करता है। आन्दोलन की ये केन्द्रीय-तात्त्विक आकांक्षाएँ अर्थव्यवस्था को एक जनतांत्रिक-संस्थानिक फ्रेमवर्क और ताने-बाने के अन्दर वापस समाहित किये जाने की वैचारिकी और व्यवहार को प्रतिबिम्बित-प्रतिध्वनित करती हैं। इस वैचारिकी-व्यवहार और आकांक्षा के लिए आन्दोलन प्रतिभागियों के बीच विचाराधारात्मक अथवा एकतरफा पूर्वाग्रह का निषेध करता है।

समग्र राजनीतिक-आर्थिक परिप्रेक्ष्य में, वैश्विक पैमाने पर, इन आकुपाई आन्दोलनों के राजनीतिक विमर्श (Political discourse) पर पड़ने वाले असर को देखते हुए आकुपायी आन्दोलनों में 'प्रति-आन्दोलन' (Counter-Movement) के बीजों की झलक मिलती है। फिलहाल ये आन्दोलन विद्यमान राजनीतिक-आर्थिक संरचना को किसी तरह की प्रभावी चुनौती दे पाने कुछ खास सफल नहीं हो सके। प्रति-आन्दोलन के बीज अभी तक अंकुर बनकर राजनीतिक-सामाजिक परिदृश्य में नहीं उभरे हैं। इसके लिए आकुपाई जैसे आन्दोलनों को वैचारिकी और व्यवहार दोनों ही स्तरों पर अभी बहुत अधिक परिपक्व होने, और विस्तार लेने की जरूरत पड़ेगी। मगर इतना निर्विवाद रूप से कहा जा सकता है कि ऐसे आन्दोलनों ने वैश्विक राजनीतिक-सामाजिक रंगमंच पर 1% के खिलाफ 99% को चुनौती की धमक तो दे ही दी है। इस चुनौती को स्थायी रूप से पराभूत-परास्त करना विद्यमान सत्ता प्रतिष्ठान और व्यवस्थातंत्र के बूते का नहीं है।

भारत : नागरिकता के सार्वजनीन अधिकार और जीवन निर्वाह कृषि रक्षा का संघर्ष

नागरिकता के सार्वजनीन अधिकार के लिए संघर्ष

वर्तमान भारत में सत्तासीन राजनीतिक पार्टी और उसके हिन्दुत्व राष्ट्रवाद में 'नागरिकता' का अधिकार 'पराए', विशेषकर मुसलमान के लिए नहीं है। इस राष्ट्रवाद में 'पराये' की नियति पूर्व निर्धारित है :

(1) भौतिक सफाया (Physical Annihilation) : जनसंहार, जातीय उच्छेद (Genocide, Ethnic Cleansing) के जरिए एकबारगी सफाया, या फिर मॉब लिंचिंग के जरिए दैनंदिन सफाया; अथवा

(2) बहिष्करण (Expulsion) : नागरिकता के अधिकार से वंचित करके 'हिन्दू राष्ट्र' से खदेड़ा जाना।

भौतिक सफाया अभियान का चरम 'गुजरात 2002' था। नरेन्द्र मोदी के नेतृत्व में भारतीय जनता पार्टी नीति 'राष्ट्रीय जनतांत्रिक गठबन्धन' (राजग) और उसकी आधिकारिक हिन्दुत्व राष्ट्रवाद की विचारधारा के 2014 में राजसत्तारोहण के बाद एकबारगी सफाया के बड़े विस्फोट का स्थान लम्पट हिन्दुत्व भीड़ द्वारा राजकीय प्रश्रय-संरक्षण में पीट-पीटकर हत्या : 'मॉब लिंचिंग' के 'दैनंदिन सफाया' ने ले लिया है। 2019 में दुबारा शासनादेश मिलने के बाद हिन्दुत्व राष्ट्रवाद ने दैनंदिन सफाया के साथ-साथ 'बहिष्करण' की दिशा ली। इसका पहला कदम संविधान के अनुच्छेद 370 के माध्यम से जम्मू-कश्मीर राज्य को मिले विशेष दर्जे को 5 अगस्त, 2019 को समाप्त करना था। राष्ट्रीय स्तर पर 'बहिष्करण' का अगला कदम 11 दिसम्बर, 2019 को नागरिकता संशोधन कानून,2019 (Citizenship Amendment Act, 2019 : NRC) और राष्ट्रीय नागरिकता रजिस्टर (National Register of Citizenship : NRC) प्रक्रिया की घोषणा करना था।

नागरिकता संशोधन कानून-2019, राष्ट्रीय नागरिकता रजिस्टर और राष्ट्रीय आबादी रजिस्टर (Citizenship Amendment Act-2019, National Registry of Citizenship and National Population Register : CAA-2019, NRC and NPR)

अर्जुन अप्पादुराई के अनुसार नागरिकता संशोषण कानून-2019 'नागरिक' (Citizen) की अवधारणा, अधिकार और व्यवहार को 'प्रजा'—'स्टेटिजन' (Statizen)

से बदलने का प्रयास है। यह कानून राज्य द्वारा स्वीकृत, निर्धारित, अनुमोदित दस्तावेज के आधार पर 'नागरिक' की मान्यता देता है। व्यक्ति की वंशावली, उसके निवास की अवधि, और राष्ट्र के साथ उसकी भौतिक-सांस्कृतिक जड़ें—सभी अपनी वैधानिक मान्यता खो देती हैं।[39] स्वतंत्र भारत के इतिहास में यह पहला अवसर था, जब राजसत्ता ने खुले तौर पर कतिपय चयनित राष्ट्रों (पाकिस्तान, बांग्लादेश और अफगानिस्तान) से उत्पीड़न (persecution) के चलते भागकर आने वाले लोगों के धर्म को (उनके गैर-मुस्लिम होने के आधार पर) नागरिकता प्रदान किए जाने का आधार बनाया।

इस कानून में राष्ट्र और व्यक्ति दोनों के ही चयन का एकमात्र आधार धर्म है : भारत के अन्य सारे पड़ोसी राष्ट्रों—नेपाल, भूटान, श्रीलंका, म्यांमार, चीन को छोड़कर केवल इस्लामिक राष्ट्रों : पाकिस्तान, बांग्लादेश और अफगानिस्तान को चुनना यह घोषित करना था कि अल्पसंख्यकों का उत्पीड़न केवल इस्लामिक राष्ट्रों में होता है। इन राष्ट्रों से भागकर आने वालों में भी केवल गैर-इस्लामिक धर्मों को मानने वालों को नागरिकता की पात्रता के लिए स्वीकार करना यह घोषित करना था कि मुसलमान उत्पीड़क होते हैं, उत्पीड़न के शिकार नहीं। मुसलमानों को छोड़कर हिन्दू, सिख, बौद्ध, जैन, पारसी और ईसाई—सारे धर्मों को मानने वालों के लिए राष्ट्र की नागरिकता के दरवाजे खुले रखना यह घोषित करना था कि भारत 'हिन्दू' राष्ट्र है, जिसमें मुसलमानों के लिए कोई जगह नहीं है। यह कानून इस रूप में भी भारत के 'हिन्दू राष्ट्र' होने की घोषणा है, कि यह अपरोक्ष रूप से दुनिया के किसी भी कोने में रह रहे 'हिन्दू' को उसके भारत का नागरिक नहीं होने के बावजूद भारत उसका 'स्वाभाविक घर' होने का आमंत्रण देता है।

नागरिकता संशोधन कानून 'भारत' के मूल 'विचार और भावना' के विपरीत है

इस सन्दर्भ में उल्लेखनीय है कि भारत सहस्त्राब्दियों से बाहर से आकर बसने वाले विभिन्न धर्मावलम्बियों का खुले दिल से स्वागत करता रहा है। सहिष्णुता, सहकार और सह-अस्तित्व भारतीय संस्कृति की मूल प्रकृति और पहचान रही है। आर्यों के आगमन के हजारों वर्ष पहले से भारत प्रकृति पूजक द्रविड संस्कृति और सभ्यता की मूल भूमि थी। ईसा से लगभग दो हजार वर्ष पूर्व आर्य यहाँ आए, और अगले दो हजार वर्षों में बहुल-विविध मत-मतांतरों वाली वैदिक-उपनिषदिक-पौराणिक आर्य जीवन पद्धति और संस्कृति विकसित की। इसी संस्कृति से लगभग 500 वर्ष ईसा पूर्व बौद्ध और जैन धर्मों और वैदिक मत-मतांतरों से असहमत विभिन्न श्रमण और नास्तिक परम्पराओं ने भी जन्म लिया। गुरु नानक देव ने 15वीं सदी में हिन्दू, इस्लाम, सूफी और सन्त परम्पराओं और शिक्षाओं की अद्‌भुत और उदात्त मानवीयता का समागम करते हुए सिख पंथ की स्थापना की।

कई इतिहासकारों का मानना है कि ईसवी वर्ष 52 में ही भारत में सन्त थॉमस के अनुयाइयों के आगमन के चलते मलयाली नम्बूदरी समुदाय में ईसाई और नागरकोइल यहूदी बस्तियाँ बसने लगी थीं। चौथी से आठवीं सदी ईसा के लगभग पर्सिया से उत्पीड़न के चलते पारसी जोराष्ट्रीयन समुदायों के भागकर यहाँ पहुँचने का अनुमान

है। लगभग इसी समय मेसोपोटामिया (पर्सिया) से सन्त थॉमस के अनुयायी ईसाइयों का समूह केरल में आया, और कैननाइट (Canaanite) ईसाई समुदाय के रूप में आज भी लाखों की संख्या में बसा हुआ है। राजा सोलोमन के व्यापारी दस्तों के साथ और 1492 में इबेरिया (Iberia) से निष्कासित होकर आए यहूदी यहाँ चेन्नई यहूदियों के रूप में बस गए। पुर्तगाल में यहूदी विवेचना (Inquisition) शुरू होने पर पुर्तगाली यहूदियों के जत्थे भारत में आकर बस गए। 15 वीं सदी में पुर्तगालियों के साथ ईसाई मिशनरियों के आगमन के चलते भारत के तटवर्ती इलाकों में कैथोलिक और प्रोटेस्टेंट ईसाई समुदायों की बस्तियाँ बनीं। सोलहवीं सदी में तमिलनाडु और कन्याकुमारी के तटवर्ती मछुआरा समुदायों द्वारा अरब के समुद्री लुटेरों से रक्षा के लिए पुर्तगाली ईसाइयों से मदद लेने के क्रम में 'प्रवर' (Pravar) अथवा 'भारथकुला' (Bharathakula) ईसाई समुदाय विकसित हुआ। भारतीय और ईसाई संस्कृतियों के समागम-साहचर्य का परिणाम भारत के विशिष्ट एंग्लो-इंडियन समुदाय के रूप में हुआ। लगभग 250-300 वर्ष पहले इराक, ईरान और अफगानिस्तान से यहूदी यहाँ बगदादी यहूदियों के रूप में बस गए। 1850 ईसवी के आस-पास हाजी सैयद मिर्जा और सैयद मुहम्मद ने बहाई धर्मगुरु बहाउल्लाह का अनुयायी बनने के बाद बम्बई में बहाई समुदाय बसाया।

भारत में इस्लाम का सबसे पहले प्रवेश इस्लाम के अनुयायी अरब समुद्री व्यापारियों के सम्पर्क से कोंकण-गुजरात के तटवर्ती इलाकों में हुआ। मलाबार का मप्पीला (Mappillas) समुदाय सबसे पहले इस्लाम ग्रहण करने वालों में था। समुद्री व्यापारियों के साथ ही 11 वीं सदी में शिया इस्लाम का भारत में आगमन हुआ जिनका स्थानीय शासकों और जनता ने भरपूर स्वागत किया। जल्दी ही सामुदायिक अन्तरमेलन-विवाहों के जरिये भारतीय-अरब समुदाय विकसित हुआ। 11 वीं सदी में भारत से मौलवी अब्दुल्लाह और नुरुद्दीन ने इमाम मस्तानसिर बिल्लाह (Imam Mustansir Billah) से बोहरा इस्लाम की दीक्षा लेने के बाद मुख्यतः बम्बई के व्यापारी समुदाय में बोहरा इस्लाम का प्रसार किया।

12वीं सदी से तुर्कों के आक्रमण के साथ उत्तर भारत में इस्लाम का प्रवेश हुआ। इसके सदियों पहले से दक्षिण और मध्य भारत में इस्लाम अपने सद्भाव और सहयोग-सहकार के सम्पर्कों के माध्यम से गहरी जड़ें जमा कर यहाँ की संस्कृति और जीवन शैली का अंग बन चुका था। उत्तर भारत में इस्लाम के प्रवेश की शासकीय महत्त्वाकांक्षा में इस्लामिक राजवंशों की स्थापना के चलते इस्लाम के प्रसार में तलवार ने प्रारम्भिक दौर में प्रभावी भूमिका निभाई। राज्य और 'राज धर्म' के विस्तार के लिए तलवार इस्लाम की कोई अलग विशिष्ट पहचान नहीं थी। तलवार के जरिये विस्तार ने राज्य, 'राज धर्म' और सामन्तशाही—विशेषकर ईसाइयत राजशाही और उसकी विस्तारवादी महत्त्वाकांक्षाओं के जन्म के साथ ही जन्म लिया था। भारत में विभिन्न हिन्दू मतावलम्बी (शैव, वैष्णव, शाक्त, बौद्ध, जैन...) राजशाहियाँ इसका अपवाद नहीं थीं।

भारत में इस्लामिक राजवंशों के साथ विकसित हुई विद्वानों, संगीतज्ञों, दार्शनिकों, अर्थनीतिकारों, प्रशासकों, स्थापत्यकला विशेषज्ञों आदि के दरबारी प्रश्रय की संस्कृति से इन क्षेत्रों—संगीत, कला, साहित्य, सूफी-सन्त संस्कृति, स्थापत्य, नागरिक सेवा

सुविधा और प्रशासन के क्षेत्रों में भारतीय और इस्लामिक समागम के अद्‌भुत ऐतिहासिक उत्कर्ष का युग आया। आधुनिक हिन्दुत्व का साम्प्रदायिक राष्ट्रवाद इस योगदान को पूरी तरह नकारते हुए इस युग को हिन्दू धर्म और गौरव के विनाश व पराभव का 'अन्ध युग' कहता है।

वस्तुतः अनगिनत संस्कृतियों, सभ्यताओं, जीवन शैलियों, परम्पराओं और धर्मों के परस्पर सम्पर्क-संवाद-सहचर्य-समागम की सहस्त्राब्दियों की यात्रा में भारत ने विश्व के किसी भी कोने से उत्पीड़न के चलते भागकर आए किसी भी धर्म, दर्शन, अथवा समुदाय के लोगों का बाँहें पसारकर स्वागत किया। विभिन्न धर्मों और संस्कृतियों के लोग व्यापार और अन्य सम्पर्कों के माध्यम से भी यहाँ आकर बसते गए। उत्तर भारत में भी इस्लामिक राजवंशों ने प्रारम्भिक आक्रामकता के बाद भारत को ही अपनी गृहभूमि बनाकर भारतीय-इस्लामिक संस्कृति के समन्वयकारी उत्कर्ष में निर्णायक योगदान किया। अपनी इस सहस्त्राब्दियों लम्बी अद्‌भुत यात्रा में भारत किसी एकल धर्म, संस्कृति, परम्परा का राष्ट्र बनने के बजाय एक 'लघु विश्व' के रूप में विकसित हुआ : एक ऐसा विशाल समागम पात्र, जिसमें विश्व के तमाम धर्म, संस्कृतियाँ, दर्शन घुल-मिलकर भारतीय संस्कृति, दर्शन और जीवन मूल्यों की विशिष्ट पहचान बने—जहाँ वे अपनी विशिष्ट पहचानों के साथ भी 'भारतीय' थे और इन विशिष्ट पहचानों में कोई वैमनस्य-दुराव नहीं था। यह भारत में ब्रिटिश साम्राज्यवाद के प्रवेश के पहले का भारत था। इसमें ब्रिटिश साम्राज्यवाद ने 'फूट डालो-राज करो' के साम्प्रदायिक विभाजन-वैमनस्य का जहर घोला। स्वतंत्र भारत में साम्प्रदायिक हिन्दुत्व ने इसी साम्राज्यवादी शासकीय नीति को अपनी सत्ता राजनीति का मूल मंत्र बनाया।

2014 में राजसत्तारोहण के बाद से 'हिन्दुत्ववादी शासन' भारत के नागरिकों को संविधान द्वारा प्रदत्त मूलभूत अधिकारों के 'राष्ट्रीय हित और सुरक्षा' के नाम पर एक-एक करके हनन के अभियान पर है। नागरिकता संशोधन कानून इसी अभियान की कड़ी है। यह कानून संविधान द्वारा गारंटीकृत भारत की धार्मिक-सांस्कृतिक बहुलता के 'प्रति-सिद्धान्त' (antithesis) के रूप में मुसलमानों को उनकी नागरिकता के अधिकार से वंचित करता है। यह कानून ऐसे हिन्दू विमर्श का वितंडा खड़ा करता है, जो मुसलमान को 'धरतीपुत्र' (son of the soil) मानने से इनकार करता है। यह विमर्श भारत के जनतंत्र और संविधान पर 'हिन्दू राष्ट्र' की विचारधारा और पहचान प्रतिरोपित करने की सुनियोजित-सुचिन्तित योजना का अंग है। नागरिकों पर अपनी नागरिकता का दस्तावेजी प्रमाण देने का दायित्व आरोपित करके यह कानून 'राज्य' को राष्ट्र के 'नागरिकों' का अनुचर (subservient) बनाने के जनतांत्रिक सिद्धान्त के उलट नागरिकों को 'राज्य' का अनुचर बनाता है।[40]

पृष्ठभूमि

भारत में नागरिकता का अधिकार कानून के दो आधारभूत सिद्धान्तों पर आधारित है : (1) जस सोलिस (jus solis): जन्म और निवास के आधार पर; और (2) जस सांगुयिनिस (jus sanguinis): व्यक्ति के पुरखों (descent) अथवा किसी एक जन्मदाता

अभिभावक के भारत का नागरिक होने के आधार पर। भारत का संविधान सोलिस सिद्धान्त को स्वीकार करने के साथ ही विदेशों में रहने वाले उन व्यक्तियों के लिए भी नागरिकता का प्रविधान करता है, जिनका जन्म भारत में हुआ था, अथवा जिनके जन्मदाता अभिभावकों या पितामह अभिभावकों (grand-parents) में कम-से-कम किसी एक का जन्म भारत में हुआ था।

इस संवैधानिक न्याय दृष्टि के बावजूद भारत के शासकवर्ग के अन्दर 'मृदु हिन्दुत्व' जन्म से ही विद्यमान रहा है। 1949 में बने अगवा व्यक्तियों (बरामदगी और पुनर्वास) [Abducted Persons (Recovery and Restoration)] कानून में (जो 1957 तक लागू था), पाकिस्तान से 'अगवा हुई छुड़ा कर लाई गई' औरतों में मुस्लिम औरतों को नागरिकता देने के बजाय डिटेंशन कैम्पों में भेज दिया गया, जब तक कि पाकिस्तान उन पर दावा करके वापस नहीं बुला लेता।

मुसलमानों के बहिष्कार के लिए धर्म को नागरिकता का आधार बनाने का प्रयास 'मोदी हिन्दुत्व' की नई योजना नहीं है। वर्ष 2003 में ही भाजपा सरकार के तत्कालीन प्रधानमंत्री अटल बिहारी वाजपेयी ने 'नागरिकता संशोधन कानून-2003' के जरिए इसकी शुरुआत कर दी थी। 2003 से पहले भारत में निवास करने वालों (residents) की केवल दो श्रेणियाँ हुआ करती थीं : नागरिक और विदेशी (foreigner)। व्यक्ति भारत का नागरिक जन्म अथवा वंशावली (birth or descent) के आधार पर हो सकता था। विदेशी कतिपय निर्दिष्ट शर्तों को पूरा करने के आधार पर पंजीयन (registration) अथवा 'सहजीकरण' (naturalisation) के जरिए भारत का नागरिक बन सकता था।

1970 के दशक से, विशेषकर बांग्लादेश बनने के बाद से असम की 'राजनीति' में 'बाहरी' (outsider) के खिलाफ अन्धराष्ट्रवाद की आंधी जोर पकड़ने लगी। भारत के अन्य राज्यों और सीमा पार से आ रहे गैर-असमिया 'बाहरी' लोगों के चलते असम की भाषा-बोली और संस्कृति पर खतरे का हौवा खड़ा किया जाने लगा। बांग्लादेश बनने ने इस उन्माद को वहाँ से भागकर आ रहे मुसलमानों के खिलाफ मोड़ देने का मौका दिया। 1985 में 'बांग्लादेशी घुसपैठियों' की पहचान और उन्हें खदेड़ने (deportation) के मुद्दे पर असम आग और खून की भीषण हिंसक चपेट में था। इस हिंसक उन्माद का चरम नेल्ली में मुसलमानों का बीसवीं सदी का सबसे बड़ा और भयावह कत्लेआम था, जिसमें 2000 से ज्यादा मुसलमानों की हत्या हुई थी। इस समय असम में असमी छात्र नेताओं के 'असम गण परिषद' की सरकार थी। राजीव गांधी सरकार ने असम छात्र आन्दोलन के नेताओं के साथ मार्च 1971 के बाद आने वाले सभी अवैध प्रवासियों (illegal migrants) को वापस भेजने, 1966 से मार्च 1971 तक आने वाले अवैध प्रवासियों को दस वर्ष के लिए नागरिकता से वंचित करने, और 1 जनवरी,1966 से पहले आने वालों को भारत की नागरिकता देने का समझौता किया। 1971 को नागरिकता की पात्रता के लिए निर्धारण तिथि (cutoff date) मानने के बजाय 'नागरिकता संशोधन कानून-1986' में प्रविधान किया गया कि जुलाई 1987 के बाद भारत में जन्म लेने वालों को नागरिकता तभी मिलेगी, जब उनके माता-पिता में से कम-से-कम एक भारतीय मूल का होगा।

भाजपा ने 1990 दशक की अपने चुनावी राजनीति से ही अवैध घुसपैठियों (बांग्लादेशी मुसलमानों) की पहचान करने, और उन्हें नागरिकता के अधिकार से वंचित करके देश से बाहर करने (Detection, Deletion and Deportation) को अपने प्रमुख राजनीतिक मुद्दों में शामिल किया। 1998 में पहली बार भाजपा राष्ट्रीय सत्ता में आई। सत्ता स्थायित्व हासिल कर लेने के बाद 2003 में कई विपक्षी दलों के समर्थन से 'नागरिकता संशोधन कानून-2003' पारित कराया गया। इस कानून में 'दोहरी नागरिकता' (dual citizenship) का प्रविधान हुआ—'भारत के प्रवासी नागरिक' (overseas citizens of India)। एक नई शब्दावली (term) 'अवैध प्रवासी' (illegal migrant) जुड़ी—वह विदेशी, जिसने भारत में वैध पासपोर्ट और वीजा के बिना प्रवेश किया हो, अथवा जो अपनी वीजा अवधि से ऊपर रुका हुआ हो। इस तरह अब विदेशियों की भी दो श्रेणियाँ थीं : वैध विदेशी और अवैध माइग्रेंट। अवैध प्रवासी कभी भी नागरिकता के पात्र नहीं हो सकते थे। जन्मदाता माता-पिता में से किसी एक के भारतीय मूल का होने और भारत की धरती पर जन्म लेने के बावजूद ऐसे लोग नागरिकता के अधिकार से वंचित कर दिये गए। 2003 में ही नागरिकता संशोधन कानून के अनुपालन के लिए बनाए गए नागरिकता (नागरिकों का पंजीयन और राष्ट्रीय पहचान-पत्र जारी करना) नियम,2003 के माध्यम से नागरिकों के राष्ट्रीय पंजीयन रजिस्टर (National Register of Citizens : NRC) और राष्ट्रीय आबादी रजिस्टर (National Population Register : NPR) की अवधारणा आई।

इन तमाम प्रविधानों का मुसलमानों के बहिष्करण के अतिरक्त दूसरा कोई औचित्य-उद्देश्य नहीं था। मूल नागरिकता कानून में प्रारम्भ से ही पंजीयन अथवा सहजीकरण (registration or naturalisation) राज्य की अनुकंपा (discretion) पर निर्भर था। नागरिकता संशोधन कानून-2003 ने बिना वैध दस्तावेजों वाले विदेशियों के लिए नागरिकता के दरवाजे हमेशा के लिए बन्द करने के साथ ही किसी भी भारतीय नागरिक और अवैध प्रवासी विदेशी के संसर्ग से उत्पन्न बच्चों की नागरिकता से भी इनकार कर दिया। 2003 में ही विदेशों में रहने वाले भारतीयों के लिए, जो 1950 के बाद भारत से जाकर पाकिस्तान और बांग्लादेश के अतिरिक्त किसी भी अन्य देश में बस गए थे, दोहरी नागरिकता का प्रविधान हुआ।

वर्ष 2014 में मोदी के नेतृत्व में आई भाजपा गठबन्धन सरकार ने दिसम्बर 2014 से पहले पाकिस्तान, बांग्लादेश और अफगानिस्तान से भागकर आए गैर-मुस्लिम शरणार्थियों को लम्बी अवधि के वीजा विस्तार की सुविधा देते हुए[41] हिन्दू, सिख, बौद्ध, जैन, पारसियों और ईसाइयों को पासपोर्ट की शर्त से मुक्त कर दिया[42]। 2016 में एक विधेयक उपरोक्त धार्मिक समुदायों को 'अवैध माइग्रैंट' की परिभाषा से बाहर करने के लिए लाया गया जिसके बाद केवल मुसलमान ही इस परिभाषा में आने वाले एकमात्र समुदाय रह जाते। यह विधेयक संसद का सत्र समाप्त हो जाने के चलते 'लैप्स' हो गया। भाजपा ने 2019 के अपने चुनाव मेनिफेस्टो में 'पहले राष्ट्र' (Nation First) शीर्षक से भारत के पड़ोसी राष्ट्रों से उत्पीड़न के चलते भागकर आने वाले हिन्दू, सिख, बौद्ध, जैन अल्पसंख्यक भारतीय समुदायों की सुरक्षा के लिए नागरिकता संशोधन कानून

लाने का वादा किया था। इसी के साथ मेनिफेस्टो में नागरिकता के राष्ट्रीय रजिस्टर (NCR) को यह तर्क देते हुए प्राथमिकता के आधार पर पूरा करने का वादा किया गया कि भारत के सीमांत इलाकों में अवैध विदेशियों की घुसपैठ के चलते स्थानीय लोगों के लिए रोजगार और आजीविका का संकट खड़ा होने लगा था। सत्ता में लौटने के बाद भाजपा ने इन पर अमल करते हुए नागरिकता संशोधन कानून-2019 को दोनों सदनों में तीन के अन्दर बिना किसी व्यापक चर्चा का अवसर दिये अथवा नागरिक समाज के अन्दर इस पर कोई बहस-विमर्श चलाये हुए पारित करा लिया।

नागरिकता संशोधन कानून-2019

अर्जुन अप्पादुराई के हवाले से इरफान अहमद नागरिकता संशोधन कानून-2019 को कानूनी लोकलुभावनवाद (legal populism) का प्रयास मानते हैं, जिसकी दो पारिभाषिक विशिष्टताएँ हैं :

(1) 'विधिमान्य' जन (authentic people) की अवधारणा, जिससे राष्ट्र-राज्य की संरचना होती है; और

(2) राष्ट्र-राज्य निर्मिति के लिए तात्त्विक बहुलतावाद (substantive pluralism) विद्वेषी फासीवादी जन उन्माद की अभिव्यक्ति। अप्पादुराई के अनुसार यह कानून वस्तुत: कानून के फासीवाद और सड़क के फासीवाद को एक कर देता (fuses) है।[43] इन अर्थों में यह कानून राष्ट्र की बहिष्कारी (exclusivist) और जातीय (ethnic) अवधारणा प्रस्तुत करता है। इसका राष्ट्र 'विधिमान्य' लोगों का ऐसा व्यवस्थित (orderly) और उष्णता से भरपूर 'घर' है जिसे (हिंसा के जरिये) 'अन्दर के अपवित्र पराए' (impure other within) और बाहर के आक्रमणकारी दुश्मन—दोनों से हर हाल में मुक्त रखा जाना है। नागरिकता संशोधन कानून उत्पीड़क राष्ट्रों की गिनती में केवल इस्लामिक मान्यता वाले राष्ट्रों (पाकिस्तान, बांग्लादेश और अफगानिस्तान) को शामिल करके, और वहाँ से भागकर आने वाले मुसलमानों को छोड़कर सारे लोगों : हिन्दुओं, सिखों, बौद्ध, जैन, पारसी और ईसाई को 'अवैध माइग्रेंट' की सूची से बाहर करके इस्लाम और मुस्लिम बहुल राष्ट्रों को उत्पीड़क और हिन्दुओं को उत्पीड़ित घोषित कर देता है। इसके जरिए यह कानून 'हम सारे हिन्दू भारत के' और 'वे सारे मुसलमान पराए विदेशी दुश्मन' का जहरीला द्वैध खड़ा करता है।

यह कानून तमाम अन्तर्विरोधों और विरोधाभासों से भरपूर है। केवल मुसलमानों को ही 'अवैध माइग्रेंट' की परिभाषा से बाहर करने से क्यों इनकार किया गया? पड़ोसी राष्ट्रों के उल्लेख से म्यांमार, चीन, नेपाल, भूटान, श्रीलंका क्यों बाहर रखे गए? क्या इन राष्ट्रों में हिन्दुओं का उत्पीड़न नहीं था? क्या पड़ोसी राष्ट्रों में मुसलमान उत्पीड़ित समुदाय नहीं थे? पाकिस्तान में शिया, हज़ारा, सूफ़ी, अहमदिया उत्पीड़ित मुस्लिम अल्पसंख्यक समुदाय हैं। यहाँ तक कि 1974 से पाकिस्तान ने अहमदिया समुदाय के

लोगों को मुसलमान मानने तक से इनकार कर दिया है। नेपाल में ईसाइयों का उत्पीड़न आम बात है। म्यांमार में बहुसंख्यक बौद्ध समुदायों द्वारा संस्थानिक-राजकीय संरक्षण में रोहिंगिया मुसलमानों का समूल सफाया और बहिष्करण जारी है। काचिन ईसाई समुदाय भी वहाँ उत्पीड़न का शिकार है। चीन में उघिर (Uyghur) जातीय समुदायों का निर्मम उत्पीड़न हो रहा है। श्रीलंका में बौद्ध सिंहली बहुसंख्यक समुदायों द्वारा विभिन्न तमिल अल्पसंख्यक समुदायों (शैव, स्थानीय हिन्दू, रोमन कैथोलिक और मेथोडिस्ट ईसाई तमिल) का निर्मम दमन और जनसंहार हुआ, और यह उत्पीड़न परोक्ष-अपरोक्ष रूपों में अब भी राजकीय प्रश्रय में जारी है।

नागरिकता संशोधन कानून-2019 के ऐसे तमाम मुस्लिम / इस्लाम विद्वेषी पूर्वाग्रह मुसलमानों और इस्लाम को अन्तर्राष्ट्रीय स्तर पर आतंकी / उत्पीड़क के रूप में देखते हैं। यह कानून पाकिस्तान, बांग्लादेश और अफगानिस्तान से भागकर आने वाले इस्लाम के अतिरिक्त अन्य सारे धार्मिक सम्प्रदाय के लोगों के 'सहजीकरण' (naturalisation) के अन्तर्गत भारत की नागरिकता की पात्रता के लिए न्यूनतम निवास की अवधि को 11 वर्ष से घटा कर 5 वर्ष करता है। इसके चलते मुसलमान शरणार्थी वह एकमात्र अभागा बचता है, जिसकी भारत में नियति स्थायी रूप से अवैध घुसपैठिए के रूप में उत्पीड़ित और बहिष्कृत होने की है। यह संघ परिवार की उस मुस्लिम विद्वेषी विमर्श का हिस्सा है जिसका इस्तेमाल संघ विशेषकर भाजपा अपने हिन्दू वोट जनाधार की उन्मादी गोलबन्दी के लिए करती है।

इस कानून के मुस्लिम विरोध और हिन्दू पक्षधरता के लिए तर्क दिया जाता है कि पूरी दुनिया में हिन्दुओं के लिए भारत के अतिरिक्त उनकी कोई मातृभूमि और 'पुण्य भूमि' नहीं है जिसे वे 'अपना' कह सकें। इसके विपरीत मुसलमानों के पास जाने के लिए दर्जनों इस्लामिक राष्ट्र हैं। यह समूचा तर्क सावरकर की भारत के हिन्दुओं की एकमात्र 'पुण्यभू' होने, और मुसलमानों की पुण्य भूमि सुदूर मक्का-मदीना होने के चलते भारत के विशुद्ध 'हिन्दू राष्ट्र' होने की हिन्दुत्व वैचारिकी की सम्पूर्ण संगति में है। यह वैचारिकी नागरिकता संशोधन कानून के जरिये भारत में 'धर्म के रूप में इस्लाम' का प्रवेश वर्जित करती है। यह भारतीय मुसलमानों के अस्तित्व और अस्मिता दोनों पर हमला है। उल्लेखनीय है कि यह कानून 'धार्मिक उत्पीड़न' (religious persecution) का कहीं उल्लेख नहीं करता। इसके बावजूद यह बाहर से भागकर आने वाले लोगों के वर्गीकरण और उनके स्वागत अथवा प्रवेश निषेध के लिए बनाए जाने वाले प्रविधानों का एकमात्र आधार 'धर्म' को बनाता है! उत्पीड़न का आधार आर्थिक, सामाजिक, सांस्कृतिक, धार्मिक चाहे जो हो, भारत में प्रवेश की अनुमति के लिए उत्पीड़ित समुदायों के लोगों की स्वीकृति / निषेध का एकमात्र आधार धर्म होगा।

नागरिकता का राष्ट्रीय रजिस्टर (एनआरसी)

असम में वर्ष 1951 से ही 'नेशनल पापुलेशन रजिस्टर' की प्रक्रिया चल रही थी, जिसे अद्यतन करके नागरिकता संशोधन कानून-2019 के अनुरूप 'नागरिकता का राष्ट्रीय रजिस्टर' (एनआरसी) बनाया जाना था। इसके क्रियान्वयन में लाखों लोग खदेड़ कर

'डिटेंशन कैम्प' में भेज कर उत्पीड़ित किये गए, जिनमें हिन्दू भी बहुत बड़ी संख्या में थे। असम में बनाई गई नागरिकता की अन्तिम सूची में वहाँ के लगभग 19 लाख लोगों का नाम नहीं था जिनमें 12 लाख हिन्दू थे! यह एक तरह से इतिहास में आबादियों के सबसे बड़े बहिष्करणों (purges) में से है, जिसमें राज्य की 33 मिलियन जनसंख्या से 1.9 मिलियन लोगों को निकाल बाहर कर दिया गया! इसके बावजूद इस समूचे प्रयास के मूल उद्देश्य—मुसलमानों को निशाना बनाकर उन्हें देश से खदेड़ने के उलट सबसे बड़ी संख्या में हिन्दू ही ही नागरिकता अधिकार से वंचित हो गए!

वर्ष 2014 में सर्वोच्च न्यायालय ने विदेशियों की पहचान के लिए ट्रिब्यूनल (foreigners tribunal) के गठन का निर्णय दे कर एनआरसी प्रक्रिया को पुनर्जीवित करते हुए सरकार को अवैध प्रवासियों की पहचान करके उन्हें उनके मूल देशों को वापस करने (deport) करने का निर्देश दिया। मोदी की हिन्दुत्व सरकार ने इसे हाथों-हाथ लेते हुए 2015 से 'कार्यवाही' शुरू कर दी। नागरिकता पहचान की इस प्रक्रिया में सन्देहास्पद मतदाता डी-वोटर्स (D-Voters) के रूप में चिह्नित किये गए तथाकथित 'अवैध' लोग एक झटके में 'राज्यविहीन' करके अपनी नियति का इन्तजार करने के लिए अभिशप्त कर दिये गए। इस प्रक्रिया के जरिये असम में रहने वाले सारे बंगाली मुसलमानों को एक झटके में बांग्लादेशी घुसपैठिया के रूप में बलि का बकरा बना दिया गया, भले ही वे पीढ़ियों से असम में बसे हुए थे। देश की 3% से भी कम की आबादी वाले इस राज्य में लगभग 50 हजार सरकारी कर्मचारियों को लगाकर 5 वर्ष के प्रयास और लगभग 1200 करोड़ रुपये के व्यय के बाद 31 अगस्त, 2019 को असम में अन्तिम नागरिकता सूची जारी हुई जिसमें 19,06,657 मतदाताओं का नाम गायब था। जाहिरा तौर पर 'आर्थिक' दिखने वाला मुद्दा (तथाकथित रूप से भोजन और रोजगार पर विदेशियों का कब्जा) जमीन पर स्थानीय मूल असमिया आबादी बनाम 'बाहरी' का भयावह हिंसक साम्प्रदायिक मुद्दा बना दिया गया। राज्य की सत्तासीन भाजपा का आरोप था कि अन्तिम सूची में लाखों की संख्या में मुसलमानों को शामिलकर लिया गया है और हिन्दुओं को बाहर कर दिया गया है! एक भाजपा विधायक के अनुसार ऐसी किसी एनआरसी को कभी स्वीकार नहीं किया जाएगा जिसमें अवैध बांग्लादेशी मुसलमानों का नाम हो, और किसी भी हिन्दू का नाम हो क्योंकि कोई भी हिन्दू कभी 'विदेशी' नहीं हो सकता। दूसरी ओर असम गण परिषद का कहना था कि अन्तिम सूची से और अधिक लोगों को बाहर किया जाना चाहिए था।

इन अभागे मतदाताओं पर, जिनमें 12 लाख से ज्यादा हिन्दू भी थे, 25 मार्च,1971 के पहले से अपने निवास (domicile) का 'दस्तावेजी प्रमाण' देने की जिम्मेदारी थोप दी गई। इसके लिए अपेक्षित दस्तावेजों का निर्धारण करने के बजाय इसे सम्बंधित जाँच अधिकारियों की मनमानी और पूर्वाग्रह पर छोड़ दिया गया। अधिकांश अधिकारी अपने पूर्वाग्रहों में भाजपा नेताओं-कार्यकर्ताओं और असमिया अन्धराष्ट्रवादियों से होड़ ले रहे थे। अभागे 'सन्दिग्धों' के लिए 24 फीट ऊँची दीवालों और निगरानी टावरों वाले डिटेंशन कैम्प अपनी यातनाओं के इन्तजाम के साथ इन्तजार कर रहे थे! जनवरी, 2019 में मोदी सरकार की ओर से राज्यों को मॉडल 'डिटेंशन मेन्युअल' भेजकर

हर उस शहर अथवा जिले में एक डिटेंशन कैम्प बनाने का निर्देश दिया गया, जहाँ 'इमिग्रेशन नाके' (Check Point) बनाए गए थे।[44] 2 जुलाई, 2019 को लोकसभा में अतारांकित प्रश्न सं.1680 के उत्तर में गृहमंत्रालय द्वारा पुष्टि की गई कि डिटेंशन केन्द्र स्थापित करने के लिए सभी राज्यों को निर्देश दिये गए हैं, जिससे देश में अवैध रूप से रह रहे विदेशियों की गतिविधियों (movements) पर नियंत्रण रखा जा सके, और वे त्वरित निष्कासन के लिए हमेशा उपलब्ध रहें।

दिल्ली में सितम्बर 2018 की एक चुनावी रैली को सम्बोधित करते हुए भाजपा के तत्कालीन अध्यक्ष और भारत सरकार के वर्तमान गृह मंत्री अमित शाह ने इन प्रवासियों को घुसपैठिये 'दीमक' बताते हुए इन्हें एक-एक करके चुनकर बंगाल की खाड़ी में फेंक देने का ऐलान किया : अवैध घुसपैठिए दीमक की तरह हैं। वे इस देश के गरीबों के हिस्से का भोजन खा रहे हैं और हमारे रोजगारों पर डाका डाल रहे है। वे हमारे देश में आतंकी विस्फोट करते हैं और हमारे लोग मारे जाते हैं। अगर भाजपा 2019 में सत्ता में आई, इनमें से एक-एक को खोज निकालकर बाहर फेंक दिया जाएगा।[45] अक्टूबर, 2019 की रैली में अमित शाह ने देश में मुसलमानों को छोड़कर सभी शरणार्थियों को आश्वस्त किया कि किसी भी हिन्दू, सिख, जैन, बौद्ध और ईसाई रिफ्यूजी को भारत छोड़ने के लिए मजबूर नहीं किया जाएगा। अफवाहों पर ध्यान देने की जरूरत नहीं है। एनआरसी के पहले नागरिकता संशोधन बिल लाया जाएगा, जिसके जरिये इन सभी लोगों की नागरिकता सुनिश्चित की जाएगी।[46]

5 जनवरी, 2020 को पश्चिम बंगाल में एक बुकलेट जारी करते हुए भाजपा के तत्कालीन केन्द्रीय मंत्री बाबुल सुप्रियो ने घोषणा की कि नागरिकता संशोधन बिल पारित हो जाने बाद किसी भी हिन्दू, सिख, जैन, बौद्ध, ईसाई अथवा पारसी का नाम सन्दिग्ध 'डी' सूची में नहीं रहेगा। हिन्दुओं और सिखों की अपनी गृहभूमि पूरी तरह सुरक्षित है।[47] इस पूरे मामले में शुरू से ही राष्ट्र की जनता को विरोधाभासी बयानों के जरिये भ्रमित रखा जा रहा था। नागरिकता संशोधन बिल, एनआरसी, एनपीआर को लेकर सरकार के दो सर्वोच्च प्रतिनिधि : प्रधानमंत्री और गृहमंत्री संसद में और सड़कों पर परस्पर विरोधी बयान दे रहे थे। प्रधानमंत्री के अनुसार एनआरसी की योजना नहीं थी।[48] दिसम्बर, 2019 में सूचना और प्रसारण मंत्रालय ने बताया कि केन्द्रीय मंत्रिमंडल के निर्णय के अनुसार एनपीआर प्रक्रिया में कोई दस्तावेज अथवा बायोमेट्रिक अभिलेख वांछित नहीं है। लोग जो भी जानकारी देंगे उसे यथावत स्वीकार कर लिया जाएगा।[49] इसके उलट, गृह मंत्रालय की वर्ष 2018 की वार्षिक रिपोर्ट में यह स्वीकार किया जा चुका था कि 33.43 करोड़ लोगों का बायोमेट्रिक्स डाटा एनपीआर में समाविष्ट किया जा चुका है! गृहमंत्रालय द्वारा संसद में राज्यों को डिटेंशन कैम्प स्थापित करने का निर्देश दिया जाना स्वीकार कर चुकने के बावजूद नरेन्द्र मोदी देश में ऐसे किसी भी डिटेंशन केन्द्र के अस्तित्व से इनकार करते रहे!

एनआरसी और नागरिकता संशोधन कानून-2019 का सबसे भयावह असर गरीबों, विशेषकर महिलाओं पर पड़ना अवश्यंभावी है जिनके पास न तो कोई सम्पदा है और न ही कोई दस्तावेज। असम एनआरसी के सन्दर्भ में 'वुमन अगेन्स्ट सेक्सुअल

वायलेन्स एंड स्टेट रिप्रेशन' की जाँच रिपोर्ट का मानना है कि पितृसत्तात्मक समाज में, महिलाएँ आम तौर पर, और दमित व हाशिये के समुदायों की महिलाएँ विशेष तौर पर ऐतिहासिक और परम्परागत रूप से भूमि के स्वामित्व और शिक्षा के अवसर से वंचित रखी जाती हैं। इसके चलते उनके पास नागरिक के रूप में अपना अस्तित्व सिद्ध करने के लिए कोई दस्तावेज नहीं होते।

नागरिकता संशोधन कानून, एनआरसी और एनपीआर का विरोध

नागरिकता संशोधन कानून-2019, नागरिकता रजिस्टर (एनआरसी) और आबादी रजिस्टर (एनपीआर) का राष्ट्रीय और अन्तर्राष्ट्रीय स्तर पर व्यापक विरोध हुआ। मुस्लिम महिलाओं की अगुवाई में दिल्ली में 100 दिन लम्बा ऐतिहासिक शाहीन बाग आन्दोलन चला, जिसकी अनुगूँज और अनुसरण पूरे देश में सौ से अधिक स्थानों पर शाहीन बाग धरनों में हुआ। कानून को चुनौती देते हुए विभिन्न नागरिक और मानवाधिकार संगठनों और व्यक्तियों की ओर से 140 से ज्यादा जनहित याचिकाएँ (पीआइएल) सर्वोच्च न्यायालय के समक्ष प्रस्तुत की गईं। इन याचिकाओं में कानून को संविधान प्रदत्त-गारंटीकृत मूलभूत अधिकारों : अनुच्छेद 14 (कानून के समक्ष समानता / भारत में निवास कर रहे सभी व्यक्तियों के प्रति कानून का समान व्यवहार); अनु. 15 (धर्म सहित विभिन्न निर्दिष्ट आधारों पर भेदभाव निषेध); अनु. 21 (जीवन और सम्पदा की गारंटी); और अनु. 25 (किसी भी धर्म को मानने की आजादी) के प्रतिकूल होने के आधार पर चुनौती दी गई।

अन्तर्राष्ट्रीय स्तर पर मानवाधिकारों के संयुक्त राष्ट्र हाई कमिश्नर ने इस कानून को 'मूलभूत रूप से विभेदकारी' (fundamentally discriminatory) बताया। फरवरी 2020 में संयुक्त राष्ट्र महासभा के सेक्रेटरी जनरल ने इस कानून के चलते धार्मिक अल्पसंख्यकों के भविष्य और उनके 'राज्य विहीन' (statelessness) हो जाने के प्रति चिन्ता व्यक्त की। जनवरी 2020 में अमेरिकी कांग्रेस ने वैश्विक स्तर पर धार्मिक उत्पीड़न (global religious persecution) पर सुनवाई करते हुए इस कानून और इसकी 'वेरिफिकेशन' प्रक्रिया को लेकर चिन्ता व्यक्त की। यूरोपी संसद ने इस मुद्दे पर संयुक्त मोशन प्रस्तुत करते हुए इस कानून को भयावह रूप से भेदभावकारी (discriminatory) और विभेदकारी (divisive) घोषित किया। अन्तर्राष्ट्रीय धार्मिक स्वतंत्रता के लिए अमेरिकी आयोग (US Commission on International Religious Freedom : USCIRF) ने मार्च 2020 में सुनवाई करते हुए इस कानून, एनपीआर प्रक्रिया और राष्ट्रीय स्तर पर एनआरसी बनाने के प्रयास के परिणामस्वरूप बड़ी संख्या में भारतीय मुसलमानों के नागरिकता अधिकार से वंचित हो जाने की सम्भावना पर चिन्ता व्यक्त की। आयोग ने अमेरिकी प्रशासन से भारत सरकार के गृहमंत्री और अन्य शीर्ष नेतृत्व के खिलाफ 'प्रतिबन्ध' (sanctions) लगाये जाने पर विचार करने की माँग की।[50] मार्च 2020 में संयुक्त राष्ट्र मानवाधिकार कमिश्नर की ओर से भारत के सर्वोच्च न्यायालय में हस्तक्षेप आवेदन (intervention application) करते हुए कानून के विरोध में दायर याचिकाओं में तृतीय पक्ष (amicus curiae) के रूप

में शामिल होने का अनुरोध किया। भारत सरकार ने इसका 'आन्तरिक मामलों में हस्तक्षेप' के आधार पर विरोध किया। जून 2018 से मई 2019 की अवधि में संयुक्त राष्ट्र के कई मानवाधिकार विशेषज्ञों और संगठनों ने भारत सरकार को पत्र भेज कर असम एनआरसी की विभेदकारी प्रक्रिया पर गम्भीर चिन्ता व्यक्त की। अगस्त 2019 में उत्तर देते हुए सरकार ने निराधार दावा किया कि यह प्रक्रिया पूरी तरह समेकित (comprehensive), न्यायपूर्ण (fair), वस्तुपरक (objective), और आमेलनकारी (inclusive) थी, जिसमें आवेदक की शिकायत और असन्तोष (grievances) निवारण के लिए बहुस्तरीय प्रविधान उपलब्ध थे।[51] नागरिकता संशोधन कानून, एनसीआर और एनपीआर को भारत की जनता की ओर से वास्तविक चुनौती मुस्लिम महिलाओं के नेतृत्व में ऐतिहासिक 'शाहीन बाग आन्दोलन' से मिली।

शाहीन बाग आन्दोलन

अधिनायकवाद और असहमति

अधिनायकवादी सत्ता और अपनी महानता के उन्मादी व्यामोह में आपद-मस्तक डूबा उसका शीर्ष नेतृत्व अपने सत्ता तंत्र से बाहर राजनीतिक ताकत के हर वैकल्पिक श्रोत को समाप्त, पराभूत अथवा अपने 'तंत्र' में समाहित कर लेने का प्रयास करता है। वह आम जनता और उनकी पक्षधर बौद्धिक-सामाजिक-राजनीतिक आवाजों को सुनने के बजाय अपनी मनमर्जी से निर्णय लेता है। 'जन' और 'जन आकांक्षाओं' से 'शासकीय दूरी' के चलते ये निर्णय लगभग निरपवाद रूप से जनता के लिए विनाशकारी सिद्ध होते हैं। अपने निर्णय की वस्तुगत पुनरसमीक्षा और समाधान के बजाय सत्ता तंत्र असहमति अथवा विरोध की किसी भी आवाज, आन्दोलन अथवा जन गोलबन्दी के निर्मम दमन का रास्ता लेता है। सत्ता और जनता के बीच निरन्तर बढ़ती जाती यह दूरी 'जन प्रतिक्रिया' के 'सत्ता' तक पहुँचने के सारे रास्ते अवरुद्ध कर देती है।

शासक वर्ग का कोई भी 'सत्ता सन्तुलन' न तो शून्य से बिना किसी सामाजिक जनाधार के जन्म लेता है, और न ही सामाजिक जनाधार के अभाव में अपना अस्तित्व बचाए रख सकता है। हर शासकीय गुट अथवा पार्टी का अपना केन्द्रक सामाजिक जनाधार होता है। इसी के चतुर्दिक जनता के मध्यमवर्गीय अवसरवादी तबके परिस्थितियों और स्वार्थों के अनुरूप जुड़कर तात्कालिक सत्ता सन्तुलन के 'वर्चस्व' की 'बहुसंख्या' और निरन्तरता सुनिश्चित करते हुए इसे 'मेजॉरिटेरियन' स्वरूप और चरित्र प्रदान करते हैं। शासकीय भावोन्मादी वैचारिकी और प्रचारतंत्र के उन्मादी सम्मोहन में डूबा यह केन्द्रक जनाधार और उसके बौद्धिक हर शासकीय निर्णय अथवा कदम की अन्ध सराहना करते हुए उसे राष्ट्र के सर्वोत्तम सम्भव हित में लिया गया निर्णय अथवा कदम बताते हैं। ऐसा उन्मादी सामाजिक जनाधार किसी भी विरोध-असहमति को राष्ट्रद्रोह साबित करने में जुट जाता है। ऐसे 'राष्ट्रद्रोह' के दमन का दायरा UAPA (Unlawful Activities Prevention Act) जैसे दमनकारी कानूनों के जरिए राजनीतिक-लोकतांत्रिक सामाजिक कार्यकर्ताओं, बुद्धिजीवियों, संस्कृति कर्मियों—किसी को भी बिना कोई आधार बताए

अनिश्चित अवधि तक गिरफ्तार करके उत्पीड़ित करते रहने से लेकर राजकीय-शासकीय शह-संरक्षण प्राप्त लम्पट युवा गिरोहों द्वारा 'सड़क की उन्मत्त हिंसा'—'मॉब लिंचिंग', और 'सत्ता प्रायोजित जनसंहार' तक विस्तीर्ण है।

दूसरी ओर जनता का बहुसंख्यक हिस्सा अपने तात्कालिक स्वार्थ व सुरक्षा भय की भीरुता से शासन की तानाशाही को चुनौती देने का साहस नहीं करता, या फिर सत्ता की लोक-लुभावन लफ्फाजियों के भावोन्माद में बहकर खुद भी इस तानाशाही को न्यायसंगत ठहराने लगता है। अवसरवादी मध्यवर्ग निष्क्रिय रहकर सत्ता को 'मौन समर्थन' देता रहता है, या फिर सोशल मीडिया जैसे 'अपने बौद्धिक मंचों' के तकनीकी कौशल से इस हिंसक तानाशाही का परोक्ष-अपरोक्ष समर्थन और प्रचार करता है। ऐसे में सत्ता के 'वर्चस्व' के प्रति किसी भी असहमति-विरोध के विरुद्ध सत्ता की 'ताकत' को 'वैध, न्यायसंगत मजबूरी' बताकर टूट पड़ने का मौका मिल जाता है।

भारत में विरोधियों-प्रदर्शनकारियों को राष्ट्रद्रोही, पाकिस्तान के दलाल, अर्बन नक्सल, टुकड़े-टुकड़े गैंग, खान मार्केट गैंग, चीन के दलाल, माओवादी कम्युनिस्ट बताते हुए उन पर अपनी शासकीय विफलताओं से जनित हर आर्थिक समस्या, सामाजिक वैषम्य, और राजनीतिक बुराई का आरोप मढ़ कर आतंक और दमन का निशाना बनाने का उन्मादी अभियान चल रहा है। यह समूची राजनीति, उसकी वैचारिकी और व्यवहार राष्ट्र के 'समूचे जन'—समूची आबादी को अपने अधिनायकवादी वर्चस्व की मनमानी और नियंत्रण के अधीन लाने की ओर लक्षित है। यह वह आधुनिक साम्प्रदायिक अधिनायकवाद है, जिसका उद्देश्य समाज पर एक सम्प्रदाय विशेष के 'राजनीतिक अभिजात्य' का नियामक वर्चस्व स्थापित करना है। यह वैयक्तिक, सामूहिक और संस्थानिक स्वायत्तता को 'राष्ट्रीय हित' के नाम पर बाधित, पराक्रमित अथवा विनष्ट करके जन स्वायत्तता और शक्ति की कीमत पर अधिनायकवादी सत्ता शक्ति के विस्तार की परियोजना है, जिसकी चरम परिणति किसी नए नाम-रूप में फासीवाद है।

भारत की जनता, विशेषकर मुस्लिम महिलाओं, समाज के वंचित-दमित हाशिये के तबकों : दलित, किसान, मजदूर और जन पक्षधर सामाजिक-राजनीतिक शक्तियों : छात्रों, बुद्धिजीवियों, नागरिक अधिकार संगठनों आदि द्वारा नागरिकता संशोधन कानून, एनसीआर, और एनपीआर के विरोध में चलाया गया 'शाहीन बाग' आन्दोलन और उसके दमन के लिए फासीवाद की ओर कदम बढ़ाते हिन्दुत्व साम्प्रदायिक सत्ता तंत्र के निर्मम हथकंडे इस समूची 'अधिनायकवादी सत्ता राजनीति की वैचारिकी और व्यवहार' का सटीक प्रतिनिधि उदाहरण है।

नागरिकता संशोधन विरोधी आन्दोलन भारत में इन्दिरा गांधी सरकार की निरंकुश सत्ता द्वारा वर्ष 1975-77 में राष्ट्र पर थोपे गए आपातकाल के खिलाफ जयप्रकाश नारायण के नेतृत्व में हुए 'सम्पूर्ण क्रान्ति' आन्दोलन के बाद का सबसे विशाल और प्रभावी जन आन्दोलन था। कानून पारित होने के तीन सप्ताह के अन्दर भारत के 29 में से 14 राज्यों के 772 में से 94 जिलों में आन्दोलन की आग फैल चुकी थी। आन्दोलन के पहले तीस दिनों के अन्दर ही पुलिस द्वारा निर्मम हिंसक दमन में हजारों गिरफ्तारियाँ हो चुकी थीं और 31 निर्दोष नागरिक मारे जा चुके थे।

पुलिस उत्पीड़न के शिकारों और मृत लोगों की सबसे ज्यादा संख्या भाजपा शासित राज्यों में थी। भाजपा के राष्ट्रीय और प्रान्तीय स्तर के नेता खुलेआम कत्लेआम की धमकियाँ दे रहे थे। पश्चिम बंगाल के भाजपा प्रदेश अध्यक्ष दिलीप घोष ने नागरिकता संशोधन कानून के विरोध में प्रदर्शन करने वालों को गोलियों से भून डालने की धमकी देते हुए कहा कि उत्तर प्रदेश, असम और कर्नाटक में 'हमारी' सरकारों ने ऐसे लोगों को 'कुत्तों की तरह' मार गिराया है! उत्तर प्रदेश में भाजपा नेता रघुराज सिंह ने अलीगढ़ में संशोधन कानून की समर्थन रैली में प्रधानमंत्री या मुख्यमंत्री के खिलाफ नारे लगाने वालों को जिन्दा जला देने की धमकी दी।[52] उत्तर प्रदेश जैसे भाजपा शासित राज्यों में आन्दोलनकारियों के दमन के नाम पर पुलिस खुद कई स्थानों पर सार्वजनिक और निजी सम्पदा—दुकानों आदि को लूटने-जलाने में लिप्त थी! सरकारी प्रचारतंत्र, निजी 'मुख्यधारा' मीडियातंत्र और सोशल मीडिया मंचों पर भाजपा के 'ट्रोलर्स' और आईटी सेल दिन-रात आन्दोलन विरोधी दुष्प्रचार और झूठी अफवाहों को 'प्रामाणिक सूचना और समाचार' के रूप में फैलाते हुए प्रदर्शनकारियों, विशेषकर मुसलमानों और उनमें भी मुस्लिम छात्राओं-महिलाओं के खिलाफ निकृष्ट हिंसक साम्प्रदायिक उन्माद खड़ा करने में लिप्त थे।

शाहीन बाग आन्दोलन की पृष्ठभूमि

शाहीन बाग आन्दोलन का जन्म नागरिकता संशोधन कानून विरोधी छात्र आन्दोलनों के दमन में पुलिस द्वारा जामिया मिलिया इस्लामिया विश्वविद्यालय, दिल्ली और अलीगढ़ मुस्लिम यूनिवर्सिटी परिसरों में घुसकर की गई बर्बरता के खिलाफ दिसम्बर, 2019 के मध्य में दिल्ली की स्थानीय निकटवर्ती मुस्लिम बस्तियों की महिलाओं की तात्कालिक और स्वत:स्फूर्त प्रतिक्रिया के रूप में हुआ था। आन्दोलन शुरू होते ही राजसत्ता के 'सत्ता अभिजात्य' द्वारा प्रायोजित-निर्मित-पोषित लम्पट वाहिनियों द्वारा प्रातक्रियात्मक दमन और हिंसा शुरू हो गई।

2014 में भाजपा के केन्द्रीय सत्तारोहण के बाद से ही चल रहे साम्प्रदायिक नफरत और हिंसा के राज्य व संघपरिवार प्रायोजित-संचालित अभियान के जवाब में दिल्ली के शाहीन बाग आन्दोलन ने देखते-देखते देशभक्त आन्दोलनकारियों के 'लघु भारत' का रूप ले लिया, जिसका नेतृत्व 'दादियाँ और नानियाँ' कर रही थीं। पूरे देश में सौ से ज्यादा 'शाहीन बाग आन्दोलन' महिलाओं की अगुआई में उठ खड़े हुए। दिल्ली शाहीन बाग के लघु भारत में 26 जनवरी, 2020 को 71वें गणतंत्र दिवस के अवसर पर भारत की शान्ति, प्रेम और लोकतंत्र आकांक्षी आम जनता के प्रतीक रूप में तीन 'दादियों' : बिलकीस बेगम (82 वर्ष), अस्मा खातून (90 वर्ष), सरवरी बेगम (75 वर्ष) और एक 'माँ' : रोहिथ वेमुला की माँ राधिका वेमुला ने आन्दोलनकारियों द्वारा समवेत राष्ट्रीय गान के साथ राष्ट्रीय ध्वजोत्तोलन किया।

जनवरी, 2020 में नई दिल्ली के जवाहर लाल नेहरू विश्वविद्यालय (जेएनयू) परिसर में संघ परिवार के छात्र संगठन अखिल भारतीय विद्यार्थी परिषद (एबीवीपी) के मास्क लगाए हुए गुंडों ने रात में घुस कर छात्रों और फैकल्टी पर जानलेवा हमला

करते हुए घंटों तोड़फोड़ की। इस पूरी अवधि में वहाँ मौजूद पुलिस तमाशबीन बनी रही। यह घटना हिन्दुत्व सत्तातंत्र की उस क्रूर संवेदनहीन साजिश और हिंसा की याद दिलाती थी जिसमें 17 जनवरी, 2016 को हैदराबाद केन्द्रीय विश्वविद्यालय के प्रतिभाशाली दलित शोधछात्र रोहिथ वेमुला को एबीवीपी, विश्वविद्यालय प्रशासन और भाजपा की केन्द्रीय राजसत्ता के संश्रय जनित उत्पीड़न ने आत्महत्या पर विवश कर दिया था। इस संस्थानिक हत्या के विरोध में राष्ट्रीय स्तर पर विश्वविद्यालयों और उच्च शिक्षण संस्थानों के छात्रों का आन्दोलन उठ खड़ा हुआ था।

जेएनयू हिंसा के सन्दर्भ में भाजपा केन्द्रीय सत्ता ने उलटे वहाँ के छात्रों पर राष्ट्रद्रोह का आरोप लगाते हुए विश्वविद्यालय परिसरों को राष्ट्र विरोधी उभार से मुक्त करने के लिए देश के 42 केन्द्रीय विश्व विद्यालयों के उप कुलपतियों की बैठक बुलाई। बैठक में तत्कालीन मानव संसाधन मंत्री स्मृति ईरानी ने राष्ट्रभक्ति के प्रतीक रूप में सभी परिसरों में 27 फीट ऊँचे ध्वज दंड पर राष्ट्रीय ध्वज फहराए जाने का निर्देश दिया! इसी बैठक में जेएनयू के तत्कालीन उपकुलपति जगदीश कुमार ने जेएनयू परिसर में सेना का टैंक लगाए जाने की माँग की!

वर्ष 2014 से मुसलमानों और दलितों की सरे आम पीट-पीटकर हत्या, बलात्कार और अपमानजनक उत्पीड़न की घटनाएँ हिन्दुत्व राष्ट्रवाद का दैनंदिन व्यवहार बन चुकी थीं। 2016-18 के बीच सिनेमाघरों में राष्ट्रगान अनिवार्य कर दिया गया। राष्ट्रगान की अवधि में बैठे लोगों को पीटा और अपमानित किया जाने लगा। लम्पट 'राष्ट्रभक्तों' द्वारा यौनिक छेड़छाड़ और अभद्रता, यहाँ तक कि बलात्कार भी शिकार महिलाओं के उत्पीड़न का अनिवार्य हिस्सा था। यह समूचा अभियान हिन्दुत्व राष्ट्रवाद की मूल फासीवादी वैचारिकी के अनुरूप संविधान प्रदत्त व्यक्ति के 'नागरिक अधिकारों' की गारंटी का अन्त करके उसे अन्धभक्त 'कर्तव्य (आज्ञा) पालक प्रजा' के रूप में समेट देने और 'राजसत्ता' को 'राष्ट्र, राष्ट्रीय गौरव और राष्ट्रीय सुरक्षा' का पर्याय बना देने की परियोजना का अंग था।

शाहीन बाग आन्दोलन 'राज्य', 'राजसत्ता' और उसकी 'हिंसा की ताकत' को चुनौती के हठीले जन प्रतिरोध के रूप में 'जनता का राष्ट्रवाद' बन गया : "हम संविधान बचाएँगे / हम जन गण मन भी गाएँगे / हम कागज़ नहीं दिखाएँगे।" शाहीन बाग ऐसा 'नेता विहीन', मगर 'नेतृत्व विहीन नहीं' जन आन्दोलन बन गया, जो जनता और राज्य दोनों को 'भारत राष्ट्र' के 'आधारभूत विचार' की याद दिला रहा था। इस आन्दोलन में 'हम भारत के लोग' संविधान के साथ अपने जीवंत रिश्तों को आवाज दे रहे थे। आन्दोलन के भागीदार राज्य और तथाकथित 'निष्पक्ष' न्यायपालिका के हस्तक्षेप को खारिज करते हुए संविधान के प्रविधानों की 'जन व्याख्या' की दावेदारी कर रहे थे। सर्वोच्च न्यायालय द्वारा नवम्बर 2019 में बाबरी विवाद पर निर्णय, 'राज्य' द्वारा जम्मू-कश्मीर के लिए अनुच्छेद 370 के अन्तर्गत प्राप्त विशेष संरक्षण समाप्त करने के क्रम में वहाँ अब तक के सबसे लम्बे समय तक इंटरनेट संचार-संवाद को प्रतिबन्धित रखकर जनतंत्र और मानवाधिकारों पर हो रहे हिंसक हमलों के सन्दर्भ में इंटरनेट सेवा के दीर्घकालिक प्रतिबन्ध को मूलभूत अधिकारों का हनन मानने के

बावजूद राहत आदेश पारित करने से इनकार करने, और असम नागरिकता रजिस्टर के सन्दर्भ में दिखाई गई सत्ता पक्षधरता जैसे प्रकरणों से जनता का 'न्याय तंत्र' की निष्पक्षता और विश्वसनीयता से भरोसा उठने लगा था।

शाहीन बाग 'हम भारत के लोग' द्वारा 'भारत के संविधान' की रक्षा करने और उसे उसकी मूल आत्मा के अनुरूप लागू कराने की जन घोषणा थी। इरफान अहमद इन्हीं सन्दर्भों-परिप्रेक्ष्यों में अर्जुन अप्पादुराई द्वारा शाहीन बाग आन्दोलन को अपने विस्तार और प्रभाव में राष्ट्रीय स्वतंत्रता आन्दोलन के बाद का पहला 'राष्ट्रीय जन आन्दोलन' (mass movement) बताए जाने से सहमत होते हुए यह भी जोड़ते हैं कि यह आन्दोलन नरेन्द्र मोदी ब्रांड लोक-लुभावनवाद (populism) को ऐसी प्रभावी चुनौती था, जिसकी दिशा जनतंत्र की 'नई जनदृष्टि' (vision) बनाने की है।[53] यह आन्दोलन यथास्थिति की राजनीति को उसके अपने ही तर्कों से मात दे रहा था : यदि पाकिस्तान, बांग्लादेश और अफगानिस्तान से आने वाले गैर-मुस्लिम शरणार्थियों का स्वागत करना तुम्हारा मानवतावाद है तो यह मानवतावाद म्यांमार के रोहींगिया, चीन के उईघिर, पाकिस्तान के हजारा और अहमदिया, नेपाल के ईसाई और श्रीलंका के तमिल हिन्दुओं तक क्यों नहीं पहुँचता?

शाहीन बाग आन्दोलन की चेतना

15 दिसम्बर, 2019 को जामिया मिलिया के छात्रों पर बर्बर पुलिसिया कहर के खिलाफ स्वत:स्फूर्त आक्रोश के रूप में मुश्किल से दस स्थानीय मुस्लिम उम्रदराज महिलाओं द्वारा अगली सुबह से शाहीन बाग में शुरू हुआ प्रतिरोध देखते-देखते लाख की संख्या पार कर गया।[54] 16 दिसम्बर का सूरज सुबह भारत के प्रतिरोध आन्दोलनों के इतिहास में ऐतिहासिक सवेरा लेकर उगा। यह भारत की सड़कों पर ऐसा नया प्रतिरोध था, जिसकी अगुआई वे औरतें कर रही थीं, जिन्हें हिन्दुत्व सत्ता और पितृसत्ता दोनों ही सड़कों पर नहीं देखना चाहतीं। यह औरतों की अगुआई में, औरतों का, औरतों के मुद्दों पर सड़कों पर उतरकर यह घोषित करना था, कि वे हिन्दुस्तान की औरतें हैं और उनके मुद्दे हिन्दुस्तान के मुद्दे हैं। यह असरारुल हक 'मज़ाज' की इन लाइनों का हिन्दुस्तान की सड़कों पर सच बनकर उतर पड़ना था :

हिजाबे फ़ितना परवर अब, उठा लेतीं तो अच्छा था,
खुद अपने हुस्न का पर्दा, बना लेतीं तो अच्छा था।
तेरे माथे पे ये आँचल, बहुत ही खूब है लेकिन,
तू इस आँचल का इक परचम, बना लेती तो अच्छा था।

14 दिसम्बर को गिनती की दो-चार औरतें जीडी बिरला मार्ग (कालिंदी कुंज रोड) पर नागरिकता संशोधन कानून का प्रतिरोध करने उतरी थीं। 15 को जामिया और अलीगढ़ मुस्लिम विश्वविद्यालय परिसरों में पुलिस की बर्बरता के बाद यह प्रतिरोध ऐतिहासिक विस्तार लेता गया। शाहीन बाग इलाके की औरतों ने दिल्ली को नोएडा से जोड़ने वाली सड़क को जाम करके वहाँ अपना प्रतिरोध मंच बना लिया। प्रतिरोध ने

लगभग एक किलोमीटर लम्बे 24 घंटे के अनिश्चितकालीन धरने का रूप ले लिया। धरना 101 दिन, 24 मार्च, 2020 को कोविड लॉक डाउन के नाम पर पुलिस द्वारा जबरन जगह खाली करा लिए जाने तक चलता रहा।

इस धरना-प्रतिरोध आन्दोलन में दिल्ली और उसके आस-पास से भारतीय जीवन के हर रंग-समुदाय-सम्प्रदाय-वर्ग-जाति के लोग : हिन्दू, सिख, मुस्लिम, ईसाई धर्मों के आस्तिक से लेकर घोर नास्तिक, राजनीतिक रूप से जागरूक-सक्रिय से लेकर पूरी तरह से अराजनीतिक, सामाजिक-राजनीतिक आन्दोलनों के कार्यकर्ताओं से लेकर पहली बार किसी आन्दोलन में भाग लेने वाले, आम श्रमशील वर्ग के श्रमिकों, ऑटो रिक्शा चालकों, घरेलू कामगार महिलाओं से लेकर विश्वविद्यालयों के छात्र-छात्राएँ, बुद्धिजीवी, चित्र और मूर्ति कलाकार, थियेटर कलाकार, सोशल मीडिया तकनीक में दक्ष युवक-युवतियां—सभी अद्‌भुत उत्साह और आत्म अनुशासन के साथ भागीदार बनते गए। आन्दोलन ने सचेत रूप से किसी भी राजनीतिक पार्टी को अपना मंच देने से इनकार कर दिया। इसी के साथ आन्दोलन के भागीदारों ने खुद को मुल्ला-मौलवियों के हवाले करने से भी इनकार करते हुए समुदाय-सम्प्रदाय के नेताओं-चौधरियों को आन्दोलन के दायरे से बाहर रखा। उन्होंने दारुल उलूम देवबन्द के वाइस चांसलर के मुस्लिम मौलानाओं के स्थानीय जिला प्रशासन के साथ बैठक के दौरान आन्दोलन को स्थगित रखने के सुझाव को भी मानने से इनकार कर दिया।

आन्दोलन का कोई स्थापित-पेशेवर नेता नहीं था। यह असंख्य आत्मानुशासित और जागरूक 'जन नेताओं' का आन्दोलन था। पूरे देश से सामाजिक, मानवधिकार और राजनीतिक मुद्दों पर संघर्ष करने वाले प्रगतिशील आन्दोलनों, संगठनों के नेता और कार्यकर्ता शाहीन बाग प्रतिरोध से जुड़ते गए। शाहीन बाग की औरतों ने ऐलान किया कि वे वहाँ संविधान की रक्षा के लिए उतरी हैं। यह अपने आप में एक डरी हुई, चुप करा दी गई 'कौम' की औरतों के राजनीतिक रूप से उठ खड़े होने का उद्‌घोष था।

शाहीन बाग प्रतिरोध का मंच राष्ट्रीय जन असहमति, विरोध, प्रतिरोध और एकजुटता का मंच बनता गया। शाहीन बाग ने कश्मीर के लिए अनुच्छेद 370 का मामला उठाया, जम्मू के कश्मीरी पंडितों के साथ एकजुटता व्यक्त की जो तीस वर्षों से पलायन का दर्द झेल रहे हैं, पुलवामा के आतंकी हमले में सेना के मारे गए जवानों का शोक किया, किसानों और बेरोजगारों की आत्महत्या को याद किया, और रोहिथ वेमुला की संस्थानिक हत्या के एक वर्ष की स्मृति में भावभीनी श्रद्धांजलि दी। इसी के साथ यह आन्दोलन अपने ताजा जख्मों को भी दिखा रहा था : हजारों छात्र-छात्राओं को पुलिस द्वारा शैक्षणिक परिसरों में घुसकर निर्ममता से पीटना और परिसर में तोड़-फोड़, चालीस से अधिक आन्दोलनकारियों की देश-भर में पुलिस बर्बरता से मौत, सैकड़ों छात्र-छात्राओं-आन्दोलनकारियों को यूएपीए (UAPA) जैसे काले कानूनों के अन्तर्गत गिरफ्तार करके प्रताड़ित करना और जमानत पर छोड़ने तक से इनकार करना।

डा. आंबेडकर, मौलाना अब्दुल कलाम आजाद, डा. जाकिर हुसैन, महात्मा गांधी, भगत सिंह के चित्रों, क्रान्तिकारी गीतों, कविताओं, उक्तियों के उद्धरणों-नारों के साथ हिन्दी और अंग्रेजी में सचित्र पोस्टरों, म्यूरलों, बैनरों से सजा हुआ आन्दोलन का

मंच और समूचा परिसर उम्रदराज महिलाओं की अगुआई और अनुशासन में 'क्रान्ति के रंगारंग युवा उत्सव' का अभिभूत कर देने वाला दृश्य था। यहाँ रोज जामिया नगर से बाहर दिल्ली, नोएडा और आस-पास से हजारों की संख्या में औरत-मर्द-बच्चे इस आन्दोलन को अपना समर्थन देने पहुँचते थे, और इसकी उदात्त भव्यता और आत्मीय एकजुटता से अभिभूत होकर लौटते थे। इस आन्दोलन में हर धर्म-सम्प्रदाय के लोगों, विशेषकर हिन्दू औरतों की भी प्रभावी भागीदारी थी। हरमिंदर जैसी बहुत सी औरतें पंजाब से अपने जत्थों के साथ इस आन्दोलन का समर्थन और सहयोग करने पहुँची थीं। वे टिकने की पूरी तैयारी और प्रतिबद्धता के साथ यह जानते हुए शाहीन बाग में थीं कि पुलिस उन्हें गिरफ्तार कर सकती है, झूठे मुकदमे लगा सकती है और लठियाँ-पानी की तोपें भी चला सकती है। प्रकाश देवी जैसी न जाने कितनी औरतें करोल बाग और दिल्ली के तमाम इलाकों से वहाँ हर दिन आती थीं, और इस आन्दोलन के भागीदारों के प्यार और आत्मीयता से अभिभूत होकर लौटती थीं।

कुछ छात्रों ने शाहीन बाग बस स्टैंड पर एक लाइब्रेरी बना दी, कुछ ने बच्चों के लिए एक आर्ट गैलरी तैयार कर दी। अनुभवी और विशेषज्ञ डाक्टर वहाँ मेडिकल कैम्प चला रहे थे। कालेजों-विश्वविद्यालयों के छात्र-छात्राएँ वहाँ दिन-रात की पाली बाँधकर, बहुत से वहीं रहते हुए व्यवस्था सँभालने में मदद कर रहे थे। आन्दोलन में बिजली मिस्त्री, रंग-रोगन मिस्त्री, चाय वाले अपनी सेवा सहयोग के लिए मौजूद थे। रोज बहुत से लोग रिक्शा और गाड़ियों से आते और भोजन, जलपान के पैकेट बाँटते। आत्मीयता, प्रेम, बहनापा-भाईचारा और सुख-दुख की साझेदारी के भावनात्मक आवेग एक-दूसरे का साथ देते रहने से बहुगुणित होते जाते हैं। गुरुनानक देव के पोस्टर की छाँव में सिख युवकों का शाहीन बाग धरना स्थल को बुहारना और लंगर चलाना सिख 'कारसेवा' की उस मानवता सेवा का अंग था, जिसने फरवरी 2020 के हिन्दुत्व सत्ता प्रायोजित दिल्ली जनसंहार में अपने सारे गुरुद्वारे दंगा पीड़ितों के खोल दिए थे।

आन्दोलन स्थल पर इंडिया गेट की एक मिनिएचर संरचना खड़ी की गई थी, जिसके दोनों खम्भों पर नागरिकता संशोधन कानून के खिलाफ चल रहे आन्दोलन में मारे गए शहीदों के नाम अंकित किये गए थे। कलाकारों द्वारा तैयार की गई 'डिटेंशन कैम्प' की प्रतीक संरचना 'डी' वोटरों के भविष्य की याद दिला रही थी। आन्दोलन व्यक्तियों और समूहों के संघर्षमय जीवन, आन्दोलनों में भागीदारी, सत्ता और हिन्दुत्व राष्ट्रवाद द्वारा उत्पीड़न के अनुभवों के भोगे यथार्थ के अनुभवों के आदान-प्रदान से एक-दूसरे की अनुभूतियों में शामिल होने और एक-दूसरे की हिम्मत बनने का 'स्पेस' बन गया था। इस 'स्पेस' में हर दिन अनगिनत दर्द, हठीले संघर्ष, सफलताओं और विफलताओं की कहानियाँ, कविताएँ, नारे, दीवार लेखन, नाट्य प्रस्तुतियाँ जन्म लेती थीं। यह 'संघर्ष और सृजन की रचनात्मकता' का रंगारंग 'स्पेस' था। इस स्पेस में हर भागीदार एक-दूसरे से / को कुछ-न-कुछ सीख / सिखा रहा था। इस मंच पर कविता, वक्तव्य, नृत्य और संगीत सभी एक-दूसरे से समय के लिए प्रतिस्पर्धा कर रहे थे। कविता शाहीन बाग के सांस्कृतिक जीवन का प्राणतत्त्व बनकर हर जगह मौजूद थी : आपस की बातों में, मंचों के भाषणों में, पोस्टरों पर पसरी हुई, दीवारों पर फैली हुई,

बैनरों पर हवाओं में उड़ती हुई, 'गोली मारो सालों को' की विनाशकारी नफरत का जवाब वह 'जन गण मन गाएँगे, पर कागज नहीं दिखाएँगे' की प्रेम पगी रचनाशीलता से दे रही थी। आन्दोलन हाथों में राष्ट्र ध्वज और होंठों पर संविधान की प्रस्तावना और राष्ट्रगान लिए हुए सत्ता के आतंक का मुकाबला कर रहा था। आन्दोलनकर्मियों का वहाँ तैनात पुलिस वालों को गुलाब देने से लेकर खाना खिलाने तक का स्नेहिल अपनत्व सत्ता की 'हिंसा के वर्चस्व' की राजनीति को पानी-पानी कर रहा था। यहाँ 'ला इलाहा इललाह', 'संविधान ज़िन्दाबाद', 'जय भीम' और 'इन्किलाब ज़िन्दाबाद' के नारे एक साथ लग रहे थे। यह "देश के गद्दारों को—गोली मारो सालों को" का जवाब "देश के प्यारों पर—फूल बरसाओ सारों पर" का आन्दोलन था। यह जुल्मतों के दौर में आग की दरिया में डूबकर भी प्रेम और विद्रोह के गीत गाने की हिम्मत का आन्दोलन था। यह "राष्ट्रवाद की विरासत के सच्चे वारिस हम हैं" का उद्घोष था।

मोहम्मद इकबाल ने कहा था कि जनतंत्र वह तर्कसंगति (rationality) है, जो चुनावी अंकीय गुणागणित से शुरू होकर उसी पर खत्म हो जाती है। इसके चलते वह जीवन मूल्यों और मनुष्यों का मोल शून्य कर देती है। जनतंत्र ऐसा 'तंत्र' बन जाता है जो मनुष्य का मूल्य एक सांखिकीय सन्दर्भ के रूप में (statistical referent) के रूप में समेट कर मानवीय गरिमा (dignity) का उसके आधारभूत-अन्तरतम अर्थों तक हनन करता है। शाहीन बाग की औरतें इस 'सत्ता के जनतंत्र' के सापेक्ष 'जनता के जनतंत्र' की सृजनशीलता और प्रेम का विकल्प बन गईं। शाहीन बाग की औरतों को शाहीन बाग में 'उनका हिन्दुस्तान' मिल गया था।

शाहीन बाग वह मंच बन गया, जहाँ दाढ़ियों और टोपियों ने हिजाब और बुरके के लिए मंच खाली कर दिया। हिजाब, बुर्कों, बिंदियों और चूड़ियों ने अद्भुत शालीनता और शक्ति के साथ नेतृत्व की कमान सँभाल ली। आन्दोलन की औरतों ने दिखाया कि पितृसत्ता और राजसत्ता द्वारा औरत की पहचान 'मूढ़, शक्तिहीन, अबला' बनाने की हर कोशिशों के बावजूद औरत में नेतृत्व और सहनशीलता की अन्तहीन क्षमता और समझदारी है। इस आन्दोलन की औरतें धनवानों की सेवा में समर्पित के सत्ता के जनतंत्र की मशीनी-संवेदनहीन कारपोरेटी मुस्कराहटों और अट्टाहासों के विद्रूप को चुनौती देती मनुष्य की गरिमा, सुख-दुख, संघर्ष, सफलता-विफलता और मुस्कराहटों की आत्मीय साझीदारी वाले 'जनता के जनतंत्र' का विकल्प बनकर उभरीं।[55] इन अर्थों-सन्दर्भों में शाहीन बाग अपनी भौतिक उपस्थिति से कहीं अधिक नई वैयक्तिक-सामुदायिक-राष्ट्रीय लोकतांत्रिक चेतना के उभार का प्रतिबिम्ब था। प्रतिरोध के भागीदारों की मनुष्य और मनुष्यता की प्रगति में धर्म और राष्ट्रवाद के सृजनशील-सहयोगी समागम की कल्पनाशीलता एक नई 'जन राजनीति' के जन्म की अश्वस्तिकर सम्भावना बना रही थी। नई राजनीति की यह चेतना प्रतिरोधकर्ताओं का उद्घोष बनकर प्रतिध्वनित हो रही थी : "हम अपनी भारतीयता खुद परिभाषित करेंगे, अपनी खुद की शर्तों पर, और अपनी खुद की भाषा-बोली में। हम इस मामले में किसी भी शर्त के बन्धन में बँधने से इनकार करते हैं।"

यह चेतना हिन्दुत्व की उस पितृसत्ता को भी चुनौती थी, जो मुस्लिम औरत की

छवि मुस्लिम मर्द की अति कामुकता की शिकार और बुरके की कैद की सताई औरत के रूप में पेश करके हिन्दू मर्द को उसका तारणहार बताता है। आन्दोलन की औरतों ने चुनौती दी : "उन्हें हमारा हिजाब या बुरका पहनना पसन्द नहीं है। हमें सड़कों पर देख कर उन्हें लगता है की हम उनकी सड़कों पर, उनके देश में अनधिकार घुस आए हैं। इसलिए हमारा सड़कों पर होना जरूरी है। हमें घरों से बाहर नहीं निकलने देकर वे हमारे वजूद को भुला देना चाहते हैं जिससे वे हमारे अधिकारों को छीन सकें। हम बताना चाहते हैं कि हम इसी देश के हिस्से हैं और इसी का हिस्सा बने रहना चाहते हैं।"[56] युवा छात्रा लदीदा इस आन्दोलन में 'हिजाब पहनने वाली भारतीय मुस्लिम महिला' की पहचान की दावेदारी इस रूप में व्यक्त करती है : "मैं अपनी पहचान की दावेदारी करूँगी, क्योंकि हमारा भाई इसी पहचान के चलते गिरफ्तार हुआ है, इसी पहचान और हमारी आस्था के चलते हमारे लोगों और समुदाय को निशाना बनाया जाता है।" पहचान की 'हिन्दुत्व' राजनीति के खिलाफ, जिसमें देश का प्रधानमंत्री भी मुसलमानों को उनके कपड़ों के आधार पर पहचानने की बात करता हो, सोशल मीडिया पर मुस्लिम लड़कियों ने जींस-टॉप और हिन्दू लड़कियों ने हिजाब पहने हुए अपना फोटो अपलोड करके मोदी को उनके कपड़ों से पहचानने की चुनौती दी। इस चेतना और इससे जन्म लेने वाली हिम्मत ने लाखों की संख्या में हाशिये पर धकेल दिये गए, हिन्दुत्व राजसत्ता द्वारा वर्षों से शक्ति और आस्तित्वहीनता के अँधेरों में धकेले जा रहे आम मुसलमानों, विशेषकर मुस्लिम महिलाओं, और उनके समर्थन में देश के हर वर्ग, समुदाय, तबकों, धर्मों के लोगों को "बस! बहुत हुआ! अब और नहीं" की चीत्कार के साथ खड़ा कर दिया।

यह वह चेतना थी, जिसने इन लाखों आम लोगों की हिम्मत को, जिनमें अपनी उम्र के दूसरे दशक में कदम रखते किशोर-किशोरियों से लेकर नौवें और दसवें दशक की दादियाँ-नानियाँ तक शामिल थीं, लगभग चार महीने तक खुले आसमान के नीचे दिल्ली की शीतलहरियों, दिल्ली पुलिस की पानी की तोपों और अन्य बर्बर हमलों, हिन्दुत्व गुंडों-लम्पट वाहिनियों के हमलों, तथाकथित मुख्यधारा मीडिया और सोशल मीडिया मंचों के प्रायोजित दुष्प्रचारों, नफरत के उन्मादी सत्ता प्रायोजित अभियानों, यहाँ तक कि दिल्ली में सत्ता प्रायोजित जनसंहार का सामना करते हुए भी टिकाए रखा था। तथाकथित मुख्यधारा कारपोरेट मीडिया और सत्ता के उन्मादी दुष्प्रचारों और अफवाहों-झूठी खबरों के जवाब में आन्दोलन ने अपनी आवाज और सन्देश जनता तक पहुँचाने के लिए डिजिटल तकनीक और सोशल मीडिया की अपनी 'युवा विशेषज्ञता' का इस्तेमाल किया। हिन्दुत्व सत्ता की नफरत और हिंसा की अतुलनीय ताकत भी आन्दोलन और उसकी चेतना को नहीं डिगा सकी।

अन्ततः 24 मार्च को वैश्विक कोविड पेंडेमिक और लॉक आउट के नाम पर सत्ता तंत्र ने शाहीन बाग को भौतिक रूप से जबरन खाली करा लिया। मगर तब तक इस आन्दोलन की चेतना आम जनता की अमिट-अपराजेय चेतना और उम्मीद बन चुकी थी। आन्दोलन हिन्दुत्व सत्ता और संघ परिवार द्वारा देश की दूसरी सबसे बड़ी आबादी 'मुस्लिम' को राष्ट्र की भौतिक जनसंरचना और चेतना से मिटा देने के अभियान के

खिलाफ राष्ट्रीय जन चुनौती के रूप में अमिट हो चुका था। शाहीन बाग राजसत्ता के इस उद्दंड अहंकार को भी राष्ट्रीय जन चुनौती थी कि 'वोट धारक' (नागरिक) के रूप में मुसलमान अस्तित्वविहीन हो चुका है, उसने हिन्दू राष्ट्र में अपनी नियति के समक्ष समर्पण कर दिया है और 'राजनीतिक तंत्र के अखाड़े' से बाहर हो चुका है![57]

जामिया मिलिया इस्लामिया और शाहीन बाग

वर्ष 2014 में हिन्दुत्व राष्ट्रवाद और नव उदारवादी पूँजीवाद का गठजोड़ सत्ता में आया। आते ही नए राजसत्ता संस्थान और संघ परिवार के संगठनों ने जनतांत्रिक मूल्यों, विशेषकर लोकतांत्रिक असहमति और विरोध की अभिव्यक्ति की आजादी पर हमलों और शिक्षा तंत्र के 'भगवाकरण' का अभियान शुरू कर दिया। इसके खिलाफ विश्वविद्यालय परिसरों में छात्र आक्रोश और आन्दोलन की लहरें उठने लगीं। शुरुआत सितम्बर, 2014 में जादवपुर यूनिवर्सिटी, कोलकाता परिसर में हिन्दुत्व गुंडागर्दी और छात्राओं के यौनिक उत्पीड़न के विरोध में 'हक कलरब' (HAK KOLOROB) आन्दोलन से हुई। 2016 में हैदराबाद केन्द्रीय विश्वविद्यालय के दलित शोध छात्र रोहिथ वेमुला को विश्वविद्यालय प्रशासन, संघ परिवार के छात्र संगठन एबीवीपी और केन्द्र की भाजपा सरकार गठजोड़ के उत्पीड़न ने आत्महत्या के लिए मजबूर कर दिया। इस 'संस्थानिक हत्या' के खिलाफ देश भर के विश्वविद्यालयों और उच्च शिक्षण संस्थानों में आक्रोश का तूफान उठ खड़ा हुआ। फरवरी 2016 में जेएनयू परिसर में संघ परिवार के छात्र संगठन और बाहर के हिन्दुत्व लम्पट तत्त्वों द्वारा छात्रों की शान्तिपूर्ण सभा में 'राष्ट्रद्रोह' का आरोप लगाते हुए हिंसक गुंडागर्दी हुई। इस प्रकरण में लम्पट-हिंसक तत्त्वों के खिलाफ कार्यवाही के बजाय जेएनयू छात्रसंघ (JNUSU) अध्यक्ष कन्हैया कुमार और दो अन्य छात्रों—उमर खालिद और अनिर्बान भट्टाचार्य की गिरफ़्तारी ने राष्ट्रीय स्तर पर छात्र आन्दोलनों को तेज करने का काम किया।

भाजपा सरकार और हिन्दुत्व लम्पट वाहिनियों द्वारा लोकतांत्रिक अधिकारों और शिक्षा के अधिकार पर एक-के-बाद-एक हो रहे हमलों के खिलाफ जादबपुर, जेएनयू, जामिया, एएमयू और अन्य कई विश्वविद्यालयों के परिसरों में शान्तिपूर्ण छात्र आन्दोलनों की निरन्तरता नागरिकता संशोधन कानून-2019 के खिलाफ आन्दोलन तक बनी रही। जामिया मिलिया इस्लामिया की चार युवा छात्राओं ने अपने एक साथी छात्र के ऊपर उठी पुलिस की लठियों के सामने हठीले साहस के साथ चुनौती की उँगलियाँ उठाईं। उनकी उठी हुई उँगली नागरिकता संशोधन के खिलाफ छात्र प्रतिरोध का प्रतीक बन गई। इन आन्दोलनों को वैश्विक स्तर पर उच्च शिक्षण संस्थानों के छात्रों और फैकल्टी/स्टाफ की उस आन्दोलनकारी सक्रियता की धारावाहिकता में भी देखा जाना चाहिए जिनकी दिशा शिक्षा के 'जिंसीकरण' (commodification) और नवउपनिवेशीकरण (neo colonization) के खिलाफ सार्वजनीन (universal) अवसर और अधिकार के रूप में जनतंत्रीकरण (democratisation) की है। वैश्विक स्तर पर उभर रहे छात्र-युवा आन्दोलनों की दृष्टि बेहतर, न्यायपूर्ण दुनिया के लिए रेडिकल विकल्प की सम्भावनाओं की खोज की है।[58]

दिल्ली में शाहीन बाग की भौगोलिक अवस्थिति कई मुस्लिम बहुल स्थानीय बस्तियों-इलाकों के संधि-स्थल (intersection) के रूप में है। इन बस्तियों में विभिन्न सामाजिक, आर्थिक, शैक्षणिक पृष्ठभूमि और हैसियत के लोग रहते हैं : देश के विभिन्न हिस्सों से आकर झुग्गी-झोंपड़ बस्तियाँ बनाकर रह रहे दिहाड़ी निर्माण मजदूर, बढ़ई, प्लम्बर, खोमचा-फेरी लगाने वालों से लेकर पास के जामिया मिलिया विश्वविद्यालय के प्रोफ़ेसर और छात्र, छोटे-मझोले दुकानदार और बड़े व्यवसायी भी। जामिया मिलिया की ओर से इन इलाकों की झोंपड़-पट्टियों और गरीब बस्तियों के निवासियों के लिए नियमित रूप से सामाजिक-आर्थिक-शैक्षणिक उन्नयन कार्यक्रम चलते रहते हैं।

जामिया मिलिया इस्लामिया की गिनती भारत के श्रेष्ठतम और प्रगतिशील उच्च शैक्षणिक संस्थानों में होती है। इस विश्वविद्यालय की राष्ट्रीय स्वाधीनता के लिए उपनिवेशवाद विरोधी छात्र आन्दोलनों की शानदार विरासत है। असहयोग-सविनय अवज्ञा आन्दोलन में गांधी ने छात्रों और शिक्षकों से ब्रिटिश शिक्षा नीति और इस नीति के पक्षधर शिक्षण संस्थानों का बहिष्कार करके नए राष्ट्रवादी शिक्षा संस्थानों को निर्मित-संचालित करने की पहल लेने का आह्वान किया। इससे प्रेरित होकर अलीगढ़ मुस्लिम यूनिवर्सिटी के शिक्षकों और छात्रों के एक समूह ने वहाँ से अलग होकर 1920 में दिल्ली में जामिया मिलिया इस्लामिया की स्थापना की। संघर्ष और प्रगतिशीलता की इस विरासत और परम्परा को जीवित रखते हुए जामिया आजाद भारत में भी संविधान, लोकतंत्र और आम जनता के मुद्दों पर जागरूक है।

इसी कड़ी में जामिया की ओर से शाहीन बाग की स्थानीय दमित-श्रमशील समुदायों की बस्तियों में कल्याण और सशक्तीकरण परियोजनाएँ चलाई जाती हैं। इनके माध्यम से जामिया नगर में रहने वाले शिक्षकों और छात्रों का यहाँ के लोगों के साथ जीवंत-आत्मीय सम्पर्क बना रहता है। इन बस्तियों में जामिया के छात्र-छात्राओं की भी काफी बड़ी संख्या रहती है। स्वाभाविक रूप से जामिया के छात्र-छात्राओं ने नागरिकता संशोधन कानून-2019 का सबसे पहले विरोध किया, और हिन्दुत्व राजसत्ता की पुलिस और लम्पट गुंडा जत्थों की गालियों, गोलियों, लाठियों, आँसू गैस और निकृष्टतम दुष्प्रचारों का शिकार बने।

नागरिकता संशोधन कानून और जामिया प्रतिरोध के दमन के विरोध की लहर देश के तमाम शिक्षण संस्थानों तक फैली। देश भर से दस हजार से ज्यादा अकादमिकों, बुद्धिजीवियों, छात्रों, नागरिक-मानवाधिकार कार्यकर्ताओं ने छात्रों के खिलाफ पुलिस बर्बरता के विरोध में ज्ञापन दिया। जामिया की कई छात्राएँ-पुरा छात्राएँ प्रतिरोध आन्दोलन का चेहरा बन गईं : सफूरा जरगर, आएशा रेना, इशरत जहाँ, आरफा खानम, बरखा दत्त, लदीदा फरजाना...। केरल से आई छात्रा आएशा रेना (Ayesha Renna) ने जामिया और शाहीन बाग की अन्याय के खिलाफ प्रतिरोध की चेतना को इस तरह व्यक्त किया : "अगर आप इस समाज में कोई अन्याय होता हुआ देखते हैं...बाहर निकलिए और अपनी आवाज़ बुलंद कीजिए। ऐसे बहुत लोग होंगे जो आपको अन्दर कैद रखना, आपकी आवाज को कमजोर करना चाहते होंगे। औरतों को हमेशा कहा जाता है, उनकी यही कह कर परवरिश की जाती है : अपनी आवाज़ बिल्कुल नीची

रखो, आदमियों की इज्जत करो। मगर नहीं! अपनी आवाज़ बुलन्द करो, ये तुम्हारा अधिकार है, ये तुम्हारी आवाज़ है। किसी को भी इस पर हुकूमत करने की इजाजत नहीं दी जा सकती।"[59]

आएशा के अनुसार, यह आन्दोलन केवल फातिमा और लदीदा जैसी छात्राओं, अथवा केवल जामिया और अलीगढ़ यूनिवर्सिटी की भी लड़ाई नहीं थी। यह समूचे भारत की लड़ाई थी। संविधान की शुरुआत 'हम भारत के लोग' से होती है। यह संघर्ष उसी 'हम भारत के लोग' का प्रतिनिधित्व करता था। संघर्ष के भागीदार हिन्दुत्व एजेंडा के खिलाफ संविधान की रक्षा के लिए शाहीनबाग में जुटे थे। शाहीन बाग भारत का वह 'विचार' था, जो संविधान, शान्ति, प्रेम, भाईचारा, मानवतावाद, समानता, और अल्पसंख्यक समुदाय समेत प्रत्येक भारतवासी की सुरक्षा-संरक्षा के अधिकार का प्रतिबिम्ब था। यह आन्दोलन इस बात की समवेत घोषणा थी कि हमारा संविधान हर धर्म के लोगों का 'अपना' प्यारा घर है : "तुम उठाओ ज़माने पे तल्खियाँ, सावरकर का पैगाम बन के / वो फूल बिछाता चलेगा, आंबेडकर का संविधान बन के" (नाबिया खान)।

जामिया और शाहीन बाग दोनों ही आन्दोलनों में भाग लेने वाली छात्रा नाबिया खान ने उस घटना का विवरण दिया, जिसने शाहीन बाग आन्दोलन को जन्म दिया : "ये प्रतिरोध प्रदर्शन (शाहीन बाग) 13 दिसम्बर, (2019) को जामिया के छात्रों पर पुलिस की निर्मम हिंसक बर्बरता की प्रतिक्रिया में शुरू हुए। मैं वहाँ उस दिन कैम्पस में थी। पुलिस लोगों को बेदर्दी से पीट रही थी। मेरे एक दोस्त छात्र ने बताया कि एक पुलिसवाला उसी की शाल से उसे 'मर गया' समझ लेने तक गला घोंटता रहा। एक पुलिस वाले ने कहा "चलो चलें! अब मर गया है", तब जाकर पुलिसवालों ने मेरे उस दोस्त को छोड़ा और वहाँ से चले गए। ऐसी थी पुलिस बर्बरता, जिसका उस दिन जामिया के छात्रों को सामना करना पड़ा था। इसके चलते औरतें बड़ी संख्या में प्रतिरोध के लिए निकल पड़ीं, क्योंकि यदि आदमियों ने वहाँ जाकर प्रदर्शन किया होता, उन्हें भी उसी पुलिस बर्बरता का सामना करना पड़ता जैसा छात्रों के साथ हुआ था। सभी को मालूम है कि (मुस्लिम) आदमियों पर यह खतरा लगातार बढ़ रहा है क्योंकि 'राज्य' उनको अपराधी बताने पर तुला हुआ है। इसलिए औरतों ने, सुरक्षा ढाल बनकर जामिया के छात्रों पर हुई पुलिस हिंसा के विरोध में प्रदर्शन की शुरुआत की। यह उनके लिए 'करो-या-मरो' का मामला बन गया था।"[60] नाबिया ने अपनी इस भावना को आन्दोलन का नारा बना दिया : 'आएगा इन्किलाब पहन के बिन्दी, चूड़ियाँ, बुरका, हिजाब।' इसी को आगे बढ़ाते हुए सोफिया ने कहा : "वे कहते हैं राजनीति मत करो, अपनी पढ़ाई पर ध्यान दो। हमारी शिक्षा का अर्थ ही क्या है जब हमें डिटेंशन कैम्पों में ही भेजा जाना है? मैं अभी तक सोचा करती थी कि मैं तो लिंचिंग से सुरक्षित हूँ। मगर सीएए और एनआरसी जनसंहार में बदल सकता है...लोगों को कन्सनट्रेशन कैम्पों में डाल सकता है...हम सब को एक-दूसरे को ऐसे भविष्य से बचाना होगा।"

पत्रकार सीमा पाशा ने जामिया में पुलिस बर्बरता और उसके चलते शाहीन बाग आन्दोलन के जन्म का इस तरह बयान किया है [सीमा मुस्तफा द्वारा सम्पादित किताब

'Shaheen Bagh and the Idea of India : Writings on the Movements for Justice, Liberty, and Equality' (Speaking Tiger Books, New Delhi; 2019) में सीमी पाशा का आलेख 'The Night of Broken Glass : 15 December, 2019'] :

उस रात उन्होंने महसूस किया कि उनके लिए उनके खुद के एक-दूसरे का सहारा बनने के अलावा कोई विकल्प नहीं है। जामिया में गोलियों की आवाजें गूँज रही थीं। आस-पास की घेट्टो बस्तियों से लोग सड़कों पर जुटने लगे थे। उनके फोन पर पुलिस द्वारा छात्रों को घसीटकर सड़कों पर लाते और बेदर्दी के साथ लठियों से पीटते हुए विडिओ का ताँता लग गया। कैम्पस लाइब्रेरी, यूनिवर्सिटी मस्जिद, कक्षाओं, यहाँ तक कि लड़कियों के हॉस्टल में भी पुलिसवालों के घुसने की खबरें आ रही थीं। लाठियों से पीटे जाते, खून से लथपथ छात्रों की तस्वीरें वायरल होते ही लोग अपने बच्चों को बचाने के लिए जामिया कैम्पस की ओर दौड़े। 38 साल की मलिका ने बताया : "जब तक मैं वहाँ (जामिया) पहुँची, करीब-करीब अँधेरा हो चुका था। हम चेहरे देख-पहचान नहीं पा रहे थे, मगर हम लोगों ने लड़कियों को बाउंड्री वाल के ऊपर से कूदकर बगल में लगे बाटला हाउस की ओर दौड़ते देखा। मेरी सहेली अपनी बेटी को नहीं खोज पा रही थी और उसका मोबाइल फोन भी नहीं उठ रहा था। मैं कभी उस घड़ी को नहीं भूल पाऊँगी जो हमने उसकी खोज में बदहवास भाग-दौड़ करते बिताई थी। हम अन्दर तक डरे हुए थे। आखिरकार हमें उसका फोन काल मिला कि वह वहाँ से भाग निकलने में सफल हो गई थी।"

कैम्पस की लाइब्रेरी में पढ़ाई कर रही उन्नीस साल की एक लड़की ने आपबीती बताई : "पुलिस वालों का एक दस्ता दंगा यूनिफॉर्म में लठियाँ लिये घुस आया। उन्होंने खिड़कियाँ और कुर्सियाँ तोड़ना और किताबों को फर्श पर फेंकना शुरू कर दिया। हम सभी इस अचानक हमले से अचंभित थे। हमने उठकर पीछे के दरवाजे से जान बचाने के लिए भागना शुरू किया, मगर उन्होंने हमारा यह कहते हुए पीछा किया "साले कटुए! तुम्हें आजादी चाहिए? आओ, हम देते हैं तुम्हें आजादी।"

कुछ और लोगों ने बताया कि उन लोगों ने कैम्पस में पहुँचकर वहाँ के भयावह दृश्य में घायल छात्रों को पास के अस्पतालों में पहुँचाना शुरू किया, क्योंकि इसके अलावा उन्हें उस घड़ी और कुछ नहीं सूझ रहा था। इसी बदहवासी में कुछ लोगों ने कालिंदी कुंज के पास शाहीन बाग बस स्टॉप पर पहुँचने के लिए सन्देश भेजना शुरू किया। सड़क और फुटपाथ पर करीब 15 हजार लोगों ने जमा होकर इस मामले में आगे क्या किया जाय, सोचना शुरू किया। कुछ लोग तिरंगे झंडे और सीएए विरोधी पोस्टर ले आए। कुछ लोगों ने सड़क जाम कर देने का सुझाव दिया। लोग पहले से ही सड़क पर बैठे हुए थे और उन्होंने इसे जारी रखने का फैसला किया। कोई पूर्व योजना, तैयारी अथवा शाहीन बाग से कोई आन्दोलन खड़ा करने का इरादा नहीं था। मगर बात-से-बात और कदम-से-कदम बढ़ता गया, और इसके पहले कि वहाँ मौजूद लोग जान-समझ पाते, वे एक ऐतिहासिक-शानदार-प्रभावशाली प्रतिरोध आन्दोलन के सिपाही बन चुके थे।

आदमियों के वहाँ सड़क जाम किए रहने के बाद चन्द औरतों ने भी धरने पर बैठना शुरू किया। कुछ लोग कुछ दरी-कम्बल लेकर आ गए। इस ऐतिहासिक प्रतिरोध की हाड़ कंपाती जाड़े की सर्द रातों को खुले आसमान के नीचे करीब पन्द्रह औरतों ने एक-दूसरे से लिपट कर गुजारना शुरू किया। अगली शाम तक वहाँ एक टेंट खड़ा हो गया। पास-पड़ोस की औरतों ने शाम की चाय और घर का बना खाना-नाश्ता लेकर पहुँचना शुरू किया। कुछ लोग एक छोटा सा म्यूजिक सिस्टम ले आए, और देशभक्ति गीत बजाना शुरू किया। जामिया के फाइन आर्ट्स के छात्र-छात्राओं ने कला इन्सटालेशन की कमान सँभाल ली। मंच, माइक और स्वाधीनता आन्दोलन के नेताओं, क्रान्तिकारियों और समाज सुधारकों के चित्रों के साथ सज गया। नियमित रूप से कविता, गीत, वक्तव्यों का सिलसिला चल पड़ा। देखते-देखते पन्द्रह प्रदर्शनकारियों का धरना एक लाख के आस-पास आन्दोलनकारियों के एक किलोमीटर लम्बे शाहीन बाग आन्दोलन में बदल गया और पूरा आन्दोलन परिसर पेंटिंग, पोस्टर, झंडों, दीवाल लेखन और चित्रण, कला संरचनाओं से सज गया। एनजीओ स्वयंसेवकों ने मेडिकल और लीगल सेल की व्यवस्था कर दी। स्वयंसेवी व्यक्ति और समूह अपनी-अपनी दक्षता के अनुरूप व्यवस्थाएँ सँभालने में जुट गए। मुस्लिम उम्रदराज महिलाओं की आन्दोलन में मौजूदगी आन्दोलनकारियों के लिए एकजुटता, शालीनता, आत्म अनुशासन, अपनत्व, अपने राजनीतिक अधिकारों की दावेदारी, और बहुसंख्यावादी (majoritarian) हिन्दुत्व राजसत्ता के प्राधिकार को चुनौती के साहस का श्रोत थी। इन उम्रदराज औरतों की स्नेह भरी अगुआई में सामूहिक श्रम, सहकार और सृजन की रचनाशीलता का आदर्श विकसित हो रहा था : प्रतिरोध स्थल को व्यवस्थित रखना, खाना बनाना और बाँटना, नागरिक सुविधाओं (sanitation facilities) का इन्तजाम करना, शाहीन बाग को साफ-सुथरा रखना, सूचनाओं का त्वरित आदान-प्रदान-प्रसार करते रहना, स्वास्थ्य और सुरक्षा सँभालना, सांस्कृतिक सृजनशीलता और सबसे बढ़ कर एक-दूसरे की ताकत बनना और बने रहना।

आन्दोलन में मुस्लिम महिलाओं की सक्रिय नेतृत्वकारी मौजूदगी सत्ता तंत्र के ऊर्ध्वरेखीय (vertical) रिश्तों और प्राधिकार को आन्दोलन के भागीदारों के क्षैतिजीय (horizontal) रिश्तों और 'चाहना' (bonding) से चुनौती दे रही थी। मुस्लिम महिलाओं की मौजूदगी हिन्दुत्व सत्ता के बहिष्कार और हिंसा की राजनीति का जवाब भारत के 'विचार' और संविधान से उपजे प्यार और एकजुटता से दे रही थी। यह हिन्दुत्व के 'एक-दूसरे की जान लेने' के सत्ता विमर्श के जवाब में 'एक-दूसरे पर जान छिड़कने' का आत्मीय विमर्श था : 'हम एक-दूसरे से नफरत नहीं, प्यार करते हैं।' पुलिस की लाठियों से उपजी बदहवासी और आक्रोश की रचनाशील अराजकता ने 'जीवन' और 'तंत्र' दोनों के बेहतरीन वैकल्पिक मूल्य और व्यवहार 'शाहीन बाग' को जन्म दिया।

शाहीन बाग का स्वत:स्फूर्त भावनात्मक प्रतिरोध भारत की राजनीति का वह ऐतिहासिक मोड़ था, जिसके भागीदार खुद नहीं जानते थे कि वे भारत में राजनीति की धारा के बदलाव का इतिहास बना रहे हैं। 55 वर्ष की एक मुस्लिम महिला ने कहा : 'यहाँ होना बहुत हिम्मत और मोहब्बत की माँग करता है। हमारे पुरखों ने यहीं—इसी

जमीन पर रहना चुना था। उन्होंने हमें बताया था कि भारत हम सभी का वतन है। हम एक ऐसे देश में रहना चाहते हैं जहाँ अलग-अलग तरह के लोग रहते हैं क्योंकि हम सिर्फ मुसलमानों के देश में नहीं रहना चाहते। (मगर) वे लोग इसका क्या बना दे रहे हैं? वे इसे हिन्दू पाकिस्तान में बदल रहे हैं। अगर ऐसा हो जाता है, हम बहुत परेशानी में पड़ जाएँगे। आपको बहुत हिम्मत से काम लेना होगा, आपको लोगों से प्यार करना होगा—उनका धर्म चाहे जो हो। यहाँ दूसरे धार्मिक समुदायों के हजारों नौजवान बच्चे हैं। वे यहाँ क्यों हैं? क्योंकि वे मानते हैं कि यहाँ (भारत में) सभी को इज्जत के साथ जीवन जीने का अधिकार है। वे यहाँ भारत का संविधान पढ़ते हैं—वह किताब जो भारत को परिभाषित करती है। हम सब बहुत मेहनत कर रहे हैं, हम इस प्रतिरोध को बहुत प्यार और सावधानी के साथ आगे बढ़ा रहे हैं' (किरन विनोद भाटिया और राधिका गजाला के आलेख 'Examining Anti-CAA Protests at Shaheen Bagh : Muslim Women and Politics of the Hindu India' में दिया गया उद्धरण)।

शाहीन बाग आन्दोलन में मुस्लिम महिलाओं की भागीदारी का एक विशिष्ट पक्ष प्रदर्शनकारी महिलाओं में अधिकांश का उम्रदराज, यहाँ तक की सत्तर, अस्सी और नब्बे पार की औरतों का भी होना था। शाहीन बाग की औरतें जामिया में पढ़ रहे अपने बच्चों, पोते-पोतियों की सुरक्षा को लेकर चिन्तित थीं। वे अपनी बेटियों, बेटों, युवा छात्र-छात्राओं को अपने ही दम पर अकेले इस बर्बरता का सामना करते नहीं देख सकीं। इसके चलते, और इसलिए भी अस्सी-नब्बे पार की नानियों और दादियों ने मंच और मोर्चा सँभाला कि मुस्लिम युवतियों के लिए जेंडर, धर्म, जाति, सामाजिक-आर्थिक अवस्थिति...तमाम कारणों-कारकों के सम्मिलित प्रभाव के चलते यौनिक उत्पीड़न और अपमान का खतरा कहीं ज्यादा था। इस आन्दोलन में महिलाओं ने अपनी प्रतिबद्धता का प्रदर्शन किया : "अगर तुम हमारे अधिकारों पर हमला करोगे, हम लड़ेंगी; और हम पीछे नहीं हटेंगी। हमारे बुर्के, बिंदियाँ, और चूड़ियाँ हमारे प्रतिरोध का प्रतीक हैं। ये हमारी जिंदगी है, हमारे परिवार हैं, हमारे समाज-समुदाय हैं और हमारे अपने शरीर हैं। और भारत को हमें इसी रूप में, बिना कोई शर्त लगाये स्वीकार करना होगा।" इस रूप में शाहीन बाग आन्दोलन पितृसत्तात्मक समाज में महिला 'एजेंसी' अथवा 'क्षमता' को परिभाषित करने की परम्परागत दृष्टि और प्रवृत्ति को भी चुनौती दे रहा था।[61]

महिलाओं की प्रतिबद्धता, और अपनी जमीन, घर-परिवार और समाज-समुदाय के प्रति चाहना (longing) नागरिकता संशोधन कानून में अपेक्षित सम्पदा स्वामित्व और मर्द वंशावली के दस्तावेजों की सारी शर्तों पर भारी थी। नौकरशाही की ये शर्तें महिलाओं के 'नागरिक और भारतीय होने की दावेदारी' में सबसे ज्यादा मारक थीं, क्योंकि पितृसत्तात्मक समाज में इन दोनों ही मामलों में औरत विपन्न और वंचित रखी जाती है। इसके चलते महिलाएँ नागरिकता संशोधन विरोधी संघर्ष की अगली कतारों में इस खतरे के बावजूद खड़ी हुईं कि पितृसता के 'जेंडर मानकों' को चुनौती दे कर वे अपने शरीरों पर और भी अधिक हिंसा का खतरा मोल ले रही हैं।[62]

49 वर्ष की एक मुस्लिम महिला भागीदार ने कहा : "मैं यहाँ अपनी मर्जी से हूँ। यह जगह महफूज नहीं है। यहाँ खड़े रहकर, पुलिस और तमाम लोगों को यह बताते-

दिखाते रहना कि आप उनका विरोध कर रहे हैं। इसका मतलब है आप मुश्किलों को न्योता दे रहे हैं। मैं जानती हूँ कि अगर उन्होंने मुझे पहचान लिया तो वे मेरे पूरे परिवार को परेशान कर सकते हैं। मेरे कहने का मतलब यह कि यह जगह खतरनाक है, और मेरा यहाँ होना मेरे परिवार के लिए खतरा बन सकता है। मगर मैं यहाँ हूँ, क्योंकि अगर हम अभी खड़े नहीं हुए तो हमारा कोई भविष्य नहीं बचेगा। वे (पुलिस और सरकार) हम पर लाठी चार्ज कर सकते हैं, वे हमारे घरों तक पहुँच सकते हैं और हमारे आदमियों को ले जा सकते हैं जैसा उन्होंने लखनऊ में किया है। हम यह खतरा उठा रहे हैं। मेरी इतनी उम्र हो चुकी है, मेरे पास अपनी कोई बचत भी नहीं है। अगर वे लाठी से मेरे सर पर वार करते हैं और मेरे सर पर चोट करते हैं, (जिससे) मैं शायद मर भी जाऊँ। हर घड़ी जब तक हम यहाँ हैं, इस खतरे का सामना कर रहे हैं, मगर हम यह भी जानते हैं कि यह उसके बदले में बहुत छोटी सी कीमत है जिसका हमें सामना करना पड़ेगा अगर हम अभी नहीं खड़े हुए तो।"

जेएनयू की प्रो. जोया हसन का मानना है कि नागरिकता संशोधन कानून के विरोध में हुए प्रतिरोध-प्रदर्शनों में मुस्लिम महिलाओं की भागीदारी इस आन्दोलन की वह मूल विशिष्टता है, जिसने मुस्लिम महिलाओं को लेकर तमाम विद्यमान-प्रचलित धारणाओं-पूर्वाग्रहों को ध्वस्त कर दिया। इसने इस आम तौर पर व्याप्त धारणा का हमेशा के लिए अन्त कर दिया कि भारतीय मुस्लिम महिला पितृसत्तात्मक दमन की सताई-दुखियारी ऐसी अनपढ़ और बुरकानशीं औरत है, जिसके पास अपनी कोई आवाज़ नहीं है। इस धारणा को तार-तार करते हुए मुस्लिम महिलाएँ लगातार इस आन्दोलन की सबसे अगुआ नेतृत्वकारी कतारों में बने रहकर नागरिकता संशोधन के प्रतिरोध की जीवंत आत्मा और पथ प्रदर्शिका बनी रहीं। यह मुस्लिम महिलाओं की हिम्मत और प्रतिबद्धता थी, जिसने इस आन्दोलन को भारत में सौ से ज्यादा स्थानों पर लम्बे समय तक टिकाए रखा। मुस्लिम महिलाओं, खासकर उम्रदराज आम मुस्लिम महिलाओं की आन्दोलन में इतनी मजबूती कि अगली कतारों में डटे रहकर भागीदारी लोगों की कल्पना से परे और अचंभित-अभिभूत कर देने वाली थी।[63]

इस आन्दोलन ने मुसलमानों, विशेषकर मुस्लिम महिलाओं की छवि को 'भारत के सन्देहास्पद नागरिक' से 'भारत के रक्षक' : भागीदार जनतंत्र, सह-अस्तित्व, सेक्युलरिज्म के रक्षक में बदल दिया। शाहीन बाग वह विशाल उदात्त 'स्पेस' बन गया जहाँ संविधान, आंबेडकर, भगत सिंह, फातेमा नफीस, सावित्री बाई फुले, रुकइया सखावत हुसैन, हसरत मोहानी, बिस्मिल अजीमाबादी, फ़ैज़, गांधी, टैगोर, नेहरू, अब्दुल कलाम आजाद...सभी एक-दूसरे के पूरक थे। इसलिए कोई आश्चर्य नहीं कि हिन्दुत्व ताकतें और 'राजसत्ता' इस आन्दोलन और इसके भागीदारों को 'राष्ट्रद्रोही', 'पाकिस्तानी दलाल और घुसपैठिये', 'भाड़े के एजेंट', 'इस्लामिक जिहादी', 'भारत के खिलाफ इस्लामिक देशों की घृणित साजिश' के रूप में प्रचारित करके इसके बर्बर हिंसक दमन को न्यायसंगत ठहराने का प्रयास कर रहे थे।

हिन्दुत्व राजसत्ता के लिए विरोध-असहमति की कोई भी अभिव्यक्ति वह वर्जना थी, जिसका एकमात्र उत्तर निर्मम हिंसक दमन था। यह निर्मम हिंसा का वह अभियान था,

जिसमें भाजपा के सांसद प्रवेश वर्मा भरी सभा में जहर उगल रहे थे कि ये प्रदर्शनकारी तुम्हारे (हिन्दुओं के) घरों में घुस जाएँगे, तुम्हारी बहन-बेटियों को उठा ले जाएँगे, उनका बलात्कार करेंगे और हत्या कर देंगे! राष्ट्र का प्रधानमंत्री तक इशारा कर रहा था कि जो इस आग को भड़का रहे हैं उन्हें उनके कपड़ों से पहचाना जा सकता है। स्पष्ट तौर पर इशारा शाहीन बाग की मुस्लिम औरतों की ओर था। यह वह अभियान था जिसमें हिन्दुत्व राजसत्ता के अनुराग ठाकुर जैसे केन्द्रीय मंत्री जुलूस-रैलियाँ निकालकर 'गोली मारो सालों को' के नारे लगवा रहे थे, कापिल मिश्रा जैसे भाजपा नेता पुलिस अधीक्षक को बगल में खड़ा करके कत्लेआम की धमकियाँ दे रहे थे, और पुलिस संरक्षण में हिन्दुत्व के गुंडे शाहीन बाग पर गोलियाँ चला रहे थे।

नफरत और हिंसा के इस उन्माद के जवाब में शाहीन बाग की औरतें 'आओ बैठें, बातें करें' की दावत दे रही थीं। उन्होंने अपने आन्दोलन की नई राजनीतिक शैली-शब्दावली विकसित की। यह नई शैली नफरत और हिंसा की किसी भी राजनीति पर भारी और उसके विकृत विद्रूप के विपरीत ध्रुवी सौन्दर्य से भरपूर थी। आन्दोलन की भागीदार घर-परिवार की महिलाएँ और विश्वविद्यालयों की छात्राएँ एक-दूसरे के अनुभवों-अनुभूतियों की साझीदारी के जरिये सीख-समझ रहीं थीं कि किस तरह से उनकी जिंदगियाँ उनकी अपनी निर्मिति से कहीं ज्यादा अपने देश और दुनिया के वृहत्तर सामाजिक-सांस्कृतिक, राजनीतिक और आर्थिक परिस्थितियों के संश्रय का परिणाम हैं। अनुभवों-अनुभूतियों की अनगिनत कहानियों के जरिए प्रतिरोध स्थल 'वर्चस्व विरोध' का वह 'स्पेस' बने, जहाँ भागीदार स्कूली शिक्षा से नितांत विलग और विशिष्ट जीवन की सीख हासिल कर रहे थे।

बेल हुक्स (Bell Hooks) की शब्दावली में यह 'ऊर्ध्वगमित होने की वह शिक्षा' ('teaching to transgress') थी, जो शिक्षा को आजादी के व्यवहार के रूप में : एक-दूसरे की बेहतरी और देखभाल, अभिव्यक्ति और व्यवहार की आजादी और राजनीतिक क्षमता (agency) के विस्तार तक विस्तीर्ण करती है। यह वह शिक्षा थी, जो नागरिकता संशोधन कानून द्वारा नागरिकता को कुछ चुने हुए सुविधाभोगी व्यक्तियों और समुदायों का विशेषाधिकार बना दिए जाने, और गरीब-वंचित समुदायों, विशेषकर महिलाओं को नागरिकता से वंचित किए जाने के खिलाफ नागरिकता के सार्वजनीन अधिकार "हम कागज नहीं दिखाएँगे" और "किसी के बाप का हिन्दोस्तान थोड़ी है" की चुनौती दे रही थी। यह चुनौती 'आजादी', 'ये मेरा चमन', 'हम देखेंगे', 'सब याद रक्खा जाएगा' और 'ऐसे दस्तूर को मैं नहीं मानता' जैसे तराने गा रही थी। शिक्षा और उससे जन्मी यह चेतना हिन्दुत्व राजसत्ता से आँखें मिलाकर चुनौती दे रही थी : "मैं भगत सिंह की हिम्मत हूँ, अशफाक का हौसला हूँ, बिस्मिल का गीत हूँ; लोगों के हुक्मरानो! मेरी आँखों में देखो! मैं शाहीन बाग हूँ।" इन अर्थों सन्दर्भों में शाहीन बाग आन्दोलन उन आन्दोलनों में था, जो न केवल समाज में, बल्कि खुद आन्दोलन के भागीदारों के अन्दर भी रेडिकल बदलाव लाते हैं।[64]

24 मार्च, 2020 को कोविड लॉक डाउन के चलते आन्दोलन के भागीदारों को शाहीन बाग खाली करना पड़ा। हिन्दुत्व राजसत्ता ने आनन-फानन उस स्थल से उस

अद्‌भुत-उदात्त आन्दोलन की जीवंत स्मृतियों—वहाँ लगे पोस्टरों-बैनरों, दीवार लेखन और म्यूरल चित्रों, कलात्मक संरचनाओं को हटा-मिटा कर इस आन्दोलन की स्मृतियों को मिटा देने की कोशिश की। इसके बावजूद न तो यह संघर्ष खत्म हुआ, और न ही आम जनमानस, विशेषकर आन्दोलन के भागीदारों के स्मृतिपटल पर हमेशा के लिए अंकित हो चुकी इस संघर्ष की स्मृतियों-छवियों, और उससे भी बढ़ कर उनकी राजनीतिक चेतना और जागरूकता में आए रेडिकल बदलाव को मिटाया जा सका। वैश्विक स्तर पर भी 'बिलकीस दादी' ने टाइम्स मैगजीन (TIMES) में विश्व के सर्वाधिक प्रभावशाली व्यक्तित्वों में जगह बनाकर इस आन्दोलन को जनतंत्र के वैश्विक विमर्श के स्मृतिपटल पर अमिट रूप से अंकित कर दिया।[65] विजया राव का मानना है कि 'स्मृति' (memory) वह प्राथमिक परिक्षेत्र (primary site) है, जहाँ सांस्कृतिक नागरिकता की दावेदारी की निर्मिति होती है।

'राष्ट्र का मानने' (belonging) अथवा 'राष्ट्र से' बहिष्कृत करने के लिए जीवित जनों से दस्तावेजों की माँग के जरिए राजसत्ता की राजनीतिक सांगठानिकता का 'स्पेस' स्मृतियों, अधिकारों और दैनंदिन जीवन व्यवहार के साथ टकराता और हस्तक्षेप करता (intersects) है।[66] यह वह 'टकराहट और हस्तक्षेप' है जिसने हिन्दुत्व राजसत्ता को ऐसे कानून बनाने, उपाय करने के लिए प्रवृत्त किया जिनसे मुसलमानों को राष्ट्र से बहिष्कार के शाश्वत खतरे में अभिशप्त रखा जा सके। नागरिकता संशोधन कानून (सीएए), एनआरसी, और एनपीआर का त्रिशूल एक खास समुदाय की विद्यमान पीढ़ी पर अपनी नागरिकता प्रमाणित करने का भार थोपते हुए उन्हें अपने पुरखों और उनकी इसी मातृभूमि के लिए खून-पसीना देने की 'स्मृति' के आधार पर नागरिकता के सहज-स्वाभाविक अधिकार से वंचित करता है। सरवरी जैसी अनगिनत दादियों-नानियों के पास न तो जन्मतिथि का प्रमाणपत्र है और न ही किसी सम्पदा स्वामित्व का दस्तावेज। बहुतों के शौहर भी गुजर चुके हैं। इन बेवाओं के पास अपने शौहरों के पुरखों का यहाँ रहना साबित करने के लिए के भी कोई 'कागज' नहीं है। इन करोड़ों लोगों के लिए 'भारतीय' होना 'साँस लेने' जैसा है—उनसे अपनी नागरिकता साबित करने के लिए कहना उनकी सांसें छीन लेने जैसा था।

राज्य द्वारा स्मृतियों के 'नकार' की यह क्रूरता इन दादियों-नानियों और उनकी आगे की पीढ़ियों को भी महीनों तक शाहीन बाग में राज्य की निर्मम बर्बरता का सामना करते हुए टिकाए रही। उनकी यह विवशता 'हम भारतीय हैं और अपने भारत का एक और विभाजन नहीं होने देंगे' का वज्रघोष बन गई। यह इस बात का वज्रघोष था कि नागरिकता न तो शासकों द्वारा भीरु-समर्पणकारी 'प्रजा' को दी जाने वाली भीख है, और न ही उनकी मनमर्जी बाँटी जाने वाली खैरात है। शाहीन बाग ने इन अर्थों-सन्दर्भों में गांधी के सविनय अवज्ञा अथवा सिविल नाफरमानी को आजाद भारत में प्रतिरोध की उस नई भाषा-परिभाषा में बदल दिया, जो राजसत्ता की आँखों में आँखें डाल कर जवाबदेही माँग रही थी।[67] शाहीन बाग आन्दोलन की जन-गोलबन्दी और चेतना स्वाधीनता आन्दोलन की सविनय अवज्ञा-सिविल नाफरमानी से अपनी स्वत:स्फूर्तता, गांधी जैसे विशाल नेतृत्वकारी व्यक्तित्व के अभाव, 'स्पेस' की 'आक्यूपाई' राजनीति

की दीर्घकालिकता, और अखिल भारत विस्तार की विशिष्टता के सन्दर्भों में और भी अभिभूत कर देने वाली है।

मुस्लिम विरोधी नागरिकता संशोधन प्रयासों के तात्कालिक स्वत:स्फूर्त प्रतिरोध के रूप में शुरू हुआ शाहीन बाग आन्दोलन भारत के ही नहीं, विश्व के सामाजिक-राजनीतिक जन आन्दोलनों के इतिहास के महिलाओं की अगुआई में सबसे प्रेरक अहिंसक, सृजनशील और प्रभावशाली आन्दोलनों में से एक बन गया। अपने विकासक्रम में यह आन्दोलन फासीवाद विरोध और लोकतांत्रिक संविधान व उसके मूल्यों की रक्षा का 'नव-जनजागरण' आन्दोलन बन गया। यह हिन्दुत्व साम्प्रदायिक फासीवाद की नफरत, बहिष्कार और असहिष्णुता की शासकीय नीति के खिलाफ प्रेम, आमेजन और सहिष्णुता का आन्दोलन था। शाहीन बाग फासीवाद की ओर कदम बढ़ाती निरंकुश साम्प्रदायिक राजसत्ता के जन विरोधी चरित्र और नीतियों के खिलाफ महिलाओं, बच्चों, छात्रों, कलाकारों, बुद्धिजीवियों और आम जनता के सामूहिक विद्रोह का ऐतिहासिक आन्दोलन बन गया।

इन सन्दर्भों में शाहीन बाग अवमानना, अपमान, बहिष्कार और विध्वंस की राजनीति के खिलाफ आम जनता की पहचान, अस्तित्व और अस्मिता की हठीली दावेदारी का आन्दोलन था। शाहीन बाग 'मनुष्य' होने के मूलभूत मानवाधिकार के साथ भारत की उस 'आत्मा' की जन दावेदारी थी, जिसमें हर भारतवासी के लिए बराबर का प्यार और जगह थी, और 'नागरिक' होने के लिए किसी भारतवासी को कोई 'दस्तावेज' दिखाने की जरूरत नहीं थी। शाहीन बाग भारत, भारतीय और नागरिक के इस समावेशी विचार की रक्षा के लिए समूचे भारत की महिलाओं द्वारा 'राजसत्ता' से जवाबदेही माँगने का नाम बन गया। महिलाएँ राजसत्ता की असहिष्णु, निर्मम, उद्दंड, हिंसक ताकत—गिरफ़्तारी, लाठी-गोली, आँसूगैस, हाड़ कंपाती ठंड में पुलिस द्वारा पानी की तोपों की बौछार, काले कानून, नफरत भरे दुष्प्रचार, राष्ट्रद्रोह, जिहादी-आतंकी होने के आरोप, भाड़े की लम्पट लठैत वाहनियों के हिंसक यौनिक उन्माद, के खतरों से पूरी तरह वाकिफ थीं। ये महिलाएँ साम्प्रदायिक हिन्दुत्व की 'सावरकर की विरासत' के 'गोली मारो—मार भगाओ' पैगाम का जवाब गांधी, आंबेडकर, भगत सिंह, सावित्री बाई फुले, फातिमा शेख और स्वाधीनता के अन्य असंख्य योद्धाओं की 'प्रेम, सहयोग और सृजन' की विरासत के पैगाम से दे रही थीं।

महिलाओं द्वारा जन आन्दोलनों में भागीदारी अथवा अन्याय-अनीति का प्रतिरोध इतिहास की कोई नई घटना नहीं थी। सदियों-सहस्त्राब्दियों से महिलाएँ हिंसा, पितृसत्ता, युद्ध, नफरत की राजनीति, दमन और फासीवाद से लड़ते हुए घर-परिवार, समुदाय और राजसत्ता के खिलाफ असंख्य तरीकों से घर-बाहर हर जगह लड़ती-विद्रोह करती रही हैं। ब्रिटिश राजसत्ता के खिलाफ अनगिनत किसान-आदिवासी हूल-उलगुलान विद्रोहों-बगावतों, 1857 के प्रथम स्वाधीनता संग्राम, मुक्तिकामी क्रान्तिधर्मी धारा की दुस्साहस को चुनौती देती चुनौतियों और राष्ट्रीय स्वाधीनता के मुख्यधारा आन्दोलन की हर गतिविधियों में महिलाओं की भागीदारी रही है। आजाद भारत में तेलंगाना, तेभागा, नक्सलबारी विद्रोहों, चिपको आन्दोलन, नर्मदा बचाओ आन्दोलन, सम्पूर्ण

क्रान्ति आन्दोलन, भोपाल गैस त्रासदी के खिलाफ आन्दोलन, चाय बागान और तमाम मजदूर-किसान आन्दोलनों...से लेकर कालेज-विश्वविद्यालयों के छात्र आन्दोलनों, अभिव्यक्ति की स्वतंत्रता, शिक्षा और रोजगार के अधिकार के लिए, दहेज, सती प्रथा के खिलाफ, जेंडर पहचान और यौनिक अभिवृत्ति की स्वतंत्रता के लिए 'मी टू' से लेकर 'पिंजरा तोड़' छात्र-युवा-महिला आन्दोलनों जैसे असंख्य आन्दोलनों में अपने और अपने परिवार समुदाय की पहचान, अस्तित्व और अस्मिता के साथ-साथ जटिलतम राष्ट्रीय-वैश्विक आयाम के सामाजिक-राजनीतिक मुद्दों पर भी महिलाओं की बढ़-चढ़ कर भागीदारी रही है।

दिसम्बर 2012 में दिल्ली में हुए जघन्य निर्भया सामूहिक बलात्कार और हत्याकांड ने राष्ट्रीय स्तर पर, विशेषकर युवा महिलाओं की चेतना को झकझोर कर रख दिया और विश्वविद्यालयों की छात्राओं के नेतृत्व में महिला सुरक्षा के सवाल पर महिलाएँ हजारों-हजार की संख्या में सड़कों पर उतर पड़ी थीं। छात्राओं-युवा माहिलाओं के #मीटू और पिंजरा तोड़ जैसे आन्दोलनों ने विश्वविद्यालय परिसरों के अन्दर और बाहर महिला सुरक्षा, महिला छात्रावासों की व्यवस्था, सार्वजनिक स्थलों पर महिलाओं की मौजूदगी पर पहरे, महिलाओं के अपने शरीर पर शर्तविहीन अधिकार और यौनिक उत्पीड़न जैसे सवालों पर राष्ट्रीय विमर्श खड़ा किया। 2015 में जामिया की छात्राओं ने बलात्कार की संस्कृति और महिला अस्मिता के सवालों पर 'सेनिटरी पैड' जागरूकता अभियान शुरू किया। इन आन्दोलनों की अधिकांश छात्राएँ उच्च शिक्षा तक पहुँचने वाली पहली पीढ़ी की लड़कियाँ थीं, जो हॉस्टलों अथवा किराए के कमरों में स्वतंत्र रूप से रहते हुए शहरीकरण की गतिशीलता की जटिलताओं से जूझती हुई अपनी क्षमता और अधिकार (agency) की स्वतंत्र दावेदारी की ओर कदम बढ़ा रही थीं।[68]

राजसत्ता द्वारा समूची राज्य मशीनरी और अपनी युवा लम्पट वाहिनियों के जरिये विरोध और असहमति की हर आवाज के हिंसक दमन और एक समुदाय विशेष को राष्ट्र से बहिष्कृत करने के प्रयास के विरोध में विश्वविद्यालय परिसरों की युवा लड़कियों ने 'राज्य तंत्र' को शाहीन बाग में चुनौती दी। बेटियों की जीन्स, बिंदी, बुर्का और हिजाब की इस हठीली चुनौती को राजसत्ता के कहर से बचाने के लिए दादियाँ-नानियाँ भी पितृसत्ता की बन्दिशें तोड़ते हुए सड़कों पर आ डटीं। देखते-देखते यह लड़ाई साम्प्रदायिक फासीवाद बनाम जनता के जनतंत्र में बदल गई, जिसकी कमान शुरू से अन्त तक दादियों-नानियों और उनकी बच्चियों के हाथों में रही। इस आन्दोलन की अनूठी विशिष्टता नफरत और बहिष्कार की सत्ता राजनीति का जवाब नफरत और आक्रोश से देने के बजाय एक-दूसरे के प्रति प्यार, सुरक्षा, देखभाल, सहयोग और चिन्ता की एकजुटता से देने में थी।

यह आन्दोलन इक्कीसवीं सदी के नव-सामाजिक 'आकुपाई' आन्दोलनों की कड़ी में 'स्पेस की राजनीति' के वैकल्पिक जीवन मूल्य और व्यवहार के उस प्रयोग की धारावाहिकता में था, जहाँ प्रतिरोध आन्दोलन से ज्यादा प्रेम, स्वायत्तता, सहकार और आत्मनिर्भरता का सम्पूर्ण 'वैकल्पिक जीवन' था। आकुपाई आन्दोलन ने सार्वजिनक स्थलों पर जनता की दावेदारी में डटे रहने के बावजूद, विद्यमान राजसत्ता के समक्ष

किसी विशिष्ट माँग को रखने से परहेज किया था। इससे आगे कदम बढ़ाते हुए शाहीन बाग ने सार्वजनिक स्थलों पर जनता की दावेदारी और वैकल्पिक जीवन मूल्य व्यवहार को राजसत्ता से नागरिक संशोधन कानून और उससे जुड़ी सारी प्रक्रिया (एनआरसी और एनपीआर) रद्द किए जाने की ठोस माँग का हथियार बनाया। इस आन्दोलन ने दिखाया कि राज सत्ता और पितृसत्ता दोनों की राजनीति का हर व्यवहार औरत की निजता को प्रभावित करता है। इसलिए औरत का हर 'निजी' सवाल 'राजनीतिक' है, और हर 'राजनीतिक' सवाल औरत का 'निजी' सवाल है (Personal is Political and Political is Personal)। यह वह विशिष्टता थी जिसने 'राष्ट्रीय राजधानी के शाहीन बाग' को 'शहर-शहर शाहीन बाग' और फिर 'घर-घर शाहीन बाग' तक विस्तीर्ण किया।[69] इस विस्तार के साथ शाहीन बाग ने 'भारत के समावेशी विचार' की राष्ट्रीय जन दावेदारी करते हुए सामाजिक-राजनीतिक आन्दोलनों के इतिहास के साथ-साथ भारत की अमन और जनतंत्र पसन्द जनता का दिल भी जीत लिया।

दिल्ली जनसंहार

षड्यंत्र : आन्दोलनकारियों का या हिन्दुत्व राजसत्ता का?

11 मार्च, 2020 को स्वयंभू 'बौद्धिकों और अकादमिकों के ग्रुप' ('Group of Intellectuals and Academicians : GIA') ने 'दिल्ली दंगे, 2020' (Delhi Riots, 2020) शीर्षक से अपनी 'तथ्य जाँच' (fact-finding) रिपोर्ट गृह मंत्रालय को सौंपी। इसी रिपोर्ट का 'दिल्ली दंगे, 2020 : अनकही कहानी' (Delhi Riots, 2020 : The Untold Story) किताब के रूप में भाजपा नेता कापिल मिश्रा द्वारा 22 अगस्त, 2020 को लोकार्पण होना था। यह वही कापिल मिश्रा थे, जिन्होंने 21 दिसम्बर, 2019 को हथियारबन्द हिन्दुत्व लम्पट गुंडा जुलूस का 'देश के गद्दारों को—गोली मारो सालों को' नारे के साथ नेतृत्व किया था। इसी कापिल मिश्रा ने 23 फरवरी, 2020 को अपने हथियारबन्द समर्थकों की सभा में दिल्ली के पुलिस उपायुक्त को बगल में खड़ा करके धमकी दी थी कि यदि दिल्ली पुलिस जाफराबाद के नागरिकता संशोधन कानून विरोधी धरना स्थल को खाली कराने में असमर्थ है, तो उसके समर्थक मामला अपने हाथ में लेकर खाली करा लेंगे। इसके बाद 23 से 26 फरवरी तक उत्तर-पूर्वी दिल्ली की गरीब मुस्लिम बहुल बस्तियाँ आग में जलती रहीं जिसमें 53 लोग (40 मुस्लिम और 13 हिन्दू) मारे गए, और आवास व जीवनयापन के अकूत सम्पदा-संसाधन आग की लपटों में राख हो गए।

किताब के लोकार्पण के दिन प्रकाशक 'ब्लूम्सबर्ग इंडिया' ने किताब से हाथ खींच लिया। किताब की 'लीड लेखिकाओं' : मोनिका अरोरा, प्रेरणा मल्होत्रा, और सोनाली चितालकर ने किताब के पीडीएफ का कापिल मिश्रा से सोशल मीडिया मंचों : व्हाट्स एप, ट्विटर, ई-मेल आदि पर 'वर्चुअल लॉन्च' कराते हुए 'पब्लिक के लिए' जारी कर दिया। किताब झूठे दावों, जानबूझ कर की गई तथ्यगत गलतियों, तोड़-मरोड़

कर पेश किये गए वक्तव्यों, और घटनाओं के मुस्लिम विरोधी साम्प्रदायिक जहर से भरे तोड़-मरोड़ की कहानी थी जिसे 'तथ्यों की छानबीन' के नाम पर परोसा गया था। किताब नागरिकता संशोधन कानून-2019 के विरोध और प्रत्येक भारतवासी की नागरिकता के 'बराबर के अधिकार' के लिए महिलाओं, विशेषकर मुस्लिम महिलाओं के नेतृत्व में चल रहे शान्तिपूर्ण-जनतांत्रिक शाहीन बाग जन आन्दोलन को 'राष्ट्रद्रोह और आपराधिक षड्यंत्र' साबित करके हिंसक ढंग से बदनाम और विनष्ट करने की राजसत्ता परियोजना का अभिन्न अंग थी।

किताब के तथाकथित 'तथ्यगत जाँच के आधार पर' कुछ 'निष्कर्ष'

- सीएए के खिलाफ चल रहा आन्दोलन दिल्ली दंगों का कारण और परिणाम (cause and effect) दोनों था;
- आन्दोलन के साथ किसी भी रूप में जुड़े मुस्लिम, नागरिक और मानवाधिकार आन्दोलनों-संगठनों से जुड़े लोग और सत्ता की नीतियों-कार्यक्रमों से असहमत आम नागरिक देश को अस्थिर (destabilize) करने के अन्तर्राष्ट्रीय षड्यंत्र के भागीदार और सहयोगी थे;
- आन्दोलन सीएए विरोध के नाम और मुखौटे में भारत के टुकड़े-टुकड़े करने के लिए अर्बन नक्सल और जिहादी गठजोड़ का षड्यंत्र था। इस भयावह आपराधिक षड्यंत्र की फंडिंग अन्तर्राष्ट्रीय इस्लामिक संगठनों, और आइएसआईएस (ISIS) जैसे आतंकी गुटों द्वारा की जा रही थी। समूचा सीएए, एनसीआर, एनपीआर विरोधी आन्दोलन इस षड्यंत्र का 'फ्रंट' था। सीरिया और मिस्र में प्रशिक्षित पेशेवर 'शार्प शूटर्स' उत्तर-पूर्वी दिल्ली की ऊँची बिल्डिंगों पर हत्या के लिए तैनात किए गए थे। आन्दोलन में औरतें बुर्के के अन्दर तलवारें और कटारें छिपाये रहती थीं।

वस्तुतः यह किताब शाहीन बाग आन्दोलन को राष्ट्रद्रोह साबित करने और दिल्ली दंगों को उसका अंग बताने के लिए दिल्ली पुलिस के साथ रचे गए षड्यंत्र का हिस्सा थी। दिल्ली पुलिस की आन्दोलनकारियों और दंगा पीड़ितों के खिलाफ दर्ज 'एफआईआर' और मुकदमों में दायर 'चार्ज शीट' किताब में दिए गए 'तथ्यों और निष्कर्षों' की नकल थी। कहना मुश्किल है कि किताब दिल्ली पुलिस की चार्ज शीटों की नकल थी, या फिर दिल्ली पुलिस ने किताब की नकल से अपनी चार्ज शीटें तैयार की थीं। हर चार्ज शीट की शुरुआत में नागरिकता संशोधन कानून के खिलाफ चल रहे आन्दोलन के राष्ट्र विरोधी होने का ब्योरा देने, इसके बाद षड्यंत्र, पहले से योजना तैयार किए जाने, अन्तर्राष्ट्रीय नेट वर्किंग, फंडिंग और तमाम आरोपों को दुहराया जाता था—बिना किसी प्रमाण अथवा गवाही के! इन अनर्गल-आधारहीन आरोपों के बहुतेरे आरोपियों को आज तक जमानत नहीं मिली है। किताब और चार्ज शीट दोनों में ही 'औरतों और बच्चों का ढाल की तरह इस्तेमाल करने', आन्दोलन के अन्य सभी धर्मों, पुलिस, सरकार और भारत के खिलाफ खतरनाक षड्यंत्र होने, आन्दोलन के

भागीदारों द्वारा अपने भाषणों-कविताओं से सरकार और हिन्दू विरोधी हिंसक उन्माद खड़ा करने के आरोप थे।[70]

सच्चाई इसके ठीक उलट थी। 15 दिसम्बर, 2019 से शुरू हुए आन्दोलन के पहले ही दिन से हिन्दुत्व राजसत्ता और संघ परिवार द्वारा लगातार झूठी अफवाहें फैलाने, आन्दोलन विरोधी राज्य प्रायोजित भड़काऊ रैलियाँ और सभाएँ करने, पुलिस संरक्षण में आन्दोलन के खिलाफ हिंसक घटनाओं को अंजाम दिलाने, पुलिस द्वारा खुद रास्ता जाम करके आन्दोलन द्वारा पब्लिक को परेशानी और यातायात आवागमन में बाधा का वितंडा खड़ा करने, आन्दोलन पर अमेरिकी राष्ट्रपति की दिल्ली यात्रा के समय भारत की अन्तर्राष्ट्रीय स्तर पर बदनामी कराने का आरोप लगाने जैसे सचेत-सुनियोजित हथकंडों से मुस्लिम विरोधी हत्या-आगजनी और लूट-पाट के हिंसक उन्माद, भय और आशंका का विषाक्त वातावरण तैयार किया जा रहा था।

सत्ता, संघ परिवार और पुलिस-प्रशासन गठजोड़ की यह हिन्दुत्व परियोजना 23 से 26 फरवरी, 2020 तक उत्तर-पूर्वी दिल्ली में मुसलमानों के कत्लेआम, और मुस्लिम बस्तियों की आगजनी व लूट-पाट के अपने अभिक्षित अंजाम पर पहुँची। 53 लोगों की मौत और 200 से ज्यादा गम्भीर घायलों वाले इस जनसंहार के दौरान जब हिन्दुत्व के उन्मादी गुंडे मुसलमानों को मौत के घाट उतार रहे थे और मुस्लिम बस्तियाँ और बाजार लूट-जला रहे थे, दिल्ली पुलिस न केवल तमाशबीन बनी रही, बल्कि बहुत से मामलों में खुद इन जघन्य कांडों में शामिल थी। पुलिस की इस दक्षता के लिए देश के गृहमंत्री अमित शाह ने '36 घंटों के अन्दर दंगे पर काबू पा लेने' की शाबासी दी!

इस जनसंहार की पटकथा नागरिकता संशोधन कानून पारित करने के साथ ही लिखी जाने लगी थी। भाजपा शासित राज्यों में इस जनसंहार के पहले तक सीएए विरोधी प्रदर्शनों के दमन में पुलिस द्वारा कम-से-कम तीस लोग मारे जा चुके थे : उत्तर प्रदेश में 8 वर्ष के एक बच्चे सहित 23, असम में 5, और कर्नाटक में 2। दिसम्बर, 2019 से ही सरकारें सीएए विरोधी प्रदर्शनों को रोकने के लिए प्रदर्शनकारियों के खिलाफ औपनिवेशिक युग के प्रतिबन्धकारी कानूनों से लेकर यूएपीए तक का इस्तेमाल कर रही थीं। राजसत्ता प्रदर्शनकारियों पर भाजपा प्रायोजित हिन्दुत्व लम्पट जत्थों के हमलों के खिलाफ कार्यवाही के बजाय संरक्षण कर रही थीं। शान्तिपूर्ण आन्दोलनकारी और समर्थक मनमाने ढंग से राष्ट्रद्रोह के आरोप में गिरफ्तार कर प्रताड़ित किए जा रहे थे। धारा 144 लगाकर चार से ज्यादा लोगों का जुटना प्रतिबन्धित कर दिया गया। आन्दोलन और पुलिस ज्यादतियों की सूचनाएँ फैलने से रोकने का लिए राज्यों में जब मर्जी इंटरनेट सेवाएँ बन्द कर दी जाती रहीं। सूचना और प्रसारण मंत्रालय ने सारे टीवी चैनलों को धमकाया कि वे 'राष्ट्रविरोधी' (सीएए विरोधी) भावनाओं को दिखाने वाले समाचार अथवा इस तरह का कोई भी प्रसारण नहीं करें।

उत्तर प्रदेश में मनमानी गिरफ्तारियाँ, छापे, घर के अन्दर नजरबन्दी, बिना किसी वारंट के मुसलमानों और आन्दोलन समर्थकों के घरों की तलाशी और गिरफ्तारी के जरिए भय और आतंक का माहौल बनाना, मुस्लिम मदरसों में घुस कर शिक्षकों और

बच्चों को पीटना-गिरफ्तार करना, शान्ति कार्यकर्ताओं पर हिंसा भड़काने, हत्या की साजिश रचने-प्रयास करने, सार्वजनिक सम्पत्ति को नुकसान पहुँचाने का आरोप लगा कर गिरफ्तार और प्रताड़ित करना, गरीब मुसलमानों की दुकानों को 'सील' करना, आन्दोलनकारियों के खिलाफ सार्वजनिक सम्पत्ति के नुकसान भरपाई वसूली की नोटिस भेजना, उन्हें बदनाम करने के लिए फ़ोटो के साथ दीवालों पर इश्तहार लगवाना और अखबारों में छपवाना प्रशासन का 'स्टैंडिंग ऑपेरेटिंग प्रोसीजर' बन गया। उत्तर प्रदेश में जनवरी, 2020 तक कम-से-कम 41 नाबालिग छात्र पुलिस कस्टडी में लेकर प्रताड़ित किये जा चुके थे। कर्नाटक में 9-12 वर्ष के स्कूली बच्चों और उनके प्रधानाध्यापक को नागरिकता संशोधन कानून विरोधी नाटक के मंचन के लिए गिरफ्तार करके पाँच दिन तक थाने में लगातार इस नाटक को लिखने और तैयार करने वाले अध्यापकों और अभिभावकों के नाम उगलवाने के लिए पूछताछ होती रही। जब तक न्यायालय इन अनर्गल आरोपों को खारिज करके सबको दोषमुक्त करता, प्रधानाध्यापक और अभिभावक दो सप्ताह जेल में बिता चुके थे! इसके बावजूद भाजपा विधायक इसे राष्ट्र की एकता और अखंडता पर खतरा मानकर स्कूल का पंजीयन रद्द करने की माँग कर रहे थे!

भाजपा नेता खुलेआम मुसलमानों के खिलाफ हिंसा भड़का रहे थे, जबकि शान्तिपूर्ण प्रदर्शनकारी यूएपीए जैसे कानूनों में गिरफ्तार करके प्रताड़ित किए जा रहे थे।[71] 15 दिसम्बर, 2019 को जामिया मिलिया इस्लामिया में पुलिस ने आँसू गैस का प्रयोग करते हुए लाइब्रेरी और हास्टलों में घुस कर शान्तिपूर्ण ढंग से पढ़ रहे महिला-पुरुष छात्र-छात्राओं पर लाठी चार्ज और यौनिक अभद्रता की।[72] 5 जनवरी, 2020 को जेएनयू परिसर में दर्जनों की संख्या में हाकी, लाठी-डंडों, ईंट-पत्थर, हथौड़ों से लैस एबीवीपी और संघ परिवार के गुंडों ने घुस कर तीन घंटों तक तोड़-फोड़-मारपीट का तांडव मचाते हुए तीस से ज्यादा छात्र-छात्राओं और शिक्षकों को घायल कर दिया। 6 जनवरी को दिल्ली विश्वविद्यालय से सम्बद्ध लड़कियों के गार्गी कालेज में एबीवीपी और संघ परिवार के गुंडों ने अश्लील यौनिक अभद्रताएँ कीं। 30 जनवरी, 2020 को जामिया मिलिया इस्लामिया परिसर में प्रदर्शन कर रहे छात्र-छात्राओं के बीच एक सीएए समर्थक ने घुस कर गोली चलाई और एक छात्र को घायल कर दिया। इन सारे मामलों में वहाँ मौजूद पुलिस ने कोई हस्तक्षेप नहीं किया। हर जगह गुंडा तत्त्वों ने इत्मीनान के साथ अपना काम पूरा करके घटना स्थल छोड़ा।

दिल्ली में 8 फरवरी, 2020 के चुनावों की रैलियों और सभाओं में भाजपा नेता खुलेआम शाहीन बाग और मुसलमानों के खिलाफ जहर उगलते हुए हिन्दू भीड़ों को हिंसा के लिए उकसा रहे थे। कापिल मिश्रा शाहीन बाग को 'मिनी पकिस्तान' बताते हुए प्रचार कर रहे थे कि पाकिस्तानी हुड़दंगियों-आतंकियों ने दिल्ली की सड़कों पर कब्जा कर लिया है। केन्द्रीय मंत्री अनुराग ठाकुर जैसे लोग 'गोली मारो सालों को' जुलूस का नेतृत्व कर रहे थे। भाजपा संसद सदस्य प्रवेश वर्मा हिन्दुओं को भड़का रहे थे कि प्रदर्शनकारी मुसलमान हिन्दुओं के घरों में घुसकर उनकी बहन-बेटियों को उठा ले जाएँगे, बलात्कार करेंगे और कत्ल कर देंगे।[73] पुलिस की मौजूदगी में

कापिल मिश्रा के धरना स्थल खाली कराने का 'अल्टीमेटम' देने के तुरन्त बाद भाजपा के हथियारबन्द समर्थक उस इलाके में फैल गए और छिटपुट हिन्दू-मुस्लिम झड़पें शुरू हो गईं। देखते-देखते तलवारों, लाठियों, लोहे की राडों, पेट्रोल बम, और तमाम हथियारों से लैस हिन्दू भीड़ के जत्थे भड़काऊ नारे लगाते हुए उत्तर-पूर्वी दिल्ली की मुस्लिम बस्तियों में घुसकर मुसलमानों की पीट-पीट कर, जिन्दा जलाकर हत्याएँ और उनके घर, दुकानें, मस्जिदें, मजारें जलाने, लूटने, बर्बाद करने लगे। इस सब में एक पुलिसकर्मी और एक सरकारी कर्मचारी समेत कुछ हिन्दू भी मारे गए। हिन्दू भीड़ लोगों को सड़कों पर घेर कर पहचान-पत्र माँग रही थी, उनके कपड़े उतरवा कर हिन्दू या मुसलमान होने की शिनाख्त कर रही थी और 'जय श्रीराम' का नारा लगवाने के लिए मुसलमानों की पीट-पीटकर हत्या कर रही थी। मौके पर पहुँचे पत्रकारों पर भी हमले हो रहे थे, उन्हें दौड़ा-दौड़ा कर पीटा-खदेड़ा जा रहा था, उनके कपड़े उतरवाकर उनका धर्म पता किया जा रहा था। पुलिस पूरे घटना क्रम में निष्क्रिय तमाशबीन बनी रही या फिर दंगाइयों का साथ देती रही।[74]

दिल्ली हिंसा और पुलिस द्वारा हिंसा भड़काने वाले भाजपा नेताओं के खिलाफ प्रथम सूचना रिपोर्ट (एफआईआर) दर्ज करने की विफलता पर दायर याचिकाओं की सुनवाई करते हुए दिल्ली उच्च न्यायालय के पीठासीन नयायाधीश एस. मुरलीधरन ने टिप्पणी की : "यह संवैधानिक कोर्ट का आक्रोश है। आखिरकार तब आप तत्परता क्यों नहीं दिखाते जब इन मामलों में एफआईआर दर्ज करने की बात आती है? हम चाहते हैं कि (जल्द से जल्द) शान्ति बहाल हो।" हिन्दुत्व राजसत्ता ने रातोरात जस्टिस मुरलीधरन का स्थानातरण दूसरे राज्य में कर दिया। नए पीठासीन जज ने सरकारी वकील की दलील तुरन्त स्वीकार कर ली कि स्थितियाँ अभी शिकायत दर्ज कराने के लिए अनुकूल (conducive) नहीं थीं! सर्वोच्च न्यायालय ने कापिल मिश्रा के भाषण का मूल आडियो टेप सुनने से इनकार करते हुए हर्ष मन्दर द्वारा दायर याचिका की सुनवाई में सॉलिसिटर जनरल द्वारा प्रस्तुत 'सम्पादित' संस्करण पर भरोसा किया।

'दंगा' (riot) नहीं 'जनसंहार' (pogrom)

इरफान अहमद कहते हैं कि भारत की राष्ट्रीय राजधानी नई दिल्ली के उत्तर-पूर्वी हिस्से में हुए इस जन संहार में केवल मानव 'शरीरों' का ही नहीं, बल्कि उस हिंसा के चरित्र और व्यवहार को (कु)परिभाषित करने में शब्दों और विमर्श का भी उच्छेद (annihilation) हुआ था। यह दंगा (riot) नहीं, जनसंहार (pogrom) था।[75] इरफान अहमद दिल्ली की सत्ता प्रायोजित हिंसा को 'दंगा' (riot) बताए जाने की 'निहित' राजनीति की ओर इशारा करते हैं। यह राजनीति ऐसी झूठी-शातिर बराबरी का छद्‌म खड़ा करती है, जो हिन्दू और मुसलमान के बीच ताकत की भयावह असमानता (gigantic inequality of power) को पाटकर एक झटके में दोनों को दंगे (जिसे बिल्कुल गलत रूप से दो समुदायों के बीच हिंसा बताया जाता है) के लिए बराबर का सक्षम और जिम्मेदार बना देती है। यह वह राजनीति है, जिसमें भाजपा के अमित मालवीय जैसे लोग तो इसे 'हिंसक इस्लामिक आक्रमण' (violent Islamic onslaught) बताते ही हैं, अपने

को धर्मनिरपेक्षता का प्रहरी बताने वाले राजदीप सरदेसाई जैसे पत्रकार भी इस हिंसा को राजनीतिक हिन्दुत्व बनाम रेडिकल इस्लाम की टकराहट का नतीजा बताते हैं और आशीष नंदी जैसे समाजविज्ञानी बौद्धिक भी कहते हैं कि "हाँ, यह दोनों तरफ से था!"

भारत से बाहर दंगा का अर्थ राज्य अथवा उसकी किसी नीति या व्यवहार के प्रति नागरिकों के आक्रोश के अचानक फट पड़ने से जनित हिंसा है। इसकी चारित्रिक विशेषताएँ : विस्फोट की अचानक-अप्रत्याशित फट पड़ने वाली (convulsive) प्रकृति, दंगाइयों का नागरिक होना, और उनकी हिंसा का प्राथमिक-प्रमुख निशाना पुलिस / सरकारी सम्पदा होना है। अपवाद स्वरूप ही ऐसे दंगे किसी जन समुदाय को निशाना बनाते हैं। मगर भारत में दंगा का अर्थ दो समुदायों-सम्प्रदायों के बीच हिंसा है। यह औपनिवेशिक भारत की ब्रिटिश सत्ता द्वारा 'बाँटो और राज करो' की सचेत-सुनियोजित रूप से गढ़ी और भारतीय समाज के अन्दर अपने-अपने 'नेटिव दलाल' सहयोगियों के माध्यम से आत्मसात करायी गई राजनीति का आजाद भारत के शासकीय आभिजात्य द्वारा शासकीय विरासत के रूप में पोषित और लागू करते रहना है।

स्वाधीनता आन्दोलन के दौर में भी आम तौर पर मुसलमानों को 'साम्प्रदायिक' मनोवृत्ति से ग्रस्त मानने की प्रवृत्ति विद्यमान थी, जबकि हिन्दू अपने 'हिन्दू' होने के आधार पर ही 'राष्ट्रवादी' मान लिया जाता था। स्वाधीनता आन्दोलन के विमर्श में 'राष्ट्रवादी मुसलमान' का तो उल्लेख मिलता है मगर 'राष्ट्रवादी हिन्दू' का नहीं। 'हिन्दू' होने का मतलब ही स्वाभाविक रूप से राष्ट्रवादी होना है! इस 'स्वाभाविकता' में मुसलमान तब तक स्वाभाविक रूप से 'साम्प्रदायिक' था, जब तक कि वह खुद को 'राष्ट्रवादी' साबित नहीं कर देता! यह वही राजनीतिक विमर्श है, जिसके चलते 1989 के भागलपुर मुस्लिम जनसंहार को भी, जिसमें एक हजार से ज्यादा जानें गई थी और मारे गए लोगों में 93% मुसलमान थे, कत्लेआम, लूट-पाट, आगजनी, जीवनयापन के संसाधनों को नष्ट करने और घटना के साक्ष्यों को नष्ट करने में न केवल पुलिस और प्रशासन का संरक्षण, बल्कि खुद पुलिस और प्रशासन की खुली भागीदारी थी, 'राज्य' ने 'साम्प्रदायिक दंगा' घोषित कर दिया! नलिनी सिंह जैसी 'अभिजात्य' पत्रकार हिन्दुओं को आश्चर्यजनक रूप से 'सहिष्णु' (exceptionally tolerant) साबित कर रही थीं!

दिल्ली 2020 जनसंहार के बारे में राजदीप सरदेसाई ने कहा कि यह हिन्दू-मुस्लिम दंगा था, जिसमें 'दोनों' समुदाय भयावह हिंसा में लिप्त थे, और यह कहना मुश्किल है कि शुरुआत किसने की। सरदेसाई ने यह भी ट्वीट किया था कि छोटा से छोटा कारण (slightest trigger) भी, चाहे वह शाहीनबाग जैसा सड़क जाम प्रतिरोध हो, या भड़काऊ (incendiary) भाषण, दंगा भड़क उठने के लिए पर्याप्त था। बाद में यह ट्वीट 'डिलीट' कर दिया गया। योगेंद्र यादव जैसे शाहीन बाग और 'कागज नहीं दिखाएँगे' आन्दोलन के नेतृत्वकारी समर्थक भी दिल्ली हिंसा को 'दंगा' और 'स्वत: विस्फोटित' (auto-triggered) कहते हैं! 28 फरवरी, 2020 को वरिष्ठ पत्रकार और राजनीतिज्ञ आशुतोष ने अपने हिन्दी न्यूज पोर्टल 'सत्य हिन्दी.काम' (Satya Hindi. Com) पर भारत में 'दंगों' की सच्चाई पर एक कार्यक्रम करते हुए भारत में हिंसा के तमाम उदाहरण गिनाए : अहमदाबाद, अलीगढ़, भागलपुर, मलियाना, दिल्ली सिख

जनसंहार 1984, गुजरात 2002, मुजजफ्फरनगर 2013। आशुतोष ने इन सारे उदाहरणों में केवल दिल्ली 1984 की हिंसा को बिल्कुल सही रूप में 'सिखों का जनसंहार' बताया। मगर अन्य किसी भी त्रासदी को 'मुसलमानों के जनसंहार' बताने के बजाय सभी को 'दंगा' बताते हुए हुए वह इस निष्कर्ष पर पहुँचे, कि दोनों समुदायों के बीच में टकराहट लगातार तीखी होती गई है और दोनों ने ही अपने समुदायों को 'जंग' के लिए तैयार कर लिया है!

सच्चाई यह है कि निस्सन्देह सारे मुसलमान निरीह और शान्तिकामी सन्त नहीं हैं (जैसा किसी भी समुदाय में सम्भव नहीं है), मगर भारत में अब तक हुई हिंसा की अधिकांश घटनाओं में मुसलमानों का लगभग एकतरफा कत्लेआम हुआ है। ये घटनाएँ जनसंहार की श्रेणी में इसलिए आती हैं, क्योंकि ये किसी विशिष्ट घटना, अथवा नीति के खिलाफ अचानक फट पड़ने वाले नागरिक विस्फोट न होकर सोद्‌देश्य और सुनियोजित ढंग से रची और अंजाम दी गई 'राजनीतिक' और अधिकांशत: सत्ता प्रायोजित-प्रेरित-संरक्षित हिंसा हैं।

पॉल ब्रास भारत में 'राजनीतिक हिंसा' को 'संस्थागत दंगातंत्र' (institutionalised riots system) कहते हुए उन परिस्थितियों-कारकों की चर्चा करते हैं जो दंगे को जनसंहार (pogrom) में बदल देते हैं[76] :

(1) जब यह साबित किया जा सके कि पुलिस और राज्य प्रशासन किसी ऐसे 'दंगे' में व्यापक और प्रत्यक्ष रूप से लिप्त (broadly and directly implicated) है, जिसमें कोई एक समुदाय प्रमुख (principal) अथवा एकतरफा (sole) शिकार हुआ है।

(2) जनसंहार के पहले रचा गया 'वातावरण'—जो न केवल जनसंहार की पूर्व शर्त, बल्कि कारण भी बनता है। दिल्ली जनसंहार के लिए हिन्दुत्व राजसत्ता द्वारा सचेत-सुनियोजित रूप से बनाए गए 'वातावरण' (अनुराग ठाकुर, कपिल मिश्रा, कपिल गुज्जर, प्रवेश वर्मा, नरेन्द्र मोदी, अमित शाह...) की विस्तार से चर्चा हो चुकी है। कपिल मिश्रा के भड़काऊ अल्टीमेटम के दूसरे दिन से तीन दिन-रात तक पुलिस सहायता के लिए आपात नम्बर 100 का जवाब मिलना बन्द हो गया। भजनपुरा, चाँद बाग, गोकुलपुरी, चमन पार्क, शिव विहार, मुस्तफाबाद खास, भागीरथी विहार, ब्रिजपुरी जैसे तमाम घटना स्थलों पर पुलिस जान-बूझकर अनुपस्थित रही, मूक दर्शक बनी रही, हत्यारों की भीड़ को उकसाती रही यहाँ तक कि खुद हिंसा-लूट-पाट-आगजनी में शामिल रही : पुलिस 9 महीने की गर्भवती परवीन के पेट पर लठियों से 'ये ले आजादी' कहते हुए मार रही थी! उन्मत्त भीड़ मुसलमानों को घेरकर, दौड़ा-दौड़ाकर 'जय श्रीराम' का नारा लगवाने के लिए पीट-पीटकर हत्याएँ कर रही थी और 'पुलिस ज़िन्दाबाद', 'प्रशासन हमारी मुट्ठी में है, हमारे साथ है' के नारे लगा रही थी! भजनपुरा पुलिस स्टेशन के ठीक सामने का मज़ार आग के हवाले कर दिया गया!

(3) हिंसा का निशाना कोई व्यक्ति न होकर कोई विशिष्ट समूह अथवा समुदाय: एक खास वर्ग, लोग, अथवा समुदाय बनता है। 1984 में दिल्ली में सिख और 2002 में गुजरात में मुसलमान समूचे समुदाय के रूप में उच्छेद का शिकार बनाए गए थे। बस्तियों में शिकार समुदाय के लोगों की दुकानें जलाकर राख कर दी गईं, और बगल की दुकानें अछूती रहीं! शिकार समुदाय के घरों, दुकानों, व्यवसायों, उपासना स्थलों को चिह्नित करके नष्ट किया जाता है। पत्रकारों पर हमला होता है और उनकी साम्प्रदायिक पहचान कपड़े उतरवा कर की जाती है! मीडिया जानबूझ कर शिकार समुदाय के खिलाफ झूठी कहानियाँ-अफवाहें गढ़कर उन्माद फैलाता है।

दिल्ली जनसंहार इन तीनों विशिष्टताओं का क्लासिक उदाहरण था।

'दिल्ली अल्पसंख्यक आयोग' द्वारा गठित जाँच कमेटी की रिपोर्ट

दिल्ली 2020 हिंसा की जाँच के लिए 'दिल्ली अल्पसंख्यक आयोग' ने सर्वोच्च न्यायालय के एडवोकेट-ऑन-रिकार्ड एम. आर. शमशाद की अध्यक्षता में एक जाँच कमेटी गठित की। कमेटी ने अपनी रिपोर्ट जुलाई 2020 में सौंपी। रिपोर्ट जारी करते हुए दिल्ली अल्पसंख्यक आयोग के अध्यक्ष डॉ. जफरुल इस्लाम खान ने प्रस्तावना (Preface) में कहा :

> हिंसा, जिसने 23 फरवरी, 2020 को दिल्ली के उत्तर-पूर्वी जिले को अपनी चपेट में लिया, और अगले कुछ दिनों तक निर्बाध रूप से जारी रही, जाहिरा तौर पर (seemingly) सुनियोजित और एक समुदाय विशेष को सबक सिखाने के लिए लक्षित थी, जिसने एक विभेदकारी (discriminatory) कानून के खिलाफ प्रतिरोध करने का दुस्साहस किया था।

जाँच कमेटी के चेयरमैन एम.आर. शमशाद ने अपने अग्रेषण (Forward) में कहा :

> पुलिस ने मोहन नर्सिंग होम गोलीबारी के सबसे स्पष्ट (most glaring) उदाहरण सहित मुस्लिम उत्पीड़ितों की बहुत सी शिकायतों को दर्ज नहीं किया, जिसके चलते यह और इस तरह के अन्य बहुत से गम्भीर मामलों और घटनाओं पर कोई छानबीन (investigation) नहीं हुई। ज्यादातर मामलों में पुलिस द्वारा मुस्लिम आरोपियों के खिलाफ पहले चार्ज शीट दायर करके मामले को बजाय जनसंहार (pogrom) के रूप में प्रस्तुत करने के, जो वह वास्तव में था, दोनों पक्षों की ओर से हिंसा का रंग दे दिया गया। यह जन भावना और दृष्टिकोण (public perception) को गलत ढंग से बदलने का गम्भीर मामला है जिसमें दंगों के लिए आम तौर पर सीएए के प्रदर्शनकारियों और खास तौर मुसलमानों को जिम्मेदार ठहरा दिया गया है।

उसी का शहर, वही मुद्दई, वही मुंसिफ़
हमें यकीं था, हमारा कुसूर निकलेगा।

—अमीर कजलबाश

शहर करे तलबगार, तुमसे इलाज-ए-तीरगी
साहिब-ए-इख़्तियार हो, आग लगा दिया करो।

—पीरजादा कासिम

23 से 27 फरवरी, 2020 के दिल्ली जनसंहार में आधिकारिक आँकड़ों के अनुसार 53 लोग मारे गए और 250 से ज्यादा घायल हुए थे। इस हिंसा के मूल में 12 दिसम्बर, 2019 को केन्द्र सरकार द्वारा पारित नागरिकता संशोधन कानून-2019 था, जिसके अनुसार 31 दिसम्बर, 2014 अथवा उससे पहले भारत में पाकिस्तान, बांग्लादेश और अफगानिस्तान से आने वाले हिन्दू, सिख, बौद्ध, जैन, पारसी और ईसाई समुदाय के शरणार्थियों को अवैध प्रवासी नहीं माना जाएगा और इनके लिए 'नेचुरलाइजेशन' श्रेणी में भारत की नागरिकता की पात्रता 11 वर्ष से घटा कर 5 वर्ष कर दी जाएगी। इस कानून पर सर्वोच्च न्यायालय के संविधान विशेषज्ञ अधिवक्ता डॉ. राजीव धवन ने टिप्पणी की कि सीएए सम्भवत: आधुनिक विश्व का नफरत और भेदभाव में डूबा हुआ (subsumed by hate and discrimination) पहला 'रिफ़्यूजी' कानून है।[77] इस कानून के अन्तर्गत प्रवासियों की पहचान के लिए नागरिकों का राष्ट्रीय रजिस्टर (National Register of Citizens : NRC) तैयार करने की प्रक्रिया वर्ष 2020 से शुरू होनी थी। एनआरसी के बारे में एक और संविधान विशेषज्ञ गौतम भाटिया का कहना था कि जो नागरिक श्रेणी से बाहर कर दिए जाएँगे उन्हें दो श्रेणियों में विभाजित किया जाएगा : (मुख्यत:) मुसलमान, जो अवैध घुसपैठिया माने जाएँगे, और अन्य सारे लोग वैध प्रवासी माने जाएँगे, जिन्हें सीएए के अन्तर्गत मान्यता मिल सकती है (immunised) बशर्ते वे यह दिखा सकें कि उनका मूल देश अफगानिस्तान, बांग्लादेश या पाकिस्तान है।

इस कानून के खिलाफ आम लोगों, महिलाओं और छात्रों द्वारा राष्ट्रव्यापी प्रतिरोध—शान्तिपूर्ण धरना, प्रदर्शन दिसम्बर के मध्य से शुरू हो गया था। महिलाओं द्वारा दिल्ली में शाहीन बाग प्रतिरोध 15 दिसम्बर को जामिया मिलिया इस्लामिया में उसी दिन छात्रों पर हुई पुलिस हिंसा के स्वत: स्फूर्त विरोध के रूप में शुरू हुआ। यह प्रतिरोध न केवल सीएए, बल्कि भारत में गरीबी, बेरोजगारी, जातीय-धार्मिक भेदभाव आदि सामाजिक न्याय और समानता के तमाम मुद्दों पर सामाजिक आन्दोलन का रूप लेता गया। इसी के साथ उत्तर-पूर्वी दिल्ली की कई अन्य जगहों पर भी प्रतिरोध धरना प्रदर्शन शुरू हो गए थे : जफराबाद, चाँद बाग, खजुरी खास, पुराना मुस्तफाबाद, सेलमपुर, तुर्कमान गेट, कर्दमपुरी, सुंदर नगर, लाल बाग, इंदरलोक (उत्तर पश्चिमी दिल्ली), निजामुद्दीन, हौज रानी (दक्षिण दिल्ली) और सदर बाजार (उत्तरी दिल्ली)।

इसके बाद जल्दी ही दिल्ली में 8 फरवरी को होने वाले चुनावों के लिए प्रचार शुरू हो गए। भाजपा नेताओं द्वारा नफ़रत और धमकियों वाले वक्तव्यों और सीएए

समर्थन रैलियों का क्रम शुरू हुआ। कर्नाटक के भाजपा विधायक सोम शेखर रेड्डी ने मोदी और अमित शाह के बनाए सीएए के खिलाफ प्रदर्शन कर रहे मुसलमानों को धमकी दी : "हम 80% हैं और तुम 18%। सोचो क्या होगा अगर हम लोग मामला अपने हाथ में ले लेंगे...इस देश में रहना है तो मेजारिटी से बच कर रहो। यह हमारा देश है...अगर तुम्हारी मर्जी हो, तुम पाकिस्तान जा सकते हो।"[78] अमित शाह, अनुराग ठाकुर, गिरिराज सिंह, यूपी के मुख्यमंत्री योगी...सभी भड़काऊ भाषण और धमकियाँ दे रहे थे। 28 जनवरी, 2020 को दिल्ली के संसद सदस्य प्रवेश वर्मा ने हिन्दू भीड़ को भड़काया कि शाहीन बाग में इकट्ठा हुए एक लाख से अधिक मुसलमान हिन्दुओं के घरों में घुस उनकी बहन-बेटियों को उठा ले जाएँगे, बलात्कार करेंगे और कत्ल कर देंगे। वर्मा ने भाजपा के जीतने के बाद अपने संसदीय क्षेत्र की सारी मस्जिद-मजारों को ध्वस्त कर देने की भी धमकी दी। जनवरी के अन्त में भाजपा के राष्ट्रीय सचिव तरुण चुग ने ट्वीट किया कि शाहीन बाग 'टुकड़े-टुकड़े गैंग' का हेड ऑफिस बन चुका है और ये लोग भारत को, दिल्ली को सीरिया बनाना चाहते हैं, हम बनने नहीं देंगे। 30 जनवरी को रामभक्त गोपाल नाम के युवक ने पुलिस की मौजूदगी में सबके सामने जामिया में प्रदर्शन कर रहे छात्रों पर गोली चला कर एक छात्र को घायल कर दिया। 1 फरवरी को कपिल गुज्जर ने शाहीन बाग धरना स्थल में घुसकर पुलिस की मौजूदगी में गोली चलाई। 23 फरवरी को कपिल मिश्रा ने जफराबाद धरना स्थल से एक किलोमीटर से भी कम की दूरी पर रैली निकाली और पुलिस आयुक्त को अपने बगल में लेकर धमकी दी कि ट्रम्प के जाने तक अगर पुलिस जफराबाद और चाँद बाग के धरना स्थल खाली नहीं करा देती तो हम लोग खुद सड़कों पर आएँगे। कपिल मिश्रा के इस भाषण के बाद उत्तर-पूर्वी दिल्ली में हिंसा फैल गई। भाषण के तुरन्त बाद तमाम हथियारों : पेट्रोल बम, लोहे की राड, गैस सिलेंडर, पिस्टल आदि से लैस भीड़ कई टुकड़ों में बँटकर स्थानीय इलाकों में घुस गई। हथियारों के खुलेआम प्रदर्शन के बावजूद दिल्ली पुलिस की ओर से रोकने की कोई कार्यवाही नहीं की गई।

दिल्ली उच्च न्यायालय ने 26 फरवरी को कपिल मिश्रा, अनुराग ठाकुर और प्रवेश वर्मा के खिलाफ एफआईआर दर्ज किए जाने की याचिका पर सुनवाई करते हुए पुलिस को 24 घंटे के अन्दर एफआईआर दर्ज करने पर विवेकसंगत निर्णय (conscious decision) लेने का निर्देश दिया। जस्टिस मुरलीधरन ने रोष व्यक्त किया कि दिल्ली जल रही थी और पुलिस की ओर से शिकायत दर्ज करने में देर करना और भाषणों के बारे में जानकारी होने से इनकार करना अपने-आप में अपराध था। जस्टिस मुरलीधरन का रातोरात तबादला हो गया। नई न्यायपीठ ने चार सप्ताह का समय केन्द्र सरकार को जवाबी हलफनामा दायर करने के लिए दे दिया। कोई एफआईआर दर्ज नहीं हुई।

दंगाई पेट्रोल बम और गैस सिलेंडर के साथ घरों-दुकानों को लूटने के बाद आग लगा रहे थे। वे चिल्ला रहे थे "मुल्लों...ये लो आजादी...हम दे रहे हैं तुम्हें आजादी।" पुलिस दस्तों ने उन्हें रोकने की कोई कोशिश नहीं की। उत्साहित होकर दंगाई भीड़ ने पूरे इलाके में लूट, आगजनी, लोगों को पीटना, हत्या करना, घरों और दुकानों को जलाना, मस्जिदों को ध्वस्त करना जारी रखा। हिंसा पूरी तरह संगठित और व्यवस्थित

पैटर्न पर अंजाम दी जा रही थी। 100 से 1000 की संख्या के बीच भीड़ के जत्थे एक जैसे : 'जय श्रीराम', 'हर-हर मोदी', 'मोदीजी! काट डालो मुल्लों को', 'आज हम तुम्हें देंगे आज़ादी'...नारे लगाते हुए चुन-चुनकर मुस्लिमों को मार रहे थे, हत्या कर रहे थे, घरों, दुकानों, गाड़ियों, मसजिदों और अन्य सम्पदाओं को लूट-जला रहे थे। पुलिस घटना स्थलों पर नहीं पहुँची। जब और जहाँ पहुँची भी, उसने दंगाई भीड़ से कहा, "जो जी में आए, करते रहो।" कई जगहों पर, खासकर चाँद बाग में पुलिस ने खुद धरनास्थल पर मौजूद महिलाओं पर "ये लो आजादी" कहते हुए शारीरिक और यौनिक हमला किया। दिल्ली अल्पसंख्यक आयोग की जाँच टीम ने 17 उपासना स्थलों : मसजिद, मदरसा, मज़ार, कब्रिस्तान का ध्वंस दर्ज किया। मुस्लिम इलाकों में किसी हिन्दू मन्दिर की लूट अथवा किसी भी तरह का नुकसान नहीं हुआ था।

बहुत सी औरतें इस हिंसा में बेघरबार होकर सड़क पर / राहत शिविरों में जाने को मजबूर हुईं। शौहर के मार दिए जाने के चलते बहुत सी औरतों के लिए परिवार की आमदनी का एकमात्र श्रोत अचानक खत्म हो गया। जाँच टीम द्वारा हिंसा की अवधि में लगाई गई गई ड्यूटी, दंगा के पहले और दंगा के दौरान हिंसा रोकने के लिए की गई कार्यवाही, हिंसा के बाद की गई शान्ति स्थापना कार्यवाही आदि पर पुलिस को भेजी गई प्रश्नावली ('Detailed list of informations required') का पुलिस ने कोई जवाब नहीं दिया।

निस्सन्देह, दिल्ली-2020 जनसंहार हिन्दुत्व राजसत्ता द्वारा मुसलमानों को उनकी नाफरमानी और सरकार के फैसलों का विरोध करने की जुर्रत के लिए दी गई सजा और सबक थी।

किसान आन्दोलन : शाहीन बाग हौसले की धारावाहिकता

हिन्दुत्व राजसत्ता के नागरिकता संशोधन कानून-2019, एनआरसी, और एनपीआर 'त्रिशूल' के खिलाफ मुस्लिम महिलाओं के नेतृत्व में 101 दिन तक चले ऐतिहासिक शाहीन बाग प्रतिरोध आन्दोलन के मुश्किल से छह माह के अन्दर भारत की जनता ने जन प्रतिरोध का एक और वैश्विक ऐतिहासिक कीर्तिमान रचा। इस बार कमान देश के किसानों के हाथों में थी, और निशाना हिन्दुत्व राजसत्ता का एक और त्रिशूल : सरकार द्वारा पारित तीन कृषि कानून थे, जो किसानों के अनुसार भारत की खेती-किसानी और किसानों के लिए 'डेथ वारंट' और कारपोरेट 'एग्री-बिजनेस' के लिए 'मुँहमाँगी सौगात' थे।

मोदी सरकार ने 17 सितम्बर, 2020 को तीन कृषि कानून संसद में बिना किसी गम्भीर बहस और विपक्ष को अपना पक्ष रखने का अवसर दिए पारित करा लिया। ये तीन कानून थे :

(1) कृषक (सशक्तीकरण व संरक्षण) कीमत आश्वासन और कृषि सेवा पर करार अधिनियम 2020 [The Farmers (Empowerment and Protection)

Agreement on Price Assurance and Farm Services Act—2020];

(2) कृषक उपज व्यापार और वाणिज्य (संवर्धन और सरलीकरण) अधिनियम 2020 [The Farmer's Produce Trade and Commerce (Promotion and Facilitation) act—2020]; और

(3) आवश्यक वस्तुएँ (संशोधन) अधिनियम 2020 [Essential Commodities (amendment) Act-2020]

जहाँ 'नागरिकता संशोधन कानून त्रिशूल' का निशाना भारत की दूसरी सबसे बड़ी आबादी का बहिष्करण और उच्छेद था, वहीं 'कृषि कानून त्रिशूल' का निशाना भारत से परम्परागत जीवन निर्वाह कृषि और किसानों का उच्छेद करके कृषि क्षेत्र को कारपोरेट पूँजी के हवाले करना था। किसानों और स्वतंत्र कृषि विशेषज्ञों-अर्थशास्त्रियों के अनुसार इन कानूनों का निहित उद्देश्य कृषि क्षेत्र पर कारपोरेट एकाधिकार और ठेका कृषि की अनुमति देना, कारपोरेट एकाधिकार के उत्पीड़ित किसानों को कानून की सुरक्षा की उपलब्धता से वंचित करना, कृषि उत्पादों की खरीद के लिए उनके उत्पादन स्थलों—गाँवों-खेत-खलिहानों से निकटतर मंडी (APMC : Agricultural Produce Market Committee) व्यवस्था खत्म करके कृषि उत्पादों और उत्पादकों को एकाधिकारी कृषि कारपोरेटों के निर्मम शोषण के हवाले करना, न्यूनतम समर्थन मूल्य (MSP) गारंटी खत्म करना, जीवन अस्तित्व के कृषि उत्पादों : अनाज, दलहन, तिलहन, खाद्य तेल, प्याज और आलू को आवश्यक वस्तुओं की सूची से बाहर करके कारपोरेट कृषि उत्पादकों और व्यवसायियों को मनमाने भंडारण की कानूनी गारंटी देना, और गरीब जनता के लिए सार्वजनिक वितरण प्रणाली (PDS) का अन्त करना था।

सार रूप में कृषि के 'नवउदारीकरण' के लिए बनाए गए इन कानूनों का उद्‌देश्य भारतीय जीवन निर्वाह कृषि प्रणाली का समूल अन्त करके उसे वैश्विक व्यावसायिक कृषि उत्पादन तंत्र का हिस्सा बनाना था। यह कदम छोटे-मझोले और हाशिये के किसानों को खेती-किसानी से पूरी तरह से बाहर कर देता। भारतीय कृषि क्षेत्र की संरचना में 86% किसान दो हेक्टेयर से कम जोत वाले हैं। कारपोरेट और ठेका कृषि प्रणाली में इनके लिए अपनी जोतों से हाथ धो कर भूमिहीन खेतिहर मजदूर बन जाने के अतिरिक्त कोई विकल्प नहीं बचेगा। 'सघन मशीनीकरण' आधारित कारपोरेट और ठेका कृषि में खेतिहर दलित-मनरेगा मजदूरों के लिए भी रोजगार की सम्भावनाएँ स्थायी रूप से समाप्त हो जाएँगी। ऐसा इसके बावजूद किया जा रहा था कि 'हरित क्रान्ति' के परिणामस्वरूप भारतीय कृषि क्षेत्र में दशकों से जारी : पूँजी, तकनीक, मशीन, रासायनिक खाद, कीटनाशक, और जीएम बीज आधारित सघन 'नकद फसल और व्यावसायिक कृषि के 'आधुनिकीकरण' के चलते वर्ष 1995 से 2020 की चौथाई सदी में 2,96,438 से ज्यादा किसान आत्महत्या कर चुके थे (NCRB : National Crime Records Bureau of India के आँकड़े)। कभी पंजाब के खेतों में सोना उलीच कर पंजाब के किसानों की जीवन रेखा माने जाने वाले भाखरा नंगल बाँध की नहरें विगत कई दशकों से किसानों की लाशें उलीच रही थीं। स्वाभाविक रूप से इन तीनों कानूनों

के पारित होने के साथ ही भारत के कृषि बहुल राज्यों, विशेषकर पंजाब, हरियाणा और पश्चिमी उत्तर प्रदेश में इनके खिलाफ किसानों के प्रतिरोध आन्दोलन शुरू हो गए।

लगभग दो महीने तक चले राज्य स्तर के आन्दोलनों का नतीजा नहीं निकलते देख, किसान संगठनों ने '26 नवम्बर दिल्ली चलो' का आह्वान किया। हजारों-हजार की संख्या में पंजाब, हरियाणा, उत्तर प्रदेश, राजस्थान, मध्य प्रदेश से किसानों के जत्थे दिल्ली की ओर चल पड़े। पंजाब से हरियाणा में घुसने पर हरियाणा की भाजपा सरकार की पुलिस, और फिर दिल्ली पहुँचने पर केन्द्र के अधीन दिल्ली पुलिस ने किसानों को पानी की तोपों, लाठियों, आँसू गैस गोलों के बल पर रोकने की असफल कोशिश की। मोदी सरकार ने किसानों को दिल्ली में धरना-प्रदर्शनों के लिए निर्धारित स्थल रामलीला मैदान देने से मना करके बुरारी के पास निरंकार मैदान का प्रस्ताव दिया जो किसानों को स्वीकार नहीं था। किसानों ने दिल्ली की प्रवेश सीमा सिंघू बार्डर पर डेरा डालने का फैसला किया। देखते-देखते लाखों की संख्या में किसानों ने दिल्ली को घेर लिया। दिल्ली के प्रवेश नाकों पर किसानों का यह धरना एक साल से ज्यादा समय तक हिन्दुत्व राजसत्ता के लगातार हिंसक हमलों और जहरीले दुष्प्रचारों की चुनौतियों का सामना करता डटा रहा।

भारत की राष्ट्रीय राजधानी दिल्ली को एक साल से ज्यादा समय तक घेरे हुए यह आन्दोलन संख्या और अवधि दोनों ही दृष्टियों से न केवल भारत में आजादी के बाद का, बल्कि विश्व का अब तक का सम्भवतः सबसे विशाल और दीर्घकालिक किसान 'कब्जा' (OCCUPY) आन्दोलन बन गया। संख्या, अवधि और जुझारूपन की दृष्टि से भारत में श्रमशील वर्ग के जन आन्दोलनों के इतिहास में इस आन्दोलन की तुलना केवल डाक्टर दत्ता सामन्त के नेतृत्व में मुंबई की 65 टेक्सटाइल मिलों के तीन लाख से ज्यादा मजदूरों की 18 जनवरी,1982 से शुरू होकर डेढ़ साल से भी ज्यादा अवधि तक चली हड़ताल से ही हो सकती है। दोनों आन्दोलनों में तात्त्विक अन्तर यह है कि जहाँ टेक्सटाइल मजदूरों का आन्दोलन राजसत्ता, पूँजीपति और भ्रष्ट ट्रेड यूनियन नौकरशाही के गठजोड़ के चलते मजदूरों के जीवन अस्तित्व की मजबूरी में अन्ततः बिखर जाने की दुर्भाग्यपूर्ण परिणति पर पहुँचा, वहीं लगभग दस लाख किसानों का एक वर्ष से अधिक अवधि तक चला किसान आन्दोलन सारी चुनौतियों का सामना करते हुए अन्ततः सफल मनोरथ हुआ।

किसान आन्दोलन और महिलाएँ

इस आन्दोलन ने दिखाया कि इक्कीसवीं सदी के आधुनिक प्रतिरोध संघर्ष न केवल आम श्रमशील जन-समुदाय के प्रतिरोध और क्षमता के 'स्पेस', बल्कि जेंडर समानता और सशक्तीकरण के भी 'स्पेस' बन रहे हैं। इस किसान आन्दोलन की कतारों के सघनतम इलाकों : पंजाब, हरियाणा और पश्चिमी उत्तर प्रदेश में अभी भी घर-परिवार-जाति-समाज में सदियों से निपट सामन्ती पितृसत्ता की गहन जड़ता का 'मर्दाना वर्चस्व' विद्यमान है। यह वर्चस्व सचेत और उद्दंड-हिंसक रूप से महिलाओं को मध्ययुगीन जड़ता और बन्धनों में जकड़े रहता है। यही वे इलाके भी हैं, जहाँ महिला-पुरुष

जनसंख्या अनुपात सबसे प्रतिकूल है, कन्या भ्रूण हत्या सबसे अधिक होती है और महिलाएँ खाप पंचायतों की महिला विरोधी मनोवृत्ति व व्यवहार का सबसे अधिक शिकार बनती हैं।

भारतीय कृषि की श्रमशक्ति संरचना में 42% से अधिक भागीदारी महिलाओं की है, जो भारतीय कृषि की 'महिला श्रम सघनता' अथवा 'फेमिनाइजेशन' का द्योतक है। महिलाओं के इस 'श्रम सघन' कृषि श्रम का अधिकांश गैर-मौद्रीकृत 'पारिवारिक खटनी' (unpaid family labour) है। विशिष्ट आंचलिक सामाजिक-आर्थिक कारकों के अतिरिक्त इसका एक कारण इक्कीसवीं सदी के 'वैश्विक नवउदारीकरण' दौर की आक्रामक शहरीकरण (urbanisation) प्रक्रिया में पुरुष श्रमशक्ति का ग्रामीण अंचलों से शहरों-औद्योगिक केन्द्रों की ओर लगातार पलायन भी है। इसके बावजूद एनसीएईआर (NCAER : National Council of Applied Economic Research) आँकड़ों के अनुसार कृषि भूमि के स्वामित्व में महिलाओं की भागीदारी 2.8% से भी कम है। खेती-किसानी के प्रबन्धन-संचालन के फैसलों में भी महिलाओं की भूमिका नगण्य है।

कृषि भूमि के न्यूनतम मालिकाने और निर्णय प्राधिकार के सर्वथा अभाव के बावजूद कृषि श्रम—विशेषकर शारीरिक श्रम बहुल कृषि कार्यों में महिलाओं की भागीदारी सबसे ज्यादा है। 'ऑक्सफाम' (Oxfam) के एक अध्ययन के अनुसार भारतीय कृषि के श्रम सघन कार्यों : बोआई, निराई-गोड़ाई, फसल कटाई आदि में 80% भागीदारी महिलाओं की है। ग्रामीण अंचल की महिला आबादी का 73.2% खेती-किसानी में लगा है। भारत के 'स्व-नियोजित किसान', अर्थात छोटे खेतिहर—स्व श्रम निर्भर किसानों का 48% और भूमिहीन खेतिहर मजदूरों का 33% महिलाएँ हैं। ऐसे में हिन्दुत्व राजसत्ता द्वारा पारित तीनों कृषि कानूनों का व्यापक दुष्प्रभाव महिलाओं पर पड़ना निश्चित था। इन कानूनों का प्रतिरोध भारत के समूचे कृषि क्षेत्र, विशेषकर महिलाओं के लिए घर-बार से ज्यादा प्राथमिक बन गया। स्वाभाविक रूप से इस आन्दोलन के जन्म—जुलाई, 2020 से ही, विशेषकर पंजाब के हर गाँव-कस्बे-शहर में, बड़ी संख्या में हर वर्ग, जाति, उम्र, सामाजिक अवस्थिति की महिलाएँ इस आन्दोलन और इसके पक्ष में जन-जागरण की अगली कतारों में थीं। महिलाएँ इस आन्दोलन को पंजाब के गाँवों, कस्बों, बाजारों और गुरुद्वारों के दायरों से विस्तारित करते हुए आधुनिक नवउदारी पूँजीवाद के इलाकों : वेदांता थर्मल प्लांटों, अंबानी और अडानी कारपोरेट समूहों के मॉलों, कृषि गोदामों, रिलायंस के पेट्रोल पम्पों और टोल प्लाजा तक ले गईं। आन्दोलन के इस विस्तार में पंजाब की औरतों का एक विशिष्ट और अभिनव योगदान 'पिट सियापा' (छातियाँ पीटकर सामूहिक मातम गीत गाना) था।[79]

भारत के सर्वोच्च न्यायालय के मुख्य न्यायाधीश को महिलाओं और वृद्धों के किसान आन्दोलन में होने पर आपत्ति थी। किसानों के दिल्ली घेरो आन्दोलन को गैर-कानूनी घोषित करके यातयात खाली कराए जाने की याचिका पर विचार करते हुए मुख्य नयायाधीश ने टिप्पणी की कि "विरोध प्रदर्शन में महिलाओं और बूढ़ों को क्यों रखा गया है?" यह टिप्पणी भारत के न्यायतंत्र की पितृसत्तात्मक मानसिकता को प्रदर्शित करने के साथ-साथ और भी कई सवाल खड़े करती थी। देश के सर्वोच्च न्यायालय

का मुख्य न्यायाधीश इस देश की आधी आबादी—महिलाओं और बूढ़ों को 'नागरिक' न मान कर कोई 'चीज' मान रहा था जिन्हें कोई कहीं भी 'रख' या 'हटा' सकता था!

यह मानसिकता देश की आधी आबादी को उसकी 'कर्ता' (agent) के रूप में शक्ति, स्वायत्तता और अधिकार की क्षमता (agency) से वंचित करके मान रही थी कि आन्दोलनकारी 'मर्द' इन्हें कठपुतलियों और 'ढाल' की तरह इस्तेमाल कर रहे थे। क्या हर आन्दोलन का कोई मर्द 'अभिभावक' या 'मुखिया' होना चाहिए जो यह तय करेगा कि आन्दोलन में किसे 'रखा' जाय और किसे नहीं? या फिर न्यायालय ऐसे आन्दोलनों का स्वयंभू 'अभिभावक' बनकर यह तय करेगा? न्याय का यह 'अभिभावकत्व' उस समय पूरी तरह मौन और अनुपस्थित था, जब केन्द्र सरकार द्वारा अर्थव्यवस्था के विनाशकारी 'वि-मौद्रिकरण' (demonetisation) के चलते लोग अपना ही पैसा बैंकों से निकालने के लिए लाइनों में लगे हुए मर रहे थे। यह अभिभावकत्व उस समय भी पूरी तरह असंवेदनशील था जब केन्द्र द्वारा अचानक चार घंटे की सूचना पर पूरे देश में लॉकडाउन लगा दिए जाने के चलते लाखों की संख्या में देश के विभिन्न हिस्सों में प्रवासी मजदूर अपने परिवार—पत्नी और नन्हे बच्चों के साथ सर पर गट्ठर लादे सैकड़ों-हजारों किलोमीटर दूर अपने गाँवों की ओर पैदल ही चल देने को मजबूर हो गए और सड़कों पर भूख-प्यास-थकान और प्रशासनिक अपमान व उत्पीड़न के चलते दम तोड़ रहे थे!

कुल मिलाकर सर्वोच्च न्यायालय की यह टिप्पणी औरत के अपमानजनक नि:शक्तिकरण (dis-empowerment) के साथ-साथ उसके श्रम व क्षमता के अवमाननापूर्ण अवमूल्यन (infantilization) का प्रतिनिधि वक्तव्य थी। यह स्थिति तब थी, जब भारत के इक्कीसवीं सदी के सारे सामाजिक-शैक्षणिक-राजनीतिक आन्दोलनों, प्रतिरोधों, प्रदर्शनों : मजदूर वर्ग आन्दोलनों, विश्वविद्यालय कैम्पसों और सड़कों के छात्र आन्दोलनों, नागरिकता संशोधन कानून विरोध के शाहीन बाग और अब इस ऐतिहासिक किसान प्रतिरोध में भी—औरत हर जगह अपने पूरे दम-खम के साथ नेतृत्वकारी कतारों में मौजूद थी।

आन्दोलन का कोई भी स्वतंत्र प्रेक्षक देख-समझ सकता था कि इसमें हर उम्र की महिलाएँ : 'चादर' ओढ़ने वाली सत्तर, अस्सी, नब्बे पार की 'बेबे', 'चुन्नी' ओढ़ने वाली 'गृहस्थन-किसान' 'बीबियों', से लेकर कॉलेजों-विश्वविद्यालयों की 'जींस-पैंट' वाली युवा छात्राओं और एसएससी इम्तेहान की तैयारी करती किशोरियों तक, हजारों-हजार की संख्या में मौजूद थीं। वे आन्दोलन में संख्या बल का हिस्सा भर नहीं थीं—वे आन्दोलन की 'ताकत'—सक्रिय और नेतृत्वकारी कतारें थीं। वे आन्दोलन में 'औरत' की नहीं, बल्कि 'आन्दोलनकारी किसान'—खेतिहर किसान से लेकर भूमिहीन-दलित-मनरेगा खेतिहर मजदूर तक की हैसियत से थीं। राजस्थान से 'आशा' (ASHA) कार्यकर्ता महिलाएँ भी इस आन्दोलन में शामिल थीं। आन्दोलनकारी महिलाओं ने चुनौती दी : "कोई भी 'कोर्ट' हमें यहाँ से जाने पर मजबूर नहीं कर सकता। खेतों और घर दोनों जगह हम औरतें आदमियों से ज्यादा मेहनत करती हैं, हम यहाँ से पीछे नहीं हटने वाली हैं। हम बीज बोने से लेकर फसल काटने तक किसानी का हर काम करती हैं, हम आदमियों के बराबर हैं, हम इस लड़ाई का हिस्सा हैं, हममे से कोई भी यहाँ मैदान

नहीं छोड़ने वाला है।"[80] ऑल इंडिया किसान सभा (AIKS) के उपाध्यक्ष अमर राम ने शाहजहाँपुर बार्डर पर कहा : "औरतें अग्रिम मोर्चे पर लड़ाई सँभाल रही हैं और हम यहाँ उनका अनुसरण कर रहे हैं।"[81]

आन्दोलनकारी औरतें दोहरी जिम्मेदारी सँभाल रही थीं। उन्होंने पूरी जिम्मेदारी के साथ कहा और निभाया : "हमें 'घर भी सँभालना है और आन्दोलन भी सँभालना है] क्योंकि फर्ज बनता है।"[82] महिलाएँ जानती थीं कि इन कानूनों के चलते खेती-किसानी की आमदनी पर पड़ने वाले डाके का पहला असर उनके चौकों पर पड़ने वाला है। नई पीढ़ी की लड़कियाँ जानती थीं कि उनकी सारी पढ़ाई किसानी के बूते चल रही है, और आमदनी घटने पर पहला हमला उनकी पढ़ाई पर होगा—पढ़ाई छोड़कर उन्हें चौके-चूल्हे और बच्चे पालने में लग जाना पड़ेगा। टिकरी बार्डर पर भारतीय किसान यूनियन (एकता-उग्रहन) की नेता हरिन्दर कौर बिन्दू के नेतृत्व में एक लाख से ज्यादा की संख्या में महिला प्रदर्शनकारियों का सबसे बड़ा जत्था 27 नवम्बर, 2020 से ही लगातार डटा हुआ था : "अब जाकर हमने अपनी जगह बनाई है—वीरे।" इनमें से ज्यादातर किसान औरतें 'मालवा इलाके' : संगरूर, भटिंडा, मालवा, बरनाला, लुधियाना आदि से थीं। यह वह इलाका है, जहाँ के कर्ज में डूबे किसानों ने पंजाब में सबसे ज्यादा आत्महत्याएँ की हैं। पंजाब में किसानों द्वारा की गई आत्महत्याओं का 97% इसी इलाके से है! 'हरित क्रान्ति' की देन के रूप में अपने पतियों को खो चुकीं इस इलाके की औरतों ने कहा : "अब ये ना हो कि ये जो औलाद से भी प्यारी ज़मीन है, ये भी खो दें, काले कानूनों के कारण!"

घर और आन्दोलन दोनों को बेहतर ढंग से सँभालने के लिए औरतों ने 'रोटेशन' सिस्टम बनाया हुआ था। हर दस-पाँच दिन पर औरतों का एक जत्था वापस घर-किसानी सँभालने के लिए लौटता, और उनकी जगह घर-किसानी से लौटकर आया हुआ नया जत्था ले लेता। लौटने वाला दस औरतों का जत्था अगले दस-पन्द्रह दिन में दो सौ औरतों के साथ लौटता। दसवीं की परीक्षा की तैयारी कर रही लड़कियाँ भी इन जत्थों में होती थीं : "फर्ज बनता है।" आन्दोलन में औरत हर जगह थी : सामूहिक चौकों में, मेडिकल कैम्पों में, बैठकों की तैयारी करने, व्यवस्था देखने और भाषण देने वालों में, प्रेस विज्ञप्तियाँ देने और साक्षात्कारों में, 'भगत सिंह लाइब्रेरी' और 'नानक लाइब्रेरी' जैसे पुस्तकालय बनाने और चलाने में, सांस्कृतिक कार्यक्रमों की व्यवस्था और भागीदारी में, 'ट्रॉली टाइम्स', 'किसान ट्रॉली टाइम्स' और 'मोर्चा' जैसे आन्दोलन के अखबार निकालने में, लंगर से लेकर स्टेज तक हर जगह औरत पूरे दम-खम के साथ मोर्चा सँभाल रही थी। सामूहिक चौकों में औरतें और आदमी बराबर से चौका सँभाल रहे थे—आन्दोलन में "ये तो औरतों का काम है" कहने वाला कोई 'मर्द' नहीं था। सिंघू बार्डर पर 'सेवा', लंगर, कीर्तन का अद्भुत नजारा था।

किसान आन्दोलन की कृषि कानूनों के साथ-साथ हिन्दुत्व राजसत्ता को भी अहिंसक चुनौती

किसान प्रतिरोध के जन्म के साथ ही भारत की राजसत्ता ने कृषि कानूनों को अपनी

'नाक का सवाल' बना लिया। बल प्रयोग से किसानों को दिल्ली पहुँचने से रोकने में असफल हिन्दुत्व राजसत्ता का धरना-प्रदर्शन स्थल पर जुटे किसानों पर आँसू गैस, जाड़े की हाड़ कँपाती रातों में पानी की तोपों से बौछार, लाठी चार्ज और पुलिस संरक्षण में हिन्दुत्व लम्पट जत्थों के जरिये हमला शुरू हो गया। धरना स्थल की सड़कें खोद कर लोहे की कीलें गाड़ दी गईं, लोहे की कँटीली बाड़ों से घेराबन्दी कर दी गई। संघ परिवार, विशेषकर भाजपा और केन्द्रीय-प्रान्तीय राजसत्ता के हर छोटे-बड़े नेता, यहाँ तक कि खुद प्रधानमंत्री द्वारा संसद के अन्दर भी आन्दोलन और आन्दोलनकारी किसानों को देशद्रोहियों-गद्दारों के रूप में अपमानित-कलंकित करके आन्दोलन की धार कुन्द करने, थकावट-घिसावट की लड़ाई में उलझाकर पस्त करने, धमकाने और फूट डालने का अभियान शुरू हो गया। आन्दोलनकारी किसान खालिस्तानी, नक्सली, माओवादी, अर्बन नक्सल, टुकड़े-टुकड़े गैंग, खान मार्केट गैंग, छद्म किसान, भाड़े पर जुटाए गए लोग, आन्दोलनजीवी, परजीवी बताए जाने लगे। आन्दोलन पर विदेशी शत्रु ताकतों के हाथों में खेलने, उनकी साजिश का हिस्सा होने और उनसे वित्त पोषित होने का ठप्पा लगाया जाने लगा। अपनी 'पॉकेट किसान यूनियनों और नेताओं' से मिलने, और उनके जरिए भ्रामक सन्देश के जरिए आन्दोलन की एकता में दरार डालने की चालें भी चली गईं।

इसी के साथ सरकार ने राष्ट्रीय-अन्तर्राष्ट्रीय स्तर पर अपने 'संवेदनशील और लोकतांत्रिक' होने का सन्देश देने, आन्दोलन के नेताओं की 'नब्ज' टटोलने, और किसान एकता में दरार डालने की रणनीति पर भी अमल शुरू किया। आन्दोलन के नेताओं को 'वार्ता' के लिए आमंत्रित किया गया। 14 अक्टूबर, 2020 से जनवरी, 2021 के बीच 11 चक्र वार्ताएँ हुईं। सरकार की 'तीनों कानूनों को वापस नहीं लेने से एक इंच भी पीछे हटने से इनकार' की नीति के चलते वार्ता हर बार बेनतीजा रही। जनवरी के बाद राजसत्ता ने वार्ता के दरवाजे पूरी तरह से बन्द कर दिए। दुनिया के सम्भवत: अब तक के सबसे विशाल किसान आन्दोलन, जिसमें आठ से दस लाख की संख्या में किसान राष्ट्रीय राजधानी को एक साल से ज्यादा समय तक घेरे हुए सड़कों पर बैठे थे, का जवाब हिन्दुत्व राजसत्ता हिंसक दमन और आन्दोलन व आन्दोलनकारियों को राष्ट्रद्रोहियों के रूप में बदनाम करके देती रही। इस समूचे अभियान में राजसत्ता और संघ परिवार का सबसे विश्वस्थ सहयोगी-संश्रयकारी कारपोरेट मीडिया तंत्र था।

इन सारी उकसावेबाजियों के बावजूद आन्दोलन पूरी तरह अहिंसक और एकजुट बना रहा। हिन्दुत्व राजसत्ता और मीडिया का हर हमला आन्दोलन और आन्दोलनकारियों को और भी मजबूत-एकजुट करता गया। आन्दोलनकारियों ने कहा : "जब हम हिन्दुओं को बचाते हैं, हमें देवदूत कहा जाता है; जब हम देश के लिए जान देते हैं, हमें शहीद कहा जाता है; (मगर) जब हम अपने हक के लिए लड़ते हैं, हमें खालिस्तानी कहा जाता है!"[82] सरकार की 'उपेक्षा की रणनीति' और 'थकावट-घिसावट के युद्ध' (War of attrition) के जवाब में आन्दोलन ने 'अवस्थिति के युद्ध' (War of position) की रणनीति ली। आन्दोलनकारी किसान न तो अपनी माँगों से एक भी कदम पीछे हटे और न ही राजसत्ता की ताकत उनकी एकजुटता को तनिक भी डिगा सकी।

12 जनवरी, 2021 को सर्वोच्च न्यायालय के मुख्य न्यायाधीश जस्टिस एस.ए.बोबडे ने तीनों कृषि कानूनों पर अस्थायी रोक (put on hold) लगाते हुए आन्दोलन में बूढ़ों और महिलाओं को 'रखे जाने' पर आपत्ति की। 26 जनवरी, 2021 गणतंत्र दिवस के अवसर पर हजारों-हजार की संख्या में आन्दोलनकारी किसानों ने अपने ट्रैक्टरों के काफिले के साथ दिल्ली की सड़कों पर मार्च किया। जुलाई, 2021 से किसानों ने अपना आन्दोलन तेज करने का फैसला किया। 22 जुलाई को हजारों किसान तीनों कानूनों की वापसी और अन्य माँगों के लिए दिल्ली में जन्तर-मन्तर पर धरने पर बैठ गए। सरकार ने उन्हें सप्ताह के दिनों (weekdays) में वहाँ 9 अगस्त तक धरने की अनुमति दी। 5 अगस्त को विपक्ष के तमाम संसद सदस्य भी किसानों के साथ उनके समर्थन में धरने पर बैठे। 5 सितम्बर, 2021 को पश्चिमी उत्तर प्रदेश के मुजफ्फरपुर में भारतीय किसान यूनियन के नेता राजेश टिकैत के नेतृत्व में पचास हजार से ज्यादा किसानों की रैली हुई।

3 अक्टूबर, 2021 को उत्तर प्रदेश के लखीमपुर खीरी के तिकुनिया में संयुक्त किसान मोर्चा के विरोध प्रदेशन में 8 लोगों की मृत्यु हो गई। रैली में प्रदर्शनकारी किसानों की भीड़ को वहाँ के स्थानीय भाजपा नेता और केन्द्रीय गृह राज्य मंत्री अजय मिश्रा के बेटे आशीष मिश्रा ने अपने कारों के काफिले के साथ रौंद दिया, जिसमें चार किसानों की घटनास्थल पर ही मृत्यु हो गई। गुस्साई भीड़ के कारों का पीछा करने पर भागते हुए एक कार के पलटने और उसमें आग लग जाने से उसमें सवार तीन लोगों की मृत्यु हो गई। इसी हिंसक अराजकता में एक स्थानीय पत्रकार की भी मृत्यु हो गई।[83] उल्लेखनीय है कि इस घटना के केवल दो दिन पहले, अजय मिश्रा, केन्द्रीय गृह राज्य मंत्री ने अपने इलाके के किसानों को 'ढंग से व्यवहार करने' (behave) करने अन्यथा 'उन्हें दो मिनट के अन्दर ढंग से व्यवहार करना सिखा देने' की धमकी दी थी।[84]

नवम्बर 2021 तक किसानों के आन्दोलन में हिंसा की ऐसी घटनाओं और धरने की ठंड व अन्य दुश्वारियों के चलते छह सौ से ज्यादा किसानों की जानें जा चुकी थीं। मगर सरकार की संवेदनशीलता पर इससे कोई अन्तर नहीं पड़ा। यहाँ तक कि जब संसद में कांग्रेस पार्टी के संसद सदस्य राहुल गांधी ने दिसम्बर में इस मामले को उठा कर मृत क़िसानों की सूची देते हुए मुआवजे की माँग की, सरकार ने ऐसी किसी भी मौत की जानकारी होने से इनकार कर दिया! खुद भाजपा के वरिष्ठ नेता रहे मेघालय के राज्यपाल सत्य पाल मलिक ने जब प्रधानमंत्री मोदी से इस मामले पर बात की, मोदी ने किसानों के प्रति घोर अवमाननापूर्ण उपेक्षा दिखाई। सत्य पाल मलिक के अनुसार : "मैं जब किसानों के मामले में प्रधानमंत्री जी से मिलने गया तो मेरी पाँच मिनट में लड़ाई हो गई उनसे। वो बहुत घमंड में थे। जब मैंने उनसे कहा कि हमारे पाँच सौ लोग मरे हैं, तो उसने कहा कि मेरे लिए मरे हैं?"[85]

अचानक 19 नवम्बर, 2021 को, आन्दोलनकारी किसानों से बिना किसी चर्चा, सम्पर्क अथवा परामर्श के, प्रधानमंत्री मोदी ने टीवी पर घोषणा की कि वह तीनों कृषि कानूनों को वापस लेने जा रहे हैं। इस घोषणा में भी उनका आहत अहं स्पष्ट परिलक्षित हो रहा था : प्रधानमंत्री ने कहा कि (कानूनों के किसान हितैषी होने के बारे

में) "समझाने के बार-बार प्रयासों के बावजूद हम लोग असफल रहे।" पिछले एक साल से सरकार ने आन्दोलनकारी किसानों से कोई सम्पर्क नहीं किया, उनके पक्ष को समझने की कभी कोई ईमानदार कोशिश नहीं की, राष्ट्रीय और अन्तर्राष्ट्रीय स्तर पर आन्दोलन को राष्ट्रद्रोही कार्यवाही के रूप में बदनाम करने के लिए हर सम्भव हथकंडे अपनाए। प्रधानमंत्री ने हर प्रयास में विफल मनोरथ रहने पर अन्ततः कृषि कानूनों को वापस लेने पर मजबूर होते हुए भी इस आन्दोलन में अब तक अपनी जानें गवाँ चुके सात सौ से अधिक किसानों के प्रति शोक और संवेदना का एक भी शब्द कहना तो दूर, उनकी शहादत की चर्चा तक करने से परहेज किया!

कृषि कानूनों को वापस लेने की मजबूरी का एक पक्ष वर्ष 2022 में पाँच राज्यों, विशेषकर दो किसान बहुल राज्यों—पंजाब और उत्तर प्रदेश के आसन्न विधानसभा चुनाव भी थे। किसानों ने तुरन्त आन्दोलन समाप्त करने से इनकार करते हुए कानूनों के औपचारिक रूप से संसद के माध्यम से निरस्त किये जाने और आन्दोलन की अन्य माँगों, विशेषकर न्यूनतम समर्थन मूल्य का दायरा बढ़ाने और इसकी कानून के जरिए गारंटी करने, किसान आन्दोलकारियों के खिलाफ दायर मुकदमे वापस लेने, मृतक किसानों के परिवार को मुआवजा देने, अपने वायदे के अनुसार किसानों की आय दोगुनी करने और कृषि क्षेत्र से सम्बंधित स्वामीनाथन आयोग की सिफारिशों को लागू करने तक आन्दोलन जारी रखने का निर्णय लिया।

29 नवम्बर को भाजपा सरकार ने कृषि कानून निरस्तीकरण बिल संसद के दोनों सदनों में बिना किसी चर्चा की अनुमति दिए हुए पारित करा लिया। अन्ततः किसानों ने 15 जनवरी को समीक्षा बैठक करने, और सरकार द्वारा किसानों की अन्य माँगों पर सकरात्मक कदम नहीं उठाने पर पुनः आन्दोलन करने की चेतावनी के साथ 9 दिसम्बर को आन्दोलन स्थगित करके लौटने का फैसला किया। किसानों के लौट जाने के बाद से सरकार की ओर से अन्य माँगों की दिशा में कोई सकारात्मक कार्यवाही नहीं होने के चलते एक बार फिर किसान खुद को 'ठगा गया' महसूस करने लगे हैं और स्थानीय राज्य स्तर के किसान प्रदर्शनों का सिलसिला फिर से शुरू हो गया है। 13 फरवरी, 2024 से एक बार फिर हजारों-हजार किसानों ने दिल्ली को घेर रखा है। दिल्ली प्रवेश के रास्तों को कीलों से अवरुद्ध करने जैसे उपायों के साथ-साथ सत्ता तंत्र आन्दोलनकारियों के खिलाफ पैलेटगनों से गोलीबारी और ड्रोन से आँसूगैस के गोले बरसा रहा है। 35 दिनों में दस आन्दोलनकारियों की धरनास्थल पर मृत्यु हो चुकी है।

मुस्लिम औरतों का शाहीनबाग और किसानों का दिल्ली घेरा : 'हिन्दुत्व' राष्ट्रवाद बनाम 'जन' राष्ट्रवाद

मुस्लिम महिलाओं की पहल और नेतृत्व में हुए 'शाहीनबाग', और किसानों के 'दिल्ली चलो' आन्दोलन, इनकी दीर्घकालिकता और राष्ट्रीय विस्तार को 'हिन्दुत्व' राष्ट्रवाद के फासीवाद की ओर बढ़ते कदमों को 'जन' राष्ट्रवाद के ऐतिहासिक प्रभाव और महत्त्व की चुनौतियों के रूप में देखा जाना चाहिए। दोनों ही आन्दोलनों ने विद्यमान राजसत्ता के

'हिन्दुत्व राष्ट्रवादी' उद्दंड वर्चस्व को राष्ट्रीय राजधानी दिल्ली में चुनौती दी। इन दोनों ही चुनौतियों ने अखिल भारत 'जन आन्दोलन' का आयाम ले लिया। दोनों चुनौतियाँ अपने विशिष्ट अर्थों-सन्दर्भों में, विशेषकर इस दृष्टि से ऐतिहासिक हैं कि इन्होंने भारत में हिन्दुत्व राजसत्ता के 'अपराजेय' हो चुकने के 'घमंड', 'विकल्प विहीनता' के गढ़े जा रहे 'मिथक' और 'विभेद-बहिष्करण' की 'राज' नीति पर गम्भीर चोट की है। इन आन्दोलनों ने 'हिन्दुत्व राजसत्ता' द्वारा गढ़ी जा रही नागरिकता, राष्ट्रभक्ति, और नागरिक 'अधिकार व कर्तव्य' और 'राष्ट्रीय कृषि नीति' के 'हिन्दुत्व राष्ट्रवादी' विमर्श और व्यवहार के सापेक्ष 'जन' (People) राष्ट्रवाद के वैकल्पिक विमर्श और व्यवहार की शुरुआत की है।

अपने-अपने विशिष्ट अर्थों-सन्दर्भों में दोनों ही आन्दोलन एक सीमा तक सफल माने जा सकते हैं। शाहीनबाग आन्दोलन के दबाव में हिन्दुत्व राजसत्ता ने नागरिकता संशोधन कानून-2019 वापस लेने और राष्ट्रीय नागरिक रजिस्टर की प्रक्रिया निरस्त करने की औपचारिक-आधिकारिक रूप से घोषणा नहीं करके भले ही अपने 'अहं' की तुष्टि कर ली हो, मगर वह इस कानून का 'अमल' और नागरिक रजिस्टर की प्रक्रिया दोनों को 'ठंडे बस्ते' में डाल देने पर मजबूर हुई (2024 के राष्ट्रीय आम चुनावों में वोटों के ध्रुवीकरण की राजनीति में मार्च, 2024 में केन्द्र सरकार ने सीएए-2010 के नियमों की अधिसूचना जारी कर दी है)। जिस आक्रामकता के साथ हिन्दुत्व राजसत्ता और संघ परिवार इस कानून और नागरिकता रजिस्टर के जरिये देश से एक विशेष समुदाय को 'दीमक की तरह एक-एक करके बीनकर बाहर फेंक देने' के दावे कर रहा था, आज सत्ता और संघ के गलियारों में इस पर चर्चा तक नहीं होती। निस्सन्देह, यह आन्दोलन हिन्दुत्व राजसत्ता को 'हिन्दू राष्ट्र' की मुस्लिम विद्वेषी-बहिष्कारी वैचारिकी और व्यवहार से विचलित नहीं कर सका है। इसके बावजूद शाहीनबाग आन्दोलन के जुझारूपन और उसे मिले 'जन समर्थन' ने दिखाया है कि 'राष्ट्र' के रूप में 'भारत के विचार' (Idea of India) की नींव एकल राष्ट्रीयता 'बहुसंख्यावाद' (majoritarianism) की 'नफरत और बहिष्कार' नहीं, बल्कि विविध-बहुल राष्ट्रीयताओं के स्वायत्त, संचारी और आमेलनकारी 'समन्वयवाद' की 'सहिष्णुता और प्रेम' है। शाहीनबाग आन्दोलन ने एक बार फिर यह सिद्ध किया है कि 'सहिष्णुता और प्रेम' की इस नींव को नष्ट कर पाना हिन्दुत्व राष्ट्रवाद के लिए सम्भव नहीं होगा।

किसान आन्दोलन ने 'राष्ट्र' की नींव के रूप में 'सहिष्णुता और प्रेम' की अपरिहार्यता और अपराजेयता को और भी शक्ति और आवेग के साथ प्रमाणित किया। किसान आन्दोलन ने अपने एक वर्ष से भी अधिक के जीवन में सात सौ से अधिक मौतों का मातम मनाने—हर दिन लगभग दो शहादतों की कीमत चुका कर भी 'सहिष्णुता और प्रेम' की एकजुटता और धैर्य बनाए रखा। 'सहिष्णुता और प्रेम' की एकजुटता और धैर्य की इस ताकत ने अन्ततः हिन्दुत्व राजसत्ता को तीनों कृषि कानून वापस लेने पर मजबूर कर दिया।

इस आन्दोलन ने वर्ग, जाति, जेंडर, पितृसत्ता, और स्थानीयताओं के संस्तरण, अन्तर्विरोधों और विभेदों से ऊर्ध्वगमित होकर उन्हें आन्दोलन की ताकत के रूप में

एकजुट किया। 'हरित क्रान्ति' के जन्म से ही पंजाब और हरियाणा की कृषि संरचना में विद्यमान जाट भू स्वामियों-कुलकों और दलित खेतिहर मजदूरों के बीच जटिल और हिंसक अन्तर्विरोध की खाई इस आन्दोलन में अप्रत्याशित रूप से पटती दिखाई दी। आन्दोलन में दोनों एक-दूसरे की ताकत बनकर एक ही कतार में खड़े थे। किसान (जाट और सिख) और मजदूर (दलित) की इस वर्गीय नज़दीकी ने जाति के सामाजिक बन्धनों, संस्तरों और रूढ़ियों पर भी चोट की : आन्दोलन में सभी एक साथ खड़े थे, एक ही जीवन जी रहे थे और और एक ही चौके में श्रम और रोटी के साझीदार थे।

इस आन्दोलन ने वाम और अकाली राजनीति के ज़मीनी वैषम्य पर भी मरहम का काम किया। यह वैषम्य दलित भूमिहीन खेतिहर मजदूर और भूस्वामी किसान समुदायों के वर्गीय हितों की टकराहट का परिणाम था। पंजाब में 1960 और 1970 के दशक के नक्सल कृषि आन्दोलन को प्रकाश सिंह बादल की तत्कालीन शिरोमणि अकाली दल की सत्ता ने संविधानेतर-गैर न्यायिक (extrajudicial) नृशंसता के साथ कुचला था। इसके बाद पंजाब 1970 दशक के उत्तरार्ध से 1993 तक अलगाववाद-आतंकवाद का दंश झेलता रहा था। किसान आन्दोलन में पहली बार पंजाब की राजनीति की दोनों लड़ाकू धाराएँ अपने ऐतिहासिक विद्वेष और विभेद को परे रखते हुए एक मंच पर आईं : कृषि कानूनों ने दोनों ही समुदायों के वर्गीय हितों पर संघातक प्रहार किया था।

इस एकजुटता के साथ आन्दोलन की भाषा, प्रतीकों और नारों का भी 'फ़्यूजन' हुआ : नए गीत-कविताएँ रची गईं, उधम सिंह और भगत सिंह की शहादतों के साथ बन्दा बहादुर के शौर्य को भी याद किया गया, भगत सिंह लाइब्रेरी के साथ गुरु नानक पुस्तकालय भी बना। 'लाल सलाम' और 'जो बोले सो निहाल' के नारे साथ-साथ लगे। आन्दोलन के अखबार : 'ट्रॉली टाइम्स', 'किसान ट्रॉली टाइम्स' और 'मोर्चा' इस ज़मीनी-आन्दोलनकारी राजनीतिक संश्रय के सन्देश से भरे हुए थे : 'गुरु सारी दुनिया के हैं, हम सारे किसान हैं, हमारी लड़ाई किसान के रूप में अपनी गरिमा और गर्व की है, हम जीत रहे हैं, हमें किसी भी हाल में भटकना नहीं है—किसी भी बहकावे में नहीं आना है।'

पंजाब और हरियाणा की आंचलिक राजनीति में 'नदी जल बँटवारे' को लेकर हमेशा से वैमनस्यकारी विभेद रहा है। मगर हरियाणा की 'सर्व खाप' (खाप पंचायतों की पंचायत) ने 29 नवम्बर, 2020 को 'पंजाब और हरियाणा के किसान भाई-भाई' का नारा देते हुए पंजाब से दिल्ली पहुँचे किसानों का सबसे पहले समर्थन किया। इस समर्थन के चन्द घंटों के अन्दर हरियाणा की सारी खापों ने हजारों किसानों के जत्थों के साथ आन्दोलनस्थल पर पहुँच कर डेरा-डंडा डालना शुरू कर दिया। इन खापों का कहना था : "स्टेज, बातचीत (सरकार से) और फैसले किसान यूनियनों का मोर्चा सँभालेगा—खाप समर्थन में रहेगी।" पश्चिम उत्तर प्रदेश से राजेश टिकैत के नेतृत्व में भारतीय किसान यूनियन ने भी किसानों की ताकत झोंकी।

आन्दोलन ने धर्म, जेंडर और पितृसत्ता की की रूढ़ियों और सोच को भी चुनौती दी। आन्दोलन की समूची अवधि में सहयोगियों, साझीदारों, सेवादारों के रूप में मुस्लिम समुदाय एकजुटता के साथ सक्रिय रहा। आन्दोलन की सभाओं में दिल्ली में ही नहीं,

पंजाब, हरियाणा, उत्तर प्रदेश, राजस्थान हर जगह 'जो बोले सो निहाल—सत श्री अकाल', 'अल्लाहो अकबर' और 'हर-हर महादेव' के नारे साथ-साथ लगते रहे। जेंडर परिदृश्य में इतने लम्बे समय तक 'सार्वजनिक स्पेस' में लाखों की संख्या में महिलाओं की पुरुषों के साथ मौजूदगी और आन्दोलन के जीवन में बराबर की साझीदारी ने सार्वजनिक और निजी जीवन दोनों ही परिक्षेत्रों में महिलाओं के प्रति आदमियों की सोच और व्यवहार के 'मर्दानेपन' की उद्दंडता को एक हद तक बदलने का काम किया। महिलाओं को भी इस आन्दोलन से घर और समाज में पितृसत्ता द्वारा निर्धारित 'परम्परागत भूमिकाओं और सीमाओं' से बाहर' निकलकर 'फर्ज बनता है' के दायरे को विस्तार देने और बराबरी के अधिकार की दावेदारी की दृष्टि और साहस को बल मिला।

'हिन्दुत्व' और 'जन' राष्ट्रवाद की विपरीत ध्रुवी अवधारणाओं, विमर्श और व्यवहार की टकराहट में 'जन' के सशक्तीकरण में दोनों ही आन्दोलन महत्त्वपूर्ण योगदान करने के साथ-साथ इस 'जन चुनौती' की धारावाहिकता और भविष्य की दिशा पर कुछ महत्त्वपूर्ण सवाल भी उठाते हैं। दोनों ही आन्दोलनों में, विशेषकर किसान आन्दोलन के समूचे दौर में, किसान के साथ 'जन' संरचना के सबसे बड़े और जुझारू हिस्से—भारत के मजदूर वर्ग, विशेषकर संगठित ट्रेड यूनियन आन्दोलन ने, औपचारिक एकजुटता व्यक्त करने के बावजूद जमीनी एकजुटता और सक्रियता में, किसानों के मुद्दों के साथ मजदूरों के मुद्दों को आंगिक रूप से जोड़कर राजसत्ता को 'जन' की संयुक्त चुनौती देने की पहल नहीं ली। यह इस बात के बावजूद था कि न केवल किसान आन्दोलन में खुद मजदूर वर्ग का एक बड़ा हिस्सा—भूमिहीन खेतिहर मजदूर लाखों की संख्या में मौजूद था, बल्कि राजसत्ता केन्द्रीय और राज्य स्तर के सभी विद्यमान श्रम संरक्षण कानूनों को निरस्त-पराक्रमित करके कारपोरेट पूँजी निर्देशित चार श्रम संहिताएँ ला कर समूचे श्रमशील वर्ग के लिए अस्तित्व का संकट बनने जा रही थी!

किसान आन्दोलन में जन्म लेने वाली वर्गीय, जातिगत, जेंडर एकजुटताओं की अग्रगति और विकास की दिशा पर भी 'हिन्दुत्व' राष्ट्रवाद को 'जन' राष्ट्रवाद की चुनौती का भविष्य बहुत कुछ निर्भर करेगा। क्या ये तमाम एकजुटताएँ भारत में एक नए सामाजिक-सांस्कृतिक राष्ट्रवादी नवजागरण को जन्म दे सकेंगी? क्या यह एकजुटता भारतीय समाज की आमूल-चूल परिवर्तनकारी पुनरसंरचना के आन्दोलन का प्रस्थान बिन्दु बनकर अपनी धारावाहिकता सुनिश्चित कर सकेगी? क्या आन्दोलन में बनी जाट और दलित जातीय एकजुटता समाज के समतामूलक सामाजिक पुनर्गठन और आर्थिक संसाधनों-अवसरों-अधिकारों के समतामूलक पुनर्वितरण की दिशा में भी अपनी अग्रगति बना सकेगी? क्या आन्दोलन के 'सार्वजनिक स्पेस' में टूटी जेंडर की सामन्ती-पितृसत्तात्मक वर्जनाएँ, रूढ़ियाँ, और 'मर्दानी मनोवृत्ति' औरत के 'निजी स्पेस' में भी उसके 'स्व' की निजता, सपनों, आकांक्षाओं पर लगे पहरों और बन्धनों को काट कर उसे 'आजाद' करने की दिशा में बढ़ सकेंगी? क्या 'खाप पंचायतें' अपनी सदियों पुरानी सामन्ती जड़ता से मुक्त होकर जाति (दलित) और जेंडर (औरत) दमन का रास्ता छोड़कर उन्हें समाज और राष्ट्र की पुनरसंरचना के बराबर के भागीदारों के

रूप में स्वीकार कर सकेंगी? आन्दोलन ने निश्चय ही इन सवालों पर सकारात्मक पहल ली है मगर इनकी निरन्तरता को बनाए रखना और आवेग देते रहना एक बड़ी चुनौती रहेगी।

आज विश्व में कहीं भी ऐसा राष्ट्रवाद नहीं है जिसे नस्ल, धर्म, संस्कृति, जाति के विभेदकारी संस्तरणों और इनसे जनित सामाजिक-आर्थिक शोषण से मनुष्य और मनुष्यता को आज़ादी दिलाने वाला, राष्ट्र, समाज और विश्व की पुनरसंरचना का 'मुक्तिकामी आन्दोलन' कहा जा सके। मनुष्य और मनुष्यता के 'मुक्तिकामी आन्दोलन' के रूप में राष्ट्रवाद वस्तुतः उस मानवीय अन्तर्राष्ट्रीयतावाद की राष्ट्रीय प्रयोगशाला होनी चाहिए, जिसमें हर राष्ट्र अपने भौगोलिक आकार, संसाधन अथवा किसी भी अन्य विभेद से परे वैश्विक संसाधनों और समृद्धि का अपनी जरूरतों के अनुरूप समतामूलक बराबरी का भागीदार होगा। मानवीय अन्तर्राष्ट्रीयतावाद का अंश बनकर 'मुक्तिकामी आन्दोलन' के रूप में राष्ट्रवाद एक 'लघुरूप विश्व' की 'राष्ट्र रचना' करेगा। इस लघुरूप विश्व 'राष्ट्र' के अन्दर निवास करने वाली सभी राष्ट्रीयताएँ अल्पसंख्या, बहुसंख्या, धर्म, नस्ल, वर्ग, जाति अथवा किसी भी अन्य विभेद से परे अपनी जरूरत के अनुरूप राष्ट्रीय संसाधनों और समृद्धि में समतामूलक बराबरी के अधिकार के साथ भागीदार होंगी। ऐसा राष्ट्रवाद नफरत, बहिष्कार और हिंसा को अपनी वैचारिकी और व्यवहार से निर्मूल करते हुए प्रेम, सहकार, संचार, और संवेदना को ही अपनी ताकत बनाकर आगे बढ़ेगा और अपना लक्ष्य हासिल करेगा। यह राष्ट्रवाद 'एक-दूसरे की जान लेने' की नहीं, बल्कि इसके उलट 'एक-दूसरे पर जान छिड़कने' की नींव पर बनेगा।

आज की दुनिया में राष्ट्रवाद के जितने भी रूप हैं, वे विशुद्ध रूप से राजसत्ता की राजनीतिक महत्त्वाकांक्षा की टकराहटों का पर्याय हैं। आज का राष्ट्रवाद राजसत्ता के लिए 'एक-दूसरे की जान लेने' के हिंसक विभेद, नफरत और बहिष्कार की नींव पर टिका है। इतिहास ने दिखाया है कि ऐसा उन्मादी राष्ट्रवाद फासीवाद और नाजीवाद की निरंकुश तानाशाही में पतित होकर न केवल अपने राष्ट्र को, बल्कि समूची दुनिया को महाविनाश और अस्तित्व के संकट की ओर धकेल सकता है। आधुनिक भारत में राष्ट्रवाद की फासीवाद की ओर यात्रा वर्ष 2014 में 'हिन्दुत्व राष्ट्रवाद' के सत्तारोहण से ही शुरू हो गई थी। यह यात्रा अब राजसत्ता के संरक्षण में धर्म के आधार पर साम्प्रदायिक-राजनीतिक उन्माद की एकपक्षीय गोलबन्दी और हिंसक आक्रामकता के साथ 'हिन्दुत्व फासीवाद' की दिशा में मुड़ रही है। 'हिन्दुत्व राष्ट्रवाद' का 'हिन्दुत्व फासीवाद' में पतन भले ही दुनिया को अस्तित्व के संकट में डाल देने में सक्षम नहीं दिखता हो, मगर निश्चित रूप से यह परिवर्तन भारत में भयावह पैमाने पर सामाजिक-राजनीतिक महाविनाश ला सकता है।

दुनिया में 'जन' राष्ट्रवाद की दावेदारी के उभार की प्रतिक्रिया में राजसत्ता महत्त्वाकांक्षी राष्ट्रवाद उत्तरोत्तर चरम दक्षिणपंथी-फासीवाद की दिशा ले रहा है। इस विस्फोटक दौर में आज का वैश्विक सामाजिक-राजनीतिक परिदृश्य सड़कों-गलियों की दैनंदिन हिंसा के स्थायी 'वैश्विक नागरिक युद्ध' (Global Civil War) का रूप लेता जा रहा है। इस स्थायी-दैनंदिन 'सिविल वार' में सत्य, प्रेम, नैतिकता और न्याय

की तब तक बलि चढ़ती रहेगी जब तक कि मनुष्य और मनुष्यता 'राजसत्ता राष्ट्रवाद' के सम्मोहन को तोड़कर आजाद नहीं हो जाती।

हिंसा और नफरत की तमाम संगठनिकताओं-संस्थानिकताओं और उद्दंड महत्त्वाकांक्षी 'महानायकों' के सम्मोहक उन्माद से लैस यह राष्ट्रवाद राष्ट्र को ऐसे कैदखाने में बदल देता है, जिसमें 'महानायक की अन्ध चाहना' और उकसावे में उन्मत्त राष्ट्रवासी एक-दूसरे को 'पराया' मान कर आपस में खून बहाते रहते हैं। ऐसा 'आदमखोर राष्ट्रवाद' अपने नागरिकों को संवेदनशील मनुष्य से राष्ट्रीकृत मशीनों में बदल देता है जिसकी विभिन्न नामों से 'शो केसिंग-ब्रांडिंग' की जा सकती है—भारतीय, चीनी, जापानी, जर्मन, इंग्लिश, अमेरिकी...। ऐसी राष्ट्रीकृत मशीनों के झुंड 'महानायक' के निर्देश पर अपने ही राष्ट्र में 'पराए' बना दिए गए अपनों का कत्लेआम करते रहते हैं। ऐसा राष्ट्रवाद केवल एक ही काम कर सकता है—मनुष्य और मनुष्यता का महाविनाश! यह राष्ट्रवाद 'सृजन और रचनाशीलता' का नहीं, बल्कि 'विनाश और विध्वंस' का राष्ट्रवाद है। इस राष्ट्रवाद का प्राणतत्त्व 'प्रेम और अंगीकार' नहीं, 'नफ़रत और बहिष्कार' है।

भारत में राजसत्ता महत्त्वाकांक्षी राष्ट्रवाद अपने आधिकारिक जन्म की प्रसव पीड़ा में ही, बहुसंख्या, अल्पसंख्या और राष्ट्रीयताओं का वैमनस्यकारी-बहिष्कारी द्वंद्व खड़ा करते हुए मनुष्यता को शर्मसार कर देने वाली नृशंस बर्बरता के साथ अपनों के खून की होली खेलते हुए 'राष्ट्र' का विभाजन करा चुका है। ब्रिटिश भारत में 'मुक्तिकामी' राष्ट्रवाद के जन्म के कुछ ही समय बाद फासीवाद के बीज लिए हुए 'हिन्दुत्व राष्ट्रवाद' ने भी अपनी यात्रा शुरू की थी। 'मुक्तिकामी राष्ट्रवाद' एकल विशिष्ट राजनीति अथवा विचार न होकर ब्रिटिश साम्राज्य के अधीन 'होम रूल स्वराज' से लेकर 'स्वतंत्र-सार्वभौम प्रभुसत्ता सम्पन्न समाजवादी गणराज्य' तक के विभिन्न लक्ष्यों और दृष्टियों तक विस्तीर्ण था। इन लक्ष्यों और दृष्टियों के अनुरूप इस राष्ट्रवाद में 'सम्पूर्ण अहिंसक नागरिक अवज्ञा और आग्रह के जरिये ब्रिटिश साम्राज्य की मित्रवत विदाई' से लेकर 'सम्पूर्ण हिंसक क्रान्ति के जरिये ब्रिटिश सत्ता को उखाड़ फेंकने' तक की रणनीतियाँ समाहित थीं।

स्वाभाविक रूप से इस राष्ट्रवाद में विचार और व्यवहार की विविध-बहुल धाराओं का योगदान था : 'होम रूल' से 'पूर्ण स्वराज' की ओर क्रमशः विकसित होती कांग्रेस की याचक-आग्रही अहिंसक 'लिबरल' धारा, पश्चिम के 'जेकोबियन', 'मेजिनी-गेरिबाल्डी', 'यंग इटली' और 'सीक्रेट सोसाइटी' जैसे आन्दोलनों से प्रभावित और मातृभूमि को ब्रिटिश दासता से मुक्त कराने के 'धर्म' से अनुप्राणित 'वैयक्तिक बलिदानों' की 'बागी' धारा, विदेशों में रह रहे/ निर्वासित प्रवासी क्रान्तिकारियों द्वारा संगठित-संचालित होने वाली 'गदर' बगावतें, समाजवादी क्रान्ति की विचारधारा, विशेषकर लेनिन के नेतृत्व में हुई रूस की क्रान्ति से प्रभावित-आवेगित भगत सिंह जैसे परिपक्व क्रान्तिकारियों की ब्रिटिश साम्राज्यवाद को संगठित चुनौती, किसानों-आदिवासियों-स्थानीय जनसमुदायों के स्वतःस्फूर्त विद्रोह, सुभाष चन्द्र बोस की 'आजाद हिन्द फौज' के जरिये ब्रिटिश शासन को उखाड़ फेंकने की बगावत, भारतीय ब्रिटिश

नौसेना के सैनिकों का विद्रोह...1857 के प्रथम स्वाधीनता संग्राम से लेकर 1947 में भारत के स्वतंत्र-सार्वभौम प्रभुसत्ता सम्पन्न राष्ट्र-राज्य बन जाने तक भारत की जनता की ओर से ब्रिटिश साम्राज्यवाद को चुनौतियों की धारावाहिकता बनी रही। हर चुनौती ने 'मुक्तिकामी राष्ट्रवाद' में अपना विशिष्ट योगदान किया।

इसके सापेक्ष, 'हिन्दुत्व राष्ट्रवाद' का प्रारम्भ विशेषकर बीसवीं सदी के तीसरे दशक से हुआ। इसकी जड़ें उन्नीसवीं सदी के धार्मिक-सामाजिक सुधार आन्दोलनों और बंकिम चन्द्र चट्टोपाध्याय के 'आनंद मठ' जैसी साहित्यिक रचनाओं तक पहुँचती थीं जिनकी दृष्टि में भारत का मधयुगीन इतिहास मुगल-म्लेच्छ आक्रान्ताओं के आघातों से हिन्दू राष्ट्र और धर्म के पतन-पराभव का 'अन्धकार युग' था। बीसवीं सदी में विनायक दामोदर सावरकर-हिन्दू महासभा और हेडगेवार-गोलवलकर-राष्ट्रीय स्वयं सेवक संघ ने हिन्दू राष्ट्र के गौरवशाली अतीत और उसके मुसलमानों के हाथों पतन-पराभव की 'हिन्दुत्व' वैचारिकी की विरासत अंगीकार करके इसे संस्थानिक संगठनिकता और स्थायित्व से लैस करके भारत को 'हिन्दू राष्ट्र' और 'भारतीय' को हिन्दू के रूप में पुनरपरिभाषित किया।

इस नई परिभाषा ने मुसलमान को राष्ट्र और राष्ट्रीयता से वंचित-बहिष्कृत करके 'पराया दुश्मन' घोषित कर दिया। यह भारत में हिंसक मुस्लिम विद्वेषी-बहिष्कारी 'हिन्दुत्व राष्ट्रवाद' और हिन्दू-मुस्लिम के रूप में दो पृथक और असमाधेय अन्तर्विरोधों वाली राष्ट्रीयताओं के 'द्विराष्ट्रवाद' का औपचारिक-आधिकारिक जन्म था। इस राष्ट्रवाद का ब्रिटिश साम्राज्यवाद से कोई द्वेष नहीं था। इसके उलट, चूंकि ब्रिटिश साम्राज्यवाद को भारत में पाँव जमाने के लिए तत्कालीन मुस्लिम राजसत्ता की चुनौती का सामना करना पड़ा था, इसलिए 'दुश्मन का दुश्मन' होने के आधार पर ब्रिटिश 'हिन्दुत्व राष्ट्रवाद' के 'स्वाभाविक मित्र' थे।

खुद कांग्रेस का मुक्तिकामी 'लिबरल' राष्ट्रवाद किसी एकल सुचिन्तित-सुगठित वैचारिकी पर संगठित-संचालित होने के बजाय पश्चिम की लिबरल राजनीतिक वैचारिकी और हिन्दू राष्ट्र के गौरवशाली अतीत की चाहना का 'अभिजात्य' संश्रय था। इस संश्रय में गांधी के सनातनी 'ग्राम स्वराज', नेहरू के 'रूमानी समाजवाद' और 'बाल-लाल-पाल' (बाल गंगाधर तिलक, लाला लाजपत राय और बिपिन चन्द्र पाल) के 'गरम दल' वाले 'हिन्दू राष्ट्र गौरव' का अद्‌भुत घालमेल था। जाहिर था, कांग्रेस के 'मुक्तिमामी राष्ट्रवाद' के अन्दर इसके जन्म से ही 'हिन्दुत्व राष्ट्रवाद' के बीज 'मृदु हिन्दुत्व' की धारा के रूप में विद्यमान थे।

कांग्रेस ने अपने 'अखिल भारत' स्वरूप और स्वीकार्यता विस्तार की रणनीति के रूप में सभी धर्मों-सम्प्रदायों के आभिजात्य प्रतिनिधियों को अपनी संगठनिक संरचना में शामिल किया। इसके चलते, विशेषकर स्वाधीनता आन्दोलन के शुरुआती दौर में, मुस्लिम समुदाय के प्रतिनिधियों का भी कांग्रेस को भारत के राष्ट्रवादी आन्दोलन की मुख्यधारा के रूप में प्रतिष्ठित करने में महत्त्वपूर्ण योगदान था। आगे चल कर मुस्लिम समुदाय में 'द्विराष्ट्रवाद' सिद्धान्त के दार्शनिक और राजनीतिक जन्मदाता माने जाने वाले मोहम्मद इकबाल और मुहम्मद अली जिन्ना ने भी अपने राष्ट्रवादी-राजनीतिक जीवन

की यात्रा कांग्रेस से ही एकल-अखंड स्वतंत्र भारत के पक्षधर 'राष्ट्रवादी मुसलमानों' के रूप में शुरू की थी। मोहम्मद इकबाल ने स्वाधीनता आन्दोलन को 'सारे जहाँ से अच्छा हिन्दोस्तां हमारा' और 'नया शिवाला' जैसे तराने दिए, जो उस दौर के राष्ट्रीय आन्दोलन के 'राष्ट्रीय गीत' बने। जिन्ना लम्बे समय तक गर्व के साथ अपनी पहचान 'पहले, दूसरे और अन्तिम नम्बर तक भारतीय' के रूप में घोषित करते रहे। बाद के दौर में भी उन्होंने अपनी पहचान हमेशा 'भारतीय मुसलमान' के रूप में रखी।

विचारों, रणनीतियों और कार्यनीतियों की विविध धाराओं के समागम मंच के रूप में कांग्रेस के राष्ट्रवाद की इस यात्रा में रवीन्द्र नाथ टैगोर की राष्ट्रवाद से घोर असहमति के साथ उनकी 'विश्व मानवतावाद' और 'विश्व नागरिक' अवधारणा के लिए भी सम्मानपूर्ण जगह थी। रवीन्द्र नाथ टैगोर राष्ट्रवाद को मानवता के लिए ऐसा अभिशाप मानते थे, जो विश्व वसुधा, मनुष्यता, मानव प्रतिभा, प्रेम, सहिष्णुता, सहकार और संवेदना को शत खंडित करके एक-दूसरे का रक्त बहाते रहने को प्रवृत्त करता था। कांग्रेस के राष्ट्रवाद की राष्ट्र-समाज निर्माण की दृष्टि में गांधी के 'चरखा और खादी' पर आधारित आत्मनिर्भर 'ग्राम स्वराज' और टैगोर के आधुनिक ज्ञान-विज्ञान-तकनीक को ग्राम्य जन जीवन की सेवा में लगाकर आत्मनिर्भर भारत के मॉडल के रूप में 'आधुनिक आत्मनिर्भर ग्राम' की अन्तर्विरोधी अवधारणाओं का समन्वय था। यह वह समन्वय था जिसमें गांधी और टैगोर की असहमतियों के बीच एक-दूसरे के प्रति अवमानना—तिरस्कार की असहिष्णुता नहीं, बल्कि आदरपूर्ण सम्मान की उदात्तता निहित थी। टैगोर ने गांधी को 'महात्मा' की उपाधि से विभूषित किया और गांधी ने टैगोर को 'गुरुदेव' का सम्मान दिया।

अपने विकासक्रम में कांग्रेस के 'लिबरल' राष्ट्रवादी आन्दोलन ने राष्ट्र के मुख्यधारा आन्दोलन के रूप में अखिल भारत स्तर पर सुदृढ़ीकृत होकर ब्रिटिश साम्राज्यवाद के साथ आज़ादी के मोल-तोल के लिए आधिकारिक प्रतिनिधि की मान्यता हासिल कर ली। इस 'मान्यता' का एक महत्त्वपूर्ण पक्ष यह भी था कि ब्रिटिश साम्राज्य के लिए राष्ट्रवाद की 'समझौताविहीन क्रान्तिकारी राष्ट्रवाद' की धारा के साथ 'मोल-तोल' करना सम्भव नहीं था। जैसे-जैसे आज़ादी के लिए 'नेगोशिएटेड' समझौते की घड़ी नज़दीक आती गई, मुख्यधारा आन्दोलन के नेताओं के बीच स्वतंत्र भारत में 'आधिकारिक राजसत्ता राष्ट्रवाद' का प्रतिनिधि बनने की प्रतिद्वंद्विता बढ़ती गई। 'एकल राष्ट्रवाद' की एकजुटता और समन्वयकारी सहिष्णुता पर 'साम्प्रदायिक बहुसंख्या-अल्पसंख्या' की शासकीय महत्त्वाकांक्षाएँ भारी पड़ने लगीं।

कांग्रेस के अन्दर का 'मृदु हिन्दुत्व' किसी भी कीमत पर अल्पसंख्या राष्ट्रीयता को राजसत्ता का समतामूलक भागीदार बनाने को तैयार नहीं था। यह इस तथ्य के बावजूद था कि जिस राष्ट्रीयता को 'अल्पसंख्या' बता कर सत्ता की भागीदारी से 'खारिज' किया जा रहा था, वह अखंड भारत की लगभग एक तिहाई आबादी के साथ राष्ट्र की वस्तुत: दूसरी सबसे बड़ी बहुसंख्या थी! यह इस तथ्य के भी बावजूद था कि जिन्ना का 'द्विराष्ट्रवाद' विभाजन की लगभग अन्तिम घड़ी तक दो 'पृथक सार्वभौम राष्ट्र-राज्यों' के बजाय हिन्दू और मुसलमान को बहुसंख्या-अल्पसंख्या न मानकर

दो विशिष्ट राष्ट्रीयताओं की मान्यता देते हुए 'अखिल भारत फेडरेशन' के अन्दर 'दो स्वतंत्र-स्वायत्त राज्य' के 'रियासत-दर-रियासत' राष्ट्रवाद की गुहार लगा रहा था। मगर अफ़सोस! 'लिबरल (हिन्दू) राष्ट्रवाद' के नेताओं का धैर्य और संघर्ष क्षमता दोनों थकने लगी थी और वे किसी भी कीमत पर जल्द से जल्द 'अपनी' राजसत्ता हासिल कर लेना चाहते थे।

नतीजे में 'अखंड भारत के लिए पूर्ण स्वराज' का लक्ष्य लेकर शुरू हुई 'लिबरल राष्ट्रवाद' की यात्रा अखंड भारत के अकल्पनीय त्रासद विभाजन पर पूरी हुई। इसकी कीमत अखंड भारत की जनता ने लाखों की संख्या में लाशों, बलात्कार, अगवा और करोड़ों की संख्या में विस्थापन से चुकाई। स्वाभाविक रूप से ब्रिटिश भारत के दौर का मुक्तिकामी लिबरल राष्ट्रवाद, आजाद भारत में राजसत्ता का 'आधिकारिक राष्ट्रवाद' बना। इसी के साथ भारत के शासन 'तंत्र' में 'मृदु हिन्दुत्व' की विरासत और धारावाहिकता भी आंगिक मगर अदृश्य रूप से संस्थाबद्ध हो गई।

भारत के 'लिबरल जनतंत्र' में 'पूँजीवाद के विकास की रूमानी समाजवादी नियोजित अर्थव्यवस्था' के रूप में प्रारम्भ हुई 'प्रगति और विकास' की यात्रा अपने विकासक्रम में आर्थिक-सामाजिक वैषम्य और संकटों को जन्म देने के लिए अभिशप्त थी। ऐसे में भारत में 'लिबरल जनतंत्र' की असफलता लिबरल राष्ट्रवाद के मृदु हिन्दुत्व राजनीति की भी असफलता थी। किसी 'प्रभावी रेडिकल' विकल्प के अभाव में 'मृदु हिन्दुत्व' राष्ट्रवाद का विकल्प 'कट्टर हिन्दुत्व' का राष्ट्रवाद ही हो सकता था। कट्टर हिन्दुत्व प्रारम्भ से ही सचेत-सुनियोजित रूप से अपनी संगठनिक क्षमता और वैचारिकी के प्रसार के जरिये भारतीय समाज के अन्दर साम्प्रदायिक विभाजन और वैषम्य की खाई को गहरी और चौड़ी करते हुए अपने सामाजिक जनाधार का विस्तार कर रहा था। असीम धैर्य के साथ घात लगाये कट्टर हिन्दुत्व अवसर मिलते ही भारत की राजसत्ता पर काबिज हो गया। लिबरल राजनीति के पराभव और रेडिकल राजनीतिक विकल्प के अभाव के चलते कट्टर हिन्दुत्व के सत्ता 'राज मार्ग' की स्वाभाविक दिशा 'फासीवाद' की ही हो सकती थी, जो इस राष्ट्रवाद का जन्म से ही 'आदर्श' था।

स्वतंत्र भारत के सामाजिक-राजनीतिक प्रतिरोध आन्दोलनों के इतिहास में मुस्लिम महिलाओं के नेतृत्व में शाहीनबाग और किसानों के नेतृत्व में किसान आन्दोलन हिन्दुत्व राष्ट्रवाद की फासीवादी महत्त्वाकांक्षा को भारत के व्यापकतम जनसमुदायों की ओर से 'जन राष्ट्रवाद' की प्रभावी चुनौती की दिशा में प्रस्थान बिन्दु के रूप में याद किये जाएँगे।

कही–अनकही

अतिरेक मूल्य संचय का अन्तर्विरोध

पुनरुत्पादन का विस्तार पूँजीपति के अस्तित्व की अनिवार्य शर्त है। समाज की अपनी तात्कालिक जरूरतों से अतिरिक्त उत्पादन का निरन्तर विस्तार ही पूँजीपति और पूँजीवाद को जिन्दा रख सकता है। पूँजीवादी उत्पादन का मूल उद्देश्य सामाजिक जरूरतों की पूर्ति के लिए उपभोग वस्तुओं की आपूर्ति नहीं, बल्कि विशुद्ध मुनाफा है। यह मुनाफा उत्पादन प्रक्रिया चक्र के अन्तिम चरण उपभोग से ही आता है। उपभोग के लिए बाजार की जरूरत होती है।

आन्तरिक पूँजीवादी बाजार के उत्पादन प्रक्रिया चक्र में उत्पादक शक्तियाँ खुद ही उत्पादन साधनों की आपूर्ति करती हैं, और खुद ही अपने उत्पादों को खरीदती हैं। इसमें पुनरुत्पादन विस्तार और अनवरत अतिरेक मूल्य संचय की गुंजाइश नहीं होती। इसके लिए आन्तरिक पूँजीवादी बाजार से इतर बाहरी गैर पूँजीवादी परिवेश की जरूरत है। यह बाहरी गैर पूँजीवादी सामाजिक परिवेश पूँजीवाद द्वारा उत्पादित अतिरेक उत्पादों को समाहित (उपभोग) करता है, और साथ ही पूँजीवादी उत्पादन चक्र को गतिशील बनाए रखने के लिए अतिरिक्त उत्पादन साधनों और श्रमशक्ति की आपूर्ति करता है।

बाहरी गैर पूँजीवादी सामाजिक परिवेश पर कब्जे के पूँजी के अभियान के तीन चरण हैं जो अक्सर साथ-साथ चलते रहते हैं—

(i) पूँजी का प्राकृतिक अर्थव्यवस्था के खिलाफ संघर्ष, जिसमें वह उद्योग-उद्यमिता को कृषि से अलग करके कृषि अर्थव्यवस्था से ग्रामीण उद्योग शिल्प का सफाया करती है;

(ii) पूँजी का सरल वस्तु उत्पादन अर्थव्यवस्था के खिलाफ संघर्ष, जिसमें वह शहरी शिल्प श्रेणियों (Guilds) और उत्पाद विनिमय अर्थव्यवस्था का सफाया करके मौद्रिक विनिमय और औद्योगिक उत्पादन प्रणाली की स्थापना करती है; और

(iii) अन्तर्राष्ट्रीय स्तर पर संचय की बची हुई परिस्थितियों, परिवेश और इलाकों के लिए पूँजी का परस्पर प्रतिस्पर्धी संघर्ष अर्थात साम्राज्यवाद।

मार्क्स पूँजीपति को वैयक्तिक उपभोक्ता के रूप में न देखकर पूँजी के तर्क (Logic of Capital) के वाहक के रूप में देखते हैं। पूँजीपति पूँजी का मूर्तमान जीवन्त रूप (Capital Personified) है : उसकी चालक-प्रेरक शक्ति उपयोग मूल्य (use value) की प्राप्ति और उपभोग (acquisition and enjoyment) न होकर केवल पूँजी की

बढ़त (Growth) है। हालाँकि उपभोग और पूँजी की अनन्त-अतृप्त चाह—ये 'दोनों ही आत्माएँ' पूँजीपति के अन्दर वास करती हैं, मगर यह केवल पूँजीपति का 'पूँजी का मूर्तमान जीवन्त रूप' ही है जो मनुष्य प्रजाति को उत्पादन के लिए उत्पादन करते जाने (Production for production sake), और समाज की उत्पादक शक्तियों को निरन्तर बढ़ाते जाने के लिए प्रवृत्त करता है।

मार्क्स के विस्तारित उत्पादन की तीन शर्तें हैं :

(i) समाज में उत्पादन विस्तार और उपभोग के लिए श्रमशक्ति में लगातार बढ़त होनी चाहिए;
(ii) समाज की तात्कालिक जरूरतें इतनी नहीं होनी चाहिए कि उनकी आपूर्ति में सारी श्रमशक्ति खप जाय और भावी माँग वृद्धि के सापेक्ष कोई व्यवस्था न हो सके; और
(iii) उत्पादन साधनों में साल-दर-साल लगातार वृद्धि होती रहनी चाहिए।

विस्तारित उत्पादन का प्रस्थान बिन्दु संचय है। संचय के लिए 'प्रभावी माँग (Effective Demand) का लगातार बढ़ते रहना जरूरी है। संचय की चार अनिवार्य शर्तें हैं :

(i) पूँजीकृत (capitalised) होने के लिए अतिरेक मूल्य सबसे पहले पूँजी के स्वाभाविक भौतिक रूप : उत्पादन के अतिरिक्त साधनों और श्रमिकों के जीवन निर्वाह के अतिरिक्त साधनों के रूप में जनित होता है;
(ii) पूँजीवादी उत्पादन का विस्तार केवल पूँजीपति उत्पादों—उसके अपने उत्पादन और जीवन उपभोग साधनों के जरिये होता है;
(iii) उत्पादन विस्तार की सीमा हमेशा और हर परिस्थिति में उस अतिरेक मूल्य से पूर्व निर्धारित हो चुकी होती है, जिसका पूँजीकरण किया जाना है; और
(iv) जब तक पूँजीवादी उत्पादन अपने समूचे अतिरेक उत्पादों का क्रय करा पाने की स्थिति में है, पूँजी संचय की कोई सीमा नहीं है।

मगर वे नये ग्राहक कौन और कहाँ हैं जिनके उपभोग के लिए पूँजीपति अतिरिक्त उत्पादन लगातार बढ़ाता जा रहा है? पूँजीपति अपने अतिरेक का पूरा उपभोग न करके उसका बड़ा हिस्सा बचा रहा है क्योंकि ऐसा न होने पर पुनरुत्पादन चक्र शुरू ही नहीं होगा। मगर यह बचा हिस्सा किसके काम आएगा? कौन इसका उपभोग करेगा? यहाँ उत्पादन चक्र समीकरण में विभाग-I (पूँजीपति उत्पाद विभाग) पहलकदमी लेता है और विभाग-II (उपभोक्ता उत्पाद विभाग) के काम आने वाले उत्पादन साधनों का उत्पादन करता है, जिससे विभाग-I के उत्पादन में लगे अतिरिक्त श्रमिकों की उपभोक्ता जरूरतों की पूर्ति हो सके। इस तरह पूँजीवादी उत्पादन चक्र शुरू होता है।

श्रमिक वर्ग पूँजीपति वर्ग से 'चल पूँजी' के ठीक बराबर हिस्सा पाता है, जो उपभोक्ता उत्पाद कीमत के रूप में पूँजीपति को वापस हो जाता है। श्रमिक का वेतन चल पूँजी का वह सम्पूर्ण योग है, जिसे पूँजीपति ने अपने उत्पादों की श्रमिक द्वारा

भावी खरीद के लिए भुगतान किया है। इस तरह चलपूँजी भी हमेशा पूँजीपति के पास ही रहती है—चाहे वह नकद मुद्रा के रूप में उसके पास हो, या फिर श्रमशक्ति के रूप में। ऐसे में श्रमिक के पास कोई पूँजी कभी होती ही नहीं, जिसका वह संचय कर सके। यदि वह अपने वेतन से बचाने की कोशिश करेगा तो तो पूँजीपति के पास अतिरेक मूल्य और भी कम जनित होगा। क्योंकि ऐसी स्थिति में उसके उत्पादों का एक हिस्सा बिना बिके या उपभोग हुए रह जाएगा, और शुद्ध मूल्य धारक रूप नहीं ले सकेगा जिसका संचय और भावी उत्पादन में उपयोग किया जा सके। कुल मिलाकर श्रमिक तो पूँजीपति से भी कम अतिरेक मूल्य जनित करने की क्षमता रखता है।

ऐसे में पूँजी का विस्तार कैसे हो? पूँजीपति अतिरेक का एक हिस्सा अपने उपभोग में लाता है और कुछ हिस्सा नये श्रमिकों के वेतन (चल पूँजी वृद्धि) के रूप में खर्च करता है। मगर बाकी बचे उत्पादन का क्या किया जाय? पूँजीपति के अपने उपभोग और श्रमिक को भुगतान किये गए उसके श्रम के वेतन के अतिरिक्त बचे उत्पादन का उपभोग कौन करेगा जहाँ से अतिरेक (Surplus) जनित होगा? नई माँग कहाँ है?

समाज में पूँजीपति और श्रमिक वर्ग के अलावा कुछ और समुदाय भी हैं : भूस्वामी, राज्यतंत्र-सरकार, नौकरशाही, पेशेवर समुदाय-बुद्धिजीवी, सैन्य तंत्र, पंडे-पुजारी-पादरी, आदि। यह समूचा गैर उत्पादक समुदाय पूँजीपति वर्ग का दुमछल्ला है। यह क्रयशक्ति का वह परजीवी हिस्सा है जो पूँजीपति के अतिरेक मूल्य अथवा श्रमिक की मजदूरी का संयुक्त परजीवी उपभोक्ता है। इसकी क्रय शक्ति दोनों वर्गों पर लगे करों अथवा 'दान-पुण्य' की राशि से आती है। ऐसे में यह समुदाय तो अतिरेक उत्पादन का उपभोक्ता बनने से रहा, क्योंकि उसकी सम्पूर्ण क्रय शक्ति उत्पादन चक्र के दोनों वर्गों—पूँजीपति और श्रमिक की क्रय शक्ति का ही हिस्सा है।

इसके अतिरिक्त, अतिरेक मूल्य को पूँजी में तभी बदला जा सकता है जब वह अपना स्वाभाविक-भौतिक उत्पाद रूप छोड़कर शुद्ध मूल्य धारक रूप बन जाय। इसके लिए भौतिक उत्पादों को मुद्रा रूप में बदलना होगा। मगर विभाग-I और II के अलावा इन अतिरिक्त उत्पादों को खरीदेगा कौन? खरीदार अनिवार्य-अपरिहार्य रूप से विभाग-I और II के बाहर से होने चाहिए। इस अतिरेक मूल्य के उपभोक्ता-उत्पादों की प्रभावी माँग कहाँ है?

पूँजीवादी उत्पादन चक्र से उत्पादित उत्पादों की सम्पूर्ण मात्रा से स्थिर और चल पूँजी की वापसी के साथ-साथ अतिरेक मूल्य भी हासिल करना होता है, जिसके लिए समग्र उत्पादन का बेचा जाना जरूरी है। यदि ऐसा नहीं हुआ : उत्पादन का एक हिस्सा बिकने से रह गया, या अपने उत्पादन लागत से कम कीमत पर बिका, तो श्रम का शोषण हो चुकने के बावजूद शोषित श्रम की पूरी कीमत पूँजीपति को नहीं हासिल होगी। ऐसे में सम्भव है कि अतिरेक मूल्य जनित ही नहीं हो पाये, या उत्पादित अतिरेक मूल्य का एक हिस्सा कीमत ही मिल पाए, या फिर मूल पूँजी का ही आंशिक अथवा सम्पूर्ण नुकसान हो जाय।

इस तरह श्रम का शोषण और शोषित श्रम के मूल्य के रूप में अतिरेक मूल्य की प्राप्ति दो अलग बाते हैं। अपने विस्तार की अनन्त-अतृप्त भूख के चलते पूँजी की

अन्तर्निहित प्रवृत्ति श्रम के शोषण को बढ़ाते जाने की है। इसके लिए पूँजी तमाम तरह के हथकंडे अपनाती है : काम के घंटे और सघनता में वृद्धि, वास्तविक वेतन-मजदूरी कम करते जाना, उत्पादकता वृद्धि, मजदूरों को तरह-तरह से विभाजित रखकर उनकी सांगठनिक-सौदेबाजी को कमजोर करना आदि। मगर चल पूँजी की वृद्धि करते जाने की प्रक्रिया में श्रम के शोषण की सीमा है जिसके आगे विस्तार के लिए अतिरिक्त श्रम की जरूरत होगी। यह अतिरिक्त श्रमशक्ति कहाँ से आएगी? यह अतिरिक्त श्रमशक्ति है : 'मजदूरों की औद्योगिक रिजर्व सेना' : पूँजीवादी उत्पादन क्षेत्र के बाहर का वह सामाजिक श्रम भंडार, जिसे पूँजीपति अपनी उत्पादन प्रणाली में तब प्रवेश देता है, जब उसे उसकी जरूरत होती है। दुनिया की उन तमाम जगहों पर, जहाँ की जलवायु 'श्वेत प्रजाति' के काम करने लायक नहीं है, 'पूँजी को 'दूसरी प्रजाति' की श्रमशक्ति की जरूरत होती है। इसलिए पूँजी को समूची वैश्विक श्रमशक्ति को अपनी मर्जी और जरूरत के मुताबिक गतिशील करना है—समूची धरती के उत्पादक श्रम को अपनी सेवा में लगाना है।

पूँजी, उत्पाद (Commodity) में निहित अतिरेक मूल्य हासिल करने की अपनी क्षमता का लगातार विस्तार करते रहने की कोशिश करती है। इसके लिए पूँजी अपने चलन के क्षेत्र (Sphere of circulation) के विस्तार के साथ नई जरूरतों को भी पैदा करती है। पूँजी के इस विस्तार के अनन्त अभियान का एक पहलू यह भी है कि पूँजी उत्पादन और चलन (circulation) दोनों ही क्षेत्रों में अपनी लागत को कम-से-कम करते जाने का प्रयास करती है। उत्पादन के क्षेत्र में वह श्रम को मशीन और तकनीक से प्रतिस्थापित करती जाती है। इसके अलावा वह उत्पादन के पारम्परिक क्षेत्रों से इतर पूँजी के अधिकतम सम्भव मुनाफे (अतिरेक मूल्य) के संचय के लिए नये क्षेत्रों की तलाश में रहती है—जैसे वर्तमान नवउदारी दौर में औद्योगिक उत्पादों की अपेक्षा वित्तीय उत्पादों के चलन का दौर।

जहाँ तक प्रश्न नई जरूरतों अथवा माँग पैदा करने का है, माँग किन्हीं वैयक्तिक उपभोक्ताओं की निरपेक्ष या सनक भरी माँग नहीं होती। माँग अनिवार्य रूप से उत्पादन प्रणाली में पूँजीवादी रिश्तों की प्रकृति को प्रतिबिम्बित करती है। इसकी प्रकृति, स्वरूप व गति वर्ग संघर्ष (आय के वितरण) द्वारा निर्धारित होती है। मार्क्स जोर देकर कहते हैं कि आय वितरण के रिश्ते उत्पादन के विशिष्ट रिश्तों की संगति में होते हैं और उत्पादन के ये विशिष्ट रिश्ते ही सर्वाधिक महत्त्वपूर्ण और निर्णायक होते हैं। 'गोथा कार्यक्रम की आलोचना' (Critique of the Gotha Programme)[1] में मार्क्स कहते हैं कि तथाकथित वितरण को लेकर हाय-तौबा मचाते रहकर इसी पर जोर दिये रहना गलत होगा। अधिकार कभी भी समाज के आर्थिक ढाँचे और इसके द्वारा निर्धारित-निरूपित सांस्कृतिक विकास से उच्चतर (Higher) नहीं हो सकते।

अतिरेक मूल्य के उत्पादन और संचय में तीन अलग-अलग गतिविधियाँ सम्मिलित होती हैं :

(i) श्रमशक्ति के विदोहन से अतिरिक्त भौतिक उत्पादों का उत्पादन;

(ii) अतिरेक मूल्य हासिल करना : इस अतिरिक्त भौतिक उत्पाद को शुद्ध मूल्य (मुद्रा) में बदलना; और

(iii) इस शुद्ध मूल्य को उत्पादक पूँजी में बदलना। इन तीनों गतिविधियों को निर्बाध चलाते-विस्तारित करते रहने के लिए पूँजीवादी उत्पादन प्रक्रिया अपने चारों ओर की गैर पूँजीवादी दुनिया में आक्रामक हलचल मचाती है। पूँजीवाद के ऐतिहासिक अस्तित्व के लिए अन्तर्राष्ट्रीय व्यापार या 'पूँजीवाद का वैश्वीकरण' प्राथमिक और अनिवार्य शर्त बन जाता है। व्यावहारिक धरातल पर अन्तर्राष्ट्रीय व्यापार या 'पूँजीवाद का वैश्वीकरण' अपनी तात्त्विकता में पूँजीवादी और गैर पूँजीवादी प्रणालियों के बीच 'हिंसक' विनिमय है।

अतिरेक मूल्य संचय के अन्तर्राष्ट्रीय चरण में पूँजी उन गैर पूँजीवादी 'अन्तर्भूमियों' (Hinter Lands) के 'औद्योगीकरण' और 'पूँजीवादी मुक्ति' के लिए परस्पर प्रतिस्पर्धा करती है, जहाँ से उसने पिछले 'औपनिवेशिक' दौर में प्राकृतिक साधनों-संसाधनों और श्रमशक्ति की लूट के आदिम रास्ते से अपना अतिरेक मूल्य हासिल किया था। अपनी प्रकृति और तात्त्विकता में पूँजी का चरित्र अभी भी 'आदिम लूट के संचय' का ही है। मगर इसने अब 'सभ्यता और प्रगति' के कई सारे मुखौटे लगा लिए हैं : अन्तर्राष्ट्रीय कर्ज और सहायता, अधिसंरचना (रेल, सिंचाई, ऊर्जा, तकनीक आदि) विकास...। 'औद्योगीकरण और मुक्त पूँजी प्रसार' के इस नये वैश्विक दौर का रास्ता भी क्रान्तियों और युद्धों के जरिये ही आगे बढ़ता है। मगर अब इसके साथ अन्तर्राष्ट्रीय-द्विपक्षीय-बहुपक्षीय संस्थागत रणनीति और कूटनीति का राजनय भी प्रभावी भूमिका निभाता है।

अतिरेक मूल्य संचय का एक अन्य महत्त्वपूर्ण पक्ष उत्पादन की पूँजीवादी और गैर पूँजीवादी प्रणालियों के बीच का रिश्ता है। इसकी शुरुआत अन्तर्राष्ट्रीय रंगमंच पर होती है : औपनिवेशिक / नव औपनिवेशिक नीति, अन्तर्राष्ट्रीय कर्ज प्रणाली, रणनीतिक हिताधिकार इलाकों (Sphere of influence) की नीति, और इन सबकी चरम अभिव्यक्ति के रूप में युद्ध। इन सब के जरिये दुनिया में पूँजी के हित में ताकत, फ्राड, दमन और लूट का वैश्विक कारोबार बेरोकटोक चलता रहता है। राजनीतिक हिंसक आक्रामकता और हिताधिकार ताकत की प्रतिस्पर्धा के जरिये आर्थिक प्रक्रिया के कठोरतम वैश्विक नियमों की रचना होती है। वैश्विक रंगमंच पर राजनीतिक ताकत, आर्थिक प्रक्रिया के वाहक और संरक्षक की भूमिका निभाती है।

अतिरेक मूल्य संचय का एक और निर्णायक पक्ष सैन्यवाद है। सैन्यवाद न सिर्फ अतिरेक मूल्य हासिल करने के लिए आदिम संचय का सबसे निर्णायक माध्यम है, बल्कि खुद अपने-आप में अतिरेक मूल्य संचय का एक बड़ा इलाका है। अप्रत्यक्ष करों और संरक्षणवादी टैरिफ नीतियों के जरिये सैन्यवाद का भारी-भरकम खर्च श्रमिक और खेतिहर समुदाय-आम जनता से वसूला जाता है। दूसरी ओर राज्य और पूँजीपति वर्ग द्वारा पोषित और संचालित विशालकाय 'सामरिक-औद्योगिक संकुल' (Militry-Industrial Complex) खुद अर्थव्यवस्था के सबसे बड़े और मुनाफेदार क्षेत्रों में एक बन जाता है जहाँ एकाधिकारी कीमतों की मनमानी वसूली के जरिये बेशुमार अतिरेक

मूल्य बटोरा जाता है। राज्य द्वारा जनता पर लगाये गए अप्रत्यक्ष करों से वित्त पोषित सैन्यवाद अतिरेक मूल्य संचय की प्रक्रिया में दोहरा कार्यभार निभाता है : घरेलू स्तर पर पूँजी और श्रम की सौदेबाजी की प्रक्रिया में श्रम के खिलाफ पूँजी के लठैतों की दमनकारी भूमिका निभाते हुए सैन्यवाद श्रमिक वर्ग के जीवन निर्वाह स्तर को निम्नतर स्तर पर बनाए रखना सुनिश्चित करता है जिससे पूँजी की सेवा में हमेशा 'श्रमशक्ति की विशाल नियमित रिजर्व सेना' उपलब्ध रह सके। सैन्यवाद का दूसरा निर्णायक कार्यभार अन्तर्राष्ट्रीय स्तर पर अपनी राष्ट्रीय पूँजी द्वारा अधिकतम अतिरेक मूल्य संचय कर सकने के लिए नये-नये इलाकों को विदोहन के लिए उपलब्ध कराना है।

अतिरेक मूल्य संचय का एक और प्रभावी मध्यम विदेशी कर्ज है। विदेशी कर्ज पुराने पूँजीवादी 'विकसित' देशों की संचित पूँजी के नये इलाकों में निवेश के जरिये अतिरेक मूल्य हासिल करने का सबसे निरापद और प्रभावी तरीका है। उल्लेखनीय है कि इन विकसित पुराने पूँजीवादी देशों की संचित पूँजी का ज्यादातर हिस्सा पुराने जमाने में पूँजी के 'नई दुनिया' के उन्हीं इलाकों की औपनिवेशिक लूट और 'गन-बोट-डिप्लोमेसी' के जरिये हासिल किया गया है, जहाँ एक बार फिर यह पूँजी, इस बार कहीं ज्यादा 'सभ्य और मानवीय' मुखौटे के साथ अतिरेक मूल्य कमाने के लिए विदेशी कर्ज के रूप में भेजी जा रही है। इस 'आधुनिक, सभ्य और मानवीय' मुखौटे के जरिये पुराने विकसित पूँजीवादी देश न सिर्फ अपने निवेश का कई गुना अतिरेक मूल्य हासिल करते हैं, बल्कि अन्तर्राष्ट्रीय स्तर पर पूँजी की परस्पर प्रतिस्पर्धा के दौर में अपने 'प्रभाव क्षेत्र के इलाकों'—नये देशों पर अपना आर्थिक-राजनीतिक प्रभाव भी बनाते हैं। वे इन देशों के वित्तीय नियंत्रण-नियमन की लगाम परोक्ष-अपरोक्ष रूप से अपने हाथों में रखते हुए नये देशों की संस्कृति, उत्पादन व उपभोग की प्रवृत्ति और 'पैटर्न', और उनकी विदेश-वाणिज्य नीति पर अपना प्रभावी दखल बनाते हैं।

कुल मिलाकर पूँजीवाद अपने अस्तित्व के प्रारम्भ से परिपक्वता तक की सम्पूर्ण प्रक्रिया में उन गैर पूँजीवादी सामाजिक-आर्थिक संगठनों-संरचनाओं-संस्तरों-और प्रणालियों पर निर्भर है, जो दुनिया में पूँजीवादी परिक्षेत्र से बाहर हैं। पूँजी सारी दुनिया के प्राकृतिक साधनों-संसाधनों-सम्पदाओं और श्रमशक्ति पर कब्जा किये बिना अपनी गति बनाए ही नहीं रख सकती। अतिरेक मूल्य संचय की दृष्टि से पूँजी और उसके संचय की प्राथमिक और अनिवार्य शर्त पूँजीवादी परिक्षेत्र से बाहर के गैर पूँजीवादी खरीदारों का होना है। यही पूँजीवादी संचय का निर्णायक और अपरिहार्य तत्त्व है। यही अपने-आप में कभी नहीं सुलझ सकने वाला अन्तर्विरोध भी है। पूँजी बिना गैर पूँजीवादी संरचनाओं की मदद से संचय कर ही नहीं सकती, दूसरी ओर वह अपने साथ इन संरचनाओं के अस्तित्व का बने रहने बर्दाश्त भी नहीं कर सकती। इनके विनाश पर ही उसकी समूची उत्पादन प्रणाली टिकी है। अतिरेक मूल्य संचय के लिए गैर पूँजीवादी संरचना और बाजार अनिवार्य-अपरिहार्य है और बिना इस गैर पूँजीवादी संरचना और बाजार को विनष्ट किये संचय हो ही नहीं सकता! इस तरह पूँजीवाद अपने-आप में एक ऐसा अन्तर्विरोध बन जाता है जिसकी गति एक ही समय में एक ही साथ संघर्षों का समाधान करने और इसे और तीखा करते जाने की है।

पूँजीवाद समूची दुनिया को अपने कब्जे में लेकर अन्य तमाम दूसरी अर्थव्यवस्थाओं-उत्पादन प्रणालियों-सामाजिक-सांस्कृतिक संरचनाओं का अस्तित्व मिटा देने को आतुर रहता है जिससे उसका कोई प्रतिद्वंद्वी न बचे। बावजूद इसके, पूँजीवाद मनुष्य की सामाजिकता और उत्पादन प्रणाली के समूचे इतिहास में वह पहली प्रणाली है जिसमें अपने आन्तरिक आवेग के बूते जीवित रह सकने की क्षमता है ही नहीं। अपने जिन्दा रहने के लिए इसे हमेशा दूसरी आर्थिक प्रणालियों की जरूरत है। पूँजीवाद सार्वभौम निरपेक्ष (Absolute) और सर्वसत्तासम्पन्न बनकर दुनिया पर अनन्तकाल तक शोषण-संचय के जरिये राज करना चाहता है। मगर दूसरों के शोषण पर जीवित रहने की अन्तर्निहित-अपरिहार्य-परजीवी प्रकृति के चलते वह कभी उत्पादन की सार्वभौम-स्वतंत्र स्व-संचालित प्रणाली बन ही नहीं सकता। पूँजीवाद ऐसा परजीवी है, जो उसी 'दूसरे' जीव को निगल रहा है जिसके बिना वह जिन्दा रह ही नहीं सकता। उसके अस्तित्व की अनिवार्य शर्त वह निरन्तर-निर्बाध सामाजिक पुनरुत्पादन है जिसका उपभोग वह खुद कर ही नहीं सकता। इसके लिए उसे हमेशा 'दूसरे' की जरूरत है, और 'दूसरे' को मिटाए बगैर उसका सामाजिक पुनरुत्पादन चक्र गति ही नहीं पकड़ सकता।

सामाजिक 'डी एन ए' की आनुवंशिकता

मार्क्स, पूँजी के प्रथमखंड (अध्याय 23) में कहते हैं कि उत्पादन प्रक्रिया का चाहे जो स्वरूप (Form) हो, इसे अपनी निरन्तरता बनाए रखने की जरूरत होती है—इसे उत्पादन चक्र का नियमित रूप से आवर्तन करते रहना होता है। जिस तरह से कोई समाज उपभोग के बिना जिन्दा नहीं रह सकता, उसी तरह से वह उत्पादन बन्द करके भी जिन्दा नहीं रह सकता। उपभोग के लिए उत्पादन की निरन्तरता अपरिहार्य है। इस दृष्टि से परस्पर अन्तर्सबन्धित सम्पूर्णता (connected whole) और निरन्तर नवीकरण की अनवरत गति (constant flux of its incessant renewal) के रूप में, उत्पादन की हर सामाजिक प्रक्रिया एक ही समय में, एक ही साथ पुनरुत्पादन की भी प्रक्रिया है। इसलिए उत्पादन की पूँजीवादी प्रणाली को भी उसकी सम्पूर्णता में, परस्पर अन्तर्सम्बन्धित प्रक्रिया के रूप में देखना होगा : अर्थात पुनरुत्पादन की प्रक्रिया के रूप में। पुनरुत्पादन की प्रक्रिया सिर्फ उत्पादों (commodities) और अतिरेक मूल्य का ही उत्पादन नहीं करती। यह प्रणाली खुद पूँजी के रिश्तों का भी निरन्तर उत्पादन-पुनरुत्पादन करती है : एक तरफ पूँजीपति और दूसरी तरफ पगार-मजदूर (wage-labour)।

कोई भी आर्थिक प्रणाली अपने-आप शून्य में नहीं बन जाती। कोई भी नई प्रणाली प्रथमत: और प्रारम्भिक रूप में ऐतिहासिक यथार्थ पर आधारित होती है—वे आधार, वे भग्नावशेष, जिन्हें वह पुराने समाज से विरासत के रूप में हासिल करती है, न कि ऐसा कुछ, जो वह बिल्कुल अपने बूते बनाती-उत्पादित करती है। पूँजीवाद आज तक न तो पुरानी समाज व्यवस्थाओं और आर्थिक प्रणालियों के सम्पूर्ण तत्त्वों को अपने अन्दर आत्मसात करने में सफल हुआ है, और न ही वह अपनी जरूरतों के अनुरूप तमाम सांगठनिकताओं-संरचनाओं का ही अपने बूते पूरी तरह निर्माण कर सका है। ऐसे में विद्यमान समाज का मूल चरित्र एक प्रतिद्वंद्वी-प्रतिरोधी पुनरुत्पादन का बन जाता है—दो अलग-अलग उत्पादन सम्बन्धों-प्रणालियों के बीच संघर्ष—दो पूरी तरह एक-दूसरे से विपरीत आर्थिक प्रणालियों के बीच संघर्ष।

अपने ऐतिहासिक कालक्रम में हर उत्पादन प्रणाली और उससे जुड़ी सामाजिक संरचना व सांस्कृतिक मूल्यबोध अगली उत्पादन प्रणाली और उससे जुड़ी सामाजिक संरचना व सांस्कृतिक मूल्यबोध के स्थापित व विकसित होने के लिए विनष्ट होकर जगह देने के लिए अभिशप्त होते हैं। मगर इस प्रक्रिया में विनष्ट होने वाली प्रणाली कभी भी पूरी तरह अस्तित्वविहीन और निर्मूल नहीं हो जाती। उसकी तात्त्विक प्रवृत्ति और प्रकृति आगामी समाज की प्रणाली संरचना और प्रकृति का 'डी एन ए' (गुणसूत्र)

बनकर नये समाज में समाहित हो जाती है। जिस तरह मनुष्य प्रजाति की जैविक ऐतिहासिकता डीएनए बनकर उसकी आनुवंशिकता में समाहित रहती है, उसी तरह मनुष्य समाज की सामाजिक ऐतिहासिकता—उसका सम्पूर्ण पूर्ववर्ती सामाजिक जीवन—नये समाज के अस्तित्व, उसकी संरचना, उसके व्यवहार, उसके मूल्यबोध में समाहित रहता है।

इस दृष्टि से पूँजीवाद में तमाम पिछली सामाजिक-आर्थिक प्रणालियों के गुणसूत्र स्पष्ट देखे जा सकते हैं। पूँजीवादी आर्थिक उत्पादन प्रणाली और उससे जुड़ी सम्पूर्ण सामाजिक-राजनीतिक-सांस्कृतिक अधिसंरचना का प्राणतत्त्व अतिरेक मूल्य और उसका संचय है। यदि पूँजीवादी उत्पादन प्रणाली के दोनों हिस्से—पूँजीपति और श्रमिक केवल अपनी जरूरत भर उत्पादन और उपभोग करें तो पूँजीवाद का जन्म हो ही नहीं सकता। पूँजी के जन्म के लिए सबसे पहली शर्त यह है कि पूँजीपति श्रमिक के श्रम का शोषण करे—केवल उसे उसके न्यूनतम जीवन निर्वाह भर का वेतन देकर शेष सारा उत्पादन हड़प कर पुनरुत्पादन चक्र में लगाये।

यह 'शोषण और न्यूनतम जीवन निर्वाह' पूँजीवाद उत्पादन प्रणाली की अपनी ईजाद नहीं है—यह मनुष्य श्रम के आदिम श्रम विभाजन स्त्री और पुरुष के श्रम विभाजन से लेकर गुलाम, भूदास, सामन्त : हर उत्पादन और समाज व्यवस्था का अनिवार्य रूप रहा है। केवल इसका स्वरूप और संरचना बदलती रहती हैं। आज गुलाम को बाड़े में जंजीरों से जकड़कर नहीं रखा जाता—आज श्रमिक की जंजीरें उसका वेतन, उसके काम की दशाएँ और बेरोजगारी हैं जिनके दबाव में वह पूँजी की गुलामी के लिए मजबूर है। आज भी श्रमिक अपनी मर्जी, अपने नियम और अपनी जरूरत से उत्पादन नहीं करता। आज भी वह अपने 'पूँजीपति मालिक' की मर्जी, नियम और जरूरत से खटता है। इसी तरह 'न्यूनतम जीवन निर्वाह' के भी स्वरूप बदल गए हैं : आज पूँजी जीवन निर्वाह की भौतिक जरूरतों का प्रबन्धन गुलाम या भूदास के लिए जमीन के टुकड़े के रूप में नहीं होता। आज के न्यूनतम जीवन निर्वाह प्रबन्धन का नाम मौद्रिक पगार (वेतन) व्यवस्था है। मगर आज भी श्रम के शोषण का मूल डीएनए वही है—श्रमिक को बस उसके जिन्दा रहने लायक जीवन निर्वाह साधन मिलेगा, उसका बाकी का सारा श्रम 'मालिक' अर्थात पूँजीपति की सम्पदा बनेगा।

पूँजीवाद के संचालन-विस्तार-प्रसार के लिए उसकी दोनों मूलभूत संरचनाएँ : सैन्यवाद और कर्ज भी पूँजीवाद की अपनी मौलिक ईजाद नहीं है। ताकत और लालच आदिम काल से शोषण और संचय का आधार रहे हैं। शोषण के लिए हथियारों का महत्त्व गुलाम प्रणाली के जमाने से ही निर्णायक रहा है। ऐतिहासिक कालक्रम के मुताबिक हथियारों और हथियार चलाने वालों की संरचना और सांगठनिकता आर्थिक उत्पादन प्रणाली की जरूरत के अनुरूप विकसित होती, बदलती रही है। पूँजीवाद में पत्थर और धातुओं के हथियारों की जगह आधुनिकतम महाविनाश के उच्चतम तकनीकी-नाभिकीय-रासायनिक-जैविक हथियारों ने ले ली है। आज भाड़े की सेना अथवा जरूरत के मुताबिक किसानों-खेतिहरों की सेना की जगह पेशेवर-प्रशिक्षित-नियमित-वैतनिक सेना ने ले ली है। इसी तरह कर्ज हजारों वर्षों से व्यक्तियों से लेकर

राजशाहियों-साम्राज्यों तक को फँसाकर बर्बाद करने और कब्जा जमाने का प्रभावी साधन रहा है। पूँजीवाद में भी कर्ज उसी भूमिका में है—इसका स्वरूप भले ही बदल गया हो—अब यह द्विपक्षीय-बहुपक्षीय आर्थिक-वित्तीय कर्ज और सहायता समझौतों-अधिसंरचना, निर्माण-विकास और जनतांत्रिक प्रगति की साझेदारियों के रूप में, प्रत्यक्ष विदेशी निवेश के रूप में, संस्थागत सहायता और निवेश के रूप में जाना जाता है। मगर उद्देश्य और मूल चरित्र यथावत है—निवेशित राशि से कई गुना राशि की कर्ज लेने वाले से वसूली।

सामाजिक 'डीएनए' के सन्दर्भ में एक और महत्त्वपूर्ण बात यह है कि मानव समाज के ऐतिहासिक कालक्रम : गुलाम समाज से लेकर आज के पूँजीवादी समाज तक की हर आर्थिक-सामाजिक प्रणाली और उसकी सांगठनिकता-संरचना की तात्त्विक प्रकृति बहुसंख्या के ऊपर समाज की अल्पसंख्या के शासन की रही है। इसी के माध्यम से शोसक समुदाय समाज के व्यापकतम हिस्सों का शोषण-विदोहन करते हुए मानवीय श्रम और प्रकृति के साधनों-संसाधनों को अपनी निजी सम्पदा और समृद्धि के रूप में संचित करता रहा है। आज तक की हर आर्थिक-सामाजिक प्रणाली समाज के सम्पदा-संसाधनों-शक्ति व अधिकारों के निकृष्टतम संस्तरीकृत विभेद-विभाजन और असमानता को संस्थानिक वैधता प्रदान करती है। आर्थिक-सामाजिक विषमता व असमानता आज तक की हर सामाजिक-आर्थिक प्रणाली का जीवन-मूल्य और निर्देशक-सिद्धान्त है।

मानव समाज की अब तक की समूची ऐतिहासिक यात्रा में बहुसंख्या द्वारा अल्पसंख्या के शोषण के इस मूल्यबोध और निर्देशक सिद्धान्त के बने रहने के क्रम में आर्थिक उत्पादन प्रणाली और उससे जुड़ी सामाजिकता के हर परिवर्तन में विषमता-असमानता के संस्तरीकरण के मौजूद रहने के बावजूद हर अगले प्रणाली परिवर्तन में सत्ताधारी वर्ग की संख्या, संरचना और उसके सामाजिक आधार में विस्तार हुआ है। गुलाम व्यवस्था में एक मालिक के अधीन हजारों-हजार गुलाम होते थे। सामन्ती-राजशाही तंत्र में न सिर्फ राजे-रजवाड़ो-सामन्तों, बल्कि इनके सहयोगियों-समर्थकों-कुलीनों-अभिजात्यों के सामाजिक आधार में विस्तार हुआ। आज पूँजीवादी तंत्र में शासक वर्ग : पूँजीपति, राज्यतंत्र, नौकरशाही और उससे जुड़े जनाधार-उच्च मध्यवर्ग की संख्या वैश्विक स्तर पर करोड़ों में है।

मगर इसका अर्थ यह नहीं है कि शासक वर्ग की संख्या में सापेक्षिक (पहले की अपेक्षा) वृद्धि होने के चलते समाज की आर्थिक-सामाजिक असमानता-विषमता और संस्तरीकरण की खाई कम हुई है। उलटे हर आर्थिक उत्पादन प्रणाली और उससे जुड़ी समाजव्यवस्था के अगले परिवर्तन के साथ शासक वर्ग के शोषण और मनुष्य व प्रकृति के विदोहन की क्षमता ने छलाँग लगाई है, जिसके चलते मानव श्रम व प्रकृति के साधनों-संसाधनों से जनित सम्पदा-समृद्धि का शासकवर्ग के पास अधिकाधिक संकेन्द्रण होता गया है। इस संकेन्द्रण के चलते सामाजिक-आर्थिक विषमता-असमानता में लगातार वृद्धि हुई है। इस सामाजिक-आर्थिक विषमता-असमानता की एक छोटी सी झलक 'ऑक्सफाम' के साल 2023 के सालाना सर्वे में मिलती है[2] :

- दुनिया के 1% धनिकों ने वर्ष 2020 से 2022 के अन्त तक सृजित समूची नई आय के दो तिहाई भाग (63%) पर कब्जा किया है, जो 99% आबादी के हिस्से आई आय का लगभग दो गुना है;
- दुनिया के खरबपतियों की $2.7 बिलियन प्रतिदिन की दर से बढ़ रही है;
- दुनिया के अमीरों पर मात्र 5% का कर लगाकर प्रत्येक वर्ष 1.7 ट्रिलयन डालर की रकम जुटाई जा सकती है जिससे दुनिया के 200 करोड़ लोगों को गरीबी रेखा से ऊपर उठाया जा सकता है;
- 170 करोड़ कामगार (भारत की समूची आबादी से अधिक) ऐसे देशों में रहते हैं, जहाँ महगाई उनकी वास्तविक आय लगातार कम करती जा रही है;
- दुनिया में 82 करोड़ लोग (दुनिया की लगभग दस प्रतिशत आबादी) भुखमरी की शिकार हैं। दुनिया की भूखी आबादी में औरतों और बच्चियों का अनुपात 60% है;
- द्वितीय विश्व युद्ध के बाद से आज दुनिया में सबसे अधिक असमानता और दरिद्रता है;
- अगले पाँच वर्षों में दुनिया की तीन चौथाई सरकारें स्वास्थ्य और शिक्षा सहित जीवन निर्वाह की अनिवार्य सार्वजनिक व्यय के मदों में $7.8 ट्रिलियन की कटौती करेंगी;
- विश्व के सबसे धनी व्यक्ति एलन मस्क द्वारा 2014 से 2018 के बीच किए गए शुद्ध कर भुगतान की दर (true tax rate) 3% है। उगांडा में[3] $80 प्रति माह कमाने वाले व्यक्ति ने 40% की दर से कर भुगतान किया है।

ये सारे तथ्य पूँजीवादी आर्थिक व सामाजिक संरचना में अपनी समस्त पूर्ववर्ती आर्थिक-सामाजिक प्रणालियों की मूल प्रकृति, प्रवृत्ति व चरित्र की 'डीएनए' आनुवंशिकता की पुष्टि करते हैं। आदिम शोषण और लूट के जरिये अतिरेक मूल्य का संचय 'पूँजीवादी प्रणाली की जीवन रेखा (Life-line) है। मानव समाज का सम्पूर्ण ऐतिहासिक विकासक्रम यही बताता है कि अपनी तात्त्विक प्रकृति में संचय हमेशा ही 'आदिम और बर्बर' होता है। किसी न किसी रूप-स्वरूप में यह 'संचय' आज तक की हर आर्थिक-सामाजिक प्रणाली का प्राणतत्त्व बना हुआ है।

पूँजीवादी जनतंत्र बनाम 'सर्वहारा जनतंत्र'

पूँजीवादी जनतंत्र बनाम सर्वहारा जनतंत्र

पूँजीवादी 'लिबरल' जनतंत्र अल्पसंख्यक सत्ता समुदाय का व्यापक-वृहत्तर-बहुसंख्यक श्रमशील आबादी पर शासन है। इस जनतंत्र में चयन की स्वतंत्रता मतदाताओं के लिए सत्ताधारी आभिजात्य अथवा भावी सत्ता आभिजात्य तक सीमित है। आबादी का एक बड़ा हिस्सा मतदान के लिए पात्र होने के बावजूद मतदान में भाग नहीं लेता। व्यावहारिक अर्थों में आबादी की मतदान के प्रति उदासीनता का मतलब सत्ता आकांक्षी आभिजात्य के प्रति असन्तोष और असहमति है। बहुदलीय संसदीय जनतंत्र में मतों का विभिन्न दलीय उम्मीदवारों में बँटवारा होता है, और इस बँटवारे में अधिकतम मत हासिल करने वाला उम्मीदवार विजयी होता है। ऐसे में बहुदलीय संसदीय जनतंत्र का विजेता दल वस्तुत: अल्पमत में होता है क्योंकि उसके प्रतिद्वंद्वी उम्मीदवारों को मत देने वालों, मतदान में भाग न लेने वालों अथवा किसी भी उम्मीदवार के पक्ष में मत नहीं देने वालों (NOTA) की संख्या विजेता उम्मीदवार को मिले मतों से कहीं ज्यादा होती है।

वस्तुत: लिबरल जनतंत्र में 'चुनाव' किसी रणनीति का मसला न होकर कार्यनीति का मसला है। जनतंत्र में तमाम तरह की प्रतिनिधि निर्वाचन, मतदान और शासन प्रणालियाँ व्यवहार में लाई जा सकती हैं : राष्ट्रपति प्रणाली, कैबिनेट प्रणाली, एक कक्षीय सदन (Single House Parliament), द्विकक्षीय सदन, सामान्य बहुमत प्रणाली, 51% बहुमत प्रणाली, एक चक्रीय / बहुचक्रीय मतदान प्रणाली...। ये सभी अपनी-अपनी संवैधानिक विशिष्टताओं के अनुरूप लिबरल जनतंत्र का स्वरूप हैं, और शासन (Governance) व राजनय (body politic) में जनता की आवाज के विभिन्न स्तरों के समावेशन की स्वीकृति देते हैं।

चुनाव प्रणाली अपने आप में जनतंत्र का पर्याय नहीं है। इसे जनतंत्र की ओर पहला कदम भर कह सकते हैं। जनतंत्र में यह स्वाभाविक अपेक्षा विद्यमान होती है कि वह जनता की आवाज को सुने, विशेषकर उनकी आवाज को, जिन्होंने सत्ताधारी दल के विरोध में मत दिया है अथवा मतदान में भाग नहीं लिया है। बहुदलीय जनतंत्र सत्ताधारी दल पर यह दायित्व देता है कि वह 'शासन तंत्र' के संचालन-प्रबन्धन में असहमति की आवाज को शामिल करे। इन अर्थों में बहुदलीय जनतंत्र शासनतंत्र से ज्यादा तात्त्विक रूप से 'ट्रस्टीशिप' का तंत्र है। जनतंत्र अपनी प्रकृति व प्रवृत्ति दोनों में असहमति का तंत्र है। इसे सत्ताधारी वर्ग असहिष्णुता का तंत्र बनाकर जनतंत्र को तकनीकी रूप से नाममात्रिक जनतंत्र और व्यावहारिक रूप से निरंकुशता का तंत्र बना देता है।

यदि जनतंत्र परिस्थितियों के सापेक्ष निरन्तर वैचारिक और व्यावहारिक दोनों धरातलों पर खुद को सुधारते रह सकने में समर्थ नहीं है, तो वह जड़ होकर सामाजिक-राजनीतिक विषमता-विभाजन और विखंडन को जन्म देने में पतित होने के लिए अभिशप्त है। जनतंत्र वस्तुतः संसदीय जनतंत्र / प्रतिनिधित्व जनतंत्र (Parliamentry/ Representative Democracy) से भागीदारी (Participative) जनतंत्र और अन्ततः जनता के जनतंत्र (People's Democracy) की ओर प्रयाण की प्रक्रिया है जिसका आदर्श लक्ष्य जनता द्वारा सच्चे और अन्तिम अर्थों में स्वशासन है। इसके लिए विद्यमान जनतंत्र से आमूल-चूल रूप से अलग रेडिकल संस्थानिकताओं, सांगठनिकताओं, विचारों और मूल्यबोध की जरूरत है। इसके लिए जनतंत्र को शासक और शासित की मनोवृत्ति से निकालकर, सत्ता और शक्ति की अवधारणा से मुक्त करके 'जनता के सच्चे स्वशासन' की मनोवृत्ति और अवधारणा की ओर ले चलना होगा। यह आज के जनतंत्र की विडम्बना और अन्तर्विरोध है कि यहाँ निर्वाचित प्रतिनिधि कहलाता तो जनता का प्रतिनिधि और लोक सेवक है, मगर करता वह कारपोरेट की सेवा और जनता पर 'शासन' है। ऐसे जनतंत्र में 'सेवक' शासक है और 'स्वामी' शासित!

यदि जनतंत्र को सचमुच में 'जनता का जनता द्वारा और जनता के लिए' व्यवस्था तंत्र माना जाय तो इसका स्पष्ट और अपरिहार्य अर्थ यह है कि निर्वाचित 'जन प्रतिनिधि' अथवा 'लोक सेवक' के हर अधिकार जनता के अपने मौलिक अधिकारों का हिस्सा हैं। ये अधिकार उसने जनप्रतिनिधि / लोक सेवक को अपनी (जनता की) सुरक्षा, समृद्धि और बेहतरी के लिए 'डेलिगेट' किए हैं। स्वाभाविक रूप से कभी भी 'पाने वाले के अधिकार' 'देने वाले के अधिकार' से ज्यादा और बड़े नहीं हो सकते। जनतंत्र की हर संस्थानिकता-विधायिका, कार्यपालिका, न्यायपालिका, रक्षातंत्र जनता के अन्तिम प्राधिकार के अधीन और उसकी हित रक्षा के लिए हैं।

कुल मिलाकर जनतंत्र की इस अवधारणा में ऐसे किसी अधिकार, सांगठनिकता और संरचना का अस्तित्व सम्भव नहीं है जो जनता के अधिकार व नियंत्रण से परे हो। मगर आज के जनतंत्र में व्यवहार इसका ठीक उलटा होता है : जनतंत्र के सारे अधिकारों, सांगठनिकताओं, संस्थानिकताओं पर 'सत्ताधारी तंत्र' : तथाकथित जन प्रतिनिधियों और नौकरशाहों का कब्जा है। यह सत्ताधारी तंत्र व्यापक-वृहत्तर आम जनता के निर्देशन में उसके हितों के लिए इन अधिकारों-संस्थानिकताओं और सांगठनिकताओं का उपयोग नहीं करता। उलटे यह 'सत्ताधारी तंत्र' वास्तविक सत्ता आभिजात्य वर्ग : पूँजीपतियों, बहुराष्ट्रिकों और अन्तर्राष्ट्रीय आर्थिक-वित्तीय तंत्र के नियामक महाबलियों के हित में और उनके निर्देशन पर काम करता है। 'सत्ताधारी तंत्र' अपना पूँजीवादी 'जनतंत्र' सैन्य-पुलिस-खुफिया तंत्र, दमनात्मक कानूनों, 'श्रम सुधारों', 'उदारीकरण' आदि नानाविध तरीकों से व्यापक जनसमुदायों के संवैधानिक-मानवीय अधिकारों-गरिमा के हनन, उनके जीवन निर्वाह साधनों-संसाधनों की छिनैती, और विरोध अथवा असहमति की किसी भी आवाज-अभिव्यक्ति के हिंसक दमन के रूप में चलाता है।

जनतंत्र में चुनाव के जरिये जनता उन लोगों को चुनती है, जिनसे उसे जनता के हितों-आकांक्षाओं का प्रतिनिधित्व करने की अपेक्षा होती है। मगर ये निर्वाचित

'प्रतिनिधि' समय के साथ जन प्रतिनिधि से 'शासक' बनने लगते हैं। जनता के हितों और आकांक्षाओं से बिल्कुल इतर उनके अपने स्वार्थ और महत्त्वाकांक्षाएँ विकसित होने लगती हैं। जनता और 'जन प्रतिनिधियों' के हितों और आकांक्षाओं के बीच यह टकराव या अन्तर्विरोध इसलिए जन्म लेता और फलता-फूलता है कि जनतंत्र में चुनाव के लिए उम्मीदवारी और जीत का खर्च उठाना आम जनता के बस का नहीं होता।

आर्थिक-सामाजिक असमानताओं के भयावह संस्तरीकरण में विभाजित 'जनतांत्रिक समाज' में जन प्रतिनिधि ज्यादातर इस संस्तरीकरण के शीर्ष स्तर से आते हैं। इनके पास न सिर्फ खुद का धन और बाहुबल होता है, बल्कि इस शीर्ष स्तर का समूचा समुदाय पूँजीपतियों और नौकरशाहों समेत, सत्ता पर अपनी पकड़ बनाए रखने के लिए इन उम्मीदवारों की हर तरह से परोक्ष-अपरोक्ष 'मदद' करता है। इस प्रक्रिया में समाज के शीर्ष 1% आबादी का हितरक्षक प्रतिनिधि समाज की 100% आबादी का प्रतिनिधि 'निर्वाचित' हो जाता है। इस तरह के प्रतिनिधित्व / संसदीय जनतंत्र में शासक वर्ग हमेशा एक ही वर्ग से आता है। ऐसा जनतंत्र पारम्परिक रूप से अल्पमत शासक वर्ग द्वारा पारम्परिक रूप से बहुसंख्यक शासित वर्ग का शासनतंत्र बन जाता है। शासक और शासित के हितों-आकांक्षाओं का अलगाव-टकराव ऐसी किसी भी शासन व्यवस्था का अन्तर्निहित मूल तत्त्व है। वर्ग विभाजित संस्तरीकृत समाज में सत्ता सम्बन्ध भी अनिवार्य-अपरिहार्य रूप से संस्तरीकृत सत्ता-शक्ति सम्बन्ध के ही होंगे। यह एक ऐसे सत्ता-शक्ति सम्बन्ध का पिरामिडीय जनतंत्र होगा, जिसमें सत्ता शक्ति-अधिकार-साधन और संसाधन सब कुछ शीर्ष शिखर पर संकेन्द्रित होंगे।

इससे यह निष्कर्ष नहीं निकाला जाना चाहिए कि चुनाव की अवधारणा और व्यवहार जनतंत्र की अवधारणा और व्यवहार के अन्तर्विरोध में है। वस्तुतः जनतंत्र और चुनाव की राजनीति (electoral politics) परस्पर अविच्छिन्न रूप से अन्तर्गुंथित हैं। जनतंत्र में 'परम्परागत शासक वर्ग' द्वारा 'शासन का अधिकार' खोने और 'परम्परागत शासित वर्ग' द्वारा 'शासन का अधिकार' हासिल करने का रास्ता सामाजिक-राजनीतिक आन्दोलनों-प्रतिरोधों से गुजरता हुआ अन्ततः 'चुनाव' पर ही पहुँचता है। 'जनतंत्र के छद्म' से 'जनता के सच्चे जनतंत्र' की यात्रा में चुनाव भी 'शासक वर्ग के पक्ष में जनता की आवाज' से 'जनता के पक्ष में जनता की आवाज' की यात्रा तय करता है। जनतंत्र में चुनाव की राजनीति से विरत रहना सम्भव नहीं। यहाँ तक कि जब आप चुनाव का बहिष्कार कर रहे होते हैं तब भी आप चुनाव की राजनीति ही कर रहे होते हैं—आपको जनता के बीच जाकर उसे समझाना और राजी कराना होता है कि क्यों और किन मुद्दों पर उसे किसी विशिष्ट चुनाव प्रक्रिया से विरत रहना अथवा उसका विरोध करना चाहिए।

पूँजीवादी जनतंत्र में शासन व्यवस्था, नीतियों, नियोजन, व्यवहार और निगरानी के जनतांत्रीकरण के लिए इनके 'सच्चे अर्थों' में जगह नहीं होती। पूँजीवादी जनतंत्र इन सबके 'संवैधानिक कानूनी अधिकार' की दुहाई देते रहने के बावजूद जनता तक इन अधिकारों के जनतांत्रिक विकेन्द्रीकरण की 'व्यावहारिक अनुमति' नहीं देता। पूँजीवादी जनतंत्र अधिकतम स्तर पर केवल जनता के मताधिकार का जनतांत्रीकरण है—यह

अधिकतम 'एक व्यक्ति-एक वोट' (one person-one vote) और एक वोट-एक मूल्य (one vote-one value) तक पहुँचता है। परन्तु वह इस अवधारणा को 'एक व्यक्ति-एक मूल्य' (one person-one value) तक नहीं पहुँचा सकता, क्योंकि एक व्यक्ति-एक मूल्य की अवधारणा ही उस पूँजीवाद की मूलभूत अवधारणा के नितान्त विरोध में है जिसका जीवन मूल्य ही असमानता विभेद और शोषण है। यही कारण है कि पूँजीवादी जनतंत्र में हमेशा सत्ताधारी वर्ग एक ही तबके से होता है।

पूँजीवादी जनतंत्र में शासक वर्ग द्वारा श्रमिक और आम व्यापक श्रमशील जनसमुदाय पर किया जाने वाला एक-एक पैसे का खर्च उसके लिए एक 'मजबूरी' या 'अनिवार्य बुराई' (necessary evil) है। पूँजीवादी जनतंत्र का हर कदम, हर कानून, हर नीति श्रमशील जन समुदाय और समूचे समाज के हित संवर्धन और उत्थान के आदर्शों व लक्ष्यों की अद्‌भुत अलंकरणों की लफ्फाजियों से भरा होता है। मगर इनकी नीयत कभी भी इन कदमों-नीतियों-कानूनों को अमली जामा पहचाने की नहीं होती। वे कभी भी व्यवहार के धरातल पर नहीं उतारे जाते—न तो अपने शाब्दिक अर्थों में, और न ही अपनी तात्त्विक प्रकृति में। यह कहना ज्यादा उपयुक्त होगा कि पूँजीवादी जनतंत्र की इन लफ्फाजियों में लेशमात्र भी 'तात्त्विकता' नहीं होती—ये केवल कागजी तात्त्विकताएँ हैं—श्रमशील जन समुदाय और व्यापक-वृहत्तर समाज की रक्षा में 'पेश किये गए' कागजी बाघ। शाब्दिकता के स्तर पर भी ये कदम आधे-अधूरे, बेमन से, टुकड़ों में, तोड़-मरोड़कर, कभी-कभार और मजबूरी में उठाए जाते हैं।

वस्तुतः पूँजीवादी जनतंत्र के किसी भी कदम, नीति, अथवा कानून का मूल आदर्श, लक्ष्य व दिशा सत्ताधारी शासक आभिजात्य की हितरक्षा, उसके विस्तार-प्रसार के लिए हर सम्भव अवसर-साधन-संसाधनों की उपलब्धि और इस प्रक्रिया में आने वाली किसी भी बाधा, खतरे, या प्रतिरोध-विरोध को मिटाने की होती है। पूँजीवाद और उसके पूँजीवादी जनतंत्र का दावा है कि उसकी नीतियों-सिद्धान्तों और व्यवहारों से होने वाली पूँजीवादी प्रगति व समृद्धि 'ट्रिकल डाउन' होकर अन्ततः गरीब-वंचित व्यापक जन समुदायों तक पहुँच जाएगी। व्यावहारिक धरातल पर 'पूँजीवादी प्रगति व समृद्धि' के 'ट्रिकिल डाउन' का वास्तविक लाभार्थी पूँजीवादी जनतंत्र का 'भ्रष्टाचार' है जो नौकरशाहों, राजनीतिक पार्टियों, दलालों, लॉबिस्टों, ठेकदारों और सप्लायरों को 'मालामाल' 'करता रहता है। नतीजे में देश का सकल राष्ट्रीय उत्पाद (जीडीपी) बढ़ता है। इस जीडीपी बढ़त से गरीबी, बेरोजगारी, असमानता और अवसरहीनता का रिसाव व्यापक आम जनता तक 'ट्रिकल डाउन' होता है।

पूँजीवादी जनतंत्र में जीडीपी बढ़त के साथ एक और भी चीज तेजी से बढ़ती है : काला धन और समानान्तर काली अर्थव्यवस्था। खुद पूँजीवादी जनतंत्र अपने कानूनों और 'कर-छूट' जैसी रियायतों के जरिये दुनिया के 'टैक्स स्वर्गों' के रास्ते इस काली अर्थव्यवस्था के फलने-फूलने के 'सफेद' रास्ते तैयार करता है। इस समूची 'जनतांत्रिक प्रक्रिया' में भयावह स्तर पर भ्रष्टाचार जनतांत्रिक पिरामिड के शीर्ष शिखर से प्रवाहित होता हुआ पूरे समाज को भ्रष्ट करते हुए अनौपचारिक रूप से संस्थाबद्ध हो जाता है, और सत्ता-शासन तंत्र का अनिवार्य-अपरिहार्य हिस्सा बन जाता है।

जनता के जनतंत्र को पूँजीवादी जनतंत्र के ऐसे ऊर्ध्व-रेखीय (vertical) सत्ता-शक्ति सम्बन्ध संस्तरण से क्षैतिजीय (horizental) सत्ता-शक्ति सम्बन्धों की स्थापना की यात्रा शुरू करनी है। यह ऐसी यात्रा है जिसमें सत्ता और ताकत के अहंकार की जगह परस्पर हितों और चिन्ताओं की साझेदारी और सहकारिता लेगी। यह यात्रा अपने तात्त्विक अर्थों में ताकत और प्राधिकार के निषेध की अवधारणा पर आधारित होगी। हालाँकि अभी एक लम्बी अवधि तक जनतंत्र के व्यवस्था तंत्र में शासन (governance) ताकत (Power) और प्राधिकार (Authority) का व्यावहारिक अस्तित्व बना रहेगा। मगर इस सत्ता-प्राधिकार के सन्तुलन का समीकरण आमूल-चूल रूप से बदल जाएगा। समीकरण सन्तुलन का यह बदलाव सत्ता प्राधिकार पूँजीपति वर्ग से लेकर श्रमशील जन समुदाय को देगा। यह 'पूँजीवादी जनतंत्र' से श्रमशील जनता के 'सर्वहारा जनतंत्र' की यात्रा है।

इस यात्रा में सत्ता-प्राधिकार समीकरण के आमूल-चूल पलट की ताकत 'लोग'—श्रमशील जनसमुदाय हैं। वे जनसमुदाय, वे लोग, जो हजारों साल से ताकत-अधिकार और प्राधिकार से वंचित रहे हैं। वे लोग—जिनके हित, जिनकी आकांक्षाओं, जिनकी चिन्ताओं का फैसला आज तक 'दूसरे' लोग करते आए हैं। वे 'दूसरे', जिनके पक्ष में हजारों साल से सत्ता-प्राधिकार समीकरण का सन्तुलन है। केवल श्रमशील समुदाय ही इस आमूलचूल पलट की प्रभावी ताकत बनने की क्षमता इसलिए रखता है कि यह एकमात्र वर्ग है, जो सत्ता-प्राधिकार से भ्रष्ट नहीं है, जिसके लिए सत्ता-प्राधिकार उसके जीवन का प्राणतत्त्व नहीं है। इसलिए सिर्फ और सिर्फ यही वर्ग ही व्यक्ति और समाज दोनों के जीवन से सत्ता-प्राधिकार को असंगत और व्यर्थ बना सकता है। श्रमशील जनसमुदाय की यह यात्रा 'शासन' (Governance) की व्यवस्था (System) से 'जीवन' (Life) की व्यवस्था की ओर यात्रा है। यह यात्रा 'दूसरों' के आदेशों-निर्देशों के लाचार पालकों से अपने वैयक्तिक सामुदायिक-सामाजिक जीवनतंत्र के स्वतंत्र, उदात्त और सार्वभौम रचनाकार बनने की यात्रा है।

यह यात्रा लाक्षणिक और सतही तौर पर मानव जीवन की सामुदायिक प्रणाली (Communal system) की ओर वापसी लग सकती है। मगर सामुदायिकता और सहकार की यह यात्रा उस ऐतिहासिक क्लासिकीय तात्त्विकता से नितान्त और सर्वथा अलग है जहाँ से मनुष्य ने अपने सामाजिक-सामुदायिक जीवन की शुरुआत की थी। आज का 'सर्वहारा जनतंत्र' समूचे जीवन मूल्य, विश्व दृष्टि, साथ ही अपने-आप को, अपने साथियों को, अपने दोस्तों और दुश्मनों को देखने-समझने-परखने की बिल्कुल नई और आमूल-चूल रूप से बदली हुई दृष्टि की माँग करता है। ऐसा नहीं है कि 'सर्वहारा जनतंत्र' अन्तर्विरोधों अथवा असमानताओं से सर्वथा मुक्त होगा। मगर यहाँ अन्तर्विरोध शत्रुतापूर्ण नहीं होंगे, जिनके समाधान के लिए दूसरे पक्ष को 'मिटाना' अनिवार्य हो। यहाँ अन्तर्विरोध 'साझी दृष्टि और सहकार' की उदात्तता के जरिये सुलझाए जा सकेंगे। यहाँ असमानताएँ ऐसी नहीं होंगी, जिनकी खाई पाटी न जा सके। यहाँ असमानताओं की प्रकृति व प्रवृत्ति भयावह रूप से विशाल होते जाने की न होकर 'सामुदायिकता और सहकार' के जरिये क्रमशः घटते हुए विलुप्त होते जाने की होगी।

कल का सर्वहारा

पूँजीवादी जनतंत्र से 'सर्वहारा जनतंत्र' की यात्रा समाज के 1% के खिलाफ 99% के हितों-आकांक्षाओं-अपेक्षाओं-उम्मीदों और सपनों के जीत की यात्रा है। यह विद्यमान सामाजिक-आर्थिक संरचना के वर्गीकरणों पर नई दृष्टि और पुनर्विचार की जरूरत को रेखांकित करते हुए बहुतेरे सवाल सामने लाती है।

कौन है सर्वहारा? मार्क्स के उत्पादन-पुनरुत्पादन समीकरण के दोनों ही विभागों में उत्पादन और उपभोग की समूची सामाजिक शक्ति केवल दो वर्गों में विभाजित है : पूँजीपति और मजदूर। मार्क्स यह मानते हैं कि समाज में कुछ परजीवी समुदाय भी हैं : राज्यतंत्र, नौकरशाही, पेशेवर समुदाय, भूस्वामी, खेतिहर समुदाय आदि। मगर ये सभी उत्पादन प्रक्रिया में कोई भूमिका नहीं निभाते, और अपने उपभोग की क्रयशक्ति उत्पादन चक्र के मूलभूत वर्गों—पूँजीपति / या मजदूर की आमदनी अथवा अतिरेक मूल्य से ही हासिल करते हैं। इसलिए पूरी तरह से परजीवी हैं। ऐसे में इन 'परजीवी समुदायों' के अस्तित्व और निरन्तरता की जरूरत पर प्रश्नचिन्ह खड़ा होना स्वाभाविक है।

मार्क्सवादी अवधारणा में यदि उत्पादन के किसी भी तरह के साधनों-संसाधनों से सर्वथा विहीन, केवल अपनी शारीरिक श्रमशक्ति के बूते औद्योगिक उत्पादन में लगा हुआ औद्योगिक मजदूर ही सर्वहारा है तो आज के नवउदारी वैश्विक दौर की स्थिति-परिस्थिति में दुनिया की श्रमशक्ति का बमुश्किल 5% ही संगठित औद्योगिक सर्वहारा की श्रेणी में आ पाएगा। ऐसे में 1% बनाम 99% की शेष आबादी का क्या वर्गीकरण होगा? दुनिया की श्रमशक्ति का वह विशाल हिस्सा, जो असंगठित-अनौपचारिक क्षेत्र में निकृष्टतम्—अमानवीय श्रम दशाओं में जीवनयापन कर रहा है वह 'औद्योगिक सर्वहारा' का हिस्सा है या नहीं?

अलावे इसके खुद 'औद्योगिक' को कैसे परिभाषित किया जाय? तबके औद्योगिक सर्वहारा की संकल्पना में भौतिक वस्तु उत्पाद की असेम्बली लाइन फैक्ट्री मजदूर की अवधारणा थी। नवउदारी वैश्विकता के आज के दौर में 'भौतिक उत्पाद' वाला 'औद्योगिक' कहीं पीछे छूट गया है। आज वैश्विक उत्पादन में 'सेवा क्षेत्र', और अब उससे भी कहीं बढ़कर 'वित्तीय क्षेत्र' के उद्योग और उद्यमिता का दबदबा है। ये क्षेत्र किसी तरह का 'भौतिक' उत्पादन नहीं करते, और न ही तुलनात्मक रूप से किसी भारी-भरकम फैक्ट्री उत्पादन तंत्र पर निर्भर हैं। इन उद्योगों में अपना 'मानसिक श्रम' बेचकर आजीविका अर्जित करने वाले खुद को 'सर्वहारा' या मजदूर भी नहीं मानते। ऐसे 'एक्जीक्यूटिव' समुदाय को किस वर्ग में रखा जाय?

आज के उत्पादन तंत्र में सम्भवत: ऐसा कोई 'औद्योगिक सर्वहारा' मिलना मुश्किल है जो उत्पादन साधन-संसाधन से सर्वथा विहीन सिर्फ और सिर्फ अपने शारीरिक श्रम पर आश्रित हो। वह औद्योगिक मजदूर, जिसके पास अपनी बचत की पूँजी है, जिसके पास रहने के लिए मकान है, जिसके पास परिवहन और अन्य जरूरतों की 'निजी सम्पदा' है, उसे सर्वहारा माना जाय या नहीं?

यदि केवल औद्योगिक उत्पादन में लगा मजदूर ही सर्वहारा है तो दुनिया की वह खरबों की आबादी—सीमान्त खेतिहर, बटाईदार, भूमिहीन मजदूर, आदिवासी, दलित, महिलाएँ क्या हैं, जिन्हें नवउदारवाद ने जीवन निर्वाह के हर सम्भव साधन-संसाधन जल-जंगल-जमीन सब कुछ छीनकर विस्थापित कर दिया है? दुनिया के हर शहर की झुग्गी-झोंपड़ बस्तियों में एक-एक वक्त की रोटी के लिए हर तरह की कानूनी-गैरकानूनी जद्दोजहद करने वाले अरबों-खरबों लोग कौन हैं?

अलावा इसके क्या 'मध्यवर्ग' को किसी सुनिश्चित सीमांकन के अन्दर परिभाषित करना सम्भव है? क्या ऐसे किसी मध्यवर्ग का सचमुच कोई अस्तित्व है, जो सम्पूर्णत: परजीवी हो, जिसकी समाज में कोई उपादेयता न हो, जिसका समाज के सकल उत्पादन में बिल्कुल भी कोई योगदान न हो? और यदि ऐसा है तो क्या ऐसा कोई भी 'अस्तित्व' 'मानवीय गरिमा' की अवधारणा की संगति में है?

फिर 'उत्पादन' को ही ठीक-ठीक-सुचिह्नित रूप से कैसे परिभाषित करें? क्या केवल औद्योगिक उत्पादन या फिर सेवा और वित्तीय क्षेत्र का उत्पादन ही सकल सामाजिक उत्पादन की परिभाषा बन सकता है? तब सम्पूर्ण मानवता के उस आधे हिस्से औरत के श्रम का क्या, जो वह समाज की श्रमशक्ति के पुनरुत्पादन में लगाती है, और मुफ्त के पारिवारिक श्रम से सामुदायिक श्रम तक दिन-रात खटती है, और फिर भी उसका श्रम 'सकल राष्ट्रीय उत्पाद' की संगणना में नहीं आता?

अलावा इसके, क्या समाज के वैचारिक-सैद्धान्तिक द्वंद्व में लगे बुद्धिजीवी, समाज और भविष्य की सृजनशील कल्पनाशीलता में लगे कलाकार, रंगकर्मी, संस्कृतिकर्मी के श्रम का सचमुच सामाजिक उत्पादन में कोई योगदान नहीं है? क्या 'उत्पादन' केवल भौतिक ही होता है—क्या विचार और सृजनशीलता का 'उत्पादन' से कोई लेना-देना नहीं है? क्या समाज की संस्कृति, उसके मूल्यबोध उसकी नैतिकता, उसकी चेतना का सृजन और विकास 'सकल सामाजिक उत्पादन' का अभिन्न हिस्सा नहीं है?

अलावा इसके, आज के नवउदारी वैश्वीकरण के दौर में संकट पूँजीपति वर्ग के वर्गीकरण को लेकर भी है। क्या आज क्लासिकीय अर्थों और सन्दर्भों में राष्ट्रीय और अन्तर्राष्ट्रीय दलाल बुर्जुआ का अन्तर कर पाना सम्भव रह गया है? वित्तीय नव साम्राज्यवाद और 'वैश्विक उत्पादन संकुल' (Global Production Hub) के आज के जमाने में हर देश का बड़ा 'राष्ट्रीय' पूँजीपति बहुराष्ट्रिक है। इसके तमाम देशों की पूँजी के साथ अविच्छिन्न रिश्ते हैं। कम-से-कम 'बड़े पूँजीपति' के सन्दर्भ में तो नवउदारी वैश्वीकरण ने 'राष्ट्रीय' और 'विदेशी' का अन्तर मिटा ही दिया है।

ऐसे बहुतेरे सवाल हैं, जो आज के युग की सामाजिक-आर्थिक संरचना को नये सिरे और नये नजरिये से देखने-समझने-परखने और इस क्रम में 'सर्वहारा जनतंत्र' के

साथियों और दुश्मनों की नई पहचान स्थापित करने की माँग करते हैं। निश्चित रूप से 'सर्वहारा जनतंत्र' के सर्वहारा की अवधारणा 'क्लासिकीय औद्योगिक सर्वहारा' की अवधारणा से अलग और विस्तीर्ण होगी : अपनी तात्त्विकता (पूँजी बनाम श्रम) में नहीं, बल्कि सामाजिक संरचना में उत्पादन और उत्पादक शक्तियों की अवधारणा के विस्तार और 'सर्वहारा जनतंत्र' में सर्वहारा को 'श्रमिक' से आगे बढ़कर व्यापक वृहत्तर 'श्रमशील वर्ग' की दृष्टि और अवधारणा के रूप में विस्तीर्ण करने में।

कल का सर्वहारा मनुष्यता का एकमात्र वर्गीकरण होगा। कल का सर्वहारा आज के सर्वहारा से बिल्कुल अलग होगा—अपने स्वरूप और अवधारणा दोनों में ही अलग। वह उत्पादन के साधनों-संसाधनों और जीवन को उसकी सम्पूर्णता में जीने के अधिकारों अवसरों से वंचित और पूँजी के खिलाफ श्रम के संघर्ष का योद्धा नहीं होगा। पूँजी और श्रम के संघर्ष का रण श्रम के पक्ष में जीता जा चुका होगा। अब वह नये समाज और नये मनुष्य का रचनाकार 'सर्वहारा' होगा। तब भी उसका अपना 'निजी' कुछ नहीं होगा—तब भी वह 'सर्वहारा' ही रहेगा—मगर ऐसा सर्वहारा, जो समूचे समाज का चुनौती विहीन, सार्वभौम-स्वाभाविक स्वामी है। ऐसा सर्वहारा, जो समाज की जरूरत के मुताबिक अपनी सम्पूर्ण स्वेच्छा और सहजता के साथ 'उत्पादन और सृजन' करता है, और उस समूचे 'उत्पादन व सृजन' का स्वामी होता है। इसके जरिये सर्वहारा अपनी 'मानवीय प्रवृत्ति व स्वभाव' को 'प्राकृतिक प्रवृत्ति और स्वभाव' में बदलता है : वह 'प्राकृतिक प्रवृत्ति और स्वभाव जिसमें प्रकृति सब कुछ उपजाती है मगर उसकी निजी सम्पदा कुछ भी नहीं होती और बावजूद इसके वह समूचे प्राकृतिक परिवेश की स्वामिनी-संचालिका होती है।

- इस तरह पूँजीवादी जनतंत्र से सर्वहारा जनतंत्र की यात्रा में 'कल का सर्वहारा'. वर्ग विभाजित बुर्जुआ समाज के 'पराधीन-परवश' सर्वहारा से वर्गविहीन समाज का मुक्त 'स्वाधीन-सार्वभौम' सर्वहारा बनेगा;
- कल का सर्वहारा वह है, जिसके लिए उत्पादन के किसी भी साधन-संसाधन के 'संचय' (accumulation) 'कब्जे' (possession) अथवा 'स्वामित्व' की कोई जरूरत ही नहीं रह जाती। वह एक ऐसे समाज का सार्वभौम सदस्य बनता है, जहाँ किसी भी चीज के किसी की 'निजी सम्पदा' होने की अवधारणा असंगत और अव्यावहारिक हो चुकी है। एक ऐसा समाज, जहाँ कुछ भी संचय के लिए 'संचित' (Accumulated) अथवा 'जमा' (Hoarded) करके नहीं रखा जाता, और समाज की हर रचना, हर उत्पादन उस हर मनुष्य के लिए सुलभ और उपलब्ध है, जिसे उसकी जरूरत है;
- कल का सर्वहारा संचय की रणनीति से संचय की जरूरत के उच्छेद की यात्रा का परिणाम होगा;
- समाज के सर्वहाराकरण : सर्वहारा जनतंत्र की यात्रा 'कुटिल और संचयी' अप्राकृतिक-कृत्रिम-कुटिल स्वभाव के 'सरल और सहज' प्राकृतिक (Natural) स्वभाव में विकसित होने की यात्रा है। वह प्राकृतिक प्रवृत्ति जो

अपनी जरूरत की हर चीज अपने परिवेश (समाज) से हासिल करती है, जहाँ प्रकृति सारा कुछ सृजित करने के बावजूद 'अपने लिए' कुछ भी संचित या जमा करके नहीं रखती, और फिर भी उसे कभी किसी चीज की कमी नहीं महसूस होती। यह वह प्राकृतिक परिवेश (समाज) है जहाँ 'अपने' और 'दूसरे' का विभेद मिट जाता है और बचता है केवल सामुदायिकता और सहकार के सृजन का आनन्द और उपभोग।

समाजवाद और कल का समाजवाद

समाजवाद

सर्वहारा जनतंत्र का दूसरा नाम समाजवाद है। समाजवाद आसमान से टपकने वाला दैवी चमत्कार नहीं है। समाजवाद कतिपय सिद्धान्तकार बुद्धिजीवियों के मस्तिष्क से निकली बौद्धिकता की भी उपज नहीं है। समाजवाद खुद विद्यमान समाज के अन्दर से उसके विद्यमान जीवन व संरचना का 'प्रति सिद्धान्त' (Anti thesis) बनकर निकलता है। समाजवाद का निर्माण समाज की एक ऐसी पुनर्संरचना है, जिसमें उस विशिष्ट समाज की 'विशिष्टताओं' को नकारा या नजरअन्दाज नहीं किया जा सकता है। हर समाज की अपनी अनूठी-विशिष्ट विशेषताएँ होती हैं—उसका अपना विशिष्ट इतिहास होता है—उसकी अपनी परम्पराएँ, संस्कृति होती है—उसके अपने मिथक होते हैं—अपने सपने-अपने दर्द और अपने 'हीरो' होते हैं जिन्होंने एक बेहतर दुनिया और समाज के लिए लड़ते हुए बलिदान दिया होता है। सबसे बढ़कर हर समाज की जनता की अपनी विशिष्ट क्षमता और ताकत होती है, जो उनके अतीत और वर्तमान के 'अपने' संघर्षों से विकसित हुई होती है। किसी भी समाज में समाजवाद की रचना प्रक्रिया की सफलता की अनिवार्य और अपरिहार्य शर्त उसकी इन विशिष्टताओं को समाजवाद की रचना प्रक्रिया का अभिन्न और अविच्छिन्न हिस्सा बनाना है।

बीसवीं सदी के अन्तिम दशक की शुरुआत में सत्तर वर्षों की यात्रा के बाद समाजवाद के सोवियत मॉडल का पराभव समाजवाद की रचना प्रक्रिया में कुछ महत्त्वपूर्ण सवाल खड़े करता है।

राजनीतिक क्रान्ति के जरिये सत्ता प्राधिकार पर कब्जा करने वाले 'सर्वहारा अगुवा दस्ते' की राजनीतिक-आर्थिक-सामाजिक और सांस्कृतिक चेतना का मान भले ही एक स्तर तक उन्नत हो चुका होता हो, मगर उस समाज की व्यापक जनता की चेतना का मान अभी उसके सापेक्ष उन्नत नहीं है। सफल राजनीतिक क्रान्ति के जरिये भले ही सत्ता आभिजात्य पराभूत हो गया हो, मगर उसका वर्गीय उच्छेद नहीं हुआ है। इसलिए समाज के अन्दर उसके वर्गीय सामाजिक जनाधार का अस्तित्व भी बना हुआ है।

ऐसे में व्यापक वृहत्तर जनता के अन्दर नई क्रान्तिकारी चेतना को जगाने-विकसित करने, और पुराने सत्ताधारी वर्ग के 'सामाजिक जनाधार' को क्रान्ति के पक्ष में जीतने का कठिन-कठोर कार्यभार राजनीतिक क्रान्ति के लिए एक बड़ी आन्तरिक चुनौती है। मगर राजनीतिक क्रान्ति की सफलता के बाद उसे वैश्विक पूँजीवादी आक्रामकताओं (जिनमें प्रत्यक्ष सैन्य हस्तक्षेप से लेकर आर्थिक-कूटनीतिक नाकेबन्दियों, हमलों और

क्रान्ति के खिलाफ वैश्विक कटुतम-विषाक्त प्रचार अभियान तक शामिल हैं) से बचाए-टिकाए रखने की 'बाहरी चुनौतियों की तात्कालिकता ज्यादातर मामलों में 'आन्तरिक चुनौती' पर भारी पड़ने लगती है।

राजनीतिक क्रान्ति के बाद समाज में 'मैं या मेरा दुश्मन' का दौर बीत चुका होता है। सत्ता के बदलाव के बाद समाज के लोगों की चेतना, उनके मूल्यबोध का बदलाव राजनीतिक क्रान्ति की तरह अचानक, हिंसक आक्रामकता के साथ एक झटके से नहीं हो सकता है। यह सचेतन बदलाव की वह लम्बी, कठिन और उबाऊ यात्रा है जिसे जनता की व्यापक भागीदारी के जरिये ही आगे बढ़ाया और पूरा किया जा सकता है। मगर अभी-अभी सम्पन्न राजनीतिक क्रान्ति की हिंसक आक्रामकता और 'बाहरी चुनौतियों' से निपटने की 'जबाबी आक्रामकता' की मजबूरी सत्तातंत्र पर काबिज 'अगुवा दस्ते' की मानसिकता-मनोवृत्ति और चेतना के अपेक्षित रचनात्मक, सृजनशील, संवेदी दिशा में समय से मुड़ पाने में बाधक बनी रहती है।

अलावा इसके, सर्वहारा के अगुवा दस्ते द्वारा राजनीतिक क्रान्ति के जरिये सत्ता दखल का यह मतलब नहीं कि खुद अगुआ दस्ते की अपनी क्रान्तिकारी चेतना के विकास की प्रक्रिया पूरी हो चुकी है। क्रान्तिकारी चेतना का विकास वह सतत निरन्तर प्रक्रिया है, जिसे मनुष्य और समाज दोनों को ही अपने सम्पूर्ण जीवन काल में सचेत रूप से जारी रखना होता है। राजनीतिक सत्ता दखल के साथ न तो अचानक 'भविष्य का परिपूर्ण मनुष्य' बन जाता है और न ही भविष्य का सामुदायिक समाज।

राजनीतिक सत्ता दखल की दिशा में अगुवा दस्ते की चेतना बिल्कुल अलग हिंसक-आक्रामक-वैमनस्यकारी परिस्थितियों और पृष्ठभूमि में विकसित हुई है। इसके आगे नये मनुष्य और नये समाज की रचना के लिए क्रान्तिकारी चेतना का विकास बिल्कुल अलग परिस्थितियों में होना है। जनता को मिटाया नहीं जाना है—उसे जीता जाना है—नये रचना कर्म के उत्साही रचनाकारों में बदला जाना है। यह सबसे पहले अगुवा दस्ते के लिए 'खुद के साथ संघर्ष' की जरूरत को रेखांकित करता है : कैसे वह खुद को 'सत्ता के नशे' से दूर रखे; कैसे वह लोगों की, जिनमें उसके समर्थक और विरोधी दोनों ही हैं, के विचारों को सुने और उनके साथ 'जीवन्त रचनात्मक' सम्पर्क-संवाद में रहे, कैसे वह नीतियों, कार्यक्रमों, लक्ष्यों के निर्धारण और क्रियान्वयन में जनता की 'सामूहिक नेतृत्वकारी भागीदारी' सुनिश्चित करे, कैसे वह व्यवस्थातंत्र-प्रशासन में अधिकतम खुलापन-पारदर्शिता सुनिश्चित करे, क्योंकि अब भूमिगत सांगठनिकता और कार्यवाहियों का दौर बीत चुका है।

कुल मिलाकर राजनीतिक सत्ता दखल के बाद नये मनुष्य और नये समाज की रचना के लिए बदलाव का यह नया दौर समाज के नेतृत्वकारी 'अगुवा दस्ते' सहित समूची सामाजिक शक्तियों के आमूल-चूल बदलाव—सम्पूर्ण समाज की क्रान्तिकारी चेतना के एक नई दिशा में विकास की अपेक्षा रखता है। राजनीतिक क्रान्ति के विध्वंसक दौर के बाद यह समाजवाद का सृजनशील-रचनात्मक दौर है। यह मनुष्य और समाज दोनों के लिए एक 'नये जीवन की कविता' की रचना का दौर है। यह क्रान्ति की राह पर बन्दूक और बारूद को वापस हथियारखाने में जमा करके वायलिनें उठाने और

गुलाब की कलियों पर ओस की बूँदों की गरिमा के गीत गाते हुए आगे बढ़ने का दौर है। यह जलते खेत और खलिहानों की आग अपने पसीने से बुझाते हुए अनाज के हर दाने में सम्पूर्ण मानवता की गरिमा को उभारने का दौर है। यह मनुष्य और समाज के जीवन और चेतना से राज्य और सत्ता को 'अप्रासंगिक' बना देने का दौर है। हिंसा हमेशा से बर्बर रही है—अभी जब तक 'राज्य और सत्ता' का अस्तित्व बना रहेगा—हिंसा भी किसी न किसी रूप में बनी रहेगी। मगर अब यह हिंसा को उसकी बर्बरता, उसकी नफरत से मुक्त करके मनुष्य और समाज के जीवन में उसकी जरूरत को न्यूनतम सम्भव स्तर पर ले आने का दौर है। ब्रिटिश कवि उपन्यासकार स्टीफेन स्पेंडर का कहना है : "महान कविता हमेशा उसी व्यक्ति द्वारा रची जा सकती है, जो वह सब कुछ, जो वह कर सकता है, उससे कहीं आगे जा सकने की क्षमता रखता हो।" नये मनुष्य और नये समाज की रचना का यह दौर ऐसे ही लोगों की चेतना और व्यवहार के आवेग का आकांक्षी है, जो अपनी क्षमता को पार कर जाने की क्षमता रखते हों।

समाज के समाजवादी रूपान्तरण की दिशा में नई उत्पादन प्रणाली और नीति का विकास भी कम चुनौतीपूर्ण नहीं है। पूँजीवादी उत्पादन प्रणाली में सामाजिक उत्पादन का आधार और उत्प्रेरक सामाजिक उपभोग न होकर अतिरेक मूल्य संचय अथवा मुनाफा है। हालाँकि यह अतिरेक मूल्य या मुनाफा अन्ततः उपभोग द्वारा ही जनित होता है परन्तु उत्पादन नीति सामाजिक उपभोग की जरूरत के मुताबिक नहीं, बल्कि इस आधार पर बनती है कि कौन से उत्पादन पूँजी के लिए अधिकतम मुनाफा अर्जित कर सकते हैं। पूँजीवादी उपभोग का बाजार समाज की सहज-स्वाभाविक मानवीय आवश्यकता के अनुरूप न होकर उपनिवेशवाद से लेकर नवउदारवाद तक की वैश्विक आक्रामकता के जरिये जबरन तैयार किया जाता है और इस तरह अपनी प्रकृति में समाज के अन्दर असमानता-विषमता जनित करने वाला और दमन व विभेदकारी होता है।

राजसत्ता दखल के बाद क्रान्ति को यही उत्पादन प्रणाली और बाजार विरासत में मिलती है। इसे एक नई सामाजिक उत्पादन और उपभोग की प्रणाली में बदलने की चुनौती है। उत्पादन नीति का आधार अब मुनाफे की जगह सामाजिक-सामुदायिक आवश्यकताओं की पूर्ति बनाना होगा। मगर यहाँ भी क्रान्ति के लिए भारी मुश्किल है। पूँजीवाद के चौतरफा आक्रमणों को झेलती हुई क्रान्ति के लिए उत्पादन प्रणाली और नीति के मामले में भी अस्तित्व रक्षा की प्राथमिकता का संकट है। पूँजीवाद की चुनौती क्रान्ति को प्रतिरोध क्षमता की अन्तहीन प्रतिस्पर्धा में ढकेलती है। अस्तित्व रक्षा आधुनिकतम हथियारों समेत ऐसे तमाम उत्पादों के उत्पादन को प्राथमिक बना देती है, जो इसी पूँजीवादी दुनिया में समाजवाद के प्रयोग को टिकाए रखने और अपने प्रभाव क्षेत्र के विस्तार की मजबूरी बन जाते हैं। इन पर भारी सामाजिक श्रम और साधन-संसाधन सम्पदा खर्च होती है। यह प्राथमिकता नये मनुष्य और समाज की रचना के लिए अपेक्षित नई उत्पादन प्रणाली और नीति के विकास पर भारी पड़ने लगती है। पूँजीवादी आक्रामकता के मुकाबले के लिए पूँजीवादी उत्पादों की पूँजीवादी उत्पादन प्रणाली के जरिये ही उत्पादन करते रहने की अन्तहीन प्रतिस्पर्धा का ऐसा दुश्चक्र बन

जाता है, जिसमें उत्पादन प्रणाली अन्ततः उन्हीं बुराइयों का शिकार होने लगती है जो पूँजीवाद का अन्तर्निहित चरित्र है।

पूँजीवादी उत्पादन प्रणाली में उद्योगों के प्रबन्धक अपने खुद के निजी हित से संचालित होते हैं। नवउदारी वित्तीय पूँजीवाद के 2008 वैश्विक संकट से यह नंगी सच्चाई उजागर हुई कि निहित निजी स्वार्थों से संचालित प्रबन्धकों और शीर्ष मालिकाने के स्तर पर दूरदृष्टि के अभाव और मुनाफे की लालच का मारक संश्रय होता है। यह संश्रय प्रबन्धकों को उद्योग में दीर्घकालिक योजना के अभाव और अनिश्चितता के वातावरण का फायदा उठाकर 'विषाक्त उत्पादों' के अंधाधुंध उत्पादन के जरिये अपना 'बोनस और कम्पन्सेशन' बढ़ाते रहने की स्थितियाँ बनाता है। ये प्रबन्धक ऊपर अपनी मनमर्जी झूठी-मनगढ़न्त सूचनाएँ और आँकड़े भेजते रहकर अपनी आश्चर्यजनक उपलब्धियों की वाहवाही लूटते रहते है। मुनाफे के भूखे मालिकाने के शीर्ष स्तर पर इस कदर झूठ का अम्बार लगता जाता है कि वह वास्तविकता से सारा रिश्ता खो देता है। अन्ततः नतीजा गुब्बारे के फूटने के साथ सब कुछ धराशायी हो जाने में होता है।

नये मनुष्य और नये समाज की रचना प्रक्रिया में पूँजीवादी उत्पादन प्रणाली के साथ पूँजीवादी उत्पादन प्रणाली के ही जरिये (उत्पादन प्रणाली का नामकरण चाहे जो हो मगर उसमें पूँजीवादी उत्पादन प्रणाली के सारे मूलभूत तत्त्व अन्तर्निहित हैं) प्रतिस्पर्धा का दुश्चक्र कथित रूप से 'समाजवादी उत्पादन प्रणाली व नीति' को भी पूँजीवाद की बीमारियों का शिकार बनाने लगता है। यहाँ मालिक शेयर होल्डर न होकर केन्द्रीय सत्ता तंत्र या पोलित ब्यूरो है। यहाँ केन्द्रीय नियोजन के तहत फैक्ट्री / उद्योग स्तर पर प्रबन्धकों को 'उत्पादन कोटा' आवंटित है। इस कोटे को पूरा करने अथवा उसे पार करने के जरिये 'बोनस' अर्जित करने की अन्धी होड़ में ऐसे उत्पादनों का अम्बार लगता जाता है जिनकी समाज के लिए कोई उपादयेता नहीं है। यहाँ भी ग्रासरूट स्तर की सच्चाइयों, समाज की वास्तविक जरूरतों और नियामक-निर्णायक शीर्ष पर पहुँने वाली सूचनाओं में भारी अन्तर आने लगता है। इसका परिणाम उत्पादन नीति और सामाजिक आवश्यकता के भारी अन्तर में होता है। स्वाभाविक रूप से यह स्थिति राजसत्ता दखल के बाद समाजवादी सामाजिक पुनर्संरचना के प्रयोग को जड़ता और अन्ततः पराभव की ओर ले जा सकती है। इस कठिनतम् चुनौती का सामना करते हुए क्रान्ति के अगुवादस्ते के सामने एक नई सामाजिक उत्पादन प्रणाली व नीति, और उपभोग की नई नैतिकता व मूल्यों की रचना का दुष्कर कार्यभार है।

नये मनुष्य और समाज की रचना का एक और महत्त्वपूर्ण पक्ष यह भी है कि राजनीतिक क्रान्ति के जरिये राजसत्ता पर दखल के साथ समाज से धर्म, जाति, नस्ल, रंग, राष्ट्रीयताओं, और जेंडर आदि का विभेद अचानक नहीं समाप्त हो जाता। इन विभेदों को जोर-जबरदस्ती-हिंसा अथवा दमन के जरिये मिटाया भी नहीं जा सकता। इसके लिए सामाजिक चेतना के एक समूचे नये विमर्श की जरूरत है जो सामुदायिकता, सामूहिकता, 'अपने-पराए', 'सहयोग-सहकार' की नई परिभाषा रचते हुए व्यक्ति और समाज के जीवन की नई नैतिकता व मूल्यबोध स्थापित कर सके। इस दृष्टि से धर्म

और राष्ट्रीयता के सवालों को हल करना विशेष रूप से महत्त्वपूर्ण है। दोनों ही मनुष्य और समाज दोनों की चेतना और मनोविज्ञान में गहरी जड़ जमाए हुए हैं। सम्भव है अपने जन्म और प्रारम्भिक दिनों में समाज में धर्म ने क्रान्तिकारी भूमिका निभाई हो—पुराने समाज के जड़ और बर्बर विचारों-चेतना और व्यवहारों ने अपने समय में एक बेहतर इनसान और बेहतर समाज के सपने के साथ नये धर्म के जन्म लेने की स्थितियाँ बनाई हों। मगर आज सदियों लम्बी जीवन यात्राओं में सभी धर्म जड़ता और प्रतिक्रिया के शिकार होकर आज के समाज के लिए अप्रासंगिक हो चुके हैं। हजारों साल पहले समाज के जड़ और प्रतिगामी-प्रतिक्रियावादी विचारों-मूल्यों व व्यवहारों ने धर्म के जन्म लेने के लिए जगह दी थी। समय आ गया है कि अब धर्म खुद भी मनुष्य और समाज के जीवन में तार्किकता-तर्कसंगतता (Reason and Rationality) और समेकित मानवता के विकास के लिए जगह खाली करे। धर्म समय के चक्र को पीछे नहीं मोड़ सकता—वह मनुष्य को तर्क और तर्कसंगतता की नई वैज्ञानिक-मानवीय दृष्टि के साथ दुनिया की परख-पड़ताल करने से नहीं रोक सकता।

इसी तरह समाज में 'राष्ट्रीयता' एक ऐसी सामाजिक अनुभूति (Social feeling), और निकटतम प्रजातीय-सांस्कृतिक गहनतम् आत्मीयता की चेतना है जो एक ही समय में अपने अन्दर की आर्थिक-सामाजिक विषमताओं और संस्तरणों के बावजूद 'अपनों' की सघन सामुदायिकता और 'दूसरों' से विलगाव को जन्म देती है। राजनीतिक क्रान्ति के बाद क्रान्तिकारी ताकतों के सामने समाज में मौजूद इस तरह की राष्ट्रीयताओं की विभिन्न भावनाओं और सामुदायिकताओं को एक नई सामाजिकता और मानवीयता की वृहत्तर सामुदायिकता में स्वैच्छिक व सचेत रूप से स्वत: समाहित कराने की कठिन चुनौती है। धर्म राष्ट्रीयता, जेंडर और अन्य तमाम सामाजिक विभेदों के सवालों को एक बिल्कुल नये मनुष्य और नये समाज की चेतना को विकसित करने के जरिये ही स्थायी रूप से हल किया जा सकता है। ऐसा न करके कानून और राजसत्ता के तकनीकी तरीकों से हल करने की कोशिश के नतीजों में सोवियत संघ और पूर्वी यूरोपी समाजवाद के बिखरते ही उस भूगोलार्ध के धर्म और राष्ट्रीयताओं के आधार पर खंड-खंड विखंडित होने, और इस प्रक्रिया में नर संहारों, नस्लीय सफायों, बलात्कार, पलायन जैसी अमानवीय-अकल्पनीय बर्बरताओं और सामाजिक सम्पदा-संसाधनों के महाविनाश का तांडव मानवता झेल चुकी है।

समाजवादी समाज की रचना और उसके भविष्य के लिए एक और महत्त्वपूर्ण सवाल यह है कि समाजवादी शासन-तंत्र किसके हाथों में है और वह इसे कैसे चला रहे हैं। राजनीतिक क्रान्ति द्वारा सत्ता दखल के बाद ऐसी कोई नियामक सामाजिक-आर्थिक प्रणाली बनी-बनाई उपलब्ध नहीं है, जो समाज को एक निश्चित दिशा में समाजवाद की ओर ले जाएगी। इस सामाजिक-आर्थिक प्रणाली को सजग-सचेत ढंग से बनाना और लागू करना होगा। इस प्रणाली की रचना और व्यवहार दोनों की निर्णायक-केन्द्रीय ताकत व्यापक-वृहत्तर जन समुदाय की सक्रिय भागीदारी को बनाना होगा। मगर क्या राजनीतिक सत्ता दखल के बाद की ठोस राजनीतिक-आर्थिक-सामाजिक परिस्थितियाँ इसका अवसर दे पाती हैं? दूसरे शब्दों में क्या राजनीतिक क्रान्ति के अगुआदस्ते ने,

जो उस सत्ता तंत्र पर काबिज है, एक नई राजनीतिक-आर्थिक-सामाजिक-सामाजिक व्यवस्थातंत्र बनाने की चुनौती को पूरा करने की क्षमता-योग्यता हासिल कर ली है?

अक्सर नये सत्तातंत्र में 'शीर्ष से निचले स्तर को' (Top-Down) निर्णय की प्रक्रिया काम करने लगती है जो जनवादी केन्द्रीयता (Democratic Centralism) की मूल अन्तर्निहित भावना के नितान्त विपरीत है, भले ही सैद्धान्तिक अथवा नाममात्रिक स्तर पर उसकी मान्यता-महत्त्व चाहे जितनी स्वीकार की जा रही हो। सत्ता-शासन तंत्र की सांगठनिकता-संरचना में 'नीचे से सांगठनिकता' (Organisation from below) की जगह व्यवहार में क्रमशः नौकरशाहाना संस्तरण समूचे सत्तातंत्र और पार्टी संगठन में जड़ जमाने लगता है। उच्चतर पार्टी स्तर द्वारा लिए गए निर्णय हर हाल में निचले स्तर पर अनुपालित होने चाहिए। मगर उच्चतर पार्टी स्तर की निर्णय प्रक्रिया में निचले स्तर की आवाज, अनुभव, आकांक्षा की वास्तविकता से दूरी क्रमशः बढ़ती जाती है। जैसे-जैसे पार्टी शासनतंत्र में संस्थाबद्ध होती चली जाती है—यह दूरी बढ़ती चली जाती है। पार्टी में निचले स्तर पर व्यवहार और नैतिकता की आधिकारिक वैचारिकी 'विमर्श' के बजाय 'अनुशासन' बन जाती है : वर्तमान 'पार्टी लाइन' पर हर हाल में अमल होना चाहिए, और पार्टी संस्तरण में उच्चतर साथियों के निर्देशों का बिना किसी हिचक या सवाल के अनुपालन होना चाहिए।

ऐसी 'जनवादी केन्द्रीयता' की प्रवृत्ति शीर्ष (Top) द्वारा अपने 'तल' (Bottom) को चयनित करने का रूप लेने लगती है। यह अपने अधीनस्थों को नियुक्त करने की वह संस्तरीकृत प्रवृत्ति है, जिसमें वही अधीनस्थ 'चुने' जाते है, जिन पर 'शीर्ष की नीतियों को लागू करने के लिए 'भरोसेमन्द' हों। पोलिश अर्थशास्त्री व्लाजिमियर ब्रुस और काजिमियर लास्की[4] इस प्रवृत्ति को 'नामनक्लचुरा' ('Nomenklatura') : 'भरोसा करने लायक लोगों का सूचीकरण' के रूप में अवधारित करते हैं। यह प्रवृत्ति 'अनुपालक समुदाय' अथवा 'नौकरशाही' के अन्दर पहलकदमी लेने के साहस और नये विचारों-प्रयोगों की क्षमता को नहीं पनपने देती। ऐसे 'नामनक्लचुरा' के जरिये स्वतंत्र, साहसी, और कल्पनाशील पहलकदमी ले सकने वालों के ऊपर 'पार्टी लाइन' के अन्ध अनुपालकों को जिम्मेदार पदों पर चयन में प्राथमिकता मिल जाती है। इस रास्ते से एक नये मनुष्य और नये समाज की रचना की दिशा में सफलता के साथ आगे बढ़ पाना असम्भव है।

कल का समाजवाद

समाजवाद के सोवियत प्रयोग की असफलता के बावजूद एक नये समतामूलक समाज की रचना के लिए कुछ बेहद महत्त्वपूर्ण सूत्र इस प्रयोग से विशेषकर उत्पादन साधनों-संसाधनों के सामुदायिक मालिकाने के सन्दर्भ में हासिल किये जा सकते हैं। श्रमशील वर्ग की नैतिक व मूल्यपरक अर्थव्यवस्था में दो अत्यन्त महत्त्वपूर्ण तत्त्व समाहित थे :

(i) उत्पादन के साधनों-संसाधनों का सामाजिक मालिकाना (Social ownership of means of production); और

(ii) श्रमिकों द्वारा सुसंगठित सामाजिक उत्पादन (Social production organised by workers)। दोनों ही 'उत्पादन के साधनों-संसाधनों के साझे स्वामित्व पर आधारित 'सहकारी-समाज' (Cooperative Society) की अवधारणा के अनिवार्य तत्त्व हैं। समाज के अन्दर सहयोग-सहकार सिर्फ उत्पादन के क्षेत्र (sphere of production) तक ही सीमित नहीं है। यह अवधारणा उत्पादक गतिविधियों के उद्देश्य के निर्धारण-उत्पादन नीति तक विस्तीर्ण है।

एक अन्य महत्त्वपूर्ण सूत्र 'एकजुटता' (solidarity) की भावना है : एकजुटता पर आधारित समाज में लोग एक-दूसरे के साथ सम्पदाधारियों के रूप में अथवा अपनी सम्पदा या श्रम के बदले में किसी तदनुरूप (Quid0-pro-quo) लाभ की आकांक्षा से परस्पर अन्तर्क्रिया नहीं करते। उनकी एकजुटता और व्यवहार का प्रस्थान बन्दु 'आत्मकेन्द्रित सम्पदाधारी व्यक्ति' नहीं है। वे एक 'समुदाय' (community) की अवधारणा और चेतना के बल पर एक साथ आते हैं : यहाँ उत्पादन वैयक्तिक न होकर सामुदायिक है। यहाँ किसी भी उत्पादन का आधार और उत्प्रेरक सामुदायिकता है।

उपहार अर्थव्यवस्था

सोवियत अर्थव्यवस्था की वैचारिक परख-पड़ताल करते हुए लेदेनेवा अपनी किताब 'Russia's Economy of Favours'[5] में एक महत्त्वपूर्ण अवधारणा सामने लाती है। वह सोवियत यूनियन की अर्थव्यवस्था को मूलतः 'प्रतिदान की अर्थव्यवस्था' (Economy of favours) के रूप में देखती है। इस क्रम में उसके द्वारा प्रतिपादित 'उपहार' (Gift) की अवधारणा महत्त्वपूर्ण है। एकजुटता पर आधारित समाज (Solidarian Society) मूलतः एक 'उपहार अर्थव्यवस्था' (Gift Economy) है : एक ऐसी अर्थव्यवस्था जिसमें लोग इसलिए नहीं 'देते' है कि उन्हें बदले या प्रतिदान में किसी समय इसका तदनुरूप प्रतिफल मिलेगा। ऐसे समाज में लोगों के 'देने' का आधार वह सचेतन मूल्यबोध है, जिसमें वे खुद को एक 'खास तरह के मनुष्यों' के रूप में अवधारित करते हैं। वे मनुष्य जो एक खास तरह के श्रृण व देखभाल (debt and care) के रिश्ते में स्वैच्छिक रूप से 'जीवन' जीते हैं। रिश्ते के इस ताने-बाने में हर 'देने' वाला निश्चित रूप से 'पाता' भी है—इसलिए नहीं, कि यह दान-प्रतिपादन की पारस्परिकता किसी औपचारिक दायित्व का बन्धन है। बल्कि इसलिए कि, हर पाने वाले के लिए 'न देना' उसकी अपनी खुद्दारी, और जीवन मूल्य का निषेध है। उपहारों के परस्पर सम्बन्धों का यह खूबसूरत ताना-बाना ऐसे लोगों से मिलकर बनता है, जो परस्पर आत्मीयता के रिश्ते से जुड़े हैं : वे, जिनका एक साझा अतीत रहा है, जो एक साझे भविष्य की गहरी उम्मीद और प्रतिबद्धता रखते हैं।

ऐसे ताने-बाने का उत्पाद एकजुटता का विस्तार है। इस ताने-बाने और एकजुटता का संयुक्त सामाजिक उत्पाद वे 'लोग' हैं, जो क्लासिकीय पूँजीवाद के 'आत्मपोषी तार्किक व्यक्तियों' (Self seeking rational individuals) के बीच विनिमय सम्बन्धों के उत्पाद से आमूल-चूल रूप से अलग हैं। मार्क्स अपने 'Comments on James

Mill[6] में यही बात कह रहे होते हैं, जब वे मनुष्य द्वारा अपने सच्चे स्वभाव (True Nature), अपने मानवीय स्वभाव (Human Nature) और अपने सामुदायिक स्वभाव (Communal Nature) को पुष्ट और हासिल करने की बात करते हैं : यह 'आत्म पोषण' से अलग हट कर दूसरों के बारे में सोचना है; दूसरे की खुशी सच्ची आजादी का आनन्द देती है; मनुष्य की मुक्ति (Liberation) दूसरे की देखभाल की प्रतिबद्धता की अद्‌भुत उपलब्धि, अपने 'निजी लाभ' की चिन्ता का परित्याग करने के जरिये आती है। यह एक ऐसे सहकारी-एकजुट समाज के रिश्तों का ताना-बाना है, जिसमें हर व्यक्ति बिना किसी बन्धन, बिना किसी मजबूरी, बिना किसी प्रतिदान या प्रतिफल की आकांक्षा के अपनी सर्वोत्तम सम्भव योग्यता व क्षमता के साथ अपने श्रम का योगदान करता है। इस रिश्ते में श्रम और आह्लाद (Activity and Enjoyment) एकाकार हो उठते हैं।

सहयोग-सहकार पर आधारित समाज में लोग एक-दूसरे के साथ सचेतन रूप से एक समुदाय के सदस्यों के रूप में अन्तर्क्रिया करते हैं। यह वह समाज है, जिसमें सहयोग-सहकार अपने आप में एक उपहार देने की प्रक्रिया है—जहाँ हर सदस्य बिना किसी बाधा-निषेध अथवा अवरोध के अपनी सारी शक्तियाँ-क्षमताएँ-योग्यताएँ विकसित कर सकता है। यह वह 'उन्मुक्त वैयक्तिकता' (Free individuality) है, जो व्यक्तियों के सार्वभौम विकास (Universal Development of individuals) और उनकी सामुदायिक-सामाजिक उत्पादकता को अपनी सबसे मूल्यवान सामाजिक सम्पदा बनाने पर आधारित है। अपनी महानतम रचना 'पूँजी' के जरिये मार्क्स ने मजदूर को पूँजी के खिलाफ श्रम के संघर्ष के लिए तैयार करने के क्रम में उसके सामने 'पूँजी का अन्तर्निहित चरित्र' उजागर किया था। इसे व्यावहारिक धरातल पर अमल में लाने का मतलब समाज की स्थितियों-परिस्थितियों और मानवीय गतिविधियों-व्यवहारों के दोनों ही मोर्चों पर आमूल-चूल परिवर्तन का संघर्ष है। यह संघर्ष सबसे पहले मनुष्य के 'स्व परिवर्तन' (Self change) को प्रस्थान बिन्दु बनाने की माँग करता है। यह 'स्व परिवर्तन' मार्क्स की सबसे महत्त्वपूर्ण अन्तर्दृष्टि : मानवीय विकास और व्यवहार का प्राणतत्त्व है।

सर्वहारा, पूँजी की समृद्धि विस्तार के जुए में जुता हुआ जानवर नहीं है। उसका अस्तित्व पूँजी के लिए शोषित होने के लिए नहीं हैं। मगर पूँजीवाद अपने उत्पादन और समाज तंत्र में सर्वहारा के अस्तित्व को सिर्फ इसीलिए स्वीकार करता है। सर्वहारा के प्रति यह सोच श्रमिक और श्रम के इस मूलभूत, महत्त्वपूर्ण निर्णायक पक्ष को पूरी तरह नजरअन्दाज करती है कि, वस्तुत: सर्वहारा समाज का बराबरी के अधिकारों-दायित्वों वाला 'मानवीय प्राणी' और समाज का रचयिता है। सर्वहारा का यह पक्ष केवल समाजवादी उत्पादन प्रणाली और सामाजिक व्यवस्था संरचना के अन्दर ही अपनी पूरी गरिमा और स्वतंत्रता के साथ विकसित हो सकता है।

कुल मिलाकर समाजवाद, समाज को उसकी 'सम्पूर्णता' में देखने-समझने और रचने की प्रक्रिया है। यह प्रक्रिया इस आधार और अवधारणा पर काम करती है कि समाज केवल स्वतंत्र व निर्भर चालकों (Independant and Dependant variables)

के कारण और प्रभाव (Cause and Effect) का सीधा-साधा रिश्ता भर नहीं है। लेनिन समाज की 'सम्पूर्णता' की अवधारणा 'हेगल के तर्क विज्ञान पर नोट'[7] में कुछ इस तरह व्याख्यायित करते हैं :

> जैसे एक नदी और उस नदी में पानी की बूँदें। प्रत्येक बूँद की अवस्थिति (Position), उसका दूसरी बूँदों के साथ रिश्ता (relation), उसका दूसरी बूँदों के साथ जुड़ाव (connection), उसकी गति (speed), उसकी गति की दिशा (line of Movement) सीधी, वक्रीय, चक्रीय ऊर्ध्वगति (upwards), अधोगति (downwards)...। इन सारी गतियों और आवेगों का एक विहंगम योग करने की कोशिश करें—तब जाकर हेगेल के तर्क के अनुरूप दुनिया की कमोबेश (approxly) तस्वीर हासिल की जा सकती है—और हाँ, हेगल की दुनिया से ईश्वर (God) और निरपेक्ष (Absolute) को घटाना मत भूलिएगा।

समाजवाद समाज को इसी दृष्टि से देखने-परखने और रचने की प्रक्रिया है।

यह सोचना या उम्मीद करना सही नहीं है कि मनुष्य और उसके समाज के विकासक्रम की ऐतिहासिकता में कभी न कभी वह समय जरूर आएगा जब समाज के लोगों के श्रम की उत्पादकता इतनी विकसित हो जाएगी कि वे सभी अपनी सम्पूर्ण योग्यता और क्षमता के साथ स्वत: स्वेच्छा से काम करेंगे। तब समाज के लिए प्रत्येक व्यक्ति को सुलभ होने वाले उत्पादों की मात्रा को विनियमित (regulate) करने की कोई जरूरत नहीं रह जाएगी। हर कोई पूरी आजादी के साथ अपनी जरूरत के मुताबिक ले सकेगा। ऐसी सम्भावना तो दूर-दूर तक नजर नहीं आती। न ही समय के भरोसे सब कुछ छोड़ देना वांछित बदलाव ला सकता है। यह पूरी तरह से एकतरफा-एकांगी दृष्टिकोण है जो समाज की उत्पादक शक्ति को सिर्फ और सिर्फ 'श्रमिक' के नजरिये से देखता है और इसके आगे कुछ नहीं।

इस धारणा-खुशफहमी से बिल्कुल अलग समाजवाद स्वर्ग (यूटोपिया) को आसमान से धरती पर यथार्थ में उतारने की कठिन-कठोर प्रक्रिया है। यह मनुष्य और उसके समाज की अब तक की गति-प्रगति की परख-पड़ताल करते हुए आज और आने वाले कल के लिए एक बेहतर-परिपूर्ण मनुष्य और समाज की रचना के ठोस-सजीव जीवन्त संघर्ष की प्रक्रिया है। समाजवाद उत्पादक और उपभोक्ता और उनके उत्पादक रिश्तों का ताना-बाना बनाने का नाम भर नहीं है। इससे कहीं आगे समाजवाद एक परिपूर्ण नया मनुष्य, नई सामुदायिकता, नये जीवन मूल्य, नई नैतिकता और इनके जरिये एक नये 'सम्पूर्ण समाज' की रचना के बेहद कठिन-कठोर संघर्ष का नाम है। इस संघर्ष में रुकने-थकने और हारकर बैठ जाने की गुंजाइश नहीं है। समाजवाद उस जटिल सामाजिक अभियांत्रिकी का नाम है, जिसके जरिये समाज के अनुवांशिक गुणसूत्रों को परिवर्तित किया जाना है : पहले शोषित वर्ग को शासक वर्ग में बदलना है—अल्पमत पर समाज के वास्तविक बहुमत का शासनतंत्र बनाना है—और फिर क्रमश: सजग-सचेत-सायास तरीके से शासक-शासित-और शासन की समूची अवधारणा को अप्रासंगिक बनाकर

मिटा देना है : एक ऐसी स्थिति में पहुँचना है जहाँ 'संचय' करने की कोई आवश्यकता अथवा उत्प्रेरक ही न रह जाय।

समाजवाद की संक्रमणकालीन मंजिल में शासन व्यवस्था के अस्तित्व का बना रहना अपरिहार्य है। मगर इस शासन का समीकरण पूरी तरह उलट जाएगा। अब तक मानव समाज की ऐतिहासिकता का हर चरण अल्पसंख्यक समुदाय द्वारा बहुसंख्यक व्यापक जनसमुदायों पर शासन का रहा है। पहली बार समाजवाद की सामाजिक अभियांत्रिकी इस समीकरण को पूरी तरह उलट देगी। समाज में बहुसंख्यक श्रमशील समुदाय वर्ग का अल्पसंख्यक परजीवी समुदाय वर्ग पर शासन होगा। यह पूरी तरह से प्राकृतिक-स्वाभाविक और नैतिक भी होगा। इस तरह शासन और राज्य तब तक प्रासंगिक रहेंगे, जब तक समाज में वर्ग विभाजन और शासन की अवधारणा का अस्तित्व बना रहेगा।

ऐसा संक्रमणकालीन समाजवाद, अपने अन्तिम चरण वर्गविहीन समाज की ओर एक महत्त्वपूर्ण पड़ाव भर होगा। मनुष्य और समाज की प्रगति के अन्तिम लक्ष्य—'वर्गविहीन समाज और सम्पूर्ण प्राकृतिक', मनुष्य में कोई शासित होने, पराभूत होने, वंचित होने, आक्रांत विजित होने के लिए बचा ही नहीं होगा। शासन और सत्ता दोनों ही समाज में अपनी उपादेयता खोकर पूरी तरह अप्रासंगिक हो जाएँगे। 'ताकत और अभाव' की समाज को गति और आवेग देने में कोई भूमिका नहीं रह जाएगी।

फिलहाल तो मनुष्य और समाज के लिए ये शताब्दियों तक चलते रहने वाले कार्यभार हैं। इनके आगे के मनुष्य और समाज की कल्पना न तो सम्भव है, और न ही इसकी जरूरत। यह समाजवाद के 'सम्पूर्ण मनुष्य और परिपूर्ण समाज' का कार्यभार होगा।

नव प्रतिरोध नहीं थमेगा

नव उदारवाद के वैश्विक अभियान के खिलाफ नव प्रतिरोध की वैश्विक चुनौतियों के विभिन्न प्रयोगों और उनसे जुड़ी वैचारिकताओं की विस्तार से चर्चा हम पीछे कर आए हैं। जपतिस्ता, इंडिग्नाडोस, आकुपायी, अरब वसन्त से लेकर वर्ल्ड सोशल फोरम तक तमाम प्रतिरोध आन्दोलनों में उनका साझा केन्द्रीय तत्त्व स्पष्टता के साथ उभरता है : वर्तमान-विद्यमान व्यवस्था अप्रासंगिक हो चुकी है—यह व्यवस्था 99% आबादी के हितों और आकांक्षाओं के दमन के लिए काम करती है, इसलिए मंजूर नहीं है। इस परिप्रेक्ष्य में जपतिस्ता का नारा 'बस, अब और नहीं' (Ya Basta!) इस पूरी प्रयोगधर्मिता का सार माना जा सकता है।

'बस, अब और नहीं' की चीत्कार एक वैकल्पिक व्यवस्था तंत्र की जरूरत और दृष्टि को रेखांकित करती है। इस दिशा में नवप्रतिरोध की प्रयोगधर्मिता का प्राणतत्त्व 'भागीदारी जनतंत्र' (Participative Democracy) है : जनता का अपना भविष्य तय करने, उसे हासिल करने का रास्ता चुनने और उस पर अमल करने का अधिकार। इन प्रयोगधर्मिताओं का एक और महत्त्वपूर्ण पक्ष 'जीवन मूल्य और शैली' को 'वैयक्तिक' से 'समुदायिक' की ओर मोड़ना है—आत्मकेन्द्रित, स्वार्थी, शातिर व्यक्ति से एक-दूसरे की चिन्ताओं-अनुभूतियों-जरूरतों को साझा करने वाले समुदाय के सन्तुष्ट, गौरवशाली सदस्यों के रूप में विचार और व्यवहार के परिवर्तन की दिशा। यह समूचा नव प्रतिरोध इस निष्कर्ष की उपज है कि वर्तमान राजनीतिक-आर्थिक व्यवस्था तंत्र जनता की आकांक्षाओं-उम्मीदों पर खरा नहीं उतरता—उसने जनता के साथ गद्दारी की है। यहाँ हम इन नव प्रतिरोधी प्रयोगधर्मिताओं की दो विशिष्ट वैचारिकताओं पर एक बार फिर से नजर डालेंगे : 'स्पेस की राजनीति' और 'समाज की दोहरी आन्दोलनकारिता या गतिशीलता।'

'स्पेस की राजनीति' (21 वीं सदी के जन-प्रतिरोध)

समाज के अन्दर पूँजी द्वारा रोपे गए अलगाव की उस विषबेल के समूल उच्छेद की चाहत है, जो लोगों में 'निजी अन्ध स्वार्थ' और 'संवेदनहीन उपभोक्तावाद' को पोषित करती है। यह लोगों को एक-दूसरे से 'पराया' मानने और उनके अन्दर 'और अधिक उपभोग' की शाश्वत भूख' जगाये रखता है। इसके मुकाबिल में स्पेस की राजनीति ऐसी नई सांगठनिकताओं और संस्थानिकताओं की जरूरत को रेखांकित करती है, जिनके जरिये अपनी स्थितियों-परिस्थितियों को बदला जा सके, और इस प्रक्रिया में

खुद लोगों के भी स्वत: प्रयासों से खुद को बदलने की गुंजाइश हो। ऐसी सांगठनिकताएँ और संस्थानिकताएँ, जिनके जरिये लोग अपनी योग्यताओं-क्षमताओं, अपनी दृष्टि, जीवन मूल्य, और नैतिकता का विकास कर सकें और खुद एक नई दुनिया की रचना के लिए सक्षम बन सकें।

निश्चित रूप से इन नई प्रयोगधर्मिताओं की दृष्टि पूँजीवाद के अन्दर पूँजीवाद का विकल्प तलाशने की है। यह एक असम्भव सम्भावना है। जिस उत्पादन व्यवस्था तंत्र में अपने बूते जीवित रह सकने की अन्तर्निहित क्षमता ही नहीं है, वह अपना विकल्प कैसे दे सकती है? विकल्प की दृष्टि को समूचे पूँजीवादी व्यवस्था तंत्र : न कि इसके किसी स्वरूप विशेष (नवउदारवाद) से परे और पार पहुँचना होगा। लैटिन अमेरिका की गुलाबी लहर की प्रयोगधर्मिता भी यही गलती कर रही होती है, जब ब्राजील के राष्ट्रपति लूला डिसिल्वा कह रहे होते हैं कि वे ऐसे पूँजीवाद को जानते हैं जो या तो काटता है, या फिर नहीं काटता : जो काटता है, वह बुरा पूँजीवाद है, और जो नहीं काटता है, वह अच्छा पूँजीवाद। मगर ऐसा कोई पूँजीवाद सम्भव ही नहीं है जो नहीं काटता हो। अगर वह काटेगा नहीं : श्रम का शोषण करके अतिरिक्त पूँजी संचित नहीं करेगा तो, एक दिन भी जीवित नहीं रहेगा। इसलिए अन्तिम अथवा टिकाऊ विकल्प तो पूँजीवाद के परे और पार ही सम्भव है।

इसके बावजूद इन प्रयोगधर्मिताओं को पूँजी के विरुद्ध स्थानीय से लेकर वैश्विक-अन्तर्राष्ट्रीय स्तर तक के संघर्षों और नये समाजवादी मनुष्य व समाज की रचना में 'नेतृत्व की भूमिका' को नकारने की अराजक बुरजुआ कोशिश के रूप में खारिज़ नहीं किया जा सकता। ये प्रयोगधर्मिताएँ, व्यापक-वृहत्तर पीड़ित-वंचित समाज की वर्तमान-विद्यमान के खिलाफ छटपटाहट और आक्रोश की अभिव्यक्ति हैं। ये प्रतिरोध के पारम्परिक दायरों से निकलकर इसे नया विस्तार और आवेग देने और इस प्रक्रिया में खुद उत्पीड़ित जन समुदाय के अन्दर से संघर्ष के नये नेताओं और संगठकों के विकास की सम्भावनाएँ बनाती हैं। स्पेस की राजनीति 'जन' (People) को नेता बनाने की दृष्टि रखती है। यही उसकी 'नेताविहीन राजनीति' की 'जन-राजनीति' का मूल आशय है। यह पक्ष पूँजीवाद का विकल्प रचने की दृष्टि से निर्णायक महत्त्व का है।

कब्जे की 'स्पेस की राजनीति' का एक और महत्त्वपूर्ण पक्ष पूँजी द्वारा सदियों से जनता के जीवन निर्वाह, सांस्कृतिक-रचनात्मक अभिव्यक्तियों, क्रीड़ा-मनोरंजन-मेला स्थलों पर कब्जा करके उन्हें 'मनुष्य और समुदाय' के बजाय 'पूँजी और मुनाफे' की सेवा में लगाये जाने के खिलाफ विद्रोह और इसकी व्यावहारिक अभिव्यक्ति के रूप में सार्वजनिक पार्कों-चौराहों आदि पर 'कब्जा' है। मनुष्य और समाज के जीवन के लिए अनिवार्य सार्वजनिक-सामुदायिक स्थलों पर पूँजी के कब्जे का बर्बर अभियान 'एनक्लोजर्स' और 'कांक्विस्टाडोरों के जमाने से आज तक बेरोक-टोक जारी है। आज के नवउदारवादी वैश्वीकरण में यह अभियान विकास और प्रगति, अधिसंरचना जैसे तमाम 'सार्वजनिक हित' (Public Interest) के नाम पर पूरी दुनिया में जल-जंगल-जमीन, प्राकृतिक साधन-संसाधनों की लूट का तांडव कर रहा है। इसके नतीजे में दुनिया में दरिद्रता, पलायन, विस्थापन, भुखमरी का 'विकास और प्रगति' हो रही है।

सामुदायिक सम्पदा-संसाधनों को पूँजी के लिए हड़पने का अभियान 14 वीं सदी से पूँजीवाद की जन्मस्थली इंग्लैंड से शुरू होकर समूचे यूरोप में फैला था। दो सौ सालों में दासियों लाख निरीह खेतिहरों को जिनमें 90% से ज्यादा औरते थीं, 'डायन और शैतान' बताकर अकल्पनीय-अमानवीय यातनाएँ देते हुए, जलाकर मार डाला गया था। इसके लिए चर्च ने बकायदा कल्पनीय-अकल्पनीय यौन उत्पीड़न के साथ हत्याएँ करने के लिए धार्मिक मैनुअल 'मैलियस मालफिकारम' जारी किया था। यह मैनुअल नई पूँजीवादी औद्योगिक छपाई तकनीक वाले छापेखाने से निकलने वाली किताबों की पहली खेप में था। इस समूचे 'डायन दहन' अभियान के दो उद्देश्य थे:

(i) ग्रामीण इलाकों से गरीब खेतिहर समुदाय की सामुदायिक जमीनों, चारागाहों, जंगलों : 'कामन्स' के साथ उनकी अपनी जोत की जमीनों को भी 'एन्क्लोजर्स' के रूप में छीनकर इन 'एनक्लोजर्स' को औद्योगिक पूँजी की सेवा में लगाना और खेतिहर समुदाय को 'सर्वहारा की रिजर्व सेना' बनने के लिए शहरों की ओर खदेड़ना;

(ii) 'डायन दहन' अभियान का दूसरा उद्‌देश्य नई जन्म लेती पूँजी के पाँव पसारने का विरोध करने वाली सामुदायिकताओं का पूँजी-राज्य और चर्च के गठजोड़ के जरिये 'विनाश' था। इन विरोधी-प्रतिरोधी सामुदायिकताओं में सबसे ज्यादा संख्या औरतों की थी। बदले हुए नामों और रूप-स्वरूपों के साथ पूँजी का यह अभियान नवउदारी वैश्विक दौर में भी जारी है। इसके प्रमुख नाम, रूप, श्रम और दरिद्रता का 'फेमिनाइजेशन' और 'अनौपचारिकीकरण' है।

नव प्रतिरोधी प्रयोगधर्मिता इस सामुदायिक सम्पदा हड़प अभियान को चुनौती देने और अपने छीनी गई जमीनों-सम्पदाओं को एक बार फिर मनुष्य और समुदाय की सेवा में लगाने के लिए वापस कब्जा लेने की कोशिश है। नव प्रतिरोध इस आक्रोश की अभिव्यक्ति और परिणाम है कि पूँजीवादी दुनिया में मनुष्यों को उनके 'दरबों' में ढकेलकर उन्हें उनकी सारी सामूहिक-सामुदायिक जरूरतों-आकांक्षाओं से वंचित कर दिया गया है। दूसरी ओर धरती की विशाल भौगोलिकता और सारे प्राकृतिक साधनों-संसाधनों को पूँजी की सेवा, प्रचार और प्रसार के लिए हड़प लिया गया है। नव प्रतिरोध इस सार्वभौम सत्य की घोषणा है कि धरती ग्रह पूँजी का अभयारण्य और चारागाह नहीं, बल्कि मनुष्य और समाज के अस्तित्व की अनिवार्यता है।

स्पेस की राजनीति का नव प्रतिरोध पूँजी उत्पादन तंत्र और नीति पर भी मूलभूत सवाल उठाता है। इस प्रतिरोध की दृष्टि उत्पादन और उपभोग दोनों की विद्यमान प्रवृत्ति और व्यवहार के विकल्प की तलाश की है। यह प्रतिरोध पूँजीवादी उत्पादन प्रणाली और उत्पादन नीति पर—उत्पादन और उपभोग में वैयक्तिक-सामाजिक और राजनीतिक प्राथमिकताओं पर सवाल उठाता है। क्या मनुष्य और मनुष्यता की प्रगति का रास्ता सैन्यवाद है? क्या हथियार सचमुच मनुष्य, मानव समाज और मनुष्यता की रक्षा कर कर सकते हैं?

नव प्रतिरोध की वैचारिकी घोषित करती है कि मनुष्यता कोई 'मर्दानी' 'माचो'

अवधारणा नहीं है। मर्दानी-माचो अवधारणा अपने आप में सार्वभौम मानवीयता का निषेध है। पूँजीवाद और उसकी पूर्ववर्ती सारी उत्पादन व समाज प्रणालियों में सैन्यवाद और सामरिक उत्पादन की केन्द्रीय भूमिका चली आ रही है। सैन्यवाद और सामरिक उत्पादन 'अपने' और 'पराए' (us and others) की विचारधारा पर आधारित है। यहाँ 'अपना' हमेशा श्रेष्ठ, सभ्य, सुसंस्कृत, 'महान' है, और 'पराया' हमेशा निकृष्ठ, बर्बर, पिछड़ा, असभ्य है। प्रगति और विकास के लिए इस 'पराये दुश्मन' को मिटाना अनिवार्य है!

यह 'पराया दुश्मन' पूँजीवाद के विभिन्न चरणों की जरूरत के अनुरूप अपने जीवन निर्वाह की सामुदायिक अनिवार्यताओं को छीने जाने का विरोध करने वाली 'डायनें', 'नई दुनिया' में औपनिवेशिक लूट और जनसंहार का विरोध करने वाले 'मूल आदिवासी जन समुदाय', नये उपनिवेशों की 'पिछड़ी-आदिम' सभ्यताओं से लेकर 'साम्यवाद' और अब 'आतंकवाद', 'शरणार्थी' तक कुछ भी हो सकता है। इन सारे नामकरणों का एकमात्र उद्देश्य पूँजी के निर्बाध-प्रसार को सैन्यवाद के बल पर सुनिश्चित कराना है।

इस सैन्यवाद को चुनौती देते हुए नव प्रतिरोध का मानना है कि 'अपने' और 'पराये' की अवधारणा अपने-आप में मनुष्य और मनुष्यता की अवधारणा का निषेध करती है। कोई भी मानव प्राणी 'अवैध' (illegal) नहीं है I मनुष्य और मनुष्यता की प्रगति और विकास को उसके किसी भी हिस्से को 'नष्ट', पराभूत अथवा पददलित करने के जरिये कभी भी सुनिश्चित नहीं किया जा सकता है। नव प्रतिरोध पूँजीवाद की उस समूची वैचारिकी और व्यवहार के विरोध में है, जो अकूत मुनाफे के लिए हथियारों का अन्धा-धुंध उत्पादन करते हैं, इन उत्पादों के उपभोग के लिए 'दुश्मन' गढ़ती हैं, इन दुश्मनों पर हथियारों का इस्तेमाल करके उनको पराभूत करते हैं, 'पराभूत दुश्मन' से इस पूरे अभियान की मनमानी कीमत वसूल करते हैं और इस समूचे बर्बर विनाशतंत्र को जनतंत्र की रक्षा, विकास और प्रगति का नाम देते हैं!

नवउदारी वैश्वीकरण को नव प्रतिरोध की चुनौती का एक और महत्त्वपूर्ण पक्ष 'उपभोग' का है। पूँजीवाद, विशेषकर, उसका वर्तमान नवउदारी दौर का 'उपभोक्तावाद'—मनुष्य और धरती दोनों के अस्तित्व के लिए संकट बन रहा है। पूँजी के संकेन्द्रण और उपभोग का संकेन्द्रण एक ही सिक्के के दो पहलू हैं। इसके चलते उपभोग के लगभग समूचे उत्पादों, साधनों-संसाधनों पर मुश्किल से 5% आबादी का कब्जा है। दुनिया की शेष 95% आबादी अपने दैनिक अस्तित्व के एक-एक साधन-संसाधन के लिए मोहताज है।

अलावा इसके, प्रश्न 'नवउदारी उपभोक्तावाद' की प्रकृति और प्रवृत्ति का भी है। यह संवेदनहीन वैयक्तिक उपभोग बनाम सामुदायिक-सामाजिक उपभोग की प्रकृति और प्रवृत्ति का प्रश्न है। नवउदारी वैयक्तिक उपभोग धरती और पर्यावरण के सारे साधन-संसाधनों श्रोतों पर इस तरह टूटता है, मानो वर्तमान पीढ़ी ही दुनिया की अन्तिम मानव प्रजाति पीढ़ी है, इसलिए धरती-पर्यावरण का कुछ भी आगे किसी के उपयोग-उपभोग के लिए नहीं छोड़ना है। नव प्रतिरोध नवउदारी वैश्विकता के इस विशेषाधिकारी वैश्विक विनाशकारी वैयक्तिक उपभोक्तावाद के खिलाफ सामुदायिक सहयोग-सहकार

और संवेदना के सिद्धान्तों पर आधारित धरती-पर्यावरण और मनुष्य के संरक्षण-संवर्धन पर आधारित 'पोषणीय उपभोग' के विमर्श और व्यवहार की चुनौती खड़ी करता है।

नवउदारी वैश्विकता के प्रसार का मूल मंत्री पूँजी, विशेषकर, वित्तीय पूँजी के बेरोकटोक सट्टेबाज मुनाफे और प्रसार के लिए दुनिया के किसी भी कोने में बाजार की हर बाधा : किसी भी तरह के बन्धन, नियम, नियंत्रण को राजनायिक-आर्थिक, और जरूरत पड़ने पर सामरिक दबाव व हस्तक्षेप के जरिये मिटा देना है।

जब भी पूँजी पर संकट आता है, पूँजीवाद इस संकट से उबरने की कीमत इसके लिए जिम्मेदार पूँजी-वित्तीय तंत्र से नहीं, बल्कि व्यापक आम जनता से वसूलता है, जिसकी इस संकट के बनने और फैलने में कोई भूमिका नहीं होती। यह सत्य अपनी पूरी नग्नता के साथ 2008 के वैश्विक वित्तीय संकट के दौर में सामने आया। पूँजीवाद के गढ़ अमेरिका और यूरोप के विकसित औद्योगिक देशों से लेकर तीसरी दुनिया के तमाम विकासशील देशों में इस संकट से निपटने के लिए अन्तर्राष्ट्रीय वित्तीय पूँजी के दबाव और निर्देशन में सरकारों ने संकट के लिए जिम्मेदार शातिर वित्तीय संस्थानों को ट्रिलयनों डालर का 'बेल-आउट' दिया। इसकी समूची कीमत आम जनता से 'मितव्ययिता उपायों' के नाम पर उसकी बचत, उसके रोजगार, उसके जीवन निर्वाह साधन-संसाधन, सार्वजनिक-सामाजिक सेवा-सुविधाओं की डकैती के जरिये आज तक वसूल की जा रही है। नव प्रतिरोध आन्दोलन इस बेशर्म लूट और डकैती के खिलाफ व्यापक आम उत्पीड़ित जन समुदायों का आक्रोश है जिसका केन्द्रीय नारा है "तुम्हारे संकट की कीमत हम नहीं चुकाएँगे।"

दोहरी गतिशीलता

नव उदारवाद के खिलाफ नव प्रतिरोध की प्रयोगधर्मिता को कुछ लोग पोलानी की समाज की 'दोहरी गतिशीलता' (Double Movement) की अवधारणा के आधार पर व्याख्यायित करने का प्रयास करते हैं। पोलानी 1945 में पूँजीवादी समाज की दो विपरीत ध्रुवीय गतिशीलता : बाजार अर्थव्यवस्था के अनियंत्रित विस्तार की गतिशीलता, और इसके नकारात्मक प्रभावों के खिलाफ समूचे समाज की 'प्रति-गतिशीलता' (Counter Movement) के रूप में व्याख्या करता है। इस दिशा में पोलानी की प्रस्थापना यह है कि विशेषकर उन स्थितियों में, जब बाजार की गतिशीलता सामाजिक विस्थापन (Social displacement) की चरम स्थिति पर पहुँचने लगती है—तब सम्पूर्ण समाज, सामाजिक वर्गों के विभेदों को पार करके प्रति आन्दोलन की गति लेने लगता है।

पोलानी का मानना है कि एक तरफ तो उत्पादों के अकल्पनीय मात्रात्मक विस्तार से बाजार समूची धरती पर फैलने लगते हैं, और दूसरी तरफ श्रम, जमीन और मुद्रा के सन्दर्भ में बाजार पर अंकुश लगाने के लिए समाज की तमाम सांगठनिकताएँ-संस्थानिकताएँ एक वृहत्तर नेटवर्क में समेकित होने लगती हैं।

पोलानी का यह तर्क पूँजीवादी उत्पादन और सामाजिक प्रणाली को एक ऐसा स्वत: सक्षम-परिपूर्ण तंत्र बना देती है जिसमें बाजार की विस्तारवादी गतिशीलता और समाज की संरक्षणवादी प्रति गतिशीलता एक साथ दोलित होती हुई एक-दूसरे को सन्तुलित

करती हुई अनन्तकाल तक पूँजीवादी बाजार और समाज का अनन्त अस्तित्व बनाए रख सकती है। आज बहुत से लोग नव प्रतिरोधी आन्दोलनों की सामाजिक-आर्थिक संरचनात्मक प्रकृति के विस्तीर्ण आयाम को (जिसमें अराजकतावादी और धुर वाम पंथी से लेकर चरम दक्षिणपंथी और किसी भी राजनीतिक धारा से प्रतिबद्धता नहीं रखने वाले लोग तक सम्मिलित हैं) पोलानी की इसी 'प्रति गतिशीलता' के आधार पर व्याख्यायित करने की कोशिश करते हैं।

यह व्याख्या गहरे तक समस्याग्रस्त है। यहाँ तक तो कोई संशय-समस्या नहीं है कि हर शोषण, दमन, आतंक, आक्रमण अपने साथ अपने खिलाफ प्रतिक्रिया को भी जन्म देता है। स्वाभाविक रूप से पूँजीवादी बाजार की अतियाँ भी अपने विरुद्ध प्रतिरोध की परिस्थितियों और प्रतिरोध की सामाजिक ताकतों को जन्म देंगी। परन्तु यह अतिसरलीकरण कि, बाजार के चरम विस्तार की प्रवृत्ति पूरे समाज को अपने वर्ग विभेदों से ऊपर उठकर (Transcend) समेकित (Integrated) प्रति आन्दोलन को जन्म देती है, तर्क और सच्चाई दोनों से ही परे है। ऐसा मानना पूँजीवादी समाज में वर्गीय विभाजन से इनकार करना होगा। ऐसा मानना इस बात से इनकार करना होगा कि पूँजीवादी उत्पादन प्रणाली में उत्पादन शक्तियाँ दो विपरीत ध्रुवीय सामाजिक शक्तियों (पूँजीपति वर्ग और श्रमशील समुदाय वर्ग) में विभाजित रहती हैं, और इनमें न सुलझने वाली वैमनस्यकारी अन्तर्विरोधी अन्तर्क्रियाओं का रिश्ता है। ऐसा मानना पूँजीवादी समाज को वर्गविहीन समाज मानना होगा, जहाँ अन्ततः सारे सामाजिक वर्ग अपने विभेदों को 'ट्रांसेंड': ऊर्ध्वगमित करके एकजुट हो जाते हैं। यदि ऐसा हो : सम्पूर्ण समाज बिना किसी अपवाद के पूँजी के विरुद्ध प्रति आन्दोलन की सामाजिक शक्ति बन जाय, तब ऐसी स्थिति में यह मानना होगा कि पूँजी और बाजार ऐसी स्वतः संचालित दिव्य शक्तियाँ हैं जिनके संचालन और गति के लिए किसी सामाजिक शक्ति की जरूरत ही नहीं है। यह पूँजीवाद के अन्दर पूँजीवाद से मुक्ति तलाशने की वैचारिकी है।

पोलानी का तर्क है कि बाजार के चरम विस्तार की स्थिति में समेकित सामाजिक शक्तियाँ बाजार की नियम-नियंत्रण मुक्ति की भूख पर कल्याणकारी नीतियों और बाजार की गतिविधियों पर अंकुश लगाने आदि के जरिये अर्थव्यवस्था को समाज के साथ जोड़ने में लग जाती हैं। यह तर्क आज की ठोस सच्चाइयों, विशेषकर, 2008 के वैश्विक आर्थिक-वित्तीय संकट की रोशनी में पूरी तरह ध्वस्त हो जाता है। इस तर्क के अनुसार इस वैश्विक संकट से निपटने के लिए दुनिया की सारी राज्य व्यवस्थाओं, पूँजी को संचालित करने वाली सारी संस्थानिकताओं, और इनसे जुड़े सारे लोगों को एकजुट होकर पूँजी और बाजार पर लगाम लगाने, इस पर नियमन-नियंत्रण का अंकुश लगाने में लग जाना चाहिए था। मगर वास्तविकता इसके ठीक उलट है। न सिर्फ पूँजी और बाजार की समूची सामाजिक ताकतों, राष्ट्रीय-राजतंत्रों और अन्तर्राष्ट्रीय नियामक तंत्रों ने पूँजी और बाजार की विनाशकारी गति पर कोई अंकुश नहीं लगाया, बल्कि संकट के समाधान के नाम पर पूँजी और बाजार को और अधिक नियम-नियंत्रण मुक्त करने में लग गईं। यही नहीं, पूँजी और बाजार की सामाजिक शक्तियों की इस बढ़ी हुई आक्रामकता ने वृहत्तर व्यापक आम श्रमशील समुदाय के लिए सामाजिक विस्थापन,

विभेद, विषमता, असमानता और जीवन निर्वाह संकट को और भी विस्फोटक स्थिति पर पहुँचाने का काम किया।

कुल मिलाकर पोलानी की दोहरी गतिशीलता (Double Movement) की प्रस्थापना पूँजीवाद को एक सम्पूर्ण, स्वायत्त और सक्षम उत्पादन व समाज व्यवस्था बताने की कोशिश करती है। इसके उलट वास्तविकता यह है कि पूँजीवाद एक ऐसा कभी न सुलझ सकने वाला अन्तर्विरोध है, जिसमें अपने बूते जीवित रहने की क्षमता है ही नहीं। उसके अस्तित्व की अनिवार्य शर्त दुनिया की वे तमाम गैर पूँजीवादी आर्थिक-सामाजिक शक्तियाँ हैं, जिनका उसे अपने जिन्दा रहने, विस्तार करने लिए विनाश करते रहना है।

नव प्रतिरोध की प्रयोगधर्मिता में 1% बनाम 99% के नारे और इन आन्दोलनों की सामाजिक-आर्थिक संरचना की बहुरंगी विविधता को, या फिर इनके अपने आन्दोलनों में सांगठनिकता-संस्थानिकता और नेतृत्व के नकार को समाज के 'सारे वर्गों': सारी सामाजिक ताकतों का समेकित हो जाना मान लेना भारी भूल होगी।

नव प्रतिरोध की प्रयोगधर्मिता निश्चित रूप से पूँजीवादी उत्पादन की दो ध्रुवीय ताकतों—पूँजीपति और श्रमिक वर्ग में श्रमिक वर्ग की अवधारणा के औद्योगिक सर्वहारा से आगे निकलकर समाज के 'सम्पूर्ण श्रमशील समुदाय' (जिसमें खेतिहर, भूमिहीन, दलित, आदिवासी, अश्वेत, महिला, बेरोजगार से लेकर मध्यवर्ग तक सम्मिलित है) के वृहत्तर-व्यापक वर्ग के रूप में विस्तार है। 1% बनाम 99% में 1% एक प्रतीकात्मक शब्दावली है, जो यथार्थ में 2% भी हो सकती है और 5% भी, मगर मूल रूप से पूँजीवादी उत्पादक शक्ति के दूसरे ध्रुव 'पूँजीपति वर्ग' का प्रधिनित्व करती है। ये दोनों वर्ग कभी भी, किसी भी स्थिति में 'समेकित' नहीं हो सकते—ऐसा होना पूँजी की समूची अवधारणा का निषेध करके वर्गविहीन, शासन सत्ताविहीन और शोषणविहीन उत्पादन और समाज व्यवस्था में ही सम्भव है। यह पूँजीवाद का नहीं, समाजवाद का चरम लक्ष्य है।

अभी तक हमने नव प्रतिरोध की प्रयोगधर्मिता के जिस मॉडल की चर्चा की, वह सत्ता, व्यवस्थातंत्र, सांगठनिकता, संस्थानिकता, और नेतृत्व का निषेध करता हुआ 'भागीदारी जनतंत्र' और जनता की अपनी पहलकदमी पर जीवन के 'सामुदायिक जीवन' मॉडल के आधार पर पूँजी और उसके संरक्षक राजतंत्र की आक्रामकता का प्रतिरोध करना चाहता है। यह प्रयोगधर्मिता 'जपतिस्ता' से शुरू होकर इंडिग्नाडोस, अरब वसन्त, आकुपाई, सिन्तामा, वर्ल्ड सोशल फोरम आदि बहुविध-बहुरंगी प्रतिरोधों तक विस्तीर्ण है। इनकी दिशा व्यवस्थातंत्र से सीधे टकराव और उसे ध्वस्त करने के बजाय इसी दुनिया (पूँजीवादी) के अन्दर 'एक दूसरी दुनिया सम्भव है' का वैकल्पिक मॉडल बनाने की है।

नव प्रतिरोध की प्रयोगधर्मिता का एक दूसरा मॉडल लैटिन अमेरिका की 'गुलाबी लहर' का है।

यह ह्यूगो चावेज का '21वीं सदी के समाजवाद' का मॉडल है। यह मॉडल मार्क्सवाद को राष्ट्र विशेष की विशिष्टताओं, उसके इतिहास, उसके संघर्षों-सपनों और उपलब्धियों की पहचान के साथ जोड़कर संवैधानिक रास्ते से समाजवाद लाने का

आकांक्षी है। यह राजनीतिक सत्तातंत्र से वितृष्णा और दूरी बनाने के उलट, सत्तातंत्र हासिल कर उसे समाजवादी उत्पादन और समाज की नवसंरचना में लगाने का प्रयोग है। इस प्रयोग में सत्ता तंत्र हासिल करने का रास्ता हथियारबन्द क्रान्ति नहीं, बल्कि विद्यमान पूँजीवादी संविधान के अन्तर्गत चुनाव के जरिये जीत हासिल करना, और फिर जनमत संग्रह और निर्वाचनों के जरिये नये समाजवादी संविधान की रचना करके सत्तातंत्र को '21वीं सदी के समाजवाद' की रचना के कार्यभार पर लगाना है।

सत्ता दखल के लिए हथियारबन्द क्रान्ति की जगह संवैधानिक चुनाव का रास्ता लेने के अलावा '21वीं सदी के समाजवाद' की दूसरी सर्वाधिक महत्त्वपूर्ण विशेषता यह है कि यह अपने-अपने समाजों में पूँजीवादी तंत्र, बल्कि विद्यमान सन्दर्भों में नवउदारी पूँजीतंत्र की उत्पादन प्रणाली : उसकी सारी संस्थानिकताओं और नौकरशाही को बनाए रखता है। यह लम्बे आन्तरिक संघर्ष की प्रक्रिया में उत्पादन और व्यवस्थातंत्र दोनों में क्रमशः आम जनता की प्रत्यक्ष भागीदारी को बढ़ाते हुए दोनों का विकल्प तैयार करने, और अन्ततः पूँजीवाद को पराभूत करने का प्रयास है।

यह एक ही समाज में दो विपरीत उत्पादन सामाजिक दृष्टि, नैतिकता और जीवन मूल्यों की प्रणालियों की प्रतिद्वंद्वी प्रतिस्पर्धा के जरिये क्रमशः पूँजीवाद को अप्रासंगिक बना देने, और समाजवाद को श्रेष्ठ उत्पादन व सामाजिक प्रणाली के रूप में स्थापित करने का मॉडल है। यहाँ पूँजीपति अपनी पूँजी, औद्योगिक संरचना और सामाजिक जनाधार के साथ मौजूद है। 21वीं सदी के गुलाबी समाजवाद की दिशा प्रतिद्वंद्वी प्रतिस्पर्धा के माध्यम से पूँजीपति, और उसके समूचे औद्योगिक-वित्तीय संरचना-तंत्र को मिटाकर उसके सामाजिक जनाधार को अपने पक्ष में शामिलकर लेने की है।

21वीं सदी के इस गुलाबी समाजवाद के दो प्रतिनिधि प्रयोगों के रूप में वेनेजुएला और ब्राजील की चर्चा विस्तार से हो चुकी है। आज न सिर्फ इन दोनों ही देशों में संविधान के रास्ते समाजवाद का प्रयोग गहनतम संकट के दौर से गुजर रहा है, बल्कि लैटिन अमेरिकी गुलाबी लहर का ज्वार भी लगातार उतार-चढ़ाव के संकट में है। एक बार फिर दक्षिणपंथी-प्रतिक्रियावादी-नवउदारी पूँजीवाद की सत्ता पर पकड़ मजबूत होती दिख रही है। ब्राजील में दिल्मा रुसुफ को बजटीय आँकड़ों में हेराफेरी के आरोप पर महाभियोग चलाने के लिए राष्ट्रपति पद से हटाने के बाद 'भ्रष्टाचार के गम्भीरतम आरोपों से घिरे दक्षिणपंथी प्रतिक्रिया के शातिर प्रतिनिधियों ने सत्ता हासिल कर ली। 2023 से लूला डिसिल्वा की पुनः सत्ता में वापसी हुई है। वेनेजुएला में निकोलस मादुरो और बोलिवारी पार्टी जैसे-तैसे राष्ट्रपति पद और शासन बचाए रखने का प्रयास कर रहे हैं। अमेरिका की शह और संरक्षण में दक्षिणपंथी प्रतिक्रियावादी विपक्ष दिन-प्रतिदिन उद्दंड और उन्मत्त होता जा रहा है। वेनेजुएला विकटतम सामाजिक विषमता-विभाजन-वैमनस्य और आर्थिक-औद्योगिक के संकट के दौर में गृहयुद्ध के कगार पर पहुँच रहा है।

नव प्रतिरोधी प्रयोगधर्मिता की दोनों ही धाराएँ

नव प्रतिरोध और गुलाबी समाजवाद—फिलहाल नवउदारी पूँजीवाद के उद्दंड-अहंकारी वैश्विक अभियान की आक्रामकता को कोई ठोस अथवा निर्णायक चुनौती देती नहीं

दिखती हैं। लेकिन यह चावेज के शब्दों में 'फिलहाल' ('For Now') की स्थिति है। नवउदारवाद के खिलाफ नव प्रतिरोध की वैश्विक व्यापकता और तेवर से एक बात तो तय है कि प्रतिरोध के स्वरूप और प्रयोग चाहे जितने बदलते रहें, मगर प्रतिरोध का आवेग और उसकी व्यापकता रुकने-थमने वाली नहीं है। यह भी तय है कि नवउदारी आक्रामकता के विस्तार के साथ-साथ प्रतिरोधी ताकतों के सामाजिक जनाधार का भी लगातार विस्तार और ध्रुवीकरण होता जाएगा।

दुनिया के हर हिस्से में व्यापक-वृहत्तर जन समुदाय के अन्दर 'बस अब और नहीं' का आक्रोश और छटपटाहट है। जहाँ भी जन प्रतिरोधों का विशाल ज्वार उठा था, वहाँ भले ही आज यह ज्वार मन्द दिखता हो, मगर पूरी तरह थमा, चुका या पराभूत कहीं भी नहीं है। फ्रांस में पेरिस क्रान्ति के बाद जून 2016 के सबसे विशाल और प्रभावी श्रमिक जनान्दोलन में नवउदारी पूँजी के पक्ष में सदियों के संघर्ष से हासिल श्रम अधिकारों को पूरी तरह समाप्त कर देने के लिए लाये गए 'श्रम कानून' के खिलाफ [जिसे आन्दोलनकारियों ने 'मालिकों का कानून' (Bosses Law) का नाम दिया], अकेले पेरिस की सड़कों पर बारह लाख से ज्यादा लोग उतर पड़े। यह निश्चित है कि नव उदारवाद के खिलाफ नव प्रतिरोध का सिलसिला रुकने वाला नहीं है। 21वीं सदी के समाजवाद के सिलसिले में एक साक्षात्कार में चावेज ने कहा था कि यह बिल्कुल सम्भव है कि बोलिवारी क्रान्ति का प्रयोग अपनी मंजिल तक न पहुँच सके, या अपने ही अन्तर्विरोधों में बिखर जाय। मगर तब एक नई क्रान्ति जन्म लेगी—नया प्रतिरोध आवेग लेगा—अगर 'बैलट' का प्रयोग असफल रहा तो जनता के पास 'बुलेट' सहित तमाम विकल्प खुले रहेंगे, जिन्हें जनता समय और परिस्थिति की ठोस माँग के अनुरूप तय करके अमल में लाएगी।

कुछ सवाल : कुछ उम्मीदें

- पूँजी के विनाशकारी तर्क के खिलाफ श्रम के सृजन के तर्क; मुनाफे के बर्बर तर्क के खिलाफ मनुष्यता की उदात्तता के तर्क; वैयक्तिक अलगाव की नीरसता के तर्क के खिलाफ सामुदायिक सहयोग-सहकार की जीवन्त इन्द्रधनुषी विविधता के तर्क की रचना कैसे हो?
- संवेदनहीन, आक्रामक और उद्दंड पूँजीवाद की दुनिया में आज के मनुष्य का अस्तित्व बचाए रखते हुए भविष्य के मनुष्य और मनुष्यता के निर्माण का रास्ता क्या हो? अस्तित्व रक्षा की तात्कालिकता और मानव समाज के चरमोत्कर्ष : नये मनुष्य और उसके जीवन मूल्य-नैतिकताओं के सृजन के लक्ष्य के बीच तालमेल कैसे हो?
- मानव समाज के विकास की ऐतिहासिकता के क्रम में मानव विकास की असमानता-विषमता की भयावह खाई और संस्तरण-संकेन्द्रण के अन्तर्विरोधों को कैसे हल करें? असमानता-विषमता के भयावह अन्तर को कैसे पाटें? विकासक्रम में क्यों कुछ समाज, कुछ सभ्यताएँ प्रगति की आसमान छूती छलाँग लगा गईं, और क्यों बहुतेरी समाज-सभ्यताएँ इस कदर पिछड़ गईं? क्या यह महज संयोग था? क्या यह नस्लीय गुण सूत्रों की करामात थी? या फिर यह मनुष्य की मनुष्य और प्रकृति दोनों को पराभूत करके सब कुछ स्वयं हड़प लेने की अदम्य भूख का परिणाम है? यदि ऐसा है तो नये मनुष्य, नये समाज और नये मानवीय मूल्यों की रचना के लिए इस भूख को कैसे पराभूत करके जड़ से मिटाया जा सकता है?
- जीवन और उपभोग के बीच कौन सा रिश्ता हो? जीवन के लिए उपभोग, या फिर उपभोग के लिए जीवन? समूची सृष्टि केवल आज के मनुष्य के उपभोग के लिए है या फिर उसे आने वाली हजारों पीढ़ियों के लिए बचाकर रखना होगा? धरती ग्रह को मानवीय जीवन के अस्तित्व, विकास और प्रगति के लिए निरापद बनाए रखने के लिए क्या अन्ध उपभोक्तावाद पर अंकुश लगाने की जरूरत है? क्या उपभोग : बिना किसी बन्धन अथवा दायित्व के निरंकुश उपभोग—अनन्त काल तक उत्पादन की गति बनाए रखते हुए मानव समाज के विकास को सुनिश्चित कर सकता है?
- उत्पादन और उपभोग का लक्ष्य क्या हो? मनुष्य और मनुष्य समाज की वैयक्तिक-सामुदायिक-सामाजिक जरूरतों की अनवरत-अविच्छिन्न आपूर्ति

या फिर सिर्फ और सिर्फ मुनाफा व अतिरेक मूल्य संचय?

- आय और उपभोग का रिश्ता क्या है? क्या चन्द गिने-चुने लोगों के पास आमदनी, साधनों-संसाधनों के ऐसे संकेन्द्रण की मनुष्य और मनुष्यता की रक्षा व विकास की दृष्टि से इजाजत दी जा सकती है, जिसमें उनके पास दुनिया का सब कुछ उपभोग के लिए उपलब्ध हो, और शेष सारी मनुष्यता अभाव और भुखमरी से अस्तित्व संकट के कगार पर पहुँच जाय?
- संचय, शोषण और लूट की आदिम प्रवृत्ति पर अंकुश कैसे लगाया जाय? क्या सचमुच में कोई ऐसा मानवीय समाज और उसकी उत्पादन प्रणाली सम्भव है, जिसमें उत्पादन रिश्तों का आधार समाज में उत्पादक शक्तियों का दो विपरीत ध्रुवीय संकेन्द्रण न हो? क्या सचमुच कोई ऐसी उत्पादन प्रणाली सम्भव है, जिसमें पूँजीपति के लिए उत्पादन का एकमात्र उत्प्रेरक मुनाफा और अतिरेक मूल्य और दूसरी तरफ व्यापक श्रमशील वर्ग के लिए उत्पादन प्रक्रिया में भागीदारी का एकमात्र उत्प्रेरक जीवित रहने के लिए श्रम बेचने की मजबूरी न रहे?
- क्या सचमुच कोई ऐसा मानवीय समाज सम्भव है, जिसमें मनुष्य और मनुष्य के बीच शासक और शासित के रिश्ते की कोई गुंजाइश कोई प्रासंगिकता ही न रहे? क्या सचमुच कोई ऐसी उत्पादन प्रणाली सम्भव है, जिसमें समाज का प्रत्येक सदस्य स्वेच्छा से अपनी सम्पूर्ण क्षमता के अनुसार इतना प्रचुर उत्पादन कर सके कि मनुष्य के लिए 'संचित' करने की जरूरत ही समाप्त हो जाए? क्या सचमुच कोई ऐसा मानवीय समाज सम्भव है जहाँ मानवीय और उत्पादन दोनों ही रिश्तों की पारस्परिकता का आधार अपने लिए किसी तरह के 'प्रतिदान' की आकांक्षा न होकर 'दूसरे के लिए कुछ कर सकने का अपरिमित आह्लाद और आनन्द' बन जाय?
- नये मनुष्य और नये समाज की रचना के लिए क्रान्ति का रास्ता और उसके हथियार क्या होंगे? क्रान्ति में अहिंसा और हिंसा के सवाल कैसे तय होंगे? हिंसा और अहिंसा की परिभाषा क्या होगी? क्या आज तक मनुष्य समाज की विकास यात्रा की ऐतिहासिकता में ऐसी एक भी 'क्रान्ति' गिनाई जा सकती है जो सर्व-सम्पूर्ण अपने क्लासिकीय अर्थों में पूरी तरह हिंसक अथवा पूरी तरह अहिंसक रही हो? क्या दर्शन, विचार और व्यवहार के स्तर पर केवल शारीरिक-भौतिक हिंसा को ही हिंसा के रूप में परिभाषित किया जाना चाहिए? क्या विद्यमान-वर्तमान को नष्ट करने की, उसे बदल देने की, उसके विकल्प की आकांक्षा, वर्तमान विद्यमान के प्रति असहमति और अन्तर्विरोध अपने आप में एक तरह की हिंसा नहीं है? यह कौन तय करेगा कि देश-काल-परिस्थिति के किस मोड़ पर क्रान्ति को अहिंसक होना चाहिए और किस पर हिंसक? क्या क्रान्ति की अवधारणा अपने आप में हिंसा और अहिंसा का अद्‌भुत-जटिल ताना-बाना नहीं है? विशेषकर तब, जब हम वर्तमान को हटाकर भविष्य को सृजित कर रहे होते हैं।

- क्या पूँजीवादी हिंसा और क्रान्तिकारी हिंसा में अन्तर करना सम्भव है? क्या पूँजीवादी हिंसा का एकमात्र उत्प्रेरक श्रमशील वर्ग : उत्पादक शक्ति के दूसरे ध्रुव के विरुद्ध नफरत और गैर पूँजीवादी प्रणालियों और समाजों का विध्वंस है? क्या पूँजीवादी हिंसा का एकमात्र उद्‌देश्य कुछ नया रचना न होकर सिर्फ यथास्थिति—पूँजी और श्रम के विद्यमान रिश्ते को बनाए रखना है?
- इसके विपरीत क्या क्रान्तिकारी हिंसा का लक्ष्य वर्तमान श्रमशील वर्ग की ताकत के बूते नये मनुष्य, नये समाज और नये मानवीय मूल्यों व नैतिकताओं का सृजन नहीं होना चाहिए? पूँजीवादी हिंसा की विनाशकारी तात्त्विकता के खिलाफ क्रान्तिकारी हिंसा की सृजनकारी तात्त्विकता की रचना के लिए कैसे हिंसा को उसकी 'नफरत' की अन्तर्निहित तात्त्विकता से अलग किया जा सकता है? कैसे न्यूनतम सम्भव हिंसा की अपरिहार्यता और मजबूरी को मनुष्य और मनुष्यता के प्रति असीम-अगाध-अनिर्बाध प्रेम की संगति में लाया जा सकता है?
- क्रान्ति कैसे नये मनुष्य और नये समाज की रचना प्रक्रिया में मानवीय अस्तित्व के ऐतिहासिक विभाजनों की विषमताओं, जेंडर, नस्ल, धर्म, जाति-प्रजाति के प्रश्नों को हल करेगी? कैसे क्रान्ति खुद अपने आपको सफलता और सत्ता के मद-मोह में विचलित-पतित होने से बचा सकेगी? कैसे क्रान्ति सर्वहारा के अगुआ दस्ते की क्रान्ति को : श्रमशील जनता के प्रतिनिधियों की क्रान्ति को 'जनता की अपनी सच्ची क्रान्ति में बदल सकेगी? कैसे क्रान्ति श्रमशील वर्ग के प्रत्येक मनुष्य को क्रान्ति का योद्धा और नये समाज का सर्जक बना सकेगी? विनाश की बीभत्सता के खिलाफ सृजन के सौन्दर्य की रचना प्रक्रिया में हिंसा की भूमिका कब कहाँ और कितनी होगी? क्रान्ति का हथियार कब बन्दूक होगी, और कब वायलिन?

पूँजी ने अपने आदिम संचय से आज के नवउदारवाद तक की सदियों की यात्रा में मनुष्य और मनुष्यता द्वारा हल किये जाने के लिए ऐसे न जाने कितने सवाल खड़े किए हैं। इतिहासकार हग ट्रेवर-रोपर का कहना है कि 'जीनियस' का काम 'नये जबाब' देना नहीं है, बल्कि बल्कि उन नये सवालों को सामने लाना है जिन्हें समय और सामान्यता (Mediocreity) हल कर सके। दुनिया में अगर आज तक के 'जीनियसों' का हिसाब लगाया जाय तो शायद कुछेक उंगलियों पर गिने जा सकने वाले जीनियस ही मिलेंगे जो समाज के शीर्ष अभिजात्य-शासक वर्ग से आते हों। ज्यादातर जीनियस समाज ने मनुष्यता को अपने सामान्य (Mediocre) श्रमशील वर्ग से ही दिये हैं। यह सामान्य श्रमशील वर्ग ही है, जो जीवन की जटिलताओं के अन्दर धँसकर जीवन समाज और दुनिया की ठोस दुश्वारियों से टक्कर लेता हुआ अपने जीवन की राह निकालता है। स्वाभाविक रूप से यही वर्ग जीवन, समाज और दुनिया की सच्ची परख-पड़ताल की दृष्टि भी रखता है। वास्तव में यह सामान्य श्रमशील वर्ग ही है, जिसमें मनुष्यता को उसकी श्रेष्ठतम ऊँचाई देने और समाज के आदर्शतम नवसृजन की असाधारण-

असामान्य क्षमता है। आज तक इस धरती पर कोई मानवजनित भव्यता, चमत्कार, क्रान्ति सामान्य-साधारण जनों के असामान्य-असाधारण योगदान के बिना सफलता की मंजिल तक नहीं पहुँच सकी है।

आने वाले दिनों में भी दुनिया के सामान्य श्रमशील जन ही अपने जीवन-समाज और दुनिया के भविष्य की रचना से जुड़े ऐसे तमाम सवालों के जवाब पूँजी के साथ जटिल और चरम टकरावों-संघर्षों की रणभूमियों में कन्धे से कन्धा मिलाकर लड़ते-बढ़ते हुए ढूँढ़ेगे। श्रमशील प्रतिबद्ध-दुर्दमनीय प्रयोगधर्मिता अनगिनत प्रयोगों, विकल्प की दृष्टि और सपनों को जन्म देगी। कोई नहीं कह सकता पूँजी के साथ टकराहटों-संघर्ष का यह दौर कितना लम्बा चलेगा। न जाने कितने विकल्प बनेंगे—टकराएँगे-टूटेंगे—और फिर नये विकल्प बनेंगे।

हर विकल्प अपनी टकराहट के साथ पूँजी के गढ़ को कहीं न कहीं से कमजोर करेगा। अपने ऊपर हर चोट के साथ पूँजी की आक्रामकता बढ़ती जाएगी। पूँजी की हर आक्रामकता, श्रमशील जनों की प्रतिबद्धता और हौसले को और भी मजबूत करेगी। यह सिलसिला तब तक चलता रहेगा, जब तक कि सामान्य श्रमशील जनों की ताकत एक बार फिर असामान्य चमत्कार नहीं कर देती : जब तक कि पूँजीपति वर्ग की शासन कर सकने की क्षमता पूरी तरह पराभूत नहीं हो जाती : जब तक कि असंख्य उत्पीड़ित श्रमशील शासित जनों को शासित होने से पूरी तरह से मुक्ति नहीं मिल जाती—जब तक कि शासक वर्ग शासित वर्ग में, और शासित वर्ग शासक वर्ग में रूपान्तरित नहीं हो जाता।

श्रमशील जनों के संघर्ष को यहाँ पूर्ण विराम नहीं मिलेगा। संघर्ष और सृजन की यह यात्रा आगे अपने निर्णायक लक्ष्य की ओर बढ़ेगी। एक ऐसे मनुष्य की रचना, जिसके लिए 'संचय' करने अथवा 'शोषण' करने का कोई औचित्य नहीं बचेगा, जिसके लिए श्रम कोई मजबूरी नहीं, बल्कि अपरिमित आनन्द होगा, जो कोई भी काम प्रतिफल के स्वार्थ के लिए नहीं, बल्कि जीवन की गौरवशाली नैतिकता के मूल्य की प्रेरणा से करेगा। ऐसा नया मनुष्य ही अपना नया समाज, एक नई दुनिया रचेगा। एक ऐसा समाज, एक ऐसी दुनिया, जिसमें कोई विभेद-विभाजन-संस्तरण या असमानता का अस्तित्व नहीं रहेगा। जहाँ मतभेद तो रहेंगे मगर मन भेद का मैल नहीं रहेगा—जहाँ शासन-दमन-आतंक पूरी तरह अप्रासंगिक होकर अपना अस्तित्व हमेशा के लिए खो चुके होंगे। यह मनुष्य और मनुष्यता का चरम उत्कर्ष होगा। आज यह एक सपना, एक युटोपिया है। मगर यदि मनुष्य और मनुष्यता का अस्तित्व सचमुच में बचे रहना है तो इस भविष्य के यूटोपिया अलावा कोई विकल्प नहीं है। इस सपने-यूटोपिया लगने वाले विकल्प को सचमुच का भविष्य बना सकने का 'असाधारण' चमत्कार सिर्फ 'साधारण' श्रमशील मनुष्यता ही कर सकती है।

मानव सभ्यता के आदि काल से आज तक इस धरती पर जितनी 'गुयेर्निका'[8] बनाई गई हैं, वे उन चन्द लोगों ने बनाई हैं जिन्होंने दूसरों पर शासन करने का अधिकार अपने लिए हड़प लिया है—जिन्होंने असंख्य मनुष्यता से उसका प्राणतत्त्व अपनी तिजोरियों में सोख लिया है—जिन्होंने बन्दूक और बारूद को अपना परम धर्म मान लिया है।

दूसरी ओर इस धरती पर जो भी सृजित हुआ है, जिसकी भी रचना हुई है, वह सृजन, वह रचना आम श्रमशील मनुष्य ने की है। यदि 'ईश्वर' रचयिता का नाम है तो आम श्रमशील मनुष्य ही है धरती का एकमात्र रचयिता। श्रमशील मनुष्य ने अपने पसीने के उफनाते नदों, अपने लहू के अतल समन्दरों, अपनी वज्र-सी हड्डियों के गगनचुम्बी पहाड़ों से इस धरती पर वह सारा कुछ रचा है जिसे 'गुयेर्निका' बनाने वाले अपनी 'निजी सम्पदा' बताते हैं।

इसलिए श्रमशील मनुष्यता का दायित्व है कि मृत्यु, विध्वंस और प्रवंचना के जरिये मनुष्यता पर 'शासन' करने का पैशाचिक राजदंड 'शासक वर्गों' के हाथों में न रहने पाये। समय आ गया है कि सारी मनुष्यता अपने समूचे आक्रोश, समूचे आवेग, समूचे हौसले के साथ मिलकर पूरी ताकत से चीत्कार करे : नहीं! अब फिर कभी नहीं। Ya Basta! यह आम श्रमशील मनुष्यता का दायित्व है कि एक बार फिर मृत्यु-विध्वंस और प्रवंचना की पैशाचिक ताकतें मनुष्य और मनुष्यता पर न हावी होने पाएँ। यह श्रमशील मनुष्यता का दायित्व है कि अन्तिम और निर्णायक हँसी मनुष्यता की ही हो—विनाश पर सृजन की अन्तिम और निर्णायक विजय हो सके—मृत्यु पर जीवन की जीत सुनिश्चित हो सके—धरती पर अब कोई और गुयेर्निका न बन सके। यह श्रमशील मनुष्यता का दायित्व है कि आज के शासकों : पूँजी के महाप्रभुओं पर कल के 'मनुष्यों' का शासन हो। यह शासन तब तक चलता रहे, जब तक कि मनुष्यता के विचार, जीवन मूल्य और नैतिकता से शासन की अवधारणा ही पूरी तरह समाप्त न हो जाए। कोई 'शासित' होने के लिए बचा ही नहीं रहे—किसी के भी पास 'शासन' करने की क्षमता, अधिकार और औचित्य ही न बचे।

मनुष्यता की हजारों साल लम्बी यात्रा में सामाजिक संरचना के हर पड़ाव : कम्यून, गुलामी, सामन्तवाद, पूँजीवाद की मूलभूत विशेषताएँ अगली सामाजिक संरचना में डीएनए की तरह अन्तरप्रवाहित होती आई हैं। विद्यमान पूँजीवादी समाज और उत्पादन प्रणाली में अपनी सारी पूर्ववर्ती प्रणालियों-संरचनाओं के बीज तत्त्व अन्तर्निहित हैं। इसी के चलते आदिम संचय आज भी पूँजी का प्राणतत्त्व है। यह मनुष्यता के लिए सचमुच कठिन कार्यभार है कि एक नये मनुष्य और नये समाज की रचना प्रक्रिया में, उसकी वैचारिकता, उसके व्यवहार, उसकी नैतिकता, उसके मूल्यबोध रचने-गढ़ने में नई सामाजिक अभियांत्रिकी के रास्ते तलाशे-निकाले जाएँ। ऐसी नई सामाजिक अभियांत्रिकी, जो नये मनुष्य और समाज की सामाजिक-सांस्कृतिक-डीएनए संरचना परिवर्तित करके सभी पूर्ववर्ती संरचनाओं की नकारात्मकताओं का निषेध कर सके।

नये दौर में मनुष्य की महानतम उपलब्धि सच्ची मानवीय चेतना का निर्माण होगी। नैतिक उत्प्रेरक और मानवीय मूल्यबोध का आवेग ही मनुष्य और मनुष्यता को दुनिया को बदलने, और उसे आगे ले चलने की क्षमता और प्रतिबद्धता देगा। यह मनुष्य और मनुष्यता के विकास व प्रगति की यात्रा में भौतिक उत्प्रेरकों के आवेग से निकलकर नैतिक उत्प्रेरकों को आवेग के रूप में अपनाने का दौर होगा। यहाँ से मनुष्य और मनुष्यता 'एक-दूसरे की जान लेने' के दौर से निकलकर 'एक-दूसरे पर जान छिड़कने, एक-दूसरे के लिए जान देने' के दौर में प्रवेश करेगी।

सन्दर्भ

नव प्रतिरोध-वैचारिकी

1. Samir Amin : (2009): "the Defence of Humanity Requires the Radicalisation of Popular Struggles": first published in 2009 Socialist register: https://Socialistproject.ca
2. 'नान-रिन्यूएबल' (Non-Renewable) सम्पदा-संसाधन वे हैं, जिनका उपभोग उससे कहीं ज्यादा तेज गति से हो सकता है, जिस गति से प्रकृति इन्हें पुनरुत्पादित कर सकती है। इसमें कोयला, प्राकृतिक गैस, क्रूड आयल जैसे जीवाश्म ईंधन (fossil fuel), सोना-चाँदी, जैसे खनिज, लकड़ी जैसे विविध उपयोग के संसाधन, खाद्य एवम् पर्यावरण रक्षक संसाधन जैसे पशु-पौधे आदि सम्मिलित हैं।
3. शब्दावली 'The American Way of Life is Not For Negotiation' का चलन तत्कालीन अमेरिकी राष्ट्रपति जार्ज बुश (सीनियर) ने 1992 में रियो डे जेनेरियो के पहले पृथ्वी शिखर सम्मेलन में किया था। यह प्रतिक्रिया बुश ने पर्यावरण संरक्षण और अन्य प्रगतिशील, पूँजीवाद विरोधी सामाजिक संगठनों-कार्यकर्ताओं के इस आरोप पर दी थी कि अमेरिका जो दुनिया का सबसे बड़ा ऊर्जा उपभोक्ता है, सबसे बड़ा प्रदूषक (Polluter) भी है। राष्ट्रपति डोनाल्ड ने भी इसी अवस्थिति (Position) को कहीं ज्यादा अविवेकपूर्ण और उद्दंड आक्रामकता के साथ आगे बढ़ाया।
4. नव क्लासिकीय अर्थशास्त्र की प्राथमिक मान्यता यह है कि अर्थव्यवस्था तार्किक आत्म-हित चिन्तक वैयक्तिकताओं (Rational self-interested individuals) : उपभोक्ताओं और फर्मों से निर्मित होती है जो उन बाजारों में स्वैच्छिक विनिमयों (Voluntary exchanges) के माध्यम से अपनी उपयोगिता का चरम आदर्शीकरण करते हैं,और जो बाहरी हस्तक्षेपों से मुक्त होने पर सर्वश्रेष्ठ और सम्पूर्ण सन्तुलन का दावा करते हैं।
5. Harry D.Saunders: (2014): "Towards A Neo Classical Theory of Sustainable Consumption: Eight Golden Propositions": Ecological Economics: Vol. 105;Sept.2014;pp.220-232.
6. Domence Mele and Cesar Gonzalez-canton: (2014): "The Homo economicus Model": doi: 10.1057/9781137462619_2.
7. शिकागो स्कूल' नव क्लासिकीय आर्थिक वैचारिकी है जिसकी शुरुआत 1940 के दशक में शिकागो विश्वविद्यालय के अर्थशास्त्र के अध्यापकों ने की थी। इस स्कूल की प्राथमिक मान्यता के अनुसार मुक्त बाजार अर्थव्यवस्था में संसाधनों का सर्वश्रेष्ठ-आदर्शतम आवंटन करते हैं, और बाजार में सरकार का न्यूनतम बल्कि बिल्कुल भी हस्तक्षेप न होना सबसे बेहतर परिणाम देता है। इस वैचारिकी के सर्वप्रथम और सर्वप्रमुख प्रस्तोता फ्रैंक हिनेमन नाइट (Frank Hyneman Knight), गैरी एस बेकर (Gary S. Backer), रोनाल्ड कोजे (Ronald Coase), मिल्टन फ्रायडमैन (Milton Friedman), मर्टन एच मिलर (Merton

H. Miller), जार्ज जे. स्टिगलर (George J. Stigler) आदि रहे हैं।

8. Lynn Parramore: (2010) : "Stiglitz: America's Ersatz Capitalism is a Joke": Business Insider; Jan.20,2010.
9. David Harvey : (2010): "The Enigma of Capital and the Crisis This Time": ['16 अगस्त, 2010 को अटलांटा में अमेरिकन सोशियोलॉजिकल एसोसियेशन की बैठक के लिए तैयार किये गए इस आलेख में हार्वी 2007-08 वैश्विक पूँजीवादी संकट के सन्दर्भ में, मार्क्स के पूँजीवाद के अन्तर्निहित (internal) अन्तर्विरोधों के हवाले से 'व्यवस्थानिक खतरे' ('Systemic Risk') को व्याख्यायित करता है]
10. Karl Polanyi : (2001) : The Great Tranformation : the Political and Economic Origin of our Time Beacon Press : [First published in 1944 by Farrar & Rinehart]
11. Rosa Luxemberg : The Accumulation of Capital : Section Three : The Historical Conditions of Accumulation : Chapter 29 : The Struggle against peasant economy.
12. Walden Bello : (2009) : Capitalism's Crisis and Our Response : speech delivered at the conference on the Global crisis sponsored by Die linke party and Rosa Luxemberg foundation Berlin : March : 20-21, 2009.
13 Walden Bello: "The problem with investing in financial sector operations is that it is tantamount to squeezing value of already created value". https://focusweb.org>capitalism crisis.
14. "A Fair Globalization : Creating Opportunities for All" : world commission on the social Dimension of Globalization : ILO : Geneva : February 2004.
15. William Easterly : "The lost Decades : Developing countries Stagnation in spite of Policy Reform 1980-1998" : Journal of Economic Growth : June 2001, Vol. 6, issue 2, pp. 135-157 : https://dor.org/10. 1023/A : 1011378507540.
16. David Harvey : "The 'New Imperalism' : Accumulation by Dispossession" : In "The New Imperial Challenge : Socialist Register : 2004, Vol-40, Editors : Leo Pantich and Colin Leys : pp. 63-87.
17. G. Albo : (2009) : " The Crisis of Neo Liberalism and the Impasse of Union Movement" : Relay : A socialist Project Review: www.yorku.ca>2009>relay 26-albo.
18. Robert Wade and Franks Veneroso : (1998) : "The Asian Crisis : The High Debt Model Versus The Wall Street-Treasury-IMF Complex"
19. Walden Bello : (2009) : "The Coming Capitalist Consensus : Focus on the Global South" : Institute for Policy Studies.
20. David Held : (2005) : "At the global cross roads : The end of the Washington Conscensus and the rise of global social democracy" : Journal-globalizations > Vol. 2, 2005—Issue 1 : Empire or Cosmopolis? : pp. 95-113.
21. Walden Bello: "Globalization and Deglobalization" : A Retrospective' : https://economics.handels.gu.se> 166318.
22. Leslie Sklair : (2002) : "Globalization : Capitalism and its alternatives" : Oxford University Press :Chapter 1:pp.35-58.
23. David Miller : (1989) : "Market, State and Community : Theoretical Foundations of Market Socialism" : Oxford University Press : UK.
24. Ethen Miller : (2009) : "Solidarity Economy : Key Concepts and Issues" in Kawano, Emily and Tom Masterson and Jonathan Teller-Ellsberg (eds)

Solidarity Economy I : Building Alternatives for people and Planet : Amherst, MA : Centre for Popular Economics.2010.

25. Leo Pantich : (1994) : Globalisation and The State : The Socialist Register 1994 : pp. 60-93.
26. Nicos A. Poulantzas : (2000) : "State, power, Socialism" : Verso, London : New York.
27. Leo Pantich and Sam Gindin : (2000) : "Transcending Pessimism : Rekindling Socialist Imagination" : Socialist Register 2000 : Vol. 36 : Necessary and Unnecessary Utopias : Leo Pantich and Colin Leys (eds).
28. Gregory Albo : (2004) :" The old and New Economics of Imperalism" : Socialist Register 2004 : pp. 88-113.
29. Michael Albert : "Looking Forward : Particiaptory Economics for the Twenty First Century" : (2009) : South End Press : First Published December 1st, 1990.
30. Dario Azzellini : (2009) : "Venezuela's Solidarity Economy : Collective ownership, Expropriation, and Workers Self-Management" : Working USA: Vol. 12, isse, 2 : https://doi.org/10.1711/j. 1743-4580.
31. Michael : Lebowitz : (2010) : "Exploring the Dialectic of the Bolivarian Revolution" : Monthly Review : https://monthly review.org.
32. Daniel Little : (1991) : "Varieties of Social Explanation : An Introduction to the Philosophy of Social Science" : Westview, Press.
33. Daniel Little : (1998) : "Microfoundations, Method and Causation : on the Philosophy of the Social Sciences" : New Brunswick, NJ : Transaction Publsihers :

According to Little's "Microfoundation doctrine : "macro explanation of social phenomena must be supported by an account of the mechanisms at the individual level throught which the postulated social processes work"(p. 10)

34. Karl Marx : (1859) : "A contribution to the critique of Political Economy": Progress Publsihers, Mascow.
35. Antonio Gramsci : "Selections From the Prision Note Books" : edited and translated by Quintin Hoare and Geoffrey Nowell Smith : International Publishers Co. (1971).
36. Paulo Freire : (1970) : "Cultural Action and Conscientization" : Harvard Educationla Review : Sept. 1970 : Vol. 40, No. 3 : pp. 452-477.
37. Renato Constantino : (1978) : "Neocolonial Identity and Counter Conscionsness" : Essays on Cultural Decolonization : Merlin Press Ltd.
38. Firoz Haji : (1979) : Book review : Neocolonial Identity and counter consciousness : Essays of Cultural decolonization by Renato Constantino : Race & Class : 21, pp. 217-218.
39. Boaventura de sousa Santos : (2006) : "Another Production is Possible : Beyond the Capitalist Canon" : Reinventing Social Emancipation : Toward New Manifestos : vol. 2 : Verso.
40. Peter Ranis : (2005) : "Argentina's Worker Occupied factories and Enterprises" : CSAD 125781 : Techset Compositon Ltd., Salisbury, UK.
41. Celina Souza : (2001) : "Participatory Budgeting in Brazilian cities : limits and possibilities in building democractic institutions" : Environment & Urbanization : vol. 13, No. 1, April 2001, pp. 159-184.
42. Marguerite Mendell Nancy Neamtan : (2003) : "The Social Economy in

Quebec : Towards A New Political Economy" : www.chantier.qc.ca
43. Marta Harnecker : (2007) : "Rebuilding the Left" : Zed Book Ltd. London.
44. Andre Gorz : (1967) : "Reform and Revolution" : The Socialist Register 1968 : pp. 111-143.
45. Karl Marx : (1852) : "The Eighteenth Brumaire of Louis Bonaporte" : first Published in the first issue of 'Die Revolution', 1852, New York.
46. Alex Khasnabish : (2011) : Anarch@ Zapatismo : "Anti-Capitalism, Anti-power, and the Insurgent Imagination" : in Glen Coulthard, Jacquline Laskey, Adam Lewis and Vaneesa Watts (eds) : Affinities : A Journal of Radical Theory, Culture and Action 5 (1) : Speical Isue on Anarch @ Indegenis : pp. 70-95.
47. James Petras : (1997) : "Imperialism and NGO in Latin America" : Monthly Review : Vol. 49, Issue : 07, December, 1997.

प्रतिनिधि सामाजिक आन्दोलन

1. Roger Burbach : (1994) : Roots of the Post Modern Rebellion in Chiapas: New left Review : 1/205 : May-June 1994 : London.
2. Zaptistas : Zapatista Encuentro : Documents form the First Inter Continental Encounter for Humanity and Against Neoloberalism : Open Media Pamphlet Series.
3. Zapatismo : http://mexicosolidarity.org/programms/alternativeeconomy/zapatismo/en.
4. Bill Weinberg : (2004) : Zapatistas and the Globlisation of Resistance : Yeol Journalism for people Building a Better world : May 20, 2004.
5. Jorge A Varges : NAFTA, The Chiaps Rebellion, And the Emergence of Mexican Ethnic Law : California Western International Law Jounral : Vol. 25; No. 1, Fall 1994.
6. David Ronfeldt, John Arquilla, Graham E. Fuller and Melissa Fuller : (1998) : The Zapatista :Social Netwar in Mexico : Rand corporation : JSTOR : www.jstor.org/stable/10.7249/mr9940.
7. John Vidal : 17 Feb. 2018 : Mexico's Zapatista rebels, 24 Years on and defiant in mountain strongholds : The Guardian : www.theguardian.com.
8. Naomi Klein : (2002) : Fences and Windows : Dispatches from the Front Lines of the Globalisation Debate : Flamingo.
9. David Ronfeldt and others : The Zapatista : "Social Netwar in Mexico.
10. Sirena Pellardo : (2006) : Zapatista Women : A Revolutionary Process within a Revolution : [Keynote speech for the International Women's Day event organised by the California State University] : http://www.inmotionmagazine.com.
11. Subcomandante Marcos; Hernandez Navarro and others : (2006) : The other Campaign—La otra Campana : City Lights Open Media : San Fancisco.
12. 'To be "Persian" is to be some strange, someone different, in simple terms to be the "other"The very existence of the "Persian" has been enough to disturb,confuse,and perturb the workings of institutions.. ' : From Zapatista by Jose Saramago : Foreword to 'Our word is our Weapon. Sleected writings of subconamdante insurgente Marcos': edited by Juana Ponce De Leon : Published by Seven Stories Press.

13. Miet Shapiro : (2000) : The origins of the Zapatista National Collective Army (EZLN) : Committee of Indegenous Solidarity—Washington DC : Cisde@ zzapp.org.
14. John L Hammond : Law and DisPolitics of Space : The Brazilian Landless Farm Worker's Movment : Bulletin of Latin American Research : Vol. 18, No. 4 (Oct. 1999), pp. 469-489.
15. Friends of the MST : "History of the MST" : translated from www.mst.org.b (Feb 2003); 26 years of the Landless Workers Movment (MST) (July 2009).
16. UNCTAD, FAO, IFAD और विश्व बैंक ने 2010 में मिलकर सात सूत्री 'Principles for responsible agricultural investment that respect rights, livelihood, and resources'(PRAI) इसे विश्व के महाबली देशों : G-20 के समूह ने नवम्बर 2010 के सिओल शिखर सम्मेलन में अनुमोदित करते हुए दुनिया सभी राष्ट्रों, कम्पनियों और अन्य सम्बन्धित अन्तर्राष्ट्रीय संगठनों से स्वीकार और प्रोत्साहित करने का आह्वान किया जिससे कृषि में विकास की सम्भावनाएँ विकसित हो सकें।
17. "Struggles of LA VIA CAMPESINA For Agrarian Reform, and the Defense of LIFE, LAND AND TERRITORIES" : La Via Campesina : International Peasant Movement : International Secretariat—Harare-Zimbabowe 1 June 2017.
18. Mark Le Vine : (2005) : Why They Don't Hate Us : one world: oxford: p. 226.
19. Susan George : A New Beginning for ATTAC. France : Transnational Institute : 28 December 2006.
20. Larry Isaac : Movement of Movements : culture moves in the Long Civil Rights struggle : Social Forces : Vol. 87, No. 1 (Sep. 2008) : Oxford University Press : pp. 33-63.
21. Jeff Shantz : (2009) : Living Anarchy : Theory and Practice in Anarchist Movements : Academiea Press, LLC : pp. 148-149.
22. Francois, Houtart and Francois Polet (eds) : (2001) : The other Davos : the globalization of resistance to the World economic system : Zed Books: London : Preface Introduction : The Era of Inquality.
23. Gustavo Lins Riberio : Other Globalization : alter-native transantional processes and agents : Working Paper 4, December 2006 : The Edelstein Center for Social Research.
24. Randeep Ramesh : 17 Jan. 2004 : Place in the Sun for everyone—except George Bush, Coke and windows : World Social Forum Unites 80,000 against globalisation : The Guardian.
25. Michael Hardt : Porto Alegre : Todays Bandung? : New Left Review : NLR 14, Mar-Apr. 2002.
26. David Grareber : The New Anarchists : NLR 13, Jan-Feb. 2002: pp. 61-73.
27. Geoffrey P. Faux : (2006) : The Global Class War : how America's bipartisan elite lost our future—and what it will take to win it back : Willey.
28. Marta Harnecekar : (July 2010) : Latin America & Twenty-First Century Socialism : Inventing to Avoid Mistakes : Monthly Review (Magzine).

29. Steve Elner : (Jan. 2012) : The Distinguishing Features of Latin America's New Left in Power : The Chavez, Morales, and Correa Governments : Latin American Perspectives : Vol. 39, No.1 : pp. 96-114.
30. Jose Carbs Mariatgui : 1971 : Seven Interpretive Essays on Peruvian Reality : (trans. Marjory Urquidi) : Austin : University of Texas Press [मेरितागुई ने 1928 में APRA से अलग होकर सोशलिस्ट पार्टी ऑफ पेरू की स्थापना की थी। वह राष्ट्रीय जन तांत्रिक क्रान्ति को समाजवाद की ओर एक कदम मानता है।]
31. Maxwell A Cameron and Eric Hershberb (eds) : (2010) : Latin America's Left Turns : Polititcs, Policies, and Trajectories of Change : Lynne Rienner Publishers, Boulder, USA : chapter 3: Many Lefts, One Path? Chavez and Lula : John D. French. pp. 41-60.
32. John D. French : Understanding the Politics of Latin America's Plural Lefts (chavez / Lula) : Social democracy, populism and convergence on the path to a post—neoliberal world : Third World Quarterly, Vol. 30, No. 2, 2009 : Routledge : pp. 349-370.
33. Jorge G. Castaneda : Latin America's Left Turn : There is more then one Pink Tide : FOREIGN AFFAIRS : May / June 2006.
34. Ernesto Zedillo : (23/12/2002) : Lula : The End of Latin American Populism : Forbes : www.fabeo.com.
35. Michael Reid : (2007) : Forgotten Continent : The Battle for Latin America's Soul : A History of the New Latin America : Yale university Press : USA.
36. Sara C Motta and Mike Cole : (2014) : Constructing Twenty—First Century Socialism in Latin America : Palgrave Macmillan : NewYork : Chapter 2 : Bazil and PT as the Popular Face of Neoliberalison : A Contradictory Terrain for Education and the Politics of Knowledge : By. Sara C. Motta.
37. Sujatha Fernandes : (Jul. 2017) : Cultural Policies of the Chavez Government : Latin American History : Oxford Reasearch Encyclopedia.
38. Kirk Hawkins : Populism in Venezuela : The Rise of Chavismo : Third World Quartely : Vol 24, No. 6 (Dec. 2003) pp. 1137-1160.
39. 27 फरवरी 1989 से शुरू होकर एक सप्ताह तक चले वेनेजुएला की राजधानी काराकास और निकटवर्ती शहरों में आम वेनेजुएली जनता के विद्रोह के राज्य के सुरक्षा बलों द्वारा बर्बरतम दमन में हजारों नागरिकों की हत्या हुई। विद्रोह की शुरुआत तत्कालीन सत्तातंत्र द्वारा 'आर्थिक सुधारों' के क्रम में गैसोलीन और परिवहन की कीमतों में वृद्धि के खिलाफ हुई थी। इस अर्थ-सन्दर्भ के 'काराकाजो' को नवउदारी नीतियों का विश्व का पहला राष्ट्रीय प्रतिरोध भी माना जाता है।

नव उदारवाद का संकट और इक्कीसवीं सदी के जन प्रतिरोध

1. Zoe Schlanger: March 28, 2012: The Radicalism of the Spanish Student Movement: www.thenation.com. स्पेन की नौजवान पीढ़ी के लिए प्रयुक्त होने वाली शब्दावली "गुमशुदा पीढ़ी" ("Lost Generation") और 'नी-नी पीढ़ी' ("Ni-Ni") : Nie studian, Ni trabajan' : न तो छात्र—न ही श्रमिक।
2. Henri Lefebure: The Production of Space: (1971) Translated by Donald Nicholson-Smith : Blackwell : English edition (1991);UK
3. Hakim Bey: (1985; 1991): The Temporary Autonomous Zone, Ontological

Anarchy, Poetic Terrorism : Autonomedia; Brooklyn : New Yark.
4. Three months of Struggle : an overview of the # 15 m movement and # Spanish Revolution : 20/08/2011 : www.takethesquare.net.
5. Neil Hughes: (2011): Young Peope Took to the Streets and all of a Sudden all of the Political Parties Got cold: The 15 M Movement in Spain: Social Movement Studies, Vol. 10, No.4; pp. 407-413: November 2011: Routledge.
6. Alev Yaman: The Gezi Park Protests: The Impact on Freedom of Expression in Turkey: PEN International: English PEN. London: (2013).
7. Mathew Cole and Mark Schone: Egyption Blogger who posted videos of Police Torture is Arrested, Released Feb. 4, 2011: abc News: https://abcnews.go.com.
8. Charles Tilly: (2005): Social Movements, 768-2004: Paradigm Publsihers: Boulder, London.
9. Pantelis Vatikitis and Zaber F. Yoruk: Gezi Movement and the Networked Public Sphere: A comparative Analysis in Global context: Aug. 2016: Social Media + Society: Sage Journals: https://doi.org/10.1177/2056305116662184.
10. Andrew G Holdane: The dog and the frisfbee: कन्सास (Kansas) फेडरल रिजर्व बैंक के 366वें 'इकोनामिक पालिसी सिम्पोजियम'; "The changing policy landscape" में बैंक ऑफ इंग्लैंड के फाइनेन्शियल स्टेबिलिटी डायरेक्टर एंड्रयू हाल्डेन और बैंक ऑफ इंग्लैंड के ही अर्थशास्त्री वासीलियो मादुरों (Vasileios Madouros) द्वारा 31 अगस्त 2012 को दिया गया भाषण।
11. Georgina Blake ley: October, 2012: Los Indignados: A Movement that is here to stay: The retreat of National politics in the face of the imperatives of the Global financial markets in returning politics to the street: www.opendemocracy.net.
12. Guy Hedge we: 13/05/2016: Spain's happy indignants: wide spread protest in 2011 set out to breakup political duopoly in Madrid. In that, if not much less, they succeded: Politico.in.
13. Bernando Gutierrez: 20/05/2013: Spain's Micro-utopias: The 15 M Movement and its Prototypes: takethesquare.net/2013.
14. Ignacio Saiz: (2009): Rights in Recession? Chllanges for Economic and Social Rights Enforcement in Times of Crisis: Journal of Human Rights Practice, Vol. 1, Issue 2, June 2009, pp. 277-293.
15. International Assembly: Global May Manifesto: 11 May, 2012 : Occupywallstreet.org.
16. "To create is to resist. To resist is to create" नारा मूल रूप से फ्रांसीसी राजनायिक स्टीफाने हेसेल (Stephane Hessel) ने द्वितीय विश्व युद्ध के दौर में नाज़ियों के खिलाफ फ्रांस के प्रतिरोध के सन्दर्भ में दिया था। यह इस सन्दर्भ में विशेष महत्त्वपूर्ण है कि एक ऐसे समय में व्यवस्था तंत्र के खिलाफ नाफरमानी, जब हर कोई उस तंत्र का साथ दे रहा हो,सृजन में योगदान करना,हर किसी के लिए एक नये विकल्प के रास्ते की राह दिखाना है। यह कुछ नया सृजित करना : वस्तुतः लोगों के समक्ष नये विचार रखना और नई आशा जगाना भी है : ऐसे नये सन्दर्भ, नये अर्थ,नये विचार,नई आशाएँ देना जो उन्हें अपना नया रास्ता रचने-गढ़ने के लिए प्रेरित कर सकें। 15-M आन्दोलन का इन सन्दर्भों-अर्थों में विशेष महत्त्व है।

17. Esther Vivas: M 15 : A Road toward the future : translated by John Catalinotto : Publico, es : estherviva.com.
18. Marta Sanchez: July 4, 2012: Losing strengh? An alternative Vision of Spain's Indignados :"A silent revolution emerges from the underground. Far from losing strength, decentralization has allowed 15-M to become ever more dynamic". occupay wallst.org.
19. Chantal Mouffe: (2000): Deliberative Democracy or Agonistic Pluralism: Reihe Politik wissenschaft Political Science Series 72: Vienna.
20. Marilena Simiti: (2014): "Rage and Protest: The case of the Greek Indignant Movement: Greece Paper No. 82: Hellenic Observatory European Institute: The London School of Economics and Political Science.
21. Stephen Reichers, S. Alexander Haslam, Russell Spears & Katherine J Reynolds; (2012) : A Social Mind : The Cntext of John Turner's work and its influence : European Review of Social Psychology : March 2012 : 23 : 1 : pp. 344-385.
22. Volker Parthes: (2011): Europe and the Arab Spring: Journal Global Politics and Strategy :Vol.53, 2011-Issue6. pp. 73-84.
23. Muzammil M. Hussain, Philip N. Howard: (2011): The Upheavals in Eqypt and Tunisia: The Role of Digital Media: Journal of Democracy: July 2011: Vol. 22, Issue 3, pp. 35-40.
24. Muriel Asseburg (ed) : (2012) : Protest, Revolt and Regime change in the Arab world : Actors, challanges, implications and policy options : SWP Research paper RR 6, February 2012, Berlin, Germany : (Translation by Meredith Dale) : Muriel Asseberg : Introduction : A region in unrest : pp. 5-10 see also:Volker Parthes : Beyond North Africa and the Middle East : The Impact on International Politics : pp. 67-69.
25. Brandon Turbevill: Jan. 10, 2018: Was Timber Sycamore the Programm that creted 15M? : www.brandouturbelle.com
26. Alain Gabon: December 17, 2018: Eight years on, the Arab spring is far from over: www.middleearst eye.net.
27. Adeel Malik: The economics of the Arab spring: The region's dependence on natural resources had prevented the emergence of a strong private sector: 13 Oct. 2011; aljazeera.com.
28. Navtej Dhillon and Tarik yousef (eds.): (2009) Generation in waiting: The unfulfilled Promise of young people in the middle east: The Brookings institution, Washington, DC: Chapter 1: Generation in waiting: an overview of School to work and Family Formation Transitions by: Navtej Dhillon, Paul Dyer and Tarik Yousef: pp. 11-38
29. ILO: Global Employment Trends: The challenge of a jobs recovery: International Labour office, Geneva-pp. 48-52.
30. Anda Adams and Rebecca Winthrop: June 10, 2011: The Role of Eduction in the Arab World Revolutions: Brookings: brookings Edu .
31. Beverly J. Silver and Giovanni Arrighi: (2003): Polanyi's "Double Movement": The Beiie Epoques of British and U.S. Hegemony compared: Politics & Society: 2003: 325: http://pas.sagepub.com/content/31/2/325.
32. Raghuram G. Rajan: (2010): Fault Lines: How Hidden Fractures Still Threaten the World Economy: Princeton Unviersity Press: Princeton: New Jersey.

33. Marcus Miller, Paul Weller, and Lei Zhang: (2002): Moral Hazard and the US. Stock Market Analyzing the "Greenspan Put"?
34. OCCUPY! # 3 N+1: ELI Schmitt: Best Years of our lives: (2011): www.nplusonemag.com>occupy.
35. Maple Razsa and Andrej Kurnik: (2012): The Occupy Movement in Zizek's hometown: Direct Democracy and a Politics of becoming American Ethnlogist: Journal of the American Ethnological Society: https://doi.org/10.1111/j. 1548-1425.2012.01361.x.
36. Beatriz Perez: 26 May 2011: (Interview in Madrid) : We have broken the Silence : www.opendemocracy.net (बीट्रीज़ पारेज मूल 15-M आन्दोलन की संचालक टीम की सदस्य रही है)
37. David Graeber : 25 Septr. 2011: Occupy Wall Street rediscovers the radical imagination: The Guardian.com.
http://eipep.net/transversal/1011/buter/en/print.
39. Appadurai, A: 2019: "Goodby Citizenship, Hello Statizenship": The Wire
40. Jharna Pathak: 2020: "Citizenship Amendment Act: Indifference in the Time of Political Repression": The Hindu Centre for Politics and Public Policy: The ARENA: 17 Feb.2020
41. Government of India Notification dt.15 Dec.2014 mentions Hindu, Sikh, Christian and Buddhist only.
42. Government of India Notification dt.7 March,2015 and 18 July,2016 amending rule 4(L)(h) of Passport (Entry into India) Rules,1950.
43. Irfan Ahmad: 2020: " Shaheen Bagh Protest Challenges BJP Govt.'s Brand of Populism. Is Generative of New Vision of Democracy": 'First Post': 30 Jan.2020: https://www.researchgate.net/publication/339002136
44. Rahul Tripathi: 2019: "5 States told to set up centres to detain illegal migrants": 'EconomicTimes':29July,2019 : http://www.economictimes.indiatimes.com/news/politics-and-nation
45. http://www.france24.com/en/20191224/the-best-of-times-the-worst-of-times-for-india-s-modi : also see Deepshikha Ghosh: Amit Shah "Termite" remarks unwanted; termite-remark-on-immigrents-unwanted-says-bangladesh-1921088
46. NRC: Amit Shah vow's to eject illegal migrants from West Bengal": BBC News Service: 1 Oct.2019 : https://www.bbc.com/news/world-asia-india-4980663
47. https://www.hindustantimes.com/india-news/caa-hindus-from-nrc-screening-says-bengal-bjp-booklet-sets-uproar/story
48. "NRC or No NRC: Who is Lying: Narendra Modi or Amit Shah?": The Wire: Dec.24,2019: https://www.thewire.in/politcs/narendra-modi-amit-shah-nrc
49. Rahul Tripathi: "Govt. bites NPR bullet, says not linked to NRC": 'Economic Times': Dec.25,2019 : https://economictimes.indiatimes.com/news/politics-and-nation/72952285-ems
50. "USCRF Raises Serious Concerns and Eyes Sanctions Recommendation for Citizenship (Amendment) Bill in India, which Passed Lower House Today": Dec.9,2019 : https://www.uscirf.gov/news-room/press-releases-statements see also : USCIRF members express concern over CAA; say

it could result in 'disenfranchisement' of Muslims": PTI; March5,2020 : https://www.economictimes.indiatimes.com/news/politics-and-nation
51. Letter from Permanent Mission of India to the Office of UN and International organisations in Geneva: Aug.23,2019 : N/V/GEN/PMI/353/39/2018
52. Jharna Pathak: "CAA: Indifference in the time of political repression": The Hindu Centre for Politics and Public Policy: Feb.17,2020
53. Irfan Ahmad: "Shaheen Bagh challenges BJP Govt.'s brand of populism.." https://www.thewire.in/rights/watch-women-home-makers-lead-protest-against-caa-at-delhi-shaheenbagh
54. Irfan Ahmad: "Shaheen Bagh challenges BJP Govt.'s brand of populism..."
55. Kiran Vinod Bhatia and Radhika Gajjala: 2020: "Examining Anti-CAA protests at Shaheen Bagh: Muslim women and politics of the Hindu India": International Journal of Communication: Vol.14: pp.6286-6303
56. Asim Ali: 2020: "We are the true inheritors of the national legacy: Muslim consciousness and national politics after CAA": 'The India Forum': May 1,2020
57. Kadiwal,L: 2021: "Feminists against Fascism: The Indian female Muslims protest in India": Educ.Sci.; Vo0l.11; p.793 : https://doi.org/10.3390/edusci11120793 see also : https://www.mdpi.com/journal/education
58. Interview by Barkha Dutt : https://www.scoophoop.com/news/meet-ayesha-renna-ladeeda-farzana-the-women-who-became-the-brave-faces-of-the-jamia-protest see also : https://www.youtube.com/watch?v=aGvhUmelkya
59. Nabia Khan student activist talk on criminalisation of student activism : delivered on 23rd Jan.2021 at public webinar organised by International Solidarity for Academic Freedom in India: https://youtube/CcNqtt-B74a8
60. I.Nagpal: 2020: "Burquas, Bindis and Bangles: The Femme Revolution of India": The Janta Weekly; https://www.jantaweekly.org/burquas-bindis-and-bangles
61. K.V.Bhatia: 2021: "The Revoltion will wear burquas: Feminist body politics and online activitism in India": Social Movement Studies: pp.1-19
62. E.Agha: 2020: "Shaheen Bagh Protests: Muslim women don't need saviours, they were saviours of the idea of India": News 18: https://www.news18.com/news/india/shaheen-bagh-2554461.html
63. Nehal Ahmad: 2021: "Nothing will be forgotten: From Jamia to Shaheen Bagh": Left World Books; Delhi.
64. Seema Mustafa: 2020: "Shaheen Bagh and the Idea of India: Writings from a Movement for Liberty, Justice and Equality": Speaking Tiger; Delhi
65. Vijaya Rao, Shambhavi Prakash, Mallarika SinhaRoy and Papori Bora (Eds.): 2019: "Displacement and Citizenship: Histories and Memories of Exclusion": 'Preface': Tulika Books
66. Zoya Hasan: "Occupying Streets: Women in the Vanguard of the Anti_CAA Struggle": Indian Diaspora;Washington DC—on You Tube
67. Shalu Nigam: 2020: "Many Dimensions of Shaheen Bagh Movement in India": Feb.24,2020: Counter Currents.org

68. "SIFTING EVIDENCE: The untold story of the Delhi Riots Book": Karvan-e-Mohabbat, Anhad, and Muslim Women's Forum: Feb.18,2020
69. Citizens Against Hate: 2020: "Everyone has been silenced: Police excesses against Anti-CAA protestors in Uttar Pradesh, and the post-violence reprisal": 2 March,2020: http://www.citizensagainsthate.org.wp-content/uploads/2020/03
70. "Shaheen Bagh protestors will "rape your sisters and daughters": Says BJP on women's led protests": video report: Scroll.in; Jan.28,2020 : https://www.scroll.in/latest/351341
71. Hannah Ellis-Peterson: "Inside Delhi: beaten, lynched and burnt alive": Guardian: March1,2020: https://www.theguardian.com/world/2020/march/01/india-delhi-after-hindu-mobs-riot-religious-hatred-nationalism see also: Committee to Protect Journalists: "Journalists harassed,attacked while covering Delhi riots": March 6,2020: https://epj.org/2020/03/at-least-12-journalists-harassed-attacked-amid-delhi-riots.php
72. "JMI students dissociate themselves from violence": The Hindu: Dec.16,2019: https://www.thehindu.com/news/cities/delhi/jmi-students-dissociate-themslves-from-violence/article30315166.ece
73. Irfan Ahmad: 2020: "Violence after Violence: The Politics of Narrative over the Delhi Pogrom": https://www.thepoliticsproject.com
74. Paul R.Brass: 2003: "The Production of Hundu-Muslim Violenve in Contemporary India": University of Washington Press : see also Paul R.Brass (ed): 1996: "Riots and Pogroms": New York University Press
75 "India needs proper refugee Law. not a CAA suffused with discriminatory intent": The Wire; 20 Dec.2019
76 https://www.indiatvnews.com/news/india/bjp-ballan-mla-somashekhar-reddy-threatens-anti-caa-protestors-says-we-are-80-percent.576220 : Jan.4,2020
77. Bhanupriya Rao and S. Talwar: 2021: "Why women farmer cannot be left out of the protest against the new farm laws, CJI asked"why are women and elders kept in the protest": The Hindu: 22Jan.2021
78. Preetha Nair: 2021: "Farmer Protest: We work harder than men, not going back, say women protesters": Outlook; Jan.14,2021
79. Satrupa Chakravarty: 2021: "CJI's remarks on women farmers are an assault on human agency and constitutional rights": The Wire: 14Jan.2021
80. Zabia Salam: 2020: "We have to look after our homes as well as the movement: Women at Farmers Protest, "Farz Banta Hai": The Wire; Dec.6,2020
81. Amandeep Sandhu: 2021: "Left,Khaps,Gender,Caste : The solidarities propping up the farmers protests": The Caravan: 13 Jan.2021
82. Indian farmers set up protests after 8 killed in clash": Reuters: 4 Oct.2021
83. "Violence strikes, and India's farmers want you to see it": New York Times: 22 Oct.2021
84. "In Lok Sabha, Rahul Gandhi gives list of dead farmer protesters, seeks aid": Indian Express: 8 Dec.2021
85. Scroll staff : 2022: "Modi was very arrogant when I met him to discuss farmers protests", claims Meghalaya Governor": Scroll.in: 3 Jan.2022 see

also "An arrogant Modi asked, 'Did 500 farmers die for me?': Meghalaya Governor Satya Pal Malik stirs fresh row": Times Now (Video); 3 Jan.2022

कही-अनकही

1. Karl Marx: (1875): "Critique of the Gotha Programme": Marx/Engles Selected Works; Vol. 3; pp.13-30 : Progress Publishers; Moscow (1970) मार्क्स ने अप्रैल / मई 1875 में यह रचना यूनाइटेड वर्कर्स पार्टी ऑफ जर्मनी के पार्टी कार्यक्रम के आलोचनात्मक विमर्श के रूप में प्रस्तुत थी। मार्क्स ने इसमें सर्वहारा की तानाशाही, पूँजीवाद से साम्यवाद की ओर के संक्रमण काल, कम्युनिस्ट समाज के दो चरण, सामाजिक वस्तुओं का उत्पादन व वितरण, सर्वहारा अन्तर्राष्ट्रीयतावाद और श्रमशील वर्ग की पार्टी आदि के सम्बन्ध में अपनी वैचारिकी का प्रतिपादन किया है।
2. 'Public Good or Private Health?' : Oxfam Briefing Paper;Jan.2019; Executive Summary.
3. James Davis,Rodrigo Lluberas,and Anthony Shrrocks: Credit Suisse Global Wealth data Book (2018)
4. Wlodzimierz Brus and Kazimierz Laski: (1991): "From Marx to the Market : Socialism in search of an Economic System": Clarendon Press Publication.
5. Alena V. Ledeneva : (1998): "Russia's Economy of Favours: Blat,Networking and Informal Exchange": Cambridge University Press; Cambridge; UK.
6. Karl Marx : (1844): "Comments on James Mill": Collected Works of Marx/Engles (Translation by Clemence Dutt) [मार्क्स द्वारा जेम्स मिल की किताब Elements of Political Economy (1821) का आलोचनात्मक विमर्श।]
7. Vladirmir Ilyich Lenin : (1914): "Conspectus of Hegel's book 'The Science of Logic' : Collected Works; 4th Edition; Vol.38: Progress Publisher Moscow (Translation by Clemence Dutt)pp.85-241."
8. 'गुर्येर्निका' सामान्य जनों' पर युद्ध की अकल्पनीय-अमानवीय विभीषिका के संत्रास को प्रदर्शित करती हुई पाब्लो पिकासो की असाधारण कालजयी पेंटिंग है। द्वितीय विश्व युद्ध के दौरान हिटलर की नाजी वायुसेना ने गुयेर्निका के ब्रास्कू (Basque) शहर को 26 अप्रैल 1937 को लगातार दो घंटों तक बमबारी करते हुए ज़मींदोज़ कर दिया था। उस समय पिकासो पेरिस में स्पेन की रिपब्लिकन सरकार के आग्रह पर पेरिस प्रदर्शनी के लिए एक म्यूरल बना रहे थे। अपने मूल गृह देश की इस त्रासदी से मर्माहत पिकासो ने वह काम छोड़कर यह पेंटिंग बनाई। विश्वयुद्ध के उस दौर में पिकासो नाजियों के कब्जे वाले पेरिस में एक अपार्टमेंट में रह रहे थे। एक दिन किसी जर्मन नाजी अधिकारी ने अपार्टमेंट की तलाशी में वहाँ 'गुयेर्निका' की फोटो देखी। अधिकारी ने पिकासो से पूछा "तुमने इसे बनाया है?" ("did you do that?") : पिकासो ने जबाब दिया "नहीं तुमने बनाया है।" ("No, you did").

सन्दर्भ ग्रंथ-सूची

1. Achin Vanik : (2007) : (Edited) : Masks of Empire : Tulika Books, New Delhi.
2. Amy Bartholomew (Ed.) : (2006) : Empire's Law : The American Imperial Project and the 'War to Remake the World' : Orient Longman, India.
3. Adam Przeworski : (1991) : Democracy and Market : Cambridge Univ. Press.
4. Anthony Crosland : (1956) : The Future of Socialism : 1st Publication by Jonathan Cape Ltd. : Constable & Robinson Ltd.; London.
5. Arthur Levitt : (2002)—: Take on the Street : How to Fight Your Financial Future : Random House : New York.
6. Angus Maddison : (2007) : The World Economy : A Millennial Perspective: OECD :
7. Andras Hegedus : (1976) : Socialism and Bureaucracy : Allison & Busby: London.
8. Armstrong P., Glyn. A, & Harrison, J. : (1984) : Capitalism Since World War II : The Making and Breakup of the Great Boom : Fontana, London.
9. A. Taylor & K. Cessen (eds.) : (2011) : Occupy 1 : Vevso, Brooklyn.
10. Ahmad Liyakat : (2007) : Lords of Finance : The Bankers Who Broke The World : Penguin Books : New York.
11. Aron Raymond : (2017 edition) : The Imperial Republic : The United States and the World 1945-1973 : Routledge : London and New York.
12. Amin Samir : (2003) : Obsolescent Capitalism : Zed Books, New York.
13. Bookstabber, Richard : (2007) : A Demon of our own Design : Markets, Hedge Funds, and the Perils of Financial Innovation : John Willey & Sons.
14. Chalmers Johnson : (2004) : The Sorrows of Empire : Militarism, Secrecy and the End of the Republic (The American Empire Project) : Metropolitan Books, New York.
15. Ciaran Cronin and Pablo De Greitt (eds) : (1998) : The Inclusion of the other : Studies in Political Theory : The MIT Press, Cambridge.
16. Che Guevara, Karl Marx and Friedrich Engels, and Rosa Luxemburg: (2007) : Manifesto : Three Classical Essays on How to change the World: Ocean Press, Australia and USA.
17. Carlos Tablada : (1989) : Che Guevara : Economics and Politics in the Transition to Socialism : Pathfinder, Sydney.
18. Charles Sellers : (1991) : The Market Revolution : Oxford.
19. C.M. Reinhart and K.S. Rogott : (2009) : This Time is Different : Eight

Centuries of Financial Folly : Princeton Univ. Press.
20. Costas Lapavitsas : (2012) : Crisis in the Eurozone : Verso : London
21. David Harvey : (1989) : The Condition of Postmodernity : Blackwell : Oxford
22. David Harvey : (2006) : The Limits to Capital : Verso
23. David Harvey : (2005) : The Brief History of Neo Liberalism : Oxford Univ. Press
24. Dani Rodrik : (2011) : The Globalization Paradox : Democracy and the Future of the World Economy : W.W. Norton : New York
25. Ellen Meiksins Wood : (2003) : Empire of Capital : Verso, London
26. Eric Hobstawm : (2002) : Age of Extremes : The Short Twentieth Century 1914-1991 : ABACUS : UK
27. Eric Hobstawn : (2011) : How To Change The World : Tales of Marx and Marxism : Abacus—Hachette India
28. Fred L Block : (1977) : The Origins of International Economic Disorder : A Study of United States International Monetary Policy from Worldwar II to the Present : Berkeley
29. Franklin Frazier : (1949) : The Negro in the United States : Oxford, England: Macmillan
30. Francis Fukuyama : (1992) : The End of History and the Last Man : Free Press : New York
31. Frank Partnoy : (2003) : Infectious Greed : Times Book : New York
32. Geneva Report on World Economy No. 11 : Fundamental Principles of Financial Regulation : www.voxen.org
33. Henery Veltmeyer, James Petras, and Steven Vieux : (1997) : Neoliberalism and class conflict in Latin America : St. Martin Press : New York
34. Harry Shutt : (2001) : A New Democracy : Alternatives To A Bankrupt World Order : Zed Books/Books For Change : Banglore
35. H.Brooke : (2011): The Revolution Will Be Digitised : Dispatches from the Information war: William Heinemann,London.
36. Iain Atack : (2012) : Nonviolence in Political Theory : Edinburgh University Press
37. Irwin Neil : (2013) : The Alchemists : Three Central Bankers and a World on Fire : The Penguin Press, New York
38. John Womack Jr. (1968) : Zapata and the Mexican Revolution : Vintage, New York
39. John Willoughby : (1986) : Capitalist Imperialism : Crisis and the State : Harvard Academic Publishers : New York
40. Josef Stiglitz, Allen Lane : (2010) : Freefall : Free Markets and the Sinking of the Global Economy : an imprint of Penguin Books : London
41. Josef Stiglitz : (2002) : Globalization and its Discontents : W.W. Norton : New York
42. Josef Stiglitz : (2007) : The Three Trillion Dollar War : The True Cost of the Iraq Conflict : W.W. Norton, New York
43. Janos Kornoi : (1992) : The Socialist System : The Political Economy of Communism : Clarendon Press : Oxford Univ. Press, Oxford
44. Karl Marx : (1977) : Capital Vol. I : Vintage Books, New York
45. Karl Marx : (1981) : Capital Vol. III : Vintage Books, New York

46. Leo Pantich and Colin Leys (eds) with Greg Albo and David Coates : (2001) : Socialist Register : Working Class Global Realities, 2001 : Merlin Press, London
47. Leo Pantich and Colin Leys (eds) : (2003) : Socialist Register : The New Imperial Challenges, 2003 : Merlin Press, London
48. Lenin, V.I : The Development of Capitalism in Russia : Progress Publishers, Moscow : 1964
49. Lenin, V.I : State and Revolution : Collected Works Vol. III
50. Lenin, V.I : Philosophical Note Books : Collected Works, Vol. 38 : Foreign Language Publishing House, Moscow, 1961
51. Levy F. and Temin, P : (2007) : Inequality and Institutions in 20th Century America : MIT, Economics Deptt.
52. Michael Hardt and Antonio Negri : (2000) : Empire : Harvard Univ. Press: Cambridge
53. Michael A Lobowitz : (2013) : The Contradictions of 'Real Socialisms' : The Conductor and The Conducted : Aakar Books, New Delhi.
54. Neil Harvey : (1998) : The Chiapas Rebellion : The Struggle for Land and Democracy : Duke Univ. Press, Durham
55. Nanak Kakwani : (1980) : Income Inequality and Poverty : Cambridge
56. Noam Chomsky : (1999) : Profit over People : Neo Liberalism and Global Order : Madhyam Books, Delhi.
57. Noam Chomsky : (2003) : World Orders, Old and New : Oxford Univ. Press, New Delhi
58. Naomi Klein : (2002) : Fences and Windows : Dispatches from the Front Lines of Globalization Debate : Left World, New Delhi
59. Paul Bairoch : (1993) : Economics and World History : Myth and Paradoxes : Hempstead
60. Pierre Bourdieu : (1984) : Distinction : A Social Critique of the Judgement of Taste : Cambridge
61. Pettis Michael : (2001) The Voltality Machine : Emerging Economies and the Threat of Financial Collopse : Oxford Univ. Press
62. Prabhat Patnaik : (2003) : The Retreat of Unfreedom : Essays on The Emerging World Order : Tulika Books, New Delhi
63. P. Werbner, K. Spellman-Poots and M. Webb (eds) : (2013) : The Political Aesthetics of Global Project : Beyond the Arab Spring : Edinburgh Univ. Press
64. Peter Griffiths : (2004) The Economist's Tale : A Consultant Encounters Hunger and the World Bank : Zed Books, London, New York
65. Rosa Laxemburg : The Accumulation of Capital : Translated by Agnes Schwargschild : Routledge Classics, New York : 2003
66. Robert Heilbroner : (1993) : Twenty First Century Capitalism : W.W.Norton. co; New York
67. Saskia Sassen : (1996) : Losing Control? Soverignty in an age of Globalization : Columbia Univ. Press
68. Selected from Economic and Political Weakly : (2009) : Global Economic & Financial Crisis : Essays from EPW : Orient Blackswan, India
69. Selections from New Left Review (1). : (2006) : The Global stage : Seagull Books, Calcutta

70. Selections from NLR (2) : (2006) : Powers : Seagull Books, Calcutta
71. Selections from NLR (3) : (2006) : Front Lines : Seagull Books, Calcutta
72. Selections from NLR (4) (2006) : Other Worlds : Seagull Books, Calcutta
73. S. Van Gelder (ed.) : (2011) : This Changes Everything : Occupy wall Street and the 99% movement : Berret-Koehler, San Francisco
74. Thomos Friedman : (1999) : The Lexus and the Olive Tree : Understanding Globalization : Farrar, Straus & Giroux : New York
75. Vestergaard, Jacob : (2009) : Discipline in the Global Economy? International Finance and the End of Liberation : Routledge
76. W. Chamberlin : (1993) : The Theory of Monopolistic Competetion : Cambridge
77. William H. McNeill : (1982) : The Persuit of Power : Technology, Armed Force and Society Since AD 1000 : Chicago
78. Zbigniew Brezejinski : (2004) : Global Domination or Global Leadership: Basic Books, New York
79. Z. Brzezinski : (1993) : Out of Control : Global Turmoil on the Eve of the Twenty first Century : Touchstone; New York

आलेख एवम् शोध पत्र
Articles and Research Papers

1. Achin Vanik : Political Terrorism and the US Imperial Projects.
2. Amy Bartholomew : Empire's Law and the Contradictory Politics of Human Rights
3. Adrew Arato : Empire's Democracy, Ours and Theirs
4. Arthuv Schlesinger Jr. : Eyeless in Iraq : New York Review of Books. Oct. 2003
5. Alan Greenspan : The Fed Didn't Cause The Housing Bubble : Wall Street Journal : March 11, 2009
6. Avinash D. Persaud : Causes, Curses and Myths : EPW
7. Andrew Sheng : The First Network Crisis of the 21st Century : A Regulatory Post—Mortem : E.P.W.
8. Amit Bhaduri : Understanding the Financial Crisis : EPW
9. ATTAC : The Time has Come : Let's Shut Down the Financial Casino : // Casinocrash.org/wp-contents-2008
10. Andrew Kernohan : Democratic Socialism and Private Property—Studies in Political Economy, Vol. 22-1987
11. Andrea Boltho : What's wrong with Euripe? : NLR
12. Achin Vanik : Soldiers of Hindutva : NLR
13. A Hanieh : Hierarchies of a Global Market : The South and the Global Crisis : Studies in Political Economy, Vol.83
14. A. Kroll : How Occupy Wall Streat Really Got Started : (2011)
15. Althanasios Orphanides : The Euro Area Crisis : Politics over Economics: Atlantic Economic Journal, 42(3) : 2014
16. Adeel Malik and Bassem Awadallah : The Economics of Arab Spring : Oxford : Centre for the Study of African Economics : CSAE : WPS/2011-13
18. A. Botta : Structural asymmetries at the roots of the Euro zone Crisis :

What's new for industrial Policy in the EU : Levy Economics Institute of Bard College; Working Paper No. 794
19. Alan Greenspan : The Crisis : nttp://www.brookings.edu/-/meida/files/programs/ES/BPEA/2010
20. Alejandro Marquez : The Report of the Stiglitz Commission : A Summary and Comment
21. Abbas Shiblak : The Palestinian Regugee Issue : A Palestinian Perspectioc: Chetham House Briefing Paper : MENADBP 09/01-Feb.2009
22. Ana Margarida Esteves, Sara Motta, laurence Cox : Civil Society Versus Social Movements : Interface : a journal for and about Social movements: Vol.1(2) : Nov. 2009
23. Arditi Benjamin : Argument about the left turn in Latin America : a Post—Liberal Politics? : Latin American Research Review Vol.43 No.3 2008
24. Ashoka Mody and Damiano Sandri : The Euro zone Crisis : How Banks and Soverigns Came to be joined at The Hip : IMF Working Paper : WP/11/269; Nov.2011
25. Berger Sandy : American Power : Hegemony, Isolation of Engagement (1999) : www.nitholyoke.edu/acad/intrel/bergheg.htm
26. Brigitte Young : The 'Mistress' and the 'Maid' in the Globalized Economy
27. Bruce Cumings : Global Realm with No Limit, Global Realm with No Name : Radical History Review-57 (1993)
28. Barbara Harff and Ted Robert Gurr : Victims of the State : Genocides, Politicides, and Group Repression since 1945 : International Review of Victimology I—(1989)
29. Borio C and Drehmann M : Assessing the Risk of Banking Crises—Revisited: BIS Quarterly Review—March 2009
30. Berry Eichengreen and Ashoka Mody, Milan Nedeljkovic and Lucio Sarno : How the Subprime Crisis went Global : Evidence from Bank Credit Default Swap Spreads : NBER Working Paper 14904/2009
31. Borio Claudio : The Financial Cycle and Macro Economics : What Have We Learnt? Bank for International Settlement, Basel, Switzerland : Working Paper 395/2012
32. Ciarrocca, Michelle : American Arms : Into Whose Hands? : (2002) : www.motherjones.com/commentary/columns/2002/02/arms_saks
33. Conor Dougherty : The Long Slog : Out of Work, Out of Hope : Wall Street Journal : 23/09/2009
34. Crotty, J. : Structural Causes of The Global Financial Crisis : A Critical Assesment of the "New Financial Architecture" : Political Economy Research Institute-2008
35. Cordero—Guzman H. : Mainstream Support for a Mainstream Movement: Baruch College School of Public Affairs—2011
36. Chen S. and Ravallion M. : The Impact of the Global Financial Crisis on the World's Poorest : (2009):http://www.voxen.org
37. Charles I. Jones : The Global Financial Crisis : Overview : 22/05/2009
38. Carmen M. Reinhart and Kenneth S Rogoff : Banking Crises : An Equal opportunity Menace : NBER Working Paper 14587/2009
39. Denis Holliday : The UN and its Conduct during the Invasion and Occupation of Iraq

40. Dani Rodrik : The Social Cost of Foreign Exchange Reserves : International Economic Journal Vol.20 No.3, Sept. 2006
41. David Rock : Racking Argentina : NLR
42. D. Gros : Global Imbalances and the Accumulation of Risk : CEPS Policy Briefs No. 189-Centre for European Policy Studies; Brussels : 2009
43. Daniela Magalhaes Prates and Marcos Antonio Macedo Cintra : The Emerging—Market Economies in the Face of the Global Financial Crisis.
44. Detlef J. Kotte : The Financial and Economic Crisis and Global Economic Governance
45. Dr. Fazal Rahman : Transformation of Fascism in the Twentieth Century : A Comprehensive Theory : www.hamptoninstitution.org : Oct. 2013
46. Elliott L. : After The Orgy, Let's Cleanup : Guardian Weekly 03/08/2007
47. EPW Editorial : Life beyond Debt : The Greek Crisis and Referendum have laid bare the politics behind economic structures : EPW : Vol.No.28; July 11, 2015
48. Erik Gartzke and Dominic Rohner : The Political Economy of Imperialism, Decolonization and Development : Cambridge University Press : 2011
49. Edwin M. Truman : Asian and European Financial Crisis Compared : Peterson Institute for International Economics Working Papers : No. WP 13-9/Oct.2013
50. Friedmann : Political Economy of Food : A Global Crisis
51. Fuyuki Kurasawa : The uses and Abuses of Humanitarian Intervention in the Wake of Empire.
52. Fredric Jamson : Polities of Utopia : NLR
53. F. Block : Contesting Markets All the Way Down : Journal of Australian Political Economy; No.68-2011
54. Fred Harrison : Participation Politics & the Burden of Power : Protest Movements Fail if they do not Reform the Structure of Power : The Bosnian Project : Briefing Paper No.2
55. Gareth Stedman Jones : The Specificity of US Imperialism : NLR-60(1970)
56. George A Kerlof and Paul M Romer : Looting : The Economic Under World of Bankruptcy for Profit : Brookings Papers on Economic Activity: Vol.2-1993
57. Goran Therborn : Into the 21st Century : NLR
58. Gopal Balkrishnan : Future Unknown : NLR
59. Gregory Wilpert : Collision in Venezuela : NLR
60. Gianviti F. A Krueger, J. Pissani-Ferry, A. Sapiz and J. Von Hagen : A European Mechanism for Soverign Debt Crisis Resolution : A Proposal : 2010
61. Greece on the Brink : International News—The Hindu
62. Greece talks Collaps : International News—The Hindu
63. George Bitros C. : From Riches to Rags or What Went Wrong in Greece : Athens : 31/12/2013:http://ssrn.com/abstract=2196347
64. Grace Halsell : Life in a Palestinian Refugee Camp : www.ifamericansknew.org
65. Geoffrey Jones : Entrepreneurs, Firms and Global Wealth Since 1850 : Harvard Business School Working Paper 13-076 : 12/03/2013
66. Harvey, David : The New Imperialism : Accumulation by Dispossession

67. Hallidey, Fred : Terrorism in Historical Perspective : Open Democracy : 2004
68. Henry Bernstein : The 'Peasantry' in Global Capitalism : Who; Where, and Why?
69. Hans Von Sponeck : The Conduct of the UN before and after the 2003 Invasion.
70. Hafia Zangana : The Three Cyclops of Empire-Building : Targetting the Fabric of Iraqui Society
71. Hafia Zangana : Quiet or I'll Call Democracy : Guardian : 22/12/2004
72. Herbert Simon : Organization and Markets : Journal of Economic Perspectives : Vol. 5 No. 2 (1991)
73. Holly High : Cooperation as Gift Versus Cooperation as Corvee : Yale University:www.freebey.net/site/content/view/801/34
74. Hiro : The Gulf Between the Rulers and the Ruled : New Statesman and Society : Feb. 28, 1993
75. H. Ashraf : Claiming Space for Diversity at Occupy Wall Street-2011
76. H.W.Sinn : Austerity, Growth and Inflation : Remarks on the Eurozone's Unresolved Competitiveness Problem : The World Economy : 37(1) : 2014
77. ILO : World of Work : Income Inequalities in the Age of Financial Globalization : ILO-Geneva-2008
78. Ibrahim Saif and Rand Fakhourg : Lessons from the Gulf's Twin Shocks-International Economic Bulletin : 16 Feb. 2012 : http://carnegieendowment.org
79. Justin Paulson : Peasant Struggles and International Solidarity : The Case of Chiapas.
80. Jedediah Purdy : Liberal Empire : Assessing the Aruguments : Ethics and International Affairs : (2003) : www.ciaonet.org/olj/cceia-2003
81. Jurgen Habermas : The Nation, The Rule of Law and Democracy
82. Jean Cohen : Whose Sovereignty? Empire versus International Law : Ethics and International Affairs : 18:3(2004)
83. James R. Hagerty and Michael Corkery : How Hidden Incentives Distort Home Prices : Wall Street Journal online : 20/12/2007
84. James Crotty : Profound Structural Flaws in the US Financial System That Helped Cause the Financial Crisis : EPW
85. Jacob Stevans : Barring The Doors : NLR
86. Jacob Stevans : Monetizing Ecology : NLR
87. J. Dean : Claiming a Division, Naming a Wrong : (2011)
88. Jochen Bittner : Why Germany Can't Lead Europe : The Opinion Page : The New York Times-June 16, 2015
89. J. Guagardo, D. Leigh and A. Pescatori : Expansionary Austerity : New International Evidence : IMF Working Paper : WP (11) 158-2011
90. Jan Priewe : What Went Wrong? Alternative Interpretation of the Global Financial Crisis-(2010)
91. John Powell : United States Globalisation as the Newest Expression of Racial Subordination : International and Intra-National Evidence : The International Council of Human Rights Policy : International Seminar : 'Racism : Economic Roots of Discrimination' : Geneva : 24-25 Jan. 2001
92. John D French : Understanding The Politics of Latin America's Plural Lefts

(Chavez/Lula) : Social Democracy, Populism and Convergence of the Path to a Post Neo-Liberal World : Working Paper # 355: Dec. 2008

93. James Petras and Henry Veltmeyar : Neoliberalism and the Dynamics of Capitalist Development in Latin America:http://petras.lahaine.org
96. J. Cochrane : Greek Myths and Euro Tragedy : Wall Street Journal : 18 May 2010
97. Kipling, Rudyard : The White Man's Burden (1899)
98. Krishna Bhardwaj : A View of Commercialization in Indian Agriculture and the Development of Capitalism : Journal of peasant Studies : Vol.12, No.4 : (1985)
99. Keith Ernst, Debbie Bocian, and Wei Li : Steered Wrong : Brokers, Borrowers and Subprime Loans : Centre for Responsible Lending : 08/04/2008
100. K. Ainger : In Spain, They are all indignados now a days : The Guardian : 28/04/2013
101. K. Ravi Raman : In Kerala, Victory for 'Pombilai Orumai' : The Hindu : October 18, 2015
102. Lie Ven Anatol : The Push for War : London Review of Book : Vol.24, No.19 : 2002
103. Lalami, Laila : The Missionary Position : The Nation—19/06/2006
104. Leo Pantich and Sam Gindin : Theorizing American Empire
105. Luc Laeven and Fabian Valencis : Systemic Banking Crisis : A New Data Base : IMF Working Paper : WP/08/224 Nov. 2008
106. Lu Xingu : Ruins of the Future : NLR
107. L. H. Summers : International Financial Crisis : Causes, Prevention, Cures: American Economic Review Papers and proceedings 90(2) : 2000
108. Lucia Medina : From recession to long-lasting political Crisis? Continuities and changes in Spanish politics in times of Crisis and Austerity : ICPS Working Paper 334 : Universiat Autonoma de Barcelona : 2015
109. Land & Sovereignty in the Americas : Issue Brief No. 6-2014 : Land Conflicts and Criminalization of Peasant Movements in Paraguay : The Case of Marina Kue and the 'Curuguety Massacre' : Fian International & La Via Campesina
110. Lieversley Geraldin : The Latin American Left : The Difficult Relationship—between Electoral Ambition and Popular Empowerment : Contemporary Politics 11(1) March : 2005
111. Mike Marqusel : The Iron Click : American Exceptionalism and US Empire
112. M Patricia Fernandez Kelly and Saskia Sassen : Re casting Women in the Global Economy : Internationalization and changing Definition of Gender
113. Michael Ignatieff : The Burden : New York Times Magzine : 05/01/2003
114. Michael Ignatieff : I am Iraq : New York Times Magzine : 23/03/2003
115. Manual Roiz-Franzia : Credit Crisis Cassandra : Washington Post : 28/05/2009
116. Michael A Lobowitz : New Wings for Socialism : Monthly Review : April 2007
117. Mike Davis : Planet of Slums : NLR
118. Michall Hardt : Today's Bandung? : NLR
119. M. Schwartz : Pre-Occupied : The Origins and Future of Occupy Wall Street: The New Yorkes—20/11/2011

120. M. Hellwig : Systemic Risk in the Financial Sector : An Analysis of the Subprime-Mortgage Financial Crisis : Max Planck Institute for Research on Collective Goods : No.43 : 2008
121. Marilena Simiti : Rage and Protest : The Case of Greek Indignant Movement: Hellenic Observatory European Institute : GreeSE Paper No. 82 : Feb. 2014
122. Marta Sanchez : Losing Stength? Hardly : An Alternate Vision of Spain's Indignados : 26/06/2012 : www.occupiedmedia.us/2012/06
122. Marta Sanchez Dionis : Spain's Struggle for human rights : A human rights approach to the consequences of the economic crisis in Spain and the demands of the indignados movement : NMRZ
122. Martin Beck and Simone Huser : Political Change in the Middle East : An Attempt to Analyses the "Arab Spring" : GIGA Working Papers : WP 203/2012
123. M. Chole Moldering : An Uncertain Future : Youth Frustration and the Arab Spring : The Pardee Papers/No.16/April 2013
124. M. R. Anand, G. L. Gupta, Ranjan Dash : The Eurozone Crisis : Its dimensions and implications : Deptt. of Econ. Affair : MOF : GoI : Jan. 2012
125. Maurice Obstfield : Finance at Centre Stage : Some Lessons of the Euro Crisis : Economic Paper 2013 : European commission-Director General for Economy & Finance Affairs Publications.
126. Mike Gonzalez : "The Zapatistas : The Challenges of Revolution in a new Millennium : International Socialism : 2:89 Winter" : 2000
127. Marcel Van Dev Linden : Globalization from below : A Brief survey of the "Movement of Movements" : International Institute of Social History: Amesterdam
128. Melisa Serrano and Edira Xhafa : The Quest for Alternative beyond (Neo liberal) Capitalism : GLU Working Paper Vo.14
129. Michael Woolcock : The Place of Social Capital in Understanding Social and Economic Outcomes : Development Research Group : The World Bank and Kennedy school of Government,Harvard University
130. Mark Mink and Jakob de Ham : Contagion during Greek Sovereign Debt Crisis : DNB Working Paper No.335/ Feb. 2012
131. Neo Krisch : Imperial International Law : Global Law W.P. No. 01/04
132. Norman Geras : A Moral Failure : www.opinionjournal.com/2003
133. N. Schneider : "From Occupy Wall Street to Occupy Everywhere" : Nation: Vol.293, No.18; (2011)
134. Nicholas Owsley : The Occupy Movement : A Polanyian Analysis of Contemporary Dissent : CSSR Working Paper No.317; Dec. 2012 : http://cssr.act.ac.za/pub/wp/317
135. Nicholas C. Baltas and Jean Monnet Chair : The Greek Financial Crisis and the Outlook of the Greek Economy : Athens University of Economics and Business : Working Paper Series : 19-2013
136. Neo-Liberalism and The Dynamics of Capitalist Development in Latin America : www.globalverseavds.ca/-Nov. 2009
137. Nilson, Martin : The Radical Left in Government : Deepening and Constraining Democracy in Venezuela and Bolivia : Revista Andina de Estudios Politicos Vol.III No.1

138. Ozlem Ouaran : A Crisis of Distribution : EPW
139. Ozlem Ouaran : Life After Crisis for Labour and Capital : (2008)
140. Owen Jones : Greece's Fight is for democracy in Europe: @Guardian News Papers : The Hindu, July 8, 2015
141. OXFAM Briefing Paper 210 : An Economy for the 1% : How privilege and power in the economy drive extreme inequality and how this can be stopped : www.oxfam.org : 18 Jan. 2016
141. Perry Anderson : Force and Consent : NLR-17 (Sept.-Oct. 2002)
142. Peter J. Boyer : Eviction; The Day They Came for Addie Polk's House : The NewYorker : 24/11/2008
143. Peter Hallward : Option Zero in Haiti : NLR
144. Postill J. : Spain's Indignados and the mediated aesthetics of non-violence: http://johnpostill.com/2013/07/14/Spains-indignalar-and-the-mediated-aesthetics-of-non-viclence
145. Puneet Dhaliwal : Public Squares and Resistance : the politics of space in the indignados movement : Interface : a Journal for and about social movements : Vol.4(1) : pp 251-273-May 2012
146. P.R. Lane : The European Sovereign Debt Crisis : Journal of Economic Perspectives : 26-2012
147. Patrick Bolton and Olivier Jeanne : Sovereign Default Risk and Bank Fragility in Financially Integrated Economics : IMF Economic Review : 2011
148. Phyllis Bennis : And the Name our Profit is Democracy
149. Peter Swan : American Empire or Empires? Alternative Juridifications of the New World Order
150. Rajan, Raghuram : Global Imbalances : An Assessment : IMF, Washington DC : www.imf.org/external/np/opeeches/2005/102505
151. Robert Wade : Steering Out of the Crisis : EPW
152. Rama Vasudevan : The Global Meltdown : Financialisation, Dollar Hegemony and the Sub-prime Market Collapse.
153. Rama Vasudevan : Finance, Imperialism and the Hegemony of the Dollar Monthly Review-April 2008
154. Robert Brenner : New Boom or New Bubble? : NLR
155. Robert L Hetzel : Should Greece Remain in the Eurozone? : Federal Reserve Bank of Richmond : WP 15-04 R-30/07/2015
156. Ricardo Ffrench-Davis: Reforming Macro Economic Policies in Emerging Economics : From Pro cyclical to counter cyclical Approaches.
157. R.Aida Hernandez Cartillo : Zaptismo and the Emeregence of Indegenous Feminism : NACLA Report on the American : Vol.XXXV. No.6, May-June 2002
158. Soerderberg, Sussanne : American Empire and "Excluded States" : The Millennium Challenge Account and the Shift to Preemptive Development" : Third World Quarterly; Vol.25, No.2 : 2004
159. Saskia Sassen : Toward a Feminist Analytics of the Global Economy : Indiana Journal of Global Legal Studies : 1996
160. Samir Amin : Whither The United Nations?
161. Stephen Lewis : The United Nations after the Gulf War : A Promise Betrayed: (Interview by Jim Wurst) World Policy Journal-1991

162. Stanley Halfmann : America Goes Backward : New York Review of Books: 2003
163. Susanna Hecht : On The Wild Coast : NLR
164. Stergios Skaperdas : Myths and Self-Deceptions about the Greek Debt Crisis : Deptt of Economics, University of California : 12/06/2015
165. Sanjay Baru : The Greek Crisis and an imperfect EU : Ed. Page. The Hindu, July 2, 2015
166. Silvia Colombo : The GCC Countries and the Arab Spring : Between Out reach, Patronage and Repression : IAI Working Paper 1209 : 2012
167. Servaas Storm and C.W.M. Naastepad : Myths, Mixups and Mishandlings. What Caused the Eurozone Crisis? : Delft University of Technology, The Netherlands-April 11, 2015
168. S.G. Ceechetti, M.S. Mohanty and F. Zampolli : The Real Effects of Debt: BIS Working Paper No.352 : 2011
169. Sebastian Dullien : Risk Factors in International Financial Crisis : Early Lessons from the 2008-09 Turmoil.
170. Serena Pellarolo : Zapatista Women : A Revolutionary Process within a Revolution : March 2006 : www.inmotionmagzine.com/auto
171. Silvia Marcos : The Zapatista Women's Revolutionary Laws as it is Lived today : 22/07/2014 : www.opendemocracy.net
172. Tariq Ali : Between Hammer and Anvil : NLR
173. Tarq Ali : Recolonizing Iraq : NLR
174. T. Sabri Oncu : When will the Next Financial Crisis Start? : EPW : Vol.24, June 13, 2015
175. T. Sabri Oncu : Greece and its 'Eurogeddon' : Editorial Page : The Hindu, July 13, 2015
176. Tom Mertes : Grass Roots Globalism : NLR
177. UNICEF : Iraq : Children and Women in Iraq : Report 1993
178. Vinals Jose : Back to the Future : Lessons from the Financial Crisis : Key-note speech by Director, Monetary and Capital Market Deptt., IMF on 28th Feb. 2014
179. V. Acharya and P. Schnabel : A Pyrrhic Victory? Bank Bailouts and Sovereign Credit Risk : National Bureau of Economic Research Working Paper No. 17136/2011
180. Vincent Reinhart : A Year of Living Dangerously : The Management of the Financial Crisis in 2008 : Journal of Economic Perspectives : 25(1)/2011
181. Walden Bello : The Capitalist Conjuncture : Over accumulation, financial crisis and the retreat from Globalization
182. Wray. R. : The Commodity Bubble : Money Manager Capitalism and the Financialisation of Commodities : Levy Economic Institute, Bard College: Public Policy Brief. 96
183. www.viacampesina.org : Brazil's Landless Workers Movement (MST)
184. www.viacampesina.org : Resistance around the World : Stop Land Grabbing: 17th April : International Day of Peasants Struggle
188. www.wst.org : History of MST : www.mstbrazil.org/about-mst/history
189. www.globalresearch.ca/:Latin America's New Left in Power : The Government of Hugo Chavez, Evo Morales and Rafaeel Correa : Jan. 2012
190. Yanis Varoufakis : Germany Won't spare Greek Pain—it has an interest in

breaking us the Guardian : 10th July 2015

191. Yanis Varoufakis : Which button will Angela Market Push? @Guardian News Papers : The Hindu—July 10, 2015
192. Zeynep Tufekci : Social Movements and Governments in the Digital Age : Evaluating A Complex Land scape : Journal of International Affairs : Fall/ Winter 2014; Vol.68, No.1 : Columbia University : NewYork.